István Velsz

Photoshop Lightroom 6 und CC

Das umfassende Handbuch

Liebe Leserin, lieber Leser,

an Photoshop Lightroom – Adobes Software zur Bildverwaltung, Raw-Entwicklung und Präsentation – kommt man als Fotograf kaum noch vorbei! Aber fragen Sie sich, wie damit der ideale Arbeitsablauf vom Import der Bilder bis hin zur Ausgabe aussieht? Die Antwort liefert Ihnen der Fotograf István Velsz in diesem umfassenden Handbuch. Es erleichtert Ihnen den Einstieg in die Arbeit mit Lightroom 6/CC, und immer griffbereit neben dem Rechner wird es Ihnen als Nachschlagewerk sicher gute Dienste leisten!

Möchten Sie sich direkt in die Arbeit mit Lightroom stürzen, dann verschaffen Sie sich am besten zunächst in Kapitel 1 einen kurzen Überblick über die einzelnen Module, die Fähigkeiten der Software und die neuen Features von Lightroom 6/CC. Wenn Sie zum ersten Mal mit Lightroom arbeiten, unterstützt Sie der Workshop ab Seite 63 bei den ersten Schritten. Er zeigt Ihnen exemplarisch im Schnelldurchlauf, wie Sie Bilderserien importieren, bearbeiten und für die Ausgabe vorbereiten. In den Kapiteln zu den einzelnen Modulen geht es anschließend ins Detail: Dort helfen Ihnen vor allem die Schritt-für-Schritt-Anleitungen, die Funktionen von Lightroom kennenzulernen.

Wenn Sie wissen möchten, wie Sie die Fähigkeiten von Lightroom weiter ausreizen können, interessiert Sie sicherlich Kapitel 7 – dort erfahren Sie, wie Lightroom mit Photoshop oder Photoshop Elements zusammenarbeitet und welche Erweiterungsmöglichkeiten Plug-ins bieten. Und eine umfangreiche Auflistung wichtiger Tastenkürzel zeigt Ihnen, wie Sie Ihre Arbeit in Lightroom noch schneller erledigen können (ab Seite 949).

Sollten Sie Fragen oder Anmerkungen zu diesem Buch haben, können Sie sich gerne an mich wenden. Jetzt wünsche ich Ihnen aber erst einmal viel Freude beim Lesen und viel Erfolg bei der Arbeit mit Lightroom 6/CC!

Ihre Ariane Börder
Lektorat Rheinwerk Fotografie

ariane.boerder@rheinwerk-verlag.de
www.rheinwerk-verlag.de
Rheinwerk Verlag • Rheinwerkallee 4 • 53227 Bonn

Auf einen Blick

1	**Einführung**	31
	Workshop: Schnelleinstieg in Lightroom	63
2	**Arbeitsweise von Lightroom**	87
3	**Farbmanagement**	99
4	**Das Raw-Datenformat**	139
5	**Die Arbeitsoberfläche**	161
6	**Arbeiten mit Katalogen**	215
7	**Kompatibilität mit Photoshop und Co.**	247
8	**Bilder importieren**	285
9	**Das Bibliothek-Modul**	325
10	**HDR und Panorama**	423
11	**Das Karte-Modul**	435
12	**Bilder exportieren**	453
13	**Das Entwickeln-Modul**	491
	Workshop: Raw-Entwicklung und Bildstile	683
14	**Das Buch-Modul**	723
	Workshop: Fotobuch erstellen	759
15	**Das Diashow-Modul**	783
	Workshop: Diashow erstellen	821
16	**Das Drucken-Modul**	833
	Workshop: Fotos drucken	867
17	**Das Web-Modul**	885
18	**Lightroom mobile und Lightroom Web**	913

Inhalt

Vorwort 23

TEIL I Grundlagen

1 Einführung

1.1	Workflow mit Lightroom	31
	Anforderungen im Fotoalltag	31
	Lightroom als Universaltool	33
1.2	Die Module im Überblick	37
	Modul 1: Bibliothek	38
	Modul 2: Entwickeln	40
	Modul 3: Karte	48
	Modul 4: Buch	49
	Modul 5: Diashow	52
	Modul 6: Drucken	53
	Modul 7: Web	54
1.3	Lightroom 6 oder Lightroom CC	56
1.4	Neuerungen	57
1.5	Was Lightroom 6/CC (noch) nicht kann	61

2 Arbeitsweise von Lightroom

2.1	Nichtdestruktiver Workflow	87
	Zerstörung durch Weichzeichnen	88
	Zerstörung durch Helligkeitskorrektur	89
	Zerstörung durch Rauschunterdrückung	90
	Zerstörung durch verlustbehaftete Kompression	90
	Zerstörung durch Raw/DNG-Konvertierung	91
	Keine Zerstörung im nichtdestruktiven Workflow	92

2.2	Verwaltung über Metadaten	93
	Was sind Metadaten?	94
	Metadatenformate	95
	Mangelnde Unterstützung in Betriebssystemen	96
	Speicherung von Metadaten mit XMP	96
	Verwaltung von Metadaten	97

3 Farbmanagement

3.1	Die Grundlagen	99
	Prolog: Licht und Farbe	100
	Beurteilung von Farben	103
	Farbsysteme	109
	Farbmanagement mit ICC-Farbprofilen	113
	Erstellung von Farbprofilen	116
3.2	Farbmanagement in Lightroom	118
	Bibliothek und Entwickeln	118
	Drucken	118
	Web	119
	Diashow	119
	Zusammenarbeit mit anderen Programmen	119
	Fazit	119
3.3	Monitorkalibrierung	120
	Der richtige Monitor	121
	Softwarekalibrierung	122
	Hardwarekalibrierung	133
3.4	Kalibrieren von Digitalkameras	134

4 Das Raw-Datenformat

4.1	Was sind Raw-Daten?	139
	Analoger Film	139
	Digitale Sensorchips	140
	Von der Helligkeit zur Farbe	141
	Warum in Raw fotografieren?	143
4.2	Belichtung im Raw-Workflow	146
	Lineare Aufnahme	147
	Belichtung auf helle Stellen	149
	Motivkontrast im Histogramm deuten	150

4.3	DNG – das Standard-Raw-Format?	152
	DNG (Digital Negative)	153
	Probleme von DNG	154
	DNG-Kompression	154
	Schnell ladende DNG-Dateien	155
	Arbeiten mit DNG	155
	DNG-Kameraprofile	156

TEIL II Mit Lightroom arbeiten

5 Die Arbeitsoberfläche

5.1	Module	162
5.2	Bedienelemente	163
	Menüleiste	163
	Erkennungstafel und Modulauswahl	163
	Status der Hintergrundaufgaben (Aktivitätszentrum)	164
	Erkennungsgrafik anpassen	165
	Linke Bedienfeldpalette	168
	Rechte Bedienfeldpalette	173
	Das Ansichtsfenster	183
	Filterwerkzeuge	185
	Die Werkzeugleiste	185
	Filmstreifen	188
5.3	Arbeiten mit einem zweiten Monitor	189
	Einstellen des Darstellungsmodus	190
	Darstellungsarten des zweiten Fensters	190
5.4	Voreinstellungen	193
	Register »Allgemein«	194
	Register »Vorgaben«	196
	Register »Externe Bearbeitung«	198
	Register »Dateiverwaltung«	200
	Register »Benutzeroberfläche«	203
	Register »Leistung«	205
	Register »Lightroom mobile«	206
	Register »Netzwerk«	207
5.5	Einstellen des Ansichtsmodus	208
5.6	Die Dateistruktur von Lightroom	210

	Die internen Vorgabedateien	210
	Die Lightroom-Datenbank	211
5.7	**Zusatzmodule für Lightroom**	211
	Zusatzmodule installieren	212
	Zusatzmodul-Manager	212
	Zusatzmoduloptionen	214

6   Arbeiten mit Katalogen

6.1	Einer oder mehrere Kataloge?	215
6.2	**Katalogeinstellungen**	216
	Register »Allgemein«	217
	Register »Dateihandhabung«	217
	Register »Metadaten«	219
6.3	Vorgaben mit Katalog speichern	221
6.4	Neuen Katalog anlegen und öffnen	225
6.5	Katalog beim Programmstart wählen	226
6.6	Optimieren eines Katalogs	227
6.7	Sicherungskopien von Katalogen	229
6.8	Löschen eines Katalogs	231
6.9	Bildauswahl als Katalog exportieren	232
6.10	Kataloge importieren	233
6.11	Fehlende Bilder oder Ordner suchen	236
6.12	Lightroom auf mehreren Computern	237
6.13	**Lightroom unterwegs**	238
	Ein mobiler Computer mit lokalen Daten	239
	Ein mobiler Computer mit externer Festplatte	239
	Ein mobiler und ein stationärer Computer	240

7   Kompatibilität mit Photoshop und Co.

7.1	Lightroom und Photoshop	249
7.2	Lightroom und Bridge	255
7.3	Lightroom und Photoshop Elements (PSE)	257

7

	Photoshop Elements: Organizer und Editor	258
	Photoshop Elements als externer Editor	259
	Organizer-Katalog in Lightroom importieren	262
7.4	**Lightroom und andere Programme und Add-ons**	263
	Externe Programme einbinden	263
	Externe Add-ons zur Entwicklung	272
	Workflow und sonstige Add-ons	280

TEIL III Bilder verwalten

8 Bilder importieren

8.1	**Importvorbereitung**	286
	Unterstützte Formate	286
	Automatischer Import beim Einlegen einer Speicherkarte	288
	Automatischer Import mit Ordnerüberwachung	289
8.2	**Import von Speicherkarte und Festplatte**	293
	Das Import-Dialogfenster	294
	Quellenauswahl und Optionen	295
	Übertragungsweise festlegen	296
	Bildauswahl	297
	Sortieren der Bilderliste	299
	Miniaturen skalieren	300
	Einstellungen für die Verarbeitung während des Imports und für den Zielordner	301
	Dateiverwaltung	301
	Benennung der importierten Datei	303
	Während des Importvorgangs anwenden	307
	Zielordner auswählen	309
	Importvorgabe speichern und starten	311
	Schnellimport ohne Bildauswahl	314
8.3	**Import über Tethering**	315
	Einstellungen für Tether-Aufnahmen	315
	Tether-Aufnahmen durchführen	317
	Optionen zur Tether-Aufnahme	318

8.4	**Import aus einem anderen Katalog**	320
	Bildauswahl	320
	Übertragungsart festlegen	321
	Metadaten übernehmen	321
8.5	**Automatischer Programmstart beim Einlegen einer Speicherkarte**	322
	Mac OS X	322
	Microsoft Windows	323

9 Das Bibliothek-Modul

9.1	**Raster- und Lupenansicht**	326
	Rasteransicht	326
	Lupenansicht	333
9.2	**Globale Verwaltungsaufgaben**	339
	Bilder auswählen	339
	Bedienfeld »Katalog«	342
	Mit Ordnern arbeiten	342
	Bildverwaltung in Ordnern	347
	Bilder um 90° drehen	350
	Bilder in der Ansicht anordnen und sortieren	351
9.3	**Bilder filtern**	351
	Filter über Menüleiste	351
	Bibliotheksfilterleiste	352
	Sichern von Filtereinstellungen	354
	Filter über Filmstreifen	355
9.4	**Bilder in Stapeln gruppieren**	356
9.5	**Bildvarianten durch virtuelle Kopien**	358
9.6	**Bilder kennzeichnen**	360
	Markierungen	360
	Bewertungen	361
	Farbmarkierungen	362
9.7	**Bilder in Sammlungen zusammenfassen**	363
	Sammlungssätze erstellen und bearbeiten	363
	Smart-Sammlungen	364
	Bildzusammenstellungen als Sammlungen	366
	Schnell- und Zielsammlung	368

Inhalt

9.8	Bilder verschlagworten	369
	Aufbau einer Stichwortliste	369
	Stichwörter erstellen und bearbeiten	370
	Stichwörter hierarchisch anordnen	372
	Stichwörter zuweisen	372
	Stichwortkürzel	373
	Stichwörter filtern	373
	Bilder nach Stichwörtern filtern	373
	Bedienfeld »Stichwörter festlegen«	373
	Stichwörter entfernen oder löschen	376
	Stichwörter für Personen konvertieren	376
9.9	Metadaten editieren und verwalten	376
	Metadaten verwalten	377
	Einfache Metadatenmasken	378
	IPTC-Metadatenmasken	380
	Die wichtigsten IPTC-Angaben	383
	Metadatenvorgaben	384
9.10	Die Sprühdose	384
9.11	Die Ad-hoc-Entwicklung	387
	Ad-hoc-Entwicklung zuweisen	387
	Kurzbeschreibung der Korrekturmöglichkeiten	388
9.12	Die Vergleichsansicht – welches ist das beste Bild?	392
	Benutzerinterface der Vergleichsansicht	393
	Fotos auswählen und vergleichen	394
	Das beste Bild finden und bewerten	394
	Detailvergleich	397
9.13	Die Übersicht – passen meine Bilder zusammen?	399
	Bilder auswählen und entfernen	400
	Bilder kennzeichnen	401
9.14	Gesichtserkennung	402
	Globale oder partielle Erkennung	403
	Globale Gesichtserkennung nachträglich starten und stoppen	404
	Partielle Gesichtserkennung ausführen und stoppen	405
	Die Elemente der Personenansicht	406
	Bestehende Stichwörter mit Namen in Personen-Stichwörter konvertieren	407
	Namen zuweisen	408
	Vorschläge für Personen akzeptieren oder ablehnen	409
	Objekte, die kein Gesicht zeigen, ausschließen	409

		Gesichtsbereich manuell hinzufügen und bearbeiten	410
		Einzelpersonenansicht	411
		Personen-Stichwörter beim Export aus den Metadaten ausschließen	413
9.15		**Funktionen für Videos**	413
		Metadaten in Videos	414
		Filtern nach Videos	414
		Video abspielen und steuern	415
		Einzelbild erfassen	416
		Posterbild festlegen	416
		Video zuschneiden	416
		Videos entwickeln	417
		Videos exportieren	419
9.16		**Automatisierte Verwaltungsaufgaben**	420
		Nach fehlenden Fotos suchen	420
		DNG-Dateien überprüfen	420
		Fotos mit vorheriger Prozessversion suchen	421

10 HDR und Panorama

10.1	**HDR-Bilder erzeugen**	424
	Die optimale Belichtungsreihe für HDRs	424
	Starten einer HDR-Zusammenstellung	425
	Konfigurieren der HDR-Optionen	427
10.2	**Panoramen erzeugen**	429
	Die optimale Aufnahmereihe	429
	Starten der Panorama-Zusammenstellung	430
	Konfigurieren der Panorama-Optionen	431

11 Das Karte-Modul

11.1	**Handhabung der Karte im Ansichtsfenster**	436
11.2	**Arbeiten mit Bildern auf der Karte**	439
11.3	**Ortsangaben in den Metadaten**	443
	Umgekehrtes Geocoding	444
11.4	**Positionen speichern**	444
	Neue Position anlegen und bearbeiten	445
11.5	**Geotagging mit Tracklogs**	448

12 Bilder exportieren

12.1 In Ordner exportieren 453
Export-Zusatzmodul auswählen 455
Schnelles Exportieren 464
Als Katalog exportieren 464

12.2 Wasserzeichen 465
Wasserzeichendialog öffnen 466
Text- oder Bildwasserzeichen 466
Wasserzeichenoptionen 468
Wasserzeichen als Vorgabe speichern 471

12.3 Veröffentlichungsdienste 472
Benutzeroberfläche 472
Arbeiten mit Veröffentlichungsdiensten 474

12.4 Bilder per E-Mail verschicken 484

12.5 Daten auf CD/DVD brennen 488

TEIL IV Bilder entwickeln und präsentieren

13 Das Entwickeln-Modul

13.1 Ansichtssteuerung 492
Zoomen von Bildern 492
Bildausschnitt verändern 495
Zoomen auf Mausklick 495
Zoomen in der Werkzeugleiste 496

13.2 Bildbeurteilung mit dem Histogramm 497
Farb- und Helligkeitsverteilung im Histogramm 497
Beurteilung der Bildqualität mit dem Histogramm 500
Fehlbelichtungen im Histogramm erkennen 505
Weitere Informationen am Histogramm 507
Hellste und dunkelste Stellen anzeigen 509

13.3 Mit Raw-Prozessversionen arbeiten 511
Die Prozessversionen im Vergleich 512
Zwischen Prozessversionen umschalten 513

13.4	Grundeinstellungen	515
	Farbe oder Schwarzweiß?	515
	Weißabgleich	516
	Tonwert – Prozessversion 2012	523
	Tonwert – Prozessversion 2010	531
	Präsenz	537
13.5	Gradations- und Punktkurve	539
	Gradationskurve	539
	Punktkurve	544
	Verändern von Kurven mit der Zielauswahl	550
13.6	HSL / Farbe / S/W (Graustufen)	551
	HSL	552
	Farbe	556
	Schwarzweiß	557
13.7	Teiltonung	559
13.8	Details	562
	Schärfen	563
	Schärfen nach Motiv	568
	Schärfen nach Ausgabeart	572
	Rauschreduzierung	573
13.9	Objektivkorrekturen	578
	Grundeinstellungen und »Upright«	579
	Perspektivische Fehler manuell beseitigen	585
	Vignettierung	594
	Chromatische Aberration und Farbsäume	596
	Objektivkorrektur mit Profilen	600
13.10	Effekte	602
	Vignettierung als Kreativfilter	602
	Körnung zur Simulation von Film	605
	Dunst entfernen	606
13.11	Kamerakalibrierung	609
	Mit Kameraprofilen arbeiten	610
13.12	Werkzeuge im Entwickeln-Modul	613
13.13	Freistellen und gerade ausrichten	614
	Bild ausrichten	615
	Bilder beschneiden	618
13.14	Bereichsreparatur mit dem Stempel	625
	Handhabung des Stempels	626
	Werkzeugüberlagerung	632

| 13.15 | Rote-Augen-Korrektur | 633 |

Handhabung der Rote-Augen-Korrektur 634
Haustieraugen 635
Werkzeugüberlagerung 636

13.16 Lokale Anpassungen 637
Effekt-Parameter 638
Effektvorgaben 641
Verlaufsfilter erstellen und anpassen 643
Radial-Filter erstellen und anpassen 645
Maske vom Verlaufs- und Radialfilter
erweitern oder verkleinern 648
Korrekturmaske mit Pinsel erstellen 649
Bearbeitungspunkte anzeigen 654

13.17 Entwicklungseinstellungen synchronisieren 655
Automatische Synchronisation 655
Manuelle Synchronisation 656
Synchronisationsoptionen 658
Einstellungen kopieren und anwenden 658
Belichtungen angleichen 660
Vorherige Einstellungen anwenden 660

13.18 Einstellungen zurücksetzen 661
Einzelne Bedienfelder zurücksetzen 661
Auf Standardeinstellungen zurücksetzen 661
Standardeinstellungen festlegen 661
Auf die Adobe-Einstellungen zurücksetzen 662

13.19 Die Vorher-Nachher-Ansicht 663
Ansichtsmodi der Vorher-Nachher-Ansicht 663
Übertragen von Einstellungen 665

13.20 Arbeiten mit Vorgaben 667
Vorgaben zuweisen 667
Vorgaben speichern und aktualisieren 667
Vorgaben verwalten 669
Vorgaben exportieren und importieren 670

13.21 Protokoll und Schnappschüsse 672
Protokoll 672
Schnappschüsse 673

13.22	Softproof	674
	Aktivieren der Softproof-Funktion und Elemente der Proofansicht	675
	Auswahl des Farbprofils und des Verfahrens zur Farbraumkonvertierung	676
	Kritische Farben anzeigen	678
	Proof-Kopie anlegen und Farben korrigieren	679

14 Das Buch-Modul

14.1	Vorbereitungen zur Bucherstellung	724
	Bucheinstellungen	725
14.2	Anlegen eines neuen Buches	726
14.3	Buch speichern und löschen	728
	Buch speichern	728
	Buch löschen	730
14.4	Seiten verwalten	731
	Seitendarstellung und Blättern im Ansichtsfenster	731
	Layout der Seite im Ansichtsfenster wechseln	733
	Anzeige verwendeter Bilder im Filmstreifen	734
	Bild in Zelle bearbeiten	734
	Seitenlayout anpassen	736
14.5	Seiten konfigurieren	737
	Bucheinstellungen	737
	Auto-Layout	739
	Seite	744
	Layout als benutzerdefinierte Vorlage speichern	745
	Layout zu Favoriten hinzufügen	746
	Hilfslinien	747
	Zelle	748
	Text	749
	Schriftart	750
	Hintergrund	755
14.6	Buch exportieren	757

15 Das Diashow-Modul

15.1 Die Bildauswahl ... 784
Auswahl von Ordner oder Sammlung ... 784
Auswahl über Filter einschränken ... 784
Auswahl als Sammlung speichern ... 785

15.2 Diashow konfigurieren ... 788
Bedienfeld »Optionen« ... 788
Bedienfeld »Layout« ... 792
Bedienfeld »Überlagerungen« ... 794
Bedienfeld »Hintergrund« ... 799
Bedienfeld »Titel« ... 802
Bedienfeld »Musik« ... 802
Bedienfeld »Abspielen« ... 803
»Vorschau« und »Abspielen« der Diashow ... 805
Werkzeugleiste ... 805

15.3 Exportieren einer Diashow ... 806
Exportieren als PDF ... 806
Export als Video ... 807

15.4 Überlagerungen konfigurieren ... 807

15.5 Arbeiten mit Vorlagen ... 816
Vorlage speichern ... 817
Vorlage zuweisen ... 817
Vorlage aktualisieren ... 817
Für Ad-hoc-Diashow verwenden ... 818
Vorlagenordner erstellen und bearbeiten ... 818
Vorlage verschieben ... 819
Vorlage löschen ... 819
Vorlage exportieren und importieren ... 819

16 Das Drucken-Modul

16.1 Layoutstil auswählen ... 834

16.2 Der Kontaktabzug ... 836
Bedienfeld »Bildeinstellungen« ... 836
Bedienfeld »Layout« ... 839
Bedienfeld »Seite« ... 843
Bedienfeld »Druckauftrag« ... 850

16.3	**Das Bildpaket**	850
	Bedienfeld »Bildeinstellungen«	851
	Bedienfeld »Lineale, Raster und Hilfslinien«	852
	Bedienfeld »Zellen«	853
	Bedienfeld »Seite«	855
16.4	**Benutzerdefiniertes Paket**	855
	Bedienfeld »Bildeinstellungen«	855
	Bedienfeld »Lineale, Raster und Hilfslinien«	856
	Bedienfeld »Zellen«	856
	Bedienfeld »Seite«	857
	Platzierungshilfen für Zellen	857
16.5	**Der Druckauftrag**	858
16.6	**Die Drucken-Werkzeugleiste**	863
16.7	**Vorlagen und Drucksammlungen**	864
	Vorlagen	864
	Drucksammlungen	865

17 Das Web-Modul

17.1	**HTML-Webgalerien verstehen**	886
17.2	**Bildauswahl und Websammlungen**	888
17.3	**Konfigurieren von Web-Galerien**	890
	Bedienfeld »Layoutstil«	891
	Bedienfeld »Site-Informationen« (Classic-Galerie)	892
	Bedienfeld »Site-Informationen« (Quadrat-, Raster- und Track-Galerie)	894
	Bedienfeld »Farbpalette« (Classic-Galerie)	894
	Bedienfeld »Farbpalette« (Quadrat-, Raster- und Track-Galerie)	896
	Bedienfeld »Erscheinungsbild« (Classic-Galerie)	896
	Bedienfeld »Erscheinungsbild« (Quadratgalerie)	900
	Bedienfeld »Erscheinungsbild« (Rastergalerie)	901
	Bedienfeld »Erscheinungsbild« (Track-Galerie)	902
	Bedienfeld »Bildinformationen«	903
	Bedienfeld »Ausgabeeinstellungen«	904
17.4	**Die Werkzeugleiste**	905
17.5	**Galerie auf Webserver laden**	905
	Bedienfeld »Einstellungen für das Hochladen«	905
	Hochladen der Galerie	908

Inhalt

17.6	Exportieren einer Webgalerie	909
17.7	Arbeiten mit Vorlagen	910
17.8	Alternative Webgalerien	910

18 Lightroom mobile und Lightroom Web

18.1	Lightroom mobile und Lightroom Web verstehen	914
	Wie alles zusammenhängt	914
	Voraussetzungen	915
	Für wen lohnt sich Lightroom mobile	915
18.2	Sammlungen bereitstellen	916
	Synchronisierung aktivieren/deaktivieren	916
	Sammlung zur Synchronisierung aktivieren	919
	Bilder beim Importieren oder Tethered Shooting automatisch synchronisieren	920
18.3	Voreinstellungen	922
18.4	Die Benutzeroberfläche	923
	Ansichtsarten und Funktionsbereiche	923
	Die Funktionen der Titelleiste	925
	Informationsüberlagerung	928
18.5	Funktionen für Sammlungen	931
18.6	Bilder in der Lupenansicht bearbeiten	935
	Bilder bewerten und markieren	936
	Bilder freistellen	938
	Bilder entwickeln	940
	Entwicklungseinstellungen kopieren	944
	Synchronisation forcieren	944
18.7	Lightroom Web verwenden	945
	Die Oberfläche von Lightroom Web	946

Tastaturbefehle	949
Glossar	965
Die Dateien zum Buch	975
Index	979

Workshops

Schnelleinstieg in Lightroom
- Katalog anlegen und Bilder importieren 64
- Stichwörter vergeben 68
- Bilder auf Karte positionieren 70
- Bilder für die weitere Bearbeitung markieren und filtern ... 73
- Ad-hoc-Entwicklung 75
- Ein Bild entwickeln 77
- Diashow 82
- Export der Bilder 83

Farbmanagement
- Softwarekalibrierung unter Mac OS X 123
- Softwarekalibrierung unter Windows 7 und Windows 8 ... 127
- Kamera kalibrieren mit dem X-Rite Colorchecker Passport und Adobe DNG Profile Editor 135

Die Arbeitsoberfläche
- Eigene Erkennungstafel konfigurieren 166

Arbeiten mit Katalogen
- Vorgaben kopieren beim Wechseln der Option »Vorgaben mit diesem Katalog speichern« 223
- Neuen Katalog erstellen und öffnen 225
- Katalog immer beim Programmstart wählen 226
- Prüfen der Integrität des Katalogs 228
- Bilder aus einem anderen Katalog importieren 233
- Mobiles Arbeiten mit einem zusätzlichen mobilen Katalog 241
- Mobiles Arbeiten mit einem einzigen Katalog 244

Kompatibilität mit Photoshop und Co.
- Photoshop-Elements-Katalog in Lightroom-Katalog konvertieren 262
- Externes Programm als externen Editor einbinden 264
- Aperture- oder iPhoto-Bibliothek importieren 268

Workshops

Bilder importieren
- ▶ Überwachten Ordner erstellen 290
- ▶ Dateinamenvorlage erstellen 304
- ▶ Metadaten-Vorgabe erstellen 307
- ▶ Der Importvorgang im Schnelldurchlauf 312

Das Bibliothek-Modul
- ▶ Entwicklungseinstellungen aufsprühen 385
- ▶ Bilder vergleichen 395
- ▶ Erweiterte Entwicklungseinstellungen für Videos 418

Das Karte-Modul
- ▶ Eine Bilderserie mit einem Tracklog synchronisieren 448

Bilder exportieren
- ▶ Veröffentlichungsdienst zur Synchronisation mit einem iPhone oder iPad einrichten 478

Das Entwickeln-Modul
- ▶ Vorschau der hellsten und dunkelsten Bildpixel 509
- ▶ Weißabgleich mit der Pipette 519
- ▶ Farben mit HSL-Bedienfeld anpassen 552
- ▶ Rand entfernen 598
- ▶ Horizont waagerecht ausrichten 616

Raw-Entwicklung und Bildstile
- ▶ Landschaftsaufnahme verbessern 684
    - ▷ Grundeinstellungen 684
    - ▷ Himmel und Wolken herausarbeiten 687
    - ▷ Schritt für Schritt: Details herausarbeiten 689
    - ▷ Objektivkorrektur und Beschnitt 690
- ▶ Stilvolle Sepia-Entwicklung 692
    - ▷ Grundeinstellungen 692
    - ▷ Sepiatonung erstellen 695
    - ▷ Kontrastverstärkung und Detailarbeiten 696
    - ▷ Farbeffekt Teiltonung 698
    - ▷ Grundeinstellungen und Gradationskurven 698
- ▶ Teiltonung 700
- ▶ Details und Vignettierung 700
    - ▷ Gegenlicht bei Abendstimmung 703
    - ▷ Grundeinstellungen 704
    - ▷ Lokale Anpassungen 705
    - ▷ Feinschliff 708
- ▶ Porträtentwicklung 710
    - ▷ Grundeinstellungen 711
    - ▷ Beautyretusche 713
    - ▷ Tonung und Feintuning 720

Das Buch-Modul

- ▸ Leeres Buch erstellen 727
- ▸ Vorgabe für das Auto-Layout einstellen 740

Fotobuch erstellen

- ▸ Bildauswahl und Bucheinstellungen 761
- ▸ Umschlag gestalten 764
- ▸ Editorial mit Hintergrundbild 768
- ▸ Bildseiten einfügen 772
- ▸ Doppelseitiges Bild mit Fototext 774
- ▸ Weitere Seiten hinzufügen 776

Das Diashow-Modul

- ▸ Erstellen einer Diashow-Sammlung 786
- ▸ Diashow mit Überlagerung erstellen 808

Diashow erstellen

- ▸ Diashow-Sammlung erstellen 823
- ▸ Diashow konfigurieren 825
- ▸ Abspieloptionen 829
- ▸ Bildreihenfolge festlegen 831

Das Drucken-Modul

- ▸ Bildausschnitt in Zelle einpassen 838
- ▸ Einblenden von Metainformationen 848

Fotos drucken

- ▸ Triptychon mit Hintergrundbild 867
  - ▷ Drucksammlung erstellen 868
  - ▷ Seitenformat und Bildreihenfolge festlegen 870
  - ▷ Design anpassen 871
  - ▷ Überlagerung einstellen und drucken 873
- ▸ Individuelles Seitenlayout 876
  - ▷ Drucksammlung erstellen und Seitenformat angeben 877
  - ▷ Erkennungstafel für Hilfsgitter erstellen 877
  - ▷ Bilder platzieren 879
  - ▷ Drucken 883

Das Web-Modul

- ▸ Installation einer alternativen Webgalerie 911

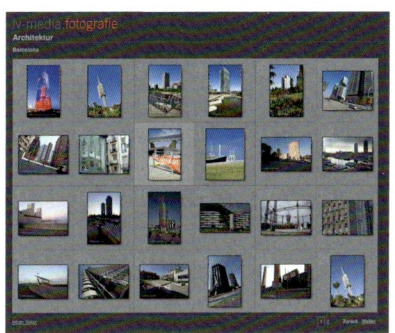

Video-Lektionen

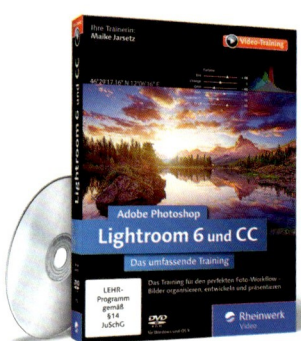

Als Ergänzung zum Buch stellen wir Ihnen thematisch passende Lehrfilme aus unserem Video-Training »Adobe Photoshop Lightroom 6 und CC – Das umfassende Training« von Maike Jarsetz (ISBN 978-3-8362-3733-8) zur Verfügung. So haben Sie die Möglichkeit, dieses neue Lernmedium kennenzulernen und gleichzeitig Ihr Wissen zu vertiefen. Sie schauen der Trainerin bei der Arbeit zu und verstehen intuitiv, wie man die erklärten Funktionen anwendet.

Die Daten finden Sie zusammen mit den Übungsdateien auf der Website zum Buch. Wie Sie die Daten herunterladen können, erfahren Sie auf Seite 975.

Um das Video-Training zu starten, führen Sie im Ordner Video-Lektionen die Anwendungsdatei »start-win.exe« (Windows) bzw. »start.app« (Mac) mit einem Doppelklick aus. Das Video-Training sollte nun starten. Bitte vergessen Sie nicht, die Lautsprecher zu aktivieren oder gegebenenfalls die Lautstärke zu erhöhen. Sollten Sie Probleme mit der Leistung Ihres Rechners feststellen, können Sie alternativ die Datei »start.html« aufrufen. Sie finden folgende Filme:

1. Höchste Kontrolle bei der Entwicklung

1.1 Entwicklungseinstellungen synchronisieren .... [07:47 Min.]
1.2 Mit virtuellen Kopien arbeiten .... [05:06 Min.]
1.3 Lightroom und Photoshop kombinieren .... [08:44 Min.]

2. Entwicklung auf das Motiv abstimmen

2.1 Bilder reparieren und retuschieren .... [08:17 Min.]
2.2 Die Farben im Motiv verstärken .... [07:30 Min.]
2.3 Korrekturen mit Verlaufsfilter und Pinsel .... [09:47 Min.]
2.4 Porträtfotos mit Lightroom entwickeln .... [04:42 Min.]

3. Diashows und Webgalerien

3.1 Eine neue Diashow erstellen .... [07:30 Min.]
3.2 Webgalerien gestalten und mit Bildern füllen ...... [06:40 Min.]
3.3 Diashows präsentieren und ausgeben .... [08:05 Min.]

Vorwort

Als Adobe Anfang 2007 den Vorhang lüftete und die erste fertige Version von Photoshop Lightroom vorstellte, war die gesamte Fotowelt förmlich »elektrisiert«. Das Programm war so lange erwartet worden wie schon lange keine Software mehr – denn es versprach vieles: einen neuartigen Raw-Konverter, eine effiziente Bildorganisation und eine neue Art der Bildbearbeitung, die extra auf die Anforderungen von Fotografen abgestimmt worden war.

Das Konzept von Lightroom war neu – abgesehen von einigen Nischenprodukten für Spezialisten gab es diesen Ansatz noch nicht, mit einem Programm den ganzen digitalfotografischen Prozess vom Bildimport bis zum Druck oder zur Diashow abzubilden.

In einem Satz
Lightroom unterstützt Fotografen beim gesamten Arbeitsablauf am Rechner: vom Bildimport über die Bearbeitung bis hin zur Präsentation.

Abbildung 1 ▲▶
Es war ein langer Weg von der ersten Idee namens PixelToy (links, Bildquelle: *PhotoshopNews.com*) bis zum fertigen Produkt Lightroom (rechts).

Die Anfänge von Photoshop Lightroom reichen bis ins Jahr 2002 zurück, bis zu einem Softwareexperiment namens PixelToy. Dieses wurde mehr oder weniger als Spielzeug entwickelt, mit dem man testen wollte, ob es für die Bildbearbeitung eine gute Alternative zum komplexen Ebenenkonzept von Photoshop gibt.

Die Idee dabei war, verschiedene Bearbeitungsstadien eines Bildes als Schnappschüsse zu speichern und darauf aufsetzend Bilder immer weiter zu entwickeln. Durch gute Beziehungen der Entwickler zu Fotografen kam zusätzlich heraus, wie schwierig es war, mit Hunderten oder Tausenden von Raw-Bildern umzugehen. Der Dateibrowser von Photoshop erwies sich dafür als unhandlich. Der gesamte allgemein bekannte Workflow basierte damals auf einzelnen, unabhängigen Tools. Aus dieser Idee wurde Shadowland, die erste Alphaversion von Lightroom.

Vier Jahre später und nach der Übernahme der Firma Pixmantec und deren Programm Rawshooter wurde aus dem Projekt Lightroom, das Adobe als öffentliche Betaversion allen Interessierten zur Verfügung stellte. Das Feedback tausender Fotografen half, die Software zu perfektionieren. Im Februar 2007 war es dann so weit: Die erste finale Version konnte zum Verkauf angeboten werden.

Seit dem Erscheinen hat sich Lightroom als Standard für die Verwaltung und Bearbeitung von Fotos etabliert. Auch wenn es inzwischen zahlreiche Konkurrenten gibt, ist Lightroom vor allem wegen seiner einfachen Bedienung trotz des hohen Funktionsumfangs und der erreichbaren Bildqualität bei Fotografen beliebt. Nicht zu unterschätzen ist auch die Möglichkeit, Lightroom sowohl unter Microsoft Windows als auch auf Mac OS X zu nutzen.

Lightroom für wen?

Lightroom ist eine Software für ambitionierte Fotografen, die beruflich oder auch in ihrer Freizeit fotografieren und mit großen Mengen von Bildern umgehen müssen. Sie fotografieren hauptsächlich im Raw-Format, um die maximale Bildqualität aus den Bilddaten herauszukitzeln. Auch das Arbeiten mit anderen Formaten wie JPEG oder Videos ist mit Lightroom möglich, allerdings mit den formatbedingten Einschränkungen wie der fehlenden Möglichkeit, verlustfrei Unter- und Überbelichtung auszugleichen oder einen korrekten Weißabgleich vorzunehmen. Lightroom ist kein Ersatz für Photoshop, sondern eher eine Plattform für die optimale Archivierung, Sortierung und grundlegende Bearbeitung von Bildern.

▲ Abbildung 2
Profifotografen müssen sich auch mit Technik beschäftigen. Gleiches gilt für die Software. Nur wer sich mit ihr auseinandersetzt, erzielt gute Ergebnisse.

Mit Lightroom können Sie Ihre Bilder ideal für die Weitergabe an Photoshop vorbereiten.

Es gibt Artikel und Testberichte, die Lightroom als Einsteigerprogramm beschreiben. Das ist irreführend, denn für Anfänger in der Bildbearbeitung kann das Programm entschieden zu viel. Was aber das Prädikat »einsteigertauglich« verdient, sind die geordnete Arbeitsoberfläche und die intuitive Bedienung des Programms. Man findet leicht zu den gewünschten Funktionen und erzielt damit schnell sehr gute Ergebnisse – und das nicht auf Kosten der Funktionsvielfalt.

Inzwischen gibt es auch noch einige weitere Programme zur Raw-Bearbeitung auf dem Markt, die bisher alle ihre Nutzer und Anhänger finden. Allerdings habe ich noch keines entdeckt, das meine Ansprüche an Bedienkomfort, Funktionsumfang und Qualität so gut abdeckt wie Lightroom.

Auch andere Raw-Werkzeuge wie Capture One, Corel AfterShot Pro, Adobe Camera Raw für Photoshop, DxO Optics Pro oder Nikon Capture NX besitzen in Teilbereichen besondere Stärken, die Lightroom noch nicht bietet. Aber als Gesamtlösung bieten sie nicht den von mir gewünschten Funktionsumfang, und ich persönlich vermeide es, zu viele unterschiedliche Programme für ähnliche Einsatzzwecke zu verwenden.

Was ist mit Photoshop und Co.?

Vor Lightroom arbeiteten Fotografen hauptsächlich mit Photoshop, um ihre Bilder zu optimieren. Der Funktionsumfang von Photoshop ist heutzutage unüberschaubar, und selbst Profis, die den ganzen Tag nichts anderes machen, verwenden oft nur einen Bruchteil der Möglichkeiten. Photoshop ist heute mehr ein Programm für Grafikdesigner als für Fotografen und besitzt einige Features, die Lightroom nie besitzen wird, die aber für bestimmte Zwecke unverzichtbar sind. Dazu zählt die Möglichkeit, mit Ebenen zu arbeiten, um beispielsweise Personen oder Objekte freizustellen, damit diese mit Text oder anderen Bildern kombiniert werden können. Auch können ganze Layouts für Webseiten vor der Programmierung mit Photoshop entworfen werden. Lightroom dient hingegen vielmehr als Handwerkszeug für den Fotografen und wird erst zusammen mit Photoshop zum vollständigen Künstlerwerkzeug.

In Kombination mit Adobe Camera Raw kann Photoshop Bilder genauso entwickeln wie Lightroom, bietet aber keine annähernd vergleichbar leistungsstarke Verwaltungsmöglichkeit. Darüber hinaus ist Photoshop im Gegensatz zu Lightroom schwerer zu erlernen und deutlich teurer. Wer also nur fotografiert und seine Bilder drucken und präsentieren will, für den ist Lightroom eine gute Alternative zu Photoshop. Künstler, Grafiker und alle, die Motive freistellen, montieren und in Composings verarbeiten wollen,

Abbildung 3 ▼
Photoshop ist ein Kreativwerkzeug, das vor allem für Grafik- oder Webdesigner unerlässlich ist.

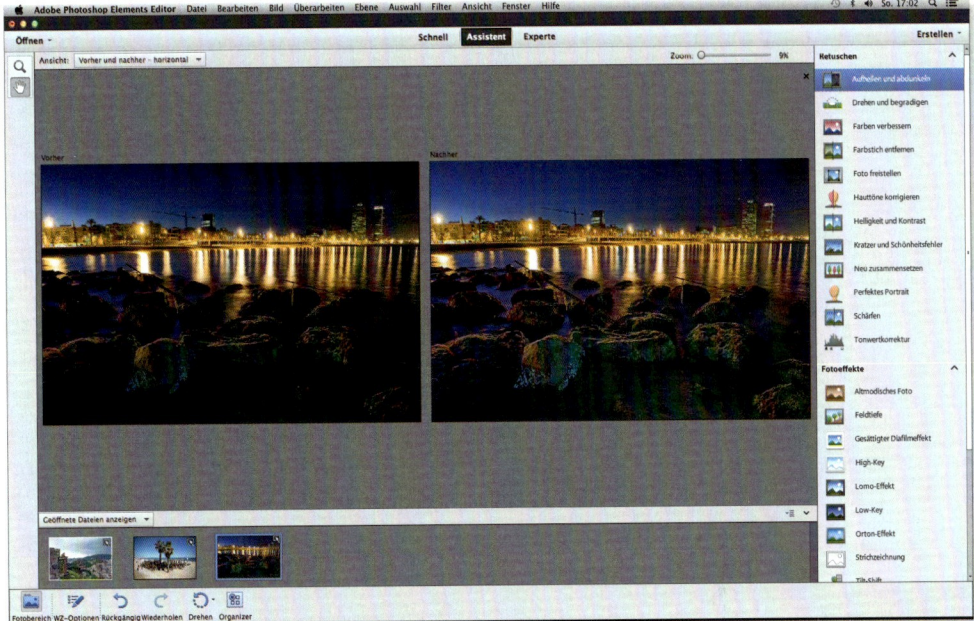

▲ **Abbildung 4**
Photoshop Elements richtet sich an Hobbyfotografen und macht Bildbearbeitern mit einem ausgeprägten Spieltrieb Freude.

werden an Photoshop nach wie vor nicht vorbeikommen. Letztlich ergänzen sich beide Produkte ganz hervorragend und gehören in jede professionelle digitale Dunkelkammer.

Die Abgrenzung zu Photoshop Elements ist bereits etwas schwieriger. Bei Elements handelt es sich um »Photoshop light«. Die Software richtet sich ausschließlich an Hobbyfotografen. Der Schwerpunkt liegt hier auf der Korrektur von Bildern mit Hilfe von automatischen Korrekturhilfen. Auch eine einfache Verwaltung ist möglich. In Kombination mit Lightroom nicht uninteressant sind die Möglichkeiten zum Freistellen und Kombinieren von Bildern. Nähere Informationen zur Zusammenarbeit von Lightroom und Photoshop Elements finden Sie auf Seite 257.

Was Sie in diesem Buch erfahren

Dieses Buch ist ein Handbuch und Nachschlagewerk für den Einsatz von Lightroom. Es vermittelt Ihnen Lightroom aus der Sicht und basierend auf der Arbeitsweise eines Profis. Beim alltäglichen Arbeiten mit dem Programm sind mir viele Dinge aufgefallen, die meine Art, mit Bildern umzugehen, verändert haben. Als ich mit dem Schreiben des ersten Lightroom-Buches begonnen habe, verwaltete ich bereits ca. 20.000 Bilder mit Lightroom. Und das nicht einmal zwei Monate nach Erscheinen der ersten Version.

Es tauchten dabei auch viele Fragen auf, die ich mir durch Recherche oder Ausprobieren zum größten Teil selbst beantworten musste. Das so im Laufe der Zeit erworbene Wissen möchte ich hier an Sie weitergeben. Anhand von vielen Beispielen, kleinen Workshops und einem reichen Vorrat an Tipps erfahren Sie wesentlich mehr als in einer normalen »Bedienungsanleitung«. Nebenbei finden Sie auch einige Kniffe, die Ihnen im Umgang mit Dateiformaten, Farbmanagement und dem digitalen Foto-Workflow helfen sollen.

Arbeiten mit diesem Buch

Eigentlich gibt es zur Handhabung dieses Buches nicht viel zu sagen. Es ist weitestgehend selbsterklärend. Was jedoch sicher auffällt, ist, dass die Screenshots alle auf einem Mac erstellt wurden. Das soll Sie aber nicht abschrecken. Alle Funktionen innerhalb von Lightroom sind unter Windows dieselben. Der einzige Unterschied sind die Dialoge, die vom Betriebssystem bereitgestellt werden. Solche finden Sie beispielsweise beim Öffnen von Dateien oder bei der Arbeit im DRUCKEN-Dialog. Hat eine Funktion auf einem Betriebssystem besondere Eigenheiten, werden alle Varianten abgebildet und beschrieben.

> **HINWEIS**
> Sind Tastaturangaben für Mac OS X und Windows unterschiedlich, sind diese durch einen Schrägstrich »/« voneinander getrennt, also Mac OS X/Windows.

Workshops und Übungsdateien | Zu dem Buch gehören auch Übungsdateien. Diese können Sie unter *http://www.rheinwerk-verlag.de/3763* herunterladen. Die Raw-Bilder sind zu Ihrem Privatgebrauch lizenzfrei und zum freien Experimentieren. Darüber hinaus befinden sich darin viele Beispiele, mit denen Sie die meisten Schritt-für-Schritt-Anleitungen aus dem Buch nacharbeiten können. Dazu finden Sie im Ordner WORKSHOPKATALOG einen Lightroom-Katalog mit bereits importierten Bildern (Unterordner BILDARCHIV). Dieser Katalog beinhaltet auch Sammlungen mit allen Ausgangszuständen und den fertigen Arbeitsergebnissen der Workshops.

Für den »Schnelleinstieg« ab Seite 63 wird jedoch ein leerer Katalog benötigt. Wenn Sie Lightroom bereits kennen und diesen Workshop überspringen, kopieren Sie den Workshopkatalog und das Bildarchiv der heruntergeladenen Daten einfach zusammen an eine geeignete Stelle auf Ihrer Festplatte.

Zum Herunterladen der Dateien beachten Sie unbedingt auch die Hinweise auf Seite 975. Dort erfahren Sie auch, wie Sie an die Daten kommen.

TEIL I
Grundlagen

Kapitel 1
Einführung

In diesem Kapitel erhalten Sie einen ersten Überblick über die grundlegenden Funktionen von Lightroom. Wenn Sie die Software noch nicht kennen, lernen Sie hier ihre Besonderheiten kennen und erhalten einen Schnelleinstieg, der Sie mit Hilfe der Daten, die Sie von der Verlagswebsite herunterladen können, zum sofortigen Loslegen anregt. Als erfahrener Anwender finden Sie hier einen Kurzüberblick über die neuen Funktionen.

1.1   Workflow mit Lightroom

Der Workflow von professionellen Fotografen und ambitionierten Amateurfotografen unterscheidet sich kaum. Der Profi legt besonderes Augenmerk auf Geschwindigkeit und besitzt eventuell höhere Ansprüche an die Ausgabequalität, doch auch der Amateur freut sich sicher, wenn diese Anforderungen vom Programm optimal umgesetzt werden.

Anforderungen im Fotoalltag

Zunächst benötigt man ein System zur **Verwaltung** der Bilder. Bei vielen Fotografen geht die Bildanzahl in den Archiven in die Zehntausende. Wie findet man hier das richtige Bild? Schon während eines Shootings entstehen oft mehrere hundert Bilder. Wie bekommt man die Bilder schnell und übersichtlich verwaltet?

Ein weiteres Problem, vor allem bei professionellen Fotografen, ist eine mangelnde Geschwindigkeit in der **Bearbeitung**. Oft werden Bilder schon während des Shootings vorsortiert und grob korrigiert, damit sie der Kunde noch am Set beurteilen kann. Viele Bilder müssen schnell zusammen verarbeitet werden können, einzelne Bilder benötigen später dann eventuell weitere Korrekturen. Die Anforderungen in der Bearbeitung reichen von einer schnellen,

▲ Abbildung 1.1
Auch bei Reportagen entstehen zahllose Bilder. Um etwa Nachfragen nach konkreten Situationen oder Gebäuden befriedigen zu können, benötigt man ein gutes Archivierungssystem.

groben Korrektur am Set bis hin zur Schaffung perfekter Kunstwerke für den Fine-Art-Druck.

Zur **Präsentation** der Bilder müssen diese als Kontaktbogen oder als Abzüge ausgedruckt oder in elektronischer Form am Bildschirm angezeigt werden. Ist man selbst unterwegs oder der Kunde weiter weg, bietet das Internet dafür die ideale Infrastruktur. Allerdings kann man eine größere Anzahl an Bildern nicht per E-Mail verschicken, da die Übertragung zu lange dauern würde. Die Alternative ist eine Bildergalerie auf einer Website. Hier kann der Kunde dann selbst in Ruhe durchklicken und auswählen. Fotobücher gestalten und drucken zu können, ist vor allem für Eventfotografen interessant.

Unabhängig davon arbeiten viele professionelle Fotografen mit dem Raw-Format. Im Raw-Format gespeicherte Dateien bieten maximale Flexibilität. Diese geht aber auf Kosten des Speicherplatzes, da Raw-Dateien meist unkomprimiert gespeichert werden und somit um einiges größer sind als beispielsweise JPEG-Dateien. Zusätzlich unterliegt dieses Format keinem Standard, und jeder Kamerahersteller kocht hier sein eigenes Süppchen.

Und zu guter Letzt wollen Fotografen in erster Linie fotografieren und sich nicht mit dem Erlernen und Bedienen vieler unterschiedlicher Programme herumärgern.

▲ Abbildung 1.2
Im Studio und am Set muss es oft schnell gehen. Von Bildern wie diesem werden Hunderte aufgenommen. Die Fotos werden oft noch während des Shootings vom Kunden kontrolliert und abgenommen.

Lightroom als Universaltool

Weil kein bestehendes Programm all diese Anforderungen von Anfang bis Ende des digitalen Workflows ausreichend erfüllte, wurde Lightroom entwickelt. Jede Stufe des Workflows hat in Lightroom ein eigenes Modul. Im idealen Fall arbeitet man für eine Aufnahmeserie Modul für Modul ab. Jedes einzelne davon bietet die Möglichkeit, viele Bilder gleichzeitig oder auch nur einzelne Bilder zu editieren – sowohl im JPEG- oder TIFF- als auch im Raw-Format. Für erweiterte Bearbeitungen ist ein schneller Sprung zu Photoshop möglich, ohne den Workflow verlassen zu müssen. Speziell für Raw-Bilder bietet Lightroom durch die DNG-Unterstützung eine möglichst hohe Kompatibilität und lange Archivierungssicherheit. Aber auch das Arbeiten im Raw-Format des jeweiligen Herstellers ist möglich – für manche besonders Qualitätsbewusste immer noch das einzig Wahre.

Bilder verwalten | Unbestritten ist die Anzahl der zu verwaltenden Bilder seit der analogen Fotografie auf Film enorm angestiegen. Auf Speicherkarten haben nicht mehr nur 24 oder 36 Bilder Platz, sondern oft mehrere hundert. Das wird von den Fotografen in der Regel auch reichlich ausgenutzt. Es werden nicht zwei oder drei Bilder von einem Motiv gemacht, sondern zehn oder noch mehr.

▲ **Abbildung 1.3**
In welchem Ordner würden Sie dieses Bild ablegen? Vielleicht gleich in mehreren? Lightroom bietet bessere Lösungen für die Verwaltung, zum Beispiel die Vergabe von Schlagwörtern oder die Einordnung in verschiedene Sammlungen.

Natürlich wird auch aussortiert, aber am Ende bleiben immer noch erheblich mehr Bilder übrig als in den Zeiten der analogen Fotografie. Profis und engagierte Amateurfotografen arbeiten mit bis zu mehreren zehntausend Aufnahmen. Und diese Flut will verwaltet werden. Bisher benutzte man dafür die klassischen Verzeichnisordner, in denen man auch die sonstigen Dateien auf dem Computer archiviert. Diese Art der hierarchischen Verwaltung stößt aber bei einem großen Aufkommen an Daten und Informationen – wie es bei Bildern der Fall ist – schnell an ihre Grenzen. Das Ergebnis ist, dass man Aufnahmen, die man schnell zur Hand haben muss, erst aufwendig suchen muss.

Ein Beispiel: Das oben abgebildete Foto entstand während eines Segeltörns in Istrien. In welchem Ordner würden Sie es ablegen? In EVENTS/SEGELTÖRN oder in KROATIEN/ISTRIEN? Oder vielleicht doch in dem Ordner für Ihre privaten Bilder? Oder am besten gleich in allen dreien? Jede Lösung wäre nur ein Kompromiss. Eine richtige Lösung für ein solches Problem bieten flexible Verwaltungstools, die mehr können, als nur Ordner und Unterordner anzulegen. Lightroom bietet als solches ein mehrschichtiges, flexibles System aus Verzeichnissen, Sammlungen, Stichwörtern und Metadaten.

Zur Verwaltung wird vor allem das Bibliothek-Modul verwendet. Seit Lightroom 4 ermöglicht das Karte-Modul das Verlinken

▲ Abbildung 1.4
Links die unbearbeitete Hälfte eines Bildes, so hat die Kamera den Ort gesehen; rechts eine kreative Entwicklung als Schwarzweißbild

von Bildern mit ihrem Aufnahmeort auf einer Weltkarte. GPS-Daten können dafür automatisch aus den Bildern ausgelesen werden.

Bilder bearbeiten | Lightroom ist jedoch noch viel mehr als ein reines Verwaltungstool. Im Modul ENTWICKELN reizt es nahezu alle Möglichkeiten der Bildbearbeitung aus, die in einem nichtdestruktiven Workflow möglich sind, ohne dabei zu komplex zu erscheinen. Nichtdestruktiv bedeutet, dass bei der Bearbeitung keine Pixel im Originalbild zerstört werden. Sie können also jederzeit wieder auf die Ursprungsdaten der Grundaufnahme zurückgreifen. Es ist somit nicht nötig, das Original als eine separate Datei aufzubewahren.

Die Bearbeitungstools erlauben eine relativ genaue Anpassung von Farben, Kontrasten etc. In Lightroom ist es auch möglich, Änderungen nur auf bestimmte Teile des Bildes anzuwenden. Warum heißt das Modul nun aber »Entwickeln« und nicht »Bearbeiten«? Das hat mit dem Raw-Format zu tun. In diesem Dateiformat liegen die Bilddaten quasi noch unentwickelt vor. Mehr dazu erfahren Sie in Kapitel 4, »Das Raw-Datenformat«, ab Seite 139.

Bilder präsentieren und ausgeben | Bilder können auf verschiedene Arten ausgegeben werden. Sie können sie als Dateien

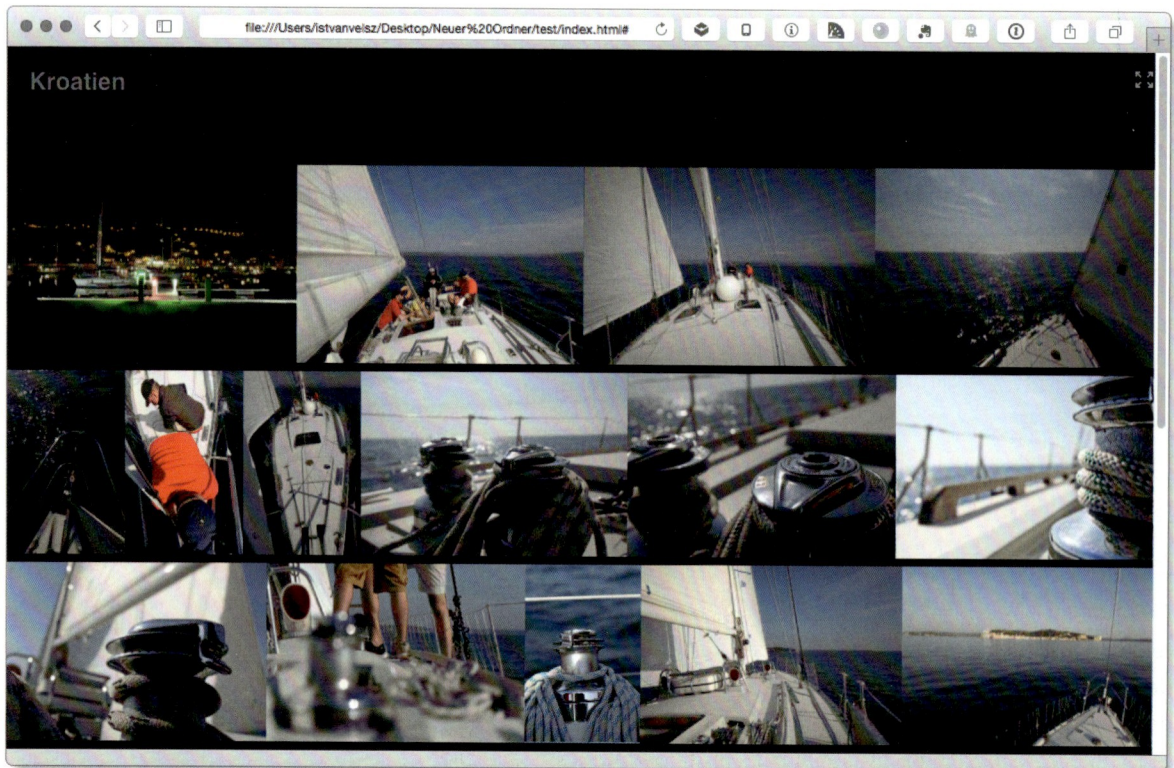

▲ **Abbildung 1.5**
Bilder können auf unterschiedliche Weise ausgegeben werden: gedruckt als Buch oder Abzug, als Diashow, Datei oder – wie hier abgebildet – als Website.

exportieren: als komprimierte JPEG-Datei oder als hochwertige TIFF- oder Photoshop-Datei zur Weiterverarbeitung in anderen Programmen wie Adobe Photoshop. Oder Sie präsentieren die Bilder direkt aus der Software heraus.

Die letzten vier Module von Lightroom beschäftigen sich mit der Ausgabe der Bilder. Als Erstes gelangen Sie in das Modul Buch. Hier lassen sich Fotobücher für den Onlinedienst Blurb oder zum persönlichen Ausdrucken als PDF erstellen. Dabei lassen sich die Bilder komfortabel mit Hilfe von Layout-Vorlagen anordnen und mit Text versehen.

Das Modul Diashow dient der Präsentation direkt vom Rechner aus auf dem Bildschirm oder Beamer. Zahlreiche Einstellmöglichkeiten erlauben es Ihnen, die Präsentation anzupassen. Beispielsweise kann ein eigener Kopfbalken (Erkennungstafel) integriert werden, auch Rahmen und Schatten lassen sich konfigurieren, falls ein Bild nicht den ganzen Bildschirm ausfüllt.

Das dritte Präsentationsmodul Drucken bietet Ihnen alles, um Ihre Bilder in gedruckter Form, quasi als Fotoabzug, auszugeben. Zusätzlich lassen sich Kontaktbogen von Ihren Sammlungen zusammenstellen.

Mit dem Modul WEB können Sie Ihre Bilder im Internet auf der eigenen Website präsentieren. Dabei können Sie aus verschiedenen HTML-Vorlagen wählen. Flash-Galerien stehen ab der Version 6 nicht mehr zur Verfügung.

Theoretisch ist es also möglich, alle digitalen Fotoarbeiten in Lightroom zu erledigen. Das Installieren verschiedener Raw-Konverter oder Softwaretools der Kamerahersteller können Sie sich damit eigentlich sparen, da Lightroom alle nötigen Funktionen bereits beinhaltet und auch die meisten Raw-Formate der verschiedensten Kameras verarbeiten kann – vom Import der Bilder bis zur Ausgabe.

Für Aperture-Umsteiger

Die Aufteilung der Module in Lightroom ähnelt der von Apples Aperture. Vieles wird Ihnen bekannt vorkommen. Näheres zum Import Ihrer Aperture Library finden Sie ab Seite 268.

1.2 Die Module im Überblick

In diesem Abschnitt erhalten Sie einen ersten Eindruck von den Modulen in Lightroom. Sie erfahren, welche Funktionen diese bieten und welche Möglichkeiten mit ihnen verbunden sind. Zwischen den Modulen wechselt man über die Kopfleiste ❶ oben rechts in der Anwendung. Alle Bilder und Einstellungen werden in einer Datenbank gespeichert, der sogenannten Katalogdatei, auf die alle

▼ **Abbildung 1.6**
Lightroom ist in Module unterteilt. Das Umschalten erledigt man im Kopf der Anwendung.

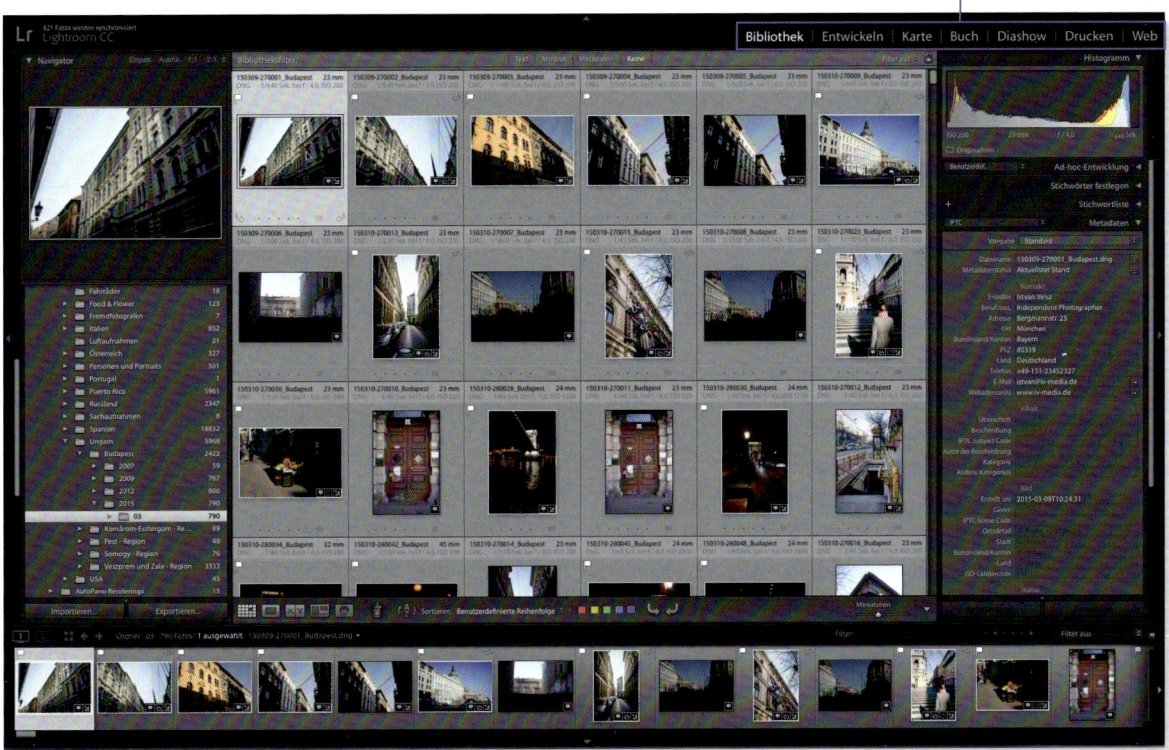

▲ Abbildung 1.7
Der Import von Festplatte, Karte oder Kamera bietet viele Möglichkeiten zur Raw-Konvertierung, Benennung und Verwaltung während des Importvorgangs an.

Module zugreifen. Lightroom ist also eigentlich nichts anderes als eine Datenbank.

Modul 1: Bibliothek

Die BIBLIOTHEK ist die Bildzentrale von Lightroom. Hier werden alle Bilder gespeichert. Alle weiteren Bearbeitungsschritte oder Bildausgaben werden von hier aus erledigt. Die Bibliothek dient auch als Verwaltungstool, um Bilder zu ordnen, verschlagworten, sortieren oder zu finden.

Bilder importieren | Am Anfang steht das Einlesen der Bilder – über einen Cardreader, von der Kamera oder auch von einer Festplatte. Dabei werden die Daten nicht in der Katalogdatei von Lightroom gespeichert, sondern nur an eine vorab definierte Stelle auf der Festplatte kopiert, und der Verweis darauf wird in der Lightroom-Datenbank erfasst.

Je nach Konfiguration des Betriebssystems kann Lightroom automatisch gestartet werden, wenn Sie die Kamera anschließen oder eine Speicherkarte in den Reader einlegen. Beim Import können Sie Bilder gleich in Ordnern strukturieren oder automatisch nach Datum sortiert ablegen. Sie können Raw-Daten auch direkt ins DNG-Format konvertieren, automatisch benennen und Entwicklungsvoreinstellungen zuweisen.

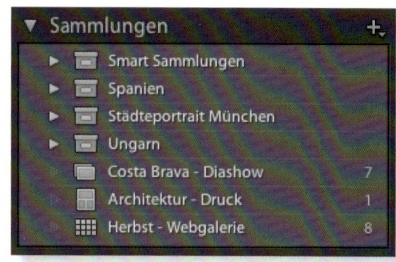

▲ Abbildung 1.8
Zusätzlich zur klassischen Ordnerstruktur lassen sich die Bilder auch in Sammlungen gruppieren.

Verwalten in Ordnern | In Lightroom wird die Ordnerstruktur auf Ihrer Festplatte oder im Netzwerk angezeigt. Sinnvoll ist es, alle Bilderordner in einem übergeordneten Ordner abzulegen. Dieser wird dann als oberstes Verzeichnis in der Struktur angezeigt. Da diese Struktur ebenfalls nur eine Datenbankinformation ist, werden Änderungen, zum Beispiel das Verschieben von Ordnern auf Betriebssystemebene, nicht automatisch übertragen. Die Ordner oder Bilder werden dann als fehlend markiert.

Verwalten nach Sammlungen | In Sammlungen können Bilder unabhängig von ihrem Ablageort zusammengefasst werden. Der Vorteil dabei ist, dass sich Bilder gleichzeitig in mehreren Sammlungen befinden können. Es wird dabei aber immer nur auf die Originaldatei im Quellverzeichnis verwiesen. Sie können beispielsweise Zusammenstellungen von Bildern zu einem Thema oder für eine bestimmte Diashow als Sammlung speichern. Sammlungen für Veröffentlichungsdienste speichern Bildzusammenstellungen für Onlinedienste wie Flickr oder Facebook.

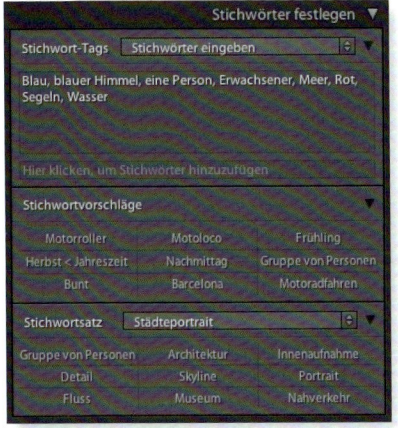
▲ **Abbildung 1.9**
Bilder können mit Stichwörtern versehen werden.

Verwalten nach Stichwörtern | Zusätzlich können Sie jedem Bild beliebige Stichwörter hinzufügen. Diese können für den Ort, das Wetter, die Anzahl an Personen, die vorherrschende Farbstimmung etc. vergeben oder auch hierarchisch verknüpft werden. Zu jedem Stichwort können Sie zudem Synonyme eingeben, zum Beispiel die Einzahl und Mehrzahl eines Begriffs sowie seine Bezeichnung in einer anderen Sprache. Dies erhöht die Treffsicherheit bei Sucheingaben.

Verwalten nach Metadaten | Bei der Aufnahme schreiben Kameras Metadaten in das Bild. Dazu zählen die Bezeichnung des Kameramodells, Belichtungszeit, Blende, das verwendete Objektiv etc. Nach diesen Kriterien können Sie ebenfalls suchen und sortieren. Oder Sie lassen sich nur Bilder anzeigen, die mit einem bestimmten Objektiv bei einer bestimmten Blende gemacht wurden. Natürlich können Sie auch Metadaten zum Urheber oder Ähnliches direkt eingeben. Lightroom unterstützt hier den IPTC-Standard (International Press Telecommunications Council).

Suche | In Lightroom können Sie Ihre Bilder nach allen Attributen wie Dateinamen, Stichwörtern, Aufnahmedatum oder Metadaten durchsuchen. Die Suche arbeitet in Echtzeit. So sind Ergebnisvorschläge schon während des Tippens sichtbar.

Kapitel 1 Einführung

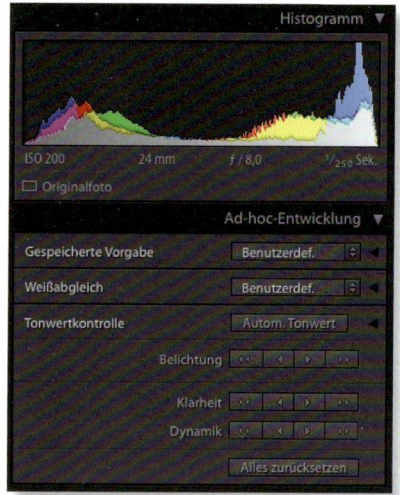

Ad-hoc-Entwicklung und Histogramm | Bereits in der BIBLIOTHEK können Sie eine erste grobe Korrektur der Bilder durchführen und über das Histogramm kontrollieren. Augenscheinlich fehlbelichtete Bilder können damit zum Beispiel nachbelichtet oder abgedunkelt werden. Auch lassen sich alternative Weißabgleiche anwählen – für einzelne oder mehrere Bilder auf einmal. Das funktioniert auch unter Zeitdruck während eines Shootings sehr gut. Sie können die Bilder natürlich auch einfach archivieren und dann später noch optimieren.

Virtuelle Kopien | Von jedem Bild kann eine virtuelle Kopie angefertigt werden. Diese verweist dann auf das Originalbild, kann aber auch schon eigene Entwicklungseinstellungen besitzen. So sind beispielsweise eine Farb- und eine Graustufenvariante von ein und demselben Bild möglich, ohne es dafür kopieren zu müssen und damit Platz auf dem Datenträger zu verschwenden.

▲ **Abbildung 1.10**
Die AD-HOC-ENTWICKLUNG erlaubt eine erste grobe Bildoptimierung bereits in der BIBLIOTHEK.

▼ **Abbildung 1.11**
Das Entwickeln-Modul erlaubt die Veränderung von Bildern, ohne dabei die originale Bildinformation zu zerstören.

Modul 2: Entwickeln

Da Raw-Bilder keine eigentlichen Bilder sind, sondern vielmehr nur Negative, müssen sie zuerst entwickelt werden. Daher wird die

1.2 Die Module im Überblick

◄ **Abbildung 1.12**
Das Bild, wie es direkt von der Kamera importiert wurde

Bearbeitung von Bildern in Lightroom »Entwickeln« genannt. In diesem mächtigen Modul von Lightroom werden die Farben korrigiert, Kontraste herausgearbeitet sowie die Bilder geschärft. Einige Korrekturen lassen sich auch partiell nur auf ausgewählte Bereiche anwenden.

Alle Einstellungen während der Entwicklung werden aufgezeichnet und lassen sich als Vorgaben speichern. Zu jedem Arbeitsschritt können Sie zurückspringen. Alle Einstellungen werden nur als Metadaten an die Datei geheftet und verändern nicht das Bild selbst.

Grundeinstellungen | In dem Modul ENTWICKELN werden alle Grundparameter zur Entwicklung festgelegt. Dazu zählen Weißabgleich, Helligkeit, Kontrast und Steuerelemente zur Farbsättigung.

▼ **Abbildung 1.13**
Mit den GRUNDEINSTELLUNGEN wird das Gesamterscheinungsbild optimiert. Die Automatik liefert meistens eine gute Ausgangsposition.

Es ist auch möglich, eine automatische Korrektur durchzuführen. Dabei wird das Bild so angepasst, dass eine homogene Helligkeitsverteilung und genügend Lichter- und Schattendetails vorhanden sind. Bilder mit geringem Kontrastumfang wirken brillanter – oftmals eine gute Ausgangssituation für weitere Optimierungen. Bei gewollt über- oder unterbelichteten Bildern ist die automatische Korrektur jedoch nicht zu empfehlen.

Gradationskurve | Mit Hilfe der GRADATIONSKURVE können Sie Helligkeit und Kontrast über eine Kurve steuern. Mit dieser Methode können ganz bestimmte Helligkeitswerte im Bild bearbeitet werden. Der Vorteil ist, dass Weiß- und Schwarzpunkt nicht verändert werden. Der gesamte Helligkeitsumfang bleibt dadurch erhalten. Das Ausreißen von Schattenpartien oder Lichtern wird damit verhindert.

Die Gradationskurve kann über vier Schieberegler zu einer mehr oder weniger starken S-Kurve (Seite 542) geformt werden. Dabei verändert sich der Kontrast entsprechend. Die Schwarz- und Weißpunkte bleiben dabei erhalten.

▲ **Abbildung 1.14**
Die GRADATIONSKURVE steuert Helligkeit und Kontrast über einen Graphen – ähnlich wie die Gradationskurve in Photoshop.

Selektive Farbkorrekturen | Des Weiteren können Farbkorrekturen für alle Grund- und Komplementärfarben durchgeführt werden, indem Sie Farbregler für FARBTON, LUMINANZ (Helligkeit) und SÄTTIGUNG verschieben. Dies ist auch im Graustufenmodus möglich, um beispielsweise den Kontrast im Himmel zu verstärken.

▲ Abbildung 1.15
Farben lassen sich selektiv in Helligkeit, Sättigung und Farbton verändern.

Weitere Steuerelemente erlauben eine Farbverschiebung speziell für die Lichter und Tiefen eines Bildes oder eine generelle Farbkorrektur der Kameraprofile.

Teiltonung | Mit Hilfe der TEILTONUNG können helle und dunkle Stellen eingefärbt werden. Dadurch lassen sich ganz eigene Bildstile entwickeln.

▼ Abbildung 1.16
Die TEILTONUNG färbt Lichter und Schatten unterschiedlich ein.

Details herausarbeiten | Das Rauschen von Bildern, vor allem bei höheren ISO-Werten, kann über eine Rauschunterdrückung herausgefiltert werden. Diese kann sowohl Farb- als auch Helligkeitsrauschen getrennt voneinander korrigieren. Eine sehr fein zu regulierende Scharfzeichnungsmethode kann Bildern kaum sichtbare Details entlocken.

▲ **Abbildung 1.17**
Rauschunterdrückung und Scharfzeichnung verbessern die Detaildarstellung im Bild.

Objektivkorrekturen | Lightroom korrigiert auch optische und perspektivische Fehler wie chromatische Aberration (Seite 596), Vignettierungen (Randabdunklung) oder stürzende Linien, das Ganze auf Wunsch atuomatisch oder manuell. Optische Abbildungsfehler, wie die tonnen- oder kissenförmige Verzerrung, treten vor allem bei Weitwinkelobjektiven auf – sie lassen sich kaum vermeiden. Die objektivbedingte Vignettierung kann im Original herausgefiltert werden. Sie kann aber auch als Effekt verwendet werden. Diese wird dann über eigene Regler nach der Freistellung angewendet, so dass sie nur auf das endgültige und nicht auf das Originalbild Einfluss nimmt.

Lightroom kann objektivbedingte Fehler automatisch korrigieren. Dabei greift es auf eine Datenbank zurück, in der die Eigenschaften einzelner Objektive gespeichert sind. Die Automatik für perspektivische Fehler versucht, stürzende Linien zu erkennen und diese zu korrigieren – leider nicht immer perfekt.

1.2 Die Module im Überblick

◀▲ **Abbildung 1.18**
Über die Objektivkorrekturen lassen sich auch stürzende Linien korrigieren. Oben die Originalversion, unten wurden die stürzenden Linien ausgebessert.

Partielle Korrekturen | Bis auf die Objektivkorrekturen wirken sich alle bisher erwähnten Entwicklungsschritte auf das gesamte Bild aus. Oft ist es jedoch wünschenswert, Teilbereiche anders zu entwickeln als den Rest des Bildes. Man denke nur an die Herausarbeitung des Himmels, ohne dabei die Landschaft zu verändern oder an die Porträtretusche. In Lightroom gibt es drei Werkzeuge, mit denen Sie die Auswahl der zu bearbeitenden Bereiche einschränken können.

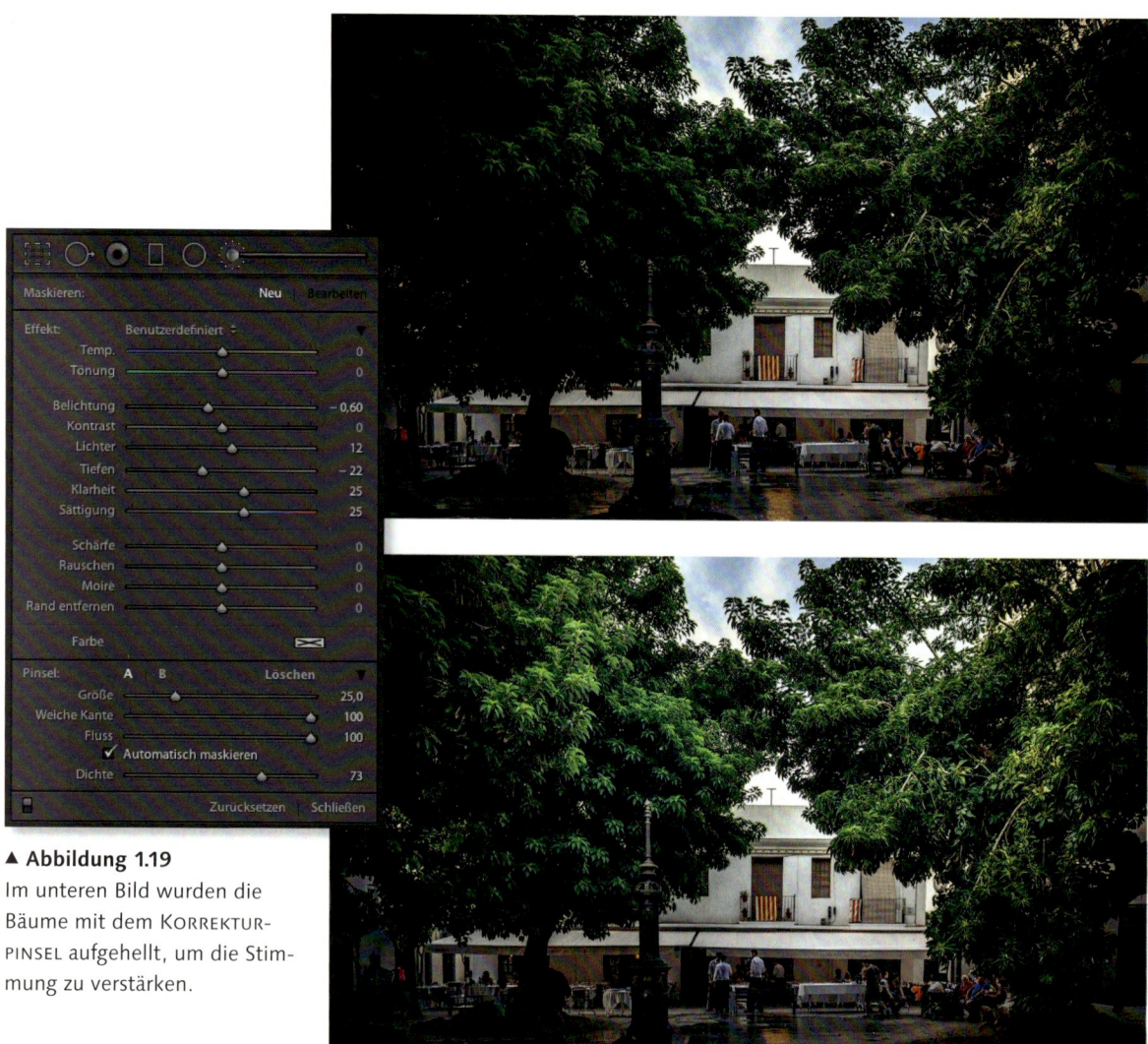

▲ Abbildung 1.19
Im unteren Bild wurden die Bäume mit dem KORREKTURPINSEL aufgehellt, um die Stimmung zu verstärken.

Der VERLAUFSFILTER erstellt eine lineare Verlaufsmaske. Diese eignet sich vor allem zur Betonung von Wolkeneffekten in Landschaftsbildern mit einem geraden Horizont und ohne herausragende Gebäude im Vordergrund. Der RADIAL-FILTER arbeitet ähnlich, nur dass er einen Verlauf von einem Mittelpunkt aus in alle Richtungen erstellt. Der KORREKTURPINSEL erlaubt dagegen das freie Malen von Masken. Dabei kann die Maske über eine automatische Bereichserkennung nur Bereiche mit ähnlicher Farbe maskieren (Seite 649).

Freistellung, rote Augen und Reparatur | Bilder können mit Hilfe der FREISTELLUNGSÜBERLAGERUNG (Seite 614) beliebig beschnitten und ausgerichtet werden. Zur Unterstützung wird dafür ein Raster über das Bild gelegt. Zusätzlich lassen sich rote Augen entfernen, die bei Blitzaufnahmen in Porträtsituationen entstehen. Ebenso lassen sich kleinere Bildfehler beseitigen. Dabei haben die Programmierer vor allem an Staubflecken auf dem Sensor gedacht. Aber auch kleine Retuschen, z. B. bei Porträts, lassen sich damit bewerkstelligen.

Kamerakalibrierung | Diese Regler sind vor allem für fortgeschrittene Anwender gedacht. Sie ermöglichen die Profilierung einer Kamera in Bezug auf Farb- und Gradationsverhalten. Die Profile können dann als Voreinstellung zur Kamera gespeichert und wiederverwendet werden. Über das Programm DNG Profile Editor lassen sich auch eigene Profile erstellen. Den DNG Profile Editor erhalten Sie über die Adobe-Labs-Website *(http://labs.adobe.com)*.

▼ **Abbildung 1.20**
Links das Originalbild mit dem Adobe-eigenen Profil, rechts das Bild mit dem für die Kamera optimierten Profil

Synchronisieren | Alle Einstellungen können von einem Bild auf beliebig viele andere übertragen werden. Dies kann auch selektiv nur für bestimmte Parameter geschehen. Bei der automatischen Synchronisation werden dann alle Einstellungen sofort auf alle anderen ausgewählten Bilder angewendet.

Protokoll, Schnappschüsse und Vorgaben | Sämtliche Veränderungen werden aufgezeichnet und in einem Protokoll gespeichert. Dieses bleibt so lange erhalten, wie das Bild in der Bibliothek bleibt. Sie können jederzeit zu einem beliebigen Punkt im Proto-

Kapitel 1 Einführung

koll springen und diesen als Schnappschuss speichern. Dabei wird das derzeitige Aussehen des Bildes zwischengespeichert. So können Sie auch Entwicklungsvarianten austesten.

Alle Einstellungen oder auch nur eine Zusammenstellung von Parametern können als Vorgabe gespeichert und auf ein beliebiges anderes Bild angewendet werden.

Modul 3: Karte

Das Modul KARTE erlaubt es, die Bilder nach Orten zu organisieren. Falls Ihre Kamera ein GPS-Modul besitzt, werden die Bilder direkt nach dem Import auf der Karte sichtbar. Aber auch ohne GPS-Koordinaten in den Bildinformationen lassen sich die Bilder auf der Karte anzeigen. Dazu müssen Sie den Ort auf der Karte suchen und die Bilder dort per Drag & Drop platzieren.

▼ **Abbildung 1.21**
Das Karte-Modul zum Verknüpfen der Bilder mit ihrem Aufnahmeort. Da die Karte von GoogleMaps integriert ist, kann auch die Darstellungsart umgeschaltet werden.

Mit Mobiltelefonen oder GPS-Trackern aufgezeichnete Tracklogs können ebenfalls mit den Fotos verknüpft werden. Dabei werden die Zeitpunkte, an denen die Fotos aufgenommen wurden, mit dem Tracklog verglichen. Die GPS-Daten im Tracklog, die am nächsten zum Aufnahmezeitpunkt liegen, werden dann als Koordinaten für das Bild verwendet. Die Kartendaten kommen von GoogleMaps, so dass dieses Modul immer eine Internetverbindung benötigt.

Gespeicherte Positionen | In der linken Bedienfeldpalette können Sie immer wiederkehrende Positionen speichern. Orte, an denen Sie häufig fotografieren, sind so schnell aufgerufen.

Metadaten | In der rechten Bedienfeldpalette werden nur die Metadaten angezeigt, die sich auf die Ortsangaben beziehen.

Modul 4: Buch

Mit dem Modul Buch lassen sich auch komplexe Fotobücher erstellen. Die Ausgabe erfolgt über das Internet direkt an den Druckdienstleister Blurb. Alternativ können Sie ein erstelltes Buch auch als PDF exportieren. Bei den Formaten sind Sie aber auch beim PDF an die verfügbaren Formate des Internetdienstleisters Blurb gebunden.

Das Erscheinungsbild lässt sich über feste Layout-Vorlagen für jede Seite individuell anpassen. Insgesamt stehen ca. 180 Vorlagen

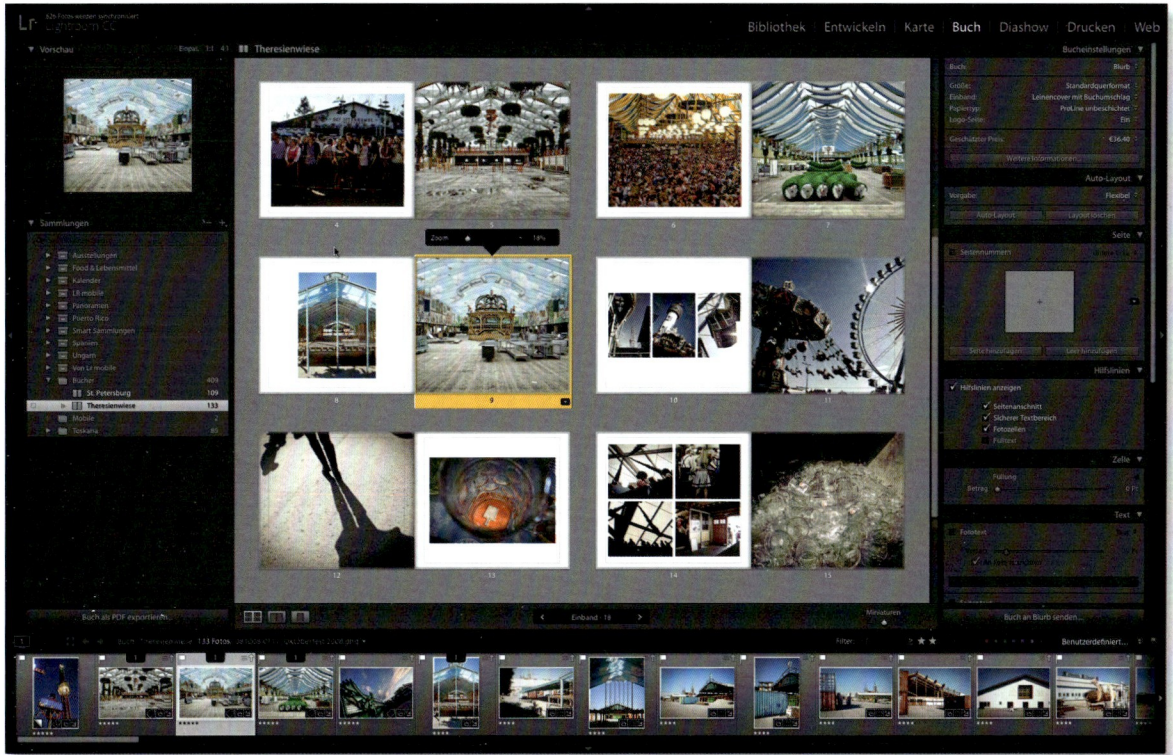

▼ **Abbildung 1.22**
Im Buch-Modul können Bücher über einen Onlinedienst gedruckt oder als PDF gespeichert werden.

zur Verfügung. Die Bilder lassen sich automatisch auf den Seiten platzieren. Hier haben Sie auch die Möglichkeit, Einfluss auf die Verteilmethode nehmen.

Bucheinstellungen | In dieser Palette werden die groben Layout-Vorgaben wie Seitenformat, Bildqualität, Auflösung und das Ausgabeziel – PDF oder Blurb – gewählt.

Auto-Layout | Der Algorithmus, mit dem sich die Bilder automatisch auf Seiten verteilen lassen, kann hier beeinflusst werden, beispielsweise die Angabe, wie viele Bilder pro Seite platziert werden sollen. Diese Einstellungen lassen sich als Vorgabe speichern und wiederverwenden.

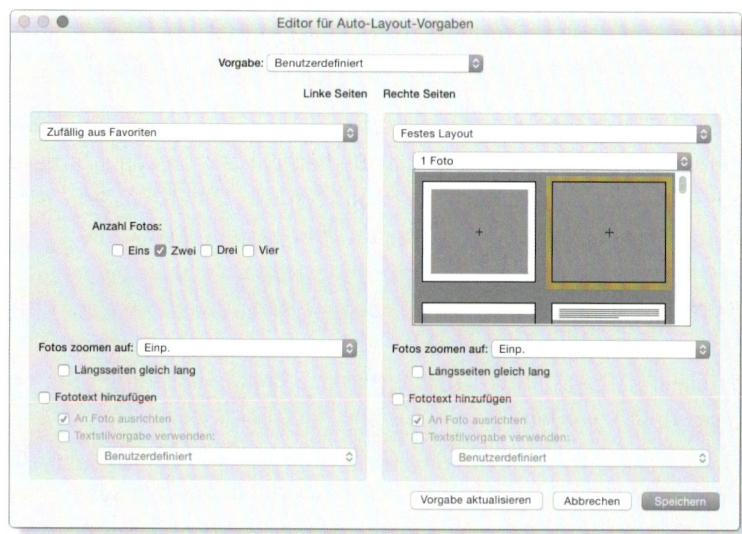

Abbildung 1.23 ▶
Beim Auto-Layout hat man über einen Vorgabendialog noch die Möglichkeit, die verwendeten Layouts vorzugeben.

Seite | Die verwendete Vorlage jeder Seite lässt sich auch nachträglich noch ändern. Über ein kleines Vorschaubild erhalten Sie eine Vorstellung vom möglichen Design. Vorlagen sind dabei nicht nur nach Anzahl der Bilder, sondern auch nach Themengebieten aufgelistet. Die Zuweisung von Layouts ist auch über das Dropdown-Menü an der aktiven Seite möglich. Diese wird orange gekennzeichnet.

Hilfslinien | Über dieses Bedienfeld lassen sich Hilfslinien einblenden, die das Layouten erleichtern. Sie werden nicht mitgedruckt.

Zelle | Hier können Randabstände zu den Bild- oder Textbegrenzungen eingestellt werden. Bei Vorlagen mit Rahmen um die Bilder ist dies eine ganz sinnvolle Funktion.

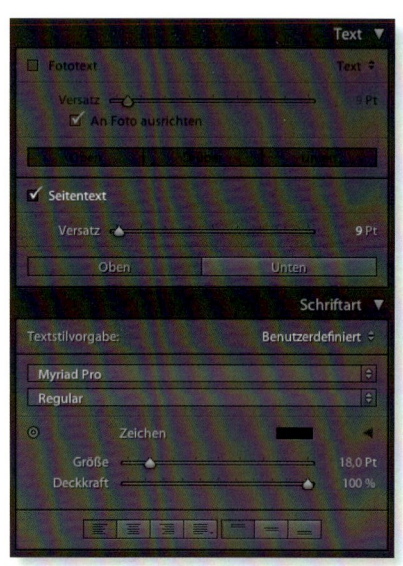

▲ **Abbildung 1.24**
Die Bedienfelder zur Steuerung der Textdarstellung

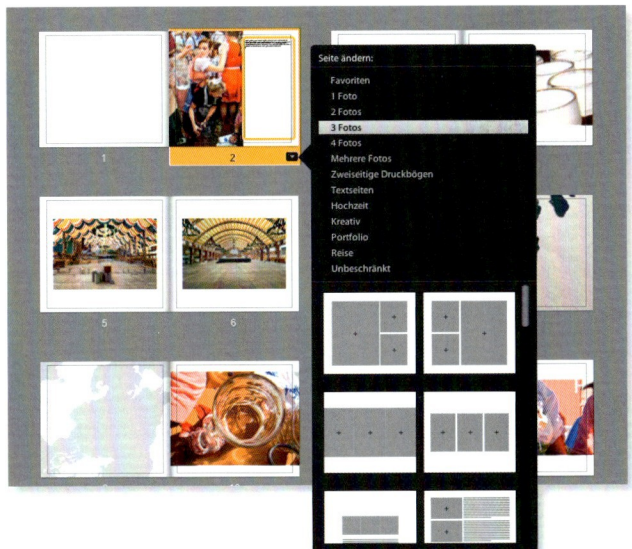

◀ **Abbildung 1.25**
Die aktuell aktive Seite wird orange eingerahmt. Über das Dropdown-Menü lässt sich die Vorlage ändern.

Text | Einige Vorlagen beinhalten auch Textfelder, um einen längeren Text einzugeben. Über das Bedienfeld Text lassen sich dazu zusätzlich Foto- und Seitentext einblenden. Deren Position zum Bild beziehungsweise zur Seite kann hier gesteuert werden.

Schriftart | Das Modul bietet auch die Möglichkeit, alle auf dem System verfügbaren Schriften zu verwenden und in Stilvorlagen zu speichern. Diese Stilvorlagen können jeder Textselektion einzeln zugewiesen werden.

Hintergrund | Jede Seite lässt sich mit einem Hintergrund versehen, dessen Deckkraft sich über einen Schieberegler einstellen lässt. Hier können Sie auch Bilder oder vorgefertigte Grafiken verwenden. Zwei Themen – Reise und Hochzeit – bieten vorgefertigte Grafiken wie Karten, Kompasssymbole oder Ornamente zur Auswahl.

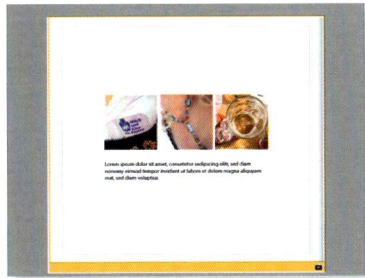

▲ **Abbildung 1.26**
Darstellung einer einzelnen Seite

▲ **Abbildung 1.27**
Darstellung als Druckbogen

▲ **Abbildung 1.28**
Darstellung als Mehrseiten-Ansicht

Kapitel 1   Einführung

Modul 5: Diashow

Zum Präsentieren der Bilder beim Kunden oder im Kreis der Familie bietet Lightroom die Möglichkeit, eine Bildauswahl als selbstablaufende Diashow abzuspielen. Einstellungen der Diashow lassen sich als Vorlagen abspeichern und auf eine andere Bildauswahl anwenden.

▲ **Abbildung 1.29**
Das Diashow-Modul zum Präsentieren über Beamer, Fernseher oder Monitor

Layout-Optionen | Das Bild muss nicht immer bildschirmfüllend angezeigt werden. Sie können einen Abstand um das Bild bestimmen und es mit einer Kontur einrahmen. Vor allem, wenn das Bild nicht dem Seitenverhältnis des Monitors oder Beamers entspricht, ist ein Randabstand sinnvoll, sonst wird eventuell zu viel vom Bild abgeschnitten. Zusätzlich können Sie einen Schatten festlegen, der das Bild optisch vom Hintergrund trennt.

Überlagerungen | Über oder hinter dem Bild können Sie auch eine Erkennungstafel platzieren. Diese kann aus Text oder auch aus Ihrem eigenen Logo bestehen. Des Weiteren lassen sich automatisch generierte Texte am Bild oder am Hintergrund ausrichten. In Textblöcken werden Metadaten wie Belichtungszeit, Schlüsselwörter, Kamera, Objektiv, Copyright etc. oder auf Wunsch auch ein benutzerdefinierter Text angezeigt.

Hintergrund | Als Hintergrund können Sie beliebige Farben oder einen Verlauf definieren. Es ist auch möglich, ein anderes Bild als Hintergrund zu verwenden, indem Sie es dort durchscheinend platzieren.

Titel | Jeweils am Anfang und am Ende der Diashow können Sie Titelfolien platzieren. Hier können Sie auch eigene Bilder als Erkennungstafeln konfigurieren und verwenden.

Musik | Die Show können Sie mit Hintergrundmusik versehen. Die Musikdateien können Sie aus einem beliebigen Ordner auswählen.

Abspieloptionen | Lightroom erkennt, wenn Sie einen zusätzlichen Monitor oder Beamer anschließen. Sie haben dann die Möglichkeit, auszuwählen, auf welchem der beiden Geräte das Bild ausgegeben werden soll. Der andere Monitor wird dabei abgedunkelt. Darüber hinaus können Sie hier die Anzeigedauer einstellen und die Diashow mit der Musik synchronisieren. Auch den Effekt SCHWENKEN UND ZOOMEN – besser bekannt auch als Ken-Burns-Effekt – aktivieren Sie hier.

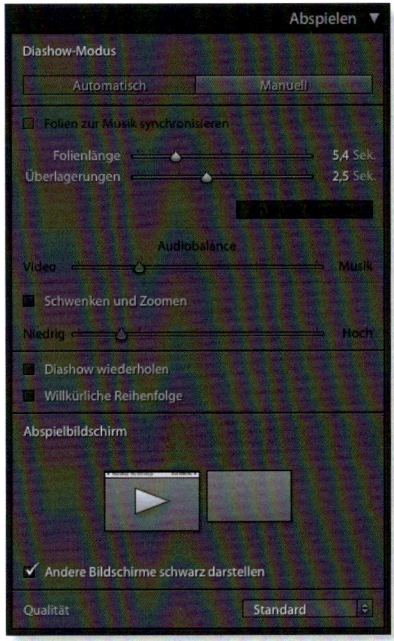

▲ **Abbildung 1.30**
Lightroom erkennt, wenn ein zweiter Monitor oder Beamer angeschlossen ist.

Modul 6: Drucken

Lightroom erlaubt es, sowohl Raw- als auch JPEG-, TIFF- oder PSD-Dateien als Kontaktbogen oder einzelne Bilder als Abzüge zu drucken. Dabei können Sie die Darstellung frei konfigurieren. Mit dem Bildpaket können auch unterschiedlich große Versionen einer Aufnahme auf eine Seite gedruckt werden.

Layoutstil | Für Kontaktabzüge können Sie ein Raster mit einer Kombination von Zeilen und Spalten angeben. Jede Zelle wird dann mit einem Bild aus der aktuellen Bildauswahl gefüllt. Alternativ können Sie pro Seite auch nur ein Bild drucken. Dieses wird dann so oft wiederholt, wie Zellen durch das Raster vorgegeben werden. Es lassen sich auch Seitenränder und Abstände zu den anderen Bildern angeben. Oder Sie gestalten jede Seite individuell mit unterschiedlichen Bildern.

Kapitel 1   Einführung

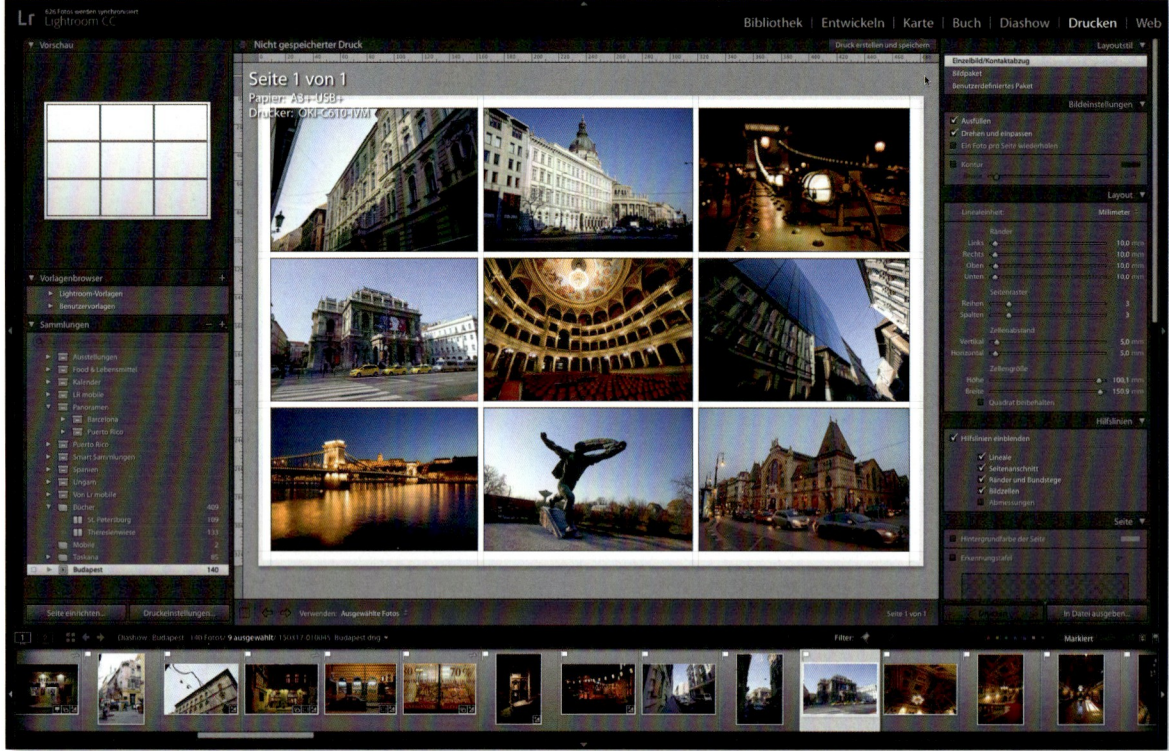

▲ Abbildung 1.31
Das Drucken-Modul für hochqualitative Abzüge oder Kontaktbogen

Seite | Bilder können mit einer Erkennungstafel überlagert werden, die dann als Wasserzeichen dient. Wahlweise lassen sich auch zusätzlich aus Metadaten generierte Textangaben an jedes Bild anfügen.

Drucken mit Farbmanagement | Die Abzüge können farbprofiliert ausgedruckt werden. Dabei wird die Darstellung auf den Drucker hin optimiert. Für eine schnelle Kontrolle gibt es einen Entwurfsmodus. Bei Abzügen in hoher Qualität ist es zudem möglich, eine bestimmte Auflösung mit zusätzlicher Schärfung vorzugeben.

Modul 7: Web

Eine Veröffentlichung im Internet erlaubt das Anbieten von Bildern von nahezu jedem Punkt der Welt aus. Man benötigt nur den Zugang zu einem Webserver. Die Webgalerie in Lightroom ermöglicht es Kunden oder Freunden, blitzschnell auf Bilder zuzugreifen – auch wenn sie erst kurz zuvor weit von ihnen entfernt entstanden sind.

1.2 Die Module im Überblick

▲ **Abbildung 1.32**
Das Web-Modul zum Erstellen von Galerien zur Veröffentlichung im Internet

Layoutstil | Lightroom bietet mehrere Layoutstile (Designs) für die Galerie an. Je nach ausgewähltem Stil, stehen teilweise unterschiedliche Parameter zur Verfügung.

Anpassen der Galerien | Je nach Art einer Galerie lassen sich Farbe, Größe der Bilder oder Überblendungen anpassen. Die Galerien können um Titel oder Erkennungstafeln ergänzt werden. Ebenso können auch Bildinformationen aus Metadaten generiert und eingeblendet werden. Welche Einstellmöglichkeiten zur Verfügung stehen, ist abhängig von der jeweils ausgewählten Galerie. Alle Einstellungen können als Vorlagen gespeichert und auf weitere Bildauswahlen angewendet werden.

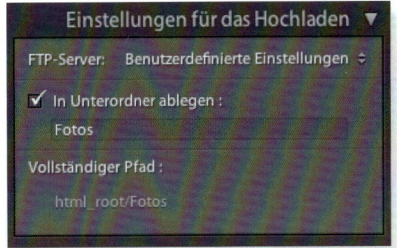

▲ **Abbildung 1.33**
Webgalerien können in Lightroom direkt per FTP auf einen Webserver übertragen werden.

FTP-Upload | Eine Galerie kann direkt aus Lightroom heraus auf einen Webserver übertragen werden. Dazu sind lediglich ein Benutzername und ein Passwort erforderlich. Das Hochladen wird dann vom integrierten FTP-Client erledigt. Arbeiten Sie mit mehreren Galerien, so können Sie auch Unterverzeichnisse angeben, in denen verschiedene Galerien abgelegt werden können. Die Interessenten können dann über verschiedene Webadressen darauf zugreifen.

Flickr, Facebook und Co. | Das Modul WEB hat übrigens nichts mit Diensten wie Facebook, Flickr, Picasa etc. zu tun. Diese werden über die Veröffentlichungsdienste der BIBLIOTHEK bedient.

1.3 Lightroom 6 oder Lightroom CC

Eine Neuerung vorab. Es gibt jetzt zwei parallel laufende Versionen von Lightroom. Die eine heißt Lightroom 6 und die andere Lightroom CC.

Abbildung 1.34 ▶
An der Bezeichnung links unten im Splashscreen erkennen Sie, ob Sie Lightroom CC oder die Kaufversion Lightroom 6 besitzen.

Lightroom CC ist die Cloud-Version von Lightroom 6. Diese erhalten Sie, wenn Sie entweder Nutzer der Adobe Creative Cloud sind oder das Foto-Abo der Creative Cloud mit Photoshop und Lightroom besitzen. Da Adobe die Creative Cloud Produkte bevorzugt, hat dies auch Auswirkungen auf die Funktionalität. Die Creative-Cloud-Version, kurz CC, besitzt dabei folgenden Mehrwert:

Produktinformationen

Auf der Website *http://www.adobe.com/de/products/photoshop-lightroom.html* finden Sie alle Informationen zur Creative Cloud- und zur Kaufversion.

- ▶ Updates der Kompatibilität zu neuen Kameras stehen früher zur Verfügung, da das Update über die Creative-Cloud-Schnittstelle einfacher und in kleineren Häppchen eingespielt werden kann.
- ▶ Gleiches gilt für den Funktionsumfang. Hier will Adobe die CC-Anwender bevorzugen. Größere Versionssprünge für den Rest der Anwender werden in größeren Zeiträumen zur Verfügung gestellt.

- Der Lightroom-CC-Anwender profitiert auch von schnelleren Fehlerbeseitigungen.
- Sie können die Sprachversion frei wählen und später auch wechseln.
- Die Software darf auf zwei Rechnern genutzt werden. Dabei müssen diese nicht das gleiche Betriebssystem installiert haben.
- CC-Anwender haben die Möglichkeit, Bilder über die Cloud mit Lightroom mobile auf ihren Mobilgeräten zu synchronisieren, dort zu bearbeiten und auch wieder zurückzuspielen. Außerdem erhalten sie eine Möglichkeit, Bilder zu veröffentlichen.

> **Lightroom mobile**
>
> Bei Lightroom mobile handelt es sich um eine App für Tablets und Smartphones. Sie können Sammlungen aus der Desktop-Version über die Cloud in die App übertragen und dort präsentieren und auch eingeschränkt entwickeln. Außerdem steht Ihnen über die Cloud eine eigene Website zur Veröffentlichung der Bilder zur Verfügung. Mehr zu Lightroom mobile ab Seite 914.

Zum Installieren und Lizenzieren ist grundsätzlich eine Adobe-ID – also die Registrierung bei Adobe – nötig, auch wenn Sie die Kaufversion nutzen.

Die CC-Version hat aber auch einen Nachteil, denn die Frage ist, was passiert, wenn Sie das Abo der Cloud-Version kündigen? Ab diesem Moment haben Sie keine offizielle Lizenz mehr. In diesem Fall werden das Entwickeln- und das Karte-Modul deaktiviert. Sie können nur noch Ihre Bilder verwalten, exportieren, Bücher und Webgalerien erstellen. Die einzigen Entwicklungsmöglichkeiten sind dann noch die der Ad-hoc-Entwicklung des Bibliothek-Moduls.

Wenn Sie sich nicht sicher sind, welche Version Sie erwerben sollen, können Sie auch die einmonatige Testversion herunterladen. Diese enthält auch ein CC-Probeabo. Kaufen Sie nämlich die Kaufversion und stellen dann fest, dass Ihnen die Cloud-Version besser gefällt, müssen Sie das Abo neu erwerben und haben dann eine Version umsonst gekauft.

1.4 Neuerungen

Lightroom CC (beziehungsweise 6) hat lange auf sich warten lassen. Der erweiterte Funktionsumfang ist zwar nicht unerheblich und es sind einige interessante Funktionen dabei, aber nicht jeder wird diese wirklich benötigen. Daher finden Sie nachfolgend eine Liste mit kurzen Beschreibungen zu den wichtigsten Änderungen. Neue Funktionen sind im Buch mit dem Hinweis »Neu in Lightroom 6/CC« gekennzeichnet. Sind Änderungen nur in der Creative Cloud-Version verfügbar, sind diese mit »Neu in Lightroom CC« kenntlich gemacht. Dort erfahren Sie auch mehr zu den einzelnen Stichpunkten.

> **TIPP**
>
> Wie bei jeder Software, die die Bearbeitung von Raw-Daten zulässt, gibt es auch für Lightroom alle paar Monate ein Update, um die Raw-Formate der jüngst erschienenen Kameramodelle zu unterstützen. Updates können Sie unter *http://www.adobe.com/de/downloads.html* herunterladen. Bisher wurden in den Updates auch gleich kleinere Verbesserungen und Bugfixes mitgeliefert. Grundsätzlich benachrichtigt Sie aber auch das Programm, wenn neue Versionen vorliegen.

Aktuelle Systemvoraussetzungen

Aufgrund vieler Änderungen unter der Haube wurden auch die Systemanforderungen angepasst. Nachfolgend finden Sie die aktuellen Voraussetzungen zum Betrieb von Lightroom 6/CC.

- **Windows**
  - Intel- oder AMD-Prozessor mit 64-Bit-Unterstützung
  - mindestens Windows 7 mit Service Pack 1
- **Mac**
  - Intel-Mehrkern-Prozessor mit 64-Bit-Unterstützung
  - mindestens Mac OS X 10.8
- **Beide Systeme**
  - mindestens 2 GB RAM (4 GB empfohlen)
  - mindestens 2 GB freier Festplattenspeicher
  - DVD-ROM-Laufwerk erforderlich, wenn Lightroom als Retail-/Boxed-Version erworben wird
  - OpenGL 3.3- und DirectX 10-fähige Grafikkarte für GPU-bezogene Funktionen
  - Die Aktivierung eines Adobe-Produkts, die Validierung von Abonnements und der Zugriff auf Onlinedienste setzen eine Internetverbindung sowie eine Registrierung voraus.

Global

- **In Sammlung importieren (Seite 302):** Sie können jetzt bereits beim Import eine Sammlung festlegen, der die Bilder zusätzlich zugewiesen werden sollen. Wird eine Sammlung mit Lightroom mobile synchronisiert, werden die neuen Bilder dann automatisch in die Plattform hochgeladen.
- **Aktivitätszentrum (Seite 164):** Im Aktivitätszentrum erhalten Sie eine detailiertere Übersicht aller laufenden Prozesse. Aufgerufen wird diese über die Erkennungstafel. Im Gegensatz zu den früheren Versionen gibt es einige Funktionen mehr, die unbemerkt im Hintergrund laufen können, wie Synchronisation mit Lightroom mobile, Gesichtserkennung, Adresssuche. Hier können sie überwacht und unterbrochen oder gestoppt werden.
- **Als DNG importieren in Hintergrundaufgabe:** Beim Import als DNG werden zunächst die Bilder im Raw-Format der Kamera importiert und anschließend ins das DNG-Format konvertiert. Dieser Prozess kann auch abgebrochen und später wieder angestoßen werden – wenn es doch mal schneller gehen soll.

- **Generelle Beschleunigung:** Immer wieder ein Thema ist die Geschwindigkeit. Auch die Version 6/CC bietet hier an der einen und anderen Stelle Optimierungen. Das Arbeiten wird flüssiger, und auch große Bilddaten werden jetzt bedeutend schneller verarbeitet, z.B. beim Import, der Berechnung der Vorschau etc.
- **Gestensteuerung:** Für PCs mit Touch-Bildschirmen, wie dem Surface von Microsoft, wurde die Steuerung verbessert. Dazu gibt es sogar eine eigene Arbeitsoberfläche, die sich wahlweise aktivieren lässt. Ist diese aktiviert, hat Lightroom 6/CC das Erscheinungsbild von Lightroom mobile, bietet aber auch einige Funktionen mehr als die App, wie zum Beispiel lokale Anpassungen und Gradationskurven.

> **Kameraunterstützung**
>
> Ob Lightroom die Raw-Daten Ihrer Kamera lesen kann, erfahren Sie auf der Website von Adobe Camera Raw unter *www.adobe.com/de/products/photoshop/extend.html*.

Bibliothek-Modul

- **Gesichtserkennung (Seite 402):** Lightroom erkennt jetzt automatisch Gesichter in Fotos und kann diesen Namen zuweisen, die Sie natürlich beim ersten Mal angeben müssen. Je mehr Bilder einer Person existieren, desto besser wird die Erkennung. Die einmal zugewiesenen Namen werden in den Metadaten gespeichert.
- **Bilder zu HDR zusammenfügen (Seite 424):** Nicht nur zu Panoramen, sondern auch zu einem HDR-Bild lassen sich Bilder aus Bleichtungsreihen zusammenfügen. Dabei wird der Belichtungsspielraum erhöht.
- **Bilder zu Panoramen zusammenfügen (Seite 429):** Mehrere Bilder können zu Panoramen kombiniert werden. Allerdings sind die Einstellmöglichkeiten gering, so dass es am besten mit wenigen Bildern funktioniert. Interessant ist, dass das Ergebnis wieder eine DNG-Raw-Datei ist, die die gesamte Entwicklungspalette bietet.
- **Metadaten Sprühdose (Seite 384):** Diese kann jetzt auch mit kompletten Stichwortsätzen oder einzelnen Begriffen daraus befüllt werden.

Entwickeln-Modul

- **GPU-Beschleunigung (Seite 205):** Die Darstellung der Bilder wird jetzt über die Prozessoreinheit der Grafikkarte beschleunigt. Dadurch erhöht sich die Darstellungsgeschwindigkeit enorm. Gerade wenn das Bild neu dargestellt werden muss, zum Beispiel beim Verschieben des Schärfereglers, erzeugt die schnellere

Darstellung den Eindruck einer schnelleren Berechnung. Gerade für die neuen 4K- und 5K-Displays ein unerlässliches Feature. Auf dem Mac erst ab System 10.9 und ab Windows 7 64 Bit.

- **Verlaufsfilter mit Pinsel kombinieren (Seite 648):** Verwenden Sie einen Verlaufsfilter zur lokalen Korrektur, können Sie jetzt mit dem Pinsel weitere Bildbereiche hinzufügen oder von der Verlaufsmaske abziehen.
- **Pinselmasken verschieben (Seite 649):** Bisher war es nicht möglich, einmal mit dem Pinsel erstellte Masken zu verschieben. Das hat sich jetzt geändert.
- **Tieraugenkorrektur (Seite 634):** Sie können jetzt entscheiden, ob die Korrektur roter Augen auf menschliche Augen oder auf Augen von Tieren optimiert sein soll. Bei Tieraugen können Sie nachträglich Glanzlichter setzen.
- **Updates bei der Objektivkorrektur:** Das Bedienfeld erkennt jetzt, ob bereits eine kamerainterne Korrektur angewendet wurde. Dies ist bei einigen spiegellosen und Mikro-Fourthirds-Kameras der Fall.
- **Softproof mit CMYK-Profilen (Seite 674):** Es ist jetzt auch möglich, für den Offsetdruck Softproofs mit CMYK-Farbprofilen durchzuführen.
- **Dunst entfernen (Seite 606):** Dieser Effektfilter reduziert den Dunst in Landschaftsaufnahmen.

Diashow-Modul

- **Schwenken und Zoomen (Seite 803):** Dieser Effekt zoomt und verschiebt ein Bild gleichzeitig während der Präsentation. Über einen Regler kann die Intensität gesteuert werden.
- **Mehrere Audiodateien (Seite 802):** Bisher konnte man nur eine Sounddatei pro Präsentation verwenden. Gerade bei langen Präsentationen war das ein Problem. Jetzt können bis zu zehn Musikstücke verwendet werden.
- **Übergang auf Musik abstimmen (Seite 803):** Die Übergänge zwischen den Bildern können jetzt automatisch auf die Musik abgestimmt werden.
- **Seitenverhältnis für die Vorschau wählen (Seite 793):** Während der Konfiguration der Diashow können Sie das Seitenverhältnis ändern, um zu kontrollieren, wie die Diashow auf anderen Monitoren erscheinen würde.

Web-Modul

▸ **Neue HTML-Galerien (Seite 891):** Es gibt drei neue Galeriedesigns, die etwas moderner sind. Sie sind auch responsive, passen sich also an die Größe des Ausgabegeräts an.

1.5 Was Lightroom 6/CC (noch) nicht kann

Auch Lightroom 6/CC ist noch nicht perfekt und bietet Spielraum für neue Features und Verbesserungen. Aber die Liste wird immer kürzer. Denn gerade Lightroom 6/CC besitzt eigentlich alle Basisfunktionen. Sicherlich lassen sich einige Funktionen noch weiter ausbauen. Trotzdem kann man sehr gut mit dem Programm arbeiten und kommt auch fast immer zu einem akzeptablen Ergebnis. Im Zweifel müssen Sie den Bildern aber mit einem externen Programm den letzten Schliff geben. Gerade im Zusammenspiel mit Photoshop oder auch Photoshop Elements bleiben jedoch eigentlich keine Wünsche offen.

So manche Funktion bleibt bisher trotzdem vermisst und – liebe Adobe-Produktmanager, bitte herhören – würde einer späteren Version von Lightroom gut zu Gesicht stehen:

▸ **Netzwerkunterstützung:** Bilder können zwar auf Netzwerkservern liegen, nicht aber die Katalogdateien. Eine bessere Netzwerkunterstützung würde mir persönlich und sicher auch vielen anderen Fotografen sehr helfen. Vielleicht ließe sich das auch als spezielles Feature einer Profiversion integrieren. Diese kann dann auch etwas mehr kosten, aber die Erleichterung gerade bei der Zusammenarbeit mehrerer Personen wäre beispielsweise in einer Agentur nicht unerheblich.

▸ **Gemeinsame Nutzung von Vorgaben:** Vorgaben auf andere Rechner zu übertragen oder anderen Benutzern zur Verfügung zu stellen, ist bisher mühsam und unhandlich. Das könnte schneller gehen – vielleicht sogar über eine Cloud-Funktion?!

▸ **Flexiblere Diashows:** Auch die Diashow-Funktionalität könnte noch eine weitere Optimierung vertragen. Zusätzliche Überblendeffekte und eine Variationsmöglichkeit der Anzeigedauer für einzelne Bilder würde mehr Flexibilität ermöglichen.

Jeder, der mit Lightroom arbeitet, hat sicher noch weitere Wünsche, und die Zukunft wird zeigen, was davon in späteren Versionen umgesetzt wird. Ein Forum, das sicher auch von den Adobe-Verantwortlichen mitverfolgt wird, finden Sie auf der Adobe-Website (leider nur auf Englisch) unter *http://forums.adobe.com*.

Fototipp

Nicht immer ist das Objekt interessant, aber vielleicht sein Schatten. Gerade in den langen Schatten der Abendsonne entstehen manchmal interessante Motive.

Hier der Schatten einer sozialistischen Statue, die aus dem Stadtbild entfernt wurde und zusammen mit anderen Statuen ihrer Zeit im Memento-Park bei Budapest »eingelagert« wurde.

Workshop
Schnelleinstieg in Lightroom

In diesem Workshop erhalten Neueinsteiger einen ersten Einblick in Lightroom: vom Import über die Bearbeitung bis zum Export von Bildern für die Präsentation. Dabei soll außerdem ein kurzer Überblick über die Benutzeroberfläche gegeben werden.

In diesem Workshop werden Sie zunächst ein paar Bilder importieren, diese dann selektieren und bewerten. Anschließend werden Sie das beste Bild entwickeln, eine Diashow der schönsten Bilder erstellen und diese Bilder zum Abschluss exportieren.

Da es sich um einen Schnelleinstieg handelt, werden erweiterte, optionale oder eventuell auch optimalere Einstellungen außer Acht gelassen. Sie sollen zunächst nur ein Gefühl für die Benutzeroberfläche und den Arbeitsablauf in der Software erhalten.

Für diesen Workshop benötigen Sie die Bilder aus dem Ordner SCHNELLEINSTIEG, den Sie im Download-Bereich der Buch-Website *(www.rheinwerk-verlag.de/3763)* finden. Den Ordner finden Sie im Verzeichnis ÜBUNGSDATEIEN. Die Dateien können Sie direkt in Lightroom importieren.

◀ Abbildung 1
Bei den Bildern handelt es sich um eine Serie, die bei der Landung eines Heißluftballons im Umland des Ammersees fotografiert wurde.

Workshop   Schnelleinstieg in Lightroom

Ich gehe an dieser Stelle davon aus, dass Sie bisher noch nicht mit Lightroom gearbeitet haben, so dass sich das Programm quasi in der Grundeinstellung befindet. Ist das bei Ihnen nicht der Fall, kann an einigen Stellen das Ergebnis eventuell abweichen.

Schritt für Schritt
Katalog anlegen und Bilder importieren

Nach der Installation des Programms werden Sie es eventuell bereits einmal geöffnet haben. Dabei haben Sie die Meldung erhalten, dass noch kein Katalog angelegt wurde und ob Sie diesen jetzt erstellen wollen (Abbildung 2). Haben Sie dies bestätigt, wurde bereits ein Katalog generiert, und Sie können den ersten Arbeitsschritt überspringen und direkt mit dem Schritt 2 weitermachen.

1   Katalog anlegen

Starten Sie das Programm Lightroom jetzt auf dem Mac über die Dock-Leiste. Unter Windows kommt es auf Ihre Betriebssystemversion an: Hier finden Sie das Programm entweder unter dem START-Button (Windows 7) oder auf dem Start-Bildschirm von Windows 8.

Nach dem Öffnen erscheint ein Dialog zum Anlegen eines neuen Standardkatalogs. Klicken Sie hier auf die linke Schaltfläche FORTFAHREN ❶. Lightroom erstellt Ihnen jetzt einen Katalog innerhalb Ihres Bilderordners des jeweiligen Betriebssystems.

▲ Abbildung 2
Zunächst müssen Sie für Lightroom einen Katalog anlegen.

Haben Sie bereits einmal mit Lightroom gespielt, aber Ihren Katalog gelöscht, verschoben oder umbenannt, schaut der Dialog etwas anders aus. In diesem Fall müssen Sie von Lightroom über die Schaltfläche STANDARDKATALOG VERWENDEN ❷ einen neuen Katalog anlegen lassen.

Nutzen Sie die Creative-Cloud-Version, erscheint nach dem Anlegen ein Dialog, dass Informationen zur Nutzung an Adobe gesendet werden. Dies können Sie jedoch in Ihren Kontoeinstellungen auf der Website der Creative Cloud deaktivieren.

Workshop Schnelleinstieg in Lightroom

2 Import starten

Öffnen Sie Lightroom zum ersten Mal, sehen Sie in der Mitte der Benutzeroberfläche eine Box mit Tipps ❸. Diese weist Sie darauf hin, dass Sie jetzt mit dem Import beginnen können.

Dazu müssen Sie links unten auf die Schaltfläche IMPORTIEREN ❺ klicken. Der Wizard hebt die Schaltfläche auch schon hervor. Dieser Wizard erscheint jedoch nur beim ersten Mal, weitere Tipps werden Ihnen aber an anderen Stellen ebenfalls begegnen. Wenn Sie diese deaktivieren wollen, klicken Sie in der Tipp-Box links unten das Kontrollkästchen TIPPS DEAKTIVIEREN ❹.

Wird Ihnen der Tipp nicht angezeigt, klicken Sie jetzt auch auf die IMPORTIEREN Schaltfläche.

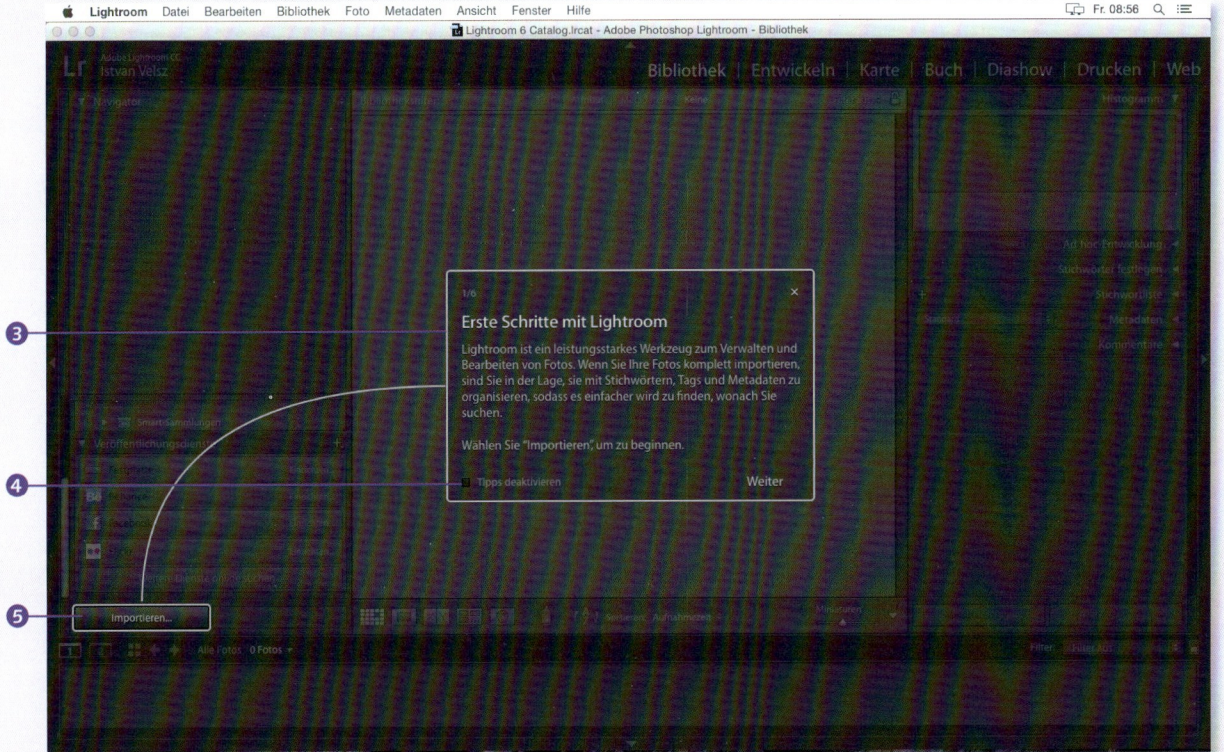

▲ **Abbildung 3**
Für Einsteiger bietet Lightroom einen Tipp-Wizard, der dem Benutzer Hilfestellung beim Erlernen bietet.

3 Importquelle wählen

Nach dem Betätigen der IMPORTIEREN-Schaltfläche erscheint der Importdialog, der eine ähnliche Anmutung wie die Arbeitsoberfläche von Lightroom besitzt. In der linken Spalte sehen Sie Ihre Quellen. Darunter auch Ihre Festplatten und Speicherkarten ❶ (Abbildung 4). Durch das Anklicken des Dreiecks links neben dem Titel werden die Unterordner sichtbar.

Öffnen Sie nun hier die Hierarchie, bis Sie den Ordner Schnelleinstieg ❷ der heruntergeladenen Daten sehen, und klicken Sie
diesen an. Die zu importierenden Bilder werden jetzt im mittleren
Teil des Dialogs ❸ angezeigt.

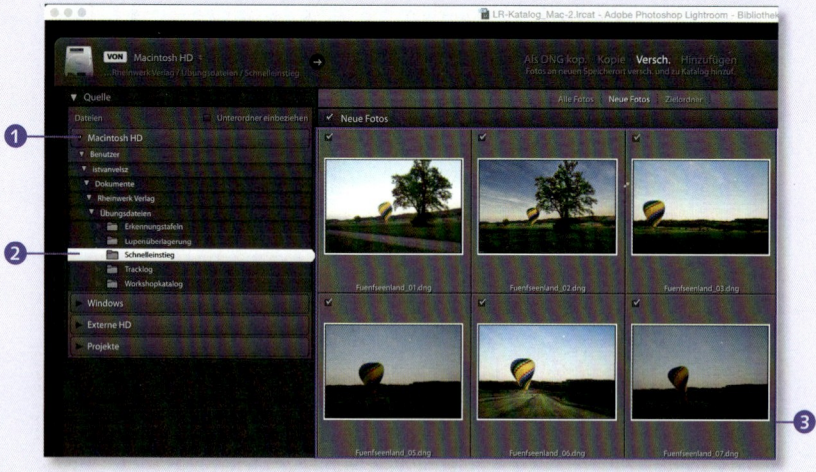

Abbildung 4 ▶
In der linken Spalte befinden sich die Quellen. Bei der Auswahl einer Quelle wird deren Inhalt in der Rasteransicht dargestellt.

4 Importmethode wählen

Lightroom bietet mehrere Varianten, um Bilder zu importieren. Wählen Sie für diesen Fall die Methode Versch. ❹ (Verschieben), indem Sie den entsprechenden Begriff in der Menüleiste über der Rasteransicht anklicken. Die Bilder werden dann in den späteren Bilderordner verschoben. Nähere Informationen zu den anderen Methoden finden Sie auf Seite 296.

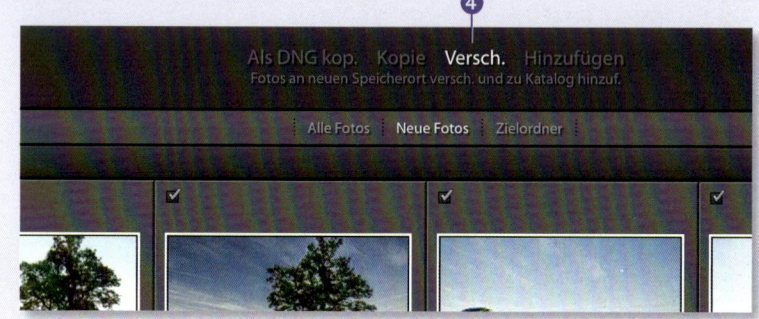

Abbildung 5 ▶
Bei der Methode Verschieben (Versch.) werden die Bilder in den Zielordner verschoben und sind dann nicht mehr im Ordner Schnelleinstieg. Dort werden sie nicht mehr benötigt. Wollen Sie diese dort behalten, wählen Sie Kopie.

5 Ziel wählen

Nun müssen Sie noch angeben, wohin die Bilder kopiert werden sollen. Lightroom verwendet als Startpunkt zunächst den Bilderordner des Benutzers. Dies ist sicher kein schlechter Ausgangspunkt für den Import. Allerdings sollten Sie hier die Bilder nicht direkt in dem Ordner ablegen, sondern einen übergeordneten Ordner erstellen.

Workshop   Schnelleinstieg in Lightroom

Dazu aktivieren Sie in der rechten Spalte unter dem Balken Ziel ❻ die Kontrollbox In Unterordner ❺. Daneben erscheint ein Textfeld, in das Sie »Schnelleinstieg-Bilder« ❼ eingeben.

◄ **Abbildung 6**
Importieren Sie Bilder als Kopien, muss natürlich ein Ziel angegeben werden. Normalerweise ist das Ihr Bilderordner, es kann aber auch jeder andere beliebige Ordner sein.

❻ Import starten

Man könnte jetzt noch weitere Angaben zu den Bildern einfügen, wie z. B. Stichwörter. Dies würde aber den Rahmen dieses Workshops sprengen. Mehr zum Import finden Sie ab Seite 286.

Starten Sie jetzt den Import, indem Sie rechts unten auf die Schaltfläche Importieren klicken. Daraufhin kopiert Lightroom die Bilder in den angegebenen Ordner und schließt den Dialog. Die Bilder werden dann in der Rasteransicht der Bibliothek angezeigt.

Jetzt befinden sich alle Bilder im Katalog. Beim Import wurden die Bilder in den angegebenen Ordner auf der Festplatte kopiert und die Bezüge zu diesen Dateien in der Lightroom-Datenbank, der Katalogdatei, gespeichert. Das bedeutet, dass Sie, wenn Sie den Katalog auf eine andere Festplatte verschieben, darauf achten müssen, den Bilderordner ebenfalls zu verschieben, und zudem aufpassen müssen, dass Sie ihn nicht aus Versehen löschen.

Das Modul, das Sie nun sehen, ist die Bibliothek, in der alle Verwaltungsaufgaben erledigt werden. Hier können Bilder mit

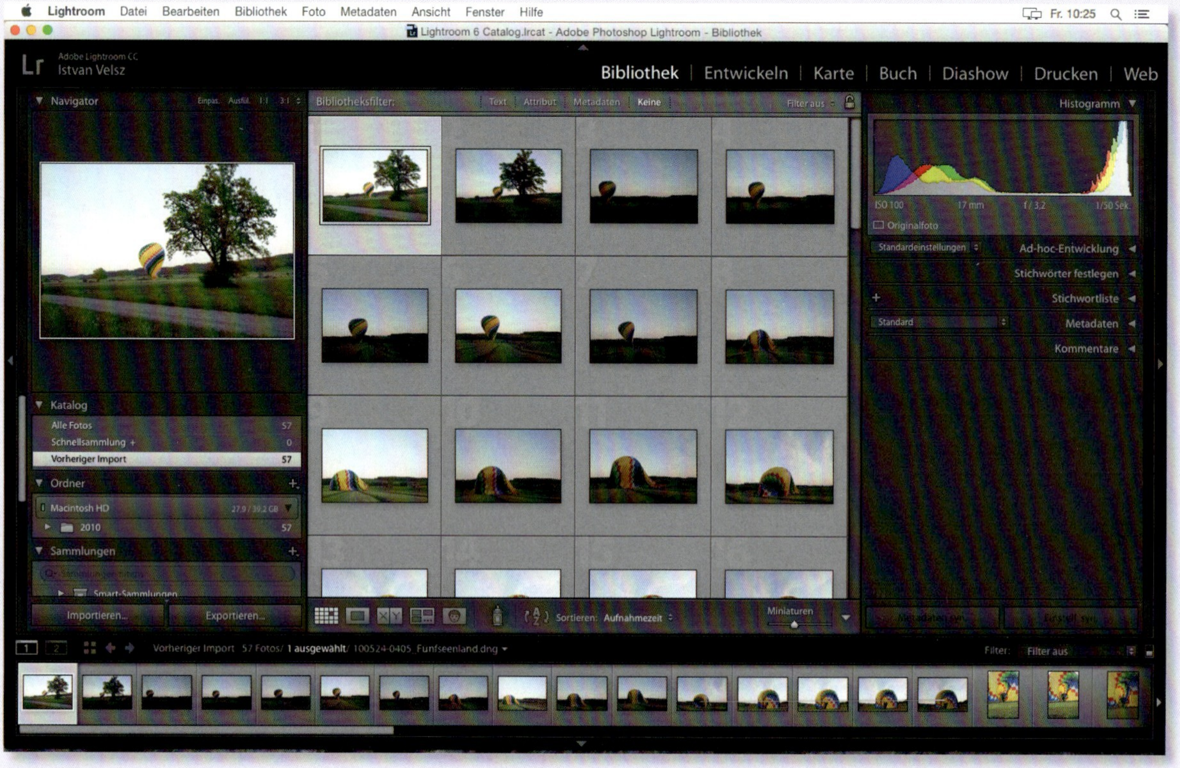

Workshop   Schnelleinstieg in Lightroom

▲ **Abbildung 7**
Die BIBLIOTHEK mit den importierten Bildern

▼ **Abbildung 8**
Auswahl aller Bilder über das Menü

Stichwörtern versehen, sortiert, markiert, in Stapeln zusammengefasst oder exportiert werden. In der folgenden Schritt-für-Schritt-Anleitung werden Sie einige dieser Funktionen kennenlernen.

**Schritt für Schritt
Stichwörter vergeben**

Bevor Sie die Bilder jetzt sortieren, weisen Sie den Bildern Stichwörter zu. Diese dienen dazu, in großen Sammlungen Bilder anhand der Begriffe zu finden oder zu sortieren. Anschließend weisen Sie den Bildern noch ihren Aufnahmeort auf der Karte zu.

1   Alle Bilder auswählen

Um allen Bildern gleichzeitig die Stichwörter zuzuweisen, müssen Sie zunächst alle Bilder auswählen. Dazu wählen Sie aus dem Menü BEARBEITEN den Befehl ALLES AUSWÄHLEN ❶ – alternativ können Sie dazu auch die Tastenkombination ⌘+A auf dem Mac oder unter Windows die Kombination Strg+A verwenden.

Die selektierten Bilder bekommen einen helleren Hintergrund. Ein Bild, in diesem Fall wahrscheinlich das erste, besitzt einen noch helleren Hintergrund ❸: Dies ist das aktive Bild, für das auch im

68

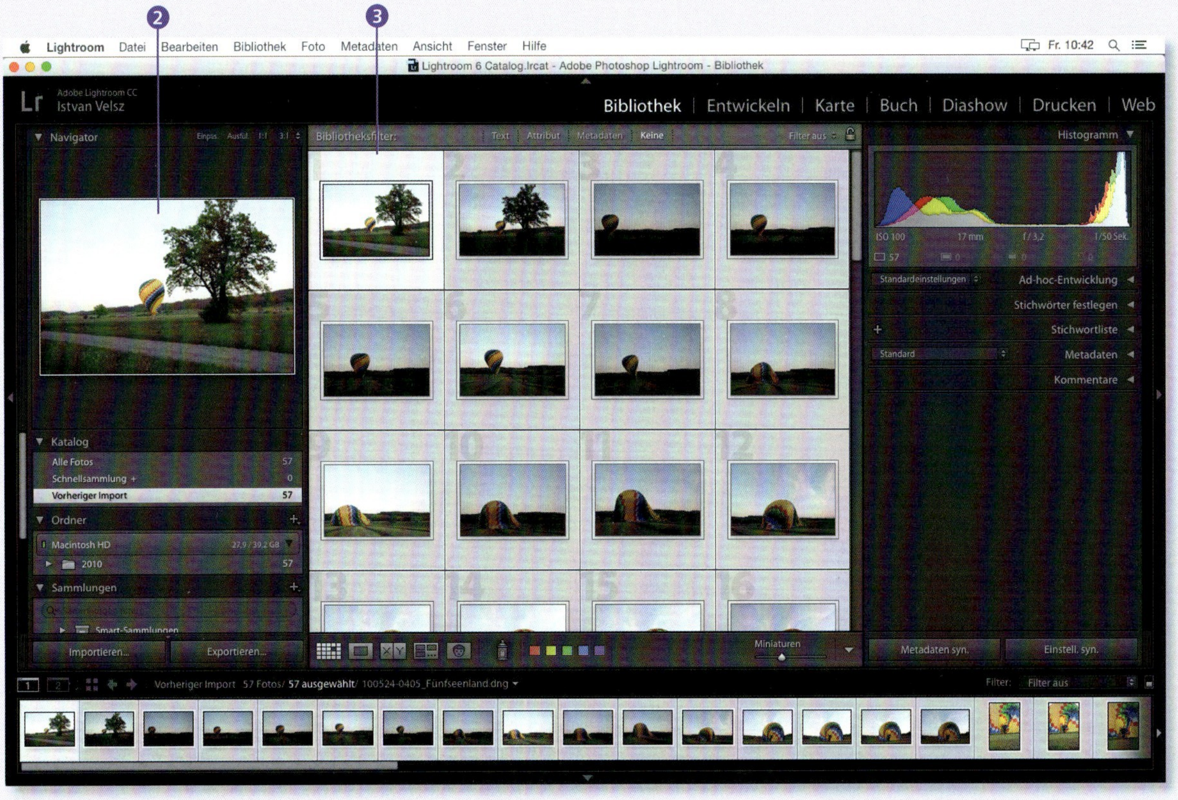

Workshop   Schnelleinstieg in Lightroom

linken Bedienfeld die Vorschau im NAVIGATOR ❷ angezeigt wird. Auch wenn Sie mehrere Bilder ausgewählt haben, ist ein Bild immer das aktive. Dieses würde im Entwickeln-Modul als zu entwickelndes Bild erscheinen. Aufheben können Sie eine Auswahl über den Menübefehl BEARBEITEN • AUSWAHL AUFHEBEN oder über die Tastenkombination ⌘+D bzw. Strg+D.

▲ Abbildung 9
Die BIBLIOTHEK mit allen selektierten Bildern: Das erste Bild ist dabei das aktive und wird in der Vorschau angezeigt.

2 Stichwortpalette einblenden

Im rechten Bedienfeld sehen Sie unter dem Histogramm mehrere Bedienfeldpaletten. Bisher ist hier nur die Palette HISTOGRAMM aufgeklappt. Sie zeigt die Helligkeitsverteilung im Bild an (Seite 497). Von den zugeklappten Paletten werden nur die Bezeichnungen dargestellt.

Ein Klick auf den Namen der Palette oder das daneben befindliche Dreieck öffnet die entsprechende Palette. Öffnen Sie jetzt auf diese Weise die Palette STICHWÖRTER FESTLEGEN ❹.

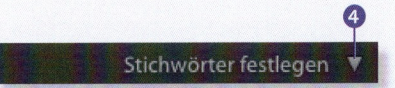

▲ Abbildung 10
Bei Anklicken des Titels oder des Dreiecks werden Bedienfeldpaletten ein- bzw. ausgeblendet.

3 Stichwörter eingeben

Stellen Sie sicher, dass alle Bilder ausgewählt sind (siehe Schritt 1). Klicken Sie in das Textfeld. Es wird daraufhin weiß eingefärbt. Geben Sie in das frei editierbare Feld ❶ (Abbildung 11) die Begriffe

69

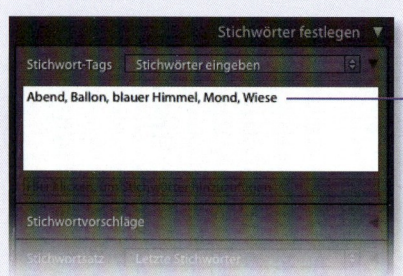

▲ Abbildung 11
Die eingeblendete Stichwort-Palette mit den vergebenen Stichwörtern

»Abend, Ballon, blauer Himmel, Mond, Wiese« ein. Achten sie darauf, dass die einzelnen Stichwörter durch ein Komma getrennt werden. Schließen Sie die Eingabe durch Drücken der ⏎-Taste ab.

Ein Leerzeichen direkt vor oder nach einem Komma wird ignoriert. Zwischen zwei Wörtern wie bei *blauer Himmel* bleibt es aber erhalten. Beide Wörter werden dann als ein Stichwort gewertet.

Da alle Bilder ausgewählt sind, werden die Stichwörter auf alle Bilder angewendet. Dies gilt grundsätzlich für alle Einstellungen, die im Bibliothek-Modul gemacht werden.

Schritt für Schritt
Bilder auf Karte positionieren

Sie könnten die Ortsinformation in die Liste der Stichwörter mit aufnehmen, aber für die Ortsinformationen gibt es ein eigenes Modul, in dem Sie die entsprechenden Metadaten (Seite 436) durch Platzieren der Bilder auf einer Karte oder manuell bearbeiten können.

1 Wechseln ins Karte-Modul

Um in das Karte-Modul zu gelangen, klicken Sie in der Modulauswahl – das ist die Kopfleiste rechts oberhalb der Rasteransicht und der Bedienfelder – auf das dritte Modul mit der Bezeichnung KARTE.

Nach dem Anklicken der Modulbezeichnung wechselt Lightroom in das Karte-Modul. Der Begriff wird dann hervorgehoben. Bisher befanden Sie sich im Bibliothek-Modul. Auf diese Weise können Sie auch in die anderen Module wechseln.

▲ Abbildung 12
In der Modulauswahl können Sie zwischen den Modulen umschalten.

2 Ort suchen

Im Karte-Modul erscheint jetzt wieder der Tipp-Wizard, der Ihnen zeigt, was Sie als Nächstes tun sollen. Und genau das, was er vorschlägt, werden Sie jetzt auch tun.

Geben Sie in das Suchfeld ❷, das sich oben rechts über der Karte befindet, »Seefeld, Deutschland« ein. Falls Sie die Legende im rechten unteren Bereich stört, können Sie diese ausblenden, indem Sie auf das Kreuz ❸ oben rechts in der Legende klicken.

Workshop   Schnelleinstieg in Lightroom

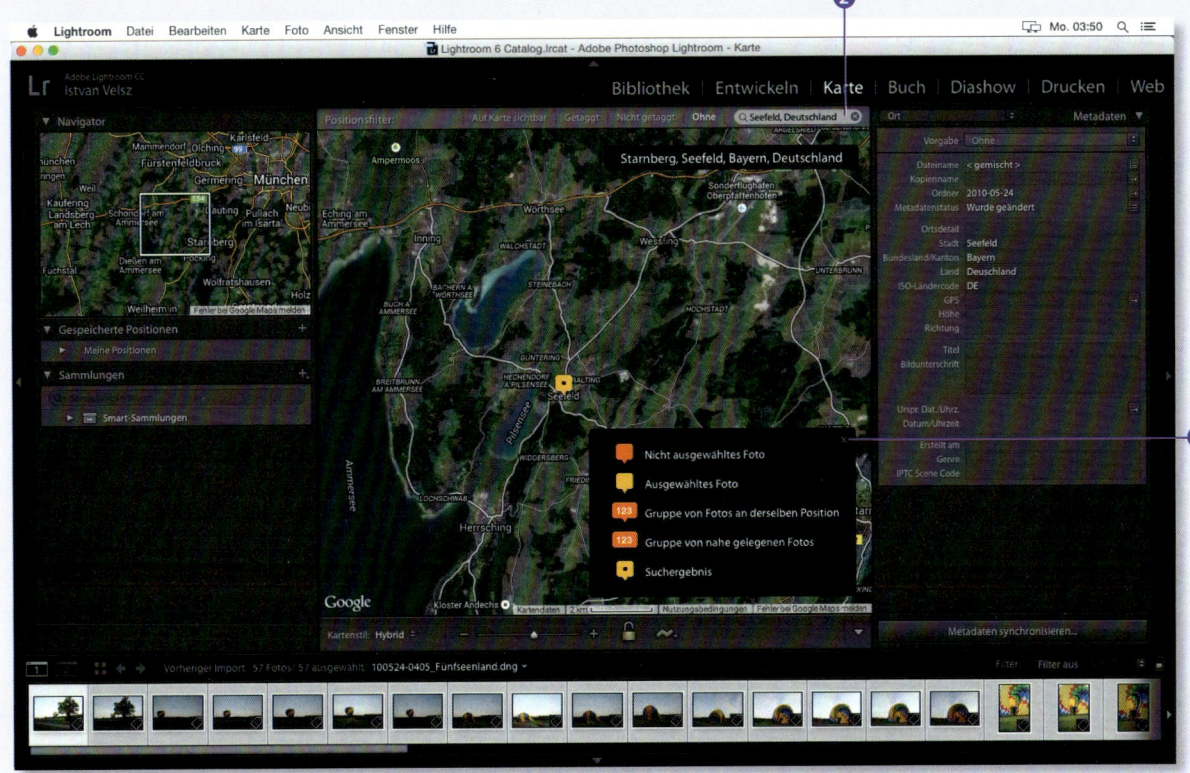

▲ Abbildung 13
Im Karte-Modul wird die gesuchte Stelle markiert.

Findet die Ortssuche mehrere Orte mit demselben Namen, wird Ihnen eine Liste angezeigt, aus der Sie den gesuchten Ort auswählen können.

3   Karte zoomen und verschieben

Der Ballon ging nicht direkt in Seefeld nieder, sondern auf einem Feld etwas außerhalb, das sich auf dem Weg zwischen Seefeld und Meiling befand. Um die Stelle besser zu finden, müssen Sie etwas in die Karte hineinzoomen und diese etwas verschieben.

Dazu klicken Sie zweimal auf das Plussymbol ❷ (Abbildung 14) am Schieberegler unter dem Ansichtsfenster. Alternativ können Sie auch den Schieberegler verwenden. Für den Einstieg zoomt aber das Plussymbol genau auf die Größe, die wir benötigen.

Mit gedrückter Maustaste verschieben Sie jetzt die Karte nach links unten, so dass sich die Markierung für den Ort in der linken unteren Ecke befindet. Jetzt wird auch der kleine Ort Meiling angezeigt. Der aktuelle Ausschnitt wird Ihnen auch in der linken Bedienfeldpalette, im NAVIGATOR, angezeigt.

Abbildung 14 ▶
Der Kartenausschnitt nach dem Zoomen: Jetzt erkennt man auch den kleinen Ort Meiling.

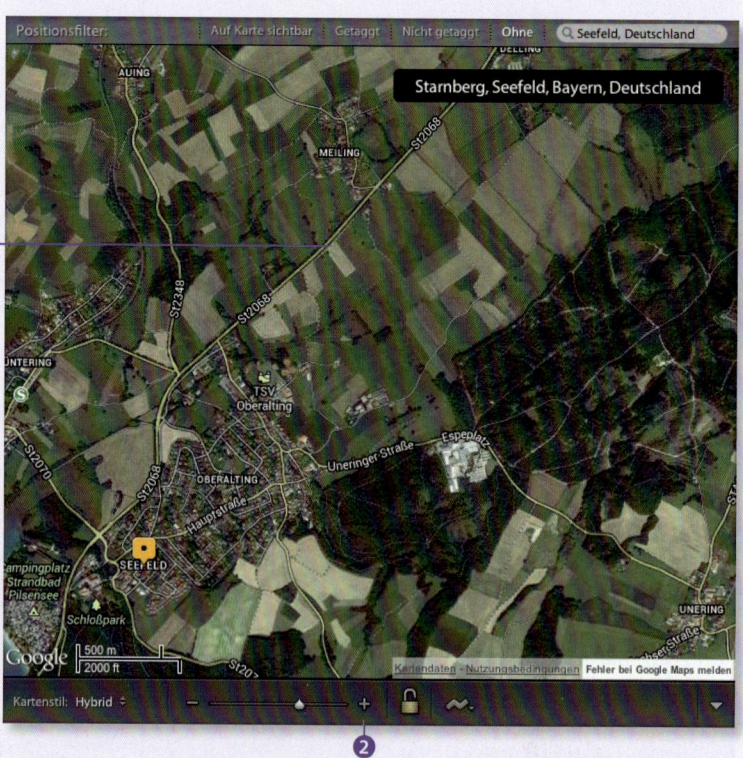

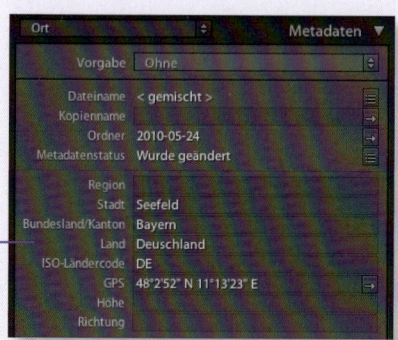

▲ **Abbildung 15**
Nach dem Zuweisen werden die Ortsdaten in die METADATEN eingetragen.

4   **Bilder platzieren**

Um die Bilder mit ihrem Aufnahmeort zu verknüpfen, ziehen Sie diese aus dem Filmstreifen unter dem Ansichtsfenster auf das helle Feld unterhalb von Meiling an der Straße ❶.

Da noch alle Bilder ausgewählt sind, werden jetzt alle Bilder der Position zugewiesen. Die Anzahl der Bilder wird dann in der Markierung angezeigt. Im rechten Bedienfeld unter der Palette META-DATEN werden die Ortsdaten ❸ eingetragen.

▲ **Abbildung 16**
Die Bilder werden einfach per Drag & Drop aus dem Filmstreifen auf die Karte gezogen.

▲ **Abbildung 17**
Die Marke zeigt an, wo und wie viele Bilder platziert wurden.

Workshop Schnelleinstieg in Lightroom

Schritt für Schritt
Bilder für die weitere Bearbeitung markieren und filtern

Um nur die Bilder zu entwickeln, die Sie auch wirklich gut finden, müssen Sie jetzt eine Auswahl treffen. Am Schluss sollen nur etwa zehn Bilder verwendet werden. Dazu müssen Sie wieder zurück in das Bilbliothek-Modul wechseln. Dort findet die Auswahl statt.

1 Auswahl aufheben
Da Sie die folgenden Bearbeitungsschritte nicht auf alle Bilder, sondern nur auf das jeweils aktive anwenden sollen, müssen Sie die Auswahl aller Bilder aufheben. Das können Sie über den Menübefehl BEARBEITEN • AUSWAHL AUFHEBEN oder über die Tastenkombination ⌘+D bzw. Strg+D erledigen.

2 In die Lupenansicht wechseln
Zur besseren Beurteilung der Bilder öffnen Sie jetzt das erste Bild in der Lupenansicht. Um das Bild zu aktivieren und in der Lupenansicht darzustellen, klicken Sie doppelt auf das erste Bild.

▼ **Abbildung 18**
Lupenansicht des ersten Bildes der Serie

Die Lupenansicht zeigt nur das aktuelle Bild an. Normalerweise wird das ganze Bild so dargestellt, dass es im Ansichtsfenster Platz

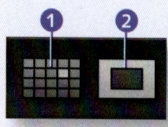

▲ Abbildung 19
Die Symbole zum Umschalten für die Ansichtsart befinden sich unterhalb des Ansichtsfensters in der Werkzeugleiste.

▼ Abbildung 20
Der Filmstreifen ist eine Art Mini-Bibliothek und in jedem Modul vorhanden.

hat. Natürlich können Sie auch weiter in Bilder zoomen, dies müssen Sie aber nicht, um die Bilder zu kennzeichnen.

Über die Schaltflächen unter dem Ansichtsfenster können Sie zwischen den verschiedenen Ansichtsarten umschalten. Die erste Schaltfläche ist die Rasteransicht ❶, die zweite die Lupenansicht ❷. Nähere Informationen über die Werkzeugleiste finden Sie auf Seite 185.

3 **Zum nächsten Bild wechseln**

Um zwischen den Bildern zu wechseln, haben Sie mehrere Möglichkeiten. Sie können ein Bild im Filmstreifen unter dem Ansichtsfenster anklicken, oder Sie verwenden die Pfeiltasten auf Ihrer Tastatur. Für das Beurteilen der Bilder nacheinander eignen sich die Pfeiltasten besser.

Drücken Sie jetzt die →-Taste, um zum zweiten Bild zu springen, oder markieren Sie es im Filmstreifen per Mausklick.

▲ Abbildung 21
Die Markierungssymbole dienen einer Beurteilung bei einer ersten, schnellen Durchsicht der Bilder.

4 **Bilder markieren**

Es gibt in Lightroom mehrere Arten, um Bilder zu kennzeichnen. Für die Erstauswahl eignen sich die Markierungszustände. Dabei handelt es sich um kleine Fähnchen, die angeben, ob ein Bild markiert ❹ oder abgelehnt ❸ ist. Mehr zu den Markierungen auf Seite 360. Wir verwenden hier nur den Status ALS AUSGEWÄHLT MARKIEREN ❹.

Um dem zweiten Bild diesen Status zuzuweisen, drücken Sie die Taste P auf Ihrer Tastatur.

Sie können dies auch über das Anklicken des entsprechenden Icons in der Werkzeugleiste unterhalb des Ansichtsfensters erledigen. In diesem Fall müssen Sie die Darstellung allerdings erst aktivieren (Seite 185). Das Drücken der P-Taste geht jedoch schneller. Halten Sie dabei die Umschalttaste ⇧ gedrückt, springen Sie danach automatisch zum nächsten Bild.

Markieren Sie so die Bilder 2, 7, 12, 20, 23, 30, 39, 44 und 52. Die Bilder besitzen die Nummern auch im Namen. Der Name des aktuellen Bildes wird Ihnen oberhalb des Filmstreifens angezeigt.

Workshop   Schnelleinstieg in Lightroom

5   Filter im Filmstreifen setzen
Damit Sie jetzt nur noch die markierten Bilder sehen, müssen Sie die Bilder nach ihrem Markierungsstatus filtern. Dies können Sie in der Rasteransicht oder auch im Filmstreifen erledigen.

Im Filmstreifen können Sie nur einfache Filter setzen, wie Markierungsstatus, Farbmarkierungen oder Bewertung – für diesen Zweck ist diese Methode also völlig ausreichend. Dazu wählen Sie im Dropdown-Menü ❺ rechts über dem Filmstreifen den Filter MARKIERT aus. Jetzt sind im Filmstreifen nur noch die neun Bilder sichtbar, die eine Markierung besitzen. Anschließend können Sie mit der Ad-hoc-Entwicklung fortfahren.

▲ **Abbildung 22**
Die Filterauswahl befindet sich rechts oberhalb des Filmstreifens.

▲ **Abbildung 23**
Über das Dropdown-Menü lassen sich diverse voreingestellte Filter auswählen – in diesem Fall alle als MARKIERT gekennzeichneten Bilder.

Schritt für Schritt
Ad-hoc-Entwicklung

In der Ad-hoc-Entwicklung können Sie die markierten Bilder jetzt in einem Rutsch anpassen. Dazu wechseln Sie in die Rasteransicht zurück, denn dann sehen Sie gleich, wie sich die Entwicklung auf alle Bilder auswirkt.

1   Zur Rasteransicht wechseln
Klicken Sie das Symbol für die Rasteransicht ❻ in der Werkzeugleiste unter dem Ansichtsfenster an, oder drücken Sie einfach die G-Taste.

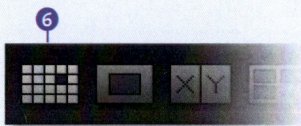

▲ **Abbildung 24**
Die Schaltfläche für die Rasteransicht befindet sich ganz links in der Werkzeugleiste.

2   Alle Bilder auswählen
Jetzt müssen Sie erneut alle Bilder auswählen. Da nur die markierten Bilder sichtbar sind, werden beim Auswählen über die Tastenkombination ⌘+A bzw. Strg+A oder den Menüpfad BEARBEITEN • ALLES AUSWÄHLEN auch nur die markierten Bilder selektiert.

Workshop   Schnelleinstieg in Lightroom

3 Automatische Tonwertkorrektur aktivieren

Die automatische Tonwertkorrektur versucht, Belichtung und Kontrast automatisch einzustellen. Dies funktioniert nicht immer perfekt, in diesem Fall erleichtert sie uns aber die ersten Schritte. Zum Ausführen der Automatik klicken Sie also im rechten Bedienfeld in der Palette Ad-hoc-Entwicklung auf die Schaltfläche Autom. Tonwert ❶.

4 Schnelle Belichtungskorrektur eines einzelnen Bildes

Nach der automatischen Korrektur ist jetzt vor allem das Bild Nummer 5 noch zu dunkel. Um dies zu korrigieren, müssen Sie die Auswahl aller Bilder aufheben. Dazu können Sie die inzwischen bekannten Tastenkombinationen ⌘+D bzw. Strg+D nutzen oder im Ansichtsfenster auf die graue Fläche ohne Bilder klicken.

Anschließend klicken Sie auf das Bild mit der Nummer 5 (erstes von links in der zweiten Zeile). Um das Bild weiter aufzuhellen, klicken Sie einmal in der Palette Ad-hoc-Entwicklung auf den rechten Doppelpfeil bei Belichtung ❷.

▲ **Abbildung 25**
Die Ad-hoc-Entwicklung ermöglicht eine erste grobe Bearbeitung.

Das Bild ist jetzt um eine Blende aufgehellt. Der Himmel besitzt nun in allen Bildern ungefähr die gleiche Helligkeit und soll als Maßstab gelten. Sicherlich könnten Sie jetzt jedes Bild individuell entwickeln. Für diesen Workshop greifen wir uns aber exemplarisch ein Bild heraus, das Sie im nächsten Abschnitt entwickeln.

Workshop   Schnelleinstieg in Lightroom

Schritt für Schritt
Ein Bild entwickeln

ENTWICKELN heißt dieses Modul deshalb, weil hier aus einem Raw-Bild, das ja nur die rohen Sensorinformationen enthält, ein »sichtbares« bzw. weiterverarbeitbares Bild wird – wie zu Analogzeiten aus dem Negativ ein Abzug gemacht wurde. Mehr Informationen über das Raw-Format finden Sie ab Seite 139.

Sie werden nun ein Bild herauspicken und dieses exemplarisch entwickeln. Dann werden Sie diese Entwicklung auf die anderen Bilder übertragen.

1 Bild auswählen

Zuerst wählen Sie das Bild aus, das Sie entwickeln sollen. Bild Nummer 3 mit dem Namen »Fünfseenland_12.dng« besitzt von allem etwas: einen Überblick über die Situation, die Landschaft, den Mond und ein paar leichte Wolken, die dem Bild im Himmel Struktur verleihen. Klicken Sie das Bild an, um es auszuwählen.

◄ **Abbildung 26**
Zum Entwickeln verwenden wir das dritte Bild in unserer gefilterten Ansicht.

2 In das Entwickeln-Modul wechseln

Wechseln Sie in das Entwickeln-Modul, indem Sie auf den entsprechenden Begriff in der Modulauswahl ❸ klicken.

▲ **Abbildung 27**
Über das obere Bedienfeld, die Erkennungstafel, wechseln Sie zwischen den Modulen.

Falls Sie jetzt hier den Tipp-Wizard sehen, schließen Sie diesen, indem Sie oben rechts im Tipp auf das Kreuz klicken. Er gibt Ihnen nur einen Hinweis darauf, was Sie in diesem Bereich machen können. Bei aktiviertem Tipp-Wizard erhalten Sie immer wieder Hinweise zur Handhabung.

Workshop   Schnelleinstieg in Lightroom

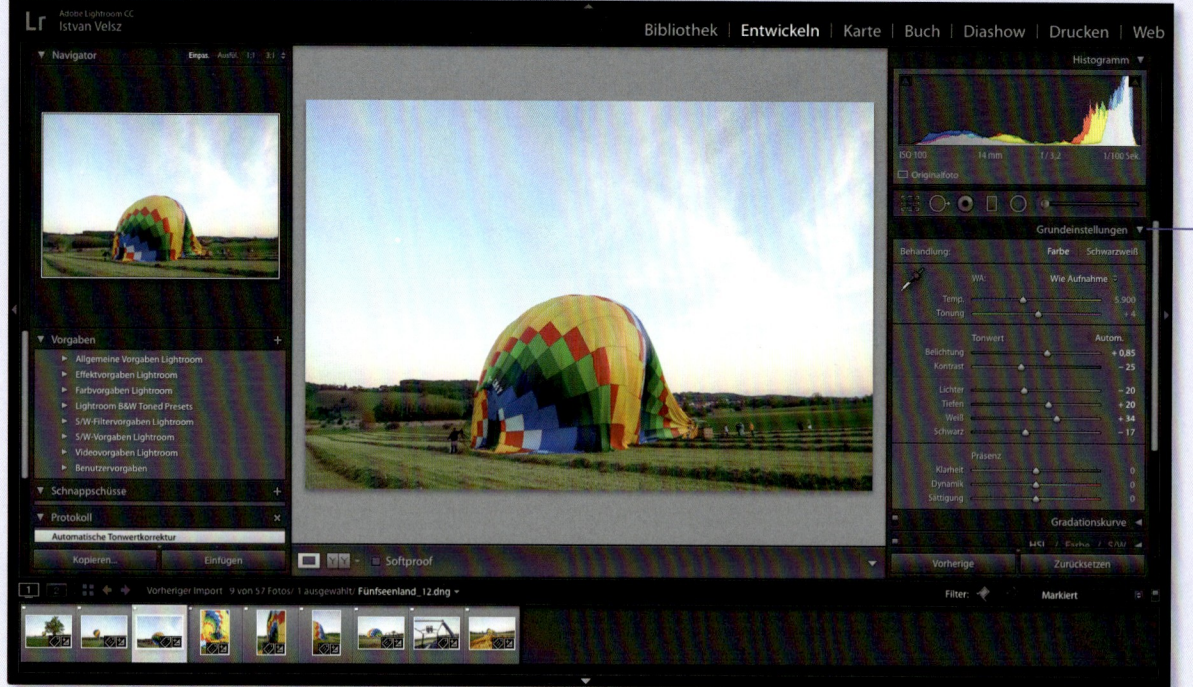

▲ **Abbildung 28**
Das ausgewählte Bild im Entwickeln-Modul: Rechts sind die Einstellungen der einzelnen Regler zu sehen, die die Tonwertautomatik angewendet hat.

Bilder werden im Entwickeln-Modul in der Lupenansicht dargestellt. Es gibt zudem noch eine Vorher-Nachher-Ansicht, zu der Sie mehr auf Seite 663 erfahren können.

Rechts in der Bedienfeldpalette GRUNDEINSTELLUNGEN ❶ sehen Sie die Parameter, mit denen man das Grunderscheinungsbild steuert – hauptsächlich den Weißabgleich und die Helligkeit eines Bildes. In diesem rechten Bedienfeld werden Sie jetzt alle Einstellungen durchführen, um das Bild zu optimieren.

3 Sättigung und Luminanz

Sie werden zwar später noch einige Parameter der Grundeinstellungen nachbessern, aber zunächst sollten Sie den Himmel etwas besser herausarbeiten. Dazu werden Sie den Blauton des Himmels verändern.

Scrollen Sie das rechte Bedienfeld so weit herunter, bis Sie die zugeklappte Palette HSL / FARBE / S/W sehen, und klappen Sie diese durch Anklicken auf.

Klicken Sie dann im Register HSL auf den Begriff LUMINANZ ❷, und schieben Sie den BLAU-Regler ❸ auf einen Wert von »–40«. Dies dunkelt den blauen Himmel ab. Dass dabei auch die Blauanteile am Ballon dunkler werden, ist zu vernachlässigen.

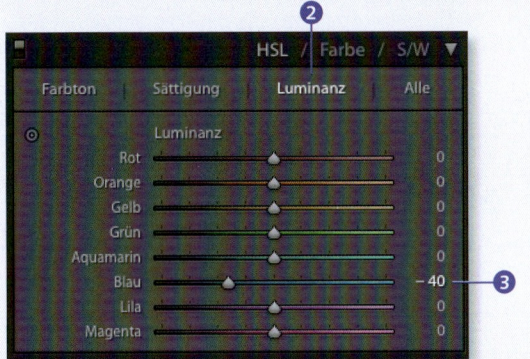

◄ **Abbildung 29**
Die LUMINANZ steuert die Helligkeit einer Farbe.

Klicken Sie dann auf den Begriff SÄTTIGUNG ❹, und erhöhen Sie den Wert für BLAU ❻ auf »+30«. Dadurch wird das Blau kräftiger. Zum Abschluss wählen Sie den Begriff FARBTON ❺ und schieben den BLAU-Regler ❼ auf »+30«. Dadurch erhält das Blau mehr Rotanteile und wirkt wärmer.

▼ **Abbildung 30**
Die SÄTTIGUNG verstärkt die Farbwirkung, und der FARBTON macht das Blau etwas wärmer.

Den Vergleich zwischen der vorhergehenden und der korrigierten Version zeigt deutlich den intensiver gefärbten Himmel.

▲ **Abbildung 31**
Vergleich zwischen beiden Versionen: links das Ausgangsbild, rechts das Bild nach den Farbkorrekturen

Workshop Schnelleinstieg in Lightroom

4 **Präsenz verbessern und Tiefen nachregeln**

Jetzt können Sie noch die Gesamtpräsenz des Bildes verstärken. Dabei werden die Leuchtkraft niedrig gesättigter Farben und der großflächige Kontrast erhöht.

Dazu scrollen Sie das rechte Bedienfeld nach oben bis zu den Grundeinstellungen. Hier befindet sich auch die Parametergruppe Präsenz ❶.

Schieben Sie den Regler für Klarheit auf »+25« und den Regler für Dynamik auf »+30«.

Die dunklen Bildstellen wurden zwar von der Automatik bereits angepasst, könnten aber etwas heller sein. Dazu verschieben Sie den Regler der Tiefen auf den Wert »+40«.

Diese Einstellungen übertragen Sie jetzt noch auf die anderen Bilder. Dazu bietet Lightroom die Möglichkeit, alle oder nur einen Teil der Einstellungen zu synchronisieren.

▲ Abbildung 32
Die finale Korrektur des Bildes

5 **Alle Bilder auswählen**

Um die Einstellungen übertragen zu können, müssen Sie jetzt wieder alle Bilder auswählen. Verwenden Sie dazu den Menüpfad Bearbeiten • Alles auswählen oder die Tastenkombination ⌘+A bzw. Strg+A.

Wie bereits erwähnt, bleibt, selbst wenn alle Bilder ausgewählt sind, ein Bild das aktive. Dies ist das aktuell entwickelte Bild. Es ist im Filmstreifen auch etwas heller hinterlegt ❷. Von diesem können Sie jetzt alle Einstellungen auf die anderen selektierten Bilder übertragen.

▼ **Abbildung 33**
Der Filmstreifen mit allen ausgewählten Bildern

6 Entwicklungseinstellungen synchronisieren
Jetzt müssen Sie die Einstellungen noch synchronisieren. Dazu klicken Sie rechts unter dem Bedienfeld auf den Button Synchronisieren. Es öffnet sich ein Dialogfenster, in dem Sie angeben können, welche Einstellungen Sie übernehmen wollen.

Aktivieren Sie hier alle Einstellungen, die Sie geändert haben. Wichtig ist dabei, dass die Werte, die von der Tonwertautomatik eingestellt wurden, bestehen bleiben – also nicht synchronisiert werden. Einzig den Tiefen-Wert können Sie aus diesen Einstellungen synchronisieren.

Aktivieren Sie also nur die Kontrollkästchen der Parameter Tiefen, Klarheit, Behandlung (Farbe) und Farbe, und klicken Sie zum Abschluss auf die Schaltfläche Synchronisieren ❸, um den Vorgang auszuführen.

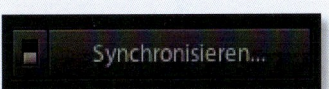

▲ **Abbildung 34**
Der Synchronisieren-Button ist nur sichtbar, wenn mehrere Bilder ausgewählt sind.

▼ **Abbildung 35**
Im Synchronisieren-Dialog wählen Sie die Parameter aus, die Sie übertragen möchten.

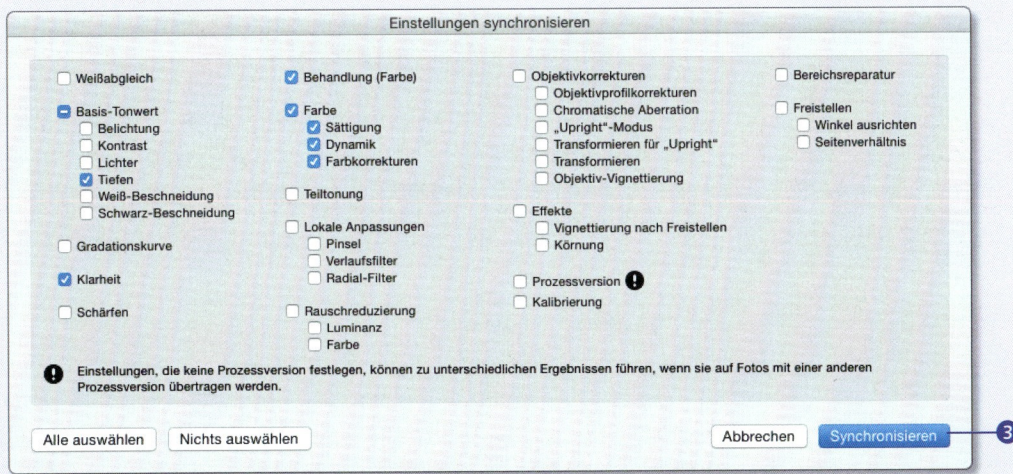

Nach der Synchronisation haben alle Bilder einen angeglichenen Himmel. Der Mond kommt hier stärker zu Vorschein. Jetzt sind die Bilder bereit zur Aufbereitung für eine Diashow.

Schritt für Schritt
Diashow

Die Diashow eignet sich zum Präsentieren der Bilder. Nicht umsonst bietet Lightroom hierzu ein eigenes Modul. Dort können auch einmal erstellte Diashows abgespeichert werden.

1 Ins Diashow-Modul wechseln

Das Wechseln in das Diashow-Modul funktioniert ebenso wie das Wechseln in die anderen Module über die Modulauswahl oben rechts über dem Ansichtsfenster und dem rechten Bedienfeld. Klicken Sie hier auf den Begriff DIASHOW.

| Bibliothek | Entwickeln | Karte | Buch | **Diashow** | Drucken | Web |

▲ **Abbildung 36**
Die Modulauswahl mit aktivem Diashow-Modul

Nach dem erstmaligen Wechseln in das Diashow-Modul erscheint wieder der Tipp-Wizard.

2 Diashow anpassen

An der DIASHOW werden Sie jetzt gar nicht viel individuell anpassen. Einzig den Namen oben links sollten Sie verbergen. Dieser wird unter der Bedienfeldpalette ÜBERLAGERUNGEN eingestellt.

Deaktivieren Sie hier die Kontrollbox beim Parameter ERKENNUNGSTAFEL ❶.

▲ **Abbildung 37**
Damit kein Name sichtbar ist, wird die Überlagerung mit der Erkennungstafel deaktiviert.

3 Diashow abspielen

Klicken Sie jetzt auf den Button ABSPIELEN, der sich rechts unter dem Bedienfeld befindet, wird die Diashow abgespielt. Bevor die Diashow abgespielt wird, berechnet Lightroom noch die optimalen Größen für den verwendeten Monitor.

4 Diashow speichern

Die Diashow kann jetzt noch als Sammlung gespeichert werden. Sammlungen sind wie Fotoalben. In Ihnen können Bilder zu bestimmten Themen, Events etc. gesammelt werden. Dabei werden aber nicht die Originalbilder verschoben, sondern nur Verlinkungen zu diesen in der Sammlung abgelegt. Sammlungen, die in den Aus-

▲ **Abbildung 38**
Der ABSPIELEN-Button startet die Diashow.

gabemodulen Diashow, Drucken oder Web gespeichert werden, enthalten zudem noch die Einstellungen des jeweiligen Moduls.

Klicken Sie zum Speichern der Diashow auf den Button Diashow erstellen und speichern ❷ über dem Ansichtsfenster. Im Dialog geben Sie dann den Namen »Ballonlandung Seefeld« an.

Nach dem Anklicken des Buttons Erstellen erscheint die Sammlung ❸ im linken Bedienfeld unter Sammlungen. Das Icon symbolisiert, dass es sich um eine Diashow handelt.

◂▴ **Abbildung 39**
Die Diashow wird als Sammlung gespeichert und erscheint dann im linken Bedienfeld unter den Sammlungen.

Die Sammlung erscheint nicht nur im Diashow-Modul. Auch in den anderen Modulen steht Ihnen die Sammlung zur Verfügung. Mehr zu Sammlungen finden Sie auf Seite 363.

Schritt für Schritt
Export der Bilder

Entwicklungs- und andere Einstellungen, die Sie an Bildern vornehmen, sind zunächst nur in Lightroom sichtbar. Vor allem wenn Sie mit Raw-Bildern arbeiten, können andere Personen die Bilder so gar nicht sehen und verarbeiten. Bevor Sie also Bilder weitergeben, müssen Sie diese aus Lightroom heraus exportieren. Auch für den Versand per E-Mail sollten die Bilder nicht zu groß sein.

Für unsere Übung exportieren Sie die Bilder in der maximalen Breite von 1920 px. Das reicht völlig aus, um die Bilder auf einem HD-Fernseher zu präsentieren.

1 Wechsel zum Bibliothek-Modul

Den Export können Sie eigentlich aus jedem Modul heraus starten. Für unser Beispiel verwenden wir jedoch den »regulären« Weg über das Bibliothek-Modul. Wechseln Sie also über die Modul-

Workshop   Schnelleinstieg in Lightroom

auswahl in das Bibliothek-Modul. Stellen Sie sicher, dass der Filter für alle markierten Bilder aktiv ist und dass alle diese Bilder ausgewählt wurden.

2   Export starten und Ziel festlegen

Um die Einstellungen festzulegen, müssen Sie erst einen Export anstoßen. Dazu klicken Sie auf die EXPORTIEREN-Schaltfläche links unten unter dem Bedienfeld. Daraufhin öffnet sich der Einstellungsdialog. Mehr zum Export finden Sie ab Seite 453.

Der Dialog besitzt zahlreiche Einstellungen, die in Parametergruppen unterteilt sind. Das zentrale Fenster mit den Gruppen können Sie scrollen, und die einzelnen Gruppen lassen sich auf- und zuklappen.

Als Erstes wird der Ort angegeben, an dem die exportierten Bilder abgelegt werden sollen. Über die WÄHLEN-Schaltfläche ❶ wählen Sie hier Ihren SCHREIBTISCH bzw. DESKTOP aus.

Anschließend aktivieren Sie noch das Kontrollkästchen IN UNTERORDNER ABLEGEN und vergeben den Ordnernamen »Ballonlandung Seefeld« ❷.

▲ **Abbildung 40**
Die Schaltfläche für den Export befindet sich unter dem linken Bedienfeld der Bibliothek.

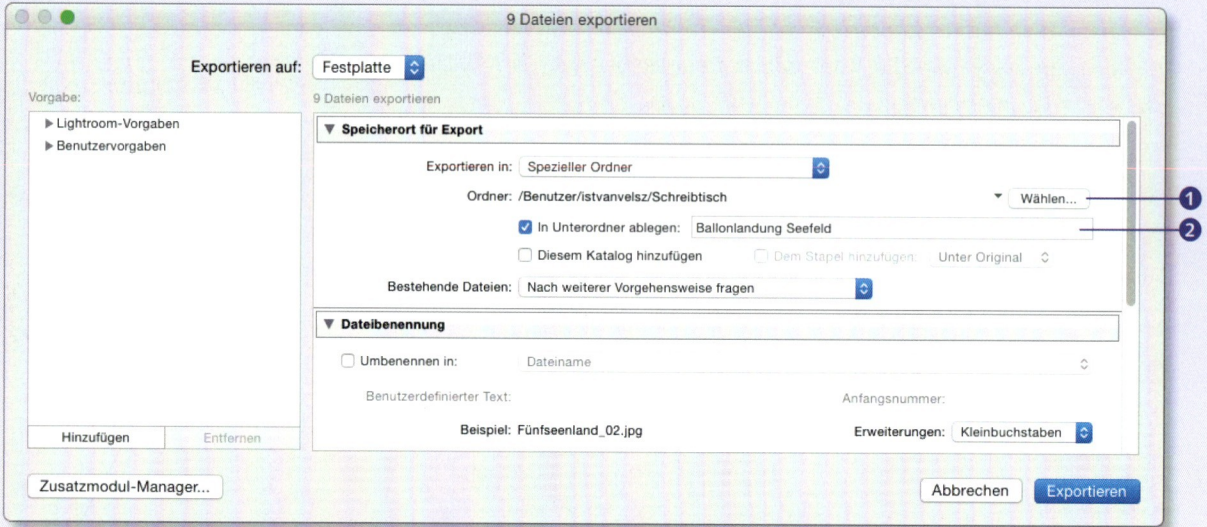

▲ **Abbildung 41**
Der Exportdialog mit den Einstellungen für den Speicherort der exportierten Bilder

3   Dateieinstellungen

Die nächsten Gruppen können Sie außer Acht lassen. Interessant werden erst wieder die Parameter für die DATEIEINSTELLUNGEN. Die Bilder sollen als JPEG-Datei gesichert werden. Wählen Sie also aus dem Dropdown-Menü BILDFORMAT ❼ JPEG aus, und stellen Sie den Schieberegler der QUALITÄT ❽ auf »75« . Als FARBRAUM ❾ sollte sRGB eingestellt werden. Dieser gewährleistet eine möglichst hohe Kompatibilität mit allen Ausgabegeräten wie Monitoren, Fernsehern oder Farbdruckern.

4 Bildgröße

Aktivieren Sie das Kontrollkästchen IN BILDSCHIRM EINPASSEN ❻ in der Parametergruppe BILDGRÖSSE. Wählen Sie dann im nebenstehenden Dropdown-Menü den Punkt LANGE KANTE.

Geben Sie darunter ❺ als Wert »1920« und die Einheit PIXEL an. Die AUFLÖSUNG spielt nur im Druck eine Rolle und kann hier auf dem voreingestellten Wert (240) belassen werden.

5 Ausgabeschärfe

Aktivieren Sie das Kontrollkästchen links von SCHÄRFEN FÜR ❹. Wählen Sie aus den beiden folgenden Dropdown-Menüs die Einträge BILDSCHIRM und STANDARD aus. Gerade wenn man Bilder kleiner skaliert, ist eine Scharfzeichnung sinnvoll.

6 Personen- und Positionsdaten mit ausgeben

Normalerweise werden Personen- und Positionsdaten nicht exportiert, um bei der Verbreitung der Bilder keine persönlichen Daten preiszugeben. In unserem Fall ist das aber nicht problematisch. Also deaktivieren Sie die Kontrollbox bei PERSONEN-INFO ENTFERNEN und POSITIONSINFORMATIONEN ENTFERNEN ❸.

▼ Abbildung 42
Die restlichen Einstellungen für den Export

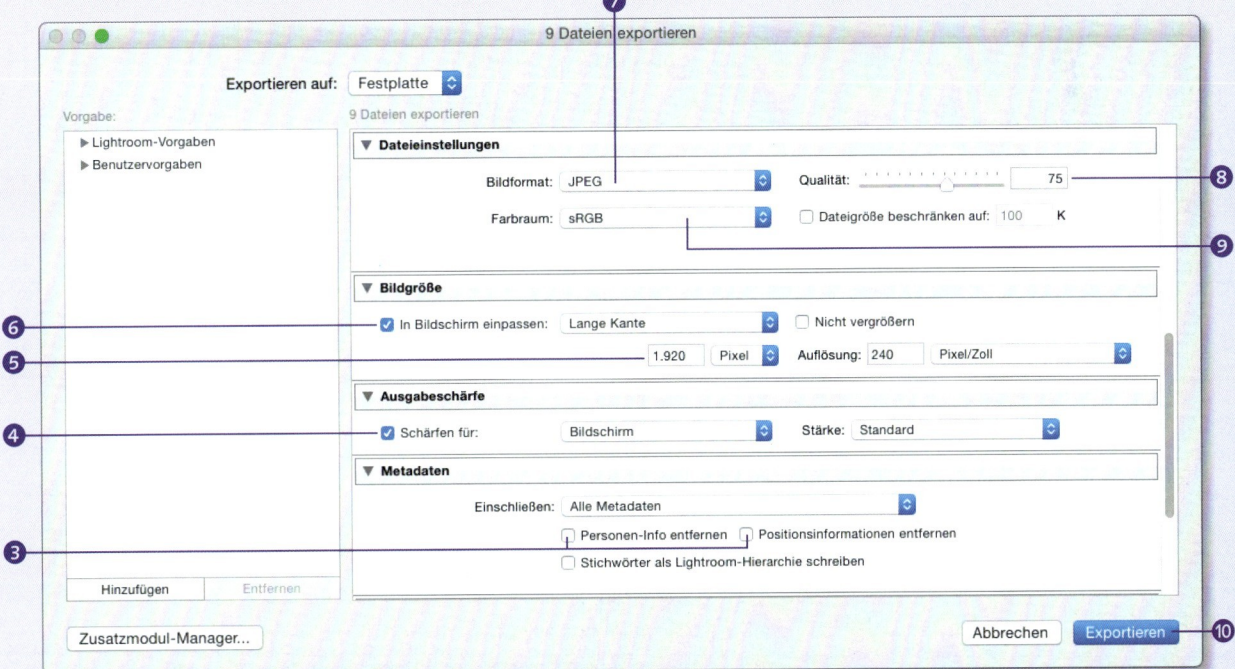

Workshop   Schnelleinstieg in Lightroom

7   Export ausführen

Jetzt müssen Sie nur noch auf den Button EXPORTIEREN ❿ (Abbildung 42) klicken, und der Export wird ausgeführt.

Der Export läuft im Hintergrund ab. Den Status des Fortschritts können Sie oben links im Arbeitsfenster sehen. Die Erkennungstafel wird hier zur Statusanzeige.

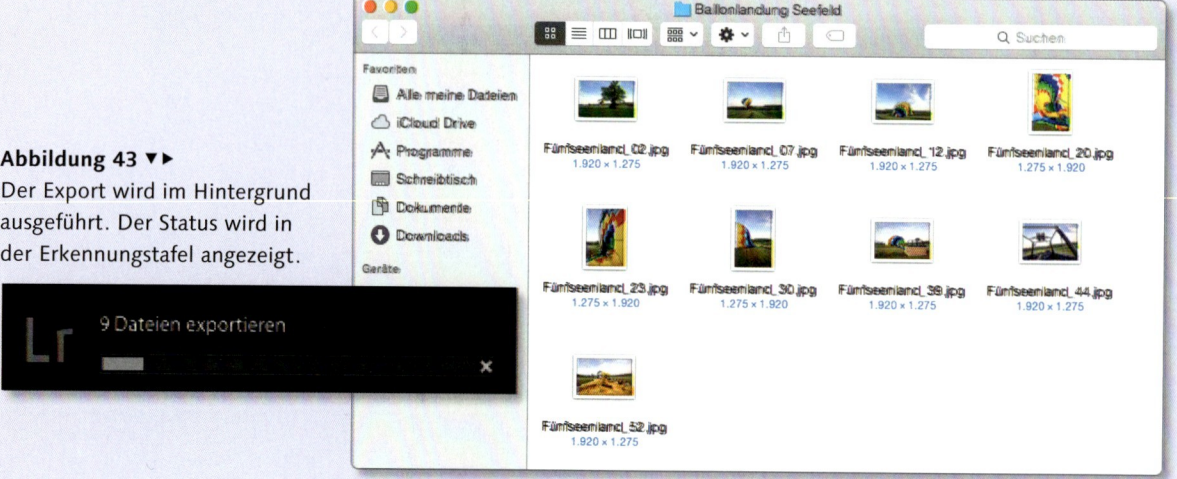

Abbildung 43 ▼▶
Der Export wird im Hintergrund ausgeführt. Der Status wird in der Erkennungstafel angezeigt.

Dieser Schnelleinstieg konnte natürlich nur einen kleinen Ausschnitt an Funktionen zeigen. Für die folgenden Kapitel werden dieser Katalog und die darin enthaltenen Bilder nicht mehr benötigt. Sie können diese daher zusammen mit dem Katalog löschen. Achten Sie aber darauf, keine anderen Kataloge und Bilder zu löschen. Für diese Übung sind das die Ordner LIGHTROOM und SCHNELLEINSTIEG-BILDER im Ordner BILDER Ihres Benutzerordners.

Abbildung 44 ▶
Die Daten des Workshops liegen in Ihrem Bilderordner.

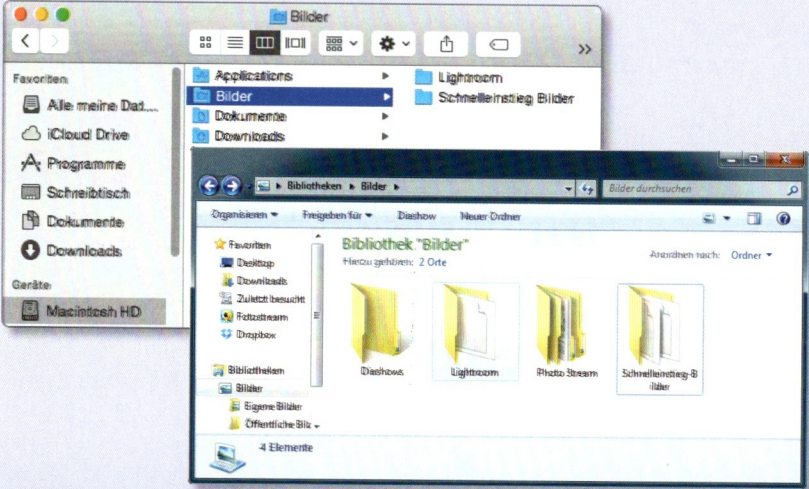

Kapitel 2
Arbeitsweise von Lightroom

Photoshop Lightroom ist ein Programm, das alle Aspekte der digitalen Fotoverarbeitung aufgreift und komplexe Vorgänge einfach bedienbar macht. Um zu verstehen, was Lightroom eigentlich ausmacht und wie es arbeitet, ist ein wenig grundlegendes Wissen um die Verarbeitung von digitalen Bildern notwendig – etwa um die Konzepte des nichtdestruktiven Workflows und der Metadaten auch richtig anwenden zu können. Auf beide geht dieses Kapitel ein. Sie werden Lightroom danach besser verstehen und auf die Arbeit damit gut vorbereitet sein.

2.1 Nichtdestruktiver Workflow

Schon seit eh und je war der Workflow in der Fotografie nichtdestruktiv. Das heißt, das Original wurde, nachdem es mit der Kamera aufgenommen wurde, nicht mehr verändert. Es wurden lediglich Abzüge davon erstellt. Die Qualität des Ausgangsbildes, also des Negativs, blieb immer gleich. Man konnte jederzeit neue Varianten desselben Negativs oder Dias herstellen.

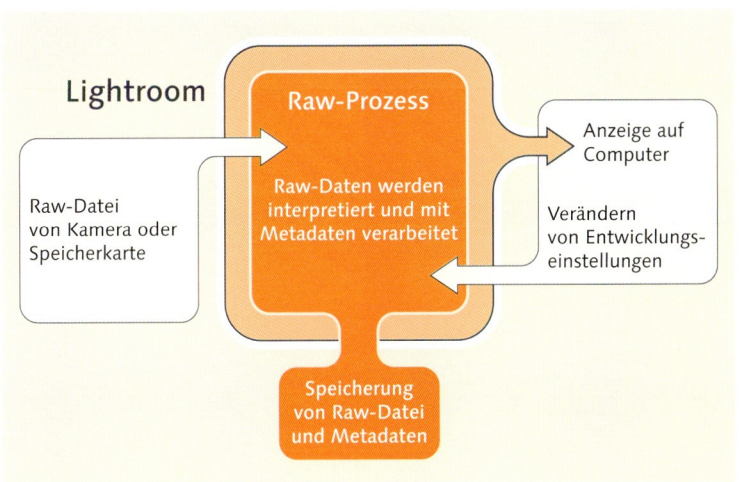

◄ **Abbildung 2.1**
Lightroom nimmt die Raw-Daten und verarbeitet diese mit Hilfe des integrierten Raw-Prozessors. Alle Änderungen werden als Metadaten an die Datei geheftet. Bei jeder Verwendung des Bildes werden die Raw-Daten wieder mit den Metadaten zusammengebracht und neu verarbeitet.

Was viele Jahre in der Dunkelkammer als selbstverständlich galt, war in der digitalen Fotografie eine bahnbrechende Neuerung. Mit dem Abgreifen der Daten direkt am Sensorchip und der Speicherung im Raw-Format ist es möglich, digitales Negativ und digitale Abzüge voneinander zu trennen. Zur Erzeugung der Abzüge ist eine spezielle Software erforderlich, der Raw-Konverter. Darin kann man aus der Raw-Datei einen JPEG- oder TIFF-Abzug generieren und diesen dann in einer anderen Anwendung bearbeiten oder drucken. Photoshop Lightroom ist nun eine der ersten Anwendungen, die einen kompletten nichtdestruktiven Workflow am Computer ermöglichen – vom Bildimport über die Farbkorrektur bis zum Druck.

Doch was ist mit nichtdestruktiv genau gemeint? Wörtlich bedeutet es »nicht zerstörerisch«. Gemeint ist damit, dass eine Veränderung in einem Bild nicht die Originalinformation zerstört. Damit sind nun keine Staubkörner oder Kratzer gemeint wie auf einem Dia oder Negativ. Hier sind es vielmehr alle Arbeitsschritte, die auf ein Bild angewendet werden und dessen Bildinformation verändern. In den folgenden Beispielen werden Effekte dieser »Zerstörung« aufgezeigt.

Zerstörung durch Weichzeichnen

Bilddetails sind eigentlich nichts anderes als lediglich unterschiedliche Farb- und Helligkeitsinformationen in benachbarten Pixeln. Bei einer Weichzeichnung wird der Kontrast von nebeneinanderliegenden Pixeln – meist über mehrere Pixel hinweg – verringert.

▲ Abbildung 2.2
Dieses Originalbild stellt ein Detail des Torre Agbar in Barcelona dar. Es zeigt viele scharfe Kanten.

▲ Abbildung 2.3
Das Bild wurde zunächst weichgezeichnet und dann ...

▲ Abbildung 2.4
... scharfgezeichnet. Durch die verloren gegangenen Details kann die Qualität des Originals nicht wiederhergestellt werden.

Ist der Kontrast so gering, dass sich zwei benachbarte Pixel nicht mehr unterscheiden, so geht die Detailinformation verloren und kann auch nicht mehr wiederhergestellt werden. Von einer Korrektur kann also eigentlich nicht die Rede sein, wenn dabei Bildinformationen verloren gehen. Auch beim Vergrößern von Bildern tritt dieser Effekt zutage. Denn dabei werden künstlich Pixel in das Bild hineingerechnet. Die Software kann aber nicht wissen, welche Details an der eingefügten Stelle vorhanden sein sollen. Daher richtet sie sich nach den umliegenden Pixeln. Das Ergebnis entspricht dann weitgehend dem aus Abbildung 2.4.

Zerstörung durch Helligkeitskorrektur

Wird das Bild heller oder dunkler gemacht, werden alle Pixel gemeinsam aufgehellt oder abgedunkelt. Zunächst bleiben dabei die Detailinformationen des Bildes erhalten.

▲ Abbildung 2.5
Der Ausschnitt des Bildes zeigt im Originalbild die Details am Boot im Schatten.

▲ Abbildung 2.6
Nach dem Abdunkeln der dunklen Stellen sind die Details nicht mehr sichtbar ...

▲ Abbildung 2.7
... und können auch durch Aufhellen nicht wieder zurückgeholt werden.

In den hellsten und dunkelsten Bereichen des Bildes passiert aber Folgendes: Ein schwarzes Pixel kann nicht noch dunkler werden. Pixel, die jedoch nur einen Helligkeitswert heller sind, schon. Diese werden mit der Bearbeitung ebenfalls auf Schwarz gesetzt. Somit gehen der Kontrast und die damit verbundene Detailzeichnung im Bild verloren. Ein anschließendes Aufhellen würde alle Pixel aufhellen.

Das Gleiche gilt in umgekehrter Weise auch für helle Stellen. Je stärker die Helligkeitsveränderung, desto mehr Details gehen an den jeweiligen Stellen verloren, da auch weitere helle und dunkle Pixel an die Helligkeitsgrenzen verschoben werden.

Um diese Fehler in Grenzen zu halten, wird in der Bildbearbeitung zum Aufhellen und Abdunkeln die Gradationskurve angepasst. Dabei ist es möglich, die hellste und dunkelste Stelle als solche zu belassen und nur alle Tonwerte dazwischen zu verändern. Dies schützt Details in den beiden Extrembereichen weitgehend.

Zerstörung durch Rauschunterdrückung

Auch bei der Rauschunterdrückung gehen Details unwiederbringlich verloren. Dort ist der Effekt jedoch oft so gewollt und basiert auf besonderen Berechnungen, zum Beispiel auf der gezielten Weichzeichnung der Farbkontraste. Als Filter angewendet, kann dieser jedoch nachträglich nicht mehr verändert oder zurückgenommen werden.

Zerstörung durch verlustbehaftete Kompression

Eine weitere Form der Bildzerstörung kann durch die Kompression der Bilddaten erfolgen. Eine Kompression ist das Verkleinern von Datenmengen durch Weglassen unwichtiger oder doppelter Informationen. Man unterscheidet dabei zwischen verlustfreier und verlustbehafteter Kompression.

▲ Abbildung 2.8
Die Struktur des Originalbildes, um das Dreifache vergrößert und verlustfrei gespeichert

▲ Abbildung 2.9
Derselbe Ausschnitt mit einer hohen JPEG-Kompression

▲ Abbildung 2.10
Bei weiterer Vergrößerung des mit JPEG komprimierten Bildes werden die Kompressionsartefakte deutlich.

Verlustfreie Kompression | Bei der verlustfreien Kompression sind die Daten vor dem Komprimieren und nach dem Dekomprimieren gleich. Es findet dabei also keine Veränderung der Bildinhalte und somit der Details im Bild statt. Dies wird dadurch ermöglich, indem ausschließlich doppelt vorhandene Informationen nur einmal abgespeichert werden. Auf Wörter übertragen, könnte ein Satz wie »Nur ein kleiner Beitrag ist auch ein Beitrag« in etwa wie folgt komprimiert werden: »Nur ein kleiner Beitrag ist auch 2 4«. Da die Wörter »ein« und »Beitrag« doppelt vorkommen, werden sie mit den entsprechenden Bezügen gespeichert. Die Datenmenge ist dadurch geringer.

Als verlustfreies Verfahren bekannt, ist das ZIP-Archivieren, das oft beim Versenden von Texten oder in Programmen eingesetzt wird. Das TIFF-Format erlaubt es, Bilddaten mit ZIP oder über den LZW-Algorithmus verlustfrei zu komprimieren.

Verlustbehaftete Kompression | Bei dieser Art der Kompression wird bewusst Bildinformation weggelassen – je nach Kompressionsfaktor weniger oder mehr. Bei Text und Programmen ist dies nicht möglich, weil dabei jedes Zeichen wichtig ist. Dafür funktioniert dies aber ganz gut bei Bilddaten, Videos oder auch Ton. Bei der verlustreichen Komprimierung von Fotos wird über ein Bild ein Matrixgitter gelegt und die Bildinformation über ein mathematisches Verfahren (Quantisierung) heruntergerechnet beziehungsweise abgerundet. Je nach Grad der Rundung wird die Bildinformation geringer und die Kompression stärker. Dies reduziert die Dateigröße. Allerdings werden die Rundungsfehler durch sogenannte Kompressionsartefakte sichtbar. Dieser Effekt tritt vor allem bei JPEG-Bildern mit hoher Kompression auf.

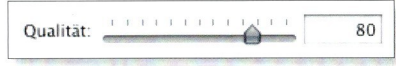

▲ **Abbildung 2.11**
In Lightroom kann die JPEG-Kompression beim Exportieren von Bildern eingestellt werden. Ein Wert von »80« ist ein guter Kompromiss zwischen Dateigröße und Bildqualität.

Zerstörung durch Raw/DNG-Konvertierung

Einige Fotografen behaupten sogar, dass die Konvertierung der Raw-Daten der Kamera in das Standardformat DNG (siehe Seite 152) mit Verlusten behaftet sei. Zum Teil stimmt das auch, denn nicht alle Hersteller haben alle Angaben, die in die Raw-Datei geschrieben werden, für Dritthersteller freigegeben. So ist es Adobe nicht immer möglich, alle Informationen – vor allem Metadaten – in die DNG-Datei zu übernehmen. Ob dies einen realistischen Qualitätsverlust nach sich zieht, darf jedoch bezweifelt werden. Tatsache ist aber, dass Originalinformationen verloren gehen und somit der nichtdestruktive Workflow eigentlich nicht eingehalten wird. Um auch diese Kritiker zufriedenzustellen, bietet Lightroom immerhin mehrere Möglichkeiten, die Original-Raw-Information zu schützen, etwa indem Sie die originale Raw-Datei in die DNG-Datei einbetten. Die Datei wird dabei aber größer.

Arbeiten mit herstellereigenen Raw-Dateien | Grundsätzlich können Sie auch im herstellereigenen Raw-Format arbeiten. Allerdings kann dabei nicht garantiert werden, dass diese Formate, die sich teilweise schon von Kameramodell zu Kameramodell unterscheiden, auf lange Sicht unterstützt werden.

Einbetten der Raw-Dateien in die DNG-Datei | Beim Konvertieren kann die originale Raw-Datei in die DNG-Datei eingebunden und später auf Wunsch auch wieder extrahiert werden. Die Dateigröße verdoppelt sich dabei jedoch nahezu.

Backup der Raw-Information | Beim Import kann die originale Datei in ein anderes Verzeichnis gelegt oder zur Sicherung auf eine CD/DVD gebrannt werden.

Keine Zerstörung im nichtdestruktiven Workflow

In den vorangegangenen Beispielen haben wir uns die Zerstörung von Bildinformation verdeutlicht. Jetzt wollen wir einen Blick auf die Verfahren werfen, mit denen man in Bilder eingreifen kann, ohne ihre Daten unwiederbringlich zu verändern. Nichtdestruktiv bedeutet, dass sämtliche Veränderungen, die Sie an einem Bild vornehmen, keinerlei Auswirkung auf das Originalbild haben, ähnlich dem Originalnegativ in der Analogfotografie.

▼ **Abbildung 2.12**
Im nichtdestruktiven Workflow werden Bildänderungen nicht in das Bild hineingerechnet, sondern lediglich als Metadaten »angeheftet« ❶. Dies erlaubt jederzeit den Zugriff auf das Originalbild. In der Abbildung sind die Metadaten im Bildbrowser Adobe Bridge sichtbar gemacht.

Die Veränderungen werden nicht direkt in das Bild hineingerechnet, sondern nur als Eigenschaftenliste angefügt. Veränderung und Wert werden genauso als Metadaten in die Datei geschrieben wie Angaben zu Fotograf, Copyright oder Kamera. Beim Laden des Bildes in einer Software werden diese Daten dann ausgelesen und in das Bild hineingerechnet. Die Berechnung der Bilddaten ist dabei relativ aufwendig und kann je nach Bildgröße dauern. Sie muss bei jeder Änderung der Bilddarstellung durchgeführt werden. Um dies zu beschleunigen, werden in Lightroom und anderen Programmen auch immer Vorschaubilder mit unterschiedlicher Größe erstellt.

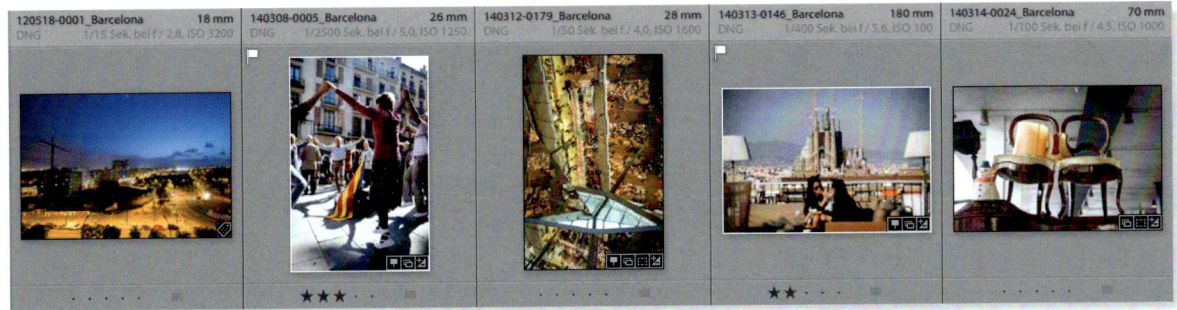

▲ **Abbildung 2.13**
Vorschaubilder werden unter anderem für die Rasterdarstellung in der Bibliothek erzeugt.

Diese werden dann statt des Originalbildes verwendet. Die Vorschauen werden nur dann neu berechnet, wenn sich Parameter ändern, die den Bildinhalt betreffen. Das beschleunigt das Arbeiten enorm. Einen Nachteil hat das Ganze: Die Vorschauen sind nur innerhalb der Software gültig, mit der sie erzeugt wurden. Ebenso verhalten sich die gespeicherten Bearbeitungseinstellungen. Diese sind nicht mit anderen Programmen kompatibel. Um etwa ein verändertes Bild in einem anderen Programm zu öffnen, müssen die Einstellungen mit den Bilddaten zusammengerechnet und in eine Kopie gespeichert werden. In diesem Moment verlässt man den nichtdestruktiven Workflow. Bisher gibt es nur eine Produktlinie, die über alle Formen hinweg den nichtdestruktiven Workflow zulässt: Adobe Photoshop zusammen mit Adobe Lightroom beziehungsweise Adobe Bridge mit Adobe Camera Raw (ACR).

2.2 Verwaltung über Metadaten

Jedes Bild, das Sie in Lightroom bearbeiten wollen, muss zuerst in die Bibliothek der Software importiert werden. Dabei handelt es sich um eine Datenbank. Sie stellt den Kern von Lightroom dar.

Alle Bearbeitungsschritte und Einstellungen für die Ausgabe werden in der Datenbank gespeichert und daraus erstellt.

Dieses Konzept erscheint auf den ersten Blick umständlich. Warum soll man ein Bild zuerst in eine Datenbank importieren, nur um zum Beispiel kurz die Belichtung zu korrigieren oder um es auszudrucken? Wenn es bei so einfachen Arbeiten bleibt, ist diese Frage durchaus berechtigt. Wer jedoch in mehreren hundert oder tausend Bildern nach einem bestimmten sucht, benötigt ein Verwaltungstool, das mit allen Assoziationen zu diesem Bild umgehen kann. Da hilft nur eine Datenbank weiter. Neben den Bildern werden dort auch die Metadaten verwaltet und den Bildern zugewiesen.

Auch die Hierarchie auf der Festplatte ist eigentlich nur eine Datenbank, die über den Verzeichnisdienst des Betriebssystems verwaltet wird. Sicher haben Sie schon von NTFS oder FAT, FAT32 oder von HFS gehört. Dies sind die unterschiedlichen Verzeichnisdienste von Betriebssystemen, die als Datenbanken für Dateien fungieren. Innerhalb von Lightroom wird diese Verwaltung quasi nur erweitert.

Die Verwaltung über Metainformationen ist ein Konzept, um Dateien zu verwalten, ohne diese in Ordnern ablegen zu müssen, sondern ihnen zusätzlich die Ordnungsinformationen anzuhängen. Heutige Dateisysteme arbeiten leider nur bedingt damit, sie setzen auf eine hierarchische Ordnerstruktur. Darüber hinaus gibt es auch kaum leistungsfähige Programme, mit denen man Metadaten in Dateien hineinschreiben kann. Lightroom schließt diese Lücke, indem es Metadaten und Bilder zusammenbringt und Werkzeuge zur Bearbeitung von Metadaten zur Verfügung stellt.

Was sind Metadaten?

Metadaten sind Zusatzinformationen zu Dateien, die unabhängig von ihrem Speicherort oder ihren Verzeichnissen Informationen bereitstellen. Sie schweben sozusagen in einer Metaebene über dem Dateisystem und umfassen Informationen zu Inhalt, Autor, technischen Angaben oder zum Copyright einer Datei. Metadaten werden in das Dokument mit hineingeschrieben – egal, ob es sich dabei um ein Text-, Bild- oder ein anderes Dokument handelt – und dienen der Beschreibung dieses Dokuments. Sie können dann von speziellen Programmen ausgelesen und interpretiert werden. Alle Adobe-Produkte erlauben es, Metainformationen in die bearbeitbaren Dateien zu integrieren.

2.2 Verwaltung über Metadaten

Metadatenformate

Metadaten gibt es für alle Arten von Aufgaben und Dokumenten. Auch die Raw-Informationen der Entwicklung in Lightroom werden als Metadaten an die Datei geheftet und beim Anzeigen oder Exportieren mit hineingerechnet. Dies ermöglicht erst den nicht-destruktiven Workflow, da das Bild so selbst unberührt bleibt. Für die zusätzliche Beschreibung oder Klassifizierung von Bilddateien haben sich zwei Standards herausgebildet: EXIF und IPTC.

▲ Abbildung 2.14
In den EXIF-Metadaten werden Kameradaten und technische Informationen gespeichert.

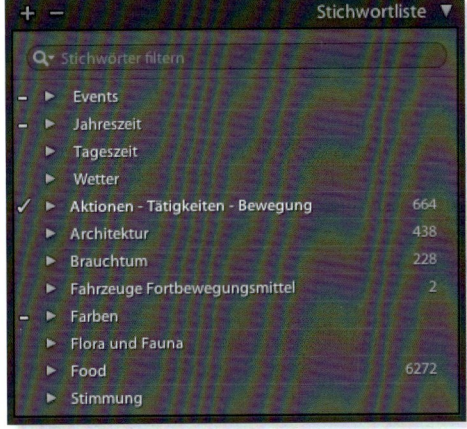

▲ Abbildung 2.15
Stichwörter können hierarchisch verknüpft werden.

EXIF | EXIF (Exchangeable Image File Format) kümmert sich um die technische Seite einer Aufnahme. In EXIF werden Angaben zu Kamera, Objektiv, Verschluss, Belichtungszeiten, Farbtemperatur, Farbraum etc. verwaltet. EXIF-Informationen werden bei der Erstellung des Bildes, beispielsweise beim Fotografieren von der Kamera, in die Datei geschrieben und können nachträglich nicht mehr verändert werden.

▲ **Abbildung 2.16**
IPTC-Informationen beinhalten Daten zu Autor, Bildinhalt, Genre, Copyright und Verbreitung.

IPTC | IPTC (International Press Telecommunications Council) kümmert sich um die Inhalte im Bild, deren Herkunft und um Fragen rund ums Copyright. IPTC besitzt auch feste Begriffe und Codes für das Genre oder die Art des Bildinhalts, etwa für Sport, Stillleben etc. Dies erlaubt einen international standardisierten Umgang mit Bilddaten. Die entsprechenden Codes können auf der Website des IPTC (www.iptc.org) nachgeschlagen werden. Professionelle Fotografen kommen an diesen Angaben nicht vorbei, vor allem in der Kommunikation mit Nachrichten- und Bildagenturen.

IPTC-Daten lassen sich in Lightroom bequem editieren. Zum Beispiel schreibt Lightroom Schlüsselwörter, mit denen man ein Bild verschlagwortet, in ein extra dafür vorgesehenes Feld der IPTC-Metadaten. Ebenso lassen sich hier umfassende Angaben zu Copyright, Aufnahmeort und Fotograf unterbringen. Als Fotograf sollte man sich die Mühe machen, seine Bilder mit allen wichtigen Informationen auszustatten. In der Zusammenarbeit mit Verlagen oder Bildagenturen sind diese Informationen elementar.

Mangelnde Unterstützung in Betriebssystemen

Ausgelesen werden Metadaten bisher nur von wenigen Applikationen. Die gängigen Betriebssysteme bieten leider noch keine ausreichende Unterstützung. Auch erlauben viele Spezifikationen von Dateiformaten es nach wie vor nicht, Metainformationen in einer Datei mitzuspeichern. Die aktuellen Betriebssysteme bieten zumindest einen beschränkten Zugriff. So kann man damit zum Beispiel nach Fotos von einem speziellen Kameramodell suchen, die Suche nach Hochformatbildern ist aber noch nicht möglich. Von einer Verwaltung der Dateien nur über Metainformationen – unabhängig von Ordnern – sind wir noch weit entfernt. Aber darin liegt die Zukunft, da Daten mehr Informationen beinhalten können als den Dateinamen und die Bezeichnung des Ablageordners.

Speicherung von Metadaten mit XMP

Adobe hat mit XMP (Extensible Metadata Platform) ein Dateiformat geschaffen, das die Unzulänglichkeiten der Betriebssysteme im Umgang mit Metadaten überbrücken soll. Mit XMP werden Metadaten, darunter auch EXIF und IPTC, in ein XML-basiertes Format übertragen. Somit können auch Dateien mit Metadaten ausgestattet werden, die die Daten nicht in sich selbst abspeichern. Es wird dann eine externe XMP-Datei mit demselben Namen wie die Originaldatei erstellt, die die Metainformationen beinhaltet. Lightroom speichert diese Daten im Katalog ab und schreibt auf Wunsch die XMP-Dateien auch in beziehungsweise neben die Dateien.

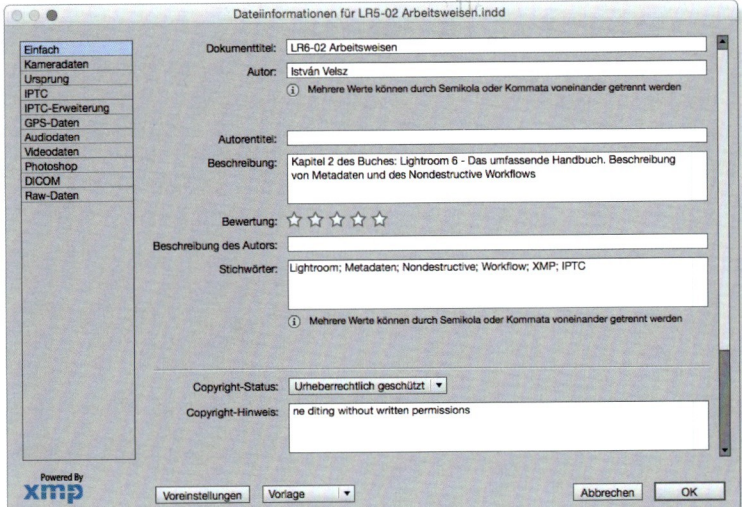

◄ **Abbildung 2.17**
Nicht nur in Raw-Daten können Metadaten integriert werden. Auch InDesign bietet beispielsweise die Unterstützung des XMP-Standards.

XMP-Dateien sind also eigene Dateien, die bis auf denselben Namen keinen Bezug zur Originaldatei haben. Löscht man die Originaldatei, verbleibt die zugehörige XMP-Datei auf der Festplatte und umgekehrt. Das Umbenennen der XMP-Datei oder des Originals sollte man besser unterlassen, da sonst der Bezug verloren geht. Darüber hinaus können die Informationen in XMP-Dateien nur von Programmen ausgewertet werden, die dieses Format unterstützen. Lightroom kann XMP-Dateien lesen und auch erzeugen. Etwa für proprietäre Raw-Dateien der Kamerahersteller schreibt Lightroom die Metainformationen in eine XMP-Datei. Für alle anderen Formate, wie zum Beispiel DNG, TIFF, PSD und JPEG, werden die Metainformationen in die Datei selbst integriert – es sei denn, Sie weisen Lightroom an, auch für diese Dateien externe XMP-Dateien anzulegen. Dies bietet sich vor allem dann an, wenn die Originaldatei nicht verändert werden darf. XMP erlaubt es, über EXIF und IPTC viele Informationen, darunter sogar GPS-Daten (Global Positioning System) oder herstellereigene Angaben, zu speichern.

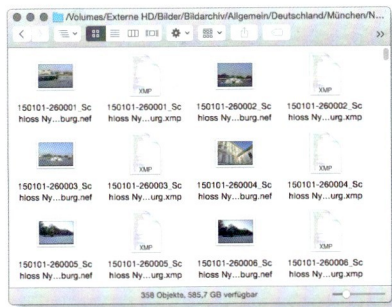

▲ **Abbildung 2.18**
Raw-Daten mit XMP-Filialdokumenten: Diese beinhalten die Metadaten der Raw-Bilder.

Verwaltung von Metadaten

So viel zu dem nicht unkomplizierten, aber hilfreichen Konzept der Metadaten. Was aber soll man nun mit diesen Daten anfangen? Die Möglichkeit, nach Informationen wie Bildinhalt, Kameratyp,

▲ **Abbildung 2.19**
Sammlungen ähneln Ordnern, mit dem Unterschied, dass nicht die Bilder selbst darin liegen, sondern nur Verweise darauf. Daher können Bilder auch in mehreren Sammlungen liegen.

▼ **Abbildung 2.20**
Neben der Filterung nach Metadaten wie EXIF und IPTC lassen sich auch Markierungsfilter setzen. Diese filtern die Bilder nach Bewertung, Farbmarkierung oder Markierungsflaggen.

Aufnahmeeinstellungen etc. zu suchen, stellt nur die rudimentärste Art der Verwaltung dar. Eine effektive Bildorganisation erfordert aber mehr Funktionen. Dazu bietet Lightroom eine ganze Reihe von Möglichkeiten.

Sammlungen | In Lightroom lassen sich Bilder in Sets oder Sammlungen ablegen. Das sind Gruppen von Bildern mit ähnlichen Eigenschaften. Das Prinzip erinnert an herkömmliche Ordner, allerdings werden hier nicht die Dateien selbst verwaltet, sondern nur Verknüpfungen davon angelegt. Somit kann ein Bild auch zu mehreren Sammlungen gehören. Welchen Sammlungen ein Bild angehört, wird von Lightroom in die Datenbank geschrieben.

Das Löschen eines Bildes aus einer Sammlung entfernt dieses dadurch nicht, es wird lediglich aus der Sammlung entfernt, in der es sich befindet. Dies kann man auch wieder rückgängig machen, da das Bild ja nicht wirklich gelöscht wurde, sondern nur seine Verknüpfung mit der Sammlung.

Filter | Eine weitere Möglichkeit, um Bilder nach ihren Metadaten zu sortieren, bieten die Filter in Lightroom. Diese können nahezu beliebig nach allen zur Verfügung stehenden Bildeigenschaften gesetzt werden. Nur Bilder, die den aktivierten Filtern entsprechen, werden dann angezeigt. Filter können aus allen Arten der Dateiinformation bestehen – nicht nur aus den erwähnten IPTC- und EXIF-Daten, sondern auch aus Markierungsflaggen (Flags), hierarchischen Stichwörtern und deren Synonymen, Farbmarkierungen oder Bewertungen. All diese Möglichkeiten bietet Lightroom mit der Verarbeitung von Metadaten. Solange diese nicht über das Betriebssystem bereitgestellt werden, müssen Sie die Bilder für die Verwaltung auch weiterhin in die Datenbank von Lightroom importieren.

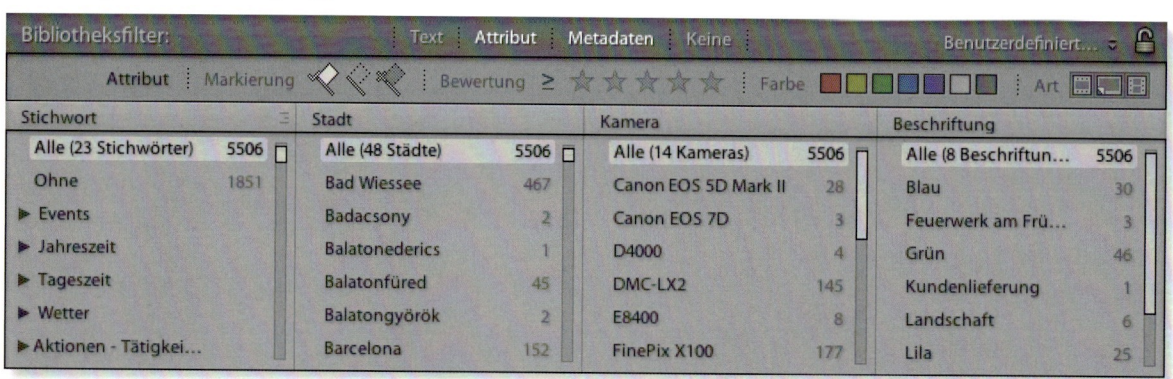

Kapitel 3
Farbmanagement

Jedes Gerät, egal, ob Scanner, Fotoapparat, TFT-Flachbildschirm, Fernseher, Röhrenmonitor, Beamer, Farblaserdrucker, Tintenstrahldrucker, Offsetdrucker, Fotoprinter etc. hat seine eigene Farbinterpretation. Rot auf dem einen Gerät ist nicht unbedingt das gleiche Rot wie auf einem anderen. Hinzu kommen noch Papiereigenheiten und die Lichtsituation am Arbeitsplatz.

Damit die Farben auf Ihren Aufnahmen am Ende des Workflows immer noch so aussehen wie am Anfang oder wie nach einer Farbkorrektur, ist ein Farbmanagement unbedingt erforderlich. Dieses Kapitel hilft Ihnen dabei, die Farben auf Ihrem System in den Griff zu bekommen, damit Sie mit Lightroom exakt arbeiten können.

3.1 Die Grundlagen

Um ein Gefühl für die Farben in Ihren digitalen Aufnahmen zu bekommen und Ihren Arbeitsplatz richtig einzurichten, sollten Sie wissen, wie Farben entstehen und wie Sie sie beurteilen und beeinflussen können. Am Anfang steht dabei ein wichtiger Zusammenhang – der von Licht und Farbe.

▼ Abbildung 3.1
Licht ist nicht mehr als eine Ansammlung von elektromagnetischer Strahlung. Diese Strahlung »vibriert« wellenförmig. Den Abstand von einer Wellenspitze zur nächsten bezeichnet man als Wellenlänge. Das menschliche Auge reagiert auf Licht im Bereich von 380 bis 740 nm (1 Nanometer = 10^{-9} m).

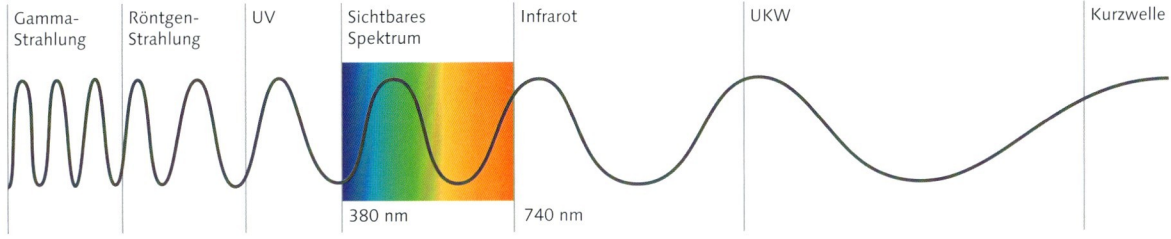

Kapitel 3 Farbmanagement

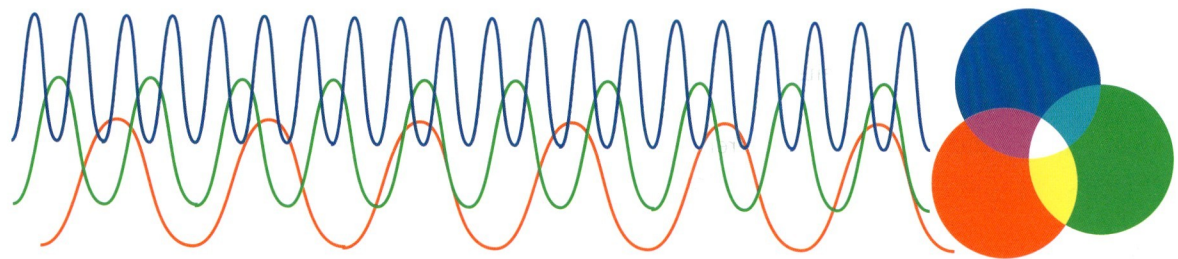

▲ Abbildung 3.2
Weißes Licht entsteht, wenn alle Strahlen unterschiedlicher Wellenlänge in gleicher Intensität vorkommen.

Prolog: Licht und Farbe

Licht ist eigentlich nichts anderes als elektromagnetische Strahlung, vergleichbar mit UKW- oder Funkstrahlen. Die Überbringer dieser Strahlung können wir uns als kleine Teilchen vorstellen, die eine bestimmte Schwingung haben. Wenn diese Teilchen auf uns Menschen treffen, reagieren unsere Sinnesorgane, abhängig von der Frequenz, die die Schwingungen besitzen. Unser Gehirn wandelt diese dann in Sinneseindrücke um.

Die Frequenz der Schwingung wird im Falle von Licht meist in der Wellenlänge angegeben. Das ist der Weg, den ein Teilchen während einer Schwingung zurücklegt. Je kürzer die Strecke, desto schneller schwingt das Teilchen. Sichtbares Licht legt dabei eine Strecke im Bereich von 380 nm bis 740 nm (1 Nanometer = 0,000 000 001 m) zurück. Unsere Augen fangen diese Strahlen auf und wandeln sie in Reize um, die unser Gehirn dann als Bilder interpretiert. Das Auge arbeitet also eigentlich wie eine Antenne.

Färbung von Licht | Augen können aber noch mehr. Sie »messen« auch die Geschwindigkeit der Schwingung und geben das Messergebnis als unterschiedliche Reize wieder, die unser Gehirn in Farben umsetzt. Ist die Wellenlänge größer, was einer langsameren Geschwindigkeit entspricht, erscheinen die Teilchen rot. Schwingen die Teilchen schneller, so verkürzt sich die Wellenlänge und unser Gehirn interpretiert das eher als Grün bis hin zu Blau.

In der Realität schwingen ziemlich viele dieser Teilchen, meist mit unterschiedlicher Wellenlänge. Sie vermischen sich dann zu einem gewissen Farbeindruck. Durch die Mischung der drei hauptsächlich vorkommenden Grundfarben Rot, Grün und Blau (RGB) lassen sich dabei alle Farben erzeugen, die wir sehen können. Überwiegen Strahlen mit einer bestimmten Wellenlänge, färbt sich das Licht entsprechend ein.

Diese Art nennt man **additive Farbmischung**, da durch die Summierung von Strahlen die Helligkeit ansteigt, die Grundfarben gemischt werden und wir somit überhaupt erst Farben sehen kön-

Grafische Farbdarstellung

Da im Licht alle drei Grundfarben vorhanden sind, mischt sich jede Farbe jeweils mit den beiden anderen. Zeichnen wir das grafisch auf, wird jede Farbe durch einen Punkt symbolisiert. Die Mischung der Farben zeichnen wir als Verbindungslinien zwischen den Punkten. Dadurch entsteht ein Dreieck. Zeichnet man die Linien gleich lang, entsteht ein gleichschenkliges Dreieck. Setzt man für die Mischfarben jetzt erneut Punkte, entsteht ein Sechseck. Weitere Punkte könnte man je nach Mischungsverhältnis setzen – dann erhält man einen Farbkreis. An diesem lassen sich die RGB- und die dazugehörigen Komplementärfarben ablesen. Die zugehörige Komplementärfarbe liegt im Farbkreis immer der Lichtfarbe gegenüber.

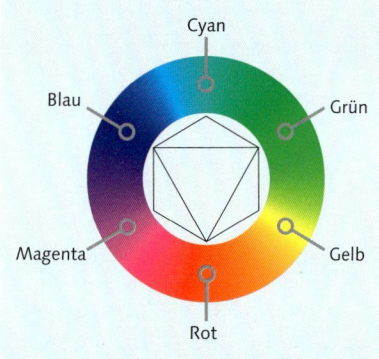

nen. Alle Geräte, die Licht aussenden, wie Lampen, Diaprojektoren, Monitore oder Beamer, arbeiten nach diesem Prinzip.

Farben von Oberflächen | Einen weiteren Einfluss auf die Lichtfärbung besitzen die Oberflächen der bestrahlten Objekte. Diese verschlucken (absorbieren) einen Teil der Teilchen, der Rest prallt ab (reflektiert). Dadurch wird das Verhältnis der schwingenden Teilchen verändert und somit auch der Farbeindruck.

Wenn also eine Oberfläche eingefärbt werden soll, sollte man annehmen, dass man diese einfach in der entsprechenden Grundfarbe einfärben könne. Das Problem ist jedoch, dass Oberflächen selbst kein Licht erzeugen, sondern dieses nur absorbieren. Je mehr Farbe also auf die Oberfläche aufgetragen wird, desto dunkler erscheint diese, weil sie mehr Licht verschluckt. Will man aber die Farbe sehen, die das Licht besitzt, muss das komplette vorhandene Spektrum reflektiert werden. Ein Auftragen der Farbe ist also der falsche Weg.

Soll ein bestimmter Farbton erzeugt werden, muss sichergestellt werden, dass nur ein ganz bestimmter Teil des Lichts absorbiert wird. Damit zum Beispiel Grün ausgestrahlt wird, müssen Blau und Rot herausgefiltert werden. Man färbt die Oberfläche daher mit der entsprechenden Komplementärfarbe ein.

◂ **Abbildung 3.3**
Die Lichtstrahlen selbst kann man nicht sehen. Erst wenn diese auf ein Objekt treffen, wird dieses »beleuchtet« und somit sichtbar. Welche Farbe das Objekt hat, ist abhängig davon, welcher Teil des Lichts geschluckt (absorbiert) wird.

Komplementärfarben entstehen im Licht durch Mischung aus zwei Grundfarben. Mischt man beispielsweise Blau und Grün, so erhält man Cyan. Mischt man Rot und Grün, so erhält man Gelb. Rot und Blau ergeben zusammen Magenta.

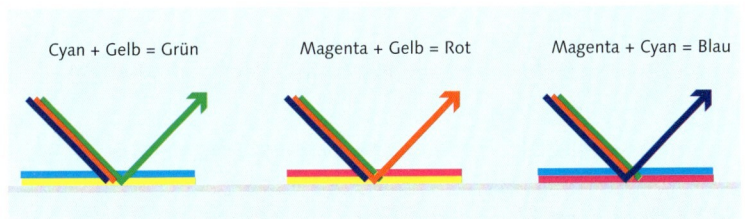

◂ **Abbildung 3.4**
Farbige Oberflächen absorbieren Teile des Lichtspektrums. Das heißt, sie ziehen Licht ab. Um Farben zu erzeugen, die Teile des Lichts absorbieren, werden die Komplementärfarben von Rot, Grün und Blau gemischt.

Wenn zwei Komplementärfarben gemischt werden, absorbieren diese zwei Anteile der Lichtfarbe. Für das Beispiel der grünen Oberfläche müssen also die Komplementärfarben der beiden zu absorbierenden Farben gemischt werden. Cyan und Gelb müssen zusammen auf eine Oberfläche aufgetragen werden, um Grün zu erhalten.

Das Verfahren, das durch Weglassen Farben erzeugt, heißt **subtraktive Farbmischung**. Jede Art von Oberflächenfärbung arbeitet damit, auch der Druck.

Farberzeugung im Druck | Um ein Grün zu drucken, müssen wir Cyan und Gelb nehmen und diese Farben dann vermischen. Das heißt, wir schütten die beiden Farben in einen Topf und rühren um, dann nehmen wir die Mischfarbe und tragen diese als Punkt auf eine Oberfläche, beispielsweise auf Papier, auf.

Da der nächste Punkt aber vielleicht schon wieder eine andere Farbe besitzt, müssen wir die Farbe neu anmischen und erneut als neues Pixel auftragen. Das ist natürlich nicht praktikabel. Daher muss man sich eines Tricks bedienen. Sind Punkte klein genug, erkennt man dazwischen keinen Unterschied, sie verschwimmen vor dem Auge zu einem Punkt. Dabei werden auch die beiden Farben optisch gemischt. Die Größe der verwendeten Punkte ist abhängig vom Betrachtungsabstand. Je größer die Entfernung zur Abbildung, desto größer können die Punkte sein, die verwischen – man kennt das von Plakatwänden, auf denen die Punkte gut sichtbar sind, wenn man direkt davorsteht.

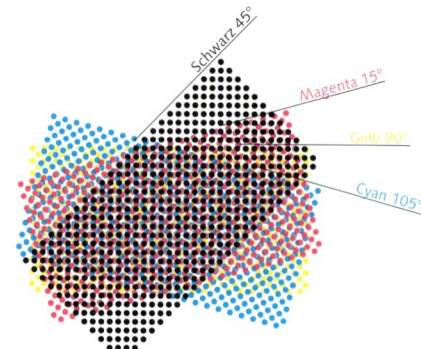
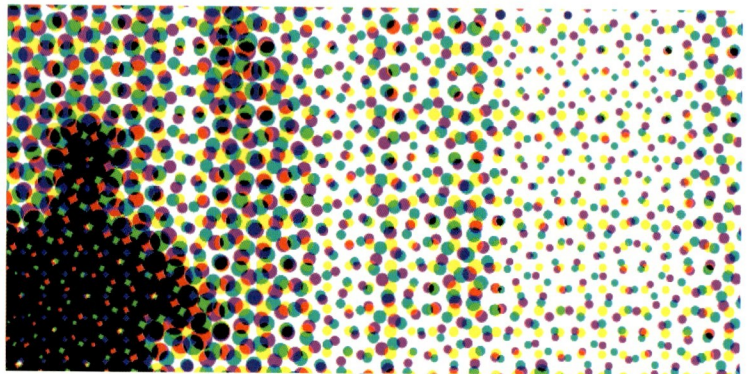

Abbildung 3.5 ▲ ▶
Durch Variation von Größe und Winkel des Druckrasters wird es erst möglich, Mischfarben zu drucken. Oben die Winkelangaben im PostScript-Raster, rechts in einem Bild vergrößert dargestellt. Man erkennt auch, wie durch die Größenvariation Helligkeiten gesteuert werden.

Jetzt variieren die Farbtöne zwar optisch, wenn man sie mischt, auf die Helligkeit trifft das aber leider nicht zu. Dazu müsste ja weiße Farbe beigemischt werden. Auch hier bedient man sich eines Tricks. Man druckt in einem Raster nebeneinanderliegende Punkte kleiner. Durch den Rasterdruck bleibt der Abstand der Punkte zueinander gleich, und der Untergrund wird deutlicher sichtbar. Je kleiner die Punkte bei gleichem Abstand sind, desto mehr weißes Papier scheint durch und desto heller wirken die Farben. Damit eine Farbe keine andere überdeckt, werden die Raster aller Farben zusätzlich noch leicht versetzt gedreht. So entsteht das typische Druckraster.

Über dieses Verfahren kann man durch die Mischung der drei Komplementärfarben von Rot, Grün und Blau, nämlich Cyan, Magenta und Gelb (Yellow), alle Farben erzeugen. Da es damit aber nicht möglich ist, absolut reine Komplementärfarben herzustellen, erscheint die Mischung dieser drei Farben im Druck eher bräunlich. Bei dunklen Stellen füllt man daher auch noch schwarze Farbe hinzu. Diese wird als Key-Farbe bezeichnet. Daher das K für Schwarz in CMYK.

Neuere Druckverfahren arbeiten nicht mehr mit einem gleichmäßigen Druckraster. Das dort eingesetzte Raster erscheint willkürlich und wird frequenzmoduliertes Raster genannt. Es wird auch bei Tintenstrahldruckern eingesetzt. Im herkömmlichen Offsetdruck findet es nur noch selten Einsatz.

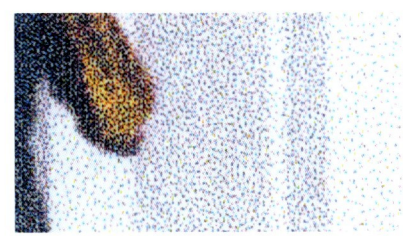

▲ Abbildung 3.6
Tintenstrahldrucker arbeiten mit einem Raster, das beliebig erscheint. Je dunkler eine Farbe ist, desto dichter werden die Punkte gesetzt.

Beurteilung von Farben

Da Sie nun wissen, wie Licht arbeitet und Farben entstehen, können wir uns näher mit dem Thema Farbmanagement beschäftigen. Vorher wird jedoch geklärt, wie Farben korrekt beurteilt und mögliche Störeinflüsse erkannt und eliminiert werden.

Einflüsse auf die Farbwirkung | Licht selbst trägt ja schon Farbanteile in sich, und jede Veränderung durch Absorbierung oder Reflexion verändert die Farbanteile. Das bedeutet, dass jede Veränderung der Farbanteile im Lichtstrahl auch den Farbeindruck mit verändert. Erst wenn man diese Einflüsse erkennt und ausschaltet, kann von einer neutralen Farbbeurteilung gesprochen werden. In erster Linie beeinflussen folgende Faktoren den Farbeindruck eines Bildes:

- **Farbtemperatur:** Warmtoniges Licht verursacht einen anderen Farbeindruck als »kaltes« Licht.
- **Abstrahlverhalten:** Monitore strahlen selbst Licht ab, die Färbung kann dabei in Helligkeit und Farbton schwanken.
- **Reflektierendes Umgebungslicht:** Farbige Wände, Textilien oder Möbel reflektieren Licht mit veränderten Farbanteilen.

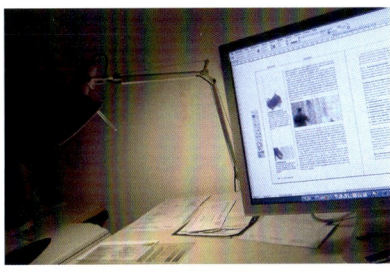

▲ Abbildung 3.7
Bei dieser Aufnahme ist der Weißabgleich auf die Wand im Hintergrund gesetzt. Der Monitor erscheint sehr blau.

▲ Abbildung 3.8
Da der Monitor auf ein Normlicht bei 6500 K kalibriert ist, entspricht die Lichtsituation eher dieser Abbildung. Das Weiß der Papiere im Hintergrund erscheint gelb. Daher ist es wichtig, Vorlagen bei Normlicht mit einer Farbtemperatur von 6500 K zu betrachten.

▲ **Abbildung 3.9**
Dieses Bild wurde am Vormittag aufgenommen. Die Farben wirken eher stumpf. Die Farbtemperatur liegt bei 4 750 K.

▶ **Farbe eines Objekts:** Das Material, auf das das Licht auftrifft, hat einen Einfluss durch seine Farbe.
▶ **Farben, die Oberflächen einfärben:** Auch Druckfarben oder andere Farbzusätze beeinflussen den Farbeindruck.

Darüber hinaus gibt es natürlich noch andere Einflussfaktoren wie Farbenblindheit, Farbfilterung durch Folien etc. Diese sind aber entweder nicht veränderbar oder werden bewusst eingesetzt, um damit spezielle Effekte zu erzielen.

Aufmerksamkeit verlangen die ungewollten Farbveränderungen. Diese beeinflussen den Farbeindruck von gedruckten Bildern und verhindern somit eine objektive Beurteilung. Eine solche ist aber nötig, um farbechte Ausdrucke auf unterschiedlichen Materialien zu erstellen.

Die Farbtemperatur | Lichtquellen strahlen immer das gesamte Spektrum des Lichts ab. Allerdings ist dieses nicht immer gleich verteilt. Die Verteilung richtet sich grundsätzlich nach der Farbtemperatur eines schwarzen Strahlers in Grad Kelvin. Um das zu verstehen, müssen wir einen kleinen Abstecher in die Physik machen.

Damit die Farbe einer Lichtquelle gemessen werden kann, darf diese zunächst selbst keine Strahlen aussenden, sondern muss alles vorhandene Licht selbst absorbieren. Sonst würde das reflektierende Licht ja die Farbgebung beeinflussen. Ideal ist also ein schwar-

▲ **Abbildung 3.10**
Dieses Bild ist am selben Tag entstanden wie das linke, jedoch am späten Nachmittag, fast bei Sonnenuntergang. Die Farbtemperatur liegt bei 3 100 K.

zer Körper. Dieser wird so lange erhitzt, bis er Strahlen aussendet. Besitzt er eine bestimmte Temperatur, beginnt er, sichtbares Licht auszusenden. Je nach seiner Temperatur verändert er den Anteil der Farben im Spektrum und nimmt somit eine bestimmte Farbe an. Ein Beispiel verdeutlicht dies: Wird eine Herdplatte erhitzt, beginnt sie irgendwann zu glühen. Zunächst glüht sie rot. Bei weiterer Erhitzung wird das Glühen orange. Könnte man sie noch weiter erhitzen, würde sie weiß, später dann blau und violett. Man kennt das auch von einer Kerze. Am Docht ist die Flamme am heißesten, sie erscheint dort blau. Weiter weg vom Docht wird die Flamme orange bis rot, da die Temperatur geringer wird.

Da normales Licht von der Sonne oder durch künstliche, glühende Lichtquellen erzeugt wird, gibt es einen direkten Bezug zwischen der Farbtemperatur und der alltäglichen Lichtsituation. Die Farbtemperatur beschreibt also eine Lichtsituation mit einem Zahlenwert. Sie wird in Grad Kelvin eines idealen schwarzen Körpers gemessen, so dass dessen Strahlungsspektrum ungefähr der beschriebenen Lichtsituation entspricht.

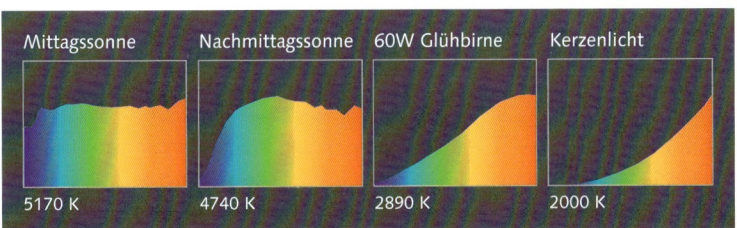

◀ **Abbildung 3.11**
Abhängig von der Farbtemperatur der Lichtquellen verändert sich die Verteilung der Grundfarben und somit die Färbung des Lichtspektrums.

Erschwerend kommt hinzu, dass sich Lichtsituationen ständig verändern. Selbst die Sonne liefert kein konstantes Farbspektrum, da das Licht durch die Filterung in der Atmosphäre verändert wird – beispielsweise beim Abendrot. Über den ganzen Tag hinweg verändert sich die Farbtemperatur. Wie soll also eine Farbe neutral beurteilt werden, wenn ständig andere Lichtsituationen vorherrschen?

Neutrale Beurteilung bei Normlicht | Sollen Farben also ohne Einfluss der Farbtemperatur beurteilt werden, müssen wir diesen Faktor ausschalten. Da aber ohne Licht keine Farben entstehen können, ist das nicht möglich. Also muss eine Lichtsituation gewählt werden, bei der alle Farben des Spektrums möglichst gleichmäßig vorkommen.

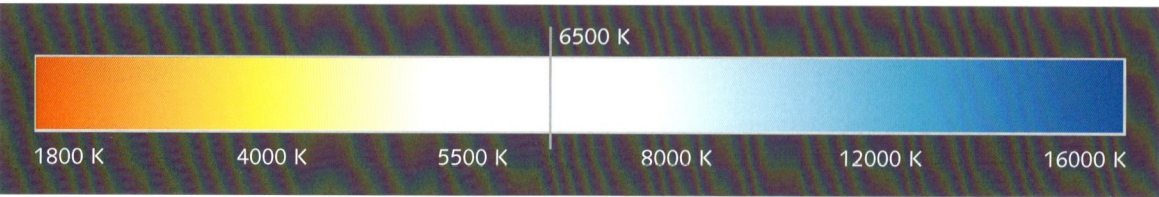

▲ Abbildung 3.12
Unser Gehirn nimmt ein Licht bei einer Farbtemperatur von ca. 6500 K als weiß wahr. Niedrigere Temperaturen erscheinen rötlicher, höhere bläulicher.

Da die Farbverteilung im Spektrum als Temperaturwert definiert wird, verwendet man einfach eine Referenztemperatur. Betrachtet man Bilder also immer bei einem Licht mit dieser Farbtemperatur, kann davon ausgegangen werden, dass auch das gesehen wird, was beabsichtigt ist.

Daher wurde von der Internationalen Organisation für Normung (ISO) eine Farbtemperatur als Standard festgelegt, die eine möglichst gleichmäßige Verteilung besitzt und zusätzlich unsere Sehgewohnheiten mit einbezieht. Diese Temperatur beträgt 6500 Kelvin und wird als D65 bezeichnet. Das »D« gibt an, wie der UV-Lichtanteil berücksichtigt wird, um auch selbst fluoreszierende Materialien beurteilen zu können.

Materialien, die unter diesem Licht betrachtet werden, erscheinen weiß, weil sie das gesamte Spektrum des Lichts reflektieren. Es gibt noch weitere Standards (D50, D55, D75), die aber nicht so verbreitet sind. In der Fotografie hat sich D65 etabliert. Es entspricht ungefähr einem bewölkten Himmel zur Mittagszeit.

Was bedeutet das nun für den Fotografen in der Praxis? Hat er ein Foto gemacht und druckt dieses aus, so muss es unter Normlicht D65 die Farben so darstellen, dass sie der Lichtsituation am Aufnahmeort während des Fotografierens entsprechen. Um das zu prüfen, gibt es spezielle Normlichtlampen, Neonröhren oder Leuchttische.

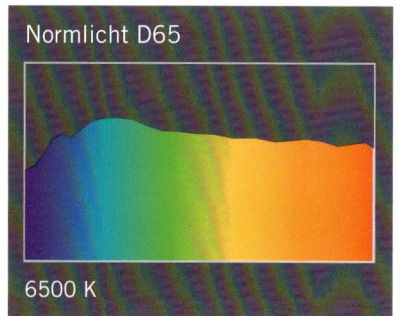

▲ Abbildung 3.13
Die Spektralverteilung bei D65-Normlicht: Diese Verteilung erscheint uns als weißes Licht.

3.1 Die Grundlagen

▲ Abbildung 3.14
Selbst in Außenszenen spielt die diffuse Reflexion eine Rolle. Hier kann man sehr schön sehen, wie sich die Farben der Häuser im Schnee spiegeln.

Einfluss der diffusen Beleuchtung | Bisher gingen wir davon aus, dass Farben immer unter direkter Lichteinstrahlung betrachtet werden. Arbeitet man aber nicht im Freien bei direktem Sonnenlicht, ist der Anteil direkter Strahlung eher gering.

In einem Raum besteht das Licht überwiegend aus indirekten Strahlen. Es wird von Wänden, Möbeln, Vorhängen, Kleidern und Personen reflektiert. Dabei verändert es die Farbe – abhängig von der Objektfarbe der reflektierenden Gegenstände. Die Beurteilung eines Fotos in einem Raum mit roten Wänden ist daher sicher nicht empfehlenswert.

Man sollte also sichergehen, dass in einem Studioraum keine größeren Farbflächen vorhanden sind. Spezielle Leuchttische mit Normlicht ermöglichen eine noch bessere neutrale Beurteilung ohne Störeinfluss.

▲ Abbildung 3.15
Das gleiche Blau, gedruckt auf unterschiedlichen Papieren, erscheint jedes Mal anders. Die Papiersorte hat hierbei den größten Einfluss auf die unterschiedlichen Farben.

Einfluss der Oberfläche und Farbauftrag | Hat man eine genormte Lichtsituation ohne störende farbige Reflexion, kann nur noch ein einziger Faktor die Farbbeurteilung von Bildern beeinflussen: das zu beurteilende Objekt selbst, bei gedruckten Fotoabzügen die Papierfarbe oder die Druckfarbe.

Die Druckfarbe hat sicher einen geringeren Einfluss – und zwar aus dem Grund, dass sie mehr oder weniger unveränderlich ist. Der

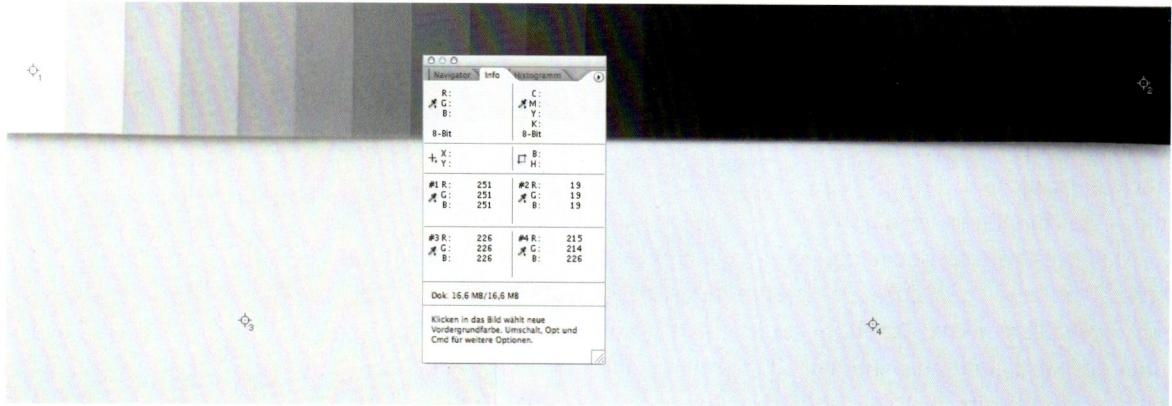

▲ **Abbildung 3.16**
Welches Papier ist weiß? Der Farbpicker beweist, dass das rechte Weißmacher enthält, die das Papier blau färben. Trotzdem erscheint es weißer.

Druck erfolgt beispielsweise auf unterschiedlichen Papierarten mit derselben Tintenpatrone. Auch im Laserdrucker bleibt der Toner immer derselbe. Selbst im Offsetdruck sind Farben genormt. Hier besteht also relativ wenig Gefahr, dass sich die Farbdarstellung verändert.

Ein weiterer Grund für das Ausschalten der Druckfarben als Fehlerquelle liegt darin, dass eine gewünschte Farbe ja erst dadurch erzeugt wird, dass sie aus wenigen Grundfarben gemischt wird. Durch die Mischung wird nahezu jede Farbe darstellbar, die benötigt wird. Die eigentlichen Grundfarben des Drucks (CMYK) haben also einen geringen Einfluss und müssen als konstante Größe gesehen werden.

Mehr Einfluss dagegen besitzt die Farbe des Materials, auf das gedruckt wird, bei Bildern also das Papier. Dieses kann die Farben durch mehrere Eigenschaften verändern:

- die Farbe des Papiers
- die Fähigkeit der Farbaufnahme
- die Reflexionseigenschaften des Materials

Betrachtet man eine Papiersorte für sich, so erscheint sie weiß. Legt man aber beispielsweise Kopierpapier neben Fotopapier, so erkennt man, dass Ersteres oftmals gelblicher erscheint als Spezialpapier für Fotoabzüge. Ein Papier kann also weißer sein als ein anderes. Da stellt sich die Frage, welches denn nun wirklich weiß ist: grundsätzlich dasjenige, das das gesamte vorhandene Lichtspektrum reflektiert.

Es ist zu beachten, dass beispielsweise Fotopapiere für Tintenstrahldrucker spezielle Weißmacher enthalten. Diese erhöhen das Reflexionsverhalten gegenüber den blauen Anteilen im Licht. Das

Gehirn interpretiert es daher als heller und strahlender als ein korrekt reflektierendes Papier.

So kommt der »weißere« Eindruck bei Fotopapier zustande. Es wirkt oft sogar weißer als zum Beispiel speziell genormte, aber auch entsprechend teure Proofpapiere, die dafür das Licht allerdings gleichmäßiger reflektieren.

Man kennt die abweichende Farbdarstellung auch vom Monitor. Normalerweise ist er auf eine Farbtemperatur von ca. 9 300 Kelvin voreingestellt. Das erscheint zunächst als Weiß. Stellt man ihn über das Konfigurationsmenü auf ein Normlicht von 6 500 K, so erscheint der Monitor extrem rötlich. Legt man aber ein Blatt Papier neben den Bildschirm, so sieht man, dass dessen Farbe bei 6 500 K eher einem Weiß entspricht als bei 9 300 K. Außerdem gewöhnt sich das Auge schnell an diese Einstellung, nach einer kurzen Zeit erscheint es bereits als reines Weiß.

Da Papier normalerweise bedruckt wird, vermischt sich die Papierfarbe mit dem Farbauftrag. Da man diesen im gewissen Grad beeinflussen kann, hat man damit eine Stellschraube, um die Farben in den Bildern zu neutralisieren. Und damit stecken wir schon mitten in der praktischen Anwendung des Farbmanagements.

Farbsysteme

Das Farbmanagement verwaltet die Ein- und Ausgabegeräte mit ihren jeweiligen Farbeigenschaften. Wird ein Bild von einem Gerät an ein anderes weitergegeben, müssen diese zuerst einander angepasst werden. Die Darstellung und Zusammensetzung der Farben geschieht über das Farbsystem, mit dem die Geräte arbeiten. Zwei der bekanntesten Farbsysteme sind das CMYK-System für den Druck und das RGB-System für die Darstellung auf selbstleuchtenden Geräten – etwa auf dem Monitor oder auf Messgeräten wie Scannern oder Digitalkameras. Besondere Probleme entstehen dabei vor allem durch die unterschiedlichen Farbdarstellungen. Drucker können zum Beispiel im CMYK-Farbraum nicht die im RGB-Farbsystem darstellbaren Farben reproduzieren. Es reicht also nicht aus, im Farbmanagement nur die Farbeigenschaften jedes einzelnen Geräts zu berücksichtigen. Auch die jeweiligen Farbsysteme müssen dabei Beachtung finden.

RGB-Farbsystem | Die Farben Rot, Grün und Blau sind die Hauptfarben des Lichtspektrums. Durch die Mischung dieser drei Farben lassen sich alle anderen Farben darstellen. Alle Monitore

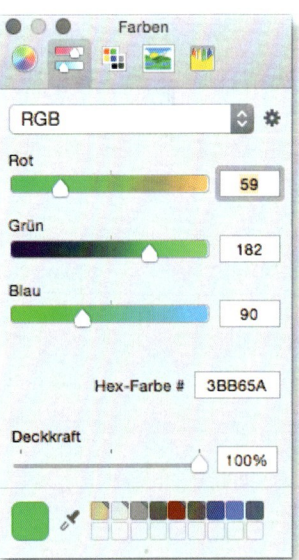

▲ Abbildung 3.17
Der Farbauswahl-Dialog von Mac OS X stellt für jede RGB-Farbe einen eigenen Regler zur Verfügung. Das Mischungsverhältnis regelt die Farbe.

und digitalen Fernsehbildschirme arbeiten nach diesem Verfahren. Auch Geräte, die Farben messen, wie etwa Scanner, können nur RGB-Daten verarbeiten.

- **Vorteil:** Dieser Farbraum eignet sich hervorragend als Arbeits- und Archivfarbraum.
- **Nachteil:** Er kann nicht direkt auf dem Drucker ausgegeben werden. Darüber hinaus gibt es keine Vorgaben dafür, wie die Farben dargestellt werden. Jede Hard- und Software kann ihre eigene Farbinterpretation generieren.

Abbildung 3.18 ▶
Farbwerte im RGB-Modus werden pro Farbkanal in Abstufungen von 0 (dunkel) bis 255 (hell) angegeben. Das entspricht dem Zahlenraum von 8 Bit. Bei allen drei Farben zusammen entspricht das einer Farbtiefe von 24 Bit. Sind alle Werte gleich, entsteht ein Grau.

CMY, CMYK | Cyan, Magenta und Gelb (Yellow) sind die Komplementärfarben von Rot, Grün und Blau. Sie sind – im Gegensatz zu den RGB-Farben – auch physikalisch anfassbar, zum Beispiel im Druck. Beim Vermischen der drei Farben zu gleichen Teilen entsteht jedoch nicht wie im RGB-Farbsystem Weiß, sondern Schwarz. Dieses Schwarz ist jedoch aus den Farben zusammengesetzt und besitzt nicht genügend Schwärzung von »reinem« Schwarz. Das kommt daher, dass Druckfarben in der Herstellung nie so rein produziert werden können, dass sie gemischt ein echtes tiefdunkles Schwarz ergeben. Die entstehende Farbe ist eher ein dunkles Braun. Aus diesen Gründen hat man zusätzlich das Schwarz in den Farbraum eingeführt.

Bei der Separation werden die Farben so verteilt, dass Farben, die zu gleichen Anteilen Cyan, Magenta und Gelb enthalten, durch echtes Schwarz ersetzt werden. Dieser Vorgang, zusammen mit der Rasterung, spart zusätzlich auch viel Geld durch die Einsparung von Druckfarbe und Trockenzeit zwischen den Druckprozessen. Auch kann man damit verhindern, dass die Farben »zurückschlagen« – dass also die eine Farbe die nächste im Druck aufgetragene abweist.

- **Vorteil:** Man kann die Farben physikalisch anfassen und ausdrucken.

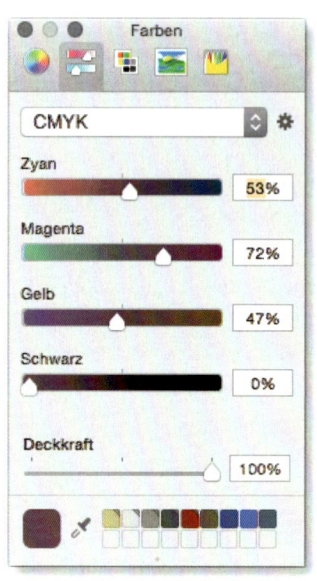

▲ **Abbildung 3.19**
CMYK-Werte werden in Prozent angegeben, da es dabei darauf ankommt, wie stark der Farbauftrag beim Druck ausgeführt werden soll – von 0 % bis 100 %.

◀ **Abbildung 3.20**
Theoretisch erfolgt eine direkte Umsetzung von RGB nach CMY. Dabei sollten gleiche Werte auch ein Grau oder Schwarz ergeben. Aufgrund von Papiereigenschaften wie der Saugfähigkeit etc. ergibt dies jedoch einen bräunlichen Ton. Daher wird Schwarz beigemengt und das Verhältnis der Farben zueinander verändert. Dies erschwert eine Farbkorrektur im CMYK-Modus, da die Auswirkungen schwer einzuschätzen sind.

▶ **Nachteil:** Die Farbdarstellung ist vom Untergrund, vom Farbhersteller, von der Luftfeuchtigkeit, der Druckmaschine, dem Farbauftrag etc. abhängig. Die Farben können außerdem nicht am Monitor dargestellt werden. Und die Grauwerte besitzen nicht die gleichen Anteile der Einzelfarben, was die Farbkorrektur schwierig macht.

HSB, HSL, HSV | Es gibt noch weitere Farbsysteme, die sich sehr ähnlich sind. Diese begegnen Ihnen weniger beim Farbmanagement, sollten aber trotzdem erwähnt werden, da sie sich nach der Wahrnehmung des menschlichen Auges richten. Sie werden gern bei der Bearbeitung von Bildern eingesetzt. Bei der Arbeit in Lightroom finden sie bei der selektiven HSL-Farbkorrektur, also dem Verändern von ausgewählten Farben, Anwendung.

Im HSL-/HSV-/HSB-Modell gibt der Hue-Wert (H) den Winkel des Farbtons in Grad auf dem Farbkreis an. S ist die Sättigung in Prozent und V ist der Wert der Helligkeit (Value). Der Unterschied der Systeme liegt nur in der Berechnung der Helligkeitsangabe bezogen auf das RGB-Farbsystem.

▶ **Vorteil:** Änderungen an Farbton und Sättigung sind einfacher als in RBG auszuführen.
▶ **Nachteil:** Dieses Farbsystem kann nicht direkt dargestellt werden und muss erst in RGB oder CMYK umgerechnet werden.

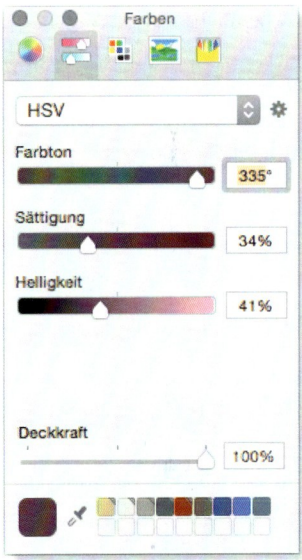

▲ **Abbildung 3.21**
Der HSV-Standard trennt den Farbton von der Sättigung und Helligkeit ab. In diesem Farbmodus lassen sich gut Farbkorrekturen durchführen.

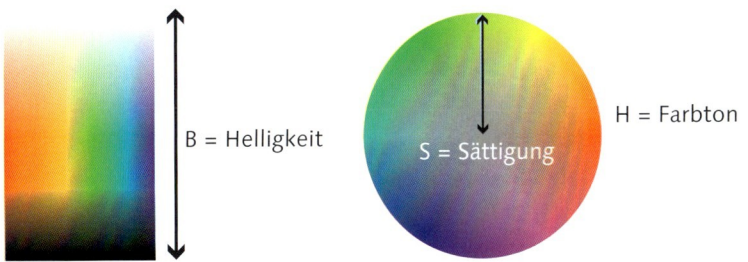

◀ **Abbildung 3.22**
Der HSV-Farbmodus wird vor allem zur Veränderung von einzelnen Farben verwendet. Diese können dann nach Helligkeit, Sättigung und Farbton getrennt bearbeitet werden.

Kapitel 3 Farbmanagement

CIE, CIELAB | Das Farbmodell CIE beziehungsweise CIELAB (Commission Internationale de l'Eclairage) ist das einzige Modell, das unabhängig von Ausgabemedium und Wahrnehmung arbeitet. Zudem ist darin die Beleuchtung bei Normlicht berücksichtigt (D50, D65). Die CIE-Farbmodelle sind im Gegensatz zu allen anderen gängigen Farbsystemen geräteunabhängig. Dadurch können über diese Systeme alle Farbkonvertierungen stattfinden. Die Farbsysteme der CIE gelten dabei als Referenz.

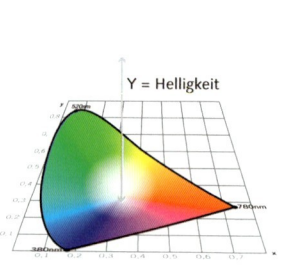
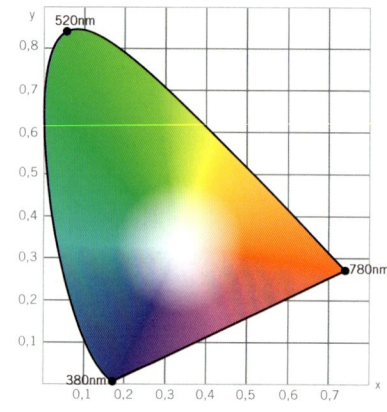

▲ Abbildung 3.23
Das CIE-Farbsystem ist geräteunabhängig. Die Farben werden in einem Koordinatensystem platziert. Es enthält mehr Farben, als ein Gerät darstellen kann, und dient somit als Referenzfarbraum für alle Farbberechnungen.

Die Farben werden im CIE-Farbdreieck angeordnet. In diesem Dreieck werden der Farbton und die Sättigung der sichtbaren Farben beschrieben. Die Helligkeit wird in der dritten Dimension angegeben.

Im Farbumfang des CIE-Modells sind alle anderen Farbmodelle enthalten, da der maximale Farbumfang dieser Modelle kleiner ist als der des CIE-Standards. In der Praxis heißt das, dass es im Druck zum Beispiel kein absolutes Schwarz gibt. Es wird immer Licht zurückgeworfen. Im CIE-Modell ist das anders. Hier gibt es das absolute Schwarz.

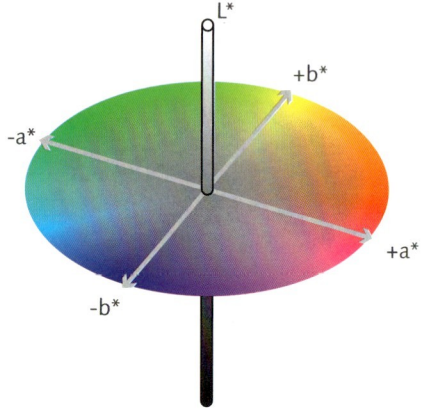

▲ Abbildung 3.24
Das CIELAB, auch L*a*b*-Farbsystem genannt, arbeitet mit drei Parametern. Die Helligkeit (L*) wird von den Farben getrennt. Der Wert a* beschreibt einen Wert zwischen Rot und Grün, b* einen Wert zwischen Blau und Gelb.

▶ **Vorteil:** Das Modell eignet sich zum Speichern von farbneutralen Daten. Die Zeichnung liegt im Helligkeitskanal. Dadurch lassen sich beispielsweise Farbänderungen ohne Kontrastverlust durchführen.

▶ **Nachteil:** Das Bearbeiten der Farben, zum Beispiel über die Gradationskurve, ist schwierig, da es ungewohnt ist, über die Farbachsen Änderungen durchzuführen.

Farbmanagement mit ICC-Farbprofilen

In einer Agentur arbeiten oft viele Personen an unterschiedlichen Rechnern mit unterschiedlichen Monitoren. Gescannte oder fotografierte Bilder werden auf einem Server abgelegt, in Layouts integriert, auf Farblaser- oder Tintenstrahldruckern ausgegeben. Am Ende wird alles im Offsetdruck gedruckt. Ein typisches Szenario, das auch im Kleinen zu Hause funktioniert. Auf der einen Seite stehen die Eingabegeräte wie der Scanner oder die Digitalkamera, auf der anderen Seite die Ausgabegeräte wie der Fotodrucker, das Digitallabor und das Internet. Diese Geräte sollten die Farben immer so darstellen, dass sie dem Original möglichst nahekommen.

Da alle Ein- und Ausgabegeräte neben dem entsprechenden Farbsystem (RGB oder CMYK) eigene Farbcharakteristika besitzen, wird eine Art Meldesystem benötigt. Dieses gibt die Information weiter, mit welchem Gerät ein Bild gerade erstellt, bearbeitet oder betrachtet wird. Bei jeder Weitergabe findet dann eine Anpassung an die jeweiligen Eigenheiten des Geräts statt, das das Bild gerade verarbeitet.

▼ **Abbildung 3.25**
Ohne Farbmanagement weicht die Ausgabe aufgrund der unterschiedlichen Farbcharakteristika auf jedem Ausgabegerät vom gewünschten Ergebnis ab.

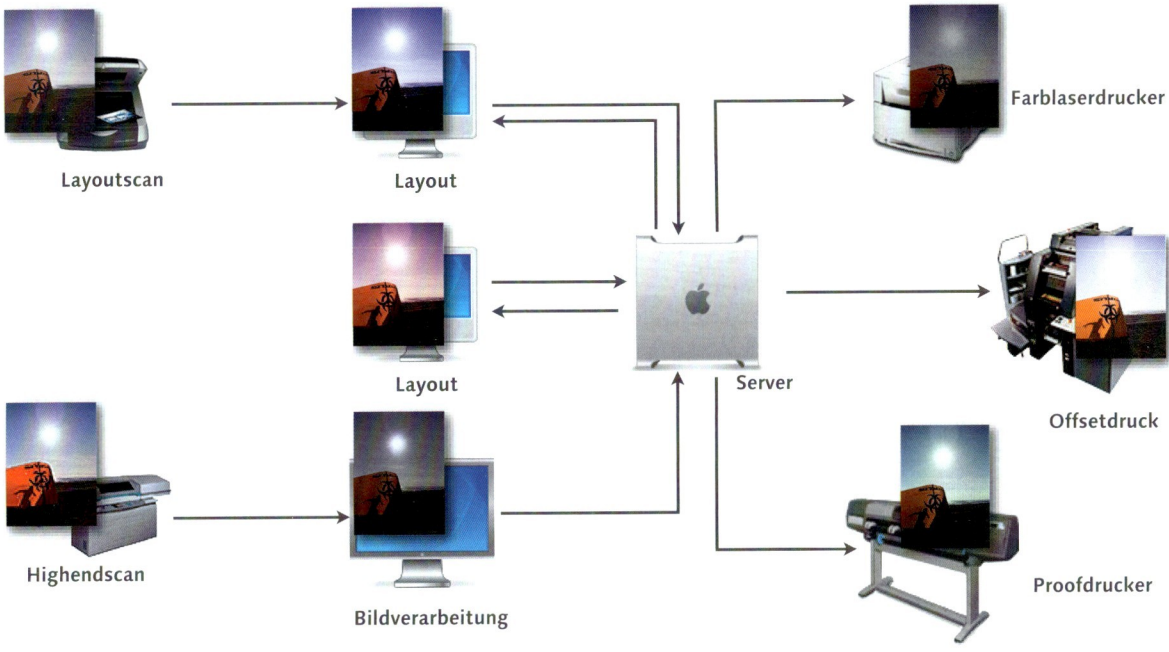

Dafür besitzt jedes Gerät optimalerweise ein eigenes Farbprofil. Dieses beschreibt den Farbraum und die Farbcharakteristika des Geräts. Zusätzlich benötigt man noch eine Basis, von der aus die Farbinformationen in alle anderen Geräte umgerechnet werden

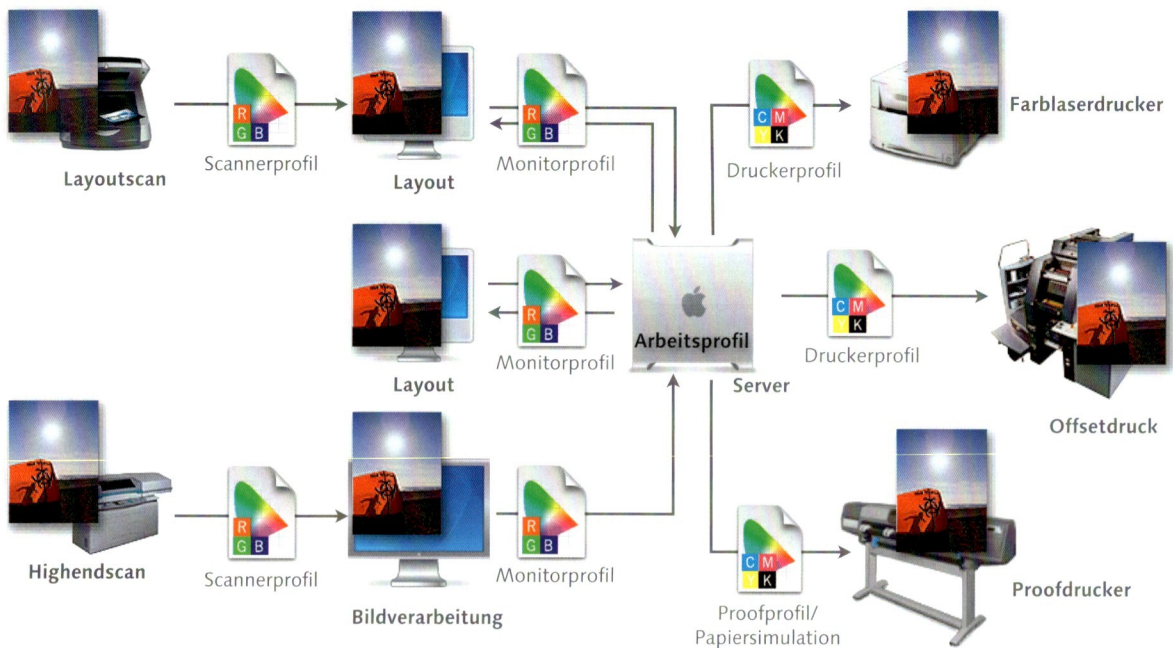

▲ **Abbildung 3.26**
Mit einem Farbmanagement mit Farbprofilen kann auf allen Ein- und Ausgabegeräten eine nahezu identische Darstellung erreicht werden.

können. Dies ist der Arbeitsfarbraum, der in der Bilddatei mitgespeichert werden kann.

Dieses Arbeitsprofil besitzt einen möglichst großen Farbraum, damit auch alle eventuellen Ausgabefarbräume darin Platz haben. Denn wäre ein Ausgabeprofil größer als das Arbeitsprofil, würden ja Farben verschenkt. Der Arbeitsfarbraum ist somit der Farbraum des Bildes. Jede Ausgabe rechnet die Farbinformation ausgehend von diesem Arbeitsfarbraum in den Ausgabefarbraum des jeweiligen Geräts um.

Damit dies auch alles richtig funktioniert, benötigen Programme ein Werkzeug, mit dem die Arbeitsfarbräume eingestellt und verändert werden können. Das Arbeiten mit den Farbräumen in den verschiedenen Arbeitsschritten funktioniert dann wie folgt beschrieben:

▶ **Bei der Aufnahme:** Das Bild wird mit einer Digitalkamera oder mit dem Scanner aufgenommen. Dabei wird dem Bild ein Kameraprofil (beziehungsweise Scannerprofil) angeheftet. Digitale Spiegelreflexkameras haben meist mehrere Profile zur Auswahl, Kompaktkameras arbeiten meist mit einem Standardprofil mit geringerem Farbraum.

▶ **Bei der Bearbeitung:** Das Bild wird in einem Bildverarbeitungsprogramm wie Adobe Photoshop geöffnet. Dabei kann man jetzt den im Bild gespeicherten Farbraum als Arbeitsfarbraum verwenden oder ihn in einen anderen, eventuell besser geeigneten Farbraum konvertieren. Bei der Anzeige auf dem Bildschirm rechnet das Betriebssystem die Farbinformation vom Arbeitsfarbraum in den Monitorfarbraum um. Das geschieht unbemerkt im Hintergrund.

- **Beim Drucken:** Das Bild wird beim Drucken in den Druckerfarbraum konvertiert. Der Farbraum des Bildes bleibt dabei bestehen. Nur der Ausdruck wird angepasst.
- **Für Web und E-Mail:** Das Bild wird in einen allgemeinen Farbraum konvertiert, der möglichst auf allen Systemen vorhanden ist und einen Querschnitt durch alle möglichen Ausgabemöglichkeiten darstellt. Er gewährleistet, dass das Bild bei allen Betrachtern einigermaßen gleich aussieht.

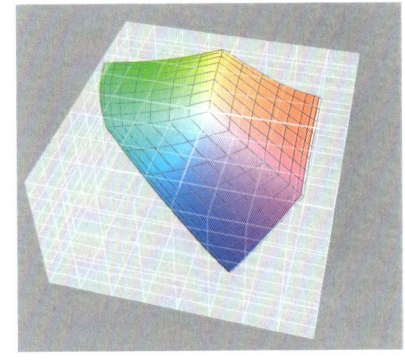

▲ **Abbildung 3.27**
Größenvergleich zwischen LAB (heller Quader) und dem eciRGB-Profil, dem Standardarbeitsprofil in der Druckindustrie

Größe von Farbräumen und Konvertierung | Farbräume kann man sich wie echte dreidimensionale Räume vorstellen. Die Ausdehnung der Räume ist durch die maximal darstellbaren Farben begrenzt. Vergleicht man Farbräume miteinander, so passt der kleinere in den größeren (siehe Abbildungen 3.27 bis 3.29).

Ist der neue Farbraum größer als der ursprüngliche, befindet sich um den Ausgangsfarbraum herum eine Art von Nichts. Alle Farben des ersten Farbraums sind also auch in dem größeren Farbraum vertreten. Es treten keine Probleme durch eventuell fehlende Farben auf.

Problematisch wird es nur, wenn der zweite Farbraum kleiner ist als der erste. Dann muss dieser in den Farbraum mit dem geringeren Raum verkleinert werden. Dazu kann man die überstehenden Farben einfach abschneiden oder den gesamten Farbraum verkleinern. Es gibt vier Verfahren, auch **Rendering Intents**, in Lightroom **Prioritäten** genannt, um Arbeitsfarbräume zu konvertieren:

- **Perzeptiv (wahrnehmungsorientiert):** Hierbei wird der größere Farbraum einfach so weit proportional verkleinert, bis er in den Zielfarbraum passt. Das Problem ist, dass sich dabei alle Farben verändern, auch die, die bereits innerhalb des Zielfarbraums liegen. Das Gute an dieser Konvertierungsart ist, dass die Farbkontraste der Farben zueinander bestehen bleiben.
- **Relativ (farbmetrisch):** Dabei werden Farben, die außerhalb des Zielfarbraums liegen, abgeschnitten. Es gehen dabei oft Kontraste zwischen nahe beieinanderliegenden und außerhalb des Farbraums liegenden Farben verloren. Farben, die innerhalb des Zielfarbraums liegen, bleiben dafür bestehen.

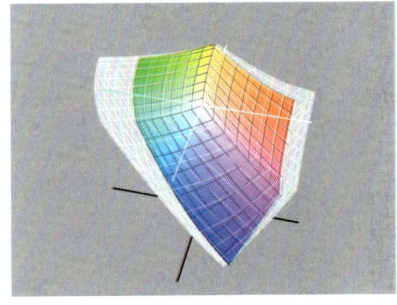

▲ **Abbildung 3.28**
Größenvergleich zwischen eciRGB und sRGB. Letzteres wird auch für das Internet verwendet.

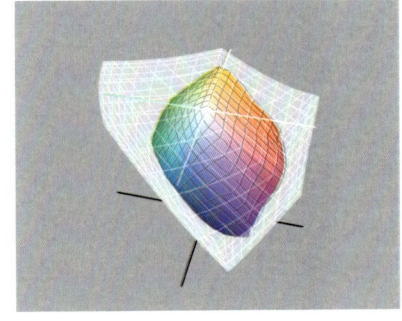

▲ **Abbildung 3.29**
Größenvergleich zwischen eciRGB und ISO Coated v2, dem Standard für den Offsetbilderdruck

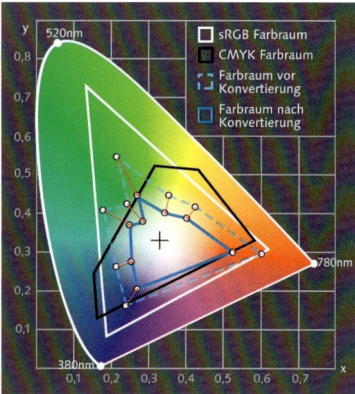

▲ **Abbildung 3.30**
Bei der Umrechnung nach dem Perzeptiv-Verfahren werden alle Farben des Ausgangsfarbraums in den Zielfarbraum skaliert.

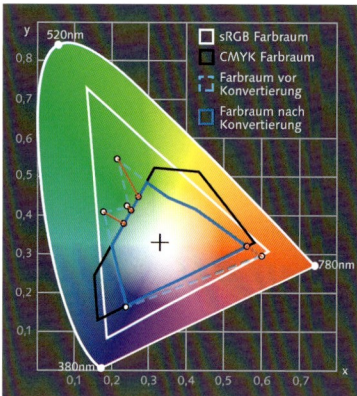

▲ **Abbildung 3.31**
Bei der Umrechnung nach dem Relativ-farbmetrisch-Verfahren werden nur die Farben abgeschnitten, die außerhalb des Zielfarbraums liegen.

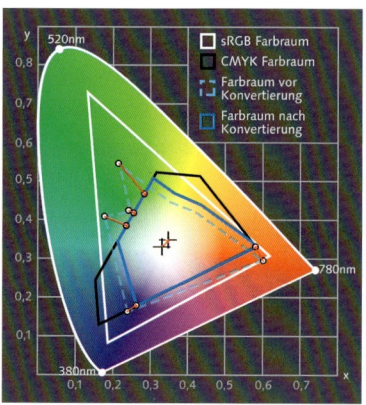

▲ **Abbildung 3.32**
Bei der Umrechnung nach dem Absolut-farbmetrisch-Verfahren werden die Farben außerhalb des Zielfarbraums abgeschnitten. Zusätzlich wird der Weißpunkt verschoben.

- **Absolut farbmetrisch (nicht in Lightroom):** Dieses Verfahren entspricht der relativ farbmetrischen Umrechnung, mit dem Unterschied, dass auch der Weißpunkt des Zielprofils berücksichtigt wird. Dies ist zum Beispiel dann wichtig, wenn das zu verwendende Druckpapier kein reines Weiß bietet – wie es bei Zeitungspapier der Fall ist. Man kann damit im Druck auf rein weißem Papier das Weiß des Zeitungspapiers simulieren.
- **Sättigung (nicht in Lightroom):** Dieses Verfahren ist für die Umrechnung von Businessgrafiken gedacht, bei denen es nicht so sehr auf die Farbtreue, sondern mehr auf eine möglichst hohe Farbsättigung ankommt. Es wird in der Fotografie und in der Druckindustrie nicht verwendet.

Ein zusätzlicher Einflussfaktor ist die »Rechenmaschine«, die die Farbprofile konvertiert, das sogenannte CMM (Color Management Modul). Es spielt aber eine eher untergeordnete Rolle, da die Unterschiede sehr gering sind und quasi keine Auswirkung auf das Bildergebnis haben.

Erstellung von Farbprofilen

Das Anfertigen von eigenen Farbprofilen ist keine Hexerei. Für Eingabegeräte benötigt man dafür nur eine Vorlage, zum Beispiel eine Farbtafel, deren Farbwerte bekannt sind. Diese wird dann unter

Normlicht abfotografiert oder eingescannt. Das Ergebnis mit den Ist-Werten wird schließlich mit den Soll-Werten verglichen. Die Abweichung wird in das Profil hineingeschrieben und kann dann in der Farbverarbeitung beachtet werden.

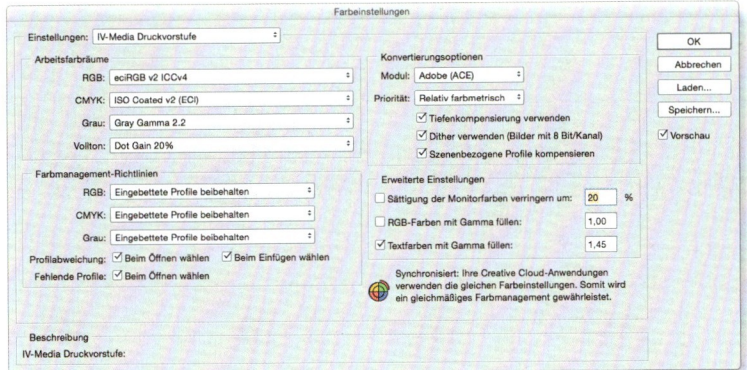

◀ **Abbildung 3.33**
Adobe Photoshop bietet viele Einstellungen zum Farbmanagement, da mit diesem Programm auch in der Druckvorstufe gearbeitet wird. Diese Möglichkeiten bietet Lightroom nicht, da sie von Fotografen nicht benötigt werden.

Für Ausgabeprofile von Druckern läuft das Erstellen von Farbprofilen nach dem gleichen Schema ab. Hier wird die Farbtafel mit den Soll-Werten ausgedruckt. Dann werden die Werte mit einem Densitometer gemessen und die Abweichungen in das Profil geschrieben. Durch Messung des Papierweiß wird die Abweichung anschließend herausgefiltert.

Auch Monitorprofile werden nach diesem Prinzip erstellt. Extra vorgegebene Farben werden auf dem Monitor angezeigt. Ein Sensor vermisst diese und korrigiert die Darstellung mit dem resultierenden Monitorprofil.

Da ein kalibrierter Monitor für das Arbeiten mit digitalen Fotos elementar ist, finden Sie eine Anleitung zum Kalibrieren in Abschnitt 3.3, »Monitorkalibrierung«.

▼ **Abbildung 3.34**
Zum Kalibrieren von Druckern und Monitoren werden Ausdrucke beziehungsweise auf dem Bildschirm dargestellte Farben mit Hilfe eines Densitometers oder eines Spektralfotometers vermessen – hier mit ColorMunki.

3.2 Farbmanagement in Lightroom

Und beim Bildimport?
Beim Laden der Bilder direkt von der Kamera hat man keine Möglichkeit, ein Profil anzugeben. Dies ist aber auch gar nicht nötig, da Raw-Bilder keine RGB-Informationen besitzen und die Farben erst im Konverter erzeugt werden.

Die Entwickler von Lightroom wollten ein Programm erschaffen, das einfach zu erlernen und zu bedienen ist. Farbmanagement ist zwar in sich logisch, bleibt aber trotzdem ein komplexes Thema. Daher entschied man sich für einen anderen Weg als bei Photoshop. Ziel war es, das Farbmanagement in Lightroom für den Benutzer nahezu unsichtbar zu machen. Für die Bildausgabe arbeitet Lightroom aber auch mit ICC-Farbmanagement – wie zum Beispiel Adobe Photoshop. Und um in Lightroom farbneutrale Bilder zu erhalten und zu bearbeiten, benötigt man daher genauso einen kalibrierten Monitor.

Bibliothek und Entwickeln

Der wesentliche Unterschied bei Lightroom liegt in der Verarbeitung der Raw-Bilddaten. Das Programm ist voll auf die Arbeit mit »rohen« Bildern ausgerichtet. Raw-Bilder werden erst bei der Ausgabe in RGB-Daten gerendert. Vorher sind sie nichts anderes als Graustufenbilder (siehe Seite 141), die durch eine spezielle Filterung in Farbbilder umgerechnet werden. Dabei arbeitet Lightroom nach einem abgewandelten ProPhoto-RGB-Farbprofil. Dieses besitzt einen speziell auf die Digitalfotografie und auf Raw hin optimierten Farbraum. Darin werden alle Konvertierungen erledigt. Mit anderen Worten, man arbeitet innerhalb von Lightroom immer mit diesem Arbeitsprofil.

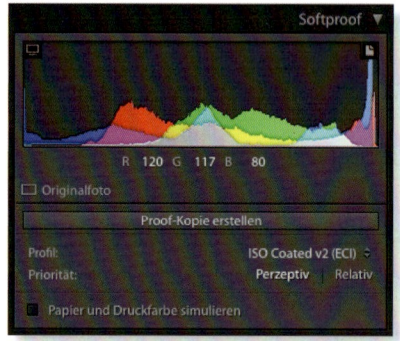

▲ Abbildung 3.35
Histogramm mit Profileinstellung im Softproof-Modus

Die Softproof-Funktion des Entwickeln-Moduls erlaubt aber die Vorschau des Druckfarbraums. Dabei kann kontrolliert werden, ob die im Foto vorhandenen Farben gedruckt werden können. Befinden sich die Farben außerhalb des Farbraums, können sie direkt korrigiert werden. Mehr zum Softproof finden Sie auf Seite 674.

Drucken

Im Bedienfeld DRUCKAUFTRAG gibt es die Möglichkeit, ein Ausgabeprofil sowie eines der beiden Rendering Intents, PERZEPTIV oder RELATIV (relativ farbmetrisch), zu wählen. Über die Softproof-Funktion können Sie schon vorab kontrollieren, ob der Farbraum des Bildes vom Drucker dargestellt werden kann. Dabei wird eine Ausgabe am Bildschirm simuliert. Zur besseren Anpassung kann zusätzlich eine DRUCKANPASSUNG für jeden Drucker vorgenommen werden. Regler für HELLIGKEIT und KONTRAST überschreiben dabei

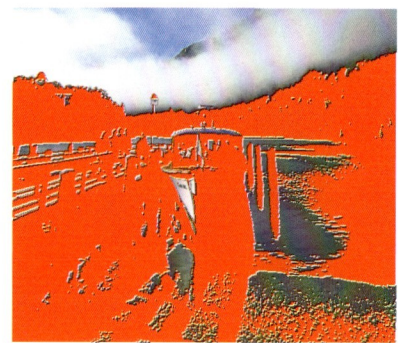

▲ Abbildung 3.36
Nicht druckbare Farben lassen sich im Softproof rot hervorheben.

die entsprechenden Angaben des Farbmanagements, um die Darstellung des Ausdrucks beispielsweise an die Raumhelligkeit anzupassen. Hinweise für die Farbeinstellungen beim Drucken finden Sie in Kapitel 16, »Das Drucken-Modul«, ab Seite 833.

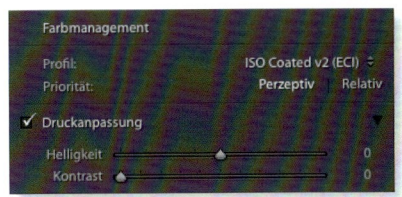

▲ Abbildung 3.37
Über die Regler für HELLIGKEIT und KONTRAST kann das Farbmanagement im Drucken-Modul an eine bestimmte Raumsituation angepasst werden.

Web

Im Web-Modul hat man keinerlei Möglichkeiten, ein Farbprofil auszuwählen. Hier werden alle Bilder generell in das sRGB-Farbprofil konvertiert. Dies gewährleistet, dass die Farben auf allen RGB-Ausgabegeräten innerhalb des jeweiligen Farbraums liegen. Im Internet ist man damit in jedem Fall auf der sicheren Seite.

Diashow

Auch hier ist keine spezielle Konvertierung der Farbräume erforderlich. Die Ausgabe findet schließlich noch innerhalb von Lightroom statt, so dass kein Gerätewechsel erfolgt, für den man ein Farbprofil benötigen würde. Die optimale Ausgabe erfolgt, wie auch bei der normalen Anzeige auf dem Bildschirm, mit dem Monitorprofil.

[Proof]
Um den Druck von Bildern besser vorhersehen zu können, werden diese vorher zur Überprüfung ausgedruckt. Solche farbverbindlichen Ausdrucke heißen Proofs.

Zusammenarbeit mit anderen Programmen

Grundsätzlich gibt es zwei Möglichkeiten, mit anderen Programmen zusammenzuarbeiten. Sie können die Bilder exportieren und dann mit einer anderen Anwendung weiterbearbeiten. Die geänderten Bilder haben dann allerdings keinen Bezug mehr zu Lightroom und werden auch nicht mehr in seinem Katalog geführt. Alternativ öffnen Sie die Bilder direkt aus Lightroom heraus in einem externen Programm. Nach der Bearbeitung werden sie dann in der Bibliothek von Lightroom als extern editierte Versionen des Originals weitergeführt.

In beiden Fällen können Sie ein Farbprofil wählen. Um möglichst wenig Verluste in Kauf nehmen zu müssen, empfiehlt es sich, das ProPhoto-RGB-Profil bei 16 Bit Farbtiefe in der Datei weiterzureichen und Farbraum sowie Farbtiefe erst im externen Programm anzupassen. So verlieren Sie keine Farben und Kontraste.

▲ Abbildung 3.38
Bilder können in Photoshop bearbeitet und anschließend in Lightroom als zusätzliche Version mit dem Originalbild gruppiert werden.

Fazit

Insgesamt bietet Lightroom durchaus eine ausreichende Farbmanagement-Funktionalität, vor allem für den RGB-Workflow. Man sollte nicht vergessen, dass Lightroom eine Software für Fotografen ist, und nicht für die Druckvorstufe gedacht ist. Daher sind Funktionen wie CMYK-Proof-Funktionen eigentlich auch nicht nötig. Natürlich wären sie wünschenswert, aber es ist problemlos möglich, mit externen Bildverarbeitungsprogrammen wie Photoshop diese Aufgaben hervorragend zu erledigen.

3.3 Monitorkalibrierung

Damit alle Bilder am Ende auch so aus dem Drucker kommen, wie man es sich wünscht, ist schon die Qualität der Darstellung am Monitor entscheidend, da ausschließlich dort die Bearbeitung und Kontrolle der Bilder erfolgt. Ist die Farbdarstellung am Bildschirm nicht genau so wie in der Kamera, wird das Bild unter Umständen falsch korrigiert. Belichtungskorrekturen, Farbstichentfernung und Weißabgleich werden zum Glücksspiel. Ein kalibrierter Monitor ist daher absolute Pflicht.

▲ Abbildung 3.39
Bei der Auflösung von 1 280 × 800 Pixeln wird der halbe Bildschirm durch die Bedienfelder verdeckt.

▲ Abbildung 3.40
Ab einer Auflösung von 1 920 × 1 200 Pixeln macht das Arbeiten richtig Spaß.

Aber nicht jeder Monitor ist auch für eine Kalibrierung geeignet. Vor allem ältere Röhrenmonitore lassen in der Darstellungsqualität deutlich nach. Die Einstellung der Helligkeit und des Kontrasts kann nicht mehr in den gewünschten Bereichen geregelt werden, da sie eventuell bereits jeweils am Anschlag steht. Günstige Flachbildschirme oder ältere Geräte haben erst gar nicht den nötigen Kontrastumfang oder einen zu geringen Abstrahlwinkel. Bei diesen Geräten ändert sich die Darstellung des Monitorbildes schon, wenn man nicht direkt davorsitzt oder auch nur leicht den Kopf in der Höhe bewegt. Gerade dieser geringe Abstrahlwinkel ist störend, da man sich nie sicher sein kann, ob die Darstellung beim aktuellen Blickwinkel auch richtig ist.

Der richtige Monitor

Die Preise für Flachbildschirme sind in den letzten Jahren enorm gefallen und fallen weiter, und das bei einer immer höheren Bildqualität. Trotzdem sollte man nicht zum günstigsten Gerät greifen – nicht nur wegen der besseren Farbdarstellung, sondern auch wegen der Augenfreundlichkeit und Haltbarkeit.

Ein 27"-Monitor muss es zwar nicht unbedingt sein, aber größer ist in jedem Fall besser. Gerade die Bedienfelder in Lightroom nehmen viel Platz ein, so dass entspanntes Arbeiten erst ab einer horizontalen Auflösung von 1600 Pixeln möglich ist. Bei Monitoren mit geringerer Auflösung muss man schon mal öfter die Bedienfelder ausblenden. Folgende Leistungsdaten sind für die Arbeit mit Lightroom empfehlenswert:

- Technologie: TFT-Aktivmatrix-LCD-Flachbildschirm
- Horizontale Auflösung: 1920 Pixel, entspricht ca. 24" (mindestens 1440 Pixel)
- Helligkeit: 300–400 cd/m^2
- Kontrastumfang: ab 700:1
- Blickwinkel: ca. 178°
- Anschluss: digital über DVI (Digital Visual Interface)

TIPP

Der Mac ist traditionell die Domäne der Grafiker und Fotografen. Eine Software zum Kalibrieren von Monitoren ist hier im Betriebssystem schon eingebaut. Ältere Apple-Röhrenmonitore hatten sogar eine interne Hardwarekalibrierung. Die neuen Cinema-Displays besitzen dieses Feature nicht mehr. Daher muss als Messinstrument das menschliche Auge herhalten.

▼ **Abbildung 3.41**
Einstellungen für Monitor und Farben lassen sich auf dem Mac im Dialog MONITORE in den SYSTEMEINSTELLUNGEN einrichten.

Kapitel 3 Farbmanagement

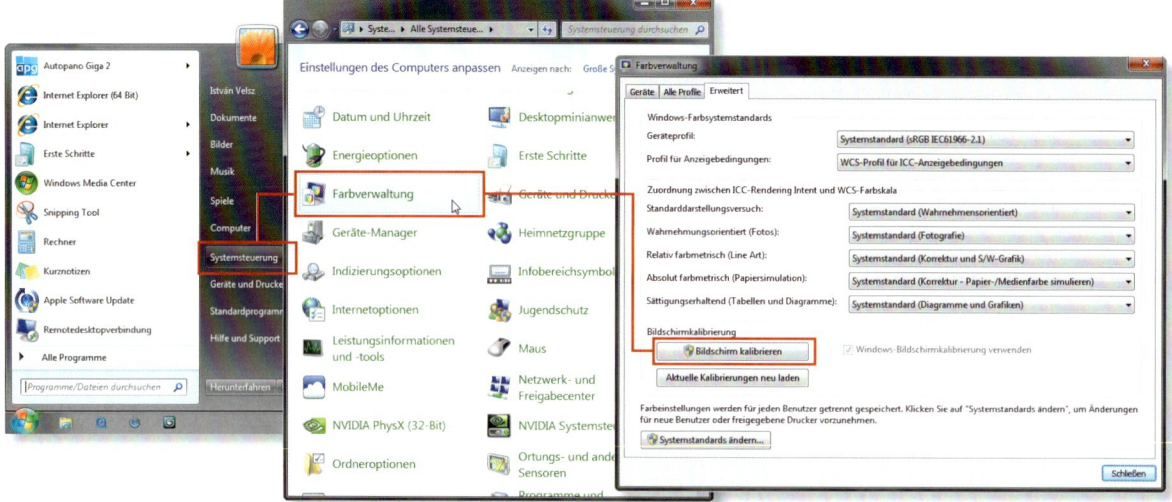

▲ **Abbildung 3.42**
Windows 7 und 8 ermöglichen in den Systemeinstellungen mit der Farbverwaltung ebenfalls eine (eher rudimentäre) Kalibrierung.

Ob sich ein Monitor gut kalibrieren lässt, ist nur durch Ausprobieren herauszufinden. Einige Hersteller geben dazu auch Informationen in den Datenblättern. Spezielle Monitore für die Bildverarbeitung besitzen interne Messeinheiten zum Kalibrieren oder werden im Paket mit Kalibrierungsinstrumenten verkauft. Sie sind dann aber auch preislich höher angesiedelt. Erfahrungsgemäß hat man an einem Monitor von einem Markenhersteller mehr und länger Freude.

Verspiegelte Oberflächen | Im Moment liefern viele Hersteller, darunter auch Apple, ihre Monitore mit verspiegelter Oberfläche aus. Dies soll angeblich zu mehr Brillanz und einem höheren Kontrast verhelfen. Aber im Grunde wird nur eine Kunststoffscheibe vor das Display montiert. Dadurch wird das Bild nicht heller. Stattdessen spiegelt sich alles im Monitor, auch ein farbiges Hemd oder ein Bild an der Wand, was den Farbeindruck verfälschen kann. Ich kann von diesen Monitoren nur abraten, denn es gibt bis auf die Schutzfunktion der Scheibe keinen Grund für verspiegelte Displays. Zudem ermüden die Augen bei matten Oberflächen nicht so schnell.

Softwarekalibrierung

Kalibrierungshardware arbeitet genauer und ist unabhängig vom Betrachtungswinkel auf den Monitor beziehungsweise von der persönlichen Verfassung des messenden Betrachters. Wer aber nicht darauf zurückgreifen kann, sollte eine Softwarekalibrierung durchführen. Mac OS X bietet eine solche an. Für Windows XP und Vista muss man dafür auf spezielle Anwendungen zurückgreifen. Windows 7 und Windows 8 bieten eine interne Softwarekalibrierung, die allerdings nicht gerade genau arbeitet. Eine Hardwarelösung ist immer besser als eine Softwarelösung.

Eine Softwarekalibrierung besteht aus einer Reihe an Dialogfeldern, in denen Sie den Monitortyp angeben und einen visuellen Abgleich vornehmen müssen. Um dabei eine möglichst hohe Exaktheit herzustellen, sollten Sie die Monitorkalibrierung nicht allein durchführen, sondern Ihre Einstellungen von einer Testperson gegenprüfen lassen.

Schritt für Schritt
Softwarekalibrierung unter Mac OS X

In dieser Anleitung erfahren Sie, wie Sie die Softwarekalibrierung des Macs verwenden, um auch ohne Hardwarekalibrierung annehmbare Ergebnisse zu erzielen.

◀ **Abbildung 3.43**
Die Monitoreinstellungen finden Sie in Mac OS X unter SYSTEMEINSTELLUNGEN im Bereich HARDWARE.

1   Kontrollfeld »Monitore« öffnen

Die Software zum Kalibrieren von Monitoren befindet sich bei Mac OS X im MONITORE-Kontrollfeld der Systemeinstellungen. Die Systemeinstellungen lassen sich über das APFEL-Menü aufrufen. Dort finden Sie das Kontrollfeld in der Gruppe der HARDWARE.

Nachdem Sie es angeklickt haben, öffnet sich auf jedem der angeschlossenen Monitore ein eigener Einstelldialog – bei einer Zweischirmlösung also auf beiden Bildschirmen.

Wenn Sie dort das Kontrollkästchen MONITORE IN DER MENÜLEISTE ANZEIGEN aktivieren, können Sie den Dialog auch direkt über die Menüleiste aufrufen.

Abbildung 3.44 ▶
Im FARBEN-Register können Sie ein beliebiges RGB-Farbprofil auswählen. Beim Start einer Kalibrierung wird ein ausgewähltes Profil aktiviert. Je nach Konfiguration kann das Kontrollfeld etwas anders aussehen.

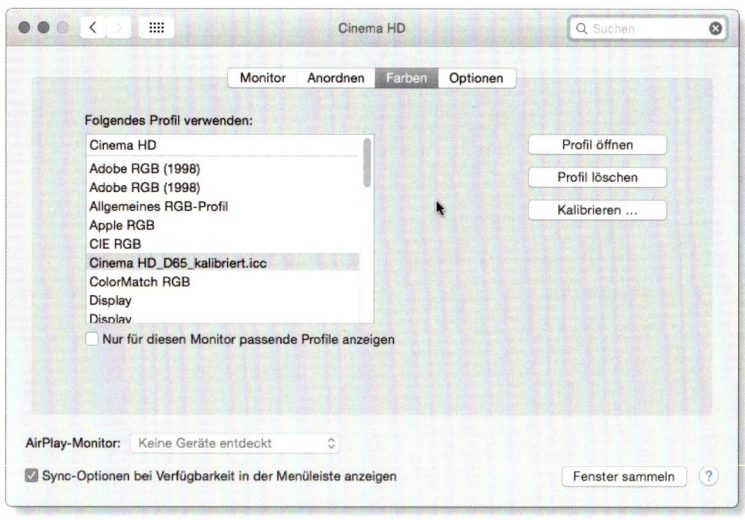

2   Starten der Kalibrierung

Wechseln Sie in das Register FARBEN. Hier finden Sie eine Liste bereits installierter Farbprofile. Haben Sie Ihren Monitor noch nicht kalibriert, kann er auch nicht in dieser Liste stehen. Eine Auswahl eines Profils vor der Kalibrierung ist sowieso irrelevant, da diese immer ohne Profil startet. Klicken Sie also auf die KALIBRIEREN-Schaltfläche, um den Vorgang zu starten.

3   Kalibrieren mit Expertenmodus

Haben Sie die Schaltfläche gedrückt, so kann es passieren, dass der Monitor die Farbdarstellung verändert. Dies geschieht, weil er das derzeit verwendete Profil deaktiviert und in seinen Ursprungszustand wechselt.

Aktivieren Sie das Kontrollkästchen EXPERTENMODUS. Dabei werden weitere Einstellmöglichkeiten aktiviert.

▲ **Abbildung 3.45**
Der EXPERTENMODUS erlaubt eine genauere Kalibrierung der Wiedergabekurve. Über Schieberegler werden Helligkeit und Farbton eingestellt.

4   Wiedergabekurve einstellen

Das Dialogfeld zeigt Ihnen jetzt den Einstelldialog. Dabei sehen Sie drei Quadrate. Das mittlere erscheint etwas anders als die Fläche im Hintergrund. Ziel ist es nun, mit den beiden Reglern links und rechts die Helligkeit und den Farbton des Apfels so zu verändern, dass er mit dem Hintergrund verschmilzt. Kneifen Sie dafür am besten die Augen etwas zusammen, und schielen Sie etwas. Schieben Sie dann den linken Regler nach oben und unten – so lange, bis die Helligkeit von Apfel und Hintergrund gleich ist. Verschieben Sie danach noch den Farbregler nach rechts, um die Farbtönung anzugleichen. Wenn Sie fertig sind, klicken Sie auf FORTFAHREN.

3.3 Monitorkalibrierung

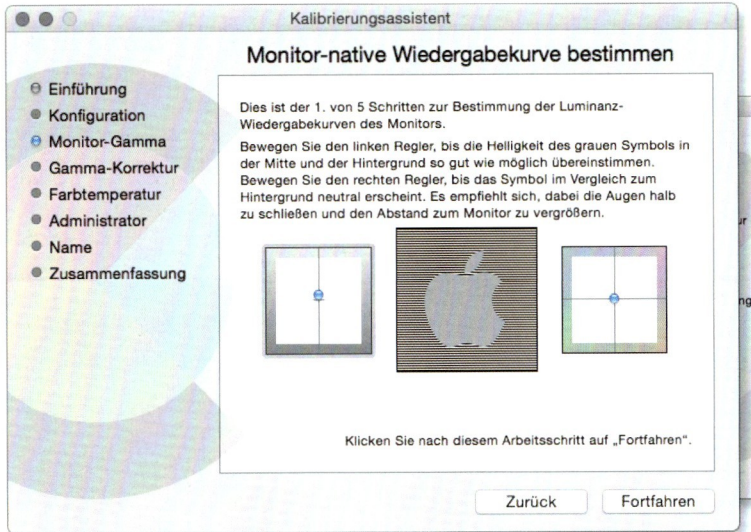

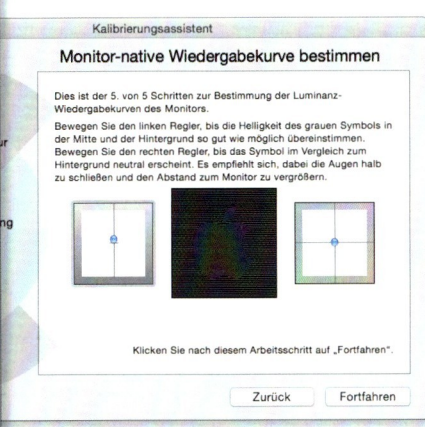

▲ **Abbildung 3.46**
Die Wiedergabekurve wird bei verschiedenen Helligkeiten eingestellt. So wird eine höhere Genauigkeit der Kalibrierung erreicht.

Es erscheinen weitere Einstelldialoge mit unterschiedlichen Helligkeiten. Passen Sie diese nach dem gleichen Muster an.

5 Gamma-Wert einstellen

Sind alle Einstellungen in der Wiedergabekurve erledigt, gilt es, den Gamma-Wert anzupassen.

Der Gamma-Wert dient dazu, den Helligkeitsverlauf von Schwarz nach Weiß an das menschliche Sehvermögen anzupassen. Mac OS X und Microsoft Windows-PCs arbeiten mit einem Gamma-Wert von 2,2.

◀ **Abbildung 3.47**
Der Gamma-Wert passt den Helligkeitsverlauf an die Sehgewohnheiten des menschlichen Auges an.

Deaktivieren Sie die Kontrollbox MONITOR-GAMMA VERWENDEN, falls diese aktiviert ist. Schieben Sie den Regler auf 2,2. Die Stelle ist bereits mit der Bezeichnung STANDARD markiert.

Zur Kontrolle sollten Sie nun im rechten Testbild alle Details erkennen. Der Verlauf darunter sollte einen gleichmäßigen Helligkeitsübergang besitzen. Klicken Sie dann auf FORTFAHREN.

6 Farbtemperatur anpassen

Als letzte Einstellung stellen Sie im Dialogfeld zur FARBTEMPERATUR einen Wert von 6 500 K ein. Dies entspricht dem Normlicht D65.

Haben Sie die Möglichkeit, die Farbtemperatur über Ihr Monitormenü einzustellen, können Sie das auch dort machen. Sie müssen dann allerdings die Kontrollbox UNKORRIGIERTE FARBTEMPERATUR VERWENDEN aktivieren.

Das Monitorbild wird Ihnen zunächst ziemlich rotstichig vorkommen. Wenn Sie sich unsicher sind, halten Sie einfach ein Blatt weißes Papier neben eine weiße Fläche im Monitor. Sie werden sehen, dass die Weißtöne einander in etwa entsprechen. Spätestens nach einer Stunde haben Sie sich an die neue Monitordarstellung gewöhnt.

Probieren Sie einmal den Gegencheck: Wenn Sie jetzt den Monitor zurück auf den alten Wert stellen, in der Regel auf 9 300 K, erkennen Sie den Blaustich. Nach der Einstellung klicken Sie auf FORTFAHREN.

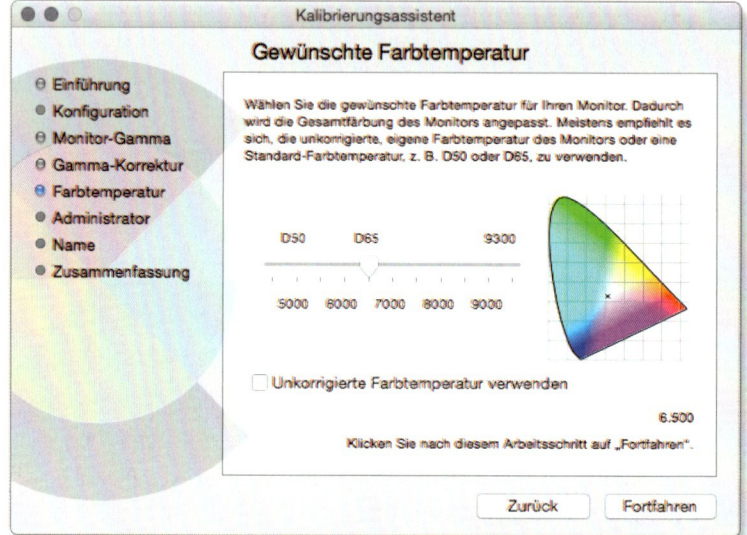

Abbildung 3.48 ▶
Der Dialog zur FARBTEMPERATUR erlaubt es, die Darstellung an Normlichtverhältnisse anzupassen.

7 Benutzerfreigabe und Speicherung

Zum Abschluss wird das Profil generiert und gespeichert. Wollen Sie es allen Benutzern auf Ihrem Rechner zur Verfügung stellen, klicken Sie die entsprechende Kontrollbox im aktuellen Dialogfeld an. Das Profil wird dann im COLORSYNC-Ordner gespeichert, auf den alle Benutzer zugreifen können. So muss nicht jeder Benutzer den Monitor extra kalibrieren.

Wenn Sie anschließend fortfahren, können Sie dem Profil einen Namen geben. Es empfiehlt sich, den Produktnamen des Herstellers und ein Datum zu verwenden, um festzuhalten, um welches Profil es sich genau handelt.

Arbeiten Sie mit einem Zweischirmsystem, so können Sie die Schritte auch für den anderen Monitor durchführen. Dazu wählen Sie auch für den Zweitmonitor das Register FARBEN und anschließend die Schaltfläche KALIBRIEREN.

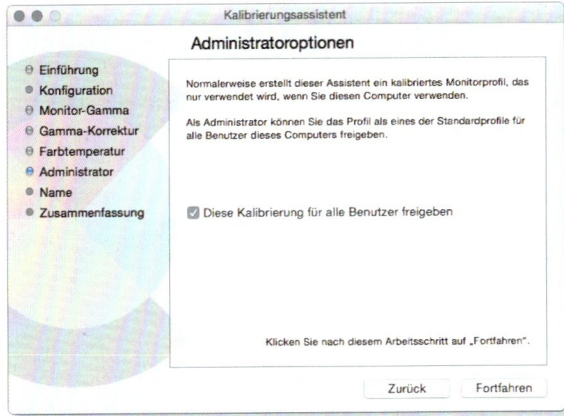 

▲ **Abbildung 3.49**
Wählen Sie einen klaren Namen für Ihr Profil, vor allem dann, wenn andere Benutzer auf Ihr Profil zugreifen können.

Schritt für Schritt
Softwarekalibrierung unter Windows 7 und Windows 8

Windows bringt eine eigene Kalibrierungslösung mit. Diese ist zwar nicht so ausführlich wie die von Mac OS X, erledigt aber grundsätzlich ihre Aufgabe. Das Problem ist hierbei, dass eine Farbkalibrierung ohne visuelle Vergleichsmöglichkeit eher schwierig ist. Zum Kalibrieren des Monitors benötigen Sie das Administratorenpasswort.

Kapitel 3 Farbmanagement

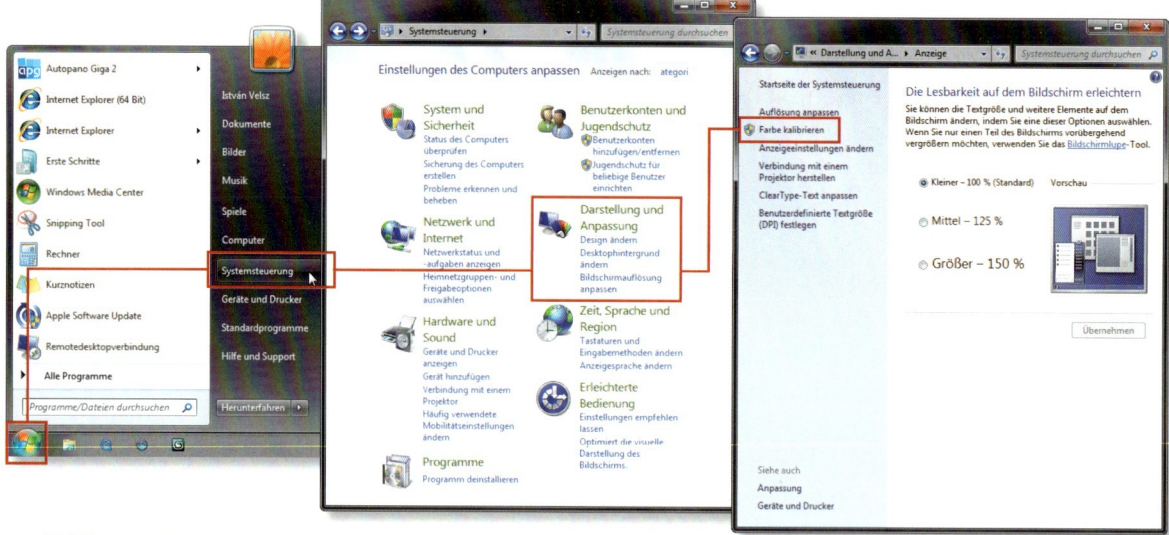

▲ **Abbildung 3.50**
Ähnlich wie unter Mac OS X finden Sie unter Windows 7 die Kalibrierung in der SYSTEMSTEUERUNG.

1 Öffnen des Einstelldialogs

Die Farbeinstellungen für den Monitor befinden sich in der Systemsteuerung. Je nachdem, wie Sie Ihre Ansicht der Systemsteuerung eingestellt haben, gelangen Sie auf unterschiedliche Weise

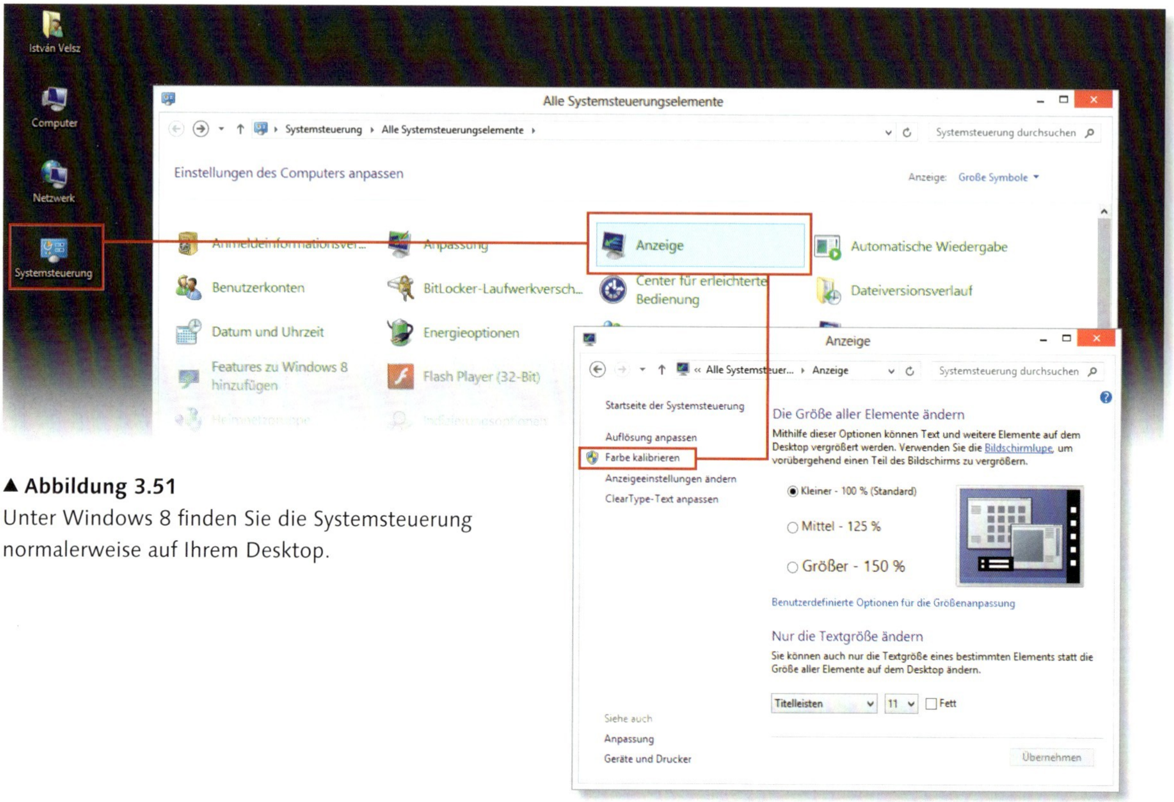

▲ **Abbildung 3.51**
Unter Windows 8 finden Sie die Systemsteuerung normalerweise auf Ihrem Desktop.

zum Kalibrierungsdialog. Hier wird der Weg beschrieben, über den Sie in der Standardeinstellung zum Dialog gelangen.

Öffnen Sie die Systemsteuerung, indem Sie auf START klicken und anschließend die Schaltfläche für die SYSTEMSTEUERUNG anklicken.

Im Fenster der SYSTEMSTEUERUNG öffnen Sie dann die Einstellung für DARSTELLUNG UND ANPASSUNG. Klicken Sie dabei auf die Überschrift, um auf die entsprechende Übersichtsseite zu gelangen. Die Funktion für die Kalibrierung finden Sie dann links in der Liste (FARBE KALIBRIEREN).

2 Gamma-Korrektur

Kern der Kalibrierung ist die Homogenisierung des Hell-Dunkel-Verlaufs. Dabei wird der Verlauf von Weiß nach Schwarz möglichst gleichmäßig verteilt. Dieser Verlauf kann anhand weniger Punkte eingestellt werden. Unter Windows 7/8 wird, im Gegensatz zum Mac, nur ein einziger Wert eingestellt. Windows geht also davon aus, dass über den gesamten Helligkeitsbereich keine Unterschiede in den einzelnen Abschnitten des Verlaufs auftreten.

Nach dem Start des Kalibrierungsvorgangs durch das Anklicken der Schaltfläche FARBE KALIBRIEREN in der SYSTEMSTEUERUNG, müssen Sie eventuell das Passwort des Administrators eingeben. Falls Sie als Administrator angemeldet sind, geben Sie hier Ihr Passwort ein. Anschließend erhalten Sie vom Kalibrierungs-Wizard einige Hinweise zum Funktionsablauf. Klicken Sie auf WEITER, nachdem Sie die Hinweise gelesen haben.

▼ **Abbildung 3.52**
Die Gamma-Korrektur korrigiert den Monitor, damit ein gleichmäßiger Verlauf von Schwarz nach Weiß dargestellt wird. Dadurch wird auch Detailzeichnung in den hellen und dunklen Bildbereichen erkennbar – eine Voraussetzung für die Fotobearbeitung.

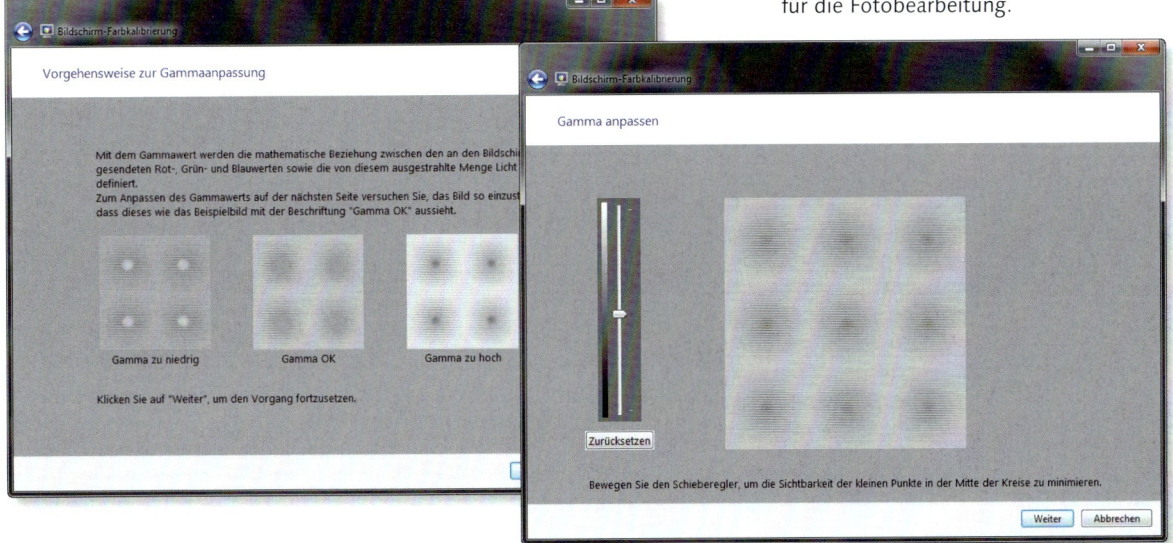

Prägen Sie sich auf der Hinweisseite VORGEHENSWEISE ZUR GAMMA-ANPASSUNG die Musterabbildungen ein, denn diese dienen als Vorgabe zur Einstellung des Gamma-Reglers auf der nächsten Seite.

Stellen Sie auf der Seite GAMMA ANPASSEN dann den Regler so ein, dass weder ein heller noch ein dunkler Punkt in den kreisförmigen Verläufen sichtbar ist.

Kneifen Sie dazu die Augen ein wenig zusammen, und erhöhen Sie Ihren Abstand zum Monitor, bis die Linien des Musters verschwimmen. Dann lässt sich der Regler besser einstellen.

Im Idealfall weicht die Reglereinstellung nicht zu weit von der Mittelstellung ab.

3   Hell-Dunkel-Kontrast einstellen

Nach der Gamma-Einstellung werden über die Helligkeits- und Kontrastregler des Monitors der Schwarzwert und der Kontrast im Weißwert angepasst. Dazu benötigen Sie jedoch die entsprechenden Regler am Monitor. Besitzt Ihr Monitor diese Regler nicht, was vor allem bei neueren LCD-Monitoren der Fall sein dürfte, können Sie diesen Schritt überspringen. Schauen Sie sicherheitshalber in der Dokumentation zum Monitor nach.

Abbildung 3.53 ▶
Die Anpassung der Helligkeit und des Kontrasts ist nur möglich, wenn der Monitor über entsprechende Regler verfügt.

Falls Ihr Monitor einen Helligkeitsregler besitzt, sollte dieser so eingestellt werden, dass in dem Foto zwischen Anzug und Hemd ein geringer Unterschied sichtbar wird. Ebenso sollte auf der schwarzen Fläche des Hintergrunds ein »X« noch sichtbar sein.

Den Kontrast im Weißbereich müssen Sie über den Kontrastregler des Monitors einstellen. Auch hierzu gibt Ihnen Windows zunächst eine Beispielseite mit Musterabbildungen vor.

3.3 Monitorkalibrierung

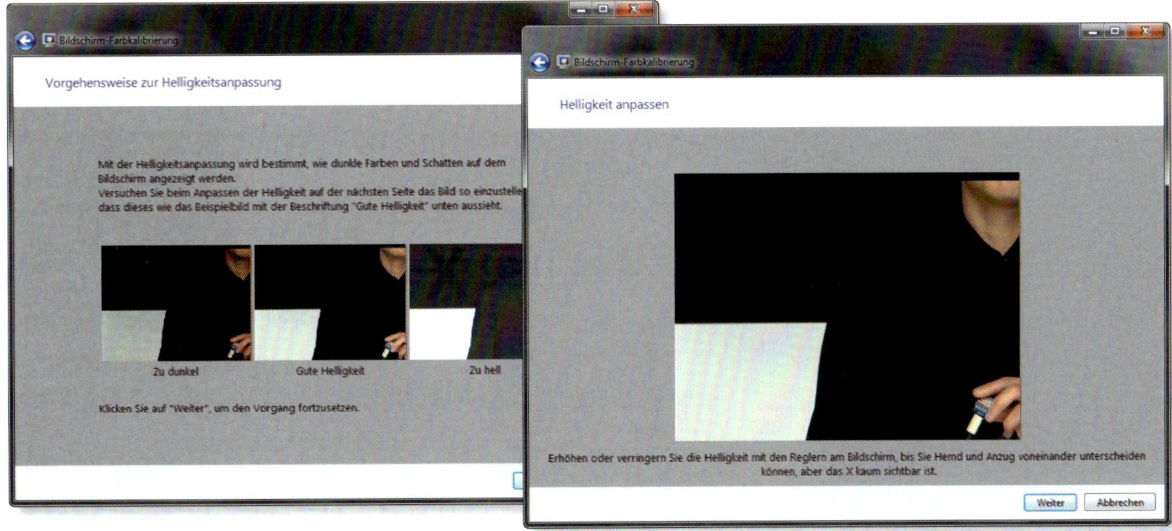

Stellen Sie den Kontrastregler am Monitor möglichst hoch ein, so dass die Falten und Schattierungen im Hemd gerade so sichtbar werden. Das Hemd sollte sich zudem vom weißen Hintergrund abheben.

▲ **Abbildung 3.54**
Über den Helligkeitsregler des Monitors stellen Sie den Kontrast in den Schwarzbereichen ein.

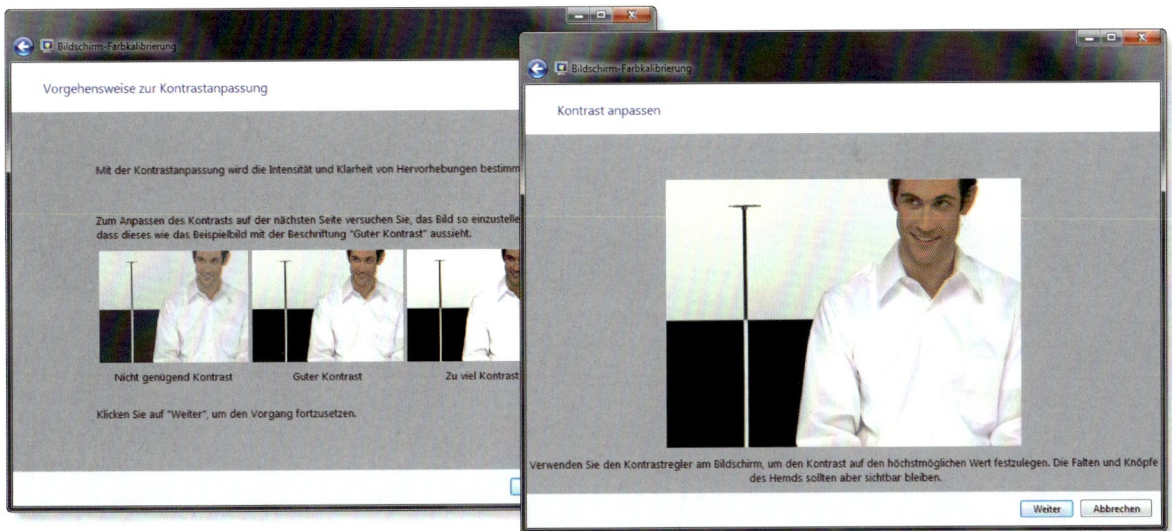

▲ **Abbildung 3.55**
Über den Kontrastregler wird der Weißbereich eingestellt.

4 Farbton einstellen

An dieser Stelle der Kalibrierung müssen Sie noch die Färbung des Monitors einstellen. Diese entspricht in etwa der Einstellung der Farbtemperatur. Grundsätzlich sind Monitore zu kalt eingestellt. »Kalt« bedeutet hier zu blau.

Auch hier erhalten Sie zunächst eine Musterseite. Leider ist die Konfiguration des Farbwertes auch nach Betrachten der Mustersei-

Kapitel 3 Farbmanagement

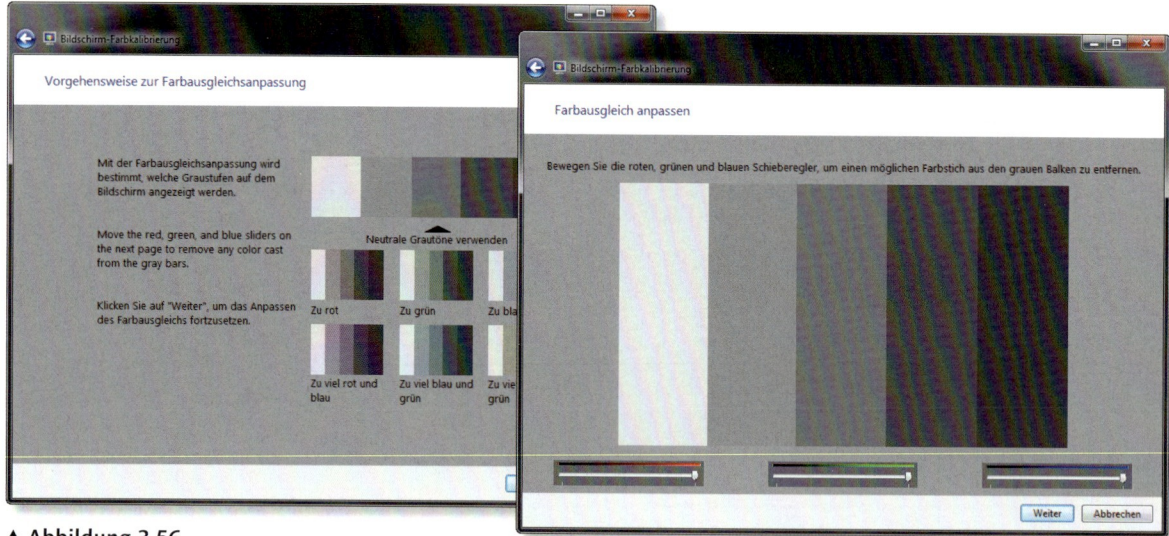

▲ **Abbildung 3.56**
Die Graufärbung des Monitors wird über Farbregler korrigiert.

te eher ein Glücksspiel, da eine echte Bezugsgröße beziehungsweise Anzeige fehlt. Im Idealfall besitzen Sie eine Graukarte, die Sie sich am besten direkt neben den Monitor legen. Diese kann dann als Vergleichswert verwendet werden.

5 Kalibrierung kontrollieren und verwalten

Abschließend können Sie die erstellte Kalibrierung noch mit dem vorherigen Zustand vergleichen. Darüber hinaus können Sie die Schriftdarstellung einstellen. Wollen Sie diese nicht einstellen, deaktivieren Sie die Kontrollbox für den Start des ClearType-Tuners ❶.

Abbildung 3.57 ▶
Die Kalibrierung kann zum Schluss mit dem vorherigen Zustand verglichen werden.

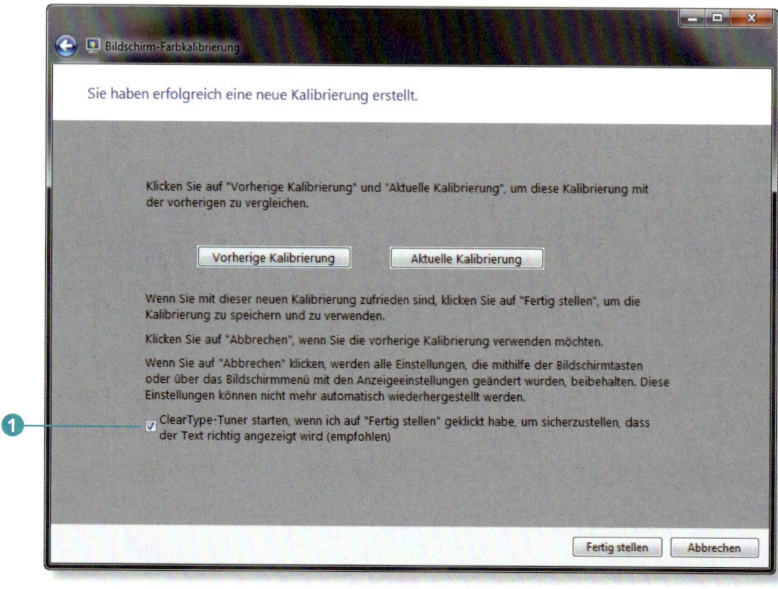

132

3.3 Monitorkalibrierung

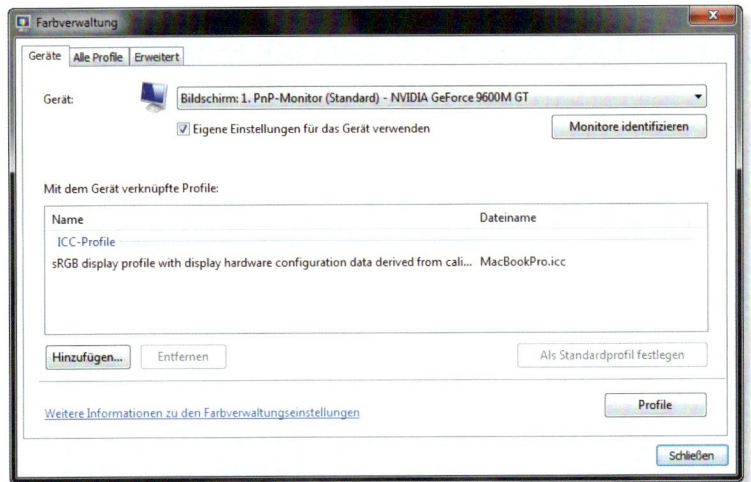

◄ **Abbildung 3.58**
Windows 7 und 8 verwalten im Kontrollfeld FARBVERWALTUNG der SYSTEMSTEUERUNG die Farbprofile.

Die Kalibrierung wird anschließend als Farbprofil im System gespeichert und in der SYSTEMSTEUERUNG im Kontrollfeld FARBVERWALTUNG verwaltet.

Hardwarekalibrierung

Die Hardwarekalibrierung läuft eigentlich nach dem gleichen Schema ab wie eine Softwarekalibrierung. Der Unterschied besteht lediglich in der Verwendung eines speziellen Sensors, des Spektrometers, der das manuelle beziehungsweise visuelle Abschätzen unnötig macht.

Der Sensor wird dabei auf den Monitor gehalten. Die Software misst eine Reihe von abgestrahlten Farben und erstellt dadurch eine Korrekturkurve.

Spektrometer arbeiten viel genauer und objektiver als das menschliche Auge. Daher sind sie sicher die erste Wahl. Allerdings sind sie mit zusätzlichen Kosten verbunden. Einige können auch das Umgebungslicht mit messen und bei der Kalibrierung berücksichtigen. Genau genommen müsste man den Monitor immer neu kalibrieren, wenn sich die Lichtsituation im Raum ändert, zum Beispiel wenn die Sonne nachmittags ins Zimmer scheint.

Empfehlenswerte Geräte sind das i1Display Pro von X-Rite, Spyder4Elite oder Pro von Datacolor sowie der ColorMunki (Abbildung 3.59) von X-Rite, der sich auch hervorragend zum Kalibrieren von Druckern eignet.

▲ **Abbildung 3.59**
Bei der Hardwarekalibrierung misst ein Sensor die dargestellten Farben. Die Abweichungen und Korrekturwerte werden dann im Monitorprofil gespeichert. Hier sehen Sie den ColorMunki von X-Rite.

3.4 Kalibrieren von Digitalkameras

Bisher wurden in diesem Kapitel nur Ausgabegeräte kalibriert. Drucker oder Monitore geben die Farbinformation wieder, aber Digitalkameras und Scanner lesen die Farbinformationen. Das Problem des Farblesens ist jedoch, dass Farben vom Untergrund und vom Umgebungslicht beeinflusst werden (siehe Seite 107).

Scanner haben einige Vorteile gegenüber Kameras, denn sie besitzen eine eigene Lichtquelle, die vom aufzunehmenden Bild reflektiert wird. Diese Lichtquelle besitzt einen festen Weißpunkt, wodurch alle zu scannenden Objekte im gleichen Licht erscheinen. Durch die gleichmäßige Ausleuchtung wird auch der Einfluss der Oberflächeneigenschaften reduziert. Werden genormte Farbflächen gescannt und mit den entsprechenden Soll-Werten verglichen, lässt sich einfach eine Abweichung errechnen und entsprechend korrigieren.

Abbildung 3.60 ▶
Zum Profilieren der Kamera benötigt man genormte Farbfelder, deren Werte bekannt sind. Diese werden mit dem fotografierten Bild verglichen. Die Abweichung wird dann als Korrekturwert im Kameraprofil gespeichert.

Bei Digitalkameras verhält es sich etwas komplizierter, denn diese haben weder eine eigene Lichtquelle noch ist immer eine gleichmäßige Ausleuchtung möglich. Diese Fehlerquellen lassen sich nur in einem Fotostudio unter Normbedingungen eliminieren. Hinzu kommt noch, dass in Raw-Dateien keine Korrekturinformationen mit eingebettet werden. Die Integration von ICC-Farbprofilen ist also nicht möglich. Die Korrektur muss daher über die Raw-Konvertierung, zum Beispiel in Lightroom, erledigt werden. Adobe bietet daher in Lightroom über die Einbindung von Kameraprofilen die Möglichkeit, Digitalkameras zu kalibrieren. Zum Erstellen von Profilen für Ihre Kamera benötigen Sie Folgendes:

- **Farbcharts:** Der Hersteller X-Rite hat mit dem Colorchecker Passport *(http://www.xrite.com)* eine Tafel im Angebot, die man auch zum Shooting mitnehmen kann. Diese enthält neben den standardisierten 24 Farbfeldern auch eine Weißabgleichstafel und Felder zur Abstimmung von Porträt- und Landschaftsaufnahmen.
- **Studioumgebung:** Sie sollten für eine möglichst farbneutrale Studioumgebung sorgen. Diese kann auch aus einem Lichtzelt und einem Aufsteckblitz bestehen – ein Fotostudio mit einer Blitzanlage besitzt ja nicht jeder.
- **Profilierungssoftware:** Adobe bietet mit dem Programm Adobe DNG Profile Editor eine Software, mit der Sie eigene Profile generieren können. Diese können Sie von der Adobe-Website herunterladen *(http://labs.adobe.com/wiki/index.php/DNG_Profiles)*.

Schritt für Schritt
Kamera kalibrieren mit dem X-Rite Colorchecker Passport und Adobe DNG Profile Editor

Der Colorchecker Passport wird zwar mit einer eigenen Profilierungssoftware geliefert, um aber auch Fotografen mit Farbcharts anderer Hersteller die Möglichkeit zu geben, die Schritte nachzuvollziehen, wird hier der Prozess mit dem Adobe DNG Profile Editor gezeigt.

◀ **Abbildung 3.61**
Ein Foto des Farbcharts vom X-Rite Colorchecker Passport dient als Vermessungsgrundlage.

HINWEIS

Kameraprofile bestehen aus mehreren Unterprofilen. Für jeden ISO-Wert wird ein eigenes Profil angelegt, das im Kameraprofil abgelegt wird. Wollen Sie ein globales Profil Ihrer Kamera erstellen, benötigen Sie Fotos des Farbprofils bei allen möglichen ISO-Werten.

1 Farbchart aufnehmen

Am Anfang steht die Aufnahme der genormten Farbcharts (Abbildung 3.61). Die Aufnahme wird möglichst bei Normlicht mit einer Farbtemperatur von 5 500 beziehungsweise 6 500 Kelvin erstellt. Nicht jeder Fotograf hat jedoch die Möglichkeit, genau diese Farbtemperatur am Set zu erzeugen. Der Wert der Farbtemperatur ist in den EXIF-Daten der Raw-Datei gespeichert und wird in der Profilierungssoftware ausgeglichen. Wiederholen Sie das für alle ISO-Werte der Kamera, die Sie verwenden.

2 Laden der Aufnahme in die Profilierungssoftware

Für den Adobe DNG Profile Editor müssen die Bilder als DNG vorliegen. Wenn Sie diese in Lightroom als DNG importiert haben (siehe Seite 296), können Sie diese Bilder verwenden. Ansonsten müssen Sie sie mit Hilfe des DNG-Konverters erst in eine DNG-Datei konvertieren.

Nachdem Sie den DNG Profile Editor geöffnet haben, laden Sie die Bilder über den Befehl OPEN DNG IMAGE aus dem Menüpunkt FILE. Schauen Sie dazu gegebenenfalls in Lightroom nach, wo Sie die Bilder abgelegt haben. Laden Sie so alle Bilder mit den ISO-Wertabstufungen.

▼ **Abbildung 3.62**
Das Bild des Farbcharts wird in den DNG Profile Editor geladen.

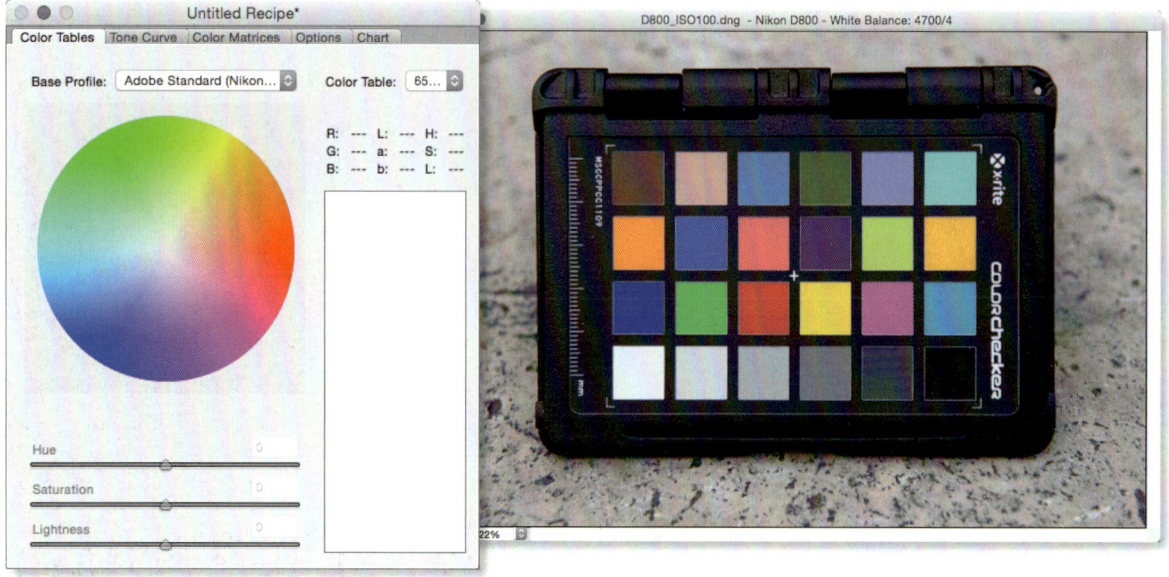

3 Profil erstellen

Zur Profilerstellung aktivieren Sie den Reiter CHART. Es erscheinen vier farbige Punkte im Bild. Diese müssen Sie mit gedrückter Maustaste auf die entsprechenden Farbfelder des Charts ziehen.

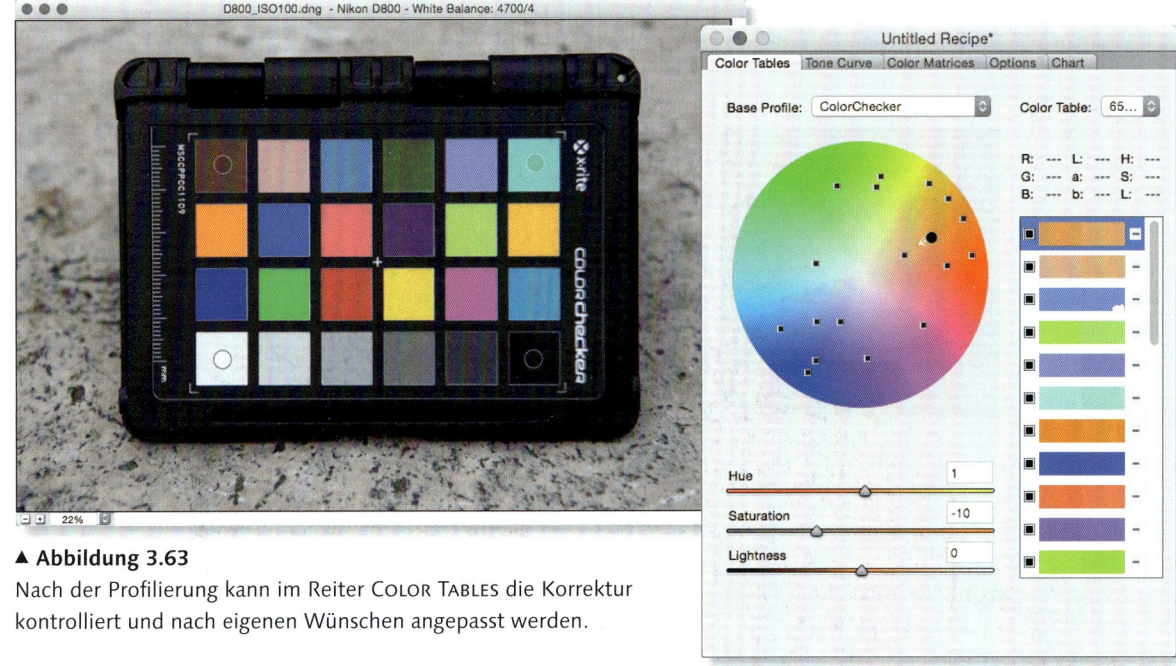

▲ **Abbildung 3.63**
Nach der Profilierung kann im Reiter COLOR TABLES die Korrektur kontrolliert und nach eigenen Wünschen angepasst werden.

Nach dem Platzieren drücken Sie die Schaltfläche CREATE COLOR TABLE. Das Programm erstellt die Profiltabelle und wechselt in den Reiter COLOR TABLES. Dort können Sie die Änderung kontrollieren und nach eigenem Geschmack korrigieren. Durch eine nachträgliche Veränderung können Farbprofile mit besonderen Eigenschaften, zum Beispiel erhöhter Farbsättigung, erstellt werden.

4 Kameraprofil speichern

Zum Abschluss müssen Sie das Profil noch speichern. Dazu wählen Sie aus dem Menü FILE den Befehl EXPORT. Das Profil wird in den Ordner CAMERAPROFILES gespeichert. Dieser befindet sich im Systemordner des Camera-Raw-Plug-ins, auf den auch andere Adobe-Anwendungen – wie Photoshop oder Bridge – Zugriff haben.

Sie können den aktuellen Zustand zusätzlich als sogenanntes *Recipe* abspeichern. Ein Recipe entspricht einer Art Projektdatei. Dies ist dann hilfreich, wenn Sie später weitere Profile derselben Kamera bei anderen ISO-Werten oder Farbeigenschaften erstellen wollen.

Es gibt noch weitere Reiter, mit deren Hilfe Sie nicht nur die Farbwiedergabe, sondern auch das Kontrastverhalten und die Farbgebung einstellen können. Das Profil ist anschließend in Lightroom verfügbar (siehe Seite 609), allerdings nur bei Bildern mit ISO-Werten, für die Sie das Profil erstellt haben.

Kapitel 3 Farbmanagement

▲ **Abbildung 3.64**
Die generierten Profile sind im Entwickeln-Modul verfügbar.

▼ **Abbildung 3.65**
Ein Vergleich vor (links) und nach (rechts) dem Zuweisen des Profils

5   Profil in Lightroom anwenden
Ist Lightroom bereits geöffnet, kann ein Neustart erforderlich sein. Das Profil weisen Sie über das rechte Bedienfeld Kamerakalibrierung im Entwickeln-Modul zu. Mehr zum Bedienfeld erfahren Sie auf Seite 609.

Kapitel 4
Das Raw-Datenformat

Das Arbeiten mit Raw-Bilddaten gilt als der beste Weg im Umgang mit digitalen Fotografien. Viele ambitionierte Hobbyfotografen und noch mehr Profifotografen arbeiten mit diesen Daten, da sie im Vergleich zu normalen Datenformaten wie JPEG oder TIFF viele Vorteile bringen. Welche das sind, was das Raw-Format genau ist, wie Raw-Bilder entstehen und wie man damit umgeht, erklärt dieses Kapitel.

4.1 Was sind Raw-Daten?

Eine Raw-Datei ist wie ein Rohdiamant. Ungeschliffen ist ein solcher unförmig, rau und ohne Glanz. Erst das Schleifen macht ihn zu dem, wovon viele träumen. Ähnliches trifft auch auf Raw-Bilder zu. Sie sind in ihrer Rohform, wenn sie aus der Kamera kommen, noch gänzlich unbearbeitet und damit frei von allen durch die Kamera vorgegebenen Zwängen wie Farbbalance oder Dateiformat. Wie diese »digitalen Negative« dann weiterverarbeitet, also entwickelt werden, ist für die Bildqualität entscheidend.

Raw-Daten speichern nur die reine Information des Kamerachips ab, ohne diese zu interpretieren oder zu verändern. Chips können aber nur Helligkeitsinformationen aufnehmen und abspeichern, daher verhält sich ein Raw-Bild eher wie ein Schwarzweißnegativ.

Analoger Film

Um den Unterschied zum analogen Film deutlich zu machen, werfen wir zunächst einen kurzen Blick in die analoge Welt. Herkömmlicher Film besteht aus mehreren Schichten (siehe auch Abbildung 4.1).

Zwischen dem Trägermaterial und einer UV-Filterschicht befinden sich drei farbempfindliche Schichten. Je nach Wellenlänge

▲ **Abbildung 4.1**
Beim analogen Film werden die Farben in drei übereinanderliegenden Schichten gespeichert. Jedes »Filmkorn« besitzt somit die komplette Farbinformation.

dringt das Licht mehr oder weniger tief in diese Farbschichten ein und belichtet die Kristalle in der jeweiligen Farbschicht. Die Auflösung wird dabei durch die Größe der Kristalle bestimmt. Da die Schichten übereinanderliegen, kann also theoretisch jedes »Filmkorn« jede Farbe annehmen.

Bei der Entwicklung werden dann die ungebrauchten Schichten entfernt und die lichtempfindlichen Kristalle fixiert. Durch die drei übereinanderliegenden Farbschichten kann dabei jede beliebige Farbe erzeugt werden.

Die Farbtemperatur eines analogen Films wird durch die chemische Zusammensetzung fest definiert. Tageslichtfilme haben eine Farbtemperatur von 5 500 K. Verwendet man einen solchen Film bei Kunstlicht, erscheinen die Bilder extrem rot. Daher gibt es spezielle Kunstlichtfilme. Diese sind auf niedrigere Farbtemperaturen von ca. 3 400 K eingestellt.

Digitale Sensorchips

Wie entsteht nun aber das digitale Foto? Sensorchips in Digitalkameras bestehen aus einer Vielzahl von in Gitterform angelegten kleinen Sensorelementen. Diese kann man sich als kleine Eimer vorstellen. Während der Belichtung werden die Elemente mit Photonen aufgefüllt. Nach der Belichtung werden die Photonen gezählt und anschließend die »Eimer« wieder ausgeleert. Je mehr Photonen sich im Eimer befinden, desto heller das gemessene Licht. Die Elemente können keine Farben messen, sondern nur Helligkeiten.

Abbildung 4.2 ▶
Sensorelemente fangen Photonen ein, die nach der Belichtung gezählt werden: Je mehr Photonen vorhanden sind, desto heller ist das Bild.

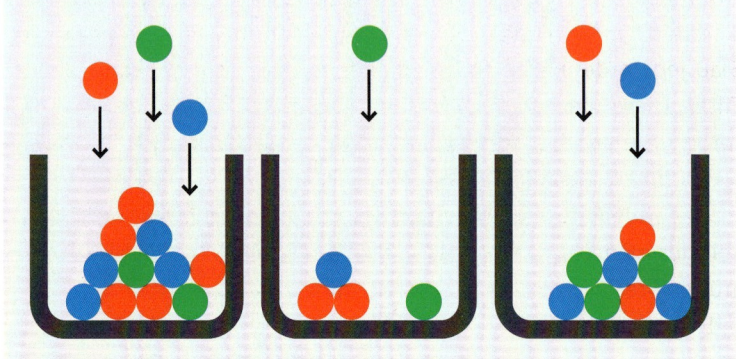

Der Messwert der Helligkeit wird in digitale Werte mit mindestens 12 Bit umgewandelt. Das entspricht einem Wert von 4 096 Helligkeitsabstufungen. 0 bedeutet dabei Schwarz, Weiß wird durch den Wert 4 095 repräsentiert. Neuere Sensorchips arbeiten bereits mit 14 Bit, was einer Anzahl von 16 348 Helligkeitsabstufungen entspricht. Das Problem ist, dass Sensorchips keine Farben unterscheiden können. Alle Photonen aller Wellenlängen werden von allen Sensorelementen erfasst.

Von der Helligkeit zur Farbe

Die meisten Sensorchips besitzen nicht mehrere Farbschichten wie ein analoger Film, sondern nur eine Ebene, und sie können auf dieser nur Helligkeitsinformationen verarbeiten. Wie gelangt also die Farbe in die digitalen Bilder?

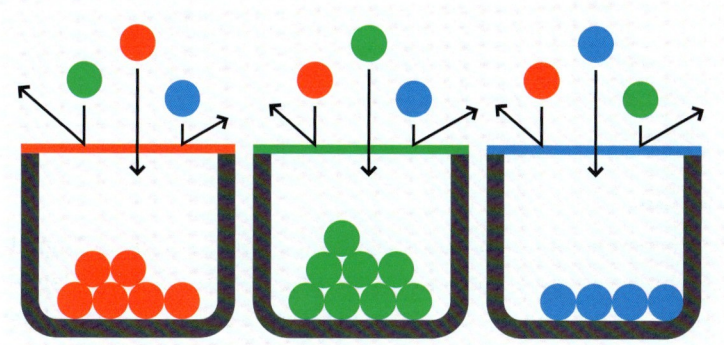

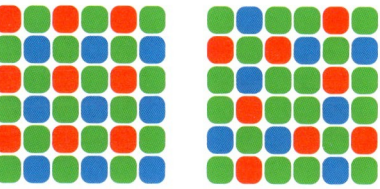

▲ Abbildung 4.4
Zwei Elementanordnungen im Vergleich: Links das Bayer-Muster wird von den meisten Herstellern verwendet, rechts das S-Trans-Muster von Fuji.

▲ Abbildung 4.3
Durch das Vorschalten von Farbfiltern werden die Sensorelemente nur für die jeweilige Filterfarbe sensibilisiert.

Um diese zu erzeugen, wird vor dem Sensorchip ein Farbfilter platziert. Da ein Lichtstrahl aus der Kombination von Rot, Grün und Blau jede erdenkliche Farbe ergeben kann, benötigt man nur drei Filter. Diese werden in einem bestimmten Muster über den Sensoren platziert. Das am meisten eingesetzte Muster ist das Bayer-Muster (siehe Abbildung 4.4).

Das Bayer-Muster berücksichtigt die größere Grünempfindlichkeit des menschlichen Auges. Daher befinden sich doppelt so viele grüne Filter wie blaue oder rote in diesem Muster.

Es gibt auch andere Muster oder Farbfilterungen, die aber nicht so verbreitet sind, wie von Fuji das X-Trans-Muster. Dieses besitzt zwar auch mehr grünempfindliche Elemente, jedoch ist die Anordnung hier etwas »chaotischer«. Dies orientiert sich am analogen Filmmaterial und soll die Bildung von Artefakten und Moirè-Mustern verringern. Erwähnenswert ist auch der Foveon-Chip. Dieser arbeitet nicht wie die anderen Sensoren mit nur einer Ebene, son-

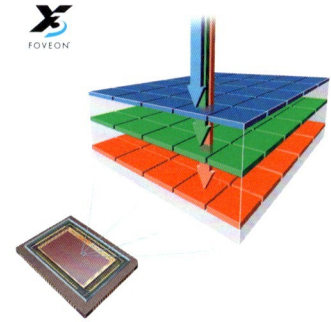

▲ Abbildung 4.5
Der Foveon-Chip ist bisher der einzige Chip, der keinen Mosaikfilter benötigt. Jedes Pixel verarbeitet die Information aller drei Farben wie bei einem herkömmlichen Film.

141

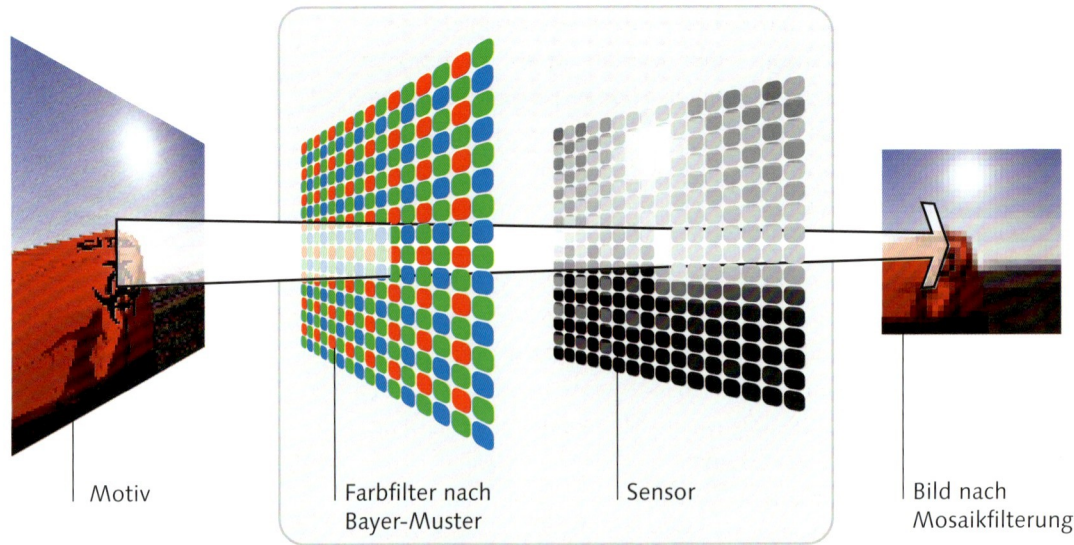

▲ Abbildung 4.6
Bei der Mosaikfilterung wird das Graustufenbild des Sensors mit Hilfe des Bayer-Rasters zum finalen Bild verrechnet.

dern, ähnlich wie ein analoger Film, mit drei Schichten. Auch hier dringen die Farben des Lichts unterschiedlich tief ein. Der Vorteil ist dabei, dass jedes Pixel gleich die komplette Farbinformation erhält.

Bei einschichtigen Chips empfängt jedes Pixel grundsätzlich aber nur einen Teil der gesamten Farbinformation. Um jedes Pixel mit der kompletten Farbinformation abzubilden, muss diese erst aus den benachbarten Pixeln über komplizierte Rechenprozesse interpoliert werden. Dieses Verfahren nennt sich Mosaikfilterung. Wichtig ist, dass die dahinter operierenden Algorithmen zuverlässig arbeiten und beispielsweise auch harte Kontrastkanten im Bild erkennen und darstellen können. Ist der Abstand zwischen zwei Linien ungefähr doppelt so groß wie der zwischen zwei Sensor-

Abbildung 4.7 ▶
Bei feinen Strukturen können durch die Mosaikfilterung Moiré-Fehler auftreten. Gerade das Bayer-Raster ist dafür empfänglich.

elementen, zum Beispiel bei parallel liegenden Linien, können Moiré-Fehler auftreten. Diese Fehler werden oft als Muster, zum Beispiel als linierte Farbschattierungen, oder als partielle, regelmäßig auftretende unscharfe Bildstellen sichtbar. Aber nur qualitativ hochwertige Objektive zeichnen so feine Details, dass diese Fehler überhaupt optisch wahrnehmbar werden.

Zusätzlich setzen die Hersteller optische Tiefpassfilter ein, die vor dem Chip platziert werden. Dieser Filter dient dazu, hochfrequente Bildinformationen (kurzwelliges Licht) auszufiltern, um den hervorgerufenen Moiré-Effekt und falsche Farben zu reduzieren. Motive mit regelmäßigen Strukturen wie Textilmustern oder bei Fassaden von Hochhäusern neigen zur Moiré-Bildung. Allerdings geht dabei Detailzeichnung verloren.

Einige professionelle Kameras wie die Nikon D810 oder Sony Alpha 7R verzichten auf diese Vorfilterung. Auch Fuji verzichtet vor seinem X-Trans-Sensor auf einen Tiefpassfilter, da dieser aufgrund seiner Struktur grundsätzlich nicht zur Moiré Bildung neigt. Durch den Verzicht erhöht sich die Detailzeichnung bei diesen Kameras zusätzlich. Je nach Anordnung des Filters und je nach Kamerahersteller werden bei der Berechnung unterschiedliche Filteralgorithmen angewendet. Auch eine Software wie Lightroom, die Raw-Dateien verarbeitet, benötigt solche Filter, da sie von der Kamera ja nur die unberechneten Raw-Daten bekommt und die Farbinformation selbst errechnen muss. Daher ist die Art der Filterung ein Qualitätsmerkmal von Raw-Programmen.

Warum in Raw fotografieren?

Werden Bilder in der Kamera als JPEGs oder TIFFs gespeichert, werden die Raw-Daten gleich zusammen mit weiteren Informationen verarbeitet. Dabei passiert Folgendes:

1. Die Raw-Helligkeitsdaten werden mit einem Farbmosaikfilter zu einem Farbbild zusammengerechnet.
2. Zusätzlich eingerechnet wird die Information über den in der Kamera eingestellten Weißabgleich.
3. Auf die Bildinformation werden dann Effekte wie Filmsimulationen, Schwarzweißkonvertierung und/oder Scharfzeichnungsfilter angewendet.
4. Das Bild wird schließlich automatisch von der Kamera in eine Farbtiefe von 8 Bit konvertiert und dann komprimiert abgespeichert. Bei JPEGs ist die Kompression zusätzlich mit Verlusten behaftet.

Was bedeuten die Blendenwerte wie f2,8 oder f5,6?

Die Irisblende der Kamera verringert beim Schließen die Fläche des einfallenden Lichts. Entscheidend für den Blendeneffekt ist das Verhältnis zwischen Brennweite und Blendendurchmesser.

Ein Verhältnis von Brennweite »f« (Focus) und Blende von 1,0 bedeutet, dass der Durchmesser der Brennweite entspricht. Bei 50 mm wäre der Blendendurchmesser also ebenfalls 50 mm. Jedes Abblenden um eine Stufe halbiert die einfallende Lichtmenge.

Da es sich dabei um Flächenangaben handelt, verursacht nicht die Verdopplung der Blendenwerte eine Halbierung der Lichtmenge, sondern die Quadratwurzel aus 2, also ca. 1,4. Das ergibt dann eine Wertefolge von 1,0 – 1,4 – 2,0 – 2,8 – 4,0 – 5,6 – 8 – 11 – 16 etc.

f2,8 – also eigentlich f/2,8 – bei 50 mm bedeutet einen Blendendurchmesser von 17,86 mm. Dadurch wird auch klar, warum lange Brennweiten höhere Ausgangsblenden besitzen.

▲ Abbildung 4.8
Beim Aufhellen eines unterbelichteten JPEG-Bildes lassen sich die Details in den schwarzen Bildbereichen nicht mehr herstellen.

▲ Abbildung 4.9
Hellt man die Raw-Datei dagegen auf, erkennt man, wie viele Details trotz Unterbelichtung noch in der Datei enthalten sind.

Durch die Verwendung des Raw-Datenformats entfallen all diese Bearbeitungsschritte in der Kamera. Die Möglichkeiten dafür sind kameraintern auch eher gering.

Im Raw-Format können Sie die Bilder später am weitaus leistungsstärkeren Computer mit einer viel feiner arbeitenden Raw-Software selbst zu Ende entwickeln. So behalten Sie die komplette Kontrolle über die Bilddaten.

Vorteile des Raw-Workflows | Die Vorzüge von Raw-Bildern liegen auf der Hand. Man erreicht damit grundsätzlich eine größere Kontrolle und Präzision:

- Sie haben die volle Kontrolle über den Entwicklungsprozess Ihrer Bilder bis zum Endergebnis und können Weißpunkt, Schärfe, Farbbalance, Sättigung, Verzerrungen etc. auch nachträglich noch ändern.
- Raw-Daten sind noch nicht auf eine Farbtiefe von 8 Bit reduziert. Sie haben darin den vollen Zugriff auf 12 oder mehr Bit und können so detailliertere Bearbeitungen durchführen.
- Sie haben Zugriff auf den vollen Farbumfang des Chips. Es findet keine Beschränkung durch ein angewendetes Farbprofil wie zum Beispiel sRGB statt.

- Von einem Raw-Bild als »digitalem Negativ« können mehrere unterschiedliche Varianten, quasi als Abzüge, angefertigt werden. Die Raw-Datei selbst bleibt dabei als Negativdatei unberührt.
- Durch den größeren Helligkeitsumfang können auch Fehlbelichtungen korrigiert werden.
- Es entstehen keine Kompressionsfehler oder -artefakte wie bei JPEG-Bildern.
- In Raw-Bildern lassen sich Licht- und Schattendetails besser herausholen.

[Chromatische Aberration]
Fällt Licht durch eine Linse, wird dieses je nach Wellenlänge unterschiedlich gebrochen. Dadurch entstehen Farbsäume, vor allem an Bildrändern. Der Effekt ist abhängig von der Brennweite – bei Weitwinkel stärker – und von der Qualität des Objektivs. Wie dieser Effekt in Lightroom eliminiert werden kann, erfahren Sie auf Seite 597.

Nachteile des Raw-Workflows | Sicher gibt es auch einige Nachteile in Verbindung mit dem Raw-Format, die hauptsächlich im Verzicht auf den Komfort einer schnellen, automatischen Entwicklung der Bilder liegen:

- Der größte Nachteil ist die deutlich höhere Dateigröße. Selbst bei verlustfreier Kompression kann eine Datei bei einer 12-Megapixel-Kamera schon einmal 10 MB besitzen. Das macht die Handhabung nicht einfacher: Die Kamera benötigt länger, bis die Daten auf die Speicherkarten geschrieben werden. Auch das Herunterladen auf den Rechner dauert länger.
- Der zweite Punkt ist, dass man bei Raw-Bildern nicht um die Nachbearbeitung herumkommt. Die Bilder müssen mit einer Software nachbearbeitet werden, um ansehnlich oder gar präsentierbar gemacht zu werden. Die Raw-Daten können somit auch nicht direkt von der Kamera gedruckt oder präsentiert werden. Sie müssen erst durch eine Software in druckbare Bildformate konvertiert werden.

Ein Abwägen zeigt recht schnell: Die Vorteile überwiegen eindeutig. Daher fotografieren auch so viele Profis im Raw-Modus ihrer Kamera. Nur wenn Schnelligkeit und geringe Datenmengen wichtiger sind als die Bildqualität, kann vom Raw-Workflow abgesehen werden – das ist beispielsweise in der Sport- oder Reportagefotografie der Fall. Dort werden die Bilder häufig noch während einer Veranstaltung per Mobilfunk in die Redaktion geschickt. Hier gewinnt der schnellere Workflow mit JPEG.

Für den Fotografen, dem es auf Präzision ankommt und der trotzdem auch erste Ansichten seiner Bilder schnell präsentieren möchte, bietet es sich an, an seiner Kamera gleichzeitig JPEG- und Raw-Dateien zu erzeugen. Erstere kann er dann schnell vorzeigen, Letztere kann er in aller Ruhe entwickeln.

▲ **Abbildung 4.10**
Raw-Daten werden von der Kamera linear aufgenommen. Die Bilder erscheinen zu dunkel, enthalten aber die komplette Bildinformation. Das Histogramm zeigt, dass sich die Daten im linken Bereich sammeln.

4.2 Belichtung im Raw-Workflow

Ein großer Unterschied zwischen Film und digitalen Sensoren ist, wie diese jeweils auf Licht reagieren. Film verhält sich dabei wie das menschliche Auge, das nicht gleichmäßig (linear) auf eine Lichtmenge reagiert. Das Auge, oder besser unser Gehirn, führt dabei eine automatische Gamma-Korrektur durch.

Was bedeutet das genau? Schalten wir in einem dunklen Raum eine 40 Watt starke Glühbirne an, nehmen wir eine bestimmte Helligkeit wahr. Wird dann eine zweite Glühbirne mit 40 Watt zugeschaltet, erscheint uns das Licht zwar heller, aber nicht unbedingt doppelt so hell. Und eine dritte Glühbirne verdreifacht erst recht nicht die Helligkeit. Je mehr Licht erzeugt wird, desto geringer scheint die Zunahme der Helligkeit zu sein. Der Vorteil dieser Art der Wahrnehmung ist, dass wir dadurch einen sehr großen Belichtungsraum bis zum Faktor 10 000 erfassen können.

Sensoren besitzen dieses Kompressionsverfahren nicht. Sie messen ganz linear die Anzahl von Photonen. Verdoppeln sich die Photonen, so verdoppelt sich auch die Spannung am Sensor. Ist die Aufnahmekapazität erreicht, wird gar keine Zunahme mehr gemessen.

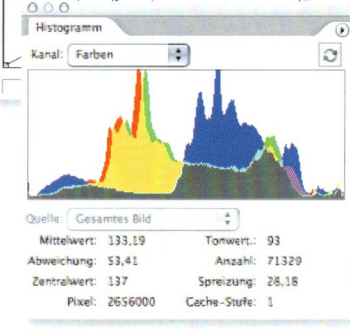

Lineare Aufnahme

Digitale Sensoren arbeiten, im Gegensatz zu unseren Augen, also mit einem linearen Gamma. In einer Kamera erfassen sie Helligkeiten beispielsweise mit 12 Bit, moderne Kameras mit 14 Bit und einige Mittelformatkameras sogar mit 16 Bit. Bei 12 Bit entspricht das einer Anzahl von 4 096 Helligkeitsstufen. Die Hälfte von 2 048 entspricht also einer Blende am Objektiv. Jede weitere Blende halbiert die einfallende Lichtmenge weiter. Nehmen wir als Beispiel ein Motiv, das einen Helligkeitsumfang von sechs Blenden besitzt, so erhalten wir folgende Abstufung der Helligkeitswerte:

- 2 048 Stufen im Bereich der offenen Blende bis zur ersten geschlossenen Blende. Das entspricht den hellsten Stellen im Bild.
- 1 024 Stufen im Bereich der ersten bis zur zweiten Blende. In diesem Bereich befinden sich die helleren Bildbereiche.
- 512 Stufen im Bereich der zweiten bis zur dritten Blende. Das sind die mittleren Helligkeiten im Bild.
- 256 Stufen im Bereich der dritten bis zur vierten Blende.
- 128 Stufen im Bereich der vierten bis zur fünften Blende. Dort befinden sich die dunkleren Stellen.
- 64 Stufen im Bereich der fünften bis zur sechsten Blende. Dort befinden sich die dunkelsten Stellen.

▲ **Abbildung 4.11**
Nach einer Gamma-Korrektur erscheint das Bild so, wie wir es sehen. Das Histogramm zeigt jetzt eine normale Verteilung.

Abbildung 4.12 ▶
Jede Blendenstufe halbiert die einfallende Lichtmenge. Das bedeutet analog eine Halbierung der Tonwerte je Blende.

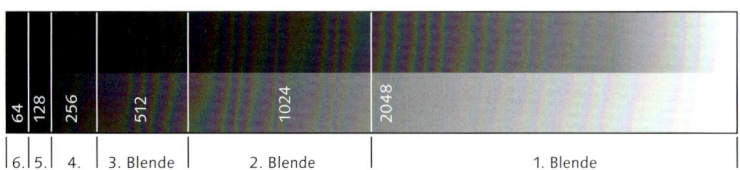

Rein rechnerisch lassen sich mit einem 12-Bit-Sensor auch zwölf Blenden Belichtungsumfang erfassen. In der Praxis gehen bei der Belichtung jedoch aufgrund technischer Verluste ein bis zwei Blenden verloren.

In JPEGs mit 8 Bit entspricht der gesamte Belichtungsbereich nur 256 Abstufungen. Das ergibt bei dem oberen Beispiel eine Anzahl von lediglich vier Tonwerten in den dunkelsten Stellen.

Wird ein Bild um eine Blende unterbelichtet, verliert man die Hälfte der verfügbaren Töne, und man hat bei 12 Bit nur noch 2 048 Tonwertabstufungen für das gesamte Bild zur Verfügung, was sich beim nachträglichen Aufhellen mit Rauschen und Detailverlust in den Tiefen bemerkbar macht.

Bilder mit einem hohen Motivkontrast (Helligkeitsumfang) über zehn Blenden, wie Sie an einem sonnigen Tag auftreten, können mit 8 Bit gar nicht komplett dargestellt werden. Hier wird bei einer nachträglichen Umwandlung der Helligkeitsverlauf komprimiert beziehungsweise werden einfach einige Zwischenwerte weggelassen.

Ein weiteres Phänomen der Kamerasensoren erschwert die Belichtung zusätzlich. Überträgt man die Empfindlichkeit eines Sensors in einen Graphen, entsteht eine gerade Linie von der hellsten

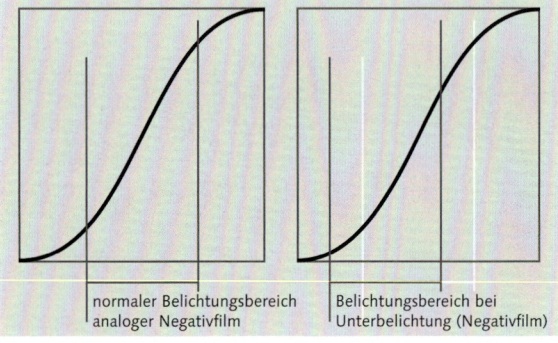

▲ Abbildung 4.13
Der S-förmige Belichtungsverlauf von analogen Negativfilmen verzeiht auch Belichtungsfehler von mehr als einer Blende. Durch die abgeflachte Kurve bleiben Details erhalten. Nur der Kontrast verringert sich.

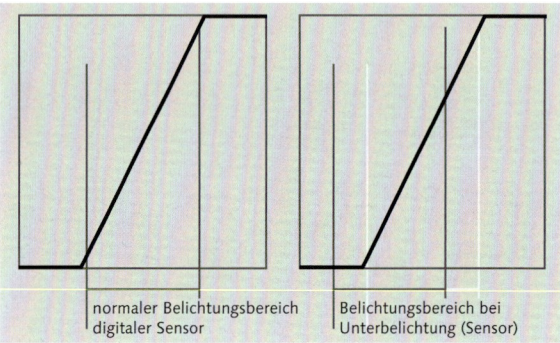

▲ Abbildung 4.14
Sensoren schneiden alles ab, was außerhalb des Belichtungsbereichs liegt. Daher gehen bei einer Fehlbelichtung von mehr als einer Blende Details verloren.

bis zur dunkelsten Stelle. Film besitzt im Gegensatz dazu eine S-förmige Kurve. Diese fällt zu den Belichtungsgrenzen hin flach ab. An den Grenzen zur jeweils minimalen beziehungsweise maximalen Belichtung erhält man daher einen weichen Übergang, der den Belichtungsspielraum etwas erweitert und die Detailauflösung in Grenzbereichen erhöht. Sensoren dagegen schneiden an den hellsten und dunkelsten Stellen abrupt die Werte ab, die außerhalb ihres Belichtungsbereichs liegen.

▲ Abbildung 4.15
Extreme Überbelichtungen verursachen ein Übersteuern einzelner Farben und einen Überlauf zwischen den Sensorelementen, was zu Farbverschiebungen führt.

Belichtung auf helle Stellen

Aus diesen Erkenntnissen heraus sollte man schon beim Fotografieren Folgendes beachten, um Probleme mit Über- oder Unterbelichtung zu vermeiden:

Die Belichtung sollte grundsätzlich so genau wie möglich sein, denn zu helle oder zu dunkle Stellen werden radikal abgeschnitten (Abbildung 4.14). Bei Bildern mit großem Tonwertumfang ist das durchaus ein Problem. Belichten Sie im Zweifelsfall also ein wenig über, das verringert das Rauschen in den Tiefen. Die Überbelichtung sollte aber nicht mehr als eine Blende betragen, da eine

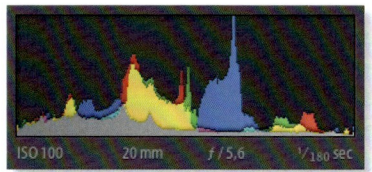
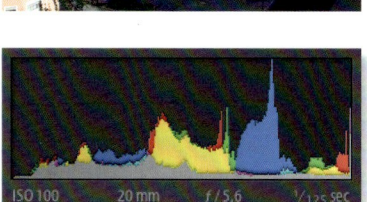
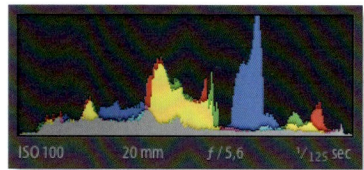

▲ Abbildung 4.16
Normalbelichtung: Das Histogramm zeigt, dass sowohl dunkle als auch helle Töne ideal verteilt sind und keine Detailverluste auftreten.

▲ Abbildung 4.17
Belichtung auf Lichter: Das Bild wurde leicht überbelichtet. Es entstehen Spitzen auf der rechten Seite des Histogramms.

▲ Abbildung 4.18
Korrektur: Die hellsten Stellen wurden korrigiert und abgedunkelt. Dadurch gehen keine Details verloren. Gleichzeitig bleiben alle Schattendetails erhalten.

stark gesättigte Grundfarbe, zum Beispiel ein Blau im Himmel, sein Maximum erreicht und nicht mehr weiter ansteigen kann. Jede weitere Überbelichtung verschiebt dann den Farbton zu jener Grundfarbe hin, deren Anteil an zweiter Stelle liegt. Zusätzlich können Photonen von einem Sensor auf einen benachbarten überlaufen. Im Extremfall entstehen dann nur Graustufen, da alle Elemente aufgrund des Überlaufs gleich viele Photonen messen.

Übrigens: Einige Kameras nehmen es mit den ISO-Werten nicht so genau. ISO 100 können sich wie »wahre« ISO 125 oder auch nur ISO 75 auswirken. Es kann einige Zeit dauern, bis man die eigentliche Empfindlichkeit seiner Kamera herausgefunden hat.

Motivkontrast im Histogramm deuten

Histogramme zeigen die Häufigkeit von Helligkeitswerten in einem Bild an. Je höher die Spitze, desto mehr Pixel besitzen die entsprechende Helligkeit beziehungsweise die jeweilige Farbe oder Luminanz (die zusammengerechnete Gesamthelligkeit der Farben). Die Luminanz wird grau dargestellt – Rot, Grün und Blau in ihren jeweiligen Farben. Überlagern sich zwei Farben, wird die jeweilige Mischfarbe dargestellt. Im unteren Beispiel überlagern sich vor allem Rot und Grün, was Gelb ergibt. Links im Histogramm werden die dunkelsten, rechts die hellsten Stellen angezeigt.

Idealbelichtung | Bei einer Idealbelichtung sind an den Grenzen des Histogramms keine Spitzen zu sehen. Der Motivkontrast des Bildes ist dabei kleiner als die Gesamtempfindlichkeit des Sensors.

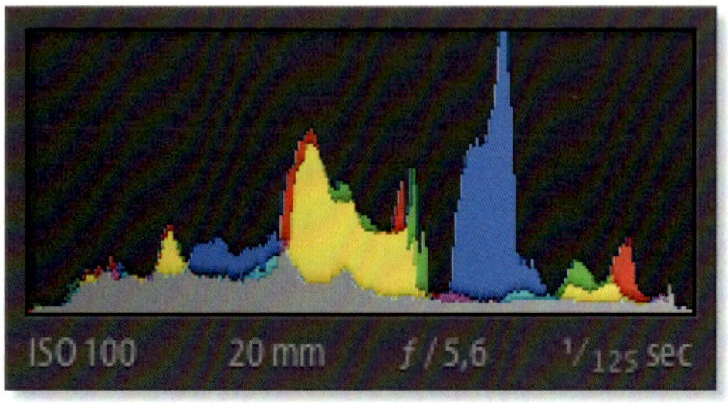

Abbildung 4.19 ▶
Eine ideale Helligkeitsverteilung: Weder die hellsten noch die dunkelsten Stellen weisen Spitzen auf.

Überbelichtung | Bei der Überbelichtung befinden sich Spitzen am rechten Rand des Histogramms. Ist die Höhe der Spitze gering, handelt es sich meist um Spitzlichter wie Reflexionen. Diese liegen grundsätzlich meist außerhalb des Belichtungsumfangs und können meist ignoriert werden.

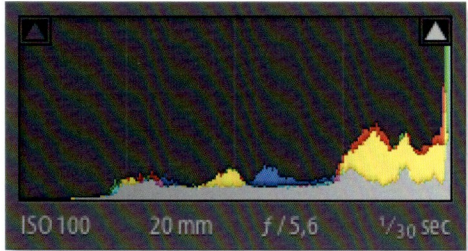

◄ **Abbildung 4.20**
Befinden sich Spitzen am rechten Rand des Histogramms, deutet dies auf eine Überbelichtung hin. An den hellsten Stellen des Bildes gehen dabei Details verloren.

Unterbelichtung | Befinden sich die Spitzen auf der linken Seite, ist das Bild unterbelichtet. Bei einer nachträglichen Aufhellung können Detailverluste und Rauschen in den dunklen Stellen auftreten.

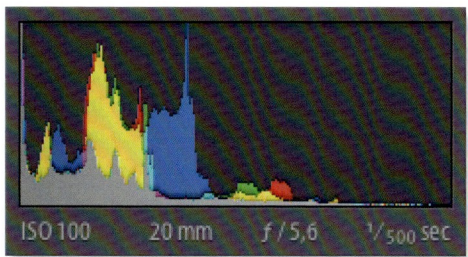

◄ **Abbildung 4.21**
Sind die Spitzen dagegen am linken Rand, weist das auf eine Unterbelichtung hin. Hier gehen Details in den dunklen Bereichen des Bildes verloren.

Motivkontrast größer als Belichtungsumfang des Sensors | In diesem Fall entstehen Spitzen an beiden Seiten des Histogramms. Je nach Motiv müssen Sie abwägen, wo der Tonwertabriss besser verträglich ist. Meist sind dies die Schattendetails. Bei Gegenlicht wird die Sonne immer überbelichtet werden. Das ist aber auch problemlos. Auch das menschliche Auge kann diesen Belichtungsumfang nicht komplett abdecken.

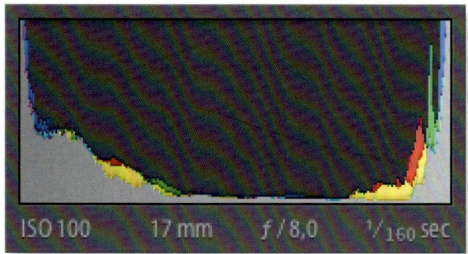

◄ **Abbildung 4.22**
Befinden sich Spitzen an beiden Seiten, ist der Dynamikumfang (Helligkeitsumfang) zu groß, um ohne Verluste abgebildet werden zu können. Dies ist oft bei Gegenlichtaufnahmen der Fall.

Die Grenzen des Histogramms | Viele Digitalkameras der Kompaktklasse und durchgängig alle digitalen Spiegelreflexmodelle sind in der Lage, ein Histogramm anzuzeigen. Dieses zeigt die Helligkeitsverteilung im Bild. Allerdings stellt es nur die Verteilung in einer JPEG-Datei dar. Die Darstellung stimmt nicht ganz für Raw-Daten. Vor allem an den Rändern, also den dunkelsten und den

Kapitel 4 Das Raw-Datenformat

hellsten Stellen, werden eventuell noch vorhandene Helligkeitsstufen abgeschnitten, da diese in der 8-Bit-Umsetzung eines JPEGs nicht erfasst werden können.

Bei einer Belichtung auf helle Stellen, das sind die rechten Bereiche im Histogramm, kann der Graph daher eine Überbelichtung anzeigen, obwohl dort in Wirklichkeit noch Informationen vorhanden sind. Betrachtet man das Histogramm also im Raw-Modus, hat man noch etwas mehr Spielraum.

4.3 DNG – das Standard-Raw-Format?

Für Raw-Dateien gibt es kein standardisiertes Dateiformat. Das bedeutet, dass jeder Kamerahersteller sein eigenes Raw-Format erzeugen kann. Und das geschieht auch: Es existieren Dutzende verschiedene Formate mit Namen wie NEF (Nikon-Exposure-Format) von Nikon, CRW (Canon-Raw-Format), ORF (Olympus-Raw-Format) und viele mehr.

> **TIPP**
>
> Wenn Lightroom Ihre Kamera nicht unterstützt, versuchen Sie es mit dem DNG-Konverter. Dieser erfährt häufiger ein Update als Lightroom. Am besten informieren Sie sich vorher, ob Ihre Kamera unterstützt wird. Die Integration von neuen Modellen kann zwei bis drei Monate dauern. Auf der Webseite zum DNG-Format *(https://helpx.adobe.com/photoshop/digital-negative.html)* finden Sie auch den Link zur neuesten Version des DNG-Konverters.

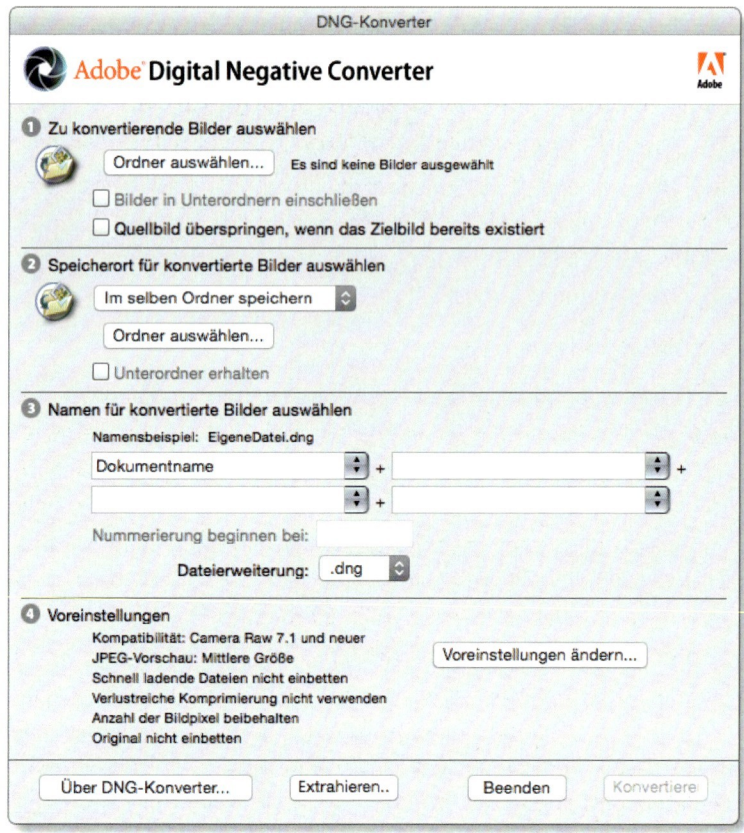

Abbildung 4.23 ▶
Der DNG-Konverter von Adobe konvertiert Raw-Daten diverser Hersteller in das DNG-Format.

4.3 DNG – das Standard-Raw-Format?

Das macht auch Sinn, denn Raw-Daten werden in der Kamera mit diversen kameraspezifischen Parametern in JPEG-Bilder umgerechnet. Hier sind je nach Modell unterschiedliche Einstellungen möglich. So können sogar Kameras von einem Hersteller unterschiedliche Raw-Daten erzeugen. Der Computer bietet größere Ressourcen an als der kleine Prozessor der Kamera, was einen größeren Funktionsumfang in der Entwicklungssoftware möglich macht. Auch hier gibt es kein Standardprogramm. Vielmehr liefert jeder Hersteller auch eine Software zur Bearbeitung mit, die dann nach offiziellen Informationen besonders gut zu dem nativen Raw-Format der Kamera passen soll.

Das wirft jedoch einige Probleme auf. Ist man mit dem Funktionsumfang der Software des Herstellers nicht zufrieden, hat man zunächst keine Möglichkeit, mit einem anderen Programm zu arbeiten. Denn viele Hersteller geben die Spezifikationen ihrer Raw-Formate nicht frei und verhindern so, dass unabhängige Hersteller eventuell bessere Programme entwickeln können.

Ein weiteres Problem ist die Langzeitarchivierung. Neuere Programme unterstützen eventuell alte Kameratypen nicht mehr, oder die mitgelieferte Software läuft nicht mehr auf einem Rechner mit dem neuesten Betriebssystem.

Aus all diesen Gründen ist es aus Benutzersicht wie auch aus Sicht der Softwarehersteller erforderlich, dass ein herstellerneutrales, auf Langzeitarchivierung ausgelegtes Raw-Format entwickelt wird. Den Anfang machte dabei Adobe mit dem DNG-Format, und das mit großem Erfolg.

> **Kompression der Raw-Daten von Nikon**
>
> Nikon-Kameras ermöglichen eine Kompression der Raw-Dateien im NEF-Format. Diese soll visuell ein verlustfreies Ergebnis liefern. Die Daten werden je nach Helligkeit anders komprimiert. Vor allem helle Stellen werden stärker zusammengerechnet. Dies kann jedoch zu einem Verlust an Zeichnung führen – vor allem bei stärkeren Helligkeitskorrekturen. Für die Anwendung des Grundsatzes »besser etwas heller belichten« kann dies problematisch sein. Inzwischen gibt es aber auch eine verlustfreie (*lossless*) Komprimierung.

DNG (Digital Negative)

Adobe hat mit DNG ein Raw-Format geschaffen, das alle Anforderungen an die Raw-Technologie erfüllt. Das Format beinhaltet einen Container für die Metadaten und einen für die Raw-Bilddaten. Die Bilddaten selbst werden so wie in den meisten anderen Raw-Formaten als TIFF gespeichert. Dieses Format kann auch Informationen speichern, die von seinem Standard abweichen, und somit auch herstellereigene Daten berücksichtigen.

In den Metadaten werden alle Informationen abgelegt, die zur Weiterverarbeitung der Daten benötigt werden. Dazu zählen nicht nur die für uns »informativen« Daten zu Kamera, Objektiv etc., sondern auch rein technische Daten, die ganz spezifische Aufnahmedaten enthalten und die zur Weiterverarbeitung erforderlich

> **TIPP**
>
> Auf der deutschsprachigen Camera-Raw- und DNG-Webseite von Adobe (*https://helpx.adobe.com/de/creative-suite/kb/camera-raw-plug-supported-cameras.html*) erfahren Sie, welche Programme und Kameras das DNG-Format unterstützen. Einige Kamerahersteller erzeugen sogar direkt DNG-Dateien.

Welche Blende liefert das schärfste Bild?

Der kreisförmige Querschnitt von Linsen führt zur sphärischen Aberration, die ein scharfes Bild mit einem unscharfen überlagert. Wird die Blende geschlossen, werden die schräg einfallenden Strahlen reduziert, was die Bildschärfe erhöht. Bei der Reduzierung der Blendenöffnung wird das Licht an den Rändern der Blende jedoch gebeugt, was die Schärfe wiederum reduziert.
Sowohl eine offene als auch eine zu weit geschlossene Blende erzeugen eine leichte Unschärfe. Die Verwendung einer mittleren Blende erzeugt daher die besten Ergebnisse – das entspricht bei Spiegelreflexkameras etwa der Blende f5,6, f8 bis f11.

sind – wie zum Beispiel die Bit-Tiefe (meistens 12 Bit), defekte Pixel (diese werden dann interpoliert), Linearisierung, Kompression etc.

Probleme von DNG

Doch wie wird aus einem herstellereigenen Raw-Format wie CR2 nun eine DNG-Datei? Um ein DNG zu erzeugen, müssen die Raw-Dateien der Kamera in das DNG-Format konvertiert werden. Da dies nicht durch die herstellereigene Software erledigt wird – die meisten Hersteller wollen an ihren nativen Formaten festhalten –, gibt es dafür den DNG-Konverter von Adobe. Diesen können Sie frei im Internet unter *www.adobe.com/de/dng/* herunterladen. In Lightroom ist er jedoch schon fest integriert.

Bei jeder Neuerscheinung einer Kamera muss ein neues, herstellereigenes Raw-Format in den DNG-Konverter integriert werden. Daher dauert es in der Regel einige Zeit, bis eine entsprechende, alle neuen Kameramodelle unterstützende Version des Konverters verfügbar ist. Auch von Lightroom erscheint aus diesem Grund alle paar Monate eine neue Version mit der Unterstützung neuer Raw-Kameraformate. Darüber hinaus haben viele Hersteller ihre eigenen Raw-Spezifikationen nicht veröffentlicht. So können eventuell nicht alle Informationen erkannt und richtig interpretiert werden. Aus diesem Grund sprechen einige Brancheninsider von einem verlustbehafteten Format und stellen DNG infrage. Ob die zusätzlichen Daten jedoch Einfluss auf die Bildwirkung beziehungsweise Darstellung haben, bleibt fraglich.

DNG-Kompression

DNG-Dateien werden beim Speichern komprimiert. Dazu wird ein verlustfreies (*lossless*) Kompressionsverfahren verwendet, wie es auch bei TIFF-Dateien möglich ist. Dabei geht zwar keinerlei Bildinformation verloren, der Kompressionsfaktor ist aber eher gering und liegt bei durchschnittlich ca. 30 %.

Neu ist das optionale DNG mit verlustbehafteter (*lossy*) JPEG-Kompression. Dabei werden die Inhalte jedoch nicht einfach nur JPEG-komprimiert, sondern mit einer speziell angepassten Tonkurve versehen, die auf jedes Bild einzeln optimiert wird. Adobe nennt dies *1D Perceptual Mapping*. Darüber hinaus wird durch ein Dithering-Verfahren das Auftreten von Treppeneffekten an Verläufen minimiert. Als Farbraum wird immer der der Kamera beziehungsweise der Ausgabefarbraum von Lightroom verwendet, und die Farbtemperatur wird auf 6 500 K festgesetzt. Daher sollten Sie alle Korrekturen vorher erledigen.

Das DNG mit verlustbehafteter Kompression ist also nur ein optimiertes JPEG und sollte daher auch als JPEG und nicht als Raw-Datei verwendet werden. Gedacht sind die verlustbehafteten DNGs vor allem für den Export – durch die spezielle Tonwertkurve sind sie besser zu bearbeiten, aber trotzdem so klein wie JPEGs. Wer mehr über die verlustbehaftete Kompression erfahren möchte, kann sich unter *http://www.dpreview.com/news/2012/10/05/Adobe-expands-DNG-format-with-inclusion-of-smaller-Lossy-DNG-option* informieren.

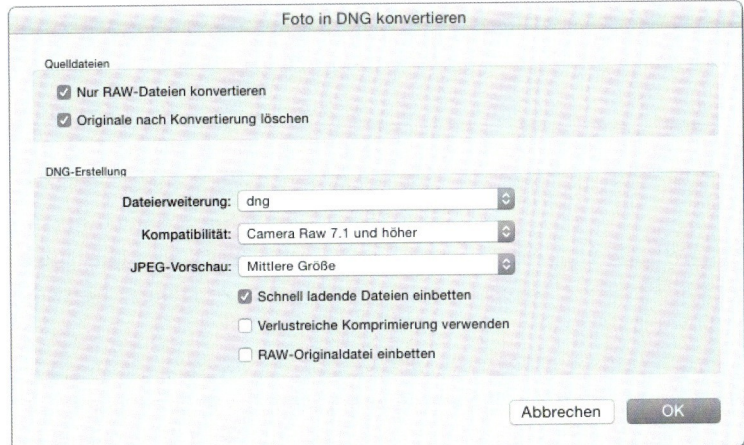

◄ **Abbildung 4.24**
Die Optionen für die schnell ladenden Dateien und die verlustbehaftete Kompression können beim Export und bei der Konvertierung aktiviert werden.

Schnell ladende DNG-Dateien

Diese Option erlaubt es, in das DNG Informationen einzubetten, um das Bild schneller entwickeln zu können. Dazu zählen unter anderem auch spezielle Vorschauinformationen. Dadurch soll der Zeitraum vom Aufrufen der Datei im Entwickeln-Modul und dem Zeitpunkt, ab dem man mit der Entwicklung beginnen kann, bis um das Achtfache beschleunigt werden. Der zusätzliche Speicherplatz soll dabei nur etwa 200 KB betragen.

Aktiviert wird diese Option entweder während des Imports, beim nachträglichen Konvertieren von Raw-Dateien ins DNG-Format oder beim Export als DNG-Datei.

Arbeiten mit DNG

DNG wird von Adobe als offenes Raw-Format propagiert. Da es aber aufgrund der erwähnten Einschränkungen nicht hundertprozentig »verlustfrei« ist, gibt es für den Umgang damit die folgenden Optionen:

Mit Originaldateien arbeiten | Man verzichtet auf die Konvertierung in das DNG-Format und arbeitet mit der Raw-Datei der Kamera. Allerdings hat man in Lightroom dann auch nicht Zugriff auf alle Daten, da die vom Hersteller unveröffentlichten Funktionen nicht in die Bearbeitung einfließen können. Man muss dann gegebenenfalls auf die herstellereigene Raw-Software ausweichen.

Originaldaten einkapseln | Man integriert die Raw-Daten in die DNG-Datei als gekapselten Teil. Dabei werden die Bilddaten jedoch sehr groß, da nicht nur die DNG-Daten, sondern auch die Originaldaten in einer Datei gespeichert werden.

Originaldateien archivieren | Man konvertiert einfach alle Bilder in DNG und speichert die Originaldaten extern ab. Werden diese sofort auf CD/DVD gebrannt, nehmen sie keinen Platz auf dem Rechner ein und können später wiederhergestellt werden. Dabei besteht jedoch die Gefahr, dass die CDs/DVDs Schaden nehmen oder verschleißen.

Konsequente DNG-Konvertierung | Die letzte Möglichkeit ist die radikalste: Man konvertiert alle Raw-Bilder in DNG, vernachlässigt den Datenverlust und löscht die Originaldateien. Das ist sicher die platzsparendste Methode, für Qualitäts- und Kontrollfreaks aber ein Graus. Ich persönlich arbeite mit dieser radikalen Variante. Bis jetzt konnte mir niemand den Beweis dafür erbringen, dass die Qualität eines DNGs schlechter ist als die der Originaldaten. Mir sind so noch keine Nachteile entstanden.

DNG-Kameraprofile

Jede Kamera sieht Farben und Helligkeiten auf ihre eigene Art und Weise, so wie dies andere RGB-Eingabegeräte auch tun (siehe »Farbmanagement«, Seite 99). Darüber hinaus bieten viele Spiegelreflexkameras zusätzlich die Möglichkeit, über Profile Einstellungen vorzunehmen, um diese Eigenschaften anzupassen. Meistens werden dabei Kontraste und die Farbinterpretation verändert, um beispielsweise Dia- oder Negativfilme zu simulieren. Diese Profileinstellungen verändern zwar nicht die eigentlichen Raw-Daten, aber Fotografen, die mit Profilen arbeiten, würden diese natürlich

TIPP

Auf der deutschsprachigen DNG-Webseite von Adobe (*https://helpx.adobe.com/de/photoshop/digital-negative.html*) finden Sie viele Informationen zum DNG-Format und auch den Link zum DNG Profile Editor.

◀ **Abbildung 4.25**
Für jede Kamera gibt es ein Adobe Standard Profil. Dieses erzeugt ein neutrales Bild.

◀ **Abbildung 4.26**
Das Profil Camera Vivid erzielt eine höhere Farbsättigung und einen höheren Kontrast.

gerne direkt beim Import berücksichtigt sehen. Diese Profile werden in Lightroom als Kameraprofil eingebettet und arbeiten augenscheinlich ähnlich wie ein Profil für das Farbmanagement. Da sie aber keinerlei Informationen über Farbraum, Gamma-Korrektur etc. enthalten, werden sie nicht als Farbprofil gesehen, sondern eher als Korrektureinstellungen.

Lightroom bietet die Möglichkeit, die Kamera über DNG-Kameraprofile zu kalibrieren beziehungsweise die an der Kamera eingestellten Profile zu simulieren. Eigene Profile können über den *DNG Profile Editor* erstellt werden. Innerhalb des Editors können Sie anhand von Raw-Bildern Ihre Kalibrierung vornehmen und als Profil speichern. Die so erstellten Profile können dann in Lightroom den Bildern zugewiesen werden. Zur optimalen Kalibrierung können auch genormte Testbilder fotografiert und vermessen werden. Eine Beschreibung zum Erstellen von Kameraprofilen mit Hilfe des DNG Profile Editors finden Sie ab Seite 135.

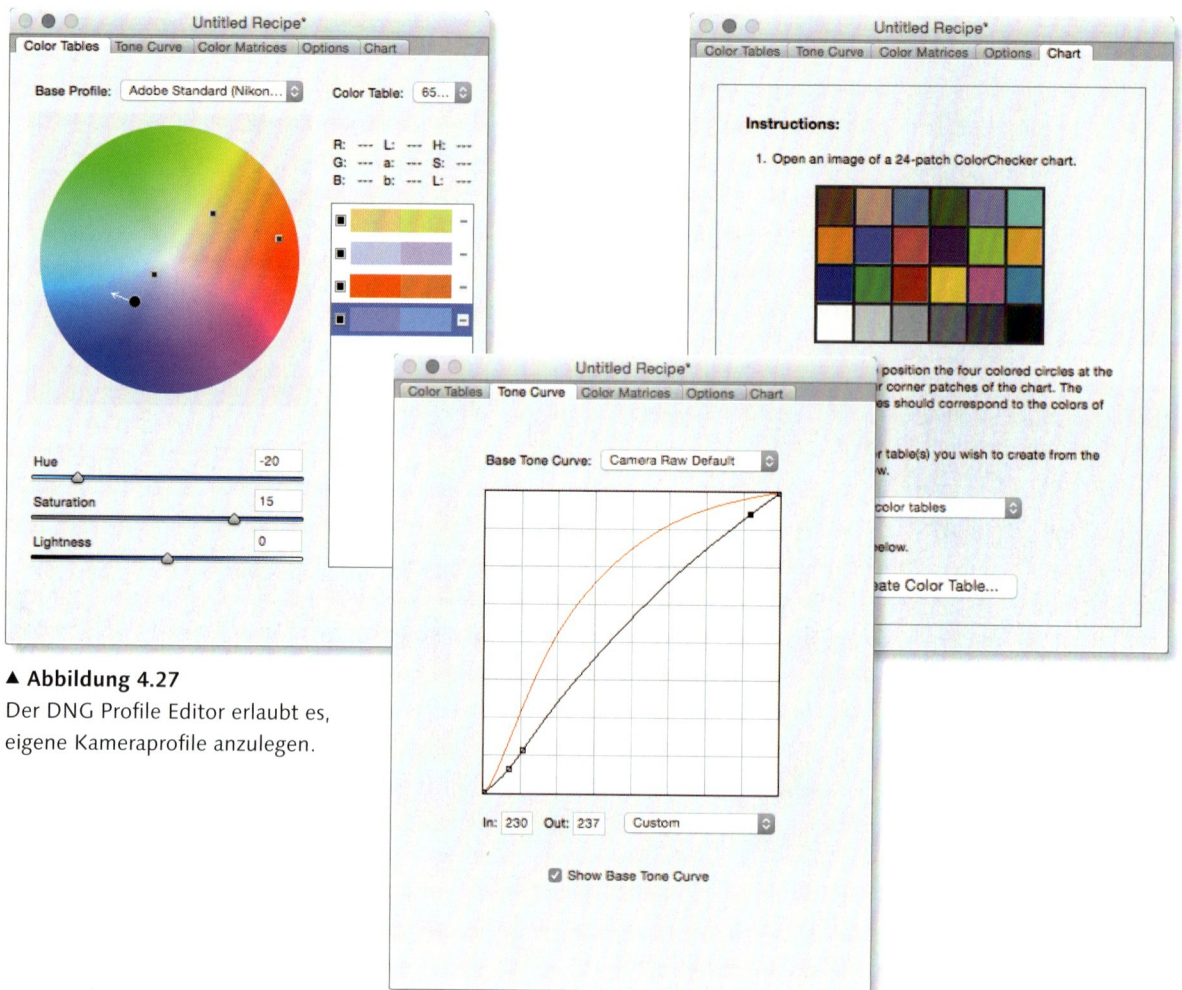

▲ **Abbildung 4.27**
Der DNG Profile Editor erlaubt es, eigene Kameraprofile anzulegen.

TEIL II
Mit Lightroom arbeiten

Kapitel 5 Die Arbeitsoberfläche

Kapitel 5
Die Arbeitsoberfläche

Als Sie das erste Mal einen Blick auf Photoshop Lightroom geworfen haben, wird Ihnen sicher gleich aufgefallen sein, dass es anders aussieht als die Programme, die man sonst so kennt – sei es Ihr Betriebssystem, Ihre Textverarbeitung oder auch die anderen Adobe-Programme wie Photoshop und Co. In diesem Kapitel lernen Sie das Konzept der Benutzeroberfläche kennen.

Mit Lightroom greift Adobe nicht auf das Standarddesign des Betriebssystems zurück. Das dunkle *Look and feel* ist für die Bearbeitung von Fotos ideal, es rückt das Bild in den visuellen Mittelpunkt und lässt es vom Monitor strahlen.

▼ **Abbildung 5.1**
Der Balken oben, links mit Erkennungstafel und rechts der Modulauswahl. Im Zentrum der Oberfläche befindet sich das Ansichtsfenster.

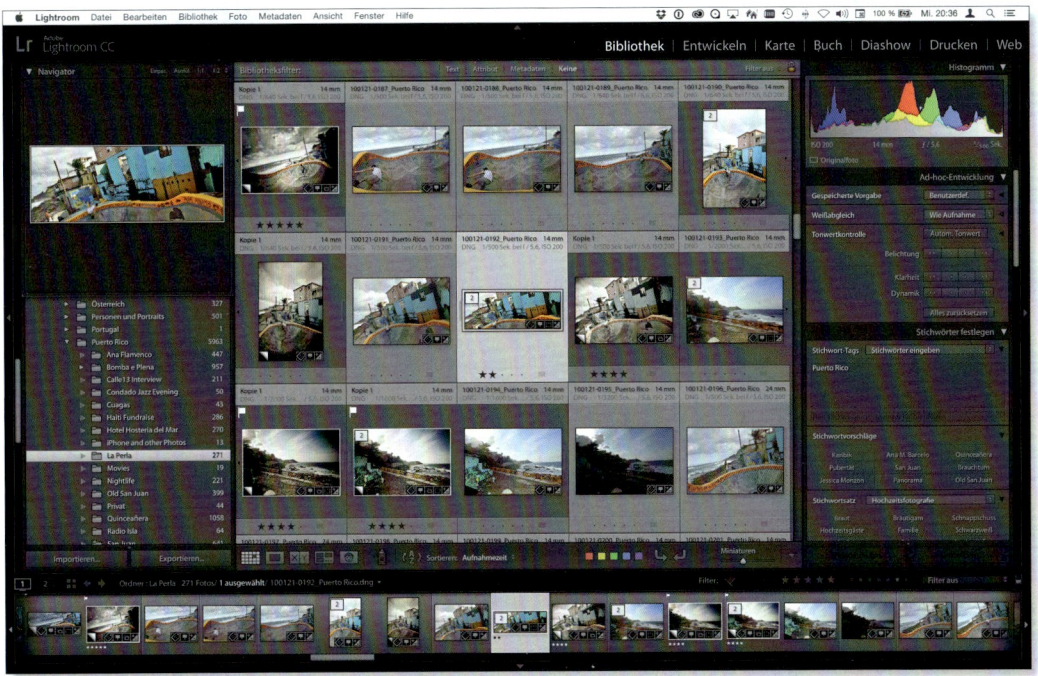

Die Benutzeroberfläche bietet auch einige interaktive Attraktionen: So bekommt der Benutzer zu allen Einstellungen, die er auf ein Bild anwendet, ein direktes Feedback in der Ansicht. Er muss keinen OK-Knopf mehr drücken, um eine Bearbeitung anzuwenden. Darüber hinaus findet man sogar spielerische Elemente, die sich nach persönlichen Wünschen anpassen lassen – wie die Erkennungstafel mit den Modulnamen. Auch der Gebrauch der rechten Maustaste lohnt sich. Hinter vielen Elementen verbergen sich Zusatzfunktionen, die dem Benutzer das Leben erleichtern.

Auf die einzelnen Regler und Schalter, die Sie in den Modulen finden, wird in den späteren Kapiteln eingegangen. Dieses Kapitel soll Ihnen zunächst dabei helfen, sich in den Arbeitsbereichen von Photoshop Lightroom zurechtzufinden.

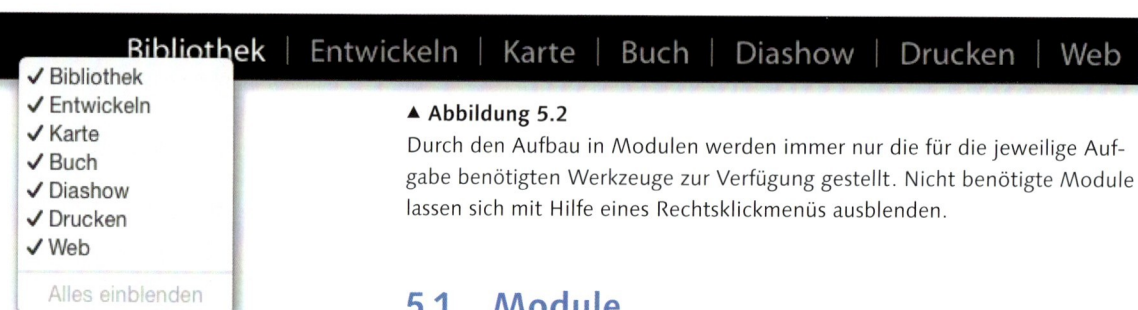

▲ **Abbildung 5.2**
Durch den Aufbau in Modulen werden immer nur die für die jeweilige Aufgabe benötigten Werkzeuge zur Verfügung gestellt. Nicht benötigte Module lassen sich mit Hilfe eines Rechtsklickmenüs ausblenden.

5.1 Module

Die sieben Funktionsbereiche entsprechen dem globalen Workflow von Verwaltung, Bearbeitung und Ausgabe Ihrer digitalen Fotos. Ein jedes Modul hat eine eigene, auf seine Funktionen zugeschnittene Bedienoberfläche. Gemeinsam nutzbare Paletten befinden sich aber immer an der gleichen Stelle:

- So bietet das erste Modul BIBLIOTHEK vor allem Verwaltungsfunktionen, eine flexible Vorschau auf alle Bilder, eine Zoomfunktion und die Möglichkeiten, Bilder auszuwählen, zu vergleichen, zu verschlagworten und in Kollektionen zusammenzustellen.
- Das Modul ENTWICKELN hält viele Paletten und noch mehr Regler für die Anpassung von Belichtung, Weißabgleich, Tonwert, Sättigung etc. parat.
- Im Karte-Modul befinden sich alle Funktionen zur ortsbezogenen Metadatenverwaltung.
- Die Module BUCH, DIASHOW, DRUCKEN und WEB dienen der Präsentation der Bilder. Hier können Sie Fotobücher, Kontaktbogen, Bilderschauen und Webgalerien zusammenbauen – und das Ergebnis live in der Voransicht betrachten.

5.2 Bedienelemente

Das Fenster von Lightroom ist in sechs Bereiche unterteilt. Diese finden sich in allen Modulen mit entsprechend angepassten Funktionen. Werden die Elemente nicht gebraucht, können sie auch verborgen werden, um Platz für andere Bereiche zu schaffen.

Menüleiste

Natürlich hat Lightroom – wie alle anderen Programme auch – eine Menüleiste. Diese wird aber eher selten verwendet, da sich fast alle Funktionen, die darüber aufzurufen sind, auch über das Anwendungsfenster durchführen lassen. Die Menüleiste passt sich je nach dem verwendeten Modul an. In den Ausgabemodulen DIA-SHOW, DRUCKEN und WEB gibt es beispielsweise keine Bibliotheksfunktionen. Nur Befehle für globale Einstellungen müssen über das Menü aufgerufen werden. Alternativ können die meisten auch über das Klicken mit der rechten Maustaste an Stellen ausgeführt werden, an denen sie sinnvoll sind. Ein Foto lässt sich beispielsweise über das Menü wie auch über den Rechtsklick im Bibliothek-Modul löschen.

▼ **Abbildung 5.3**
Die Menüleiste stellt nur die Befehle zur Verfügung, die für das jeweilige Modul benötigt werden. Oben sehen Sie die Menüleiste des Bibliothek-Moduls, unten die des Web-Moduls.

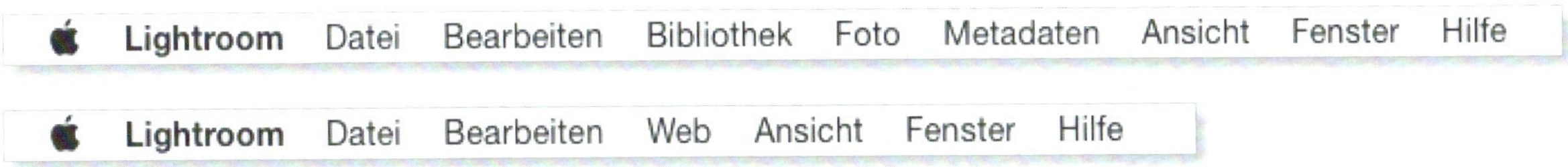

Erkennungstafel und Modulauswahl

Die Erkennungstafel befindet sich als Kopfleiste oberhalb der Anwendung. Sie beherbergt rechts die Modulauswahl ❸ zum Wechseln zwischen den Modulen BIBLIOTHEK, ENTWICKELN, KARTE, BUCH, DIASHOW, DRUCKEN und WEB. Diese lassen sich per Klick auf einen Modulnamen oder per Tastenkürzel aufrufen. Hat man sich die Tastenkürzel einmal eingeprägt, kann man die Tafel per Klick auf den Pfeil ❷ auch komplett ausblenden. Das Logo und der Produktname links ❶ können auch mit einer eigenen Grafik überschrieben werden. Wichtiger ist, dass sich hier auch das Aktivitätszentrum befindet, das den Status von laufenden Hintergrundprozessen anzeigt.

▼ **Abbildung 5.4**
Die Erkennungstafel mit Modulumschaltung und Erkennungsgrafik

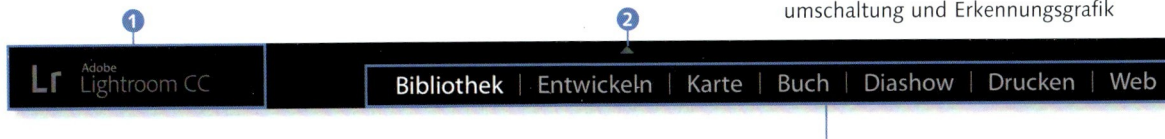

Status der Hintergrundaufgaben (Aktivitätszentrum)

Über die Erkennungstafel können Sie auch einsehen, welche Hintergrundaufgaben von Lightroom im Moment erledigt werden. Dazu zählen beispielsweise die Synchronisation mit Lightroom mobile, Das Berechnen von Vorschaubildern, die Gesichtserkennung und die Abfrage von Ortsdaten von Bildern mit GPS-Koordinaten. Die Erkennungstafel besitzt dazu mehrere Zustände:

Abbildung 5.5 ▼
Fortschrittsanzeige von Aufgaben, die durch den Benutzer ausgelöst wurden

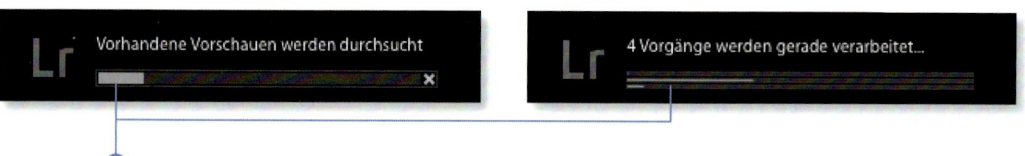

Vom Benutzer ausgelöste Aufgaben werden mit einem Fortschrittsbalken ❶ symbolisiert. Laufen mehrere Jobs parallel, werden diese bis zum dritten Job als einzelne Balken dargestellt. Bei mehr als drei Aufgaben wird kein neuer Balken mehr sichtbar. Interne Aufgaben werden nur in einem Overlay sichtbar, das erscheint, wenn Sie mit der linken Maustaste auf die Erkennungstafel klicken. In diesem Overlay sehen Sie, ob eine interne Aufgabe abgearbeitet ❸ wird oder angehalten ❹ ist. Sie können Sie an dieser Stelle auch starten oder pausieren, indem Sie das Abspielen- oder Pause-Symbol anklicken.

Aufgaben, die Sie selber ausgelöst haben ❷, wie das Berechnen von Smartvorschauen, können nicht pausiert werden, sondern werden abgebrochen.

Abbildung 5.6 ▼
Overlay mit Statusanzeige aller im Hintergrund arbeitenden Aufgaben

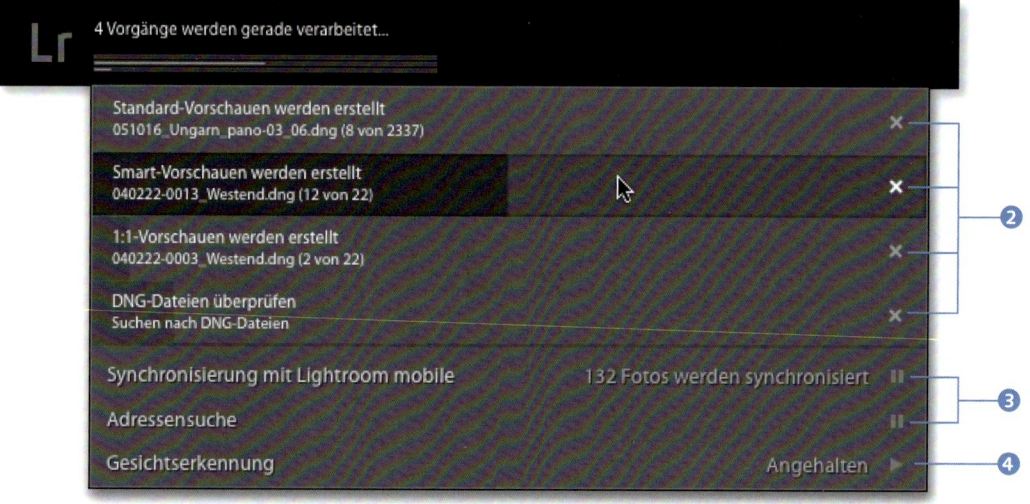

Über ein Kontextmenü, das sich per Rechtsklick auf die Erkennungstafel öffnet, können Sie die Darstellung konfigurieren und auch direkt in den Einstellungsdialog wechseln.

◄ **Abbildung 5.7**
Per Rechtsklickmenü können weitere Einstellungen vorgenommen werden.

Erkennungsgrafik anpassen

Zur Anpassung an den eigenen Geschmack können Sie die Erkennungsgrafik auf der linken Seite auch komplett gegen ein eigenes Bild austauschen. In der Grundeinstellung zeigt sie das Programmlogo und die Versionsnummer an. Die Schriftart und -größe der Modulbezeichnungen können ebenfalls angepasst werden. Die personalisierte Erkennungsgrafik können Sie auch in der Diashow einblenden, mitdrucken oder als Kopfzeile in einer Webgalerie verwenden. Es besteht sogar die Möglichkeit, mehrere Erkennungsgrafiken zu definieren. So lassen sich bei der Diashow, beim Drucken oder in der Webgalerie auf die Ausgabe hin optimierte Grafiken generieren.

Arbeiten Sie viel mit Lightroom mobile zusammen, können Sie auch eine spezielle Mobile-Erkennungstafel einblenden. Diese zeigt dann Ihren Adobe-Benutzernamen und den Status der Synchronisation an. Mehr zu Lightroom mobile finden Sie ab Seite 913.

▼ **Abbildung 5.8**
Erstellt man eine Grafik mit 42 Pixeln in der Höhe und Monitorbreite, kann die Erkennungstafel nach eigenen Wünschen gestaltet werden.

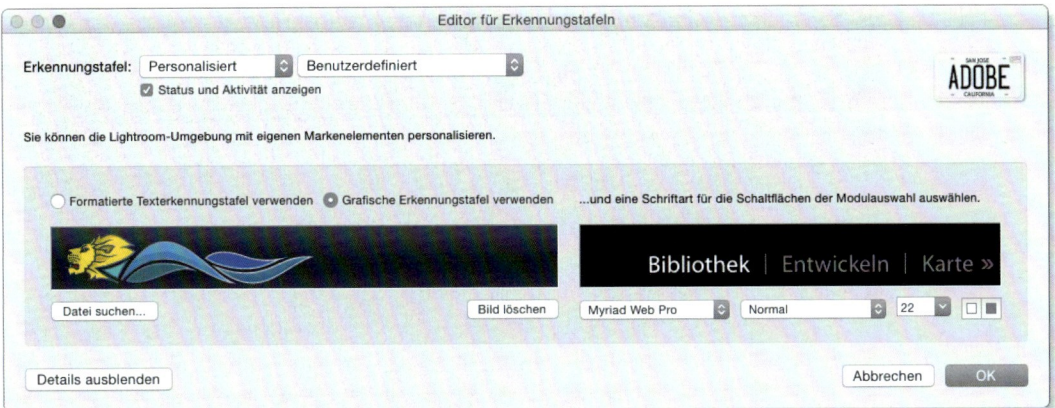

Schritt für Schritt
Eigene Erkennungstafel konfigurieren

In dieser Schritt-für-Schritt-Anleitung erfahren Sie, wie Sie eine neue Erkennungstafel erstellen. Diese können Sie dann in Diashows, Drucklayouts oder Webgalerien als Schmuckelement einblenden.

1 Generieren einer grafischen Erkennungstafel
Um eine eigene Erkennungstafel zu erstellen, benötigen Sie ein externes Bildbearbeitungsprogramm – etwa Adobe Photoshop oder GIMP. In diesem erstellen Sie eine Grafik, die 42 Pixel hoch sein muss. Die Breite der Erkennungstafel richtet sich nach der Breite Ihres Monitors. Wollen Sie die Erkennungstafel auf mehreren Rechnern verwenden oder arbeiten Sie mit einer Zweischirmlösung, dann nehmen Sie die Breite des höher auflösenden Monitors.

Falls Sie ein Logo in die Erkennungstafel integrieren wollen, achten Sie darauf, dass sich dieses nur in der linken Hälfte befinden darf, da es sonst von den Modulbezeichnungen überlagert wird. Speichern Sie die Erkennungstafel als PSD, TIFF, JPEG, PNG, GIF oder als PDF ab. Sie können natürlich auch nur ein Logo einbinden, das nicht die Breite des Monitors besitzt. Die Grafik würde sonst nur mit der entsprechenden Breite dargestellt.

Falls Sie eine Texterkennungstafel erstellen wollen, können Sie diesen Schritt überspringen.

▲ Abbildung 5.9
Der Aufruf zur Erstellung einer Erkennungstafel über die Menüleiste des Programms

2 Einrichtung der eigenen Erkennungstafel
Zum Konfigurieren der Erkennungstafel rufen Sie am Mac den Menüpfad LIGHTROOM • EINRICHTUNG DER ERKENNUNGSTAFEL beziehungsweise unter Windows BEARBEITEN • EINRICHTUNG DER ERKENNUNGSTAFEL auf. Wählen Sie im Dropdown des Dialogs den Eintrag PERSONALISIERT.

3 Erkennungstafel speichern
Über das Dropdown-Menü BENUTZERDEFINIERT können Sie Ihre Einstellungen speichern, nachdem Sie alle Konfigurationen vorgenommen haben, auch um schneller zwischen mehreren Erkennungstafeln umzuschalten. So können Sie beispielsweise in der Diashow eine andere Erkennungstafel als Gestaltungselement einblenden, die höher als 60 Pixel ist.

4 Grafische oder textliche Erkennungstafel

Aktivieren Sie die Option GRAFISCHE ERKENNUNGSTAFEL VERWENDEN, und laden Sie diese, nachdem Sie die erscheinende Schaltfläche DATEI SUCHEN angeklickt haben. Nach dem Auswählen der eigenen Erkennungstafel sollte diese links im Vorschaufenster abgebildet werden. Für eine Texttafel aktivieren Sie die Radiobox FORMATIERTE TEXTERKENNUNGSTAFEL VERWENDEN.

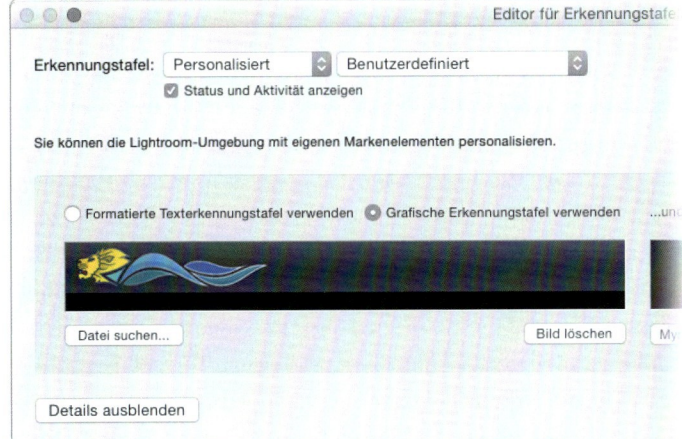

◀ **Abbildung 5.10**
Abbildung einer grafischen Erkennungstafel

5 Schrift bei einer Texterkennungstafel einstellen

Unter der Vorschau der Erkennungstafel und der Modulbezeichnungen befinden sich jeweils drei Dropdown-Menüs. Über diese können Sie die Schrift, den Schriftschnitt und die Größe festlegen. In das Feld für die Schriftgröße können Sie auch andere Werte als die vorgeschlagenen eingeben. Über das Kästchen rechts daneben lässt sich eine Farbe definieren. Bei den Modulbezeichnungen dient das linke Farbkästchen der Festlegung des aktiven Moduls.

▼ **Abbildung 5.11**
Alternativ zur eigenen grafischen Erkennungstafel kann man auch eine einfache Texttafel verwenden.

▲ Abbildung 5.12
Das linke Bedienfeld in der BIBLIOTHEK dient als Verwaltungszentrale. Hier können die Bilder nach Such- oder Filterkriterien per Mausklick sortiert werden.

Linke Bedienfeldpalette

Die vertikale Bedienfeldpalette links stellt übergeordnete Verwaltungsfunktionen zur Verfügung. Alle Funktionen helfen bei der Bildauswahl, sind Voreinstellungen, die als Presets (Vorgaben) gespeichert sind, oder betreffen den Arbeitsablauf. Die Funktionen des Bedienfeldes passen sich je nach Modul an.

Bibliothek | Im Bibliothek-Modul finden Sie in der linken Bedienfeldpalette alle Ordnungswerkzeuge zum Verwalten der Bilder. Hier können Sie Bilder in Ordnern ablegen oder Sammlungen zuweisen. Zum Exportieren auf verschiedene Medien stehen Ihnen Veröffentlichungsdienste zur Verfügung. Auch automatisch generierte Kataloge, wie für fehlende Bilder oder die Schnellsammlung, befinden sich hier:

- **Navigator:** Hier wird das im Ansichtsfenster ausgewählte Bild in einer Vorschau angezeigt. Sie können in dieses auch einzoomen, der angezeigte Bildausschnitt wird dann mit einem Positionsrahmen in der Bildminiatur gezeigt. Klicken Sie bei aktivierter Rasteransicht auf das Vorschaubild im NAVIGATOR, wird das aktuelle Bild vergrößert. Nach dem Loslassen der Maustaste wird wieder in die Rasteransicht gewechselt.

- **Katalog:** Hier finden Sie automatische Zusammenstellungen von Bildern. Neben der Übersicht über alle vorhandenen Bilder (ALLE FOTOS) gibt es hier eine Übersicht über die zuletzt importierten Bilder (VORHERIGER IMPORT), die SCHNELLSAMMLUNG für temporäre Zusammenstellungen sowie gegebenenfalls nicht gefundene Fotos und fehlerhafte Bilder.

- **Ordner:** Hier wird die Ordnerstruktur der importierten Bilder angezeigt, wie sie auf Ihrer Festplatte existiert. Per Klick auf das Pluszeichen können Sie den Dateibrowser öffnen, um weitere Ordner in Lightroom zu erstellen. Ausgewählte Ordner listen auch alle Bilder untergeordneter Verzeichnisse auf. Jedes Laufwerk, von dem Bilder importiert wurden, wird mit seinem Status – ob gerade verfügbar oder nicht – angezeigt.

- **Sammlungen:** Haben Sie Bilder in Sammlungen zusammengefasst, können Sie diese hier aufrufen. Ein Bild kann auch in mehreren Sammlungen eingebunden sein, was hohe Flexibilität ermöglicht. Über das Pluszeichen können Sie neue Sammlungen erstellen. SMART SAMMLUNGEN sammeln Bilder anhand bestimmter Attribute wie Datum, Objektiv oder anderer Metadaten.

- **Veröffentlichungsdienste:** Über Veröffentlichungsdienste können Sie Bilder auf Medien oder Diensten im Internet veröffentlichen und diese synchron mit Ihrem Katalog halten. Jede Änderung an den Bildern kann automatisch auf den Dienst übertragen werden. Weitere Dienste können als Plug-ins installiert werden.
- **Importieren/Exportieren:** Über diese beiden Schaltflächen können Sie Bilder von Festplatte, Wechseldatenträger oder Speicherkarte in Lightroom laden beziehungsweise darauf auslagern. Ist ein Veröffentlichungsdienst ausgewählt, wird die Exportieren-Schaltfläche zum Veröffentlichen-Button.

Entwickeln | Im zweiten Modul dient das Bedienfeld allgemeinen Verwaltungsaufgaben zum ausgewählten Bild. Diesem können hier Vorgaben zugewiesen werden, und der Bearbeitungsverlauf kann über ein Protokoll eingesehen werden. Im Einzelnen finden Sie hier:

- **Navigator:** Die Vorschau des Bildes funktioniert hier genauso wie in der Bibliothek. Der aktuell sichtbare Ausschnitt wird mit einem Rahmen dargestellt.
- **Vorgaben:** Hier können Sie vordefinierte Entwicklungseinstellungen auf ein Bild anwenden. Lightroom liefert eine Palette von *Presets* mit. Eigene Vorgaben können in Ordnern strukturiert werden. Nur ausgewählte Parameter werden in den Presets gespeichert, um beispielsweise nur Objektivkorrekturen zu sichern. Andere Einstellungen werden dabei nicht überschrieben.
- **Schnappschüsse:** Bearbeitungsstadien können als Schnappschuss gespeichert werden, beispielsweise um verschiedene Entwicklungen zu vergleichen. Sie machen einen Schnappschuss von der gegenwärtigen Entwicklungsstufe des rechts angezeigten Bildes, indem Sie auf das Pluszeichen klicken.
- **Protokoll:** Hier wird Ihnen eine Historie der ausgeführten Entwicklungsschritte des aktuellen Bildes angezeigt. Sie können zwischen den Stufen vor- und zurückspringen, etwa wie in der Protokoll-Palette von Photoshop.
- **Sammlungen:** Liste aller vorhandenen Sammlungen. Wird eine Sammlung ausgewählt, werden die darin enthaltenen Bilder im Filmstreifen angezeigt.
- **Kopieren/Einfügen:** Über diese beiden Schaltflächen am Ende der Palette können Sie Bildeinstellungen kopieren und auf andere Bilder anwenden (Einfügen).

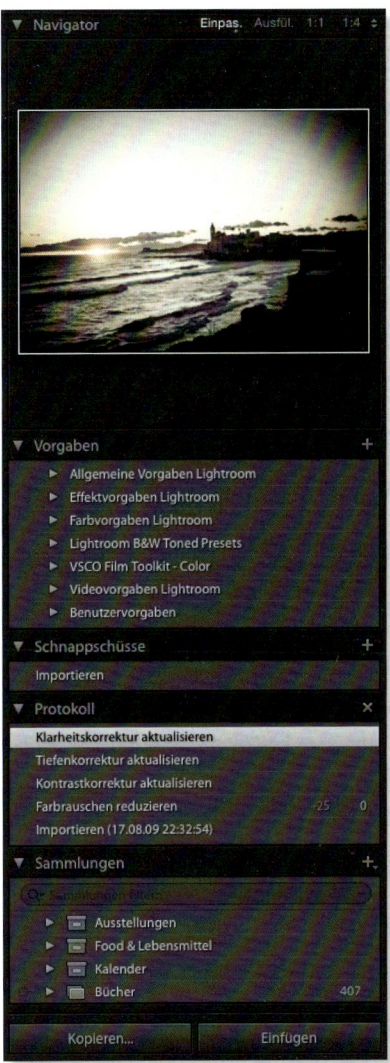

▲ **Abbildung 5.13**
Das linke Bedienfeld im Entwickeln-Modul dient als Verwaltungszentrale von Einstellungen. Hier befindet sich auch das Protokoll, in dem alle Bearbeitungsschritte aufgezeichnet werden.

▲ Abbildung 5.14
In der Bedienfeldpalette des Karte-Moduls können Sie eigene Kartenpositionen zur Wiederverwendung speichern.

▲ Abbildung 5.15
Im Buch-Modul dient die linke Bedienfeldpalette hauptsächlich der Verwaltung der gespeicherten Bücher. Diese werden als Sammlung abgelegt.

Karte | Das Karte-Modul bietet nicht viele Möglichkeiten. Hier können Sie nur auf Sammlungen zugreifen und eigene Positionen, die Sie öfter benötigen, abspeichern.

- **Navigator:** Im Navigator sehen Sie eine Übersichtskarte nahe der aktuell gewählten Position. Das darauf befindliche weiße Rechteck zeigt Ihnen den aktuell im Ansichtsfenster dargestellten Kartenausschnitt. Die Karte kann mit Hilfe des Mausrades gezoomt und mit gedrückter Maustaste verschoben werden. Den Rahmen können Sie ebenso verschieben. Dies ermöglicht Ihnen, einen besseren Überblick zu bekommen und im gezoomten Zustand schneller größere Positionsveränderungen des Kartenausschnitts durchzuführen.
- **Gespeicherte Positionen:** In dieser Liste können Sie immer wieder benötigte Positionen speichern. Diese können dann schnell angesprungen werden. Die Zahl neben dem Punkt gibt die Anzahl der Bilder an dieser Position an.
- **Sammlungen:** Hier finden Sie wie in den anderen Modulen auch die Liste aller Sammlungen. Sie können beispielsweise alle Bilder einer Sammlung auswählen und dann komplett einem Ort zuweisen. Da Sie eine Bildauswahl über die Selektion eines Ordners aber in der Bibliothek durchführen müssen, besitzen die Sammlungen hier nur eine untergeordnete Rolle.

Buch | Die Verwaltungswerkzeuge, die sich auch im Buch-Modul in der linken Bedienfeldpalette befinden, dienen nur der Verwaltung der Sammlungen und der Vorschau der Layoutvorlage.

- **Vorschau:** Hier erhalten Sie eine Vorschau des Seitenlayouts. Über die Zoomstufen, die über dem Vorschaufenster angezeigt werden, können Sie Seiten auch zoomen. Allerdings stehen Ihnen hier weniger Zoomschritte zur Verfügung.
- **Sammlungen:** Hierüber verwalten Sie Ihre bereits erstellten und gespeicherten Bücher. Auch lassen sich andere Sammlungen, die Sie beispielsweise in der Bibliothek erstellt haben, aufrufen und in Bücher verwandeln oder zu einem bestehenden Buch hinzufügen.

Diashow, Drucken und Web | Bei diesen Modulen können Sie über das linke Bedienfeld Vorgaben laden, wie zum Beispiel fertige Diashows, Drucklayouts und Webgalerien. Zusätzlich wird die gewählte Einstellung als Vorschau gezeigt.

- **Vorschau:** Die VORSCHAU zeigt eine Voransicht der ausgewählten Voreinstellung beziehungsweise der aktuellen Sammlung

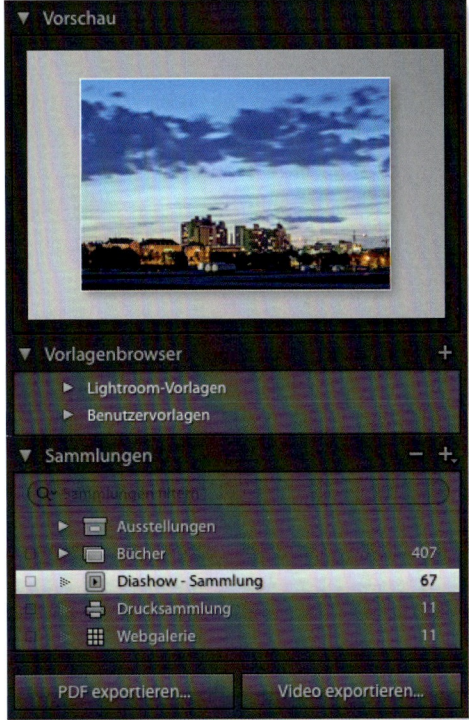

▲ Abbildung 5.16
Das linke Bedienfeld des Diashow-Moduls mit Vorschau und Vorlagenbrowser

▲ Abbildung 5.17
Das linke Bedienfeld des Drucken-Moduls mit Layoutvorschau und Vorlagenbrowser für Seitenraster

an. Bewegen Sie den Mauszeiger über eine Vorgabe, verändert dies das Vorschaubild entsprechend. So können Sie die Auswirkungen sehen, bevor diese zugewiesen werden.

- **Vorlagenbrowser:** Aus der Liste können Sie in Lightroom mitgelieferte oder selbst erstellte Vorlagen direkt auf Ihre Bildauswahl anwenden. Neue Vorlagen können mit Hilfe des Plussymbols erstellt werden.
- **Sammlungen:** Hier werden zunächst die Sammlungen aus dem Bibliothek-Modul angezeigt. Speichert man jedoch in den Modulen Diashow, Drucken oder Web eine Sammlung, werden die dazugehörigen Einstellungen des Moduls mitgespeichert. Zur besseren Kennzeichnung besitzen diese dann ein besonderes Symbol. Beim Aktivieren der jeweiligen Sammlung werden in diesem Fall die mitgespeicherten Voreinstellungen geladen. Die Sammlungen können auch modulübergreifend verwendet werden. Dann werden die jeweiligen Voreinstellungen ignoriert.
- **PDF exportieren/Video exportieren:** Die Einzelbilder einer Diashow können als PDF-Dateien exportiert werden. Dabei

▲ Abbildung 5.18
Das linke Bedienfeld des Web-Moduls mit VORSCHAU und VORLAGENBROWSER für HTML-Galerien

erhalten Sie ein Präsentations-PDF mit Übergängen, das mit dem Acrobat Reader abgespielt werden kann. Dieses können Sie auch als E-Mail verschicken. Die Diashow kann auch als Video exportiert werden. Dabei wird eine H.264-Datei erstellt. Die exportierten Videos können Sie mit dem QuickTime-Player, dem Windows Media Player 12 oder dem Adobe Media Player abspielen. Je nach Auflösung sind diese Dateien auch mit Smartphones und dem iPod kompatibel.

▶ **Seite einrichten/Druckeinstellungen (nur Mac):** Im Drucken-Modul können unter SEITE EINRICHTEN das Papierformat und die Ausrichtung eingestellt werden. Das Seitenformat hat Auswirkungen auf die Layouteinstellungen. Über die DRUCKEINSTELLUNGEN wird der Drucker konfiguriert. Die Einstellmöglichkeiten sind vom verwendeten Drucker und Druckertreiber abhängig.

▶ **Vorschau in Browser:** Erzeugt man im Web-Modul eine Vorschau, wird die Galerie mit allen HTML-Dateien exportiert und im Browser angezeigt. Dadurch ist eine Kontrolle der Webgalerie möglich, bevor diese auf den Webserver geladen wird.

TIPP: Bedienelemente verdecken

Durch Klicken auf das kleine Dreieck am Rand der Bedienfelder können Sie Bereiche ein- und ausblenden. Über das Drücken der rechten Maustaste können Sie das Verdecken mit verschiedenen Optionen regeln:

▶ **Automatisch aus- und einblenden:** Damit wird das Bedienfeld angezeigt, wenn Sie den Mauszeiger an den äußeren Rand des Anwendungsfensters bewegen, und wieder ausgeblendet, wenn Sie den Zeiger wegbewegen.

▶ **Automatisch ausblenden:** Diese Option blendet das Bedienfeld aus, wenn Sie den Zeiger vom Bedienfeld wegbewegen. Öffnen können Sie es manuell durch Anklicken des kleinen Dreiecks.

▶ **Manuell:** Hiermit blenden Sie die Bedienfelder durch Klicken auf das Dreieck am Rand ein und aus.

▶ **Synchronisierung mit gegenüberliegendem Bedienfeld:** Dabei werden die gegenüberliegenden Bedienfelder gleich behandelt und können gemeinsam ein- beziehungsweise ausgeblendet werden. Diese Option aktiviert sich dann auch im gegenüberliegenden Bedienfeld.

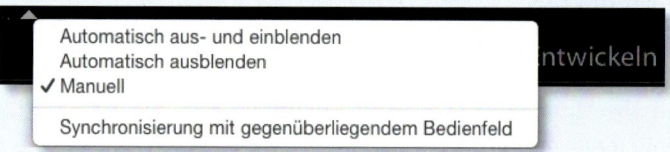

Rechte Bedienfeldpalette

Im rechten Bedienfeld können Sie in allen sieben Modulen sämtliche Einstellungen an Ihren Bildinformationen, Entwicklungen und Präsentationen vornehmen. Hier findet die eigentliche Bearbeitung statt. Es gibt unzählige Einstellparameter, die je nach Art gruppiert sind. Das schafft mehr Überblick. Ist Ihnen die Vielfalt der Regler zu hoch, können Sie einzelne Gruppen auch ausblenden.

Bibliothek | Nach dem Import können Sie hier eine erste grobe Bearbeitung der Bilder durchführen. Des Weiteren können Sie direkt Stichwörter zu einzelnen oder einer Auswahl von Bildern über ein Textfeld eingeben. Bei der schnelleren Zuweisung helfen die Stichwortsets. Ebenso können Metadaten betrachtet und eingestellt werden. Im Einzelnen finden Sie hier folgende Rubriken:

- **Histogramm (Seite 497):** Hier können Sie gleich bei der Bildauswahl einen Eindruck von der Farb- und Helligkeitsverteilung im ausgewählten Bild gewinnen. Diese kann schon mal ein gelungenes Bild von einem weniger gelungenen unterscheiden.
- **Ad-hoc-Entwicklung (Seite 387):** Hier können Sie in einer Schnellentwicklung erste grobe Korrekturen schon während der Durchsicht der Bilder durchführen. Das kann dabei helfen, viele Bilder in kurzer Zeit zumindest so aufzubereiten, dass sie beispielsweise beim Kunden präsentiert werden können. Mit Hilfe der dreieckigen Pfeile können Sie weitere Einstellmöglichkeiten, z. B. Freistellungsformate, Schwarzweißkonvertierung und mehr Funktionen zu Tonwertkorrekturen, einblenden.
- **Stichwörter festlegen (Seite 369):** Hier können Sie neue Stichwörter eingeben oder bereits bestehende Stichwörter zuweisen. Auf die Dauer werden dabei viele Stichwörter zusammenkommen. Daher bietet es sich an, zueinanderpassende Stichwörter in Sätzen zu gruppieren. Die einzelnen Sätze können hier aufgerufen werden. Die darin befindlichen Stichwörter werden darunter angezeigt. Lightroom erkennt Stichwörter, die bereits mit anderen Stichwörtern zusammen vergeben wurden, und bietet diese als Stichwortvorschläge an. Je mehr Stichwortkombinationen vergeben wurden, desto treffender sind die Vorschläge.
- **Stichwortliste (Seite 369):** Hier werden alle Stichwörter aufgelistet, die Sie Bildern per Drag & Drop zuweisen können. Die Stichwörter können auch hierarchisch verknüpft werden. Um bei einer Vielzahl von Stichwörtern den Überblick zu behalten, können Sie diese über ein Textfeld filtern. Jedem Stichwort können auch Synonyme zugewiesen werden, um beispielsweise

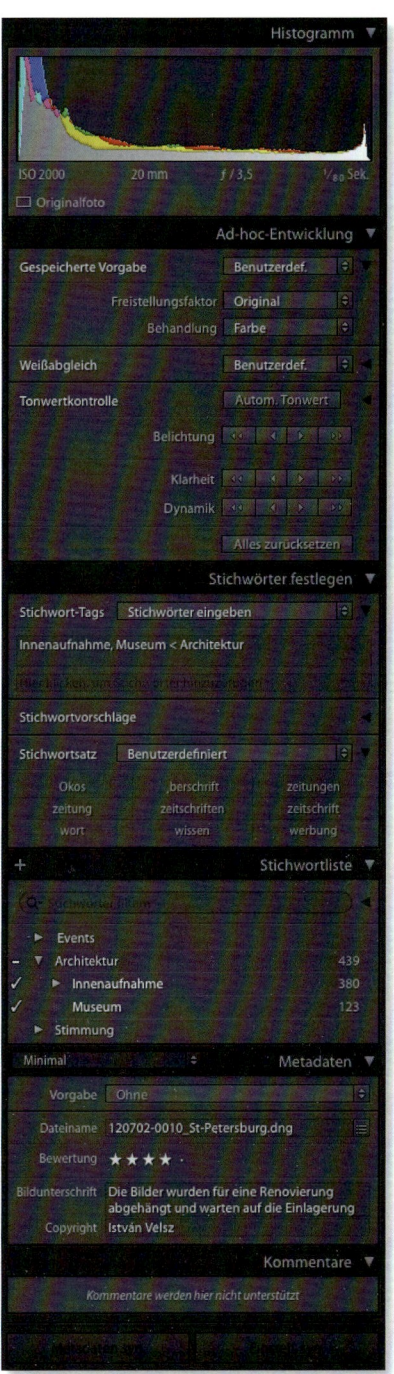

▲ **Abbildung 5.19**
Im oberen Teil finden Sie Werkzeuge zur ersten groben Korrektur. Der untere Teil dient der Verschlagwortung und Metadatendefinition.

automatisch neben dem Begriff für Einzahl auch die mehrzahligen Wörter oder andere Sprachversionen zu definieren.
- **Metadaten (Seite 376):** In der letzten Gruppe können Sie die Bildinformationen in den Metadaten der Bilder einsehen und zum Teil auch verändern. In dem Dropdown-Menü können Sie verschiedene Metadatenkategorien aufrufen.
- **Kommentare (Seite 472):** Hier stehen Kommentare, die User auf einer Onlineplattform (zum Beispiel Flickr) hinterlassen, wenn die Bilder über Veröffentlichungsdienste wie Flickr oder Facebook publiziert wurden.

Entwickeln | Hier findet die eigentliche Bearbeitung und Entwicklung der Bilder statt. Über die vielen Regler in dieser Palette werden Farbeindruck, Helligkeit, Kontrast, Schärfe, Rauschen und alle anderen Parameter eines Bildes verändert. Mit Hilfe dieser Funktion werden sämtliche Korrekturen und Optimierungen vorgenommen. Die Palette unterteilt sich in zwölf Gruppen:

- **Histogramm (Seite 497):** Das Histogramm zeigt die Häufigkeit der Farben im Bild an. So lassen sich Zeichnungsverluste in hellen oder dunklen Bildstellen sowie den Dynamikumfang und die Kontrasteigenschaften erkennen. Gerade bei der Bearbeitung der Bilder sollten Sie die Farb- und Helligkeitsverteilung im Auge behalten – insbesondere wenn Sie Belichtungs- oder Farbkorrekturen vornehmen.
- **Bereichswerkzeuge (Seite 625):** Unter dem Histogramm befinden sich Werkzeuge, mit denen das Bild beschnitten oder gedreht werden kann. Es besteht hier auch die Möglichkeit, Bearbeitungen nur auf bestimmte Bereiche eines Bildes anzuwenden. Dazu gibt es neben zwei Verlaufswerkzeugen auch einen Pinsel zur freien Definition eines Korrekturbereichs. Auch ein Werkzeug zum Entfernen von roten Augen findet sich hier.
- **Grundeinstellungen (Seite 515):** Hier geht es um die wichtigsten Parameter für die Basisentwicklung Ihrer Bilder. Eingestellt werden zum Beispiel Weißabgleich (WA), Belichtung, Helligkeit, Kontrast, Sättigung, Lichter und Tiefen. Eine Pipette ermöglicht das »Picken« von Farben für die Korrektur des Weißabgleichs. Diese Einstellungen werden üblicherweise als Erstes ausgeführt. Die dargestellten Parameter sind übrigens vom verwendeten Raw-Prozess abhängig (Seite 478).
- **Gradationskurve (Seite 539):** In dem Diagramm wird die Helligkeitsverteilung über einen Graphen gesteuert. Sie können damit das Kontrastverhalten Ihrer Bilder über Regler für die verschie-

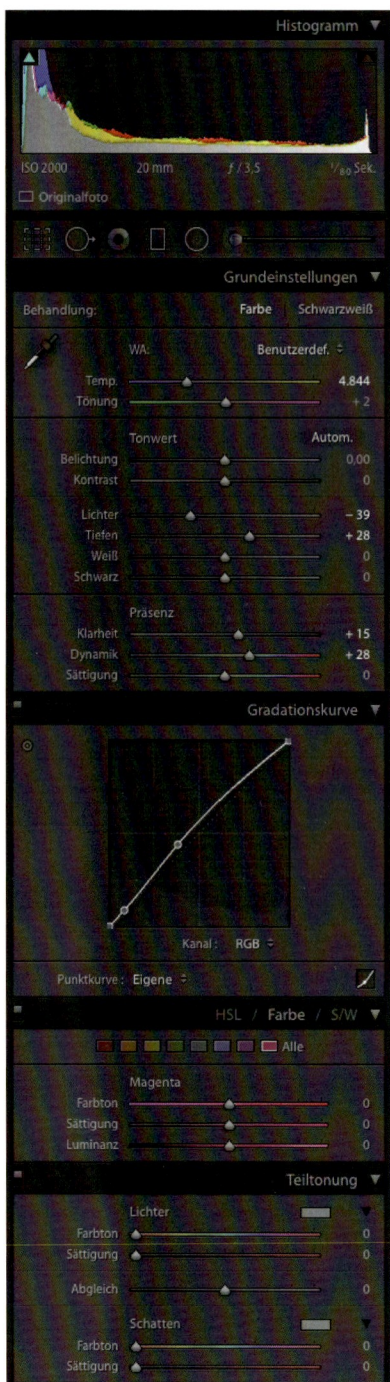

▲ **Abbildung 5.20**
Im oberen Teil der Entwickeln-Palette werden alle Helligkeits- und Farbkorrekturen durchgeführt.

denen Tonwertbereiche einstellen. Zusätzlich können Sie noch eine PUNKTKURVE als Basiskurve hinterlegen. Diese kann flexibel über beliebige Anfasspunkte gesteuert werden – sogar für jeden Farbkanal getrennt.

- **HSL / Farbe / S/W (Seite 551):** Über die drei Register, die Sie über den kleinen Pfeil rechts auch noch weiter ausklappen können, lassen sich Ton, Sättigung und Helligkeit der Farben im Bild feinregeln. Die Begriffe in der Bezeichnung des Bedienfeldes lassen sich anklicken. HSL und FARBE führen dabei zu den gleichen Ergebnissen, bieten aber unterschiedliche Wege der Einstellung. S/W ermöglicht eine kanalbasierte Entfärbung des Bildes – ganz ähnlich wie mit der Schwarzweißfunktion in Adobe Photoshop.

- **Teiltonung (Seite 559):** Hier können Sie die Farbtöne in Lichtern und Schatten separat verändern. Die SÄTTIGUNG stellt dabei die Stärke der Färbung ein. Der Regler ABGLEICH definiert die Mitte des Verlaufs zwischen den Farbtönen.

- **Details (Seite 562):** Diese Gruppe für die Bildkorrektur dient dem Schärfen des Bildes und dem Herausfiltern von digitalem Rauschen, wie es etwa durch höhere ISO-Werte der Kamera erzeugt wird. Die Vorschau ermöglicht eine Beurteilung des Ergebnisses, ohne das Bild im Ansichtsfenster auf die Größe 1:1 skalieren zu müssen. Über das kleine Fadenkreuz können Sie eine Bildstelle wählen, die in der Vorschau angezeigt werden soll.

- **Objektivkorrekturen (Seite 578):** Dieses Bedienfeld dient dem Entfernen von optischen Farbverschiebungen (chromatische Aberration), Verzerrungen und von Vignettierungen, die allesamt durch Objektive verursacht worden sind. Darüber hinaus können Sie auch perspektivische Verzerrungen, zum Beispiel stürzende Linien, entfernen – auch automatisch. Objektivbedingte Fehler können auch in Profilen gespeichert werden. Adobe liefert bereits viele, ausgemessene Objektivprofile mit. Diese werden ständig erweitert und bei einem Update aktualisiert, wie auch die Raw-Kompatibilität zu den neuesten Kameras.

- **Effekte (Seite 602):** Hier können Sie Effekte wie eine gezielte Randabdunklung (Vignettierung) und ein Rauschen kreativ verwenden. Diese werden erst am Ende aller Entwicklungsschritte auf das fertige Bild gerechnet, um nicht durch Beschnitt oder Farbkorrektur zerstört zu werden.

- **Kamerakalibrierung (Seite 609):** In dieser Gruppe können Sie ein Kameraprofil benutzen oder Ihre Kamera nachträglich kali-

▲ **Abbildung 5.21**
Die Parameter im mittleren Teil kümmern sich um die Detailstruktur, objektivbedingte Fehler oder Effekte.

▲ **Abbildung 5.22**
Die Kamerakalibrierung wirkt zwar als Erstes auf ein Bild, da diese aber eher selten gebraucht wird, steht sie ganz unten.

▲ **Abbildung 5.23**
Im Karte-Modul können über die rechte Bedienfeldgruppe alle ortsbezogenen Metainformationen gepflegt werden.

brieren – etwa wenn es zu Farbstichen durch eine unzureichende Farbkalibrierung des Sensors kommt.

- **Vorherige (Seite 660):** Wendet die Entwicklungseinstellungen des zuletzt entwickelten Bildes auf das aktuelle Bild an.
- **Synchronisieren und Autom. synchr. (Seite 655):** Mit diesen Schaltflächen können Sie Entwicklungseinstellungen über mehrere Bilder hinweg synchronisieren und abgleichen. Diese Schaltflächen erscheinen nur, wenn mehr als ein Bild ausgewählt ist.
- **Zurücksetzen (Seite 659):** Klicken Sie diese Schaltfläche an, werden alle Entwicklungseinstellungen gelöscht und das Bild auf die »Ur«-Entwicklung zurückgesetzt. Diese Basisentwicklung können Sie auch auf Ihre persönliche Vorliebe anpassen.

Karte | Im Karte-Modul werden in der rechten Bedienfeldpalette hauptsächlich die ortsbezogenen Metadaten wie GPS-Daten bearbeitet.

- **Metadaten (Seite 443):** Als Voreinstellung werden hier alle ortsbezogenen Metadaten angezeigt und können auch bearbeitet werden. Werden Bilder auf der Karte platziert, werden nur die GPS-Daten in die Metadaten geschrieben. Angaben wie Land, Bundesland, Stadt etc. müssen per Hand ausgefüllt werden. Lightroom erlaubt aber auch das Suchen und automatische Ausfüllen der Daten anhand der GPS-Koordinaten. Die Ortsdaten kommen dabei von Google Maps. Aus Datenschutzgründen müssen Sie das Übertragen der GPS-Daten einmal manuell erlauben. Über ein Dropdown-Menü können Sie auch die anderen Metadaten verwalten. Dazu müssen Sie nicht in die Bibliothek wechseln.

Buch | Die rechte Bedienfeldgruppe des Buch-Moduls erlaubt die komplette Konfiguration eines Buches und das Layout der Einzelseiten. Die Bücher können dann als PDF exportiert oder direkt über Blurb gedruckt werden.

- **Bucheinstellungen (Seite 725):** Dieses Bedienfeld erlaubt die globalen Einstellungen des Formats hinsichtlich Größe und Ausgabe. Bei der Auswahl des Druckdienstleisters Blurb erhalten Sie auch Zugriff auf Einstellungen wie Papiertyp und Einband. Auch wird in diesem Fall gleich der Preis für die aktuelle Seitenanzahl angezeigt. Der variiert, je nachdem, ob Sie ein Blurb-Logo eindrucken wollen oder nicht. Ist als Buch PDF oder JPEG ausgewählt, sind stattdessen Qualitätseinstellungen verfügbar.

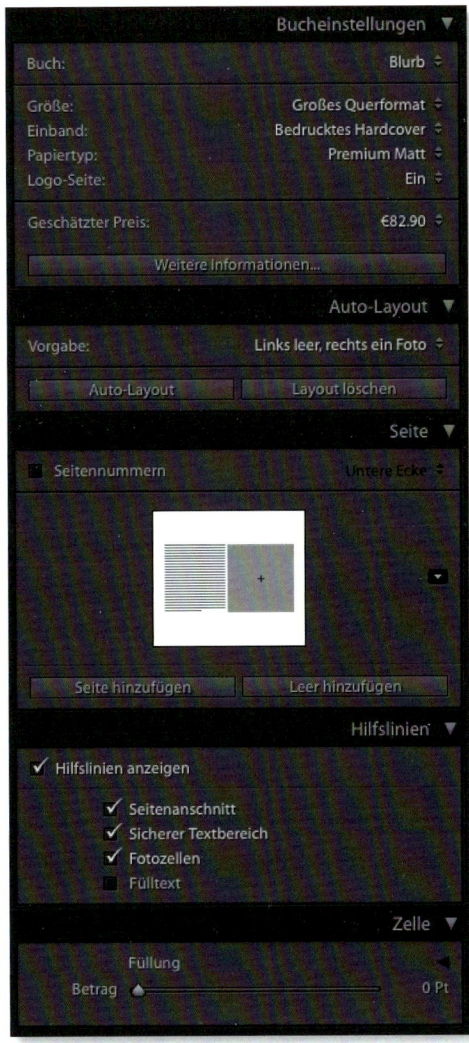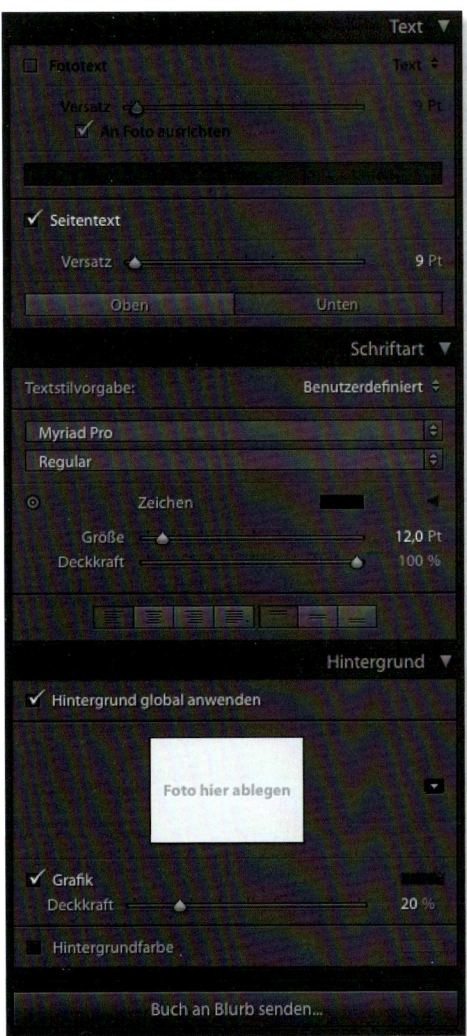

▲ **Abbildung 5.24**
Darstellung der rechten Bedienfeldpalette des Buch-Moduls: Hier werden alle Bucheinstellungen vorgenommen und das Design der Seiten gesteuert.

- **Auto-Layout (Seite 739):** Die Auto-Layout-Funktion erlaubt es, die Bilder des Filmstreifens automatisch nach festen Regeln auf Buchseiten zu verteilen. Das manuelle Gestalten der Seiten und Platzieren der Bilder spart man sich in diesem Fall. Es können dann nur noch Texte hinzugefügt werden. Ein Auto-Layout kann dann nachträglich manuell angepasst werden.
- **Seite (Seite 744):** Hier findet die Auswahl des Layouts für jede einzelne Seite statt. Die Layouts sind dabei in Bildanzahl und Gestaltungskategorien unterteilt. Layoutvorlagen, die man häufig verwendet, können zu Favoriten zusammengefügt werden.

▲ Abbildung 5.25
Darstellung der ersten drei Bedienfelder zur Konfiguration der OPTIONEN, des Layouts, der ÜBERLAGERUNGEN des Diashow-Moduls. Die Parametergruppe SCHATTEN ist nur auf dem Mac verfügbar.

- **Hilfslinien (Seite 747):** In diesem Bedienfeld wird die Sichtbarkeit von unterschiedlichen Hilfslinien gesteuert.
- **Zelle (Seite 748):** In den Zellen werden Bilder oder Texte platziert. Für Bilder können Sie einen Abstand zum Zellenrand an allen vier Seiten einstellen. Für Texte sind nur ein linker und/oder ein rechter Seitenrand möglich.
- **Text (Seite 749):** Die Layoutfunktionalität ist so angelegt, dass jedem Foto eine Bildunterschrift zugewiesen werden kann. Zusätzlich kann jede Seite noch eine eigene Textbox erhalten. Bildunterschriften können dabei ober- und unterhalb und auf einem Bild stehen. Rechts oder links von Bildern können Texte nur stehen, wenn das die Layoutvorlage vorsieht. Seitenbeschriftungen stehen oben oder unten auf der Seite.
- **Schriftart (Seite 750):** Jeder Textrahmen kann individuelle Schriftarten, Größen oder Ausrichtungen besitzen. Auch innerhalb des Rahmens können Sie die Typografie beeinflussen.
- **Hintergrund (Seite 755):** Jede Seite kann mit einem Hintergrundbild versehen werden. Lightroom liefert eine kleine Anzahl von Grafiken mit, die auch eingefärbt werden können. Als Alternative ist eine einfache Hintergrundfarbe möglich.
- **Buch an Blurb senden/exportieren (Seite 757):** Das fertige Buch kann zum Abschluss je nach Art des Layouts direkt an den Druckdienstleister Blurb geschickt oder als PDF oder JPEG exportiert werden.

Diashow | Die Einstellungen konfigurieren die Darstellung und den Ablauf einer Diashow. Sie legen die Darstellungsgröße der Bilder fest, die Art des Rahmens, die Anzeigedauer pro Bild etc.

- **Optionen (Seite 788):** Hier nehmen Sie die Einstellungen für das Einpassen der Bilder in die Bildschirmfläche sowie für Konturen und Schatten vor.
- **Layout (Seite 792):** Definieren Sie hier den Abstand, den das Bild zum Rand der Präsentation einnimmt. Die Hilfslinien sind dabei eine nützliche Hilfe.
- **Überlagerungen (Seite 794):** Hier bestimmen Sie, ob und wie ERKENNUNGSTAFEL, BEWERTUNGSSTERNE und Text eingeblendet werden sollen.
- **Hintergrund (Seite 799):** Gestalten Sie Ihre Diashow hier mit Hintergrundfarben oder -bildern.
- **Titel (Seite 802):** Als START- und ENDBILDSCHIRM der Diashow können einfarbige Folien mit individuellen Erkennungstafeln oder -grafiken erscheinen.

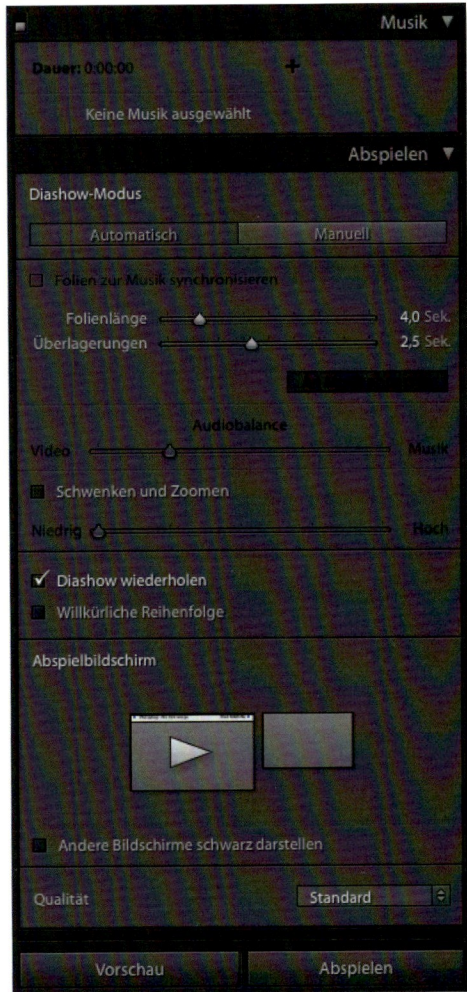

▲ Abbildung 5.26
Darstellung der Bedienfelder zum Konfigurieren eines Hintergrunds, von Titelfolien und zum Abspielen der Diashow

- **Musik (Seite 802):** Hier können Sie ein oder mehrere Musikstücke zur Untermalung der Diashow zuweisen.
- **Abspielen (Seite 803):** Hier bestimmen Sie, wie lange ein Bild angezeigt und überblendet werden soll und ob die Bilder in einer zufälligen Reihenfolge präsentiert werden. Sie können sogar eine Musikdatei als Soundtrack einfügen. Beim Arbeiten mit mehreren Bildschirmen können Sie hier den Abspielmonitor angeben.
- **Vorschau/Abspielen (Seite 805):** Über den Button VORSCHAU wird eine Preview der Diashow im Ansichtsfenster abgespielt. ABSPIELEN startet die Diashow im ausgewählten Monitor. Der andere Monitor wird dann abgeblendet.

▲ Abbildung 5.27
Die Bedienfelder des Drucken-Moduls im Layoutstil EINZELBILD/KONTAKTABZUG

Drucken | Gedruckt werden können aus Lightroom heraus sowohl Einzelbilder, Kontaktbogen, Bildpakete mit einem Bild in mehreren Größen als auch benutzerdefinierte Pakete im Collagenstil. Über das rechte Bedienfeld können Sie die Bildanzahl pro Seite, die Größe und auch die Beschriftungen festlegen. Das zentrale Ansichtsfenster wird dabei dynamisch, abhängig vom gewählten Layoutstil, aktualisiert.

▶ **Layoutstil (Seite 834):** Lightroom stellt unterschiedliche Layoutvarianten mit jeweils eigenen Parametern bereit. Neben einfachen Kontaktbogen und Einzelabzügen sind auch Größenvarianten eines Bildes oder komplexe Bildkombinationen möglich.

▶ **Bildeinstellungen (Seite 836, 851, 855):** Hier legen Sie die Darstellung Ihrer Bilder auf der Seite beziehungsweise innerhalb eines Feldes auf einem Kontaktbogen fest. Über KONTUR geben Sie den Bildern einen Rand.

▶ **Layout (Seite 839):** Mit dieser Option legen Sie die Seitenränder fest und ebenso, wie viele Bilder auf einer Abzugseite gedruckt werden sollen.

▶ **Hilfslinien (Seite 852):** Zur einfacheren Platzierung und besseren Kontrolle lassen sich Hilfslinien und Lineale einblenden. Diese sind nur in der Ansicht sichtbar und werden nicht gedruckt.

▶ **Seite (Seite 843, 855, 857):** Bei dieser Option geht es um das Einbinden zusätzlicher Elemente in die Druckseite. Möglich sind eine Erkennungstafel, Bewertungen und Textangaben.

▶ **Druckauftrag (Seite 850):** Hier konfigurieren Sie Ihre Drucker und das FARBMANAGEMENT Ihres Geräteworkflows. Zusätzlich können auch Farbprofile für verschiedene Drucker eingebunden werden, um die Farben auf den Drucker wie auch auf das verwendete Fotopapier hin zu optimieren. Bilder, die gedruckt werden sollen, können hier auch leicht geschärft werden.

TIPP: Bedienfelder verdecken

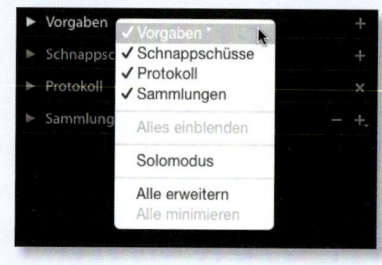

Durch einen Rechtsklick auf die Gruppenbezeichnungen der Bedienfelder können Sie einzelne Parametergruppen verdecken. Das Sternchen neben einer Gruppe kennzeichnet die aktive Gruppe. Entfernen Sie das Häkchen links neben einer Gruppenbezeichnung, wird diese vom Bedienfeld entfernt. Sie kann aber über das Menü wieder angezeigt werden. Der SOLOMODUS erweitert nur die aktive Gruppe; dies ist besonders nützlich auf kleineren Monitoren.

▲ **Abbildung 5.28**
Im Layout-Stil BILDPAKET erscheinen andere Bedienfelder oder werden den Anforderungen angepasst.

Es besteht die Möglichkeit, die Bilder als 16-Bit-Version auf den Drucker zu senden. Damit werden vor allem bessere Verläufe ohne Stufen erzeugt. Zur Feinabstimmung können Sie die Drucke noch manuell in Helligkeit und Kontrast anpassen.

- **Lineale, Raster und Hilfslinien:** Dieses Bedienfeld ist nur bei den Layoutstilen BILDPAKET und BENUTZERDEFINIERTES PAKET sichtbar. Diese Einstellungen helfen bei der genaueren Platzierung von Bildern.
- **Zellen (Seite 853, 856):** Dieses Bedienfeld ist ebenfalls nur bei den Layoutstilen BILDPAKET und BENUTZERDEFINIERTES PAKET sichtbar. Hiermit können Sie Rahmen in vordefinierter Größe auf der Seite erstellen oder neue Seiten hinzufügen.

- **Drucken (Seite 858):** Diese Schaltfläche startet unmittelbar den Druckvorgang, ohne erst den Druckdialog zu öffnen.
- **Drucker (Seite 858):** Öffnet den Druckdialog, um einen anderen Drucker zu wählen oder um druckerspezifische Einstellungen vornehmen zu können.

Web | Im Bedienfeld des Web-Moduls können Sie Ihre Bilder für eine Webgalerie zusammenstellen und als HTML-Galerie auf Ihre Website hochladen. Je nach Galerieart stehen Ihnen die entsprechenden Einstellmöglichkeiten zur Verfügung. Die Galerie kann per FTP auch gleich auf den Webserver übertragen werden.

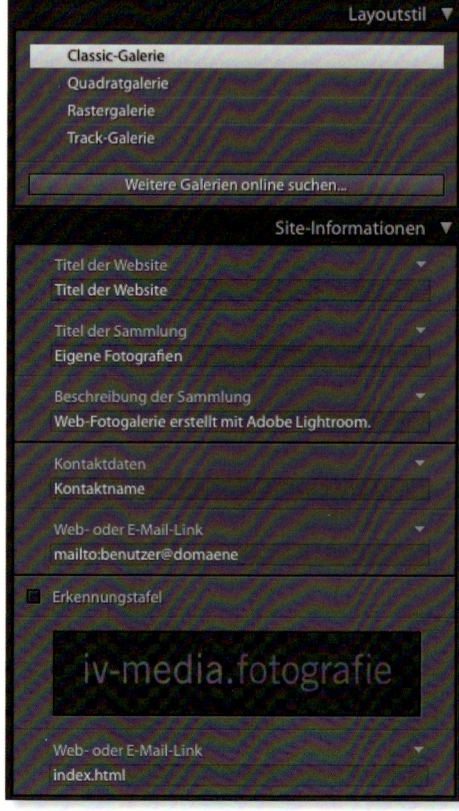
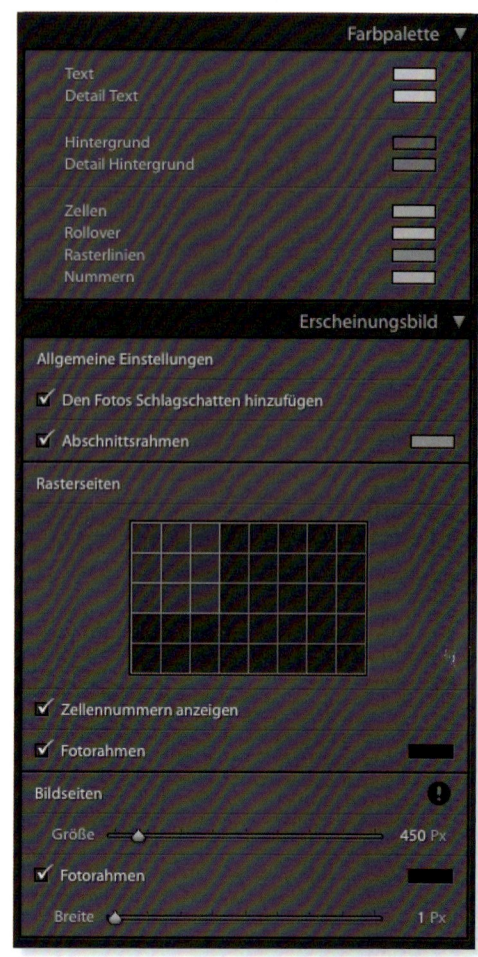

▲ Abbildung 5.29
Darstellung der rechten Bedienfeldpalette des Web-Moduls bei der Ausgabe als HTML-Galerie im Layoutstil Classic-Galerie. Ebenso wie im Drucken-Modul sind die verfügbaren Parameter vom gewählten Layoutstil abhängig.

- **Layoutstil (Seite 891):** Wählen Sie hier das Basisdesign der Galerie aus. Es stehen bereits vier mögliche Galeriestile zur Auswahl bereit. Die nachfolgenden Bedienfelder sind dann abhängig von dem gewählten Layoutstil. Den Layoutstil können Sie später auch noch wechseln.
- **Site-Informationen (Seite 892):** Verleihen Sie der Galerie hier die notwendige Beschriftung mit Titel, Beschreibungen, Kontaktdaten etc. Für die Webgalerie können Sie an dieser Stelle auch eine Erkennungstafel einstellen.
- **Farbpalette (Seite 894):** Hier legen Sie die Farben für Hintergrund, Text und Verknüpfungen fest.
- **Erscheinungsbild (Seite 896):** Die weitere Gestaltung nehmen Sie in dieser Palette vor, indem Sie das Layout der Übersichtsseiten und einige visuelle Effekte vorgeben, zum Beispiel die Rasterdarstellung in der Classic-Galerie. Die Einstellungen können je nach gewähltem Layoutstil stark variieren.
- **Bildinformationen (Seite 903):** Geben Sie hier an, welche Daten zu den Bildern auf den Seiten angezeigt werden – Sie können dabei auf die Metadaten verlinken, die dann entweder im Titel oder als Bildunterschrift dargestellt werden.
- **Ausgabeeinstellungen (Seite 904):** Hier werden Einstellungen zur Qualität (und damit auch zur Größe von JPEG-Bilddateien) und zu Wasserzeichen vorgenommen. Um eine detailreichere Darstellung zu erhalten, ist das Nachschärfen der Bilder nach dem Herunterrechnen möglich.
- **Einstellungen für das Hochladen (Seite 905):** Hier können Sie Ihren FTP-Zugang für den Upload auf einen Webserver sowie die Vorschau im Browser konfigurieren.
- **Hochladen (Seite 908):** Lädt die komplette Website mit allen Dateien per FTP auf einen Webserver hoch. Dabei werden die Einstellungen verwendet, die Sie in der Bedienfeldpalette Einstellungen für das Hochladen festgelegt haben.
- **Exportieren (Seite 909):** Mit dieser Schaltfläche wird die Seite als komplette Website lokal auf der Festplatte abgelegt. Sie könnten dann beispielsweise noch Veränderungen am Code vornehmen, bevor Sie die Seite manuell hochladen.

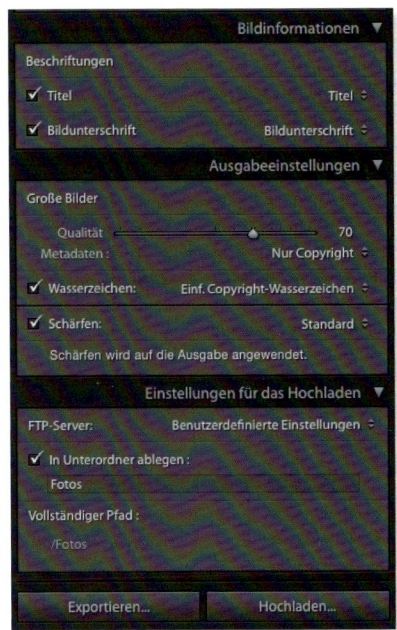

▲ **Abbildung 5.30**
Eine Webgalerie kann direkt auf den Webserver übtragen werden. Dazu finden Sie in der rechten Bedienpalette die entsprechenden FTP-Einstellungen.

Überlagerungen

Überlagerungen tauchen in Lightroom in fast allen Ausgabemodulen auf (Diashow, Drucken, Web). Dabei werden Texte oder Erkennungstafeln über die Bilder gelegt. Diese können beispielsweise als Schmuck oder als Wasserzeichen dienen.

Das Ansichtsfenster

Die Raster- oder Bildansicht in der Mitte des Fensters ist der größte und zentrale Arbeitsbereich in Lightroom. Hier wird je nach Modul eine entsprechende Darstellung mit einer Echtzeitdarstellung der

Kapitel 5   Die Arbeitsoberfläche

Abbildung 5.31 ▼
Im Zentrum des Programmfensters befindet sich das Ansichtsfenster. Hier sind die Rasteransicht, die Vergleichsansicht und der Leuchttisch der Bibliothek abgebildet. Darüber befinden sich die Filterwerkzeuge und darunter die Werkzeugleiste.

getroffenen Bearbeitungen angezeigt. Keine Änderung muss erst bestätigt werden, sondern wird, je nach Rechnergeschwindigkeit, noch während der Parameteränderung sichtbar. Die BIBLIOTHEK bietet eine Übersicht über die Bilder aus selektierten Katalogen, Ordnern oder Sammlungen. Das Entwickeln-Modul zeigt das geöffnete Bild in einer großen Ansicht an und gibt auch gleich die im rechten Bedienfeld vorgenommenen Entwicklungen wieder. Einige Bearbeitungen können auch direkt in der Ansicht durchgeführt werden. Die vier Präsentationsmodule zeigen das Fotobuch, die Diashow, Druckseite oder Webgalerie an, an der bzw. dem man gerade arbeitet.

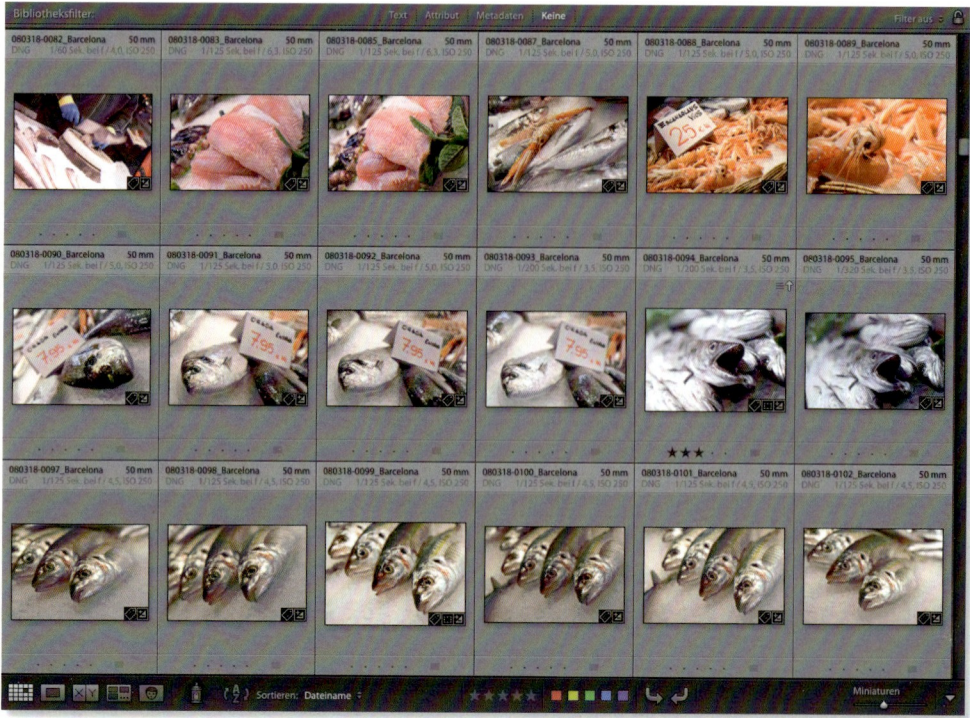

Filterwerkzeuge

Im Bibliothek-Modul befinden sich über dem Ansichtsfenster die Filterwerkzeuge. Ist eine Filterart aktiviert, wird die dazugehörige Leiste eingeblendet. Hinter dem Begriff TEXT verbirgt sich die Suche. Die Filterung von Bildern nach METADATEN funktioniert beispielsweise wie in der Übersicht in iTunes. Filterzusammenstellungen lassen sich als BENUTZERDEFINIERTER FILTER speichern.

Eine weitere Filterleiste befindet sich über dem Filmstreifen. Diese stellt jedoch nicht alle Filter zur Verfügung, sondern kann nur Attributfilter aktivieren. Gespeicherte Filter lassen sich über ein Dropdown-Menü auswählen.

▼ **Abbildung 5.32**
Die Filterwerkzeuge befinden sich oben in der Rasteransicht der Bibliothek (oben) und eine Leiste zum Filtern von Attributen über dem Filmstreifen (unten).

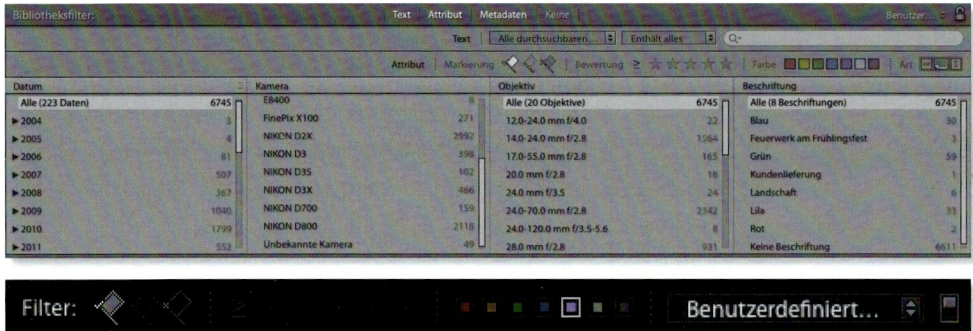

Die Werkzeugleiste

Unterhalb des zentralen Ansichtsfensters befindet sich die Werkzeugleiste. Abhängig vom Modul enthält diese jeweils andere Steuerelemente – in der BIBLIOTHEK zum Beispiel zum Sortieren nach Metadaten und zum Wechseln zur Lupen-, Vergleichsansicht und Übersicht. Im Entwickeln-Modul befinden sich hier kleinere Bearbeitungswerkzeuge sowie bei den vier Ausgabemodulen eine Abspielleiste zum Starten der Diashow und zum Blättern zwischen Druck- und Webseiten.

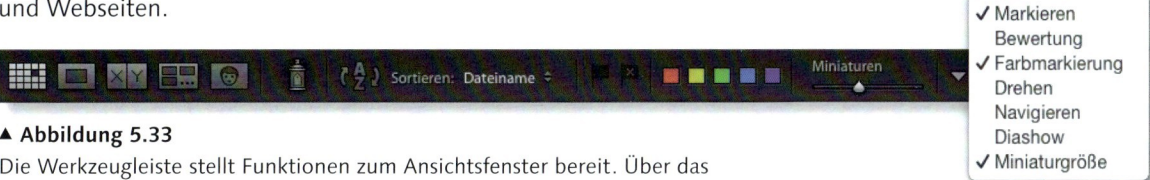

▲ **Abbildung 5.33**
Die Werkzeugleiste stellt Funktionen zum Ansichtsfenster bereit. Über das rechte Dreiecksymbol lassen sich weitere Werkzeuge einblenden.

Bibliothek-Werkzeugleiste | In der Bibliothek kann die Ansicht mit Hilfe von Schaltflächen gewechselt werden. Je nach Ansicht ändert sich die Werkzeugleiste. In der Rasteransicht lassen sich zum Beispiel auch über die Menüleiste Sterne, Farbmarkierungen etc. vergeben.

- **Rasteransicht:** Damit werden alle Bilder eines Ordners, einer Sammlung, Stichwortauswahl, Metadatenauswahl oder Filterung im Ansichtsfenster als kleine Thumbnails in einem tabellarischen Raster angezeigt.

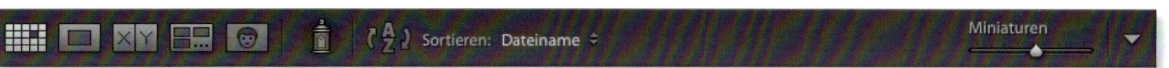

▼ Abbildung 5.34
Werkzeugleiste der Rasteransicht des Bibliothek-Moduls

- **Lupenansicht:** Es wird nur ein Bild angezeigt. Per Klick zoomt man sich in das Bild hinein. Das ist auch die Darstellung im Entwickeln-Modul. Die Sortierfunktion hat hier nur auf den Filmstreifen Auswirkung.

▼ Abbildung 5.35
Werkzeugleiste der Lupenansicht des Bibliothek-Moduls

- **Vergleichsansicht:** Zwei Bilder werden nebeneinander zum direkten Vergleich angezeigt, um beispielsweise das bessere Bild in eine Sammlung zu übernehmen. Beide Ansichten lassen sich auch synchronisieren. Dabei wird das Zoomen oder das Verschieben eines Bildes auf das jeweils andere übertragen.

▼ Abbildung 5.36
Werkzeugleiste der Vergleichsansicht des Bibliothek-Moduls

- **Übersicht:** Hier werden selektierte Bilder nebeneinander dargestellt, zum Beispiel um eine Bildauswahl auf Konsistenz hin zu überprüfen. Dadurch erkennt man auch, ob die Bilder eine Geschichte erzählen und zueinanderpassen.

▼ Abbildung 5.37
Werkzeugleiste zur Überprüfung und Zusammenstellung von Bildern im Bibliothek-Modul

- **Personenerkennung:** Ist diese Ansicht aktiv, wird auf die Bilder im aktuellen Ordner oder in der aktuellen Sammlung die automatische Gesichtserkennung angewendet. Die einzige zusätzliche Funktion in der Werkzeugleiste ist die Wahl der Sortierung der Bilder mit gefundenen Gesichtern.

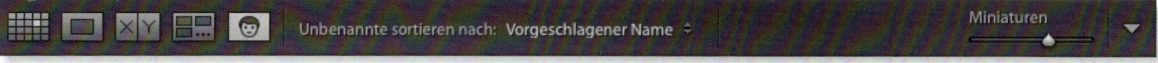

▼ Abbildung 5.38
Werkzeugleiste zum Auslösen der automatischen Personenerkennung

Entwickeln-Werkzeugleiste | Auch im zweiten Modul kann in der Menüleiste von der Lupenansicht zur Vorher-nachher-Vergleichsansicht gewechselt werden. Darüber hinaus lassen sich hier Attribute zu den Bildern definieren.

- **Lupenansicht:** Dies ist in diesem Modul die normale Ansicht mit einstellbarer Zoomfunktion und der Möglichkeit, ein Raster einzublenden und dessen Rastergröße zu verändern.

▼ Abbildung 5.39
Werkzeugleiste der Lupenansicht des Entwickeln-Moduls

- **Vorher-nachher-Vergleich:** Hier wird das Bild einmal ohne und einmal mit den Parameterauswirkungen aus der Entwicklung angezeigt, um die Auswirkung von Bearbeitungsschritten miteinander zu vergleichen.

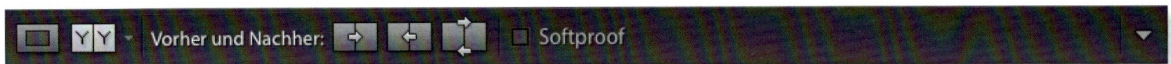

▼ Abbildung 5.40
Vergleichsansicht zwischen Vorher und Nachher

Karte-Werkzeugleiste | In der Werkzeugleiste des Karte-Moduls können Sie zum einen den Stil der Karte wählen. Es stehen die aus Google Maps bekannten Einstellungen (Satellit, Karte etc.) zur Verfügung. Außerdem finden Sie hier den Schieberegler zum Zoomen der Karte. Das Schloss schützt bereits platzierte Marker vor dem versehentlichen Verschieben. Und über das Dropdown-Menü Tracklog können Sie mit einem GPS-Gerät oder GPS-fähigem Handy aufgezeichnete Wegedaten mit den Aufnahmezeitpunkten der Fotos synchronisieren. Dann werden die Bilder automatisch den GPS-Koordinaten zugewiesen, an denen Sie zum Aufnahmezeitpunkt waren.

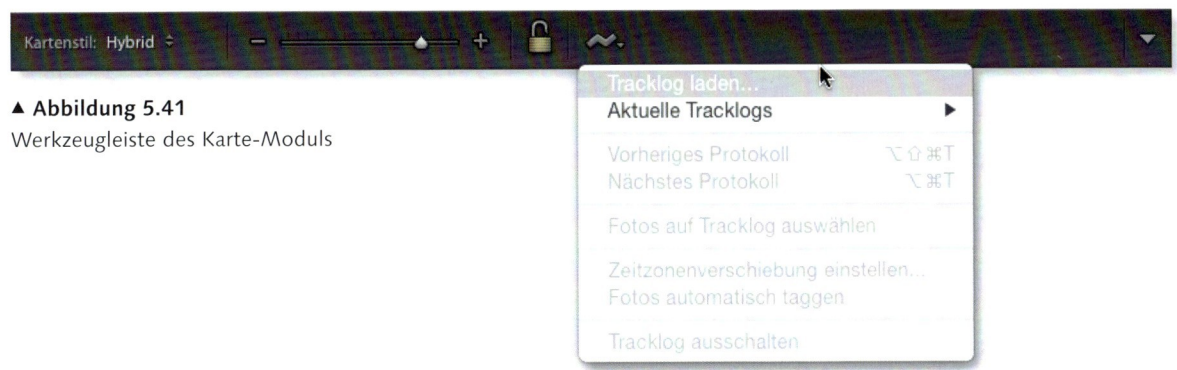

▲ Abbildung 5.41
Werkzeugleiste des Karte-Moduls

Buch-Werkzeugleiste | Über die Werkzeugleiste des Buch-Moduls können Sie zwischen drei Ansichtsarten wechseln. In der Miniaturansicht können Sie die Größe der Seiten mit Hilfe eines Schiebereglers noch etwas zoomen, ähnlich der Rasteransicht beim Bibliothek-Modul. In der Druckbogen- und Einzelseitenansicht wird hingegen immer der maximal verfügbare Platz verwendet, um die Seiten anzuzeigen. In der Mitte der Werkzeugleiste können Sie mit Hilfe der Pfeiltasten durch das Buch navigieren. Die aktuelle Seitenzahl wird in der Mitte dargestellt. Klicken Sie auf die Zahl, können Sie eine beliebige Seitenzahl eingeben und diese dann direkt anspringen.

Abbildung 5.42 ▼
Werkzeugleiste des Buch-Moduls

Diashow-Werkzeugleiste | Diese Werkzeugleiste der Diashow dient dem Navigieren zwischen den einzelnen Dias, dem Drehen von Bildern, dem Abspielen und dem Erstellen von Textfeldern. Zusätzlich kann man auswählen, ob alle Bilder des Filmstreifens oder nur die gerade selektierten Bilder verwendet werden sollen. Bei der Verwendung von Textfeldern kann hier auch Text eingegeben werden.

Abbildung 5.43 ▼
Werkzeugleiste des Diashow-Moduls

Drucken-Werkzeugleiste | Hier finden Sie die Seitennavigation und Schaltflächen zum Konfigurieren der Seiteneinstellungen. Auch hier befindet sich das Dropdown zur Auswahl der zu verwendenden Bilder, wie in allen Ausgabemodulen.

Abbildung 5.44 ▼
Werkzeugleiste des Drucken-Moduls

Web-Werkzeugleiste | Hier finden Sie die Seiten- und Bildnavigation sowie die Schaltfläche zur Vorschau der Webgalerie im Webbrowser.

Abbildung 5.45 ▼
Werkzeugleiste des Web-Moduls

Filmstreifen

Unter der Menüleiste befindet sich der letzte Bereich der Arbeitsoberfläche in Lightroom: Der Filmstreifen stellt eine Art Mini-Bibliothek Ihrer Bilder dar. Dort werden auch in den Modulen

ENTWICKELN bis WEB alle Bilder angezeigt, die im Bibliothek-Modul angezeigt werden. Wird die Auswahl dort über die Filterung nach Sammlungen, Stichwörtern etc. eingeschränkt, geschieht dies auch gleichzeitig im Filmstreifen in den anderen Modulen.

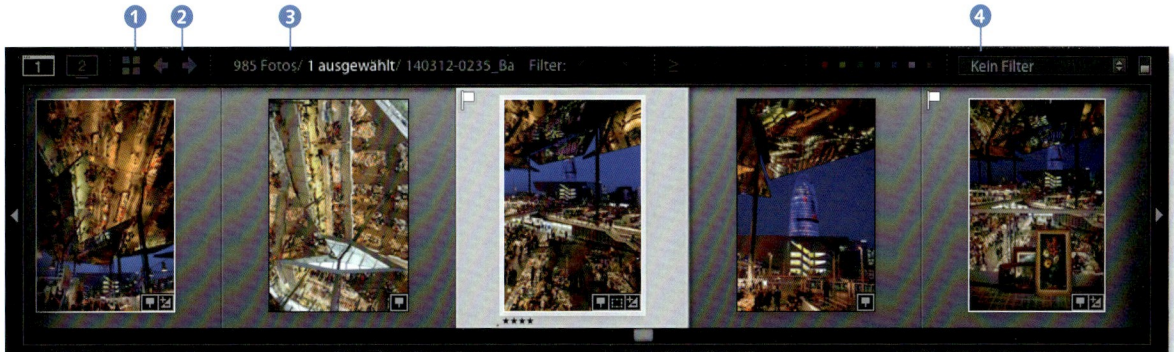

Über die Schaltfläche zur BIBLIOTHEK-RASTERANSICHT ❶ wechseln Sie zur entsprechenden Ansicht im Bibliothek-Modul. Mit Hilfe der Pfeiltasten ❷ wird durch die vorherigen Ansichten und durch die zuvor verwendeten Module geschaltet – eine Art History nur für die verwendeten Ansichten und Module. Zusätzlich erhalten Sie noch Angaben zur aktuellen Bildauswahl ❸. Durch das Anklicken des kleinen Dreiecks am Ende öffnet sich ein Dropdown-Menü mit den zuletzt dargestellten Bildauswahlen.

Unabhängig davon lassen sich im Filmstreifen über die Schaltflächen rechts daneben zusätzliche Filter ❹ nach Bewertung, Farbetiketten oder Markierungsstatus anwenden und somit die Auswahlen schnell weiter einschränken.

In den Modulen DIASHOW, DRUCKEN und WEB werden nur die im Filmstreifen selektierten Bilder gedruckt, präsentiert oder als Webgalerie übernommen. Ist kein Bild ausgewählt, werden automatisch alle Bilder aus dem Filmstreifen verwendet. Im Buch-Modul hat eine Selektion keine Auswirkung auf deren Verwendung.

▲ **Abbildung 5.46**
Über den Filmstreifen lassen sich einzelne Bilder auswählen, ohne dass man dafür extra in die BIBLIOTHEK wechseln muss.

5.3 Arbeiten mit einem zweiten Monitor

Lightroom bietet die Unterstützung eines zweiten Monitors ❺. Aber auch Anwender ohne einen zusätzlichen Monitor profitieren von dieser Funktion, denn die Ansicht, die auf einem zweiten Monitor angezeigt wird, erscheint dann in einem schwebenden Fenster.

Auf dem zweiten Monitor wird immer die BIBLIOTHEK dargestellt. Dies macht auch Sinn, denn man kann auf dem Nebenmonitor Bil-

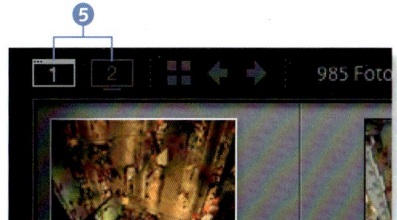

▲ **Abbildung 5.47**
Die Schaltflächen zur Steuerung einer Zwei-Monitor-Lösung finden Sie links oberhalb des Filmstreifens.

▲ **Abbildung 5.48**
Durch Anklicken des Symbols für den zweiten Monitor wird ein BIBLIOTHEK-Ansichtsfenster auf dem zweiten Monitor dargestellt.

▲ **Abbildung 5.49**
Alternativ kann man ein zweites Fenster öffnen, das im Vordergrund schwebt. Das Symbol wechselt dabei sein Aussehen.

der auswählen oder sortieren, während auf dem Hauptmonitor die Bearbeitung stattfindet. Zwei Entwicklungsvorgänge gleichzeitig würden keinen Sinn machen. Hat man den zweiten Monitor durch Anklicken des Symbols im Filmstreifen aktiviert, stehen einem die Darstellungen RASTER, LUPE, VERGLEICHEN und ÜBERSICHT aus dem Bibliothek-Modul zur Verfügung. Lightroom stimmt die beiden Fenster aufeinander ab. Ist auf dem Hauptmonitor die Rasteransicht aktiv, so schaltet diese in die Lupenansicht, wenn am Nebenmonitor ebenfalls die Rasteransicht angezeigt wird. Die Darstellungsmodi im Nebenmonitor können entweder im Fenster über die Kopfzeile oder durch Anklicken und Gedrückthalten der Maustaste auf das jeweilige Monitorsymbol umgeschaltet werden.

Einstellen des Darstellungsmodus

Das Anklicken des Symbols für das Hauptfenster öffnet das Einstellungsmenü. Es zeigt alle Modi an, die im Modul zur Verfügung stehen. Bei dem zweiten Monitor besitzt das Symbol eine Doppelfunktion. Einfaches Anklicken aktiviert die Anzeige auf dem zweiten Monitor oder das schwebende Fenster. Um das Einstellungsmenü zu öffnen, müssen Sie die Maustaste gedrückt halten.

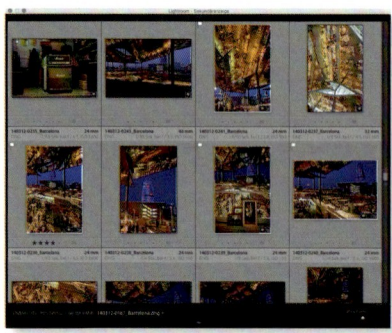
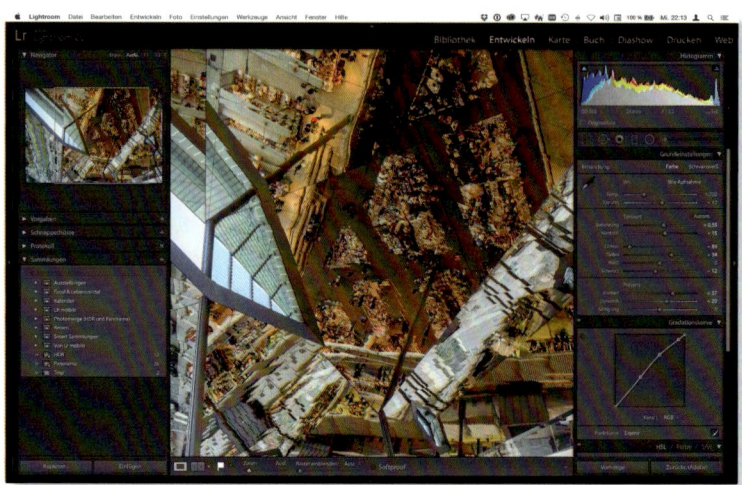

Abbildung 5.50 ▲▶
Auf dem Hauptmonitor (rechts) findet die Entwicklung statt. Im Nebenmonitor (links) können Bilder ausgewählt werden. Den Filmstreifen als Mini-Bibliothek kann man dann ausblenden.

Darstellungsarten des zweiten Fensters

Im Hauptfenster können Sie nur die Funktionen des Ansichtsfensters aktivieren, die das aktuelle Modul bereitstellt und die auch über die Werkzeugleiste angewählt werden können. Zusätzlich können Sie den Ansichtsmodus wählen (siehe Seite 208).

5.3 Arbeiten mit einem zweiten Monitor

▲ **Abbildung 5.51**
Das Anklicken des Symbols öffnet ein Dropdown-Menü zum Auswählen der Darstellungsform.

▲ **Abbildung 5.52**
Je nach Modul stehen unterschiedliche Darstellungen zur Verfügung – hier die des Entwickeln-Moduls.

▲ **Abbildung 5.53**
Die möglichen Darstellungsformen des zweiten Fensters beziehungsweise Monitors bleiben in allen Modulen gleich.

Das Fenster des zweiten Monitors kann als schwebendes Fenster oder, wie das Hauptfenster auch, als Vollbild dargestellt werden. Im Vollbildmodus haben Sie noch die Möglichkeit, den zweiten Monitor für die Darstellung als Diashow zu verwenden. Die VOLL-BILDVORSCHAU zeigt das aktuelle Bild als Vollbild an, hat aber keine Auswirkung auf einen zweiten Monitor.

Das zweite Fenster ist eine eingeschränkte Bibliothek. Man kann hier alle Darstellungen der Bibliothek ❶ wählen, allerdings fehlen die linke und rechte Bedienfeldpalette. Das zweite Fenster

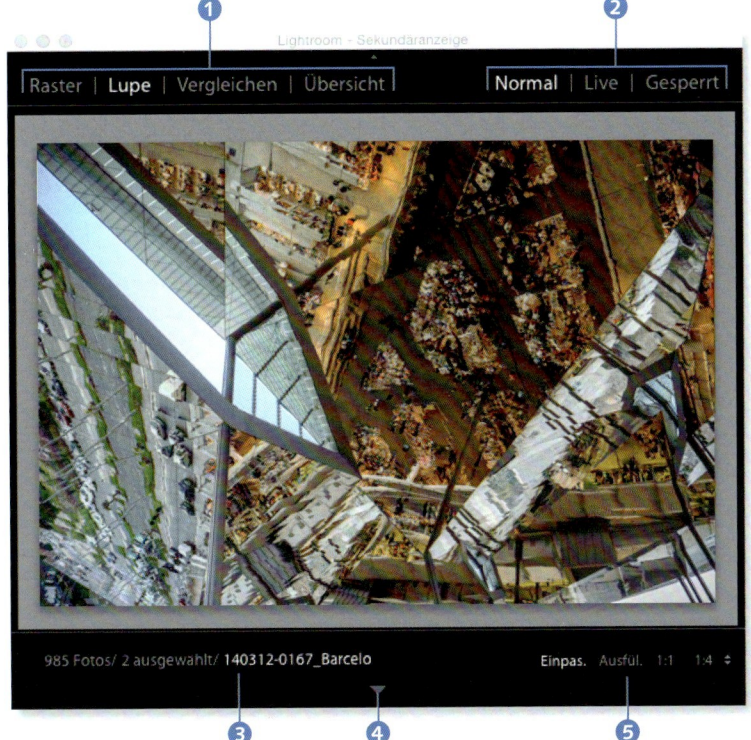

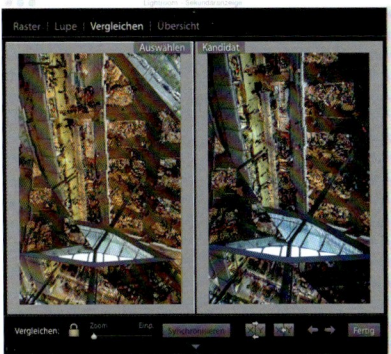

◀ **Abbildung 5.54**
Die Bedienelemente des zweiten Fensters in der Vergleichsansicht

◀ **Abbildung 5.55**
Die Bedienelemente des zweiten Fensters im Lupenmodus

dient daher vor allem der Auswahl und Überprüfung von Bildern. Wer eine andere Sammlung oder Bilder aus einem anderen Ordner wählen will, muss wieder zurück in die BIBLIOTHEK. Einzig das Dropdown-Feld ❸ unter dem Ansichtsfenster eröffnet die Möglichkeit, zuletzt gewählte Ordner und Sammlungen auszuwählen.

Unten rechts ❺ können Sie die Zoomstufe wählen. In der Rasteransicht haben Sie einen Schieberegler zum Zoomen. Wenn die Kopf- und Fußleiste Sie stören, können Sie diese wie die Bedienfeldpaletten über die Dreiecksymbole unten und oben ❹ ein- und ausblenden. Die drei Schaltflächen rechts in der Kopfleiste ❷ stellen das Reaktionsverhalten des zweiten Fensters in der Lupenansicht ein. Andere Darstellungsformen besitzen diese Funktionen nicht.

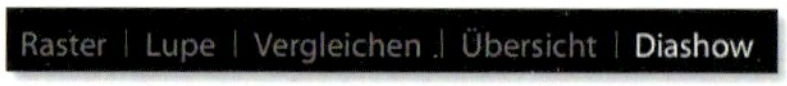

▲ **Abbildung 5.56**
Im Vollbildmodus erhält das zweite Fenster im externen Monitor zusätzlich die Möglichkeit zur Präsentation der Bilder als DIASHOW.

Normal | Ist diese Option eingestellt, wird immer das aktuell ausgewählte Bild in der Lupenansicht des zweiten Fensters angezeigt. Erst wenn ein anderes Bild aktiv angeklickt wird, erscheint dieses in der Lupenansicht.

Live | Hier reagiert das Fenster direkt auf jede Mausbewegung. Bewegt man im Hauptfenster die Maus über ein Bild der Rasteransicht, wird es sofort in der Lupenansicht des zweiten Fensters angezeigt. Ist das Bild gezoomt, wird der Ausschnitt entsprechend der Mausposition verschoben. Hier hat man dann eine echte Lupenfunktion, diese erfordert aber mehr Rechenleistung, da jede Mausveränderung den Ausschnitt im zweiten Fenster verändern muss. Befindet man sich nicht über einem Bild, sondern beispielsweise über einem Bedienfeld, wird das ausgewählte Bild angezeigt.

Abbildung 5.57 ▼
Ist die Option LIVE aktiviert, wird der Ausschnitt mit der Mausposition im Vorschaubild synchronisiert. Sie erhalten so immer eine vergrößerte Liveansicht an der Mausposition.

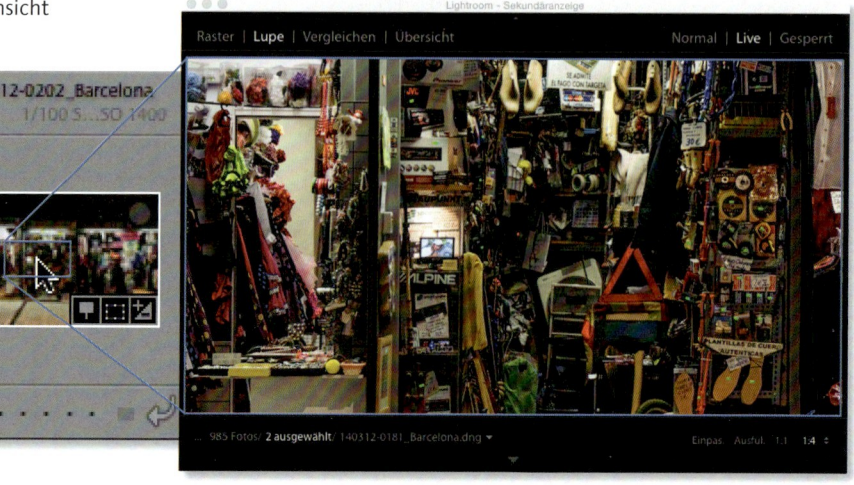

Gesperrt | Dabei wird immer das Bild angezeigt, das zum Zeitpunkt der Aktivierung des Modus GESPERRT ausgewählt ist – unabhängig davon, ob später ein anderes Bild ausgewählt wurde. Um ein neues Bild anzuzeigen, muss dann erst die Sperrung aufgehoben werden.

HINWEIS

Unter Windows finden Sie im Register ALLGEMEIN noch die Schaltfläche SYSTEMAUDIO KONFIGURIEREN. In diesem Fall öffnet sich der Dialog vom Betriebssystem.

5.4 Voreinstellungen

Den VOREINSTELLUNGEN-Dialog erreichen Sie unter Mac OS X über den Menüpfad LIGHTROOM • VOREINSTELLUNGEN. Bei Windows finden Sie ihn unter BEARBEITEN • VOREINSTELLUNGEN. Im Folgenden werfen wir einen Blick auf seine Register und Einstellungen.

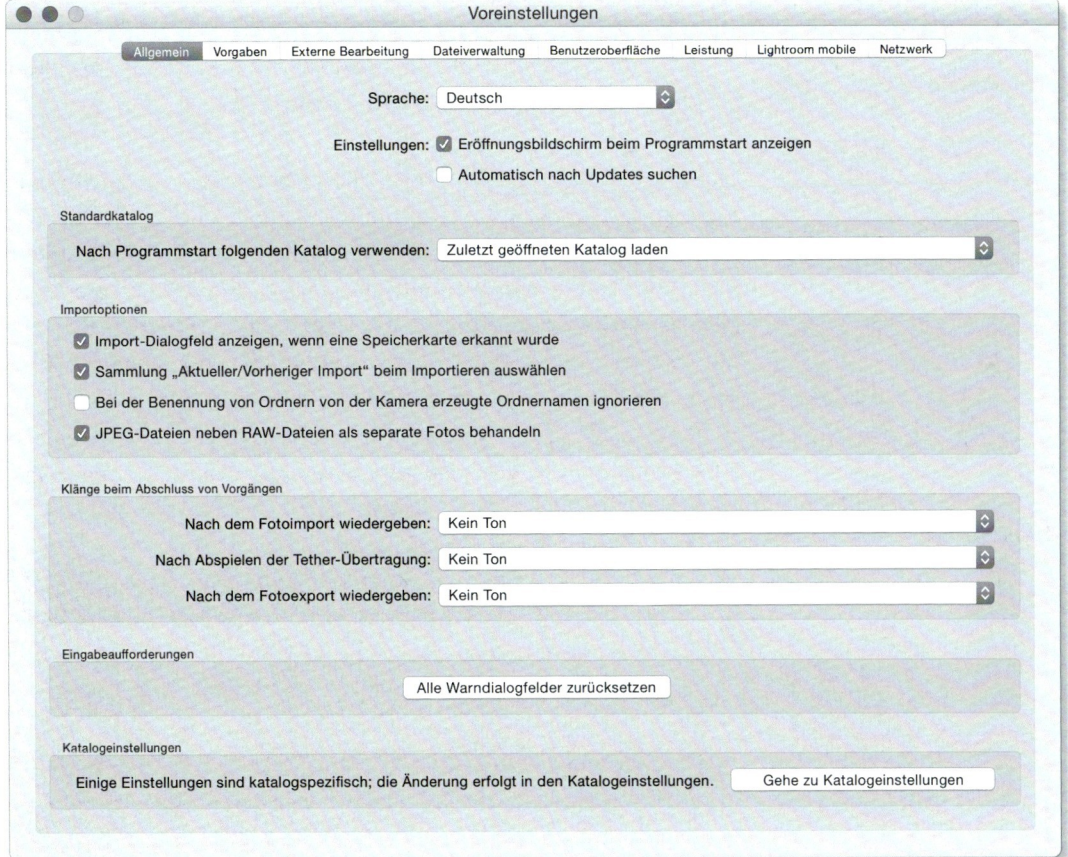

▲ **Abbildung 5.58**
Der Dialog für die allgemeinen VOREINSTELLUNGEN

▲ Abbildung 5.59
Der Eröffnungsbildschirm (Splashscreen) kann über die VOREINSTELLUNGEN ausgeblendet werden.

Register »Allgemein«

Im Register ALLGEMEIN lassen sich Voreinstellungen zurücksetzen, alternative Katalogdateien angeben, Tonsignale und die Updatefrequenz einstellen:

- **Sprache:** Hier können Sie die Sprache des Programms umschalten. Alle Befehle erscheinen dann in der angegebenen Sprache.
- **Eröffnungsbildschirm beim Programmstart anzeigen:** Beim Start von Lightroom wird grundsätzlich eine Tafel, auch Splashscreen genannt, angezeigt. Je nachdem, ob Sie die Einzelplatzversion oder die Cloud-Version nutzen, erscheint eine andere Versionsbezeichnung. Diese bleibt so lange stehen, bis das Programm komplett hochgefahren ist. Wird sie ausgeblendet, startet das Programm, subjektiv gesehen, geringfügig schneller.
- **Automatisch nach Updates suchen:** Ist diese Option aktiviert, sucht Lightroom automatisch in regelmäßigen Abständen im Internet nach Updates. Will man selbst die Kontrolle behalten, sollte man diese Option deaktivieren.

Standardkatalog | Hier treffen Sie Einstellungen zum Verhalten der Bibliotheken beim Programmstart. Über NACH PROGRAMMSTART FOLGENDEN KATALOG VERWENDEN können Sie Lightroom veranlassen, mit einem alternativen Katalog zu starten bzw. Ihnen beim Programmstart eine Auswahl alternativer Kataloge anzubieten. Nähere Informationen zum Arbeiten mit Katalogen erhalten Sie in Kapitel 6, »Arbeiten mit Katalogen«, ab Seite 215.

Importoptionen | Dieser Dialog kümmert sich um die generellen Importeinstellungen in Lightroom und um die Optionen für die Konvertierung der Raw-Bilder in DNG-Daten. Im oberen Bereich können Sie die folgenden Aktionen vorgeben:

- **Import-Dialogfeld anzeigen, wenn eine Speicherkarte erkannt wurde:** Wird eine Speicherkarte (SD-Card, Compact Flash etc.) vom Rechner initialisiert, kann der Import automatisch gestartet werden. Allerdings erscheint dann wirklich jedes Mal der Import-Dialog, wenn eine Speicherkarte erkannt wird – auch wenn Sie gar nichts importieren wollen.
- **Sammlung »Aktueller/Vorheriger Import« beim Importieren auswählen**: Ist dieses Kontrollkästchen aktiv, springt Lightroom beim Importieren von Bildern automatisch zur Sammlung, egal, woran man gerade arbeitet. Ist das Icon deaktiviert, wird der Import »unbemerkt« ausgeführt.

- **Bei der Benennung von Ordnern von der Kamera erzeugte Ordnernamen ignorieren:** Ordner, die von der Kamera auf der Speicherkarte erzeugt werden, besitzen meist kryptische Bezeichnungen ohne Aussagekraft (DCIM, 101NCD2X). Diese Bezeichnungen können beim Import ignoriert werden. Dazu ist standardmäßig die Kontrollbox aktiviert.
- **JPEG-Dateien neben RAW-Dateien als separate Fotos behandeln:** Einige Fotografen ziehen es vor, ihre Bilder gleichzeitig als Raw- und als JPEG-Bilder abzulegen. Dies verhindert zusätzlichen Zeitaufwand für die Konvertierung nach JPEG, etwa um die Bilder dem Kunden zur Auswahl vorzulegen. Allerdings hat man so auch immer zwei unabhängige Dateien, erhöhten Platzbedarf und Verwaltungsaufwand – etwa beim Umbenennen oder Löschen. Mit dieser Option in Lightroom können Sie angeben, wie die zusätzlichen JPEG-Dateien gehandhabt werden sollen. Ist das Kontrollkästchen deaktiviert, werden JPEGs und Raw-Bilder wie ein Bild behandelt. Wird es angeklickt, werden JPEGs als eigene, vom Raw-Bild unabhängige Bilder betrachtet und importiert.

Klänge beim Abschluss von Vorgängen | Laufen Berechnungen im Hintergrund ab, bekommt man oft nicht mit, wann diese beendet sind. Dafür ist es hilfreich, ihnen ein Tonsignal zuzuweisen:

- **Nach dem Fotoimport wiedergeben:** Es ertönt ein Signal, nachdem alle Bilder importiert wurden.
- **Nach Abspielen der Tether-Übertragung**: Der Ton, der hier eingestellt wird, ertönt nach dem Übertragen des Bildes auf den Rechner. Ich bin mir aber nicht ganz sicher, ob es sich bei »Abspielen« nicht um einen Übersetzungsfehler handelt, denn »Überspielen« wäre sinngemäß besser.
- **Nach dem Fotoexport wiedergeben:** Das Signal ertönt, nachdem ein Exportvorgang beendet ist.

Eingabeaufforderungen | Beim Arbeiten in Lightroom erscheinen an einigen Stellen Warnmeldungen – zum Beispiel beim Verschie-

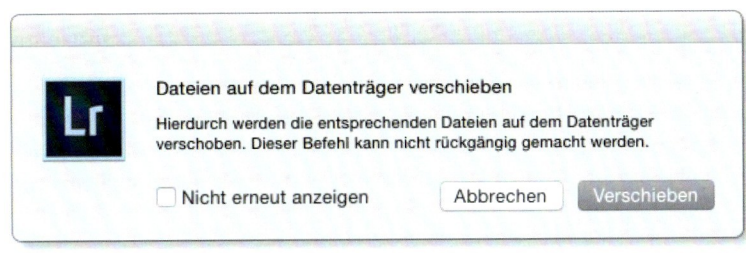

◀ **Abbildung 5.60**
Sich wiederholende Warnmeldungen können ganz schön stören – vor allem wenn sie überflüssig sind. Daher können Sie Warnmeldungen deaktivieren, indem Sie auf das Kontrollkästchen Nicht erneut anzeigen klicken.

ben von Bildern in andere Ordner. Diese Dialogfelder besitzen meist Kontrollkästchen, mit denen Sie die Warnmeldung unterbinden können. Wollen Sie, dass die Warnungen wieder erscheinen, klicken Sie auf ALLE WARNDIALOGFELDER ZURÜCKSETZEN.

Katalogeinstellungen | Diese Schaltfläche dient als Querverweis auf den Dialog der KATALOGEINSTELLUNGEN, der sich auch in Mac OS X unter dem Menüpunkt LIGHTROOM • KATALOGEINSTELLUNGEN und in Windows unter BEARBEITEN • KATALOGEINSTELLUNGEN befindet.

Register »Vorgaben«

Haben Sie Entwicklungseinstellungen für ein Bild vorgenommen, können Sie diese als Vorgaben speichern, um sie auch auf andere Bilder anzuwenden. Für die Massenbearbeitung ist diese Funktion äußerst hilfreich – etwa wenn ein Weißabgleich oder eine Grundschärfung auf eine ganze Aufnahmereihe angewendet werden sollen.

Standardentwicklungseinstellungen | Hier wird angegeben, wie die Standardvorgaben auf Bilder zum Beispiel beim Import oder bei

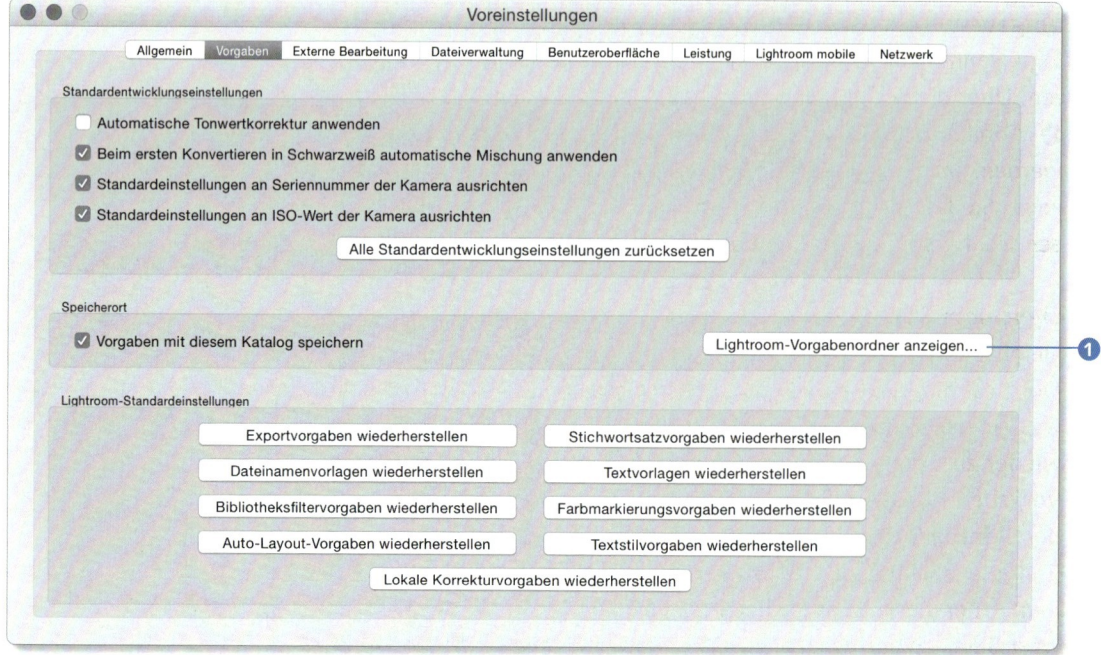

▲ **Abbildung 5.61**
Der Dialog für den Umgang mit VORGABEN in Lightroom

der Wandlung in Graustufen angewendet werden. Mit den Kontrollkästchen können Sie die Verwendung steuern:

- **Automatische Tonwertkorrektur anwenden:** Aktivieren Sie dieses Kontrollkästchen, so wird auf die Bilder während des Imports eine automatische Tonwertkorrektur angewendet.
- **Beim ersten Konvertieren in Schwarzweiß automatische Mischung anwenden:** Ist diese Kontrollbox aktiviert, wird beim Zuweisen einer Graustufenkonvertierung eine automatische Korrektur durchgeführt, um bei gleichen Luminanzwerten einen höheren Kontrast zu erzielen.
- **Standardeinstellungen an Seriennummer der Kamera ausrichten:** Arbeiten Sie mit mehreren Kameras gleicher Bauart, können Sie für jede einzelne eigene Standardvorgaben festlegen. Die entsprechenden Vorgaben werden dann abhängig von der angeschlossenen Kamera automatisch angewendet.
- **Standardeinstellungen an ISO-Wert der Kamera ausrichten:** Hiermit können Sie für verschiedene ISO-Einstellungen unterschiedliche Vorgaben einstellen, zum Beispiel um bei hohen ISO-Werten eine stärkere Rauschreduzierung anzuwenden. Diese Einstellung kann auch mit der vorhergehenden Option kombiniert werden.

▲ **Abbildung 5.62**
Lightroom ermöglicht es, nahezu alle Parameter in Vorgaben zu speichern: beispielsweise Dateinamenvorgaben (oben) oder Stichwortsätze (unten).

Vorgaben mit diesem Katalog speichern | Exportiert man Kataloge, kann man die Vorgaben in die exportierte Bibliothek integrieren. Über die Schaltfläche LIGHTROOM-VORGABENORDNER ANZEIGEN ❶ (Abbildung 5.61) wird der Ordner, in dem die Vorgaben abgelegt werden, im Finder beziehungsweise im Windows-Explorer angezeigt. Sie lassen sich dann einfach sichern oder kopieren und müssen nicht erst in den Tiefen des Betriebssystems gesucht werden.

Lightroom-Standardeinstellungen | Lightroom merkt sich an vielen Stellen die zuletzt vorgenommenen Einstellungen und erlaubt es, die Standardvorgaben des Programms zu überschreiben. Das Überschreiben, ob absichtlich oder unabsichtlich, kann auch wieder zurückgenommen werden. Unter eigenen Namen erstellte Vorgaben bleiben davon unberührt und müssen, falls gewünscht, per Hand gelöscht werden. Die einzelnen Vorgaben können Sie über die Schaltflächen …VORGABEN WIEDERHERSTELLEN zurücknehmen. Über diese Schaltflächen können Sie die Urzustände für Stichwortsätze, Exportvorgaben, Dateinamenvorlagen, Textvorlagen, lokale Korrekturvorgaben, Farbmarkierungen und Bibliotheksfilter wiederherstellen.

Register »Externe Bearbeitung«

Auch in Lightroom kann es erforderlich sein, mit anderen Programmen zusammenzuarbeiten. Zum Beispiel wenn Bilder kombiniert oder extrem verfremdet werden müssen, benötigt man ein Programm, das auch Ebenen und Masken unterstützt. Adobe bietet mit Photoshop oder Elements solche Programme an. Andere Editoren wären beispielsweise Paintshop Pro, GIMP oder PhotoImpact. Unter Umständen möchte man auch gewisse Arbeitsschritte, die Lightroom unterstützt, lieber in einem anderen Raw-Konverter erledigen. All das ist möglich – mit den folgenden Voreinstellungen:

- **Vorgabe:** Alle im Bereich WEITERER EXTERNER EDITOR gemachten Einstellungen können als Vorgabe gesichert werden. Diese können dann direkt im Menü oder am Bild angewählt werden.
- **Anwendung:** Mit Hilfe der Schaltfläche WÄHLEN kann ein beliebiges Programm zur externen Bearbeitung eingerichtet werden.

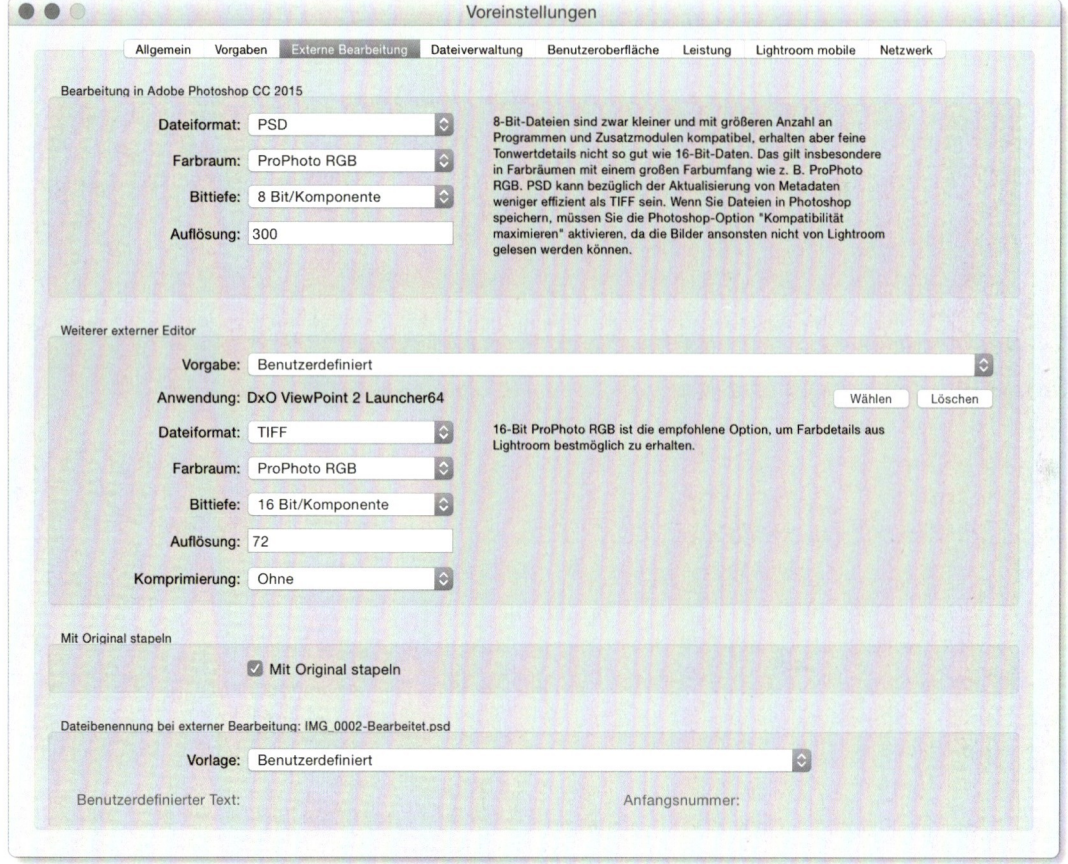

▲ Abbildung 5.63
Dialog für die Zusammenarbeit mit externen Programmen

▶ **Dateiformat:** Lightroom unterstützt zur externen Bearbeitung nur das Photoshop-Format (PSD) und das TIFF-Format. Für einen fremden Editor sollte man das TIFF-Format wählen, PSD wird nur von Photoshop vollständig unterstützt. TIFF bietet außerdem die Möglichkeit einer verlustfreien Kompression.

▶ **Farbraum:** Für das Arbeiten mit externen Programmen sollte ein möglichst großer Farbraum verwendet werden. Hier sollte Adobe RGB oder ProPhoto RGB eingestellt werden. Mehr zum Thema Farbmanagement finden Sie ab Seite 99.

▶ **Bittiefe:** Will man im externen Programm starke Helligkeits- oder Farbänderungen durchführen, sollte man 16 Bit/Komponente wählen. Für einfaches Nacharbeiten wie Scharfzeichnen oder Effektfilter reichen 8 Bit/Komponente aus. Digitalkameras speichern Raw-Daten mindestens mit 12 Bit Farbtiefe.

▶ **Auflösung:** Gibt die Pixeldichte pro Inch (dpi) an. Je höher diese Zahl ist, desto dichter und kleiner sind die Pixel. Die Abmessungen werden dann geringer, das Bild wirkt im Ausdruck aber schärfer. 300 dpi sind für den Offsetdruck geeignet. Für großfor-

▲ Abbildung 5.64
Zum Speichern von Dateien können Kombinationen aus Variablen verwendet werden. Diese können wiederum als Vorgabe gespeichert werden.

▲ Abbildung 5.65
Um mit Bildern kreativ zu arbeiten, können die Bilder direkt einer anderen Anwendung, hier Adobe Photoshop, übergeben werden.

> **Von Bits und Bytes**
>
> Ein Bit besitzt zwei Werte: 0 und 1. Beginnt man zu zählen, benötigt man ab 2 eine neue Stelle. Die nächste Stelle ab der Zahl 4. Die Zahl 255 schreibt man dann beispielsweise 11111111. Das sind 8 Bit; dies entspricht, inklusive der Null, 256 Werten. Ordnet man jedem Wert eine Helligkeitsstufe zu, haben wir 256 Helligkeitswerte bei 8 Bit. Nehmen wir für Rot, Grün und Blau jeweils 8 Bit, kommen wir auf 24 Bit Farbtiefe. Das entspricht dann insgesamt ca. 16,7 Mio. Farben. Viele Digitalkameras speichern Raw-Daten mit 12 Bit pro Farbe. Dies bedeutet pro Farbe 4096 Abstufungen und eine Gesamtanzahl von ca. 68,7 Mrd. Farben.

matige Ausdrucke, die größer sind als DIN A3, reichen 200 dpi. Für noch größere Formate wie DIN A0 und größer reichen oft schon 100 dpi, da auch der Betrachtungsabstand größer ist.

- **Komprimierung:** Beim TIFF-Format können Sie eine verlustfreie Komprimierungsart angeben. Diese verändert den Bildinhalt nicht. Bei 8 Bit Farbtiefe können Sie zwischen Ohne, LZW und ZIP wählen, bei 16 Bit nur die ZIP-Kompression. Da die Kompression verlustfrei ist, sollten Sie sich auf jeden Fall dafür entscheiden. Das spart Platz auf der Festplatte.
- **Mit Original stapeln:** Ist diese Kontrollbox aktiviert, wird die extern bearbeitete Datei zusammen mit der Originaldatei in einem Stapel gruppiert.
- **Dateibenennung bei externer Bearbeitung:** Extern bearbeitete Bilder werden in die Lightroom-Bibliothek reimportiert. Dabei erhalten die Bilder eigene Namen. Normalerweise werden die ursprünglichen Dateinamen einfach um die Bezeichnung »Edit« erweitert.

Register »Dateiverwaltung«

Dieses Register kümmert sich um alle dateirelevanten Einstellungen wie die Verwendung von Sonderzeichen in Dateinamen und die DNG-Kompatibilität. Auch das Zwischenspeichern temporärer Daten – Caching genannt – wird hier eingestellt.

DNG-Erstellung importieren | Raw-Bilder können von Lightroom direkt beim Import in das DNG-Format konvertiert werden. Wer bereits früher mit DNG-Bildern gearbeitet hat, kennt eventuell das Programm DNG-Konverter von Adobe. Die dortigen Voreinstellungen entsprechen denen von Lightroom:

- **Dateierweiterung:** Hier können Sie zwischen der Groß- und Kleinschreibung der Dateierweiterung wählen.
- **Kompatibilität:** Hier können Sie die Kompatibilität mit älteren DNG-Versionen garantieren. Dies ist aber nur notwendig, wenn Sie Raw-Bilder mit Personen austauschen, die keine aktuellen DNG-Daten verarbeiten können. Außerdem sollten Sie Raw-Daten besser nicht aus der Hand geben. Denn im Falle von Copyright-Streitigkeiten kann das Besitzen der Raw-Daten ein Beweis dafür sein, dass Sie der Fotograf/Urheber sind.
- **JPEG-Vorschau:** Da Raw-Daten immer erst zu Bilddaten umgerechnet werden müssen (siehe ab Seite 139), viele Programme oder Betriebssysteme dies aber nicht direkt können oder

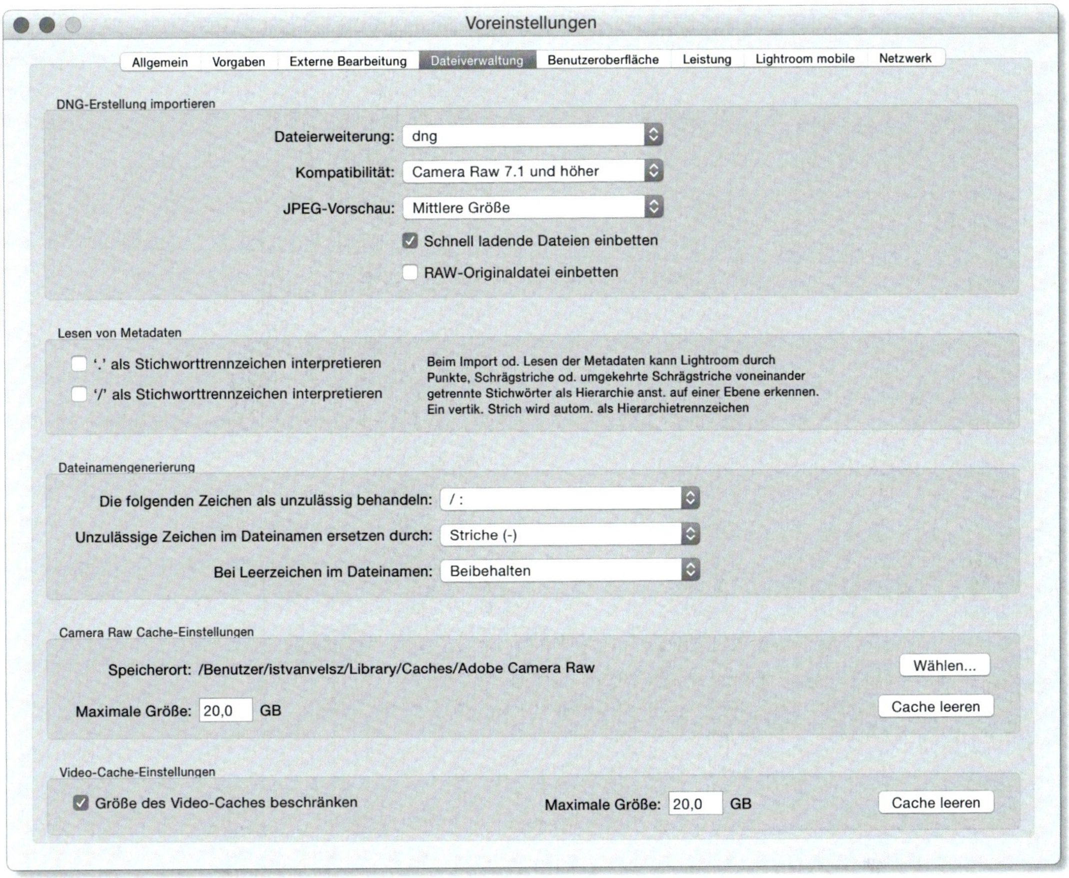

▲ Abbildung 5.66
Dialog für die Grundeinstellung des Dateimanagements

einfach zu viel Zeit dafür benötigen, ist es möglich, JPEG-Vorschaudateien in die DNG-Bilder zu integrieren. Arbeitet man ausschließlich mit Lightroom, benötigt man diese Vorschauen eigentlich nicht, da Lightroom eigene Vorschaubilder erstellt. In dem Fall können Sie dann die Option OHNE aus dem Dropdown-Menü wählen. Wer sich nicht sicher ist, ob er seine Bilder auch mit anderen Programmen betrachten will, sollte mindestens MITTLERE GRÖSSE einstellen.

- **Schnell ladende Dateien einbetten:** Bettet Daten in Bilder ein, damit sie im Entwickeln-Modul schneller geladen werden können. Vergrößert allerdings die Dateigröße etwas.
- **RAW-Originaldatei einbetten:** Beim Konvertieren von Raw-Bildern können nur Daten berücksichtigt werden, deren Funktion bekannt ist. Einige Kamerahersteller schreiben Informationen in ihre Raw-Daten, deren Beschreibung sie nicht freigeben. Daher weiß Lightroom – wie auch andere Raw-Bearbeitungsprogramme – dann nicht, wie diese zu interpretieren sind. Die

Zusatzinformationen darin gehen also bei der Konvertierung verloren. Damit man aber trotzdem auch später noch auf diese Daten zugreifen kann, kann die Original-Raw-Datei in die DNG-Datei eingebettet werden – dies aber auf Kosten von erheblich mehr Speicherplatz. Dabei ist es fraglich, ob in den Daten Informationen stecken, die für die Darstellung und Bearbeitung wichtig sind. Wenn Sie auf Nummer sicher gehen wollen, aktivieren Sie das Kontrollkästchen.

Lesen von Metadaten | Stichwörter werden als aneinandergereihte Wörter angegeben. Die Begriffe werden durch Kommata getrennt. Lightroom unterstützt auch Stichworthierarchien. Diese werden durch Punkt oder Schrägstrich gekennzeichnet. Verwenden andere Programme diese Zeichen zur Trennung von Stichwörtern, wird daher von Lightroom eine Hierarchie erkannt, wo eigentlich keine ist. Um dies zu verhindern, können die Zeichen zur Trennung von Stichwörtern anders eingestellt werden. Vermeintliche Hierarchien werden dann nicht mehr fehlinterpretiert.

Dateinamengenerierung | Hier können unzulässige Dateinamen automatisch in allgemein zulässige Dateinamen konvertiert werden. Im Einzelnen bedeutet dies:

- **Die folgenden Zeichen als unzulässig behandeln:** Sie können aus zwei Varianten unzulässiger Zeichen wählen.
- **Unzulässige Zeichen im Dateinamen ersetzen durch:** Hier können Sie auswählen, was mit den unzulässigen Zeichen passieren soll.
- **Bei Leerzeichen im Dateinamen:** Hier können Leerzeichen durch Bindestriche (-) oder Unterstriche (_) ersetzt werden.

Camera Raw Cache-Einstellungen | Im Cache werden Dateien zwischengespeichert, auf die oft zugegriffen werden muss. Der Zugriff auf den Cache ist schneller, als jedes Mal die benötigten Informationen aus den Originaldaten zu generieren. Hier können Sie die maximale Größe und das Verzeichnis angeben.

Video-Cache-Einstellungen | Der Video-Cache besitzt die gleiche Funktionalität wie der Camera-Raw-Cache. Er kümmert sich aber speziell um die Videodateien. Dieser kann hier in der Größe beschränkt und gelöscht werden.

5.4 Voreinstellungen

Register »Benutzeroberfläche«

In Lightroom lässt sich die Benutzeroberfläche nach eigenen Wünschen anpassen – zumindest in einem gewissen Rahmen.

Endmarken | Am Ende der Bedienfelder können Endmarken eingeblendet werden. Eine ist in Lightroom integriert. Sie können aber eigene Endmarken erstellen und als Bilder einbinden.

▲ Abbildung 5.67
Eigentlich nur Schnickschnack sind die Endmarken am Ende der Bedienfelder. Sie sind normalerweise auch ausgeblendet.

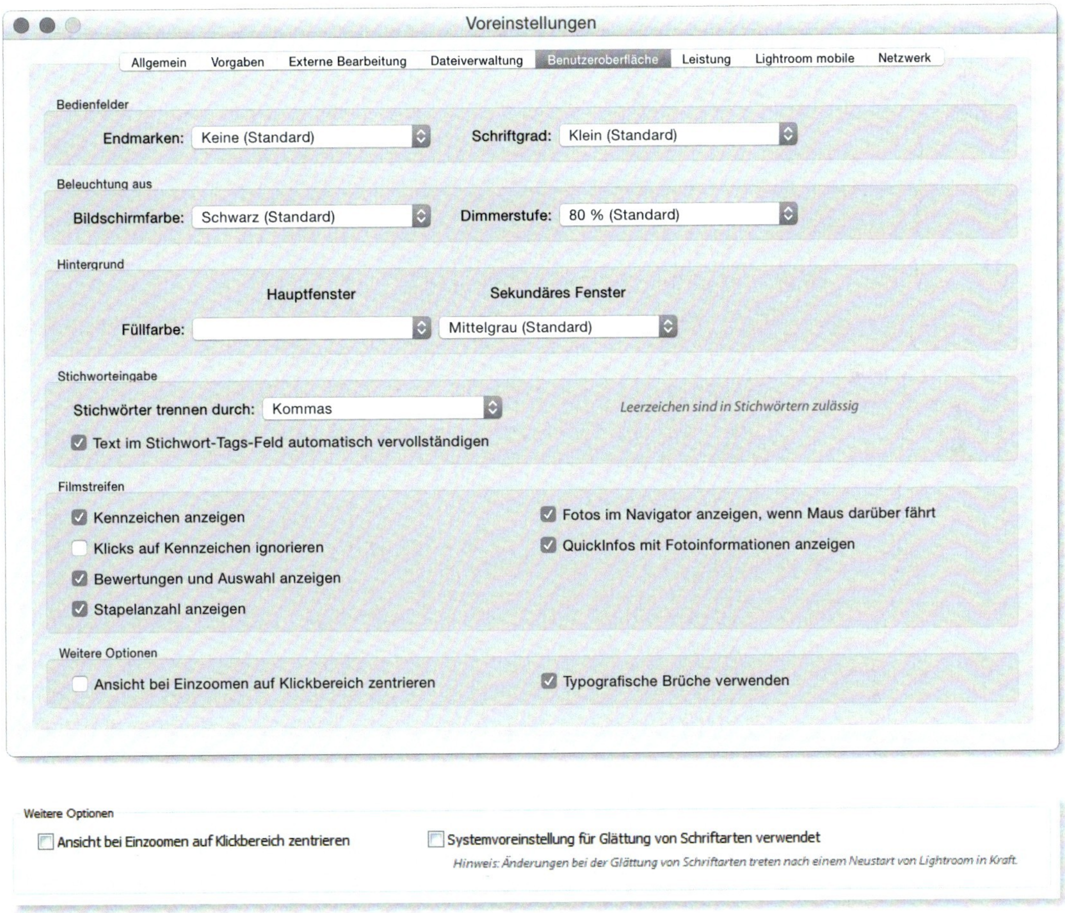

Schriftgrad | Die Einstellung unter SCHRIFTGRAD ermöglicht es, die Bezeichnungen der Parameter zur besseren Lesbarkeit größer darzustellen. Dies ist jedoch nur auf großen Monitoren empfehlenswert, da es sonst zu Platzproblemen kommt, weil sich dabei auch die Breite der Bedienfelder ändert.

▲ Abbildung 5.68
Dialog für die VOREINSTELLUNGEN der BENUTZEROBERFLÄCHE: Unter Windows gibt es zusätzliche Einstellmöglichkeiten.

Beleuchtung aus | Über den Menüpfad ANSICHT • BELEUCHTUNG AUS können Sie die Bedienfeldpaletten abdunkeln. GEDÄMPFTES LICHT blendet die Paletten teilweise aus, BELEUCHTUNG AUS blendet alles bis auf die Bildansicht schwarz ab.
- **Bildschirmfarbe:** Geben Sie hier die Hintergrundfarbe vor, zu der hin ausgeblendet werden soll.
- **Dimmerstufe:** Diese Einstellung gibt an, wie stark sich der Effekt im Zustand GEDÄMPFTES LICHT auswirkt.

Hintergrund | Befindet man sich in der Lupenansicht und hat dabei kein Bild markiert, kann auch kein Bild angezeigt werden. Der sichtbare leere Hintergrund kann über die hier vorhandenen Funktionen eingefärbt werden. Er wird dann auch als Hintergrund in den anderen Modulen sichtbar. Die Angaben lassen sich auch für die Darstellung auf dem zweiten Monitor beziehungsweise im schwebenden sekundären Fenster getrennt vom Hauptmonitor/Hauptfenster einstellen.
- **Füllfarbe:** Wählen Sie hier eine Farbe, mit der der Hintergrund gefüllt werden soll.

Stichworteingabe | Regelt die Vorgabe für das Eingeben von Stichwörtern im Bedienfeld STICHWÖRTER FESTLEGEN der Bibliothek.
- **Stichwörter trennen durch:** Hier können Sie ein Trennzeichen eingeben, das Lightroom anzeigt, wenn ein neues Stichwort beginnt.
- **Text im Stichwort-Tags-Feld automatisch vervollständigen:** Hier aktivieren Sie die Auto-Vervollständigen-Funktion für die Stichworteingabe.

Filmstreifen | Der Filmstreifen stellt eine Art Mini-Bibliothek ausgewählter Bilder dar und ist in allen Modulen vorhanden. Mit folgenden Vorgaben können Sie ihn einstellen:
- **Kennzeichen anzeigen:** Ist diese Option aktiviert, werden in der rechten unteren Ecke kleine Kennzeichen ❶ eingeblendet, wenn das Bild mit Stichwörtern versehen, beschnitten oder im Entwickeln-Modul verändert wurde.
- **Klicks auf Kennzeichen ignorieren:** Normalerweise können die Kennzeichen angeklickt werden, um die Metadaten, Ortsangaben oder direkt die Entwicklung zu verändern. Diese Funktionalität kann hier deaktiviert werden. Die Kennzeichen dienen dann nur zu Kennzeichnung der Bearbeitung.

▲ Abbildung 5.69
Auch zusätzliche Informationen wie Farbmarkierungen, Bewertung, Fotoinfos etc. können im Filmstreifen mit angezeigt werden.

- **Fotos im Navigator anzeigen, wenn Maus darüber fährt:** Ist dieses Kontrollkästchen aktiviert, wird das Bild auch im Navigator-Bedienfeld angezeigt. Dies ist vor allem dann sinnvoll, wenn der Filmstreifen nur recht klein dargestellt wird.
- **Bewertungen und Auswahl anzeigen:** Normalerweise werden im Filmstreifen keine Bewertungssterne angezeigt. Ist diese Option aktiviert, werden die Sterne und Markierungen (Flags) unter den Bildern eingeblendet.
- **Stapelanzahl anzeigen:** Aktiviert das Icon zur Symbolisierung von Stapeln und zeigt die Anzahl der enthaltenen Bilder an.
- **QuickInfos mit Fotoinformationen anzeigen:** Bewegt man die Maus über ein Bild und »parkt« sie dort einen Moment, erscheint ein gelbes Feld mit Quickinfos zum Bild. Diese Anzeige kann mit dieser Option gesteuert werden.

Weitere Optionen | Unten im Dialogfeld finden sich noch die folgenden Optionen:

- **Ansicht bei Einzoomen auf Klickbereich zentrieren:** Diese Einstellung zentriert die Ansicht auf den angeklickten Bereich beim Zoomen von Bildern.
- **Typografische Brüche verwenden (nur Mac):** In den Metadaten angezeigte Bruchzahlen werden mit dieser Einstellung typografisch korrekt dargestellt – zum Beispiel bei »$\frac{1}{3}$-Blenden«.
- **Systemvoreinstellungen für Glättung von Schriftarten verwendet (nur Windows):** Für eine bessere Lesbarkeit kann die Schrift der Bedienelemente geglättet werden. Dies wird durch ein Antialiasing der Schrift erreicht. Unter Windows kann die Systemeinstellung übernommen werden, wenn dieses Kontrollkästchen aktiviert wird.

Register »Leistung«

Dieses Register besitzt nur einen Parameter, mit dessen Hilfe Sie die GPU-Beschleunigung aktivieren können. Bei der GPU (Graphics

Neu in Lightroom 6/CC

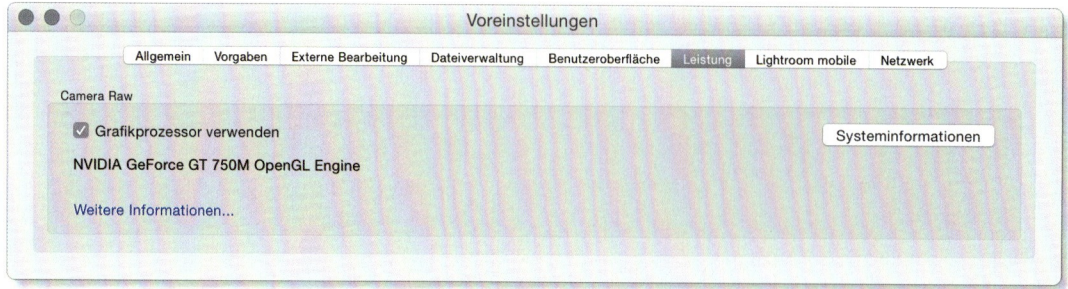

Abbildung 5.70 ▲
Dialog für Aktivierung der GPU-Beschleunigung

Processor Unit) handelt es sich um einen Prozessor auf der Grafikkarte. Dieser dient der Berechnung grafischer Aufgaben direkt auf der Grafikkarte, um sie dann am Monitor anzuzeigen. Vor allem bei 3D-Spielen wird diese Technik angewendet, um den Hauptprozessor zu entlasten. Bei modernen Grafikkarten ist die GPU bei grafischen Berechnungen um ein Vielfaches schneller als der interne Prozessor, weil sie nur darauf spezialisiert ist. Lightroom kann GPUs dazu verwenden, die Anzeigegeschwindigkeit zu erhöhen. Zwar wird die Berechnung der Entwicklungsparameter selber nicht beschleunigt, jedoch die Anzeige des berechneten Bildes. Das Bild wird beispielsweise beim Schieben des Schärfereglers schneller aktualisiert. Dadurch wird die Verarbeitungsgeschwindigkeit subjektiv erhöht, das Arbeiten wird flüssiger.

Register »Lightroom mobile«

In diesem Register können Sie die Verbindung zu Lightroom mobile konfigurieren. Bei Lightroom mobile werden alle entsprechend markierten Bilder in eine Cloud von Adobe geladen und von dort aus mit Lightroom mobile auf dem Tablet oder Smartphone synchronisiert. Dort durchgeführte Änderungen werden dann wieder zurück in Lightroom auf Computer synchronisiert.

- **Beitreten:** Zum Nutzen des Dienstes benötigen Sie eine Adobe-ID. Über diese Schaltfläche gelangen Sie zum Registrierungsdialog.
- **Alle Daten löschen:** Klicken Sie diese Schaltfläche an, werden alle Daten in der Cloud und auf Ihren mobilen Geräten gelöscht. Auf Ihrem Computer ändert sich aber nichts.
- **Weitere Kontoinformationen online:** Dieser Button öffnet den Webbrowser und zeigt Ihnen Ihre Kontodaten der Adobe-ID an. Sie müssen dazu jedoch einmal Ihr Adobe-ID-Passwort eingeben.

5.4 Voreinstellungen

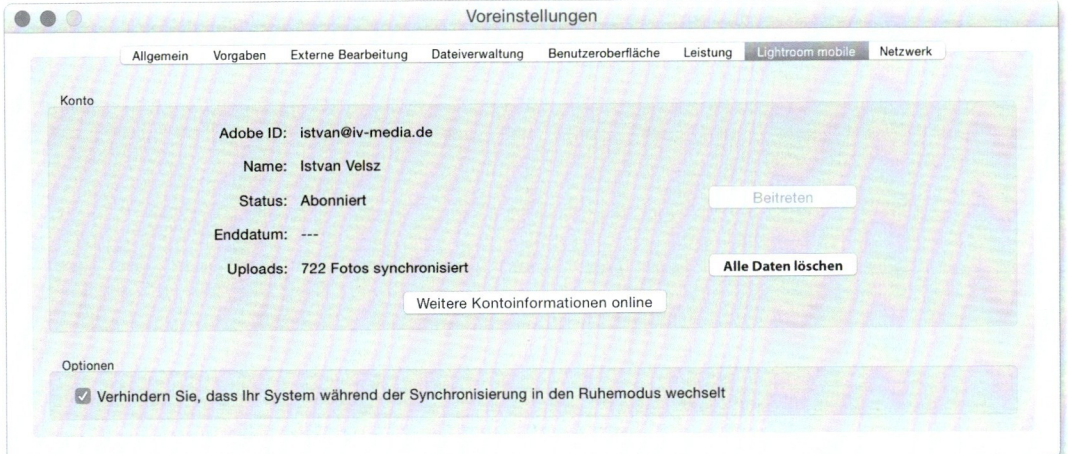

▲ Abbildung 5.71
Konfiguration der Verbindung mit Lightroom mobile

▸ **Verhindern Sie, dass Ihr System während der Synchronisierung in den Ruhemodus wechselt:** Synchronisieren Sie eine größere Menge Bilder, zum Beispiel über Nacht, würde die Synchronisierung unterbrochen werden, wenn sich der Ruhezustand des Rechners aktiviert. Um dies zu verhindern, können Sie die Kontrollbox aktivieren. Die Übertragung wird dann komplett durchgeführt, bevor der Rechner in den Ruhezustand wechselt.

Register »Netzwerk«

Falls bei Ihnen der Zugang zum Internet nicht direkt, sondern nur über einen Proxyserver, wie es in einigen Unternehmen nur zwingend möglich ist, können Sie hier Ihre Zugangsdaten zum Netzwerk und Proxyserver eingeben.

▲ Abbildung 5.72
Dialog für die Zugangsdaten bei der Verwendung eines Proxyservers

5.5 Einstellen des Ansichtsmodus

Wenn der Platz auf dem Monitor nicht ausreicht oder die Menüleiste, die Windows-Taskleiste oder das Dock in Mac OS X stören, haben Sie die Möglichkeit, diese auszublenden. Dabei wird Lightroom so vergrößert, dass es diese Elemente überlagert. Inklusive der Standardansicht sind in Lightroom vier Bildmodi möglich: Normal, Vollbild mit Menüleiste, Vollbild und Vollbildvorschau.

Zum Umschalten der Ansichtsmodi wählen Sie im Menü den Punkt Fenster, anschließend im offenen Menü den Punkt Ansichtsmodi und dann im Untermenü den gewünschten Modus. Mit der Tastenkombination ⇧+F können Sie durch die einzelnen Ansichtsmodi schalten.

Normal | Menüleiste, Taskleiste und Dock sind eingeblendet. Zusätzlich wird die Titelzeile des Fensters beziehungsweise des Programms angezeigt.

Vollbild mit Menüleiste | In diesem Modus wird nur der Fensterbalken ausgeblendet, und es ist nicht mehr möglich, das Fenster zu skalieren oder zu verschieben.

Vollbild | Hier werden zusätzlich die Menü- und die Taskleiste beziehungsweise das Dock ausgeblendet. Lightroom nimmt den kompletten Platz auf dem Bildschirm ein, Elemente des Betriebssystems sind nicht mehr zu erkennen. Bewegt man in diesem Modus die Maus an den oberen Bildschirmrand, wird die Menüleiste wieder eingeblendet.

Vollbildvorschau | Durch Drücken der Taste F wird das aktuelle Bild auf dem kompletten Monitor dargestellt. Alle Bedienelemente und der Programmrahmen werden dabei ausgeblendet. Ein erneutes Drücken der Taste F beendet diesen Ansichtsmodus.

Vollbildschirm und Bedienfelder ausblenden | Hierbei handelt es sich nicht um einen eigenen Ansichtsmodus, sondern um eine Sonderform der Vollbildansicht. Hier wird in den Vollbildmodus geschaltet, und gleichzeitig werden alle Bedienfelder um das Ansichtsfenster herum weggeblendet. Die Tastenkombination hierfür lautet auf dem Mac ⇧+⌘+F beziehungsweise Strg+⇧+F unter Windows.

5.5 Einstellen des Ansichtsmodus

◄ **Abbildung 5.73**
Die Standarddarstellung mit Menüleiste und Dock am Mac. Unter Windows sind die Menüleiste und die Schnellstartleiste/Taskleiste zu sehen.

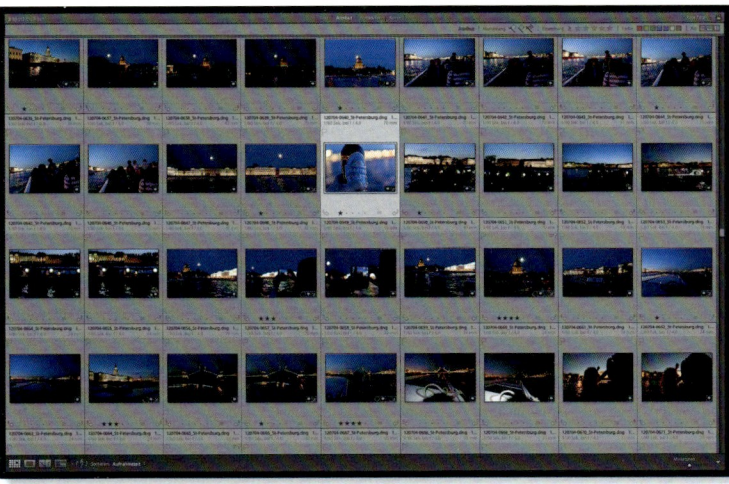

◄ **Abbildung 5.74**
Im Vollbildschirm und Bedienfelder ausblenden können auch gleich die Bedienfelder mit ausgeblendet werden. Man kann sich hier voll auf das Ansichtsfenster konzentrieren.

◄ **Abbildung 5.75**
Die Beleuchtung der Arbeitsoberfläche kann in Lightroom gedimmt oder sogar komplett abgedunkelt werden. Wählen Sie dafür im Menü Fenster den Punkt Beleuchtung, und aktivieren Sie darin den Unterpunkt Gedämpftes Licht. Mit Beleuchtung aus werden die Bedienelemente komplett ausgeblendet. Sie können durch die einzelnen Beleuchtungsmodi auch mit der Taste L hin und her wechseln.

209

5.6 Die Dateistruktur von Lightroom

Dank der Fülle an Einstellungsmöglichkeiten nimmt Lightroom dem Benutzer viel manuelle Verwaltungsarbeit ab. Dabei werden jede Menge Dateien erzeugt, die in einer speziell dafür entworfenen Dateistruktur abgelegt werden.

Die internen Vorgabedateien

Alle Vorgabedateien, Standard-Plug-ins, befinden sich in Systemordnern des Benutzers und lassen sich ohne weitgehende Administrationsrechte nicht öffnen beziehungsweise sind für den Normalbenutzer erst gar nicht sichtbar. Daher sind diese Angaben nur für versierte Benutzer mit weitgehenden Kenntnissen nützlich. Ein Normalanwender benötigt keinen Zugang zu diesen Dateien.

Die Standardverzeichnisse befinden sich am Mac im Benutzerordner unter LIBRARY/APPLICATION SUPPORT/ADOBE/LIGHTROOM. Unter Windows befinden sich die Dateien unter C:\USERS\[USER NAME]\AppData\Roaming\Adobe\Lightroom\. Da Vorgaben nicht in einem gemeinsam genutzten Ordner für alle Benutzer abgelegt werden, können Vorgaben exportiert und unter einem anderen Benutzer wieder importiert werden. Es ist jedoch auch möglich, einen Vorgabeordner in demselben Ordner wie die Katalogdatei abzulegen (siehe Abbildung 5.77). Dies stellen Sie in den KATALOGEINSTELLUNGEN ein. Mehr dazu finden Sie auf Seite 217.

Vorgaben werden grundsätzlich als Textdateien abgelegt. Ihr Inhalt erinnert an eine Skriptsprache, wie zum Beispiel JavaScript. Wer sich ein wenig damit beschäftigt, kann theoretisch auch eigene Vorgaben oder sogar Buch-Templates programmieren. Allerdings stellt sich die Frage nach dem Warum, denn es müsste sich dabei um Aufgaben handeln, die mit den bestehenden Funktionen im Programm nicht möglich wären – und da fällt einem auch nach längerem Arbeiten mit der Software nicht viel ein.

> **HINWEIS**
>
> Auf der Adobe-Webseite unter *https://helpx.adobe.com/lightroom/kb/preference-file-locations-lightroom-41.html* erhalten Sie mehr Informationen darüber, wo sich wichtige Lightroom-Dateien befinden.

Abbildung 5.76 ▶
Vorgaben werden als skriptähnliche Textdateien gespeichert.

```
s = {
    internalName = "Lens Correction Nikkor 50mm f1.4",
    title = "Lens Correction Nikkor 50mm f1.4",
    type = "Develop",
    value = {
        settings = {
            ChromaticAberrationB = 0,
            ChromaticAberrationR = -6,
            ColorNoiseReduction = 5,
            EnableDetail = true,
            EnableLensCorrections = true,
            LuminanceSmoothing = 0,
        },
        uuid = "421CA26E-EC64-11DB-9DD2-00145131B40A",
    },
    version = 0,
}
```

5.7 Zusatzmodule für Lightroom

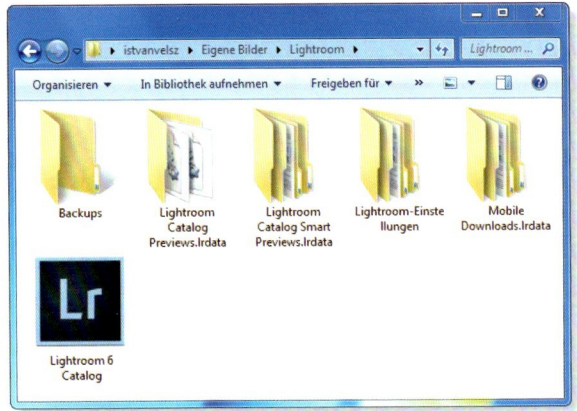
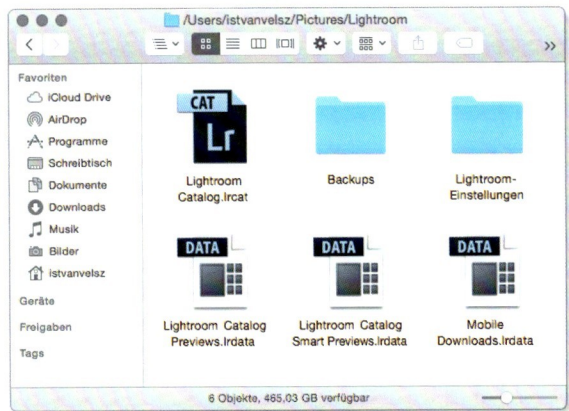

▲ **Abbildung 5.77**
Vorschaubilder werden getrennt von der Datenbank gespeichert. Das reduziert die Dateigröße der wichtigen Datei. Previews lassen sich jederzeit neu generieren, eine Datenbank kann nicht mehr rekonstruiert werden. Deshalb gibt es auch die Backup-Funktionen.

Die Lightroom-Datenbank

Interessant ist die Struktur der Datenbank, in der Lightroom alle relevanten Bildinformationen speichert. Die Default- beziehungsweise Standarddatenbank wird im Ordner BILDER/LIGHTROOM am Mac beziehungsweise unter EIGENE BILDER\LIGHTROOM auf dem Windows-PC des angemeldeten Benutzers erzeugt. Sie besteht aus der Katalogdatei (zum Beispiel »Lightroom Catalog.lrcat«), einer externen Datei mit den gerenderten Vorschaubildern (zum Beispiel »Lightroom Catalog Previews.lrdata«), dem Smart-Preview-Verzeichnis und einem Verzeichnis namens BACKUPS. Dort hinein wird in regelmäßigen Abständen die Datenbank gesichert. Den Namen der Datenbank können Sie auch ändern, etwa wenn Sie mit mehr als nur einer Datenbank arbeiten möchten.

Bei einem Backup wird nur die Datenbank selbst gesichert, die Vorschaubilder können ja aus der Datenbank neu generiert werden. Außerdem kann die Datei mit den Vorschaubildern bei mehreren tausend Bildern schnell auf ein paar Gigabyte anwachsen.

5.7 Zusatzmodule für Lightroom

Adobe Lightroom bietet eine eigene Plug-in-Schnittstelle an, mit der man den Funktionsumfang erweitern kann. Allerdings ist diese Erweiterungsfähigkeit nur auf Funktionen beschränkt, die nicht die Module verändern beziehungsweise erweitern. Das bedeutet, es sind Plug-ins für Import, Export, Metainformationen (IPTC, EXIF) etc. möglich, jedoch kann beispielsweise kein eigenes Rauschreduzierungs- oder Maskierungs-Plug-in integriert werden. Plug-ins, die das anbieten, exportieren das Bild in eine externe Anwendung.

Abbildung 5.78 ▲
Der ZUSATZMODUL-MANAGER wird über das DATEI-Menü aufgerufen.

Kapitel 5 Die Arbeitsoberfläche

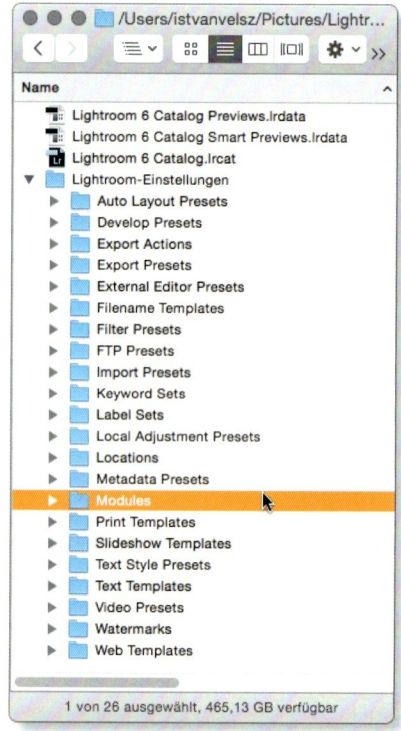

▲ Abbildung 5.79
Einen Ordner für die Plug-ins, zum Beispiel für Module, können Sie im Einstellungsordner erstellen.

Weitere Bearbeitungen werden dann an dieser Arbeitskopie vorgenommen. Die zusätzlichen Kopien benötigen meist viel Platz, da sie als 16-Bit-TIFF-Bilder gespeichert werden müssen.

Dennoch sind diese Zusatzmodule sehr hilfreich, denn sie ermöglichen es beispielsweise, Online-Bilddatenbanken wie Gallery2, Coppermine oder Social-Media-Plattformen wie Facebook, Flickr etc. direkt mit Bildern zu versorgen. Die Tethering-Verbindung von Adobe wird auch über diese Plug-ins realisiert.

Zusatzmodule installieren

Im Gegensatz zu Vorgaben können Plug-ins beziehungsweise Module systemübergreifend in einem für alle Benutzer gemeinsamen Ordner abgelegt werden. Plug-ins könnten sogar an beliebigen Plätzen gespeichert werden. Sinnvollerweise sollten die Zusatzmodule aber immer am selben Ort abgelegt werden. Die Lightroom-eigenen Module, die im Lieferumfang enthalten sind, liegen im Systemverzeichnis.

Eigene Zusatzmodule können Sie beispielsweise auch in Ihrem Ordner LIGHTROOM-EINSTELLUNGEN beim Katalog sichern, wenn Sie in den VOREINSTELLUNGEN im Register VORGABEN die Kontrollbox VORGABEN MIT DIESEM KATALOG SPEICHERN aktiviert haben (Seite 221). Legen Sie dort einfach einen Ordner MODULE an, und schieben Sie die Plug-in-Dateien hinein. Die Dateinamen enden auf ».lrplugin«. Wenn mehrere Personen an einem Rechner arbeiten, dann wäre ein allgemein zugänglicher Ordner sinnvoller.

Nach dem Kopieren in die entsprechenden Verzeichnisse sollten die Zusatzmodule noch im ZUSATZMODUL-MANAGER von Lightroom hinzugefügt werden.

Zusatzmodul-Manager

Im ZUSATZMODUL-MANAGER können Sie Add-ons hinzufügen, aktivieren oder deaktivieren. Darüber hinaus zeigt der Manager auch noch weitere Informationen zu jedem Add-on an. Außerdem können Module bei Fehlfunktionen hier neu gestartet werden.

Adobe-Add-ons | Über diese Schaltfläche gelangen Sie direkt auf die Website von Adobe, wo Sie weitere Add-ons finden. Dort können Sie Add-ons, nicht nur für Lightroom, herunterladen.

5.7 Zusatzmodule für Lightroom

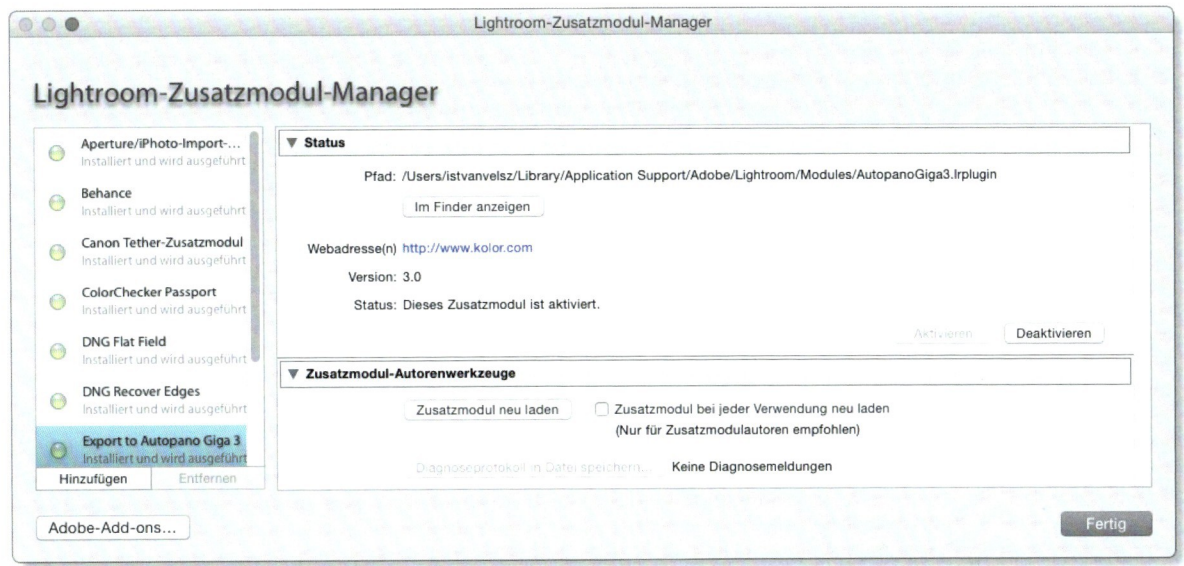

▲ **Abbildung 5.80**
Mit Hilfe des Zusatzmodul-Managers lassen sich die Plug-ins verwalten.

Hinzufügen | Über die Schaltfläche links unten können Sie neue Zusatzmodule hinzufügen. Nach dem Anklicken öffnet sich ein Dateidialog, mit dessen Hilfe Sie den Speicherort des Add-ons angeben können.

Entfernen | Natürlich können Sie Zusatzmodule auch wieder löschen. Dazu wählen Sie ein Add-on aus der Liste aus und klicken

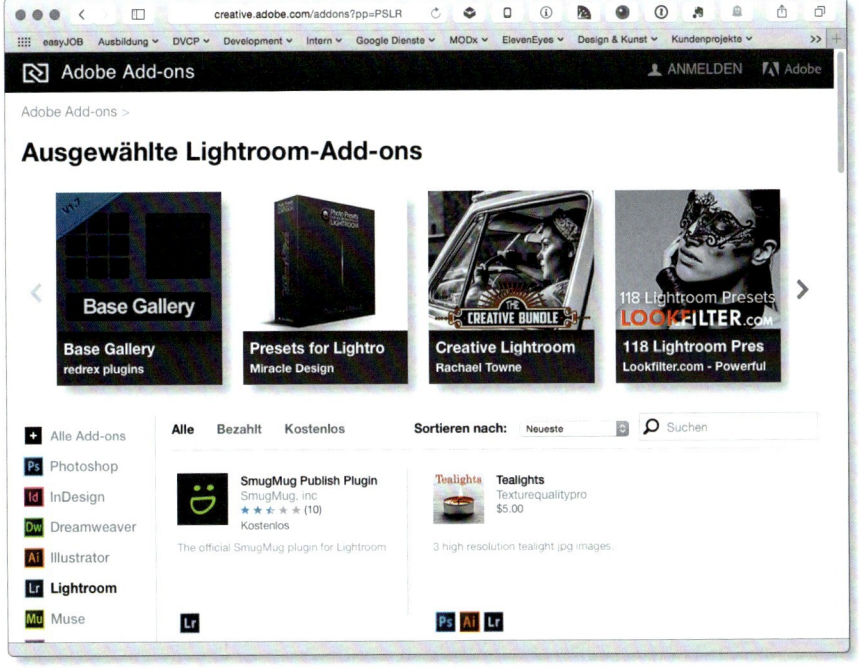

◀ **Abbildung 5.81**
Adobe bietet eine eigene Seite mit Links und Downloads zu den wichtigsten Plug-ins und Presets. Diese finden Sie unter *https://creative.adobe.com/addons?pp=PSLR*.

Kapitel 5   Die Arbeitsoberfläche

auf die ENTFERNEN-Schaltfläche. Es können aber nur Add-ons entfernt werden, die nicht im Standardverzeichnis für Module (siehe oben) liegen.

Aktivieren und Deaktivieren | Ist ein Zusatzmodul ausgewählt, können Sie dieses im Informationsbereich rechts temporär deaktivieren und später auch wieder aktivieren. Das ist erforderlich, falls sich Plug-ins gegenseitig beeinflussen und dann eventuell nicht richtig funktionieren. Dann hilft es oft, diese vorübergehend zu deaktivieren.

Zusatzmodul-Autorenwerkzeuge | Hier aktivieren Entwickler die Darstellung von Fehlermeldungen. Weiterhin können instabile Zusatzmodule bei jeder Verwendung neu geladen werden.

Abbildung 5.82 ▶
Für Entwickler bieten die ZUSATZMODUL-AUTORENWERKZEUGE zusätzliche Einstellungen zur Fehlerdiagnose.

Zusatzmoduloptionen

Einige Add-ons benötigen zusätzliche Parameter, wie zum Beispiel Speicherorte. Diese können auch ohne den Weg über den ZUSATZMODUL-MANAGER eingestellt werden. Dazu müssen Sie nur im Menü DATEI über ZUSATZMODULOPTIONEN das entsprechende Add-on anwählen.

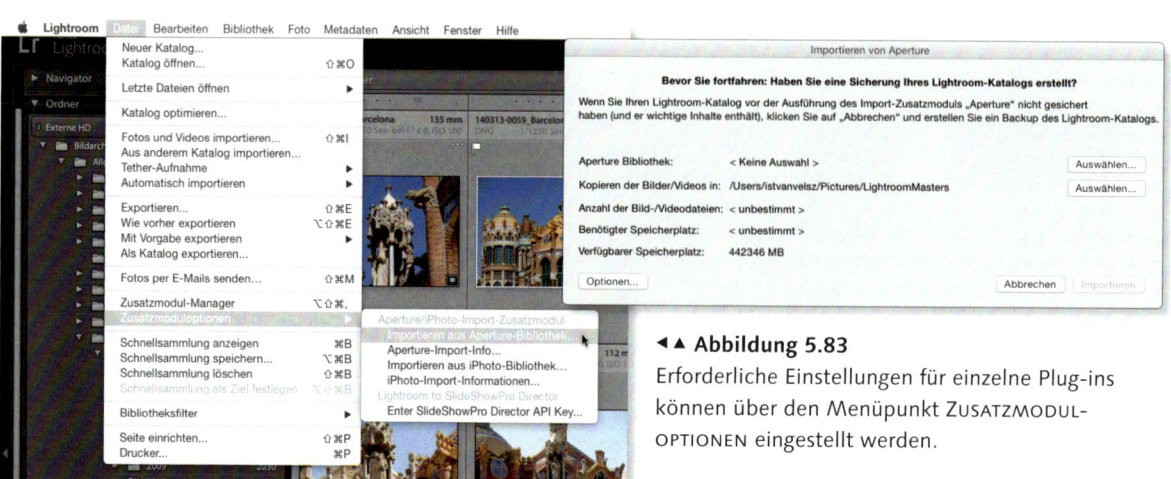

◂▴ Abbildung 5.83
Erforderliche Einstellungen für einzelne Plug-ins können über den Menüpunkt ZUSATZMODULOPTIONEN eingestellt werden.

Kapitel 6
Arbeiten mit Katalogen

Der Katalog ist die physikalische Datenbankdatei von Lightroom. Darin werden alle Bildhinweise, Metadaten, Schlüsselwörter, Entwicklungseinstellungen etc. gespeichert. Der Katalog ist quasi die Projektdatei für Ihre Arbeit mit Lightroom. Geht sie verloren, sind womöglich alle Entwicklungen und Informationen zu den Bildern verschwunden. Sie sollten also wissen, wie Sie mit Katalogen umgehen.

In diesem Kapitel erfahren Sie, wie Sie Kataloge verwalten, prüfen und sichern. Sie erfahren auch, wie Sie Kataloge austauschen und was erforderlich sein kann, wenn Sie auf wechselnden Rechnern arbeiten – etwa auf einem Desktop-Computer und einem Notebook.

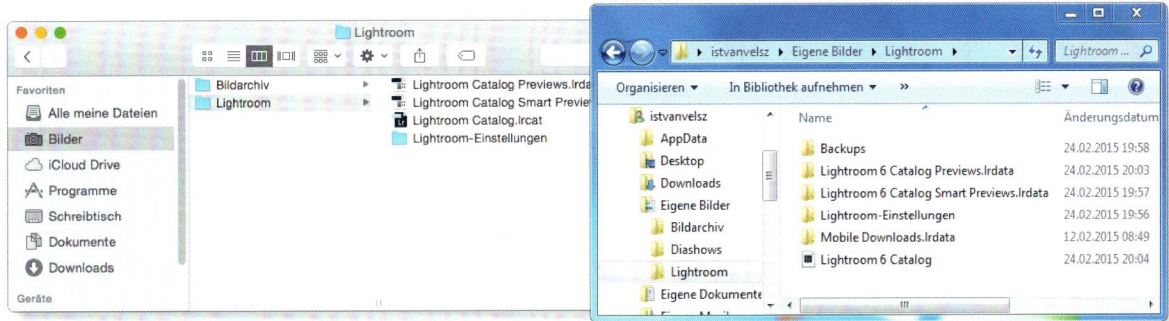

▲ **Abbildung 6.1**
Katalogordner liegen normalerweise auf beiden Betriebssystemen in den benutzereigenen Bilderordnern.

6.1 Einer oder mehrere Kataloge?

Zu Beginn eine Vorüberlegung: Theoretisch ist es möglich, mehrere Kataloge für Lightroom anzulegen. Die Frage ist nur, warum sollte man das tun? Sicher könnte man dann jeden Auftrag oder jede Fotoreise in eine eigene Datenbank importieren. Der Vorteil, dass Sie mit Lightroom all Ihre Bilder zusammen in einem Katalog verwalten können, geht dann aber verloren. Mehrere Kataloge machen

Kapitel 6 Arbeiten mit Katalogen

TIPP

Beim ersten Start legt Lightroom den Katalog in den Lightroom-Ordner direkt im benutzereigenen Bilderordner ab. Arbeitet man mit mehreren Katalogen, sollte man den Standardkatalog mit seinen zugehörigen Daten (Previews, Backup) in einen neuen Unterordner verschieben und weitere Kataloge im Ordner LIGHTROOM anlegen. Dann behält man eine saubere Struktur bei.

nur Sinn, wenn sich Bilder in ihren Themen oder Einsatzzwecken nicht überschneiden.

Ich selbst arbeite mit nur einer Bibliothek und noch mit einer zusätzlichen nur für dieses Buch. Anfangs hatte ich einen weiteren Katalog mit Bildern für meine 360°-Panoramafotos. Da hier ein komplettes Panoramabild aus bis zu 75 Einzelbildern besteht, hatte ich mich entschlossen, den Katalog auszulagern. Doch inzwischen regle ich das über Metadaten und Farbmarkierungen.

Wenn Sie Lightroom zum ersten Mal starten, geht das Programm davon aus, dass Sie mit nur einem Katalog arbeiten wollen, und legt einen Standardkatalog an. Dieser trägt sinnigerweise den Namen »Lightroom Catalog.lrcat« und ist unter Mac OS X zu finden unter dem Benutzerordner in BILDER/LIGHTROOM und auf dem Windows-PC unter EIGENE BILDER\LIGHTROOM. Es können beliebig viele Kataloge angelegt oder geöffnet werden, allerdings nicht mehrere gleichzeitig. Auch das Importieren von einzelnen Katalogen in andere Kataloge ist möglich.

6.2 Katalogeinstellungen

Ein Katalog besitzt seine eigenen Voreinstellungen. Diese geben Informationen zum Katalog, definieren das Backup-Intervall, die Vorschaugrößen oder das Verarbeiten der Metadaten. Das Voreinstellungsmenü erreichen Sie über den Menüpfad DATEI • KATALOGEINSTELLUNGEN (Windows: BEARBEITEN • KATALOGEINSTELLUNGEN) oder über den Dialog VOREINSTELLUNGEN im Register ALLGEMEIN.

Abbildung 6.2 ▼
KATALOGEINSTELLUNGEN zur allgemeinen Dateiinformation und zum Backup-Intervall

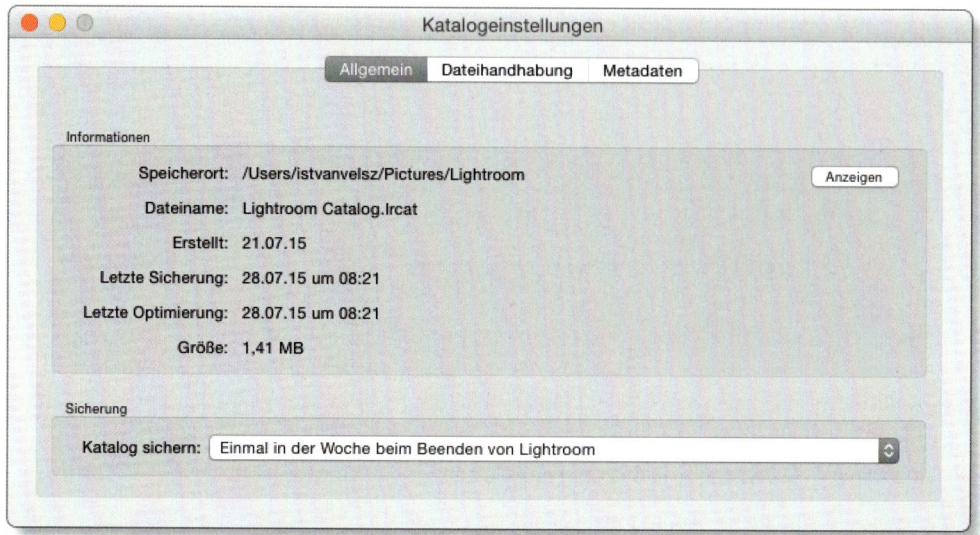

Register »Allgemein«

Im ersten Bereich finden Sie Dateiinformationen und den Speicherpfad des aktuell aufgerufenen Katalogs. Zudem können Sie ein automatisches Backup einstellen und die Dateigrößen optimieren. Im Einzelnen können Sie folgende Optionen anpassen:

Informationen | Hier werden Ort, Größe und Bearbeitungsdatum der Katalogdatei angegeben. Über ANZEIGEN wird der Ordner der Katalogdatei geöffnet, und die Datei darin wird sichtbar.

Sicherung | Kataloge sollten in regelmäßigen Abständen als Kopie gesichert werden. Über das Dropdown-Menü wird dafür ein automatisches Intervall festgelegt. Am besten brennt man die gesicherte Bibliotheksdatei dann noch auf eine DVD. Gesicherte Kataloge befinden sich im Ordner BACKUP des jeweiligen Katalogs.

> **Vorschaubilder**
> Lightroom zeigt in der Bibliothek in der Regel sehr viele Bilder auf einmal an. Das geht auf die Systemauslastung, vor allem wenn es sich um speicherintensive Raw-Daten handelt. Um die Ressourcen zu schonen, arbeitet Lightroom mit kleingerechneten Vorschaudateien. Ein weiterer Vorteil dabei ist, dass man Bilder so auch betrachten kann, ohne die Originalbilder mit dabeihaben zu müssen – beispielsweise wenn man ohne externe Festplatte mit Laptop unterwegs ist. Sogar eine Diashow kann man aus Preview-Bildern erzeugen.

Register »Dateihandhabung«

Das zweite Register dreht sich um die im Modul BIBLIOTHEK angezeigten Miniaturen der Bilder aus dem jeweiligen Katalog. Zudem kann Ordnung in den Bildimport gebracht werden.

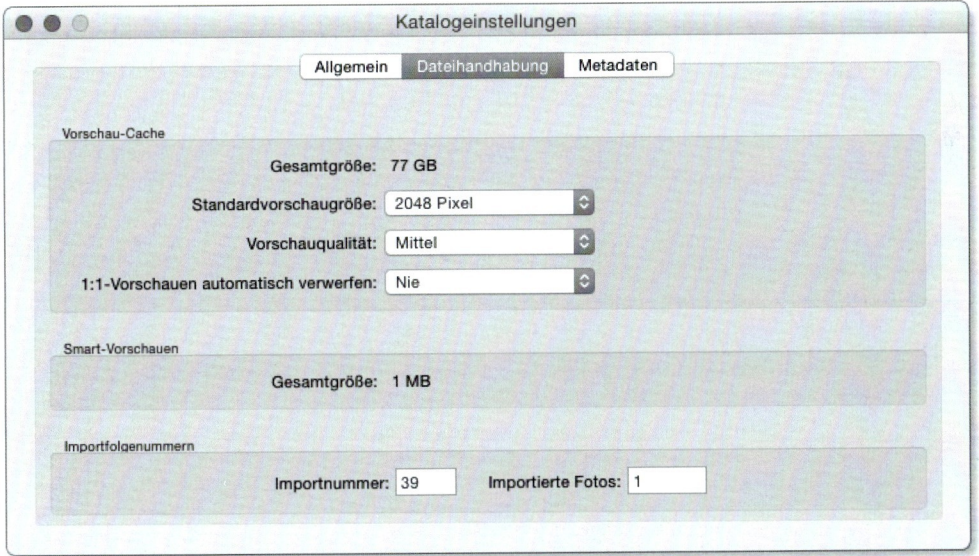

▲ Abbildung 6.3
KATALOGEINSTELLUNGEN zur Größe von Preview-Dateien und zur Nummerierung von Bildern beim Import

Vorschau-Cache | Damit Dateien in der Bibliothek schneller angezeigt werden, erstellt Lightroom Vorschaubilder und legt diese in einer Cache-Datei ab. Im oberen Bereich des Einstellungsmenüs

TIPP

Wählen Sie als Vorschaugröße einen Wert, der nicht größer ist als die Auflösung Ihres Notebooks oder Beamers. Das spart Speicherplatz. Stationäre Systeme benötigen ebenfalls keine hohe Vorschaugröße, da sie im Zweifelsfall auch auf die Originaldaten zugreifen können – in der Regel liegen diese ja auf einem lokalen Rechner vor.

kann man die Erstellung und den Umgang mit diesen Vorschaubildern steuern:

- **Standardvorschaugröße:** Hier wird angegeben, in welche Pixelgröße die Vorschaubilder runtergerechnet werden sollen. Der Wert AUTOMATISCH erstellt die Vorschaubilder in der Größe des aktuellen Monitors.
- **Vorschauqualität:** Previews werden als komprimierte JPEGs gespeichert. Die Qualität ist dabei abhängig von der Kompressionsrate. Je geringer die Qualitätsstufe, desto geringer ist der benötigte Speicherplatz. MITTEL ist ein guter Kompromiss.
- **1:1-Vorschauen automatisch verwerfen:** Bei Raw-Daten errechnet Lightroom die Vorschaubilder zuerst aus den Einstellungen in den Metadaten. Die dann gezeigten Bilder besitzen die volle Auflösung und sind unkomprimiert. Daher benötigen sie, je nach Auflösung der Kamera, viel Platz – bis zu 30 MB und mehr. Um nicht für Daten, die selten oder nur einmal gebraucht werden, Speicherplatz zu verschwenden, vergisst sie Lightroom nach einiger Zeit wieder. Arbeitet man aber nur mit kurzen Unterbrechungen an einem Bild, wird der Workflow durch die 1:1-Vorschauen beschleunigt. Das Zeitintervall, in dem die 1:1-Vorschauen gelöscht werden, können Sie hier wählen.

Smart-Vorschauen | Hier wird Ihnen die Größe aller Smart-Vorschauen in Ihrem Katalog angezeigt.

Importfolgenummern | Beim Import können die Bilder automatisch durchnummeriert werden. Dazu wird ein Token (Textbaustein) verwendet. Bei jedem Import, der dieses Token verwendet, wird der Zähler für die Bildnummer erhöht. Zusätzlich wird dann auch

Abbildung 6.4 ▼
Dateien können beim Import mit Nummern versehen werden. So wird beispielsweise verhindert, dass aus Versehen doppelte Dateinamen entstehen.

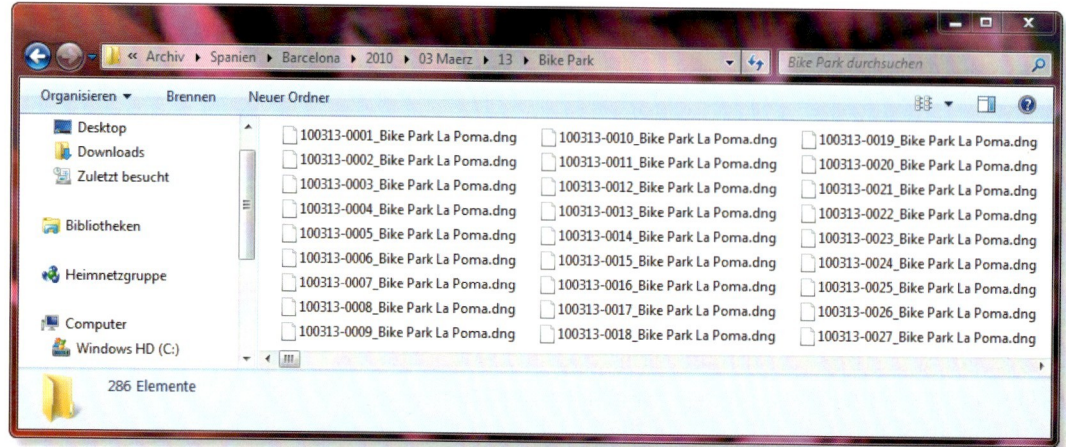

noch die Anzahl der Importsitzungen (Sequenzen) mitgezählt. Somit werden doppelte Nummern vermieden. Durch Eingabe eines beliebigen Wertes kann in die Zählung eingegriffen werden, zum Beispiel bei einer fehlerhaften Importsequenz.

- **Importnummer:** Gibt die Anzahl der Importsitzungen/Sequenzen unter Verwendung des entsprechenden Tokens vor.
- **Importierte Fotos:** Gibt die Anzahl aller importierten Fotos unter Verwendung des entsprechenden Tokens vor.

Register »Metadaten«

Das letzte Register dient dazu, die Anzeige und das Speichern der Metadaten zu konfigurieren. Hier kann auch eingestellt werden, dass Lightroom die Metadaten in XMP-Daten schreibt, die auch von anderen Programmen ausgelesen werden können.

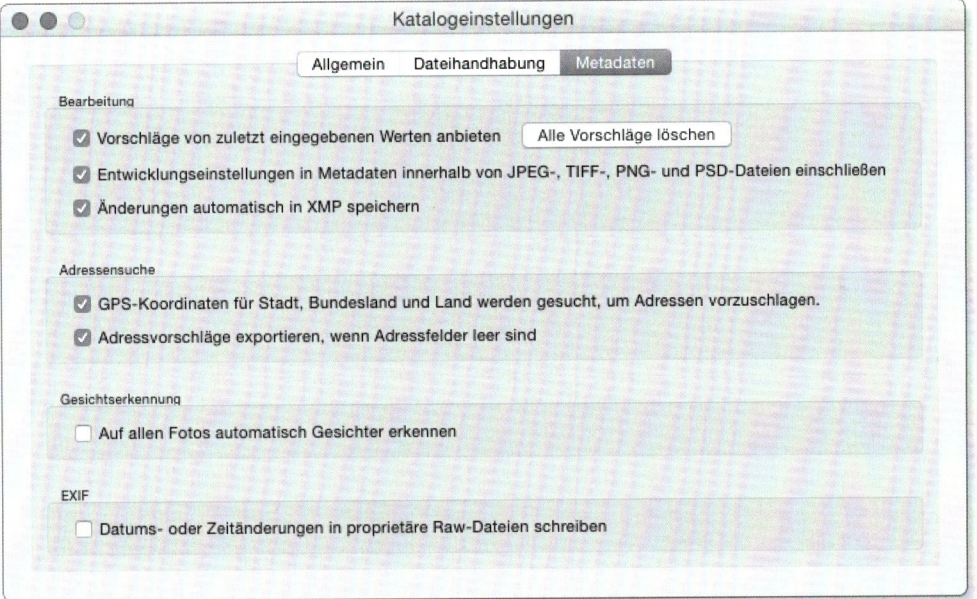

▲ **Abbildung 6.5**
Katalogeinstellungen zur Verarbeitung und Speicherung von Metadaten im Katalog

Vorschläge von zuletzt eingegebenen Werten anbieten | Werden Metadaten für ein Bild eingetragen, speichert Lightroom diese in einer Liste. Beim Eintippen neuer Metadaten wird dort nachgesehen, ob die Buchstabenkombination bereits existiert, und die entsprechenden Wörter werden als Vorschlag angezeigt. Dieses Verfahren wird auch als *Auto-Vervollständigen* bezeichnet und beispielsweise in Webbrowsern bei Webadressen verwendet. Die Liste können Sie mit der Schaltfläche rechts neben der Beschreibung löschen.

> **Kataloge und Lightroom mobile**
>
> Lightroom mobile hat seinen eigenen Katalog. Sie können also nicht einen Katalog einfach auf das Mobilgerät kopieren. Sie können nur einzelne Sammlungen zwischen Lightroom Desktop und Lightroom mobile austauschen. Die Bilder werden dann in einer komprimierten DNG-Datei auf der Lightroom-Website unter Ihrer Adobe-ID abgelegt. Von dort aus werden die Bilder dann synchronisiert. Einstellungen, die Sie unter Lightroom mobile gemacht haben, werden in die Desktop-Version zurückgespielt und dort auf das Original angewendet. Mehr zu Lightroom mobile finden Sie ab Seite 913.

Entwicklungseinstellungen in Metadaten innerhalb von JPEG-, TIFF-, PNG- und PSD-Dateien einschließen | Entwicklungseinstellungen können in die Lightroom-Datenbank oder in den XMP-Teil der Dateien geschrieben werden. Bei aktiviertem Kontrollkästchen schreibt Lightroom die Daten in die Datei. Andere Programme können somit die Entwicklungseinstellung übernehmen. Allerdings funktioniert das bisher nur mit Lightroom und ACR (Adobe Camera Raw). Das hat aber den Vorteil, dass selbst bei einem Verlust der Datenbank die Einstellungen in den Dateien erhalten bleiben. Beim Neuimport sind dann die Einstellungen wieder vorhanden. Für Benutzer, die mit ACR arbeiten, stehen die Einstellungen somit ebenfalls zur Verfügung.

Änderungen automatisch in XMP speichern | Wenn man mit anderen Benutzern an einer Sammlung gleicher Bilder arbeitet, will man nicht unbedingt, dass die Metadaten bei jeder Änderung in die Datei geschrieben werden. Man könnte sonst die vom anderen vorgenommenen Einstellungen überschreiben. Daher ist es ratsam, diese Option zu deaktivieren und die Metadaten »von Hand« in die Dateien zu schreiben. Wer aber ausschließlich mit Lightroom arbeitet, kann sie auch aktivieren. Sind viele Dateien in der Bibliothek, kann das Schreiben der Metadaten einige Zeit dauern.

GPS-Koordinaten für Stadt, Bundesland und Land werden gesucht, um Adressen vorzuschlagen | Ist diese Kontrollbox aktiviert, werden im Bild gespeicherte GPS-Koordinaten an Google Maps gesendet, um die entsprechende Adresse herauszufinden. Diese wird dann in die betreffenden Felder der IPTC-Metadaten geschrieben. Ist eines der Felder REGION, STADT, BUNDESLAND, LAND, ISO-LÄNDERCODE bereits ausgefüllt, wird die Suche nicht mehr durchgeführt. Die Ortssuche wird nicht nur beim Import durchgeführt – wenn Ihre Kamera einen GPS-Chip besitzt –, sondern auch beim Platzieren der Bilder im Karte-Modul (siehe Seite 436).

Adressvorschläge exportieren, wenn Adressfelder leer sind | Da das umgekehrte Geocoding nahezu unsichtbar abläuft, kann man durch Deaktivieren des Kontrollkästchens verhindern, dass diese Daten beim Export in die Datei geschrieben werden. Man muss dann vorher die automatisch eingetragenen Adressen bestätigen.

Auf allen Fotos automatisch Gesichter erkennen | Diese Funktion aktiviert die automatische Gesichtserkennung. Wird die Gesichtserkennung im Aktivitätszentrum angehalten, wird diese Kontrollbox deaktiviert und umgekehrt.

Datums- oder Zeitänderungen in proprietäre Raw-Dateien schreiben | Mit dieser Option wird gesteuert, ob Lightroom ein neues Datum und die Uhrzeit in proprietäre Raw-Dateien schreibt, wenn Sie mit Hilfe des Menübefehls des Bibliothek-Moduls META-DATEN • AUFNAHMEZEIT BEARBEITEN die Metadaten zur Aufnahmezeit eines Fotos ändern. Standardmäßig ist diese Option deaktiviert.

Mit dieser Funktion können Sie beispielsweise auf einer Reise die Aufnahmen an die entsprechende Zeitzone anpassen, ohne das Datum und die Uhrzeit an der Kamera von Hand umstellen zu müssen.

▲ **Abbildung 6.6**
Normalerweise können die EXIF-Aufnahmedaten nicht geändert werden. Nur das Datum kann umgestellt werden, um es beispielsweise an andere Zeitzonen anzupassen.

6.3 Vorgaben mit Katalog speichern

Arbeitet man mit Lightroom in der Grundeinstellung, werden alle Vorgaben im Systemordner abgelegt (siehe Kapitel 5, »Die Arbeitsoberfläche«, Seite 210). Man kann die Vorgaben für Entwicklung, Diashows etc. aber auch zusammen mit dem Katalog speichern. Dabei wird neben den Katalogdateien auch ein Ordner LIGHTROOM-EINSTELLUNGEN abgelegt. Wird diese Option aktiviert, nachdem bereits Vorgaben erstellt wurden, werden diese nicht automatisch in den Ordner übertragen.

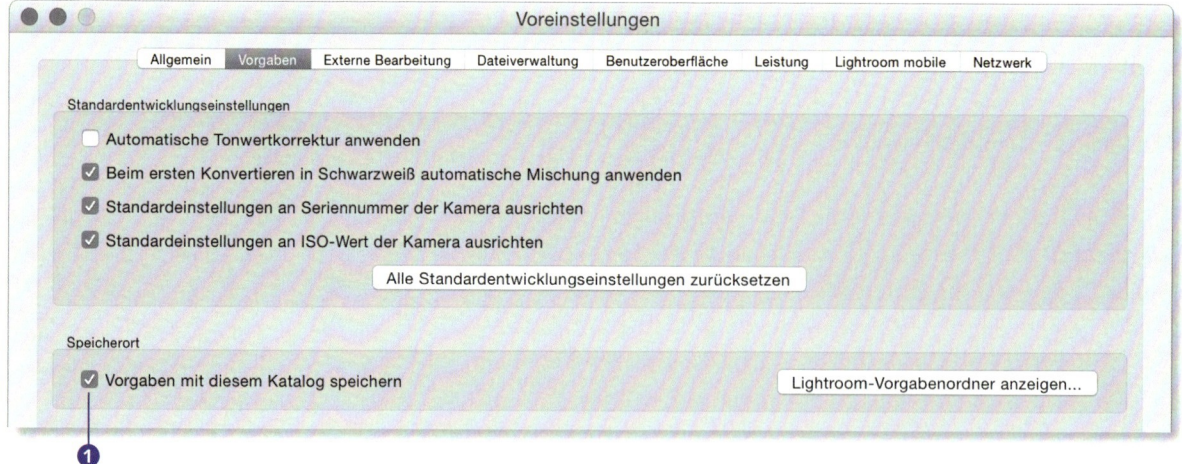

Abbildung 6.7 ▲
Ist das unterste Kontrollkästchen aktiviert, werden die Vorgaben in demselben Ordner wie der Katalog gespeichert.

Die Einstellung, um die Vorgaben zusammen mit dem Katalog zu speichern, ändern Sie nicht in den Katalogeinstellungen, sondern unter den Voreinstellungen, die Sie über den Menüpfad Lightroom • Voreinstellungen am Mac beziehungsweise Bearbeiten • Voreinstellungen unter Windows erreichen. Aktivieren Sie anschließend im Register Vorgaben die Kontrollbox Vorgaben mit diesem Katalog speichern ❶.

Dadurch, dass die Vorgaben beim Umschalten nicht kopiert werden, ergeben sich unterschiedliche Szenarien:

▸ **Lightroom wurde neu installiert, und es sind noch keine Vorgaben angelegt:** Dabei spielt es keine Rolle, ob Sie die Option aktivieren oder nicht. Ist die Option aktiviert und Sie legen einen weiteren Katalog an, sind dort keine Vorgaben vorhanden. Sie müssen diese erst in den neuen Katalogordner kopieren.

▸ **Es wurden schon Vorgaben gespeichert, die Option war bisher aber deaktiviert:** Aktivieren Sie jetzt die Option, verschwinden alle Vorgaben. Sie bleiben jedoch im Vorgabenordner des Betriebssystems. Möchten Sie diese auch in Ihrem Katalog haben, müssen Sie diese aus dem Systemordner in den Ordner Lightroom-Einstellungen des Katalogs kopieren.

▸ **Es wurden bereits Vorgaben erstellt, und die Option war aktiviert:** Deaktivieren Sie die Option jetzt, müssen Sie die Vorgaben aus dem Katalogordner in den Systemordner übertragen. Arbeiten Sie mit mehreren Katalogen und unterschiedlichen Vorgaben und wollen diese jetzt zusammen vereinen, müssen Sie die Einstellungen per Hand in den Systemordner verschieben.

> **TIPP**
>
> Falls Sie die Vorgaben im System speichern, können Sie eine Verknüpfung zu Ihrem Vorgabenordner in dem Ordner ablegen, in dem auch die Katalogdateien liegen. So haben Sie schnell Zugriff auf die Vorgaben, um sie beispielsweise auf den mobilen Rechner zu kopieren.

Schritt für Schritt
Vorgaben kopieren beim Wechseln der Option »Vorgaben mit diesem Katalog speichern«

Schalten Sie Lightroom so um, dass die Vorgaben zusammen mit dem Katalog gespeichert werden, werden nur die Lightroom-internen Vorgaben beim Katalog abgelegt. Um auch Ihre persönlichen Vorgaben beim Katalog zu speichern, müssen Sie die aus dem Systemordner zwischenspeichern.

1 Öffnen des Voreinstellungen-Dialogs
Öffnen Sie den Dialog über den Menüpfad LIGHTROOM • VOREINSTELLUNGEN am Mac beziehungsweise BEARBEITEN • VOREINSTELLUNGEN unter Windows, und wechseln Sie in das Register VORGABEN.

▲ Abbildung 6.8
Öffnen der VOREINSTELLUNGEN und Wechseln zum Reiter VORGABEN

2 Öffnen des Vorgabenordners
Klicken Sie auf die Schaltfläche LIGHTROOM-VORGABENORDNER ANZEIGEN, ohne dass das Kontrollkästchen VORGABEN MIT DIESEM KATALOG SPEICHERN aktiviert ist. Es öffnet sich dann je nach Voreinstellung der entsprechende Vorgabenordner aus dem System.

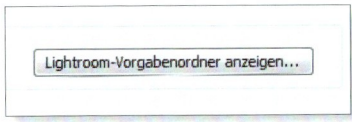

◀ Abbildung 6.9
Über diese Schaltfläche wird der Ordner im Finder beziehungsweise Explorer angezeigt.

3 Kopieren der Voreinstellungen
Nachdem der Ordner angezeigt wird, kopieren Sie den Inhalt in einen neuen Ordner an einen temporären Platz, zum Beispiel auf den Schreibtisch.

Abbildung 6.10 ▶
Normalerweise werden Vorgaben im Systemordner des Programms gespeichert. Durch Aktivierung des Kontrollkästchens werden Vorgaben im Ordner des Katalogs gespeichert.

4 Aktivieren/Deaktivieren der Option
Wechseln Sie jetzt wieder zurück in den Voreinstellungen-Dialog von Lightroom, und aktivieren Sie die Option Vorgaben mit diesem Katalog speichern.

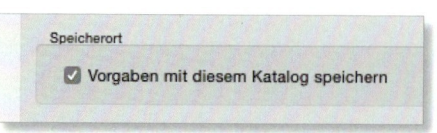

5 Kopieren der Voreinstellungen zum Katalog
Klicken Sie erneut auf die Schaltfläche Lightroom-Vorgabenordner anzeigen. Es öffnet sich jetzt der Vorgaben-Ordner beim Katalog. Kopieren Sie den Inhalt des temporären Ordners in den geöffneten Vorgabenordner.

Wenn Sie sich nicht sicher sind, ob in beiden Ordnern bereits Vorgaben vorhanden sind, die Sie nicht überschreiben wollen, müssen Sie die Inhalte der Ordner manuell überprüfen und kopieren.

Nach diesem Prinzip können Sie auch Vorgaben zwischen Katalogen kopieren. Dazu müssen Sie nur die Schaltfläche Lightroom-Vorgabenordner anzeigen anklicken, nachdem Sie den Katalog gewechselt haben.

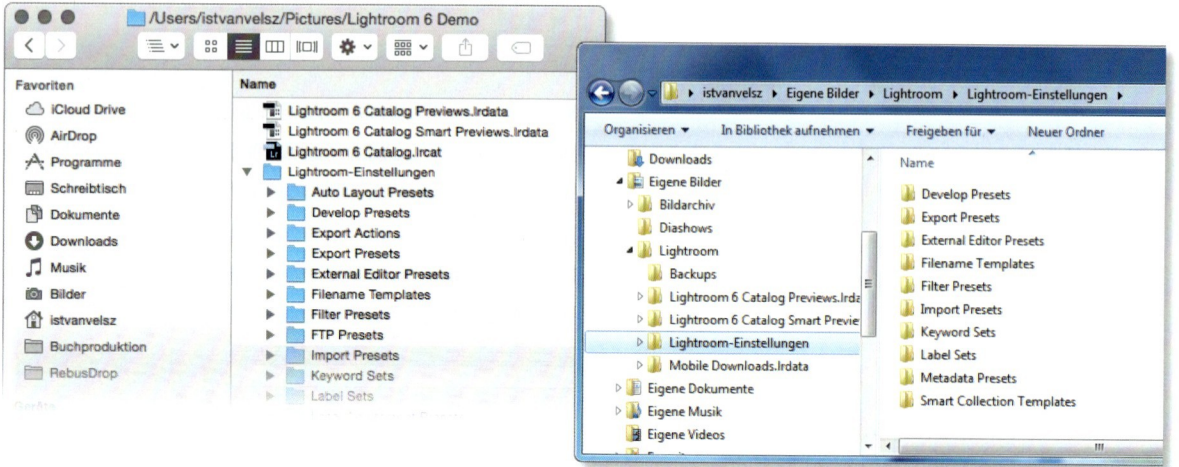

▲ **Abbildung 6.11**
Werden die Vorgaben mit dem Katalog gesichert, wird ein neuer Ordner neben dem Katalog angelegt. Dieser enthält Unterordner mit den Vorgaben.

6.4 Neuen Katalog anlegen und öffnen

Nachdem ein neuer Katalog angelegt wurde, startet Lightroom neu und öffnet den eben erstellten Katalog. Lightroom ist nicht in der Lage, mehrere Kataloge parallel zu öffnen.

Schritt für Schritt
Neuen Katalog erstellen und öffnen

In dieser Anleitung erfahren Sie, wie Sie neben dem Hauptkatalog weitere Kataloge anlegen und diese öffnen.

1 Neuen Katalog anlegen

Wählen Sie den Menüpunkt DATEI • NEUER KATALOG, und geben Sie einen Namen und Speicherort für den Katalog an.

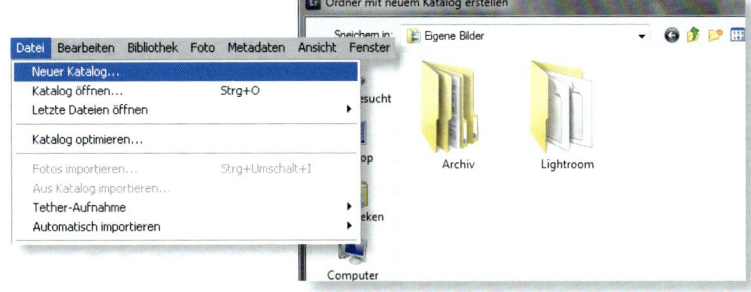

◀ **Abbildung 6.12**
Über den Menüpfad DATEI • NEUER KATALOG können Sie weitere Kataloge erstellen.

Für den neuen Katalog wird ein Ordner mit dem angegebenen Namen erstellt. In diesem Ordner liegen dann die gleichnamige Katalogdatei und die Vorschaudatei.

Lightroom öffnet immer den zuletzt aktiven Katalog. Wie man das umstellen kann, erfahren Sie im nächsten Abschnitt. Wenn Sie einen anderen Katalog öffnen wollen, geschieht das wie in allen anderen Programmen auch über einen Öffnen-Dialog.

2 Katalog öffnen

Wählen Sie den Menüpunkt Datei • Katalog öffnen, und wählen Sie die Katalogdatei aus, die Sie öffnen wollen. Lightroom startet daraufhin mit dem gewählten Katalog neu.

6.5 Katalog beim Programmstart wählen

Es ist auch möglich, Lightroom so voreinzustellen, dass bei jedem Neustart gefragt wird, welcher Katalog verwendet werden soll. Diese Option wird über die Voreinstellungen aktiviert.

Schritt für Schritt
Katalog immer beim Programmstart wählen

Wenn Sie oft zwischen Katalogen wechseln müssen, ist es einfacher, die Auswahl beim Starten von Lightroom zu treffen. Hier erfahren Sie, wie Sie Lightroom dahingehend einstellen.

1 Voreinstellungen öffnen

Das Dialogfeld wird am Mac über den Menüpfad Lightroom • Voreinstellungen und unter Windows über Bearbeiten • Voreinstellungen geöffnet. Den entsprechenden Parameter finden Sie dann im Register Allgemein.

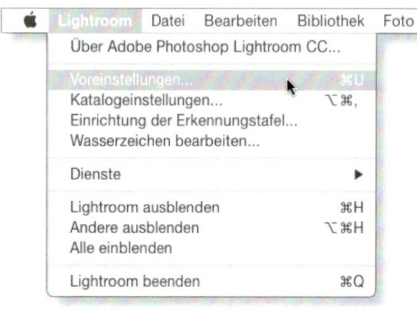
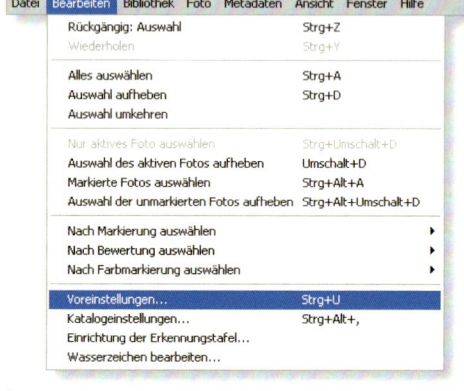

Abbildung 6.13 ▲
Menübefehle zum Öffnen des Voreinstellungen-Dialogs

2 Beim Starten von Lightroom wählen

In der Parametergruppe Standardkatalog befindet sich ein Drop-down-Menü neben der Beschreibung Nach Programmstart folgenden Katalog verwenden. Dieses ist normalerweise auf Zuletzt geöffneten Katalog laden eingestellt. Klicken Sie es an, und aktivieren Sie den Punkt Beim Starten von Lightroom fragen.

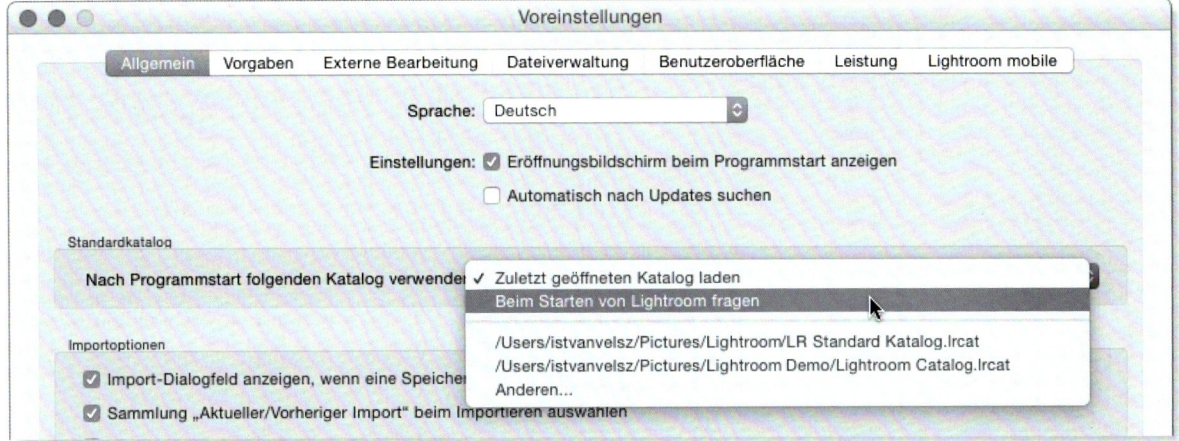

▲ Abbildung 6.14
VOREINSTELLUNGEN zum Festlegen des Standardkatalogs

3 **Katalog beim Starten von Lightroom wählen**
Starten Sie jetzt Lightroom neu, erscheint ein Dialog zum Auswählen des Katalogs. In der Liste werden alle bekannten Kataloge angezeigt, die Sie schon einmal geöffnet hatten. Kopieren Sie einen Katalog von einem anderen Rechner, kann es vorkommen, dass dieser nicht angezeigt wird. In diesem Fall können Sie den entsprechenden Katalog über die Schaltfläche ANDEREN KATALOG WÄHLEN öffnen. Bei Bedarf kann über die Schaltfläche NEUEN KATALOG ERSTELLEN auch ein neuer Katalog anlegt werden.

▼ Abbildung 6.15
Nach dem Starten von Lightroom wird ein Auswahl-Dialogfeld angezeigt.

6.6 Optimieren eines Katalogs

Da es sich bei Lightroom um eine echte Datenbank handelt, können auch hier datenbankspezifische Inkonsistenzen auftreten – vor allem, wenn viele Dateien umbenannt, gelöscht oder Verzeichnisse verschoben werden. Bei solchen Operationen bleibt immer ein

Rest in der Datenbank bestehen und erzeugt beispielsweise »tote« Verknüpfungen. Der Verwaltungsaufwand erhöht sich somit, was den Betrieb von Lightroom verlangsamen kann. Es gibt jedoch Möglichkeiten, Datenbanken zu säubern.

Um kleinere Integritätsprobleme zu beheben, kann man die Datenbank beim Starten von Lightroom überprüfen lassen.

Eine Optimierung dagegen sortiert die Einträge neu und legt einen komplett sauberen Katalog an. Man kann das mit einer Defragmentierung der Festplatte vergleichen. Dadurch wird die Verarbeitung beschleunigt. Die Optimierung dauert allerdings länger als eine Prüfung.

Schritt für Schritt
Prüfen der Integrität des Katalogs

Die Integrität prüft und repariert Bezüge innerhalb der Datenbank. Dadurch werden Fehler und Probleme verhindert und repariert – ein Vorgang, den man ab und an ausführen sollte.

1 **Ändern der Starteinstellungen**
Öffnen Sie das Menü LIGHTROOM • VOREINSTELLUNGEN beziehungsweise BEARBEITEN • VOREINSTELLUNGEN und darin das Register ALLGEMEIN. Ändern Sie das Dropdown-Menü neben NACH PROGRAMMSTART FOLGENDEN KATALOG VERWENDEN auf BEIM STARTEN VON LIGHTROOM FRAGEN. Arbeiten Sie bereits mit mehreren Datenbanken, können Sie diesen Schritt auslassen.

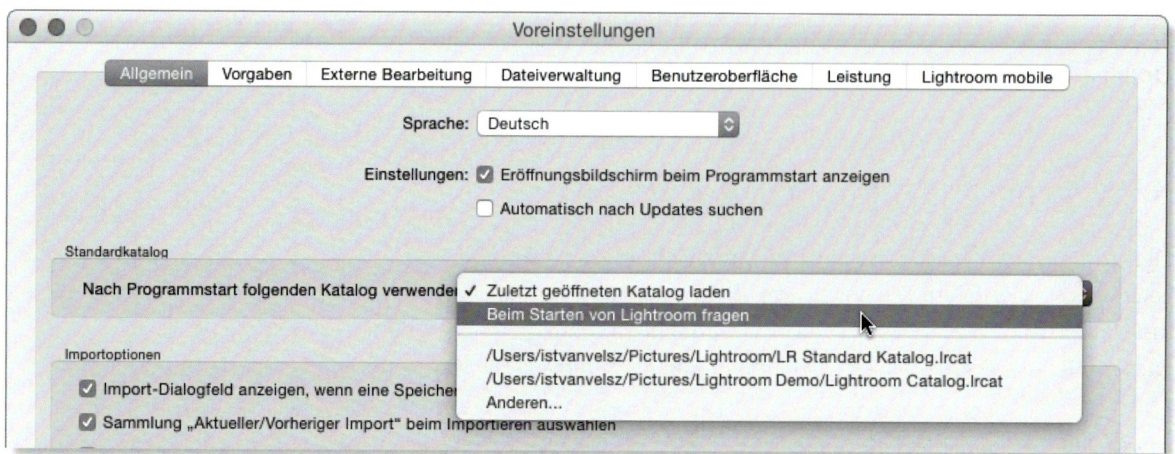

▲ **Abbildung 6.16**
VOREINSTELLUNGEN zum Festlegen des Standardkatalogs

6.7 Sicherungskopien von Katalogen

▲ Abbildung 6.17
Über das Kontrollkästchen wird die Integritätsprüfung des selektierten Katalogs beim Öffnen aktiviert.

2   Prüfen der Datenbankintegrität

Wenn Sie jetzt Lightroom neu starten, erscheint ein Dialogfeld zum Auswählen einer alternativen Datenbank.

Unter dem Dropdown-Menü finden Sie ein Kontrollkästchen mit der Beschreibung INTEGRITÄT DIESES KATALOGS TESTEN. Aktivieren Sie dieses, wird die Datenbank geprüft, sobald Sie auf die Schaltfläche ÖFFNEN klicken.

Katalog optimieren | Die Optimierung sortiert den Katalog neu und »reinigt« diesen. Eine Optimierung kann nur ausgeführt werden, wenn der Katalog geöffnet ist. Dazu wählen Sie den Menübefehl DATEI • KATALOG OPTIMIEREN. Lightroom optimiert daraufhin den aktuellen Katalog. Dieser Vorgang kann je nach Größe des Katalogs einige Minuten dauern.

Diese Maßnahme empfiehlt sich vor allem dann, wenn Sie viele Dateien verschoben, gelöscht, umbenannt, importiert, also größere Umbaumaßnahmen an der Struktur durchgeführt haben. Die Optimierung kann die Verarbeitungsgeschwindigkeit erhöhen.

6.7   Sicherungskopien von Katalogen

Lightroom sichert Ihre Datenbank automatisch in ein Backup-Verzeichnis mit aktuellem Datum. Dieses liegt im selben Ordner wie die Datenbank. Ältere Backups werden dabei nicht überschrieben. Diese müssen Sie gegebenenfalls manuell aus dem Verzeichnis löschen.

Bei einem automatischen Backup kann die Datenbank auch auf Inkonsistenzen hin geprüft und optimiert werden. Die Prüfung der Inkonsistenzen wird dabei vor dem Erstellen des Backups durchgeführt, die Optimierung jedoch im laufenden Betrieb.

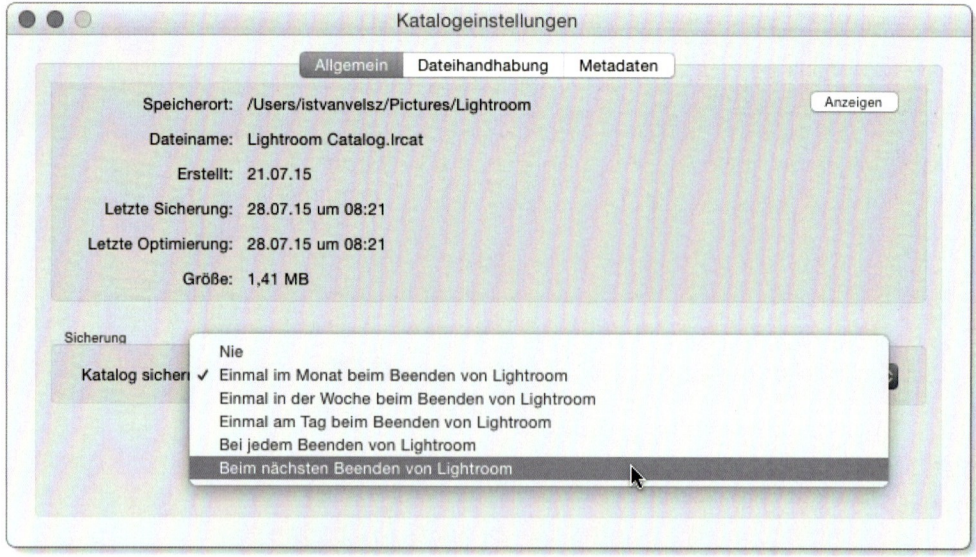

▲ Abbildung 6.18
Die KATALOGEINSTELLUNGEN sind getrennt von den allgemeinen VOREINSTELLUNGEN, da sie für jeden Katalog individuell geregelt werden können.

Möchten Sie die Voreinstellung für das Backup-Intervall ändern, öffnen Sie am Mac den Menüpunkt LIGHTROOM • KATALOGEINSTELLUNGEN (Windows: BEARBEITEN • KATALOGEINSTELLUNGEN). Im Register ALLGEMEIN können Sie über das Dropdown-Menü neben KATALOG SICHERN das gewünschte Intervall für die automatischen Backups einstellen.

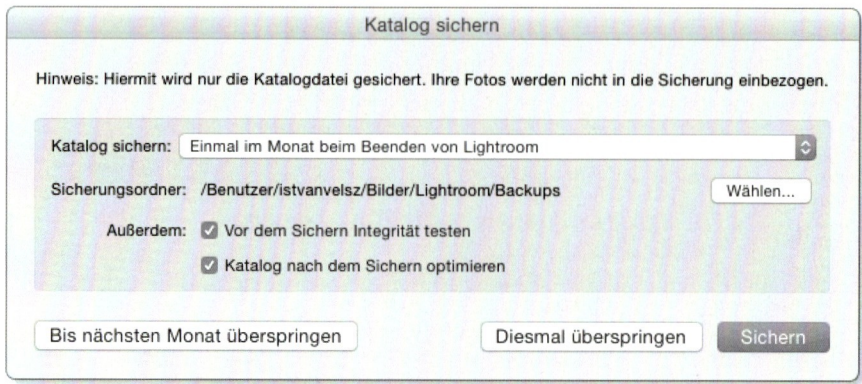

▲ Abbildung 6.19
In regelmäßigen Abständen können Kataloge als Backup gesichert werden. Dabei wird immer eine neue Version angelegt.

Bevor ein Backup ausgeführt wird, werden Sie noch gefragt, ob Sie die Sicherung auch wirklich durchführen wollen. Sie können das

TIPP

Der Menübefehl LETZTE DATEIEN ÖFFNEN zeigt Ihnen eine Liste mit den zuletzt geöffneten Katalogen an.

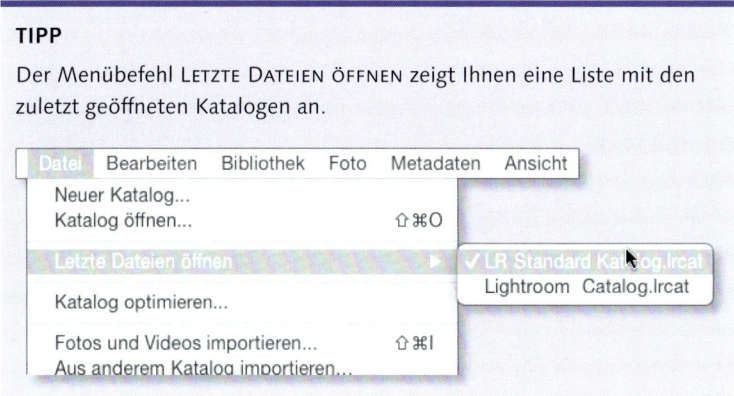

Backup dann auch um ein Intervall verschieben oder einen alternativen Speicherort wählen.

6.8 Löschen eines Katalogs

Einen Katalog können Sie nicht innerhalb von Lightroom löschen, sondern nur über das Betriebssystem.

Schließen Sie dafür Lightroom, und wechseln Sie in das Verzeichnis, in dem sich der Katalogordner befindet, den Sie löschen wollen. Ziehen Sie dann einfach das gesamte Verzeichnis in den Papierkorb. Achten Sie dabei unbedingt darauf, dass sich in diesem Ordner keine anderen Kataloge befinden, benötigte Bilder, Tracklogs etc. oder Vorgaben, die Sie zwar in diesem Katalog erstellt haben, aber in andere Kataloge übernehmen wollen.

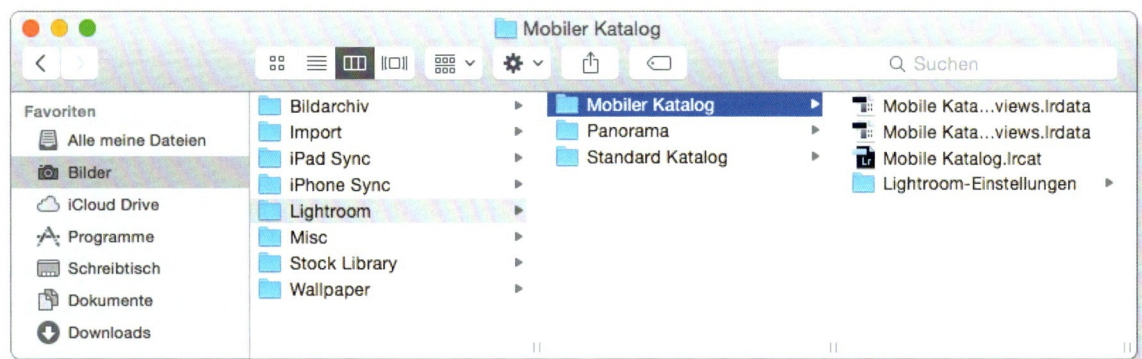

▲ Abbildung 6.20
Um einen Katalog zu löschen, müssen Sie den kompletten Ordner mit Katalog- und Preview-Datei in den Papierkorb verschieben.

Wenn Sie auch die zum Katalog gehörenden Bilder löschen wollen, diese sich aber zusammen mit Bildern anderer Kataloge in einem Ordner befinden, sollten Sie diese vorher über das Bibliothek-Modul löschen. Sie können sonst die Bilder, die zu dem gelöschten Katalog gehören, nur schwer auffinden, da sich hier auch Bilder anderer Kataloge befinden können. Dann könnte es passieren, dass Sie beim Löschen über das Betriebssystem eventuell die falschen Bilder entfernen.

6.9 Bildauswahl als Katalog exportieren

Um flexibel mit Katalogen zu arbeiten, ist es möglich, Teilbereiche aus einem Katalog, zum Beispiel Sammlungen, als eigenständigen Katalog zu exportieren. Dabei werden die verwendeten Metadaten, Entwicklungseinstellungen und wahlweise die dazugehörigen Raw-Dateien und Previews kopiert. Vor allem für das Sichern erledigter Aufträge ist das eine sinnvolle Funktion.

Selektieren Sie zunächst im Bibliothek-Modul die gewünschten Bilder, indem Sie die Bilder beispielsweise am Mac mit gedrückter ⌘-Taste (Windows: Strg-Taste) anklicken. Sie können auch Sammlungen, Ordner oder nach Metadaten gefilterte Bilder in einen neuen Katalog umschichten. Mehr zur Auswahl von Bildern erfahren Sie auf Seite 339.

Wählen Sie anschließend den Menüpunkt Datei • Als Katalog exportieren. Dort stehen Ihnen folgende Optionen zur Verfügung:

- Nur ausgewählte Fotos exportieren: Deaktivieren Sie diese Kontrollbox, so werden alle Bilder des aktuellen Ordners, der ausgewählten Sammlung oder des angewendeten Filters exportiert. Diese Kontrollbox ist übrigens nur sichtbar, wenn mindestens ein Bild ausgewählt ist.
- Negativdateien exportieren: Dabei werden auch die zugehörigen Raw-Dateien an den Zielort verschoben. Dabei bleibt die Ordnerstruktur erhalten.
- Smart-Vorschauen erstellen/einschliessen: Ist diese Kontrollbox aktiviert, werden bestehende Smart-Vorschauen parallel zum neuen Katalog kopiert beziehungsweise neu erstellt, falls diese noch nicht vorhanden sind.
- Verfügbare Vorschaubilder einschliessen: Hier werden auch Previews exportiert und müssen somit nicht neu erstellt werden.

6.10 Kataloge importieren

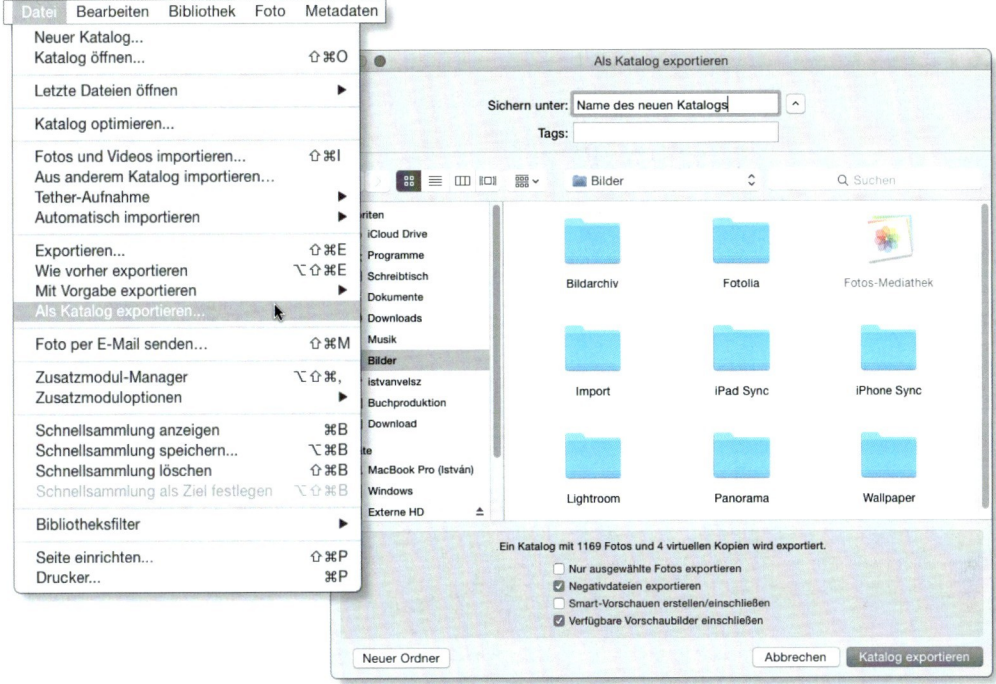

Abbildung 6.21 ▲
Ein Ordner, eine Sammlung oder Bildauswahl kann als eigenständiger Katalog exportiert werden.

6.10 Kataloge importieren

Sie können auch den umgekehrten Weg gehen und Bilder aus einem anderen Katalog importieren, zum Beispiel wenn Sie auf Reisen einen eigenen Katalog für Urlaubsbilder verwenden.

Schritt für Schritt
Bilder aus einem anderen Katalog importieren

Diese Anleitung zeigt, wie Sie einzelne Bilder eines Katalogs in einen anderen integrieren.

1 Import-Dialog öffnen
Öffnen Sie den Standardkatalog beziehungsweise den Katalog, in den Sie die Bilder des mobilen Katalogs importieren möchten. Um den Import-Dialog aufzurufen, wählen Sie den Menübefehl Datei • Aus anderem Katalog importieren.

▲ **Abbildung 6.22**
Menübefehl zum Importieren von Bildern aus anderen Katalogen. Dabei werden dann auch alle im Ausgangskatalog erledigten Entwicklungseinstellungen und Metadaten importiert.

233

Kapitel 6 Arbeiten mit Katalogen

2 Bilder auswählen

Wenn Sie nicht alle Bilder importieren wollen, können Sie auch unerwünschte Bilder vom Import ausschließen. In der Liste KATALOGINHALT ist es sogar möglich, ganze Ordner zu deaktivieren und somit zu verhindern, dass Bilder daraus importiert werden.

Einzelne Bilder können Sie ausschließen, indem Sie zunächst die Vorschau aktivieren. Dazu klicken Sie das Kontrollkästchen VORSCHAU ANZEIGEN ❶ an. Bei Bildern, die Sie nicht importieren wollen, deaktivieren Sie die entsprechende Kontrollbox, die sich links oben neben dem jeweiligen Thumbnail befindet.

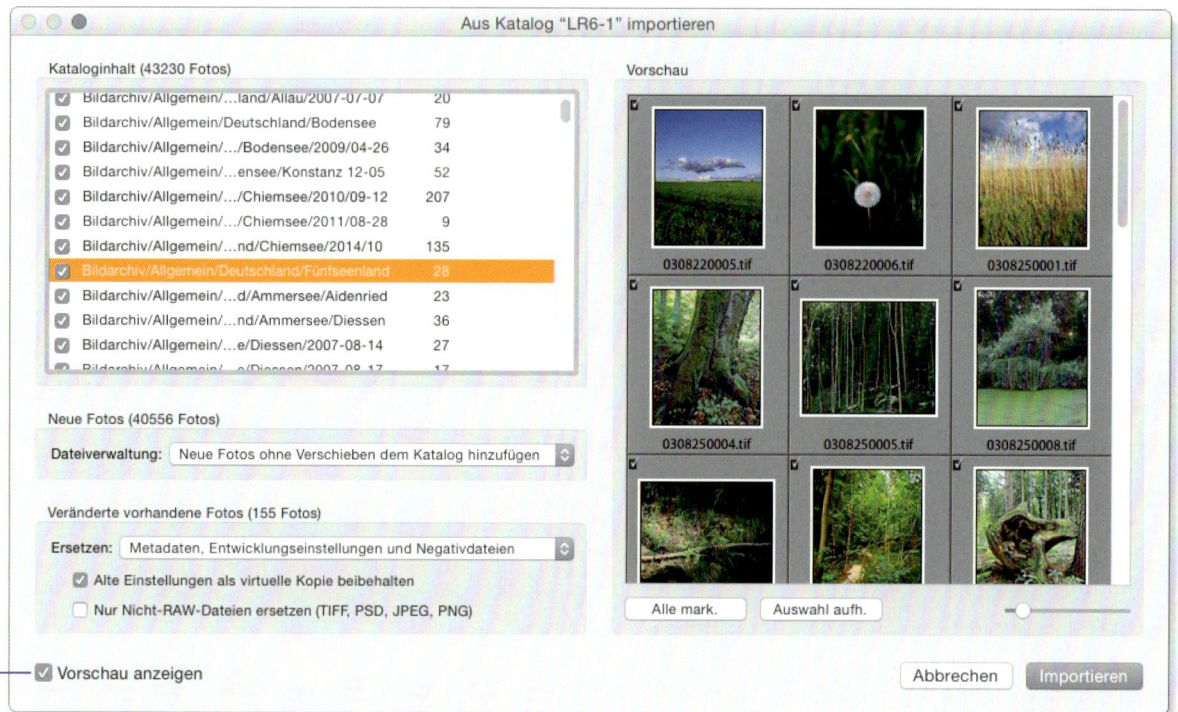

▲ Abbildung 6.23
Der Auswahl-Dialog beim Importieren von Bildern aus anderen Katalogen

3 Dateiverwaltung wählen

Als Nächstes müssen Sie angeben, was mit den Bildern geschehen soll. Befinden sie sich noch auf einem anderen Datenträger, müssen sie an den Ort kopiert werden, an dem sich auch die anderen Bilder befinden. Haben Sie die Bilder schon an ihren endgültigen Ort kopiert, müssen diese nur noch importiert werden. Wählen Sie aus dem Dropdown-Menü DATEIVERWALTUNG eine der folgenden drei Möglichkeiten aus:

▸ **Neue Fotos ohne Verschieben dem Katalog hinzufügen:** Hierbei werden keine Bilder verschoben. Sie bleiben an ihrem Platz.

Die Bilder müssen für diese Option also schon an ihren endgültigen Platz kopiert oder verschoben worden sein.
- **Fotos in einen neuen Ordner kopieren und importieren:** Hier werden die Bilder an einen Ort kopiert, den Sie mit der Schaltfläche auswählen, die unter dem Dropdown-Menü erscheint. Links neben der Schaltfläche wird der aktuelle Zielordner angezeigt.
- **Keine neuen Fotos importieren:** Dies ist ein Sonderfall. Hier werden nur Bilder ersetzt, die bereits in der Datenbank vorhanden sind.

◄ **Abbildung 6.24**
Je nach Auswahl werden entweder nur Einstellungen oder auch Bilder von einem Katalog in einen anderen importiert.

4 Metadaten von vorhandenen Bildern übernehmen

Importieren Sie Bilder, die sich bereits im Ordner befinden, werden nur die Metadaten übernommen. Sie können dazu verschiedene Optionen angeben:
- **Ersetzen:** Hier geben Sie an, welche Metadaten ersetzt werden sollen. Mit Nur Metadaten und Entwicklungseinstellungen bleiben die Dateien unangetastet. Die Einstellungen aus der Bibliothek und aus dem Entwickeln-Modul werden jedoch aktualisiert. Sollen auch die Raw-Daten überschrieben werden, so wählen Sie die Variante Metadaten, Entwicklungseinstellungen und Negativdateien. Der Menüpunkt Nichts unterbindet den Import von bereits vorhandenen Bildern.

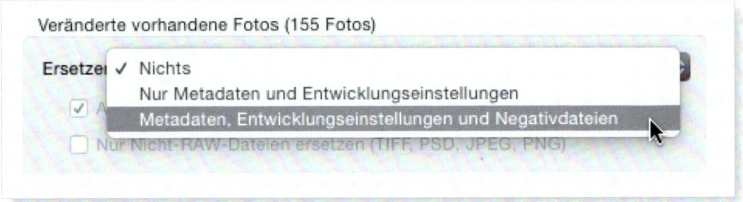

◄ **Abbildung 6.25**
Um zu verhindern, dass Bilder überschrieben werden, hat man die Möglichkeit, bestehende Einstellungen als virtuelle Kopien zu belassen.

- **Alte Einstellungen als virtuelle Kopie beibehalten:** Werden bereits vorhandene Bilder mit anderen Entwicklungseinstellungen und Metadaten importiert, so kann verhindert werden, dass die Einstellungen überschrieben werden. Ist das Kontroll-

Virtuelle Kopien

Virtuelle Kopien sind alternative Varianten eines Bildes. Dabei werden nur die Einstellungen als Alternative zum Original gespeichert. Alle virtuellen Kopien eines Originals greifen auf die gleiche Negativdatei zu wie das Original. Mehr zum Erstellen von virtuellen Kopien erfahren Sie auf Seite 358.

kästchen aktiviert, werden die bereits bestehenden Bilder als virtuelle Kopien angelegt.

▶ **Nur Nicht-RAW-Dateien ersetzen (TIFF, PSD, JPEG, PNG):** Existieren neben doppelten Raw-Dateien noch dazugehörige TIFF-, PSD-, JPEG- oder PNG-Dateien, so können auch nur diese importiert werden. Die dazugehörigen Raw-Dateien werden ignoriert, wenn diese schon im Katalog vorhanden sind.

Grundsätzlich werden in Lightroom bereits vorhandene Bilder nur dann importiert, wenn ihre Metadaten oder Entwicklungseinstellungen von der vorhandenen Version abweichen. Identische Kopien werden nicht importiert.

6.11 Fehlende Bilder oder Ordner suchen

Durch das Umkopieren von Bildern, Umbenennen oder Verschieben von Ordnern kommt es öfter sogar vor, dass die Bezüge zwischen Katalog und Bildern oder ganzen Ordnern verloren gehen. Dies erkennen Sie daran, dass im Ordnerbrowser oder am Bild selbst ein Fragezeichensymbol ❶ erscheint.

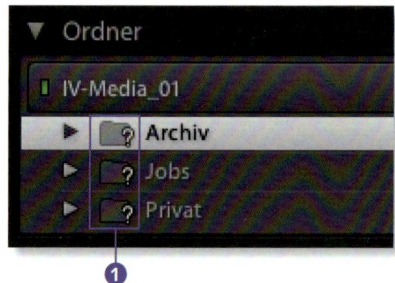

Abbildung 6.26 ▲ ▶
Fehlende Ordner werden mit Hilfe eines Fragezeichens kenntlich gemacht und können per Rechtsklick erneut verknüpft werden.

Klicken Sie mit der rechten Maustaste auf den Ordnernamen in der obersten Hierarchie, und verwenden Sie aus dem Dropdown-Menü den Befehl FEHLENDEN ORDNER SUCHEN. Wählen Sie anschließend im Dialogfeld den entsprechenden Ordner aus. Daraufhin verschwinden die Fragezeichen.

Nicht nur ganze Ordner, eventuell auch nur einzelne Bilder können als fehlend markiert sein. In diesem Fall sehen Sie oben rechts am Bild ein Ausrufezeichen. Das Ausrufezeichen ist ein allgemeines Symbol dafür, dass mit dem Bild etwas nicht stimmt. Klicken Sie mit der Maus darauf, erscheint ein Dialog, in dem Sie auswählen können, ob Sie das Bild neu verbinden wollen (siehe auch Seite 348).

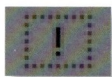

▲ **Abbildung 6.27**
Dieses Symbol in der Rasterzelle zeigt an, dass mit einem Bild etwas nicht stimmt, dass es zum Beispiel fehlt.

6.12 Lightroom auf mehreren Computern

Leider ist es nicht möglich, gemeinsam mit anderen Nutzern an einem Katalog beispielsweise über ein Netzwerk zu arbeiten. Dies macht das Arbeiten mit mehreren Computern leider nicht sehr komfortabel. Jeder Computer muss seinen eigenen Katalog besitzen, und bei Änderungen muss der gesamte Katalog auf die einzelnen Rechner verteilt werden. Dazu gibt es drei Szenarien:

- **Zwei komplett unabhängige Computer:** Hier beherbergt ein Rechner Katalog und Bilder. Zum Austausch müssen beide Verzeichnisse immer komplett kopiert werden. Diese Methode ist vor allem bei großen Datenmengen unpraktisch. Wenn diese Rechner nicht vernetzt sind, kann das Austauschen der Daten sehr zeitintensiv sein.

NAS

Ein NAS (Network Attached Storage) ist eine Festplatte mit Netzwerkanschluss. Oft kann in das Gehäuse auch mehr als eine Festplatte eingebaut werden. Jede weitere Festplatte dient der Vergrößerung des Speicherplatzes oder als Sicherung.

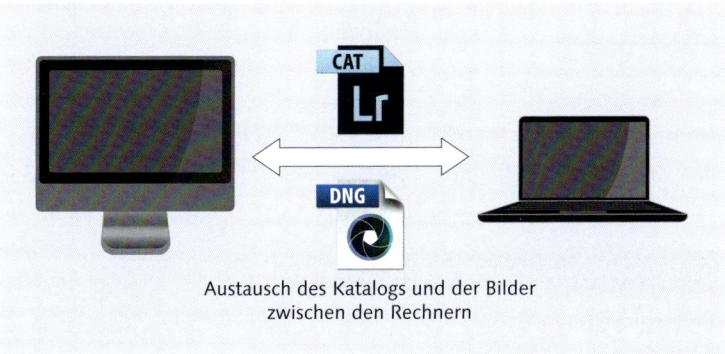

◄ **Abbildung 6.28**
Ohne externes Speichermedium müssen Sie die Bilddaten und Kataloge immer auf den anderen Rechner kopieren. Wenn Sie keine externe Festplatte besitzen, geht das zum Beispiel über WLAN – aber das kann dauern.

- **Zwei unabhängige Computer und eine externe Festplatte:** In diesem Fall bietet es sich an, den Katalog und die Bilder auf die externe Festplatte zu legen und einfach die Festplatte zwischen den Rechnern zu tauschen.

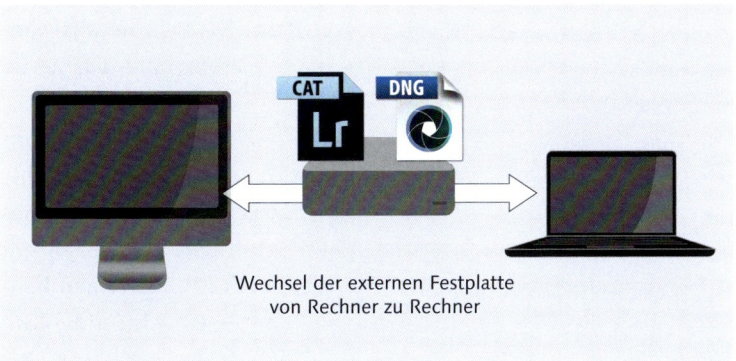

◄ **Abbildung 6.29**
Eine externe Festplatte können Sie immer an den Computer anschließen, mit dem Sie gerade arbeiten wollen.

Kapitel 6 Arbeiten mit Katalogen

▶ **Zwei Rechner und ein Netzwerkserver:** Das ist die komfortabelste Lösung. Dabei liegen alle Bilder auf dem Server oder NAS. Nur die Kataloge müssen zwischen den Rechnern getauscht werden. Da Server meistens über ein Backup-System verfügen und die Kataloge auf beiden Rechnern liegen, ist diese Lösung auch relativ sicher vor Datenverlust. Oft wird der Katalog noch zusätzlich auf dem Server gesichert.

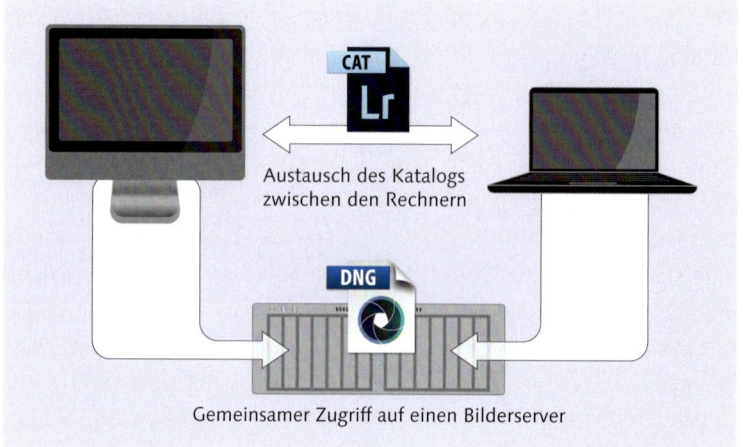

Abbildung 6.30 ▶
Liegen die Bilder auf einem Netzwerkserver, müssen nur die Kataloge getauscht werden. Das macht man normalerweise nur, wenn es notwendig ist, oder aber regelmäßig einmal am Tag.

Voreinstellungen mit Katalog ablegen | Wenn Sie mit mehreren Computern arbeiten, empfiehlt es sich, die Voreinstellungen immer mit dem Katalog abzulegen. Dazu aktivieren Sie im Dialog Voreinstellungen im Register Vorgaben das Kontrollkästchen Vorgaben mit diesem Katalog speichern. Näheres hierzu finden Sie auf Seite 196.

6.13 Lightroom unterwegs

Wenn Sie Lightroom auf Reisen zur Verfügung haben möchten, müssen Sie noch das Problem der großen Bilddatenmengen mit berücksichtigen. Sie wollen eventuell nicht Ihre externe Festplatte mit allen Originalen mitschleppen. Für diese Situationen gibt es ein paar gute Workarounds. Grundsätzlich gilt: Sie sollten immer für eine ausreichende Datensicherung sorgen. Gelöschte digitale Fotos sind unwiederbringlich verloren – und externe Festplatten mittlerweile recht preiswert!

Ein mobiler Computer mit lokalen Daten

Für Benutzer, die lokal und unterwegs an ein und demselben Gerät arbeiten, gibt es eigentlich nichts Besonderes zu beachten, wenn der Computer mit auf Reisen gehen soll – außer dass Sie vor einer Tour am besten alle Daten noch einmal sichern.

Ein mobiler Computer mit externer Festplatte

Hier gibt es zwei Szenarien: Entweder es liegen alle Daten, also Katalog und Bilder, auf der externen Festplatte, oder der Katalog liegt auf der internen Festplatte, und nur die Bilder liegen auf der externen Harddisk. Der Vorteil ist, dass interne Festplatten meist schneller sind als externe. Daher wird der Katalog schneller geladen, und die Previews erscheinen ebenfalls schneller.

Liegen nur die Bilder auf einer externen Festplatte und die Kataloge sind lokal vorhanden, müssen Sie die Originale nicht mitnehmen. Zum Präsentieren und Bearbeiten der Metadaten reichen die Vorschaubilder aus. Sicherheitshalber sollten Sie den Katalog vor der Abreise aber noch auf der externen Festplatte sichern.

Wollen Sie unterwegs auch Ihre bereits vorhandenen Bilder entwickeln, müssen Sie von diesen Bildern Smart-Vorschauen erstellen. Diese Vorschauen sind kleiner als die Originalbilder. Sie verhalten sich aber wie Raw-Dateien und können somit auch entwickelt werden.

Smart-Vorschauen lassen sich über das Menü BIBLIOTHEK mit dem Befehl VORSCHAUEN • SMART-VORSCHAUEN ERSTELLEN für alle oder nur ausgewählte Bilder erzeugen.

Smart-Vorschauen

Bei Smart-Preview-Dateien handelt es sich um ein spezielles Dateiformat. Dieses enthält eine Raw-Version in einer niedrigeren Auflösung und mit verlustbehafteter Kompression. Der Vorteil ist, dass diese Dateien in Lightroom so behandelt werden können wie die Originale. Sie können also auch im Entwickeln-Modul bearbeitet werden.
Sie können auch aus Nicht-Raw-Dateien wie TIFF, JPEG usw. Smart-Vorschauen erzeugen, um sie unterwegs zu entwickeln. Allerdings enthalten diese nur die im Bild enthaltene Bildinformation – was nicht im Bild ist, kann auch das Raw-Format nicht wiederherstellen.

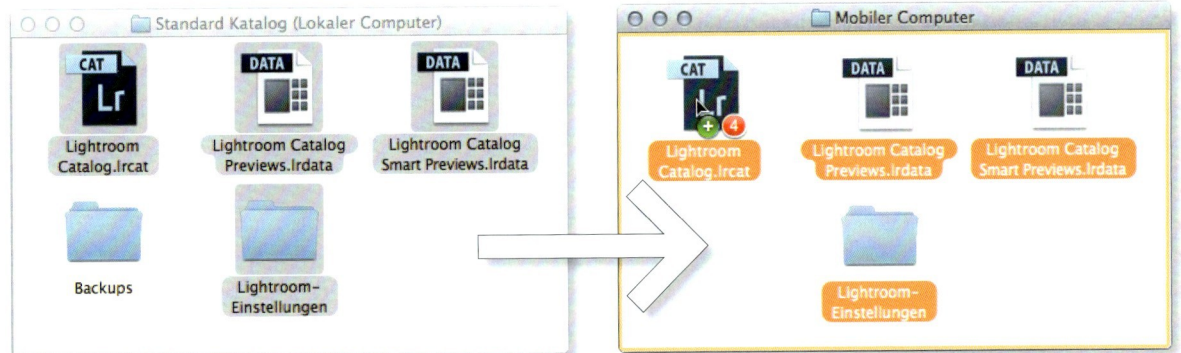

▲ Abbildung 6.31
Wenn man unterwegs seine Bilder präsentieren will, muss man den bestehenden Katalog inklusive der Vorschaudatei auf den mobilen Rechner kopieren. Der Backup-Ordner ist dann nicht notwendig. Die Katalogdatei SMART PREVIEWS ist nur vorhanden, wenn Sie Smart-Vorschauen erstellt haben.

TIPP

Wenn Sie viel mobil arbeiten und die Kataloge hin- und herkopieren, empfiehlt es sich, die Vorgaben im Katalogordner zu speichern. Dies erledigen Sie über die KATALOGEIN-STELLUNGEN (siehe Seite 216).

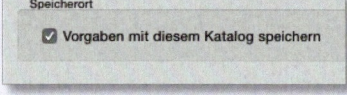

Lightroom mobile

Lightroom mobile stellt keinen Ersatz für die Desktop-Version dar. Es ist eher eine Möglichkeit, Bilder von der internen Kamera des Mobilgeräts in den Workflow zu integrieren und bereits gemachte Bilder unterwegs zu präsentieren und eventuell noch anders zu entwickeln. Die Raw-Daten einer Kamera lassen sich aber dort nicht importieren und dann später an die Desktop-Version weiterreichen. Mehr zu Lightroom mobile erfahren Sie auf Seite 913.

Ein mobiler und ein stationärer Computer

Für Lightroom-Anwender, die unterwegs ein Notebook einsetzen und lokal an einem stationären Desktop-System arbeiten, gibt es bei der Migration der Lightroom-Kataloge einiges zu beachten. Um Ihre Datenbanken portabel zu machen, haben Sie zwei Möglichkeiten: Sie nehmen den Hauptkatalog mit, oder Sie legen einen Nebenkatalog an.

Hauptkatalog mitnehmen | Sie nehmen den Standardkatalog mit und importieren in ihn dann alle neuen Bilder. Nach der Reise kopieren Sie den Katalog auf den lokalen Rechner zurück.

- **Vorteil:** Sie können auch unterwegs Ihre Bilder gut präsentieren. Außerdem haben Sie alle Stichwörter parat und müssen diese nicht erst hin- und herkopieren. Alle Bilder sind bereits importiert und müssen nur noch lokal kopiert werden. Darüber hinaus sind sämtliche Zuweisungen zu Kollektionen und virtuelle Kopien bereits angelegt.
- **Nachteil:** Sie müssen die Daten immer vor der Tour auf das Notebook und danach wieder auf den lokalen Rechner kopieren. Dabei sollten Sie die Preview-Datei nicht vergessen, da sonst keine Thumbnails angezeigt werden. Man kann mit dieser Methode auch schon mal damit durcheinanderkommen, auf welchem Rechner der aktuelle Katalog liegt.

Nebenkatalog anlegen | Die zweite Möglichkeit besteht darin, immer einen neuen Katalog pro Reise anzulegen. Zu Hause importiert man dann die Bilder in den bestehenden lokalen Hauptkatalog.

- **Vorteil:** Neue Kataloge lassen sich schneller handhaben. Auch muss man nicht so genau arbeiten. Stichwörter oder Kollektionen weist man erst zu Hause zu, wenn man mehr Zeit dafür hat. Man kann unterwegs etwas ungenauer arbeiten. Oft hat man sowieso nicht die Zeit, den Katalog sauber zu pflegen.
- **Nachteil:** Wenn die Stichwörter des Hauptkatalogs auch im portablen Katalog zur Verfügung stehen sollen, muss man diese erst übertragen. Auch hat man keine Möglichkeit, die bereits vorhandenen Bilder zu entwickeln oder zu präsentieren.

Ich persönlich bevorzuge es immer, meinen kompletten Katalog dabeizuhaben, da man nie weiß, welche Bilder man vielleicht doch auf Reisen präsentieren will. Außerdem gibt es immer wieder mal

Zwangspausen, in denen man an der Optimierung seiner Bibliothek arbeiten kann – zum Beispiel im Flieger oder Zug.

Aber die Möglichkeit, Bilder aus unterschiedlichen Katalogen über die Importfunktion zusammenzuführen, gibt einem genügend Freiraum, und jeder kann seine Arbeitsmethode selbst bestimmen.

Nachfolgend finden Sie Schritt-für-Schritt-Anleitungen zum mobilen Arbeiten mit einem stationären Computer und einem mobilen Rechner, zum Beispiel einem Laptop.

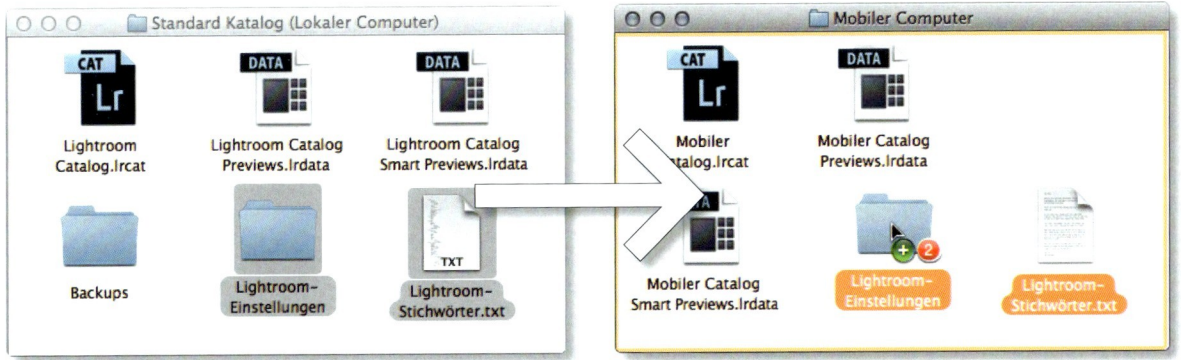

▲ **Abbildung 6.32**
Man kann unterwegs auch mit einem eigenen Katalog arbeiten. Dann benötigt man allerdings die Stichwörter und Voreinstellungen.

Schritt für Schritt
Mobiles Arbeiten mit einem zusätzlichen mobilen Katalog

In diesem Szenario wird davon ausgegangen, dass Sie einen stationären Computer besitzen, auf dem sich der Standardkatalog befindet, und unterwegs ein Notebook verwenden, auf dem Sie einen neuen, leeren Katalog anlegen.

1 **Neuen Katalog auf mobilem Rechner anlegen**
Öffnen Sie auf dem mobilen Computer Lightroom. Wählen Sie dann aus dem Menü Datei den Befehl Neuer Katalog. Danach können Sie über ein Dialogfeld die Benennung und den Speicherort bestimmen. Nähere Infos zum Erstellen neuer Kataloge finden Sie auf Seite 225.

Für jeden Katalog wird ein eigener Ordner erzeugt. In diesem werden die Katalogdatei, Backups und die Datei mit den Previews abgelegt. Haben Sie in den Katalogeinstellungen die Option Vorgaben mit dem Katalog speichern aktiviert, wird auch noch ein Ordner für die Lightroom-Einstellungen angelegt.

2 Stichwörter exportieren

Bevor Sie einen neuen Katalog anlegen, sollten Sie zunächst die Stichwörter exportieren, um sie auch im neuen Katalog zuweisen zu können. Sonst kann es schnell zu inkonsistenten Schreibweisen kommen, was im Endergebnis ärgerlich ist.

Öffnen Sie Ihren Standardkatalog. Wählen Sie dann aus dem Menü METADATEN den Befehl STICHWÖRTER EXPORTIEREN ❶.

Speichern Sie die Stichwörter auf der lokalen Festplatte ab – am besten in dem Verzeichnis, in dem auch Ihr Standardkatalog liegt. Beenden Sie danach Lightroom auf dem stationären Computer.

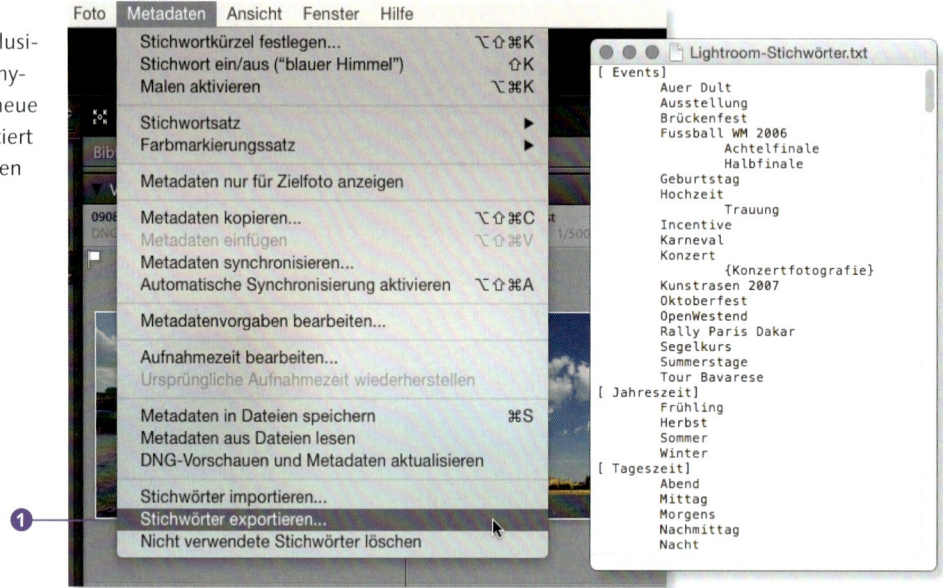

Abbildung 6.33 ▶
Stichwörter können inklusive Hierarchie und Synonymen exportiert und in neue Kataloge wieder importiert werden. Stichwortdateien sind einfache Textfiles.

3 Stichwörter/Vorgaben auf mobilen Rechner kopieren

Damit Sie die Stichwörter unterwegs nutzen können, müssen Sie diese auf den mobilen Rechner kopieren. Wechseln Sie in das Verzeichnis, in dem die Stichwortdatei liegt, und kopieren Sie sie auf den mobilen Rechner.

Das Kopieren können Sie über eine Netzwerkverbindung, eine externe Festplatte oder einen USB-Stick durchführen.

Vergessen Sie nicht die Vorgaben. Haben Sie besondere Voreinstellungen erstellt, mit denen Sie oft arbeiten, sollten Sie diese ebenfalls auf den mobilen Rechner kopieren. Diese liegen bei der Katalogdatei oder im Systemordner (siehe Seite 210). Am einfachsten geht dies, wenn Sie die Vorgaben immer mit dem Katalog speichern. Dann befinden sich diese direkt bei Ihrem Standardkatalog und lassen sich einfach auf den mobilen Rechner übertragen.

6.13 Lightroom unterwegs

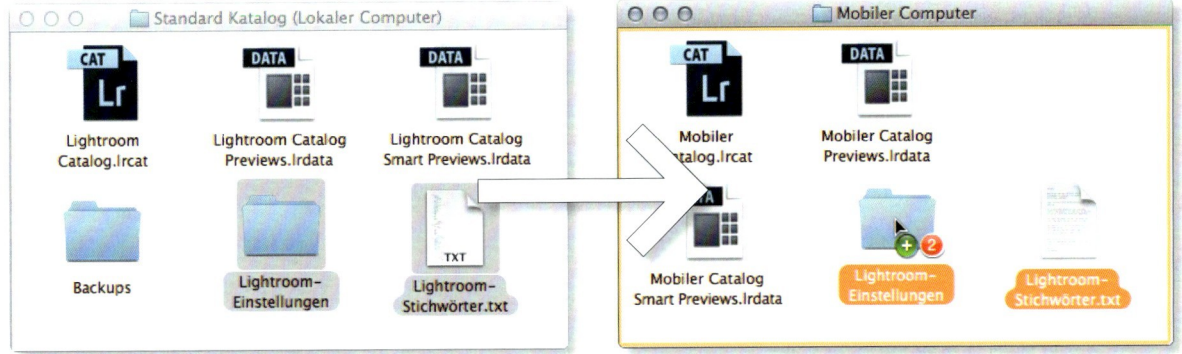

4 Stichwörter importieren

Als Letztes müssen Sie noch die Stichwörter in den Katalog laden. Dazu wählen Sie im Menü METADATEN den Befehl STICHWÖRTER IMPORTIEREN ❷ (siehe Abbildung 6.35). Wählen Sie dann die Textdatei mit den Stichwörtern aus, die Sie unter Schritt 2 exportiert haben, idealerweise im selben Ordner, in dem sich die Katalogdatei befindet.

Natürlich können Sie den Katalog auch auf dem lokalen Rechner anlegen und diesen zusammen mit den Vorgaben auf den mobilen Rechner kopieren. Hat man einen leeren Katalog mit Stichwörtern angelegt, könnte man ihn auch als »Vorlage« auf CD brennen. Veränderungen an den Stichwörtern und Vorgaben erfordern dann aber eine neue Vorlagen-CD.

◀ **Abbildung 6.34**
Wenn Sie Stichwörter und Vorgabenordner auf den mobilen Computer kopieren, haben Sie dort Zugriff auf alles.

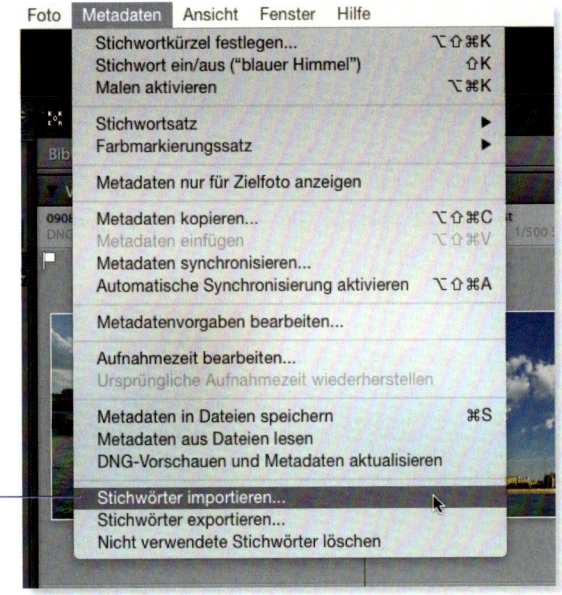

◀ **Abbildung 6.35**
Stichwortdateien aus anderen Katalogen können in den aktuellen Katalog importiert werden.

5 Wieder zu Hause

Sind Sie von Ihrer Reise zurück, kopieren Sie den Katalog und die gemachten Bilder auf den Hauptrechner. Dann öffnen Sie den Katalog und kontrollieren, ob der Bilderordner gefunden wird. Wenn nicht, aktualisieren Sie die Verknüpfungen, wie es auf Seite 236 beschrieben ist.

Danach öffnen Sie Ihren Hauptkatalog und importieren den gesamten mobilen Katalog (Seite 320). Dabei aktivieren Sie die Option Fotos in einen neuen Ordner kopieren und importieren und geben einen Ordner in Ihrem Hauptbilderordner an.

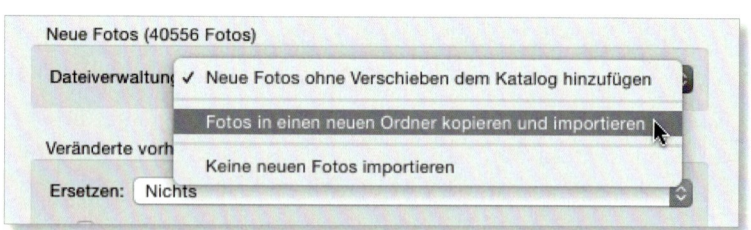

Abbildung 6.36 ▶
Beim Import werden Bilder an einen Zielordner auf der Festplatte des stationären Rechners kopiert und importiert.

Schritt für Schritt
Mobiles Arbeiten mit einem einzigen Katalog

Dies ist meine bevorzugte Methode. Ich besitze im Büro einen stationären Computer, und das Bildarchiv liegt auf einem Server. Unterwegs nehme ich alles auf dem Laptop mit, bis auf die Originalbilder – die haben keinen Platz. Sie müssen für diese Vorgehensweise allerdings keinen Server besitzen, die Bilder können auch auf dem Hauptrechner oder einer externen Festplatte liegen.

1 Vorgaben im Katalog speichern

Idealerweise speichern Sie die Vorgaben mit dem Katalog, dann werden diese einfach beim Übertragen des Katalogs mit auf den mobilen Rechner kopiert. Dazu müssen Sie in den Katalogeinstellungen im Register Vorgaben die Kontrollbox Vorgaben mit diesem Katalog speichern aktivieren (Seite 196).

Falls Sie die Option aktivieren und Sie bereits Vorgaben gespeichert haben, müssen Sie diese aus dem Systemordner (Seite 210) in Ihren Katalogordner kopieren.

2 Katalog auf mobilen Rechner kopieren

Jetzt müssen Sie den Katalog mit den Preview-Dateien und Vorgaben auf den mobilen Rechner kopieren. Den Backup-Ordner benötigen Sie nicht.

Unterwegs können Sie in Ihren Hauptkatalog beliebig Bilder importieren. Von Bildern, die bereits in Ihrem Katalog vorhanden sind, können Sie nur die entwickeln, von denen Sie Smart-Vorschauen erstellt haben. Vom Rest können Sie nur die Metadaten ändern oder die Bilder in einer niedrigeren Qualität präsentieren.

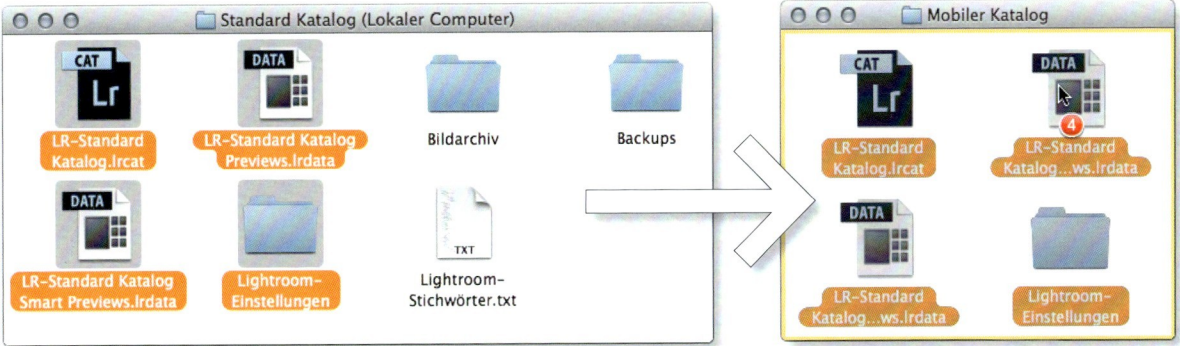

▲ **Abbildung 6.37**
Auf dem mobilen Rechner benötigen Sie nur die Katalogdatei, die Previews und die Lightroom-Einstellungen.

3 Wieder zu Hause

Wieder zu Hause, kopieren Sie einfach den Katalog mit allen Previews, Vorgaben und Bildern auf Ihren stationären Computer zurück. Den dort vorhandenen Katalog können Sie überschreiben. Besser noch: Sie benennen den Hauptkatalog vorher um, damit dieser, im Falle eines Schreib- oder Lesefehlers, als Backup dienen kann.

Öffnen Sie dann den Katalog auf Ihrem Hauptrechner, und kontrollieren Sie die Verknüpfungen zu Ihren neuen Bildern. Diese werden eventuell nicht gefunden. Dann müssen Sie die Verknüpfungen wiederherstellen (siehe Seite 236). Danach können Sie in Lightroom die Bilder über die ORDNER-Bedienpalette verschieben oder umbenennen (siehe Seite 342).

Fototipp

Achten Sie auf Spiegelungen – gerade an modernen Bauten entstehen dadurch oft interessante Blickwinkel.

Diese Front zeigt zu einem Innenhof der Universität von Barcelona. Steht man in der Mitte und blickt auf die schräge Fläche, sieht man die Dächer der umliegenden Gebäude. Der Blick wird sogar noch weiter auf die Skyline der Stadt geleitet. Dieser Blickwinkel ist sicher vom Architekten mit eingeplant worden.

Kapitel 7
Kompatibilität mit Photoshop und Co.

So umfangreich die Funktionen und Möglichkeiten von Lightroom auch sind – das Programm hat Grenzen. Die Stärken einer Software zeigen sich in ihrer Fähigkeit, nach außen zu kommunizieren, also kompatibel mit anderen Programmen und Diensten zu sein. Dabei sind an dieser Stelle nicht soziale Netzwerke oder ähnliche Onlinedienste gemeint, sondern wie sich Lightroom im Zusammenspiel mit anderen Programmen verhält.

Das Arbeiten mit Raw-Daten stellt dabei allerdings schon eine erste Hürde dar: Denn anders als ein TIFF-Bild, das in allen Programmen gleich aussieht, sind Entwicklungen von Raw-Bildern nur innerhalb des jeweiligen Raw-Konverters sichtbar. Andere Programme können die Einstellungen nicht interpretieren. Lightroom ist da keine Ausnahme. Darüber hinaus löst Lightroom das Bild quasi aus der Dateiverwaltung des Betriebssystems heraus und verwaltet es über einen eigenen Katalog. Auch dies verhindert das beliebige Verschieben und Verwalten durch andere Programme. Und im Gegensatz zum Betriebssystem ist Lightroom das Dateiformat nicht egal. Der Zugriff von außen auf die Datenbank des Lightroom-Katalogs ist schon gar nicht möglich. Andere Anbieter von Raw-Konvertern begegnen diesem Problem, indem sie die Verwaltung der Bilder in einem datenbankbasierten Katalog gar nicht erst anbieten. Lightroom ist aber trotz seines eher geschlossenen Konzepts nicht unkommunikativ. Wo die Schnittstellen des Programms liegen und welche Daten ausgetauscht werden können, ist Thema dieses Kapitels.

Schnittstelle zu anderen Adobe-Produkten | Lightroom profitiert eindeutig davon, der Adobe-Produktfamilie anzugehören. Da Adobe hauptsächlich Software für grafische Applikationen anbietet, unter anderem auch Photoshop, hat Lightroom integrierte Schnittstellen vor allem zu anderen Adobe-Produkten. Adobe bie-

Plug-in oder Add-on

Was ist der Unterschied zwischen einem Add-on oder Plug-in? In diesem Abschnitt hören Sie beide Begriffe. Aber es besteht ein Unterschied. Ein Plug-in bringt neue Funktion in ein Programm ein, während ein Add-on nur auf bereits vorhandene Funktionen zugreift und diese für seine Zwecke nutzt. Alle hier aufgeführten Zusatzmodule für Lightroom sind Add-ons. Das Camera-Raw-Plug-in für Photoshop ist dagegen ein Plug-in, aber nur für Photoshop.

tet nahezu alles, was das Designer- und Fotografenherz begehrt: mit Lightroom ein komplettes Entwicklungslabor mit Archivierungssystem, mit Photoshop eine Compositing- und Designlösung, Printdesign mit InDesign, Logo- und Grafikdesign mit Illustrator sowie Webentwicklung mit Dreamweaver und Flash. Nicht zu vergessen das universelle Dokumentenformat PDF. Das Motto könnte also lauten: »von der Eingabe bis zur Ausgabe alles aus einer Hand«. Doch ganz so einfach ist es leider nicht. Das liegt vor allem am Raw-Format. Da die Bearbeitungen ja nur als Metainformationen der Bilddatei anhängen, müsste jedes Programm über ein Mini-Lightroom verfügen, um sie zu interpretieren. Jede Änderung an der Raw-Engine würde ein Update aller Applikationen nach sich ziehen, was ein unverhältnismäßiger Aufwand wäre. Das heißt aber nicht, dass gar keine Zusammenarbeit möglich ist. Adobe beschränkt sie allerdings auf das Wesentliche.

Adobe Camera Raw als Basistechnologie | Wer sich ein bisschen mit Software rund um die Bildverarbeitung beschäftigt, hat sicher schon mitbekommen, dass mit jeder Lightroom-Version zeitgleich auch Adobe Camera Raw aktualisiert wird. Camera Raw ist die Basis der kompletten Raw-Verarbeitung in Adobe-Produkten. Es besteht eigentlich nur aus einem Add-on, das alle Funktionen zum Lesen und Verarbeiten von Raw-Daten beinhaltet. Dieses Add-on ist in Lightroom fest integriert, da es hier als Basisbestandteil für die Raw-Entwicklung dient. Jetzt könnte man annehmen, es soll-

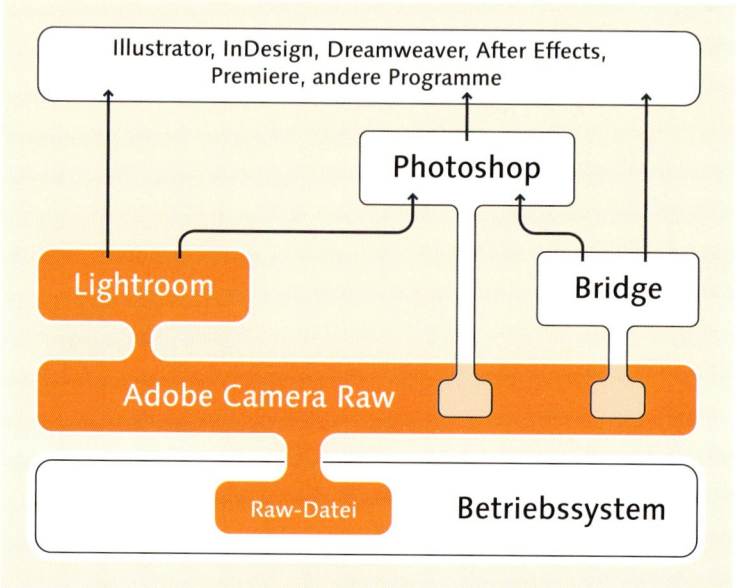

Abbildung 7.1 ▶
Fluss der Raw-Verarbeitung der Adobe-Produkte: Über das Camera-Raw-Plug-in werden Lightroom, Photoshop sowie Bridge bedient. Alle anderen Programme sind von deren Ausgabe abhängig.

te ein Leichtes sein, dass alle anderen Programme auch einfach auf dieses Add-on zugreifen können. Aber leider ist dem nicht so, im Moment zumindest nicht. Die Technologien der Programme und somit auch der Add-on-Schnittstellen sind zu unterschiedlich. Zumindest zwei Programme greifen auf das Adobe-Camera-Raw-Plug-in zu: Photoshop und Bridge. Photoshop ist wohl jedem Fotografen ein Begriff, Bridge vielleicht eher unbekannt. Dabei handelt es sich um einen Bildbrowser. Zur Bridge erfahren Sie auf Seite 255 noch etwas mehr.

Funktionen von Camera Raw | Das Camera-Raw-Plug-in wird sichtbar, wenn Sie eine Raw-Datei direkt in Bridge oder Photoshop öffnen. Es besitzt alle Entwicklungseinstellungen, die Sie von Lightroom her kennen. Allerdings ist das Handling eher auf Einzelbilder ausgelegt. Innerhalb von Photoshop können Sie das Add-on auch als Filter verwenden.

▼ **Abbildung 7.2**
Benutzeroberfläche des Camera-Raw-Plug-ins

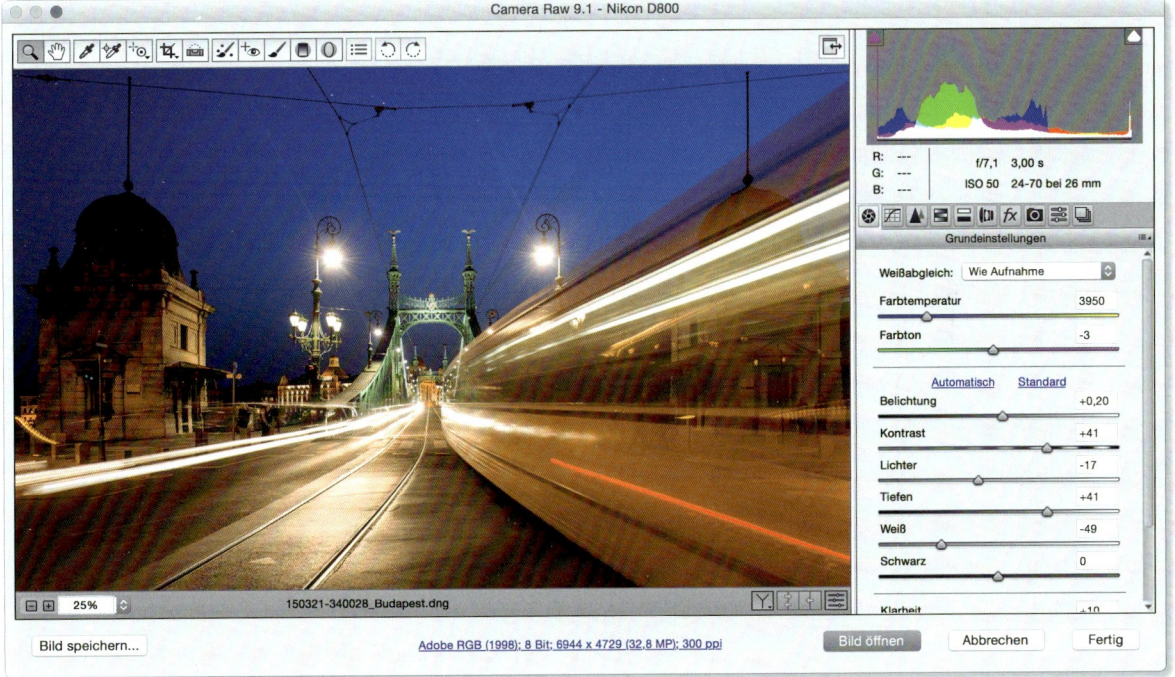

7.1 Lightroom und Photoshop

Am engsten verknüpft sind Lightroom und Photoshop. Sie können zum Beispiel Raw-Dateien direkt aus Lightroom heraus in Photoshop öffnen. Die dabei entstandenen Dateien werden als neues

Bild neben der Raw-Datei gespeichert und in den Lightroom-Katalog integriert.

Viele dieser Funktionen sind auch in Photoshop Elements enthalten, der abgespeckten Version für Hobbyfotografen. Allerdings benötigt der Ablauf dort oft ein paar Schritte mehr. Mehr zum Workflow mit Photoshop Elements erfahren Sie ab Seite 257.

Lightroom für Photoshop vorbereiten | Normalerweise ist Lightroom gleich so vorbereitet, dass es mit Photoshop kooperiert. Falls dies jedoch aus irgendeinem Grund bei Ihnen nicht funktionieren sollte, finden Sie die dafür benötigten Einstellungen im Dialog VOREINSTELLUNGEN, den Sie über das Menü LIGHTROOM beziehungsweise BEARBEITEN aufrufen (siehe Seite 198).

▲ **Abbildung 7.3**
Über die VOREINSTELLUNGEN wird die Kooperation mit Photoshop festgelegt.

Das PSD-Format ist zwar das native Dateiformat von Photoshop, trotzdem empfehle ich Ihnen, das TIFF-Format zu verwenden. Es hat den Vorteil, dass es sich verlustfrei komprimieren lässt, trotzdem mit Ebenen umgehen kann und sich dabei die Metadaten schneller verarbeiten lassen. Das PSD-Format ist nur dann sinnvoll, wenn die Daten in InDesign weiterverarbeitet werden und dort die Transparenzen erhalten bleiben sollen.

Bilder in Photoshop bearbeiten | Um Bilder in Photoshop zu bearbeiten, klicken Sie mit der rechten Maustaste auf ein oder mehrere Bilder und wählen aus dem Kontextmenü den Befehl BEARBEITEN IN • IN ADOBE PHOTOSHOP CSx/CC BEARBEITEN. Weitere Photoshop-spezifische Funktionen befinden sich ebenfalls in diesem Menü. Hier können Sie auch direkt auf Funktionen von Photoshop zugreifen, die auf Dateioperationen beruhen. Mit dem Befehl IN ADOBE PHOTOSHOP CSx/CC BEARBEITEN wird das Raw-Bild in eine Photoshop-Datei konvertiert und geöffnet.

7.1 Lightroom und Photoshop

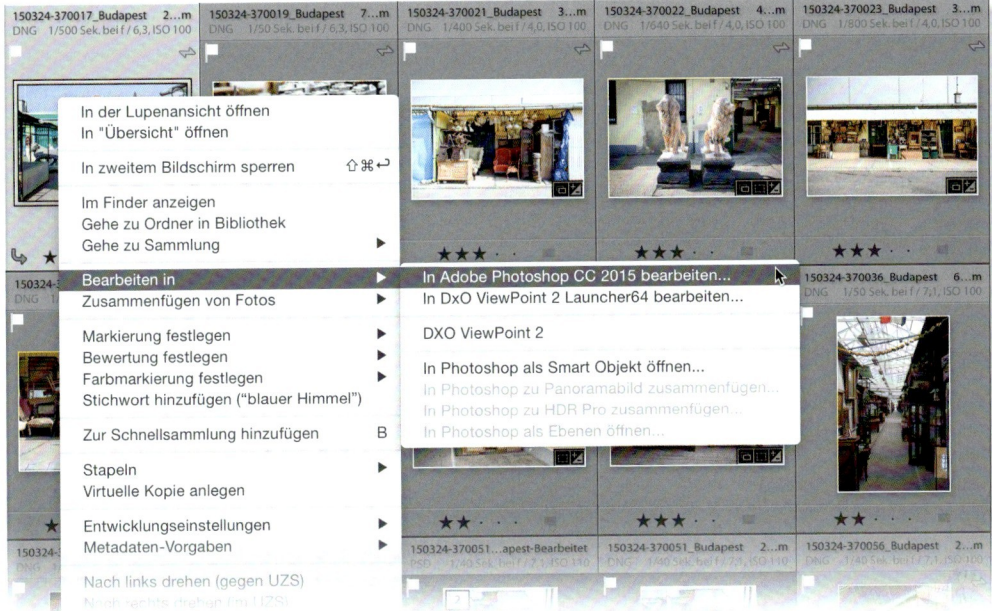

▲ Abbildung 7.4
Das Kontextmenü zum Bearbeiten in Photoshop oder einem anderen externen Programm

Alle Bilder, die Sie in Photoshop bearbeiten und speichern, werden normalerweise zusätzlich zu der Original-Raw-Datei gespeichert. Als Dateiendung erhalten die Bilder den Namenszusatz »-Bearbeitet« ❶ und werden mit dem Original in einem Stapel verbunden. Die Photoshop-Datei wird auch ohne Nachfrage in die Lightroom-Datenbank importiert.

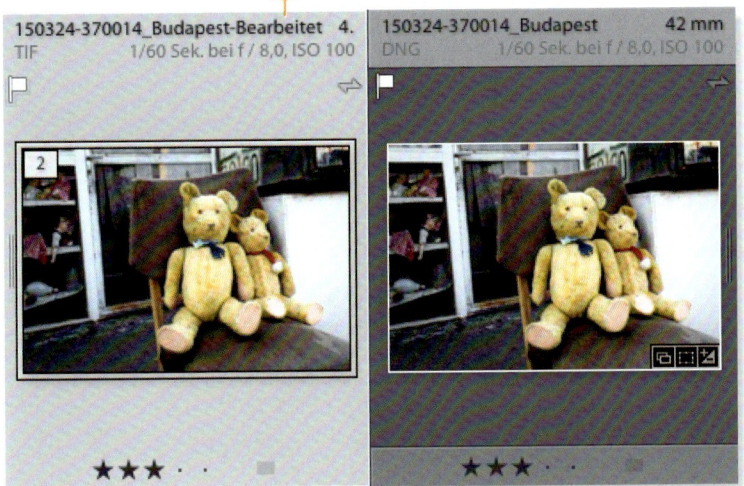

◄ Abbildung 7.5
Raw-Datei und Photoshop-Datei werden in Lightroom zusammen gestapelt und verwaltet.

Raw-Bilder als Smart-Objekte in Photoshop | Bei einem Smart-Objekt wird das Original-Raw-Bild in Photoshop auf einer Ebene eingebettet. Der Vorteil ist, dass alle bereits am Bild vorgenom-

251

Kapitel 7   Kompatibilität mit Photoshop und Co.

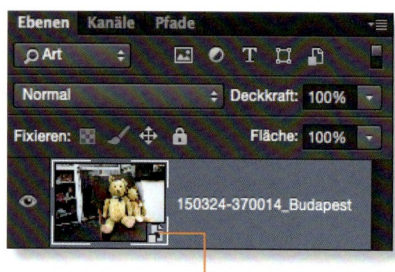

▲ **Abbildung 7.6** ❶
Smart-Objekt-Ebenen erhalten als Kennzeichnung ein Dokumentensymbol ❶.

menen Bearbeitungen des Raw-Programms enthalten bleiben. Das geht in Photoshop unter anderem mit Vektordateien aus Illustrator und mit Raw-Dateien aus Lightroom oder Camera Raw. Dabei bleiben alle nichtdestruktiven Änderungen von Lightroom erhalten und können nachträglich angepasst werden. Wollen Sie also nachträglich die Belichtung ändern, müssen Sie nicht erst wieder das Original in Lightroom bearbeiten und dann wieder in Photoshop neu öffnen.

Gerade wenn Sie bereits viele Photoshop-spezifische Aufgaben, beispielsweise mit mehreren Ebenen, durchgeführt haben, wäre eine erneute Anwendung aller Arbeitsschritte womöglich sehr zeitaufwendig. Hier können Sie einfach das Raw-Bild aus Photoshop heraus editieren. Allerdings wird dann nicht Lightroom geöffnet, sondern das Camera-Raw-Plug-in. Dort finden Sie aber auch alle Parameter wieder, die auch in Lightroom vorhanden sind.

Grundsätzlich empfiehlt es sich immer, die Bilder als Smart-Objekt einzubinden, denn dies spart zudem Speicherplatz. Denn die Raw-Information benötigt weniger Speicherplatz als ein 16-Bit-Photoshop- oder -TIFF-Bild.

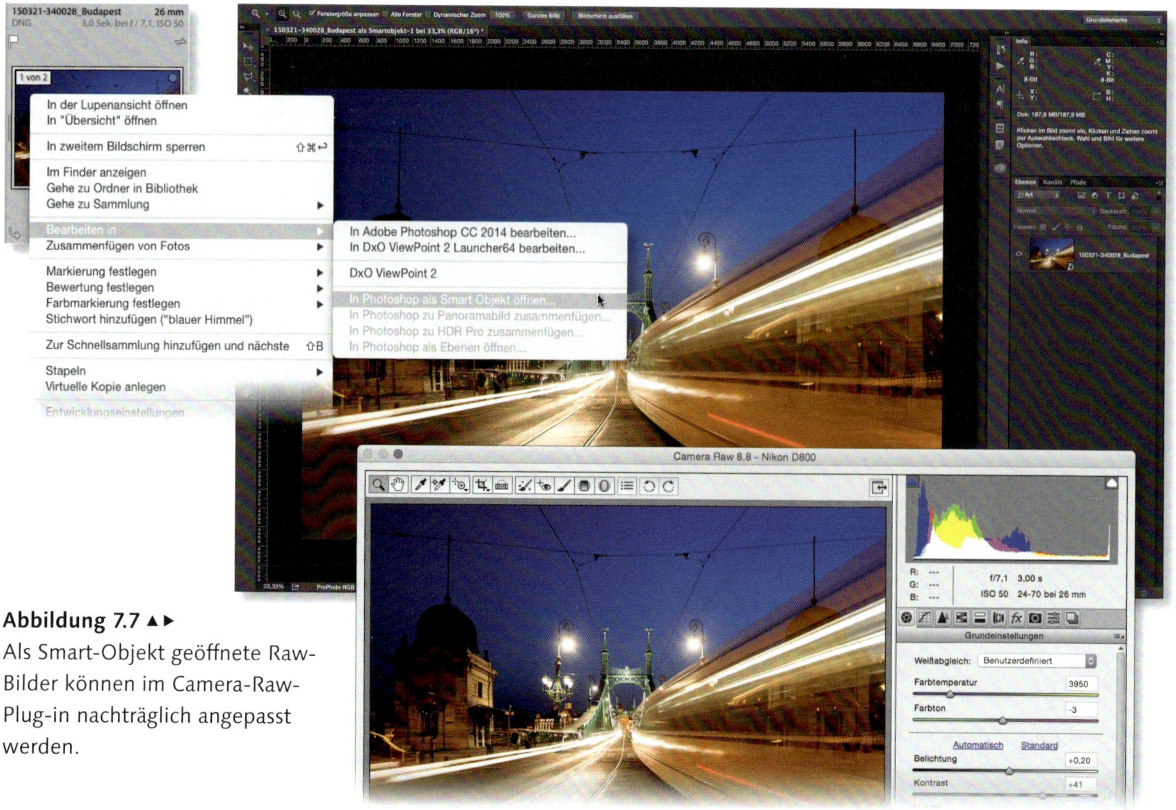

Abbildung 7.7 ▲▶
Als Smart-Objekt geöffnete Raw-Bilder können im Camera-Raw-Plug-in nachträglich angepasst werden.

252

Raw-Bilder als verknüpfte Smart-Objekte in Photoshop | Es gibt in der aktuellen Photoshop-Version (ab 2014) auch die Möglichkeit, die Smart-Objekte als extern verknüpfte Dateien einzubinden. Diese werden dann nicht in die Photoshop-Datei eingebettet, sondern sind mit der Originaldatei auf der Festplatte verknüpft. In diesem Fall kann man die Raw-Datei in Lightroom bearbeiten, und die Änderungen werden dabei nach der Aktualisierung in Photoshop übernommen.

Allerdings gibt es eine entsprechende Funktion zur Verknüpfung noch nicht in Lightroom. Man kann diese aber manuell herbeiführen. Dazu erzeugt man eine leere Photoshop-Datei mit den Abmessungen des originalen Raw-Bildes. Dann bettet man das Bild über den Menüpfad Datei • Platzieren und Verknüpfen in die Photoshop-Datei ein. Diese Datei muss man dann noch in Lightroom importieren.

Man kann auch über den Lightroom-Menüpfad Foto • Bearbeiten in • In Photoshop als Smart-Objekt öffnen die Photoshop-Datei erzeugen lassen, dann dort auf einer neuen Ebene die Raw-Datei platzieren und dann die Ebene mit der bereits eingebetteten Datei löschen. So spart man sich das Anlegen der Datei und das Reimportieren in Photoshop.

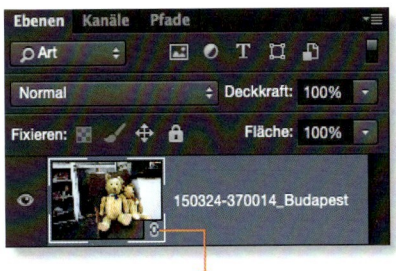

▲ **Abbildung 7.8** ❶
Verknüpfte-Smart-Objekt-Ebenen erhalten als Kennzeichnung ein Kettensymbol ❷.

In Photoshop zu Panoramabild zusammenfügen | Sind Objekte zu groß, um sie auf eine Aufnahme zu bannen, machen viele Fotografen einfach mehrere Teilaufnahmen, die sich dann in Photoshop zu einer Aufnahme zusammensetzen lassen. Mit einem solchen Verfahren können in der Panoramafotografie auch komplette 360°-Rundumblicke erstellt werden.

Das Zusammensetzen der Einzelbilder übernimmt Photoshop. Dazu besitzt die Software ein besonderes Modul, das *Photomerge* genannt wird. Bei dem Verfahren werden Lage und Ausrichtung der Motivteile miteinander verglichen und die Bilder entsprechend angeordnet. Über eine spezielle Berechnung werden die Bilder weich ineinandergeblendet. Photoshop arbeitet hier sicherlich nicht so genau wie spezialisierte Panoramaprogramme, kann aber einfache Aufgaben gut erledigen. Gerade wenn ohne Stativ fotografiert wurde oder sich die Bilder nicht genug überlappen, häufen sich allerdings Fehler, die aufwendig nachgebessert werden müssen. Auch extreme Perspektiven sind später nur schwer auszugleichen.

Lightroom bietet auch eine eigene Panoramafunktion. Mehr darüber erfahren Sie auf Seite 429.

Panorama und HDR direkt in Lightroom erzeugen

Es ist auch möglich, direkt in Lightroom Panoramen und HDR-Bilder zu erzeugen. Das Ergebnis ist dann immer eine DNG-Datei, die sie wie alle anderen Raw-Dateien behandeln können – im Fotoworkflow oft ein Vorteil, auch wenn der Flexibilität der Einstellungen etwas geringer sein mag.

▶ Wie Sie HDRs in Lightroom erzeugen, finden Sie auf Seite 424
▶ Wie Sie Panoramen in Lightroom erzeugen, finden Sie auf Seite 429.

In Photoshop zu HDR Pro zusammenfügen | HDR-Bilder (*High Dynamic Range* = hoher Dynamikumfang) bilden mehr Helligkeitsstufen ab, als in einem einzelnen Bild gespeichert werden können. Für dieses Verfahren werden Bilder vom selben Motiv mit unterschiedlichen Belichtungen aufgenommen. Photoshop blendet dann die Bilder zu einem Bild zusammen. Dabei können durch spezielle Berechnungsmethoden (*Tonemapping*) auch teilweise fast surrealistische Aufnahmen entstehen, obwohl der ursprüngliche Zweck eigentlich ja nur darin bestand, den Tonwertumfang zu erhöhen.

Lightroom bietet auch eine eigene HDR-Funktion. Mehr darüber erfahren Sie auf Seite 424.

Abbildung 7.9 ▼
Bilder aus Lightroom können auf unterschiedliche Ebenen gelegt werden, um diese beispielsweise mit Masken zu überblenden.

In Photoshop als Ebenen öffnen | Mit dieser Funktion werden mehrere Bilder einfach in einer Photoshop-Datei auf mehrere Ebenen verteilt, um diese beispielsweise in einer Collage miteinander zu verschmelzen.

7.2 Lightroom und Bridge

Adobe Bridge ist ein Bildbrowser. Er ähnelt in der Funktionsweise dem Finder oder dem Windows-Explorer, besitzt aber zusätzliche Funktionen wie eine Vorschau, Metadatenanzeige, Stichwortverwaltung sowie eine Raw-Bearbeitung über das Camera-Raw-Plug-in und vieles mehr.

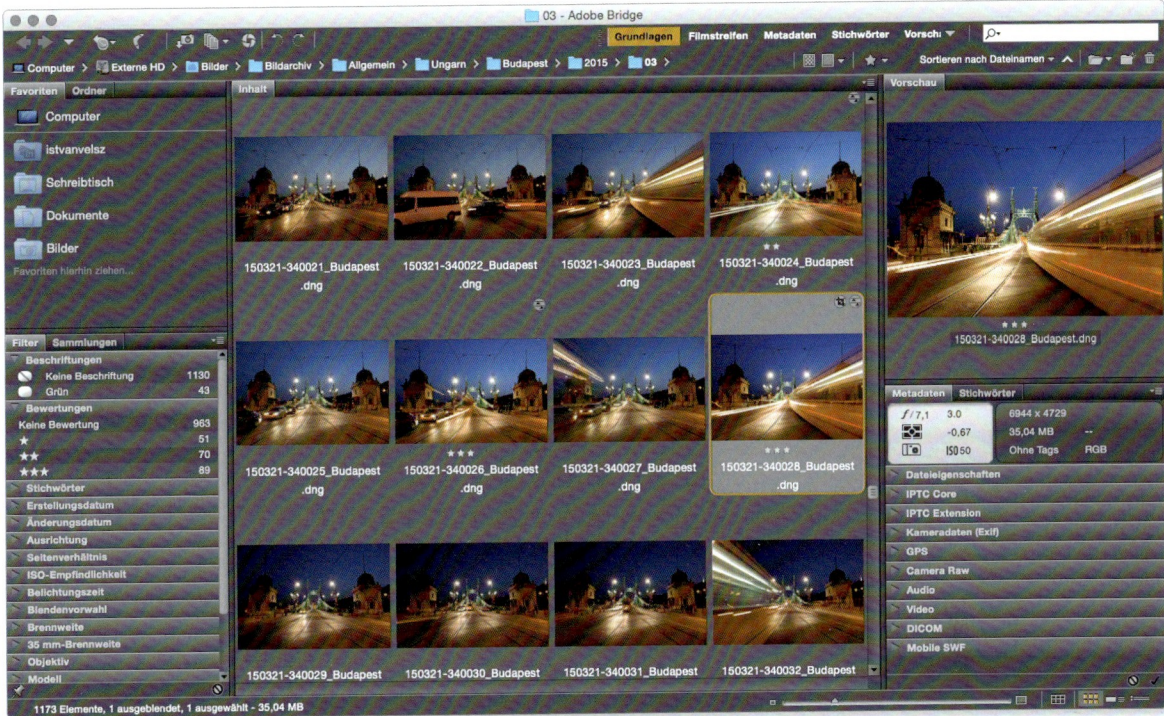

▲ **Abbildung 7.10**
Programmfenster des Bildbrowsers Bridge, der mit Photoshop ausgeliefert wird

Wenn man das nun hört, taucht vielleicht als Erstes die Frage auf, warum man dann überhaupt noch Lightroom benötigt. Bridge ist nur zusammen mit Photoshop erhältlich, und nicht jeder Fotograf, der mit Lightroom arbeitet, benötigt auch Photoshop. Bridge kann zwar einiges, aber auch nicht alles, was Lightroom leistet. Lightroom ist stärker auf den Arbeitsablauf des Fotografen abgestimmt, und die Bearbeitung von großen Bildmengen ist damit deutlich einfacher. Virtuelle Kopien, Webgalerien, Fotobuch-Funktion oder ein Kartenmodul sucht man vergeblich. Der Schwerpunkt von Bridge liegt eher im Browsen und zielt auf Grafiker ab, die Bilder in Verbindung mit InDesign und Illustrator verwalten.

Die zweite Frage ist, wie Bridge und Lightroom kooperieren. In reinen Fotografenumgebungen ist eine Zusammenarbeit eher unwahrscheinlich. Aber in gemischten Umgebungen kann ein Zusammenspiel schon von Vorteil sein. Ich arbeite beispielsweise nicht nur als Fotograf, sondern auch als Grafikdesigner und habe dieses Buch in InDesign gesetzt – die Bilder, die ich für das Buch benutze, verwalte ich mit Bridge. Umgekehrt gibt es viele Grafikdesigner, die gerne fotografieren und dann eher mit Lightroom arbeiten. Und außerdem gibt es auch im Leben eines Fotografen Bilder, die nicht unbedingt in den Lightroom-Katalog gehören: zum Beispiel die Bilder für die eBay-Auktion der alten Kamera oder der Delle am Auto für die Versicherung.

Lightroom als Favorit in Bridge | Sie können Lightroom direkt aus Bridge heraus starten. Dazu navigieren Sie in Bridge zum PROGRAMME-Ordner Ihres Rechners und ziehen das Programmsymbol von Lightroom in die FAVORITEN-Palette auf der linken Seite. Ein Klick auf das Programmsymbol öffnet dann Lightroom aus Bridge heraus. Allerdings ist der Zugriff über die Dockleiste des Macs oder die Schnellstartleiste unter Windows auch nicht wesentlich aufwendiger.

Abbildung 7.11 ▶
Lightroom kann als Verknüpfung in die FAVORITEN-Palette von Bridge gelegt werden.

Bilder aus Bridge in Lightroom importieren | Interessanter ist die Möglichkeit, Bilder aus Bridge nach Lightroom zu exportieren. Man könnte nun denken, dass man dazu die Bilder nur auf das Lightroom-Programmsymbol in der FAVORITEN-Leiste ziehen müsste. Leider geht das aber nicht, denn Drag & Drop funktioniert in Bridge leider nicht mit Programmen. Hier muss man sich ein wenig behelfen:

Sie benötigen dazu einen Ordner, der innerhalb von Lightroom als automatischer Importordner angelegt ist ❶ (siehe Seite 289). Dieser wird ebenfalls in der FAVORITEN-Leiste ❷ abgelegt. Jedes Bild, das Sie in diesen Ordner verschieben ❸, egal, ob in Bridge oder auf Betriebssystemebene, wird sofort und automatisch importiert ❹, wenn Lightroom geöffnet ist.

7.3 Lightroom und Photoshop Elements (PSE)

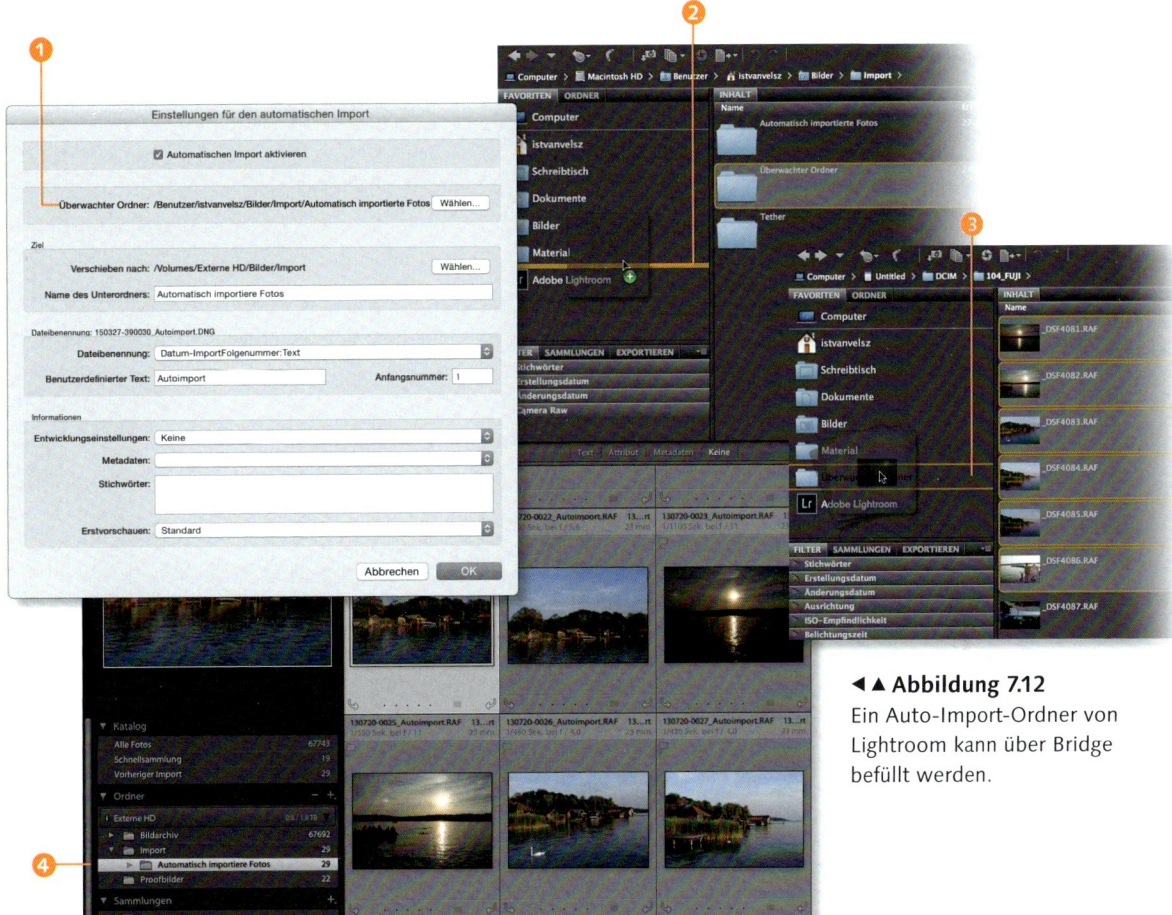

◀▲ **Abbildung 7.12**
Ein Auto-Import-Ordner von Lightroom kann über Bridge befüllt werden.

Besitzen Sie einen Mac, können Sie Bilder aus Bridge heraus auch direkt auf das Lightroom-Programmsymbol in der Dockleiste ziehen. An dieser Stelle funktioniert Drag & Drop auf Programmsymbole so, dass das Programm den Importvorgang ausführt.

7.3 Lightroom und Photoshop Elements (PSE)

Gerade Hobbyfotografen mit knappen Budget fragen sich vielleicht, ob sie sich für Lightroom oder doch lieber für Photoshop Elements (PSE) entscheiden sollen. Doch leider lässt sich diese Frage nicht so einfach beantworten. Die beiden Programme besitzen zwar einige überschneidende Funktionen, haben jedoch eine völlig andere Zielsetzung. Lightroom besitzt eine nahezu ungeschlagene Bildverwaltung, mit deren Hilfe Sie auch in einem Archiv mit hunderttausend Fotos noch den Überblick behalten können. Darüber hinaus sorgt der Raw-Konverter für eine sehr gute Basis-Bearbeitung der Bilder.

Der Einsatz von Photoshop Elements beginnt eigentlich erst danach: Als Photoshop »light« können Sie dort mehrere Ebenen kombinieren und beispielsweise mit Schrift überlagern. Auch das Zusammenfügen von mehreren Bildern zu Panoramen oder HDR-Aufnahmen ist in PSE möglich. PSE ist also eher ein Kreativ- als ein Entwicklungswerkzeug.

Das bedeutet aber auch, dass sich die beiden Programme sehr gut ergänzen. Auch wenn PSE nicht den kompletten Funktionsumfang einer Photoshop-Version besitzt, lassen sich damit doch Aufgaben erledigen, die mit Lightroom allein nicht möglich sind.

Photoshop Elements: Organizer und Editor

PSE besteht aus zwei getrennten Programmen, dem ORGANIZER und dem EDITOR. Der ORGANIZER entspricht der Bibliothek aus Lightroom, er ist aber lange nicht so leistungsfähig. Beispielsweise kann der Organizer keine Stichworthierarchien erstellen, nur einfaches Tagging ist möglich. Dafür besitzt er eine Gesichtserkennung, über die Sie sogar Ihre Facebook-Freunde verknüpfen können.

▼ Abbildung 7.13
Der Organizer von Photoshop Elements dient der Bildverwaltung.

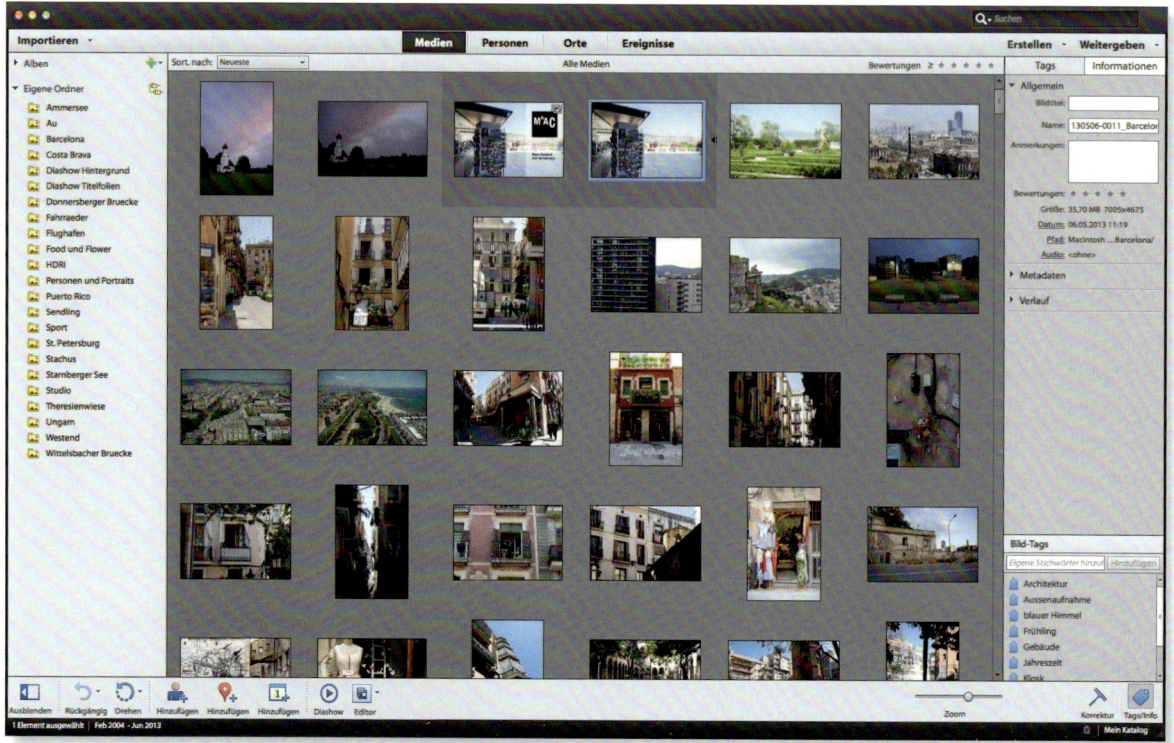

Das andere Programm ist der EDITOR. In diesem Programm können die Bildbearbeitungen durchgeführt werden. Der Editor besitzt drei Modi, die abhängig vom Wissensstand oder Bedürfnis des Anwenders entsprechende Funktionen einblenden (SCHNELL, ASSISTENT, EXPERTE). Raw-Daten kann Photoshop Elements mit Hilfe des Camera-Raw-Plug-ins von Adobe verarbeiten. Allerdings nutzt PSE nur einen Teil der Funktionen des Plug-ins. Lokale Anpassungen sind beispielsweise nur in Verbindung mit der »großen« Photoshop-Version möglich.

▲ Abbildung 7.14
Im EXPERTE-Modus sind auch Ebenen verfügbar, die komplexe Bildkompositionen ermöglichen.

PSE speichert im Gegensatz zu Lightroom die gesamten Organizer-Dateien – wie Thumbnails, Stichwörter etc. – für den Anwender unsichtbar in einem Unterordner des Benutzerordners ab. Einen Katalog im eigentlichen Sinn gibt es also nicht, auch wenn der Organizer die ganzen Daten irgendwo ablegen muss.

Photoshop Elements als externer Editor

Setzen Sie bereits Lightroom ein und haben jetzt zusätzlich PSE installiert, dann können Sie Elements einfach als externen Editor konfigurieren.

Abbildung 7.15 ▶
Ist Photoshop Elements installiert, wird das Programm als Standard-Editor verwendet.

Es ist sogar so, dass nach der Installation von PSE auf Ihrem Computer dieses in Lightroom als externer Standard-Editor eingestellt ist. Klicken Sie in der BIBLIOTHEK mit der rechten Maustaste auf ein Bild, erscheint im Kontextmenü unter BEARBEITEN IN der Eintrag IN ADOBE PHOTOSHOP ELEMENTS EDITOR BEARBEITEN. Obwohl PSE über ein Modul zur Panorama-Erstellung verfügt, ist die direkte Verbindung dazu über das Lightroom-Menü nicht möglich. Diese ist ebenso wie das Öffnen als Smart-Objekt, die HDR-Funktion und das Öffnen als Ebene der großen Photoshop-Version vorbehalten. Auch wenn diese Funktionen teilweise auch in PSE vorhanden sind, können sie nicht von Lightroom aus aufgerufen werden.

Lightroom verwendet in Verbindung mit PSE die gleichen Einstellungen wie bei Photoshop. PSE kann diese Dateien zwar grundsätzlich öffnen, aber gerade die Farbtiefe von 16 Bit macht Probleme, da PSE Bilder mit dieser Farbtiefe nicht editieren kann. Daher müssen Sie in den VOREINSTELLUNGEN unter dem Register EXTERNE BEARBEITUNG (Seite 198) die Farbtiefe auf 8 Bit ❷ ändern. Zur besseren Kompatibilität sollten Sie auch noch sRGB ❶ als Farbprofil eingeben. Nur wer sich mit Farbmanagement auskennt, kann hier auch ProPhoto RGB oder Adobe RGB verwenden.

Abbildung 7.16 ▶
Für Photoshop Elements sollten die VOREINSTELLUNGEN angepasst werden, da PSE nicht mit 16 Bit Farbtiefe umgehen kann.

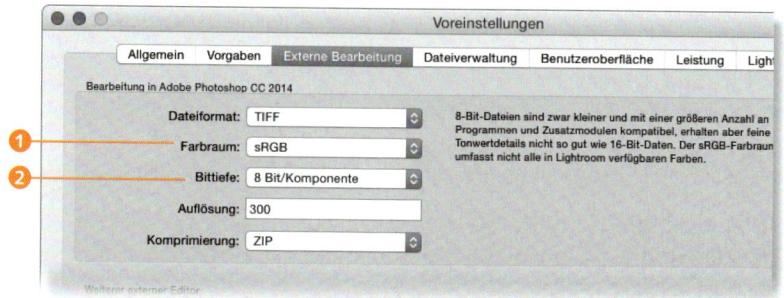

7.3 Lightroom und Photoshop Elements (PSE)

Bearbeiten Sie jetzt ein Foto im Raw-Format in PSE, wird neben der Originaldatei eine TIFF-Datei erstellt und in PSE geöffnet. Dabei werden die Entwicklungseinstellungen eingerechnet, die für das Bild gemacht wurden, bevor die Datei geschrieben wird. So etwas wie Smart-Objekte kennt PSE nicht.

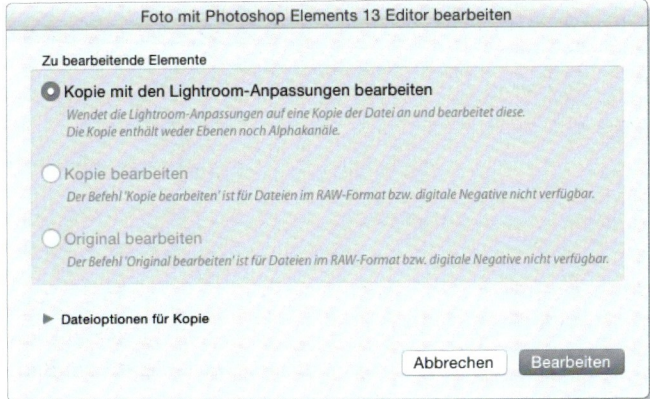

◄ **Abbildung 7.17**
Der Dialog zur externen Bearbeitung für Fotos im Raw-Format

Die beiden anderen Optionen zur externen Bearbeitung sind nur verfügbar, wenn es sich bei der gewünschten Datei um ein Nicht-Raw-Format wie TIFF oder JPEG handelt. Dann kann über Kopie bearbeiten eine Kopie der Datei angelegt werden, die stattdessen editiert wird, oder es wird die Originaldatei (Original bearbeiten) im externen Editor geöffnet. In beiden Fällen werden die bisherigen Lightroom-Entwicklungseinstellungen ignoriert.

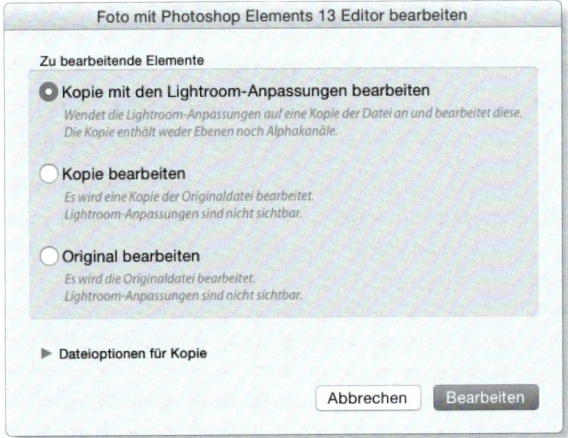

◄ **Abbildung 7.18**
Der Dialog zur externen Bearbeitung für Fotos in Nicht-Raw-Formaten wie TIFF oder JPEG

Unter Dateioptionen für Kopie können Sie die Einstellungen für das Dateiformat aus den Voreinstellungen manuell überschreiben.

Organizer-Katalog in Lightroom importieren

Wenn Sie bereits mit PSE gearbeitet haben, bevor Sie auf Lightroom umgestiegen sind, haben Sie wahrscheinlich Ihre Fotos im Organizer verwaltet. Diese Verwaltung können Sie in Lightroom übernehmen.

Schritt für Schritt
Photoshop-Elements-Katalog in Lightroom-Katalog konvertieren

1 Menübefehl zum Konvertieren

Wählen Sie aus dem Menü DATEI den Befehl PHOTOSHOP ELEMENTS-KATALOG AKTUALISIEREN. Lightroom findet daraufhin selbstständig alle Kataloge des PSE-Organizers.

Abbildung 7.19 ▶
Menübefehl zum Konvertieren eines PSE-Katalogs nach Lightroom

2 Photoshop-Elements-Katalog wählen

Alle gefundenen PSE-Kataloge werden anschließend in einem Dialogfeld aufgelistet. Wählen Sie aus dem Dropdown-Menü ❶ den gewünschten Katalog aus. Wenn Sie nur einen PSE-Katalog besitzen, dann erscheint das Dialogfeld ebenfalls, aber der eine Katalog ist dann voreingestellt. Die KATALOGINFO ❷ lässt sich einblenden, indem Sie auf das Dreieck neben dem Begriff klicken.

3 Ziel festlegen

Über die Schaltfläche ÄNDERN ❸ können Sie noch einen Namen und den gewünschten Speicherort festlegen. Diese Option können Sie ignorieren, falls Sie die Einstellungen so übernehmen wollen. Dann wird der Standardordner von Lightroom im Bilderordner verwendet.

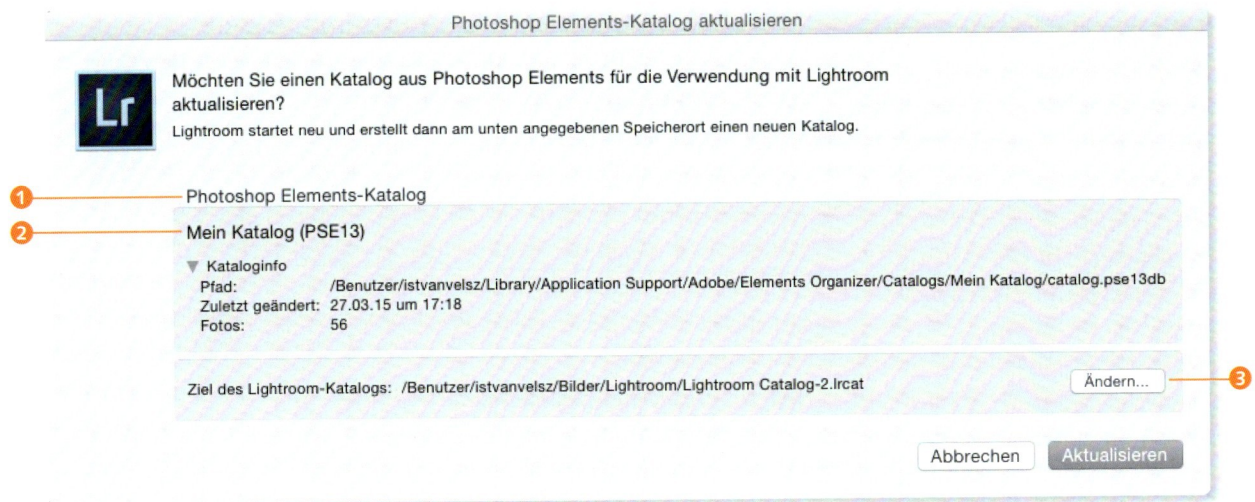

▲ Abbildung 7.20
Dialogfeld zur Auswahl des PSE-Katalogs inklusive der KATALOGINFO

Wenn Sie bereits einen Katalog mit Lightroom erstellt und damit gearbeitet haben, besitzen Sie jetzt zwei Kataloge. Sie können den importierten Katalog nun in den bereits vorhandenen Katalog integrieren. Wie das geht, erfahren Sie auf Seite 320.

7.4 Lightroom und andere Programme und Add-ons

Nicht nur Adobe-Programme sind in der Lage, mit Lightroom zu kooperieren. Jedes Programm, das TIFF-, JPEG- oder PSD-Dateien verarbeitet, kann ebenfalls mit Lightroom verbunden werden. Eigentlich sind alle Add-ons, die in den Entwicklungsprozess von Lightroom eingreifen, ebenfalls externe Programme, die über die Schnittstelle zur externen Bearbeitung aufgerufen werden. Zusätzlich gibt es auch noch Workflow-Add-ons, die nicht in das Bild eingreifen, sondern Arbeitsabläufe innerhalb von Lightroom steuern können, beispielsweise das Suchen und Ersetzen von Texten in den Metadaten.

Externe Programme einbinden

Um ein externes Programm als Editor einzubinden, müssen Sie dieses über die VOREINSTELLUNGEN konfigurieren. Im folgenden Beispiel soll hier GIMP als externes Programm eingetragen werden. Mit demselben Verfahren können Sie aber auch andere Bildbearbeitungssoftware einsetzen.

GIMP
GIMP ist eine plattformunabhängige Open-Source-Alternative zu Photoshop. Die Software ist über die Website *www.gimp.org* verfügbar.

Pixelmator
Pixelmator ist ebenfalls eine Photoshop-Alternative mit geringerem Funktionsumfang – für den Amateur aber völlig ausreichend. Pixelmator gibt es leider nur für den Mac. Es ist mit einer sehr schönen und intuitiven Arbeitsoberfläche ausgestattet. Mehr Infos und eine Testversion erhalten Sie über die Website *http://pixelmator.com*. Kaufen können Sie die Software über den Mac App Store.

Kapitel 7   Kompatibilität mit Photoshop und Co.

Affinity Photo
Die Firma Affinity möchte mit ihren Programmen den Platzhirsch Adobe angreifen und hat mit dem Affinity Designer schon einen sehr beachtlichen Start hingelegt. Jetzt legen die Entwickler mit Affinity Photo einen Photoshop-Konkurrenten nach, der bereits viel positives Feedback bekommt. Die App können Sie über den Apple App Store beziehen.

Schritt für Schritt
Externes Programm als externen Editor einbinden

1   Voreinstellungsdialog

Die Einstellungen für externe Programme befinden sich in den VOREINSTELLUNGEN. Öffnen Sie daher die Voreinstellungen auf dem Mac über den Menüpfad LIGHTROOM • VOREINSTELLUNGEN. Bei Windows finden Sie den Dialog unter BEARBEITEN • VOREINSTELLUNGEN. Wechseln Sie dann in das Register EXTERNE BEARBEITUNG ❶.

2   Programm auswählen

Als Nächstes müssen Sie das externe Programm auswählen. Dazu klicken Sie in der Parametergruppe WEITERER EXTERNER EDITOR auf die Schaltfläche WÄHLEN ❷. Suchen Sie dann im Programme-Ordner nach dem gewünschten Editor – in diesem Fall GIMP.

Auch wenn Sie bereits einen weiteren externen Editor eingebunden haben und dieser bereits eine Voreinstellung besitzt, können Sie diese abändern und später unter einem neuen Namen speichern.

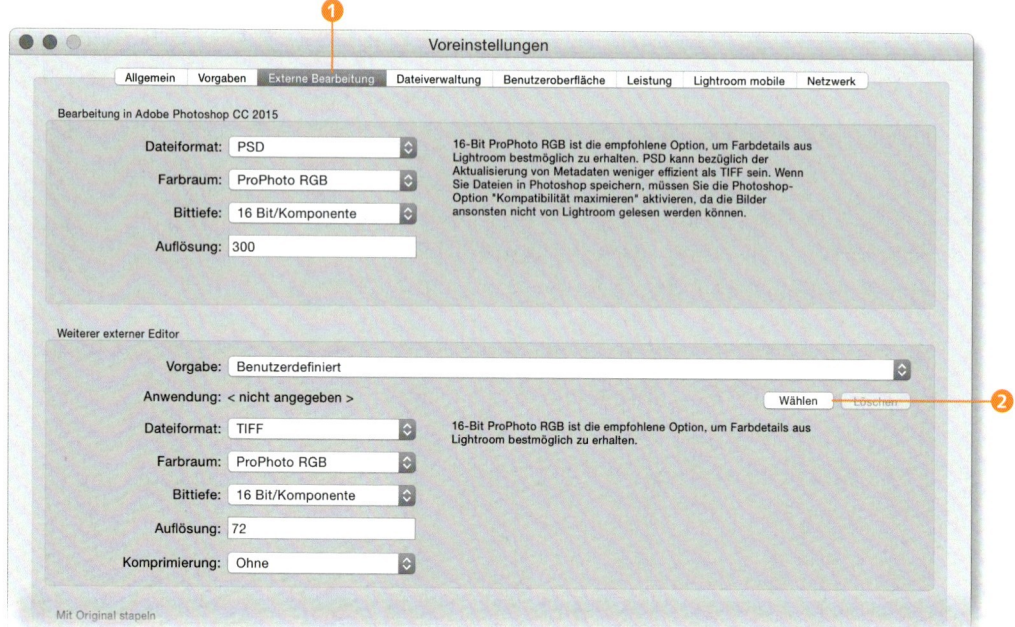

▲ Abbildung 7.21
Die Konfiguration zur Verknüpfung externer Programme nehmen Sie in den VOREINSTELLUNGEN vor.

7.4 Lightroom und andere Programme und Add-ons

◀ **Abbildung 7.22**
Auswahl des externen Editors

3 Formateinstellungen vornehmen

Jetzt müssen Sie noch angeben, in welchem Format die Bilder geöffnet werden sollen. GIMP kann TIFF-Dateien nicht mit Ebenen speichern, dafür aber mit Photoshop-Dateien umgehen. Daher geben Sie als DATEIFORMAT PSD an. Als FARBRAUM geben Sie am besten sRGB an. Wenn Sie sich mit Farbmanagement auskennen, können Sie auch ein anderes Profil wählen, optimal wäre das Profil PROPHOTO RGB.

Bei der BITTIEFE können Sie einstellen, was Sie möchten. Bei größeren Tonwertveränderungen sind »16 Bit« empfehlenswert. In den meisten Fällen reichen jedoch »8 Bit« aus, und die Dateien sind kleiner. Die AUFLÖSUNG ist nur ein relativer Wert und verändert die Gesamtzahl der Pixel nicht. Somit können Sie den Wert belassen. Die Standardeinstellung wäre hier »240«.

▼ **Abbildung 7.23**
Formateinstellungen, mit denen das Bild an den externen Editor übergeben wird

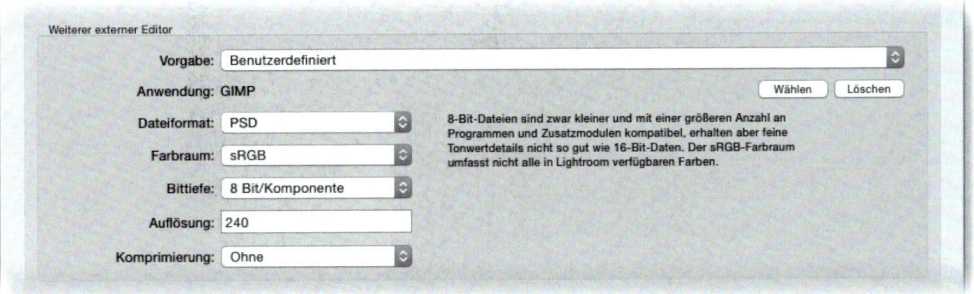

4 Einstellungen speichern

Jetzt müssen die Einstellungen nur noch gespeichert werden. Dazu wählen Sie aus dem Dropdown-Menü VORGABE den Eintrag AKTUelle Einstellungen als neue Vorgabe speichern aus und tragen anschließend in das Dialogfeld den Namen des externen Editors ein – in diesem Fall »GIMP«.

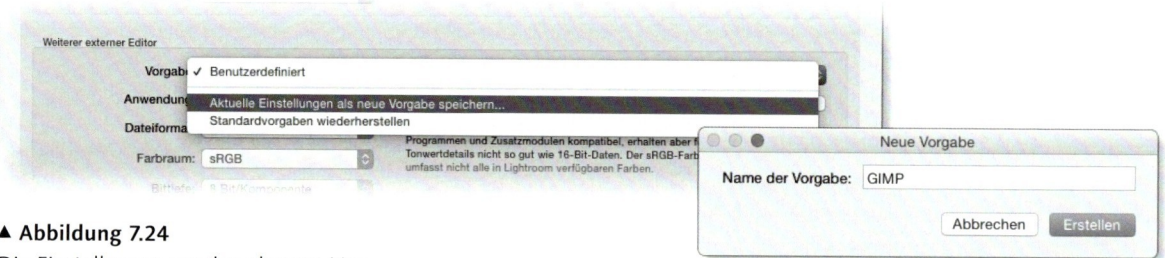

▲ **Abbildung 7.24**
Die Einstellungen werden als neue Vorgabe gespeichert.

Nach dem Speichern ist die Vorgabe im Kontextmenü sichtbar, wenn Sie auf ein Bild mit der rechten Maustaste klicken und den Menüeintrag Bearbeiten in auswählen.

Abbildung 7.25 ▶
Die gespeicherte Vorgabe wird unter dem Menüeintrag Bearbeiten in verfügbar.

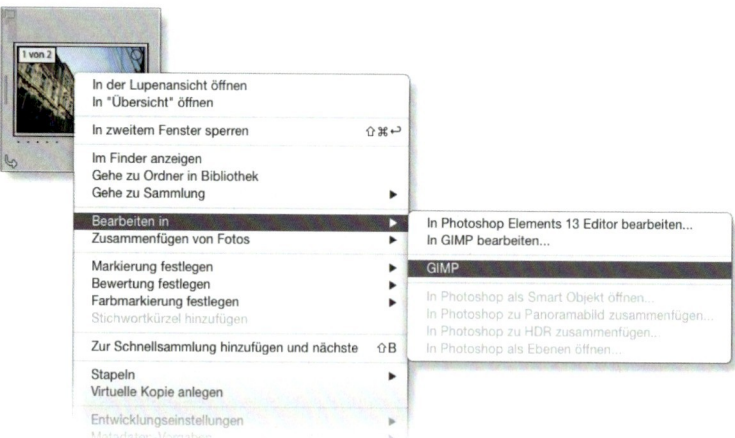

Wenn Sie Raw-Bilder in einem externen Editor bearbeiten, wird immer eine Kopie mit den Lightroom-Einstellungen erstellt und geöffnet. Wenn Sie jedoch eine bereits erstellte Arbeitskopie oder ein anderes Dateiformat wie JPEG, TIFF, PNG oder PSD öffnen, ergeben sich noch weitere Möglichkeiten. Nachfolgend werden diese erläutert:

▶ **Kopie mit den Lightroom-Anpassungen bearbeiten:** Hier wird das Bild mit den Lightroom-Entwicklungseinstellungen als Kopie angelegt und mit der Dateiendung »-Edit« versehen. Anschließend wird diese Kopie in dem genannten Programm geöffnet. Über die Dateioptionen können Sie vom Einstellungsdialog abweichende Einstellungen angeben.

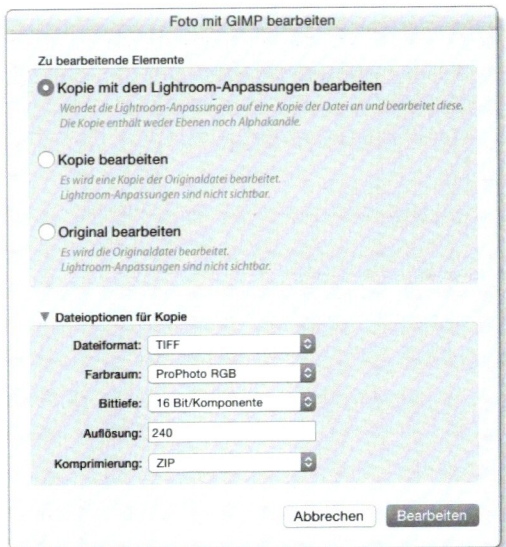

◄ **Abbildung 7.26**
Optionen zum Editieren von Nicht-Raw-Bildern in einem externen Programm

▶ **Kopie bearbeiten:** Diese Option ist bei Raw-Bildern nicht aktiv. Handelt es sich jedoch um ein TIFF, PSD oder JPEG, kann mit dieser Option eine Kopie ohne Lightroom-Einstellungen angelegt und bearbeitet werden.

▶ **Original bearbeiten:** Auch diese Option ist bei Raw-Daten nicht verfügbar. Sie öffnet das Originalbild, wenn es sich um ein TIFF, PSD, PNG oder JPEG handelt. Eine Kopie wird dabei nicht erzeugt. Änderungen überschreiben dann eventuell Lightroom-interne Einstellungen am Original.

▶ **Dateioptionen für Kopie:** Hier können Sie die Einstellungen aus den Voreinstellungen für den aktuellen Vorgang überschreiben. Dies ist jedoch nur dann möglich, wenn Sie die Option KOPIE MIT DEN LIGHTROOM-EINSTELLUNGEN BEARBEITEN aktiviert haben, denn nur dann wird eine neue Datei erzeugt.

> **PNG extern bearbeiten**
>
> Wenn Sie PNG-Dateien über die Optionen KOPIE BEARBEITEN oder KOPIE MIT DEN LIGHTROOM-ANPASSUNGEN BEARBEITEN in einem externen Programm bearbeiten, werden diese in ein TIFF- oder PSD-Bild konvertiert, je nachdem, was Sie als Austauschformat eingestellt haben.

Aperture- und iPhoto-Import

Seit Apple bekannt gegeben hat, dass Aperture nicht weiterentwickelt wird, kam sofort der Wunsch auf, die Aperture-Bibliotheken in Lightroom zu integrieren. Adobe hat auf die Anwender gehört und ein Import-Add-on entwickelt. Das Add-on ist seit der Version 5.6 direkt in Lightroom integriert. Das Import-Add-on kann auch iPhoto-Bibliotheken übernehmen. Wer hofft, mit Hilfe des Add-ons auch die Entwicklungseinstellungen importieren zu können, wird leider enttäuscht, hier arbeiten beide Programme doch zu unterschiedlich. Lightroom versucht aber, die Struktur möglichst komplett abzubilden. Folgende Daten werden übernommen:

- Flaggen, Sterne, Schlüsselwörter und Ortsdaten, wie GPS-Informationen, werden übernommen und in den äquivalenten Feldern gespeichert.
- Die Info-Panel-Metadaten werden ebenfalls in die entsprechenden Lightroom-Felder geschrieben.
- Fotos, die den Status ABGELEHNT besitzen, werden in der Sammlung ABGELEHNTE FOTOS IN APERTURE abgelegt.
- Bilder, die in iPhoto ausgeblendet sind, wandern in die Sammlung PHOTOS HIDDEN IN IPHOTO.
- Die Farbmarkierungen werden als Stichwörter in Lightroom gespeichert, da Aperture mehr davon hat als Lightroom. Man kann danach dann filtern und entsprechende neu vergeben.
- Namen der Gesichtserkennung wandern ebenfalls in die Stichwörter.
- Versionen werden als virtuelle Kopien angelegt. Da aber keine Entwicklungseinstellungen übernommen werden, unterscheiden sich die Bilder dann nur durch eventuell andere Metadaten.
- Projekte, Alben und Ordner werden, so weit wie möglich, in eine entsprechende Struktur aus Ordnern, Sammlungen und Sammlungssätzen übertragen.
- PSD-Dateien können nur übertragen werden, wenn diese in Photoshop mit maximaler Dateikompatibilität gespeichert wurden.

Schritt für Schritt
Aperture- oder iPhoto-Bibliothek importieren

Bevor Sie den Import starten, sollten Sie auf jeden Fall ein Backup Ihres Lightroom-Katalogs anlegen. Wenn Sie bisher noch gar nicht mit Lightroom gearbeitet haben, können Sie auch einen leeren Katalog anlegen. Ich habe beim Testen allerdings festgestellt, dass der Import in einen komplett leeren Katalog zunächst fehlschlug, da Lightroom anscheinend eine bereits bestehende Ordnerstruktur braucht, auch wenn diese nur aus einem Ordner besteht. Bei weiteren Versuchen trat das Problem nicht auf. Falls Sie ein ähnliches Problem haben, importieren Sie vorab ein Bild manuell.

Da ich davon ausgehe, dass Sie als Aperture- oder iPhoto-Nutzer noch nicht mit Lightroom gearbeitet haben, beginnt diese Anleitung mit dem Erstellen eines neuen Katalogs. Falls Sie bereits einen Katalog besitzen, können Sie direkt mit Schritt 2 loslegen.

Apple-Foto-App

Das Add-on zum Import der Aperture oder iPhoto Library ist noch nicht mit der neuen Apple-Foto-Software kompatibel.

1 Neuen, leeren Katalog anlegen

Öffnen Sie Lightroom zum ersten Mal, werden Sie automatisch gefragt, ob Sie einen neuen Standardkatalog anlegen wollen. Klicken Sie also in dem Dialog die Schaltfläche STANDARDKATALOG ERSTELLEN an. Es wird in Ihrem Bilderordner ein neuer Lightroom-Ordner mit dem dazugehörigen Standardkatalog angelegt.

▲ **Abbildung 7.27**
Besitzen Sie noch keinen Lightroom-Katalog, haben Sie beim Starten die Möglichkeit, einen neuen anzulegen.

Haben Sie sich mit Lightroom bereits etwas beschäftigt, können Sie einen neuen Katalog über den Menüpfad DATEI • NEUER KATALOG anlegen. Vergeben Sie einen Namen, und speichern Sie diesen unter einem Ordner Ihrer Wahl. Wenn Sie diesen Katalog als Hauptkatalog verwenden wollen, sollten Sie einen Namen wählen, der auch zukünftig zu Ihrem Workflow passt, wie »Lightroom Katalog«. Wollen Sie später diesen Katalog in Ihren Stammkatalog übernehmen, können Sie dies über den Katalog-Import (Seite 320) erledigen.

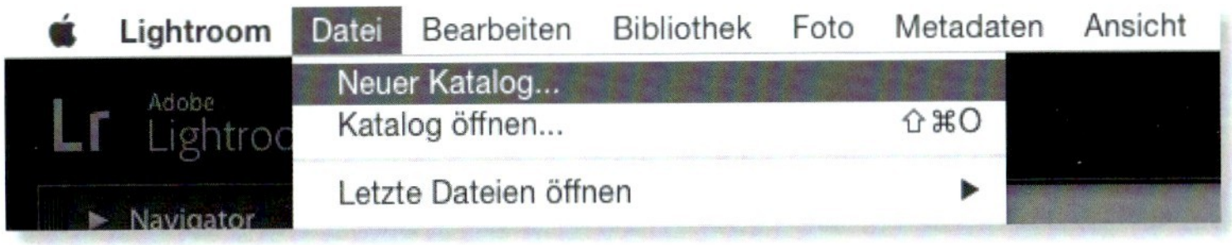

▲ **Abbildung 7.28**
Über das DATEI-Menü können Sie ebenfalls einen neuen Katalog erstellen.

Beim Erstellen eines neuen Katalogs werden Sie gefragt, ob Sie diesen mit der Cloud und Ihren Mobilgeräten synchronisieren wollen. Ich empfehle Ihnen, die Option zunächst zu deaktivieren. Nutzen Sie beispielsweise die Synchronisation bereits mit einem anderen Katalog, so überschreibt der neue eventuell die Daten. Mehr zur Synchronisation erfahren Sie ab Seite 914.

▲ **Abbildung 7.29**
Lassen Sie den Cloud-Dienst zunächst lieber deaktiviert. Sie können ihn später jederzeit aktivieren.

2 Importoptionen einstellen

Haben Sie den Katalog vorbereitet, können Sie den Import starten. Dazu wählen Sie den Menüpfad DATEI • ZUSATZMODULOPTIONEN • IMPORTIEREN AUS APERTURE-BIBLIOTHEK. Wenn Sie eine iPhoto-Bibliothek importieren wollen, finden Sie im selben Menü den Punkt IMPORTIEREN AUS IPHOTO-BIBLIOTHEK.

Über die Schaltfläche AUSWÄHLEN ❶ wählen Sie zunächst die zu

Abbildung 7.30 ▲
Dialog zur Auswahl der Aperture-Bibliothek

importierende Bibliothek aus. Die Bibliothek wird dann zunächst geprüft. Anschließend müssen Sie noch angeben, wohin die Bilder kopiert werden sollen ❷.

Links unten finden Sie noch eine Schaltfläche ❸, mit der Sie einen weiteren Einstellungsdialog aufrufen können. Die Optionen belassen Sie am besten so, wie sie sind. Hier hätten Sie folgende Möglichkeiten:

▶ VORSCHAUEN VON APERTURE/IPHOTO: Hierüber können Sie Vorschauen, die Entwicklungen zeigen, mit importieren. Dabei werden diese mit dem Originalbild gestapelt. Sie hätten dann eine Sichtkontrolle, wie das Bild in Aperture entwickelt wurde. Dabei müssen die Vorschauen aber aktuell sein. Grundsätzlich eine gute Idee, macht aber die ganze Verwaltung unübersichtlich.

▶ NUR ANGEWENDETE STICHWÖRTER VON APERTURE/IPHOTO IMPORTIEREN: Diese Option ist bereits aktiv und verhindert somit, dass Stichwörter, die in Aperture keinem Bild zugewiesen wurden, ebenfalls importiert werden. Ungenutzte Stichwörter werden dann ignoriert.

▶ LIGHTROOM-STICHWÖRTER FÜR FARBBESCHRIFTUNGEN VON APERTURE ERSTELLEN (nur Aperture): Hier werden die Farbbeschriftungen als Stichwörter importiert. Dies ist nötig, da Aperture mehr Farben zur Verfügung stellt als Lightroom. Sie können

▲ Abbildung 7.31
Der Dialog zur Auswahl der iPhoto-Bibliothek unterscheidet sich nur in den angepassten Bezeichnungen.

7.4 Lightroom und andere Programme und Add-ons

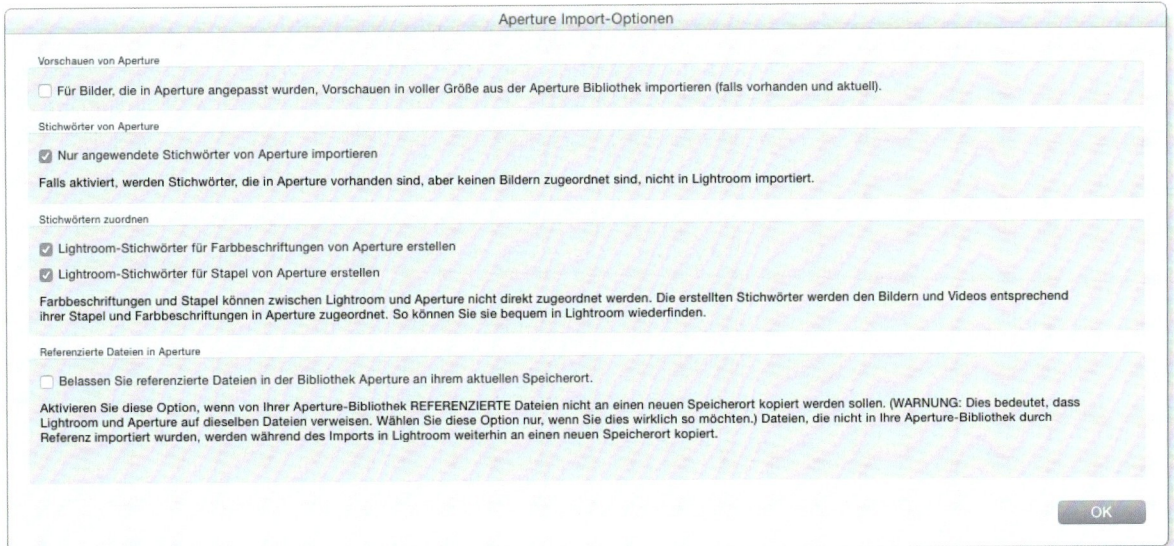

▲ **Abbildung 7.32**
Dialog zum Einstellen der Import-Optionen

dann später nach diesen filtern und sie wieder in Farbmarkierungen umwandeln. Diese Option ist normalerweise aktiviert.

▶ LIGHTROOM-STICHWÖRTER FÜR STAPEL VON APERTURE ERSTELLEN (nur Aperture): Diese Option ist analog zu der mit den Farbbeschriftungen, betrifft aber die Stapelfunktion von Aperture. Auch sie ist aktiviert.

▶ In Aperture und iPhoto konnten Sie Dateien innerhalb der Bibliothek ablegen oder, wie in Lightroom auch, auf die Originale auf der Festplatte verweisen – referenzieren. Ist die Option unter REFERENZIERTE DATEIEN IN APERTURE/IPHOTO aktiviert, verbleiben die in Aperture referenzierten Dateien an ihrer Position. In diesem Fall nutzen Aperture und Lightroom die Bilder. In diesem Fall dürfen Sie die Bilder auch keinesfalls löschen.

3 Import starten

Haben Sie alle Optionen eingestellt, können Sie den Importvorgang starten. Drücken Sie dazu die Schaltfläche IMPORTIEREN.

Der Importvorgang kann je nach Bildanzahl eine Weile dauern. Holen Sie sich also ruhig einen Kaffee, oder bei mehr als 50 000 Bildern etwas zu essen. Treten während des Imports Fehler auf, werden diese in einem Dialogfeld angezeigt. Die Liste der Fehler lässt sich als Textdatei exportieren.

▲ **Abbildung 7.33**
Beispiel einer Ordner- und Sammlungsstruktur nach dem Aperture-Import

Externe Add-ons zur Entwicklung

Über Add-ons wurde an anderer Stelle bereits gesprochen (siehe Seite 263). Dabei handelte sich aber immer um Add-ons, die in die Dateiverarbeitung, zum Beispiel beim Export, eingreifen.

Lightroom erlaubt es nicht, externe Add-ons für Entwicklungseinstellungen direkt ins Programm zu integrieren. Viele Add-ons erwecken zwar genau diesen Eindruck, sie werden aber dabei wie ein externes Programm in Lightroom integriert. Dieses lässt sich dann per Kontextmenü öffnen und bearbeitet eine Kopie des Bildes. Alle Änderungen, die dort an der Bildkopie vorgenommen werden, werden in das Bild eingerechnet und sind nachher nicht mehr veränderbar. Dies widerspricht eigentlich der Idee des nichtdestruktiven Workflows, für den Lightroom steht.

Nachfolgend finden Sie eine kurze Übersicht über die wichtigsten Add-ons und deren Funktionen.

DxO Labs

Die Firma DxO kommt aus der Entwicklung von Produkten und Lösungen zur Gewährleistung hoher Qualität bei der digitalen Bildverarbeitung. Ihre Ideen und Entwicklungen lizenzieren sie auch an andere Unternehmen. Unter anderem vermessen sie auch Objektive und Kameras. Ihre Testergebnisse stellen sie über die Website

▼ **Abbildung 7.34**
Screenshot von DxO FilmPack 5

http://dxomark.com bereit. Die Testaussagen sind in der Branche hoch angesehen und werden oft als Referenzen verwendet.

DxO FilmPack | In diesem Editor können Sie analoge Filme simulieren. Dabei stehen Ihnen je nach Version über 50 verschiedene Schwarzweiß- und Farbfilmversionen zur Auswahl, die Sie über Schieberegler nachträglich feinjustieren können. Für Lightroom gibt es jedoch auch zahlreiche Entwicklungsvorgaben, die sich nahtlos einfügen (Seite 667). Auch wenn deren Qualität sicher nicht so gut ist wie die von DxO FilmPack, sind sie aber um einiges preisgünstiger, teilweise sogar kostenfrei.

DxO ViewPoint | Dieses Programm dient der optischen Entzerrung von Bildern. Zwar kann dies Lightroom seit der Version 5 auch (Seite 578), aber DxO Viewpoint bietet zusätzlich noch ein paar weitere Funktionen, die vor allem Architekturfotografen sehr gut in ihrer Arbeit unterstützen.

Gerade die Funktion, mit der Viewpoint Verzerrungen von Weitwinkelobjektiven an den Bildrändern entfernt, hat mir schon gute Dienste geleistet. Aber auch die Art und Weise, auf die sich stürzende Linien entfernen lassen – nämlich anhand von senkrechten Hilfslinien oder Rechtecken –, ist der manuellen Korrektur von

DxO Labs

Hier können Sie Lightroom-Plug-ins von DxO Labs als Test- oder Vollversion herunterladen: *http://dxo.com* Kamera und Objektivtests erhalten Sie auf folgender Website: *http://dxomark.com*

▼ **Abbildung 7.35**
Screenshot von DxO ViewPoint 2

Lightroom weit überlegen. Alle anderen Funktionen (wie das Ausrichten des Horizonts etc.) sind hingegen auch in Lightroom enthalten und dort sicher nicht schlechter.

DxO Optics Pro | Hierbei handelt es sich nicht um ein Add-on, sondern um einen Raw-Konverter wie Lightroom selbst. Die Bildqualität, die man damit erzielen kann, ist ausgezeichnet, aber die Funktionen zur Verwaltung und Ausgabe sind eingeschränkt. Es gibt zum Beispiel kein Modul für Diashows oder Webseiten. Es ist aber das derzeit einzige Paket, das auch DNG-Dateien austauschen kann. Die Entwicklungseinstellungen sind zwar nicht kompatibel, aber dadurch bleibt ein Optimum an Bildqualität erhalten. In diesem Fall ersetzt DxO Optics Pro das Entwickeln-Modul.

Nik Software

Nik Software hatte bereits einige Add-ons für Photoshop und Lightroom entwickelt, bevor es von Google gekauft wurde. Die einzelnen Add-ons von Nik sind, zu einem Bundle geschnürt, als Nik Collection erhältlich. Sie enthält alles, was das Fotografenherz begehrt: Add-ons für HDR, Schwarzweiß, Rauschreduzierung, Scharfzeichnung und Bildstile. Die Integration aller Tools in den Workflow von Lightroom ist allerdings nicht ideal möglich, da einige Werkzeuge eigentlich am Anfang des Workflows stehen, wie beispielsweise DFINE für die Rauschreduzierung.

Nik ist Erfinder der U-Point-Technologie. Dabei handelt es sich um eine Maskierungsfunktion, bei der zunächst ein Punkt im Bild platziert wird.

> **Nik Software**
>
> Hier können Sie Lightroom-Plug-ins von Nik als Test- oder Vollversion herunterladen: *http://www.google.com/nikcollection/*

Abbildung 7.36 ▶
Die U-Point-Technologie ermöglich das Auswählen eines Farbwertes innerhalb eines gewissen Radius. Die Veränderung der Parameter findet direkt an der Auswahlmarkierung statt.

Alle Einstellungen wirken sich nun auf ähnliche Farbwerte in einem definierbaren Umkreis aus. Mehrere Punkte lassen sich zu Gruppen zusammenfassen. Alle Parameter sind direkt am Punkt angeordnet und editierbar. Verändert werden auf diese Weise nur ähnliche Farben in der Umgebung.

Silver Efex Pro | Hierbei handelt es sich um einen Schwarzweißkonverter. Er bietet zahlreiche Parameter, wie zum Beispiel klassische Farbfilter, Empfindlichkeit, Körnung usw., mit denen das Endergebnis beeinflusst werden kann. Zusätzlich gibt es Voreinstellungen für die wichtigsten Analogfilme auch mit Werten für die Körnung und abschließende Tonung (Sepia etc.).

▲ Abbildung 7.37
Silver Efex Pro zum Konvertieren von Farbbildern in Schwarzweißfotos

Analog Efex Pro | Mit diesem Modul folgt auch Nik dem Trend, alte, analoge Filme zu simulieren. Denn diese scheinen durch Ihre »Unvollkommenheit« Bildern einen emotionaleren Look zu verleihen. Sie können hier aus einer Vielzahl analoger Filmsimulationen wählen, die Sie auch punktuell optimieren können.

HDR Efex Pro | Diese Erweiterung ermöglicht das Erstellen von HDR-Bildern. Dabei werden Bilder mit unterschiedlicher Belichtung zu einem Bild zusammengefügt, um einen höheren Helligkeitsumfang im Bild einzufangen. Die Verbindung von Lightroom zu HDR Efex findet hier aber nicht über den Menüpunkt BEARBEITEN IN statt, sondern erfolgt über den Export. Nach dem Export kann das Programm automatisch geöffnet werden. Die Bilder werden dann automatisch geladen.

▲ **Abbildung 7.38**
Dfine filtert das Rauschen anhand individueller Profile heraus.

Sharpener Pro | Dieses auf den Scharfzeichnungsprozess hin optimierte Add-on besteht aus zwei Modulen: dem Raw Presharpener und dem Output Sharpener. Der Raw Presharpener wird am Anfang des Workflows angewendet. Er optimiert die Grundschärfe eines Bildes. Der Output Sharpener optimiert das Bild bei der Ausgabe auf einen speziellen Zweck hin, wie den Druck auf einem Tintenstrahldrucker oder das Ausbelichten.

Color Efex Pro | Hierbei handelt es sich um eine Filtersammlung für das Erreichen und Bearbeiten eines Bildstils. Jeder der Filter besitzt eigene Parameter, mit denen dessen Erscheinungsbild weiter angepasst werden kann. Möchten Sie diese Filter mit Lightroom verwenden, entwickeln Sie dort nur die Grundeinstellungen, den individuellen Bildstil können Sie dann anschließend mit Color Efex Pro hinzufügen.

Viveza | Eigentlich können Sie hiermit die Grundeinstellungen und Gradationskurven des Entwickeln-Moduls von Lightroom ersetzen, denn dieses Modul dient der Korrektur von Tonwerten, Schattenzeichnung, Farben etc. anhand der U-Point-Technologie. Die U-Point-Technologie ist zwar interessant und sehr einfach zu handhaben, kann aber auch durch die lokale Anpassung mit einem Pinsel in Lightroom erledigt werden.

Dfine | Dieses Add-on dient der Rauschentfernung. Dabei wird zunächst ein möglichst homogener Bildteil analysiert, aus dem dann ein Rauschprofil erstellt wird. Anhand dessen lässt sich anschließend das Rauschen aus dem Bild rechnen. Die Filterung lässt sich zusätzlich noch fein einstellen.

Topaz Labs

Auch Topaz liefert die gesamte Palette an Tools, die das Maximum aus Ihren Bildern herausholen soll. Topaz bietet aber im Gegensatz zu den anderen Anbietern ein eigenes Programm (Topaz Fusion), über das Sie die Bilder in die diversen Programme weiterleiten können. Nicht alle Topaz-Erweiterungen arbeiten mit Lightroom zusammen, sondern sind nur als Photoshop-Plug-ins verfügbar. Einige Erweiterungen scheinen auch ähnliche Einsatzbereiche zu besitzen und grenzen sich nur in Details voneinander ab. Daher sollten Sie sich genau überlegen, welche Erweiterung Sie wirklich benötigen. Die 30-Tage-Testversionen erlauben ein gründliches Ausprobieren der Programme.

> **Topaz Labs**
>
> Lightroom-Plug-ins von Topaz Labs finden Sie unter *www.topazlabs.com*.

Topaz Clarity | Dieses Tool erhöht den Kontrast eines Bildes auf eine ähnliche Weise wie der KLARHEIT-Regler in Lightroom. Das Besondere an Clarity ist jedoch, dass man den Kontrast abhängig von einem gewählten Helligkeitsbereich einstellen kann – also nur innerhalb der hellen, mittleren oder dunklen Bildbereiche. Masken erleichtern das Selektieren des gewünschten Bereichs.

Topaz B&W Effects | Hierbei handelt es sich um einen weiteren Vertreter eines Schwarzweißkonverters. Ähnlich wie bei Silver Efex Pro von Nik Software haben Sie die Möglichkeit, Farbfilter zu verwenden und das Ergebnis über zahlreiche Parameter detailliert einzustellen.

Kapitel 7 Kompatibilität mit Photoshop und Co.

▲ **Abbildung 7.39**
Topaz Clarity verändert den Kontrast abhängig von der Helligkeit.

Topaz Adjust | Dieses Tool ermöglich die Korrektur der Belichtung und des Weißabgleichs. Darüber hinaus lassen sich auch Lichter und Schatten anpassen sowie Farbeffekte anwenden. Es wäre quasi der Ersatz der Grundeinstellungen und der Farbkorrektur von Lightroom.

Topaz Denoise | Das Rauschen vor allem bei hohen ISO-Werten kann mit dem Denoiser minimiert werden. Das Rauschen kann für helle und dunkle Stellen getrennt gefiltert werden. Auch gibt es die Möglichkeit, das Rauschen pro Farbe zu reduzieren, und Einstellungen, um die Details möglichst zu erhalten.

Topaz Detail | Dies ist ein Werkzeug zum Verbessern der Bildschärfe, vor allem von Strukturen. Diese lässt sich sehr fein einstellen. Beispielsweise kann die Schärfe nur für helle, mittlere oder dunkle Bildbereiche verändert werden. Auch lassen sich die Bereiche maskieren, um nur die wichtigen zu schärfen.

Topaz InFocus | Auch dieses Tool kümmert sich um die Bildschärfe. Allerdings konzentriert es sich auf das Beseitigen von Unschärfen, die durch Bewegungsunschärfe oder Verwacklung entstehen. Auch die atmosphärische Unschärfe, die zustande kommt, wenn

7.4 Lightroom und andere Programme und Add-ons

▲ Abbildung 7.40
Topaz Detail erhöht den Kontrast in Strukturen, um diese schärfer erscheinen zu lassen.

Objekte in großer Entfernung fotografiert werden, kann hiermit korrigiert werden.

Topaz Simplify | Diese Effektbibliothek macht aus Ihren Fotos künstlerische Bilder, zum Beispiel Gemälde oder Aquarelle.

Topaz Star Effects | Dieser Filter fügt Ihren Bildern Sterneffekte für Lichtquellen oder -reflexe hinzu. Auch das Strahlen an Lichtpunkten lässt sich damit simulieren.

Topaz Clean | Diese Erweiterung bewirkt das Gegenteil von Topaz Detail. Es versucht, Strukturen zu glätten, ohne dabei die Kanten weichzuzeichnen – gerade für die Retusche von Porträtaufnahmen oder glatten Oberflächen ein brauchbares Werkzeug.

Topaz Lens Effects | Mit Hilfe dieser Erweiterung lassen sich Objektiveffekte simulieren. Neben der Simulation des Tilt-/Shift-Effekts können Sie hiermit auch Bewegungsunschärfe oder eine extrem geringe Schärfentiefe erzeugen. Die Entfernung der Vignettierung ist ebenso möglich wie besondere optische Filtereffekte, etwa die Polarisierung.

▼ **Abbildung 7.41**
Topaz Lens Effects entfernt oder fügt Linseneffekte hinzu, wie die Simulation von Tilt-/Shift-Objektiven.

Topaz DeJPEG | Hiermit werden JPEG-Artefakte wie die Blockbildung herausgefiltert. Das Add-on ist natürlich nicht für Raw-Bilder sinnvoll, sondern nur für JPEG-Dateien geeignet.

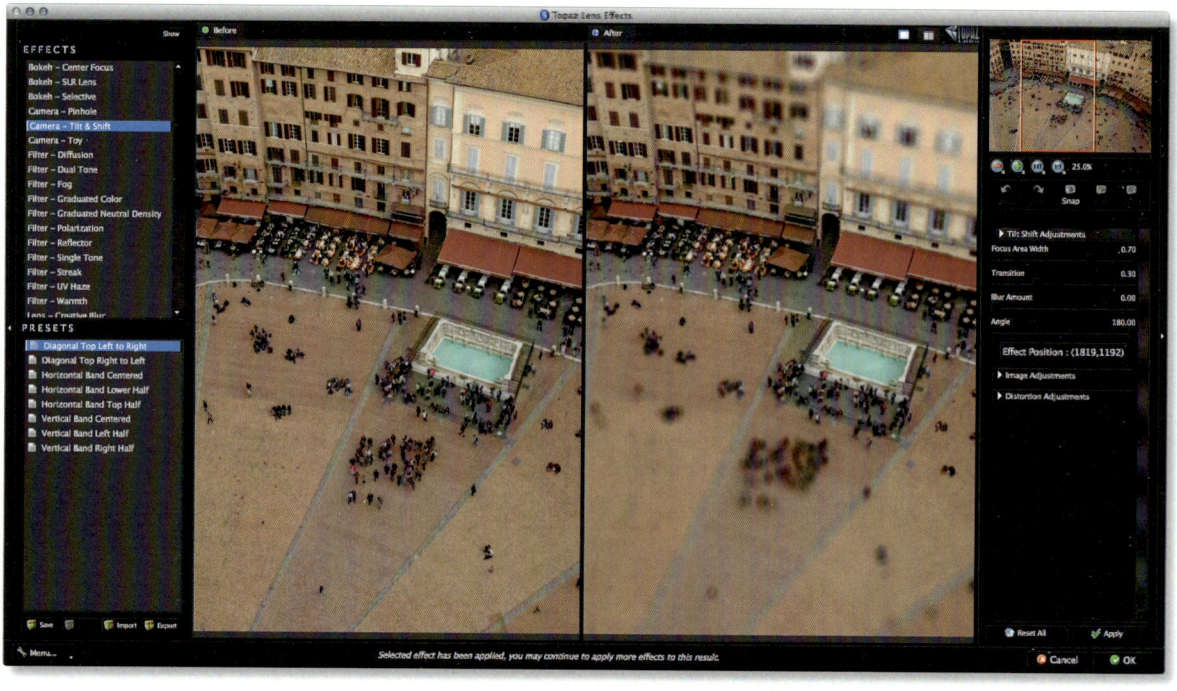

Workflow und sonstige Add-ons

Es gibt auch Add-ons, die nicht das Bild verändern, sondern das Arbeiten erleichtern sollen. Diese Add-ons können und müssen sogar innerhalb von Lightroom funktionieren. Sie werden oft nicht von Unternehmen, sondern von unabhängigen Entwicklern programmiert, die selbst Fotografen oder ambitionierte Hobbyfotografen sind. Zu diesen Add-ons zählen auch die Veröffentlichungsdienste (siehe Seite 472) oder Export-Add-ons.

Weitere Plug-ins
Weitere Links finden Sie auch auf der Website von Adobe unter:
https://helpx.adobe.com/lightroom/plug-ins.html
oder *https://creative.adobe.com/addons?pp=PSLR*

Add-ons von Jeffrey Friedl

Jeffrey Friedl ist Fotograf und Add-on-Entwickler, der ca. 40 Workflow-Add-ons anbietet. Darunter auch Export-Erweiterungen zu Picasa, Google Drive, SmugMug oder Ipernity. Darüber hinaus hat er ein Add-on im Angebot, das beim Export die Ordnerstruktur von Lightroom beibehält, sowie einige Tools zur Verwaltung von Metadaten. Die Website lohnt aber nur einen Blick, wenn Sie sich mit Lightroom auskennen und des Englischen mächtig sind.

Jeffrey Friedl
Lightroom-Plug-ins von Friedl:
http://regex.info/blog/lightroom-goodies

7.4 Lightroom und andere Programme und Add-ons

Koken

Koken ist eigentlich kein Add-on, sondern ein Webdienst, den Sie einfach auf Ihrer Website installieren können. Sie benötigen dafür zwar einen Tarif, der PHP/MySQL abdeckt, diese sind aber selbst bei günstigen Webhostings bereits enthalten. Sie erhalten dann ein Backend zur Bildverwaltung und Templates zur Darstellung der Bilder auf der Website. Sie können sich dann eine eigene Fotowebsite erstellen, zum Beispiel im Stil eines Fotoblogs oder eines Portfolios. Koken wird aus Lightroom über einen Veröffentlichungsdienst bestückt, der ebenfalls über die Website heruntergeladen werden kann.

Das Schöne an der Website ist jedoch, dass die Verwaltung über eine Oberfläche stattfindet, die Lightroom sehr ähnlich sieht und somit eine ideale Webergänzung darstellt – und dann gibt es das Ganze in der Basisversion sogar noch kostenlos, nur spezielle Erweiterungen, wie die Möglichkeit, die Alben mit einem Passwortschutz zu versehen, oder erweiterte Templates lassen sich über einen integrierten Store kaufen.

Koken
Hier finden Sie ein Lightroom-Plug-in, mit dem Sie Ihre Bilder für die Onlinepräsentation vorbereiten können: *http://koken.me*

▼ **Abbildung 7.42**
Die Oberfläche von Koken sieht fast wie Lightroom aus. Koken erlaubt die Onlineverwaltung und Veröffentlichung von Bildern auf einer Website.

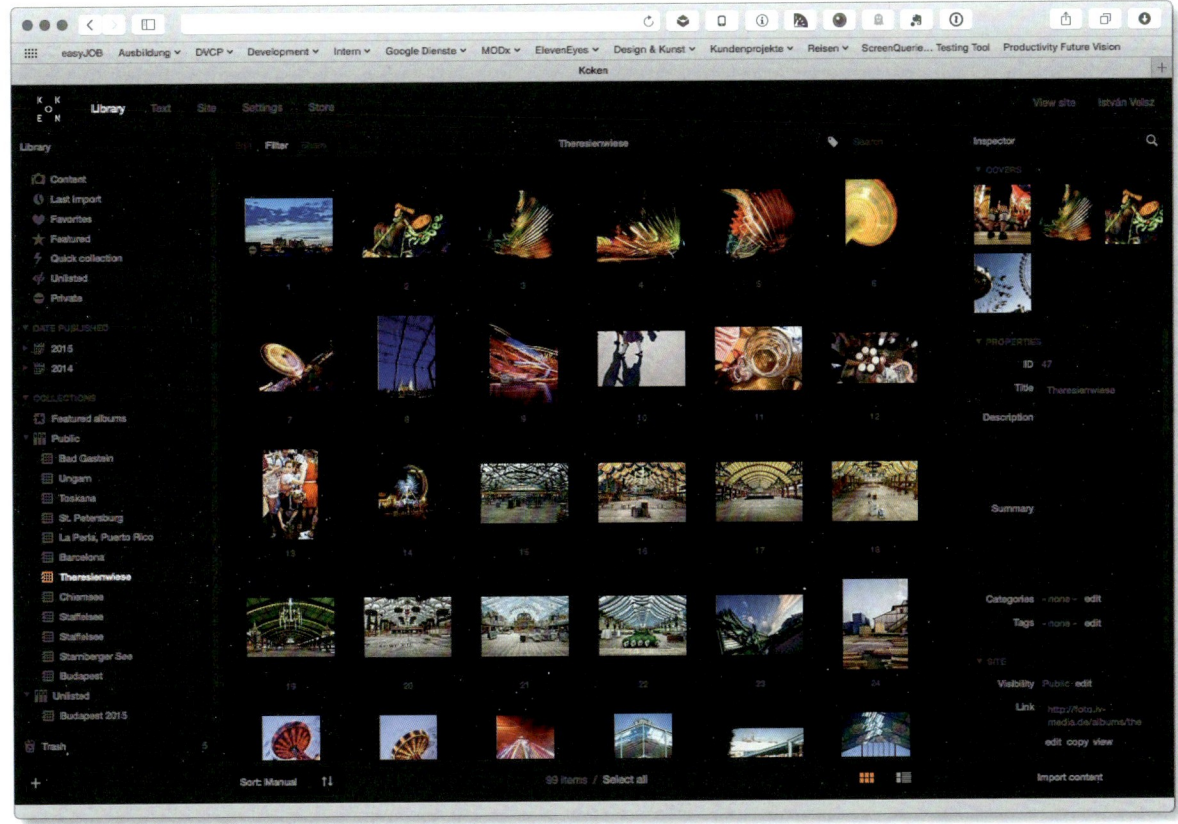

Fototipp

Wenn die Sonne direkt hinter einer Person steht, wirft diese oft einen interessanten Schatten, vor allem am späten Nachmittag.

Dieses Bild entstand in San Juan, Puerto Rico, auf einer Wiese, die man eher in England erwartet. Der richtige Moment in der Gehbewegung macht hier die Form der Silhouette und damit auch die Form des Schattens aus. Die reduzierten Formen und Flächen verstärken den Eindruck zusätzlich.

TEIL III
Bilder verwalten

Kapitel 8
Bilder importieren

Lightroom arbeitet mit einem datenbankbasierten Katalog, in den alle Bilder importiert werden müssen. Auf die Originalbilder wird zwar über die Ordner des Betriebssystems zugegriffen, aber trotzdem müssen die Bilder zur Verwaltung und zur Entwicklung in die Datenbank importiert werden.

Wenn Sie bisher Ihre Bilder über Ordner verwaltet haben, mag es Ihnen zunächst umständlich erscheinen, erst die Bilder zu importieren. Erledigen Sie aber diesen Vorgang, anstatt die Bilder auf den Rechner zu kopieren, werden Sie sich schnell an den Workflow gewöhnen, und es geht Ihnen keine zusätzliche Zeit verloren.

▼ **Abbildung 8.1**
Der Importdialog weist dieselbe Aufteilung wie das Arbeitsfenster von Lightroom auf.

Bilder können auf drei verschiedene Arten importiert werden: von der Festplatte, einer Speicherkarte oder direkt während der Aufnahme von der Kamera (*Tethering*). Der Importvorgang von Festplatte und Speicherkarte funktioniert nahezu identisch, denn eine Speicherkarte funktioniert ja grundsätzlich wie eine Festplatte.

8.1 Importvorbereitung

Die meistangewendeten Methoden sind der Import von einer Kamera, einem Kartenleser oder der Festplatte. Darüber hinaus lassen sich in Lightroom auch Bilder aus anderen Katalogen importieren oder neue Inhalte mit Einstellungen aus bereits importierten Ordnern synchronisieren. Alternativ kann ein Ordner auf der Festplatte auch überwacht werden: Werden darin dann neue Bilder abgelegt oder bearbeitet, werden diese auch automatisch in den ausgewählten Lightroom-Katalog importiert.

Unter Mac OS X und auch unter Windows kann festgelegt werden, was automatisch passiert, wenn eine Kamera oder ein Kartenleser an den Computer angeschlossen wird. Hier können Sie dann automatisch Lightroom starten lassen. Ich persönlich bin kein Freund davon, da ich mir nicht gerne vorschreiben lasse, was passiert, wenn ich ein Gerät in die USB-Schnittstelle einstecke. Eventuell will ich die Daten ja auch zuerst auf die Festplatte kopieren oder andere Dinge erledigen.

Unabhängig davon, ob Sie die Bilder von einer Festplatte oder einer Speicherkarte einlesen, öffnet sich derselbe Importdialog.

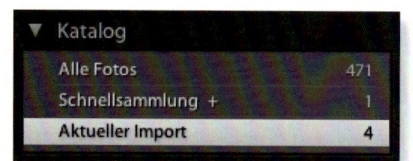

▲ **Abbildung 8.2**
Während des Imports wird eine Sammlung erzeugt, die den aktuellen Import anzeigt. Nach Abschluss wird sie in VORHERIGER IMPORT umbenannt.

Unterstützte Formate

Obwohl Lightroom eigentlich ein Raw-Konverter ist, erlaubt das Programm auch den Import anderer Dateiformate. Lightroom unterstützt Bilder bis zu einer Kantenlänge von 65 000 Pixeln und einer Dateigröße kleiner als 512 MB.

Einige Formate können Farben auch im CMYK-Farbsystem, beispielsweise für den Offsetdruck, enthalten. Diese können Sie ebenfalls importieren, Entwicklungseinstellungen werden allerdings im RGB-Farbmodus angewendet. Die Daten liegen beim Exportieren dann auch nur als RGB-Dateien vor.

Raw-Formate | Lightroom kann zahlreiche proprietäre Raw-Formate verarbeiten. Dazu werden nahezu vierteljährlich Updates ver-

> **TIPP**
>
> Um Raw-Formate direkt zu unterstützen, ist eine Art Treiber nötig. Diese Treiber sind in Lightroom integriert. Ob Ihre Kamera unterstützt wird, erfahren Sie auf der Adobe-Website unter: *https://helpx.adobe.com/creative-suite/kb/camera-raw-plug-supported-cameras.html*

öffentlicht, die dann auch neuere Kameras unterstützen. Welche Kameras von Lightroom direkt unterstützt werden, finden Sie auf der Website von Adobe heraus *(http://www.adobe.com/de/products/photoshop/cameraraw.html)*. Neben diesen herstellerabhängigen Raw-Formaten kann auch das herstellerunabhängige Raw-Format DNG verwendet werden (siehe Seite 152 oder unter *http://www.adobe.com/de/products/dng/)*.

TIFF | Das TIFF-Format hat sich als Austauschformat für Bilddaten bewährt und bietet nahezu keine Einschränkung hinsichtlich Größe, Farbtiefe, Farbsystem etc. Es bietet unter anderem auch die Möglichkeit einer verlustfreien Kompression, was es zum idealen Austauschformat mit anderen Programmen macht.

HDR | Lightroom unterstützt auch die Entwicklung von Floating-Point-HDR-Bildern mit 16, 24 oder 32 Bit im TIFF- oder DNG-Format.

JPEG | Das JPEG-Format ist vor allem für den Datenaustausch über das Internet geeignet, besitzt aber eine verlustbehaftete Kompression.

PSD | PSD (Photoshop) ist das Standardformat für Photoshop-Dateien. Wenn Sie eine PSD-Datei mit mehreren Ebenen in Lightroom importieren möchten, müssen Sie die Datei zuvor in Photoshop bei aktivierter Voreinstellung KOMPATIBILITÄT VON PSD- UND PSB-DATEIEN MAXIMIEREN speichern. Lightroom speichert PSD-Dateien mit einer Bit-Tiefe von 8 oder 16 Bit pro Kanal.

PNG | PNG (*Portable Network Graphic*) wurde ursprünglich als GIF-Alternative geschaffen. Es besitzt eine verlustfreie Kompression, eine Farbtiefe von 24 Bit und einen Alphakanal zur Speicherung der Transparenz. Dieser wird innerhalb von Lightroom als weiße Fläche angezeigt. Lightroom kann PNG-Dateien importieren und bearbeiten, aber keine PNG-Dateien exportieren.

Videoformate | Lightroom unterstützt Videos nativ, also mit einem internen Player, ohne einen externen Player zu benötigen. Dabei können die Formate AVI, MOV, MP4, AVCHD mit den entsprechenden Erweiterungen genutzt werden. Exportiert werden können aber nur DPX – zum unkomprimierten Austausch von Videos – oder MP4 mit H.264 Codec.

TIPP

Haben Sie Probleme mit dem Abspielen von Videos, kontrollieren Sie, ob diese mit Lightroom kompatibel sind. Nähere Informationen zu den Formaten finden Sie unter: *http://helpx.adobe.com/lightroom/kb/video-support-lightroom-4-3.html*

Automatischer Import beim Einlegen einer Speicherkarte

Sie können den Import automatisch starten, sobald Sie eine Speicherkarte über einen Kartenleser oder die Kamera anschließen. Dazu aktivieren Sie im Dialog VOREINSTELLUNGEN im Register ALLGEMEIN die Option IMPORT-DIALOGFELD ANZEIGEN, WENN EINE SPEICHERKARTE ERKANNT WURDE. Sie haben zusätzlich noch drei weitere Optionen, um den Import zu steuern. Diese gelten auch für den Import von einem anderen Datenträger.

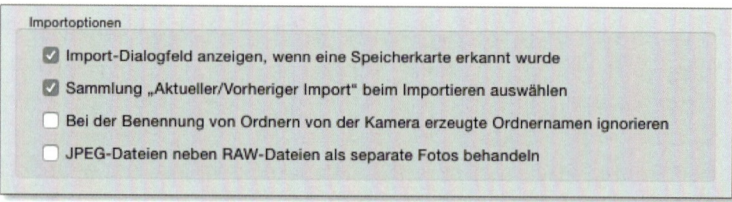

Abbildung 8.3 ▶
Lightroom kann den Importdialog beim Einlegen einer Speicherkarte automatisch öffnen.

▶ **Sammlung „Aktueller/Vorheriger Import" beim Importieren auswählen:** Ist diese Kontrollbox aktiv, wird Ihnen während des Imports immer die Sammlung AKTUELLER/VORHERIGER IMPORT angezeigt, in der die aktuellen oder zuletzt importierten Bilder zusammengefasst werden, egal, in welchem Ordner oder in welcher Sammlung Sie gerade arbeiten.

▶ **Bei der Benennung von Ordnern von der Kamera erzeugte Ordnernamen ignorieren:** Ordner, die von der Kamera auf der Speicherkarte erzeugt werden, besitzen meist kryptische Bezeichnungen ohne Aussagekraft (DCIM, 101NCD2X). Diese Bezeichnungen können beim Import ignoriert werden. Dazu ist standardmäßig die Kontrollbox aktiviert.

▶ **JPEG-Dateien neben RAW-Dateien als separate Fotos behandeln:** Einige Fotografen ziehen es vor, ihre Bilder gleichzeitig als Raw- und als JPEG-Bilder abzulegen. Dies verhindert zusätzlichen Zeitaufwand für die Konvertierung nach JPEG, etwa um die Bilder dem Kunden zur Auswahl vorzulegen. Allerdings hat man so auch immer zwei unabhängige Dateien, erhöhten Platzbedarf und Verwaltungsaufwand – etwa beim Umbenennen oder Löschen. Mit dieser Option in Lightroom können Sie angeben, wie die zusätzlichen JPEG-Dateien gehandhabt werden. Ist das Kontrollkästchen deaktiviert, werden JPEGs und Raw-Bilder als ein Bild behandelt. Wird es angeklickt, werden JPEGs als eigene, vom Raw-Bild unabhängige Bilder betrachtet und importiert.

Automatischer Import mit Ordnerüberwachung

Der Importdialog kann sich ebenfalls öffnen, wenn Dateien in einen vorgegebenen Ordner kopiert werden. Tauchen dort neue Bilder auf, werden diese automatisch in Lightroom importiert. Die Ordnerüberwachung erlaubt einige besondere Szenarien, wie die folgenden:

Tethering mit Kameras ohne direkte Unterstützung | Einige Kamerahersteller bieten Zusatzprogramme zur Kamerasteuerung an. Diese kopieren während des Fotografierens die Bilder bereits auf den Computer und zeigen sie als Vorschau an. Tethering-Programme erlauben oft auch die Steuerung der Kamera. Allerdings können diese Programme nicht auf Lightroom zugreifen. Wenn Sie jedoch den Speicherordner dieser Programme als überwachten Ordner anlegen, können die Bilder nach der Aufnahme direkt in Lightroom importiert werden.

In Lightroom ist zwar auch direktes Tethering möglich, allerdings nicht mit allen Kameras. Beispielsweise wird die professionelle, aber schon etwas ältere Nikon D2x nicht unterstützt. Diese lässt sich jedoch über das Nikon-Programm *Camera Control* fernsteuern. Ähnliche Programme gibt es auch von Canon und anderen Herstellern. Wird Ihre Kamera also von Lightroom nicht unterstützt, schauen Sie, ob Ihr Kamerahersteller ein solches Programm anbietet.

Groupware-Funktionalität | Arbeiten in Studios mehrere Personen zusammen, ist es denkbar, dass ein Fotograf Bilder in einem Studio aufnimmt und sie in einem Ordner auf dem Server ablegt. An einem Bildverarbeitungsplatz in einem anderen Raum überwacht Lightroom diesen Ordner auf dem Server und importiert die neu hinzugefügten Bilder automatisch.

WLAN-Shooting | Verwenden Sie beispielsweise eine Eye-Fi-WLAN-Speicherkarte, können Sie die Bilder in einen Ordner übertragen und dann diese automatisch importieren lassen. Dies ist oft kostengünstiger als teure WLAN-Module für Ihre Kamera. Eine Steuerung der Kamera per WLAN aus Lightroom heraus ist aber nicht möglich.

> **TIPP**
>
> Welche Kameras von Lightroom für Tether-Aufnahmen unterstützt werden, erfahren Sie auf der Adobe-Website unter:
> *http://helpx.adobe.com/lightroom/kb/tethered-camera-support-lightroom-4.html*

Schritt für Schritt
Überwachten Ordner erstellen

Es wird davon ausgegangen, dass Sie wissen, wie Sie mit Ihrem Tethering-Programm einen Speicherordner anlegen. Alternativ können Sie auch einen Ordner über das Betriebssystem erstellen und die Bilder dort manuell hineinkopieren.

1 Zu überwachenden Ordner anlegen

Erzeugen Sie mit Ihrem Tethering-Programm einen Ordner mit der Bezeichnung ÜBERWACHTER ORDNER. Sie können auch einen anderen Ordnernamen verwenden. Eine eindeutige Bezeichnung hilft allerdings, auch noch nach einiger Zeit die Bedeutung des vergebenen Namens zu verstehen. Erstellen Sie diesen Ordner am besten im Bilderordner Ihres Benutzeraccounts oder an einem allgemein zugänglichen Ort.

2 Konfigurationsdialog aufrufen

Wechseln Sie zu Lightroom, und wählen Sie den Menüpfad DATEI • AUTOMATISCH IMPORTIEREN • EINSTELLUNGEN FÜR DEN AUTOMATISCHEN IMPORT. Es erscheint der Dialog zum Konfigurieren des Imports.

▲ Abbildung 8.4
Der Dialog zum Konfigurieren des automatischen Imports wird über das Menü aufgerufen.

3 Konfigurationsoptionen einstellen

Da der Import automatisch abläuft, haben Sie im Gegensatz zum manuellen Import keine Eingriffsmöglichkeiten. Daher müssen Sie die Parameter voreinstellen. Diese gelten dann im Idealfall immer nur für den aktuellen Vorgang.

▶ **Automatischen Import aktivieren:** Diese Option ist nur verfügbar, wenn Sie die darunter befindlichen Parameter aktiviert haben. Ist die Konfiguration abgeschlossen, können Sie hiermit die Überwachung aussetzen.

Dies können Sie auch über das Menü Datei • Automatisch Importieren • Automatischen Import aktivieren erledigen. Befindet sich vor dem Menüpunkt ein Häkchen, ist die Überwachung aktiv. Haben Sie keine Überwachung konfiguriert, ist der Menüpunkt ausgegraut.

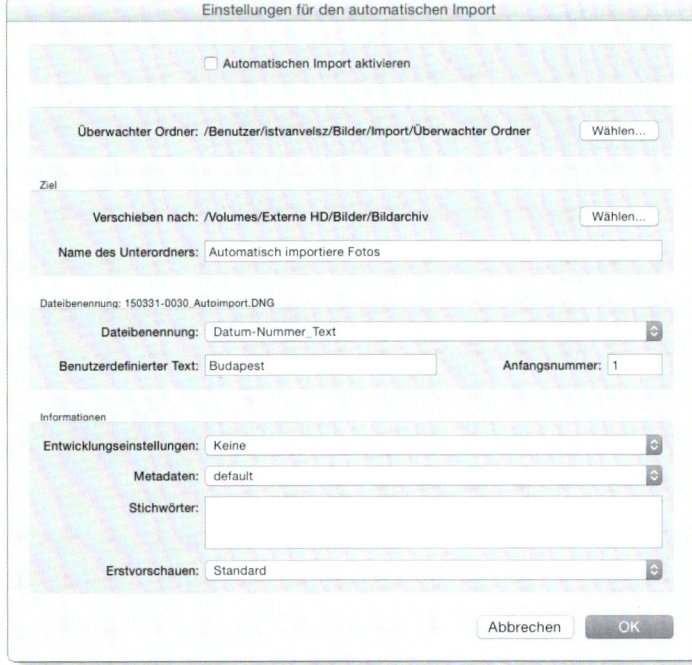

◄ **Abbildung 8.5**
Dialog zur Konfiguration von überwachten Ordnern

▶ **Überwachter Ordner:** Über die Wählen-Schaltfläche können Sie den überwachten Ordner auswählen oder auch einen neuen Ordner anlegen.

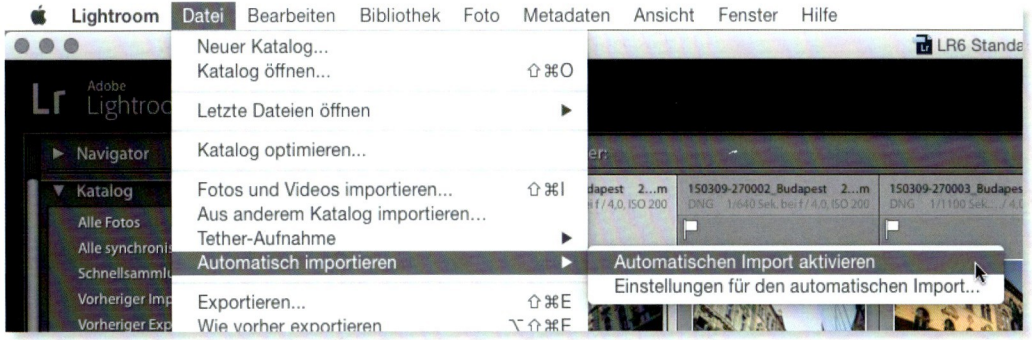

▲ **Abbildung 8.6**
Menü zum Aktivieren der Ordnerüberwachung nach der Konfiguration

- **Ziel:** Lightroom verschiebt die Bilder aus dem überwachten Ordner in einen Zielordner. Dieser kann beispielsweise der Kundenordner oder ein Ordner mit dem Ort sein, an dem Sie die Bilder aufnehmen. Innerhalb dieses Zielordners können Sie einen Unterordner, beispielsweise mit dem aktuellen Datum, anlegen lassen. Dies ist praktisch, wenn Sie für einen Ort oder Kunden bereits Unterordner nach demselben Prinzip angelegt haben.
- **Dateibenennung:** Die importierten Bilder können Sie mit Hilfe von Dateinamenvorgaben umbenennen. Je nach verwendeter Vorgabe erhalten Sie weitere Felder. Weitere Informationen zu den Vorgaben für die Dateibenennung finden Sie auf Seite 302.
- **Informationen:** Während des Imports können Sie auch gleich eine gespeicherte Entwicklungsvorgabe anwenden. Zum Beispiel können die Fotos direkt in Schwarzweißbilder umgewandelt werden, oder es wird eine Kamerakalibrierung durchgeführt. Mehr zum Erstellen von Entwicklungsvorgaben lesen Sie auf Seite 667.

  Auch Metadaten, wie beispielsweise Informationen zum Fotografen, zum Copyright oder zu Stichwörtern, können den Bildern automatisch zugeordnet werden. Nähere Informationen zu Metadatenvorgaben erhalten Sie auf Seite 384.
- **Erstvorschauen:** Als letzte Einstellung können Sie noch angeben, welche Größe für die Vorschauen verwendet werden soll. Am besten verwenden Sie die Einstellung STANDARD. Dann werden hier gleich die in den KATALOGEINSTELLUNGEN angegebenen Werte genutzt. Wenn Sie jedoch schnell viele Bilder hintereinander fotografieren, kann es zu Wartezeiten beim Import kommen, da die Berechnung der Vorschauen Rechenzeit in Anspruch nimmt. Dann reduzieren Sie hier am besten die Größe und wählen MINIMAL. Stellen Sie das Dropdown-Menü auf EINGEBETTETE UND FILIALDATEIEN, werden die Vorschaubil-

▲ Abbildung 8.7
Die Erstvorschauen werden in den Katalogeinstellungen konfiguriert.

der verwendet, die Ihre Kamera in die Raw-Datei einbettet beziehungsweise zusätzlich neben der Raw-Datei ablegt (Raw + JPEG). 1:1 rechnet die Vorschau in der Originalgröße.

4 Fotografieren

Nun können Sie die Aufnahmen erstellen. Natürlich könnten Sie die Bilder auch manuell in den überwachten Ordner kopieren. Dies ist allerdings nur wirklich sinnvoll, wenn sich beispielsweise das Studio in einem anderen Raum befindet und Sie die Bilder über das Netzwerk im überwachten Ordner ablegen. Denn sonst könnten Sie die Bilder ja auch gleich manuell kopieren.

8.2 Import von Speicherkarte und Festplatte

Der Import von einer Speicherkarte oder einer Festplatte funktioniert auf die gleiche Weise. Der einzige Unterschied besteht darin, dass Sie den Importvorgang automatisch nach dem Erkennen der Speicherkarte auslösen können (siehe Seite 288). Den Importdialog können Sie aufrufen über

- den Menüpfad DATEI • FOTOS UND VIDEOS IMPORTIEREN,
- die Schaltfläche IMPORTIEREN am unteren Ende der linken Bedienfeldpalette im Bibliothek-Modul oder
- über den Eintrag IN DIESEN ORDNER IMPORTIEREN im Kontextmenü, das sich per Rechtsklick auf ein Verzeichnis im Bedienfeld ORDNER öffnet (nur im Bibliothek-Modul).

◀ Abbildung 8.8
Sie können den Importdialog über das Hauptmenü, ...

◀ Abbildung 8.9
... die Schaltflächen im Bibliothek-Modul oder ...

Kapitel 8 Bilder importieren

Abbildung 8.10 ▶
… über das Kontextmenü im Bedienfeld ORDNER aufrufen.

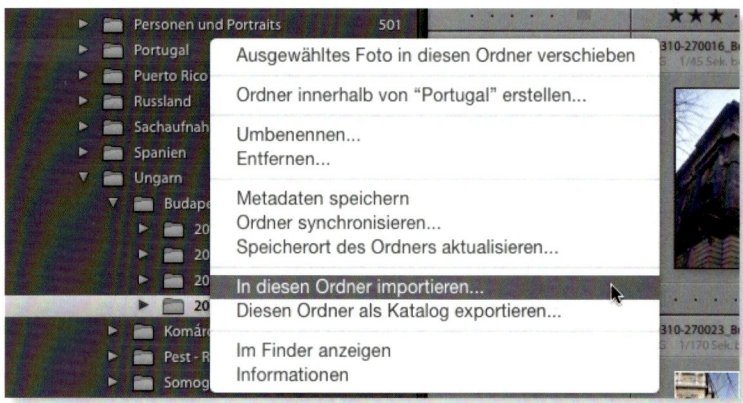

Nach dem Starten des Importbefehls öffnet sich das Importfenster, das in drei Bereiche unterteilt ist.

Das Import-Dialogfenster

Das Dialogfenster wirkt auf den ersten Blick etwas ungewöhnlich und unterscheidet sich wahrscheinlich von allem, was Sie bisher von anderen Programmen her kennen. Es verdeckt fast das gesamte Programmfenster von Lightroom und kann nicht verkleinert werden. Es wird immer der maximal verfügbare Raum genutzt.

▼ **Abbildung 8.11**
Das Dialogfenster für den Importvorgang

8.2 Import von Speicherkarte und Festplatte

Das Import-Dialogfenster besitzt eine Kopfzeile 1. Diese zeigt links die Quelle, in der Mitte die Übertragungsart und rechts das Ziel an. Im Mittelteil setzt sich diese Dreiteilung fort. Links sind die Auswahloptionen im Quellbedienfeld 2, in der Mitte der Vorschaubereich 4 und rechts das Options- und Zielbedienfeld 3. Die Fußzeile 5 dient der Auswahl einer Importvorgabe und dem Starten des Vorgangs.

Diese Aufteilung spiegelt auch hier den Workflow wider. Zunächst wird eine Quelle ausgewählt, anschließend werden die Bilder der Quelle selektiert und dann an ein Ziel übertragen.

In den Bereichen des Dialogfensters befinden sich weitere Einstellungen zu den einzelnen Aufgabenbereichen. Sie können beispielsweise die Rasteransicht der Bilder zoomen oder sogar ein einzelnes Bild in der Vorschau betrachten. Die Einstellungen können als Importvorgabe gespeichert werden, um sie auch für weitere Importaktionen verwenden zu können.

Quellenauswahl und Optionen

Die Auswahl der Quelle steht an erster Stelle. Hier können Sie nur Quellmedium und -ordner auswählen, aus dem Sie die Bilder importieren wollen.

▲ **Abbildung 8.12**
Anzeige einer Speicherkarte als Importquelle

Import von der Speicherkarte | Haben Sie eine Speicherkarte eingelegt, wird Ihnen in der Kopfzeile ein Kamerasymbol angezeigt. Die Speicherkarte wird auch als Erstes in der Liste der Quellmedien aufgeführt. Als einzige Option können Sie die Kontrollbox Nach Import auswerfen aktivieren. Dadurch wird die Verbindung zur Speicherkarte direkt nach dem Import getrennt, so dass Sie sie sicher aus dem Kartenleser entfernen können.

TIPP

Der gesamte Bereich hinter dem Kamera-Icon kann angeklickt werden. Dabei öffnet sich ein Dropdown-Menü, in dem Sie die zuletzt verwendeten Quellen auswählen können.

Import von einem Datenträger | Wählen Sie einen Datenträger aus der Liste aus, werden die darin enthaltenen Verzeichnisse angezeigt. Durch Anklicken von Unterordnern können Sie zu tiefer liegenden Ordnern wechseln. Liegen in Unterordnern mehrere Ordner, die Sie gleichzeitig importieren möchten, wählen Sie den übergeordneten Ordner aus, und aktivieren Sie die Kontrollbox Unterordner einbeziehen 1 (Abbildung 8.13). Achten Sie nur darauf, dass diese Option nicht schon in der obersten Ebene aktiv ist, denn befindet sich beispielsweise in einem Unterordner auch Ihr Bildarchiv, wird das komplette Archiv gescannt. Aktivieren Sie sie also erst, wenn Sie den Überordner angewählt haben und die Option benötigen.

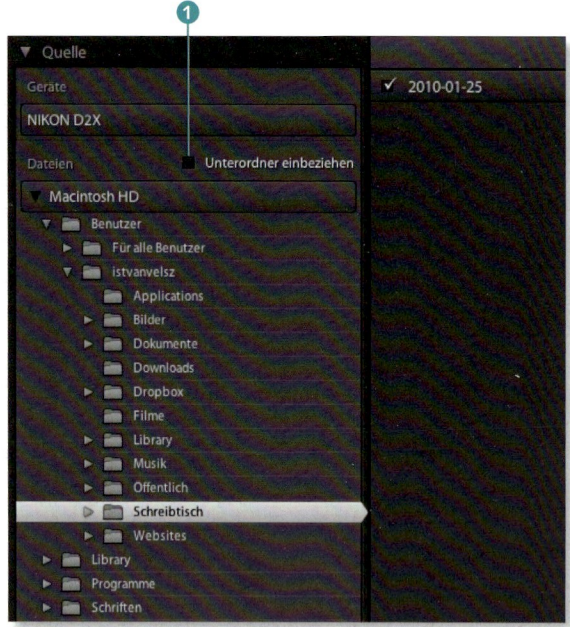

▲ Abbildung 8.13
Befinden sich die Bilder in Unterordnern, zum Beispiel auf dem Schreibtisch, sind sie im Importdialog nicht sichtbar.

▲ Abbildung 8.14
Erst wenn Sie die Option UNTERORDNER EINBEZIEHEN aktivieren, werden auch Bilder in Unterordnern sichtbar.

Übertragungsweise festlegen

Da Lightroom ja nicht die Bilderdateien in den Katalog importiert, sondern auf die Daten auf der Festplatte zurückgreift, müssen Sie angeben, was Lightroom mit den Originaldateien machen soll. Dazu stehen Ihnen vier Varianten zur Verfügung, die Sie oben in der Mitte der Kopfzeile auswählen können.

Als DNG kopieren | Sie können Bilder als Raw-Daten importieren, so wie sie Ihre Kamera erzeugt, oder auch gleich in das DNG-Format konvertieren. Mehr über das DNG-Format erfahren Sie ab Seite 152. Das DNG-Format ist herstellerneutral und ermöglicht eine verlustfreie Kompression. Es ist daher fast immer empfehlenswert, das DNG-Format zu verwenden. Probieren Sie es einmal aus, und archivieren Sie Ihre originalen Kamera-Raw-Daten zunächst auf einem Backup-Laufwerk. Sie werden bald feststellen, dass Sie sie nicht mehr brauchen. Diese Backup-Funktion können Sie bei der DATEIVERWALTUNG (Seite 229) festlegen.

Abbildung 8.15 ▶
Importierte Bilder werden in das DNG-Format konvertiert und auf einen Zieldatenträger kopiert.

Kopie | Wollen Sie lieber die Raw-Daten Ihrer Kamera im Originalformat importieren, aktivieren Sie den Eintrag KOPIE. Dabei bleiben die Originaldateien auf dem Quelldatenträger unangetastet. Auch in diesem Fall können Sie eine zusätzliche Kopie der Originaldatei an einem weiteren Ort als Backup sichern lassen.

◄ **Abbildung 8.16**
Bei einer Kopie werden die Bilder im Originalformat auf den Zieldatenträger kopiert.

Verschieben | Beim Verschieben werden die Daten an den Zielort verschoben. Dies ist sinnvoll, wenn Sie die Daten bereits auf der Festplatte haben und Sie diese nur verschieben müssen. Sie sparen sich dann das Löschen der Originaldateien. Dabei ist allerdings keine DNG-Konvertierung möglich.

◄ **Abbildung 8.17**
Das Verschieben ergibt Sinn, wenn die Dateien schon auf der Festplatte liegen.

Hinzufügen | Bei dieser Methode werden die Dateien an ihrem Originalort belassen, und der Verweis im Katalog wird auf diesen Ort gesetzt. Dabei werden keine Daten transferiert. Dies ist dann sinnvoll, wenn Sie die Dateien bereits in den Bildarchivordner kopiert haben, bevor Sie sie importieren. Sie sollten jedoch nie HINZUFÜGEN wählen, wenn sich die Dateien noch auf einer Speicherkarte befinden.

◄ **Abbildung 8.18**
Beim Hinzufügen wird der Verweis im Katalog auf den aktuellen Speicherort der Datei gesetzt.

Bildauswahl

Schon während des Imports können Sie die Bilderflut im Zaum halten und eine Grobauswahl treffen. Bilder, die schlecht sind, sollten Sie gar nicht erst importieren. Um die Auswahl zu erleichtern, werden Ihnen dazu die Bilder als Thumbnails angezeigt. Zur besseren Beurteilung können Sie auch in eine Lupenansicht wechseln, die Sortierung ändern oder die Bilder bereits in der zukünftigen Ordnerstruktur betrachten. Jedes Bild kann über das Deaktivieren der Markierung aus dem Import ausgeschlossen werden. Die gesamte Bildauswahl findet im Zentrum des Dialogfensters statt.

▲ **Abbildung 8.19**
Vorschaubereich des Detailfensters

▲ **Abbildung 8.20**
Gliederung der Vorschaubilder nach Datum

Gliederung der dargestellten Bilder | Im Streifen über dem Ansichtsfenster der Rasterdarstellung haben Sie die Möglichkeit, die Gliederung der Bilder in der Rasteransicht einzustellen. Ein Wechsel der Form hat Auswirkungen auf die Menge und Darstellung der angezeigten Bilder.

▶ **Alle Fotos:** Diese Option zeigt Ihnen alle Fotos in der Quelle an – unabhängig davon, ob sie bereits im Zielordner vorhanden sind oder aus dem Import ausgeschlossen werden sollen. Die Sortierung können Sie über das Dropdown-Menü im Vorschaubereich einstellen.

▶ **Neue Fotos:** Duplikate von Bildern, die bereits im Katalog vorhanden sind, werden ausgeblendet. Dadurch können Sie sofort erkennen, ob Sie die Bilder einer Speicherkarte bereits importiert haben.

▶ **Zielordner:** Es werden alle Bilder so angezeigt, wie sie in die Zielordner verteilt werden. Das bedeutet, wenn Sie die zu importierenden Bilder nach Datum sortiert einpflegen, werden diese im Vorschaubereich auch nach dem Aufnahmedatum gruppiert. Dabei werden die Tage durch einen grauen Balken voneinander getrennt. Diesen können Sie durch einen Klick auf das Dreieck am rechten Rand neben der Bildanzahl ein- und ausblenden.

8.2 Import von Speicherkarte und Festplatte

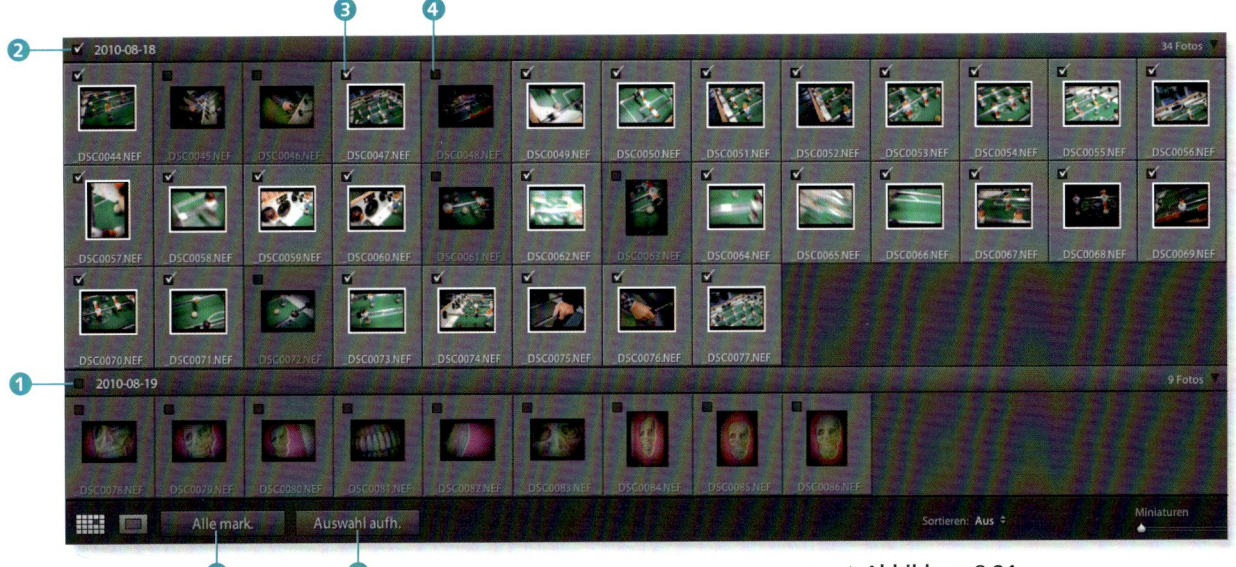

▲ Abbildung 8.21
Vorschaubereich mit aktivierten und deaktivierten Bildern

Bilder vom Import aus- und einschließen | Jedes Vorschaubild besitzt oben links ein Kontrollkästchen, das aktiviert ist ❸. Es kennzeichnet dann, dass ein Bild importiert wird. Zum Ausschließen eines Bildes kann dieses Kästchen deaktiviert ❹ werden. Wird die Darstellung nach Datum gegliedert, erhält der Gliederungsbalken mit der Datumsangabe ebenfalls eine Kontrollbox ❷, mit der Sie komplette Tage vom Import ausschließen können ❶. Vom Import ausgeschlossene Bilder werden dunkler dargestellt.

Unter dem Vorschaubereich finden sich noch zwei Schaltflächen, die Sie ebenfalls bei der Selektion unterstützen. Über die Schaltfläche ALLE MARK. ❻ können Sie eine Selektion zurücksetzen, und es werden wieder alle Bilder aktiviert. Die Schaltfläche AUSWAHL AUFH. ❺ deaktiviert alle Bilder. Das ist nützlich, wenn Sie nur wenige Bilder aus einer Auswahl von vielen importieren wollen. Dann ist es oft einfacher, nur die gewünschten zu aktivieren, als eine Vielzahl von Bildern zu deaktivieren.

Sortieren der Bilderliste

Die angezeigten Bilder können über das Dropdown-Menü in der Leiste unter dem Vorschaubereich nach den folgenden Kriterien sortiert werden:

- **Aufnahmezeit:** wann ein Bild aufgenommen wurde
- **Markierter Status:** Bilder, die für den Import aktiviert sind, werden zuerst angezeigt.
- **Dateiname:** Sortierung nach Dateinamen
- **Medientyp:** Sortierung nach Dateiformat

▲ Abbildung 8.22
Dropdown-Menü zur Sortierung im Vorschaufenster

Miniaturen skalieren

Zur besseren Beurteilung können die Vorschaubilder auch vergrößert werden. Dazu verwenden Sie den MINIATUREN-Schieberegler ❷ rechts unten in der Leiste unter dem Vorschaubereich.

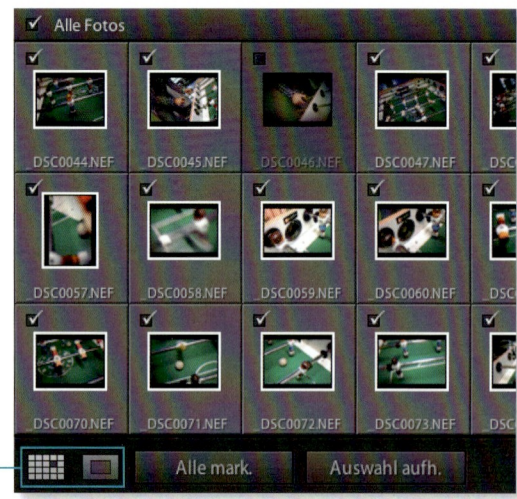
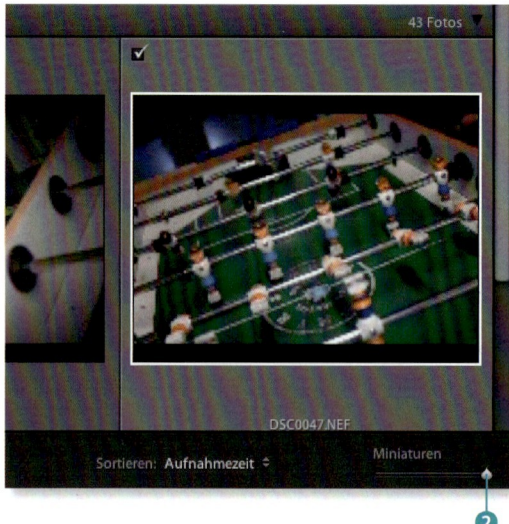

Abbildung 8.23 ▲
Vergleich zwischen der minimalen und maximalen Zoomstufe

Maximaldarstellung mit der Lupenansicht | Reicht die Darstellungsgröße nicht aus, um zu beurteilen, ob ein Bild importiert werden soll, können Sie ein einzelnes Bild in der Lupenansicht darstellen lassen und bis auf elffache Vergrößerung zoomen ❸.

Um von der Rasteransicht in die Lupenansicht und wieder zurück zu wechseln, finden Sie links unten in der Leiste zwei Schaltflächen ❶. Die linke aktiviert die Rasteransicht und die rechte die Lupenansicht.

Durch Deaktivieren des Kontrollkästchens IN IMPORT EINBEZIEHEN ❹ können Sie das dargestellte Bild vom Import ausschließen.

Abbildung 8.24 ▼
Regler zum Zoomen in der Lupenansicht

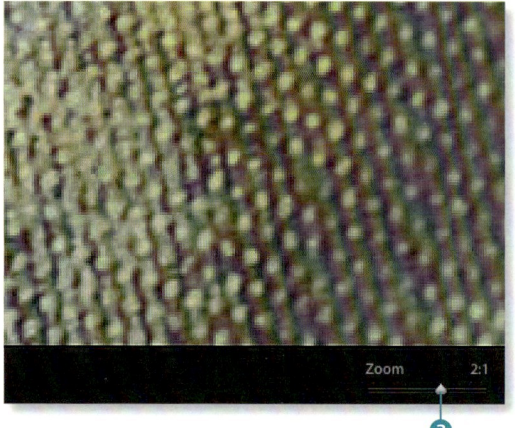
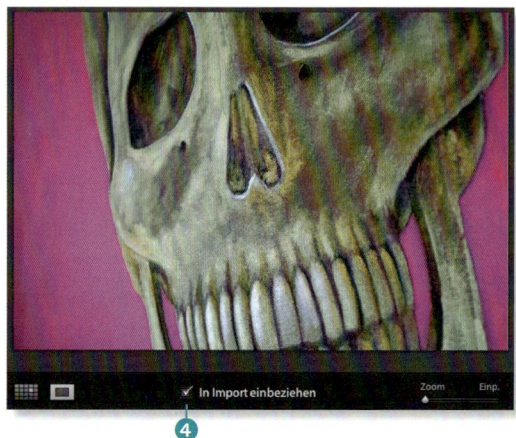

Einstellungen für die Verarbeitung während des Imports und für den Zielordner

Vor dem Starten des Importvorgangs sollten Sie die Einstellungen im rechten Bedienfeld überprüfen und gegebenenfalls ändern. Dort befinden sich Parameter für den Umgang mit den Dateien, die Benennung der Dateien im Katalog, eine mögliche Verwendung von Entwicklungsvorgaben und den Zielort.

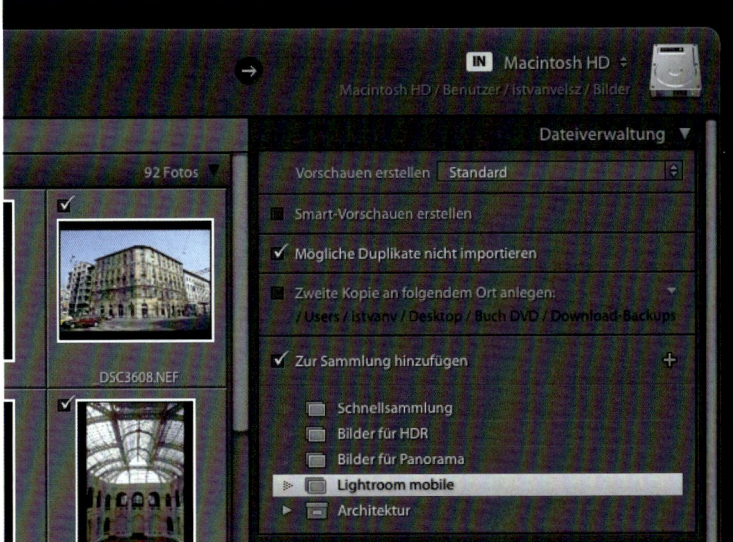

◀ Abbildung 8.25
Auf der rechten Seite finden sich die Einstellungen der IMPORTOPTIONEN und des Zielortes.

TIPP

Der gesamte Bereich hinter dem Symbol des Zielordners kann angeklickt werden. Dabei öffnet sich ein Dropdown-Menü, in dem Sie die zuletzt verwendeten Quellen auswählen können.

Dateiverwaltung

In der Bedienpalette DATEIVERWALTUNG stellen Sie den Umgang mit den Dateien während des Imports ein. Dazu zählen das Erstellen von Vorschaubildern, Angaben dazu, wie Lightroom mit Duplikaten umgehen soll, ob Sie ein Backup der originalen Raw-Dateien wünschen und ob die Bilder in einer Sammlung erscheinen sollen.

Vorschauen erstellen | Über dieses Dropdown-Menü können Sie angeben, ob bereits während des Imports die Vorschaubilder zur Darstellung in der Bibliothek erstellt werden sollen.

▲ Abbildung 8.26
Angabe der zu erstellenden Vorschaugröße

- MINIMAL übernimmt ebenfalls die Darstellung der Raw-Dateien – allerdings nicht die maximale Größe, sondern nur die kleinste Vorschauvariante. Dieses Verfahren benötigt am wenigsten Rechenzeit.
- Über den Eintrag EINGEBETTETE UND FILIALDATEIEN werden die Vorschaubilder aus den Raw-Dateien der Kamera extrahiert. Da diese nicht über das Farbmanagement verwaltet werden, können sie von der korrekten Darstellung abweichen.

- STANDARD verwendet die in den Voreinstellungen (Seite 218) eingestellte Bildgröße.
- Eine 1:1-Darstellung benötigt sehr viel Platz, da sie die Vorschauen in der Originalgröße des importierten Bildes abspeichert. Außerdem benötigt sie die längste Rechenzeit.

▲ **Abbildung 8.27**
Ist die Option aktiv, werden gleichzeitig auch Smart-Vorschauen erstellt.

Smart-Vorschauen erstellen | Ist dieses Kontrollkästchen aktiv, werden gleich Smart-Vorschauen erstellt, mit denen Sie Bilder auch dann entwickeln können, wenn Sie die Originale unterwegs nicht dabeihaben (Seite 238).

▲ **Abbildung 8.28**
Ist die Option aktiv, werden keine Duplikate importiert.

Mögliche Duplikate nicht importieren | Importieren Sie einen Ordner erneut, weil sich sein Inhalt verändert hat, so können Sie bereits importierte Bilder ignorieren. Denn importieren Sie Fotos erneut, werden die Bilder mit einer Nummer am Ende des Dateinamens versehen, wenn dieser der gleiche ist wie der einer bereits importierten Datei. Lightroom erkennt Duplikate selbstständig – auch wenn diese beim Import umbenannt wurden.

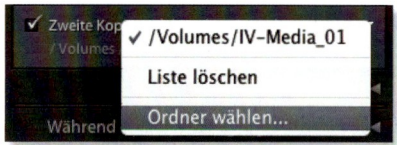

▲ **Abbildung 8.29**
Einstellmöglichkeit zum Erstellen eines Backups der originalen Raw-Dateien

Zweite Kopie an folgendem Ort ablegen | Backup der Originalbilder: Um wirklich auf der sicheren Seite zu sein, können die unkonvertierten Originalbilder von der Speicherkarte an einem beliebigen Ort gesichert werden. Im Fall der Fälle können diese dann erneut importiert oder in anderen Programmen ohne DNG-Unterstützung verwendet werden. Ist das Kontrollkästchen vor dem Eintrag aktiviert, können Sie über das Dreiecksymbol ▼ das Dropdown-Menü zum Auswählen des Ordners öffnen.

Neu in Lightroom 6/CC

Zur Sammlung hinzufügen | Ist diese Kontrollbox aktiviert, können Sie die importierten Bilder direkt einer Sammlung zuweisen. Dies gilt aber immer für alle importierten Bilder, nicht für einzelne. Auch ist es nur möglich, eine Sammlung auszuwählen.

Weisen Sie eine Sammlung zu, die mit Lightroom mobile synchronisiert wird, werden die Bilder dann direkt mit der Onlineplattform synchronisiert. Dort können diese beispielsweise auf einem iPad einer ersten Bearbeitung unterzogen werden. Grundsätzlich eine gute Idee, aber aufgrund von den derzeitig verhältnismäßig geringen Bandbreiten ein doch etwas zeitaufwendiger Prozess.

Klicken Sie auf das Plussymbol ❶ rechts neben dem Etikett der Kontrollbox, können Sie eine neue Sammlung erstellen. Im Dialog können Sie auswählen, ob diese innerhalb eines Sammlungssatzes (Seite 363) – eines Ordners mit Sammlungen – oder auf der obersten Ebene angelegt werden soll. Auch können Sie die neue Sammlung in diesem Schritt als Zielsammlung (Seite 368) definieren.

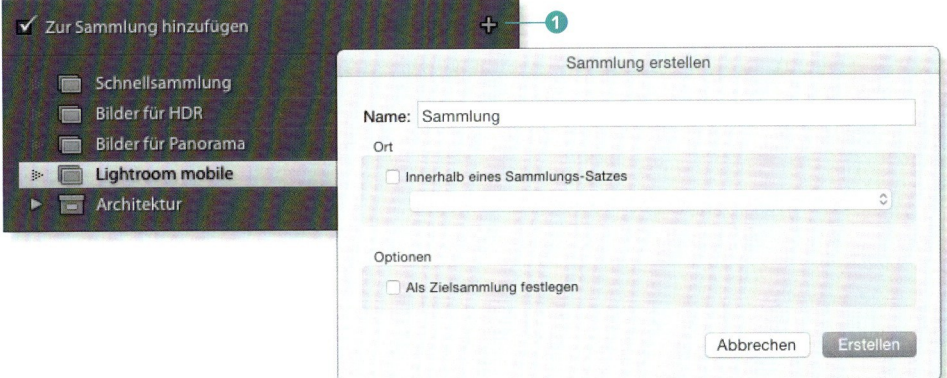

▲ Abbildung 8.30
Bilder können beim Import direkt einer Sammlung zugewiesen werden.
Falls nötig, können diese auch im Importdialog neu angelegt werden.

Benennung der importierten Datei

Die Benennung von mehreren Dateien in einem Durchgang ist keine einfache Sache, wenn man verhindern will, dass ein Dateiname zweimal auftaucht. Übernimmt man beispielsweise eine vierstellige Zahlenfolge, beginnt die Kamera nach 9999 wieder bei 0001 zu zählen. Auch die Vergabe von Begriffen und Nummern schützt nicht vor Inkonsistenzen.

Lightroom bietet ein flexibles Werkzeug zur Benennung an. Dieses wird an mehreren Stellen verwendet, zum Beispiel auch beim Exportieren oder im Web-Modul. Dabei wird der Dateiname aus verschiedenen Variablen wie Folgenummern, Sequenznummern und Datum zusammengesetzt. Eine erstellte Benennungsvariante kann als Vorlage abgespeichert und wiederverwendet werden.

Dateien umbenennen | Mit diesem Kontrollkästchen aktivieren Sie die Dateibenennung. Ist es deaktiviert, werden die Dateien ohne Änderungen des Dateinamens übernommen.

> **TIPP**
> Ich verwende bei der Dateibenennung ein System aus der Kombination von Datum und einer fortlaufenden, vierstelligen Nummer nach dem Muster: JJMMTT-####_Text.dng. Dabei fängt das Datum mit dem Jahr an, gefolgt vom Monat und dem Tag. Dann werden die Bilder auch im Ordner nach Aufnahmetag richtig sortiert. Vier Stellen für die Nummer reichen aus. Ich habe selten über 1000 Bilder am Tag geschossen, und das System lässt 9999 Bilder pro Tag zu. Der Text beschreibt zusätzlich die Location oder die Jobbezeichnung.

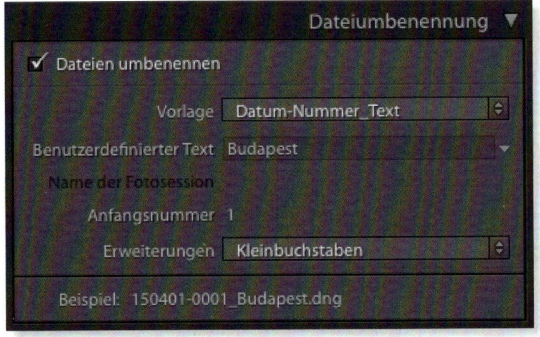

◀ Abbildung 8.31
Bedienpalette zur Umbenennung der importierten Dateien

Vorlage | Hier können Sie aus einer Liste bestehender Vorlagen auswählen und neue Vorlagen erstellen. Die nachfolgenden Eingabefelder sind abhängig von der eingestellten Vorlage. Beispielsweise können Dateinamen benutzerdefinierten Text enthalten, den Sie hier eingeben können. Bei der Vorlage NAME DER FOTOSESSION – SEQUENZ können Sie den Titel der Fotosession angeben, an den dann eine fortlaufende Nummer gehängt wird. Ein Beispiel zur Erstellung einer Dateinamen-Vorgabe finden Sie in der folgenden Schritt-für-Schritt-Anweisung.

Erweiterungen | Ob Sie die Dateinamenerweiterung lieber in Klein- oder Großbuchstaben haben, steht Ihnen frei und kann über das Dropdown-Menü eingestellt werden. Der Eintrag BEIBEHALTEN übernimmt die Schreibweise der Originaldatei.

Beispiel | Hier wird Ihnen ein Beispiel für die Dateinamen bei den verwendeten Einstellungen angezeigt.

Schritt für Schritt
Dateinamenvorlage erstellen

In der folgenden Anleitung erstellen Sie eine Vorlage nach dem Beispiel des auf Seite 303 beschriebenen Tipps.

1 Vorlagen-Editor öffnen
Wählen Sie aus dem Dropdown-Menü VORLAGE den Punkt BEARBEITEN. Daraufhin erscheint der DATEINAMENVORLAGEN-EDITOR zum Ändern und Speichern von Vorlagen. Dieses Dialogfeld wird Ihnen so oder mit mehr Variablen auch an anderen Stellen von Lightroom wieder begegnen.

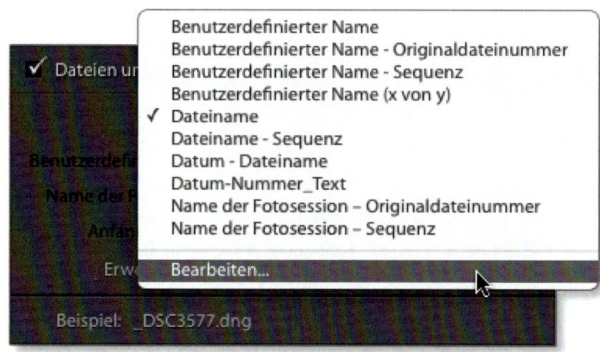

Abbildung 8.32 ▶
Dropdown-Menü zur Auswahl einer Dateinamenvorlage

2 Datumsvariablen kombinieren

Markieren Sie die beiden Variablen im Eingabefeld, und löschen Sie diese. Variablen werden immer mit Hilfe von hellblauen Metadaten-Tokens dargestellt. Das Feld sollte jetzt leer sein.

Wählen Sie unter der Parametergruppe WEITERE aus dem Dropdown-Menü den Punkt DATUM (JJMMTT) aus. Es wird automatisch ein Token für das Datum in umgekehrter Reihenfolge eingefügt.

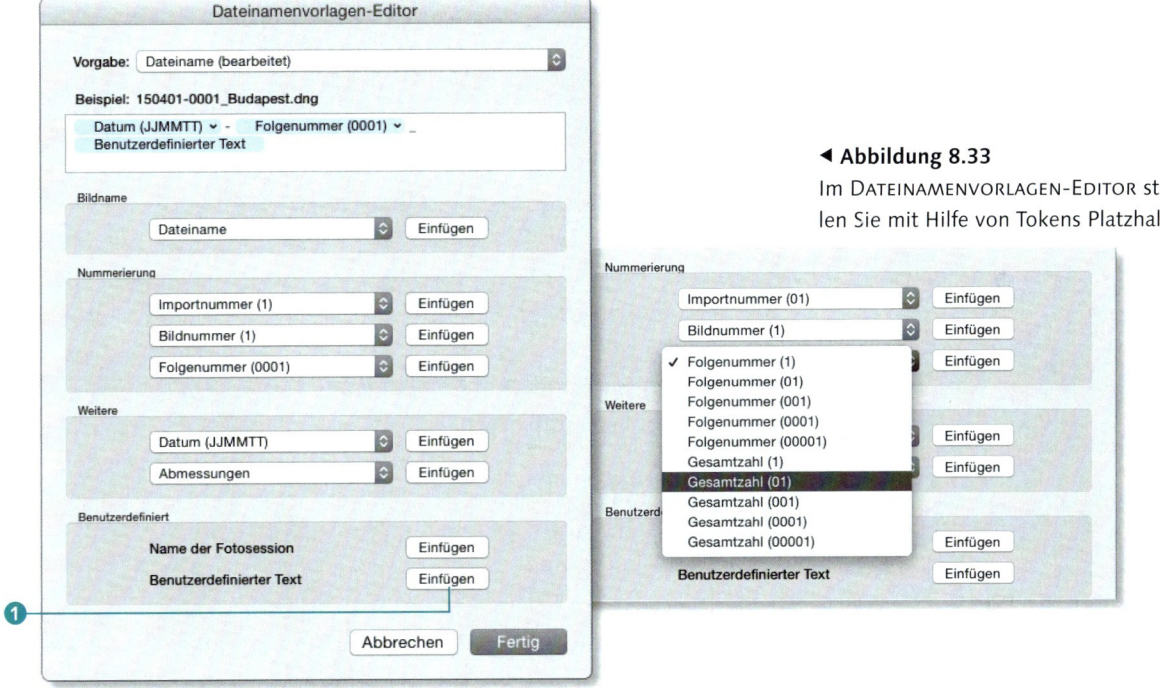

◀ Abbildung 8.33
Im DATEINAMENVORLAGEN-EDITOR stellen Sie mit Hilfe von Tokens Platzhalter.

3 Mit Folgenummern nummerieren

Jetzt geben Sie einen Bindestrich »-« über die Tastatur ein. Dieser trennt das Datum vom Zähler. Wählen Sie nun unter NUMMERIERUNG im Dropdown-Menü FOLGENUMMER die Variante mit den vier Stellen (0001). Es stehen Ihnen hier folgende Variablen zur Verfügung:

- **Importnummer:** Das ist die Nummerierung der Importvorgänge. Bei jedem Import wird der Zähler um einen Wert erhöht.
- **Bildnummer:** Dieser Zähler wird bei jedem Importvorgang wieder auf 1 gesetzt. Jedes Bild erhöht den Zähler jeweils um 1.
- **Folgenummer:** Den Anfangswert des Zählers können Sie dann im Importdialog selbst festlegen.
- **Gesamtzahl:** Bezeichnet die Anzahl aller Bilder eines Imports. Diesen Parameter finden Sie im Dropdown FOLGENUMMER.

Abbildung 8.34 ▶
Eine Eingabe in das Feld BENUTZER-
DEFINIERTER TEXT ermöglicht eine besse-
re Identifizierung einer Datei.

4 **Zusätzlicher Text für nähere Beschreibung**
Geben Sie als weiteres Trennzeichen einen Unterstrich »_« an. Zum Abschluss klicken Sie auf die Schaltfläche EINFÜGEN neben der Variable BENUTZERDEFINIERTER TEXT ❶ (Abbildung 8.33).

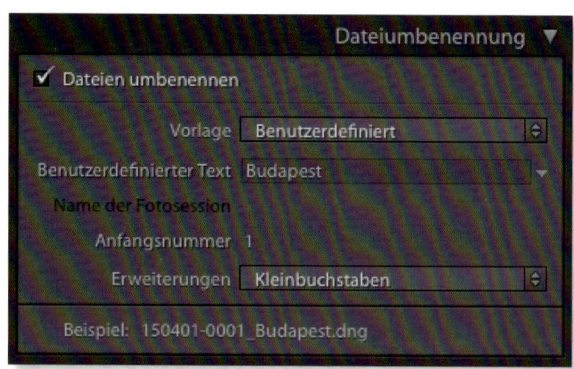

5 **Vorlage speichern**
Um die Vorlage zu speichern, wählen Sie im Dropdown-Menü VORGABE über das Eingabefeld den Punkt AKTUELLE EINSTELLUNGEN ALS NEUE VORGABE SPEICHERN. Geben Sie für die Vorgabe einen eindeutigen Namen an, zum Beispiel »Datum-Nummer-Text«. Nach der Fertigstellung beenden Sie den Dialog über die Schaltfläche ERSTELLEN. Sie können jetzt noch im Bedienfeld in das Feld einen benutzerdefinierten Text eingeben, beispielsweise den Ort oder den Anlass der Aufnahmen. Zusätzlich können Sie im Wertefeld darunter eine ANFANGSNUMMER eingeben. Der Zähler der Folgenummern startet dann bei diesem Wert.

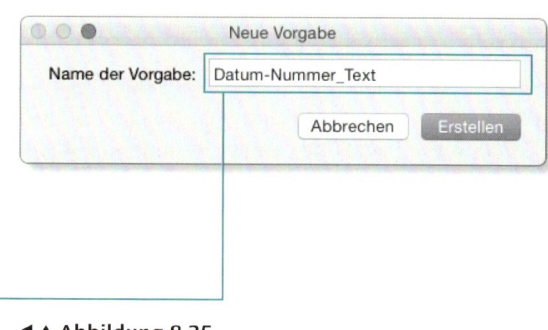

◀▲ **Abbildung 8.35**
Die erstellte Vorgabe kann unter einem neuen Namen gespeichert werden.

Während des Importvorgangs anwenden

Dateien, die in Ihren Katalog importiert werden, können bereits während des Importvorgangs Entwicklungseinstellungen und Metadaten zugewiesen bekommen. Zusätzlich können Sie auch schon Stichwörter eingeben.

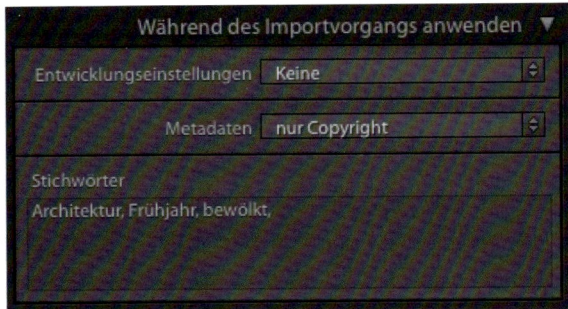

◄ **Abbildung 8.36**
Auswahl der Entwicklungseinstellungen und Metadaten, die auf die importierten Bilder angewendet werden

Entwicklungseinstellungen | Bereits beim Import können Bildern Vorgaben für ihre Entwicklung zugewiesen werden – zum Beispiel eine Konvertierung in Graustufen oder auch die Korrekturautomatik. Wählen Sie dazu aus dem Dropdown-Menü eine Vorgabe aus. Näheres zum Erstellen und Abspeichern von Entwicklungseinstellungen erfahren Sie ab Seite 667.

Metadaten | Die Bilder können auch schon während des Imports mit Metadaten wie Copyright-Informationen oder Angaben zum Fotografen ausgestattet werden. Dies geschieht über die IPTC-Daten (siehe Seite 383). Sie können dabei aus einer Liste von gespeicherten IPTC-Datensätzen auswählen oder eine neue Vorlage erstellen.

Es ist ratsam, sich eine Vorlage zu generieren, die Adresse und Copyright-Informationen beinhaltet. So können Sie sichergehen, dass diese Daten automatisch beim Importieren im Bild gespeichert werden und dass Sie es somit später nicht vergessen.

Die Vorgabe IPTC-DEFAULT ist meine persönliche Vorlage für den Metadatensatz. Sie wird jedem Bild, das ich in Lightroom importiere, zugewiesen.

Schritt für Schritt
Metadaten-Vorgabe erstellen

In dieser Anleitung erstellen Sie eine IPTC-Vorlage mit Copyright-Informationen und den Angaben zum Fotografen nach dem Muster meiner Standardvorlage.

Kapitel 8 Bilder importieren

1 Vorgaben-Editor öffnen

Wählen Sie aus dem Dropdown-Menü METADATEN den Punkt NEU, um den Vorgaben-Dialog zu öffnen.

Abbildung 8.37 ▶
Über das Dropdown-Menü können Sie auch neue Metadatensätze erzeugen.

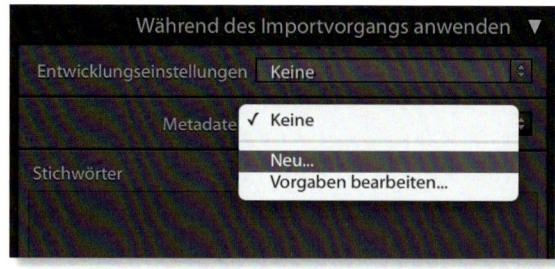

2 Metadaten angeben

Geben Sie in die Textfelder in den Bereichen IPTC-COPYRIGHT und IPTC-ERSTELLER die erforderlichen Angaben ein. Jedes Feld und jede Eingabegruppe besitzt ein eigenes Kontrollkästchen. Ist dieses aktiviert, wird die Angabe beim Import übernommen. Zur besseren Übersicht können Sie einzelne Rubriken über die Dreiecke ein- und ausblenden.

Abbildung 8.38 ▶
Der Vorgaben-Editor zum Erstellen neuer IPTC-Vorlagen

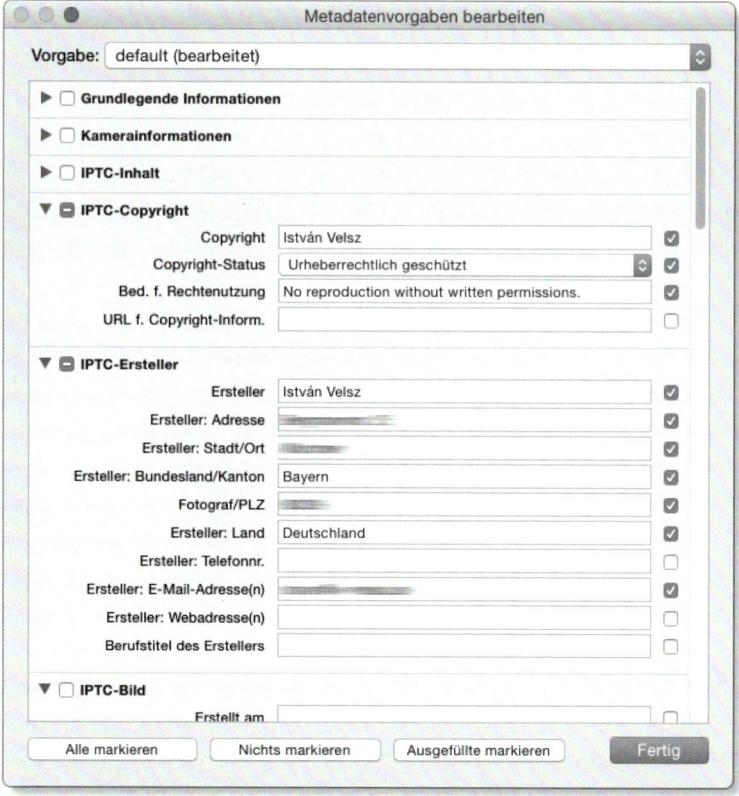

8.2 Import von Speicherkarte und Festplatte

▲ **Abbildung 8.39**
So speichern Sie die Metadatenvorlage.

3 Datensatz speichern

Zum Sichern des Datensatzes wählen Sie im Dropdown-Menü VORGABE den Punkt AKTUELLE EINSTELLUNGEN ALS NEUE VORGABE SPEICHERN. Vergeben Sie einen eindeutigen Namen, und klicken Sie auf die Schaltfläche ERSTELLEN.

Abschließend klicken Sie im Vorgaben-Editor ebenfalls auf die Schaltfläche ERSTELLEN, um den Dialog zu schließen.

Die Vorgabe kann jetzt über das Dropdown-Menü METADATEN ausgewählt werden.

Stichwörter angeben | Im Import-Dialog finden Sie ein Eingabefeld, in dem Sie den importierten Bildern gleich eine Reihe an Stichwörtern zuweisen können.

Bereits während der Eingabe des Wortes überprüft Lightroom, ob dieses schon unter den vorhandenen Stichwörtern zu finden ist, und macht beim Tippen Vorschläge zur Vervollständigung des Wortes. Das verhindert, dass Sie dieselben Stichwörter mit anderen Schreibweisen verwenden. Haben Sie eine Stichworthierarchie angelegt, wird diese entsprechend mitsamt Synonymen übernommen. Neue Stichwörter werden in die Stichwortliste geschrieben. Mehr Informationen zu Stichwörtern finden Sie ab Seite 369.

Zielordner auswählen

Die letzte Palette dient der Auswahl des Zielordners. Dabei können Sie den Basisordner angeben, in dem ein Unterverzeichnis angelegt werden kann. Die importierten Bilder werden dann wiederum nach Datumsordner sortiert abgelegt.

Etwas versteckt, weil nicht so oft benötigt, finden Sie auch den Befehl, um einen ganz neuen Ordner anzulegen. Dazu öffnet sich mit einem Klick auf das Plussymbol ein Dropdown-Menü.

Abbildung 8.40 ▶
Bedienpalette zur Angabe des Importziels

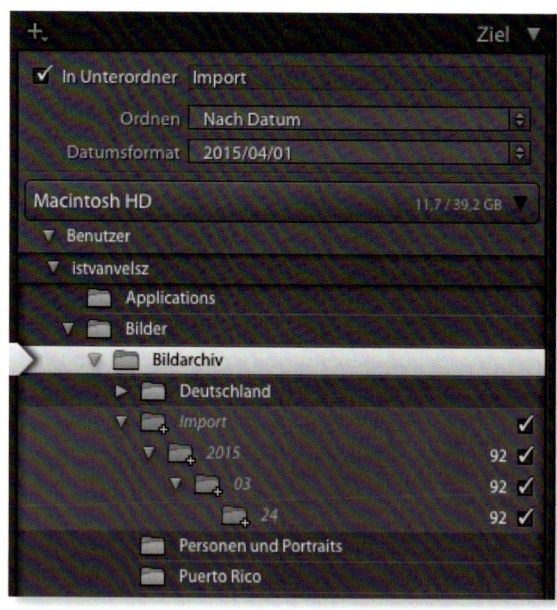

Damit lässt sich nicht nur ein neuer Ordner ❶ auf der Festplatte anlegen, der dann auch in der Ordnerauswahl erscheint, Sie können zusätzlich noch eine Darstellungsoption wählen. Mit dem Punkt NUR BETROFFENE ORDNER ❸ wird in der Ordnerliste die Hierarchie ab dem ausgewählten Basisordner angezeigt. Die Standardansicht ALLE ORDNER ❷ zeigt den kompletten Weg bis zu den Importordnern.

Sind mehrere Festplatten und/oder Server angeschlossen, kann Lightroom etwas Zeit benötigen, um die komplette Hierarchie in der Ordneransicht aufzubauen.

Abbildung 8.41 ▶
Darstellung des Zielordners

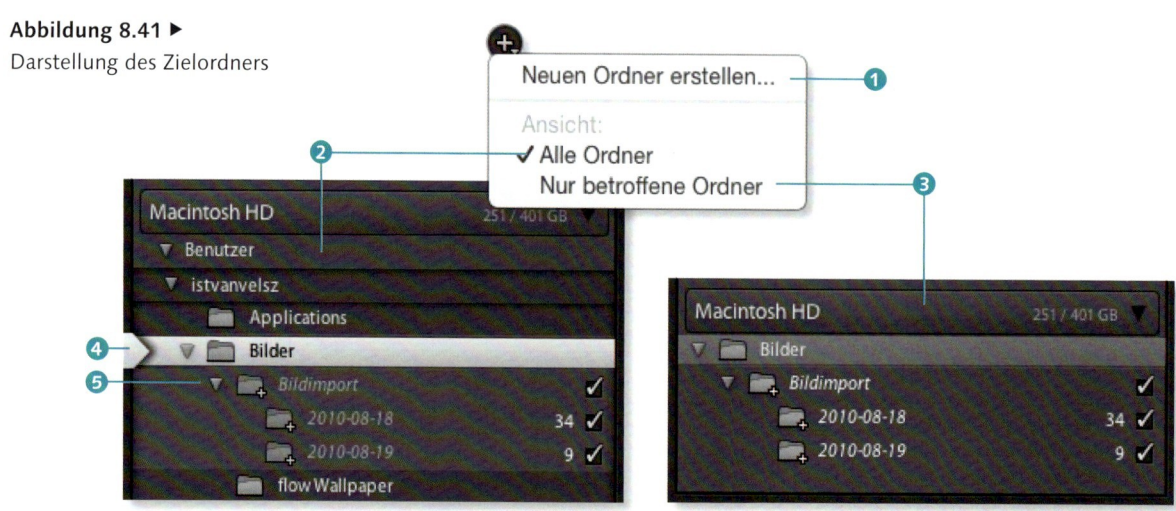

In Unterordner | Ist diese Option aktiviert, wird in dem ausgewählten Ordner ❹ noch ein Unterordner ❺ erstellt. Die Bilder werden dann in diesen Unterordner importiert.

Ordnen | Über dieses Dropdown-Menü können Sie sich entscheiden, ob alle Bilder in einem gemeinsamen Ordner erscheinen sollen oder ob Sie die Bilder noch nach Datum gruppieren möchten. In diesem Fall erhalten Sie darunter ein weiteres Dropdown-Menü zum Einstellen des Datumsformats.

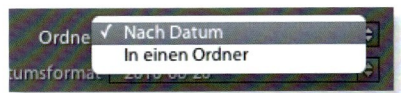

▲ Abbildung 8.42
Die importierten Bilder können nach Datum gruppiert werden.

Datumsformat | Die Bilder können auch in nach Datum sortierten Ordnern verteilt werden. Hier haben Sie die Möglichkeit, die Unterteilung nach Tag, Monat und Jahr über das Dropdown-Menü zu variieren. Es wird dann je nach Auswahl eines Menüpunktes eine entsprechend tiefe Verzeichnisstruktur erstellt. Im Dropdown-Menü steht dabei der Slash »/« jeweils für eine neue Verzeichnisebene.

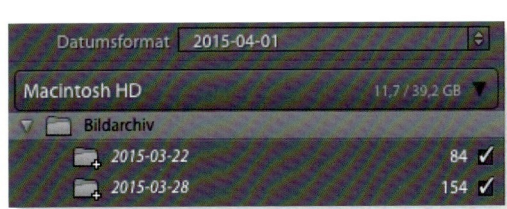 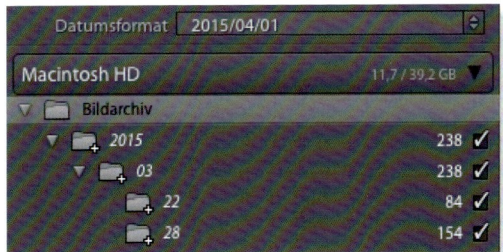

▲ Abbildung 8.43
Das DATUMSFORMAT stellt die Gliederungstiefe ein. Ein Schrägstrich bedeutet eine neue Ordnerebene.

Importvorgabe speichern und starten

Alle Importoptionen können als Importvorgabe gespeichert werden. Dabei werden alle Einstellungen des rechten Bedienfeldes inklusive Zielordner und Übertragungsart gesichert. Das Quellverzeichnis und die selektierten Bilder ebenfalls mit zu sichern, macht keinen Sinn.

Zum Speichern verwenden Sie das Dropdown IMPORTVORGABE unter dem Gitter bzw. der Lupenansicht des Importfensters.

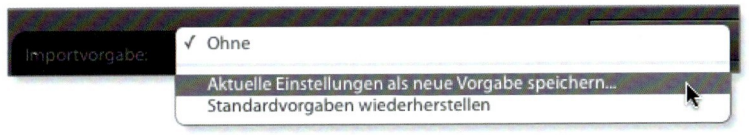

◀ Abbildung 8.44
Dropdown-Menü zum Speichern einer Importvorgabe.

Um die Einstellungen zu speichern, befindet sich ganz unten am Dialogfenster ein Dropdown-Menü. Wenn Sie dieses aufklappen, können Sie eine neue Vorgabe speichern oder eine gewählte Vorgabe umbenennen beziehungsweise löschen.

▲ **Abbildung 8.45**
Schaltflächen zum Starten und Abbrechen des Imports

Import ausführen | Nach dem Einstellen aller Optionen können Sie über die beiden Schaltflächen unten rechts den Import starten oder abbrechen.

Der Import findet in mehreren Schritten statt. Zunächst werden die Bilder im Raw-Format der Kamera in das angegebene Verzeichnis kopiert. Alle anderen Berechnungen, wie das Konvertieren in das DNG-Format oder das Erstellen der Standard- und Smart-Vorschaudateien, findet erst anschließend statt.

Dies hat den Vorteil, dass Sie, wenn Ihnen der Import dann doch zu lange dauert, nur den ersten Schritt, also das Kopieren, beenden müssen. Die restlichen Operationen können Sie auch nachträglich per Hand starten. Das Aktivitätszentrum rufen Sie mit einem Klick auf die Zeile über dem Fortschrittsbalken ❶ auf. Den Prozess beenden Sie, indem Sie auf das X-Symbol neben dem jeweiligen Prozess klicken. Die anderen Prozesse laufen weiter.

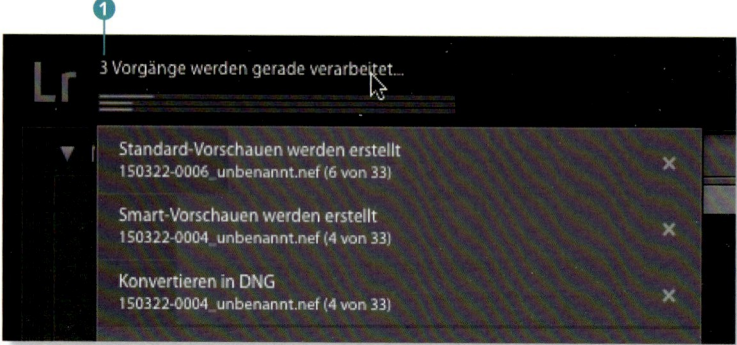

Abbildung 8.46 ▶
Während des Imports können Sie alle Schritte überwachen und notfalls getrennt voneinander beenden.

Schritt für Schritt
Der Importvorgang im Schnelldurchlauf

Auf den vorhergehenden Seiten haben Sie einen detaillierten Einblick in den Importprozess erhalten. Da dies eventuell zu viel auf einmal war, um den Gesamtablauf im Auge zu behalten, beschreibe ich nun den gesamten Importprozess im Schnelldurchlauf. An den einzelnen Schritten finden Sie Querverweise zu den Detailinformationen auf den vorhergehenden Seiten.

8.2 Import von Speicherkarte und Festplatte

▲ Abbildung 8.47
Der komplette Ablauf auf einen Blick im Import-Dialogfenster

1 Quelle auswählen

Nach dem Aufrufen des Import-Dialogfensters über einen der Importbefehle (Seite 293) wählen Sie zunächst die Quelle aus. Öffnet sich das Dialogfenster automatisch beim Einlegen einer Speicherkarte (Seite 288), müssen Sie dies natürlich nicht tun.

2 Übertragungsart wählen

Als Nächstes stellen Sie die Übertragungsart ein. Bei mir ist das normalerweise ALS DNG KOPIEREN, da die Bilder noch nicht auf dem Rechner sind und ich alle Raw-Bilder in das DNG-Format konvertieren möchte (siehe Seite 296).

3 Bilder auswählen

Wollen Sie alle Bilder importieren, können Sie diesen Schritt überspringen. Ansonsten schließen Sie einzelne Bilder durch Deaktivieren des Kontrollkästchens vom Import aus (Seite 299).

4 Dateiverwaltung einstellen

Aktivieren Sie die Option MÖGLICHE DUPLIKATE NICHT IMPORTIEREN. Als Vorschaugröße verwende ich STANDARD. Nur wenn es einmal schnell gehen soll, verwende ich die Einstellung MINIMAL. Das

313

Erstellen der Smart-Vorschauen nimmt mehr Zeit und Platz in Anspruch, weswegen ich die Funktion deaktiviert lasse. Ich erstelle diese meist nachträglich auf Anforderung, zum Beispiel bevor ich auf eine Reise gehe. Bei Bedarf können Sie noch ein Backup Ihrer Originaldateien festlegen (siehe Seite 301).

5 Dateibenennung

Jetzt geben Sie an, wie Ihre Dateien nach dem Import heißen sollen. Eine eindeutige Benennung aller Bilder verhindert ungewollte Duplikate (siehe Seite 301).

6 Entwicklungsvorgaben und Metadaten wählen

Falls gewünscht, können Sie jetzt bereits eine Entwicklungsvorgabe und Metadaten für das Copyright angeben, die auf das Bild angewendet werden sollen (siehe Seite 307).

7 Zielverzeichnis wählen

Zum Abschluss müssen Sie noch das Zielverzeichnis angeben. Dabei können Sie die Bilder auch nach Datum gruppiert ablegen (siehe Seite 309).

Schnellimport ohne Bildauswahl

Importieren Sie immer wieder Bilder nach dem gleichen Schema und benötigen Sie dabei keine Bildauswahl, können Sie den Dialog auch verkleinern. Dann bekommen Sie nicht mehr alle Einstelloptionen angezeigt, können aber schnell unterwegs Speicherkarten einlesen. Dazu klicken Sie unten links am Dialogfenster auf den Pfeil ❶. Dieser blendet viele Optionen und auch die Bildauswahl aus. Einblenden können Sie den Dialog über ein erneutes Anklicken des Pfeils.

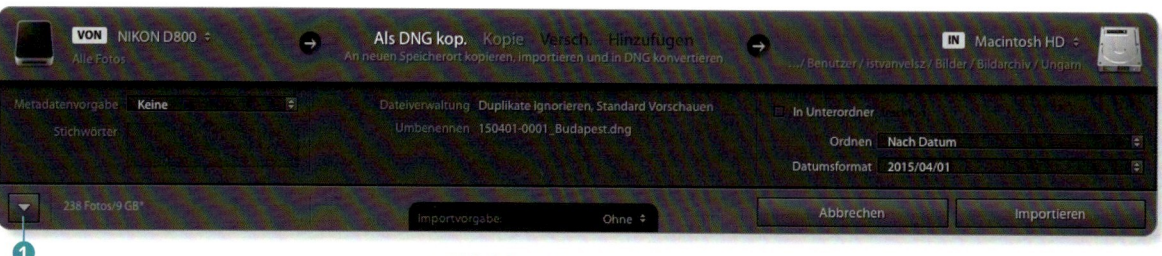

▲ Abbildung 8.48
Der minimierte Importdialog mit reduzierten Einstellmöglichkeiten

8.3 Import über Tethering

Im vorangegangenen Abschnitt wurden Bilder importiert, die bereits auf einem Datenträger vorhanden sind. Beim Tethering wird eine Kamera direkt mit dem Computer, zum Beispiel per USB-Kabel, verbunden. Über eine Schnittstelle kann Lightroom mit der Kamera kommunizieren und diese auch ferngesteuert auslösen. Egal, ob Sie an der Kamera oder direkt in Lightroom auslösen, die Bilder werden sofort importiert und im Katalog abgelegt. Es kann also schon während des Shootings eine Kontrolle der Bilder vorgenommen werden.

Das Tethered-Shooting-Verfahren eignet sich vor allem für Studioaufnahmen in der Produktfotografie, bei der man vom Stativ aus immer die gleiche Kameraposition hat.

Leider ist nicht jede Kamera tetheringfähig. Gerade ältere Kameras werden nicht unterstützt. Adobe integriert aber, ähnlich wie bei der Raw-Kompatibilität, mit jedem Update neue Kameras. Beim Tethering werden die Bilder im Raw-Format der Kamera importiert. Arbeiten Sie mit DNG-Dateien, können Sie diese später aus den Original-Raw-Dateien konvertieren.

> **TIPP**
>
> Auf der Adobe-Website unter *http://helpx.adobe.com/lightroom/kb/tethered-camera-support-lightroom-4.html* können Sie kontrollieren, ob Ihre Kamera bei Tether-Aufnahmen unterstützt wird.

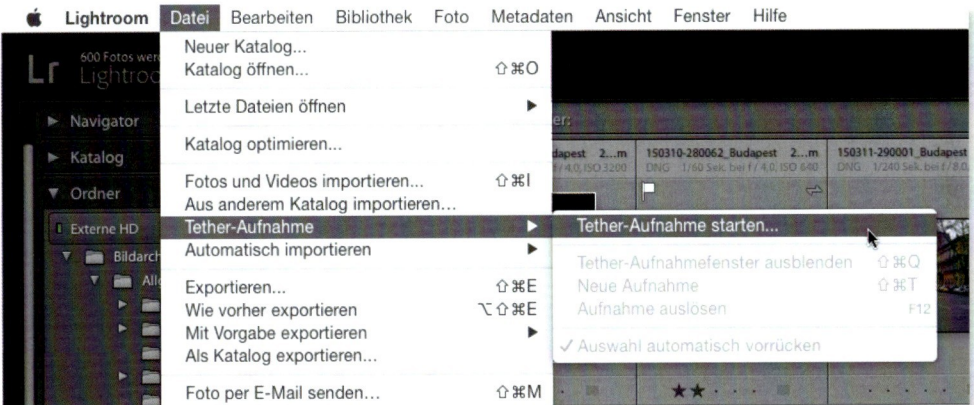

▲ **Abbildung 8.49**
Das Tethering wird über das Menü gestartet.

Einstellungen für Tether-Aufnahmen

Zunächst muss Lightroom für die Tether-Aufnahme vorbereitet werden. Öffnen Sie dazu den Einstell-Dialog über den Menübefehl DATEI • TETHER-AUFNAHME • TETHER-AUFNAHME STARTEN. Anschließend können Sie dort folgende Einstellungen vornehmen:

Sitzungsname | Hier geben Sie einen Namen für die Fotosession an. Jede Sitzung erhält innerhalb des Zielordners einen Unterordner mit dem Titel der Sitzung. Hier geben Sie zum Beispiel den Namen des Modells oder die Jobbezeichnung an.

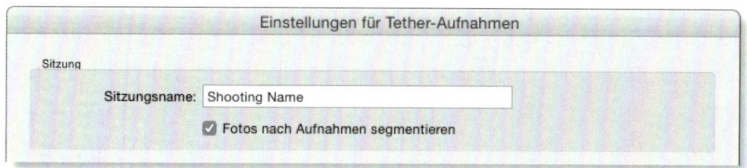

Abbildung 8.50 ▶
Der SITZUNGSNAME dient der Benennung des Fotoshootings, und die Segmentierung unterteilt das Shooting in kleinere Sessions.

Fotos nach Aufnahmen segmentieren | Sie können zusätzlich innerhalb einer Session weitere Unterordner anlegen. Dazu aktivieren Sie das Kontrollkästchen. Bevor Sie dann mit dem Shooting beginnen, werden Sie nach dem Namen des Ordners gefragt. Das ist ideal, wenn während eines Shootings mehrere Objekte/Modelle fotografiert werden sollen. Dann kann für jedes Objekt/Modell ein eigener Ordner erstellt werden. Den Segmentordner können Sie dann in der Kamerasteuerung auch direkt ändern.

Benennung | Hier legen Sie die Bestandteile des Dateinamens fest. Dieser kann beispielsweise aus dem Datum, einer fortlaufenden Nummer und der Jobbezeichnung bestehen. Näheres zu den Dateibenennungen und Dateinamenvorlagen finden Sie auf Seite 304. Die zur Verfügung gestellten Eingabefelder sind abhängig von der eingestellten Dateinamenvorlage.

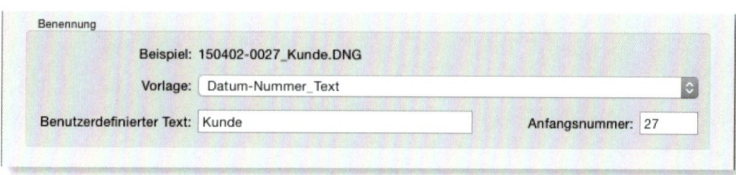

Abbildung 8.51 ▶
Die importierten Fotos werden automatisch nach Vorlagen benannt.

Ziel | Hier geben Sie den übergeordneten Zielordner ein. Dieser steht in der Ordnerhierarchie aus ZIEL/SITZUNG/SEGMENTIERUNG ganz oben und kann zum Beispiel der Ordner in Ihrem Bildarchiv sein. Unterwegs kann das auch ein spezieller Importordner sein.

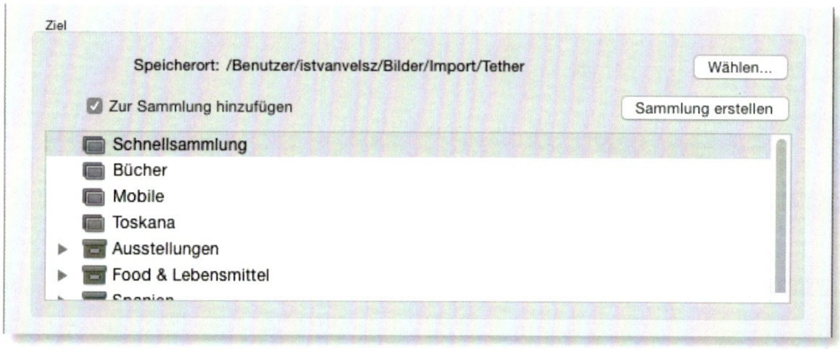

Abbildung 8.52 ▶
Das Ziel stellt den obersten Ordner dar, in dem alle Shootings abgelegt werden.

8.3 Import über Tethering

Wie beim Import von der Speicherkarte, können Sie mit ZUR SAMMLUNG HINZUFÜGEN die Bilder auch direkt in eine Sammlung integrieren. Ist diese noch nicht vorhanden, können Sie diese über die Schaltfläche SAMMLUNG ERSTELLEN auch über den Dialog anlegen.

Neu in Lightroom 6/CC

Metadaten | Schon während der Aufnahme können Metadaten in die Datei geschrieben werden. Am besten besitzt man dafür eine Standardvorlage. Diese können Sie dann über das Dropdown-Menü aufrufen. Sie können hier aber auch eine neue erstellen. Näheres dazu finden Sie auf Seite 308. Die Vorlage sollte vor allem Copyright-Informationen enthalten.

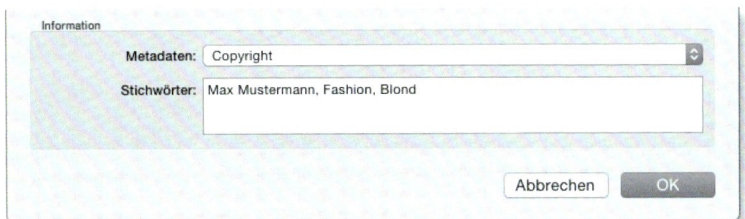

◄ Abbildung 8.53
METADATEN und STICHWÖRTER werden während des Shootings hinzugefügt.

Stichwörter | Auch die Stichwörter können Sie schon vor der Aufnahme angeben. Diese werden dann jeder Aufnahme hinzugefügt. Ein nachträgliches Verschlagworten wird nahezu überflüssig. Eventuell müssen Sie später nur noch bei einzelnen Bildern nacharbeiten.

Haben Sie alle Einstellungen erledigt, können Sie mit dem Shooting beginnen, indem Sie auf die OK-Schaltfläche klicken. Haben Sie die Segmentierung der Aufnahmen aktiviert, werden Sie noch nach einem Namen für das Segment/den Unterordner gefragt.

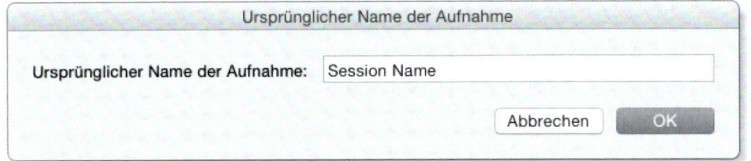

◄ Abbildung 8.54
Dieser Dialog erscheint nur, wenn die Segmentierung aktiviert ist.

Tether-Aufnahmen durchführen

Wenn die Einstellungen ausgeführt sind und Sie mit dem Shooting beginnen, empfiehlt es sich, in die Lupenansicht zu wechseln. Dann haben Sie das gesamte Bild im Blick. Über dem Programmfenster schwebt das Tether-Aufnahmefenster. Dort können Sie die Kameraeinstellungen ablesen und auslösen.

Das Tether-Aufnahmefenster liefert Ihnen einige Informationen. Zunächst zeigt es Ihnen den Kameratyp ❶ an. Falls Sie mehrere Kameras einsetzen, können Sie hier den Typ zusätzlich auswählen. Darunter finden Sie den Namen der Sitzung ❷, den Sie zuvor in den Einstellungen vergeben haben. Diesen können Sie hier nicht ändern. Sie können aber den Einstell-Dialog über die Werkzeugtaste ❼ wieder öffnen.

Neben dem Sitzungsnamen finden Sie, falls Sie die Segmentierung aktiviert haben, den Namen des Segments ❸. Diesen können Sie per Klick ändern. Im Zentrum finden Sie Kameraangaben ❹ wie die gewählte Belichtungszeit, Blende, den ISO-Wert und die Weißabgleichseinstellung. Diese sind ebenfalls fest und dienen nur der Information.

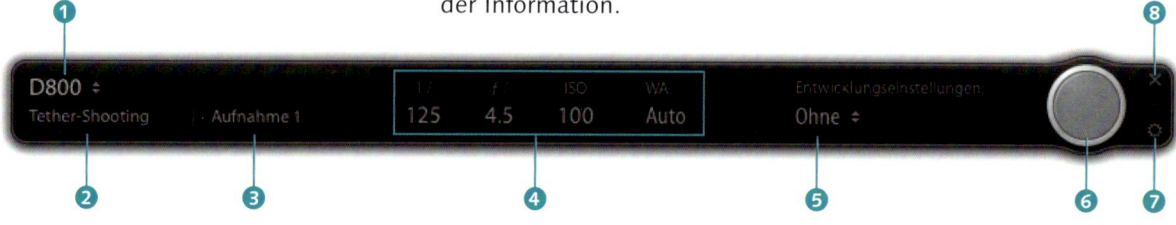

▲ **Abbildung 8.55**
Das Tether-Aufnahmefenster

Anpassen lassen sich aber die ENTWICKLUNGSEINSTELLUNGEN ❺. Hier können Sie über das Dropdown-Menü aus der Liste der Entwicklungsvorgaben auswählen, beispielsweise um direkt während des Shootings einen gewissen Bildstil zu erzielen. Mehr über Entwicklungsvorgaben finden Sie auf Seite 667.

Der große graue Knopf ❻ dient unübersehbar dem Auslösen der Kamera. Sie können aber auch weiterhin an der Kamera auslösen. Das Zahnrad ❼ dient, wie bereits erwähnt, dem Aufrufen des Einstellungsdialogs, um dort beispielsweise Stichwörter zu ändern. Zum Beenden des Tetherings klicken Sie auf das Schließen-Symbol ❽.

Optionen zur Tether-Aufnahme

Während der Tether-Aufnahme sind einige Optionen über das Menü DATEI • TETHER-AUFNAHME möglich.

Tether-Aufnahme beenden | Stoppt die Session und beendet die Tether-Aufnahme. Das Aufnahmefenster wird geschlossen.

Tether-Aufnahmefenster ausblenden | Blendet nur das Fenster aus, ohne die Aufnahme zu beenden. Sehr hilfreich, wenn man an der Kamera auslöst und den gesamten Bildschirm mit dem Bild bedecken will.

8.3 Import über Tethering

▲ **Abbildung 8.56**
Einige Optionen können während der Tether-Aufnahme über das Menü eingestellt werden.

Neue Aufnahme | Legt einen neuen Aufnahmeordner an, um das Shooting zu segmentieren. Sie können dann im Dialog eine neue Segmentbezeichnung angeben.

Aufnahme auslösen | Löst die Kamera aus und macht ein Foto.

Auswahl automatisch vorrücken | Die Standardeinstellung zeigt immer das neu ausgelöste und importierte Foto an. Ist diese Option deaktiviert, müssen Sie das Bild manuell auswählen. Dann wird immer das zuletzt selektierte angezeigt.

▼ **Abbildung 8.57**
Jede neue Aufnahme wird in der Bibliothek angezeigt. Am besten sieht man die Bilder in der Lupenansicht.

8.4 Import aus einem anderen Katalog

Der Import aus einem anderen Katalog wurde in einer ausführlichen Schritt-für-Schritt-Anleitung bereits auf Seite 233 erklärt. Hier finden Sie eine Kurzbeschreibung der Funktionen.

Um Bilder aus einem anderen Katalog zu importieren, rufen Sie zunächst den Menüpfad Datei • Aus Katalog importieren auf. Anschließend müssen Sie den Katalog angeben, aus dem Sie die Bilder importieren wollen.

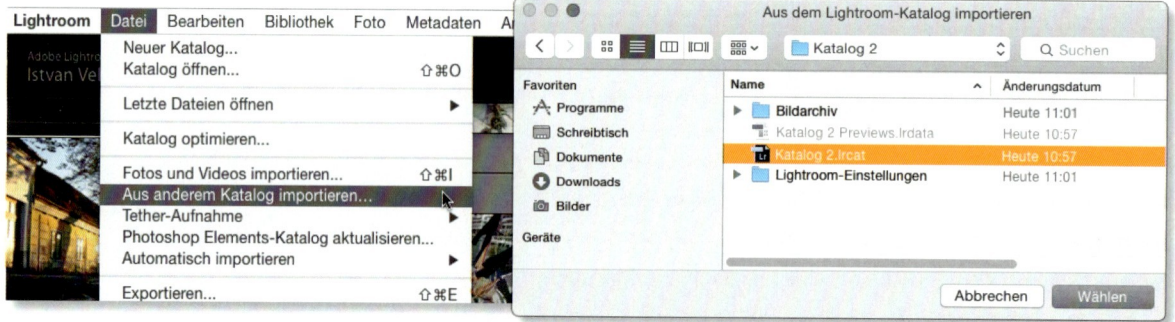

▲ **Abbildung 8.58**
Bilder können auch aus einem anderen Katalog importiert werden.

Bildauswahl

Im Import-Dialog für Kataloge können Sie Ordner und einzelne Bilder auswählen. In der Ordnerliste werden alle im Katalog befindlichen Ordner angezeigt. Sie können alle Ordner, die Sie nicht importieren wollen, deaktivieren. Rechts werden nur die Bilder angezeigt, die sich in den aktivierten Ordnern befinden. Bilder können hier einzeln aktiviert oder deaktiviert werden.

Abbildung 8.59 ▼
Der Auswahl-Dialog beim Importieren von Bildern aus anderen Katalogen

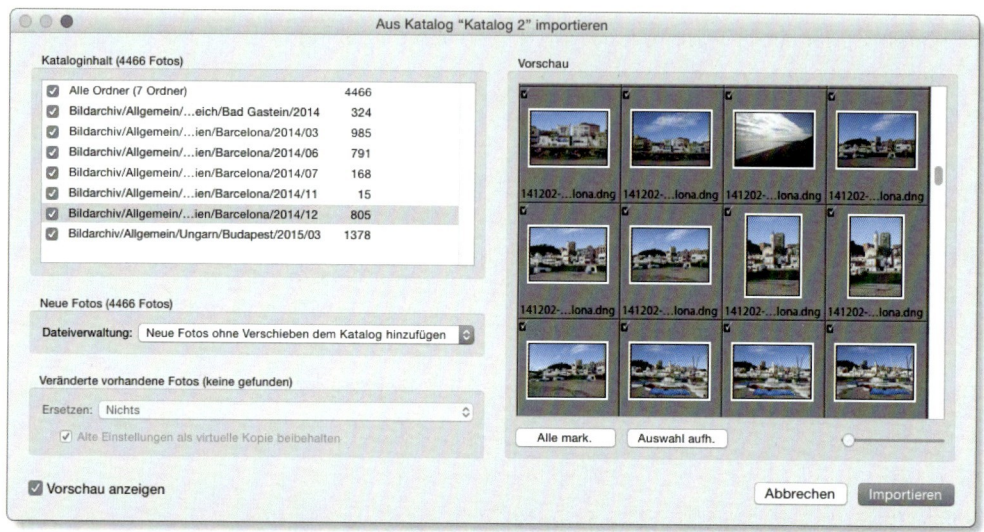

Übertragungsart festlegen

Anschließend wird definiert, was mit den zu importierenden Bildern geschehen soll. Dazu haben Sie im Dropdown-Menü Dateiverwaltung die Möglichkeit, zwischen den folgenden Punkten zu wählen:

▸ **Neue Fotos ohne Verschieben dem Katalog hinzufügen:** Dabei werden die Originaldaten an ihrem Platz belassen und nur die Verlinkungen importiert.

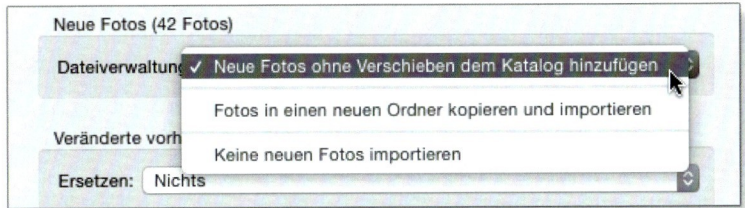

◂ Abbildung 8.60
Beim Import werden Bilder an einen Zielordner auf der Festplatte des stationären Rechners kopiert und importiert.

▸ **Fotos in einen neuen Ordner kopieren und importieren:** Hier werden die Bilder an einen Ort kopiert, den Sie mit der Schaltfläche auswählen, die unter dem Dropdown-Menü erscheint. Daneben wird der aktuelle Zielordner angezeigt.

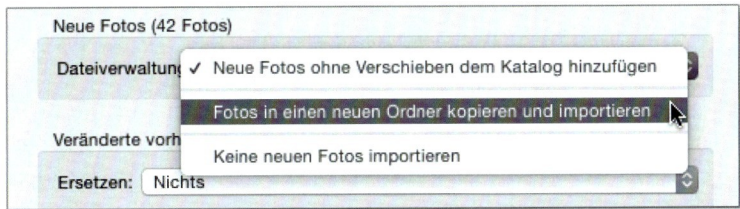

◂ Abbildung 8.61
Die Fotos werden mit dieser Option in einen neuen Ordner kopiert, bevor sie importiert werden.

▸ **Keine neuen Fotos importieren:** Hier werden nur Bilder ersetzt, die bereits in der Datenbank vorhanden sind.

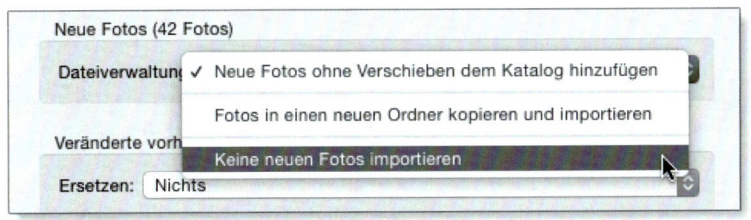

◂ Abbildung 8.62
Es werden keine neuen Bilder importiert, nur bereits vorhandene mit geänderten Einstellungen beziehungsweise Metadaten werden übernommen.

Metadaten übernehmen

Sind Duplikate bereits im Katalog vorhanden, müssen Sie angeben, was mit den importierten Bildern geschehen soll. Sie können die bereits vorhandenen Bilder überschreiben (Metadaten, Ent-

WICKLUNGSEINSTELLUNGEN UND NEGATIVDATEIEN). Dabei werden alle Metadaten und Entwicklungseinstellungen überschrieben, und die Verknüpfung wird angepasst.

Wünschen Sie, dass nur die Entwicklungseinstellungen und Metadaten aktualisiert werden, wählen Sie NUR METADATEN UND ENTWICKLUNGSEINSTELLUNGEN. Dabei werden die Originaldateien belassen, Metadaten und Entwicklung jedoch aktualisiert.

In diesem Fall können Sie die alten Einstellungen in virtuellen Kopien belassen. Existieren neben doppelten Raw-Dateien auch noch dazugehörige TIFF-, PSD-, JPEG- oder PNG-Dateien, können auch nur diese importiert werden. Die dazugehörigen Raw-Dateien werden ignoriert, soweit diese schon im Katalog vorhanden sind.

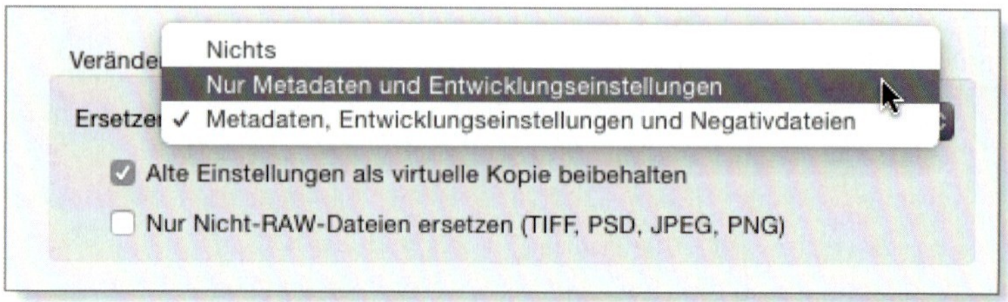

Abbildung 8.63 ▶
Um zu verhindern, dass Bilder überschrieben werden, haben Sie die Möglichkeit, bestehende Einstellungen als virtuelle Kopien zu belassen.

8.5 Automatischer Programmstart beim Einlegen einer Speicherkarte

Unter Mac OS X und Windows können Sie festlegen, was passiert, wenn Sie eine Kamera oder einen Kartenleser an den Rechner anschließen. Hierüber können Sie Lightroom automatisch starten.

Mac OS X

Unter Mac OS X ist es nicht ganz eindeutig, welches Programm sich öffnet, wenn Sie eine Speicherkarte einlegen. Dies kann je nach Betriebssystem-Version und Einstellung das Programm DIGITALE BILDER, IPHOTO oder seit Yosemite auch das Programm FOTOS sein. Während Sie in FOTOS nur wählen können, ob das Programm beim Einlegen eines Mediums geöffnet werden soll oder nicht ❶, können Sie über das Programm DIGITALE BILDER auch auswählen, welches Programm verwendet werden soll.

Je nach Version des Betriebssystems finden Sie die Startoption in den Programmeinstellungen im Menü DIGITALE BILDER • EINSTELLUNGEN oder, ab Snow Leopard, links unten ❷. Dort können Sie dann auch Lightroom als Ihr bevorzugtes Programm einstellen.

8.5 Automatischer Programmstart beim Einlegen einer Speicherkarte

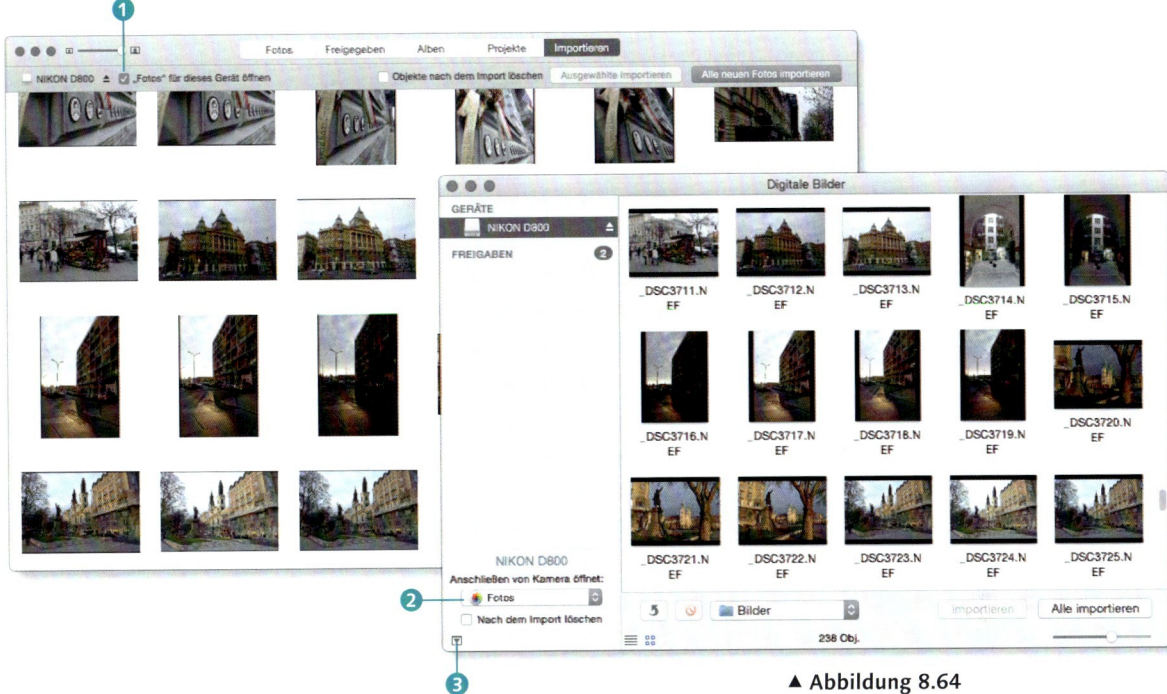

▲ Abbildung 8.64
Die Programme FOTOS und DIGITALE BILDER kümmern sich auf dem Mac normalerweise um Bilder.

Das Programm DIGITALE BILDER finden Sie im PROGRAMME-Ordner. Dort müssen Sie die Palette auch zunächst ausklappen, indem Sie auf das Aufklapp-Icon ❸ klicken.

Microsoft Windows

Unter Windows wird, sobald eine Speicherkarte erkannt wird, grundsätzlich ein Dialogfenster angezeigt, das es erlaubt, eine Aktion auszuwählen. Sie finden diese Funktion in den Systemeinstellungen.

▼ Abbildung 8.65
Unter Windows können Sie in der SYSTEMSTEUERUNG den automatischen Programmstart einstellen.

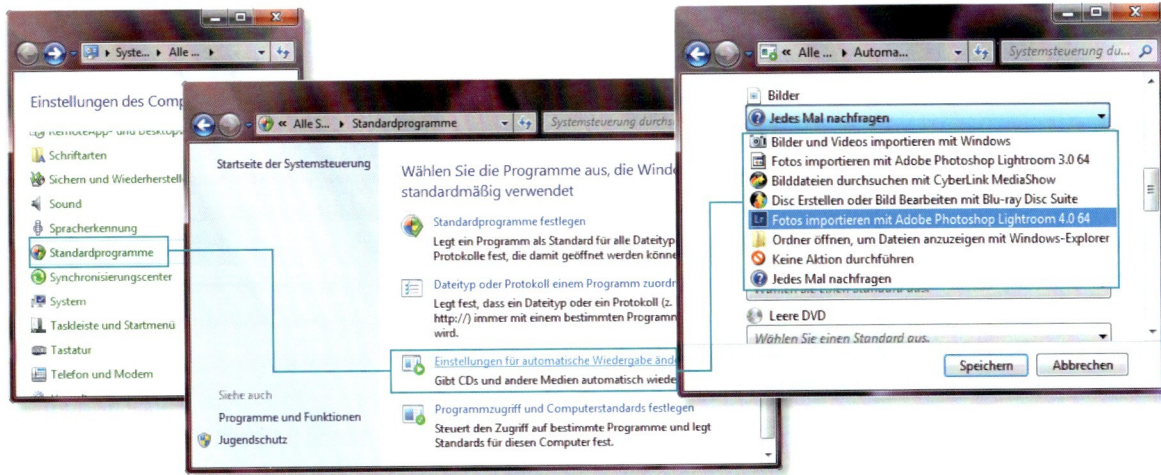

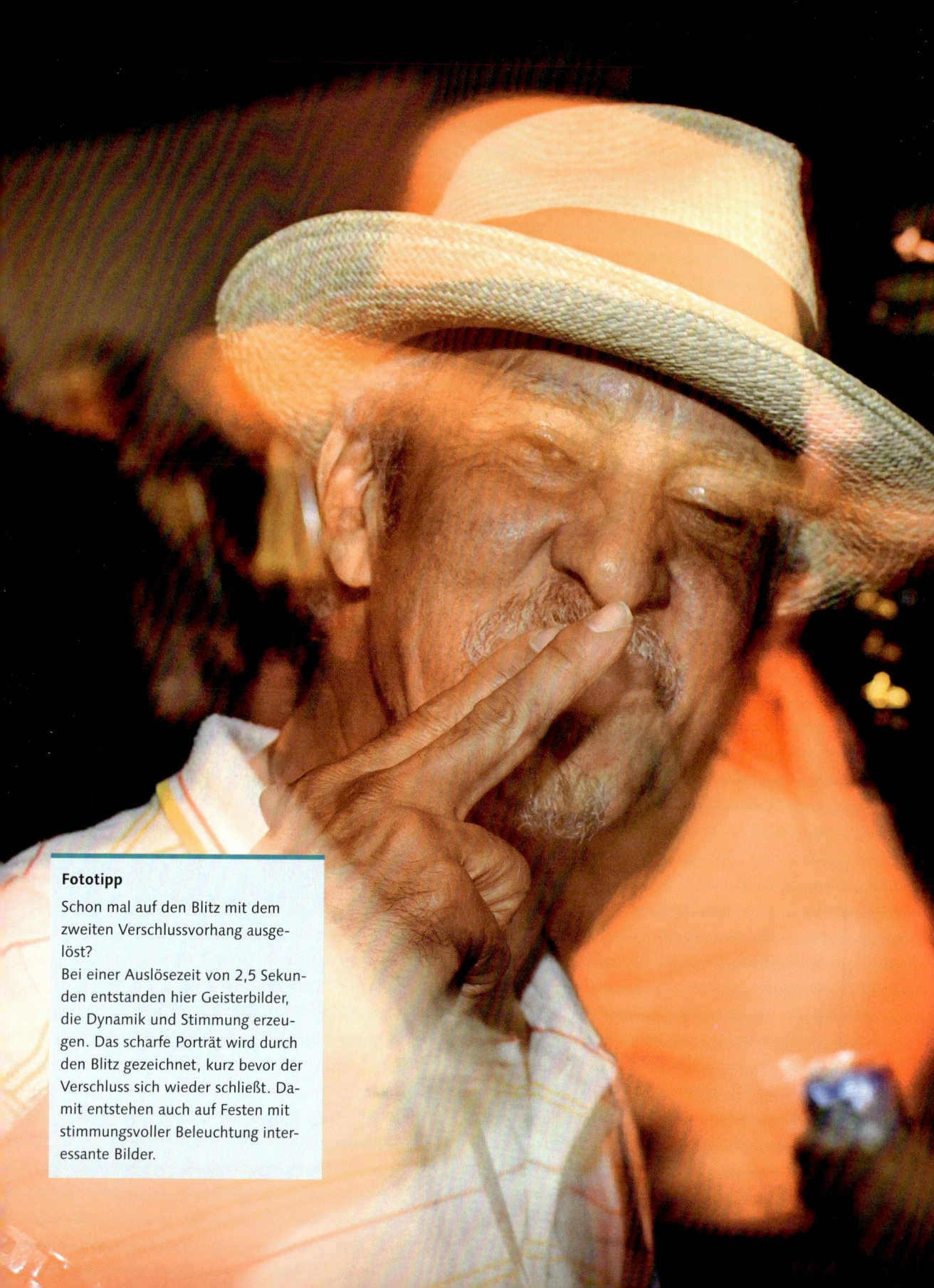

Fototipp

Schon mal auf den Blitz mit dem zweiten Verschlussvorhang ausgelöst?
Bei einer Auslösezeit von 2,5 Sekunden entstanden hier Geisterbilder, die Dynamik und Stimmung erzeugen. Das scharfe Porträt wird durch den Blitz gezeichnet, kurz bevor der Verschluss sich wieder schließt. Damit entstehen auch auf Festen mit stimmungsvoller Beleuchtung interessante Bilder.

Kapitel 9
Das Bibliothek-Modul

Die Bibliothek ist die Schaltzentrale von Photoshop Lightroom. Von ihr aus werden alle anderen Module bedient. Egal, ob Sie ein Bild bearbeiten oder eine Auswahl als Diashow präsentieren oder drucken – die Bilder werden dafür immer aus der Bibliothek geholt. Hier ist es also besonders wichtig, den Überblick zu behalten. Eine sinnvolle Verwaltungsstrategie erleichtert das Auffinden von einzelnen Bildern – besonders in Sammlungen mit mehreren zehntausend Aufnahmen.

In diesem Kapitel erfahren Sie, wie Sie Bilder optimal verwalten, bewerten, sortieren und gruppieren. Die Abschnitte sind jeweils so angeordnet, dass Sie der Reihe nach erfahren, wie Sie Ihre Bildverwaltung immer weiter verfeinern und strukturieren.

▼ **Abbildung 9.1**
Das Bibliothek-Modul ist die Schaltzentrale. Auf seine Inhalte greifen alle anderen Module zu.

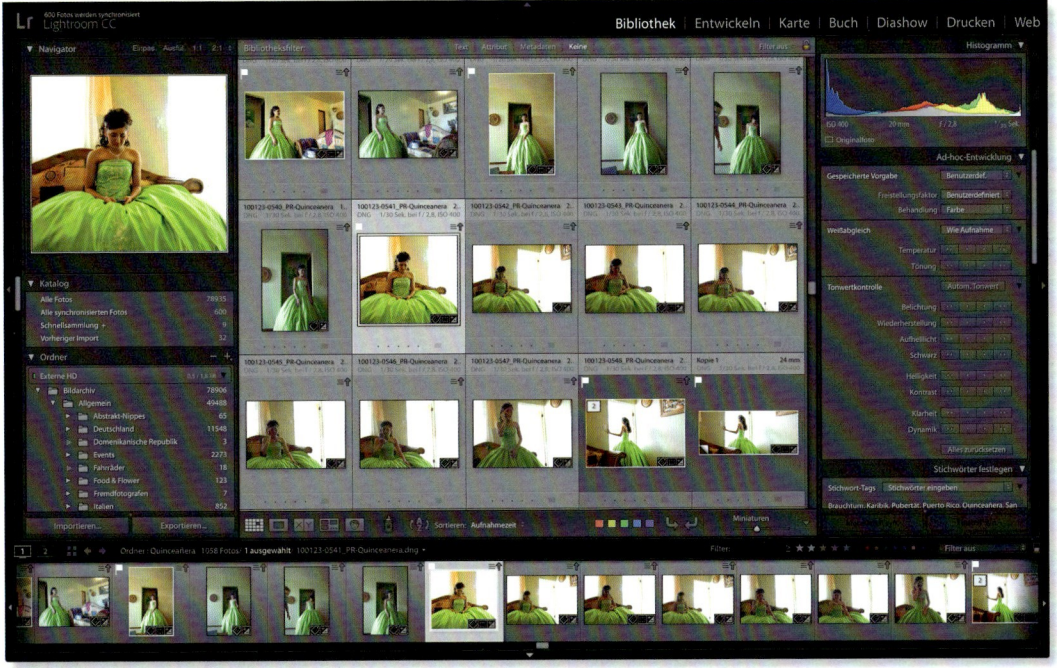

9.1 Raster- und Lupenansicht

Normalerweise arbeitet man in der Bibliothek hauptsächlich in der Rasteransicht und in der Lupenansicht. In der Rasteransicht werden die Bilder als kleine Vorschaubilder angezeigt. In der Lupenansicht wird immer nur ein Bild angezeigt. Dieses kann dann in verschiedenen Stufen bis auf Pixelgröße gezoomt werden.

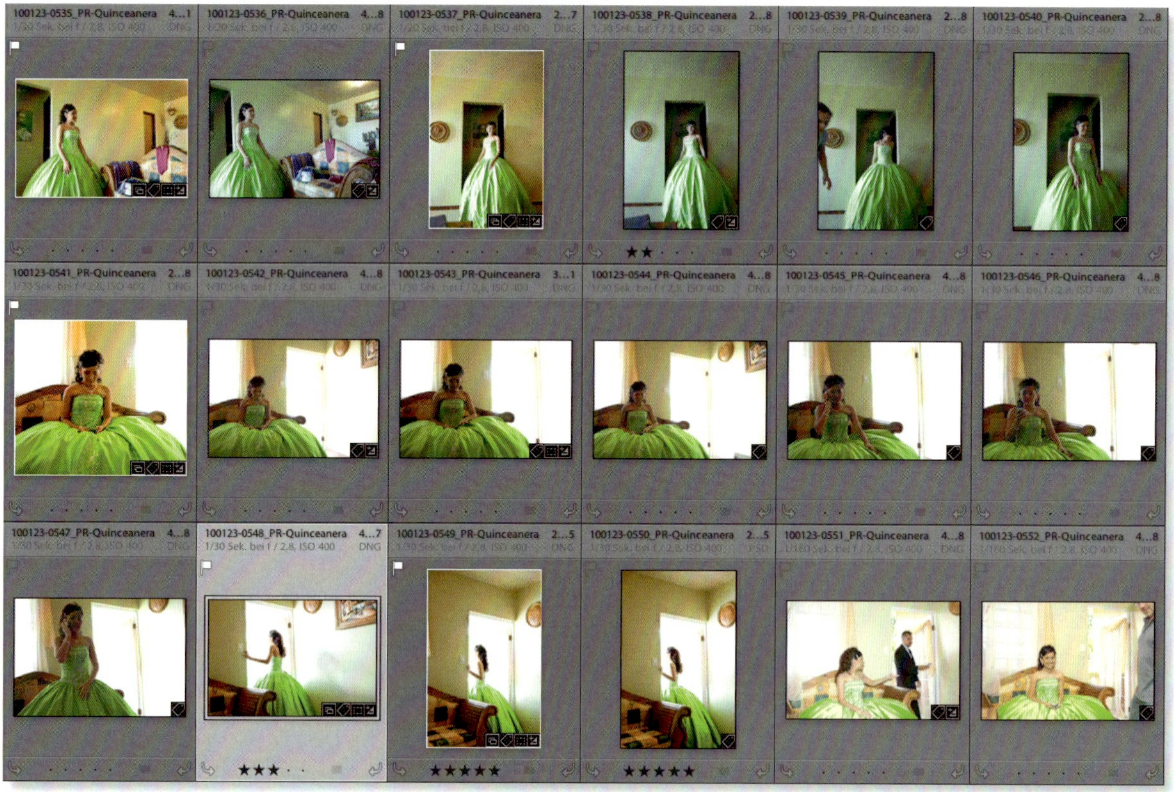

▲ **Abbildung 9.2**
Darstellung der Rasteransicht im Ansichtsfenster

Rasteransicht

In der Rasteransicht erhalten Sie einen Überblick über alle Bilder in Ihrer Bibliothek. Jedes Bild wird dabei als Miniatur dargestellt. Die Miniaturen werden beim Import aus der Datei ausgelesen beziehungsweise erzeugt.

▲ **Abbildung 9.3**
Klicken Sie in der Werkzeugleiste auf dieses Symbol, so wird die Rasteransicht aktiviert.

Die Rasteransicht wird durch Drücken der G -Taste aktiviert. Wenn Sie sich in einem anderen Modul befinden, springen Sie beim Drücken dieser Taste direkt in das Bibliothek-Modul. Die Rasteransicht bietet zwei Darstellungsformen für Miniaturbilder:

eine kompakte und eine erweiterte, die mehr Informationen über das Bild bereithält. Die Ansichtsmodi können Sie über die Ansicht-Optionen umschalten.

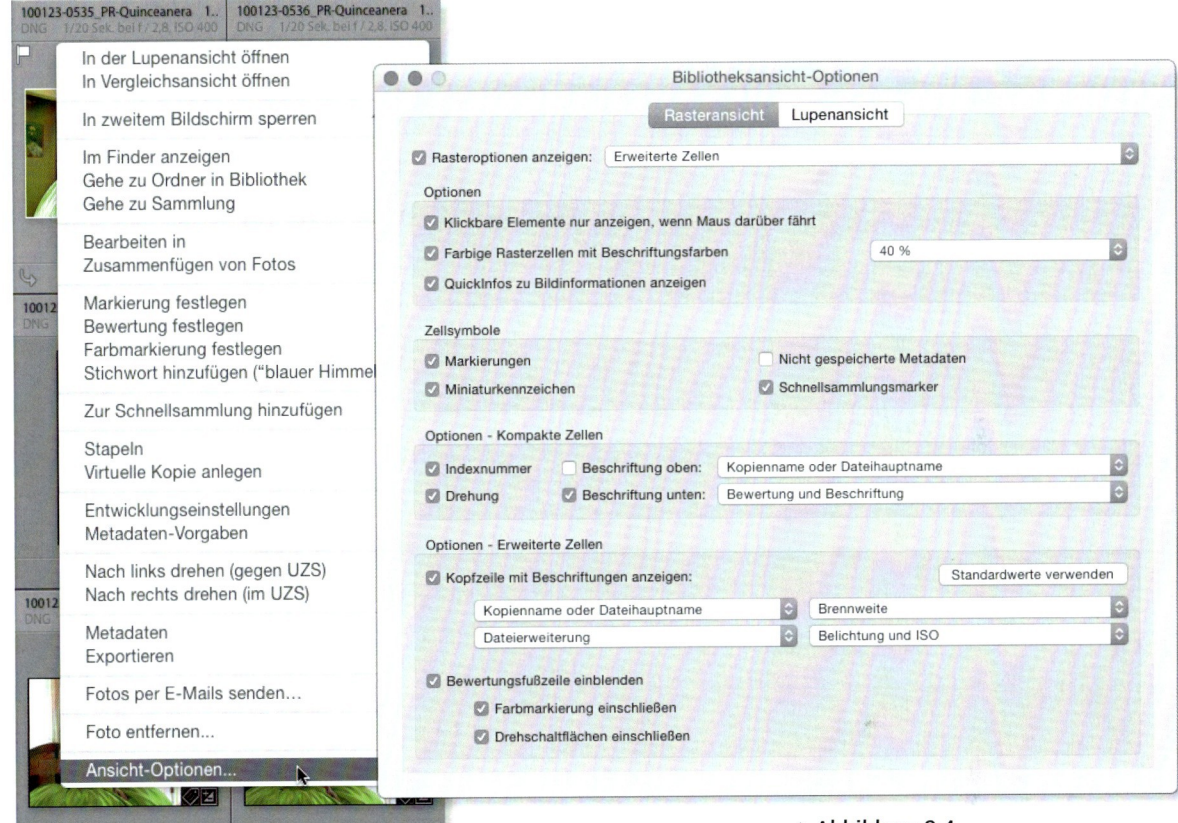

▲ **Abbildung 9.4**
Über den Menüpunkt Ansicht-Optionen kann die Darstellung der Informationen zum Miniaturbild eingestellt werden. Der Dialog lässt sich aus dem Kontextmenü heraus öffnen.

Ansicht-Optionen für Rasteransicht | Die Darstellung der Rasterzellen lässt sich über einen Dialog einstellen. Grundsätzlich stehen Ihnen drei Darstellungsformen zur Verfügung: eine ohne Zusatzinformationen, die kompakte und die erweiterte Zellendarstellung. Kompakte Zellen benötigen weniger Platz, zeigen aber nicht so viele Informationen wie die erweiterte Zelle an. Die Darstellung ohne Zusatzinformationen benötigt den gleichen Platz wie die kompakte Zelle. Auf Notebooks zum Schnellsortieren reichen die kompakten Zellen meist aus. Die erweiterte Zelle zeigt mehr Zusatzinformationen, benötigt aber mehr Platz. Für jede dieser Zellenformen können Sie die zusätzlich angezeigten Informationen einstellen. Das Dialogfeld kann über das Menü Ansicht • Ansicht-Optionen oder über das Rechtsklickmenü der Miniaturbilder aufgerufen werden. Dort ist es der letzte Menüeintrag. Im selben Dialog stellen Sie übrigens auch Optionen für die Lupenansicht ein.

▲ **Abbildung 9.5**
Darstellung von Rasteroptionen deaktiviert

▲ **Abbildung 9.6**
Darstellung von Rasteroptionen aktiviert und kompakte Zelle

▲ **Abbildung 9.7**
Darstellung von Rasteroptionen aktiviert und erweiterte Zelle

▲ **Abbildung 9.8**
Alternative Beschriftungsvariante über und unter dem Miniaturbild

Wir bleiben aber zunächst bei der Rasteransicht. Die Einstellungen dafür befinden sich unter dem Reiter RASTERANSICHT.

▸ **Rasteroptionen anzeigen:** Über die Kontrollbox aktivieren Sie die generelle Darstellung von Informationen und Funktionen in der Zelle. Ist die Kontrollbox deaktiviert, werden nur die Vorschaubilder in der Zelle dargestellt. Ist diese jedoch aktiviert, kann über das nebenstehende Dropdown-Menü zwischen der Darstellung KOMPAKTE ZELLEN und ERWEITERTE ZELLEN gewählt werden.

▸ **Klickbare Elemente nur anzeigen, wenn Maus darüberfährt:** Einige Symbole in den Zellen sind anklickbar. Sie rufen entsprechende Befehle wie FOTO DER SCHNELLSAMMLUNG HINZUFÜGEN oder BILD IM UZS DREHEN auf. Sie sind normalerweise nur aktiv, wenn sich der Mauszeiger über der Zelle befindet (siehe Abbildung 9.10). Beim Deaktivieren der Kontrollbox sind sie ständig sichtbar.

▸ **Farbige Rasterzellen mit Beschriftungsfarben:** Ist diese Kontrollbox aktiviert, werden die Zellenhintergründe und Rahmen um die Miniaturbilder in der Farbe der gewählten Farbmarkierung dargestellt.

▸ **QuickInfos zu Bildinformationen anzeigen:** Blendet einen Tooltip ein, wenn sich die Maus über einem Bild befindet und ca. 1 Sekunde lang nicht bewegt wurde. Dort werden Belichtungszeit, Blende und Brennweite angezeigt.

▶ **Zellsymbole:** Hier kann spezifiziert werden, welche Zellensymbole aktiviert werden können. Eine nähere Beschreibung der einzelnen Symbole finden Sie im folgenden Abschnitt.
▶ **Optionen – Kompakte Zellen:** Hier können Sie Elemente nur bei der Darstellung KOMPAKTE ZELLEN angeben. Sie können die Symbole für die graue INDEXNUMMER im Hintergrund oder die 90°-Drehung ein- beziehungsweise ausblenden. Zusätzlich können Sie festlegen, welche Beschriftung, zum Beispiel Dateiname oder Belichtungsinformationen, über und unter dem Miniaturbild eingeblendet wird.
▶ **Optionen – Erweiterte Zellen:** Ähnlich wie bei den Optionen der kompakten Zelle können Sie auch hier die Beschriftung ändern. Allerdings stehen dafür vier statt nur zwei Beschriftungsoptionen zur Verfügung. Zusätzlich können die FARBMARKIERUNG, die BEWERTUNGSFUSSZEILE und die DREHSCHALTFLÄCHEN eingeschlossen oder ausgeblendet werden.

▲ **Abbildung 9.9**
Kompakte Zelle ohne sichtbar anklickbare Elemente

▲ **Abbildung 9.10**
Beim Rollover werden die anklickbaren Elemente eingeblendet.

▲ **Abbildung 9.11**
Bei zugewiesener Farbmarkierung werden Zellen farbig dargestellt. Zusätzlich ist die QuickInfo eingeblendet.

Symbole der Rasterzellen | An den Rasterzellen können Symbole eingeblendet werden, die den Metadatenstatus der Datei kennzeichnen. Diese Symbole dienen jedoch nicht nur der Anzeige, sondern auch der Warnung und können auf Klick den angezeigten Status aktualisieren. Sie ermöglichen es, schnell zu erkennen, ob Metadaten zwischen der Datenbank und der Datei synchron sind oder ob eine Dateiverknüpfung unterbrochen ist. Weitere Symbole kennzeichnen Bilder nach Markierungsstatus oder ermöglichen es, Bilder zu drehen oder zu erkennen, ob sich ein Bild in der Schnellsammlung (siehe Seite 368) befindet.

Abbildung 9.12 ▶
Die Miniaturdarstellung als kompakte Zelle mit allen verfügbaren Zusatzinformationen. Die Bildzelle nimmt weniger Platz ein.

▲ **Abbildung 9.13**
Videos erhalten links unten im Vorschaubild die Angabe über die Filmlänge. Wie bei Bildern werden Metadatenänderungen mit einem Miniaturkennzeichen angezeigt.

▲ **Abbildung 9.14**
Der Markierungsstatus kann mit einem Rechtsklick auf das Symbol geändert werden.

Hier finden Sie eine Beschreibung der dargestellten Elemente in den Rasterzellen der kompakten und der erweiterten Zellendarstellung:

❶ **Indexnummer:** Diese Zahl gibt die Nummer der Zelle an und hat nichts mit der eigentlichen Bildnummer zu tun. Sie wird nur in der kompakten Darstellung angezeigt.

❷ **Nicht gespeicherte Metadaten:** Gibt an, ob die Metadaten in der Bibliothek und in der Datei übereinstimmen. Durch Klicken auf das Symbol können die Konflikte gelöst werden. An dieser Stelle werden Ihnen von Fall zu Fall auch andere Symbole angezeigt. Eine Liste der möglichen Symbole finden Sie auf Seite 332.

❸ **Schnellsammlungsmarker:** Fügt ein Bild der Schnellsammlung hinzu oder entfernt es daraus (siehe Seite 368).

❹ **Miniaturkennzeichen:** Zeigt an, ob das Bild IPTC-Metadaten enthält, beschnitten wurde oder Entwicklungseinstellungen enthält. Klickt man ein Symbol an, so springt man direkt zu der jeweiligen Funktion im entsprechenden Modul.

❺ **Drehschaltflächen:** Über diese Symbole können Sie das Bild in 90°-Schritten im oder gegen den Uhrzeigersinn drehen.

❻ **Bewertungssterne:** Zeigt die Wertung von maximal fünf Sternen an. Durch Anklicken eines der Sterne kann eine entsprechende Bewertung abgegeben werden. Mit den Tasten 1 bis 5 weisen Sie dem Bild eine entsprechende Wertung zu. 0 löscht die Bewertung.

❼ **Farbmarkierung:** Zeigt die entsprechende Farbe als Markierung oder Rahmen an.

◀ **Abbildung 9.15**
In der Darstellung als erweiterte Zelle werden Bildinformationen, Bewertungen etc. angegeben.

❽ **Beschriftung:** Zeigt Metadaten an. Durch Rechtsklick auf die vorhandene Beschriftung kann diese durch eine andere ersetzt werden. Da in der erweiterten Ansicht der Platz relativ gering ist, klicken Sie am besten in die Nähe des ersten Buchstabens oder neben die Zahl der Beschriftung.

❾ **Kennzeichnung:** Diese Option zeigt an, ob ein Bild als MAR-KIERT, UNMARKIERT oder ABGELEHNT gekennzeichnet ist. Über einen Rechtsklick auf das Symbol kann die Kennzeichnung geändert werden.

Nachfolgend die Liste der Symbole, die den Status des Bildes kennzeichnen. Es kann auch mehr als ein Symbol gleichzeitig dargestellt werden. Ein Bild kann beispielsweise ungesicherte Metadaten besitzen, aber trotzdem mit Lightroom mobile synchronisiert sein.

 Metadaten sind im Katalog neuer als in der Datei. Auf Klick werden sie in die Datei geschrieben.

 Metadaten sind in der Datei neuer als im Katalog. Auf Klick werden sie in den Katalog übertragen.

 Metadaten wurden sowohl in der Datei als auch im Katalog geändert. Hier liegt ein Metadatenkonflikt vor.

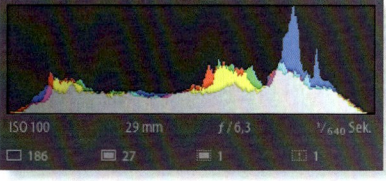

▲ **Abbildung 9.16**
Der Gesamtstatus aller Bilder wird auch unter dem Histogramm angezeigt, von links nach rechts: Anzahl vorhandener Bilder ohne Smart-Vorschau, Anzahl der Bilder mit Smart-Vorschau, Anzahl fehlender Bilder, aber Smart-Vorschau vorhanden, Anzahl fehlender Bilder ohne Smart-Vorschau.

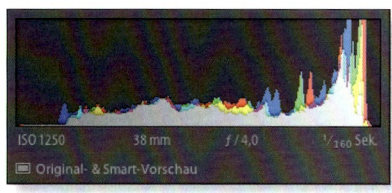

▲ **Abbildung 9.17**
Ist nur ein Bild selektiert, wird ebenfalls unter dem Histogramm angezeigt, ob davon eine Smart-Vorschau vorhanden ist.

Beim Schreiben der **Metadaten** ist ein Fehler aufgetreten.

 Metadateninformationen werden zwischen dem Katalog und der Datei abgeglichen.

 Bild wurde nicht gefunden, da es entweder gelöscht, verschoben oder umbenannt wurde.

 Bild wurde nicht gefunden, aber es existiert eine Smart-Vorschau.

 Synchronisiert mit Lightroom mobile bedeutet, dass dieses Bild Teil einer Sammlung ist, die über die Lightroom-Website mit mobilen Geräten synchronisiert ist.

 Synchronisierung mit Lightroom mobile zeigt, dass gerade Daten übertragen werden. Dieses Symbol wird auch gezeigt, wenn der Status **Erstellen von Vorschauen für Lightroom mobile** lautet. In diesem Fall werden die Vorschaubilder berechnet, bevor diese dann hochgeladen werden.

 Beim Lesen der Datei ist ein Fehler aufgetreten bedeutet, dass die Datei zwar vorhanden ist, aber nicht gelesen werden konnte, da sie eventuell beschädigt ist. Hier hat man nicht viele Möglichkeiten, dies zu reparieren. Entweder man löscht die Datei oder stellt sie aus einer Sicherungskopie wieder her.

Größe der Miniaturbilder festlegen | Die Miniaturbilder lassen sich über den Schieberegler MINIATUREN ❸ (Abbildung 9.19) in der Werkzeugleiste unterhalb der Vorschaubilder in der Größe regulieren. Dadurch werden entsprechend mehr oder weniger Rasterzellen pro Zeile dargestellt.

Wird der Regler nicht angezeigt, können Sie ihn über das Dropdown-Menü einblenden, das sich öffnet, wenn Sie auf das Dreieck ❶ am rechten Rand der Werkzeugleiste klicken. Der zugehörige Punkt heißt MINIATURGRÖSSE ❷. In diesem Dropdown finden Sie auch noch weitere Werkzeuge, die normalerweise ausgeblendet sind. Wie viele davon Platz haben, hängt von der Größe Ihres Monitors ab.

Abbildung 9.18 ▲
Werkzeuge in der Werkzeugleiste lassen sich über das Dropdown-Menü am rechten Rand der Werkzeugleiste ein- und ausblenden.

9.1 Raster- und Lupenansicht

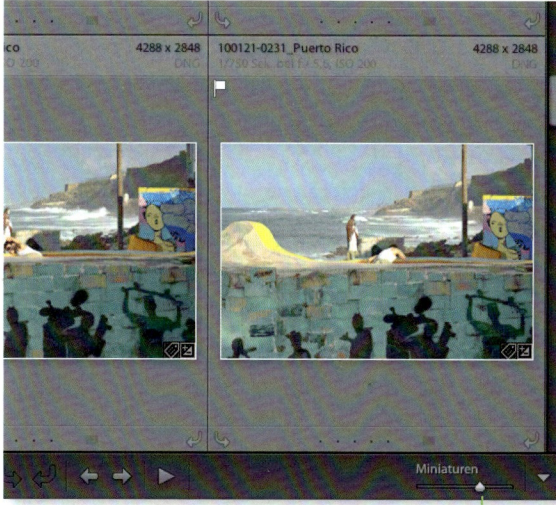

▲ **Abbildung 9.19**
Die Größe der Miniaturen lässt sich über einen Schieberegler verändern.

Lupenansicht

In der Lupenansicht wird das aktuell ausgewählte Bild im gesamten Ansichtsbereich angezeigt. In dieser Ansicht haben Sie die Möglichkeit, auch in das Bild hineinzuzoomen.

Um die Lupenansicht zu aktivieren, drücken Sie die E-Taste auf Ihrer Tastatur. Befinden Sie sich in einem anderen Modul, springt Lightroom automatisch in die Lupenansicht des Bibliothek-Moduls. Sie können natürlich auch auf das Symbol in der Werkzeugleiste klicken.

▲ **Abbildung 9.20**
Klicken Sie in der Werkzeugleiste auf dieses Symbol, so wird die Lupenansicht aktiviert.

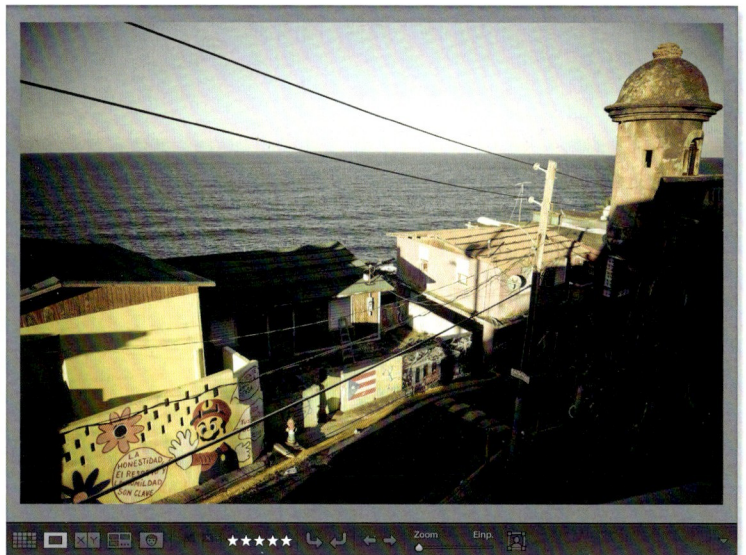

◄ **Abbildung 9.21**
In der Lupenansicht wird das aktuell ausgewählte Bild angezeigt.

▲ **Abbildung 9.22**
Aktivierung des Zooms über die Tasten der Zoomstufen-Bezeichnungen im NAVIGATOR-Bedienfeld

Zoomen in der Lupenansicht | Die Zoom-Funktionalität der Lupenansicht entspricht im Großen und Ganzen der Ansicht im Entwickeln-Modul. Im Folgenden werden nur kurz die wichtigsten Möglichkeiten angerissen, die dieses Werkzeug bietet. Nähere Informationen erhalten Sie auf Seite 492. Es gibt mehrere Möglichkeiten, in Bilder hineinzuzoomen:

- **Schieberegler unter dem Ansichtsfenster:** Sie können den Schieberegler in der Werkzeugleiste unter dem Ansichtsfenster verwenden, mit dem Sie auch die Vorschaubilder vergrößern können. Wird er nicht angezeigt, müssen Sie ihn erst einblenden (Abbildung 9.18).
- **Bedienfeld »Navigator«:** Lightroom bietet mehrere Zoomstufen, die Sie über den NAVIGATOR abrufen können. Ein weißer Ausschnittsrahmen ❸ zeigt Ihnen im Vorschaufenster des Bedienfeldes an, welchen Ausschnitt Sie im Ansichtsfenster sehen. Verschieben Sie den Rahmen, so verschiebt sich der Ausschnitt in der Lupenansicht mit. Zoomen können Sie, indem Sie entweder auf eine der angezeigten Zoomstufen ❶ klicken oder auf die Dreiecke am rechten Rand ❷. Damit können Sie die Zoomstufe über ein Dropdown wählen.
- **Einfacher Mausklick:** Sicher ist Ihnen das Lupensymbol schon aufgefallen, das erscheint, sobald Sie sich mit der Maus über dem Bild befinden. Klicken Sie damit einmal kurz in das Bild, wird dieses noch näher herangezoomt. Klicken Sie erneut ins Bild, wird wieder aus ihm herausgezoomt. In der gezoomten Ansicht erscheint eine Hand statt der Lupe. Mit gedrückter linker Maustaste können Sie jetzt das Bild anfassen und den Bildausschnitt verschieben.
Das Umschalten der Zoomstufe findet immer zwischen dem zuletzt gewählten Maßstab und einem der beiden Zustände Einpassen oder Ausfüllen statt – je nachdem, welcher von beiden als letzter verwendet wurde.
- **Temporärer Zoom:** Klicken Sie mit der Maustaste in das Bild, und halten Sie die Maustaste gedrückt. Das Bild wird so lange gezoomt, bis Sie die Maustaste wieder loslassen. Während das Bild einzoomt und Sie die Maustaste gedrückt halten, können Sie den Ausschnitt des Bildes verschieben, um ausgewählte oder besonders kritische Bildstellen zu kontrollieren.

Lupenüberlagerung | In der Lupenansicht lassen sich einige Hilfsobjekte einblenden. Es gibt ein Raster, gekreuzte Linien und die Möglichkeit, ein Layoutbild zu platzieren. Diese stehen aber nicht nur in der Lupenansicht der Bibliothek zur Verfügung, sondern auch im Entwickeln-Modul.

Aktivieren können Sie die Lupenüberlagerung über den Menübefehl ANSICHT • LUPENÜBERLAGERUNG • EINBLENDEN oder über die Tastenkombination ⌥+⌘+O/Strg+Alt+O. Über das Menü können Sie auch die verschiedenen Überlagerungsarten aktivieren.

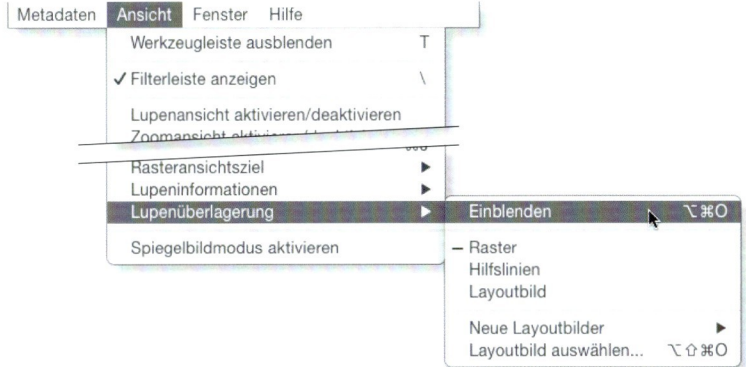

◀ **Abbildung 9.23**
Menü zum Einschalten der Lupenüberlagerung

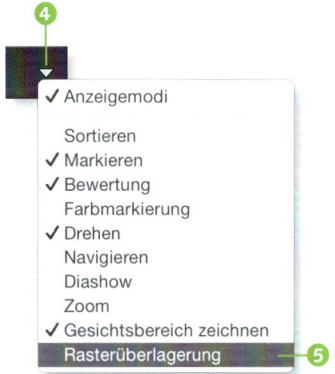

▲ **Abbildung 9.24**
In der Werkzeugleiste können Sie das Steuerungswerkzeug einblenden.

Lupenüberlagerung – Raster | Bei dieser Überlagerung wird über das gesamte Bild ein Raster gelegt. Da das Raster sehr nützlich ist und Sie es eventuell auch öfter brauchen, können Sie es auch über die Werkzeugleiste unterhalb des Ansichtsfensters aktivieren.

Um das Raster dort zu aktivieren, müssen Sie zunächst die entsprechenden Knöpfe und Regler in der Werkzeugleiste einblenden. Dazu klicken Sie mit der rechten Maustaste auf das Dreieck ❹ rechts in der Wekzeugleiste und aktivieren den Punkt RASTERÜBERLAGERUNG ❺.

Über das Kontrollkästchen bei RASTER EINBLENDEN ❻ aktivieren Sie die Darstellung. Über den Schieberegler darunter ❼ steuern Sie die Größe der Rasterfelder.

▼ **Abbildung 9.25**
In der Lupenansicht der Bibliothek oder des Entwickeln-Moduls kann ein Raster eingeblendet werden. Die Größe kann über einen Regler gesteuert werden.

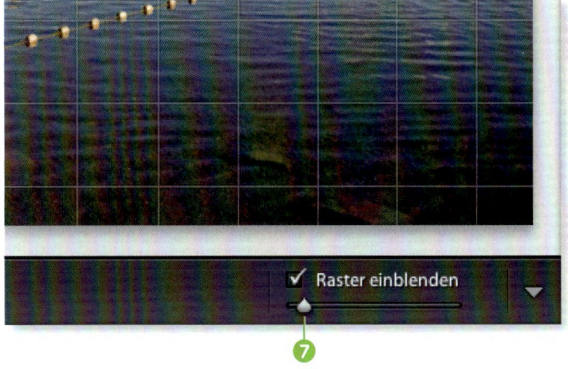

▲ **Abbildung 9.26**
Optionale Einstellungen des Rasters

Halten Sie auf dem Mac die ⌘-Taste oder unter Windows die Strg-Taste gedrückt, erscheint am oberen Rand ein Rahmen mit der Angabe von GRÖSSE und DECKKRAFT. Sie können diese Werte dort direkt verändern. Halten Sie dazu über einem der Parameter die Maustaste gedrückt, und verschieben Sie die Maus horizontal.

Lupenüberlagerung – Hilfslinien | Bei den Hilfslinien handelt es sich um zwei sich kreuzende Linien. Diese bilden eine Art Fadenkreuz. Mit den Hilfslinien kann man schnell waagerechte und senkrechte Linien überprüfen.

Zum Verschieben des Fadenkreuzes müssen Sie auf dem Mac die ⌘-Taste oder unter Windows die Strg-Taste gedrückt halten. Dann erscheint im Schnittpunkt ein Kreis, den Sie mit gedrückter Maustaste bewegen können.

▲ **Abbildung 9.27**
Hilfslinien als Lupenüberlagerung – rechts mit Verschiebepunkt

Lupenüberlagerung – Layoutbild | Eine weitere Methode ist die Verwendung eines Layoutbildes. Dabei wird eine transparente PNG-Datei über das Bild gelegt. Dies ermöglicht beispielsweise die Kontrolle, ob ein Bild zu einem Layoutvorschlag einer Zeitschriftentitelseite passt.

Die Aktivierung der Anzeige erfolgt wie bei den anderen Lupenüberlagerungen auch über das Menü (Abbildung 9.24). Allerdings gibt es einige weitere Optionen:

▸ **Layoutbild laden und auswählen:** Ein neues Layoutbild können Sie über den Menüpfad ANSICHT • LUPENÜBERLAGERUNG • LAYOUTBILD AUSWÄHLEN aufrufen (Abbildung 9.24). Sie können auch mehrere Bilder laden. Diese lassen sich dann über die Liste ANSICHT • LUPENÜBERLAGERUNG • NEUE LAYOUTBILDER auswechseln.

▸ **Layoutbild skalieren und verschieben:** Halten Sie auf dem Mac die ⌘-Taste oder unter Windows die Strg-Taste gedrückt, erscheint ein Rahmen um das Layoutbild. Halten Sie über der

▲ **Abbildung 9.28**
Mit gedrückter Maustaste im Rahmen kann man diesen verschieben, mit gedrückter Maustaste auf den Ecken kann man ihn skalieren.

9.1 Raster- und Lupenansicht

▲ Abbildung 9.29
Bild mit Layoutüberlagerung, rechts mit skaliertem Layout und eingeblendeten Optionen

Rahmenbegrenzung die Maustaste gedrückt, können Sie den Rahmen in der Größe verändern. Den verkleinerten Rahmen können Sie dann verschieben, wenn Sie innerhalb des Layoutbildes die Maustaste gedrückt halten.

Die Skalierung und Verschiebung des Rahmens können Sie zurücksetzen, indem Sie mit gedrückter ⌘/Strg-Taste im Rahmen doppelklicken.

▸ **Deckkraft und Hintergrund:** Wenn Sie die ⌘/Strg-Taste gedrückt halten, erscheint zusätzlich ein Feld, das Ihnen die Eingabe für die DECKKRAFT des Layoubildes und die Helligkeit für den HINTERGRUND anzeigt. Diese Werte können Sie angeben, indem Sie über dem Wert mit gedrückter Maustaste die Maus nach rechts oder links ziehen.

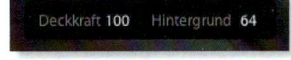

▲ Abbildung 9.30
Feld für die Steuerung der Deckkraft und des Hintergrundes

Hintergrundfarbe ändern | In der Lupenansicht können Sie die Hintergrundfarbe im Ansichtsfenster ändern. Auf Grau leuchten die Bilder zwar sehr schön, gedruckt wird aber oft auf Weiß. Daher ist es manchmal sinnvoll, das Bild auf einem völlig farblosen Hintergrund zu kontrollieren.

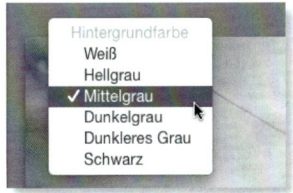

▲ Abbildung 9.31
Die Farbe des Hintergrundes kann über ein Dropdown-Menü verändert werden.

337

Klicken Sie mit der rechten Maustaste auf die Hintergrundfläche, und wählen Sie eine Farbe aus dem Dropdown-Menü aus.

Lupeninformationen einblenden | In der Lupenansicht stellen zwei konfigurierbare Blöcke bestimmte Informationen zum Bild zur Verfügung. Es kann ausgewählt werden, welcher der beiden Blöcke angezeigt wird.

Um die Informationen einzublenden, wählen Sie den Menüpunkt ANSICHT • LUPENINFORMATION • INFORMATIONEN ANZEIGEN ❶. Im selben Menü können Sie die Auswahlsätze tauschen. Wählen Sie einfach INFORMATIONEN 1 oder 2 aus. Über die Taste [I] schalten Sie zwischen den Informationen um oder blenden diese aus.

Welche Informationen Sie in welchem Block anzeigen wollen, regeln Sie über die ANSICHT-OPTIONEN ❷.

Die Lupeninformationen bleiben auch in der Ansicht des Entwickeln-Moduls sichtbar und können dort über das gleiche Menü konfiguriert werden.

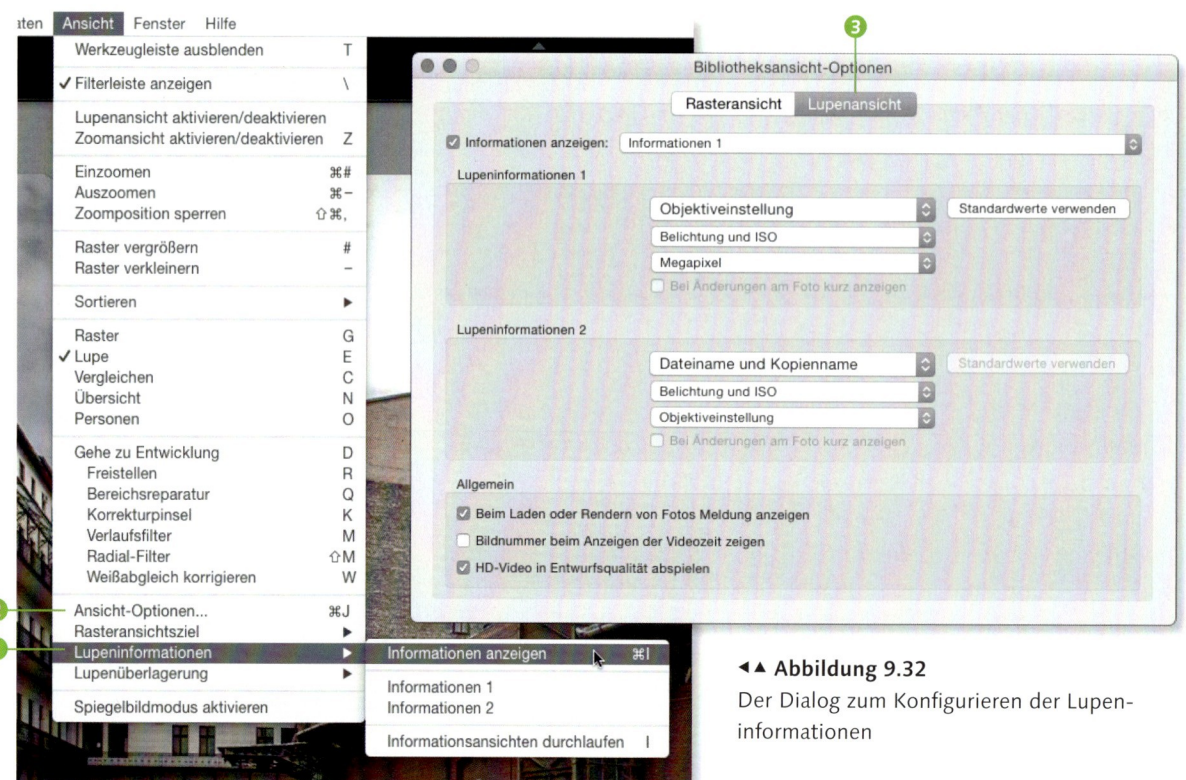

◀▲ **Abbildung 9.32**
Der Dialog zum Konfigurieren der Lupeninformationen

Ansicht-Optionen | Diesen Dialog kennen Sie schon von der Rasteransicht. Er lässt sich in der LUPENANSICHT über das Rechtsklickmenü in der Ansicht aufrufen oder über das Hauptmenü Menüpunkt ANSICHT • ANSICHT-OPTIONEN. Es wird automatisch das Register angezeigt, von dessen Darstellung Sie den Dialog öffnen ❸. Folgende Einstellungen stehen Ihnen zur Verfügung:

- **Informationen anzeigen:** Mit diesem Kontrollkästchen können Sie die Darstellung der Informationen aktivieren. Über das Dropdown-Menü wählen Sie die verwendete Information aus.
- **Lupeninformationen:** Es können zwei Lupeninformationen konfiguriert werden. Beide bieten die gleichen Parameter. Aus den Dropdown-Menüs können Sie drei Informationen auswählen. Über die Schaltfläche STANDARDWERTE VERWENDEN wird die jeweilige Einstellung zurückgesetzt.
- **Bei Änderungen am Foto kurz anzeigen:** Dabei wird die Information nur kurz eingeblendet, wenn sich das Bild geändert hat. Ansonsten bleibt die Information verdeckt.
- **Beim Laden oder Rendern von Fotos Meldung anzeigen:** Werden Bilder gezoomt, muss die 1:1-Vorschau neu erstellt werden. Je nach Rechenleistung kann das etwas dauern. Während des Vorgangs wird eine Meldung ❹ über das Bild geblendet.
- **Bildnummer beim Anzeigen der Videozeit zeigen:** Blendet neben der Zeitangabe in [Minute]:[Sekunde] zusätzlich die aktuelle Bildnummer ❺ ein. Dies ermöglicht ein bildgenaues Arbeiten.
- **HD-Video in Entwurfsqualität abspielen:** Reduziert die Abspielqualität und dadurch die Prozessorbelastung.

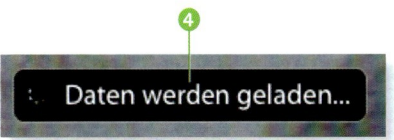

▲ Abbildung 9.33
Während 1:1-Vorschauen neu berechnet werden, wird eine Meldung auf dem Bild angezeigt.

▲ Abbildung 9.34
Der Timecode kann beim Abspielen mit und ohne Bildnummer angezeigt werden.

9.2 Globale Verwaltungsaufgaben

In diesem Abschnitt lernen Sie einige Verwaltungsaufgaben kennen. Diese sollen Ihnen das Arbeiten und Sortieren der Daten erleichtern. Einige der im Folgenden geschilderten Aufgaben können nur in der Ordnerverwaltung durchgeführt werden – so zum Beispiel das Gruppieren von Bildern zu Stapeln.

Videoverwaltung

Videos werden bei der Verwaltung wie Bilder behandelt und werden deshalb nicht extra erwähnt.

Bilder auswählen

Diese Aufgabe wurde schon geschildert, der Vollständigkeit halber soll sie aber erneut kurz angesprochen werden. Das Verfahren zur Auswahl funktioniert auch im Filmstreifen und eigentlich auch in allen anderen Bereichen – und das nicht nur bei Bildern, sondern zum Beispiel auch bei der Auswahl von Stichwörtern.

Auswahl eines Bildes | Klicken Sie mit der linken Maustaste auf ein Bild, so wird es aktiviert – zu erkennen ist dies an der hellgrauen Hintergrundfläche.

▼ Abbildung 9.35
Ein einzelnes Bild wurde ausgewählt.

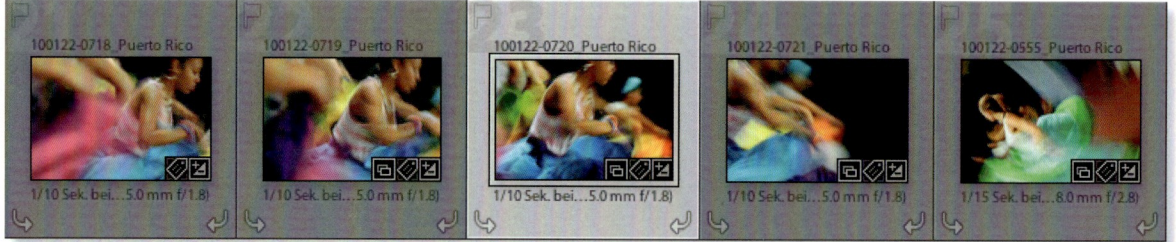

Auswahl von mehreren Bildern in einer Reihe | Klicken Sie mit der linken Maustaste auf das erste Bild der Reihe. Gehen Sie dann zum letzten Bild, halten Sie die ⇧-Taste gedrückt, und klicken Sie das letzte Bild an. Danach können Sie die ⇧-Taste wieder loslassen. Eine zusammenhängende Auswahl wird aktiviert.

▼ Abbildung 9.36
Mehrere Bilder in einer Reihe wurden ausgewählt.

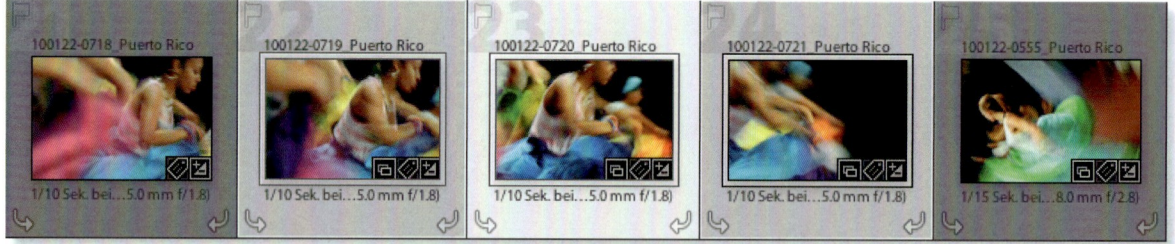

Auswahl von mehreren Bildern | Klicken Sie mit der linken Maustaste auf das erste Bild. Gehen Sie dann zum nächsten Bild, halten Sie die ⌘/Strg-Taste gedrückt, und klicken Sie ein weiteres beliebiges Bild an. So können Sie vereinzelte Bilder, die nicht nebeneinander in der Bibliothek liegen, einer Auswahl hinzufügen. Klicken Sie bei gedrückter ⌘/Strg-Taste auf ein bereits ausgewähltes Bild, so wird es aus der Auswahl entfernt.

▼ Abbildung 9.37
Mehrere Bilder, die nicht in einer Reihe stehen, wurden ausgewählt.

9.2 Globale Verwaltungsaufgaben

Auswahl umkehren | Dieser Befehl ist nur über die Menüleiste anzuwählen. Er selektiert alle nicht ausgewählten Bilder und hebt die bereits ausgewählten auf.

▼ Abbildung 9.38
Die Auswahl wurde umgekehrt.

Alles auswählen | Um alle Bilder auszuwählen, verwenden Sie die Tastenkombination ⌘/Strg+A oder den Menübefehl Bearbeiten • Alles auswählen.

▼ Abbildung 9.39
Alle Bilder wurden ausgewählt.

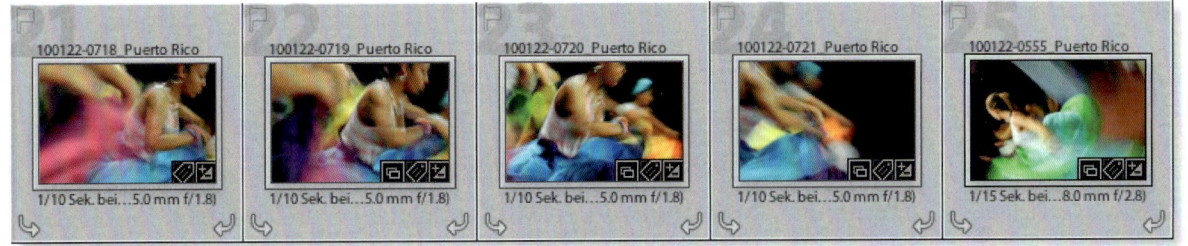

Auswahl aufheben | Um eine Auswahl aufzuheben, drücken Sie die Tastenkombination ⌘/Strg+D oder wählen den Menübefehl Bearbeiten • Auswahl aufheben. Befinden Sie sich in der Lupenansicht, wird ein leeres Ansichtsfenster angezeigt.

Das erste Bild in der Bibliothek ist immer in der Ansicht aktiv und wird beispielsweise im Entwickeln-Modul bearbeitet. Der Hintergrund der Miniatur ist etwas heller als bei den anderen ausgewählten Bildern. Innerhalb einer Auswahl können Sie durch Anklicken ein anderes Bild hervorheben.

▼ Abbildung 9.40
Die vorherige Auswahl wurde aufgehoben.

Bedienfeld »Katalog«

Im ersten Bedienfeld auf der linken Seite können Sie diverse automatische Bildzusammenstellungen aktivieren. Ein Klick auf die Bezeichnung zeigt dann die darin enthaltenen Bilder in der Rasteransicht an.

▲ **Abbildung 9.41**
In den Sammlungen der Bibliothek werden automatisch erzeugte Sammlungen angezeigt.

- **Alle Fotos:** Zeigt alle im Katalog vorhandenen Fotos an.
- **Schnellsammlung:** Bilder können temporär in der Schnellsammlung gespeichert werden. Das Plus neben der Bezeichnung definiert die Schnellsammlung als aktive Zielsammlung. In der Zielsammlung werden alle Bilder abgelegt, die mit Hilfe der Taste B der Sammlung zugewiesen werden.
- **Vorheriger Import:** Zeigt alle Bilder des letzten Importvorgangs an.
- **Fehlende Dateien:** Zeigt alle fehlenden Dateien an. Fehlen keine Dateien, wird die Option nicht angezeigt.
- **Fehlerhafte Bilder:** Wurde bei der Verarbeitung von Aufgaben ein Fehler festgestellt, werden die entsprechenden Bilder hier aufgelistet.

Mit Ordnern arbeiten

▲ **Abbildung 9.42**
Im Bedienfeld ORDNER wird die Verzeichnisstruktur der Festplatte abgebildet.

Sind die Bilder importiert, wird die Ordnerstruktur im linken Bedienfeld ORDNER angezeigt. Diese entspricht der Struktur auf der Festplatte oder im Netzwerk. Es werden aber nur Ordner angezeigt, deren Inhalte in Lightroom importiert wurden.

Als oberstes Element wird immer die Festplatte oder das Netzlaufwerk angezeigt. Dieses besitzt links neben der Bezeichnung eine Statusanzeige ❶ in Form eines kleinen Rechtecks. Ist dieses grün, ist das Laufwerk verfügbar. Als Zusatzinformation werden Ihnen der freie Platz und die Gesamtgröße des Laufwerkes angezeigt. Diese Informationen können Sie auch ausblenden und in die Anzahl der Bilder oder den Verfügbarkeitsstatus ändern. Dazu klicken Sie mit der rechten Maustaste auf den Balken des entsprechenden Laufwerkes und wählen aus dem Dropdown-Menü die gewünschte Zusatzinformation aus.

Über das Anklicken der Dreiecke ▶ können Sie Ordner auf- und zuklappen. Wird ein Dreieck gepunktet dargestellt, besitzt der Ordner keinen Unterordner ▣. Am Ende der Ordnerzeile wird die Anzahl der enthaltenen Elemente beziehungsweise Bilder angezeigt.

9.2 Globale Verwaltungsaufgaben

Fotos aus Unterordnern einschließen | Wird ein Ordner angeklickt, so werden alle darin befindlichen Bilder angezeigt – auch die der Unterordner. Die Anzahl der Bilder wird dabei entsprechend zusammengerechnet und rechts neben dem Ordner angezeigt.

Über den Menüpfad BIBLIOTHEK • FOTOS IN UNTERORDNERN ANZEIGEN kann die Anzeige auch eingeschränkt werden. Es werden dann nur die Bilder angezeigt, die sich direkt in dem Ordner befinden. Alternativ können Sie auch auf das ⊞-Symbol neben dem Bedienfeldnamen klicken. Dort finden Sie denselben Befehl (siehe Abbildung 9.44).

◀ **Abbildung 9.43**
Die Anzeige der Bilder aus Unterelementen kann deaktiviert werden (rechts). Es werden dann nur Bilder angezeigt, die sich in dem Ordner befinden. Bilder aus Unterordnern werden in diesem Fall nicht angezeigt.

Ordner erstellen | Um einen Ordner zu erstellen, gibt es mehrere Möglichkeiten. Die erste besteht in einem Klick auf das ⊞-Symbol neben der Bezeichnung des Bedienfeldes. Dabei haben Sie die Wahl, einen Ordner an beliebiger Stelle auf der Festplatte oder einen Unterordner zu erstellen. Ein Unterordner kann aber nur erstellt werden, wenn Sie einen Ordner im Bedienfeld ausgewählt haben, der als übergeordnetes Element fungiert.

◀ **Abbildung 9.44**
Ordner können über das Plussymbol neben der Bedienfeldbezeichnung erstellt werden.

Ordner innerhalb von (...) erstellen | Eine andere Möglichkeit, einen neuen Ordner zu erstellen, besteht in einem Klick mit der rechten Maustaste auf einen bestehenden Ordner. Wählen Sie dann den Befehl ORDNER INNERHALB VON »ORDNERNAME« ERSTELLEN aus dem Kontextmenü (Rechtsklickmenü) aus.

In beiden Fällen geben Sie im Dialogfeld ORDNER ERSTELLEN einen Namen an. Sind Bilder ausgewählt, so können Sie diese über das Kontrollkästchen AUSGEWÄHLTE FOTOS EINSCHLIESSEN in den neuen Ordner verschieben. Der Ordner wird normalerweise als Unterordner des angeklickten Ordners erstellt.

Abbildung 9.45 ▶
Über das Rechtsklickmenü können Sie diverse Ordneroperationen wie das Umbenennen oder das Erstellen neuer Ordner ausführen.

Ausgewähltes Foto in diesen verschieben | Dieser Befehl taucht nur auf, wenn ein Ordner markiert ist, Sie aber auf einen nicht markierten Ordner mit der rechten Maustaste klicken. In diesem Fall können Sie alle ausgewählten Bilder in den nicht markierten Ordner verschieben.

Umbenennen | Um den Namen eines Ordners zu ändern, klicken Sie mit der rechten Maustaste auf den gewünschten Ordner und wählen aus dem Dropdown-Menü den Befehl Umbenennen.

Entfernen | Über das ■-Symbol im Bedienfeldtitel sowie im Rechtsklickmenü über den Punkt Entfernen können Sie Ordner löschen. Dabei werden der Ordner und die enthaltenen Bilder nur aus dem Katalog entfernt. Die Bilder verbleiben weiterhin auf der Festplatte. Befinden sich keine Bilder im Ordner, so wird er von der Festplatte gelöscht.

Übergeordnetes Element ausblenden | Diese Option ❶ steht nur zur Verfügung, wenn der selektierte Ordner auf der obersten Ebene leer ist – also selbst keine Bilder enthält, sondern diese in Unterordnern liegen. Wird er ausgeblendet, werden die darunterliegenden Ordner zu den obersten Ordnern der Hierarchie.

Übergeordneten Ordner anzeigen | Normalerweise werden Ihnen nur die Ordner gezeigt, die selbst Bilder enthalten. Der oberste Stammordner, der keine eigenen Bilder enthält, wird nicht dargestellt. Ich habe beispielsweise einen Ordner Katalogbilder; in diesem befinden sich die drei Ordner Archiv, Jobs und Privat. Diese werden angezeigt, der Ordner Katalogbilder wird ausgeblendet. Wählen Sie den Menüpunkt Übergeordneten Ordner anzeigen, wird der Ordner Katalogbilder ebenfalls als oberste Ebene angezeigt ❷. Dieser Befehl ist nur möglich, wenn Sie einen Ordner der obersten Ebene ausgewählt haben. *Aber Achtung:* Es gibt keinen Befehl, der das umkehrt, den Stammordner also wieder ausblendet.

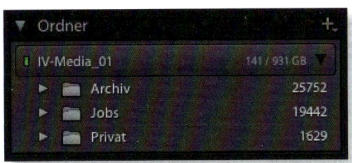 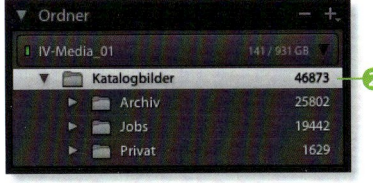

◀ **Abbildung 9.46**
Normalerweise wird der Stammordner nicht angezeigt. Über den Befehl Übergeordneten Ordner hinzufügen wird der Stammordner angezeigt.

Metadaten speichern | Normalerweise werden Metadaten zunächst nur im Katalog gespeichert. Um sie in sämtliche Bilder in einem Ordner zu schreiben, wählen Sie über das Rechtsklickmenü den Punkt Metadaten speichern.

Ordner synchronisieren | Verschiebt man auf Betriebssystemebene Bilder oder Unterordner in einen bereits importierten Ordner, so erscheinen sie nicht automatisch in Lightroom, da die Ordner nicht ständig überwacht werden.

Über den Befehl Ordner synchronisieren werden die Daten abgeglichen. Neue Bilder werden dabei importiert und nicht vorhandene gelöscht. Die Metadaten können ebenfalls abgeglichen werden.

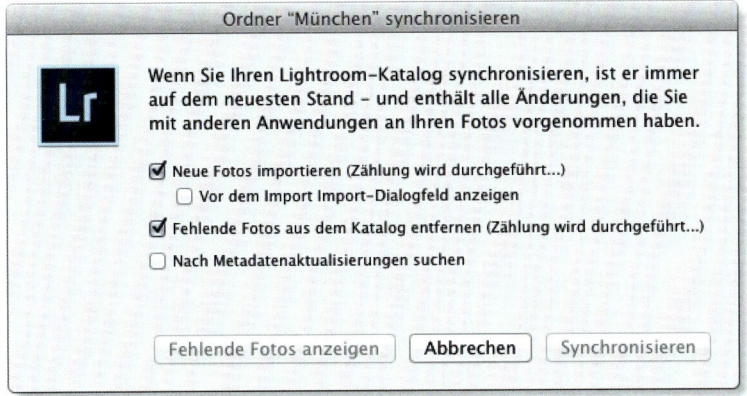

◀ **Abbildung 9.47**
Neue Elemente, die über das Betriebssystem in Ordner kopiert oder verschoben wurden, können über die Synchronisation erkannt und importiert werden.

Speicherort des Ordners aktualisieren | Wurde ein Ordner auf Betriebssystemebene verschoben oder gelöscht, kann Lightroom nicht mehr darauf zugreifen. Das Verzeichnis wird dann mit einem Fragezeichen am Ordnersymbol als fehlend gekennzeichnet. Über das Rechtsklickmenü können Sie den Ordner im Dateibrowser suchen und neu zuweisen. Sie können fehlende Ordner auch direkt mit der rechten Maustaste anklicken und über den Befehl FEHLENDEN ORDNER SUCHEN den Ablageort aktualisieren.

Abbildung 9.48
Fehlende Ordner werden mit einem Fragezeichen markiert. Der Speicherort kann über ein Rechtsklickmenü aktualisiert werden.

In diesen Ordner importieren | Damit starten Sie den Importvorgang und wählen den selektierten Ordner als Zielordner aus. Alle Bilder werden dann in dem selektierten Ordner abgelegt.

Diesen Ordner als Katalog exportieren | Sie können einen Ordner als eigenen Katalog exportieren. Dies kann im Projektgeschäft hilfreich sein. Dadurch können Sie einen kompletten Ordner mit Inhalt, Metadaten, Schlüsselwörtern etc. als eigenen Katalog in Form eines Backups sichern oder an andere Personen übergeben.

Im Finder anzeigen (Im Explorer anzeigen) | Wird dieser Befehl über das Rechtsklickmenü aufgerufen, öffnet sich der entsprechende Ordner im Dateibrowser des Betriebssystems.

Informationen (Eigenschaften) | Mit diesem Befehl wird die Betriebssysteminformation über den Ordner angezeigt.

▲ **Abbildung 9.49**
Ordner können per Drag & Drop verschoben werden.

Ordner verschieben | Sie können Ordner verschieben, indem Sie einen Ordner anklicken und diesen mit gedrückter Maustaste an einen neuen Ort bewegen. Ziehen Sie den Ordner auf ein Verzeichnis mit Unterordnern, so klappen diese nach einer kurzen Wartezeit auf. Sie können auf diese Weise durch Verzeichnisse navigieren, bevor Sie die Dateien ablegen. Es können auch mehrere Ordner gleichzeitig verschoben werden.

9.2 Globale Verwaltungsaufgaben

Bildverwaltung in Ordnern

Viele der auf Ordner anwendbaren Funktionen lassen sich auch für jedes einzelne Bild aufrufen.

Bilder verschieben | Sie können Bilder von einem Ordner in einen anderen bewegen, indem Sie die ausgewählten Bilder aus der Rasteransicht auf einen beliebigen Ordner im Bedienfeld ziehen.

Dabei werden die Bilder immer verschoben. Eine Kopierfunktion gibt es nicht. Das macht auch keinen Sinn. Jedes Bild soll schließlich nur einmal im Katalog vorkommen – virtuelle Kopien ermöglichen das Abspeichern mehrerer Varianten, die auf einer Datei beruhen.

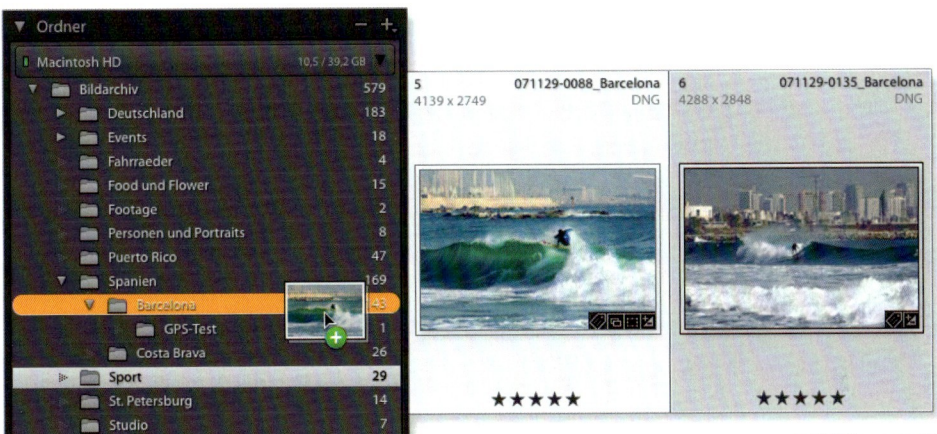

◀ **Abbildung 9.50**
Bilder können per Drag & Drop zwischen Ordnern verschoben werden.

Ausgewähltes Foto in diesen Ordner verschieben | Um ein einzelnes Bild schnell in einen anderen Ordner zu verschieben, wählen Sie erst ein Bild aus. Klicken Sie dann mit der rechten Maustaste auf den gewünschten Zielordner, und rufen Sie den Befehl Ausgewähltes Foto in diesen Ordner verschieben auf. Der Zielordner muss dabei nicht ausgewählt sein.

◀ **Abbildung 9.51**
Ausgewählte Bilder können per Rechtsklick auf einen Zielordner verschoben werden.

Bilder entfernen oder löschen | Beim Löschen haben Sie die Möglichkeit, die Bilder nur aus dem Katalog oder komplett von der Festplatte zu entfernen. Wirklich löschen können Sie nur Bilder im Bibliothek-Modul, wenn ein Ordner oder eine der automatischen Sammlungen (Alle Bilder, Vorheriger Import etc.) ausgewählt ist. Ordner werden nur entfernt, verbleiben aber auf der Festplatte.

Klicken Sie mit der rechten Maustaste auf ein Bild, und wählen Sie aus dem Dropdown-Menü den Befehl Fotos entfernen. Sind mehrere Bilder markiert, klicken Sie mit der rechten Maustaste auf eines davon, und wählen Sie den Befehl Fotos entfernen.

▲ Abbildung 9.52
Beim Löschen können Sie sich entscheiden, ob Sie die Bilder nur aus dem Katalog entfernen oder komplett vom Datenträger löschen wollen.

TIPP
Wenn Sie ein einzelnes Bild umbenennen wollen, empfehle ich Ihnen, die Vorlage Benutzerdefinierter Name zu verwenden. Denn das Konfigurieren einer Vorlage dauert länger, als den Text einmal zu tippen.

Bilder umbenennen | Namen von Fotos können Sie über den Menüpunkt Bibliothek • Foto umbenennen verändern. Sie können dabei auf die Dateinamenvorlagen zurückgreifen, die schon beim Bildimport angelegt wurden. Wie Sie eine neue Vorlage erstellen, erfahren Sie auf Seite 304.

▲ Abbildung 9.53
Auch mehrere Bilder können Sie nach einem vorgegebenen System auf einmal umbenennen.

▲ Abbildung 9.54
Dieses Symbol in der Rasterzelle zeigt an, dass ein Bild nicht gefunden wurde.

Fehlende Bilder suchen | Haben Sie einzelne Bilder auf Betriebssystemebene verschoben oder umbenannt, kann Lightroom sie nicht mehr finden. Es wird dann in der Rasterzelle ein entsprechendes Symbol angezeigt. Klicken Sie es an, so öffnet sich ein Dialog, mit dem Sie das Bild neu zuweisen können.

9.2 Globale Verwaltungsaufgaben

Bilder in DNG konvertieren | Sie können alle Bilder in ein Digitales Negativ (DNG) konvertieren – auch JPEGs, TIFFs, PNGs und Photoshop-Dateien. Allerdings müssen Sie bei diesen Formaten Nachteile in Kauf nehmen, etwa größere Dateien oder den Verlust von Ebenen bei Photoshop-Dateien. Die Konvertierung von herstellerabhängigen Raw-Bildern ist jedoch empfehlenswert. Die Konvertierung können Sie auch über das Menü BIBLIOTHEK • FOTO IN DNG KONVERTIEREN starten.

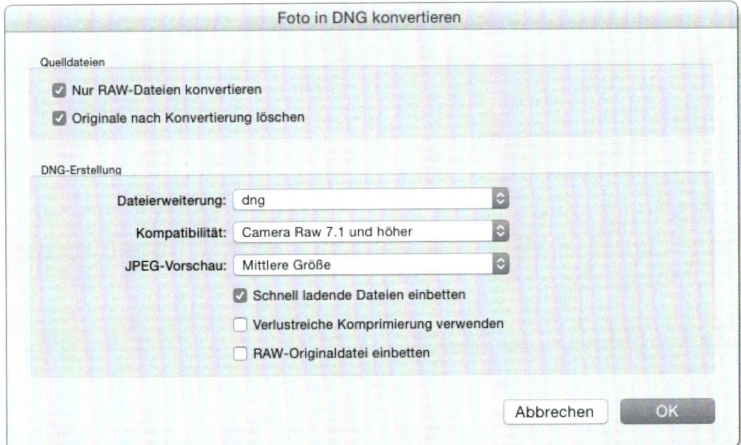

◄ **Abbildung 9.55**
Raw-Bilder können auch noch nachträglich in das DNG-Format konvertiert werden. Mehr zu den Optionen finden Sie auf Seite 416.

Vorschauen erstellen | Haben Sie beim Importieren nicht zusätzlich die Vorschauen erstellen lassen, können Sie den Vorgang nachträglich anstoßen. Es lassen sich dabei sowohl die Standardvorschauen, die 1:1-Vorschauen als auch die Smart-Vorschauen generieren. Sie finden die entsprechenden Befehle unter dem Menüpunkt BIBLIOTHEK • VORSCHAUEN.

Haben Sie viele 1:1-Vorschauen erstellt beziehungsweise im Voreinstellungsdialog eingestellt, dass diese Vorschauen nicht automatisch gelöscht werden sollen, dann können Sie sie hier über den Befehl 1:1-VORSCHAUEN VERWERFEN wieder aus dem Cache entfernen – das spart Platz.

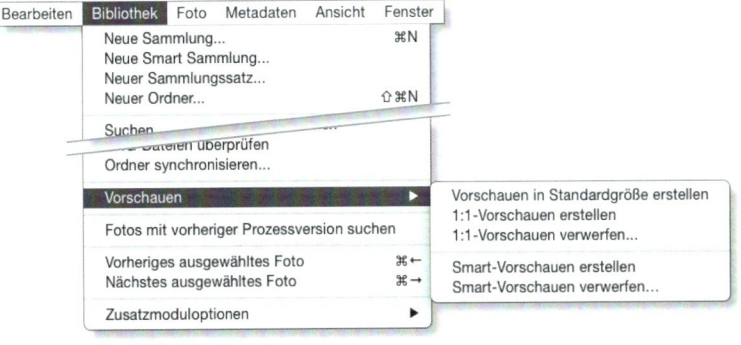

◄ **Abbildung 9.56**
Sie können Lightroom auch händisch veranlassen, Vorschauen zu erstellen.

Bilder um 90° drehen

Nicht jede Kamera erkennt von sich aus, ob sie ein Bild im Quer- oder im Hochformat aufgenommen hat. Wenn Sie Bilder um 90° drehen wollen, klicken Sie in der Rasteransicht auf eines der Rotationssymbole – je nachdem, ob Sie das Bild im oder gegen den Uhrzeigersinn drehen wollen.

Abbildung 9.57
In der Lupenansicht können Sie die Bilder nur dann drehen, wenn Sie dort das Drehen-Werkzeug aktiviert haben. Über die Pfeile im unteren Teil der Rasterzelle können die Bilder dann in 90°-Schritten gedreht werden.

Sie können die Bilder auch in den anderen Ansichten drehen, wenn Sie am rechten Rand in der Werkzeugleiste das Drehen-Werkzeug über das Dropdown-Menü aktivieren.

Gehe zu Ordner in Bibliothek/Gehe zu Sammlung | Ist ein Bild ausgewählt, können Sie über das Kontextmenü (Rechtsklickmenü) direkt zu dem Ordner springen, in dem es abgelegt ist. Ist das Bild zusätzlich in einer oder mehreren Sammlungen, können Sie auch zu diesen Sammlungen wechseln.

Abbildung 9.58
Das Rechtsklickmenü bietet die Möglichkeit, zum Ordner oder zu einer Sammlung zu springen, in der das Bild abgelegt ist.

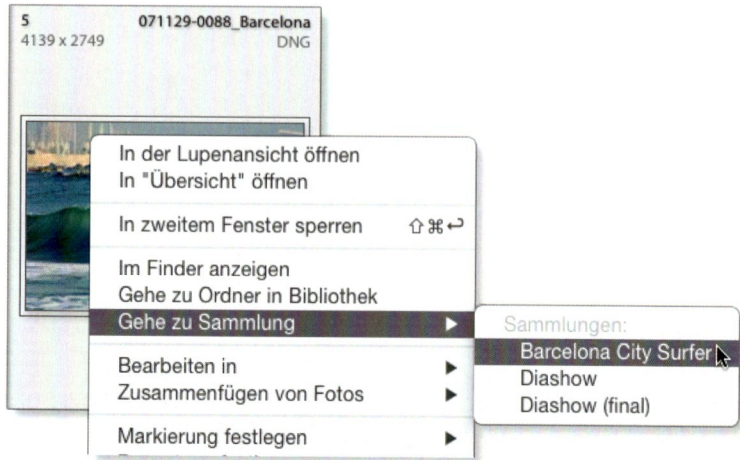

Bilder in der Ansicht anordnen und sortieren

Die übliche Sortierung in der Rasteransicht erfolgt nach den Namen der Dateien. Sie können die Bilder aber auch nach Aufnahmezeitpunkt, Bewertung, Dateityp, Seitenverhältnis und einigen anderen Kriterien ordnen. Die Sortierung rufen Sie über die Werkzeugleiste auf. Dort befindet sich auch eine Schaltfläche ❶, die zwischen auf- und absteigender Sortierung umschaltet.

In Sammlungen können Sie die Bilder aber auch in einer beliebigen Reihenfolge sortieren. Dazu ziehen Sie ein Bild in der Rasteransicht per Drag & Drop an eine andere Position. Die Sortierart zeigt dann BENUTZERDEFINIERT an.

▲ **Abbildung 9.59**
Über die Werkzeugleiste kann die Sortierung in der Rasteransicht und gleichzeitig auch im Filmstreifen geändert werden.

9.3 Bilder filtern

Über Filter können Sie Fotos in der Rasteransicht ausblenden, die nicht definierten Kriterien entsprechen. Auch eine Suche ist eine Art Filter, der bei jeder Sucheingabe neu definiert wird. Nur Bilder, die dem Suchergebnis entsprechen, werden durch den Filter gelassen. Generell sind Filter in der Sprache von Lightroom nichts anderes als vordefinierte Suchen, die Bilder nach Farbbeschriftung, Bewertung, Markierung, Art oder Metainformation durchsuchen und ausfiltern.

Die Filterung kann zwar in allen Modulen und Ansichtsmodi durchgeführt werden, nirgendwo ist sie aber so flexibel wie in der Rasteransicht des Bibliothek-Moduls.

HINWEIS

Eine benutzerdefinierte Sortierung ist nur in Sammlungen möglich und in Ordnern, die keine weiteren Unterordner besitzen.

Filter über Menüleiste

Grundsätzlich können Filter über die Menüleiste unter dem Menüpunkt BIBLIOTHEK • FILTER AKTIVIEREN ein- und ausgeschaltet werden. Welche Filter Sie verwenden wollen, können Sie über die darunter befindlichen Menüpunkte auswählen. Befinden Sie sich in der Rasteransicht, wird die Bibliotheksfilterleiste erweitert. Über das Menü eingestellte Filter werden dann in der Bibliotheksfilterleiste angezeigt und können dort direkt verändert und verfeinert werden.

In allen anderen Modulen können Sie nach den Bildattributen Markierungsstatus, Bewertung, Farbmarkierung und mit Hilfe gespeicherter Filtervorgaben nur über den Filmstreifen filtern. Wollen Sie dort die Filter feiner, zum Beispiel nach ISO-Wert, angeben, müssen Sie in die Bibliothek wechseln.

Abbildung 9.60 ▶
Das Setzen von Filtern ermöglicht das Ausblenden von temporär unwichtigen Bildern.

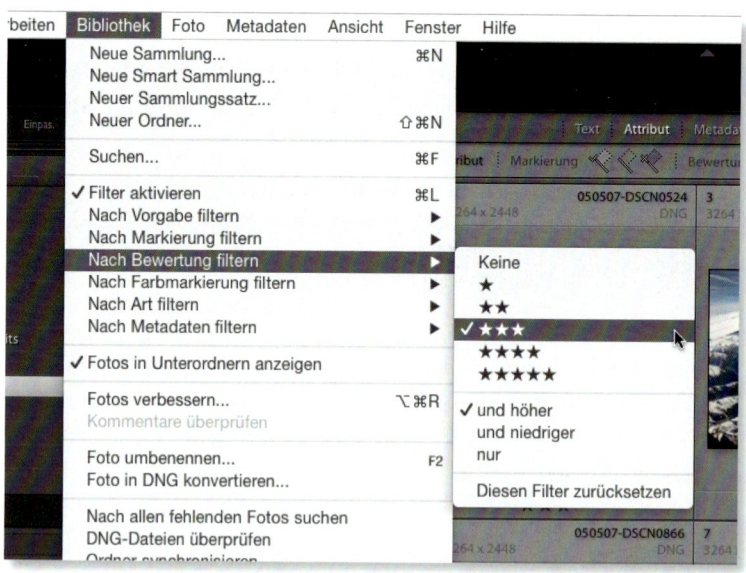

Bibliotheksfilterleiste

Befinden Sie sich in der Rasteransicht, werden alle Filter über die Bibliotheksfilterleiste eingestellt. Ist kein Filter aktiviert, ist nur eine schmale Leiste sichtbar. Die Suche wird immer in einem selektierten Ordner oder in einer bestimmten Sammlung durchgeführt. Wenn Sie alle Bilder Ihrer Bibliothek durchsuchen wollen, müssen Sie daher im Bedienfeld KATALOG die Liste ALLE FOTOS wählen. Wird ein Filter aktiviert, wird die entsprechende Leiste ausgeklappt.

▲ **Abbildung 9.61**
Die zugeklappte Bibliotheksfilterleiste

Text | Dahinter befindet sich nichts anderes als eine Volltextsuche. Neben dem Textfeld zur Eingabe des Suchbegriffs befinden sich zwei Dropdown-Menüs. Das linke dient der Einschränkung der zu durchsuchenden Informationen. Das rechte gibt an, wie der Text verarbeitet werden soll.

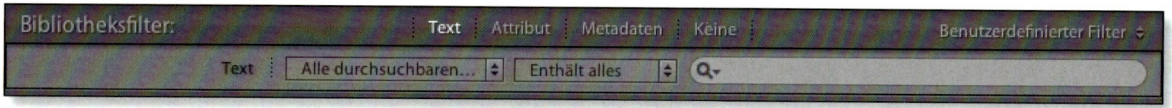

▲ **Abbildung 9.62**
Die Suchfunktion der Filterleiste

Attribut | Hierüber können Sie nach Bewertungssternen, Markierungen, Farbmarkierungen oder der Art filtern. Die Art gibt an, ob es sich um eine virtuelle Kopie, das Masterfoto (Original) oder ein

Video handelt. Dazu klicken Sie einfach die entsprechenden Attribute an. Diese können auch kombiniert werden. Um einen einzelnen Attributfilter zu deaktivieren, klicken Sie das gesetzte Attribut erneut an.

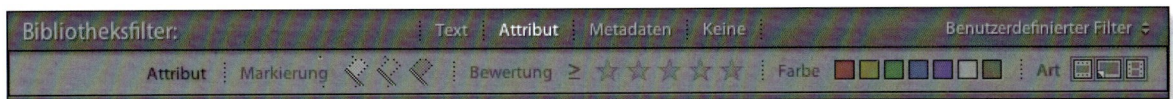

▲ Abbildung 9.63
Filterung nach Attributen

Metadaten | Sie können nach jeder Metainformation filtern, dazu zählen alle Kamerainformationen (EXIF) und die bildbezogenen IPTC-Daten. Die Filterung nach Metadaten funktioniert ähnlich wie beispielsweise die Übersicht in iTunes. Die Metadaten sind in Spalten sortiert. Wird eine Metainformation angezeigt, werden nur noch die Bilder dargestellt, die diese Metainformation enthalten.

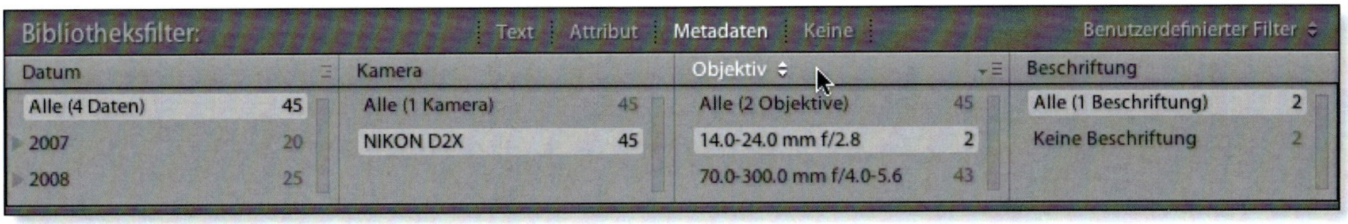

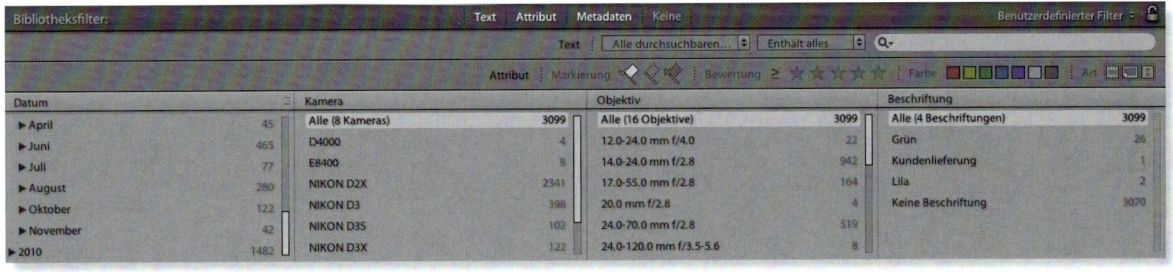

▲ Abbildung 9.64
Filterung nach Metadaten

Werden zwei Filterarten mit gedrückter ⌘- beziehungsweise Strg-Taste ausgewählt, sind diese als Kombination konfigurierbar. Lightroom bietet Ihnen drei Filtersysteme an, die auch kombiniert werden können. Die Anzahl der dargestellten Filter verringert sich dadurch mit jedem gesetzten Filter, da immer weniger Bilder den gesetzten Filtern entsprechen.

▲ Abbildung 9.65
Darstellung einer kombinierten Filterung

Die Informationen jeder Spalte können Sie ändern, indem Sie mit der linken Maustaste auf den Spaltentitel klicken und aus dem Dropdown-Menü eine andere Metadatenquelle auswählen.
Auf Wunsch können auch neue Spalten hinzugefügt werden. Dazu klicken Sie auf das - Symbol in der Titelzeile und wählen aus

dem Dropdown-Menü die Option SPALTE HINZUFÜGEN. Dort finden Sie auch die Option, um eine Spalte wieder zu entfernen.

 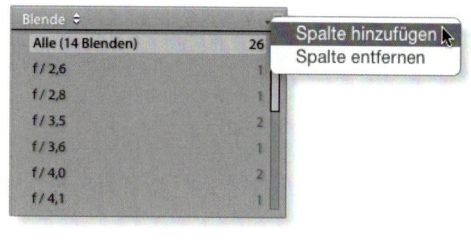

▲ **Abbildung 9.66**
Über das Anklicken des Spaltentitels können Sie eine andere Metadatenquelle angeben.

▲ **Abbildung 9.67**
Eine Spalte können Sie über das rechte Symbol des Spaltentitels hinzufügen oder löschen.

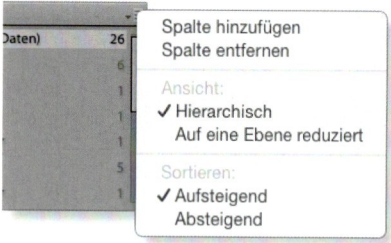

▲ **Abbildung 9.68**
Die Anzeige hierarchischer Metadaten können Sie deaktivieren oder in der Sortierung umdrehen.

Haben Sie eine Metadatenquelle aktiviert, die hierarchische Informationen wie das Datum enthalten kann, haben Sie die Möglichkeit, über das Listensymbol in der Titelzeile die hierarchische Darstellung zu deaktivieren oder die Sortierreihenfolge zu ändern.

Sichern von Filtereinstellungen

Eingestellte Filter können zur erneuten Verwendung als Vorgabe gesichert werden. Dabei werden alle Einstellungen der Textsuche, Attributfilter, Spalteneinstellungen und angewählten Metadaten in einer Vorgabe abgespeichert.

Um einen gesicherten Filter auszuwählen, haben Sie drei Möglichkeiten: über die Menüleiste unter dem Menüpunkt BIBLIOTHEK • NACH VORGABE FILTERN, über das Dropdown-Menü rechts in der Bibliotheksfilterleiste oder über das Dropdown-Menü in der Filterleiste über dem Filmstreifen.

Das Speichern kann aber nur über die beiden Dropdown-Menüs in der Werkzeugleiste und in der Bibliotheksfilterleiste erfolgen. Dazu klicken Sie auf die Doppelpfeile und wählen den Befehl AKTUELLE EINSTELLUNGEN ALS NEUE VORGABE SPEICHERN. Vergeben Sie anschließend einen Namen für die Vorgabe, und drücken Sie die ERSTELLEN-Schaltfläche.

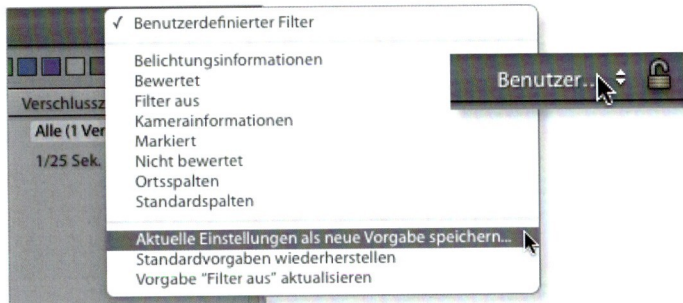

◂ **Abbildung 9.69**
Filter können als Vorgabe gespeichert und über ein Dropdown-Menü ausgewählt werden.

Änderungen an einer bestehenden Vorgabe sowie das Löschen einer Vorgabe können Sie mit dem Befehl VORGABE »VORGABENAME« AKTUALISIEREN im gleichen Dropdown-Menü übernehmen.

Filter über Filmstreifen

Filter können auch im Filmstreifen gesetzt werden. Generell gelten sie auch immer für alle anderen Module. Zum Aktivieren eines Filters klicken Sie das entsprechende Symbol an. Dabei wird zunächst die Attribut-Filterfunktion aktiv. Erst ein weiterer Klick filtert dann die Bilder. Die hellere Darstellung kennzeichnet die aktivierten Filter. Sie können auch mehrere Filter kombinieren.

▾ **Abbildung 9.70**
Die Filterleiste im Filmstreifen ist in jedem Modul verfügbar.

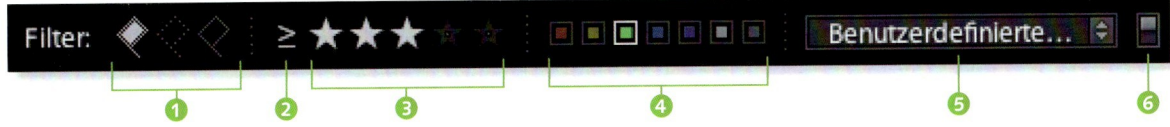

Folgende Filterungen sind möglich:
- Filter, die auf dem Markierungsstatus basieren ❶
- Filter nach Bewertung ❷: Die Anzahl der Bewertungssterne ❸ muss mindestens der der aktivierten Sterne entsprechen. Über das Dropdown-Menü ist es möglich, auch die Mengeneinschränkung BEWERTUNG IST NIEDRIGER ODER ENTSPRICHT oder BEWERTUNG ENTSPRICHT genauer auszuwählen.
- Filter nach Farbmarkierung ❹
- Dropdown-Menü zur Auswahl einer vorgegebenen oder selbst definierten Filtervorgabe ❺

Die Filter können generell ein- oder ausgeschaltet werden ❻. Die jeweiligen Einstellungen bleiben auch in inaktiven Filtern erhalten. Dies entspricht ebenfalls der Vorlage FILTER AUS. Im Gegensatz zur Bibliotheksfilterleiste können Sie im Filmstreifen nicht nach der Art filtern.

9.4 Bilder in Stapeln gruppieren

Bilder können in Stapeln gruppiert werden. Im zusammengeklappten Zustand wird nur das erste Bild im Stapel angezeigt. Bilder lassen sich nur dann stapeln, wenn sie in einem gemeinsamen Ordner liegen. Das Stapeln in Sammlungen ist nicht möglich.

Abbildung 9.71 ▶
Stapel werden durch ein Symbol gekennzeichnet. In diesem wird auch die Anzahl der eingeschlossenen Bilder angezeigt.

Bilder stapeln | Markieren Sie die Bilder, die gestapelt werden sollen, und wählen Sie den Menüpfad FOTO • STAPELN • IN STAPEL GRUPPIEREN aus dem Hauptmenü. Die Bilder werden dann zusammengepackt. Das Miniaturbild erhält oben links ein Stapelsymbol mit der Nennung der Anzahl der im Stapel enthaltenen Bilder ❶.

Stapel ein- und ausblenden | Rechts und links neben dem Stapel finden Sie zwei schmale Anfasserstreifen ❷. Werden diese angeklickt, so werden die einzelnen Bilder ein- beziehungsweise ausgeblendet. Sie können auch mit der rechten Maustaste auf das Stapelsymbol klicken und die entsprechenden Befehle dort auswählen.

▲ **Abbildung 9.72**
Im aufgeklappten Zustand werden zwischen den gestapelten Bildern keine Trennlinien angezeigt.

9.4 Bilder in Stapeln gruppieren

Bilder automatisch stapeln | Bilder können auch automatisch nach ihrem Aufnahmedatum gestapelt werden. Wählen Sie dazu den Menüpfad FOTO • STAPELN • AUTOMATISCH NACH AUFNAHMEZEIT STAPELN. Im Einstellungsdialog geben Sie den Zeitraum an, in dem die Bilder aufgenommen worden sein müssen, um zu einem Stapel gruppiert zu werden.

TIPP

Klicken Sie mit der rechten Maustaste direkt auf das Stapelsymbol, so wird nur das Stapelmenü als Kontextmenü angezeigt.

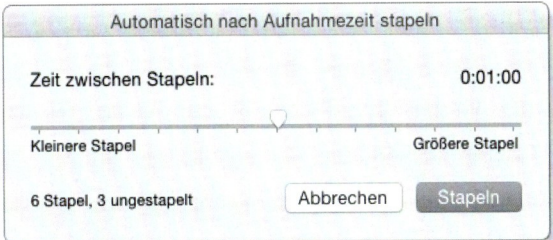

▲ **Abbildung 9.73**
Bilder werden gestapelt, wenn sie innerhalb eines angegebenen Zeitraums aufgenommen wurden.

Bild im Stapel verschieben | Innerhalb eines Stapels können die Bilder beliebig verschoben werden. Dies kann über das Kontextmenü (Rechtsklickmenü) ausgeführt werden. Sie können aber auch einfach im Stapel ein Bild anklicken und dieses mit gedrückter Maustaste an eine andere Stelle verschieben. Bewegen Sie ein Bild an die erste Stelle des Stapels, so wird dieses im eingeklappten Modus als Miniatur angezeigt.

▲ **Abbildung 9.74**
Die Bilder können im Stapel mit der Maus per Drag & Drop umsortiert werden.

Bilder zu Stapeln hinzufügen | Ziehen Sie ein Bild außerhalb des Stapels einfach per Drag & Drop in den Stapel, so wird es diesem hinzugefügt.

> **HINWEIS**
>
> Ist ein geschlossener, also ausgeblendeter, Stapel ausgewählt und Sie wenden Entwicklungen oder Metadaten auf diesen an, werden die Änderungen nur für das Titelbild eingestellt. Die anderen Bilder des Stapels bleiben davon unberührt. Wollen Sie Einstellungen auf alle Bilder des Stapels anwenden, müssen Sie diesen erst einblenden und dann alle Bilder selektieren.

Bilder aus Stapel entfernen | Ziehen Sie ein Bild mit der Maus aus dem Stapel heraus, und es wird daraus entfernt. Sie können ein Bild auch über das Kontextmenü aus dem Stapel entfernen. Das erste Bild im Stapel können Sie nur über das Kontextmenü löschen, denn wenn es verschoben wird, wird der gesamte Stapel an eine andere Stelle bewegt.

Stapel teilen | Enthält ein Stapel mehr als drei Bilder, so können Sie ihn auch teilen. Klicken Sie dazu mit der rechten Maustaste auf das erste Bild des abzutrennenden Stapels, und wählen Sie aus dem Kontextmenü den Menüpunkt STAPEL TEILEN.

▲ **Abbildung 9.75**
Stapel können über den entsprechenden Befehl aus dem Kontextmenü auch in kleinere Stapel aufgeteilt werden. Dort finden Sie auch weitere Funktionen zur Bearbeitung von Stapeln.

Stapel aufheben | Sie können einen Stapel auch wieder in Einzelbilder zerlegen. Dazu klicken Sie mit der rechten Maustaste auf ein Bild im Stapel und wählen aus dem Kontextmenü den Befehl STAPEL AUFHEBEN.

9.5 Bildvarianten durch virtuelle Kopien

Physikalisch vorhandene Bilder werden in Lightroom *Masterfotos* genannt. Von ihnen können virtuelle Kopien angelegt werden. Diese verweisen auf das Masterfoto, können jedoch eigene Entwicklungseinstellungen und Metadaten besitzen. Eine virtuelle

9.5 Bildvarianten durch virtuelle Kopien

◄ **Abbildung 9.76**
Virtuelle Kopien verweisen auf das Masterfoto, können aber eigene Entwicklungseinstellungen besitzen.

Kopie benötigt sehr wenig Speicherplatz, da nur die in Relation zum Original geänderten Daten gespeichert werden. So kann man von einer Datei zum Beispiel eine Farb- und eine Graustufenvariante erstellen. Gekennzeichnet werden virtuelle Kopien mit einem Eselsohrsymbol ❶ in der linken unteren Ecke, sowohl in der Rasteransicht als auch im Filmstreifen.

Virtuelle Kopie erstellen | Zum Erstellen von virtuellen Kopien klicken Sie mit der rechten Maustaste auf ein Bild und wählen den Punkt VIRTUELLE KOPIE ANLEGEN. Die virtuellen Kopien werden mit dem Masterfoto gestapelt, können aber aus dem Stapel herausgelöst werden. Sie können virtuelle Kopien auch aus einer Sammlung heraus erstellen. Diese sind dann in der aktuellen Sammlung und in dem Ordner sichtbar, in dem sich das Original befindet, aber nicht in anderen Sammlungen.

Virtuelle Kopien für Sammlungen | Erstellen Sie aus einer Bildauswahl eine neue Sammlung (siehe Seite 358), können Sie automatisch neue Kopien anlegen lassen. Dann können Sie die Bilder dort zweckgebunden formatieren, beispielsweise für ein Schwarzweißalbum oder für das HDTV-Format. Gleiches gilt auch für die Veröffentlichungsdienste (siehe Seite 472).

Virtuelle Kopie löschen | Virtuelle Kopien, die im Ordnerbrowser gelöscht werden, werden auch aus den Sammlungen gelöscht, denen sie zugewiesen sind. Werden diese jedoch in einer Sammlung gelöscht, bleiben sie im Ordner erhalten. Sie verhalten sich diesbezüglich wie Masterfotos.

9.6 Bilder kennzeichnen

Es gibt drei Möglichkeiten, Bilder in Lightroom zu markieren, um sie besser klassifizieren und ordnen zu können. Diese *Bewertungssterne*, *Beschriftungseinstellungen* oder der *Markierungsstatus* werden auch in allen Sammlungen angewendet. Virtuelle Kopien können ihre eigenen Markierungsinformationen besitzen.

Markierungen

 unmarkiert U

 markiert P

 abgelehnt X

Die Markierungszeichen werden als kleine Fahnen in der linken oberen Ecke der Miniaturen angezeigt. Es gibt die drei Zustände UNMARKIERT, MARKIERT und ABGELEHNT. Diese Bezeichnungen geben einen ersten Hinweis auf den Verwendungszweck. Man verwendet die Markierungen vor allem bei der ersten Durchsicht der Bilder nach dem Import: Bilder, die auf den ersten Blick misslungen sind, werden abgelehnt und können gemeinsam gelöscht werden. Markierte Bilder erfordern mehr Aufmerksamkeit und sollten zuerst entwickelt werden. Unmarkierte Bilder schaut man sich in einem zweiten Durchgang noch einmal an.

▲ **Abbildung 9.77**
Markierungen werden als kleine Fahnen in der linken oberen Ecke der Miniatur dargestellt. Die unmarkierte Variante (links) ist nur beim Rollover sichtbar.

Markierungen zuweisen | Sie können Markierungen über den Menüpfad FOTO • MARKIERUNGEN FESTLEGEN zuweisen. Schneller geht es, wenn Sie mit der rechten Maustaste auf das Flaggensymbol in der Miniatur klicken und den Zustand über das Kontextmenü aufrufen. Am schnellsten aber weisen Sie Markierungen über die Tastatur zu (siehe links oben). Es gibt zusätzlich noch weitere Tastaturbefehle, die das Markieren beschleunigen:

▸ **Den Markierungsstatus eingeben und zum nächsten Bild springen:** Drückt man zusätzlich zur Taste des Markierungsstatus die ⇧-Taste, wird nach der Markierung sofort das nächste Bild ausgewählt. Das ist besonders bei der Durchsicht in der Lupenansicht, zum Beispiel nach dem Import, hilfreich.
▸ **Den Markierungsstatus erhöhen beziehungsweise verringern:** Durch Drücken der Tasten ⌘/Strg und ↑ oder ↓ wird der Markierungsstatus erhöht beziehungsweise verringert.

Abgelehnte Fotos löschen | Nach der Durchsicht können Sie mit FOTO • ABGELEHNTE FOTOS LÖSCHEN alle abgelehnten Bilder entfernen. Befinden sie sich in einem Ordner, werden die Bilder von der Festplatte gelöscht, in Sammlungen aber nur aus der Sammlung. Das Löschen abgelehnter Bilder funktioniert nur im Bibliothek-Modul.

Fotos verbessern | Mit dieser Funktion, die Sie über den Menüpfad BIBLIOTHEK • FOTOS VERBESSERN aufrufen, werden alle nicht markierten Fotos als abgelehnt und alle markierten als unmarkiert gekennzeichnet. Zusätzlich wird ein Filter aktiviert, der nur unmarkierte Bilder anzeigt. Diese können anschließend entwickelt werden. Man hat so nach Abschluss der Korrekturen gleich alle wichtigen Bilder korrigiert und deren Markierungsstatus aufgehoben. Abgelehnte Bilder können dann entfernt werden. Es werden zudem auch immer die neuen abgelehnten Fotos gelöscht, die vorher unmarkiert waren. So bleiben am Ende nur noch die korrigierten Bilder übrig.

TIPP

Alle Kennzeichnungsvarianten lassen sich auch über die Werkzeugleiste zuweisen. Dazu müssen Sie diese über das Dropdown-Menü in die Leiste integrieren. Die Aktivierung ist von der Ansicht abhängig. In der Lupenansicht sind andere Funktionen aktiv. Die Bewertung und Farbbeschriftung können Sie alternativ auch im Entwickeln-Modul vornehmen.

Bewertungen

Bewertungssterne tauchen auch in anderen Programmen auf – beispielsweise in iTunes. In Lightroom können Sie damit Bilder benoten. Je mehr Sterne ein Bild erhält, desto höher wird es bewertet.

▼ **Abbildung 9.78**
Über Bewertungen können Sie ein Ranking für Ihre Bilder erstellen.

Die Bewertungssterne können entweder direkt durch Anklicken des entsprechenden Sterns unter der Miniatur zugewiesen werden oder über die Tasten 1 bis 5. Die Taste 0 entfernt eine vergebene Bewertung wieder. Natürlich können Sie dies auch über den Menüpfad FOTO • BEWERTUNG FESTLEGEN erledigen.

Farbmarkierungen

Eine wertungsneutrale Kennzeichnung ist die Farbmarkierung. Diese weist den Bildern eine von fünf Farbmarken zu. Welche Bedeutung die Farben haben, bleibt Ihnen überlassen. Sie können Farben dazu verwenden, um einen Bearbeitungsstatus festzulegen oder um anzugeben, ob ein Bild für den Druck oder für das Web gedacht ist beziehungsweise ob es bereits zum Beispiel für eine Broschüre verwendet wurde und daher für die nächste Zeit gesperrt ist. Ich persönlich markiere alle Bilder blau, die Teil eines HDRs sind, und alle lila, die Teil eines Panoramas sind. Mit Hilfe von Filtern kann man diese dann schnell auffinden. Oder man verwendet Smartsammlungen (Seite 364) zum Sammeln aller zusammengehörigen Bilder.

Farben können Sie über den Menüpfad unter FOTO • FARBMARKIERUNG FESTLEGEN zuweisen. Alternativ finden Sie den Menüpunkt auch im Kontextmenü. Zudem können Sie die ersten vier Farben auch über die Tasten 6 bis 9 vergeben.

Stellen Sie die Miniaturen in erweiterten Zellen dar, so können Sie auch auf das Farbfeld neben den Bewertungssternen klicken und die Farbe aus dem Menü wählen.

▲ Abbildung 9.79
Farbmarkierungen weisen den Bildern Farben zu. Die Bedeutung der Farben können Sie selbst definieren.

9.7 Bilder in Sammlungen zusammenfassen

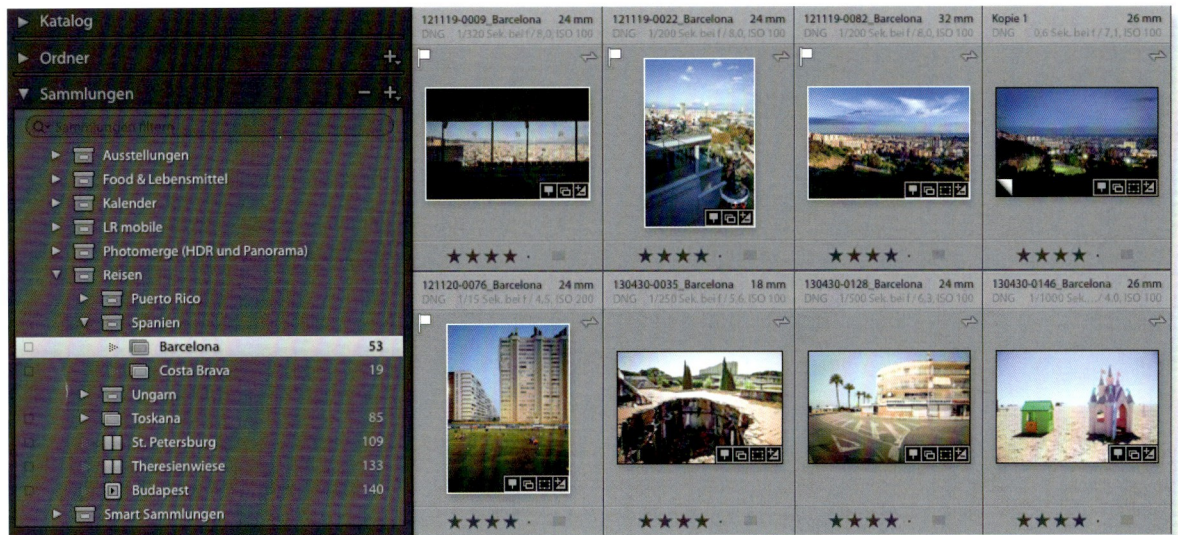

▲ Abbildung 9.80
Fotos können in mehreren Sammlungen liegen, beruhen aber auf der Originaldatei im Ordner.

9.7 Bilder in Sammlungen zusammenfassen

Die Sammlungen in Lightroom verhalten sich zwar wie Ordner, sind jedoch besser mit Auswahlsätzen vergleichbar. Der entscheidende Unterschied ist der, dass ein Bild gleichzeitig in mehreren Sammlungen liegen kann. Die darin vorhandenen Bilder verweisen lediglich auf das Original in den Ordnern – ähnlich wie auch virtuelle Kopien. Sie können mit einer Sammlung beispielsweise die Bildauswahl für eine Diashow speichern oder ein Bild sowohl in einer Sammlung mit Herbstimpressionen als auch in einem Portfolio über Architekturfotografie ablegen. Sammlungen sind für solche Mehrfachzuweisungen ein sehr flexibles Ordnungssystem.

Bis auf das Entwickeln-Modul können in allen Modulen Sammlungen erzeugt werden. Während in der Bibliothek die Bilder in einer Sammlung ohne weitere Eigenschaften liegen, werden in den Modulen Buch, Diashow, Drucken und Web die jeweils getätigten Einstellungen mitgesichert. Wie Sie mit Sammlungen in den Ausgabemodulen arbeiten, erfahren Sie beispielsweise beim Buch-Modul auf Seite 728. Alle Sammlungen können in Ordnern, sogenannten Sammlungssätzen, zusammengefasst werden.

▲ Abbildung 9.81
Bedienfeld zur Verwaltung von Sammlungen

Sammlungssätze erstellen und bearbeiten

Sammlungssätze sind Ordner, die Sammlungen oder andere Sammlungssätze beinhalten können. Sie lassen sich entweder über das

-Symbol neben dem Bedienfeldtitel oder mit einem Rechtsklick im Bedienfeld SAMMLUNGEN über das Kontextmenü erstellen, umbenennen oder löschen.

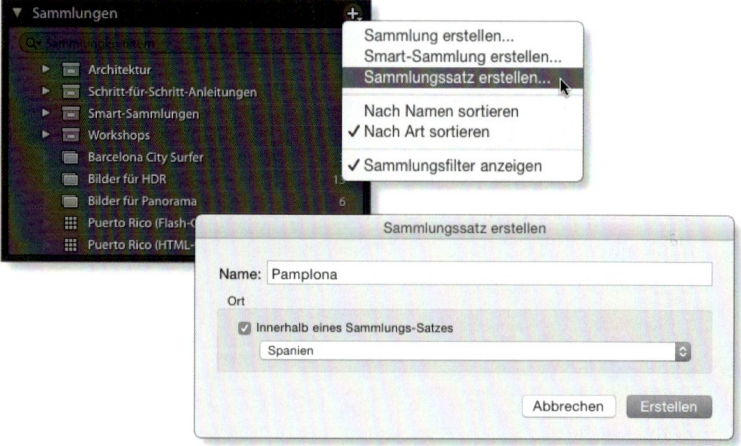

Abbildung 9.82
Das Dropdown-Menü für die Erstellung von Sammlungssätzen öffnet sich mit einem Rechtsklick ins Bedienfeld.

Smart-Sammlungen

Smart-Sammlungen sind eine besondere Sammlungsart. Sie stellen die Bildauswahl automatisch nach Kriterien wie ausgesuchten Metadaten oder Attributen zusammen.

Smart-Sammlung erstellen | Zum Erstellen einer Smart-Sammlung müssen Sie zunächst auf das -Symbol neben dem Bedienfeldtitel klicken. Alternativ können Sie auch im Bedienfeld an einer beliebigen Stelle mit der rechten Maustaste klicken. Wählen Sie in beiden Fällen den Punkt SMART-SAMMLUNG ERSTELLEN aus dem Dropdown-Menü aus, um den Konfigurationsdialog zu öffnen.

Abbildung 9.83
Das Kontextmenü der Smart-Sammlungen stellt die gleichen Funktionen zur Verfügung wie für einfache Sammlungen.

- **Name:** Hier tragen Sie die Bezeichnung des Sammlungssatzes ein, der im Bedienfeld angezeigt wird.
- **Ort:** Hier können Sie einen übergeordneten Sammlungssatz auswählen. Die Smart-Sammlung wird dann als Unterobjekt des

gewählten Satzes erstellt. Ist die Kontrollbox deaktiviert, wird die Smart-Sammlung auf der obersten Ebene erstellt.

- **Entspricht (...) der folgenden Regeln:** Hier haben Sie die Möglichkeit, über das Dropdown-Menü auszuwählen, ob alle Regeln (JEDER) erfüllt sein müssen oder ob nur eine der generierten Regeln (MINDESTENS EINER) reicht, um ein Bild in die Sammlung aufzunehmen.
- **Regelliste:** Im Listenfeld können auch mehrere Regeln definiert werden. Im Dropdown-Menü links geben Sie das Attribut oder die Metadatenquelle an, die als Basis für die Regel gelten soll. Je nach gewählter Quelle passen sich die Parametereinstellungen und das Dropdown-Menü an deren Verwendung an. So können Sie bei den Bewertungssternen angeben, wie viele zur Aufnahme nötig sind, während Sie bei einer Ortsangabe den Namen in ein Textfeld eingeben können. Über das Pluszeichen am Ende einer Zeile können Sie weitere Regeln generieren. Sind mehrere Regeln vorhanden, erscheint zusätzlich ein Minussymbol, mit dem Sie Regeln löschen können.

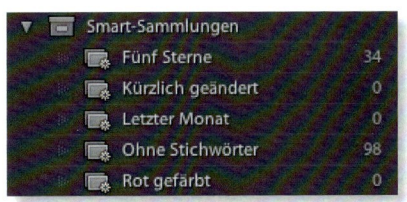

▲ **Abbildung 9.84**
Smart-Sammlungen besitzen zusätzlich ein kleines Zahnrad am Symbol.

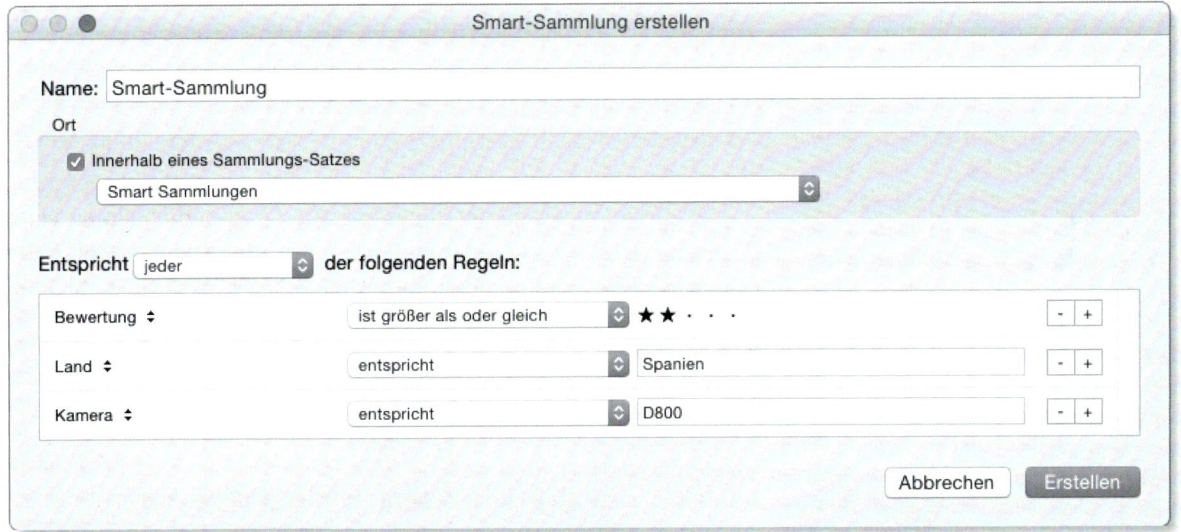

▲ **Abbildung 9.85**
Das Dialogfeld zum Erstellen und Speichern von Smart-Sammlungen

Smart-Sammlungen managen | Sie können mit Smart-Sammlungen dieselben Arbeitsschritte erledigen wie mit anderen Objekten auch. Sie können diese verschieben, löschen, umbenennen, bearbeiten oder als eigenständigen Katalog exportieren. Alle Arbeitsschritte können Sie über das Kontextmenü aufrufen, das durch Rechtsklick auf eine Sammlung erscheint (siehe Abbildung 9.86). Über den Befehl SMART-SAMMLUNG BEARBEITEN öffnet sich der Dialog (Abbildung 9.85) zum Ändern der Sammlungskriterien.

Smart-Sammlungseinstellungen ex- und importieren | Die Regeln der Smart-Sammlung können Sie per Rechtsklick auf eine Smart-Sammlung exportieren, um Sie in einen anderen Katalog wieder zu importieren. Der Import kann über das Kontextmenü im Sammlungen-Bedienfeld (Abbildung 9.86) ausgeführt werden.

Abbildung 9.86 ▶
Per Rechtsklick können Smart-Sammlungseinstellungen exportiert werden, um sie in andere Kataloge zu übertragen.

Bildzusammenstellungen als Sammlungen

Sammlungen verhalten sich bis auf wenige Ausnahmen wie Ordner und können daher genauso gehandhabt werden. Auch Menübefehle wie Fotos aus Unterordnern einschliessen (siehe Seite 343) funktionieren hier. Über das Anklicken der Dreiecke ▶ können Sie Sammlungssätze auf- und zuklappen. Wird ein Dreieck gepunktet dargestellt ▷, besitzt der Satz keine Unterelemente. Am Ende der Satzzeile wird immer die Anzahl der enthaltenen Elemente beziehungsweise Bilder angezeigt.

Sammlungen erstellen | Eine Sammlung können Sie erstellen, indem Sie auf das ➕-Symbol neben dem Bedienfeldtitel klicken oder per Rechtsklick das Kontextmenü öffnen und den Befehl Sammlung erstellen aufrufen. Im Dialogfeld Sammlung erstellen geben Sie einen Namen an. Sind Bilder markiert, können Sie diese

▼ **Abbildung 9.87**
Sammlungen lassen sich über das Kontextmenü im Bedienfeld oder über das Plussymbol im Bedienfeldtitel erzeugen und verwalten.

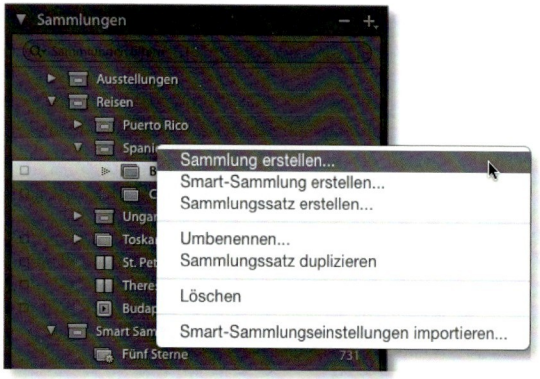
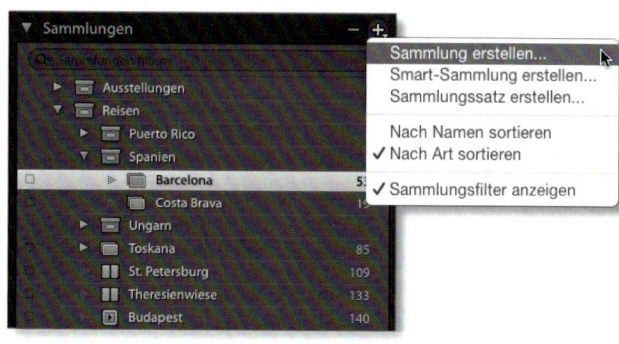

über das Kontrollkästchen Ausgewählte Fotos einschliessen in die neue Sammlung kopieren. Wahlweise lassen sich dabei auch virtuelle Kopien erstellen. In der Gruppe Platzierung können Sie die Position in der Sammlungshierarchie angeben.

Sammlungen verschieben | Sie können eine Sammlung verschieben, indem Sie sie anklicken und mit gedrückter Maustaste in eine andere hineinbewegen. Legen Sie die Sammlung in eine andere mit Untersammlungen ab, so klappt diese nach einer kurzen Wartezeit auf. Sie können so leicht durch die Struktur navigieren.

Sammlungen umbenennen | Um den Namen einer Sammlung zu ändern, klicken Sie mit der rechten Maustaste auf die gewünschte Sammlung und wählen aus dem Dropdown-Menü den Befehl Umbenennen.

Sammlungen löschen | Über das ▬-Symbol im Bedienfeldtitel oder über das Rechtsklickmenü können Sie eine Sammlung löschen. Die Zuweisung von Bildern geht dabei verloren. Die Bilder bleiben aber in anderen Sammlungen und in den Ordnern erhalten.

Bilder in Sammlungen ablegen | Sie können Bilder aus dem Ansichtsfenster einfach per Drag & Drop auf eine Sammlung ziehen. Ist die Quelle ein Ordner, werden die Bilder als Verweise auf die Originale in der Sammlung abgelegt. Ist die Bildquelle eine andere Sammlung, so wird der Verweis in die andere Sammlung kopiert. Beide Bilder verweisen aber auf dieselbe Datei oder virtuelle Kopie. Änderungen, die an der Originaldatei oder den Verweisen in den Sammlungen erledigt werden, übertragen sich auf die anderen Verweise und die Originaldatei beziehungsweise virtuelle Kopie.

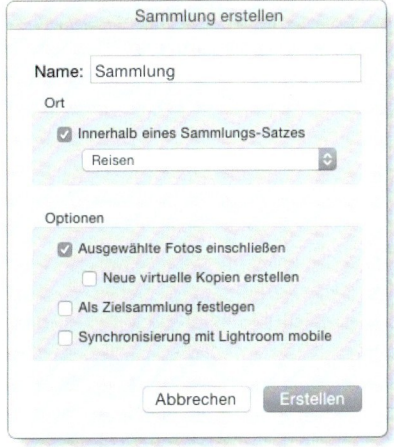

◀ **Abbildung 9.88**
Der Dialog zum Erstellen einer neuen Sammlung

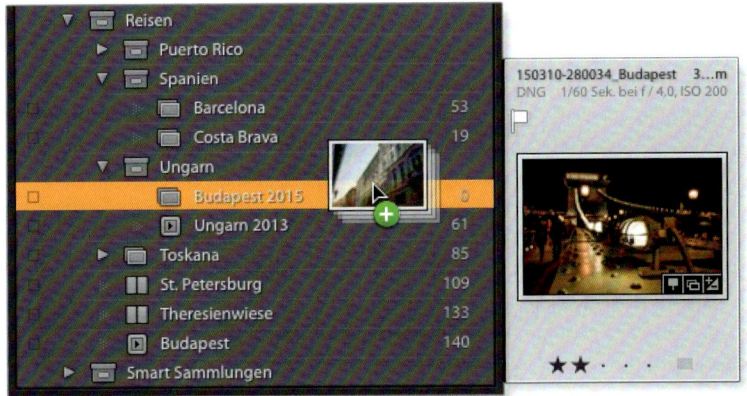

◀ **Abbildung 9.89**
Bilder werden zwischen Sammlungen kopiert und nicht verschoben.

Bilder aus Sammlungen löschen | Markieren Sie ein Bild, und drücken Sie die [Entf]-Taste. Sie können natürlich auch den Befehl BILD AUS SAMMLUNG ENTFERNEN aus dem Haupt- oder aus dem Kontextmenü verwenden.

Schnell- und Zielsammlung

In Kapitel 6, »Arbeiten mit Katalogen«, wurde die Schnellsammlung bereits erwähnt. Dabei handelt es sich um eine Sammlung, die vor allem dem temporären Ablegen von Bildern dient. Sie können dort schnell Bilder zusammenfassen, um diese zu exportieren oder auf CD/DVD zu brennen. Die Schnellsammlung befindet sich auch nicht im Bedienfeld SAMMLUNGEN, sondern unter dem Katalog, um möglichst schnell auf sie zugreifen zu können. Am schnellsten können Sie Bilder durch Drücken der Taste [B] der Schnellsammlung hinzufügen. Sie können dies aber auch per Drag & Drop oder über das Kontextmenü und den Befehl ZUR SCHNELLSAMMLUNG HINZUFÜGEN erledigen. Vor allem über das Tastaturkürzel lassen sich so sehr schnell Bilder der Sammlung zuweisen.

▲ **Abbildung 9.90**
Die Schnellsammlung wird im Bedienfeld KATALOG aufgelistet.

Lightroom bietet aber auch die Möglichkeit, jede Sammlung zur Schnellsammlung umzuwandeln. Sobald das Schnellsammlungsziel nicht mehr auf die Schnellsammlung zeigt, sondern auf eine andere Sammlung, wird diese als Zielsammlung bezeichnet. Alle Bilder, die Sie jetzt über die Taste [B] zuweisen, landen in der Zielsammlung. Natürlich geht das auch über das Kontextmenü: Der Befehl lautet dann ZUR ZIELSAMMLUNG HINZUFÜGEN.

Welche Sammlung gerade als Ziel dient, wird durch das Pluszeichen neben dem Namen der Sammlung signalisiert.

▲ **Abbildung 9.91**
Das Pluszeichen hinter einer Sammlung signalisiert, dass diese die aktuelle Zielsammlung ist.

Eine Sammlung als Zielsammlung festlegen | Um eine Sammlung als Zielsammlung zu definieren, klicken Sie mit der rechten Maustaste auf die gewünschte Sammlung und wählen aus dem Kontextmenü den Befehl ALS ZIELSAMMLUNG FESTLEGEN.

Abbildung 9.92 ▶
Über das Kontextmenü kann jede Sammlung zur Zielsammlung gemacht werden.

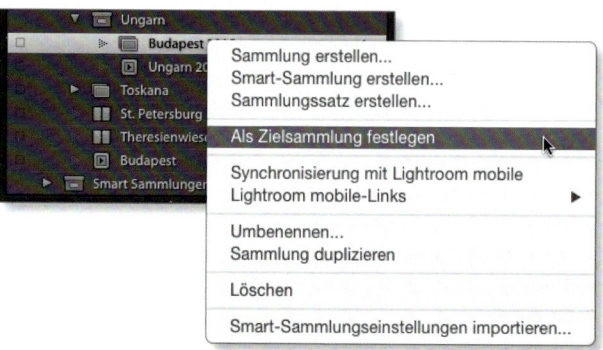

Zielsammlung deaktivieren | Um wieder die Schnellsammlung zu aktivieren, klicken Sie erneut mit der rechten Maustaste die zuvor definierte Zielsammlung an und wählen den Befehl Für Zielsammlung festlegen erneut aus. Das Häkchen vor dem Menüeintrag wird entfernt, die Schnellsammlung erhält wieder das Pluszeichen und ist somit erneut aktiv.

9.8 Bilder verschlagworten

Stichwörter zuzuweisen stellt eine weitere effektive Möglichkeit dar, Bilder besser zu ordnen und zu finden. Stellen Sie sich vor, Sie suchen nach Aufnahmen mit Wasser und blauem Himmel. Sind Ihre Bilder gut verschlagwortet, geben Sie die Begriffe in die Suche ein und erhalten dann eine passende Auswahl.

Das Verschlagworten benötigt etwas Disziplin, hilft aber gerade in großen Katalogen enorm – wie sonst fänden beispielsweise Bildagenturen Ihre Bilder? Lightroom bietet hier fast alle gewünschten Möglichkeiten. So können Sie zu einzelnen Stichwörtern auch Synonyme angeben, die ebenfalls zugewiesen werden. Es lassen sich auch mehrsprachige Stichwörter zuteilen. Oder Sie verknüpfen die Stichwörter hierarchisch, beispielsweise für den Standort, der mit einer Stadt und einem Land verbunden ist. Sie müssen dann nur die Location zuweisen, die übergeordneten Stichwörter werden automatisch mit übernommen.

Aufbau einer Stichwortliste

Natürlich hat man nicht von vornherein eine vollständige Stichwortliste. Diese entsteht nach und nach, wenn man seine Bilder in Lightroom erfasst. Am besten beginnen Sie gleich beim ersten Import damit und sortieren anschließend die vergebenen Stichwörter. Die Änderungen werden automatisch abgeglichen. Diesen Vorgang wiederholen Sie bei jedem Import. Ab einer gewissen Anzahl müssen Sie die Stichwörter nicht mehr sortieren.

Es gibt dabei allerdings einen Nachteil: Beim Import werden die Stichwörter immer direkt allen Bildern zugewiesen, eine Verschlagwortung einzelner Bilder ist also nicht möglich. Daher beschränken sich die verwendeten Begriffe am besten auf passende allgemeine Kriterien wie Jahreszeit, Location oder Wetter. Nach dem Import können Sie weitere Stichwörter individuell zuweisen.

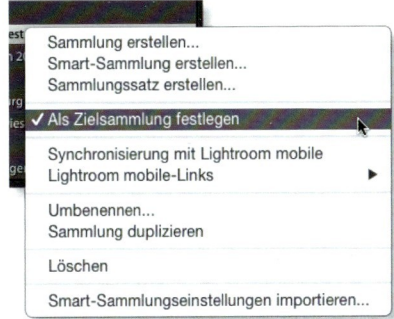

▲ **Abbildung 9.93**
Nach der Aktivierung einer Zielsammlung ist neben dem Befehl ein Häkchen zu sehen, das beim Deaktivieren wieder verschwindet.

▲ **Abbildung 9.94**
Hierarchische Stichwortlisten erleichtern es, den Überblick zu behalten. Auch ganze Zweige lassen sich mit nur einem Klick zuweisen.

Meine Stichwortliste ist stark hierarchisch geordnet. Sie beinhaltet Angaben zu Tageszeit, Wetter, Objekten, Fahrzeugen, Landmarken, Locations, Flora und Fauna, Farben, Personen und Personengruppen, Kunden etc. Diese Obergruppen besitzen jeweils Unterbegriffe, die teilweise wieder eigene Unterbegriffe beinhalten. Die oberste Ebene dient also nur der Gruppierung.

Stichwörter erstellen und bearbeiten

Stichwörter, die beim Import neu angelegt werden, besitzen keine Synonyme. Diese können Sie aber auch noch nachträglich – am besten gleich nach dem Import – angeben. Synonyme sind sinnvoll, wenn Sie zusätzlich die Bilder in einer anderen Sprache verschlagworten wollen oder sich die Begriffe für Einzahl und Mehrzahl deutlich unterscheiden, zum Beispiel Lexikon und Lexika.

Stichwort neu eingeben | Um ein neues Stichwort einzugeben, klicken Sie auf das ⊞-Symbol neben der Bedienfeldbezeichnung. Es öffnet sich das Dialogfeld STICHWORT-TAG ERSTELLEN. Geben Sie in das Feld STICHWORTNAME ein Schlagwort ein. Verwenden Sie nur feststehende Begriffe und keine Satzzeichen.

Wenn Sie ein Stichwort unterhalb eines bereits bestehenden Stichwortes erzeugen möchten, klicken Sie mit der rechten Maustaste auf das vorhandene, und wählen Sie aus dem Kontextmenü den Befehl STICHWORT-TAG INNERHALB VON (...) ERSTELLEN.

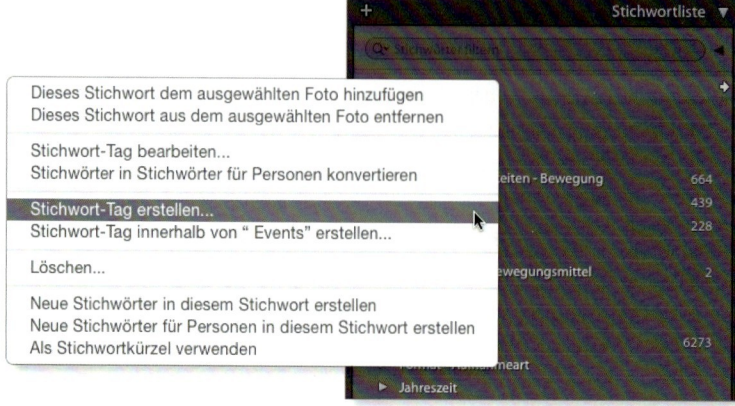

Abbildung 9.95 ▶
Die Erstellung neuer Stichwörter über das Kontextmenü

Synonym angeben | Zusätzlich können Sie in das Feld SYNONYME gleichbedeutende Begriffe eintragen. Wenn Sie hier mehrere Wörter angeben, trennen Sie diese mit einem Komma.

9.8 Bilder verschlagworten

◄ **Abbildung 9.96**
Bei der Eingabe von Stichwörtern können Synonyme mit angegeben werden. Dies ermöglicht Stichwörter in mehreren Sprachen oder das Verwenden ähnlicher Begriffe. Die Stichwortverwaltung wird damit sehr leistungsfähig.

Optionen angeben | Über die Kontrollboxen können Sie noch weitere Optionen angeben, die das Verhalten auch bei hierarchischer Verknüpfung regeln:

- **Ebenfalls exportieren:** Gibt an, ob das Stichwort exportiert wird. Wird es als Oberbegriff – zum Beispiel »Location« – verwendet, sollte es nicht in die Metadaten der Datei geschrieben werden, da es nur der Gruppierung dient.
- **Übergeordnete Stichwörter exportieren:** Ist dieses Kontrollkästchen aktiv, wird die gesamte übergeordnete Hierarchie eines Stichwortes exportiert, es sei denn, Sie haben die Option Ebenfalls exportieren deaktiviert. So lassen sich durch Zuweisen des untersten Begriffs einer Hierarchie auch alle übergeordneten Stichwörter mit einer einzigen Zuweisung exportieren.
- **Synonyme exportieren:** Gibt an, ob Synonyme mit exportiert werden.
- **Erstellungsoption – In (...) erstellen:** Ist ein Ordner aktiviert, wenn man ein Stichwort hinzufügt, kann man hier angeben, ob das neue Stichwort in diesem Verzeichnis erstellt werden soll.
- **Zu ausgewählten Fotos hinzufügen:** Diese Option ist nur dann aktiv, wenn Bilder ausgewählt sind. Schon beim Erstellen eines Stichwortes kann es direkt den Bildern zugewiesen werden.
- **Person:** Ist diese Kontrollbox aktiviert, wird das Stichwort als ein persönliches klassifiziert. Persönliche Stichwörter können beim Exportieren der Bilder ignoriert werden und tauchen somit nicht in den Metadaten auf. Mehr zum Export von Metadaten finden Sie auf Seite 413.

Stichwörter bearbeiten | Sie können Stichwörter jederzeit ändern. Dazu klicken Sie mit der rechten Maustaste auf den gewünschten Begriff und wählen aus dem Menü den Punkt Stichwort-Tag bearbeiten.

▲ Abbildung 9.97
Stichwörter können per Drag & Drop als neue untergeordnete Begriffe in andere Stichwörter verschoben werden.

Stichwörter hierarchisch anordnen

Eine Stärke von Lightroom ist die hierarchische Anordnung der Stichwörter. Sie können ein Stichwort schon bei der Erstellung einem anderen unterordnen oder es per Drag & Drop verschieben.

Zum Erstellen eines untergeordneten Stichwortes klicken Sie mit der rechten Maustaste auf den gewünschten Oberbegriff und wählen aus dem Menü den Punkt STICHWORT-TAG INNERHALB VON (…) ERSTELLEN. Geben Sie die Daten wie gewünscht in das Dialogfeld ein. Sie können Stichwörter auch noch nachträglich hierarchisch anordnen. Dazu ziehen Sie ein Stichwort mit gedrückter linker Maustaste auf ein anderes und lassen dann die Maustaste los.

Stichwörter zuweisen

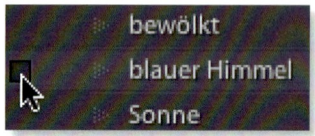

▲ Abbildung 9.98
Durch Aktivierung des Kontrollkästchens wird das Stichwort den ausgewählten Bildern hinzugefügt.

Die Stichwörter müssen natürlich den Bildern noch zugewiesen werden. Dies kann über das Rechtsklickmenü auf ein Stichwort mit dem Befehl DIESES STICHWORT DEM AUSGEWÄHLTEN FOTO HINZUFÜGEN erledigt werden.

Haben Sie ein oder mehrere Bilder ausgewählt, erscheint beim Rollover über ein Schlagwort ein kleines Kontrollkästchen. Wird dieses angeklickt, wird der Begriff dem Bild hinzugefügt, und es erscheint ein Häkchen.

Sie können Stichwörter zuweisen, indem Sie eines oder mehrere selektierte Bilder mit gedrückter linker Maustaste auf ein Stichwort ziehen und dann die Maustaste loslassen.

 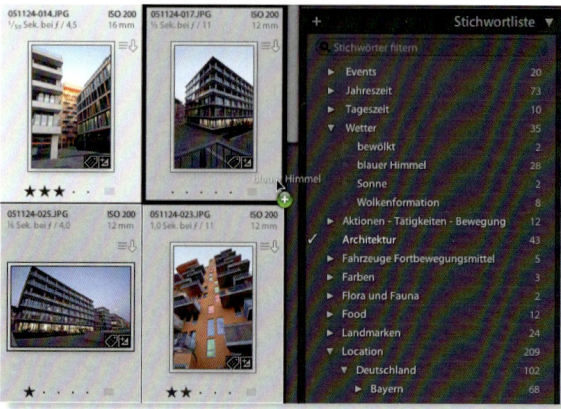

▲ Abbildung 9.99
Sie können per Drag & Drop Bilder auf Stichwörter oder umgekehrt auch Stichwörter auf Bilder ziehen.

Es funktioniert aber auch andersherum: Ziehen Sie ein Stichwort auf eines der ausgewählten Bilder, und das Schlagwort wird sofort allen selektierten Fotos zugewiesen. Ist kein Bild ausgewählt, so wird der Begriff nur dem Bild zugeteilt, auf das er gezogen wurde.

9.8 Bilder verschlagworten

Stichwortkürzel

Über die Tastenkombination ⌘+K unter Mac OS X beziehungsweise Strg+K unter Windows können Sie einem Bild ein Stichwort per Kürzel zuweisen. Vorher müssen Sie jedoch ein Schlagwort als Stichwortkürzel definieren. Dies können Sie über das Rechtsklickmenü auf das entsprechende Stichwort mit dem Befehl ALS STICHWORTKÜRZEL VERWENDEN erledigen. Hinter dem Stichwort signalisiert dann ein Pluszeichen den Zustand. Deaktivieren können Sie das Stichwortkürzel über den gleichen Befehl.

Die Befehle zum Zuweisen eines Stichwortkürzels finden Sie natürlich auch in der Menüleiste unter dem Punkt FOTO oder über das Kontextmenü eines Bildes.

▲ Abbildung 9.100
Das Pluszeichen kennzeichnet den Begriff als Stichwortkürzel.

Stichwörter filtern

Die Liste der Stichwörter kann mit der Zeit ziemlich lang werden. Um in einer langen Liste Begriffe besser zu finden, ist am Anfang des Bedienfeldes ein Suchfeld platziert. Sobald Sie hier einen Buchstaben eingeben, wird die Liste nach diesem Buchstaben durchsucht und gefiltert. Jeder weitere Buchstabe schränkt die Liste weiter ein.

Bilder nach Stichwörtern filtern

Stichwörter machen nur dann Sinn, wenn man nach ihnen auch Bildbestände filtern kann. Vielleicht haben Sie schon bemerkt, dass rechts ein Pfeil erscheint, wenn Sie mit der Maus über ein Stichwort rollen. Klicken Sie den Pfeil an, dann werden alle Bilder angezeigt, die dieses Schlagwort besitzen.

Wenn Sie nach mehreren Stichwörtern gleichzeitig filtern möchten, müssen Sie den Weg über die Bibliotheksfilterleiste (siehe Seite 352) gehen. Dort können Sie in der Filterrubrik METADATEN auch mehrere Stichwörter anwählen. Befinden Sie sich bereits in der Rasteransicht, wird die Filterleiste automatisch eingeblendet, sobald Sie auf den Pfeil beim Stichwort klicken.

▲ Abbildung 9.101
Über das Textfeld am Anfang des Bedienfeldes lassen sich Stichwörter filtern.

▲ Abbildung 9.102
Klicken Sie den Pfeil am Stichwort an, werden nur die Bilder angezeigt, die dieses Schlagwort besitzen.

Bedienfeld »Stichwörter festlegen«

Das Bedienfeld dient ebenfalls dem Zuweisen von Stichwörtern zu Bildern. Die dort befindlichen Funktionen sollen vor allem den Vorgang beschleunigen und sind in drei Funktionsgruppen unterteilt:

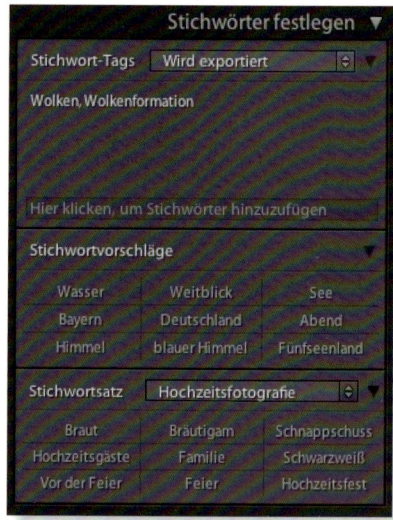

▲ Abbildung 9.103
Das Bedienfeld zur Stichworteingabe in der rechten Bedienfeldpalette

▶ **Stichwort-Tags:** Hier werden Ihnen alle aktuell zugefügten Stichwörter angezeigt, weitere können direkt über ein Textfeld eingegeben werden.

▶ **Stichwortvorschläge:** Hier gibt Lightroom Stichwörter vor. Die Zusammenstellung der neun Stichwörter erfolgt nach einem internen Verfahren.

▶ **Stichwortsatz:** Wichtige Stichwörter können zu einem Satz zusammengefasst werden. Man kann einen Satz auswählen und die beinhalteten Stichwörter schnell über Tastenkombinationen zuweisen.

Stichwort-Tags eingeben | Im ersten Funktionsbereich des Bedienfeldes werden Ihnen alle bereits zugewiesenen Stichwörter aufgelistet. Im Dropdown-Menü über dem Anzeigefeld können Sie aus drei Funktionen für das Feld auswählen:

▶ **Stichwörter eingeben:** Das Anzeigefeld wird editierbar, und Sie können direkt Begriffe eingeben.

▶ **Stichwörter & Enthält Stichwörter:** Hier werden alle zugewiesenen Stichwörter, Synonyme und hierarchischen Bezüge angezeigt, auch wenn diese nicht exportiert werden.

▶ **Wird exportiert:** Zeigt alle Stichwörter, Synonyme etc. an, die auch wirklich in die Datei exportiert werden.

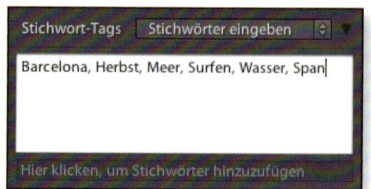

▲ Abbildung 9.104
Das Anzeigefeld wird zu einem editierbaren Textfeld.

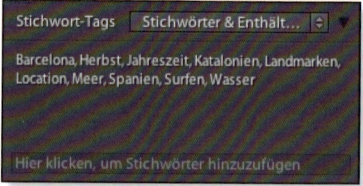

▲ Abbildung 9.105
Es werden alle Stichwörter, Synonyme und übergeordneten Begriffe angezeigt, auch wenn diese nicht exportiert werden.

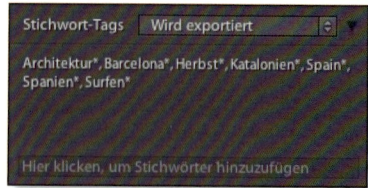

▲ Abbildung 9.106
Zur Kontrolle der exportierten Stichwörter kann man sich Synonyme und übergeordnete Begriffe anzeigen lassen.

Unter dem Anzeigefeld finden Sie ein Textfeld, in das Sie direkt Stichwörter eingeben können. Während des Tippens zeigt Lightroom Ihnen als Vorschläge bereits vorhandene Stichwörter an und vervollständigt so das Getippte. Dies reduziert Fehleingaben und das Eingeben gleicher Stichwörter mit verschiedenen Schreibweisen. Sind mehrere Bilder ausgewählt, so kann es vorkommen, dass neben den Stichwörtern ein »*« steht. Das bedeutet, dass dieser Begriff nur einem Teil der Bilder zugewiesen ist.

9.8 Bilder verschlagworten

Stichwortvorschläge | Lightroom generiert automatisch einen Satz an Stichwörtern. Die Zusammenstellung wird anhand eines Algorithmus erstellt, der unter anderem die Häufigkeit von Schlagwörtern auswertet und Begriffe berücksichtigt, die andere Bilder besitzen, die zu einem ähnlichen Zeitpunkt aufgenommen wurden.

Um einen Vorschlag zuzuweisen, muss mindestens ein Bild markiert sein. Dann können Sie einfach auf das Stichwort klicken, um es hinzuzufügen.

Stichwörter aus Sätzen zuweisen | Eine weitere Methode, um Schlagwörter zuzuweisen, sind Stichwortsätze. Dabei werden Stichwörter in Gruppen, den Stichwortsätzen, zusammengefasst. Es werden dann immer nur Stichwörter aus dieser Gruppe zugewiesen. Die Anzahl ist auf neun Stichwörter pro Gruppe beschränkt.

Diese Methode ist dann geeignet, wenn Sie Stichwörter zu einem bestimmten Event, zum Beispiel einer Hochzeit, verteilen wollen. Der Stichwortsatz »Hochzeitsfotografie« beinhaltet dann Begriffe wie Braut, Bräutigam, Brautpaar, Hochzeitsgäste, Buffet, Geschenke, Trauung etc. Sie können Schritt für Schritt durch die Bilder gehen und nur Schlagwörter aus diesem Satz zuweisen. Das geht schneller als das Heraussuchen der Begriffe aus einer langen Liste, vor allem deswegen, weil jedem Stichwort ein Tastenkürzel zugewiesen ist: ⌥+1 bis ⌥+9 unter Mac OS X oder Alt+1 bis Alt+9 unter Windows.

Unter dem Eingabefeld finden Sie die Stichwortsätze. Aus dem Dropdown-Menü daneben können Sie einen Satz auswählen und einen neuen erstellen oder bearbeiten. Darunter finden Sie neun Schaltflächen, über die die entsprechenden Begriffe zugewiesen werden können.

Um einen Stichwortsatz zu ändern, wählen Sie den Punkt SATZ BEARBEITEN ① aus dem Dropdown-Menü aus. Welchen Satz Sie ändern möchten, können Sie im Dialogfeld auswählen. Schreiben Sie dann bis zu neun Stichwörter in die Textfelder. Auch hier schlägt

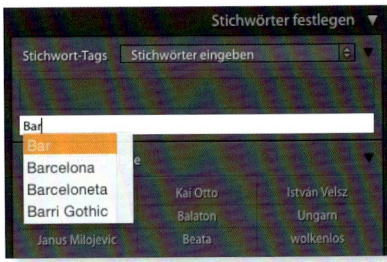

▲ Abbildung 9.107
Das Eingabefeld unter dem Anzeigebereich schlägt alternative Begriffe während des Tippens vor.

▲ Abbildung 9.108
Stichwortvorschläge werden automatisch generiert, liegen aber häufig daneben.

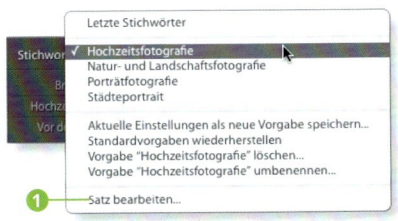

▲ Abbildung 9.109
Über ein Dropdown-Menü können Sie verschiedene Stichwortsätze auswählen.

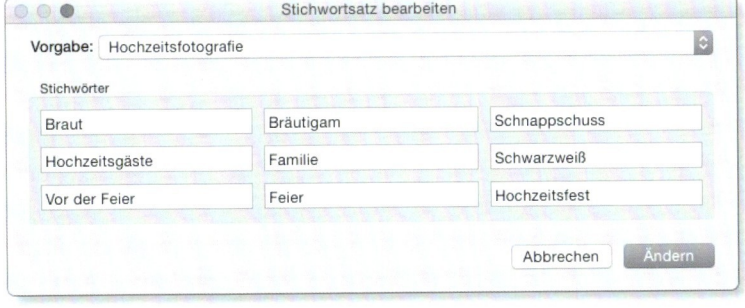

◄ Abbildung 9.110
Das Dialogfeld zum Anpassen der Stichwortsätze

375

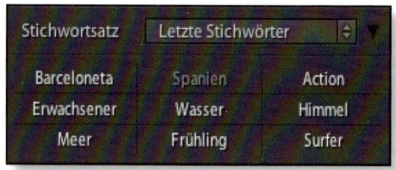

▲ Abbildung 9.111
Der Stichwortsatz Letzte Stichwörter zeigt die neun Stichwörter an, die als letzte zugewiesen wurden.

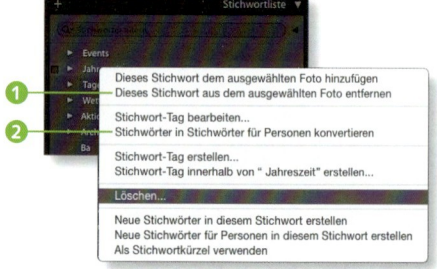

▲ Abbildung 9.112
Stichwörter lassen sich über das Rechtsklickmenü löschen.

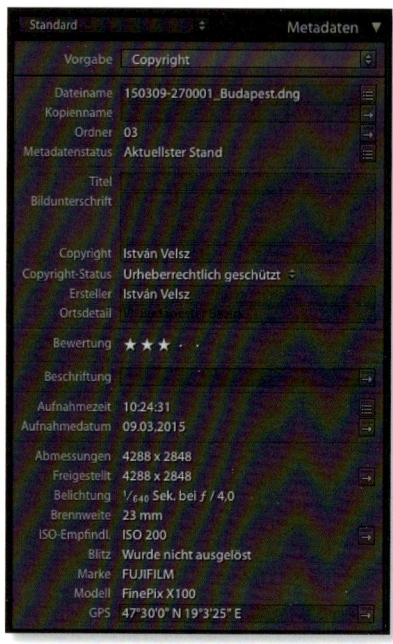

▲ Abbildung 9.113
Das Bedienfeld zur Metadateneingabe in der rechten Bedienfeldpalette

Ihnen Lightroom Alternativen während der Eingabe vor. Wollen Sie den Stichwortsatz unter einem neuen Namen speichern, können Sie das über das Dropdown-Menü im Dialogfeld tun, ebenso können Sie den Satz umbenennen oder löschen.

Als Letztes gibt es noch automatisch generierte Stichwörter. Diese zeigen die letzten Stichwörter an, die zugewiesen wurden.

Stichwörter entfernen oder löschen

Um ein Stichwort von einem Bild zu entfernen, wählen Sie dieses aus, und klicken Sie mit der rechten Maustaste auf das betreffende Stichwort. Gehen Sie im Menü auf den Punkt Dieses Stichwort aus dem ausgewählten Foto entfernen ❶. Das Stichwort bleibt in der Liste und wird nur vom Bild entfernt.

Wenn Sie im Dropdown-Menü den Befehl Löschen wählen, wird das Schlagwort komplett gelöscht. Gleichzeitig wird es auch von allen anderen Bildern entfernt, denen es zugewiesen ist.

Stichwörter für Personen konvertieren

Wird ein Stichwort über das Kontextmenü zu einem Personen-Stichwort ❷ konvertiert, ändert sich an der Bezeichnung nichts. Es erhält nur die Eigenschaft, dass es sich um ein personenbezogenes Stichwort handelt. Beim Export (Seite 413) können Sie verhindern, dass diese persönlichen Stichwörter mit exportiert werden.

9.9 Metadaten editieren und verwalten

Neben Ordnern, Sammlungen und Stichwörtern gibt es noch eine vierte Verwaltungsmöglichkeit in Lightroom: die Organisation über Metadaten. Sind die ersten drei Lösungen programmspezifisch für Lightroom, so ist die Verwaltung mit Metadaten systemübergreifend, denn diese Informationen werden direkt in die Datei geschrieben. Unterstützt ein Dateiformat die Metadatenspeicherung innerhalb einer Datei nicht, so schreibt Lightroom die Informationen in eine XMP-Datei, die denselben Namen wie die Bilddatei besitzt. Beim Suchen im Finder beziehungsweise Explorer werden hier also auch Bilder gefunden, die den Suchbegriff in den Metadaten enthalten. Die Verwaltung findet nicht mehr über die Ordnerhierarchie, sondern über die Informationen über Bildinhalt, Verfasser etc. statt. Einige der Metadaten, wie die EXIF-Daten der

Kamera, werden beim Fotografieren erzeugt und bleiben über den ganzen Lebenszyklus in das Bild eingebrannt. Andere Metadaten, wie die IPTC-Daten zu Fotograf, Copyright, Inhalt und Verbreitung, können in Lightroom ins Bild hineingeschrieben werden und werden dadurch für andere Programme lesbar. Nach diesen Metadaten können Sie auch in Lightroom Ihre Bilder suchen beziehungsweise filtern (siehe Seite 351).

Metadaten verwalten

Die Metadaten befinden sich in der rechten Bedienfeldpalette unter den Stichwörtern, und ihre Verwaltung findet über das Bedienfeld METADATEN statt. Hier können Sie alle Informationen sehen, die Ihr Bild besitzen kann. Metadaten können auch in Vorlagen gespeichert werden, um sie auf andere Bilder zu übertragen. Bevor man mit Metadaten arbeitet, muss man sich für eine Metadatenmaske entscheiden, denn die Anzahl der von Lightroom unterstützten Metadaten ist groß. Sie liegt bei ca. 90 unterschiedlichen Informationen. Diese vielen Informationen sind in Masken unterteilt. Jede dieser Masken dient einem bestimmten Zweck. Die Auswahl der Maske wird über das Dropdown-Menü links von der Bedienfeldbezeichnung vorgenommen.

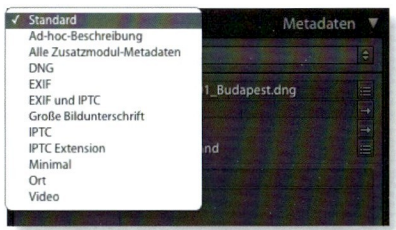

▲ **Abbildung 9.114**
Über das Dropdown-Menü können verschiedene Zusammenstellungen von METADATEN angezeigt werden.

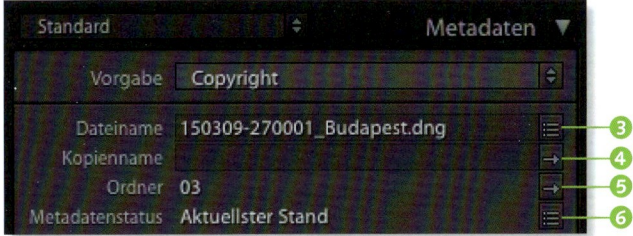

◄ **Abbildung 9.115**
Neben den Metadaten befinden sich Buttons, die Werkzeuge zur jeweiligen Eigenschaft aufrufen.

Auf der rechten Seite vieler Metadatenfelder befinden sich kleine Symbole, über die Sie weitere Verwaltungsaufgaben erledigen können. Einige dieser Symbole haben das gleiche Aussehen, aber unterschiedliche Bedeutungen:

❸ Öffnet den Dialog FOTOS UMBENENNEN. Dort können einzelne oder eine Reihe selektierter Bilder umbenannt werden.
❹ Handelt es sich um eine virtuelle Kopie, können Sie hier zur Masterdatei wechseln.
❺ Wechselt zum übergeordneten Ordner und zeigt dessen Inhalt in der Rasteransicht an.
❻ Beseitigt Probleme mit inkonsistenten Metadaten, zum Beispiel wenn diese noch nicht in die Datei geschrieben wurden.

◀ **Abbildung 9.116**
Weitere individuelle Funktionen der Metadateneinträge

▲ **Abbildung 9.117**
Bei Eingabefeldern können Sie im Kontextmenü aus der Liste der zuletzt eingegebenen Einträge wählen.

❶ Filtert alle Bilder gemäß der angezeigten Beschriftung.
❷ Öffnet den Dialog zum Ändern der Aufnahmezeit.
❸ Zeigt alle Bilder mit dem gleichen Aufnahmedatum.
❹ Wechselt zum Freistellungswerkzeug im Entwickeln-Modul.
❺ Zeigt alle Bilder mit demselben ISO-Wert.
❻ Zeigt alle Bilder, die mit demselben Objektiv gemacht worden sind.
❼ Zeigt die GPS-Koordinaten an. Mit einem Klick auf den Pfeil wird die Position im Karte-Modul angezeigt.
❽ Einige Felder wie Titel, Region und Beschriftung lassen sich anklicken. Hier lassen sich die zuletzt verwendeten Einträge auswählen und auch anderen Bildern zuweisen. Ob ein Feld anklickbar ist, erkennen Sie daran, dass der Begriff heller wird, wenn Sie mit dem Mauszeiger darüberfahren.

Einfache Metadatenmasken

Standard | Die Standardmaske zeigt nur die wichtigsten Daten an. Vor allem für Amateurfotografen reichen diese Angaben oft aus. Interessant ist, dass auch einige EXIF-Daten, die durch die Kamera bei der Aufnahme erzeugt werden, dargestellt sind. Dies erlaubt auch einen schnellen Blick auf die Aufnahmedaten. Nachfolgend sind erklärungsbedürftige Felder beschrieben:

▶ **Kopienname:** Für Dateien können neben den Dateinamen eigene Namen vergeben werden. Diese Namen sind eher technischer Natur und als Ergänzung zum Dateinamen gedacht. Sie müssen daher nicht den Inhalt beschreiben. Hier können Sie beispielsweise auch Umlaute verwenden, die man in Dateinamen vermeiden sollte. Auch virtuelle Kopien können hier eine eigene Bezeichnung bekommen.

- **Metadatenstatus:** Gibt an, ob die Metadaten in der Datei gespeichert sind oder aktualisiert wurden.
- **Titel:** Der Titel bezieht sich im Gegensatz zum Feld Kopienname auf den Inhalt und kann als Überschrift des Inhalts verwendet werden. Reportagefotografen schreiben hier beispielsweise die Überschrift des Artikels hin.
- **Bildunterschrift:** Beschreibt den Inhalt des Bildes und der ausgeführten Handlung.
- **Copyright:** Bezeichnung des Copyright-Inhabers. Dies kann auch der Name einer Bildagentur sein, über die ein Bild vertrieben wird.
- **Copyright-Status:** Gibt an, ob ein Bild urheberrechtlich geschützt oder frei ist.
- **Region:** Aufnahmeort der Fotografie
- **Beschriftung:** Hier können Sie einen selbst gewählten Begriff eintragen, der das Bild kategorisiert, zum Beispiel »Landschaft« oder »Städteporträt«. Ihnen sind eventuell schon einige andere Beschriftungen bekannt, denn Lightroom stellt diese als Farbmarkierung zur Verfügung. Klicken Sie auf den Begriff Beschriftung, öffnet sich ein Dropdown-Menü mit einer Liste mit den Farbmarkierungen. Geben Sie einen eigenen Begriff ein, erscheint er ebenfalls in dieser Liste.

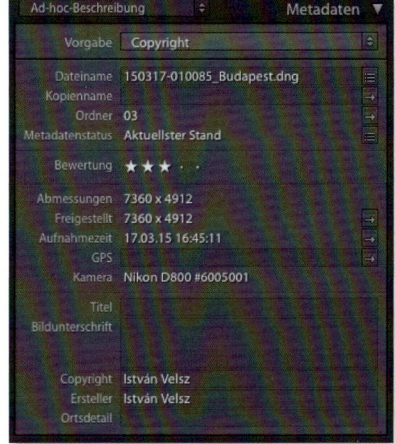

▲ **Abbildung 9.118**
Ad-hoc-Beschreibung zur schnellen Beschriftung von Bildern

Ad-hoc-Beschreibung | Diese Maske stellt eine reduzierte Version der Standardmaske dar. Sie dient der schnellen Betitelung und Beschreibung der Bilder. Vor allem die Bilder, die für eine Veröffentlichung gedacht sind, sollten zumindest einen Titel und eine Bildunterschrift enthalten.

Alle Zusatzmodul-Metadaten | Diese Maske ist normalerweise eher klein und nicht wichtig. Sie ermöglicht jedoch Zusatzmodulen, eigene Metadaten in Lightroom zu sichern. Dies können beispielsweise Einstellungen oder Verknüpfungsdaten sein.

DNG | Zeigt die Dateieigenschaften und Einstellungen an, mit der die DNG-Datei erstellt wurde. Diese können nicht geändert werden.

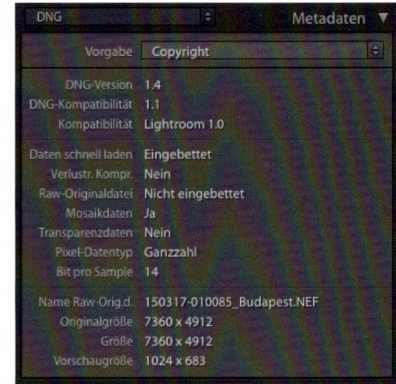

▲ **Abbildung 9.119**
DNG-Informationen zu Konvertierungseinstellungen und Dateiinformationen

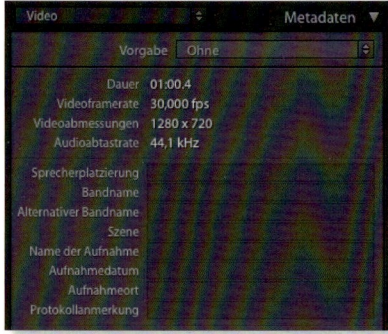

▲ **Abbildung 9.120**
Video-Metadaten werden den Anforderungen bei Videoproduktionen gerecht.

EXIF | Zeigt Metadaten an, die beim Fotografieren in die Datei geschrieben werden. Diese können Sie nicht ändern, sondern nur auslesen und danach filtern. Es werden aber nicht alle theoretisch möglichen EXIF-Informationen angezeigt. Dazu zählt beispielsweise der Zähler für die getätigten Auslösungen einer Kamera.

EXIF und IPTC | Zeigt die EXIF- und die IPTC-Metadaten zusammen an. Unter Lightroom 1 und 2 waren dies alle möglichen Metadaten. Durch die Erweiterung der IPTC-Funktionalität wurde die Maske umbenannt. Die Beschreibung der ITPC-Funktionen finden Sie auf den folgenden Seiten.

Große Bildunterschrift | Zeigt nur das Feld für die Bildunterschrift an, dies aber mit viel Eingabefläche für längere Texte.

Minimal | Zeigt nur die Felder DATEINAME, BEWERTUNG, BILDUNTERSCHRIFT und COPYRIGHT.

Ort | Stellt neben einigen Standardfeldern vor allem Felder für den Ortsbezug der Aufnahme dar. Diese entsprechen den Ortsangaben der IPTC-Maske.

Video | Videos besitzen eigene Eigenschaften, die zusätzlich zu den anderen Metadaten angegeben werden können. Sie richten sich nach den speziellen Anforderungen für die Videoproduktion. Hier können beispielsweise der Bandname angegeben werden, auf dem sich das Original befindet, oder Sprecherinformationen.

IPTC-Metadatenmasken

Das IPTC (*International Press Telecommunications Council*) ist eine Vereinigung von Nachrichtenagenturen, Zeitungen und Newssystem-Anbietern, die sich um eine Standardisierung von Nachrichtenformaten kümmert. Profifotografen aus allen Bereichen des Fotojournalismus kommen daher nicht um die Verwendung von IPTC-Daten herum. Über die genaue Verwendung von IPTC-Daten ließen sich eigene Bücher schreiben. Wer sich genau über das IPTC und dessen Standards informieren will, findet links im Kasten einige interessante Links.

In Lightroom 3 wurde die Eingabe der Daten auf zwei Masken verteilt. Basisinformationen werden seitdem über die IPTC-Maske (siehe Abbildung 9.121 links) eingepflegt. Erweiterte Informatio-

> **TIPP**
> ▸ Website der IPTC: *iptc.org*
> ▸ Beschreibung der IPTC-Core-Informationen:
> *iptc.org/std/photometadata/ documentation/GenericGuidelines/*
> ▸ Newscodes:
> *iptc.org/standards/newscodes/*

nen werden dann in die IPTC-Extension-Maske (siehe Abbildung 9.121 rechts) eingegeben. Nachfolgend erhalten Sie zunächst einen kurzen Überblick über die Bedeutung beider Masken. Danach folgen Erläuterungen zu den wichtigsten Feldern.

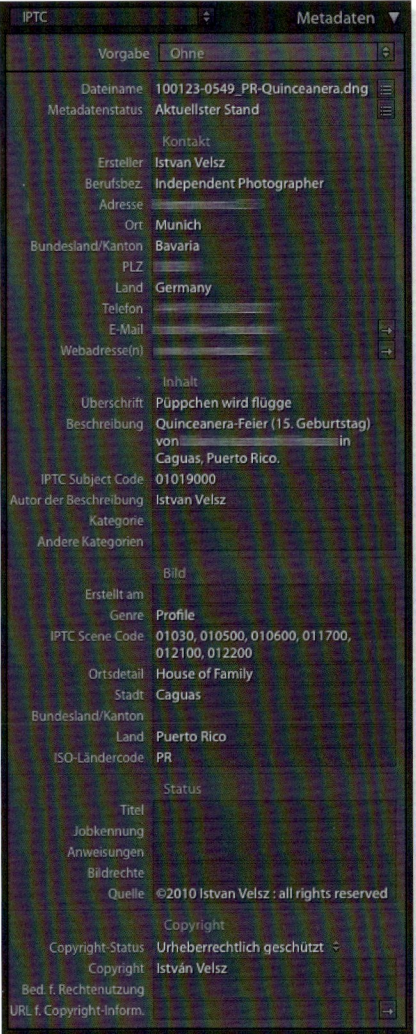
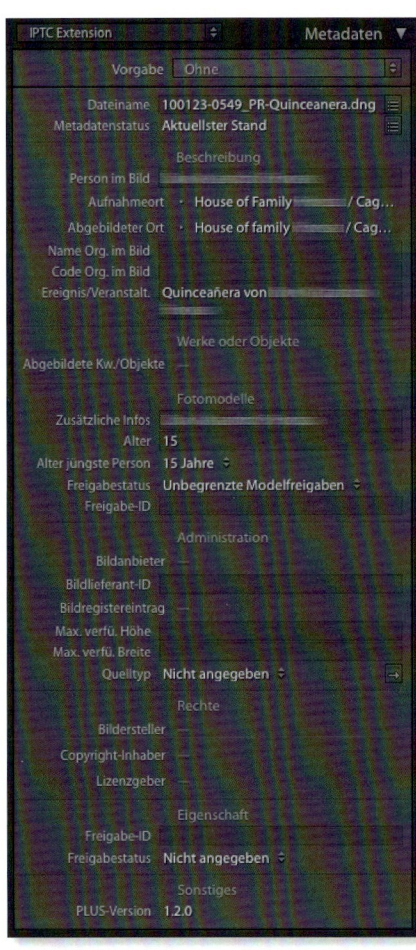

◄ Abbildung 9.121
Das Bedienfeld zur Eingabe der IPTC-Standard und Erweiterten Metadaten

IPTC | Diese Maske stellt die Basisinformationen zur Verfügung. Sie ermöglicht den einfachen Transfer von Metadaten der XMP-Daten (siehe Seite 96), wie sie von Adobe integriert wurden, und des IIM-Standards (Information Interchange Model) des IPTC. Die Kerninformationen dienen vor allem der groben Beschreibung der Bilddaten und deren Verbreitungsmöglichkeiten. Diese werden durch die Copyright-Daten festgelegt.

IPTC Extension | Die erweiterte IPTC-Maske bietet ergänzende Informationen zu den Kerninformationen. Dort werden vor allem Informationen zum abgebildeten Inhalt angeführt. Hierzu zählen beispielsweise auch Informationen zu abgebildeten Objekten/Kunstwerken wie Hersteller, Name eines Objekts, Standort etc. Außerdem können hier zusätzliche Copyright-Informationen zu Modellen, wie Modellfreigaben oder Bildregistrierungsangaben, eingegeben werden.

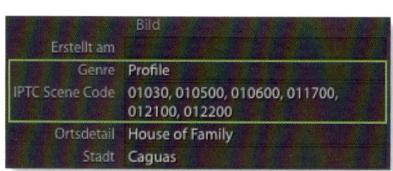

▲ **Abbildung 9.122**
Einige Felder wie GENRE oder IPTC SCENE CODE erfordern die Eingabe von fest definierten Begriffen oder IDs.

Arbeiten mit den IPTC-Masken | Normalerweise werden zunächst alle Daten der IPTC-Maske ausgefüllt. Anschließend füllt man die Felder der IPTC EXTENSION aus. Dabei sollten alle Angaben, die in beiden Masken sind, auch doppelt ausgefüllt werden. Leider ist es nicht möglich, die Daten aus der Kernmaske in die erweiterte Maske zu übernehmen. In diesem Fall müssen diese also doppelt ausgefüllt werden.

> **TIPP**
> Über die Website *https://iptc.org/standards/photo-metadata/photo-metadata-toolkit-update-notification/* des IPTC *(International Press Telecommunications Council)* erhalten Sie auch ein Toolkit zum Zuweisen der IPTC-Metadaten innerhalb von Adobe Bridge. Dies bietet zwar nicht mehr Felder, aber Werkzeuge und Hinweise zum einfacheren Ausfüllen, wie zum Beispiel das Übernehmen der Ortsinformation aus der Kernmaske in die erweiterte Maske. Auch werden für alle Felder Hilfeinformationen angezeigt.
>
>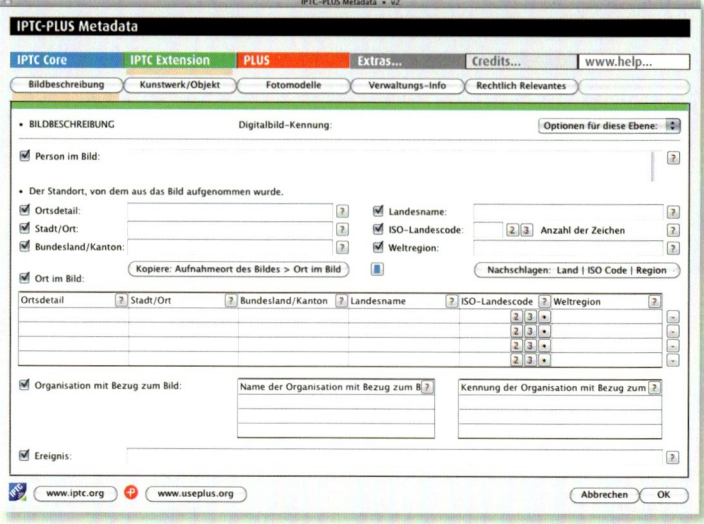

9.9 Metadaten editieren und verwalten

▲ Abbildung 9.123
Ausschnitt aus der Liste der Subject Codes der IPTC

Nicht alle Felder enthalten frei wählbare Textangaben. In die Felder GENRE oder IPTC SCENE CODE müssen Sie beispielsweise fest vorgegebene Begriffe oder IDs eingeben, deren Bedeutung Sie auf der Seite *www.newscodes.org* nachschlagen können. Dort finden Sie Listen der Codes mit ihren Bedeutungen. Machen Sie beispielsweise ein Bild des Almabtriebs in Österreich, so fällt das SUBJECT unter den Punkt »Brauchtum«. Dies wird mit »Eine spezielle Verhaltensweise oder ein Brauch, die beziehungsweise der sich für eine bestimmte Gruppe von Menschen über einen Zeitraum entwickelt hat« beschrieben. Der entsprechende Code lautet »01019000«. Dieser wird in den IPTC SUBJECT CODE eingetragen.

Die wichtigsten IPTC-Angaben

Die korrekte Beschriftung nach den IPTC-Vorgaben kann ziemlich anstrengend sein, wenn man alles nachschlagen muss. Eine Dropdown-Auswahl und ein automatischer Abgleich mit der Onlinedatenbank wären da sehr hilfreich. Allerdings hilft es auch, nur einige Felder auszufüllen.

Beim Ausfüllen wird die Auto-Vervollständigen-Funktion angewendet. Diese macht Ihnen bereits während der Eingabe Vorschläge zu Begriffen, die schon einmal in das Feld eingegeben wurden. Sind mehrere Bilder selektiert, so werden die Daten in alle ausgewählten Bilder geschrieben. Folgende Metadatengruppen und -felder empfehle ich auszufüllen. Dabei verwende ich die einfache IPTC-Maske.

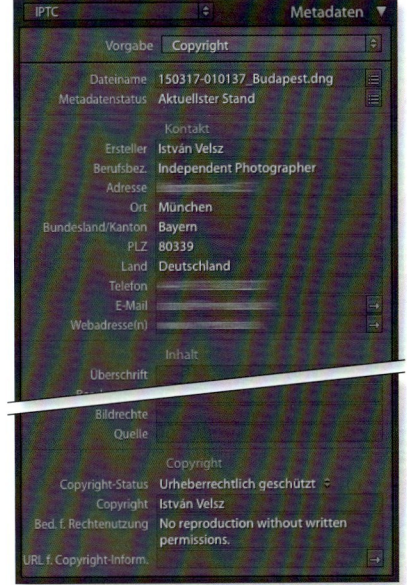

▲ Abbildung 9.124
Diese IPTC-Felder fülle ich in jedem Bild aus, andere nur auf Anforderung.

Kontakt | Unter diesen Angaben versteht man die Kontaktinformationen des Fotografen. Wenn Sie also Bilder weitergeben, sollten Sie diese Felder ausfüllen. Ich habe sie als Metadatenvorgabe gespeichert und wende sie automatisch beim Bildimport an.

Inhalt | Diese Felder fülle ich nur aus, wenn ich Bilder an Zeitschriften weiterleite, die dann die BESCHREIBUNG als Bildunterschrift verwenden. Ich fülle dann auch nur die BESCHREIBUNG für die Bilder aus, die ich verschicke. Die restlichen Felder lasse ich leer.

Bild | Hier fülle ich die Felder zu den Ortsangaben aus. Das erspart mir, die Ortsangaben in die Stichwortliste einzutragen.

Copyright | Hier trage ich zumindest meinen Namen ein, um als Urheber geführt zu werden. Diese Angabe ist bei mir ebenfalls in den Metadatenvorgaben gespeichert.

Alle anderen IPTC-Angaben können Sie erst einmal außer Acht lassen. Diese füllen Sie nur aus, wenn es verlangt wird. Wenn Sie Ihre Bilder über eine Agentur vertreiben lassen, können Sie dort auch nachfragen, welche Daten überhaupt benötigt werden.

Metadatenvorgaben

Einige Bildinformationen sind unveränderlich – dazu zählen beispielsweise der Name des Fotografen und die Copyright-Informationen. Diese können daher einmal eingegeben und als Vorlage abgespeichert werden. Sie können aber auch kombiniert werden. Die Vorlage eines Fotografen kann beispielsweise mit einer anderen Copyright-Vorlage verbunden werden. Solange sich Angaben in den Feldern nicht gegenseitig überschreiben, lassen sich viele derartige Vorlagenkombinationen anfertigen. Wie Sie eine Metadatenvorlage erstellen, erfahren Sie auf Seite 307. Um eine Vorlage zuzuweisen, wählen Sie einfach eine gespeicherte Version im Dropdown-Menü VORGABE aus.

▲ **Abbildung 9.125**
Mit der Sprühdose lassen sich Metadaten schnell auf beliebige Bilder anwenden.

9.10 Die Sprühdose

Die Sprühdose ist ein Werkzeug, mit dem man den Bildern schnell und einfach Einstellungen, Markierungen, Metadaten, Beschriftungen etc. zuordnen kann. Man stellt einfach die zuzuweisende

9.10 Die Sprühdose

Information ein, und jedes Bild, das »angesprüht« wird, erhält die entsprechende Eigenschaft. Je nachdem, welche Information Sie aufsprühen, besitzt die Sprühdose ein anderes Symbol. Je nach Informationsart können Sie zudem zusätzliche Optionen einstellen. Die Sprühdose ist nur in der Rasteransicht verfügbar.

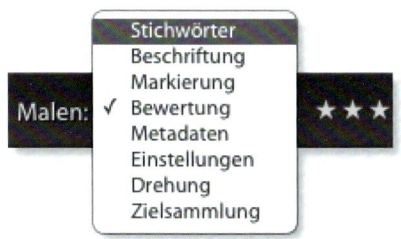

Abbildung 9.126 ▲
Über das Dropdown-Menü MALEN wählen Sie die Eigenschaft aus, die Sie mit der Sprühdose zuweisen möchten.

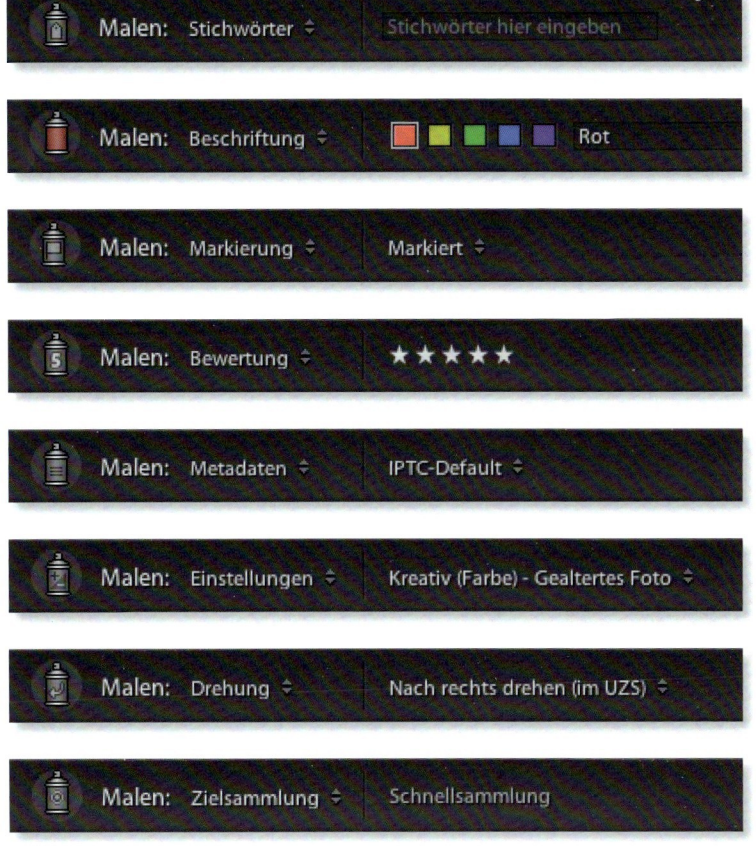

◀ **Abbildung 9.127**
Die Sprühdose und ihre Darstellung bei den unterschiedlichen MALEN-Optionen

Schritt für Schritt
Entwicklungseinstellungen aufsprühen

In diesem Beispiel werden wir eine gespeicherte Entwicklungseinstellung auf einige Bilder aufsprühen.

1 Werkzeug auswählen

Klicken Sie in der Rasteransicht auf das Werkzeug SPRÜHDOSE in der Werkzeugleiste. Dieses zeigt die zuletzt verwendete Eigenschaft – hier die Stichwort-Sprühdose. Nach dem Anklicken wird der Mauszeiger zur Sprühdose.

▲ **Abbildung 9.128**
Auswahl der Sprühdose

2 Zu sprühende Eigenschaft auswählen

Als Nächstes wird angegeben, welche Eigenschaften auf die Bilder aufgetragen werden sollen.

Klicken Sie auf die aktuelle Eigenschaft neben dem Begriff MALEN. Daraufhin wird ein Dropdown-Menü geöffnet, mit dem Sie die unterschiedlichen Parameter auswählen können. Wählen Sie den Punkt EINSTELLUNGEN.

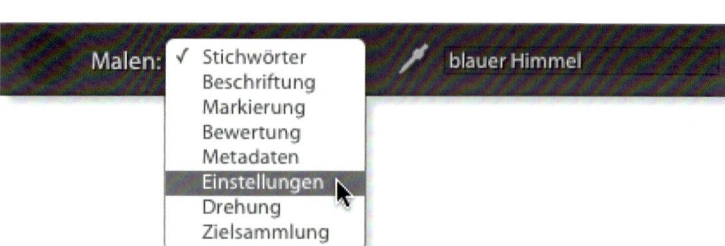

Abbildung 9.129
Auswahl der MALEN-Eigenschaft

3 Einstellung auswählen

Neben der gewählten Eigenschaft EINSTELLUNGEN erscheint ein weiteres Dropdown zur Auswahl der Entwicklungseinstellung. Wählen Sie hier eine gewünschte Entwicklungsvorgabe, z.B. CROSSENTWICKLUNG 1 aus dem Menüeintrag FARBVORGABEN LIGHTROOM aus.

Abbildung 9.130
Auswahl der Entwicklungsvorgabe, die aufgesprüht werden soll

4 Eigenschaften aufsprühen

Klicken Sie jetzt nacheinander die Bilder an, denen Sie die Entwicklungseinstellung zuweisen wollen. Halten Sie die Maustaste gedrückt, und fahren Sie damit über die Bilder. Diesen werden dann die Einstellungen aufgesprüht. Einzelne Bilder können Sie auch einfach mit der Sprühdose anklicken.

Zum Beenden legen Sie die Sprühdose einfach auf die Kreisfläche zurück, von der Sie sie aufgenommen haben, und klicken dort einmal mit der Maustaste.

Abbildung 9.131
Aufsprühen der Eigenschaft

9.11 Die Ad-hoc-Entwicklung

In den seltensten Fällen sind Bilder von Haus aus perfekt belichtet – selbst im Studio schwankt die Belichtung. Um schnell grobe Bildkorrekturen durchzuführen, muss man in Lightroom nicht erst in das Entwickeln-Modul wechseln. Auch in der Bibliothek gibt es die Möglichkeit, die wichtigsten Korrekturen wie Belichtung, Lichter- und Schattenkorrektur, Helligkeit, Kontrast und Lebendigkeit durchzuführen. Alle Arbeitsschritte werden im Protokoll des Bildes gespeichert und können auch wieder rückgängig gemacht werden.

Mit der Ad-hoc-Entwicklung können Sie nach einem Shooting schnell viele Bilder auf einmal korrigieren und sie in vorzeigbaren Versionen Ihren Kunden oder Freunden präsentieren. Die finale Anpassung findet dann im Entwickeln-Modul statt.

Die Parameter der Ad-hoc-Entwicklung sind abhängig von der Prozessversion, die Sie gewählt haben. Beim Import neuer Bilder wird immer die neueste Prozessversion verwendet. Im Folgenden werden daher die Parameter der neuesten Prozessversion erläutert. Näheres über die Parameter der verschiedenen Prozessversionen erfahren Sie auf Seite 511.

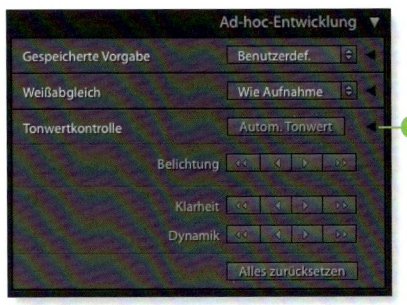

▲ **Abbildung 9.132**
Die AD-HOC-ENTWICKLUNG gibt es in einer reduzierten Form. Über das Anklicken von Dreiecken ❶ können weitere Parameter eingeblendet werden.

Ad-hoc-Entwicklung zuweisen

Die Ad-hoc-Entwicklung wird auf ausgewählte Bilder angewendet. Sie können also große Aufnahmeserien in einem Schwung korrigieren. Dabei sind die Änderungen relativ. Das heißt, dass der Wert, der im Entwickeln-Modul oder über die Automatik bereits zugewiesen wurde, immer um einen bestimmten Betrag erhöht oder verringert wird. Der genaue Wert wird in den Reglern festgelegt – doch dazu später mehr. Das Histogramm, oben rechts in der Bedienfeldpalette, hilft Ihnen bei der Kontrolle.

Das Bedienfeld der AD-HOC-ENTWICKLUNG besteht aus drei Parametergruppen. Diese ermöglichen in ihrer reduzierten Form eine grobe, ersten Entwicklung. Durch das Anklicken der ◀ Dreiecke können weitere Parameter eingeblendet werden. Voll erweitert, stehen Ihnen alle Parameter (außer SÄTTIGUNG) des Bedienfeldes GRUNDEINSTELLUNGEN aus dem Entwickeln-Modul zur Verfügung.

Selektieren Sie für eine Ad-hoc-Entwicklung die gewünschten Bilder, und klicken Sie anschließend auf einen der Pfeile, um den Wert zu verändern. Die Einzelpfeile ❷ ändern die Werte in kleinen Schritten, zum Beispiel ⅓-Blendenstufen. Die Doppelpfeile ❸ än-

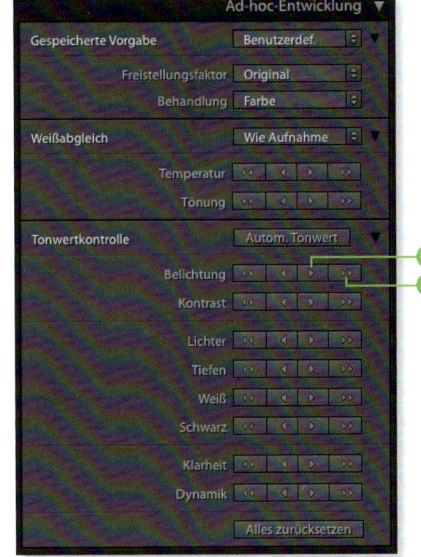

▲ **Abbildung 9.133**
Mit der AD-HOC-ENTWICKLUNG, hier die der Prozessversion 2012, kann man in der Bibliothek schnell erste Korrekturen durchführen.

dern die Werte in großen Schritten, zum Beispiel in einer ganzen Blendenstufe. Für den Weißabgleich und die Auswahl einer Entwicklungsvorgabe stehen Ihnen Dropdown-Menüs zur Verfügung.

Einstellungen synchronisieren | Wollen Sie Einstellungen von einem Bild auf ein anderes übertragen, wählen Sie zunächst das Bild aus, das die zu übertragenden Einstellungen besitzt. Anschließend klicken Sie mit gedrückter ⌘/Strg-Taste auf die Bilder, die die Einstellungen bekommen sollen.

Sind alle Bilder ausgewählt, drücken Sie die Schaltfläche Einstell. Syn. unter der rechten Bedienfeldpalette und wählen aus dem Dialogfeld die Parameter aus, die übertragen werden sollen. Da dies der Dialog aus dem Entwickeln-Modul ist, finden Sie hier auch einige Parameter, die Sie nicht über die Ad-hoc-Entwicklung einstellen können.

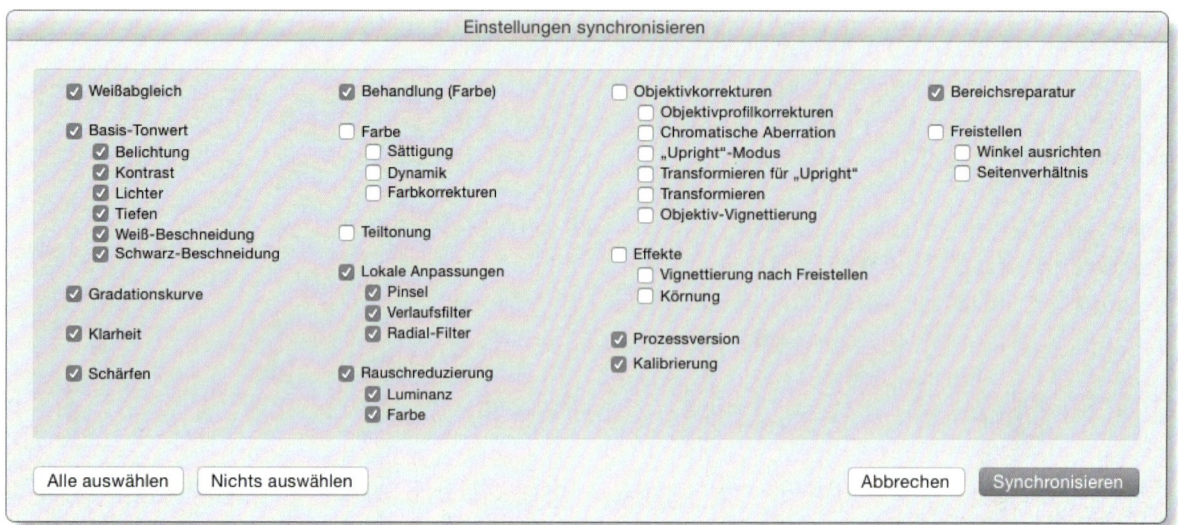

▲ **Abbildung 9.134**
Dialogfeld zur Auswahl der Synchronisierungseinstellungen

Kurzbeschreibung der Korrekturmöglichkeiten

In diesem Abschnitt werden die Parameter nur kurz angerissen. Eine genauere Beschreibung der Einstellungen und deren Auswirkungen erhalten Sie in ausführlicher Form in Kapitel 13, »Das Entwickeln-Modul«, ab Seite 492.

Gespeicherte Vorgabe | In diesem Dropdown-Menü können Sie bereits gespeicherte Entwicklungsvorgaben über ein Dropdown-Menü auswählen und zuweisen.

Freistellungsfaktor | Hier können Sie ein Seitenverhältnis auswählen, in dem ein Bild beschnitten wird. Sie können hier auch eigene Seitenverhältnisse angeben.

Behandlung | Sie können hier ein Bild zwischen Farb- und Schwarzweißdarstellung umschalten.

Weißabgleich | Diese Einstellung reguliert die Farbtemperatur in der Aufnahme, um weiße Bildstellen auch wirklich weiß erscheinen zu lassen. Sie können aus dem Dropdown-Menü nur feste Werte für bestimmte Lichtsituationen festlegen oder die Lightroom-Automatik aufrufen.

Farbtonkontrolle | Durch Anklicken der Schaltfläche AUTOM. TONWERT wird eine automatische Korrektur durchgeführt. Dabei versucht Lightroom, die optimale Belichtung des Bildes herauszufinden, und passt dabei alle nötigen Parameter an. Oft ist dies ein guter Ausgangspunkt für weitere Korrekturen.

Belichtung | Der einzelne Pfeil erhöht beziehungsweise verringert die Belichtung in ⅓-Blendenstufen. Der Doppelpfeil erhöht oder verringert die Belichtung um eine ganze Blendenstufe. Eine Veränderung der Belichtung hat stärkere Auswirkungen auf die helleren Bildstellen.

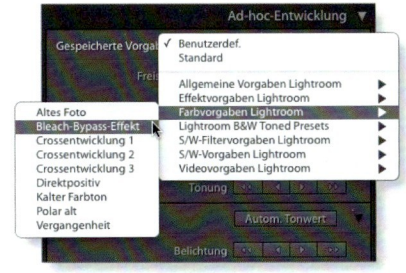

▲ Abbildung 9.135
Über das Dropdown-Menü GESPEICHERTE VORGABE können gesicherte Entwicklungsvorgaben zugewiesen werden.

▲ Abbildung 9.136
Auswahl von voreingestellten Farbtemperaturwerten

▲ Abbildung 9.137
Die Belichtungskorrektur arbeitet entsprechend der Blenden-Zeit-Einstellung an der Kamera – links das Original.

▲ **Abbildung 9.138**
Das Ausgangsbild (links oben) im Vergleich zu den dargestellten Ad-hoc-Entwicklungseinstellungen

Kontrast | Dieser Parameter verstärkt oder verringert den Kontrast. Der Wert wird mit dem einzelnen Pfeil um den Wert »5« verändert. Der Doppelpfeil ändert den Wert um »20«.

Lichter | Der Parameter LICHTER regelt die Helligkeit der hellen Bereiche. Der einzelne Pfeil verändert den Wert um »5«, der Doppelpfeil um »20«.

Tiefen | Die TIEFEN regeln die dunklen Bereiche. Der Wert wird mit dem einzelnen Pfeil um den Wert »5« verändert. Der Doppelpfeil ändert den Wert um »20«.

Weiß | Der Regler WEISS verschiebt nur die hellsten Punkte, den Weißpunkt. Der Wert wird mit dem einzelnen Pfeil um den Wert »5« verändert. Der Doppelpfeil ändert den Wert um »20«.

9.11 Die Ad-hoc-Entwicklung

▲ **Abbildung 9.139**
Weitere Ad-hoc-Einstellungen

Schwarz | Dieser Parameter stellt den Schwarzwert, also nur die dunkelsten Bereiche des Bildes, ein. Der Wert wird mit dem einzelnen Pfeil um den Wert »5« verändert. Der Doppelpfeil ändert den Wert um »20«.

Klarheit | Die KLARHEIT erhöht die Tiefenwirkung im Bild. Der Wert wird mit dem einzelnen Pfeil um den Wert »5« verändert. Der Doppelpfeil ändert den Wert um »20«.

Dynamik | Die DYNAMIK verstärkt die Sättigung von geringer gesättigten Farben. Der einzelne Pfeil ändert den Wert um »5«. Der Doppelpfeil ändert den Wert um »20«.

Schärfen | Dieser Parameter wird anstelle der KLARHEIT sichtbar, wenn Sie die ⌥/Alt-Taste gedrückt halten. Er schärft das Bild. Der einzelne Pfeil verändert den Wert um »5«, der Doppelpfeil um »20«.

▲ **Abbildung 9.140**
Der Vergleich zwischen der ungeschärften (links) und einer geschärften Variante (rechts)

▲ **Abbildung 9.141**
Vergleich der stärker gesättigten Bildvariante (rechts) mit dem Original (links)

Sättigung | Dieser Parameter wird anstelle der DYNAMIK sichtbar, wenn Sie die ⌥/Alt-Taste gedrückt halten. Er steuert die Sättigung des gesamten Bildes. Der einzelne Pfeil verändert den Wert um »5«, der Doppelpfeil um »20«.

Alles zurücksetzen | Mit dieser Schaltfläche werden alle Parameterwerte auf die Standardwerte von Lightroom zurückgestellt.

Einzelne Parameter zurücksetzen | Sie können auch einzelne Parameter zurückstellen, indem Sie auf die Bezeichnung des entsprechenden Parameters klicken.

9.12 Die Vergleichsansicht – welches ist das beste Bild?

Eine weitere Ansicht, die sich über die Werkzeugleiste aufrufen lässt, ist die Vergleichsansicht. Mit ihr werden zwei Bilder nebeneinander angezeigt. Dies dient beispielsweise dem Finden des besten Fotos aus einer Serie, indem ein ausgewähltes Bild mit einem »Kandidaten« verglichen wird.

▲ **Abbildung 9.142**
Die Schaltfläche zum Starten der Vergleichsansicht

Sie beginnen mit den ersten zwei Fotos aus einer Reihe. Das bessere Bild bleibt mit dem Vermerk AUSWÄHLEN bestehen, und das schlechtere wird durch das nächste Bild als KANDIDAT ersetzt. Der Kandidat wird so oft durch ein neues Bild ausgetauscht, bis dieses besser als die aktuelle Auswahl ist. Dann wird die Auswahl durch den Kandidaten ersetzt. Dieser Vorgang wird fortgesetzt, bis das beste Bild übrig bleibt.

Die Vergleichsansicht öffnen Sie durch einen Klick auf das entsprechende Symbol in der Werkzeugleiste (siehe Abb. 9.142).

9.12 Die Vergleichsansicht – welches ist das beste Bild?

◄ Abbildung 9.143
Die Bedienelemente der Vergleichsansicht im Überblick

Benutzerinterface der Vergleichsansicht

Die Vergleichsansicht halbiert die Ansicht in zwei Fenster. Links befindet sich das mit Auswählen markierte Bild ❶. Das ist das favorisierte Foto. Rechts wird der Kandidat ❷ platziert. Unter jedem Bild befindet sich eine Leiste ❸, mit der Sie das jeweilige Bild kennzeichnen können. Sie können Markierungen, Farbbeschriftungen und Bewertungssterne vergeben. Mit dem x-Symbol am Ende der Leiste löschen Sie das aktuelle Foto aus dem Fenster. Es wird kein neues Bild geladen.

In der Werkzeugleiste befinden sich Tools zur Handhabung beim Vergleich von Bilddetails. Beide Ansichten können gezoomt ❺ werden. Das Schloss ❹ sperrt die Positionen zueinander, so dass sich beim Verschieben oder Zoomen des einen Bildes das andere mitbewegt beziehungsweise mitgezoomt wird. Die Schaltfläche Synchronisieren ❻ gleicht die Position der beiden Bilder an.

Am rechten Ende der Werkzeugleiste befinden sich die Schaltflächen zum Wechseln des Kandidaten und der Auswahl ❼. Die Schaltfläche FERTIG ❽ beendet die Vergleichsansicht und springt in die Lupenansicht des Favoriten.

Im Filmstreifen werden das ausgewählte Bild ❶ und der Kandidat ❷ zusätzlich mit kleinen Rautensymbolen gekennzeichnet.

Abbildung 9.144 ▶
Eine zusätzliche Kennzeichnung im Filmstreifen erleichtert das Arbeiten.

Fotos auswählen und vergleichen

Für einen Vergleich in der Ansicht benötigen Sie immer zwei Bilder. Am besten erstellen Sie dafür eine Schnellsammlung oder eine ähnliche Auswahl, um alle zu vergleichenden Kandidaten im Filmstreifen zu sehen. Alternativ können Sie auch alle infrage kommenden Bilder markieren und nach dem Markierungsstatus filtern (siehe ab Seite 351 und 360).

Das beste Bild finden und bewerten

Für eine Auswahl des besten Bildes empfiehlt sich folgende Vorgehensweise: Zunächst trägt kein Bild einen Bewertungsstern. Wenn Sie einen Kandidaten gefunden haben, der besser als die Auswahl ist, erhält die aktuelle Auswahl einen Stern. Dann machen Sie den Kandidaten zur Auswahl. Wenn Sie wieder einen besseren Kandidaten haben, geben Sie der aktuellen Auswahl zwei Sterne. Vergeben Sie bei jedem Tausch des Kandidaten zur Auswahl einen Stern mehr. Nach dem fünften Tausch haben Sie fünf Sterne vergeben. Eigentlich sollte das bis zum Ermitteln des besten Bildes reichen. Wenn nicht, verringern Sie alle Bewertungen um einen oder mehrere Sterne und machen dann weiter. Dieses Verfahren eignet sich vor allem für die Bildauswahl einer Serie ähnlicher Bilder.

9.12 Die Vergleichsansicht – welches ist das beste Bild?

Schritt für Schritt
Bilder vergleichen

In dieser Anleitung wird das Verfahren aus dem vorherigen Abschnitt auf eine Bildauswahl angewendet. Dabei werden die Bilder einer Aufnahmeserie miteinander verglichen, bis am Ende das beste Bild gefunden ist. Die hier gezeigte Serie aus acht Bildern finden Sie im Ordner UNGARN im Workshop-Katalog.

1 Bilder auswählen

Wählen Sie zunächst in der Rasteransicht der Bibliothek die ersten beiden Bilder der Serie aus. Das erste Bild, das Sie auswählen, wird als aktives Bild mit einem etwas helleren Hintergrund dargestellt. Das zweite ausgewählte Bild erhält einen etwas dunkleren Hintergrund.

▲ Abbildung 9.145
Die Auswahl zweier Bilder in der Rasteransicht, die miteinander verglichen werden sollen.

2 Zur Vergleichsansicht wechseln

Wechseln Sie jetzt zur Vergleichsansicht. Das aktive Bild wird jetzt links im AUSWÄHLEN-Fenster, das zweite Bild wird rechts als KANDIDAT präsentiert. Das Bild im AUSWÄHLEN-Fenster erhält eine weiße Raute im Filmstreifen, der KANDIDAT eine schwarze. Das AUSWÄHLEN-Bild ist das aktuell »bessere«.

▲ Abbildung 9.146
Der Wechsel zur Vergleichsansicht findet über die entsprechende Schaltfläche in der Werkzeugleiste statt.

▲ **Abbildung 9.147**
Über die Navigationspfeile können Sie das nächste beziehungsweise das vorherige Bild als Kandidaten auswählen.

▼ **Abbildung 9.148**
Das nächste Bild wurde als Kandidat ausgewählt. Ist das Fenster des Kandidaten weiß eingerahmt, ist es aktiv. Jetzt kann man auch mit der Maus einen neuen Kandidaten im Filmstreifen auswählen.

3   Kandidaten wechseln

Da der Kandidat weniger gefällt als die Auswahl, wählen Sie einfach das nächste Bild als neuen Kandidaten. Klicken Sie jetzt auf den Navigationspfeil, der nach rechts zeigt ❸, damit das nächste Bild zum Kandidaten wird. Die Navigationspfeile wechseln immer nur die Kandidaten durch.

Sie können ein anderes Bild auch im Filmstreifen auswählen, dabei ist jedoch zu beachten, dass in diesem Fall das Bild im aktiven Rahmen getauscht wird. Um den Kandidaten über den Filmstreifen zu wechseln, müssen Sie im Ansichtsfenster einmal mit der Maus die Kandidat-Ansicht anklicken. Das Ansichtsfenster des Kandidaten erhält dann einen weißen Rahmen ❷. Jetzt können Sie ein beliebiges Bild auch im Filmstreifen auswählen. Grundsätzlich sollten sie am besten systematisch der Reihe nach vorgehen, um kein Bild auszulassen.

4   Kandidat als Auswahl übernehmen

Haben Sie einen Kandidaten gefunden, der Ihnen besser als die Auswahl gefällt, geben Sie dem Bild im Auswählen-Fenster einen Stern ❶ und klicken erst dann auf die Schaltfläche Auswahl vornehmen ❹. Dabei wird der Kandidat zur Auswahl, und das nächste Bild wird automatisch zum neuen Kandidaten.

9.12 Die Vergleichsansicht – welches ist das beste Bild?

Da das neue Bild im AUSWÄHLEN-Fenster jetzt besser ist als das vorhergehende, das ja schon einen Stern bekommen hat, geben Sie jetzt dem ausgewählten Bild zwei Sterne.

Wählen Sie über die Navigationspfeile das nächste Bild aus, und beginnen Sie erneut. Führen Sie diesen Vorgang so oft durch, bis Sie einmal alle Bilder miteinander verglichen haben. Die Aufnahme, die als letzte im Auswahlfenster steht, ist die beste. Erhöhen Sie dabei bei jeder Übernahme des Kandidaten als Auswahl die Anzahl der Sterne.

Klicken Sie nach Abschluss des Vergleichs auf die FERTIG-Schaltfläche, wird das aktuell bessere Bild im AUSWÄHLEN-Fenster in der Lupenansicht dargestellt.

Es gibt noch eine weitere Schaltfläche in der Werkzeugleiste zum Wechseln der Auswahl. Mit Klick auf VERTAUSCHEN wird der Kandidat durch die Auswahl ausgetauscht.

▲ Abbildung 9.149
Durch die Schaltfläche AUSWAHL VORNEHMEN wird der Kandidat zur Auswahl, und das nächste Bild wird als Kandidat genommen.

▲ Abbildung 9.150
Kandidat und Auswahl können ebenfalls miteinander vertauscht werden.

Detailvergleich

Manchmal müssen Sie in die Bilder in der Vergleichsansicht zoomen, um Bilder anhand von Details vergleichen zu können. Grundsätzlich haben Sie dazu alle Zoom- und Verschiebemöglichkeiten

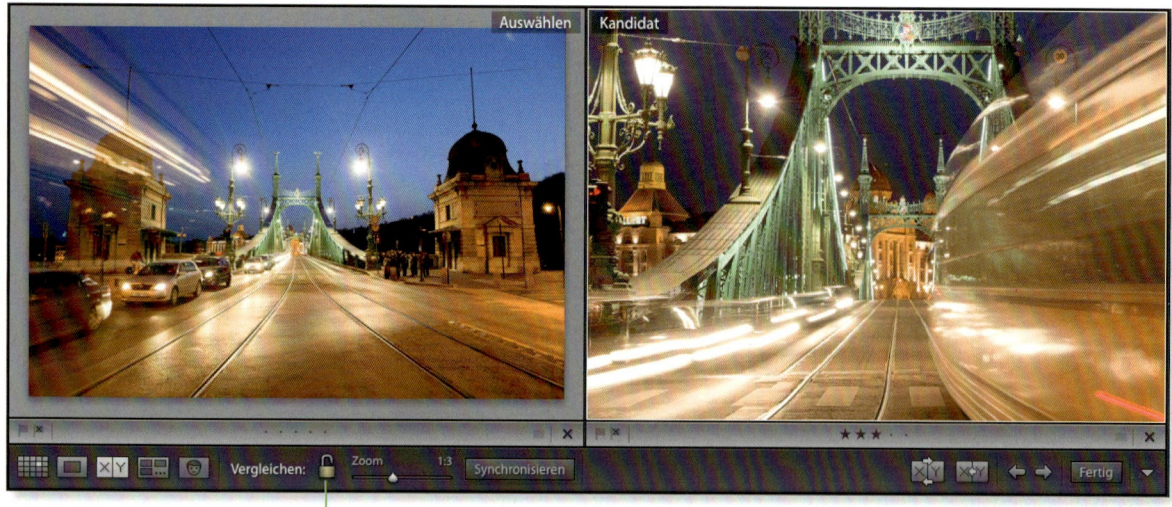

▲ **Abbildung 9.151**
Ist das Schloss geöffnet, lassen sich die Ansichten getrennt voneinander zoomen und verschieben.

wie auch in der Lupenansicht. Sie können hier also auch per Mausklick vergrößern und im gezoomten Zustand mit gedrückter linker Maustaste das Bild im Ausschnitt verschieben. Dabei gibt es die folgenden Optionen:

Fenster koppeln | Sie können die Ansichten miteinander koppeln. Wird dann eine Ansicht gezoomt oder das Bild darin verschoben, macht die andere Ansicht dieselbe Veränderung »live« mit.

Zeigt das Symbol ein geschlossenes Schloss ❷, sind beide Ansichten gegenseitig gesperrt. Sind die Zoomstufen unterschiedlich, werden beim Sperren die Stufen des selektierten Fensters auf das andere Fenster übertragen. Bei gleicher Zoomstufe, aber unterschiedlicher Position des dargestellten Bildbereichs wird diese

▼ **Abbildung 9.152**
Ist das Schloss geschlossen, erhalten beide Bilder die gleiche Zoomstufe.

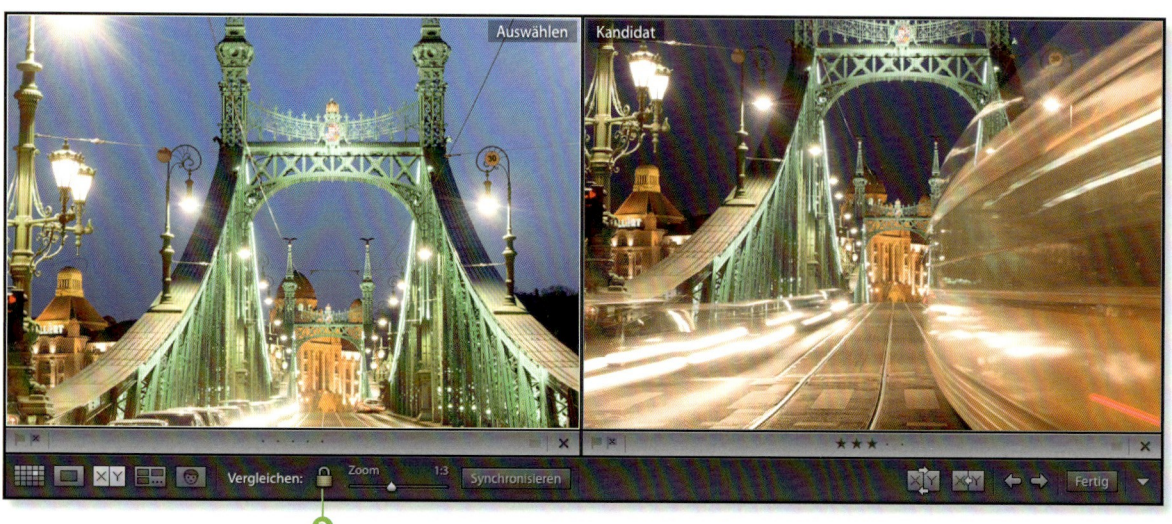

unterschiedliche Positionierung gesperrt. Der Status »nicht gekoppelt« wird durch ein geöffnetes Schloss symbolisiert ❶.

Mit der ⇧-Taste lässt sich der Zustand des Schlosses für die Dauer des Tastendrucks umkehren. Das hilft, wenn die Ansichten gesperrt sind, Sie aber den Ausschnitt in nur einem Bild verändern wollen.

Fenster synchronisieren | Über die Schaltfläche Synchronisieren ❸ werden die Vergrößerung und die Position der aktiven Ansicht auf die andere Ansicht übertragen. Der Zustand des Schlosses bleibt davon unberührt.

▼ Abbildung 9.153
Die Synchronisieren-Schaltfläche überträgt Zoomfaktor und Bildposition auf die inaktive Ansicht.

9.13 Die Übersicht – passen meine Bilder zusammen?

Die Übersicht besitzt die Funktion eines Leuchttisches. In ihr werden alle ausgewählten Bilder angezeigt und im Fenster so angeordnet, dass sie alle stets in gleicher Größe sichtbar sind. Fügt man Fotos hinzu, werden alle Bilder kleiner. Entfernt man Bilder, werden die verbleibenden größer – immer so, dass dabei der Platz optimal genutzt wird.

Sie können in dieser Ansicht vor allem Zusammenstellungen von Bildern prüfen – passen sie zusammen, erzählen sie die richtige Geschichte, passen die Farben zueinander etc.?

Zum Aufrufen der Übersicht klicken Sie auf das Symbol in der Werkzeugleiste des Bibliothek-Moduls.

▲ Abbildung 9.154
Die Übersicht öffnet sich durch das Anklicken des Symbols in der Werkzeugleiste.

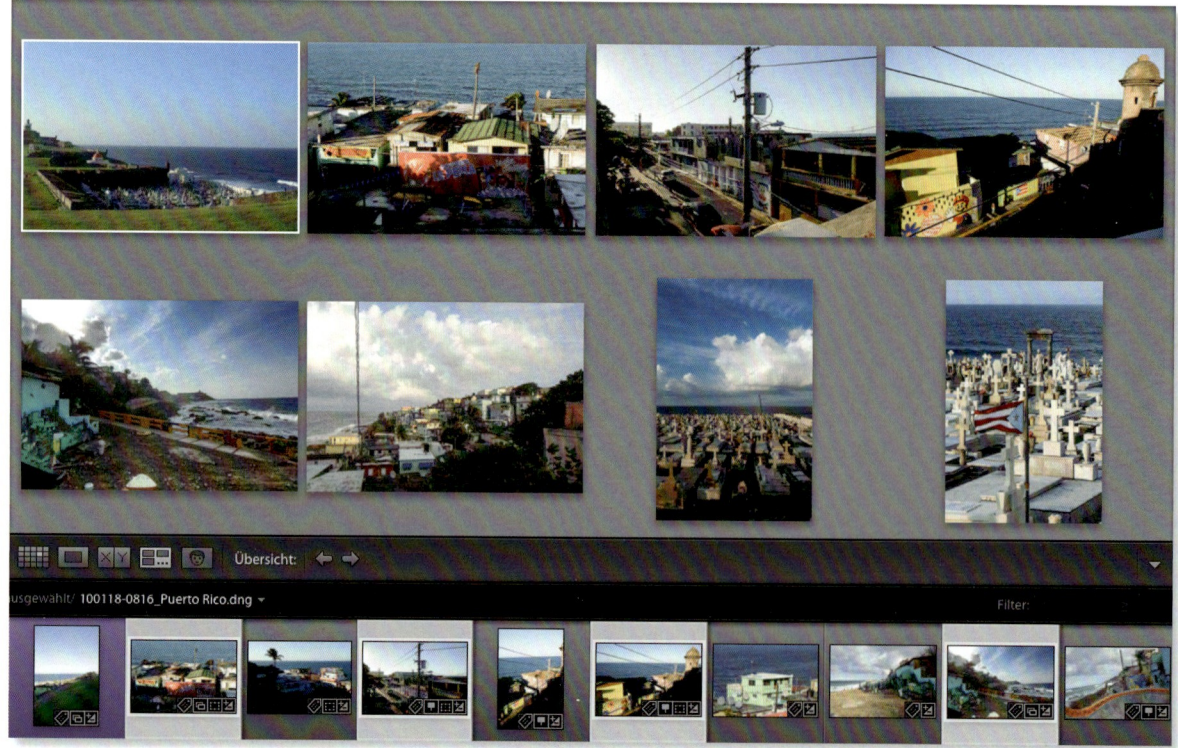

▲ Abbildung 9.155
In der Übersicht können Bildzusammenstellungen kontrolliert werden.

Bilder auswählen und entfernen

Alle Bilder, die in der Rasteransicht verfügbar sind und somit im Filmstreifen angezeigt werden, können der Übersicht hinzugefügt werden.

Bilder hinzufügen | Haben Sie bereits Bilder ausgewählt, werden diese in der Ansicht angezeigt. Neue Bilder fügen Sie hinzu, indem Sie die ⌘/Strg-Taste gedrückt halten, während Sie mit der Maustaste weitere Bilder im Filmstreifen anklicken. Für jedes neue Bild wird die Ansicht neu berechnet, so dass die Bilder die gesamte Fläche ausfüllen.

Wenn Sie im Filmstreifen nur ein Bild auswählen, verlassen Sie automatisch die Übersicht und wechseln in die Lupenansicht.

Bilder entfernen | Fahren Sie mit dem Mauszeiger über ein Bild, so erscheint in der Ecke unten rechts ein ⊠-Symbol ❹. Klicken Sie es an, um das Bild aus der Auswahl und somit auch aus der Übersicht zu entfernen.

9.13 Die Übersicht – passen meine Bilder zusammen?

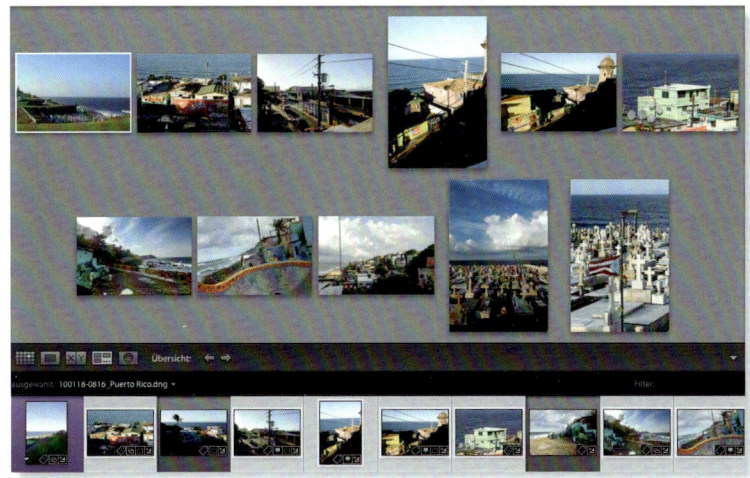

◀ **Abbildung 9.156**
Die Größe der Bilder wird immer so berechnet, dass alle Bilder in der Übersicht sichtbar sind – egal, wie viele es sind.

Alternativ können Sie auch mit gedrückter ⌘/Strg-Taste auf ein Bild in der Ansicht oder im Filmstreifen klicken.

Bilder kennzeichnen

In der Übersicht können Sie die Bilder auch direkt kennzeichnen. Dazu finden Sie unter den Bildern die Werkzeuge für die Markierungen ❶, Bewertungssterne ❷ und Farbmarkierungen ❸. Durch Anklicken der jeweiligen Symbole werden die Bilder markiert.

◀ **Abbildung 9.157**
Fotos können in der Übersicht auch gekennzeichnet werden.

Kapitel 9   Das Bibliothek-Modul

Neu in Lightroom 6/CC

9.14 Gesichtserkennung

Eigentlich sollte die Gesichtserkennung schon in die Version 5 integriert werden, aber nach vielen Problemen bei der Erkennung wurde sie auf die Version 6 beziehungsweise CC 2015 verschoben. Die Gesichtserkennung dient der Verschlagwortung von Personen. Die dabei vergebenen Schlagwörter sind als »privat« gekennzeichnet, so dass diese auf Wunsch beim Export nicht in den Metadaten erscheinen.

▼ **Abbildung 9.158**
Die Verwaltung von Personen hat eine eigene Darstellung, die Personenansicht, bekommen.

▲ **Abbildung 9.159**
Bei manchen Bildern findet Lightroom Gesichter, wo keine sind.

Die Erkennung funktioniert, indem der Algorithmus zunächst die Bilder durchsucht. Wird ein Gesicht erkannt, wird dieses mit einem Gesichtsbereich in Form eines Markierungsrahmens versehen. Natürlich können Sie auch manuell einen Gesichtsbereich setzen, falls auf einem Bild ein Gesicht nicht erkannt wird. Auch können Sie von falsch erkannten Objekten den Gesichtsbereich entfernen – Lightroom erkennt gerne Häuser oder Strukturen als Personen.

Es gibt zwei Möglichkeiten, die automatische Gesichtserkennung auszulösen, einmal global über das Aktivitätszentrum und einmal über die Werkzeugleiste für alle Bilder, die aktuell in der Rasteransicht beziehungsweise dem Filmstreifen angezeigt werden.

Wird die Erkennung global über das Aktivitätszentrum aktiviert, läuft diese im Hintergrund. Die Geschwindigkeit ist dabei erheb-

9.14 Gesichtserkennung

lich von der Größe der Datei abhängig, weil dazu jedes Bild von Lightroom geöffnet werden muss. Geschwindigkeitsvorteile haben Sie, wenn Sie Raw + JPEG oder nur JPEG fotografieren, da hier die Gesichter in der JPEG-Datei gesucht werden. Auch werden Smart-Vorschauen (siehe Seite 237) von Raw-Bildern bevorzugt durchsucht. Die Erkennung dauert ähnlich lange wie das Erstellen von Vorschaubildern, was bei einem Katalog mit mehr als 10 000 Bildern dann schon mal einen Tag dauern kann. Man sollte sich also überlegen, ob man die Erkennung global aktiviert oder nur partiell.

▲ Abbildung 9.160
Gesichtsbereiche werden durch einen Rahmen gekennzeichnet.

Globale oder partielle Erkennung

Starten Sie Lightroom das erste Mal, egal, ob mit einem neuen Programm oder nach einem Update, ist die Gesichtserkennung zunächst deaktiviert. Sie wird erst aktiviert, wenn Sie sie das erste Mal verwenden wollen.

Klicken Sie im Bibliothek-Modul auf das Symbol mit dem Gesicht, erhalten Sie die Option, die Gesichtserkennung global im Hintergrund für den gesamten Katalog zu starten oder nur für die aktuelle Bibliotheksansicht. Alternativ können Sie auch die Taste O zum Aktivieren der Personenansicht verwenden.

▲ Abbildung 9.161
Die Personenansicht wird über das Symbol in der Werkzeugleiste aufgerufen. Sie löst dann das Indizieren der Gesichter aus.

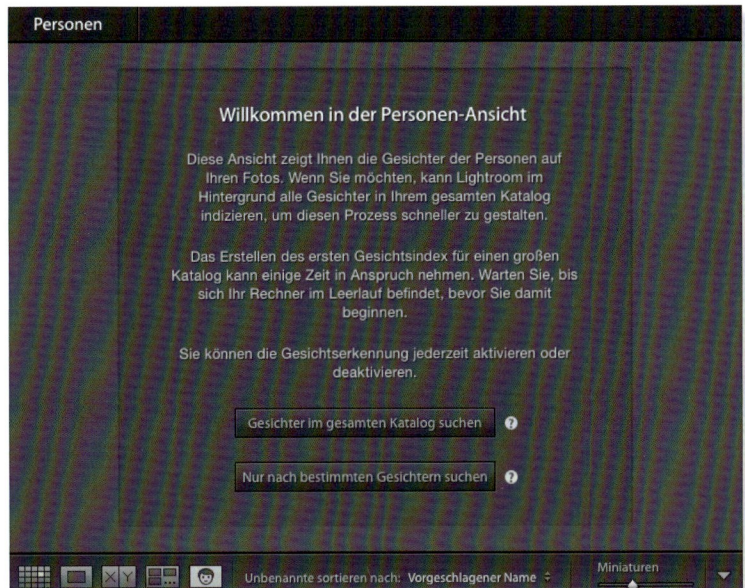

◄ Abbildung 9.162
Beim ersten Aufruf der Personenansicht erhalten Sie die Wahl, wie Sie mit der Gesichtserkennung verfahren wollen.

Gesichter im gesamten Katalog suchen | Klicken Sie diese Schaltfläche an, wird der gesamte Katalog im Hintergrund indiziert. Den Vorgang können Sie später auch im Aktivitätszentrum

HINWEIS

Haben Sie die globale Suche aktiviert und wechseln in die Personenansicht, wird die globale Suche temporär gestoppt, und der Modus schaltet in die partielle Indexierung um. Es werden dann nur die Bilder durchsucht, die im Filmstreifen dargestellt werden. Ist die Suche dort beendet, bleibt die globale Erkennung deaktiviert. Erst wenn Sie dann die Personenansicht verlassen und beispielsweise in die Rasteransicht wechseln, wird die globale Suche wieder aktiviert.

pausieren und natürlich auch wieder starten. Ist der Katalog dann einmal durchsucht, werden die Gesichter schneller angezeigt.

Grundsätzlich eignet sich die globale Erkennung dann, wenn sie viele Personen fotografieren, die Sie auch persönlich kennen. In diesem Fall werden Sie den meisten Gesichtern auch Namen zuweisen können.

Nur nach bestimmten Gesichtern suchen | In diesem Fall bleibt die Gesichtsindizierung für den Gesamtkatalog deaktiviert. Aktivieren Sie die Personenansicht über die Schaltfläche in der Werkzeugleiste, wird diese dann nur für die Bilder ausgeführt, die in der Rasteransicht der Bibliothek dargestellt werden. Dies sind dann alle Bilder im aktuell ausgewählten Ordner der selektierten Sammlung oder einer gefilterten Auswahl von Bildern.

Dieses Verhalten eignet sich vor allem für Reportage- oder Architekturfotografen, die zwar Personen fotografieren, aber überwiegend Objekte oder unbekannte Personen aufnehmen, da die Indizierung nur auf »Befehl« ausgelöst wird.

Globale Gesichtserkennung nachträglich starten und stoppen

Haben Sie einmal die globale Erkennung aktiviert, können Sie diese auch anhalten. Dazu haben Sie zwei Möglichkeiten:

Erkennung über das Aktivitätszentrum anhalten | Klicken Sie auf die Erkennungstafel, um das Aktivitätszentrum zu öffnen. Klicken Sie auf die Zeile mit der Bezeichnung GESICHTSERKENNUNG ❶.

Das Pause-Symbol wechselt zu einen Start-Symbol und erhält den Zusatz ANGEHALTEN.

▲ Abbildung 9.163
Im Aktivitätszentrum sehen sie den Status der Erkennung. Der Tooltip erscheint, wenn Sie länger mit der Maus auf der Zeile verbleiben. Ein Klick auf die Zeile pausiert den Hintergrundvorgang.

9.14 Gesichtserkennung

Erkennung in den Katalogeinstellungen deaktivieren | Die Indizierung kann auch in den Katalogeinstellungen geändert werden. Den Dialog rufen Sie auf dem Mac über den Menüpfad Lightroom • Katalogeinstellungen und unter Windows über Bearbeiten • Katalogeinstellungen auf.

Im Dialog finden Sie im Register Metadaten die Parametergruppe Gesichtserkennung. Diese hat nur einen Parameter. Deaktivieren Sie die Kontrollbox Auf allen Fotos automatisch Gesichter erkennen ❷, stoppt die globale Indizierung.

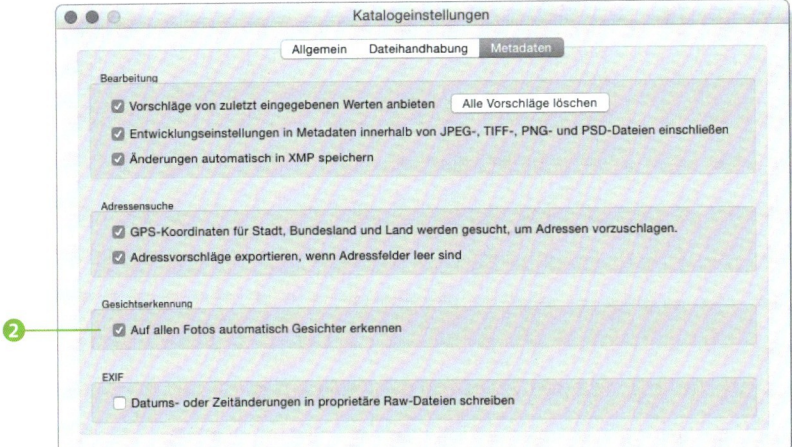

◀ Abbildung 9.164
Der Parameter für die globale, katalogweite Gesichtserkennung in den Katalogeinstellungen

Die Kontrollbox verhält sich analog zu dem Status im Aktivitätszentrum. Es gibt also keine Empfehlung, wann welches Verfahren welchen Vorteil besitzt.

Partielle Gesichtserkennung ausführen und stoppen

Ist die globale Suche deaktiviert, kommt grundsätzlich nur die partielle Suche zum Einsatz. Diese wird immer dann ausgelöst, wenn Sie über die Schaltfläche in der Werkzeugleiste in die Personenansicht wechseln. Partiell deshalb, weil die Suche nur auf die Bilder angewendet wird, die aktuell im Filmstreifen angezeigt werden. Dieser stellt immer die Bilder dar, die auch in der Rasteransicht gezeigt werden. Dies kann ein ausgewählter Ordner, eine aktive Sammlung oder auch eine gefilterte Bildauswahl sein.

Dass die Gesichtserkennung nur im Filmstreifen sucht, wird während der Suche in der Erkennungstafel und im Aktivitätszentrum signalisiert. Zum Stoppen der Erkennung wechseln Sie einfach die Ansicht.

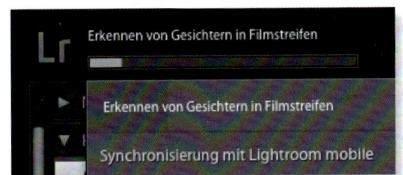

▲ Abbildung 9.165
Statusanzeige der partiellen Erkennung im Filmstreifen

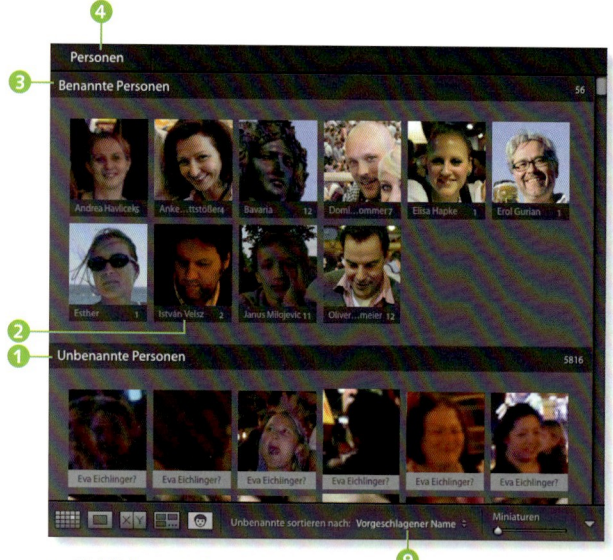

▲ Abbildung 9.166
Übersicht über alle bekannten Personen und Vorschläge unbekannter Personen

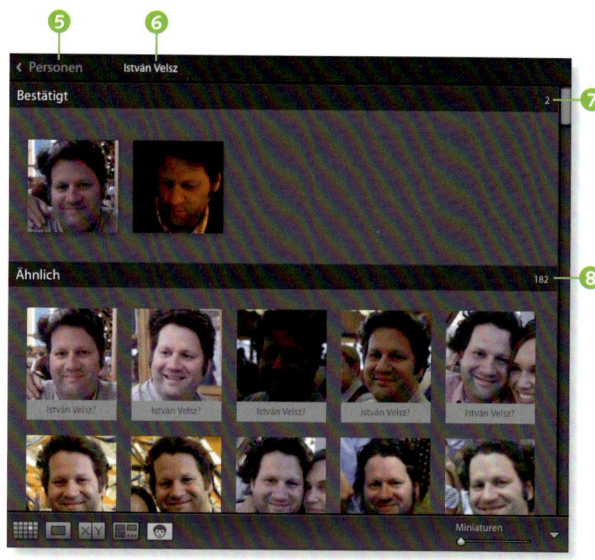

▲ Abbildung 9.167
Ausgewählte Person und mögliche Übereinstimmungen in der Einzelpersonenansicht

Die Elemente der Personenansicht

Ist die Suche einmal durchlaufen, werden Ihnen zunächst alle erkannten Gesichter in einer Rasteransicht dargestellt. Die Rasteransicht besitzt einen Kopfbalken, der zunächst nur anzeigt, dass Sie sich in der Personenansicht befinden ❹.

Darunter befindet sich der Bereich für BENANNTEN PERSONEN ❸. Die Zahl neben dem Namen gibt an, wie viele Bilder gefunden wurden. Diese gilt aber nur für die aktuell im Filmstreifen angezeigten Bilder. Wählen Sie ALLE FOTOS im Bedienfeld KATALOG, sehen Sie die Anzahl aller gefundenen Bilder im Katalog.

Unter dem Bereich der benannten Personen finden Sie noch UNBENANNTE PERSONEN ❶. Dort werden Ihnen alle gefundenen Gesichter angezeigt. Meint Lightroom, eine Person erkannt zu haben, wird der Namensvorschlag mit Fragezeichen unter dem Bild eingeblendet.

Wählen Sie eine benannte Person mit Doppelklick aus ❷, wechselt die Darstellung zur Detailansicht. Im obersten Balken ist dann der Name der aktiven Person ❻ sichtbar. Über einen Klick auf den Begriff PERSONEN ❺ gelangen Sie wieder zur Übersicht zurück.

Im oberen Teil ❼ werden zu einer einzelnen Person alle gefundenen Bilder angezeigt, die Sie zugewiesen/bestätigt haben. Darunter werden nur die Vorschläge angezeigt, von denen Lightroom annimmt, dass sie diese Person wahrscheinlich darstellen ❽.

In der Werkzeugleiste können Sie noch die Sortierung 9 einstellen, nach der die unbekannten Personen sortiert werden sollen. Hier haben Sie folgende Optionen:

- **Vorgeschlagener Name:** Hier werden die Bilder nach den Namen sortiert, die Lightroom für noch nicht benannte Personen vorschlägt.
- **Filmstreifen-Reihenfolge:** Hier werden die Gesichter so angeordnet, wie deren Reihenfolge im Filmstreifen darunter ist. Werden auf einem Bild mehrere Gesichter erkannt, folgen diese direkt aufeinander.
- **Stapelgröße:** Bilder, die sehr ähnlich sind und nach Meinung von Lightroom aus einer Serie stammen, werden in Stapeln gruppiert. Stapel erhalten oben links ein Symbol mit der Anzahl der gruppierten Bilder 10. Ein Klick auf das Symbol erweitert den Stapel und blendet alle zugehörigen Bilder ein. Alternativ können Sie auch die Taste S verwenden, um einen ausgewählten Stapel zu öffnen und zu schließen. Die Taste blendet übrigens auch Stapel in der Rasteransicht ein und aus.
- **Beliebte Personen:** In diesem Fall sortiert Lightroom die Vorschläge nach den Personen mit den meisten erkannten Bildern.

▲ **Abbildung 9.168**
Gesichter, die aus einer Serie stammen, werden von Lightroom gestapelt.

TIPP

Halten Sie die ⌥-Taste (Mac) beziehungsweise die Alt-Taste (Windows) gedrückt, und fahren Sie mit der Maus horizontal über einen Stapel, werden die enthaltenen Bilder nacheinander eingeblendet.

Bestehende Stichwörter mit Namen in Personen-Stichwörter konvertieren

Die Namen, die Sie innerhalb der Personenansicht Gesichtern zuweisen, sind eigentlich nichts anderes als normale Stichwörter, allerdings mit der Zusatzeigenschaft, dass diese »persönliche« Informationen enthalten.

Haben Sie Ihren Katalog auf Lightroom 6/CC aktualisiert und bereits in Lightroom 5 Namen als Stichwörter vergeben, müssen Sie diese erst als personenbezogen kennzeichnen.

Um ein bereits vorhandenes Stichwort in einen »echten« Namen zu konvertieren, klicken Sie mit der rechten Maustaste auf

◀ **Abbildung 9.169**
Kontextmenü zum Konvertieren von Stichwörtern zu personenbezogenen Stichwörtern

das Stichwort, und wählen Sie aus dem Kontextmenü den Punkt Stichwörter in Stichwörter für Personen konvertieren. Die Konvertierung hat auf folgende Punkte Auswirkungen:

- Export: Sie können verhindern, dass Namen beim Export in die Metadaten geschrieben werden.
- Autocomplete: Vergeben Sie Namen an unbenannte Gesichter per Tastatur, schlägt Ihnen die Autocomplete-Funktion beim Tippen nur Personen-Stichwörter vor.

Namen zuweisen

▲ Abbildung 9.170
Zuweisen eines Namens zu einem unbenannten Gesicht

Führen Sie die Gesichtserkennung zum ersten Mal aus, sind den erkannten Gesichtern noch keine Namen zugewiesen. Dies ändern Sie jetzt, indem Sie unter einem erkannten Gesicht auf das Fragezeichen ❶ klicken. Es erscheint an dieser Stelle ein Eingabefeld. Geben Sie in dieses den Namen ein. Haben Sie Stichwörter in Personen-Stichwörter konvertiert, werden hier Vorschläge über die Autocomplete-Funktion angeboten.

Weisen Sie einem Stapel Namen zu, sollten Sie diesen vorher öffnen und kontrollieren, da Lightroom manchmal nicht zusammengehörige Gesichter stapelt. Sie können falsch benannte Gesichter aber auch wieder entfernen, dazu aber später.

Nach dem Zuweisen erscheint das Gesicht im Bereich Benannte Personen ❷.

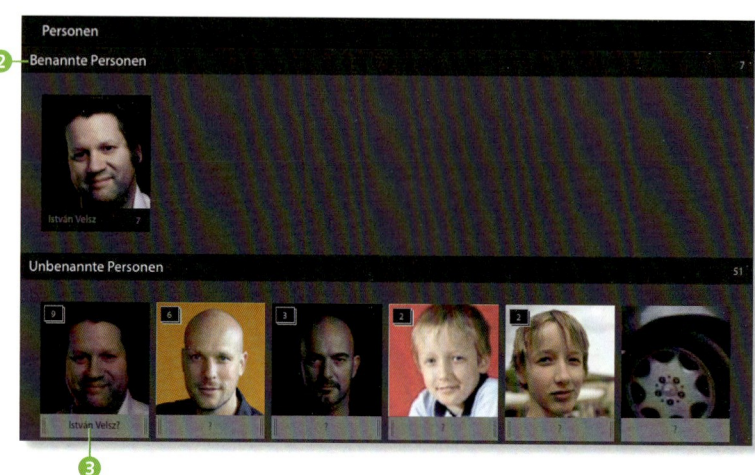

Abbildung 9.171 ▶
Nach dem Benennen einer Person wird diese im Bereich für Benannte Personen abgelegt.

Weisen Sie einem geschlossenen Stapel einen Namen zu, werden alle enthaltenen Bilder der Person zugewiesen. Ist ein Stapel geöffnet, wird jedes Bild darin unabhängig betrachtet. Es werden dann immer nur explizit ausgewählte Bilder zugewiesen.

9.14 Gesichtserkennung

Haben Sie bereits einige Personen benannt, können Sie auch neue Bilder zuweisen, indem Sie eine unbenannte Person per Drag & Drop auf eine benannte Person ziehen.

Vorschläge für Personen akzeptieren oder ablehnen

Während Sie Personen benennen, vergleicht Lightroom im Hintergrund alle erkannten Gesichter miteinander, ob es ähnliche Gesichter findet. Wenn Lightroom der Meinung ist, dass ein Gesicht zu einer benannten Person passt, wird der Namensvorschlag statt des Fragezeichens, unter dem Bild angezeigt ❸. Der Vergleich der Bilder findet im Hintergrund statt, so dass es etwas dauern kann, bis sich die Anzeige aktualisiert.

Schlägt Ihnen Lightroom Gesichter vor, können Sie diese akzeptieren, indem Sie das Häkchen ❻ rechts vom Namen anklicken. Das Häkchen erscheint erst, wenn sich die Maus über dem Vorschaubild befindet. Die Bilder werden dann mit denen kombiniert, die bereits zur Person gehören.

Passt das Gesicht jedoch nicht, können Sie den Vorschlag ablehnen. Dazu klicken Sie das Ablehnen-Symbol ❹ links vom Namen. Die Bilder werden dann nicht mehr für diesen Namen vorgeschlagen. Es kann jedoch vorkommen, dass sie für einen anderen Namen vorgeschlagen werden.

Lightroom lernt hier mit jeder Zuweisung oder Ablehnung dazu, so dass die Erkennung immer besser wird, je mehr Gesichter Sie benannt haben.

Natürlich können Sie auch direkt auf den Namen ❺ klicken, um das Eingabefeld für Namen zu öffnen, und einen anderen Namen direkt eintippen.

Objekte, die kein Gesicht zeigen, ausschließen

Lightroom erkennt bei der Suche auch gerne Objekte, die nichts mit Gesichtern zu tun haben. Diese können grundsätzlich von der Personenansicht ausgeschlossen werden. Dazu muss der Gesichtsbereich, der das Gesicht im Bild kennzeichnet, komplett entfernt werden. Dies erledigen Sie ebenfalls über das Ablehnen-Symbol. Das Symbol hat hier also eine Doppelfunktion. Wird ein Name vorgeschlagen, entfernt der erste Klick auf das Symbol den Vorschlag und der zweite Klick den Gesichtsbereich – das Symbol wird dann zum X. Wird kein Name vorgeschlagen und statt eines Namensvorschlags ein Fragezeichen angezeigt, reicht ein Klick, um den Be-

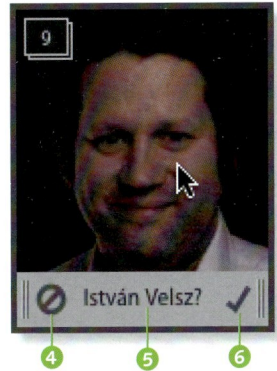

▲ Abbildung 9.172
Unter einem Namensvorschlag erscheinen der Name und Symbole zum Akzeptieren und Ablehnen eines Vorschlags.

▲ Abbildung 9.173
Falsche Vorschläge können durch das Anklicken des Ablehnen-Symbols korrigiert werden.

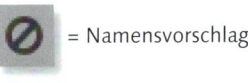

= Namensvorschlag ablehnen

= Gesichtsbereich löschen

reich zu entfernen. Die Bilder verschwinden dann komplett aus der Personenansicht.

▲ Abbildung 9.174
Lightroom erkennt auch Räder, Tiere oder Strukturen gerne als Gesichter. Deren Gesichtsbereich-Markierung kann über das Ablehnen Symbol gelöscht werden.

Gesichtsbereich manuell hinzufügen und bearbeiten

Sie können auch in Bildern den Gesichtsbereich nachträglich ohne automatische Erkennung hinzufügen und verändern. Ein Grund kann sein, dass Lightroom ein Gesicht nicht oder falsch erkennt – dies ist zwar unwahrscheinlich, aber möglich. Ein anderer Grund könnte sein, dass Sie zwar viele Personen fotografiert haben, aber nur sehr wenige davon persönlich kennen. In diesem Fall haben Sie eventuell alle Gesichtsbereiche von den unbekannten Personen entfernt, damit diese nicht wieder angezeigt werden. Um jetzt ein Gesicht, das Sie aus Versehen gelöscht haben oder später doch persönlich kennenlernen, wieder hinzuzufügen, können Sie den Gesichtsbereich manuell setzen.

▲ Abbildung 9.175
Button zum manuellen Erstellen eines Gesichtsbereichs

Die manuelle Bearbeitung findet in der Lupenansicht der Bibliothek statt. Dazu befindet sich in der Werkzeugleiste das Werkzeug GESICHTSBEREICH ZEICHNEN. Klicken Sie dieses Werkzeug an, können Sie bestehende Bereiche erstellen oder bearbeiten.

Gesichtsbereich neu erstellen | Um einen Gesichtsbereich zu zeichnen, klicken Sie zunächst das Symbol in der Werkzeugleiste an und ziehen dann einen Rahmen mit gedrückter Maustaste über dem gesamten Kopf der Person auf.

Unter dem gezeichneten Rahmen erscheint dann ein Eingabefeld, in das Sie den Namen direkt eintragen können. Fahren Sie ohne Eingabe fort, wird stattdessen ein Fragezeichen angezeigt.

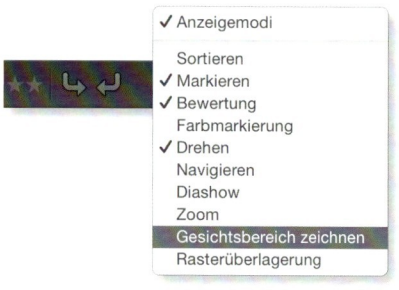

▲ Abbildung 9.176
Ist das Werkzeug zum Zeichnen des Gesichtsbereichs nicht verfügbar, müssen Sie es erst über das Dropdown-Menü in der Werkzeugleiste hinzufügen.

9.14 Gesichtserkennung

◄ **Abbildung 9.177**
Gesichtsbereich unmittelbar nach dem Neuzeichnen

Gesichtsbereich verändern | Passt der Gesichtsbereich nicht, können Sie diesen verändern, indem Sie Eck- oder Mittelpunkte ❷ des Rahmens verschieben. Achten Sie darauf, dass sich der gesamte Kopf im Rahmen befindet, da auch die Form des Kopfes, der Ohren und Haare bei zukünftigen Suchvorgängen berücksichtigt werden.

Gesichtsbereich löschen | Sie können einen Gesichtsbereich hier direkt löschen. Dazu finden Sie in der rechten oberen Ecke des Bereichs ein Kästchen ❶. Klicken Sie es an, wird der Gesichtsbereich gelöscht. Sie können dazu auch die ← beziehungsweise Entf -Taste auf der Tastatur verwenden, dazu müssen Sie den zu löschenden Bereich einmal anklicken, um ihn zu selektieren.

Das Werkzeug bleibt übrigens so lange geöffnet, bis Sie die Ansicht wechseln oder es durch erneutes Anklicken deaktivieren. So können Sie schnell hintereinander mehreren Personen in einem oder auch auf unterschiedlichen Bildern Gesichtsbereiche zuweisen. Wurde ein Bereich mit Namen versehen, wird dieser neben dem Symbol angezeigt. Bei mehreren benannten Gesichtern in einem Bild werden alle genannt.

▲ **Abbildung 9.178**
Die Namen benannter Personen werden neben dem Gesichtsbereichswerkzeug angezeigt.

Einzelpersonenansicht

Die Einzelpersonenansicht stellt alle bestätigten Bilder einer Person in der Rasteransicht dar und zeigt im Bereich darunter alle Bilder mit ähnlichen Gesichtern an. Um die Einzelpersonenansicht zu öffnen, doppelklicken Sie auf ein benanntes Gesicht in der Personenansicht. In der Einzelpersonenansicht haben Sie die Möglichkeit, zu kontrollieren, ob auch alle Gesichter, die dieser Person zugewiesen sind, wirklich die Person darstellen. Gerade bei vielen Bildern pro Person kann schon mal ein Gesicht falsch benannt sein, beispielsweise, wenn man einen Stapel bestätigt, der ein falsches Bild beinhaltet. Außerdem erhalten Sie hier schnell einen Überblick darüber, welche Gesichter Lightroom als ähnlich zur benannten Person ansieht.

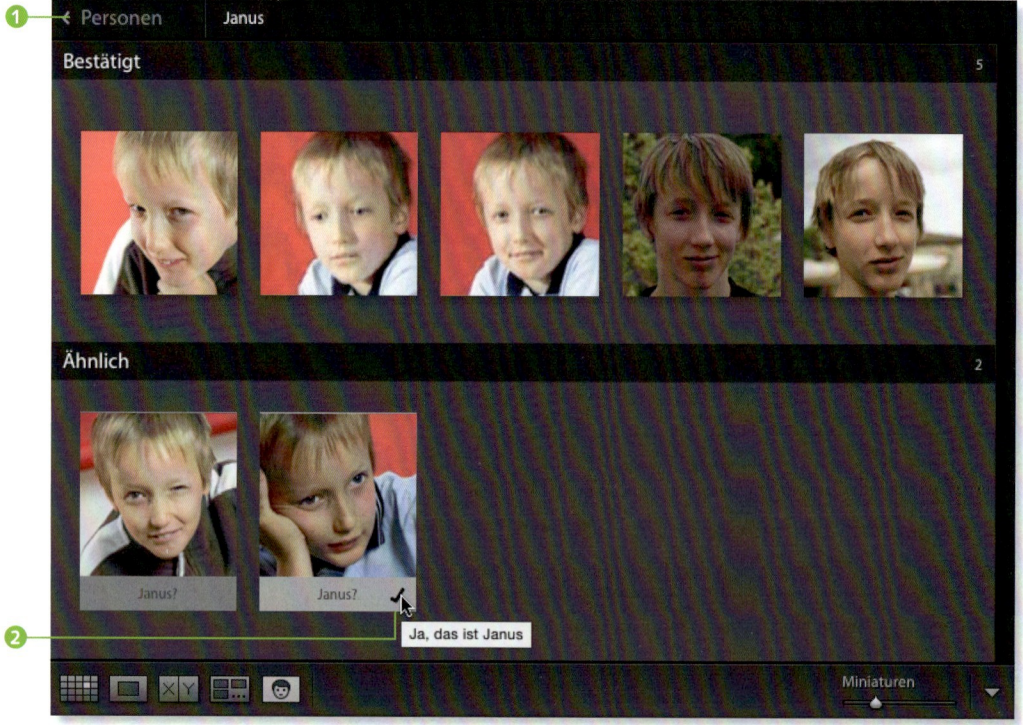

▲ Abbildung 9.179
In der Einzelpersonenansicht werden alle Bilder einer Person und ähnliche Bilder gelistet.

Irrtümlich bestätigte Personen löschen | Sie können falsch bestätigte Personen löschen, indem Sie das Gesicht anklicken und mit der ←-beziehungsweise Entf-Taste löschen. Je nach Ähnlichkeit kann es dann im Bereich ÄHNLICH wieder auftauchen.

Ähnliches Bild bestätigen | Um ein ähnliches Gesicht der Person hinzuzufügen, klicken Sie das Häkchen ❷ an, das erscheint, wenn Sie mit der Maus über das Bild fahren.

Ähnliche Person einer anderen Person zuweisen | Gehört ein ähnliches Gesicht einer anderen bekannten Person, können Sie dieses Gesicht dieser direkt zuweisen. Klicken Sie dazu einfach auf den eingeblendeten Namen unter dem Gesicht. Es erscheint dann ein Eingabefeld, in das Sie den Namen der anderen Person direkt eintippen können.

Zurück zur Personenansicht gelangen Sie, indem Sie auf die Schaltfläche ❶ links oben in der Ansicht klicken. Rechts neben dem Button wir Ihnen der Name angezeigt.

Personen-Stichwörter beim Export aus den Metadaten ausschließen

Aus Gründen der Privatsphäre macht es eventuell Sinn, die Namen der Personen auf dem Bild beim Export nicht zu berücksichtigen. Diese tauchen dort normalerweise als ganz einfache Stichwörter auf und könnten beispielsweise in einer Bildersuche im Internet gefunden werden.

Um dies zu verhindern, müssen Sie im Exportdialog im Bereich METADATEN das Kontrollkästchen PERSONEN-INFO ENTFERNEN aktivieren.

◄ **Abbildung 9.180**
Die Personen-Stichwörter können über den Exportdialog vom Speichern in den Metadaten ausgeschlossen werden.

9.15 Funktionen für Videos

Nahezu jede neue Kamera, egal, ob kleine Knipse oder digitale Spiegelreflexkamera, kann heute Videoclips aufzeichnen. Meist sogar in Full HD mit einer Auflösung von 1920 × 1080 Pixeln. Die Clips können in Lightroom verwaltet werden. Dabei werden die Formate AVI, MOV, MP4 und AVCHD unterstützt.

Neben den Verwaltungsaufgaben, bei denen sich Bilder wie Videos verhalten, können Sie sogar einige Entwicklungsfunktionen anwenden, allerdings nur über das Bibliothek-Modul. Darüber hinaus ist es auch möglich, Sequenzen in der Länge zu beschneiden und Einzelbilder zu entnehmen.

Kapitel 9 Das Bibliothek-Modul

▲ Abbildung 9.181
Videos werden über den Timecode links unten identifiziert.

In der Rasteransicht unterscheidet sich das Thumbnail eines Videos dadurch, dass links unten im Vorschaubild die Dauer in [Minuten]:[Sekunden] ❶ angezeigt wird. Sie erhalten eine Vorschau des Videoinhalts, indem Sie mit der Maus von links nach rechts über das Vorschaubild fahren.

Metadaten in Videos

Die Metadatenverwaltung von Videos unterscheidet sich nicht von der bei Bildern. Speziell für die Verwaltung von Videos gibt es auch eine eigene Maske zur Eingabe besonderer Angaben für Videos. Diese wählen Sie über das Dropdown ❷ oberhalb der Parameter aus. Hier können beispielsweise Hinweise zu Bandnummerierung, Szene, Kamerawinkel oder Kamerabewegung gespeichert werden.

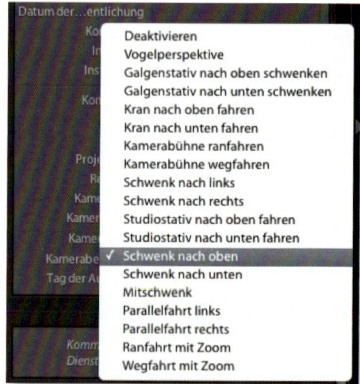

◄▲ Abbildung 9.182
Spezielle Angaben, die nur für Filmprojekte wichtig sind, können in separaten Metadaten gespeichert werden. Hier finden Sie auch Angaben über Kamerabewegung und den Kamerawinkel.

Filtern nach Videos

Manchmal gehen Videos in der Flut der Bilder etwas unter, gerade dann, wenn man nicht so oft filmt. Lightroom bietet hier die Möglichkeit, über die Filterleiste alle Bilder auszublenden und nur die Videos anzuzeigen. Dazu ist es nur notwendig, VIDEO als Attributfilter auszuwählen.

9.15 Funktionen für Videos

▲ Abbildung 9.183
Über den Attributfilter können auch nur Videos ❸ angezeigt werden. Das erlaubt das einfache Auffinden von Videos.

Video abspielen und steuern

In der Lupenansicht finden Sie unter dem Video eine Steuerleiste, mit deren Hilfe Sie das Video abspielen und einige Bearbeitungen durchführen können. Zum Starten des Videos klicken Sie einfach die Start-Schaltfläche ❹. Gleiches passiert, wenn Sie die Leertaste drücken.

Daneben befindet sich ein Schieberegler. Dieser zeigt Ihnen die Position des aktuellen Bildes im gesamten Film an. Verschieben Sie den Marker ❺, spulen Sie im Film vor oder zurück.

Um einen bestimmten Zeitpunkt im Video auszuwählen, können Sie diesen einfach in das Timecode-Feld ❻ eingeben, nachdem Sie es angeklickt haben. Timecodes werden in [Minuten]:[Sekunden] angegeben. Das ist zwar keine bildgenaue Methode, aber Lightroom ist auch keine Videoschnittsoftware.

▲ Abbildung 9.184
Klicken Sie auf den Timecode, können Sie direkt zu einem gewünschten Zeitpunkt im Video springen.

▼ Abbildung 9.185
In der Lupenansicht erscheint unter dem Video eine Steuerleiste.

▲ Abbildung 9.186
Über das Dropdown-Menü können Sie Einzelbilder extrahieren oder das Vorschaubild für die Rasteransicht bestimmen.

Einzelbild erfassen

Sie können aus einem Video einzelne Bilder als JPEG-Dateien extrahieren. Diese werden neben dem Video angezeigt und mit diesem gestapelt. Die JPEG-Bilder können Sie dann wie jedes andere Bild und auch unabhängig vom Video verwalten, entwickeln oder drucken.

Klicken Sie auf das kleine Monitorsymbol ❶ rechts vom Timecode, öffnet sich ein Dropdown-Menü. Aus diesem wählen Sie den Befehl EINZELBILD ERFASSEN ❷.

Die extrahierten Bilder werden zunächst mit dem Video gestapelt. Sie können aber, wie in jedem anderen Stapel auch, aus dem Stapel herausgenommen oder im Stapel neu angeordnet werden.

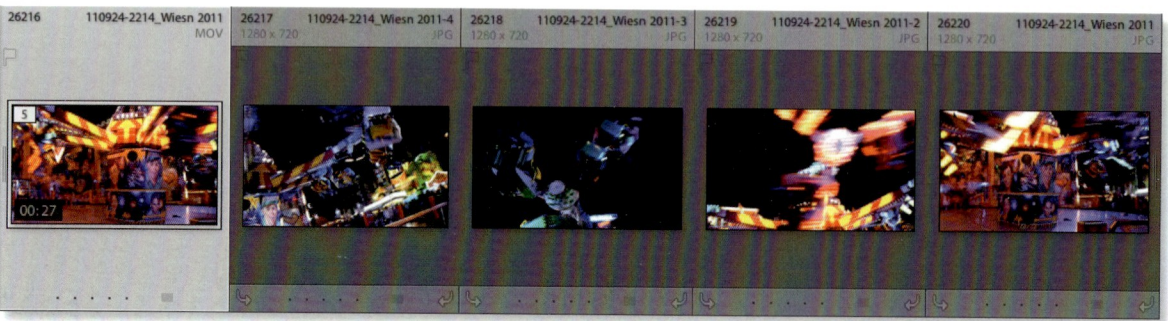

▲ Abbildung 9.187
Stapel mit Video und extrahierten Einzelbildern

Posterbild festlegen

Das Posterbild ist das Vorschaubild, das in der Rasteransicht als Vorschaubild für ein Video angezeigt wird. Normalerweise wird immer das erste Bild als Posterbild verwendet. Manchmal ist dieses aber nicht repräsentativ. Wenn ein Video von Schwarz eingeblendet wird, wäre das Posterbild beispielsweise schwarz. In diesem Fall kann ein anderes Bild aus dem Video als Vorschaubild verwendet werden.

Fahren Sie dazu an eine Stelle des Videos, an der ein repräsentatives Bild angezeigt wird. Danach wählen Sie aus dem Dropdown-Menü in der Steuerleiste den Befehl POSTERBILD FESTLEGEN ❸.

Video zuschneiden

Wird ein Video in der Länge gekürzt, wird das als Zuschneiden bezeichnet. Lightroom bietet Ihnen diese Möglichkeit, nachdem Sie auf das kleine Zahnradsymbol ❾ geklickt haben. Dabei verändert sich die Steuerleiste. Diese enthält dann einen kleinen Filmstreifen. Die Start-Schaltfläche ❽ wandert in die Mitte, der Timecode ❺ nach links. Rechts und links neben der Start-Schaltfläche erscheinen zwei weitere Schaltflächen ❼. Diese ermöglichen das Vor- und Zurückspringen um jeweils ein Bild zur genaueren Steuerung. Der Schieberegler ❻ erscheint im Filmstreifen.

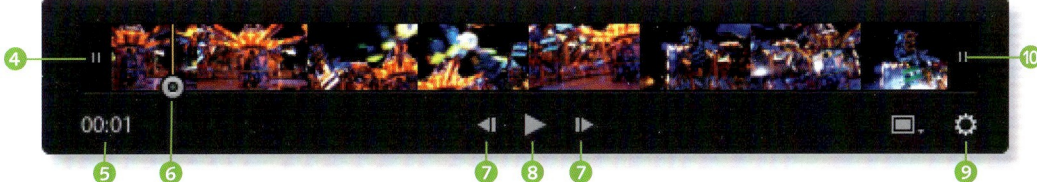

▲ Abbildung 9.188
Beim Zuschneiden von Videos bekommt die Steuerleiste weitere Werkzeuge.

Zum Beschneiden des Startpunktes stellen Sie den Schieberegler zunächst auf das Bild, das als erstes Bild des Videos erscheinen soll. Um diesen Zeitpunkt möglichst bildgenau zu bestimmen, nehmen Sie die Schaltflächen zur Einzelbildsteuerung ❼ neben der Start-Schaltfläche zu Hilfe. Anschließend ziehen Sie den linken Anfasser ❹ bis zur Markierung.

Zum Beschneiden des Endes gehen Sie analog vor. Dafür verwenden Sie dann den rechten Anfasser ❿.

Videos entwickeln

Auch wenn Sie Videoaufnahmen nicht im Entwickeln-Modul bearbeiten können, so sind doch einige Entwicklungseinstellungen über die Ad-hoc-Entwicklung möglich. Mit ein paar Tricks lassen sich aber auch Gradationskurven oder sogar die Prozessversion umschalten.

In der AD-HOC-ENTWICKLUNG stehen Ihnen dabei nahezu alle Parameter zur Verfügung, die Sie auch auf Bilder anwenden können. Eine genauere Beschreibung der Ad-hoc-Entwicklung finden Sie auf Seite 387. Haben Sie Videos mit einer älteren Version von Lightroom importiert, können die Parameter etwas abweichen, da dann die Prozessversion der Vorgängerversion verwendet wird.

Das Histogramm zeigt übrigens erst etwas an, wenn ein neues Posterbild gewählt wurde. Es stellt dann das Histogramm des Posterbildes dar. Es verändert sich entsprechend der Entwicklungseinstellungen. Wenn Sie also hier ein Bild wählen, das möglichst den Helligkeitsumfang des Videos beinhaltet, können Sie das Video relativ genau entwickeln.

Wie bereits erwähnt, lassen sich über einen Trick auch mehr als die dargestellten Entwicklungsparameter einstellen. Dazu verwenden Sie einfach bereits gespeicherte Vorgaben oder synchronisie-

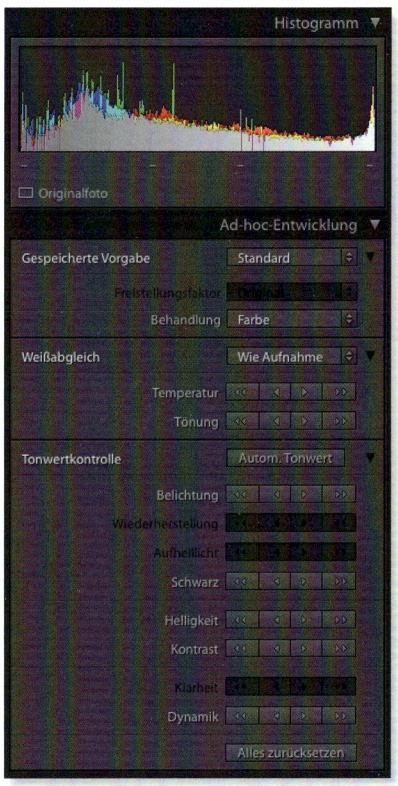

▲ Abbildung 9.189
Die Parameter der AD-HOC-ENTWICKLUNG für Videos: Das Histogramm zeigt den Helligkeitsverlauf für ein gewähltes Posterbild an.

ren Entwicklungen von einem Bild mit dem Video. Das bedeutet, dass Sie zunächst eine Entwicklungseinstellung speichern und diese dann über das Dropdown-Menü GESPEICHERTE VORGABE auf das Video anwenden können.

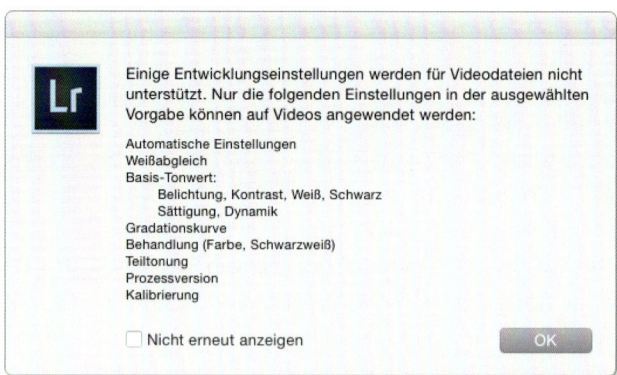

Abbildung 9.190 ▶
Die Liste aller verfügbaren Parameter zur Entwicklung von Videos

Welche Entwicklungseinstellungen möglich sind, finden Sie erst dann heraus, wenn Sie eine gespeicherte Vorgabe anwenden, die mehr als die zulässigen Parameter enthält.

Schritt für Schritt
Erweiterte Entwicklungseinstellungen für Videos

Da es nicht möglich ist, Videos im Entwickeln-Modul zu bearbeiten, müssen Sie sich mit einem Trick behelfen. Sie extrahieren ein Bild aus dem Clip, entwickeln dieses und synchronisieren die Einstellungen. In dieser Schritt-für-Schritt-Anleitung werden Sie kurz durch die Vorgehensweise geführt, auch wenn Sie nun noch keine Erfahrung mit dem Entwickeln-Modul haben sollten.

1 Bild zur Entwicklung extrahieren

Zunächst benötigen Sie ein Einzelbild, auf das Sie Ihre Entwicklung anwenden können. Dazu wählen Sie aus dem Video ein repräsentatives Bild, das den Helligkeitsverlauf und die Farbcharakteristika des Videos widerspiegelt.

▲ **Abbildung 9.191**
Als Erstes benötigen Sie ein extrahiertes Bild aus dem Video.

Wählen Sie dazu in der Lupenansicht aus der Steuerleiste den Befehl EINZELBILD ERFASSEN aus dem Dropdown-Menü aus. Das extrahierte Bild wird dann mit dem Video gestapelt.

2 Ins Entwickeln-Modul wechseln

Bevor Sie jetzt in das Entwickeln-Modul wechseln, klicken Sie das Bild unten im Filmstreifen an, um es zu selektieren. Anschließend wechseln Sie in das Entwicklen-Modul. Jetzt müssen Sie noch zusätzlich das Video auswählen. Klicken Sie dabei mit gedrückter ⌘-Taste auf dem Mac beziehungsweise Strg-Taste unter Windows auf das Video. Das Bild und das Video sind selektiert, wobei das Bild im Ansichtsfenster dargestellt wird. Es ist im Filmstreifen auch etwas heller hinterlegt.

▲ Abbildung 9.192
Bild und Video werden dann im Filmstreifen ausgewählt. Das Bild wird im Ansichtsfenster angezeigt.

3 Automatische Synchronisation aktivieren
Damit jetzt die Entwicklungseinstellungen des extrahierten Bildes automatisch auf das Video übertragen werden, muss die automatische Synchronisation aktiviert werden.

Dazu finden Sie am unteren Rand der rechten Bedienfeldpalette des Entwickeln-Moduls die SYNCHRONISIEREN-Schaltfläche. Klicken Sie auf den kleinen Schalter links von der Schaltfläche ❶, wird die automatische Synchronisation aktiviert. Die Button-Beschriftung ändert sich in AUTOM. SYNCHR.

Falls die automatische Synchronisation bereits aktiviert ist, müssen Sie diesen Schritt nicht durchführen.

▲ Abbildung 9.193
Über den Schalter links von der Schaltfläche wird die automatische Synchronisation aktiviert beziehungsweise deaktiviert.

4 Entwicklungen durchführen
Jetzt können Sie Ihre Entwicklungen durchführen. Dabei werden alle Parametereinstellungen, die für Videos möglich sind, automatisch auf das Video übertragen. In Abbildung 9.190 finden Sie alle möglichen Parameter aufgelistet.

Videos exportieren

Sie können gekürzte oder entwickelte Videos auch exportieren. Große Konfigurationsmöglichkeiten haben Sie jedoch nicht. Es stehen Ihnen über den Exportdialog drei Formate zur Auswahl:

▸ **DPX:** Das ist ein Austauschformat für Filme mit verlustfreier Kompression. Es ist nur in Full HD (1920 × 1080 Pixel) verfügbar. Dieses ist für die Weiterverarbeitung in einem professionellen Schnittsystem gedacht.

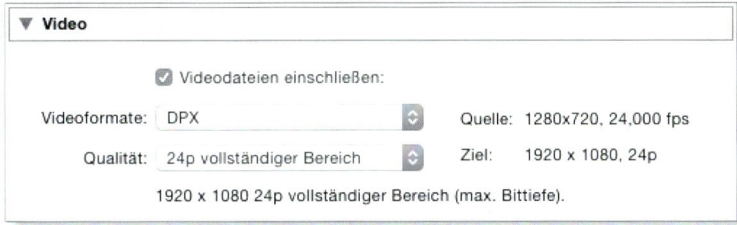

◂ Abbildung 9.194
Die Videoparameter des Exportdialogs

- **H.264:** Das Standardformat für Videos, um es auf Websites oder beispielsweise YouTube hochzuladen. Die Kompression kann in vier Qualitäten festgelegt werden.
- **Original:** Das Originalvideo ohne Anwendung von Entwicklungseinstellungen oder Beschnitt wird exportiert.

Mehr über den Exportvorgang erfahren Sie ab Seite 453.

9.16 Automatisierte Verwaltungsaufgaben

Über das BIBLIOTHEK-Menü können Sie auch einige globale Verwaltungsaufgaben erledigen. Dabei wird der gesamte Katalog nach Kriterien durchsucht. Bilder mit Problemstellen werden dann in einer eigenen Sammlung im Bedienfeld KATALOG zusammengestellt. So kann man diese schnell finden und gegebenenfalls korrigieren.

Nach fehlenden Fotos suchen

Dieser Menübefehl durchsucht immer den gesamten Katalog auf fehlende Bilder. Alle fehlenden Bilder werden dann im Bedienfeld KATALOG als Sammlung mit dem Titel FEHLENDE FOTOS angezeigt. Sie müssen also nicht jeden Ordner einzeln manuell durchsuchen. Sie können dann die Verknüpfungen direkt über diese Sammlung aktualisieren, allerdings für jedes Bild einzeln, eine automatische Suche auf einer Festplatte kann leider nicht durchgeführt werden. Wie Sie fehlende Bilder erneut verknüpfen, erfahren Sie auf Seite 236.

▲ **Abbildung 9.195**
Alle fehlenden Bilder werden in einer Sammlung zusammengetragen.

DNG-Dateien überprüfen

Seit Lightroom 1.4.1 beziehungsweise der Adobe-Camera-Raw-Version 4.4.1 enthält jede DNG-Datei eine Prüfsumme, die aus der

Abbildung 9.196 ▶
Das Überprüfungsergebnis wird in einer Liste angezeigt, die man auch als Textdatei speichern kann.

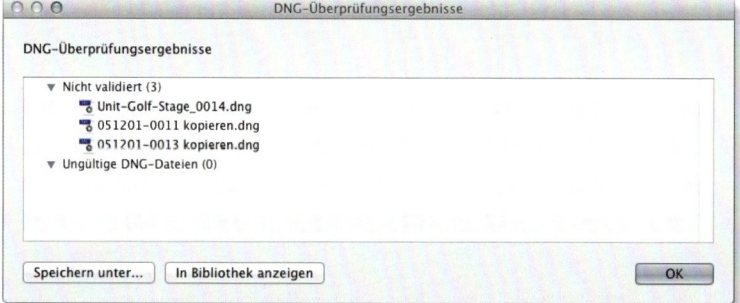

Ursprungsdatei erstellt wird. Wählen Sie den Menübefehl DNG-Dateien überprüfen, erstellt Lightroom eine aktuelle Prüfsumme. Unterscheidet sich die neue Prüfsumme von der alten, ist die Datei beschädigt oder zumindest auf Bit-Ebene verändert worden und wird als fehlerhaft ausgegeben.

Fotos mit vorheriger Prozessversion suchen

Die Prozessversion für einzelne Bilder stellt man eigentlich im Entwickeln-Modul um. Allerdings kann es mühsam sein, alle Ordner manuell zu durchsuchen, ob sich hier noch Bilder mit alten Prozessversionen befinden. Über den Menübefehl Fotos mit vorheriger Prozessversion suchen werden alle Bilder des Katalogs in eine Sammlung gespeichert. Diese finden Sie im Bedienfeld Katalog. Ich persönlich stelle die Prozessversion nicht global um, sondern nur, wenn ich ein Bild erneut benötige, daher habe ich noch sehr viele Bilder in alten Prozessversionen. So behalte ich immer die Kontrolle über das Aussehen der Bilder, da sich bei der Umstellung das Bild verändern kann. Mehr zu den Prozessversionen finden Sie auf Seite 511.

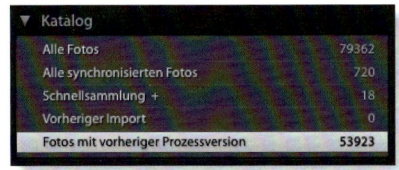

▲ **Abbildung 9.197**
Sammlung aller Fotos mit veralteter Prozessversion

Fototipp

Mischlicht erzeugt unglaubliche Stimmungen – gerade zur »Blauen Stunde«, wenn die Sonne untergegangen, der Himmel noch blau und die Straßenbeleuchtung an ist. Der ideale Zeitpunkt ist, wenn die Helligkeit des natürlichen und des künstlichen Lichts gleich ist.

In Deutschland ist das Zeitfenster dafür sehr eng. St. Petersburg ist jedoch bekannt für dieses Licht, das im Juli fast die ganze Nacht dauert. Dieses Bild entstand gegen 1:30 Uhr in der Nacht.

Kapitel 10
HDR und Panorama

Das Zusammenfügen von mehreren Bildern zu HDRs (High Dynamic Range) oder Panoramen ist eigentlich eher eine Entwicklungsvariante. Aber da diese auch über das Bibliothek-Modul zugänglich ist, schweben diese Funktionen zwischen den Modulen.

Die Möglichkeit, mehrere Bilder zu HDRs oder Panoramen zusammenzusetzen, wurde schon lange gewünscht. Bisher konnte man solche Bilder nur mit Hilfe von Photoshop oder Spezialprogrammen bewerkstelligen. Die Grundvoraussetzung für die Erstellung und Verarbeitung dieser Bildkombinationen ist die Fähigkeit von Lightroom, auch 32-Bit-Bilder zu verarbeiten. Nur durch diese Datentiefe, die einen Helligkeitsumfang von 4,2 Milliarden Abstufungen besitzt, ist es möglich, Raw-Daten mehrerer Bilder möglichst ohne Qualitätsverlust in einem Bild zu kombinieren. Zum Vergleich: Ein Bild mit 8 Bit besitzt nur 256 Helligkeitsabstufungen, eines mit bei 16 Bit 32 000. Dies mag für das Endergebnis und zum Drucken reichen, aber nicht, um nach dem Zusammenfügen noch Entwicklungsschritte verlustfrei anzuwenden. Beide Werkzeuge erzeugen bei Zusammenfügen 32-Bit-DNGs, die sich wie Raw-Daten verhalten. Sie können beliebig weiterbearbeitet werden.

Neu in Lightroom 6/CC

Da bisher beide Funktionen bereits in Photoshop vorhanden sind, könnte man annehmen, dass Adobe diese einfach in Lightroom übernommen hat. Durch die besonderen Anforderungen an den Raw-Workflow war dies jedoch nicht sinnvoll, und daher wurden diese komplett für Lightroom neu entwickelt.

10.1 HDR-Bilder erzeugen

Bei High-Dynamic-Range-(HDR)-Bildern werden von einem Motiv mehrere Varianten mir unterschiedlichen Belichtungswerten fotografiert. Diese werden dann so zusammengefügt, dass der Belichtungsumfang künstlich erweitert wird. Es gibt HDR-Programme, die damit einen eher surrealen Eindruck erzeugen. Lightroom achtet jedoch darauf, dass der Bildeindruck möglichst realistisch bleibt.

Bracketing

Viele Kameras unterstützen das automatische Erstellen von Belichtungsreihen. Sie finden das in den meisten Kamerahandbüchern unter dem Begriff *Bracketing* oder in den Einstellungen auch gerne unter dem Kürzel BKT.

Die optimale Belichtungsreihe für HDRs

Um eine Belichtungsreihe zu fotografieren, belichten Sie einmal optimal auf die hellste Stelle und einmal optimal auf die dunkelste Stelle. Die dazwischenliegenden Bilder verteilen Sie so, dass diese ungefähr zwei bis drei Blenden Unterschied haben. Meistens reichen drei bis fünf Bilder aus (siehe Abbildung 10.2. bis 10.4).

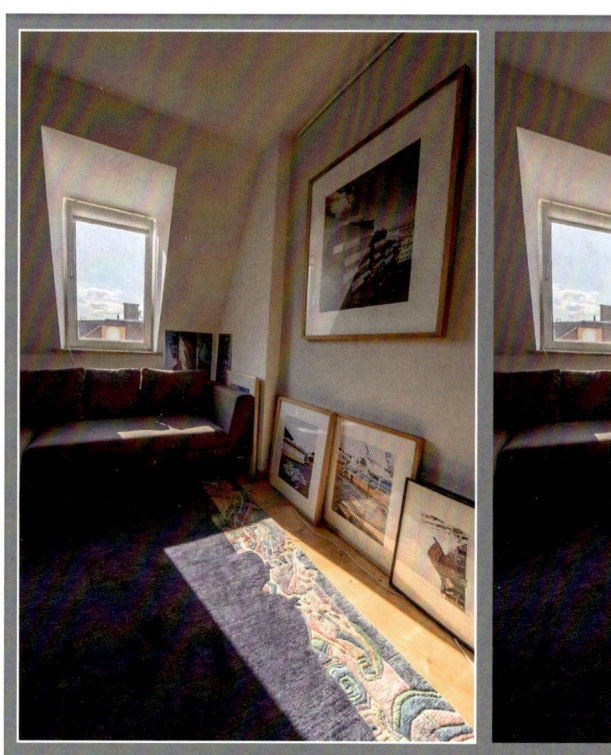

▲ Abbildung 10.1
Die Ausgangsbasis für die beiden abgebildeten HDRs: Das linke ist aus allen zehn Bildern erzeugt, das rechte nur aus vier der zehn Bilder. Es ist kein Unterschied sichtbar, obwohl beim rechten die Belichtung der Bilder drei Blenden auseinanderliegt.

Die Bildauswahl können Sie auch mit Hilfe des Histogramms treffen. Sie brauchen einmal ein Bild mit durchgezeichneten Tiefen, also mit einem flachen Abfall der Kurve am linken Ende des Histogramms, und einmal ein Bild mit durchgezeichneten Lichtern. Dieses hat einen flachen Verlauf zum rechten Rand. Je nachdem, wie viele Blenden dazwischenliegen, reicht es, wenn Sie ein Bild wählen, das in der Mitte liegt.

Histogramm richtig deuten
Wie Sie das Histogramm richtig deuten, erfahren Sie auf Seite 497.

▲ Abbildung 10.2
Bild mit ausreichend Zeichnung in den Tiefen

▲ Abbildung 10.3
Bild mit mittlerer Belichtung

▲ Abbildung 10.4
Bild mit ausreichend Zeichnung in den Lichtern

Starten einer HDR-Zusammenstellung

Um HDR-Bilder zu erzeugen, benötigen Sie zunächst eine Belichtungsreihe eines Motivs. Da die Bilder übereinandergelegt werden, ist es ideal, wenn diese mit Stativ aufgenommen wurden, damit diese deckungsgleich sind. Aber auch einfache Abweichungen bei Aufnahmen aus der Hand können von der Software erkannt und korrigiert werden.

Es macht übrigens keinen Sinn, die Bilder vorab zu entwickeln. Lightroom ignoriert auch die meisten Entwicklungseinstellungen, wie die Belichtung, Lichter, Tiefen etc. Auch lokale Anpassungen, die Bereichsreparatur, die Rote-Augen-Korrektur, Freistellungen und die Upright-Einstellungen werden nicht angewendet. Es gibt aber auch einige Parameter, die mit in das Ergebnis übertragen werden, wie die PRÄSENZ-Werte oder Schwarzweißkonvertierung. Auch die HSL/Farbe/SW-Farbanpassungen oder Teiltonung werden dabei berücksichtigt. Dabei werden diese aber nicht ins HDR eingerechnet, sondern die Werte werden einfach auf das fertige Bild übertragen. Sie können die Werte also auch nachträglich jederzeit wieder verändern.

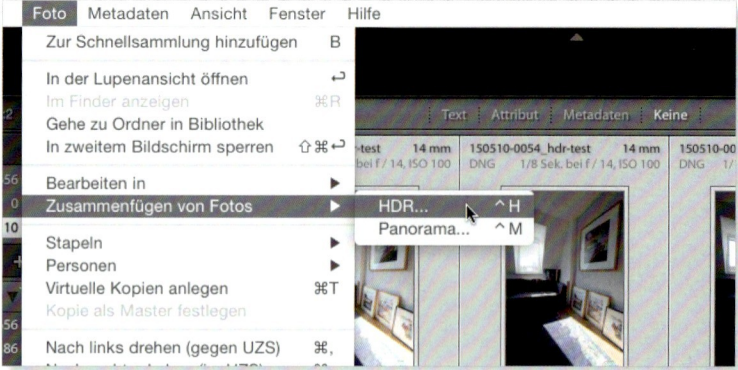

Abbildung 10.5 ▶
Menü zum Zusammenfügen der Bilder zu einem HDR-Bild

Markieren Sie einfach eine Belichtungsreihe von mindestens zwei Bilder und wählen Sie den Menüpfad FOTO • ZUSAMMENFÜGEN VON FOTOS • HDR, egal, ob im Bibliothek- oder Entwickeln-Modul (Ctrl+H/Strg+H). Es öffnet sich das Dialogfenster zur Vorschau des HDRs und zur Eingabe von Optionen.

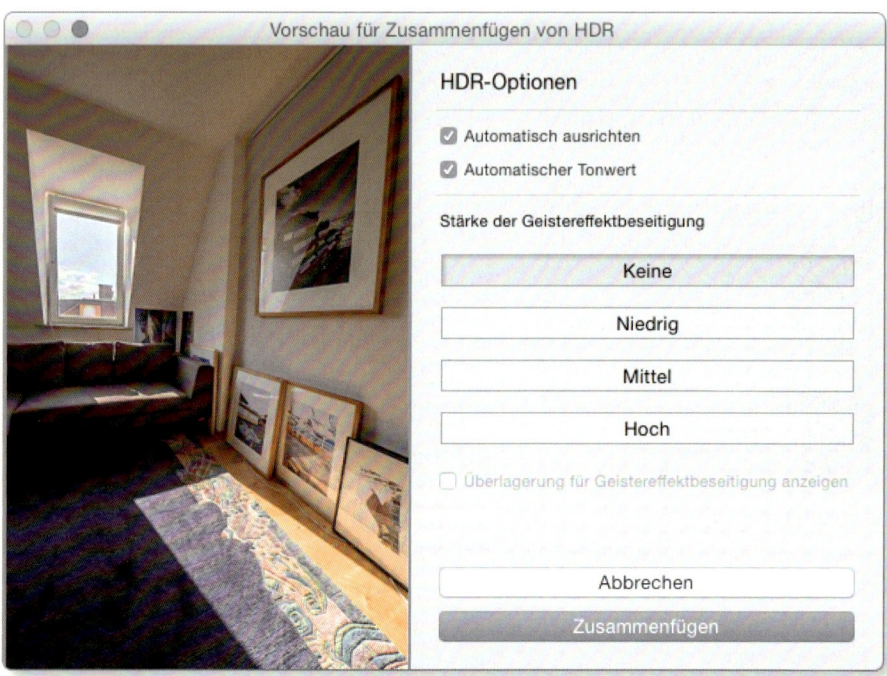

Abbildung 10.6 ▶
Menü zum Zusammenfügen der Bilder zu einem HDR-Bild

Konfigurieren der HDR-Optionen

Nach dem Aufrufen des Dialogs erstellt Lightroom erst einmal eine Vorschau. Dies dauert je nach Anzahl und Größe der Bilder eine Weile. Die Vorschau ist ca. 1000 px breit beziehungsweise hoch. Damit Sie diese in voller Größe betrachten können, ist es möglich, das Fenster zu vergrößern, indem Sie eine Ecke des Dialogs anklicken und mit gedrückter Maustaste verschieben, ganz so, wie Sie es von Fenstern her gewohnt sind.

Automatisch ausrichten | Fotografieren Sie die Belichtungsreihe aus der Hand, wird diese nie deckungsgleich sein. Ist diese Kontrollbox aktiviert, verschiebt Lightroom die Bilder so, dass sie möglichst deckungsgleich übereinanderliegen. Eventuelle Fehler, die durch eine veränderte Perspektive auftreten, können oft noch mit der Geistereffektbeseitigung korrigiert werden.

Automatischer Tonwert | Ist dieses Kontrollkästchen aktiviert, wird die automatische Tonwertkorrektur angewendet, die Sie auch im Entwickeln-Modul oder der Ad-hoc-Entwicklung im Bibliothek-Modul anwenden können. Sie können diese auch deaktiviert lassen und später aktivieren. Allerdings empfiehlt es sich, diese aktiviert zu lassen, da sonst die Vorschau eine mittlere Belichtung darstellt und diese eventuell nicht die Tiefen und Lichter vollständig anzeigt.

▲ **Abbildung 10.9**
Ohne automatische Ausrichtung kann es zu Fehlern bei der Überlagerung kommen – hier gut an dem Haus von gegenüber zu erkennen.

▲ **Abbildung 10.7**
Vorschau ohne automatische Tonwertkorrektur: Tiefen und Lichter werden nicht vollständig dargestellt.

▲ **Abbildung 10.8**
Vorschau mit automatischer Tonwertkorrektur: Tiefen und Lichter werden vollständig dargestellt.

HDRs »kopflos« erzeugen

Es gibt auch eine Tastenkombination, mit deren Hilfe Sie die Bilder zu HDRs zusammenfügen können, ohne den Dialog zu starten. Drücken Sie dazu die Tastenkombination Ctrl+⇧+H bzw. Strg+⇧+H.
Aber Achtung: In der Version 6.0.1 funktionieren diese nicht. Falls Sie diese Version nutzen, aktualisieren Sie Lightroom über den Menübefehl HILFE • AKTUALISIERUNGEN.

Geistereffektbeseitigung | Geisterbilder entstehen, wenn auf einem Bild Dinge abgebildet sind, die auf einem anderen nicht vorhanden sind oder sich an einer anderen Position befinden. Dies können beispielsweise Personen sein, die sich während des Fotografierens durch das Bild bewegen, Wellen im Meer, wehende Fahnen etc.

Lightroom erkennt diese Unterschiede automatisch und kann diese entfernen. Dabei gibt es vier Emfindlichkeitsstufen, ab denen Lightroom reagiert – KEINE, NIEDRIG, MITTEL und HOCH.

Überlagerung für Geistereffektbeseitigung anzeigen | Ist diese Kontrollbox aktiv, wird der Empfindlichkeitsbereich im Bild rot überlagert. Generell sollten Sie den Empfindlichkeitsbereich so gering wie möglich wählen, da sonst Unschärfen im Bild entstehen können.

▲ Abbildung 10.10
Niedrige Empfindlichkeit der Geistereffekterkennung

▲ Abbildung 10.11
Mittlere Empfindlichkeit der Geistereffekterkennung

▲ Abbildung 10.12
Hohe Empfindlichkeit der Geistereffekterkennung

Haben Sie alle Parameter so eingestellt, wie gewünscht, drücken Sie die Schaltfläche ZUSAMMENFÜGEN. Dann wird das HDR-Bild in voller Auflösung im Hintergrund berechnet. Das Bild bekommt immer den Namen des Bildes, das als aktives Bild ausgewählt ist – meistens das, das als erstes ausgewählt wurde. Dieses ist etwas heller hinterlegt. Zusälzlich bekommt das Bild den Namenszusatz »-HDR« und wird als DNG-Datei auf die Festplatte gesichert. Falls Ihnen das erzeugte DNG nicht angezeigt wird, achten Sie auf die Sortierung oder darauf, ob Sie einen Filter angewendet haben.

Bei der weiteren Entwicklung werden Sie feststellen, dass Sie HDR-Bilder von −10 bis +10 Blenden korrigieren können, normale DNGs dagegen nur +/−4 Blenden. Auch fangen die Bilder nicht zu rauschen an, wenn Sie Schatten extrem aufhellen.

10.2 Panoramen erzeugen

Bei Panoramaaufnahmen werden mehrere, versetzt aufgenommene Fotos zusammengefügt, dafür gibt es zwei Gründe: Der erste und »klassische« Grund ist, den Blickwinkel zu erweitern, man kennt das von Fotos im extremen Querformat.

▲ **Abbildung 10.13**
Ein typisches Panorama zeigt einen Weitblick, den man mit einem normalen Objektiv nicht erfassen kann. Hier sind sieben Bilder zusammengefügt.

Der zweite Grund ist, die Auflösung zu erhöhen. Dabei wird ein Objektiv mit höherer Brennweite verwendet, als es für den gewünschten Bildausschnitt nötig wäre. Ideal sind hierfür Tilt-/Shift-Objektive. Mit diesen macht man so viele versetzte Aufnahmen, bis der gewünschte Ausschnitt komplett ist. Nachher zusammengefügt, ergibt sich ein Bild in höherer Auflösung als mit einem Objektiv mit entsprechend kürzerer Brennweite.

Die optimale Aufnahmereihe

Da Lightroom versucht, die Bilder automatisch anzuordnen, benötigt das Programm die Möglichkeit, Gemeinsamkeiten in den Aufnahmen zu finden. Grundsätzlich sollten die Bilder daher ca. 30 bis 40 % überlappen. Im Idealfall verwenden Sie ein Stativ mit einem speziellen Panorama-Stativkopf. Gerade in beengten Umgebungen vermeiden Sie dabei, dass sich hintereinanderliegende Objekte zueinander verschieben (Parallaxenfehler). Je weiter die abgebildeten

Kapitel 10   HDR und Panorama

Objekte entfernt sind, desto geringer ist der Fehler. Aber auch aus der Hand lassen sich mit etwas Übung hervorragende Ergebnisse erzielen.

Die überlagerten Bereiche sollten deutliche Strukturen beinhalten. Lightroom hat beispielsweise Probleme, wenn die Bilder viel Himmel, aber wenig Gebäude oder Ähnliches beinhalten. Eine nachträgliche Korrektur der Ausrichtung ist nicht möglich. Die Automatik kann nicht deaktiviert werden.

Achten Sie auch auf eine gleichmäßige Belichtung. Zwischen benachbarten Bildern sollte diese um nicht mehr als eine Blende betragen. Ist der Kontrastumfang zu hoch, ist es auch möglich, zunächst HDRs zu erstellen und diese dann zu Panoramen zusammenzufügen.

Starten der Panorama-Zusammenstellung

Um mit dem Zusammenfügen zu beginnen, müssen Sie zunächst alle Bilder auswählen, die im Panorama berücksichtigt werden sollen. Dies können Sie in der Rasteransicht oder dem Filmstreifen der Lupenansicht oder dem Entwickeln-Modul erledigen.

▼ **Abbildung 10.14**
Nach Auswahl der Serie starten Sie das Zusammenfügen zum Panorama über das Menü.

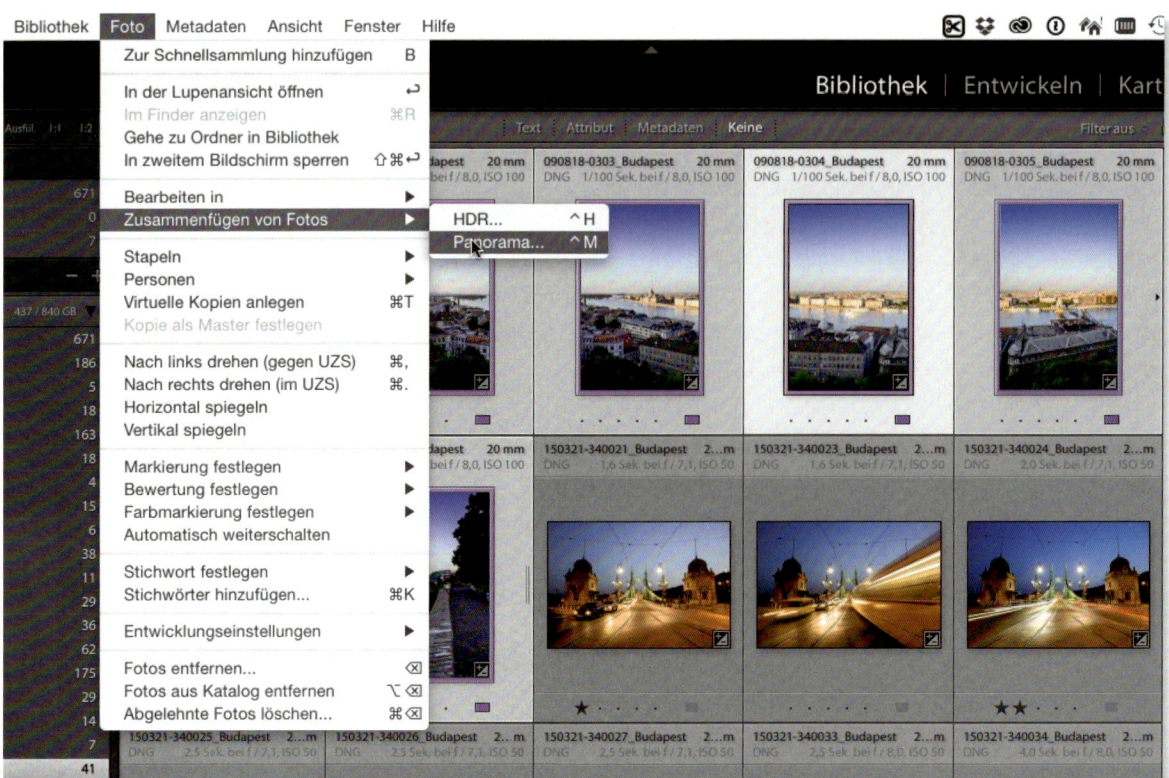

Entwickeln können Sie die Bilder auch vorab. Im Panorama werden aber lokale Anpassungen, die Rote-Augen-Korrektur, die Bereichsreparatur, Upright-Einstellungen und Profilkorrekturen ignoriert. Alle anderen Entwicklungseinstellungen werden von dem Bild übernommen, das als aktives Bild der Serie ausgewählt wird. Das ist meist das Bild, welches zuerst ausgewählt wurde. Sie können jedes Bild der Serie zum aktiven Bild machen, indem Sie es einfach anklicken. Befinden Sie sich in der Lupenansicht oder im Entwickeln-Modul, wird das aktive Bild in der Ansicht dargestellt.

Wählen Sie jetzt den Menüpfad FOTO • ZUSAMMENFÜGEN VON FOTOS • PANORAMA oder die Tastenkombination [Ctrl]+[M]/ [Strg]+[M]. Daraufhin öffnet sich das Vorschaufenster und das Panorama wird zunächst in einer geringen Auflösung berechnet und dargestellt. Können die Bilder nicht zusammengefügt werden, erhalten Sie eine entsprechende Meldung statt der Vorschau.

Das Zusammenfügen der hochaufgelösten Bilder findet erst dann statt, wenn Sie in der Vorschau die Schaltfläche ZUSAMMENFÜGEN anklicken. Lightroom benennt das Bild so wie das aktive Bild und fügt dem Namen »-Pano« hinzu.

Panoramen »kopflos« erzeugen

Es gibt auch eine Tastenkombination, mit deren Hilfe Sie die Bilder zu Panoramen zusammenfügen können, ohne den Dialog zu starten. Drücken Sie dazu die Tastenkombination [Ctrl]+[⇧]+[M] bzw. [Strg]+[⇧]+[M].
Aber Achtung: In der Version 6.0.1 funktionieren diese nicht. Falls Sie diese Version nutzen, aktualisieren Sie Lightroom über den Menübefehl HILFE • AKTUALISIERUNGEN.

▲ **Abbildung 10.15**
Das Vorschaufenster mit den möglichen Einstellungen

Konfigurieren der Panorama-Optionen

Die Optionen, die Sie in der Vorschau einstellen können, beziehen sich auf die Projektionsart des Panoramas. Während die Vorschau geöffnet ist, können Sie alle Optionen ausprobieren. Fügen Sie das Panorama aber endgültig zusammen, können Sie eine andere Projektion nur wählen, wenn Sie das Panorama neu erstellen.

Projektion automatisch auswählen | Ist diese Kontrollbox aktiviert, übernimmt Lightroom die Auswahl der Projektion. Sie können die Auswahl nachträglich ändern. Dies veranlasst Lightroom, das Panorama neu zu berechnen. Die automatische Erkennung entscheidet anhand von Bildanzahl und erkannter Anordnung.

Kugelförmig | Diese Projektion erzielt die besten Ergebnisse, wenn mehrere Aufnahmen sowohl nebeneinander als auch übereinander aufgenommen wurden und der gesamte Blickwinkel größer als 120° ist.

◂▴ **Abbildung 10.16**
Ein typischer Fall für eine kugelförmige Projektion: Der Blickwinkel beträgt horizontal 180° und vertikal ca. 150°. Bei deaktivierter Freistellung ist die Anordnung der Bilder gut zu erkennen. Die Parallaxenfehler am Rand entstehen durch das Fotografieren aus der Hand. Unten sehen Sie das Panorama mit zylindrischer Projektion.

Zylindrisch | Haben Sie eine Serie von nur horizontal aufgenommenen Bildern, ist meist ZYLINDRISCH die beste Wahl. Nur bei Aufnahmen mit einer Brennweite unter 20 mm kann eventuell auch KUGELFÖRMIG besser sein. Hier hilft oft das Umschalten zwischen den Projektionsarten. Die Regel ist, dass bei einem vertikalen Blickwinkel unter 90° ZYLINDRISCH die bessere Wahl ist. Bei Blickwinkeln über 120° ist KUGELFÖRMIG meist realistischer. Dazwischen ist es eher der persönliche Geschmack, der zählt.

10.2 Panoramen erzeugen

▲ **Abbildung 10.17**
Sechs Hochformataufnahmen horizontal angeordnet – ein typischer Anwendungsfall für ein zylindrisches Panorama

Perspektivisch | Diese Projektion ist besonders dann geeignet, wenn der gesamte Blickwinkel unter 120° bleibt. Dies ist oft der Fall, wenn Sie ein Gebäude fotografieren, es aber nicht komplett abbilden können. In diesem Fall machen Sie einfach noch eine Aufnahme mit dem fehlenden Bereich. Wenn Sie mit einen Shift-Objektiv Aufnahmen erstellt haben, ist diese Projektion obligatorisch.

▼ **Abbildung 10.18**
Ohne Montage wäre die Kirche links nicht komplett auf dem Bild. Rechts eine Aufnahme mit einem Shift-Objektiv. Beide Fälle sind typisch für eine perspektivische Projektion.

433

Automatisches Freistellen | Nach dem Aktivieren der Kontrollbox zieht Lightroom einen rechteckigen Freistellungsrahmen über das Bild, der alles abschneidet, was keinen Bildinhalt besitzt – in der Vorschau weiß dargestellt –, verursacht durch die Verzerrung und verschobene Anordnung der Bilder. Die Freistellung können Sie später im Entwickeln-Modul anpassen, da es sich dabei nur um die automatische Anwendung der Freistellungsüberlagerung (Seite 614) handelt.

◀▲ **Abbildung 10.19**
Vergleich zwischen unbeschnittener Darstellung und der, wie Lightroom das Bild freistellen würde. Unten das Bild so, wie ich nachträglich die Freistellung angepasst habe. Die weißen Bereiche fülle ich in Photoshop auf.

Kapitel 11
Das Karte-Modul

Viele Fotografen reisen um die Welt und bringen zahllose Bilder von ihren Reisen mit. Jahre später kann man sich zwar noch erinnern, in welcher Stadt man war, aber nicht unbedingt genau an die Orte. Mir geht es da nicht anders. Ich erinnere mich an die groben Landmarken, aber nicht mehr an jede Straßenecke. In diesem Fall wäre es schön, wenn man die Koordinaten der Orte, an denen die Bilder aufgenommen wurden, speichern könnte, um diese in Lightroom nicht nur nach Ereignissen, sondern auch nach Orten zu finden.

Besitzt man keine Kamera mit GPS-Chip, die die Koordinaten während der Aufnahme in die Metadaten der Datei schreibt, benötigt man eine Weltkarte, um die Orte zu finden, an denen die Bilder aufgenommen wurden, um diesen anschließend die entsprechen-

▼ **Abbildung 11.1**
Das Modul KARTE erlaubt die Positionierung und Verwaltung von Bildern auf Landkarten.

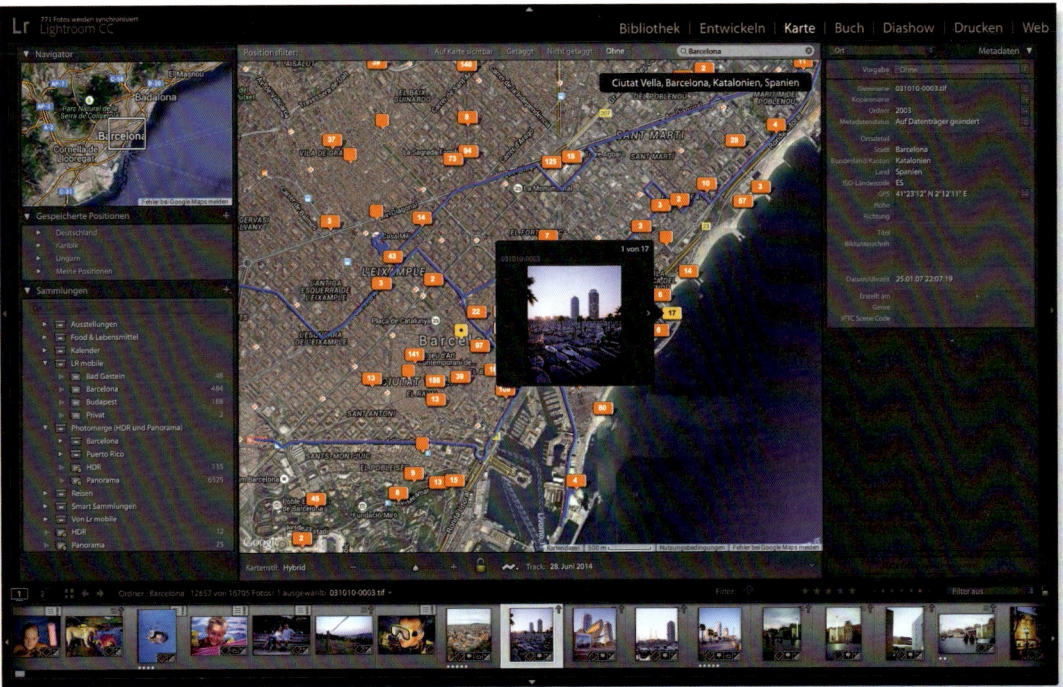

den Koordinaten zuzuweisen. Genau dies ermöglicht das Karte-Modul. Hier können Sie Bilder auf einer Weltkarte platzieren, die auf den Daten von Google-Maps basiert. Daher benötigt dieses Modul als einziges auch eine ständige Internetverbindung, damit immer die Kartendaten nachgeladen werden können. Das Zuweisen im Flieger auf der Heimreise ist daher leider erst dann möglich, wenn auch in den Fliegern W-LAN vorhanden ist.

Das Karte-Modul holt sich alle Karten, Straßen und Darstellungsformen von Google. Dabei werden zunächst keine Daten an Google geschickt, nur die Darstellung der Karte abgefragt. Platziert man ein Bild auf einer Karte, werden die Koordinaten in die EXIF-Daten des Bildes geschrieben. Die Koordinaten können auch in Ortsinformationen umgewandelt werden. In dieser Phase werden die Koordinaten dann an Google gesendet. Dort werden Sie dem Land, gegebenenfalls einem Bundesland und einer Stadt zugewiesen und wieder zurück an Lightroom übertragen. Dort werden dann die Ortsinformationen eingetragen. Welche Daten neben den GPS-Koordinaten noch an Google übertragen werden, ist leider unbekannt.

11.1 Handhabung der Karte im Ansichtsfenster

Da es sich bei der Kartenfunktionalität um eine Integration von Google Maps handelt, können Sie die Karte im Grunde genauso handhaben, wie Sie das vielleicht schon von der Google-Maps-Version Ihres Browsers her kennen.

▲ Abbildung 11.2
Auswahl der Kartenstile in der Werkzeugleiste

Kartenstil auswählen | Ihnen stehen vier Kartenstile zur Auswahl. Zusätzlich gibt es noch zwei weitere Stile, die aber nur Farbvarianten der Straßenkarte sind. Die Auswahl der Kartenstile befindet sich als Dropdown-Menü in der Werkzeugleiste unterhalb des Ansichtsfensters. Folgende Kartenstile können Sie einstellen:

▶ **Hybrid:** Diese Darstellungsform ist eine Mischung aus Satellitenbildern und Straßenkarten. Die Straßen werden dabei über die Satellitenbilder gelegt.

▶ **Straßenkarte:** Diese Darstellung ähnelt der von klassischen Karten, die man für die Navigation im Auto verwendet. Darin sind Straßen, wichtige Gebäude, Gewässer, Parks und Ähnliches verzeichnet.

11.1 Handhabung der Karte im Ansichtsfenster

▲ Abbildung 11.3
Kartenstil: HYBRID

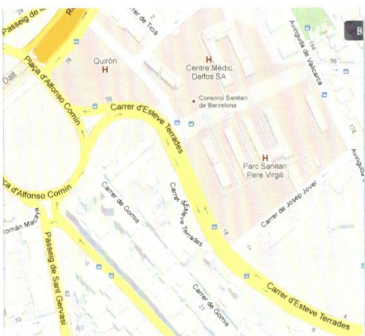
▲ Abbildung 11.4
Kartenstil: STRASSENKARTE

▲ Abbildung 11.5
Kartenstil: SATELLIT

▲ Abbildung 11.6
Kartenstil: GELÄNDE

▲ Abbildung 11.7
Kartenstil: HELL

▲ Abbildung 11.8
Kartenstil: DUNKEL

- **Satellit:** Hier werden nur Satellitenbilder dargestellt. Es werden keine Straßen und Ortsbezeichnungen eingeblendet.
- **Gelände:** Diese Darstellung ähnelt der Straßenkarte, allerdings ohne Gebäude. Auch die Straßen sind einheitlich grau eingefärbt. Der Schwerpunkt liegt auf der Geländemodellierung. Über Schattierungen erhalten Berge und Erhöhungen eine plastischen Eindruck. In dieser Darstellungsform kann allerdings nicht so weit gezoomt werden wie in den anderen Kartenstilen.
- **Hell, Dunkel:** Hierbei handelt es sich eigentlich nicht um eigene Kartenstile, sondern um Farbstile der Straßenkarte. Die Straßenkarte wird entweder heller, also mit hellen Farbtönen, oder dunkler mit dunklen Farbtönen eingefärbt.

Kartenausschnitt verschieben | Die einfachste Form der Handhabung der Karte besteht im Verschieben des Kartenausschnitts. Dies können Sie mit gedrückter Maustaste im Ansichtsfenster erledigen. Dabei ist der Bewegungsradius je nach Vergrößerung aber eher

▲ Abbildung 11.9
Der NAVIGATOR bietet einen Überblick über die Umgebung des dargestellten Kartenausschnitts.

▲ Abbildung 11.10
Der Schieberegler zum Vergrößern und Verkleinern der Karte

eingeschränkt. Größere Strecken legen Sie besser im NAVIGATOR der linken Bedienfeldpalette zurück. Der aktuelle Kartenausschnitt wird dort als weißes Rechteck angezeigt. Diesen können Sie hier ebenfalls verschieben. Der in der Vorschau dargestellte Kartenausschnitt zoomt automatisch, so dass sich zum Verschieben immer reichlich Gelände im Ausschnittrahmen befindet.

Karte zoomen | Zum Vergrößern und Verkleinern der Karte haben Sie mehrere Möglichkeiten: Die einfachste und schnellste ist das Zoomen per Mausrad – wenn Sie über eine entsprechende Maus verfügen. Mäuse ohne Rad sind aber selten geworden. Als Zentrum beziehungsweise Ausgangspunkt der Vergrößerung dient dabei die Position der Maus. Auch die Gestensteuerung auf Trackpads funktioniert.

Alternativ können Sie auch den Schieberegler in der Werkzeugleiste unter der Karte verwenden. Als Ausgangspunkt wird dann das Zentrum des Kartenfensters verwendet.

Der maximale Vergrößerungsfaktor ist vom Kartenstil abhängig. Der Stil GELÄNDE kann nicht so stark vergrößert werden wie die anderen Stile.

Karte auf Position zoomen | Es ist auch möglich, einen beliebigen Ausschnitt zu wählen, der dann so stark vergrößert wird, dass er komplett im Kartenfenster angezeigt wird. Dazu halten Sie die ⌥/Alt-Taste gedrückt und ziehen mit gedrückter Maustaste einen Rahmen auf. Der Rahmen wird weiß angezeigt. Beim Loslassen der Maustaste wird der entsprechende Ausschnitt vergrößert.

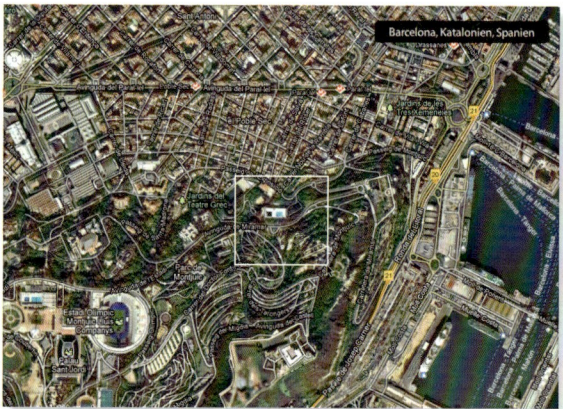

▲ Abbildung 11.11
Ziehen Sie mit gedrückter ⌥/Alt-Taste einen Rahmen auf, ...

▲ Abbildung 11.12
... wird dieser herangezoomt.

Position suchen | Um eine bestimmte Position wie einen Ort, eine Straße oder eine Landmarke zu finden, können Sie die Bezeichung oben rechts in der Filterleiste der Karte eingeben. Die Filterleiste befindet sich direkt über der Kartenansicht.

Geben Sie nur Teile eines Namens ein oder gibt es mehrere Orte mit derselben Bezeichnung, erhalten Sie eine Liste mit Vorschlägen.

◄ Abbildung 11.13
Über die Suche können Sie Orte auf der Karte finden.

Ortsinformationen ein-/ausblenden | Oben rechts wird Ihnen der aktuell dargestellte Ort mit den Angaben Stadt, Region, Bundesland, Land angezeigt. Diese Information wird mit Hilfe der ⃞I⃞-Taste ein- beziehungsweise ausgeblendet. Die Angabe ist auch vom Zoomfaktor abhängig. Je weiter Sie in die Karte gezoomt haben, desto mehr Informationen erhalten Sie.

◄ Abbildung 11.14
Die Ortsinformation in der rechten oberen Ecke der Karte

Kartenlegende | Öffnen Sie das Karte-Modul zum ersten Mal, wird Ihnen in der rechten unteren Ecke eine Kartenlegende angezeigt. Sie zeigt eine Erklärung der Markierungssymbole auf der Karte. Wenn Sie in der Legende auf das ⌧-Symbol klicken, wird die Legende geschlossen. Um die Legende wieder einzublenden, wählen Sie im Menü Ansicht den Eintrag Kartenlegende anzeigen.

▲ Abbildung 11.15
Die Legende erklärt die Symbole auf der Karte.

11.2 Arbeiten mit Bildern auf der Karte

Das Arbeiten mit Bildern auf der Karte ist sehr intuitiv. Man kann auch nicht viel falsch machen. Im Grunde ziehen Sie einfach Bilder vom Filmreifen auf die Karte an eine gewünschte Position, und das war's schon. Die Koordinaten und Ortsinformationen werden automatisch in die Metadaten eingetragen.

▲ Abbildung 11.16
Ob ein Bild GPS-Koordinaten besitzt, erkennen Sie am entsprechenden Symbol des Vorschaubildes.

Einmal auf der Karte platzierte Bilder erhalten in der Rasteransicht der Bibliothek und dem Filmstreifen ein Icon ❶. Daran lässt sich schnell erkennen, ob einem Bild bereits eine Position zugewiesen wurde.

Bevor man mit dem Platzieren von Bildern auf der Karte beginnt, sollte man sich darüber im Klaren sein, dass nur die Bilder platziert werden können, die auch im Filmstreifen angezeigt werden. Gleiches gilt für bereits platzierte Bilder. Es werden nur Markierungen der Fotos aus dem Filmstreifen angezeigt.

Sie müssen also den Ordner vorher über die Bibliothek auswählen. Sammlungen können dagegen direkt über die linke Bedienfeldpalette ausgewählt werden. Als dritte Möglichkeit können Sie oberhalb des Filmstreifens auf die Information über den derzeitigen Ordner klicken, um die letzten Quellen oder beispielsweise die Schnellsammlung auszuwählen.

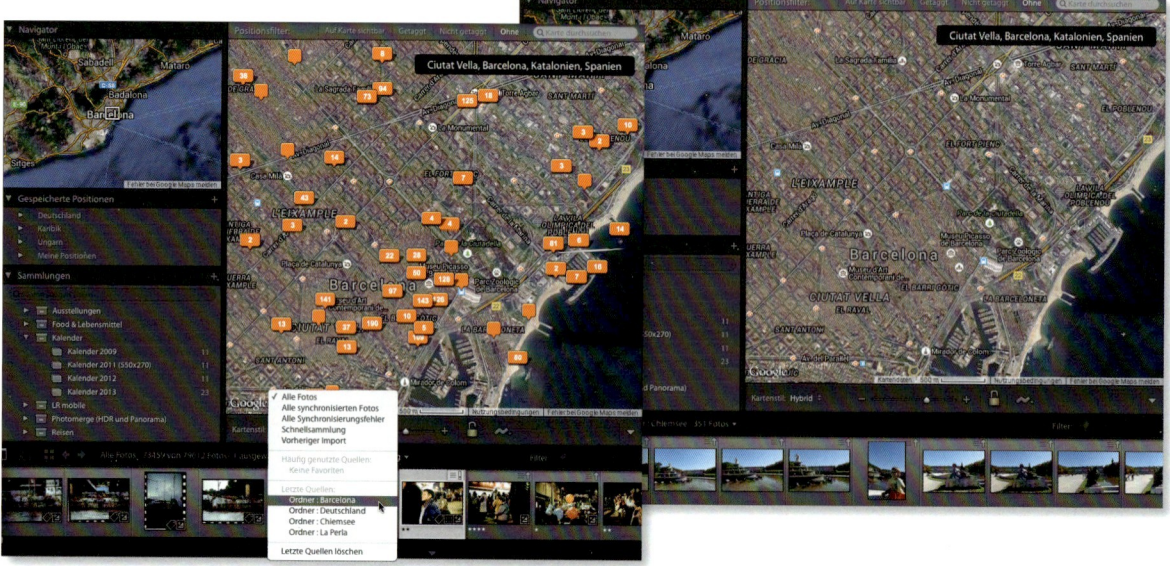

▲ Abbildung 11.17
Auf der Karte sind nur Markierungen von den Bildern sichtbar, die im Filmstreifen angezeigt werden – links ist der Ordner BARCELONA gewählt, rechts der Ordner CHIEMSEE.

Bilder auf Karte positionieren | Um ein einzelnes oder mehrere Bilder auf der Karte zu platzieren, selektieren Sie diese im Filmstreifen, und ziehen Sie sie auf der Karte an die Position, an der Sie das Foto aufgenommen haben.

11.2 Arbeiten mit Bildern auf der Karte

An der Position wird daraufhin eine gelbe Markierung ❷ mit der Anzahl der Bilder angezeigt. Bei einem einzelnen Bild wird keine Zahl angezeigt.

Da Marker nicht verschoben werden können, weist man Bildern einfach neue Positionen zu, um diese zu repositionieren. Ausnahme sind Markierungen, denen nur ein Bild zugewiesen ist. Hier kann auch die Markierung direkt auf der Karte verschoben werden.

Bildvorschau platzierter Bilder | Bewegen Sie die Maus über eine Markierung, erscheint nach ca. 1 Sekunde eine Vorschau der dort platzierten Bilder. Befinden sich mehrere Bilder auf dieser Position, können Sie über Pfeile durch die Bilder klicken, oder Sie verwenden dazu das Mausrad.

Klicken Sie die Markierung an, bleibt die Vorschau so lange geöffnet, bis Sie an einer anderen Stelle in Lightroom klicken.

▲ **Abbildung 11.18**
Vorschau der Bilder einer ausgewählten Markierung

Bilder über die Markierung selektieren | Das gelbe Symbol zeigt an, dass die mit diesem Symbol markierten Bilder selektiert sind. Die Bilder roter Markierungen sind nicht selektiert. Klicken Sie eine rote Markierung an, wird diese gelb und die zugehörigen Bilder ausgewählt.

Halten Sie auf dem Mac die ⌘-Taste oder unter Windows die Strg-Taste gedrückt, können Sie auch mehrere Markierungen auswählen, deren Bilder dann selektiert werden.

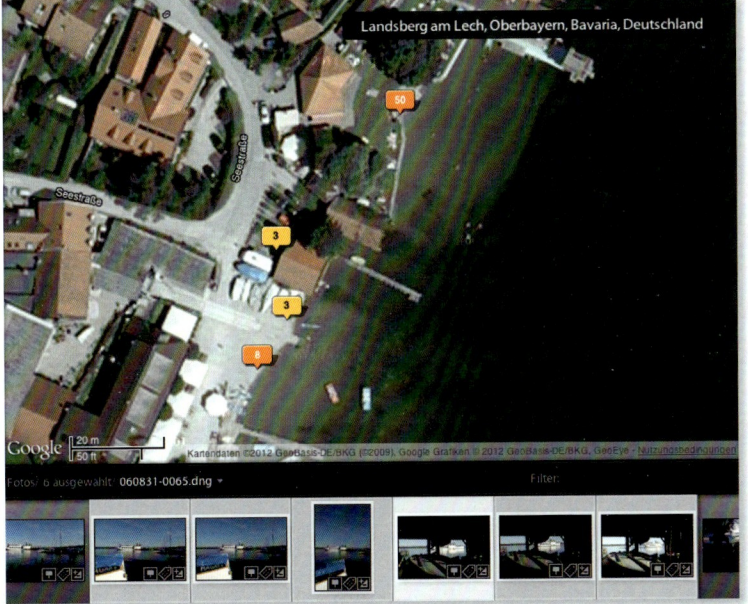

◀ **Abbildung 11.19**
Werden Positionsmarker angewählt, werden die entsprechenden Bilder ebenfalls selektiert.

Gruppierung von nahe beeinanderliegenden Fotos | Platziert man Bilder bei starker Vergrößerung, zeigen die Markierungen die Anzahl der zugewiesenen Bilder an. Zoomt man heraus, können Markierungen nicht mehr voneinander unterschieden werden. Sie werden dann zusammengefasst. Zoomt man noch weiter heraus, verändert sich das Icon, da es keinem definierten Punkt mehr zugewiesen werden kann und einen größeren Bereich erfasst.

▲ Abbildung 11.20
Bei starker Vergrößerung werden die Bilder getrennt dargestellt.

▲ Abbildung 11.21
Zoomt man heraus, werden diese zusammengefasst.

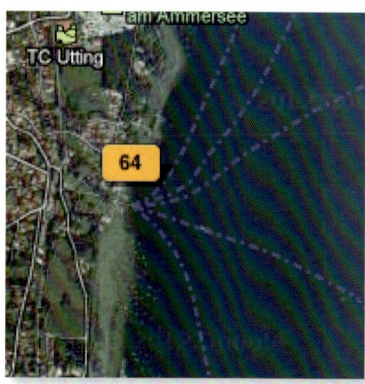
▲ Abbildung 11.22
Wird weiter herausgezoomt, wird auch die Pfeilmarkierung ausgeblendet.

▲ Abbildung 11.23
Über das Kontextmenü können Sie weitere Funktionen ausführen, zum Beispiel die Koordinaten löschen …

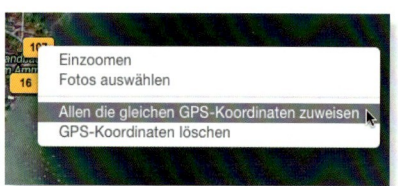
▲ Abbildung 11.24
… oder dieselben Koordinaten auf eng beieinanderliegende Markierungen anwenden.

GPS-Koordinaten löschen | Um die GPS-Koordinaten aus Bildern zu entfernen, klicken Sie mit der rechten Maustaste auf die Markierung und wählen den Menüpunkt GPS-KOORDINATEN LÖSCHEN. Danach müssen Sie noch bestätigen, ob Sie die Koordinaten von allen Bildern entfernen wollen.

Um die Positionsdaten einzelner Bilder zu entfernen, bleibt Ihnen nichts anderes übrig, als in das Bibliothek-Modul zu wechseln und die Koordinaten aus den Metadaten zu entfernen.

Allen die gleichen GPS-Koordinaten zuweisen | Dieser Befehl wird über das Kontextmenü der Positionsmarker aufgerufen. Allerdings ist er nur verfügbar, wenn Sie weit herausgezoomt haben und als Markierungssymbol die GRUPPE VON NAHE GELEGENEN FOTOS angezeigt wird. Der Filter OHNE löscht den angewendeten Filter.

Positionsfilter | Über der Karte befindet sich die Filterleiste ❶. Hier haben Sie die Möglichkeit, die im Filmstreifen sichtbaren Bilder nach Filterkriterien zu reduzieren. Folgende Filterkriterien stehen Ihnen dabei zur Verfügung:

- **Auf Karte sichtbar:** Zeigt nur die Bilder an, die Positionsdaten haben, welche im aktuellen Kartenausschnitt angezeigt werden.
- **Getaggt:** Zeigt nur die Bilder im Filmstreifen an, die bereits Koordinaten besitzen, aber unabhängig davon, ob die dazugehörigen Marker im Kartenausschnitt sichtbar sind oder nicht.
- **Nicht getaggt:** Dunkelt alle Bilder ab, die bereits getaggt sind. Es werden nur noch Bilder dargestellt, die keine Positionsdaten besitzen.

Nutzt man diesen Filter zu Beginn der Positionierung, sieht man schnell, welche Bilder noch zu positionieren sind. Am Anfang sind noch alle Bilder sichtbar. Nach jeder Positionierung werden immer mehr Bilder dunkel. Sind alle Bilder positioniert, ist der komplette Filmstreifen abgedunkelt, und man kann den Filter zurücksetzen.

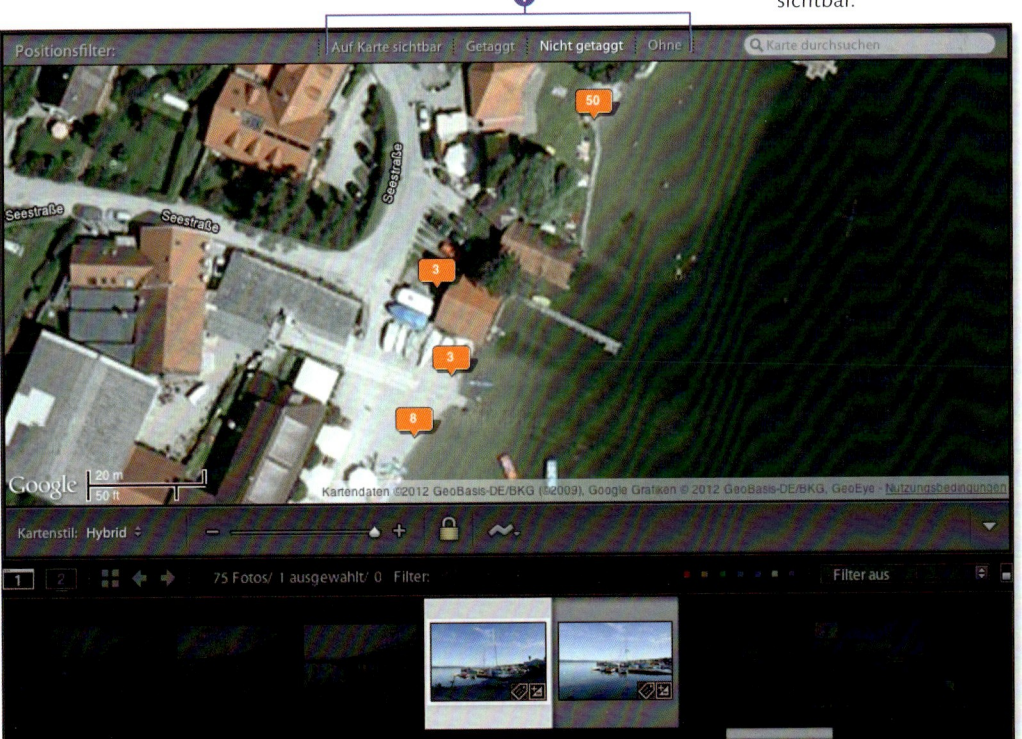

▼ **Abbildung 11.25**
Karte mit Filterleiste: Alle Bilder, die bereits getaggt sind, werden ausgeblendet. Nur ungetaggte Bilder sind noch sichtbar.

11.3 Ortsangaben in den Metadaten

Nachdem die Bilder mit Positionsdaten verknüpft sind, schauen wir uns an, wie diese Daten gespeichert und verarbeitet werden. In Lightroom werden diese nicht an gesonderter Stelle abgelegt. Die

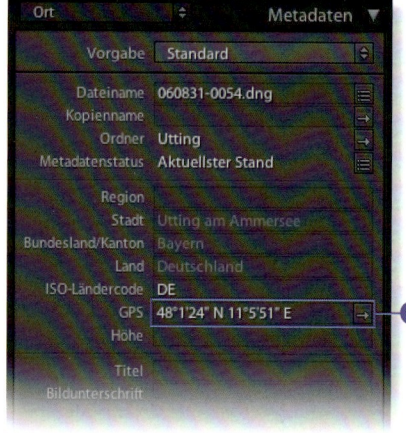

▲ Abbildung 11.26
Das rechte Bedienfeld mit den ortsbezogenen METADATEN

Koordinaten werden jedoch in jedem einzelnen Bild gespeichert. Lightroom liest diese bei der Anzeige aus und fasst Bilder mit denselben Koordinaten einfach unter einem Marker zusammen.

In der rechten Bedienfeldpalette werden alle ortsbezogenen Metadaten angezeigt. Dort befindet sich auch das Feld GPS ❶. Hier werden die Koordinaten angezeigt. Besitzt ein Bild bereits GPS-Koordinaten, beispielsweise weil Ihre Kamera einen GPS-Chip besitzt, können Sie sich die Position durch Drücken des Pfeils, der sich rechts vom Feld befindet, auf der Karte anzeigen lassen.

Umgekehrtes Geocoding

Wie eingangs erwähnt, kann Lightroom über Google Maps die Koordinaten in Ortsinformationen umwandeln. Diese werden dann ebenfalls in den Metadaten abgelegt. Da hierzu Daten an Google übermittelt werden müssen, fragt Lightroom bei der ersten Verwendung nach, ob Sie das auch zulassen möchten.

Sie können dies auch später wieder aktivieren oder auch deaktivieren. Die Voreinstellung finden Sie in den KATALOGEINSTELLUNGEN. Eine nähere Beschreibung finden Sie auf Seite 216.

Ist das umgekehrte Geocoding aktiv, werden die STADT, das BUNDESLAND/KANTON und das LAND in die Metadaten übernommen. Die automatischen Daten unterscheiden sich von den manuell eingetragenen durch ihre Darstellung. Automatische Metadaten werden in Grau dargestellt, manuell erstellte in Weiß.

Ist bereits eines der Felder ausgefüllt, wird für das Bild das umgekehrte Geocoding deaktiviert.

▲ Abbildung 11.27
Automatisch ausgefüllte Ortsinformationen werden grau eingefärbt.

▲ Abbildung 11.28
Manuell ausgefüllte Ortsinformationen werden weiß eingefärbt.

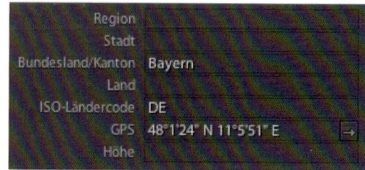

▲ Abbildung 11.29
Ist ein Feld bereits manuell ausgefüllt, wird die Automatik abgeschaltet.

11.4 Positionen speichern

Oft wiederkehrende Positionen können als Vorgabe gespeichert werden. Diese können dann schnell auf Bilder angewendet werden. Gleichzeitig dienen gespeicherte Positionen aber auch dem

11.4 Positionen speichern

Auffinden und Auswählen von Bildern mit Koordinaten in der betreffenden Gegend. Die gespeicherten Positionen werden in der linken Bedienfeldpalette in der Gruppe GESPEICHERTE POSITIONEN abgelegt. Die Positionen können in Ordnern abgelegt werden.

Neue Position anlegen und bearbeiten

Um eine neue Position zu speichern, müssen Sie zunächst den Ort finden. Dabei spielt es keine Rolle, ob Sie dort schon Bilder platziert haben oder ob Sie Ihr nächstes Urlaubsziel angeben. Sie können dazu die Karte in die richtige Position schieben oder über die Suche einen Ort finden. Anschließend drücken Sie auf das ⊞-Symbol neben dem Titel der Bedienfeldgruppe GESPEICHERTE POSITIONEN. Es öffnet sich ein Dialogfeld, in dem Sie die Optionen zur Markierung festlegen können:

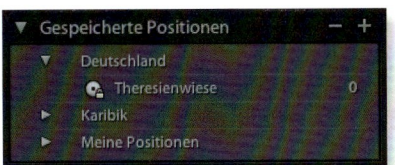

◀ **Abbildung 11.30**
Die Bedienfeldgruppe mit den gespeicherten Positionen

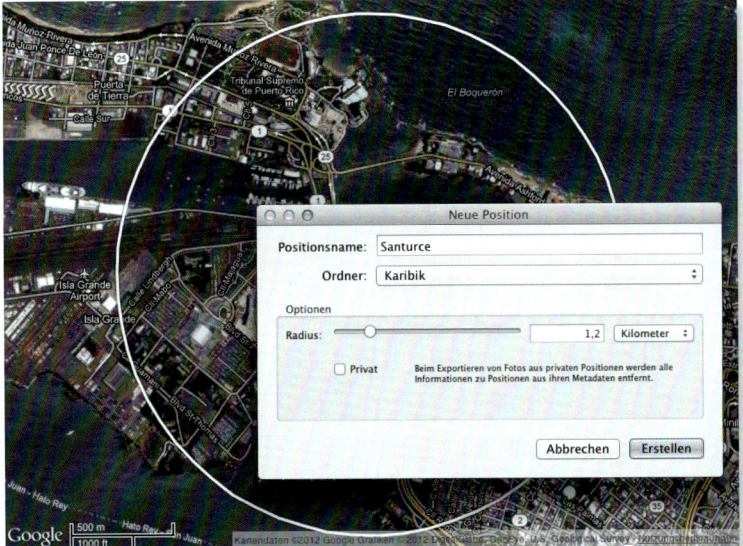

◀ **Abbildung 11.31**
Der Dialog zum Einstellen neuer Positionen: Der Kreis in der Karte markiert den RADIUS.

- **Positionsname:** Der Name ist mit der Ortsangabe von Google Maps vorausgefüllt. Sie können diesen aber ändern.
- **Ordner:** Hier können Sie aus der Liste bereits erstellter Ordner wählen oder auch einen neuen angeben. Die Ordner dienen der Gruppierung. Die Benennung ist Ihnen überlassen.
- **Radius:** Jede Position bekommt einen Radius zugewiesen. Bei der Erstellung einer neuen Position richtet sich dieser nach der Zoomstufe. Er wird so voreingestellt, dass er die gesamte Kartenansicht ausfüllt. Über den Schieberegler oder die Eingabe eines Wertes können Sie den Radius verändern.

▶ **Privat:** Ist diese Kontrollbox aktiv, werden beim Export die Ortsangaben nicht mit gespeichert. Eine Aktivierung der Kontrollbox überschreibt alle anderen Einstellungen zum Export von Ortsangaben. Ist hier also die Option PRIVAT aktiv, werden bei allen Bildern, die im Radius der Position liegen, die Metadaten nicht exportiert. Sie können dadurch beispielsweise grundsätzlich Ihr Wohnhaus ausschließen. Eine private Position erhält in der Liste ein kleines Schloss 🔒 als Symbol.

Gespeicherte Positionen ändern | Sie können gespeicherte Positionen auch nachträglich bearbeiten. Dazu klicken Sie mit der rechten Maustaste auf den Namen der gespeicherten Position und wählen den Punkt POSITIONSOPTIONEN. Es öffnet sich ein nahezu identischer Dialog wie beim Anlegen von Positionen (Abbildung 11.31). Einzig die Auswahl eines Ordners fehlt, da Sie die Positionen im Bedienfeld per Drag&Drop verschieben können.

▲ **Abbildung 11.32**
Über das Kontextmenü können die Optionen nachträglich geändert werden.

Gespeicherte Positionsüberlagerung anzeigen | Normalerweise sind gespeicherte Positionen nicht sichtbar, sie besitzen ja keinen eigenen Marker. Dafür gibt es die Positionsüberlagerung. Dabei werden die Position und der Radius der ausgewählten Position angezeigt.

Um die Überlagerung anzuzeigen, wählen Sie im Menü ANSICHT den Punkt GESPEICHERTE POSITIONSÜBERLAGERUNG ANZEIGEN oder

Abbildung 11.33 ▶
Die Überlagerung einer ausgewählten Position zeigt den Mittelpunkt mit Radius an.

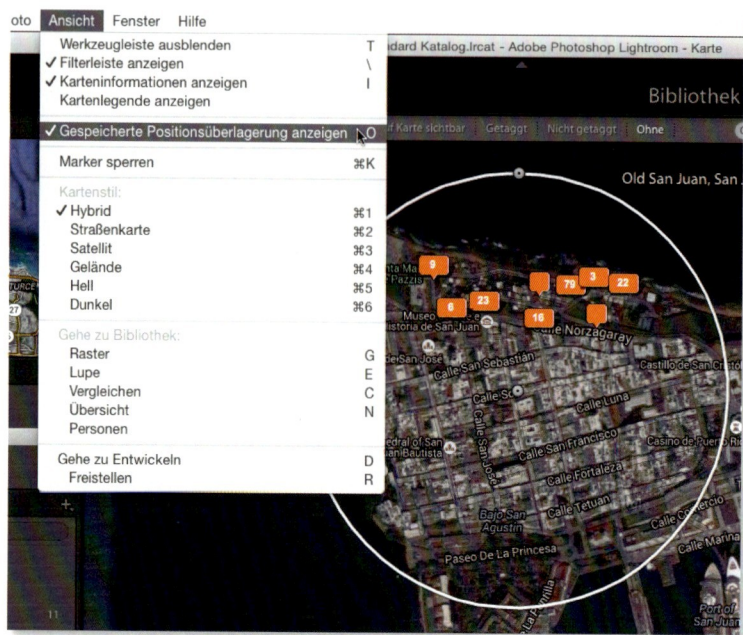

11.4 Positionen speichern

drücken die Taste [0]. Um die Überlagerung wieder auszublenden, müssen Sie die Taste erneut drücken oder das Häkchen vor dem Eintrag im Menü entfernen.

Radius im Kartenfenster anpassen | Den Radius können Sie im Optionendialog ändern. Es gibt aber auch noch die Möglichkeit, dies direkt im Kartenfenster zu erledigen. Dazu müssen Sie zunächst die Positionsüberlagerung aktivieren. Dann erscheint auf dem Kreis, der den Radius symbolisiert, ein Punkt. Ziehen Sie diesen, um den Radius anzupassen. Eventuell haben Sie schon bemerkt, dass im Bedienfeld neben dem Namen der Position eine Zahl steht. Diese gibt die Summe der Bilder an, die auf der Karte platziert sind und sich innerhalb des Radius befinden.

▲ **Abbildung 11.34**
Den Radius einer gespeicherten Position können Sie auch direkt in der Ansicht ändern.

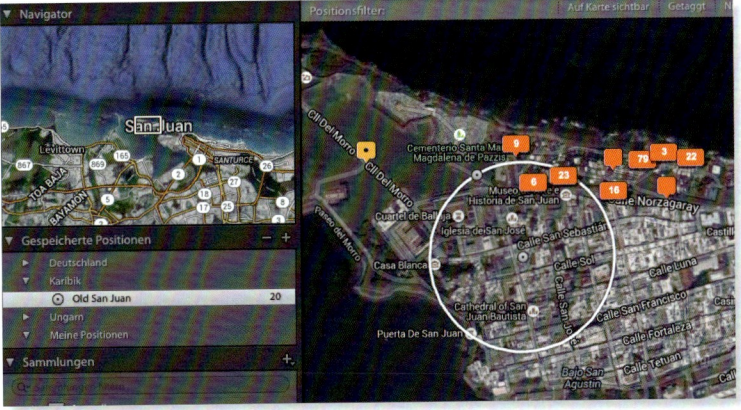

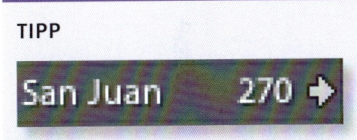

TIPP

Klickt man den Pfeil rechts neben der Bildanzahl an, wird der Kartenausschnitt der gespeicherten Position angezeigt.

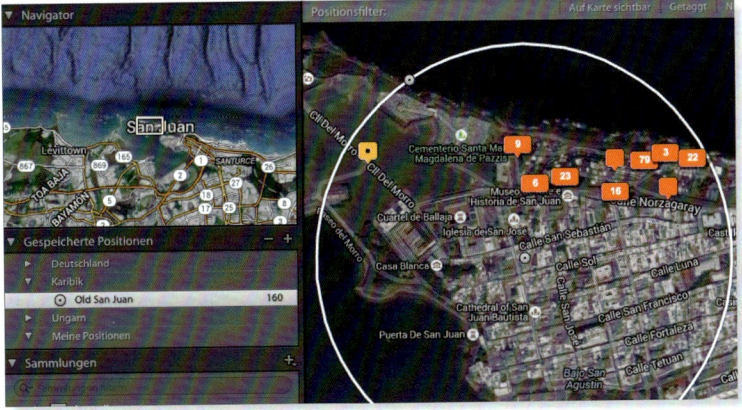

◄ **Abbildung 11.35**
Die Zahl neben der Positionsbezeichnung im Bedienfeld gibt an, wie viele Bilder sich im Radius befinden.

Position ändern | Um eine gespeicherte Position an einen anderen Ort zu schieben, aktivieren Sie zunächst die Positionsüberlagerung. Anschließend können Sie das Zentrum der Position einfach mit der Maus verschieben.

▲ **Abbildung 11.36**
Über das Kontrollkästchen lassen sich Bilder gespeicherten Positionen zuweisen beziehungsweise aus ihnen löschen.

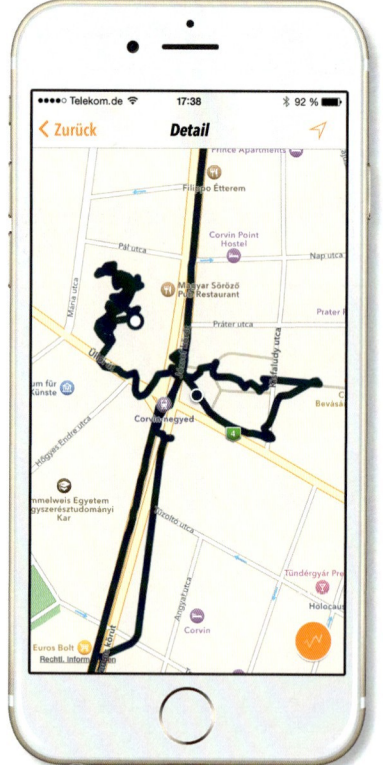

▲ **Abbildung 11.37**
Screenshot der iOS-App *Trails:* Mit ihr lassen sich GPX-Tracklogs erzeugen und per E-Mail verschicken.

Die Tracklog-Daten für diese Schritt-für-Schritt-Anleitung finden Sie im Verzeichnis *Übungsdateien/Tracklog* in den Daten zum Buch.
Die Bilder im »Workshopkatalog« in der Sammlung *Schritt-für-Schritt-Anleitungen/Kapitel 11: Karte/Tracklog.*

Bilder einer Position zuweisen und entfernen | Sie können Bilder einer gespeicherten Position zuweisen, indem Sie die gewünschten Bilder im Filmstreifen auswählen. Anschließend klicken Sie auf das Kontrollkästchen, das links des Titels der gespeicherten Position steht. Das Kästchen ist nur sichtbar, wenn Bilder ausgewählt sind. Ist die Kontrollbox bereits mit einem Häkchen versehen, bedeutet dies, dass sich die ausgewählten Bilder bereits im Radius der Position befinden. Das Deaktivieren der Kontrollbox löscht in diesem Fall die Positionsdaten aus den Bildern.

11.5 Geotagging mit Tracklogs

Ein Tracklog ist eine Wegstrecke, die anhand von GPS-Koordinaten gespeichert wird. Die Koordinaten werden dabei mit Zeitangaben versehen und in eine Textdatei geschrieben.

Lightroom kann diese importieren und sie mit den Aufnahmezeitpunkten fotografierter Bilder vergleichen. Ist für einen Aufnahmezeitpunkt eine GPS-Koordinate vorhanden, wird diese für das entsprechende Bild übernommen. Voraussetzung dafür ist ein Gerät, mit dem Sie Tracklogs erzeugen können. Dies kann beispielsweise ein Android-Smartphone, ein iPhone oder ein GPS-Tracker sein, den man sich an den Kameragurt hängt.

Tracklog-Datenformat | Lightroom kann nur Daten im GPX-Format importieren. Es gibt jedoch zahlreiche Konvertierungsprogramme wie GPSBabel *(www.gpsbabel.org)*, mit denen Sie auch andere Tracklog-Formate in das GPX-Format konvertieren können.

Schritt für Schritt
Eine Bilderserie mit einem Tracklog synchronisieren

In der folgenden Schritt-für-Schritt-Anleitung wird gezeigt, wie Sie die Positionsdaten einer Bilderserie mit einem Tracklog abgleichen.

1 Bilder importieren

Da sich Tracklogs nur im Katalog befindlichen Bildern zuordnen lassen, müssen Sie die Bilder vorher importieren. Näheres über den Bildimport finden Sie in Kapitel 8, »Bilder importieren«, ab Seite 285. Anschließend wählen Sie den Importordner aus, damit die Bilder im Filmstreifen sichtbar sind. Arbeiten Sie mit den Beispieldaten, finden Sie die Bilder in der Sammlung TRACKLOG.

11.5 Geotagging mit Tracklogs

2 Tracklog laden

Jetzt müssen Sie in das Karte-Modul wechseln, denn nur dort können Sie die Tracklog-Datei laden.

Im Karte-Modul stehen Ihnen mehrere Möglichkeiten zur Verfügung, um ein Tracklog zu laden. Hier verwenden Sie dazu das TRACKLOG-Menü 1 aus der Werkzeugleiste unter dem Kartenfenster. Klicken Sie es an, und wählen Sie den Menüpunkt TRACKLOG LADEN. Wählen Sie dann die Datei mit dem gewünschten Tracklog aus dem Dateibrowser aus. Alternativ können Sie ein Tracklog auch über den Menüpfad KARTE • TRACKLOCK • TRACKLOG LADEN öffnen. Nach dem Laden des Tracklogs wird die zurückgelegte Strecke im Ansichtsfenster als blaue Linie dargestellt.

Die Genauigkeit der Wegstrecke ist von der Einstellung Ihres GPS-Trackers abhängig. Je mehr Punkte, desto genauer ist später der Weg. Besteht Ihr Tracklog aus mehreren Protokollen, können Sie den benötigten Zeitraum über die Zeitangabe 2 des Tracklogs im Dropdown-Menü neben dem Namen auswählen. Auch über

▲ **Abbildung 11.38**
Bilder für die Tracklog-Zuordnung im Filmstreifen des Karte-Moduls

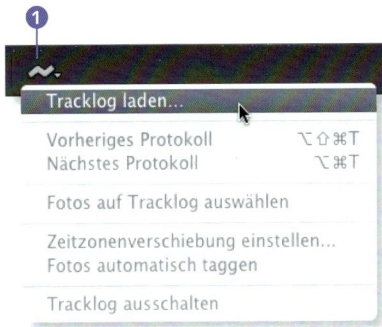

▲ **Abbildung 11.39**
Nach dem Bildimport müssen Sie im Karte-Modul das Tracklog laden.

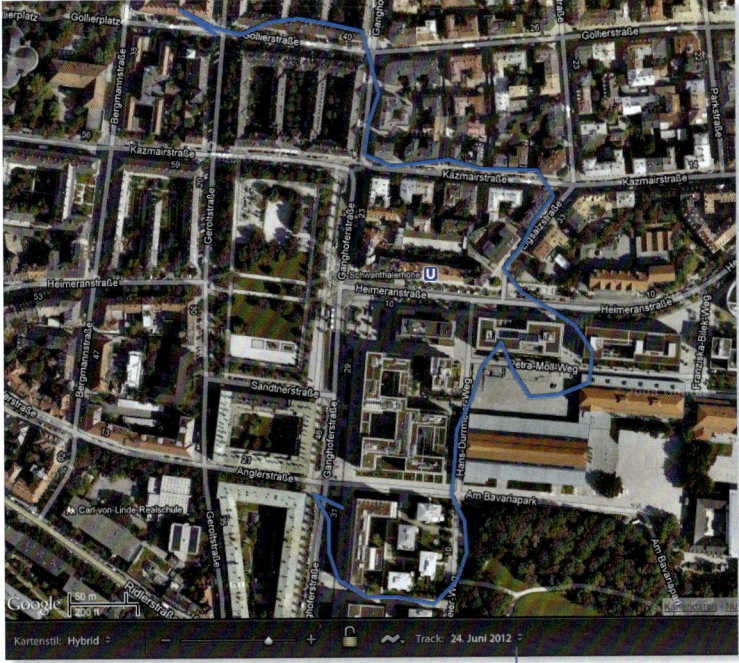

◀ **Abbildung 11.40**
Das Tracklog wird mit einer blauen Linie in die Karte eingezeichnet.

den Punkt Tracklog im Menü des Karte-Moduls können Sie zwischen den Protokollen umschalten.

3 Tracklog zuordnen

Jetzt sind Tracklog und Bilder im Karte-Modul sichtbar – das Tracklog im Ansichtsfenster, die Bilder im Filmstreifen. Sie müssen die beiden nur noch zusammenbringen.

Dazu selektieren Sie zunächst alle Bilder, die mit dem Tracklog verknüpft werden sollen. Anschließend klicken Sie auf das Tracklog-Symbol in der Werkzeugleiste und wählen den Menübefehl (…) Ausgewählte Fotos automatisch taggen. Die Zahl gibt die Menge der ausgewählten Bilder an – in diesem Fall 22 Stück.

Abbildung 11.41 ▶
Nach der Bildauswahl werden die Aufnahmen über das Tracklog-Menü mit den Wegpunkten synchronisiert.

Nach dem Taggen werden die Bilder abhängig von Ihrer Aufnahmezeit auf dem Weg positioniert. Die Positionen werden dabei über Marker dargestellt. Fahren Sie mit der Maus im Filmstreifen über ein Bild, hüpft der entsprechende Marker, damit die zugehörige Position besser zu erkennen ist.

Abbildung 11.42 ▶
Die Bilder verteilen sich nach dem Taggen entlang des Weges.

11.5 Geotagging mit Tracklogs

4 Zeitabweichung korrigieren

Leider scheinen die Uhrzeit der Kamera und die des Smartphones nicht genau übereinzustimmen. Es ergibt sich ein Zeitunterschied von ca. 2 Minuten. Das erste Bild ist eine Kreuzung früher aufgenommen worden. Dies lässt sich jedoch leicht korrigieren, indem man die Bilder auf der Strecke verschiebt.

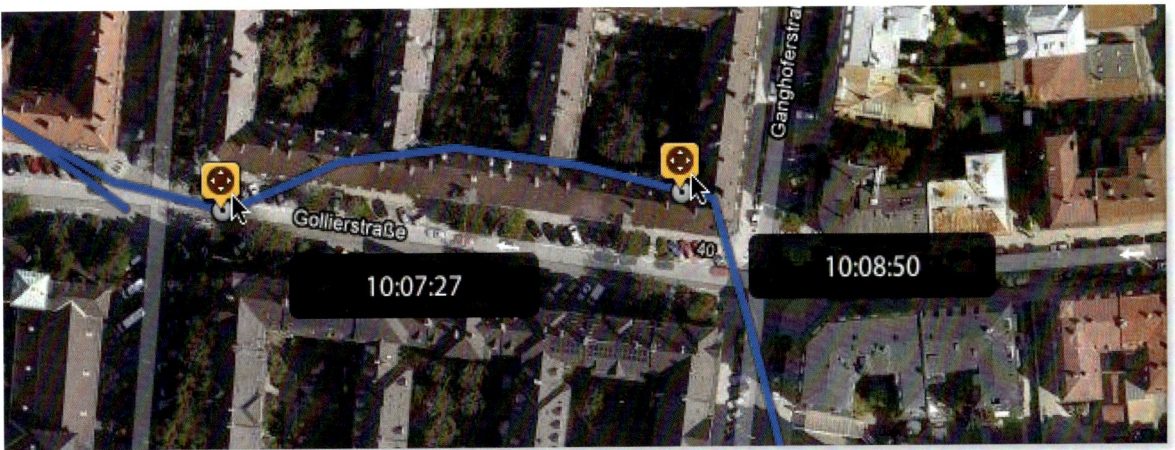

▲ Abbildung 11.43
Das erste Bild wird auf der Strecke um ca. 1,5 Minuten verschoben, um die Zeitdifferenz zwischen GPS-Tracker und Kamera auszugleichen.

Zoomen Sie dazu näher an den Anfang der Wegstrecke heran, um genauer arbeiten zu können, und kontrollieren Sie, ob noch alle Bilder im Filmstreifen ausgewählt sind.

Klicken Sie auf das erste Bild der Strecke, und ziehen Sie es mit gedrückter linker Maustaste den Weg entlang nach links. Dabei werden Ihnen auch die alte und die neue Zeit angezeigt. Achten Sie darauf, dass Sie auf der Strecke bleiben. Ob Sie sich immer noch auf der Strecke befinden, erkennen Sie an dem grauen Punkt unter der Markierung.

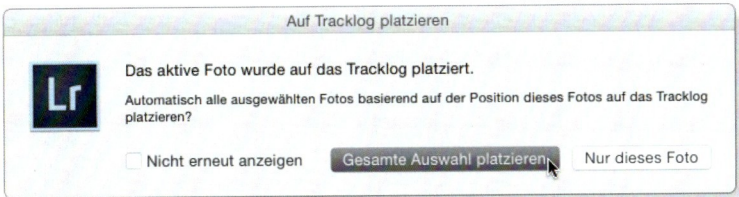

◀ Abbildung 11.44
Im Dialog können Sie angeben, ob nur ein oder ob alle ausgewählten Bilder verschoben werden sollen.

Lassen Sie die Maustaste los, erscheint ein Dialogfenster. In diesem klicken Sie auf die Schaltfläche Gesamte Auswahl platzieren. Dann werden alle Bilder um dieselbe Zeitdifferenz verschoben.

Falls nötig, können Sie zum Abschluss noch die Positionen einzelner Bilder mit dem gleichen Vorgehen korrigieren. Dabei werden diese nicht vom Tracklog gelöst. Bei einer erneuten Zeitkorrektur würden diese Bilder wieder auf das Tracklog geschoben. Daher sollten Sie alle Zeitkorrekturen vorher durchführen.

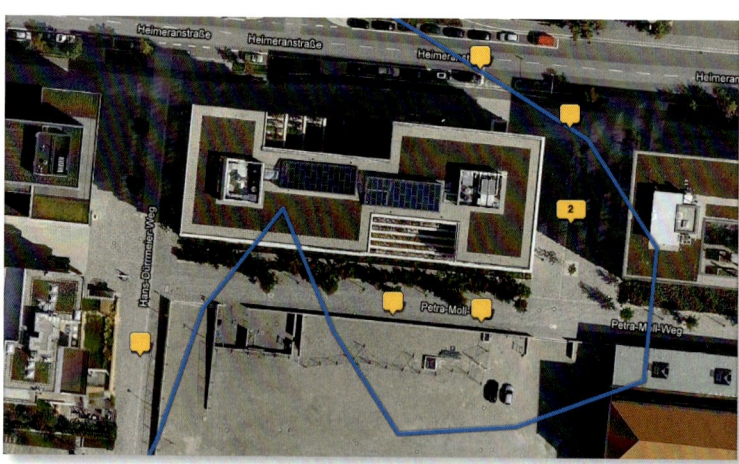

Abbildung 11.45 ▶
Einzelne Punkte lassen sich auch nachträglich noch korrigieren.

Zeitzonenverschiebung einstellen | In der vorangegangenen Schritt-für-Schritt-Anleitung haben Sie kleinere Zeitkorrekturen vorgenommen. Auf Reisen vergisst man jedoch oft, die Kamera auf die neue Zeitzone einzustellen. Die Uhr des Smartphone-GPS-Trackers stellt sich aber automatisch um. Dabei entstehen so große Zeitdifferenzen, dass eine Zuordnung zwischen Kamera und GPS-Tracker nicht mehr möglich ist. Dazu finden Sie im Tracklog-Menü den Punkt Zeitzonenverschiebung einstellen.

In diesem Dialog können Sie den Zeitraum des Tracklogs verschieben. Der minimalste Verschiebezeitraum beträgt dabei 0,1 Stunden, das sind 6 Minuten.

Das Kontrollkästchen Nur ausgewählten Track verschieben hat nur Auswirkung, wenn ein Tracklog mit mehreren Protokollen geladen ist. Hier kann dann entweder das gesamte Tracklog oder nur der derzeitig aktive Track verschoben werden.

▲ **Abbildung 11.46**
Über das Tracklog-Menü können Sie auch eine Zeitzonenverschiebung korrigieren.

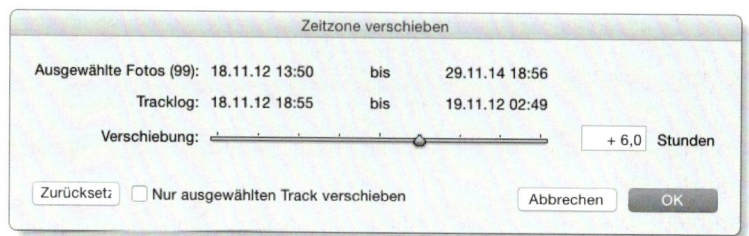

▲ **Abbildung 11.47**
Der Zeitzonendialog des Tracklogs verschiebt die Zeit des Tracklogs, nicht die der aufgenommenen Bilder.

Kapitel 12
Bilder exportieren

Alle Bilder, die Sie verschicken, ins Internet hochladen, auf CD/DVD brennen oder auf andere Art weitergeben wollen, müssen vorher aus Lightroom exportiert werden. Intern sind die Daten nur mit den Entwicklungseinstellungen verknüpft. Würden Sie die Raw-Dateien weitergeben, wären diese nicht nur sehr groß, sondern könnten von vielen Programmen überhaupt nicht richtig gelesen werden, denn die Entwicklungseinstellungen können – mit Ausnahme von Adobe Photoshop – nur von Lightroom interpretiert werden. Daher müssen Sie diese für jede Verwendung außerhalb von Lightroom exportieren.

Wenn Sie Bilder mit anderen Personen austauschen, können die exportierten Bilder aber nach dem Versenden, Brennen etc. wieder gelöscht werden, da diese dann ja nicht mehr benötigt werden und jederzeit wieder über Lightroom generiert werden können.

Lightroom bietet neben dem Export die Möglichkeit, über Veröffentlichungsdienste Bilder auf soziale Netzwerke wie Flickr oder Facebook zu übertragen. Ein weiterer Veröffentlichungsdienst erlaubt, die Bilder mit Ordnern auf der Festplatte zu synchronisieren, um auch Medien wie das iPhone oder das iPad indirekt zu unterstützen.

In diesem Kapitel erfahren Sie zunächst, wie Sie Bilder einfach exportieren. Danach betrachten wir den Export zu Onlinediensten.

▲ **Abbildung 12.1**
Über VERÖFFENTLICHUNGSDIENSTE können direkt aus Lightroom heraus Sammlungen mit Onlinediensten synchronisiert werden.

12.1 In Ordner exportieren

Solange Sie die Bilder nur in Lightroom verarbeiten, können Sie mit den Originaldaten arbeiten. Wollen Sie die Bilder auf CD/DVD brennen, per E-Mail verschicken oder für den Offsetdruck weitergeben, müssen Sie sie exportieren. Sie können die Bilder dabei in allen Formaten, die Lightroom lesen kann, auch exportieren. Je nach gewähltem Export-Plug-in können die Bilder danach direkt auf CD/DVD gebrannt oder auf eine Bilddatenbank übertragen werden.

Kapitel 12 Bilder exportieren

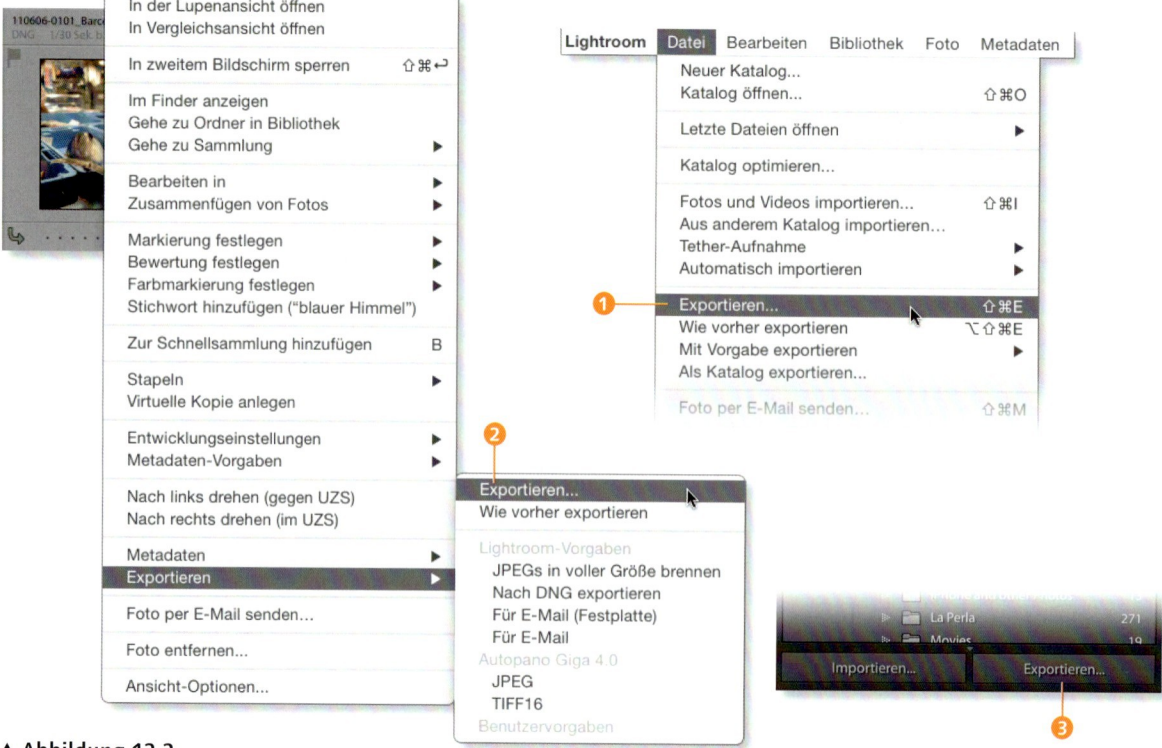

◤ **Abbildung 12.2**
Der Export kann von mehreren Stellen des Programms aus gestartet werden.

Um Bilder zu exportieren, gibt es mehrere Möglichkeiten: Wählen Sie die Bilder im Bibliothek-Modul aus, und drücken Sie dann beispielsweise die Schaltfläche Exportieren ❸ am Ende der linken Bedienfeldpalette. Alternativ können Sie auch den Befehl Exportieren ❶ aus dem Menü Datei wählen. Auch das Kontextmenü hält diesen Befehl ❷ bereit. Dieses ist nicht nur in der Rasteransicht, sondern auch im Filmstreifen, und somit in jedem Modul, verfügbar. Ist kein Bild ausgewählt, so werden alle Bilder exportiert, die in der Rasteransicht angezeigt werden, zum Beispiel die komplette Sammlung oder der aktuelle Ordner. Ist der Exportdialog geöffnet, sieht man, dass er aus vier Elementen besteht:

❹ **Auswahl des Exportmoduls:** Hier können Sie zwischen Exportmodulen mit unterschiedlichen Aufgaben wählen, zum Beispiel zwischen dem Export auf die Festplatte oder dem Brennen von Bildern auf CD/DVD.

❺ **Exportparameter:** Hier werden alle Angaben zu den zu exportierenden Bildern wie Größe, Dateiformat, Metadaten etc. eingestellt. Die in diesem Bereich angezeigten Parameter sind auch abhängig vom verwendeten Exportmodul.

12.1 In Ordner exportieren

❻ **Exportvorgaben:** Alle Einstellungen können als Vorgabe gespeichert und bei Bedarf wiederverwendet werden.

❼ **Zusatzmodul-Manager:** Hier können Sie weitere Module integrieren oder Probleme mit Exportmodulen beheben.

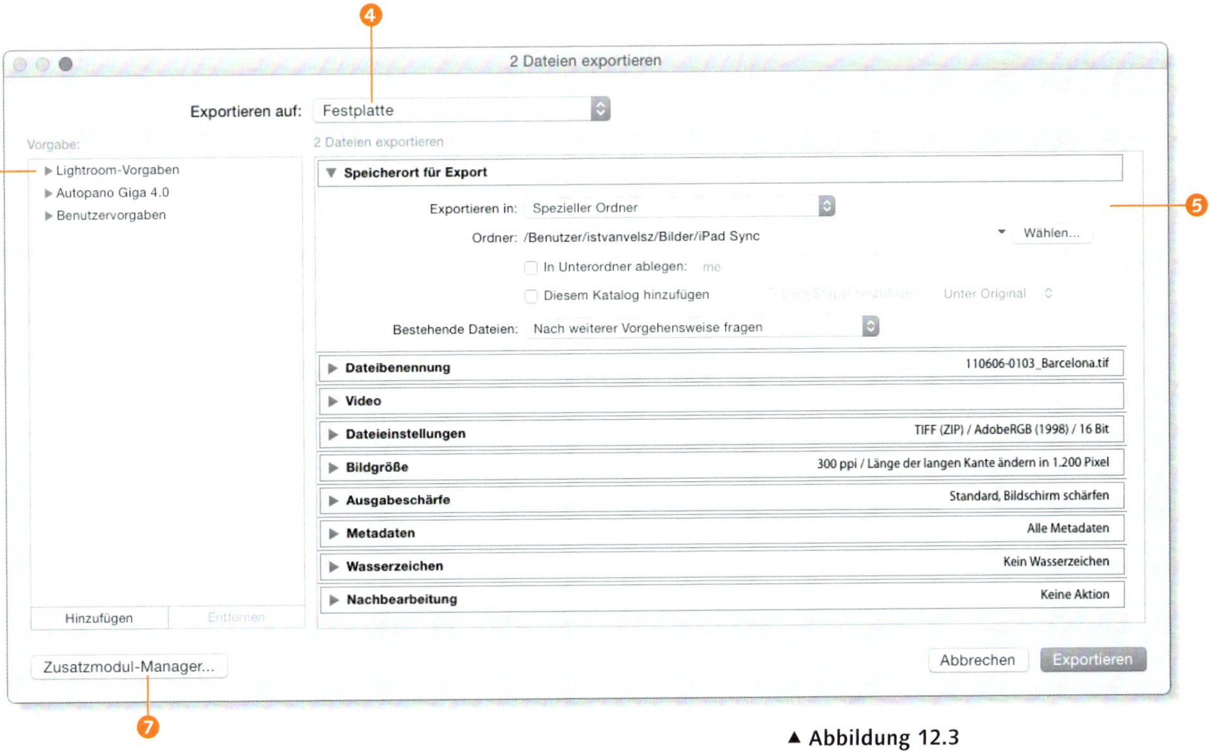

▲ Abbildung 12.3
Der Exportdialog von Lightroom

Export-Zusatzmodul auswählen

Lightroom besitzt ein paar Export-Plug-ins, die bezüglich der Parameter nahezu identisch sind. Die Auswahl von Plug-ins wird über das Dropdown-Menü ❽ erledigt, das sich öffnet, wenn Sie auf den Begriff FESTPLATTE neben EXPORTIEREN AUF oder auf die Doppelpfeile rechts davon klicken. Weitere Exportmodule können über den Zusatzmodul-Manager installiert werden.

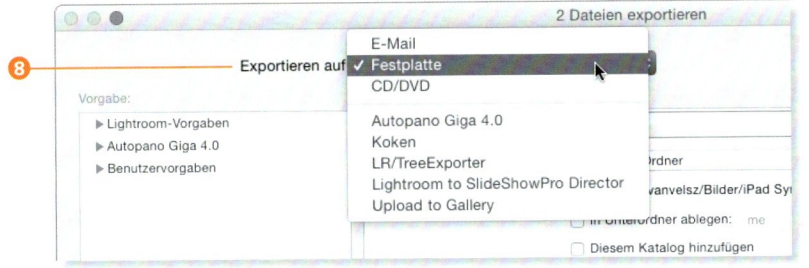

◄ Abbildung 12.4
Das gewünschte Export-Plug-in lässt sich über das Dropdown-Menü in der Kopfzeile aufrufen.

455

Kapitel 12 Bilder exportieren

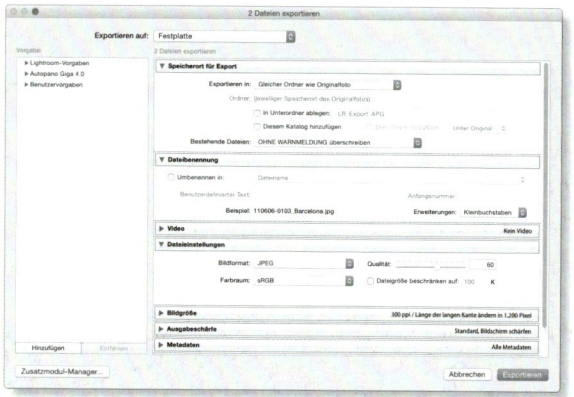 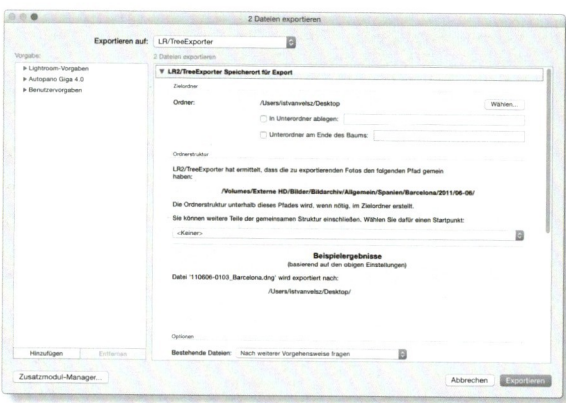

▲ **Abbildung 12.5**
Die Angaben für den Export richten sich nach dem gewählten Export-Plug-in – links das Standardmodul für den einfachen Dateiexport, rechts ein Plug-in, bei dem die Dateistruktur mit Ordnern erhalten bleibt.

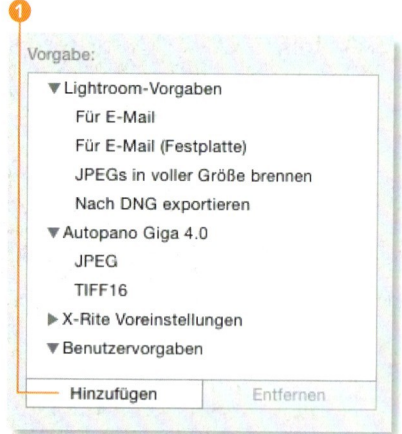

▲ **Abbildung 12.6**
Die Exporteinstellungen können als Vorgaben gespeichert und wieder abgerufen werden.

Vorgaben | Links im Dialog befindet sich die Liste mit gespeicherten Vorgaben. Diese können in Ordnern abgelegt werden, die mit Hilfe der Dreiecksymbole auf- und zugeklappt werden.

Durch Drücken der Schaltfläche HINZUFÜGEN ❶ können Sie neue Vorgaben oder Ordner erstellen. Für eine neue Vorgabe geben Sie im Dialogfeld NEUE VORGABE (siehe Abbildung 12.7) einen Namen an und wählen über das Dropdown-Menü, das sich unter dem Eingabefeld befindet, einen Zielordner aus. Über den Dropdown-Befehl NEUEN ORDNER können Sie einen neuen Ordner anlegen.

Weitere Funktionen zu den Vorgaben, wie das Exportieren und Importieren zum Übertragen auf andere Rechner oder Accounts sowie das Löschen von Vorgaben etc., können Sie durch Rechtsklick auf eine Vorgabe aufrufen. Vorgaben können allerdings nicht umbenannt werden. Dazu müssen diese zunächst ausgewählt und unter einem neuen Namen gespeichert werden. Die Originaleinstellung wird danach gelöscht.

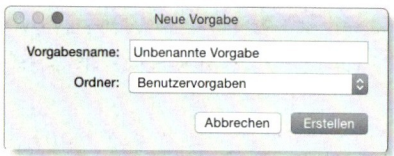

▲ **Abbildung 12.7**
Dialogfeld zur Eingabe einer Bezeichnung für neue Vorgaben

Speicherort für Export | Neben EXPORTIEREN IN ❹ wird der gerade aktuelle Pfad angegeben. Sie können auch einen anderen Ordner auswählen, indem Sie die Schaltfläche WÄHLEN ❻ anklicken.

Klicken Sie auf das Dreiecksymbol ❺, so öffnet sich ein Dropdown-Menü, aus dem Sie die zuletzt verwendeten Ordner auswählen können. Besitzen Sie einen allgemeinen Exportordner, so können Sie darin einen Unterordner erstellen. Aktivieren Sie dazu die Kontrollbox bei IN UNTERORDNER ABLEGEN ❸, und geben Sie in das Textfeld eine Bezeichnung für den Ordner ein.

12.1 In Ordner exportieren

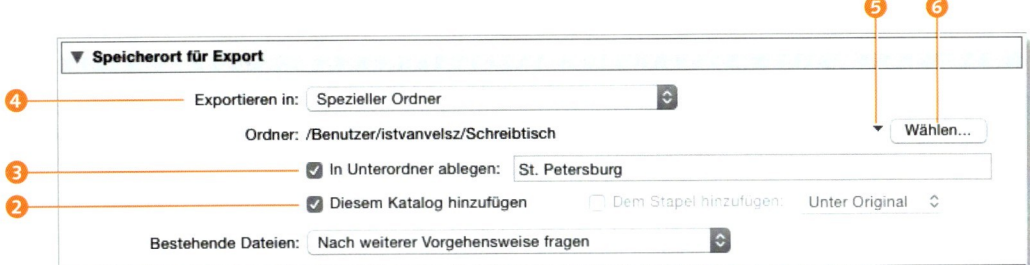

▲ **Abbildung 12.8**
Ablageort für exportierte Dateien

Die exportierten Bilder können auch wieder in den Katalog reimportiert werden. Dazu müssen Sie das Kontrollkästchen DIESEM KATALOG HINZUFÜGEN ❷ aktivieren. Wird das Bild an denselben Ort wie das Original kopiert, kann es mit dem Originalbild gestapelt werden ❼. Über das Dropdown können Sie wählen, ob das exportierte Bild als erstes im Stapel steht oder hinter dem Original.

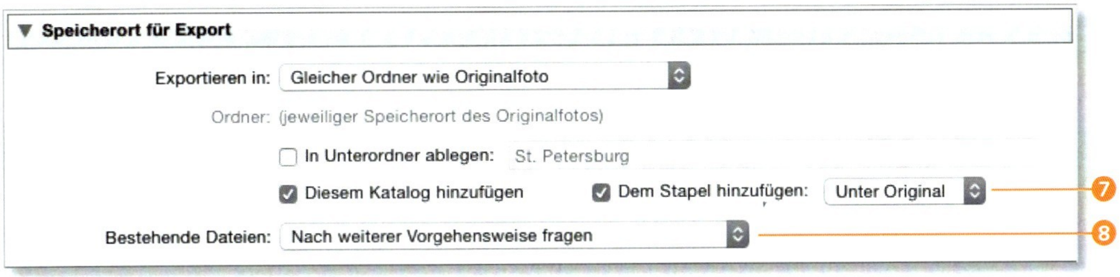

▲ **Abbildung 12.9**
Beim Einfügen in den Katalog an derselben Stelle kann das Bild mit dem Original gestapelt werden.

Existiert bereits eine Datei mit gleichem Namen, können Sie im Dropdown-Menü BESTEHENDE DATEIEN ❽ angeben, wie Lightroom vorgehen soll. Beispielsweise können Sie die Datei überschreiben, einen neuen Namen vergeben oder die Datei einfach auslassen.

Dateibenennung | Normalerweise behält man den Namen der Datei bei und wählt dazu im Dropdown-Menü den Punkt DATEINAME. Dieser ist darin bereits als Standard vorgesehen. Auf Wunsch können Sie aber auch eine andere Vorlage verwenden oder eine eigene anlegen. Das Erstellen der Vorlage funktioniert analog zum Import. Eine genaue Beschreibung hierzu finden Sie auf Seite 304.

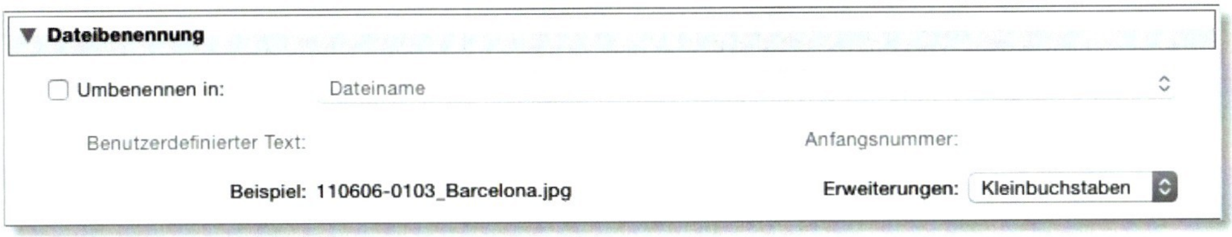

▲ **Abbildung 12.10**
Dateibenennung von exportierten Bildern ändern

Video | Befinden sich unter den zu exportierenden Elementen Videoclips, können diese wahlweise ignoriert oder eingeschlossen werden. Ist die Kontrollbox VIDEODATEIEN EINSCHLIESSEN deaktiviert, werden Videos nicht exportiert. Zusätzlich haben Sie die Möglichkeit, Videos in ein anderes Format zu konvertieren. Lightroom ist für die Videobearbeitung nicht geeignet. Konvertierungen führen Sie besser in entsprechenden Spezialprogrammen durch.

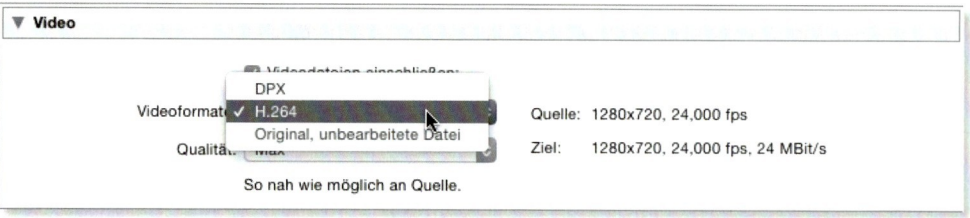

Abbildung 12.11 ▲
Der Export für Videos erlaubt auch das Konvertieren des Formats, beispielsweise für die Veröffentlichung auf einer Website.

- **DPX:** Das DPX-Format (*Digital Picture Exchange*) ist ein Austauschformat, das vor allem in professionellen Filmproduktionen verwendet wird. Dabei wird aus jedem Bild eine Datei erzeugt. Es bietet durch seine hohe Farbtiefe von 32 Bit pro Farbkanal genügend Spielraum für Anpassungen und Farbkorrekturen. Es ist nur als HD-Format (1920 × 1080 Pixel) verfügbar. Über Qualität können nur die Bildraten 24, 25 oder 30 fps (Bilder pro Sekunde) eingestellt werden. Hier sollte immer die Bildrate des Ursprungsmaterials eingegeben werden. Diese Daten werden rechts neben dem Dropdown-Menü Videoformate dargestellt.
- **H.264:** Dieses Format hat sich als Standard für das Abspielen von Videos im Internet etabliert. Dabei ist es eigentlich kein eigenes Format, sondern ein Kompressionsverfahren. Die entsprechend komprimierten Filme werden in andere Formate wie MPEG4 (mp4, m4v etc.) eingebettet. Über Qualität können Sie aus vier Qualitäten wählen. Informationen zu den Qualitäten werden neben dem Pulldown-Menü dargestellt. Hier ist vor allem die Datenrate (MBit/s) entscheidend. Eine Mittlere Qualität von 8 MBit/s entspricht schon der von HD-Videos aus Online-Videotheken, wie sie beispielsweise über den iTunes Store zu beziehen sind. Bei Niedrig wird die Größe reduziert und die Datenrate auf 1 MBit/s minimiert. Für Webvideos auf mobilen Geräten ist dies völlig ausreichend.
- **Original:** Hier wird die Datei direkt ohne Änderungen exportiert, also auch ohne Entwicklungseinstellungen. Eine Formatänderung wird ebenfalls nicht vorgenommen.

Dateieinstellungen | In dieser Parametergruppe können Sie das Dateiformat angeben. Je nach Datei lassen sich auch noch Zusatzoptionen wie Kompressionsart oder -faktor angeben. Das hier angegebene Dateiformat beeinflusst möglicherweise auch die Bildeinstellungen. Beispielsweise können Sie JPEGs nur in 8 Bit abspeichern.

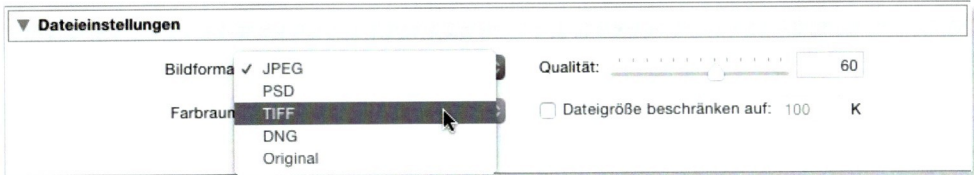

▲ **Abbildung 12.12**
Beim Export nach JPEG können Sie über den Schieberegler die Kompressionsrate und somit die Qualität festlegen.

▸ **Farbraum (TIFF, PSD, JPEG):** Hier stehen zunächst nur drei Profile zur Auswahl. Wenn Sie JPEGs zur Ansicht verschicken wollen, verwenden Sie am besten sRGB. Dieses Profil besitzt einen Farbraum, der für alle gängigen Ausgabegeräten wie Monitoren, Druckern etc. geeignet ist. Das Farbprofil ADOBERGB (1998) eignet sich für die direkte Weiterverarbeitung im Druck, während man PROPHOTO RGB für weitere Optimierungen in Photoshop verwenden sollte. Sie können der Liste aber auch weitere Profile hinzufügen. Klicken Sie dazu im Dropdown-Menü auf den Punkt ANDERE. Dann erhalten Sie ein Dialogfeld mit weiteren Profilen. Aktivieren Sie für jedes Profil das dazugehörige Kontrollkästchen. Sehen Sie nur Druckprofile, aktivieren Sie das Kontrollkästchen ANZEIGEPROFILE EINSCHLIESSEN, um auch wichtige Arbeitsfarbräume oder Monitorprofile auswählen zu können.

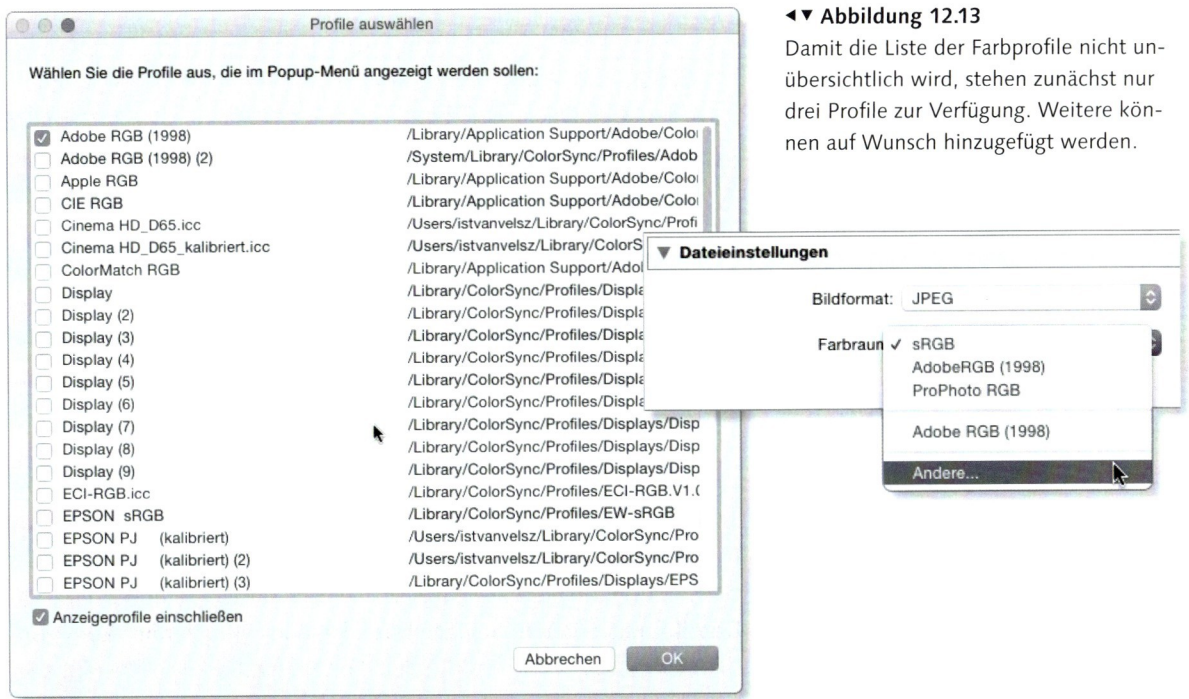

◂▾ **Abbildung 12.13**
Damit die Liste der Farbprofile nicht unübersichtlich wird, stehen zunächst nur drei Profile zur Verfügung. Weitere können auf Wunsch hinzugefügt werden.

> **HINWEIS**
> PNG-Dateien können übrigens nur importiert, aber nicht exportiert werden.

- **Bittiefe (TIFF, PSD):** Dieses Dropdown-Menü können Sie nicht bei JPEGs verwenden, da diese nur eine Farbtiefe von 8 Bit unterstützen. Bei den anderen Formaten können Sie auch 16 Bit auswählen. Dies ist aber nur dann sinnvoll, wenn Sie später noch stärkere Farb- und Helligkeitskorrekturen durchführen wollen.
- **Qualität (JPEG):** Je niedriger der Wert, desto stärker wird die Datei komprimiert. Das heißt, dass die Datei zwar kleiner wird, aber die Qualität sich dadurch auch verschlechtert.
- **Datengröße beschränken (JPEG):** Dabei wird der Schieberegler für die Qualität deaktiviert. Die Kompressionsrate wird dann automatisch so gewählt, dass das Bild nicht größer als der angegebene Wert wird.
- **Komprimierung (TIFF):** Komprimiert die Datei verlustfrei. Die Qualität wird nicht verändert. Allerdings ist die Kompression eher gering, maximal ca. 30%.
- **Kompatibilität (DNG):** Konvertiert das Bild in ein älteres DNG-Format, damit auch Anwender mit älteren Lightroom- oder Photoshop-Versionen die Dateien öffnen können.
- **JPEG-Vorschau (DNG):** Bettet ein Vorschaubild ein, das angezeigt wird, wenn ein Bild direkt im Betriebssystem dargestellt wird. Das geht schneller, als jedes Mal die Raw-Daten zur Darstellung zu extrahieren.
- **Schnell ladende Daten einbetten (DNG):** Dabei werden einige Einstellungen und Informationen von Lightroom mit in die Datei geschrieben, um das Bild schneller laden zu können.
- **Verlustreiche Komprimierung verwenden (DNG):** Die Datei wird mit einer Art JPEG-Kompression verkleinert. Allerdings wendet Adobe hier einige intelligente Verfahren an, um die Qualität gegenüber JPEG zu verbessern. Wer mehr über die verlustbehaftete Kompression von DNG erfahren möchte, kann darüber unter *http://chromasoft.blogspot.de/2012/01/lightrooms-new-lossy-dng-compression.html* nachlesen.
- **Raw-Orginaldaten einbetten (DNG):** Haben Sie Bilder beim Import nicht in das DNG-Format konvertiert, können Sie diese hier zusätzlich in die Datei einbetten. Die Dateigröße wird dann aber ziemlich hoch, da neben dem DNG auch noch das Original-Raw in der Datei abgelegt ist. Aber dafür haben Sie die Garantie, dass nichts vergessen wurde. Mehr Informationen und Einschätzungen zum DNG-Format finden Sie auf Seite 152.
- **Mit Transparenz (TIFF):** Ist diese Option aktiviert, wird die Transparenz von TIFF-Bildern berücksichtigt. Dies gilt aber nur

für TIFF-Dateien, die nur eine Ebene besitzen und deren Transparenz über diese Ebene gesteuert wird. Ansonsten werden die Bilder auf die Hintergrundebene reduziert. Alpha-Kanäle werden übrigens ebenfalls ignoriert. Sollten Sie also TIFF-Bilder mit mehreren Ebenen besitzen, speichern Sie diese lieber als Photoshop-Datei. Allerdings werden auch hier die Ebenen zu einer einzelnen Ebene reduziert. Das ist aber auch nicht anders möglich, da eventuelle Entwicklungseinstellungen nicht auf einzelne Ebenen verteilt werden können.

Bildgröße | Beim Export sollen Bilder oft in der Größe verändert werden, um sie besser verschicken zu können oder um sie für eine bestimmte Druckgröße zu optimieren.

- **In Bildschirm einpassen:** Ist dieses Kontrollkästchen aktiviert, wird die Bildgröße umgerechnet. Über das Dropdown-Menü daneben können Sie wählen, wie die Angaben verarbeitet werden sollen. Beispielsweise können Sie dort auch nur die Abmessung an der langen Kante angeben. Dann wird die kurze Seite entsprechend angepasst. Diese Option ist beispielsweise von Vorteil, wenn Sie Hoch- und Querformatbilder zusammen skalieren wollen. Wenn Sie als Ausgabeformat DNG mit verlustreicher Kompression gewählt haben, können Sie nur zwischen der Abmessung der langen Kante und Megapixeln wählen. Die weiteren Parameter können dann nicht eingestellt werden.
- **Nicht vergrößern:** Sind einzelne Bilder kleiner als die angegebenen Abmessungen, können Sie durch dieses Kontrollkästchen verhindern, dass diese Bilder vergrößert werden.
- **W (Width/Breite), H (Height/Höhe) und Einheit:** In diese Felder geben Sie die gewünschten Abmessungen ein. Über das nebenstehende Dropdown-Menü können Sie die Einheit der angegebenen Werte bestimmen.
- **Auflösung:** Hier wird die Auflösungsdichte angegeben. Je mehr Pixel pro Zentimeter oder Zoll, desto kleiner wird ein Bild in seinen absoluten Abmessungen (cm oder Zoll). Für die Ausgabe auf Tintenstrahldruckern reicht eine Auflösung von 200 Pixel/Zoll aus, für den Offsetdruck werden 300 Pixel/Zoll benötigt (siehe Tabelle 13.1 auf Seite 572).

▼ **Abbildung 12.14**
Unter BILDGRÖSSE bestimmen Sie die Größe der exportierten Bilder.

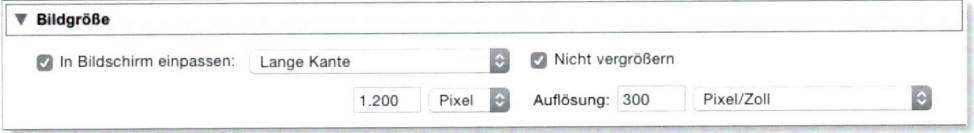

Ausgabeschärfe | Vor allem beim Verkleinern können Bilder etwas unscharf wirken. Außerdem zeichnet ein Drucker durch sein Raster die Bilder etwas weicher, als sie auf einem Monitor dargestellt erscheinen. Über diese Parameter können Sie die Bilder während des Exports scharfzeichnen. Gerade da dieser Effekt nach dem Herunterrechnen angewendet wird, empfiehlt es sich, die Bilder scharfzuzeichnen. Je nach Ausgabemedium wird ein etwas anderer Algorithmus verwendet.

- **Schärfen für:** Das Kontrollkästchen aktiviert den Effekt, und über das Dropdown-Menü können Sie das Ausgabemedium angeben. Für den Druck stehen zwei Papiersorten zur Auswahl.
- **Stärke:** Sie haben für jedes Medium drei Stärken zur Auswahl. Generell sollte man nicht zu stark nachschärfen, da die Bilder sonst unnatürlich wirken.

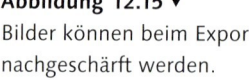

Abbildung 12.15 ▼
Bilder können beim Export nachgeschärft werden.

Metadaten | Grundsätzlich werden alle Metadaten in die Datei geschrieben. Über das Pulldown-Menü können Sie jedoch die Art der Metadaten einschränken. Dies dient vor allem dem Datenschutz.

Die Copyrightinformation sollte es aber eigentlich immer sein, daher ist Nur Copyright die geringste Info, die mit in die Bilder geschrieben wird. Das lässt sich nur verhindern, wenn Sie keine Copyright-Informationen angeben. Bei Alle ausser Kamera- und Camera Raw-Informationen werden die EXIF-Daten aus den Bildern gelöscht, andere Metainformationen bleiben bestehen.

Aus Datenschutzgründen können Sie Metadaten, die Rückschlüsse auf persönliche Daten erlauben, über die Kontrollkästchen Positionsinformationen entfernen und Personen-Info entfernen vom Export ausschließen. Die Positionsinformationen enthalten die GPS-Daten und Ortsangaben, die Personen-Info das Ergebnis der Gesichtserkennung.

Abbildung 12.16 ▼
Metadaten müssen nicht in exportierte Bilder integriert werden. Werden diese jedoch mitexportiert, können sie auch Hierarchieangaben enthalten.

12.1 In Ordner exportieren

Ist das Kontrollkästchen STICHWÖRTER ALS LIGHTROOM-HIERARCHIE SCHREIBEN aktiviert, wird ein vertikaler Strich »|« verwendet, um eine über- beziehungsweise untergeordnete Position der Stichwörter in den Metadatenfeldern anzugeben (zum Beispiel »Deutschland|Bayern«). Diese Option ist dann von Vorteil, wenn Sie mit Zusatzprogrammen oder Onlinegalerien zusammenarbeiten, die diese Hierarchien lesen können. Nicht kompatible Programme können eventuell Fehler erzeugen.

Wasserzeichen | Ist das Kontrollkästchen aktiviert, können Sie über ein Dropdown-Menü eine Wasserzeichenvorgabe auswählen. Im Anschluss an diesen Abschnitt erläutere ich Ihnen, wie Sie Ihr eigenes Wasserzeichen erstellen können (siehe Seite 465). Ist der Menüpunkt EINF. COPYRIGHT-WASSERZEICHEN aktiviert, wird der Inhalt des Metadatenfeldes COPYRIGHT auf das Bild gedruckt.

▼ Abbildung 12.17
Parameter zur Auswahl eines Wasserzeichens

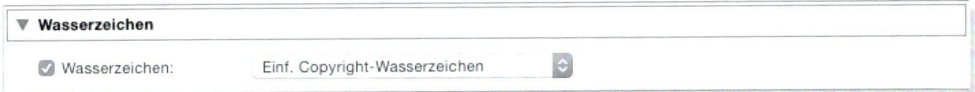

Nachbearbeitung | Nach dem Export können die Bilder im Ordner angezeigt, auf CD/DVD gebrannt oder in einem externen Programm geöffnet werden. Welche Aktion Sie ausführen, wählen Sie im Dropdown-Menü aus.

Sie können auch eigene Programme in die Liste aufnehmen. Dazu wählen Sie den Punkt JETZT ZUM ORDNER »EXPORT ACTIONS« WECHSELN. Legen Sie in diesem Ordner eine Verknüpfung des Programms ab, das Sie nach dem Export öffnen wollen – zum Beispiel auf den E-Mail-Client, um Bilder zu verschicken. Diese Bilder werden dann automatisch als Anhang in eine leere E-Mail-Nachricht gepackt.

Ganz oben im Dialogfeld wird Ihnen übrigens angezeigt, wie viele Dateien exportiert werden. Gestartet wird der Vorgang schließlich durch Drücken der Schaltfläche EXPORTIEREN.

▼ Abbildung 12.18
Nach dem Export können die Bilder in einem anderen Programm aufgerufen oder auf CD/DVD gebrannt werden.

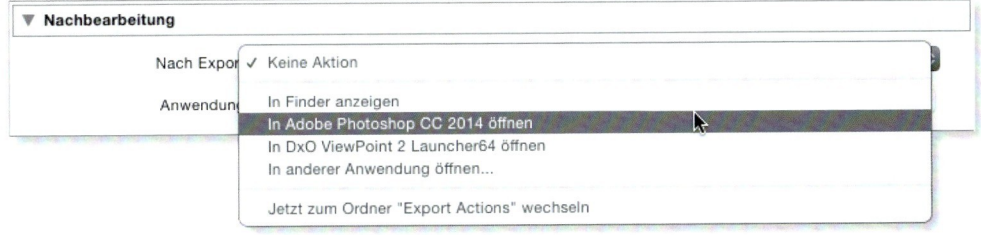

Schnelles Exportieren

Die Einstellungen müssen nicht bei jedem Export neu festgelegt werden. Über das Hauptmenü oder das Kontextmenü gibt es weitere Menüpunkte, die schneller zum Ziel führen.

Wie Vorher exportieren | Wählen Sie diesen Menüpunkt, so werden die zuletzt verwendeten Exporteinstellungen benutzt – unabhängig davon, ob diese als Vorgaben gesichert wurden oder nicht.

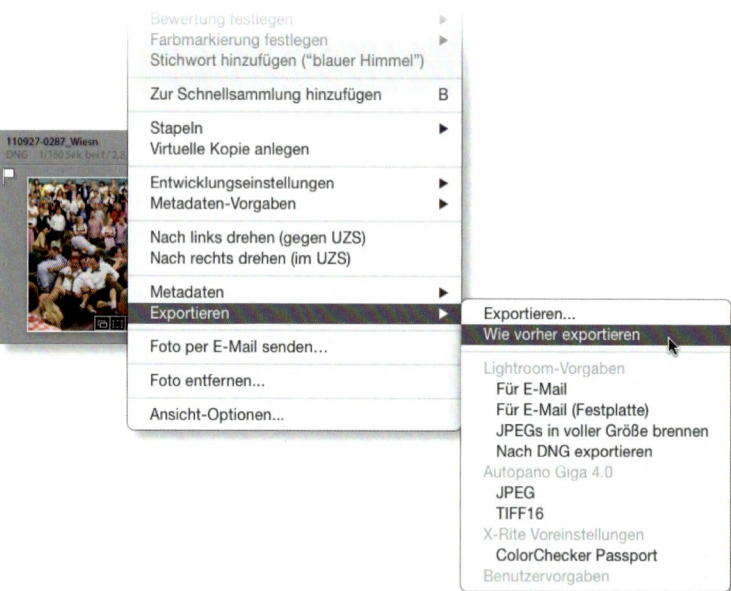

Abbildung 12.19 ▶
Wiederholen sich die Exportaufgaben, kann das Dialogfeld auch übersprungen werden. Dann können Sie die letzten Einstellungen oder direkt gespeicherte Vorgaben verwenden.

Mit Vorgabe exportieren | Unter dem Menüpunkt WIE VORHER EXPORTIEREN befindet sich eine Auswahlliste mit den gespeicherten Exportvorgaben. Im Kontextmenü der Bilder sind die Vorgaben direkt unter dem Menüpunkt EXPORTIEREN aufgelistet.

Als Katalog exportieren

Jede Bildauswahl kann auch als neuer Katalog gespeichert werden. Mit diesem werden auch alle Einstellungen wie Metadaten, Stichwörter, Sammlungen etc. exportiert.

Wählen Sie den Menüpfad DATEI • ALS KATALOG EXPORTIEREN, oder klicken Sie mit gedrückter ⌥/Alt-Taste auf die Schaltfläche KATALOG EXPORTIEREN am Ende der linken Bedienfeldpalette.

Im Dialogfeld zum Katalogexport können Sie den Zielordner und weitere Optionen festlegen:

- **Nur ausgewählte Fotos exportieren:** Speichert nur ausgewählte Bilder im neuen Katalog ab. Ansonsten werden alle Bilder des ausgewählten Ordners oder der Sammlung exportiert.
- **Negativdateien exportieren:** Kopiert die Originaldateien in den Ordner mit dem Katalog. Ansonsten werden nur die Verweise auf die Originaldaten verwendet.
- **Smart-Vorschauen erstellen/einschließen:** Ist diese Kontrollbox aktiviert, werden bestehende Smart-Vorschauen parallel zum neuen Katalog kopiert beziehungsweise neu erstellt, falls diese noch nicht vorhanden sind.
- **Verfügbare Vorschaubilder einschließen:** Für die exportierten Bilder werden die Vorschaubilder mit im neuen Katalog gespeichert.

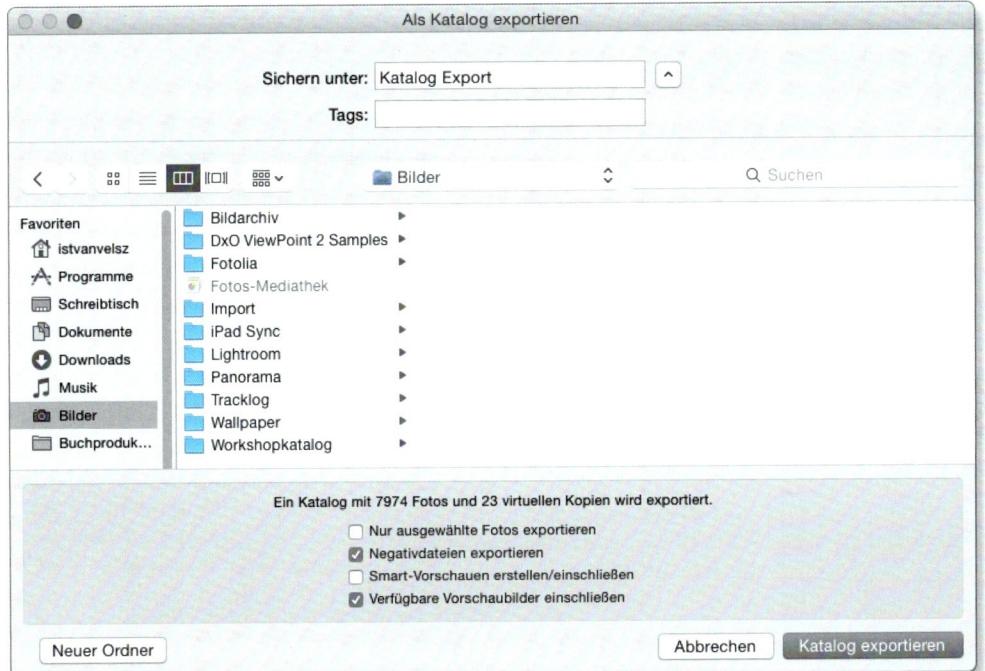

▼ **Abbildung 12.20**
Eine Bildauswahl kann auch als neuer Katalog exportiert werden. Dies ist vor allem beim Archivieren von Aufträgen sinnvoll.

12.2 Wasserzeichen

Wasserzeichen können Texte oder Bilder sein, die über das Bild geblendet werden. Dies ist immer dann interessant, wenn Sie die Bilder zur Voransicht an Kunden oder Bekannte weitergeben, Sie aber verhindern wollen, dass diese ohne Rücksprache abgedruckt oder weiterverbreitet werden.

Wasserzeichendialog öffnen

Den Dialog zum Bearbeiten von Wasserzeichen können Sie an zwei Stellen aufrufen:

▸ **Menüleiste:** Wählen Sie in der Menüleiste Lightroom • Wasserzeichen bearbeiten am Mac oder unter Windows Bearbeiten • Wasserzeichen bearbeiten.

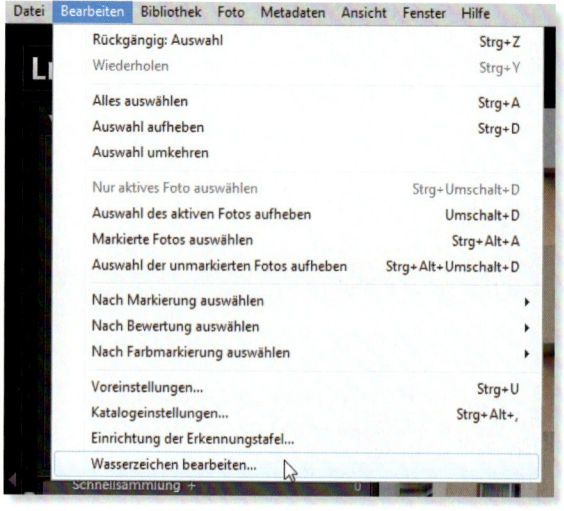

Abbildung 12.21 ▴▸
Öffnen des Dialogs zum Bearbeiten von Wasserzeichen über die Menüleiste

▸ **Während des Exports:** Den Dialog können Sie auch dann noch öffnen, wenn Sie bereits im Exportprozess sind. In diesem Fall können Sie im Exportdialog in der Gruppe Wasserzeichen den Befehl über das Dropdown-Menü auswählen.

Abbildung 12.22 ▸
Öffnen des Dialogs während des Exportvorgangs

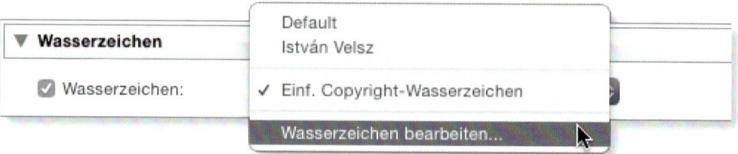

Text- oder Bildwasserzeichen

Lightroom bietet Ihnen die Möglichkeit, sowohl Text als auch Bilder als Wasserzeichen zu verwenden. Texte können Sie direkt in ein Textfeld eingeben, während Sie Bilder als JPEG- oder PNG-Dateien laden können. Bei PNGs werden auch Transparenzen unterstützt. JPEGs werden dagegen komplett über das Bild geblendet. Über die Optionsschaltflächen für den Wasserzeichenstil können Sie zwischen Text- und Bildwasserzeichen umschalten. Das ist aber eigentlich gar nicht nötig, denn wenn Sie ein Bild laden, wird automatisch in den Bildstil gewechselt.

◀ **Abbildung 12.23**
Wasserzeichen aus Text

◀ **Abbildung 12.24**
Wasserzeichen aus einer transparenten PNG-Datei

◀ **Abbildung 12.25**
Wasserzeichen aus einer JPEG-Datei

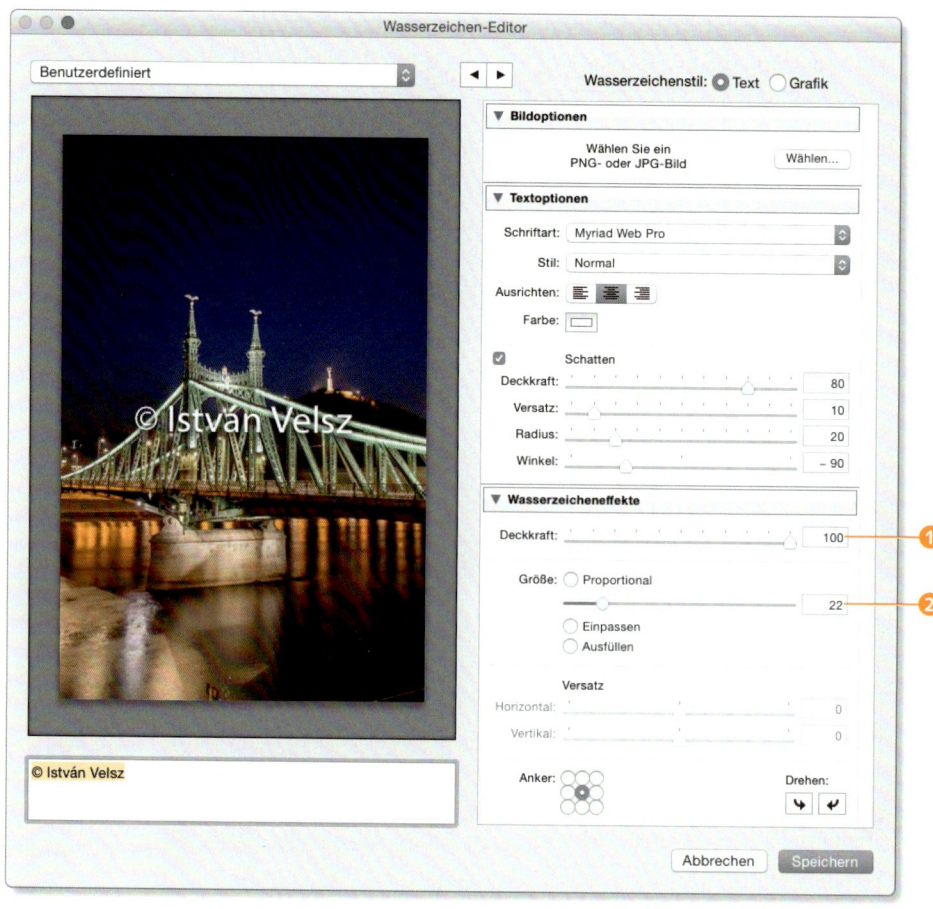

Abbildung 12.26 ▸
Dialog zum Einrichten des Wasserzeichens

Wasserzeichenoptionen

Je nachdem, ob Sie ein Bild oder einen Text als Wasserzeichen verwenden, haben Sie die Möglichkeit, weitere Optionen anzugeben.

Bildoptionen | Wollen Sie ein Bild als Wasserzeichen verwenden, können Sie dieses innerhalb der Parametergruppe über die Schaltfläche WÄHLEN laden. Danach können Sie das Bild über den Öffnen-Dialog des Betriebssystems auswählen.

JPEGs werden allerdings komplett über das Bild gelegt. Das heißt, wenn Sie beispielsweise ein freigestelltes Logo einbetten, wird der Hintergrund trotzdem weiß dargestellt (siehe Abbildung 12.25). PNGs, die eine Transparenz enthalten, können auch mit ihr dargestellt werden (siehe Abbildung 12.24).

Textoptionen | Über die TEXTOPTIONEN geben Sie die SCHRIFTART, den STIL, wie fett oder kursiv, die Ausrichtung und die FARBE an. Die Ausrichtung bezieht sich dabei nicht auf die Platzierung im

Bild, sondern bei mehrzeiligem Text auf den Absatz. Ist die Kontrollbox SCHATTEN aktiviert, können Sie über die darunterstehenden Regler diverse Parameter einstellen. Der Schatten empfiehlt sich immer dann, wenn Sie mit heller Schrift Wasserzeichen auf hellen Bildern platzieren. Auf dunklen Bildern hat der Schatten nur geringe Auswirkung. Die DECKKRAFT steuert die Deckung, je höher der Wert, desto dunkler ist der Schatten. Der VERSATZ gibt den Abstand von der Schrift an und der RADIUS die Unschärfe. Der WINKEL dreht den Schatten in die gewünschte Richtung.

Wasserzeicheneffekte | Hier werden die Größe und Platzierung der Wasserzeichen geregelt. Diese Einstellungen gelten für Bild- oder Textwasserzeichen.

▸ **Deckkraft ❶**: Steuert die Transparenz des Bildes oder Textes über dem Bild.

▲ **Abbildung 12.27**
Deckkraft mit 100 %

▲ **Abbildung 12.28**
Deckkraft mit 30 %

▸ **Größe ❷**: Über diese Parameter können Sie die Größe des Wasserzeichens einstellen. Über den Schieberegler PROPORTIONAL können Sie einen eigenen Skalierungsfaktor einstellen. Aktivieren Sie die Option EINPASSEN, wird das Wasserzeichen so skaliert, dass es in der maximalen Größe komplett dargestellt wird. AUSFÜLLEN maximiert das Wasserzeichen, bis das Bild maximal mit dem Wasserzeichen überdeckt wird. Dabei können Teile des Wasserzeichens abgeschnitten werden.

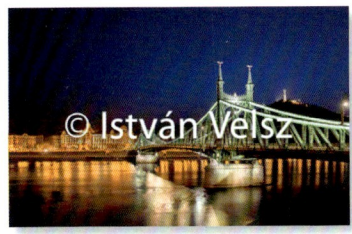
▲ **Abbildung 12.29**
PROPORTIONAL mit dem Wert 35

▲ **Abbildung 12.30**
Option EINPASSEN aktiv

▲ **Abbildung 12.31**
Option AUSFÜLLEN aktiv

▸ **Versatz:** Diese beiden Schieberegler ❶ versetzen das Wasserzeichen in der Waagerechten oder Senkrechten. Ist das Wasserzeichen mittig verankert, scheinen die Regler es zusätzlich zu skalieren. Erst wenn das Zeichen in einer der Ecken platziert wird, sieht man, dass es horizontal beziehungsweise vertikal verschoben wird. Die Werte werden in Prozent angegeben.

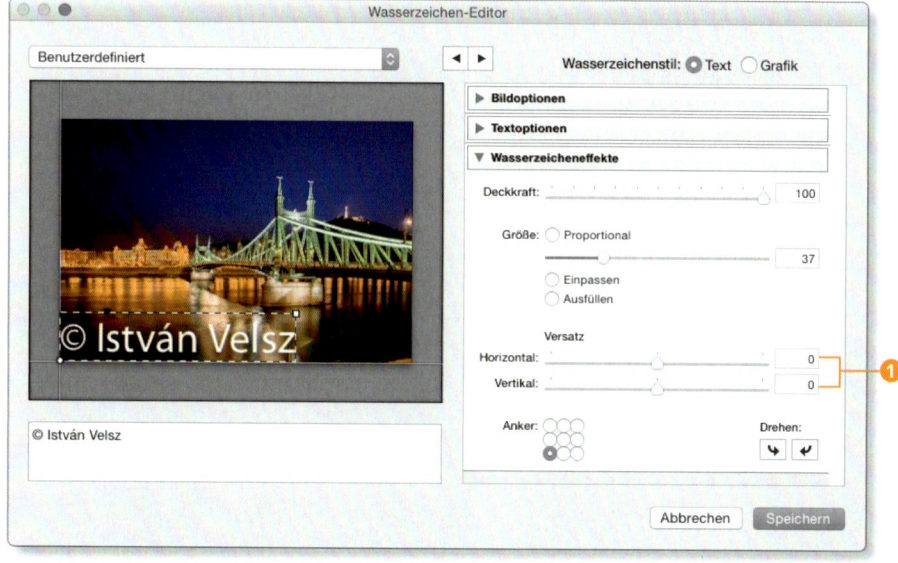

Abbildung 12.32 ▸
Versatz des Wasserzeichens deaktiviert beziehungsweise Wert 0

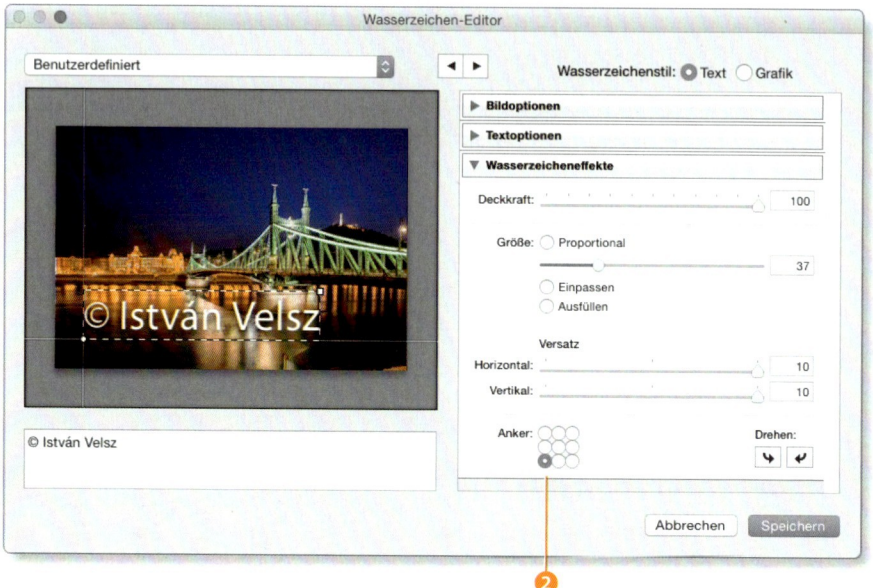

Abbildung 12.33 ▸
Versatz des Wasserzeichens aktiviert mit Wert 10

▸ **Anker:** Der Anker ❷ gibt an, in welcher Ecke das Wasserzeichen platziert wird. Außer in allen Ecken kann das Wasserzeichen auch zentriert verankert werden.

▶ **Drehen:** Dreht das Wasserzeichen in 90°-Schritten entweder mit oder gegen den Uhrzeigersinn durch Anklicken der entsprechenden Schaltfläche ❸.

◀ **Abbildung 12.34**
Wasserzeichen rechts oben verankert und um 90° im Uhrzeigersinn gedreht

Wasserzeichen als Vorgabe speichern

Alle Einstellungen für das Wasserzeichen können Sie als Vorgabe speichern. Dazu dient das Dropdown-Menü über der Bildvorschau.

Aktuelle Einstellungen als neue Vorgabe speichern | Mit diesem Befehl wird eine neue Vorgabe mit neuem Namen erstellt. Die neue Vorgabe wird dann der Liste hinzugefügt.

Vorgabe löschen | Dieser Menüpunkt ist erst dann aktiv, wenn Sie vorher eine bestehende Vorgabe ausgewählt haben.

Vorgabe aktualisieren | Ist nur sichtbar, wenn Sie Änderungen an einer gespeicherten Vorgabe durchgeführt haben. Der Menüpunkt speichert die aktuellen Änderungen in die ausgewählte Vorgabe.

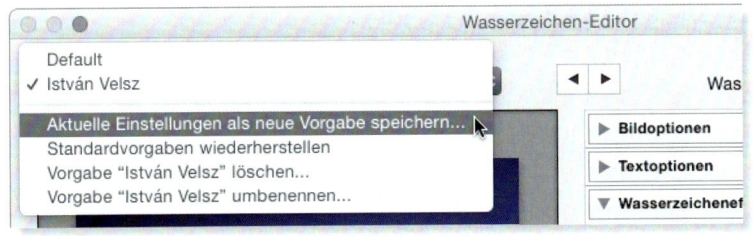

◀ **Abbildung 12.35**
Dropdown-Menü zum Speichern der Vorgaben von Wasserzeichen

12.3 Veröffentlichungsdienste

Die Veröffentlichungsdienste im Bibliothek-Modul publizieren Sammlungen in Ordnern auf der Festplatte oder auf Onlinediensten wie Flickr oder Facebook und halten die Daten synchron. Weitere Dienste können als Plug-in integriert werden, zum Beispiel eine MobileMe-Galerieanbindung.

Zunächst wird ein Veröffentlichungsdienst nach einer Vorgabe erstellt. Diesem werden dann die Exportparameter zugewiesen. Ein Veröffentlichungsdienst kann zusätzliche Unterordner enthalten, die dann beispielsweise als Alben synchronisiert werden.

Jeder Dienst kann auch mehrmals verwendet werden, so lassen sich verschiedene Facebook- und Flickr-Konten oder -Ordner verwalten. Dies ist beispielsweise dann sinnvoll, wenn Sie einen Ordner zum Synchronisieren mit Ihrem iPhone oder iPad und zusätzlich mit einem Ordner für Fotolia verwenden wollen.

▲ **Abbildung 12.36**
Veröffentlichungsdienste mit Unterordnern

Benutzeroberfläche

Veröffentlichungsdienste sind zwar eigentlich nur Sammlungen, haben aber durch ihre Zusatzfunktionen bezüglich der Synchronisation einige Besonderheiten in der Benutzerführung.

Bedienfeldpalette | Die Veröffentlichungsdienste finden Sie unten in dem linken Bedienfeld. Neben der Bezeichnung der Palette ❹ befindet sich ein Plussymbol ❺, über das Sie neue Dienste hinzufügen und bestehende Dienste konfigurieren können.

Darunter werden die Dienste aufgelistet. Jeder Dienst besteht aus einem Titelbalken mit einem repräsentativen Symbol, der

Abbildung 12.37 ▶
Elemente der Veröffentlichungsdienste in der Bedienfeldpalette

Typenbezeichnung ❸ und dem Namen. Ist ein Dienst noch nicht konfiguriert, steht auf der rechten Seite der Begriff EINRICHTEN ❼, der mit dem Konfigurationsdialog verknüpft ist. Ansonsten befindet sich dort ein Dreieck ❻, das die Ordnerliste einblendet.

Je nach Dienst kann die Ordnerdarstellung unterschiedlich ausfallen. Beim Typ FESTPLATTE beispielsweise wird der Hauptordner ❷ kursiv dargestellt. Er bildet die oberste Hierarchieebene ab. In ihm können weitere Ordner ❶ abgelegt werden. Diese werden in der Listendarstellung unter dem Hauptordner aufgeführt. Andere Dienste wie FACEBOOK besitzen keinen Hauptordner, da sie direkt mit dem Onlinedienst kommunizieren.

Ansichtsfenster | Im zentralen Ansichtsfenster werden die Bilder des selektierten Albums in einer Rasteransicht dargestellt. Sie bietet alle Möglichkeiten, die die normale Rasteransicht auch besitzt, wie beispielsweise die Filterleiste ❾. Auch das Umschalten in die Lupenansicht oder Vergleichsansicht ist möglich. Über die Filterleiste erhalten Sie zusätzliche Informationen zum Dienst ❿, und Sie finden hier einen VERÖFFENTLICHEN-Button ⓫. In der Rasteransicht werden Bilder nach ihrem Status gruppiert. Der Status wird im Kopfbalken jeder Gruppe angezeigt ❽. Es gibt neben den in Abbildung 12.38 gezeigten Zuständen noch weitere, es wird z.B. angezeigt, wenn Bilder verändert oder gelöscht wurden.

▼ **Abbildung 12.38**
Rasteransicht des FACEBOOK-Dienstes

Kapitel 12 Bilder exportieren

> **Geänderte Bilder von erneuter Veröffentlichung ausschließen**
>
> Bei jeder Änderung an Bildern, nicht nur bei Entwicklungsänderungen, will Lightroom die Bilder neu veröffentlichen. Dies ist aber nicht immer gewünscht.
> Klicken Sie in der Gruppe ERNEUT ZU VERÖFFENTLICHENDE GEÄNDERTE FOTOS mit der rechten Maustaste auf ein Bild und wählen den Befehl ALS AUF DEM AKTUELLEN STAND MARKIEREN.

Kommentarfunktion | In Facebook und Flickr können Betrachter Ihre Bilder kommentieren. Diese können beim Synchronisieren abgerufen und in einer Liste dargestellt werden. Lightroom bietet dazu eine Palette, die sich unten im rechten Bedienfeld des Bibliothek-Moduls befindet. Bei Facebook können Sie Kommentare zu einzelnen Fotos hinterlassen ❷ und einsehen ❸. Auch die Anzahl der Klicks auf den »Gefällt mir«-Button wird angezeigt ❹. Ein Update der Kommentare kann über den Reload-Button ❶ ausgeführt werden, auch ohne die Bilder zu synchronisieren.

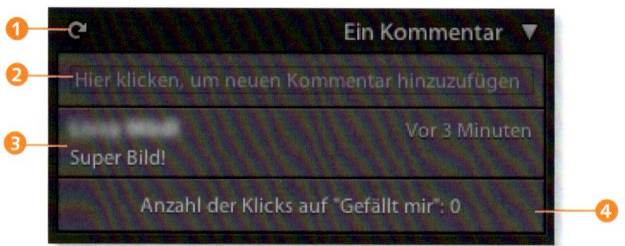

Abbildung 12.39 ▶
Kommentarfunktion des FACEBOOK-Dienstes

Arbeiten mit Veröffentlichungsdiensten

Sind Veröffentlichungsdienste konfiguriert, werden sie wie Sammlungen verwaltet. Bilder können per Drag & Drop hinzugefügt werden. Gelöschte Bilder werden nur aus der Sammlung entfernt, aber nicht vom Datenträger gelöscht.

Neuen Dienst erstellen | Jeder Dienst ist bereits mit einem Titelbalken im linken Bedienfeld vorhanden, auch wenn er noch nicht konfiguriert ist. Ist er noch nicht einsatzbereit, wird dies durch den Link mit der Bezeichnung EINRICHTEN auf dem Titelbalken symbolisiert. Bereits konfigurierte Dienste erhalten ein -Symbol zum Aufklappen und Anzeigen der Unterordner. Aber auch von diesen Diensten lassen sich weitere Instanzen anlegen. In allen Fällen wird nach dem Aufrufen des Befehls der Veröffentlichungsmanager gestartet, um den Dienst zu konfigurieren. Zum Anlegen eines neuen Dienstes gibt es die folgenden Möglichkeiten:
- **Bei einem noch nicht konfigurierten Dienst:** Klicken Sie auf den EINRICHTEN-Link. Dieser Link ist nur vorhanden, wenn noch kein Dienst dieses Typs erstellt wurde.

> **Adobe Behance**
>
> Adobe Behance ist eine Community, um Ideen auszutauschen, Fotos oder andere Arbeiten zu präsentieren, Feedback einzuholen und das eigene Portfolio bekannt zu machen. Sie wird vor allem von Designern verwendet, zeigt aber auch interessante Fotoprojekte. Weitere Informationen direkt auf der Website: *http://behance.net*

Abbildung 12.40 ▶
Der EINRICHTEN-Link ist nur bei unkonfigurierten Diensten vorhanden.

12.3 Veröffentlichungsdienste

▸ **Bei einem bereits konfigurierten Dienst:** Mit Rechtsklick auf den Titelbalken öffnet sich das Kontextmenü. Dort wählen Sie den Menüpunkt Einen anderen Veröffentlichungsdienst über (…) erstellen.

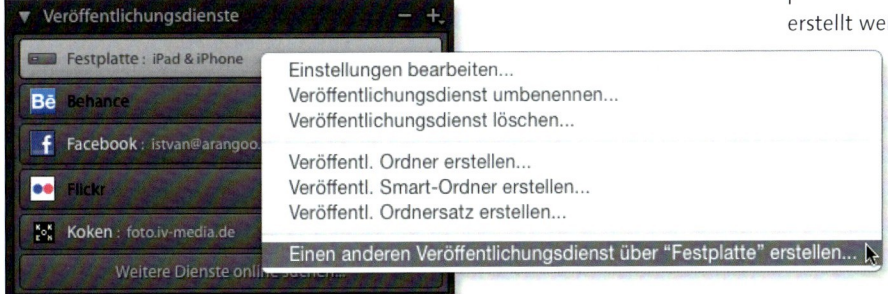

▼ **Abbildung 12.41**
Eine neue Instanz eines Dienstes kann per Rechtsklick auf den Titelbalken erstellt werden.

▸ **Über den Veröffentlichungsmanager:** Diesen erreichen Sie, indem Sie auf das ■-Symbol im Kopf der Palette rechtsklicken und den Punkt Zum Veröffentlichungsmanager wechseln auswählen. Mehr über den Veröffentlichungsmanager erfahren Sie auf der nächsten Seite.

▼ **Abbildung 12.42**
Der Veröffentlichungsmanager kann auch über den Titelbalken der Palette geöffnet werden.

Dienst löschen | Um einen Dienst zu löschen, klicken Sie mit der rechten Maustaste auf den Titelbalken und wählen den Menüeintrag Veröffentlichungsdienst löschen. Dabei wird nur die konfigurierte Instanz gelöscht. Auch über den Veröffentlichungsmanager ist das Löschen eines Dienstes möglich.

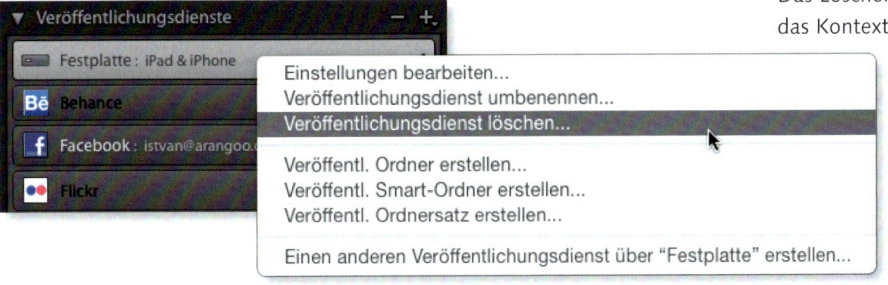

▼ **Abbildung 12.43**
Das Löschen eines Dienstes wird über das Kontextmenü erledigt.

475

Kapitel 12 Bilder exportieren

Der Veröffentlichungsmanager | Dieser Dialog ist die Schaltzentrale der Veröffentlichungsdienste. Jeder Diensttyp, der in der Liste selektiert ist, wird hier mit seinen individuellen Einstellungen ❶ konfiguriert. Über ihn können Sie aber auch neue Instanzen eines Dienstes anlegen ❷ oder löschen ❸ und zum Zusatzmodul-Manager ❹ wechseln, um neue Diensttypen zu installieren.

▼ Abbildung 12.44
Dialogfenster des Veröffentlichungsmanagers

Dienste nachträglich verändern | Die Dienste lassen sich auch nachträglich noch ändern, beispielsweise um Bildgrößen anzupassen. Dazu klicken Sie mit der rechten Maustaste auf den Titelbalken eines Dienstes und wählen den Menüpunkt Einstellungen bearbeiten. Daraufhin wird der Veröffentlichungsmanager gestartet. In diesem Kontextmenü können Sie einen Dienst auch umbenennen, ohne in den Manager zu wechseln.

Abbildung 12.45 ▶
Anpassen eines Dienstes über das Kontextmenü

476

Sammlungen managen | Jedem Dienst können Bilder zugewiesen werden. Dazu wird pro Dienst immer mindestens eine Sammlung angelegt. Je nach Typ ist es auch möglich, weitere Sammlungen anzulegen, die dann als Alben oder Ordner veröffentlicht werden.

Beim Dienst FESTPLATTE werden die Bilder in Ordnern auf einem Datenträger veröffentlicht, bei FACEBOOK, FLICKR oder ADOBE REVEL als Alben direkt auf den Onlinedienst übertragen.

Die Sammlungen für die Veröffentlichungsdienste verhalten sich übrigens genauso wie andere Sammlungen in Lightroom auch. Es ist also möglich, Sammlungssätze oder Smart-Sammlungen zu erstellen. Auch lassen sich die Sammlungen als Zielsammlung definieren. Alle Aufgaben lassen sich über das Kontextmenü ausführen.

Adobe Revel

Adobe Revel ist ein Cloud-Dienst für Bilder von Adobe der auch unabhägig von Lightroom funktioniert. Über diesen Dienst können Sie Ihre Bilder mit Ihren mobilen Geräten synchronisieren und teilen. Es sind auch Bearbeitungen möglich, die dann auf alle Geräte übertragen werden. Mehr zu Adobe Revel erfahren Sie unter *https://www.adoberevel.com*

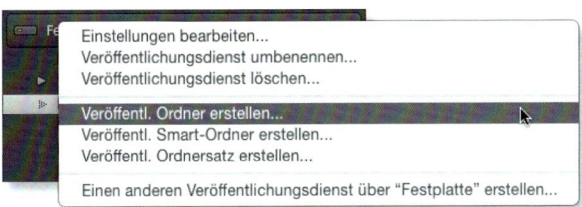

Abbildung 12.46 ▲▶
Sammlungen werden über das Kontextmenü verwaltet. Dort können diese erstellt, angepasst oder gelöscht werden.

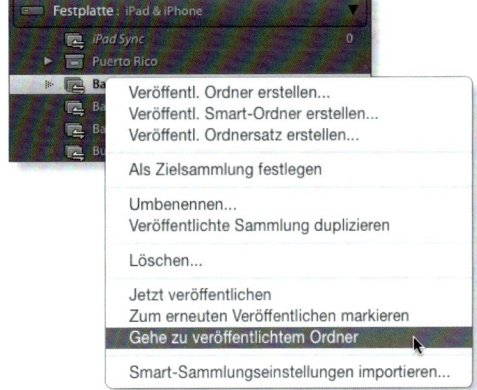

Dazu klicken Sie mit der rechten Maustaste auf den Titelbalken eines Dienstes oder direkt auf eine Sammlung. Je nach Typ können hier auch angepasste Funktionen stehen. Beispielsweise können Sie hier auch direkt zu Facebook in das selektierte Album springen.

Veröffentlichen | Nach der Konfiguration und dem Sammeln der Bilder folgt das Veröffentlichen. Dabei werden die Bilder gemäß den Regeln des Diensttyps an die jeweilige Stelle exportiert, also beim Typ FESTPLATTE auf einen Datenträger. Onlinedienste wie Flickr, Facebook oder Adobe Revel veröffentlichen direkt auf den jeweiligen Onlinedienst, ohne dass die Daten irgendwo auf der Festplatte zwischengelagert werden.

Jede Änderung an den Bildern, wie zum Beispiel eine neue Entwicklungseinstellung, erfordert eine neue Veröffentlichung. Dabei werden aber nur die geänderten Bilder übertragen. Aber auch wenn

▲ **Abbildung 12.47**
Einzelne Bilder können zum erneuten Veröffentlichen markiert werden.

Kapitel 12 Bilder exportieren

die Basiseinstellungen eines Dienstes angepasst werden, kann eine komplette Neuveröffentlichung notwendig sein.

Die Veröffentlichung lässt sich über zwei Schaltflächen auslösen. Diese befinden sich am Ende des linken Bedienfeldes ❶ und oben rechts im unteren Ansichtsfenster ❷. Um diese Schaltflächen einzublenden, ist jedoch die Auswahl eines Dienstes oder einer Veröffentlichungssammlung nötig.

Abbildung 12.48 ▼
Schaltflächen zum Starten der Veröffentlichung

Schritt für Schritt
Veröffentlichungsdienst zur Synchronisation mit einem iPhone oder iPad einrichten

In dieser Anleitung erstellen Sie einen Veröffentlichungsdienst für die Synchronisation mit dem iPhone 6. Da dies nicht direkt über Lightroom geht, außer man verwendet Lightroom mobile, wird ein Ordner auf der Festplatte erstellt, der innerhalb von iTunes als Synchronisationsordner festgelegt wird. Analog funktioniert das auch für andere Mobilgeräte.

1 Neuen Veröffentlichungsdienst anlegen

Als Erstes wird ein neuer Veröffentlichungsdienst vom Typ Festplatte angelegt. Dieser Typ veröffentlicht alle Bilder in einen Ordner auf der Festplatte, den Sie für die Synchronisation mit dem iPad benötigen.

▲ **Abbildung 12.49**
Über den Einrichten-Button wird der Konfigurationsdialog geöffnet.

Ist noch kein Dienst konfiguriert, klicken Sie auf den Begriff Einrichten auf dem Balken des Veröffentlichungsdienstes vom Typ Festplatte. Haben Sie bereits einen Dienst dieses Typs erstellt, klicken Sie mit der rechten Maustaste auf den Balken und wählen

12.3 Veröffentlichungsdienste

aus dem Dropdown-Menü den Menüpunkt EINEN ANDEREN VERÖFFENTLICHUNGSDIENST ÜBER »FESTPLATTE« ERSTELLEN. Dadurch wird ein weiterer Dienst generiert. Sie können auch mehrere Dienste des gleichen Typs erstellen.

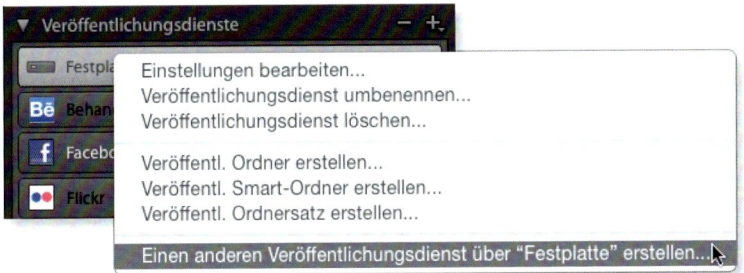

◄ **Abbildung 12.50**
Über ein Dropdown-Menü wird ein weiterer Dienst des gleichen Typs angelegt.

2 Einstellungen bearbeiten

Nach dem Anklicken des EINRICHTEN-Buttons erscheint der VERÖFFENTLICHUNGSMANAGER. Dieser ist nichts anderes als der Exportdialog – allerdings mit einigen speziellen Parametern, die sich je nach Typ unterscheiden. Beim Typ FESTPLATTE sind die Angaben nahezu identisch mit denen des einfachen Exports. Für die erstmalige Konfiguration geben Sie folgende Angaben ein:

- **Beschreibung:** Dies ist die Bezeichnung, die als Titel des Dienstes angezeigt wird. Geben Sie hier »Mobile« ein.
- **Speicherort für Export:** In dieser Parametergruppe geben Sie den Speicherort an. Achten Sie darauf, dass Sie den Hauptordner immer an dieser Stelle belassen. Ein nachträgliches Ändern des Ortes ist nicht möglich. Am besten erstellen Sie einen Ordner innerhalb des Bilderordners Ihres Benutzerprofils. Wählen Sie dazu mit Hilfe der WÄHLEN-Schaltfläche ❸ zum Beispiel Ihren privaten Bilderordner des Betriebssystems aus.

▼ **Abbildung 12.51**
Konfigurationsdialog für den Veröffentlichungsdienst

479

Kapitel 12 Bilder exportieren

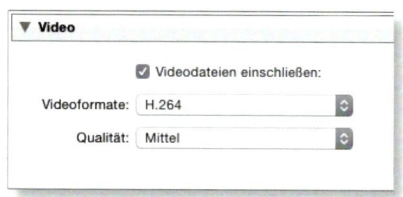

▲ **Abbildung 12.52**
Wenn auch Videos synchronisiert werden sollen, können Sie hier die Einstellungen angeben.

Abbildung 12.53 ▼
DATEIEINSTELLUNGEN für die Veröffentlichung auf einem iPod

▸ **Dateibenennung:** Es gibt in diesem Fall keinen Grund, die Dateien umzubenennen. Daher deaktivieren Sie das Kontrollkästchen UMBENENNEN IN.

▸ **Video:** Wenn Sie zusätzlich zu Ihren Bildern auch Videos auf Ihrem mobilen Gerät speichern wollen, aktivieren Sie die Kontrollbox VIDEODATEIEN EINSCHLIESSEN. Als Qualität geben Sie HOCH oder MITTEL an. Dies reicht für die Darstellung auf mobilen Geräten. Nur wenn Sie die Filme auf einem größeren Fernseher anschauen wollen, aktivieren Sie besser MAX. Wenn Sie Filme in HD abspielen wollen, vergewissern Sie sich vorher, ob Ihr Gerät das überhaupt kann.

▸ **Dateieinstellungen:** Zur Darstellung auf dem iPad oder iPhone ist JPEG das Dateiformat der Wahl. Selbst wenn Sie ein anderes Format wählten, würde iTunes die Bilder sowieso ins JPEG-Format konvertieren. Stellen Sie also zunächst das Format auf JPEG.
Der Regler für die QUALITÄT stellt das Verhältnis zwischen Dateigröße und Bildqualität ein. Je niedriger der Qualitätswert, desto kleiner ist die Datei – das heißt aber auch, dass die Bildqualität nachlässt. Mein persönlicher Lieblingswert ist »75«. Einige Fotografen gehen sogar auf einen Wert von bis zu »60« zurück. Das müssen Sie selbst entscheiden. Stellen Sie daher einen Wert zwischen »60« und »75« ein.
Den FARBRAUM stellen Sie auf sRGB. Dieser ist für die Darstellung auf den meisten RGB-Ausgabegeräten optimiert.

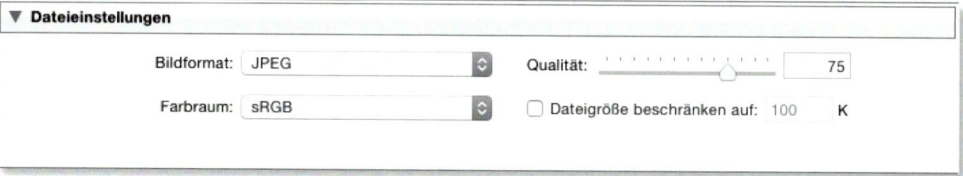

▸ **Bildgröße:** Es macht keinen Sinn, die Originalauflösung der Fotos auf dem iPad zu verwenden, da das iOS (Betriebssystem des iPads/iPhones) und die Fotoapplikation des iPads damit gar nicht arbeiten können. Die Bilder würden vor dem Hochladen von iTunes skaliert. Da ist es besser, diese bereits durch Lightroom herunterzurechnen.
Leider gibt es keine offiziellen Angaben, wie groß Fotos für die mobilen Geräte optimal sein sollten, außerdem gibt es sehr viele unterschiedliche Geräte mit diversen Auflösungen. Durch die Retina-Displays können die theoretisch maximal möglichen Abmessungen bei Tablets schon im Bereich von 6 Megapixeln

12.3 Veröffentlichungsdienste

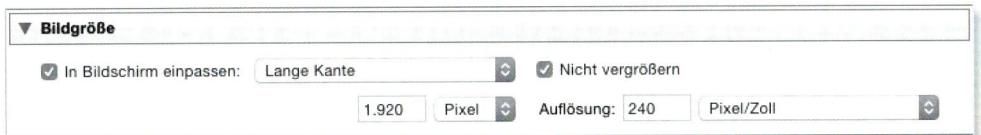

▲ **Abbildung 12.54**
Die Bildgröße ist abhängig von Ihrem mobilen Gerät. Die Breite von 1920 Pixeln ist ein guter Mittelwert.

liegen. Bei der Größenauswahl sollte man aber auch die Dateigrößen im Blick haben, daher empfehle ich die Kantenlänge von 1920 Pixeln an der langen Kante. Dies ist ein guter Kompromiss zwischen Auflösung und Dateigröße und wäre auch für einen HD-Fernseher optimal.
Aktivieren Sie die Kontrollbox IN BILDSCHIRM EINPASSEN, wählen Sie aus dem Dropdown-Menü den Punkt LANGE KANTE, und geben Sie die entsprechende Größe für Ihr iPad/Ihr iPhone ein. Der Wert für die AUFLÖSUNG spielt keine Rolle.

▶ **Ausgabeschärfe:** Aktivieren Sie dieses Kontrollkästchen, um das automatische Optimieren der Bilder zu erlauben. Wählen Sie dann aus dem ersten Dropdown-Menü den Punkt BILDSCHIRM. Als STÄRKE verwenden Sie HOCH, wenn Sie die Bilder auf eine Auflösung von 960 Pixeln herunterrechnen. Wenn Sie die Bilder auf 1920 Pixel reduzieren, reicht STANDARD.

▼ **Abbildung 12.55**
Bilder werden nach dem Skalieren für die Bildschirmdarstellung optimiert.

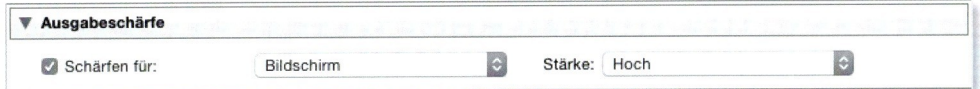

▶ **Metadaten:** Da für die Betrachtung auf dem iPad die Metadaten keine Rolle spielen, können Sie diese deaktivieren. Dazu klicken Sie das Kontrollkästchen NUR COPYRIGHT an.

▶ **Wasserzeichen:** Auch ein Wasserzeichen benötigen Sie nicht für die Darstellung auf dem mobilen Gerät. Deaktivieren Sie also das entsprechende Kontrollkästchen.

◀ **Abbildung 12.56**
METADATEN und WASSERZEICHEN können deaktiviert werden.

Zum Abschluss der Konfiguration klicken Sie auf SPEICHERN. Der Titelbalken bekommt jetzt den Namen MOBILE beziehungsweise den Namen Ihres Geräts, und darunter erscheint der Hauptordner MOBILE SYNC. Neben diesem Hauptordner können jetzt weitere Ordner angelegt werden.

▲ **Abbildung 12.57**
Darstellung der Palette nach dem Konfigurieren des Veröffentlichungsdienstes

481

Kapitel 12 Bilder exportieren

3 Albumordner anlegen

Man könnte jetzt alle Bilder, die man auf dem iPhone haben möchte, in diesen einen Ordner ablegen. Besser ist es jedoch, für bestimmte Themen oder Ereignisse eigene Ordner anzulegen, die dann als eigenes Album auf dem iPad erscheinen.

Klicken Sie dazu mit der rechten Maustaste auf den Titelbalken des eben erstellten Veröffentlichungsdienstes. Wählen Sie den Menüeintrag VERÖFFENTL. ORDNER ERSTELLEN.

Geben Sie dann im Dialogfeld den gewünschten Namen an. Arbeiten Sie mit dem in den heruntergeladenen Beispieldateien enthaltenen Katalog, geben Sie hier den Titel »Barcelona« ein. Lassen Sie das Kontrollkästchen AUSGEWÄHLTE FOTOS EINSCHLIESSEN deaktiviert, da Sie wahrscheinlich kein geeignetes Bild ausgewählt haben.

▼ **Abbildung 12.58**
Erstellen eines Unterordners als Sammlung

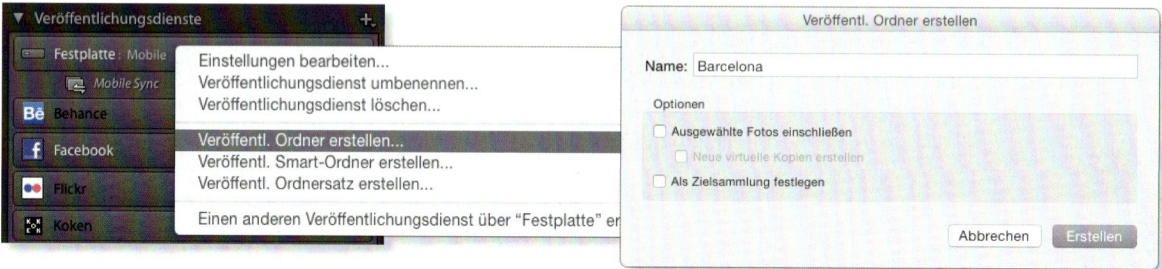

4 Bilder der Sammlung hinzufügen

Jetzt können Sie Bilder der Sammlung hinzufügen. Ziehen Sie dazu per Drag & Drop die Bilder in den Ordner, die Sie innerhalb des Albums veröffentlichen wollen. Wenn Sie mit den Bildern der heruntergeladenen Beispieldateien arbeiten, wählen Sie die schönsten Bilder aus dem Ordner SPANIEN/BARCELONA.

Abbildung 12.59 ▼
Bilder werden jetzt per Drag & Drop dem Ordner hinzugefügt.

12.3 Veröffentlichungsdienste

5 Veröffentlichen

Abschließend können Sie den Ordner veröffentlichen. Dazu müssen Sie den Ordner mit den neu zugewiesenen Bildern auswählen. Anschließend klicken Sie auf die Schaltfläche VERÖFFENTLICHEN ❶ am unteren Ende des linken Bedienfeldes oder oben rechts in der Infoleiste ❷.

▼ **Abbildung 12.60**
Zum Veröffentlichen können Sie auf eine der zwei entsprechenden Schaltflächen klicken.

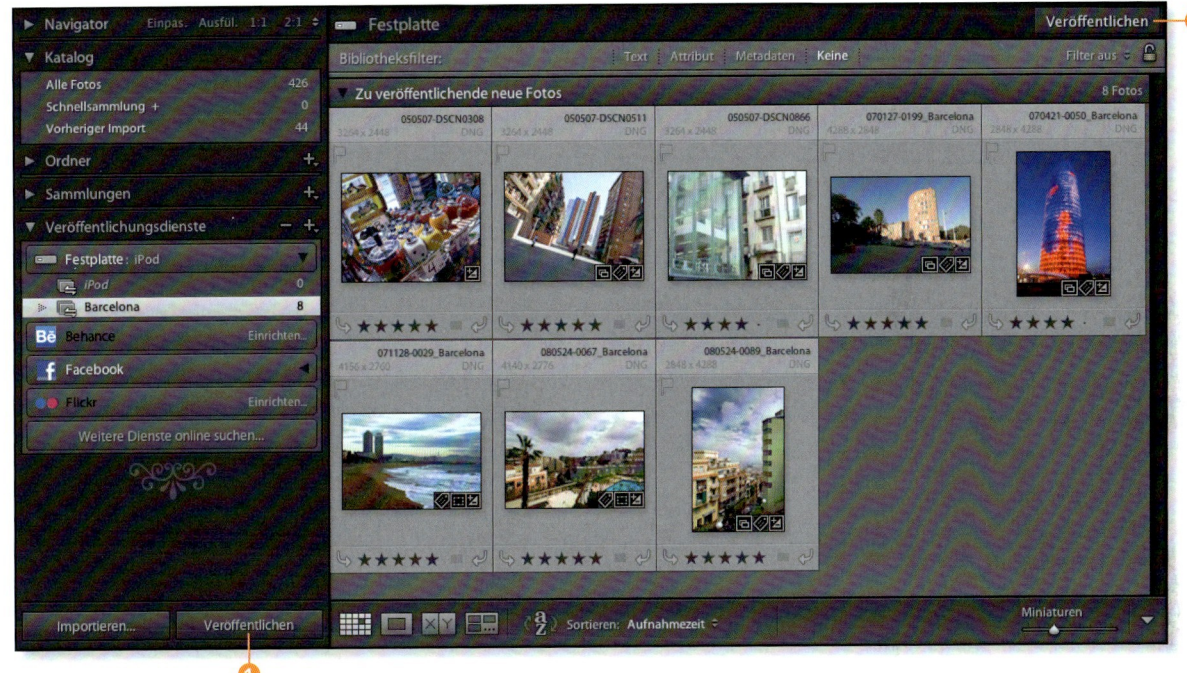

Der Ordner wird von Lightroom an der angegebenen Stelle erzeugt, und die Bilder werden darin veröffentlicht. Jetzt müssen Sie nur noch in iTunes angeben, dass das Programm die Bilder künftig mit diesem Ordner synchronisieren soll.

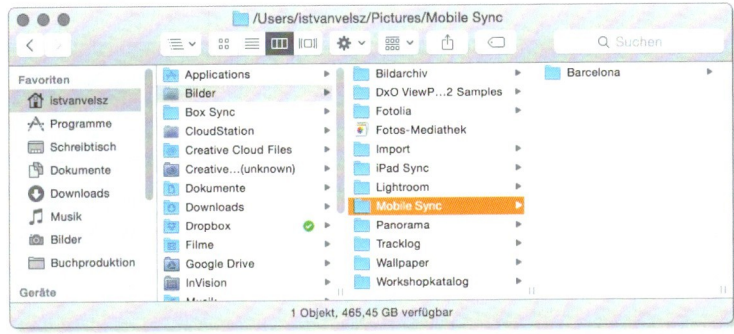

◀ **Abbildung 12.61**
Der veröffentlichte Ordner in Mac OS X; unter Windows befindet er sich an vergleichbarer Stelle.

483

Kapitel 12 Bilder exportieren

6 iTunes-Synchronisation einstellen

Starten Sie iTunes, und schließen Sie Ihr iPad oder Ihr iPhone an. Sobald das Gerät erkannt wird ❷, wählen Sie es aus, und aktivieren Sie den Reiter FOTOS ❶. Haben Sie noch nie Bilder mit dem iPad oder iPhone synchronisiert, müssen Sie jetzt das Kontrollkästchen FOTOS SYNCHRONISIEREN oben links im Fenster ❸ aktivieren. Danach können Sie mit Hilfe des Dropdown-Menüs ❹ den Ordner auswählen, in dem die Bilder veröffentlicht wurden. Verwenden Sie dazu den Ordner IPHONE SYNC und nicht den Unterordner. Sonst wird nur dieser Unterordner synchronisiert und nicht die darin enthaltenen Albumordner.

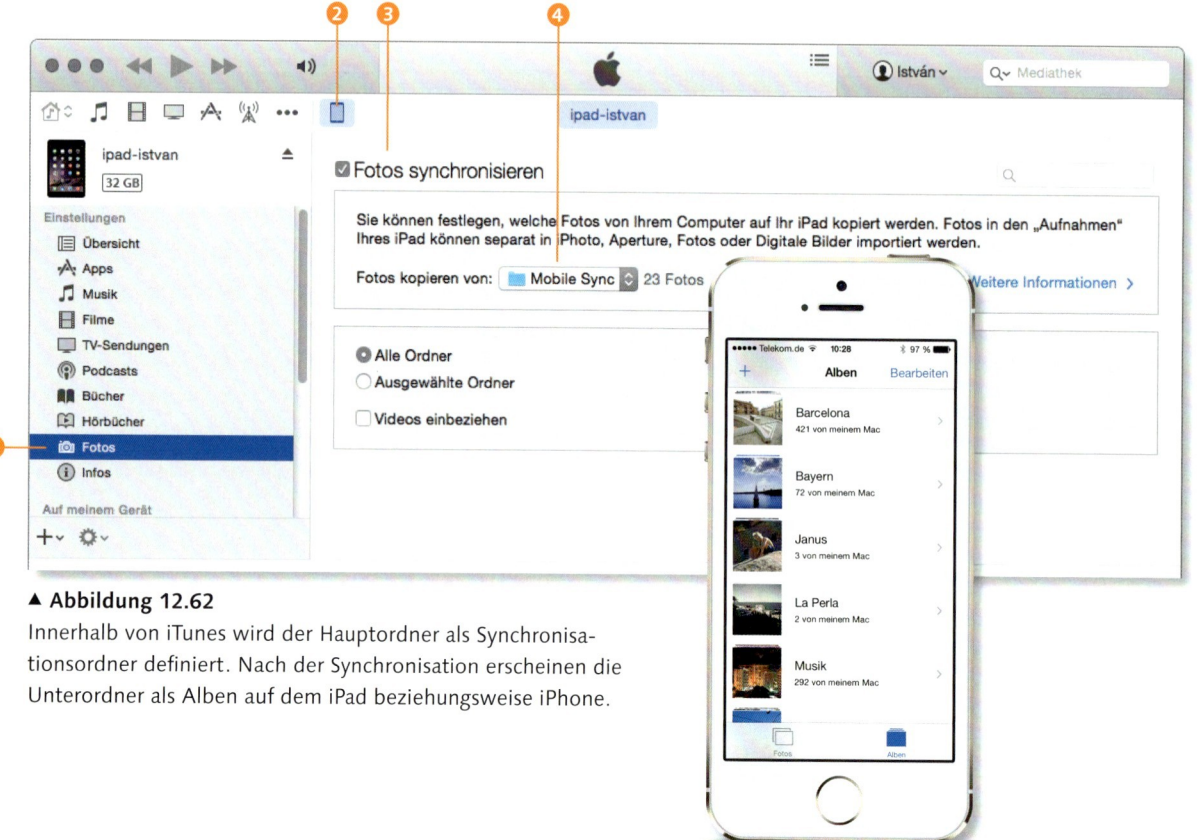

▲ Abbildung 12.62
Innerhalb von iTunes wird der Hauptordner als Synchronisationsordner definiert. Nach der Synchronisation erscheinen die Unterordner als Alben auf dem iPad beziehungsweise iPhone.

12.4 Bilder per E-Mail verschicken

Sie können Bilder direkt als E-Mail verschicken, ohne diese zuerst zu exportieren und dann in Ihr E-Mail-Programm zu ziehen. Lightroom kann selbst als E-Mail-Programm erscheinen oder mit einem installierten Programm zusammenarbeiten. Nach dem Versenden

12.4 Bilder per E-Mail verschicken

der E-Mail werden die exportierten Bilder automatisch gelöscht, da diese dann nicht mehr benötigt werden.

Um Bilder als E-Mail zu verschicken, müssen Sie im Exportdialog das entsprechende Modul ❺ auswählen. Anschließend geben Sie alle Einstellungen für den Export so an, als ob Sie die Bilder auf die Festplatte exportieren wollten (ab Seite 453). Der E-Mail-Vorgang wird dann mit einem Klick auf EXPORTIEREN gestartet.

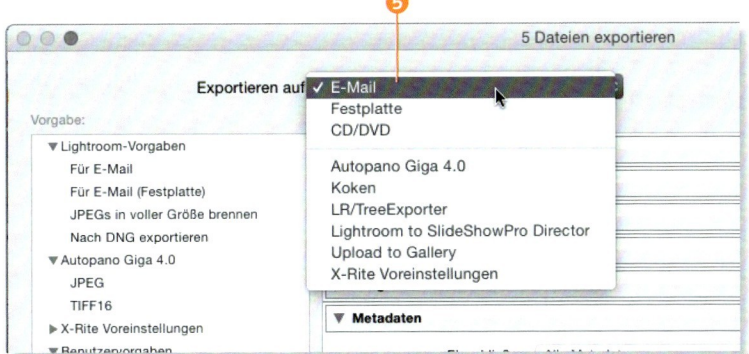

◀ **Abbildung 12.63**
Mit der Auswahl des Eintrags E-MAIL im Dropdown-Menü werden exportierte Bilder per E-Mail verschickt und nicht lokal gespeichert.

An | Hier können Sie die E-Mail-Adressen des Empfängers/der Empfänger eingeben. Wollen Sie mehrere Empfänger angeben, trennen Sie die Adressen mit einem Strichpunkt.

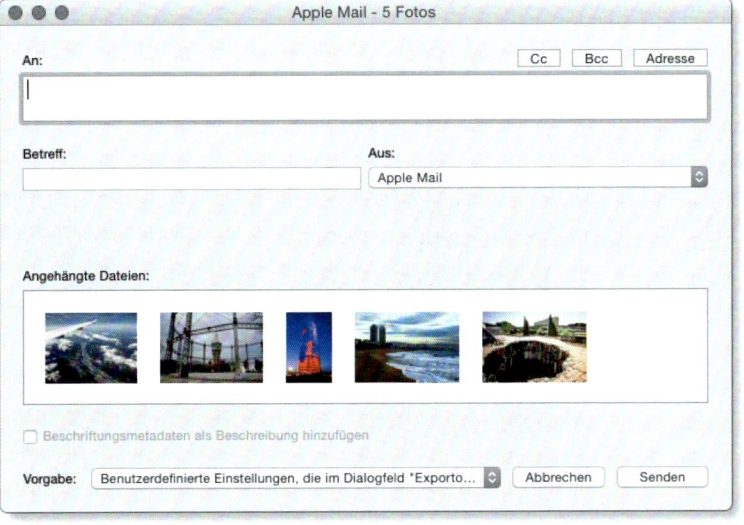

◀ **Abbildung 12.64**
Der Dialog zur Konfiguration des E-Mail-Versands

CC (Carbon Copy) | Klicken Sie diese Schaltfläche an, wird ein CC-Feld eingeblendet. Geben Sie hier die E-Mail-Adressen ein, die die E-Mail in Kopie – quasi als Durchschlag – erhalten sollen.

BCC (Blind Carbon Copy) | Hier wird ein weiteres Feld eingeblendet. Diese Empfänger erhalten ebenfalls eine Kopie der E-Mail. Die Adressen werden aber vor den anderen Empfängern versteckt. BCC sollte man auch verwenden, wenn man an viele Personen E-Mails verschickt, bei denen nicht wichtig ist, dass jeder sieht, wer die E-Mail bekommt. Dies schützt auch vor Spam.

Adresse | Lightroom greift nicht auf das Adressbuch des Rechners oder eines externen E-Mail-Programms zurück. Daher ist es möglich, sich ein eigenes Adressbuch aufzubauen.

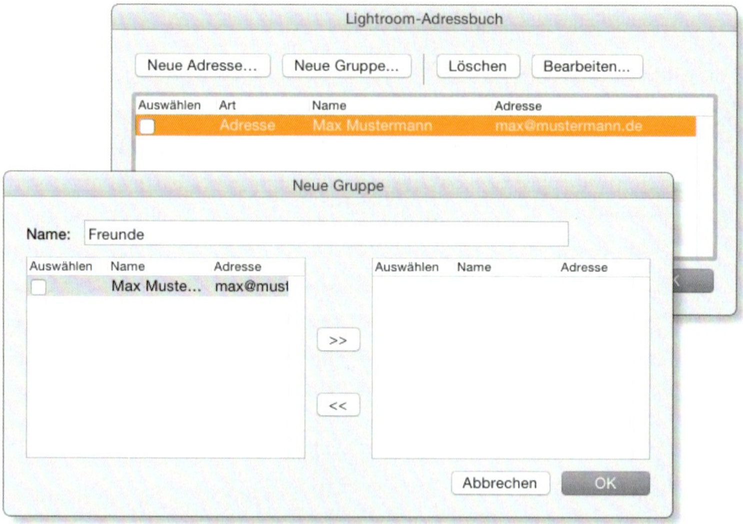

Abbildung 12.65 ▶
Lightroom greift nicht auf ein externes E-Mail-Programm zurück, sondern kann ein eigenes Adressbuch mit Gruppen verwalten.

Betreff | In dieses Feld können Sie einen kurzen Text zum Inhalt der E-Mail eingeben. Obwohl dies keine Pflichtangabe ist, gebietet es die »Netiquette«, dass der Betreff ausgefüllt wird.

Aus | Hier können Sie wählen, ob Sie ein externes Programm, zum Beispiel Apple Mail, Outlook oder Thunderbird, verwenden wollen oder Lightroom den Versand überlassen. Das externe E-Mail-Programm wird nach dem Drücken der Schaltfläche SENDEN geöffnet. Dort können Sie noch weiteren Text oder eine Signatur eingeben. Verwenden Sie Lighroom zum Versenden, haben Sie diese Möglichkeit nicht.

In diesem Fall müssen Sie Lightroom zunächst einmal konfigurieren. Dazu wählen Sie den Punkt ZUM E-MAIL-KONTOMANAGER GEHEN ❶. Anschließend können Sie einen Namen für die Konfiguration vergeben ❷ und aus einer Liste bereits vorhandener E-Mail-Dienste ❸ wählen.

12.4 Bilder per E-Mail verschicken

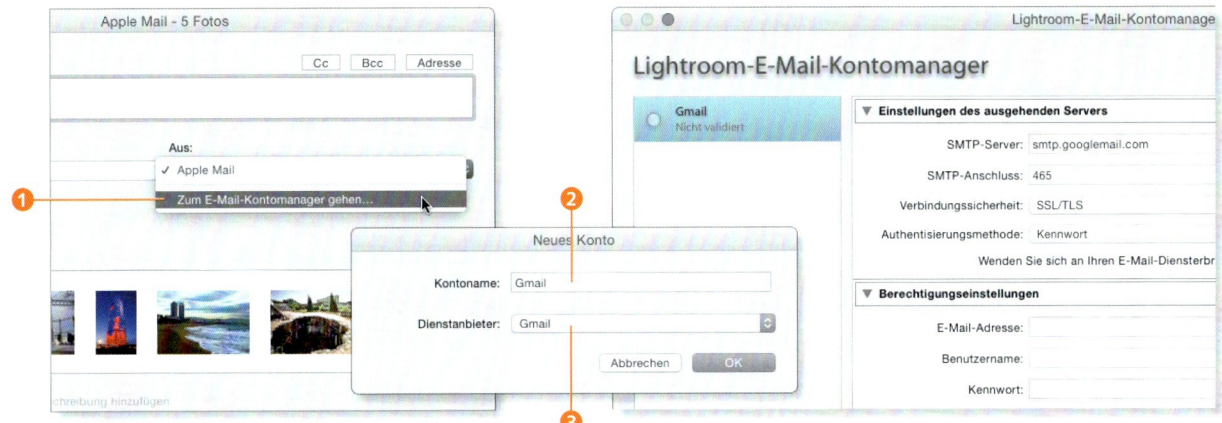

▲ Abbildung 12.66
Soll sich Lightroom um den Versand kümmern, muss erst der Versandserver konfiguriert werden. Den Dialog dazu finden Sie im Dropdown-Menü unter dem Begriff Aus.

Haben Sie einen vorgegeben Dienst, zum Beispiel GMAIL, gewählt, werden die gültigen Daten bereits in die Felder im E-MAIL-KONTOMANAGER eingetragen. Anderenfalls müssen Sie die SMTP-Daten für Ihren Server selbst angeben. Falls Sie mehr als eine E-Mail-Adresse besitzen, können Sie auch mehrere unterschiedliche Konfigurationen speichern. Diese werden dann im Dropdown-Menü unter Aus aufgelistet. Haben Sie in Lightroom einen Account konfiguriert und ausgewählt, verändert sich die Darstellung des Dialogs. Sie haben dann auch die Möglichkeit, einen Text einzugeben.

Angehängte Dateien | In diesem Feld werden die Bilder als Miniaturen angezeigt, die verschickt werden sollen.

Beschriftungsmetadaten als Beschreibung hinzufügen | Mit dieser Option werden Metadaten, die der Bildbeschreibung dienen, mit eingebettet. Sie ist nur verfügbar, wenn Lightroom den Versand übernimmt.

Vorgabe | Normalerweise haben Sie die Exporteinstellungen bereits festgelegt, bevor Sie in den E-Mail-Dialog kommen. Wenn Sie oft Bilder per E-Mail verschicken wollen, ist es aber bequemer, eigene Vorgaben für den Export zu erstellen, die nur beim E-Mail-Versand ausgewählt werden können.

◀ Abbildung 12.67
Beim Export können eigene Exportvorgaben gewählt und erstellt werden.

12.5 Daten auf CD/DVD brennen

Das Brennen von Daten auf CD oder DVD funktioniert nach demselben Muster wie der Export auf Festplatte oder der Versand per E-Mail. Zunächst müssen Sie die Einstellungen für den Export konfigurieren.

Nachdem Sie auf die EXPORTIEREN-Schaltfläche geklickt haben, werden die Bilder in ein temporäres Verzeichnis geschrieben und der Dialog MEDIUM BRENNEN geöffnet.

Über die Schaltfläche oben rechts im Dialog ❸ lassen sich weitere Optionen einblenden. Die Brenngeschwindigkeit ❹ ist vom eingelegten Medium und Brenner abhängig und erst verfügbar, wenn eine leere CD/DVD eingelegt ist.

Auch können Sie hier angeben, ob das Medium nach dem Brennen überprüft werden soll ❷. Dabei wird geprüft, ob alle Daten korrekt auf die CD/DVD geschrieben wurden. Abschließend können Sie wählen, ob das Medium nach dem Brennen ausgeworfen ❶ oder auf dem Schreibtisch des Computers angezeigt ❺ werden soll.

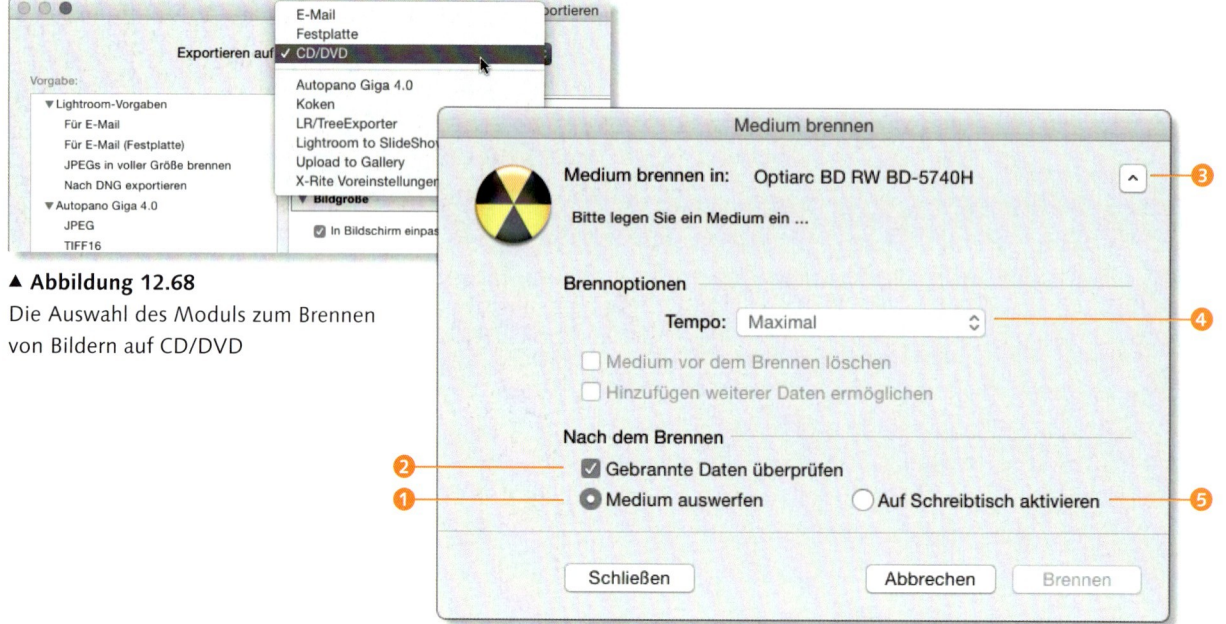

▲ **Abbildung 12.68**
Die Auswahl des Moduls zum Brennen von Bildern auf CD/DVD

▲ **Abbildung 12.69**
Lightroom nutzt das Brennprogramm des Betriebssystems, um die Daten auf CD/DVD zu brennen.

TEIL IV
Bilder entwickeln und präsentieren

Kapitel 13
Das Entwickeln-Modul

Jetzt kommen wir zum Herzstück von Photoshop Lightroom – in den Bereich, in dem die Bilder entwickelt und korrigiert werden. Das dafür zuständige Modul Entwickeln enthält die Steuerelemente zur Anpassung von Weißabgleich, Belichtung, Farb- und Tonwerten. Hier werden Bilder beschnitten, gedreht, rote Augen, Objektivfehler, Bildrauschen oder Staubflecken korrigiert.

▲ **Abbildung 13.1**
Das Entwickeln-Modul zur Bearbeitung von Bildern im Überblick

Diese Anpassungen werden nicht in das Bild hineingeschrieben, sondern als Einstellungen extra in den Metadaten abgespeichert. Alle Bearbeitungen können also ganz einfach wieder zurückgenommen werden – ganz im Sinne des nichtdestruktiven Workflows. Am Ende der Arbeiten im Entwickeln-Modul steht ein perfektes Bild, das dann abgespeichert an andere Programme wie Photoshop für weitere gestalterische Arbeiten oder aber an die Ausgabemodule von Lightroom übergeben werden kann.

13.1 Ansichtssteuerung

Bevor Sie damit beginnen, Ihre Bilder zu bearbeiten, sollten Sie sich mit den Werkzeugen vertraut machen. Wichtig ist etwa zu wissen, wie man die Bildansicht so einstellen kann, dass man an einem Bild möglichst gut arbeiten kann. Es gibt einige Möglichkeiten, in ein Bild hineinzuzoomen und den Bildausschnitt zu verändern. Eine weitere Funktion der Ansicht ist die gleichzeitige Vorher-nachher-Darstellung. Diese ist bei der Entwicklung von Bildern sehr hilfreich, da man damit direkt erkennt, welchen Grad an Verbesserung eine Bearbeitung in einem Bild bewirkt hat.

Abbildung 13.2 ▶
Aktivierung des Zooms über die Tasten der Zoomstufen-Bezeichnungen im Bedienfeld NAVIGATOR

Zoomen von Bildern

Das gesamte Bild im Ansichtsfenster zu sehen, erleichtert den guten Überblick beim Bearbeiten von Farben und Helligkeit. Beim Beurteilen von Schärfe, chromatischer Aberration und Bildrauschen jedoch müssen Sie schon näher an das Bild herangehen, um jedes Pixel einzeln betrachten zu können. Lightroom bietet für solche Arbeiten mehrere Zoomstufen an, die Sie über das linke Bedienfeld NAVIGATOR aufrufen können. Ein weißer Ausschnittsrahmen zeigt Ihnen im Vorschaufenster dieses Bedienfeldes an, welchen Ausschnitt Sie im Ansichtsfenster sehen.

Zum Einzoomen klicken Sie auf die Bezeichnung der gewünschten Zoomstufen neben dem Bedienfeldnamen: EINPAS., AUSFÜL., 1:1 oder 4:1. Diese Bezeichnungen bedeuten im Einzelnen:

> **TIPP**
>
> Nur in der 1:1-Darstellung oder in einer größeren Zoomstufe erkennt man Effekte wie das Scharfzeichnen richtig, da hier keine Pixel interpoliert (umgerechnet) werden müssen. Jede Umrechnung verfälscht den Effekt.

13.1 Ansichtssteuerung

- **Einpassen:** Hierbei wird das Bild immer komplett im Ansichtsfenster angezeigt, der Ausschnittsrahmen umrahmt das gesamte Bild. Diesen Ausschnitt wird man vor allem dann wählen, wenn Farb- oder Helligkeitskorrekturen durchgeführt werden, denn dafür muss immer das ganze Bild sichtbar sein.

◀ **Abbildung 13.3**
In der Zoomstufe Einpas. wird das Bild in das Ansichtsfenster eingepasst.

- **Ausfüllen:** Das Bild wird vergrößert, bis es das Ansichtsfenster ausfüllt. Hochformatfotos passen dabei zwar in der Breite ins Fenster, werden jedoch in der Höhe beschnitten, während Querformatbilder seitlich beschnitten werden.

◀ **Abbildung 13.4**
In der Zoomstufe Ausfül. passt sich das Bild in das Ansichtsfenster ein, bis eine Seite den Rand berührt – in diesem Fall die Breite.

▸ **Originalgröße (1:1):** In dieser Zoomstufe werden Pixel in der Größe dargestellt, in der sie einem Pixel der Monitorauflösung entsprechen. Das bedeutet, dass in dieser Stufe keine Größenumrechnungen stattfinden und Sie jedes Pixel so sehen, wie es im Bild tatsächlich vorhanden ist. Diese Darstellung sollten Sie beim Schärfen, bei der Rauschfilterung und bei der Korrektur der chromatischen Aberration verwenden.

Abbildung 13.5 ▸
In der Zoomstufe 1:1 füllt jedes Pixel des Bildes ein Pixel des Monitors aus.

▸ **Konfigurierbare Zoomstufe (1:16 bis 11:1):** Die letzte Variante, um eine Zoomstufe zu wählen, besteht in der Auswahl einer Zoomstufe über ein Dropdown-Menü. Das Dropdown-Menü öffnet sich per Mausklick auf die Pfeile neben der aktuell einge-

Abbildung 13.6 ▸
Über ein Dropdown-Menü können Sie die vierte Zoomstufe einstellen.

stellten Zoomstufe. Die Stufen lassen sich von der Darstellung in 6,25 % (= 1:4) über die doppelte Größe (2:1) bis zu einer Vergrößerung von 1100 % (11:1) einstellen.

Bildausschnitt verändern

Passt das Bild in der aktuellen Zoomstufe nicht in das Ansichtsfenster, wird der sichtbare Ausschnitt in der NAVIGATOR-Bedienfeldpalette mit einem Rahmen markiert. Um diesen Ausschnitt zu verschieben, haben Sie drei Möglichkeiten:

- **Verschieben im Ansichtsfenster:** Bewegen Sie den Mauszeiger auf das Ansichtsfenster und halten dabei die Maustaste gedrückt, so erscheint eine Hand anstatt der Lupe. Verschieben Sie nun den Ausschnitt mit der Maus.
- **Verschieben im Navigator:** Befindet sich der Mauszeiger über dem Vorschaubild im NAVIGATOR-Bedienfeld, wird an der Mausposition ein Kreuz angezeigt. Klicken Sie an eine beliebige Stelle in der Vorschau, und der Ausschnitt verschiebt sich an diesen Punkt. Angezeigt wird das durch das Wandern des weißen Rechtecks, das den aktuellen Ausschnitt anzeigt.
- **Verschieben mit dem Mausrad:** Besitzer einer Maus mit Mausrad oder der Mighty-Mouse von Apple haben auch noch die Möglichkeit, den Ausschnitt damit zu verschieben. Das Scrollen mit dem Mausrad bewegt den Ausschnitt auf und ab. Das seitliche Wegdrücken des Rades bewegt den Ausschnitt seitlich. Diese Variante ist eventuell nicht mit jeder Maus möglich, probieren Sie es einfach aus.

▲ **Abbildung 13.7**
Der Rahmen zeigt die Position des Bildausschnitts an. Klickt man mit dem Kreuz-Mauszeiger an einer anderen Stelle in das Bild, wird der Ausschnitt um diesen Punkt zentriert.

Zoomen auf Mausklick

Für erfahrene Benutzer und Profis bedeutet jede Strecke, die man mit der Maus zurücklegen muss, einen Zeitverlust. Sie greifen auf die fortgeschrittene Mausbedienung zurück, zumal diese keine versteckte Wunderwaffe ist. Alles geschieht einfach auf Mausklick.

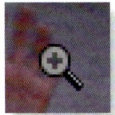

▲ **Abbildung 13.8**
Erscheint das Lupensymbol, so können Sie mit einem Mausklick zoomen.

Einfacher Mausklick | Sicher ist Ihnen das Lupensymbol schon aufgefallen. Es erscheint, sobald Sie sich mit dem Mauszeiger im Ansichtsfenster über dem Bild befinden.

Klicken Sie mit dem Lupensymbol einmal kurz in das Bild, so wird es herangezoomt. Der Punkt, an dem Sie geklickt haben, ist dabei immer der Mittelpunkt des neu entstandenen Ausschnitts. Klicken Sie erneut in das Bild, und es wird wieder ausgezoomt.

Temporärer Zoom | Klicken Sie mit der Maustaste in das Bild und halten dabei die Maustaste gedrückt, bleibt das Bild so lange gezoomt, bis die Maustaste wieder losgelassen wird. Währenddessen können Sie den Ausschnitt des Bildes frei verschieben, um ausgewählte Bildstellen gezielt zu kontrollieren.

Zoomgrenzen festlegen | Das Zoomen auf Mausklick bietet noch eine weitere Möglichkeit, derer man sich zunächst nicht bewusst ist:

Arbeitet man in der Zoomstufe EINPAS. (Einpassen), wird das Bild beim Klicken auf Originalgröße (1:1) gezoomt. Ein weiterer Klick verkleinert das Bild wieder. Ist die Ausgangsbasis statt EINPAS. AUSFÜLL. (Ausfüllen), wird diese zur Basis des oben beschriebenen Zoomvorgangs. Wenn man nun aber im Bedienfeld NAVIGATOR auf die konfigurierbare Zoomstufe klickt, wird beim nächsten Zoomvorgang diese anstelle der Originalgröße verwendet. Man wechselt jetzt also zwischen EINPAS. und beispielsweise 4:1 statt zwischen EINPAS. und 1:1.

Die Zoomstufen werden somit quasi umgeschaltet. Dies funktioniert übrigens auch auf der anderen Seite mit EINPAS. und AUSFÜL. Zoomt man von der eingepassten Ansicht, ist dies auch der nächste Ausgangspunkt des Zoomvorgangs.

Zoomen in der Werkzeugleiste

Es gibt noch eine weitere Variante zum Zoomen. In der Werkzeugleiste kann ein Regler eingeblendet werden, über den die Zoomstufe reguliert wird. Alle anderen Zoomfunktionen bleiben erhalten. Sie verändern nur den Wert der konfigurierbaren Zoomstufe.

Ist der Regler bei Ihnen nicht sichtbar, müssen Sie ihn erst zur Werkzeugleiste hinzufügen. Klicken Sie dazu auf die dreieckige Schaltfläche ❶ am rechten Rand der Werkzeugleiste. Im geöffneten Dropdown-Menü wählen Sie den Punkt ZOOM aus. Dadurch wird die Anzeige des Reglers in der Werkzeugleiste aktiviert.

Der Zoomregler hat die gleichen Auswirkungen wie die Einstellung der konfigurierbaren Zoomstufe im Navigationsbedienfeld. Regler und Zoomfaktor sind voneinander abhängig, die Veränderung eines der beiden Werkzeuge passt den Wert des jeweils anderen an.

▼ **Abbildung 13.9**
Zoomregler in der Werkzeugleiste und das Dropdown, um den Regler anzuzeigen.

Raster

Über das Bild können Sie auch, mit Hilfe der Rasterüberlagerung, ein Raster einblenden. Nähere Informationen dazu finden Sie auf Seite 335.

13.2 Bildbeurteilung mit dem Histogramm

Jedes Pixel eines Bildes besitzt einen Farbwert mit einer bestimmten Helligkeit. Durch die Verteilung der Farben und Helligkeitswerte auf die Bildpixel wird der Inhalt des Bildes für uns erst sichtbar. Auf Monitoren wird der gesamte Helligkeitsumfang eines Bildes nicht immer korrekt dargestellt. Dies hat mehrere Gründe: Zum einen ist kein qualitativ noch so hochwertiger Monitor in der Lage, eine dem menschlichen Auge entsprechende Auflösungsfähigkeit zu bieten. Zum anderen ist der Monitor selten so eingestellt, dass er Farben und Helligkeiten wirklich korrekt wiedergibt. Die Farben werden am Monitor quasi komprimiert angezeigt. Dadurch werden vor allem an hellen und dunklen Bildstellen die Helligkeitsunterschiede nicht so deutlich, wie man es für eine wirklich präzise Beurteilung benötigt und wie man es vielleicht in der Realität gesehen hat. Am besten wäre eine Beurteilung der Farb- und Helligkeitsverteilung anhand einer inhaltsneutralen Form.

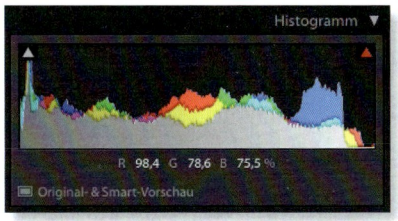

▲ **Abbildung 13.10**
Das Histogramm wird in den Modulen BIBLIOTHEK und ENTWICKELN angezeigt. Während der Entwicklung ist es ein unverzichtbares Kontrollwerkzeug.

Farb- und Helligkeitsverteilung im Histogramm

Eine inhaltsneutrale Darstellung der Verteilung wird über das Histogramm erreicht. Es zeigt die Menge und die Verteilung der Helligkeitswerte in einem Bild an. Die waagerechte Achse definiert die Helligkeit: Rechts sind die hellen Werte zu finden, links die dunklen. In Zahlen ausgedrückt: Rechts befindet sich ein Helligkeitswert von 255 (Weiß), links ein Wert von 0 (Schwarz). Die Abstufungen entsprechen den 256 Stufen der 8-Bit-Darstellung pro Farbe.

▼ **Abbildung 13.11**
Das Histogramm zeigt die Häufigkeit von Helligkeitswerten an. Es ist das wichtigste Kontrollinstrument zur Prüfung der Bildqualität bezogen auf die Belichtung.

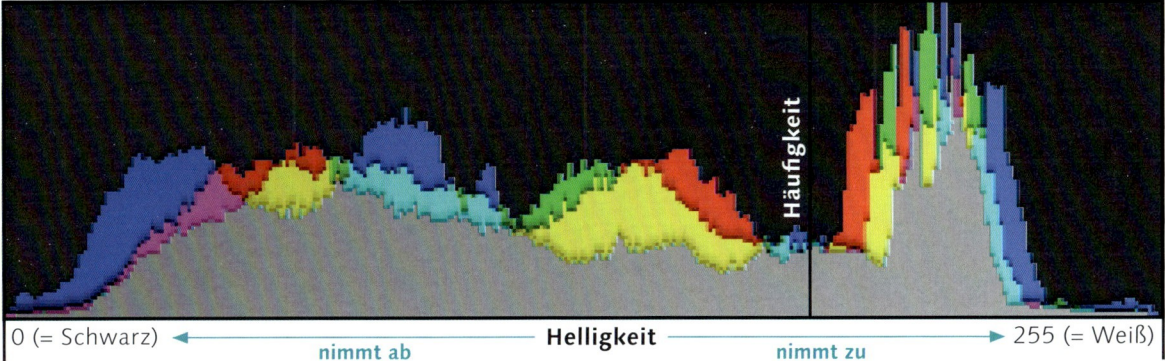

Die vertikale Achse gibt an, wie häufig ein Wert im Bild vorkommt. Je mehr Pixel einen bestimmten Helligkeitswert besitzen, desto höher ist der Balken bei dem entsprechenden Helligkeitswert.

▲ **Abbildung 13.12**
Eine hohe Farbsättigung zeigt sich in der hohen Spreizung der farbigen Anteile im Histogramm.

Rechts im Histogramm befinden sich die hellen Stellen, links die dunklen. Das Histogramm geht von einer Abstufung von 8 Bit = 256 Stufen aus.

Farbdarstellung im Histogramm | Das Histogramm von Lightroom zeigt für jede Farbe ein eigenes Histogramm an. Diese Kurven liegen hinter der Gesamthelligkeit und werden in der jeweiligen Farbe dargestellt. Sie kommen vor allem in solchen Fotos zum Vorschein, die eine hohe Farbsättigung haben und in denen die Farben stark voneinander getrennt sind.

In der oben abgebildeten Aufnahme herrschen die Farben Blau und Gelb vor. Das Gelb der Straße hat eine leicht grünliche Färbung, gekennzeichnet durch den gelbgrünen Bereich im Histogramm. Der Blauanteil entsteht durch die Farbe des Himmels. Sind

13.2 Bildbeurteilung mit dem Histogramm

▲ **Abbildung 13.13**
Bei Bildern mit einer geringen Farbsättigung deckt sich der Verlauf der Gesamthelligkeit mit den Graphen der Farben.

alle Farben in einem Helligkeitswert enthalten, wird der gemeinsame Anteil als Gesamthelligkeit in einer grauen Kurve dargestellt.

Verlauf der Gesamthelligkeit | Der graue Verlauf im Histogramm gibt also die Gesamthelligkeit aller Farben zusammen an. Nur wenn beispielsweise mindestens ein Pixel alle drei Grundfarben mit voller Helligkeit besitzt – also Rot, Grün und Blau den Wert 255 besitzen –, kann am rechten Rand des Histogramms ein grauer Balken erscheinen. Ein Pixel allein erzeugt aber noch keinen hohen Kurvenausschlag. Nur wenn viele Pixel diesen Wert haben, wird eine Kurve sichtbar. Blitzen hinter dem grauen Graphen nur wenige Farbspitzen auf, besitzt das Bild eine geringe Farbsättigung. Dieser graue Graph ist für uns der wichtigste. Die Farbkanäle sind nur in zweiter Linie interessant. Ist der Histogrammverlauf in der Gesamthelligkeit optimal, so spielen die Farbgraphen keine Rolle.

HINWEIS

In diesem Abschnitt erfahren Sie vieles über die optimale Belichtung von Bildern. Grundsätzlich gilt aber natürlich: Optimal ist, wenn das Bild gefällt. Für die hier beschriebene Beurteilung wird angenommen, dass eine Detailzeichnung in allen Bereichen des Bildes gewünscht wird.

Kapitel 13 Das Entwickeln-Modul

▲ **Abbildung 13.14**
Ein optimaler Histogrammverlauf besitzt weder an den hellsten (ganz rechts), noch an den dunkelsten Stellen (ganz links) Spitzen.

Beurteilung der Bildqualität mit dem Histogramm

Das Histogramm gibt uns mit den Graphen Informationen über die Qualität eines Bildes bezüglich seiner Zeichnung und seines Helligkeitsverlaufs. Unter Zeichnung oder Detailzeichnung versteht man den Helligkeitsunterschied benachbarter Pixel. Denn nur wenn Pixel von unterschiedlicher Farbe oder Helligkeit sind, kann man die feinen Details in Bildern erkennen. Eine Aussage über die Bildqualität kann schon bei der Aufnahme getroffen werden, da die meisten Digitalkameras die Darstellung eines Histogramms erlauben. Somit können Sie bereits beim Fotografieren über das Histogramm die Qualität der Aufnahme in Bezug auf ihre Belichtung überprüfen und eventuell mit der Wahl anderer Belichtungsparameter eine neue, korrigierte Aufnahme machen.

13.2 Bildbeurteilung mit dem Histogramm

◂ **Abbildung 13.15**
Bei einem überbelichteten Bild entstehen im rechten Bereich des Histogramms Spitzen. Dort geht die Detailzeichnung verloren.

Optimale Verteilung im Histogramm | Ein Bild gilt dann als optimal belichtet, wenn es weder komplett schwarze noch vollständig weiße Bildstellen hat. Auf das Histogramm bezogen bedeutet dies, dass ganz rechts und ganz links keine hohen Balken beziehungsweise Spitzen zu sehen sein sollten. Nur dann enthält das Bild alle Details. Am einfachsten erreicht man das bei weichem Vormittags- oder Nachmittagslicht, das von hinten einfällt, oder bei stark bewölktem Himmel. Aus einem optimal belichteten Bild lassen sich auch ganz bewusst Über- oder Unterbelichtungen erstellen, während dies umgekehrt normalerweise nicht möglich ist.

Überbelichtung | Überbelichtung bedeutet, dass zu viel Licht auf den Sensor gefallen ist. Dabei entstehen viele extrem helle Pixel. Auf der rechten Seite des Histogramms bildet sich ein hoher Berg, und die Detailzeichnung im hellen Bereich geht verloren. In

▲ **Abbildung 13.16**
Bei einem unterbelichteten Bild entstehen am linken Rand des Histogramms Spitzen. Dabei geht die Detailzeichnung in den dunklen Bereichen verloren.

Abbildung 13.15 ist davon sogar der Kontrast zwischen Himmel und Wasser betroffen. Fehlt die Detailzeichnung im Bild infolge einer Überbelichtung, so kann sie auch später in der Farbkorrektur nicht wiederhergestellt werden.

Unterbelichtung | Bei der Unterbelichtung eines Bildes entsteht das gleiche Problem wie bei der Überbelichtung – nur auf der anderen Seite des Histogramms. Dabei fällt zu wenig Licht auf den Sensor, und das Rauschen wird stärker. Dabei geht dann auch die Detailzeichnung verloren, da nicht genügend Helligkeitsabstufungen gespeichert werden können.

Natürlich gibt es auch gewollte Unterbelichtungen – zum Beispiel bei Nachtaufnahmen oder um Personen und Gegenstände im Licht besser hervorzuheben. Dabei wird der unerwünschte Hintergrund ausgeblendet. Das satte Schwarz verdeckt auch das Bildrauschen, das besonders bei langen Belichtungszeiten und bei hohen ISO-Werten in dunklen Bereichen auftritt.

▲ Abbildung 13.17
Zwei Beispiele für gewollte Unterbelichtung: links, um den Hintergrund auszublenden, und rechts, um die Personen als Silhouetten darzustellen

Gegenlicht | Bei Gegenlicht kämpft man vor allem mit Überbelichtung. Fotografieren Sie direkt in die Sonne, werden Sie das nicht vermeiden können. Sie laufen nämlich sonst Gefahr, dass der Rest des Bildes zu stark unterbelichtet wird. Hier hilft es nur, in diesem Fall das Schicksal zu akzeptieren und sein Augenmerk auf den Rest des Bildes zu lenken.

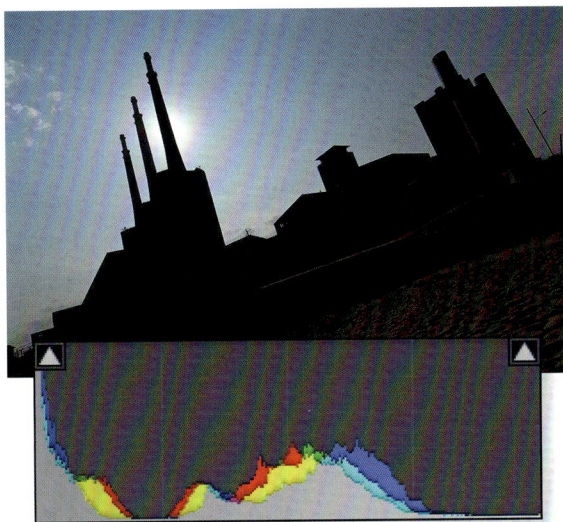

▲ Abbildung 13.18
Versucht man bei Gegenlichtaufnahmen, durch geringe Belichtung die Detailzeichnung an den hellen Stellen zu erhalten, so erhält man meist eine eher unterbelichtete Aufnahme.

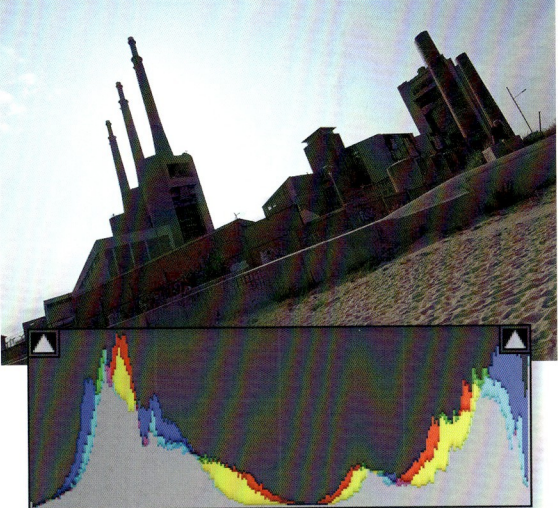

▲ Abbildung 13.19
Bei Gegenlicht ist ein Überstrahlen der Sonne nicht zu vermeiden. Es entsteht zwar eine Spitze im Histogramm, dafür erkennt man aber noch die Details in den anderen Bereichen.

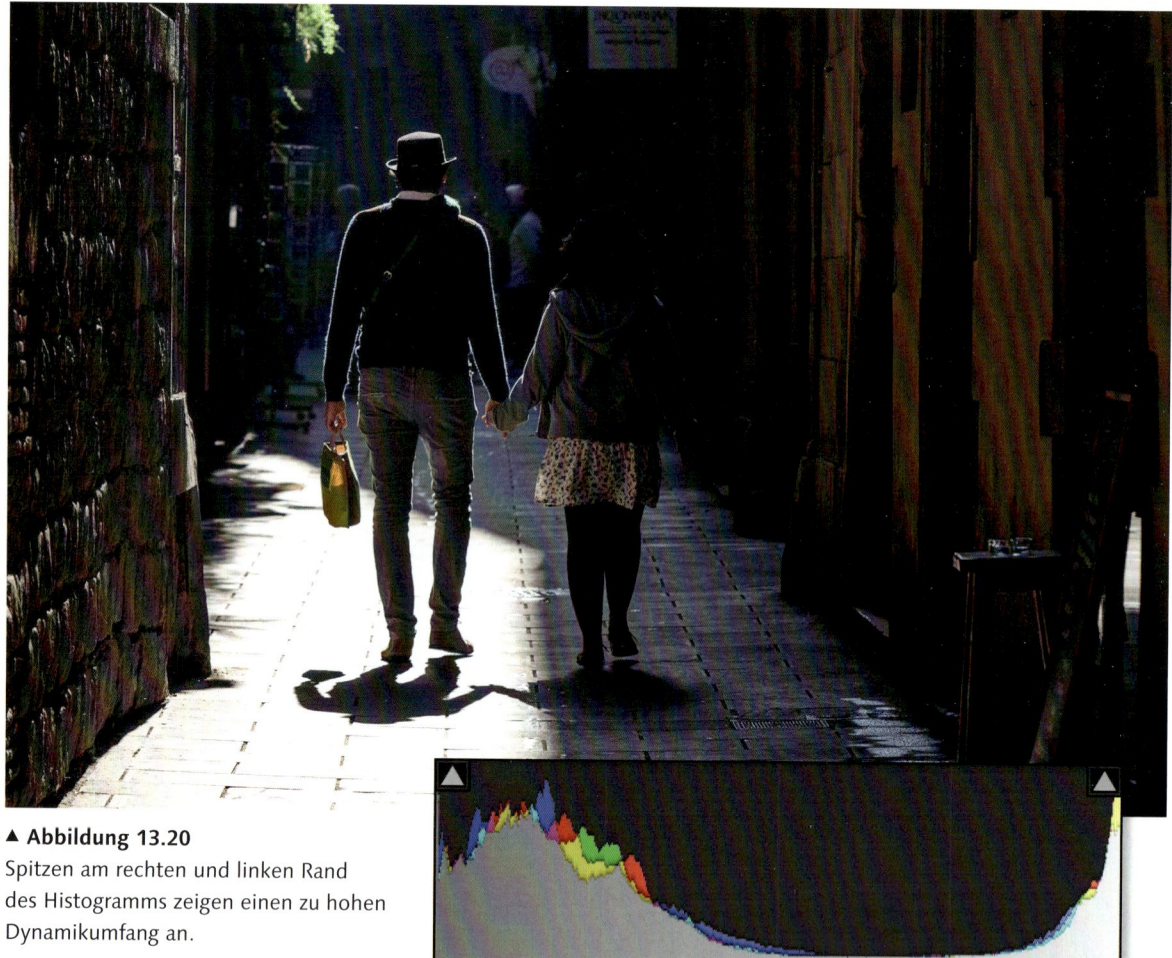

▲ **Abbildung 13.20**
Spitzen am rechten und linken Rand des Histogramms zeigen einen zu hohen Dynamikumfang an.

Extremer Dynamikumfang | Leider besitzen Digitalkameras noch einen eher geringen Dynamikumfang. Dieser liegt im Bereich von acht bis zehn Blendenstufen. Durch das Raw-Format lässt sich der Umfang zwar etwas erweitern, allerdings gibt es bislang keine Geräte, die diesen Helligkeitsumfang tatsächlich reproduzieren können.

Daher werden Sie vor allem dann Probleme bekommen, wenn sehr helle und sehr dunkle Stellen zugleich im Bild vorkommen.

Charakteristisch sind Spitzen an beiden Seiten des Histogramms. Da bei Raw-Daten eine Unterbelichtung besser ausgeglichen werden kann, sollten Sie in diesem Fall darauf achten, die hellen Stellen entweder gar nicht oder nur ganz wenig überzubelichten. Das Rauschen an den dunklen Stellen nimmt dann allerdings zu. Um auf Nummer sicher zu gehen, machen Sie eine Belichtungsreihe, die Sie dann später auch als HDR zusammenfügen können (Seite 424).

13.2 Bildbeurteilung mit dem Histogramm

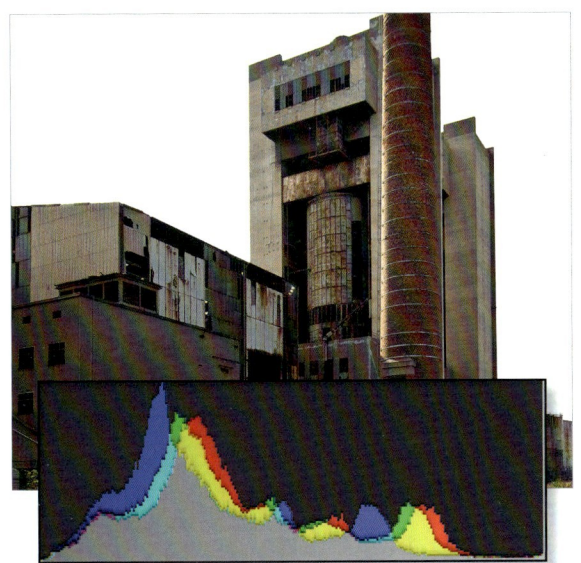

▲ Abbildung 13.21
Bilder mit überbelichteten Bereichen besitzen im Histogramm am rechten Rand eine Spitze und oft eine Lücke zu den nächstdunkleren Werten.

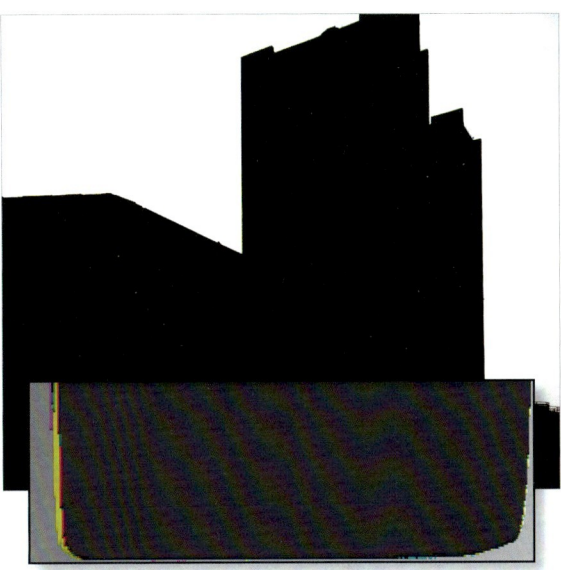

▲ Abbildung 13.22
Die Überbelichtung lässt sich hier nicht mehr korrigieren. Das ist in diesem Beispiel allerdings kein Beinbruch. Die gewollte Wirkung bleibt dennoch erhalten.

Fehlbelichtungen im Histogramm erkennen

Manchmal können Sie es nicht vermeiden, dass Teile des Bildes über- oder unterbelichtet werden. Im Raw-Modus haben Sie die Möglichkeit, Fehlbelichtungen teilweise im Nachhinein zu korrigieren. Es gibt dabei zwei Aspekte zu beachten: Unterbelichtungen zu korrigieren, bedeutet erhöhtes Rauschen in den dunklen Bildpartien. Überbelichtung verursacht einen Photonenüberlauf, was die Farben verfälschen kann und somit das Korrigieren erschwert. Wie viel man über- oder unterbelichten kann, ist auch von der Kamera abhängig. Haben Sie schon Erfahrungswerte mit Ihrem Gerät gesammelt, können Sie bereits am Verlauf des Histogramms erkennen, ob sich eine Fehlbelichtung überhaupt noch korrigieren lässt. Steigt das Histogramm in den Grenzbereichen plötzlich an und klafft eine Lücke zu den nächsten Werten, deutet das auf einen großen Bereich mit extremer Helligkeit oder Dunkelheit hin. Diese Stellen lassen sich meist nicht mehr nachkorrigieren. Aber wie an den Beispielen zu erkennen ist, stört eine Überbelichtung auch nicht grundsätzlich.

Wenn man aufgrund des Helligkeitsumfangs keine andere Möglichkeit hat, als eine Über- oder Unterbelichtung in Kauf zu nehmen, sollte man beim Fotografieren darauf achten, dass im His-

▲ Abbildung 13.23
Belichtungen, die extreme Spitzen an den Grenzen aufweisen, lassen sich nicht mehr korrigieren. Weichere Anstiege zu den Grenzen weisen auf Detailzeichnung hin. Hier hat man gute Chancen, die Belichtung korrigieren zu können.

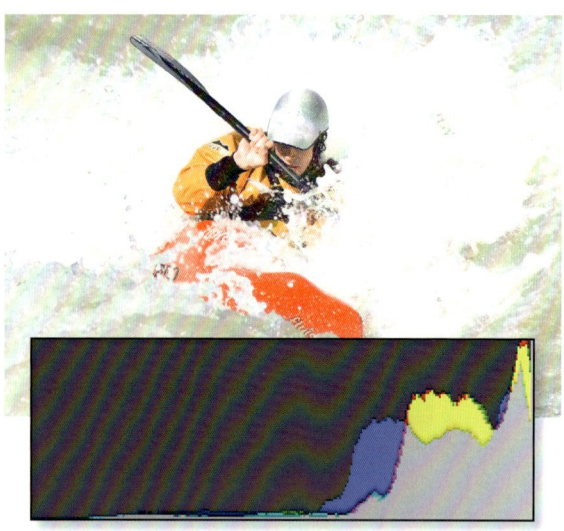 

▲ **Abbildung 13.24**
Knapp überbelichtete Bilder enthalten in der Regel so viele Reserven, …

▲ **Abbildung 13.25**
… dass in der Korrektur noch Details herausgearbeitet werden können.

togramm die Helligkeitswerte neben den Spitzen möglichst weich ansteigen beziehungsweise abfallen. Das bedeutet, dass in diesen Bereichen noch Detailzeichnung vorhanden ist, und das heißt wiederum, dass man von der optimalen Belichtung nicht allzu weit entfernt sein kann. Eine halbe oder ganze Blende lässt sich dann meist noch problemlos korrigieren. In einem solchen Fall ist es immer besser, das Bild unterzubelichten.

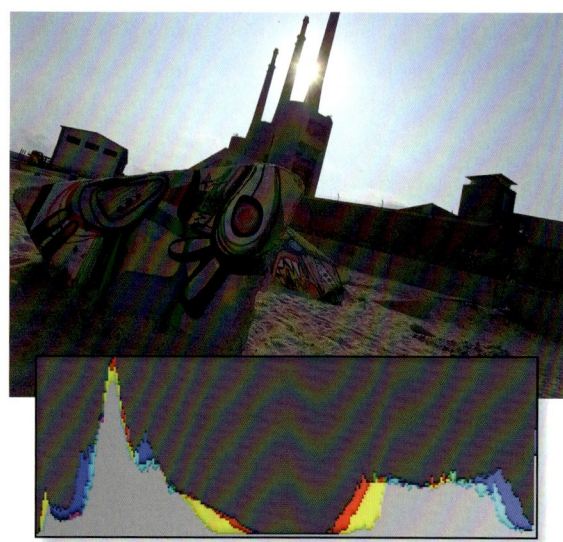 

▲ **Abbildung 13.26**
Bei Gegenlicht neigt man zur Unterbelichtung. Wenn Sie diese aber in Grenzen halten, …

▲ **Abbildung 13.27**
… können Sie sie fast vollständig korrigieren. Ein Aufhellblitz wäre hier jedoch hilfreich gewesen.

Weitere Informationen am Histogramm

Wie Ihnen sicher schon aufgefallen ist, stehen unter dem Histogramm noch ein paar Zusatzinformationen. Diese Zusatzinformationen bestehen aus zwei Zeilen, und die dargestellten Informationen sind abhängig davon, wo sich der Mauszeiger befindet.

Ist ein Bild ausgewählt, der Mauszeiger befindet sich aber nicht über dem Bild im Ansichtsfenster, sondern über einer der Bedienfeldpaletten oder dem Filmstreifen, erhalten Sie die gleichen Information wie in der Bibliothek ❷. Dabei handelt es sich um den ISO-Wert, die Brennweite, die verwendete Blende und die Verschlusszeit.

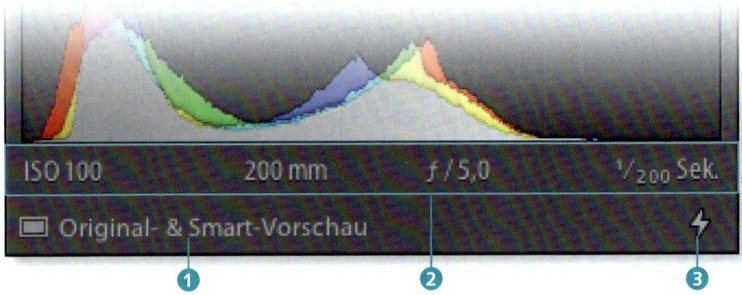

◀ **Abbildung 13.28**
Weitere Informationen wie Zustand und Prozessversion werden unter dem Histogramm angezeigt.

Bildzustand | In der unteren Zeile steht in diesem Fall nur der Zustand des selektierten Bildes ❶. Besitzt ein Bild eine Smart-Vorschau, wird das durch den Begriff ORIGINAL & SMART-VORSCHAU angezeigt. Fehlt das Original, aber eine Smart-Vorschau ist vorhanden – zum Beispiel beim Arbeiten unterwegs –, steht hier SMART-VORSCHAU. Ist nur ein Original ohne Smart-Vorschau vorhanden, steht an dieser Stelle ORIGINALFOTO. Dies ist auch der Fall, wenn mehrere Bilder ausgewählt sind.

Je nach Zustand des Bildes können Sie durch Klicken auf den angezeigten Begriff verschiedene Aufgaben erledigen. Ist keine Smart-Vorschau vorhanden, kann hier eine neue erstellt werden. Ist eine vorhanden, kann diese hier auch gelöscht werden.

Prozessversion | Ist das Bild mit einer älteren Prozessversion (2003 oder 2010) entwickelt, dann wird das durch einen Blitz ❸ auf der rechten Seite der Zeile angezeigt. Beim Rollen über den Blitz wird die Prozessversion angezeigt. Mit einem Klick auf das Symbol wird die Prozessversion aktualisiert (siehe Seite 513).

Farbwert | Befindet sich der Mauszeiger über dem Bild, wird Ihnen in der oberen Leiste der Farbwert des Pixels angezeigt, über dem sich die Maus befindet. Dieser wird zunächst als RGB-Wert ❶ angegeben. Da es sich bei der Entwicklung um einen ausgabeunabhängigen Vorgang handelt und die Farbtiefe erst beim Export festgelegt wird, werden die Werte in Prozent angezeigt.

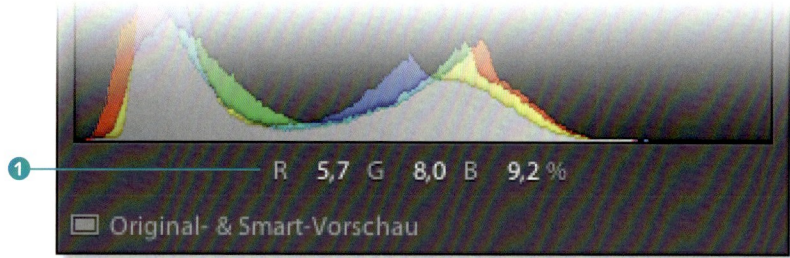

Abbildung 13.29 ▶
Befindet sich die Maus über dem Bild, wird der Farbwert angezeigt.

Klicken Sie mit der rechten Maustaste auf das Histogramm, können Sie über das Kontextmenü auch LAB-Werte statt der RGB-Werte anzeigen lassen. Allerdings benötigen Sie schon viel Erfahrung, um mit diesen Werten arbeiten zu können.

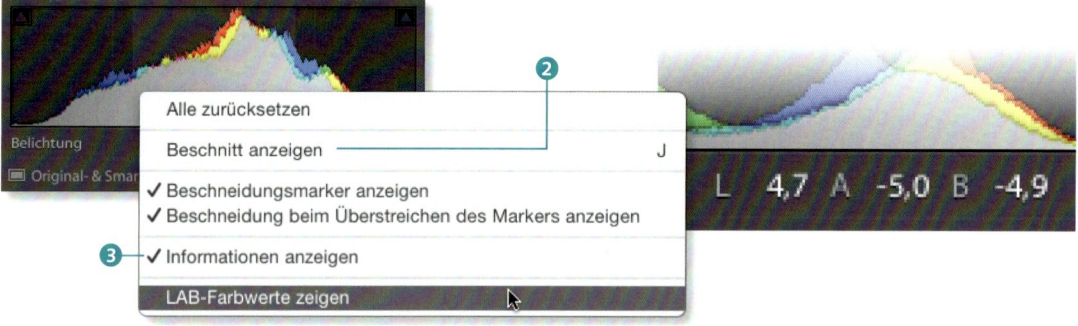

Abbildung 13.30 ▲
Der Farbwert kann auch als LAB-Wert dargestellt werden.

Informationen anzeigen | Im Kontextmenü finden Sie auch den Befehl INFORMATIONEN ANZEIGEN ❸. Ist hier ein Häkchen gesetzt, dann werden Ihnen während der Anpassungen der Regler SCHWARZ, TIEFEN, BELICHTUNG, LICHTER und WEISS die Werte unter dem Histogramm angezeigt.

Abbildung 13.31 ▶
Die Werte der Regler, die für die Basisentwicklung zuständig sind, werden während einer Änderung unter dem Histogramm angezeigt.

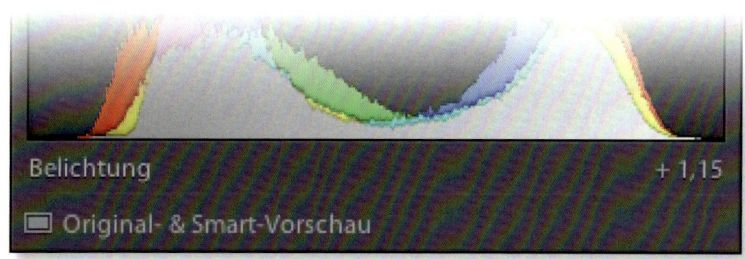

13.2 Bildbeurteilung mit dem Histogramm

Hellste und dunkelste Stellen anzeigen

Das Histogramm gibt zwar darüber Auskunft, ob ein Bild falsch belichtet ist, über die Stelle und die Verteilung der über- beziehungsweise unterbelichteten Pixel sagt es allerdings nichts aus. Sie können sich jedoch die Stellen anzeigen lassen, an denen ein Bild komplett ins reine Schwarz oder Weiß springt (Clipping).

Mit Rechtsklick auf das Histogramm können Sie einige zusätzliche Optionen definieren (Abbildung 13.30):

- BESCHNITT ANZEIGEN aktiviert die Darstellung der Clippings.
- BESCHNEIDUNGSMARKER ANZEIGEN blendet die Symbole im Histogramm ein beziehungsweise aus.
- BESCHNEIDUNG BEIM ÜBERSTREICHEN DES MARKERS ANZEIGEN aktiviert die temporäre Darstellung.

Schritt für Schritt
Vorschau der hellsten und dunkelsten Bildpixel

In dieser Anleitung erfahren Sie, wie Sie zur Belichtungskontrolle die Clipping-Funktion der hellsten und dunkelsten Bereiche aktivieren.

1 **Anzeige der dunkelsten Pixel temporär aktivieren**

Achten Sie darauf, dass Sie sich im Entwickeln-Modul befinden. Bewegen Sie den Mauszeiger über das linke Dreieck am oberen Rand des Histogramms.

Das Material für die Schritt-für-Schritt-Anleitungen finden Sie im »Workshopkatalog« nach Kapitel und Seitenzahl geordnet im Sammlungssatz SCHRITT-FÜR-SCHRITT-ANLEITUNGEN.

▼ Abbildung 13.32
Über das linke Dreiecksymbol wird die Vorschau der dunkelsten Stellen im Bild aktiviert.

Abbildung 13.33 ▲
Über das rechte Dreiecksymbol wird die Vorschau der hellsten Stellen im Bild aktiviert.

Sobald sich der Mauszeiger über dem Dreieck befindet, wird er zum Handcursor. Zugleich werden im Ansichtsfenster alle schwarzen Pixel blau dargestellt. Wenn Sie den Zeiger vom Dreieck wegbewegen, werden die Pixel in ihrer Originalfarbe angezeigt.

2   Anzeige dauerhaft aktivieren
Um die Anzeige der dunkelsten Pixel dauerhaft zu aktivieren, klicken Sie das Dreieck an. Das Feld wird daraufhin weiß umrandet, und die Tiefenwarnung bleibt nun im Bild, auch wenn Sie die Maus vom Dreieck wegbewegen.

Nicht immer sind die dunkelsten Pixel im Bild schwarz. Sie können auch nur aus einer oder zwei anderen Farben bestehen. Dies wird durch die Färbung des Dreiecks angezeigt. Neben den Grundfarben (Rot, Grün, Blau) und den Komplementärfarben (Cyan, Magenta, Gelb) gibt es noch Weiß als neutralen Ton sowie Grau. Letzteres bedeutet, dass kein Pixel mit einem Helligkeitswert von 0 in mindestens einer Farbe vorkommt.

3   Anzeige der hellsten Pixel aktivieren
Analog zu den dunkelsten Pixeln funktioniert auch die Vorschau der hellsten Pixel. Diese werden rot eingefärbt.

Bewegen Sie den Mauszeiger zur Anzeige der hellsten Pixel über das rechte Dreieck des Histogramms. Klicken Sie auch hier das Dreieck an, um die Warnung der hellsten Pixel dauerhaft festzulegen. Ein weiteres Anklicken entfernt die Vorschau wieder.

13.3 Mit Raw-Prozessversionen arbeiten

Bevor wir in die Entwicklung einsteigen, ist es hilfreich, das Konzept der Prozessversionen zu verstehen. Die Prozessversionen verhalten sich ähnlich wie die Entwicklungsprozesse der Analogfotografie. Jede Filmart besaß einen oder mehrere darauf abgestimmte Entwicklungsprozesse. Nach der Belichtung des Films musste die lichtempfindliche Schicht in das Bild umgewandelt und stabilisiert werden. Dazu waren unterschiedliche Schritte mit verschiedenen Chemikalien notwendig. Innerhalb dieses Entwicklungsprozesses konnte man beispielsweise über die Variation der Dauer der Behandlung mit den unterschiedlichen Chemikalien die Qualität und Belichtung steuern. Gerade in der Schwarzweißfotografie sind die Möglichkeiten durch die Variation der Entwicklungsprozesse fast grenzenlos. Je nach Entwicklungsprozess konnte man sogar den Belichtungsumfang noch um zwei Blenden erhöhen.

Ähnliches gilt in der Digitalfotografie für das Raw-Bild. Die Raw-Datei ist ja nichts anderes als eine unentwickelte Datei. Erst durch den Entwicklungsprozess wird daraus ein Bild (siehe auch Kapitel 3, »Farbmanagement«, ab Seite 99). In Lightroom sind diese Entwicklungsprozesse als Module/Plug-ins integriert. Seit der Version 1 von Lightroom wurden diese immer wieder verbessert. Sie unterscheiden sich in Bildqualität, Belichtungsspielraum und Entwicklungseinstellungen teilweise erheblich. Nur neu importierte Bilder werden jeweils mit dem neuesten Prozess entwickelt. Sie können aber jederzeit Bilder in neuere und auch ältere Prozess-

▲ Abbildung 13.34
Die Parameter der Grundeinstellungen für den Prozess 2003 und den Prozess 2010

▼ Abbildung 13.35
Zwischen der Prozessversion 2003 (links) und der Version 2010 (rechts) wurde vor allem die Detailzeichnung verbessert.

▲ Abbildung 13.36
Bei der Prozessversion 2012 (rechts) wurde der Belichtungsspielraum im Vergleich zur Version 2010 (links) optimiert. Über- und unterbelichtete Stellen (im Bild links rot und blau gekennzeichnet) erhalten mit dem neuen Prozess mehr Zeichnung und passen in den Helligkeitsumfang des entwickelten Bildes.

entwicklungen umwandeln. Allerdings entstehen dabei Bildveränderungen, die eventuell Nachkorrekturen erforderlich machen. Daher sollten Sie nur Bilder konvertieren, die Sie für neue Bearbeitungen benötigen.

Die Prozessversionen im Vergleich

Die Prozessversionen sind mit den Jahreszahlen ihrer Entwicklung gekennzeichnet. Gestartet wurde mit der ersten Prozessversion 2003. Dieser Prozess stand nicht gerade im Ruf, hochqualitative Bilder zu erzeugen. Bei Scharfzeichnung schauten die Bilder manchmal aus wie mit Wasserfarben gemalt. Der Detailreichtum ließ zu wünschen übrig.

Dieses Manko wurde mit der Einführung der Prozessversion 2010 beseitigt. Die Detailzeichnung und damit die Bildqualität, vor allem bei größeren Abzügen, wurden erheblich gesteigert. An den einstellbaren Parametern der Entwicklungseinstellungen hat sich jedoch nichts geändert.

Mit der Einführung der Prozessversion 2012 hat man sich des Belichtungsspielraums angenommen. Dieser ist durch seinen Entwicklungsalgorithmus um ca. ein bis zwei Blenden größer geworden – in der Fotografie sind das Welten. Gerade kontrastreiche Fotos und Bilder mit hohem Dynamikumfang profitieren davon. Um diesen Möglichkeiten gerecht zu werden, gibt es neue Parameter in

▲ Abbildung 13.37
Die Parameter der Grundeinstellungen für den Prozess 2012

13.3 Mit Raw-Prozessversionen arbeiten

▲ **Abbildung 13.38**
Durch das Umschalten der Prozessversion kann es vor allem bei bereits entwickelten Bildern zu gravierenden Unterschieden kommen. Daher sollte man nicht voreilig alle Bilder in den neuesten Prozess überführen.

den Grundeinstellungen. Bei Nicht-Raw-Bildern, wie zum Beispiel gescannten Bildern und JPEG-Dateien, können Sie zwar zwischen den Prozessversionen umschalten, dies hat aber keine Auswirkung auf die Bildqualität des Ausgangsbildes. In diesem Fall wird nur zwischen den Parametern der jeweiligen Version umgeschaltet.

Zwischen Prozessversionen umschalten

Wie erwähnt, können Sie alle Raw-Bilder mit allen Prozessversionen entwickeln, also auch ganz neue Bilder mit der Version 2003. Ob das sinnvoll ist, muss jeder selbst entscheiden. Das Umschalten zwischen den Prozessversionen kann vor allem bei bereits entwickelten Bildern zu erheblichen Veränderungen führen.

▲ **Abbildung 13.39**
Das Umschalten der Prozessversion findet über das Dropdown-Menü in der Bedienfeldpalette KAMERAKALIBRIERUNG statt.

Einzelnes Bild in die aktuelle Prozessversion konvertieren | Sie können die Prozessversion über das Dropdown-Menü PROZESS in der Bedienfeldpalette umschalten. Hier können Sie die Prozessversion eines Bildes auch in eine ältere umschalten.

Bei Bildern, die noch die Version 2003 oder 2010 zugewiesen haben, wird unter dem Histogramm ein Hinweissymbol ❶ angezeigt. Dieses Symbol ist gleichzeitig eine Schaltfläche. Klicken Sie diese an, öffnet sich ein Dialog, mit dessen Hilfe Sie vor der Konvertierung einige Optionen festlegen können:

- **Änderungen mit Vorher/Nachher überprüfen:** Öffnet die Überprüfungsansicht zum direkten Vergleich der beiden Versionen.

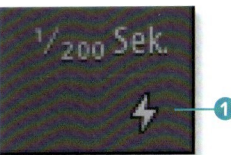

▲ **Abbildung 13.40**
Über einen Klick auf das Hinweissymbol ❶ im Histogramm kann ein Bild in die neue Prozessversion konvertiert werden.

▸ **Nicht erneut anzeigen:** Verdeckt in Zukunft den Dialog und verwendet immer die zuletzt angegebenen Optionen.

▸ **Alle Fotos im Filmstreifen aktualisieren:** Konvertiert alle Bilder des Filmstreifens, die noch in der alten Version vorliegen, in die neue Prozessversion.

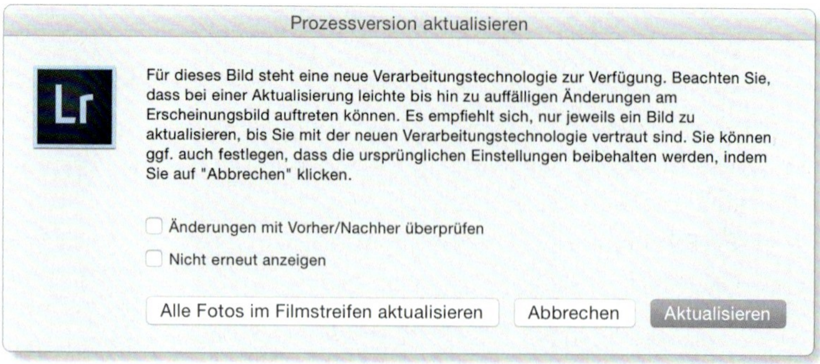

Abbildung 13.41 ▸
Dialog zur Konvertierung der Prozessversion.

Alle Bilder in eine neue Prozessversion konvertieren | Sie können auch pauschal alle Bilder konvertieren lassen. Dazu wählen Sie im Bibliothek-Modul den Menübefehl BIBLIOTHEK • FOTOS MIT VORHERIGER PROZESSVERSION SUCHEN.

Abbildung 13.42 ▸
Alle Bilder mit alter Prozessversion werden gesammelt.

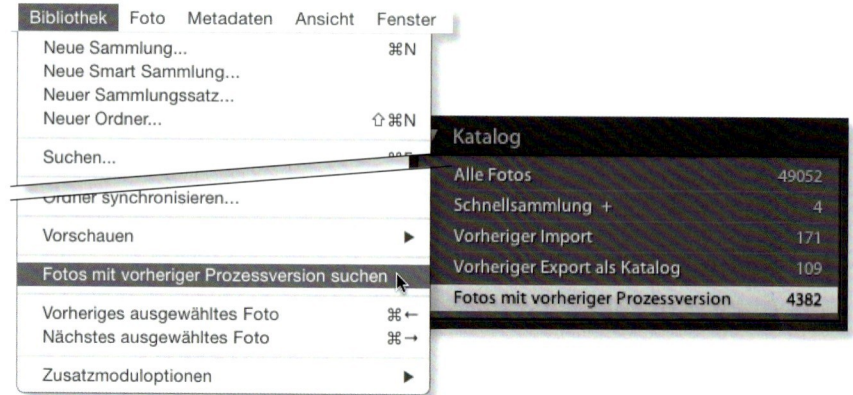

Daraufhin wird der komplette Katalog nach Bildern mit alter Prozessversion durchsucht. Die gefundenen Bilder werden in einer Sammlung zusammengefasst.

Jetzt können Sie alle Bilder auswählen und mit Hilfe des Menübefehls FOTO • ENTWICKLUNGSEINSTELLUNGEN • AUF AKTUELLEN PROZESS AKTUALISIEREN (2012) auf den neuen Prozess umstellen.

13.4 Grundeinstellungen

Die Anordnung der Bedienfelder und Parameter gibt einen möglichen Entwicklungsablauf vor. Als Erstes wird im Bedienfeld GRUNDEINSTELLUNGEN ausgewählt, ob man aus dem digitalen Negativ ein Farbbild oder ein Schwarzweißbild entwickeln möchte. Diese Entscheidung hat Auswirkung auf die Regler darunter.

Als Nächstes führt man den Weißabgleich durch. Anschließend wird die Belichtung korrigiert. Die Parameter sind abhängig von der gewählten Prozessversion (siehe ab Seite 511). Danach kann man dann noch die KLARHEIT – eine Art großflächige Scharfzeichnung zur Erhöhung der Tiefenwirkung – und Sättigungseinstellungen anpassen. Doch beginnen wir mit dem ersten Parameter.

Farbe oder Schwarzweiß?

Am Anfang einer jeden Korrektur steht die Entscheidung, ob man ein Farb- oder ein Schwarzweißbild wünscht. Denn davon hängen wiederum weitere Steuerelemente ab. Alle Parameter, die die Sättigung betreffen, werden im Schwarzweißmodus deaktiviert.

Um von Farbe auf Schwarzweiß umzuschalten, klicken Sie im Bedienfeld GRUNDEINSTELLUNGEN auf SCHWARZWEISS oder im Be-

▲ Abbildung 13.43
Das Bedienfeld GRUNDEINSTELLUNGEN im Entwickeln-Modul gibt die richtige Reihenfolge der Bearbeitungen vor. Gehen Sie immer von oben nach unten vor.

▲ Abbildung 13.44
Grundsätzlich werden digitale Fotos in der Kamera in Farbe aufgenommen. Farben bieten viele Parameter, über die das Bild bearbeitet werden kann.

▲ Abbildung 13.45
Farbbilder können jedoch auch in Schwarzweißbilder umgewandelt werden. Sättigungseinstellungen sind dann nicht mehr möglich.

dienfeld HSL / FARBE / S/W auf S/W. Sie können jederzeit wieder in den Farbmodus zurückkehren, indem Sie den Begriff FARBE anklicken. Grundsätzliche Farbeinstellungen wie Weißabgleich und selektive Farbkorrekturen sind auch im Schwarzweißmodus möglich, da sie Einfluss auf die Umwandlung der einzelnen Farben in Schwarzweiß haben.

Weißabgleich

Wann ist Weiß wirklich weiß? Je nach der Lichtfarbe, die abhängig von Tageszeit und Wetter schwanken kann, erscheint das Weiß im Bild anders, da die Zusammensetzung der Farben im Licht variiert. Nachmittags bei Sonnenschein haben wir rötlicheres Licht als mittags oder bei bewölktem Himmel. Dann ist das Licht bläulicher und wirkt kälter. Die Färbung des Lichts wird in der Farbtemperatur definiert und in der Einheit Kelvin angegeben. Mehr über die Zusammensetzung von Licht und über die Farbtemperatur können Sie auf Seite 103 nachlesen.

Unser Gehirn korrigiert die Farbtemperatur so, dass für uns Weiß immer als Weiß erscheint — egal, welchen Farbstich es besitzt. Bei Fotos schaltet unser Gehirn diese Korrektur aber ab, und somit erscheint uns dort Weiß manchmal rötlicher oder bläulicher – ganz abhängig von den Lichtverhältnissen bei der Aufnahme. Die Korrektur muss also noch zusätzlich stattfinden. Das geht entweder schon beim Fotografieren selbst oder in der Nachbearbeitung.

Es muss also ein Weißabgleich vorgenommen werden. Dabei wird ein Farbwert gemessen und dessen Abweichung von einem

▲ **Abbildung 13.46**
Die Einstellregler für den Weißabgleich

▼ **Abbildung 13.47**
Dreimal dasselbe Motiv: Durch die unterschiedliche Lichtfärbung (Farbtemperatur) entsteht jedes Mal ein anderer Eindruck.

13.4 Grundeinstellungen

reinen Weiß beziehungsweise neutralen Grauton mit gleicher Helligkeit analysiert. Anschließend wird die Färbung des Bildes so weit korrigiert, bis der gemessene Punkt eine neutrale Färbung besitzt. In Lightroom gibt es oben im Bedienfeld GRUNDEINSTELLUNGEN vier Steuerelemente zur Einstellung des Weißabgleichs.

Stimmung beim Weißabgleich erhalten | Wenn man den Weißabgleich durchführt, sollte man sich möglichst an die Stimmung während des Fotografierens erinnern. In dieser Situation ist die in der Kamera gewählte Farbtemperatur zu hoch (links), und das Bild wirkt zu warm. Das Anwählen einer weißen Fläche im Kerzenschein hat hier zur Folge, dass Weiß zwar korrekt dargestellt wird, die Stimmung aber verloren geht. Die Bilder sehen dadurch eher so aus, als seien sie bei Blitzlicht fotografiert worden (Mitte). Stellen Sie den Weißabgleich manuell ein. Dabei können Sie die Stimmung besser kontrollieren (rechts). Nur bei rein technischen Reproduktionen – zum Beispiel beim Abfotografieren von Gemälden – ist ein genauer Weißabgleich nötig.

▼ **Abbildung 13.48**
Nicht immer spiegelt ein neutraler Weißabgleich auch die Stimmung wider. Hier entscheidet der Geschmack.

Auswahl einer voreingestellten Farbtemperatur | Neben der Parameterbezeichnung WA (Weißabgleich) befindet sich ein Dropdown-Menü. Dieses ist, solange Sie noch keinen anderen Wert eingestellt haben, mit WIE AUFNAHME beschriftet. Dabei wird die im Bild gespeicherte Weißlichtangabe der Kamera übernommen.

Klicken Sie das Dropdown-Menü an, können Sie aus verschiedenen Lichtsituationen auswählen oder AUTOMATISCH eine Korrektur durchführen lassen. Diese sucht sich einen hellen, möglichst neutralen Wert und führt anhand dessen den Weißabgleich durch. Sie können auch wieder zur Kameraeinstellung zurückkehren, wenn keiner der Werte den gewünschten Effekt bringt.

▲ **Abbildung 13.49**
Das Ausgangsbild, wie es von der Kamera gesehen wird. Der Wert 4 900 K ist etwas zu niedrig. Die Farben wirken kalt.

▲ **Abbildung 13.50**
Hier wurde über das Menü die Voreinstellung TAGESLICHT angewendet. Dieser Wert kommt dem realistischen Eindruck schon sehr nahe.

▲ **Abbildung 13.51**
Der Weißabgleich AUTOMATISCH wählt eine zu hohe Farbtemperatur. Das Bild wirkt gelblich – ähnlich wie ein alter Abzug auf Fotopapier.

▲ **Abbildung 13.52**
Der manuell eingestellte Wert verstärkt noch etwas das warme Licht im Gegensatz zum Wert für Tageslicht. Das ist für diese Aufnahme die optimale Lösung.

Manueller Weißabgleich mit Tönung | Beim manuellen Weißabgleich können Sie über den Schieberegler einen beliebigen Wert zwischen 2 000 und 50 000 Kelvin angeben. Verschieben Sie den Regler Temp. (Temperatur) so weit, bis Sie den gewünschten Eindruck erhalten.

Wenn die Bilder nach dem Weißabgleich noch einen Farbstich aufweisen, so können Sie diesen über den Regler Tönung (Farbton) eliminieren. Durch Verschieben des Reglers nach links bringen Sie mehr Grün, nach rechts mehr Magenta ins Bild.

Halbautomatischer Weißabgleich mit der Pipette | Im Gegensatz zum vollautomatischen Weißabgleich können Sie hier den Wert, der als neutral gelten soll, selbst auswählen.

Dazu steht Ihnen ein eigenes Werkzeug zur Weißabgleichsauswahl ⓦ, auch Pipette genannt, zur Verfügung.

◄ Abbildung 13.53
Pipette zur Weißabgleichsauswahl

Schritt für Schritt
Weißabgleich mit der Pipette

In dieser Anleitung erfahren Sie, wie Sie mit der Pipette die Referenzfarbe für den Weißabgleich selbst wählen.

1 Pipette aktivieren
Zur Aktivierung der Pipette klicken Sie sie einfach an. Sie wird dann von der Oberfläche gelöst und folgt dem Cursor ins Bild.

2 Neutralen Farbton auswählen
Bewegen Sie die Pipette über das Bild, so erscheint zusätzlich die Lupe. Diese zeigt Ihnen in einem Fenster die aktuellen und umliegenden Pixel vergrößert an. Dadurch können Sie genau das Pixel wählen, das Sie als Referenzton benutzen wollen. Das Umschalten auf die 1:1-Ansicht kann noch zusätzlich helfen, da die Bewegung der Maus in einer verkleinerten Ansicht oft mehrere Pixel überspringen kann.

Klicken Sie zur Auswahl das gewünschte Pixel mit der Maustaste an. Die Wahl des richtigen Farbwertes ist entscheidend für die Farbwirkung im Bild. Im Beispiel nehmen wir mit der Pipette einen Wert von einer weißen Wand auf, die weder komplett im Schatten liegt noch direkt von der Sonne angestrahlt wird. Dieser Punkt wird anschließend als neutral definiert und das Bild entsprechend korrigiert.

Das Material für die Schritt-für-Schritt-Anleitungen finden Sie im »Workshopkatalog« nach Kapitel und Seitenzahl geordnet im Sammlungssatz Schritt-für-Schritt-Anleitungen.

▲ **Abbildung 13.54**
Bei der Pipette wird die Lupe angezeigt. Sie zeigt das aktuelle Pixel in starker Vergrößerung an. Im NAVIGATOR erhalten Sie eine Vorschau des Weißabgleichs. Wählen Sie am besten eine Stelle mit einem neutralen Grauton aus – wie in diesem Beispiel.

3 **Ablegen der Pipette**
Die Pipette bleibt auch nach der Auswahl des Farbwertes als Werkzeug aktiv, sofern Sie das Häkchen vor AUTO DISMISS (Automatisch verwerfen) entfernt haben (siehe Abbildung 13.56). Sie können damit jederzeit ein anderes Pixel auswählen und verschiedene Weißabgleicheinstellungen ausprobieren. Um die Pipette abzulegen, führen Sie sie zurück in das Bedienfeld und klicken dort einmal. Der Bereich ist durch ein dunkelgraues Feld gekennzeichnet. Oder Sie drücken einfach erneut die Taste [W].

Messbereich der Pipette | Die Lupe, welche bei der Pipette angezeigt wird, stellt den Messbereich des Weißabgleichwerkzeugs dar. Es wird also nicht nur das zentrale Pixel zur Messung des Weißabgleichs herangezogen, sondern der Durchschnitt aller in der Lupe dargestellten Pixel. Ist die Pipette aktiv, können Sie den Messbereich mit Hilfe des Mausrades vergrößern oder verkleinern. Alternativ können Sie auch den Regler MASSSTAB unter dem Ansichtsfenster verwenden (Abbildung 13.55).

Pipette nach Verwendung verwerfen | Die Pipette wird normalerweise nach dem Anklicken eines Messpunktes zurückgelegt und der Vorgang abgeschlossen. Manchmal ist man sich aber nicht si-

13.4 Grundeinstellungen

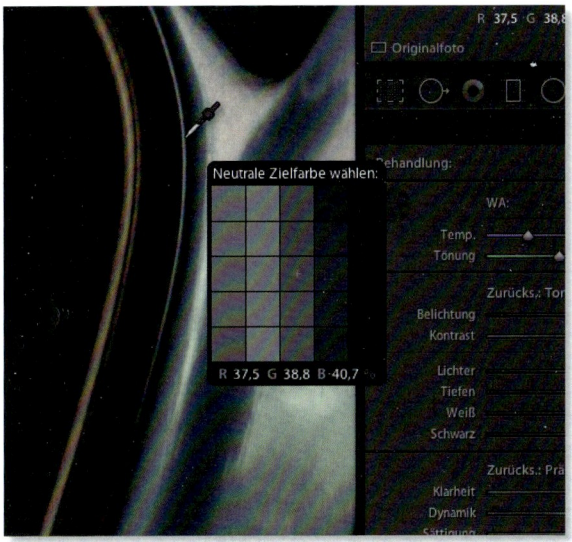 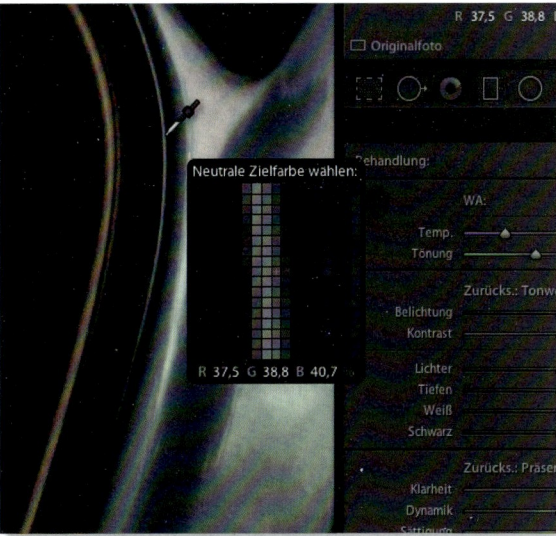

▲ Abbildung 13.55
Je nach Maßstab werden zur Berechnung des Weißtons mehr oder weniger Farbwerte herangezogen.

cher, ob der gewählte Punkt auch das gewünschte Ergebnis bringt. In diesem Fall möchte man weitere Punkte ausprobieren. Damit die Pipette nicht nach jedem Klick im Bild wieder zurückgelegt wird, müssen Sie das Kontrollkästchen AUTO DISMISS in der Werkzeugleiste unter dem Ansichtsfenster deaktivieren. Nach Abschluss des Vorgangs müssen Sie die Pipette von Hand zurücklegen oder auf die Schaltfläche FERTIG in der Werkzeugleiste klicken. Hier kann übrigens auch die Anzeige der Lupe deaktiviert werden.

▲ Abbildung 13.56
In der Werkzeugleiste können Sie das Verhalten der Pipette und die dazugehörige Lupe steuern.

Weißabgleich bei Nicht-Raw-Bildern | Arbeiten Sie in Lightroom mit JPEG-, TIFF-, PNG- oder Photoshop-Dateien, fehlt Ihnen die Information über die Original-Farbtemperatur des Bildes. Eine Weißabgleicheinstellung wie bei Raw-Daten funktioniert dann nicht. Aus diesem Grund können Sie keine Temperaturvoreinstellung auswählen. Auch der Schieberegler für die Temperatur sieht anders aus: Er steht nicht auf einem Temperaturwert, sondern bietet nur die Möglichkeit, das Bild kälter oder wärmer erscheinen zu lassen.

Tageslicht-Diafilme sind beispielsweise auf eine Temperatur von ca. 5 500 Kelvin geeicht und erfordern somit bei anderen Lichtverhältnissen unter Umständen eine Anpassung. Negativfilme sind da etwas »verträglicher«. Farbstiche lassen sich auch noch bei der Vergrößerung herausfiltern.

Werden Negative digital eingescannt, stellt man den gewünschten Farbeindruck bereits während des Scannes in der Software her.

521

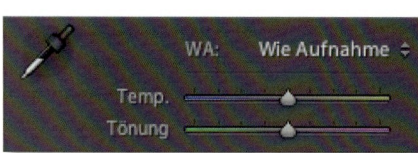

▲ **Abbildung 13.57**
Bei der Korrektur von Nicht-Raw-Daten kann keine echte Korrektur der Farbtemperatur nach Werten erfolgen. Man kann sie jedoch relativ zur derzeitigen Darstellung verschieben und somit das Bild wärmer oder kälter erscheinen lassen.

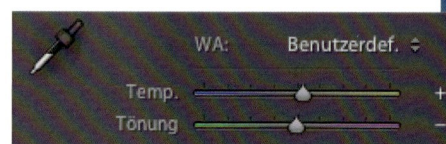

▲ **Abbildung 13.58**
Mit einer wärmeren Färbung wirkt das Bild gelblich.

▲ **Abbildung 13.59**
Mit einer kälteren Färbung wirkt das Bild bläulich.

Denn in diesem Fall kann jede Korrektur einen Informationsverlust bedeuten. Man arbeitet hier selten mit einer 16-Bit-Farbtiefe pro Kanal, und 8 Bit besitzen nicht genügend Abstufungen, um größere Farb- und Helligkeitskorrekturen durchzuführen.

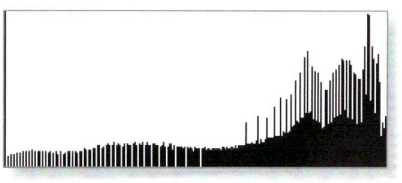

▲ **Abbildung 13.60**
Eine Helligkeitskorrektur in einem 8-Bit-Bild zeigt im Histogramm von Photoshop Lücken. Diese entstehen, da nicht genügend Tonwertabstufungen vorhanden sind.

Tonwert – Prozessversion 2012

Über die Steuerelemente des TONWERT-Bedienfeldes können Sie die Belichtung, Helligkeit, den Kontrast und die Detailzeichnung der Lichter und Schattenpartien eines Bildes justieren. Diese Parameter sind neben dem Weißabgleich die wichtigsten und wohl am häufigsten eingesetzten in der Raw-Entwicklung. Die Bezeichnung und Handhabung ist vom gewählten Prozess abhängig.

In der Prozessversion 2012 wird besonders Wert auf eine einfache und logische Handhabung gelegt. So wird der gesamte Helligkeitsverlauf in die fünf Helligkeitsbereiche geteilt:

- **Schwarz:** Das sind die Stellen, die komplett schwarz sind und keine Zeichnung mehr besitzen.
- **Tiefen:** Bei den Tiefen handelt es sich um dunklere Bildstellen, wie Schatten.
- **Mitten:** Die Belichtung steuert alle Stellen, die im Helligkeitsverlauf eher in der Mitte liegen. Sie haben den größten Einfluss darauf, ob ein Bild als hell oder dunkel wahrgenommen wird. Diese Bildstellen werden durch den Schieberegler BELICHTUNG gesteuert.
- **Lichter:** Als Lichter werden alle hellen Bildstellen bezeichnet, wie sie bei Wolken oder auf hellen Stoffen auftreten.
- **Weiß:** Das sind die hellsten Bildstellen, die keine Zeichnung mehr besitzen.

Die Anordnung der Regler entspricht jedoch nicht dem Helligkeitsverlauf, sondern eher der Reihenfolge, wie diese angewendet werden sollen. Zunächst wird die Gesamtbelichtung festgelegt, dann helle und dunkle Bildstellen und abschließend die Extrembereiche Weiß und Schwarz.

Automatische Korrektur (PV2012) | Die automatische Farbtonoptimierung passt alle Parameter der Steuerelemente des Bedienfeldes automatisch an. Die Automatik kann Bilder nur nach ihren internen Regeln angleichen. Daher eignet sie sich eher für grobe Korrekturen.

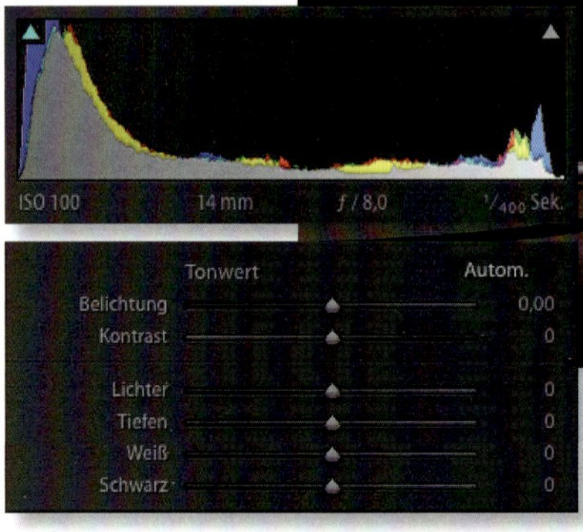

▲ **Abbildung 13.61**
Im Histogramm erkennt man, dass zwar alle Helligkeiten vorhanden sind, trotzdem ist das Bild zu dunkel und besitzt keine »Strahlkraft«.

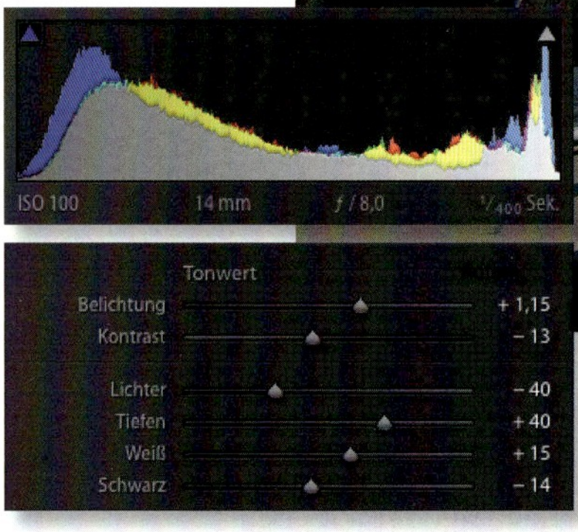

▲ **Abbildung 13.62**
Die automatische Anpassung hellt die dunklen Stellen auf und versucht, die Lichter beizubehalten. Nicht immer funktioniert die Automatik so gut wie hier.

13.4 Grundeinstellungen

Sie hilft vor allem dann, wenn man viele Bilder schnell anpassen muss, um sie beispielsweise beim Kunden in einer Vorauswahl zu präsentieren, oder als Ausgangspunkt für manuelle Korrekturen, die für eine Feinoptimierung des Farbtons auf jeden Fall erforderlich sind. Je nach Arbeitsweise kann die Automatik auch schon beim Import von Bildern angewendet werden. Dies ist aber nur bedingt empfehlenswert, da es ganz individuell auf die Aufnahmesituation ankommt. Gerade bei Shootings, bei denen bewusst über- oder unterbelichtet wurde, würde die Automatik zu einem falschen Ergebnis führen.

Zum Aktivieren der Automatik klicken Sie zunächst auf die Schaltfläche AUTOM. (Automatisch) rechts neben TONWERT.

Belichtung (PV2012) | Die Belichtung verändert die Gesamthelligkeit des Bildes. Dabei wird der mittlere Helligkeitswert als Ausgangspunkt genommen. Dieser wird dann aufgehellt oder abgedunkelt. Dabei werden aber auch die benachbarten Bereiche wie Tiefen, Lichter, Schwarz und Weiß beeinflusst, um einen sauberen Helligkeitsverlauf zu gewährleisten.

Im Gegensatz zu älteren Prozessversionen wurde bei der Version 2012 Wert auf einen harmonischen Gesamtverlauf der Helligkeit gelegt. Wie das Beispiel zeigt, kann selbst ein um mehrere Blenden unterbelichtetes Bild noch gerettet werden. Da dieser Regler den

▼ **Abbildung 13.63**
Das unterbelichtete Bild (links) wurde über den gesamten Helligkeitsverlauf aufgehellt. So entsteht mit nur einem Regler selbst aus einer extremen Unterbelichtung noch ein brauchbares Bild.

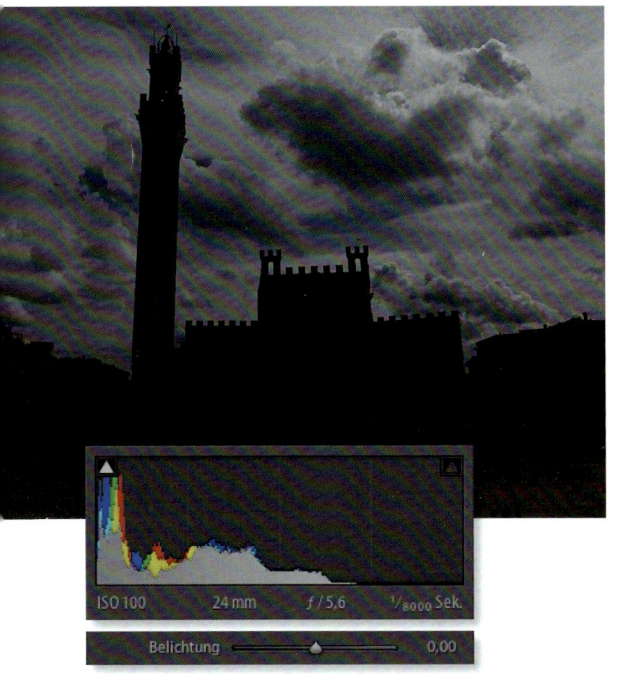

größten Einfluss auf die Bildhelligkeit besitzt, ist er der erste, den Sie einstellen sollten. Ist dieser korrekt eingestellt, können Sie sich um die anderen Helligkeitsbereiche kümmern.

▼ **Abbildung 13.64**
Eine Kontrastverstärkung spreizt die Mitten und erhöht nebenbei auch die Sättigung im Bild (obere Reihe). Negative Werte erreichen das Gegenteil (untere Reihe).

Kontrast (PV2012) | Zur Verstärkung des Kontrasts werden die Tiefen abgedunkelt und die Lichter aufgehellt. Damit sich der Detailverlust in Grenzen hält, wirkt sich der Kontrast vor allem auf die Mitten aus. Dies hat eine Spreizung des Histogramms zur Folge.

Der Kontrast kann erhöht oder verringert werden, der Schieberegler bietet in beiden Richtungen Spielraum. Eine Reduzierung des Kontrasts kann vor allem bei Bildern mit einem sehr hohen Dynamikumfang hilfreich sein, um darin die Tiefen- und Lichterdetails zu verstärken. Außerdem wirkt das Bild dann in den Tiefen heller. Dabei kann man im Histogramm erkennen, dass die Kontrastminderung die extremen Tiefen und Lichter in die Mitte des Histogramms zieht.

Durch die Kontrastmanipulation verändert sich auch die Sättigung im Bild. Stärkere Kontraste erhöhen die Sättigung, während eine Reduzierung auch die Sättigung verringert.

Lichter (PV2012) | Der Regler LICHTER beeinflusst alle hellen Bildstellen. Bestes Beispiel dafür sind Wolken. Diese besitzen meist noch Zeichnung, also feine Tonwertunterschiede, durch die Strukturen sichtbar werden. Gerade bei Schleierwolken mit geringem Kontrast zum Himmel strahlen diese jedoch meist zu stark. Hier lassen sich die Strukturen durch das Abdunkeln verstärken.

Im Histogramm des Beispiels ist gut zu erkennen, dass weder die dunklen Stellen noch der hellste Wert spürbar verändert werden. Nur der Himmel mit den Wolken wird beeinflusst, da das Bild sonst keine Partien mit Lichtern besitzt.

Der Regler lässt sich aber auch in die andere Richtung verschieben. So lässt sich bei gewollt eher unterbelichteten Bildern der Kontrast oft noch verstärken.

▼ **Abbildung 13.65**
Durch das leichte Gegenlicht verliert der Himmel an Kontrast und Struktur (links). Durch die Reduzierung der LICHTER bekommen die Wolken mehr Struktur (rechts). Der Weißpunkt bleibt nahezu identisch.

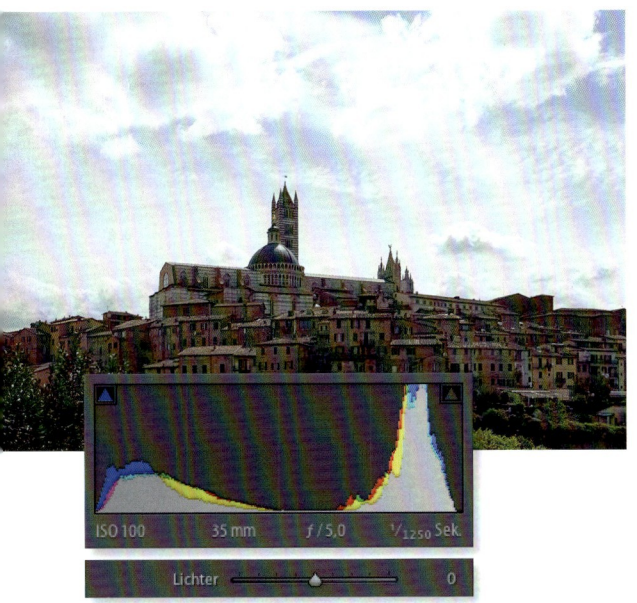
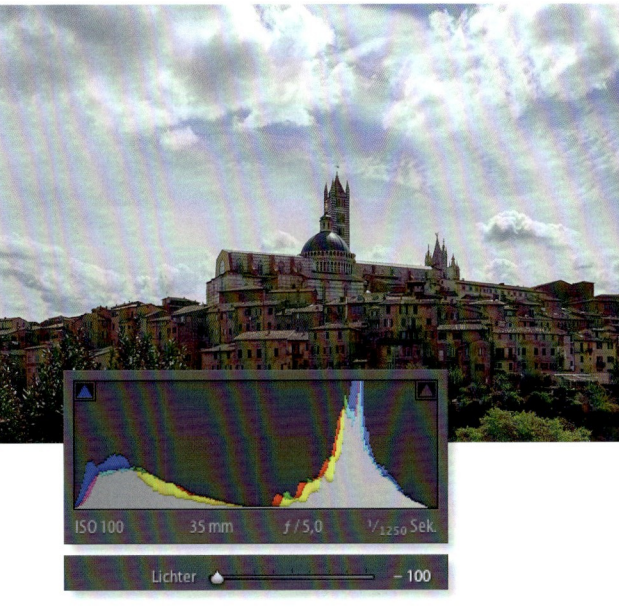

Tiefen (PV2012) | Die Tiefen sind quasi das Gegenteil der Lichter. Dieser Regler beeinflusst die Detailzeichnung der dunklen Bildstellen mit. Beispielsweise können hiermit im Schatten liegende Objekte aufgehellt werden.

Betrachten Sie das Bild aus dem vorangehenden Beispiel: Die Wände der Gebäude liegen durch das Gegenlicht im Schatten. Dadurch wirkt das Bild eher stumpf und eigentlich nicht besonders interessant. Das Auge fängt erst gar nicht an, hier nach Details zu suchen. Erst nach dem Aufhellen der Tiefen bekommen die Gebäude Präsenz. Man schaut genauer hin und beginnt, in den Fenstern Einzelheiten zu erkennen. Dunkelt man in kontrastarmen Bildern die Schatten ab, wird der Bildkontrast erhöht, ohne dabei die Lichter zu beeinflussen. Auch der Schwarzpunkt bleibt nahezu unbeeinflusst.

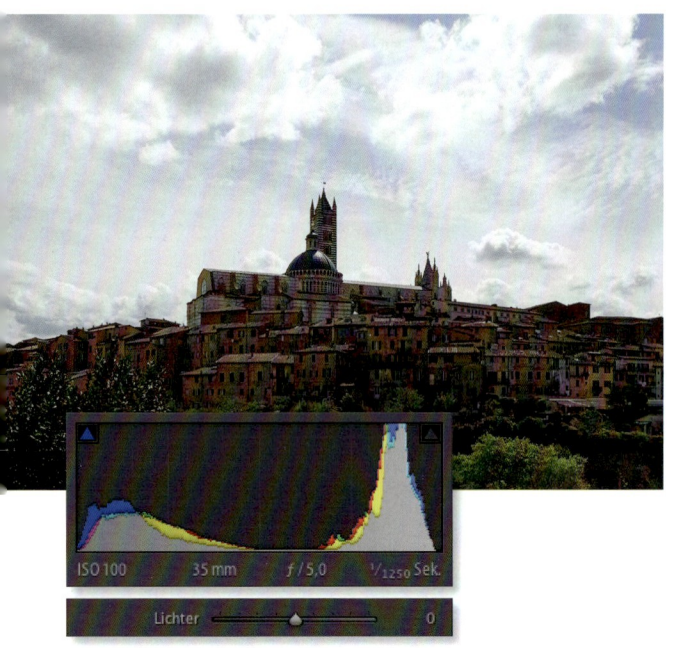

▼ **Abbildung 13.66**
Das Aufhellen der Tiefen macht aus den schattigen Wänden leuchtende und detailreiche Fassaden.

Weiß (PV2012) | Der Weißpunkt bezeichnet die hellsten Stellen im Bild. Meist haben diese kaum noch Zeichnung. Auch Spitzlichter fallen darunter. Diese sind aber oft kein Problem, da das Überstrahlen der meist kleinen Punkte die Bildaussage nicht negativ beeinflusst. Problematisch sind flächige Bereiche, die durch ihre extreme Reflexionsfähigkeit kaum oder keine Zeichnung mehr aufweisen, in den Raw-Daten aber durchaus noch Informationen beinhalten.

Natürlich geht das auch anders herum: Etwas unterbelichtete Bilder erhalten durch ein Erhöhen des Wertes mehr Strahlkraft.

13.4 Grundeinstellungen

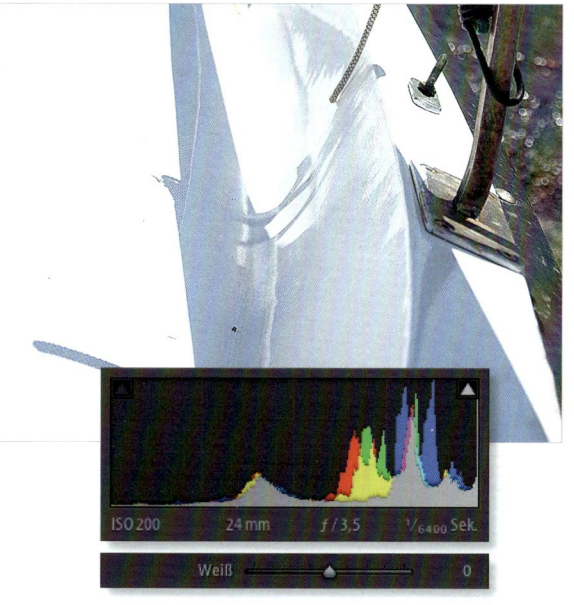

◀▲ **Abbildung 13.67**
Dieser Ausschnitt eines Fotos zeigt ein Bootsdeck. Es scheint zu überstrahlen und keinerlei Details mehr zu besitzen (links). Durch die Verschiebung des Weiss-Reglers werden die Rillen der Deckstruktur sichtbar (rechts).

Der Weißpunkt beeinflusst gerade bei höheren Werten die Lichter nicht unerheblich. Daher ist das Finden der richtigen Bildwirkung oft ein Spiel mit den beiden Reglern Weiss und Lichter.

Weiß- und Schwarzpunkte sichtbar machen

Halten Sie die ⌈Alt⌋-Taste gedrückt, während Sie einen Tonwert-Regler verschieben, werden entweder die Weiß- oder die Schwarzpunkte im Bild sichtbar. Dies ist abhängig vom Regler. Belichtung-, Lichter- und Weiss-Regler machen die Weißpunkte auf Schwarz sichtbar (links), die Regler Schwarz und Tiefen machen die Schwarzpunkte auf weißem Hintergrund sichtbar (rechts).

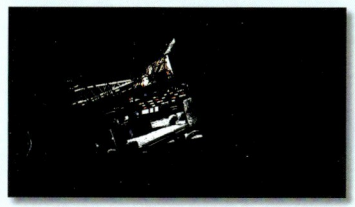

Schwarz (PV2012) | Am anderen Ende der Helligkeitsskala liegt der Schwarzpunkt. Mit dem Regler Schwarz werden nur die Stellen beeinflusst, die komplett schwarz sind und keine Zeichnung mehr beinhalten. Vor allem bei Raw-Bildern mit extremem Dynamikumfang, also mit komplett weißen und schwarzen Bildanteilen,

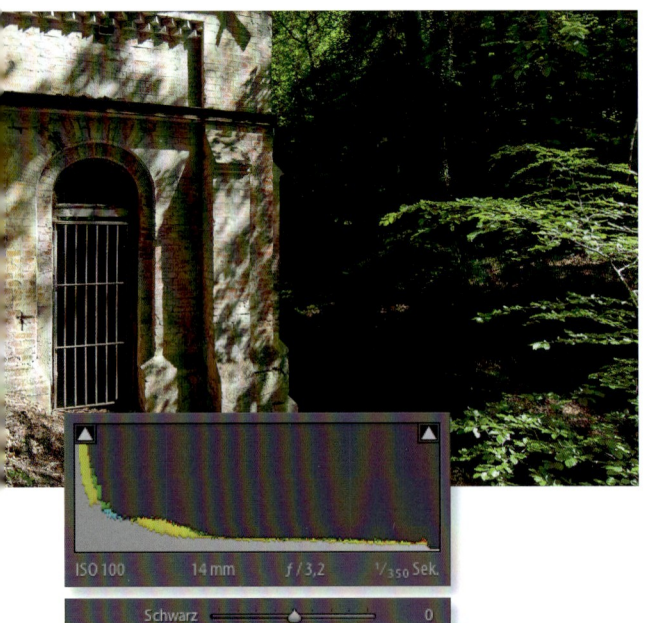

▲ **Abbildung 13.68**
Damit die Steinstruktur erhalten bleibt, wurde das Bild etwas unterbelichtet. Der Wald wird dabei schwarz (links). Das Raw-Bild hat aber so viel Reserven in den Schwarzanteilen, dass diese mit Hilfe des Schwarz-Reglers wiederhergestellt werden können (rechts).

ist oft noch genügend Bildinformation in den schwarzen Bereichen enthalten, um diesen noch Zeichnung zu verleihen.

Schiebt man den Regler nach rechts, hellt dieser die zeichnungsfreien Stellen auf, und die Details werden sichtbar. Nach links verschiebt man den Schwarz-Regler vor allem dann, wenn man mit dem Tiefen-Regler das Bild bereits aufgehellt hat und dabei der Schwarzpunkt ins Dunkelgrau gewandert ist.

Tonwerte im Histogramm bearbeiten | Lightroom bietet die Möglichkeit, die Tonwertkorrekturen auch direkt im Histogramm durchzuführen. Dies beschleunigt das Korrigieren der Bilder, da alle Änderungen an einer Stelle vorgenommen werden können, ohne dass zwischen den Steuerelementen hin- und hergesprungen werden muss. Bewegen Sie dafür den Mauszeiger einfach in das Histogramm hinein. Es erscheint ein Verschiebe-Cursor. Je nach Position im Histogramm können Sie jetzt einen der Parameter durch seitliches Ziehen mit gedrückter Maustaste verändern. Den Einflussbereich des Steuerelements erkennen Sie an der hellgrauen Unterlegung im Histogramm. Welchen Parameter Sie gerade modifizieren und welchen aktuellen Wert Sie einstellen, ist unter dem Histogramm angegeben. Zum Beenden der Einstellung lassen Sie die Maustaste einfach wieder los. Dies funktioniert in allen Prozessversionen analog.

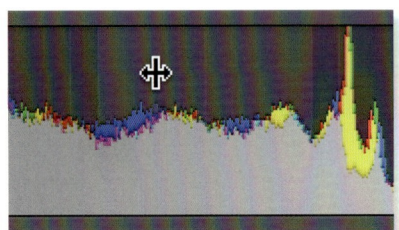

▲ **Abbildung 13.69**
Befindet sich die Maus über dem Histogramm werden die darunterliegenden Tonwerte markiert und können mit gedrückter Maustaste direkt verändert werden.

Tonwert – Prozessversion 2010

Der Sprung von der Prozessversion 2010 auf 2012 führt beim Update der Bilder zu teils erheblichen Unterschieden bei der Entwicklung. Da man sich aber nicht immer die Mühe machen will, die Bilder neu zu korrigieren, ist es sinnvoll, diese in der alten Prozessversion zu belassen und erst wenn nötig mit der neuen Prozessversion zu entwickeln.

Im folgenden Abschnitt werden die Tonwert-Parameter der Prozessversion 2010 beschrieben.

Belichtung (PV2010) | Der Belichtungsregler der Prozessversion 2010 simuliert eine Belichtungsänderung, wie sie eine Veränderung der Blende beziehungsweise Verschlusszeit an der Kamera bewirken würde. Auch wenn diese Steuerung der realen Welt eher entspricht, verliert man dabei die Möglichkeit der Feinkontrolle der hellen und dunklen Bildbereiche, wie Sie ab der Prozessversion 2012 möglich ist. Dabei werden vor allem die helleren Bildbereiche stärker beeinflusst als die dunkleren. Die Belichtungskorrektur ist nur für eine globale Korrektur der Belichtung geeignet und arbeitet am besten bei unterbelichteten Bildern. Sie ist nicht zum Aufhellen ausgesuchter dunkler Bildstellen geeignet, die hellen Bereiche würden dabei zu stark mitverändert.

Bei stark unterbelichteten Bildern ist eine kombinierte Anpassung aus BELICHTUNG und HELLIGKEIT oftmals effektiver, da die Verschiebung hier für den gesamten Helligkeitsbereich stattfindet.

Bei Überbelichtungen mit sehr hellen und dunklen Stellen ist die Belichtungskorrektur überfordert. Der Einflussbereich in den dunklen Bereichen ist wiederum so groß, dass hier auch Stellen abgedunkelt werden, die besser hell bleiben sollten. Das Steuerelement WIEDERHERSTELLUNG ist dafür besser geeignet.

▼ **Abbildung 13.70**
Ein unterbelichtetes Bild vor (links) und nach der Belichtungskorrektur (rechts)

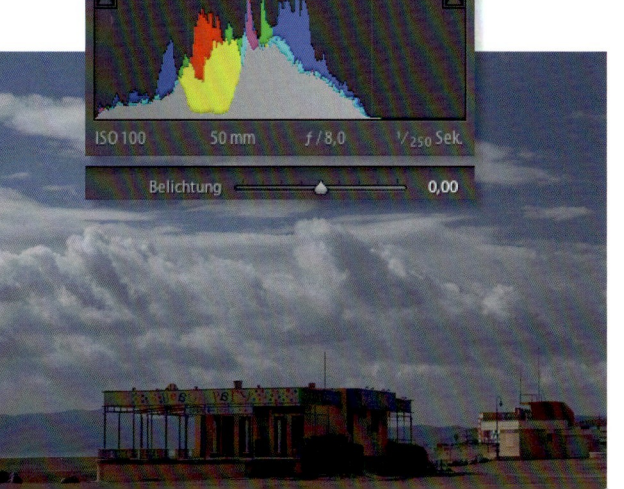

▲ Abbildung 13.71
Bei einem überbelichteten Bild werden bei einer Veränderung der Belichtung auch die Töne abgedunkelt, die bestehen bleiben sollen.

Wiederherstellung (PV2010) | Mit dem Regler WIEDERHERSTELLUNG können Sie die Helligkeit extremer Lichter im Bild reduzieren und die verloren gegangene Zeichnung in überbelichteten Bildern wiederherstellen – ohne dabei auch die mittleren Helligkeitswerte zu beeinflussen.

Die Wiederherstellung von Details in den Lichtern erreicht dann ihre Grenzen, wenn die Überbelichtung alle drei Farbkanäle betrifft und mehrere Blendenstufen umfasst. Auch lassen sich die Details nur dann restaurieren, wenn dies auch über die Belichtung der Kamera möglich gewesen wäre. Eine extreme Überbelichtung lässt sich nicht korrigieren. Auch unerwünschte Effekte an Kanten mit hohem Kontrast sollten Sie stets im Auge behalten. Treffen helle

▼ Abbildung 13.72
Der WIEDERHERSTELLUNG-Regler restauriert überbelichtete Bildinhalte und erhöht somit die Details in den Lichtern.

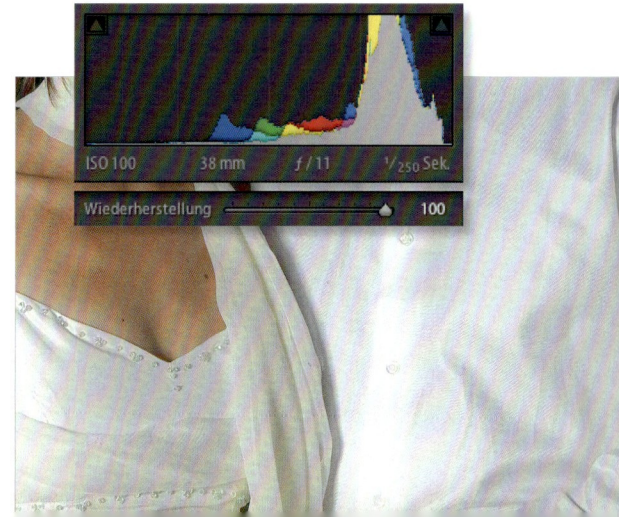

13.4 Grundeinstellungen

und dunkle Flächen aufeinander, kann es zu störenden Kontrastverschiebungen im Übergangsbereich kommen. Hier ist der Wirkungsbereich des Steuerelements zu eng. Daher sollten Sie diese Stellen am besten in der 1:1-Ansicht kontrollieren.

◀ **Abbildung 13.73**
Bei angrenzenden Flächen mit hohem Kontrast kann es zu unerwünschten Kanteneffekten – wie hier im rechten Bild zur Saumbildung – kommen.

Aufhelllicht (PV2010) | Der Regler AUFHELLLICHT verhält sich ähnlich wie der für die Wiederherstellung, er beeinflusst aber nur die dunklen, »zugelaufenen« Stellen im Bild. Die Korrektur erhöht damit die Detailzeichnung und die Helligkeit in den Schattenpartien des Bildes und lässt dabei die absoluten Schwarztöne nahezu bestehen. Gerade in Bildern mit hohem Dynamikumfang, bedingt durch Sonne und dunklen Schatten, ist sie eine hilfreiche Steuerung zum Aufhellen von Schatten. Dies ist zum Beispiel sehr nützlich bei Gegenlichtaufnahmen, da sich damit nur die unterbelichteten Bereiche aufhellen lassen. Auch in Aufnahmen, die am Abend entstanden sind, erhöht der Parameter die meist nicht mehr optimale Detailzeichnung in den Schatten.

Bei stark unterbelichteten Bereichen gibt es aber einen unschönen Nebeneffekt: Das Bildrauschen wird verstärkt, weil das Rauschen des Sensors stärker sichtbar wird. Zusätzlich sind in dunklen Bildpartien nicht genug Helligkeitsabstufungen vorhanden.

▲ **Abbildung 13.74**
Sicher ein Extremfall, aber die Zunahme des Rauschens durch das AUFHELLLICHT wird in diesem Beispiel gut sichtbar.

▼ **Abbildung 13.75**
Das AUFHELLLICHT erhöht die Helligkeit und die Details in den Schattenpartien – hier in den Bäumen und im Gras.

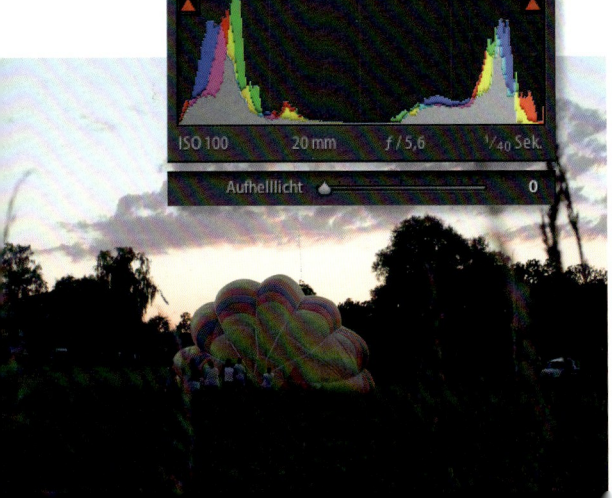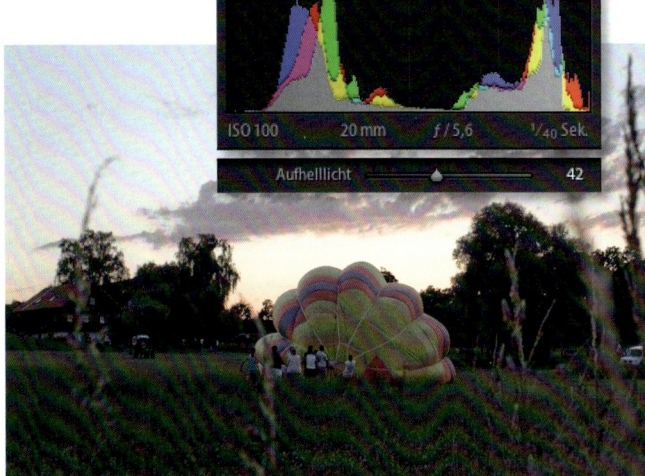

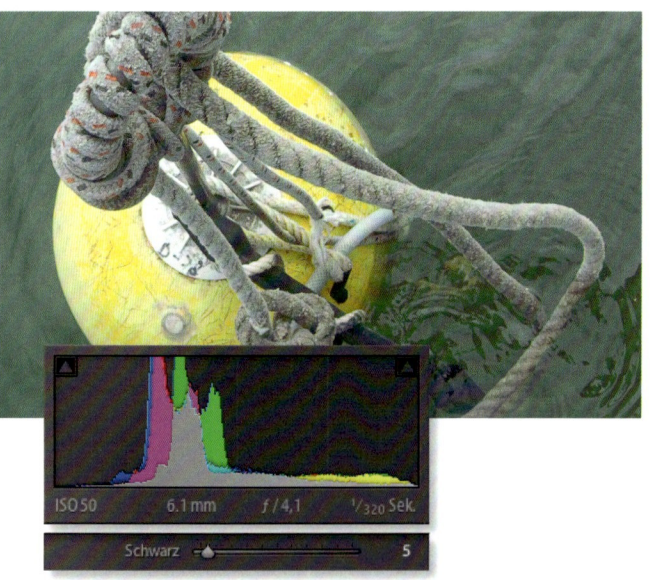 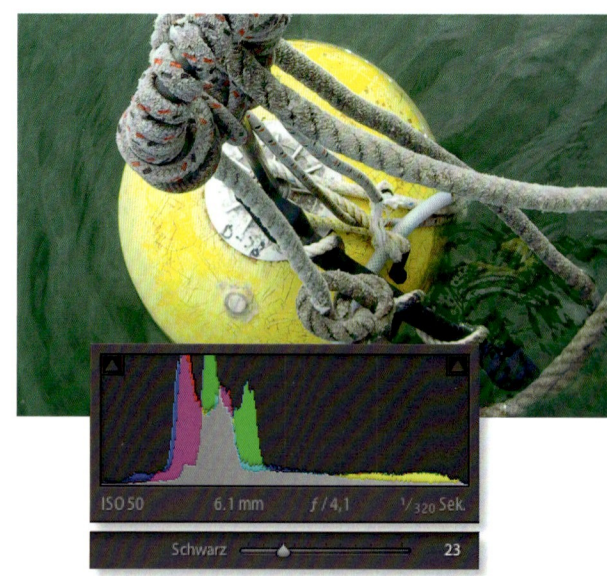

▲ **Abbildung 13.76**
Das Steuerelement SCHWARZ regelt nur die dunkelsten Stellen des Bildes. Bei überbelichteten Bildern erhöht es den Kontrast.

▼ **Abbildung 13.77**
Reduziert man den SCHWARZ-Wert, so lassen sich auch in unterbelichteten Bereichen noch Details erkennen. In Kombination mit dem AUFHELLLICHT können selbst sehr dunkle und unterbelichtete Bereiche noch so weit aufgehellt werden, dass sie wieder Zeichnung bekommen.

Schwarz (2010) | Dieser Parameter legt fest, welche Werte im Bild wirklich schwarz dargestellt werden sollen. Wird der Wert erhöht, werden Farbtöne, die bisher nicht schwarz waren, dunkler. Nahezu schwarze Töne werden dann vollends schwarz.

Überbelichtete Bilder erhalten somit mehr Kontrast. Aber auch aufgehellte Schwarztöne, die durch eine Anwendung des Parameters AUFHELLLICHT entstanden sind, kann man mit dem Regler wieder abdunkeln, ohne dabei die Schattenpartien zu stark zu beeinflussen.

Als Anfangswert wird ein Wert von »5« vorgegeben. Durch eine Herabsetzung dieses Wertes ist es möglich, schwarze, unterbelichtete Bildbereiche aufzuhellen und diesen mehr Tiefenzeichnung zu geben. In Kombination mit dem AUFHELLLICHT lassen sich auch in unterbelichteten Bildern noch Details in die Tiefen zaubern. Tiefen werden dabei stärker beeinflusst als helle Stellen.

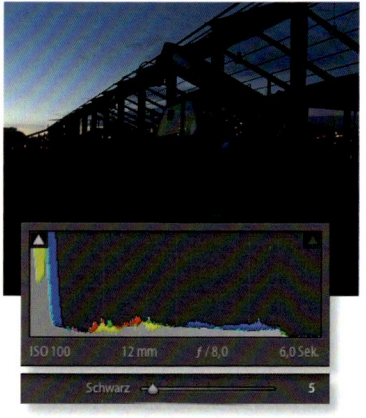 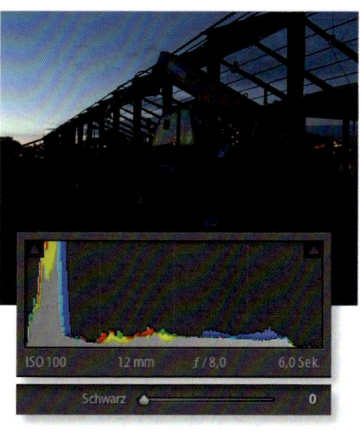 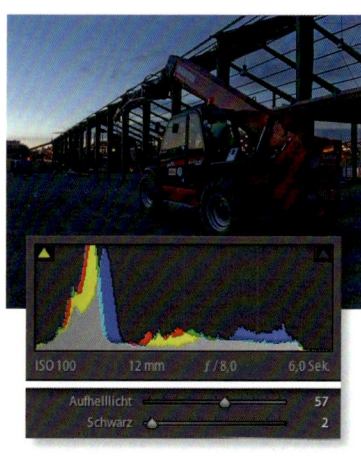

13.4 Grundeinstellungen

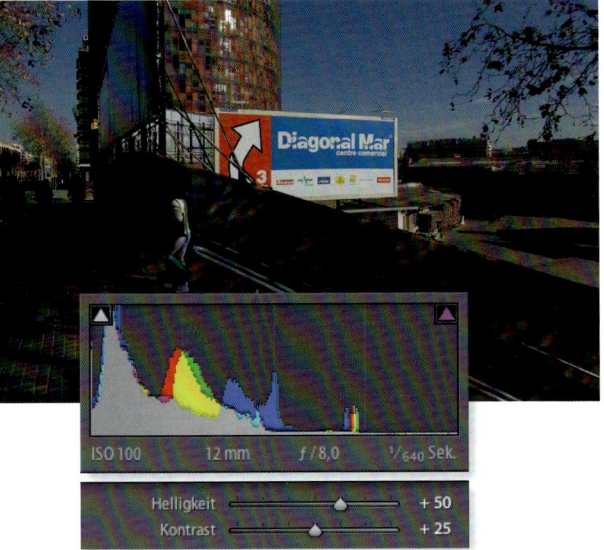

Helligkeit (PV2010) | Wie der Name schon verrät, regulieren Sie über diesen Regler die Helligkeit eines Bildes. Am besten stellen Sie diese erst nach der Korrektur von Belichtung, Wiederherstellung, Aufhelllicht und Schwarz ein. Umfangreiche Helligkeitsänderungen wirken sich nämlich auf die Tiefen- beziehungsweise Lichterdetails aus und müssen eventuell nachgeregelt werden.

Die Steuerelemente Helligkeit und Belichtung korrigieren beide die Helligkeit in den Bildern. Im Vergleich fällt auf, dass bei der Korrektur mit Helligkeit zwar die Mitten bis in die dunklen Bereiche hinein heller werden, in den hellen Bereichen dafür aber der Kontrast verloren geht. Es findet also vor allem eine Aufhellung der Mitten statt. Belichtung regelt hingegen überproportional die hellen Stellen im Bild nach.

▲ **Abbildung 13.78**
Das Bild vor und nach dem Einstellen der Helligkeit: Die dunklen Stellen werden aufgehellt und schieben die helleren Stellen im Histogramm nach rechts, hellen diese also ebenfalls auf – jedoch nicht so stark wie mit Hilfe des Belichtungsreglers.

▼ **Abbildung 13.79**
Die Helligkeitskorrektur wirkt sich auf die mittleren und dunklen Bildbereiche aus. Dafür fehlt dann in den hellen Stellen der Kontrast – das ist an dem Werbeplakat gut zu erkennen. Rechts sehen Sie die Veränderung über den Belichtungsregler.

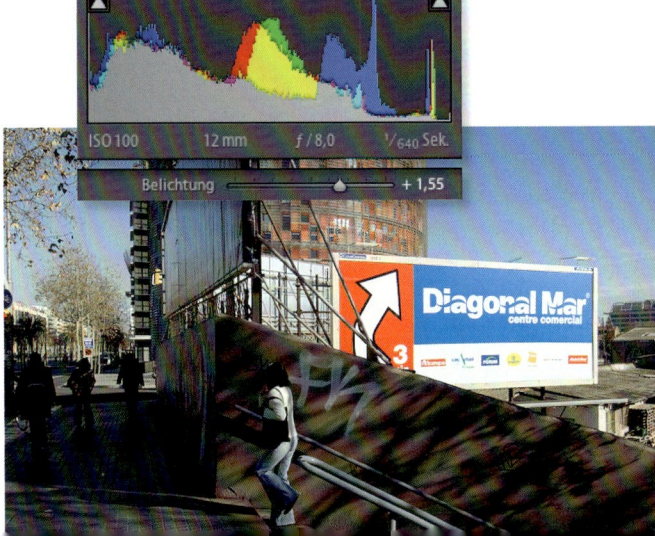

Möchte man unterbelichtete Bilder anpassen, ist daher oft eine Kombination aus Belichtungskorrektur und Helligkeitsanpassung am effektivsten. Dabei wird der gesamte Tonwertumfang im Bild aufgehellt, nicht nur die helleren Bereiche oder die Mitteltöne.

Kontrast (PV2010) | Auch in der Prozessversion 2003 und 2010 besaß der Regler schon die gleiche Funktion. Er verstärkt den Kontrast, indem die Tiefen angehoben und die hellen Stellen aufgehellt werden.

In der Prozessversion 2003 und 2010 war der Regler standardmäßig auf den Wert +25 voreingestellt. Dies führte zu Verwirrungen, und es war nicht klar, ob das Bild im Gegensatz zur Original-Raw-Datei jetzt bereits verstärkt worden war oder nicht.

▼ **Abbildung 13.80**
Eine Kontrastverstärkung erhöht nebenbei auch die Sättigung im Bild (obere Reihe). Eine Kontrastverringerung bewirkt, dass in den Tiefen und Lichtern mehr Details sichtbar werden. Dabei verringert sich auch die Sättigung – hier gut am Himmel zu erkennen (untere Reihe).

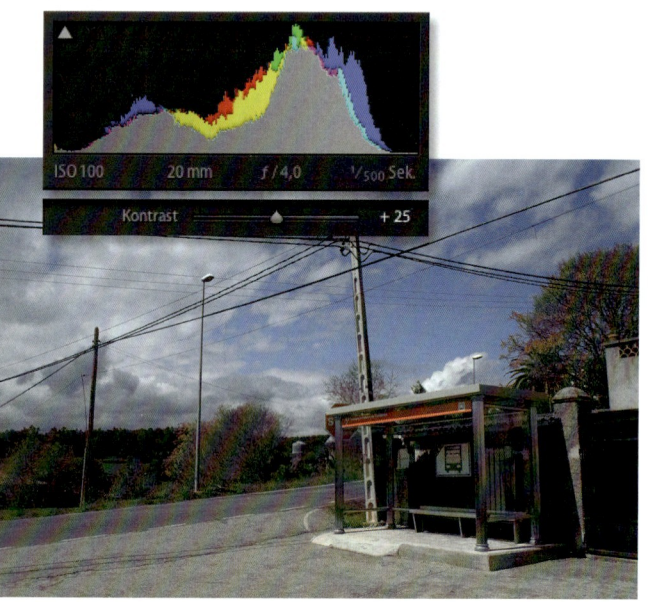

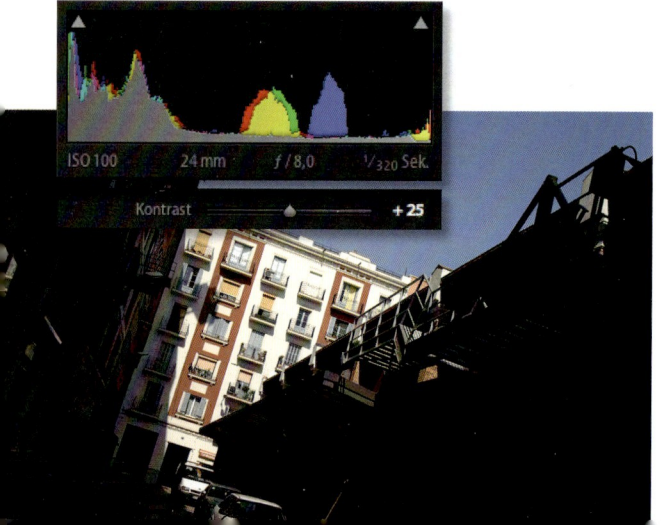
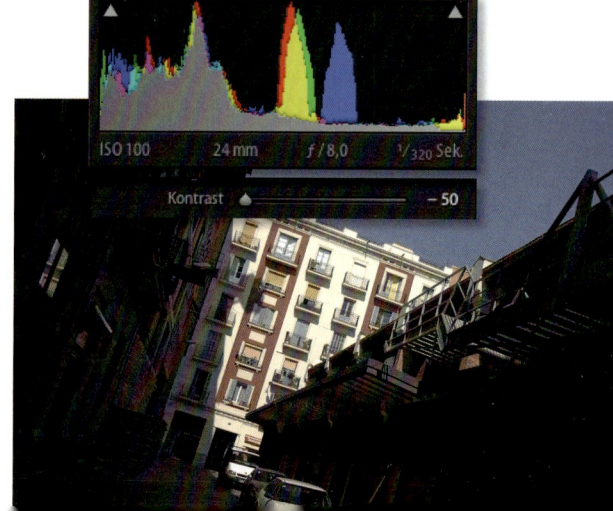

Präsenz

Das Bedienfeld PRÄSENZ beinhaltet drei Steuerelemente. Diese regulieren die Sättigung und Tiefenwirkung des Bildes. Im Einzelnen handelt es sich dabei um die folgenden Regler:

Klarheit | Dieses Steuerelement arbeitet wie ein Scharf-/Weichzeichner. Es betrachtet nebeneinanderliegende Punkte und verstärkt oder verringert den Kontrast. Allerdings werden dabei nicht einzelne Pixel verglichen, sondern größere Bildbereiche. Treffen unterschiedlich helle Bereiche aufeinander, so wird hier der Kontrast verändert. Dies geschieht auf eine relativ weiche Art, so dass beispielsweise kein Scharfzeichnungseffekt an den Kanten entsteht, sondern nur die gewünschte höhere Tiefenwirkung.

▼ **Abbildung 13.81**
Die KLARHEIT verstärkt die Tiefenwirkung. Es scheint so, also würde ein Schleier vom Bild genommen.

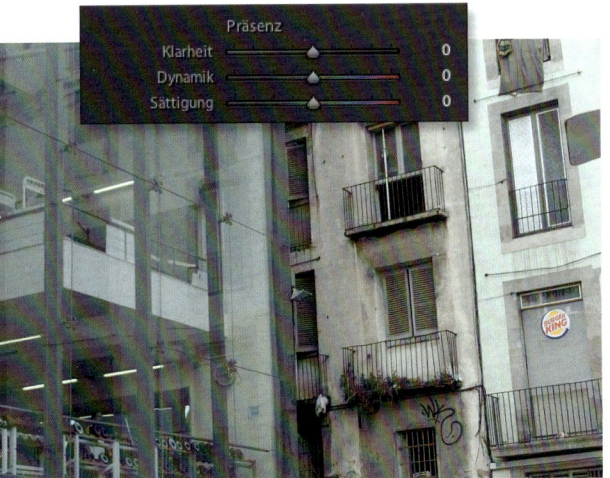
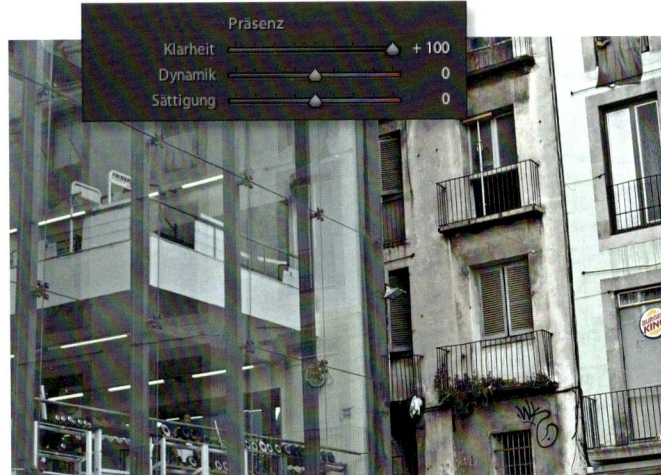

Dynamik | Mit dem Regler DYNAMIK erhöhen Sie die Sättigung im Bild. Dabei berücksichtigt dieses Steuerelement die bereits vorhandene Sättigung eines Farbwertes. Werte, die bereits eine hohe Farbsättigung besitzen, werden weniger stark beeinflusst als Pixel

▼ **Abbildung 13.82**
Die DYNAMIK gibt dem Foto ein frischeres, knackigeres Aussehen, ohne dabei den Sättigungseffekt zu übertreiben.

mit einer geringen Sättigung. Die Korrekturen führen daher zu einer weichen, oftmals angenehmeren Farbsättigung im Bild.

Sättigung | Im Gegensatz zur Dynamik erhöht dieser Regler die Sättigung unabhängig von den vorhandenen Farbwerten. Dadurch kann es vorkommen, dass in bereits gesättigten Bereichen die Detailzeichnung verloren geht. Hier wird jeglicher Kontrast durch die hohe Sättigung überstrahlt.

Darüber hinaus läuft man Gefahr, durch eine hohe Sättigung Probleme in der Druckausgabe zu bekommen, da Farben mit einer extremen Farbsättigung oftmals nicht mehr im Farbraum des Druckers liegen.

▼ **Abbildung 13.83**
Die Sättigung erhöht die Farbsättigung aller Pixel gleich. Dadurch läuft man Gefahr, dass die Bilder unnatürlich wirken. Zusätzlich riskiert man einen Zeichnungsverlust im Druck.

Die Steuerelemente Sättigung und Dynamik lassen natürlich auch die Reduzierung der Sättigung zu. Entsprechend den dahinterliegenden Algorithmen erhält man dabei über die Dynamik ein sehr niedrig gesättigtes Bild, das aber immer noch Farbwerte enthält. Reduziert man hingegen die Sättigung auf »–100«, so erhält man ein Schwarzweißbild.

Abbildung 13.84 ▶
Bei der Reduzierung der Dynamik werden niedrig gesättigte Pixel stärker reduziert. Dadurch bleiben in stark gesättigten Pixeln auch bei einem Wert von »–100« noch Farben sichtbar (links). Bei einer Reduzierung der Sättigung auf »–100« entsteht ein Graustufenbild, da dem Bild alle Farbwerte entzogen werden (rechts).

13.5 Gradations- und Punktkurve

Lightroom bietet zwei Möglichkeiten, die Gradation zu beeinflussen. Das Verzwickte daran ist, dass sich beide überlagern und gegenseitig beeinflussen.

Gradationskurve

Die Gradationskurve ist eine grafische Darstellung der Tonwertskala. Sie zeigt Änderungen der Tonwerte gegenüber den ursprünglichen Helligkeitswerten an. Die Gradationskurve verwendet dazu zwei gleich lange Achsen. Auf der x-Achse werden die ursprünglichen Tonwerte aus dem Bild angezeigt. Dabei befinden sich ganz links Schwarz und ganz rechts Weiß. Senkrecht dazu steht auf der y-Achse die Tonwertskala, die die veränderten Werte repräsentiert. Hier befindet sich Schwarz unten und Weiß oben.

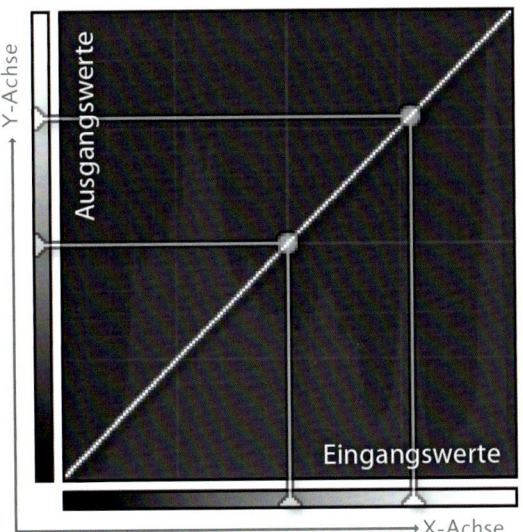

▲ Abbildung 13.85
Bei einer unveränderten Gradationskurve entspricht der Eingangswert dem Ausgangswert.

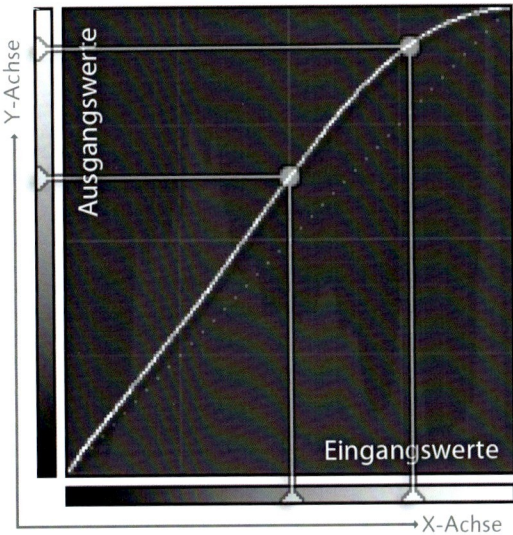

▲ Abbildung 13.86
Wird die Kurve verändert, so weicht der Ausgangswert vom Eingangswert ab. Die Tonwerte/Helligkeiten im Bild verschieben sich.

Bei einem unveränderten Bild entspricht der Eingangswert dem Ausgangswert. So entsteht eine diagonale Linie. Verändert man den Verlauf dieser Linie, so verändert sich der Ausgangswert gegenüber dem Eingangswert. Der Ausgangswert wird entweder höher (= heller) oder niedriger (= dunkler). So kann man die Helligkeit über die Gradationskurve steuern.

Die Bedienelemente der Gradationskurve

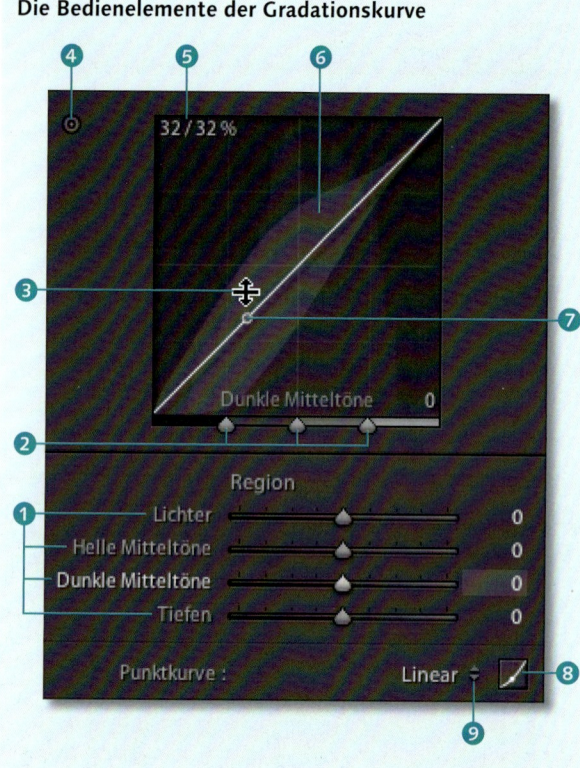

1 **Steuerelemente:** Verschiebt die Kurve in den zugehörigen Abschnitten.

2 **Bereichsmarker:** Legt den Einflussbereich der Steuerelemente fest (siehe Seite 453).

3 **Verschiebepfeil:** Verschiebt die Kurve am entsprechenden Abschnitt und verändert das betreffende Steuerelement mit.

4 **Zielauswahl:** Mit Hilfe der Zielauswahl können Sie die Gradationskurve direkt im Bild editieren (siehe Seite 550).

5 **Prozentuale Veränderung:** Zeigt den Wert des Markierungspunktes vor und nach der Veränderung an.

6 **Einflussbereich:** Zeigt die minimale und die maximale Veränderung der Kurve an, die beim Verschieben des aktiven Steuerelements entstehen kann.

7 **Markierungspunkt:** Zeigt den derzeitig ausgewählten Helligkeitswert an.

8 **Modusumschalter:** Schaltet zwischen der Bearbeitung der Gradationskurve und der Punktkurve um.

9 **Punktkurvenauswahl:** Über das Dropdown-Menü kann eine voreingestellte Kontrastkurve ausgewählt werden.

Werden die dunklen Farbtöne abgedunkelt und gleichzeitig die hellen Farbtöne aufgehellt, wird die Kurve im Mittelteil steiler. Das hat eine Verstärkung des Kontrasts zur Folge. Zu den Enden hin läuft die Kurve immer flacher aus. Dies gewährleistet, dass die Tonwertänderung zu den weißen und schwarzen Tönen hin weich verläuft und keine Informationen verloren gehen, denn der dunkelste und hellste Punkt bleiben dabei fest.

Eine S-Form mit abgedunkelten Tiefen und aufgehellten Lichtern steht für eine klassische Kontraststeigerung (siehe Abbildung 13.87). Wird die Kurve gespiegelt, also im Mittelteil flacher, verringert sich dagegen der Kontrast.

Die Punktkurve ist ebenfalls eine Gradationskurve. Allerdings lässt sich diese über die Platzierung von Punkten auf der Kurve steuern. Die Gradationskurve überlagert dann die Punktkurve, und beide Kurven werden miteinander verrechnet. Punktkurven können auch aus Photoshop exportiert und in Lightroom verwendet werden. Mehr über Punktkurven erfahren Sie ab Seite 544.

◀▼ **Abbildung 13.87**
Oben: Dies ist das Ausgangsbild für die Kontraststeigerung über die Gradationskurve.
Mitte: Eine steilere Kurve bedeutet eine Verstärkung des Kontrasts – man erkennt die typische S-Form.
Unten: Wird die Kurve abgeflacht, wird der Kontrast reduziert.

▲ **Abbildung 13.88**
Die Regler in der Ausgangsposition

▲ **Abbildung 13.89**
Die Regler nach der Anpassung

Steuern der Gradationskurve über Regler | Unter der Gradationskurve befinden sich vier Regler. Diese regeln jeweils einen Abschnitt des Graphen. Unterteilt sind sie in Lichter, Helle Mitteltöne, Dunkle Mitteltöne und Tiefen. Durch Verschieben dieser Regler wird die Kurve an den entsprechenden Stellen verformt. Dabei wird die maximal mögliche Verformung als hellgraue Fläche gleich hinter der Kurve angezeigt.

Um den Kontrast zu erhöhen, muss die Kurve steiler werden. Dazu werden die dunklen Mitteltöne und Tiefen abgedunkelt und die hellen Mitteltöne und Lichter aufgehellt. Dadurch entsteht die typische S-Kurve (siehe Abbildung 13.87) für höhere Kontraste. Wird die Kurve dagegen abgeflacht, wird der Kontrast geringer.

13.5 Gradations- und Punktkurve

◀▲ **Abbildung 13.90**
Die Verstärkung des Kontrasts lässt die Haare schwarz werden. Der Bereichsregler steht dabei noch auf 25.

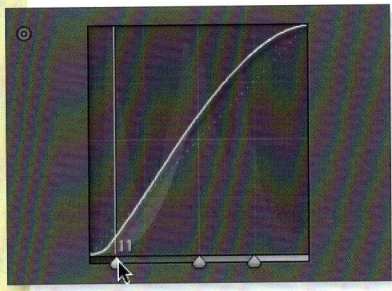

◀▲ **Abbildung 13.91**
Durch die Verschiebung der Bereichsmarkierung wird der Beginn des Kurvenanstiegs nach links verschoben. Dadurch wird der Einflussbereich des Tiefen-Reglers reduziert, und die Haare bekommen wieder Zeichnung.

Bereichsmarkierung verändern | Um die Gradationskurve möglichst flexibel verändern zu können, kann auch der Einflussbereich der Regler variiert werden. Dazu verschiebt man die Markierungspfeile für die Tiefen, Mitteltöne und Lichter unter der Kurve. Bewegt man die Tiefen-Markierung nach links, wird der Einflussbereich des Reglers verringert. Das bedeutet, dass nur ganz dunkle Stellen vom Tiefen-Regler beeinflusst werden. Analog gilt das natürlich auch für die hellen Bildstellen. Der mittlere Regler verschiebt die Mitteltöne. Diese werden dann abgedunkelt, wenn der Regler nach rechts verschoben wird. Nach links werden die Mitteltöne heller.

543

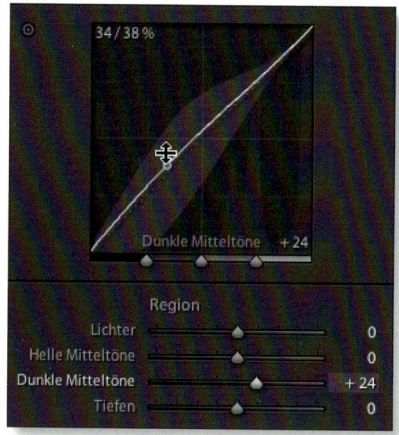

▲ **Abbildung 13.92**
Die Parameter der Kurve lassen sich mit der Maus auch direkt in der Gradationskurve verändern.

▲ **Abbildung 13.93**
Auswahl der voreingestellten Punktkurven

Anpassen der Gradationskurve im Graphen | Die Kurve kann auch direkt im Graphen bearbeitet werden, ohne die Schieberegler zu verwenden. Sobald Sie sich mit dem Mauszeiger über der Gradationskurve befinden, erscheint ein Verschiebepfeil, und ein Markierungspunkt zeigt an, welchen Bereich der Gradationskurve Sie verändern können. Der dazugehörige Parameter der Schieberegler Lichter, Helle Mitteltöne, Dunkle Mitteltöne beziehungsweise Tiefen wird dann entsprechend angepasst.

Links über dem Graphen werden dabei jeweils der Eingangs- und der Ausgangswert angezeigt. Unten rechts finden Sie immer den Wert des dazugehörigen Steuerelements. Diese Anzeige ist hilfreich, wenn Sie die Steuerelemente ausgeblendet haben.

Punktkurve

Die Punktkurve ist ebenfalls eine Gradationskurve, bietet aber mehr Flexibilität, da man beliebig Punkte auf der Linie setzen und verändern kann. Beschäftigen wir uns aber zunächst mit den drei voreingestellten Punktkurven, die in Lightroom schon integriert sind. Diese werden über das Dropdown-Menü unter den Reglern der Gradationskurve ausgewählt:

- **Linear:** eine lineare Kurve ohne Kontrastverstärkung
- **Mittlerer Kontrast:** eine Kurve, bei der die dunklen Töne abgedunkelt werden, dadurch erhöht sich der Kontrast etwas. Dieser Verlauf entspricht ungefähr der Darstellung vom analogen Negativfilm. Sie ist der Standardwert in Lightroom.
- **Starker Kontrast:** eine S-Kurve, die den Kontrast weiter verstärkt. Dieser Verlauf entspricht eher dem analogen Diafilm.

Die gewählte Punktkurve wird als neue Gradationskurve angezeigt. Obwohl die Kurve bereits eine Krümmung besitzt, verbleiben die Regler der Gradationskurve in der Grundstellung. Dies macht deutlich, dass die Punktkurve quasi die mathematische Beschreibung des Verlaufs der Gradationskurve, also deren Grundeinstellung, darstellt. Alle Änderungen der Gradationskurve werden demnach auf die Punktkurve angewendet, egal, wie deren Verlauf ist.

Punktkurven sind Bestandteil des Raw-Prozesses und werden deshalb auch über das Camera-Raw-Modul verwaltet. Haben Sie eine eigene Kurve mit Adobe Camera Raw – dem Raw-Konverter von Photoshop – erstellt, so erscheint diese Kurve hier als Custom-Kurve und verhält sich wie eine der anderen Punktkurven. Wählen Sie eine andere Punktkurve aus, so geht die Custom-Kurve verloren.

▲ **Abbildung 13.94**
Punktkurve LINEAR

▲ **Abbildung 13.95**
Punktkurve MITTLERER KONTRAST

▼ **Abbildung 13.96**
Punktkurve STARKER KONTRAST

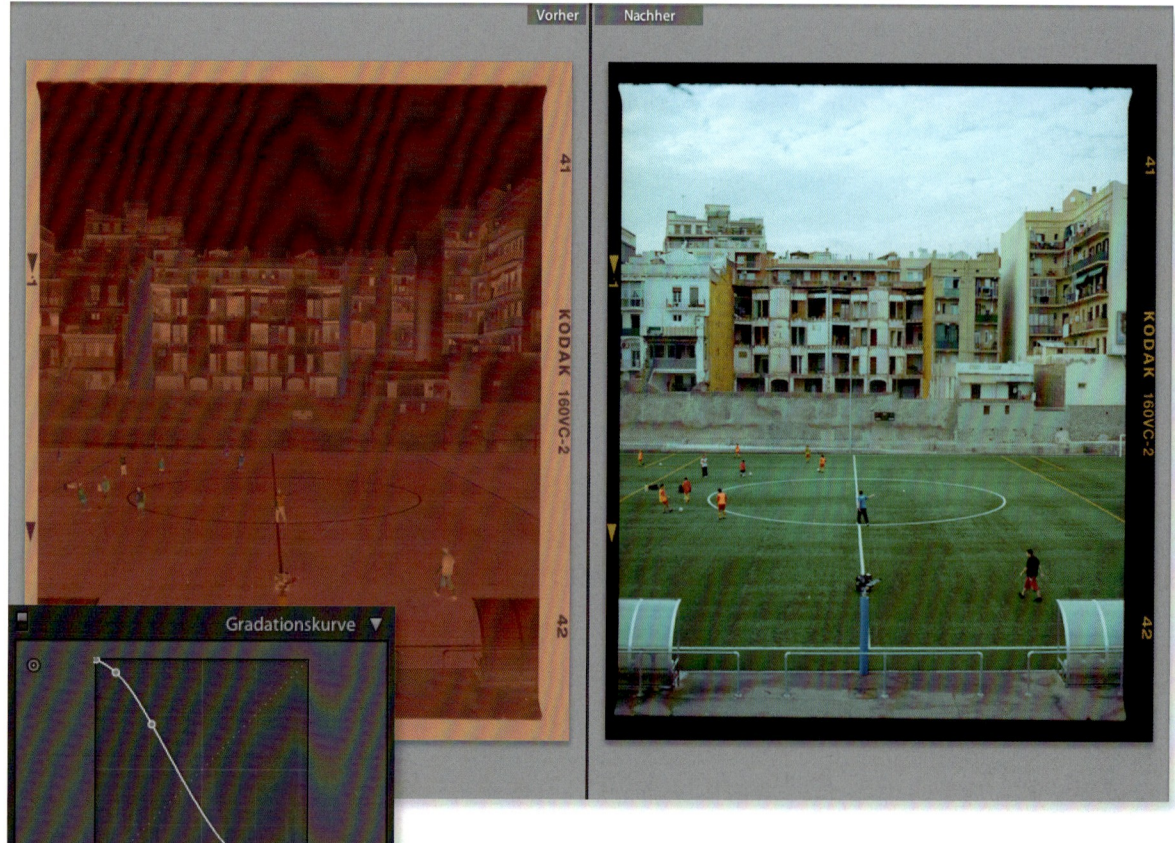

▲ **Abbildung 13.97**
Sicher ein Extrembeispiel, aber es zeigt, dass man über das Anpassen der Punktkurve gescannte Negative in Positivbilder umwandeln kann. Hier wurde zusätzlich noch die Farbtemperatur angepasst, um den Orangestich zu entfernen.

Bearbeitung der Punktkurve | Die Punktkurve kann innerhalb von Lightroom verändert werden. Dazu können auf der Kurve beliebige Punkte gesetzt werden, durch die dann die Kurve verläuft. Auch die Endpunkte der Kurve lassen sich verändern. Verschiebt man beispielsweise die Punkte der dunkelsten Stelle nach oben und die der hellsten nach unten, so erhält man ein Negativbild.

In Abbildung 12.103 sehen Sie eine angepasste Punktkurve, mit der ein gescanntes Negativ in ein Positivbild verwandelt werden soll. Durch die andere Gradation von Negativfilmen und die orange Farbe des Negativs muss der Verlauf durch das Setzen weiterer Punkte noch optimiert werden.

Um die Punktkurve zu bearbeiten, klicken Sie auf die ▨-Schaltfläche rechts neben der Vorauswahl. Daraufhin verschwinden die Regler der Gradationskurve, und die Enden der Linie erhalten Punkte.

▶ **Erstellen von neuen Kontrollpunkten:** Befinden Sie sich nicht über einem bereits erstellten Punkt, erhalten Sie einen Kreuz-Cursor. Wenn Sie jetzt klicken, wird an dem entsprechenden Y-Wert ein Punkt erstellt. Die Prozentwerte oben links im

Graphen zeigen Ihnen den aktuellen Eingangs- und Ausgangswert an.

- **Verschieben von Kontrollpunkten:** Um Punkte der Linie zu verschieben, bewegen Sie den Mauszeiger über einen Punkt, bis der Verschiebe-Cursor erscheint und der Punkt schwarz gefüllt wird. Dann können Sie den Punkt mit gedrückter Maustaste bewegen. Auch hier erscheinen die Eingangs- und Ausgangswerte zur Kontrolle.
- **Kontrollpunkte löschen:** Zum Löschen von Punkten ziehen Sie diese mit gedrückter Maustaste nach rechts oder links aus dem Graphen heraus.

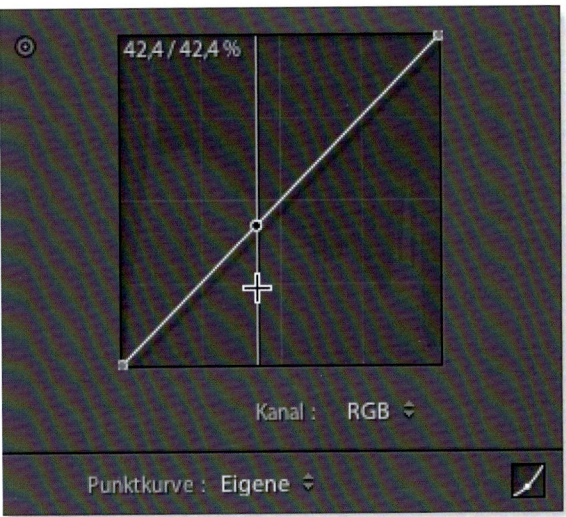

▲ Abbildung 13.98
Erscheint der Kreuz-Cursor, können neue Punkte hinzugefügt werden.

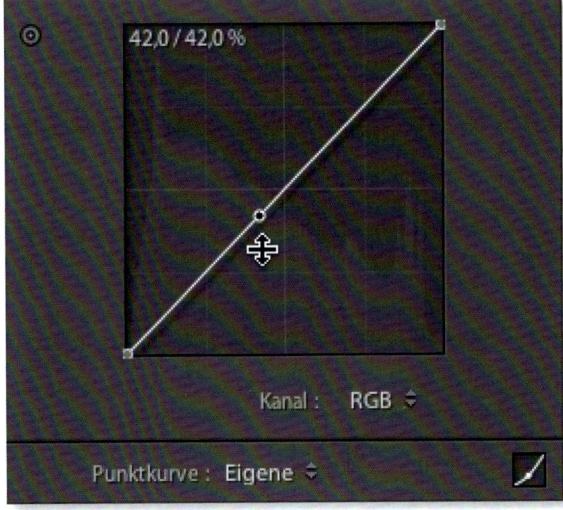

▲ Abbildung 13.99
Mit dem Verschiebe-Cursor können Sie Punkte der Linie an eine neue Stelle bewegen.

Farbanpassungen mit der Punktkurve | Ab der Prozessversion 2012 erlaubt die Punktkurve das Anpassen der Gradation für jede RGB-Farbe. Diese Funktion ermöglicht sehr feine globale Farbkorrekturen, um beispielsweise Hauttöne zu korrigieren. Bei diesen Farben reagiert das Auge sehr empfindlich. Aber auch bei gescannten Negativen ist es möglich, die unterschiedlichen Gradationen der Farben anzupassen. Um die Gradationskorrektur pro Farbe durchführen zu können, müssen Sie zunächst die Prozessversion 2012 für das Bild aktivieren. Anschließend erscheint unter der Punktkurve ein Dropdown-Menü, in dem Sie die Kanäle für die Farben Rot, Grün und Blau einzeln auswählen können. In der Grundeinstellung ist dies mit RGB bezeichnet, in dieser Einstellung

▲ **Abbildung 13.100**
Das Negativ wurde über eine umgekehrte Punktkurve in ein Positiv verwandelt. Anschließend wurde der Farbstich zunächst nur in der roten Kurve angepasst.

werden alle Farben gleich behandelt. Die RGB-Kurve dient dabei als Basis für die Farbanpassungen. Im Falle eines Negativs müssen diese also nicht auch umgekehrt werden, da dies bereits über die »normale« Kurve erledigt wurde.

Punktkurven als Vorgabe speichern | Da Punktkurven ein Bestandteil des Raw-Prozesses sind, werden diese auch innerhalb des Camera-Raw-Moduls von Adobe verwaltet. Das bedeutet, sie werden nicht im Voreinstellungsordner von Lightroom gespeichert, sondern im Ordner CURVES des Camera-Raw-Plug-ins:

- **Mac:** *Benutzername/Library/Application Support/Adobe/Camera Raw/Curves*
- **Windows 7/8:** *Benutzername\AppData\Roaming\Adobe\Camera Raw\Curves*

Um eine bearbeitete Kurve zu speichern, öffnen Sie das Dropdown-Menü zur Auswahl von Punktkurven und wählen den Punkt

13.5 Gradations- und Punktkurve

▲ **Abbildung 13.101**
Die Grün- und die Blau-Kurve benötigen nur eine geringe Korrektur.

SPEICHERN. Geben Sie der Kurve in dem Dialog einen eindeutigen Namen, und beenden Sie dann den Dialog. Löschen können Sie Punktkurven nur über das Betriebssystem.

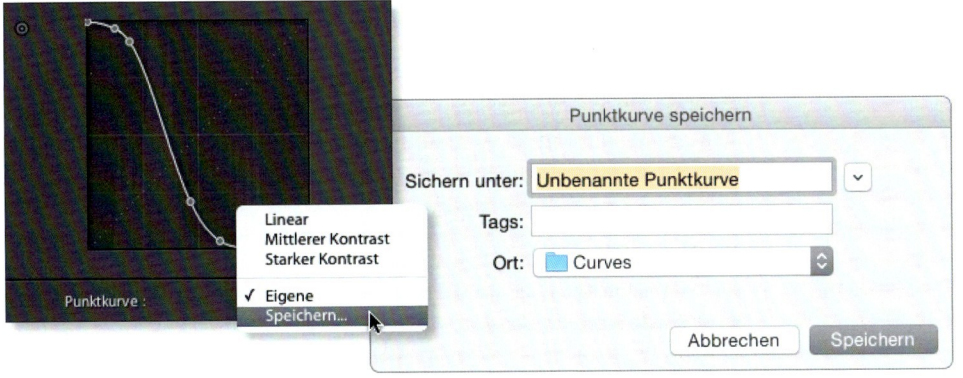

▲ **Abbildung 13.102**
Über das Dropdown-Menü können Punktkurven als Vorgabe gespeichert und wieder aufgerufen werden.

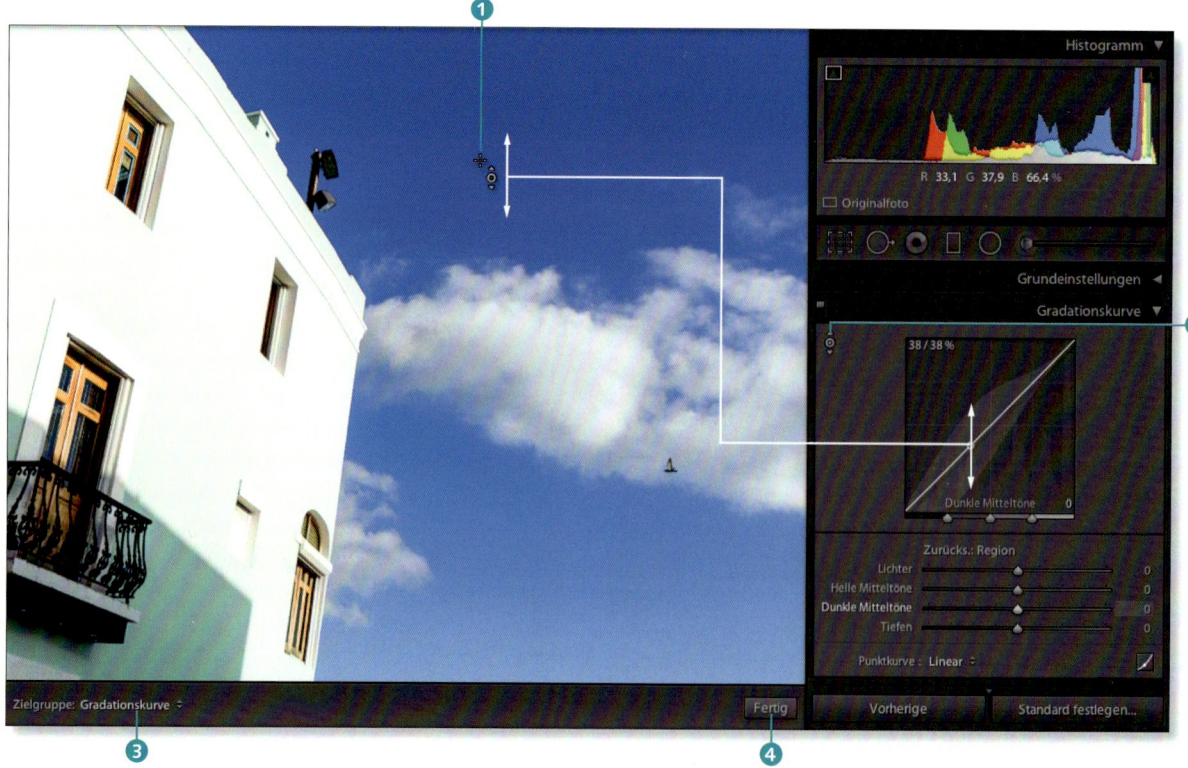

▲ **Abbildung 13.103**
Die Zielauswahl erlaubt es, einen Punkt im Bild anzuwählen und den entsprechenden Tonwert direkt zu verändern.

Verändern von Kurven mit der Zielauswahl

Die Gradations- beziehungsweise Punktkurve kann auch direkt im Ansichtsfenster verändert werden. Der Vorteil dabei ist, dass Sie eine bestimmte Stelle im Bild aussuchen können, um diese heller oder dunkler zu ziehen. Die Kurve passt sich dabei entsprechend an. So muss man gar nicht erst suchen, welcher Regler den gewünschten Bereich beeinflusst. Man sieht die Auswirkungen vielmehr direkt am Ergebnis.

Klicken Sie dazu mit der Maus auf das Symbol der Zielauswahl ❷ – das ist das Symbol oben links im Bedienfeld GRADATIONSKURVE. Der Mauszeiger übernimmt das Symbol.

Suchen Sie den zu verändernden Helligkeitswert des Farbtons ❶ im Bild, und ziehen Sie die Maus an dieser Stelle mit gedrückter Maustaste nach oben oder unten. Der entsprechende Teil der Gradationskurve wird dabei angepasst.

Sie können die Zielkorrektur auch über das Menü aufrufen. Sie finden sie unter ANSICHT • ZIELKORREKTUR • GRADATIONSKURVE. Wie Sie dort sehen können, gibt es auch noch andere Steuerelemente, die eine Korrektur über die Zielauswahl ermöglichen.

Zum Verlassen der Zielauswahl klicken Sie erneut auf das Zielauswahl-Symbol im Bedienfeld oder auf den FERTIG-Button ❹ unter dem Ansichtsfenster. Zu einem anderen Zielwerkzeug können Sie wechseln, indem Sie dieses aus dem Dropdown-Menü ❸ in der Werkzeugleiste auswählen.

13.6 HSL / Farbe / S/W (Graustufen)

Mit dem Bedienfeld HSL / FARBE / S/W können die Helligkeit, der Ton und die Sättigung der einzelnen Farben geregelt werden. Sie haben durch die Steuerelemente Zugriff auf alle Grundfarben (Rot, Grün, Blau), Komplementärfarben (Gelb, Cyan, auch Aquamarin genannt, und Magenta) wie auch auf zwei wichtige Mischfarben (Orange und Lila).

HSL
HSL steht für *Hue* (Farbton), *Saturation* (Sättigung) und *Lightness* (Helligkeit). Im HSL-Farbraum lassen sich Farben sehr detailliert und selektiv korrigieren.

▲ Abbildung 13.104
Verändern des Farbtons nach Aquamarin (Cyan)

▲ Abbildung 13.105
Reduzierung der Sättigung des blauen Himmels

▲ Abbildung 13.106
Reduzierung der Helligkeit des blauen Himmels

▲ Abbildung 13.107
Reduzierung der Helligkeit des blauen Himmels im Schwarzweißmodus

Jede dieser Farben können Sie hier einzeln regulieren. So können Sie beispielsweise einen blauen Himmel wärmer (mit mehr Magenta-Anteil) oder kälter (mit mehr Cyan-Anteil) erscheinen lassen. Zusätzlich können Sie die Sättigung einer selektierten Farbe verändern oder ihre Helligkeit reduzieren.

Für die Schwarzweißumwandlung haben Sie die Möglichkeit, die Helligkeit jeder einzelnen Farbe zu regulieren, um beispielsweise den Himmel abzudunkeln – damit können Sie gut am Objektiv angebrachte Farbfilter simulieren.

Es werden immer alle Farben eines Tons zugleich angepasst – unabhängig von ihrer Position im Bild. Verändern Sie beispielsweise den Himmel, werden auch andere blaue Objekte im Bild wie Autos, Textilien etc. modifiziert.

HSL

Um die Steuerelemente des HSL-Bedienfeldes zu aktivieren, klicken Sie auf HSL ❶ im Titel des Bedienfeldes.

In der Leiste ❷ können Sie wählen, ob Sie nur den FARBTON, die SÄTTIGUNG, die LUMINANZ oder ALLE Steuerelemente gleichzeitig sehen und bearbeiten wollen. Sie können mit gedrückter -Taste ein ausgeblendetes Parameterset dem angezeigten hinzufügen oder es ausblenden. Haben Sie sich für ein Parameterset entschieden, so können Sie über die Regler der einzelnen Farbtöne die entsprechenden Änderungen vornehmen.

Zusätzlich können Sie über die Zielkorrektur auch direkt im Bild angewählte Farben verändern. Dazu klicken Sie das ZIELAUSWAHL-Symbol ❸ an und wählen aus FARBTON, SÄTTIGUNG oder LUMINANZ ein Parameterset aus, das Sie bearbeiten möchten.

Anschließend bewegen Sie den Mauszeiger an die Stelle im Bild, deren Farbe Sie verändern wollen. Durch Ziehen der Maus mit gedrückter Maustaste nach oben oder unten verändert sich der Parameter entsprechend.

▲ **Abbildung 13.108**
Das HSL-Bedienfeld – hier mit dem Parameterset für SÄTTIGUNG. Die anderen Rubriken FARBTON und LUMINANZ lassen sich durch Mausklick einblenden. ALLE blendet alle drei Parametergruppen ein.

Das Material für die Schritt-für-Schritt-Anleitungen finden Sie im »Workshopkatalog« nach Kapitel und Seitenzahl geordnet im Sammlungssatz SCHRITT-FÜR-SCHRITT-ANLEITUNGEN.

Schritt für Schritt
Farben mit HSL-Bedienfeld anpassen

Das in Abbildung 13.109 gezeigte Foto wird mit der Zielkorrektur optimiert. Aufgabe ist dabei, die Dramatik des Himmels weiter zu verstärken.

13.6 HSL / Farbe / S/W (Graustufen)

1 Zielauswahl aktivieren

Um direkt im Bild arbeiten zu können, aktivieren Sie die Zielauswahl per Klick auf das Symbol links unter FARBTON.

Am Symbol erscheinen nun zwei Pfeile, die signalisieren, dass das Werkzeug aktiv ist. Der Maus-Cursor nimmt die Form des Symbols an, sobald Sie die Maus über das Bild bewegen.

2 Parameterset »Farbton« auswählen

Bevor Sie eine Farbe auswählen können, müssen Sie noch angeben, welches Steuerelement Sie verändern wollen. Beginnen Sie mit dem Farbton. Dazu klicken Sie über den Schiebereglern auf die entsprechende Schaltfläche FARBTON. Das Zielauswahl-Werkzeug bleibt erhalten, so dass Sie dafür jederzeit andere Parameter auswählen können, ohne es neu aufnehmen zu müssen.

3 Farbton des Himmels verändern

Jetzt sind Sie bereit, um das Blau im Himmel zu verändern. Bewegen Sie den Mauszeiger an eine Stelle im Bild, an der der Himmel tiefblau erscheint. Das ist beispielsweise rechts vom linken Mast der Fall. Ziehen Sie dann mit gedrückter Maustaste nach oben, bis der Wert des Steuerelements für BLAU den Wert »+13« besitzt.

▲ **Abbildung 13.109**
Das ist die Ausgangssituation: Das Bild soll mit Hilfe der Zielkorrektur im HSL-Bedienfeld optimiert werden.

▲ **Abbildung 13.110**
Die Zielauswahl befindet sich in der linken oberen Ecke des Bedienfeldes.

▲ **Abbildung 13.111**
Um die Farbtöne zu verändern, muss zuerst die entsprechende Parametergruppe ausgewählt werden.

▼ **Abbildung 13.112**
Die vertikale Verschiebung der Zielauswahl mit gedrückter Maustaste verändert den zugehörigen Regler.

Eventuell verschiebt sich dabei der Regler für LILA mit. Das bedeutet, dass im Blauton auch ein wenig Lila enthalten ist. Lightroom verschiebt in diesem Fall die Regler aller Farben – analog zu ihrem Anteil, mit dem sie an der ausgewählten Stelle enthalten sind. Die Farbtonproportionen bleiben dadurch erhalten.

Für unser Bild bedeutet das, dass der Blauton etwas wärmer wird, da er mehr in Richtung Rot wandert.

4 Helligkeit des Himmels reduzieren

Jetzt soll die Helligkeit des Himmels reduziert werden. Wir dunkeln auch hier nur den Blauanteil ab, wodurch der Kontrast zu dem Rest des Bildes noch weiter verstärkt wird.

Aktivieren Sie im Bedienfeld das Parameterset LUMINANZ, und bewegen Sie den Mauszeiger wieder an den Punkt, an dem auch schon die Änderung des Farbtons durchgeführt wurde.

Halten Sie die Maustaste gedrückt, und ziehen Sie die Maus nach unten. Der Himmel wird dabei abgedunkelt. Bei einem Wert von »–40« für BLAU können Sie die Maustaste loslassen.

13.6 HSL / Farbe / S/W (Graustufen)

◂▴ **Abbildung 13.113**
Der LUMINANZ-Regler reduziert die Helligkeit, reduziert dabei aber gleichzeitig auch die Sättigung.

5 Sättigung anpassen

Zum Abschluss erhöhen Sie noch die SÄTTIGUNG. Klicken Sie im Bedienfeld einfach auf die gleichnamige Parametergruppe.

Gehen Sie mit dem Mauszeiger noch einmal an die Stelle, an der auch die beiden vorherigen Anpassungen vorgenommen wurden.

Klicken Sie wiederum die Maustaste, und verschieben Sie die Maus dabei nach oben. Die Sättigung nimmt nun zu, ein Wert von »+60« für BLAU sollte genügen. Um die Zielkorrektur zu beenden, klicken Sie auf das Symbol im Bedienfeld.

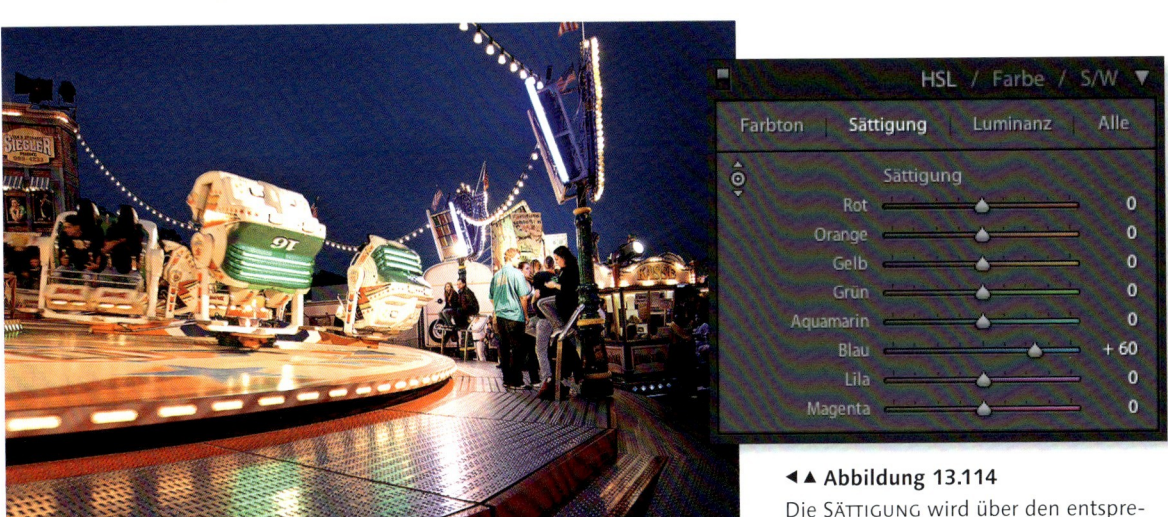

◂▴ **Abbildung 13.114**
Die SÄTTIGUNG wird über den entsprechenden Regler wieder erhöht.

TIPP

Sie können die Zielkorrektur auch über das Menü WERKZEUGE • ZIEL-KORREKTUR aufrufen. Hier finden Sie außerdem die entsprechenden Kurzbefehle.

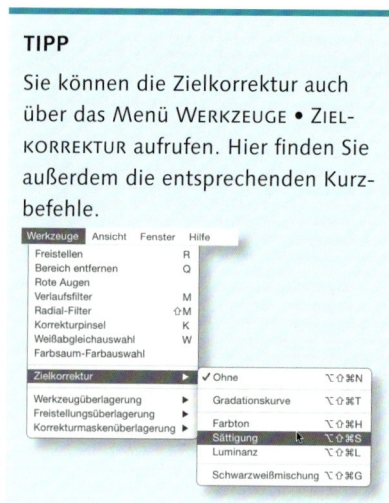

Die Korrektur des Himmels ist somit beendet. Sie können natürlich auch noch andere Farben im Bild korrigieren. Achten Sie aber darauf, dass zu hohe Sättigungen eventuell nicht druckbar sind. Leider gibt es in Lightroom noch keine Softproof-Funktion, um den Druck mit den entsprechenden Farbräumen und -profilen des Druckers zu simulieren und nicht druckbare Farben zu erkennen.

Farbe

Das Bedienfeld FARBE arbeitet mit den gleichen Reglern und besitzt im Wesentlichen auch die gleichen Funktionen wie das Feld HSL. Allerdings sind die Parameter hier anders zusammengefasst: Stehen im HSL-Bedienfeld alle Regler jeweils nach ihrer Funktion (FARBTON, SÄTTIGUNG, LUMINANZ) getrennt zur Verfügung, so sind sie in diesem Bedienfeld nach Farben sortiert – zu finden in den Farbfeldern über den Reglern.

Sie wählen also immer zuerst das gewünschte Farbfeld aus und können dann die dazugehörigen Regler für FARBTON, SÄTTIGUNG und LUMINANZ einstellen. Die Zielkorrektur funktioniert bei diesem Bedienfeld nicht.

Sie können sich auch alle Farben anzeigen lassen, dies benötigt aber viel Platz auf dem Bildschirm.

Abbildung 13.115 ▲▶
Das FARBE-Bedienfeld sortiert die Regler nicht wie das HSL-Bedienfeld nach ihrem Einsatzzweck, sondern nach den einzelnen Farben. Man kann sich die Parameter für eine, zwei oder auch alle Farben anzeigen lassen.

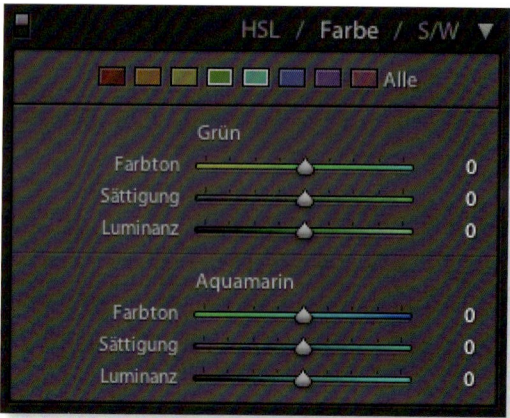

Alternativ können Sie auch nur zwei oder mehr Farben aktivieren. Dazu klicken Sie zunächst ein Farbfeld an, halten die ⌘/Strg-Taste gedrückt und klicken dann ein weiteres Farbfeld an. Sie können mit dieser Methode auch noch weitere Farbfelder im Bedienfeld einblenden.

Schwarzweiß

Aktiviert man das S/W-Bedienfeld, so wird das Bild in den Schwarzweißmodus versetzt. Alle im Farbmodus getätigten und nicht benötigten Einstellungen bleiben erhalten, werden jedoch deaktiviert und haben keine weitere Auswirkung auf das Bild im S/W-Modus. Beim Zurückschalten in den Farbmodus durch Anklicken des Begriffs HSL oder FARBE, wechseln Sie wieder in den Farbmodus, und die ursprünglichen Einstellungen werden wiederhergestellt.

Beim ersten Umschalten wird eine automatische Korrektur der Helligkeit durchgeführt, um ein homogenes Schwarzweißbild mit möglichst viel Kontrast zu erhalten. Farben gleicher Helligkeit werden dabei besser differenziert. Die Automatik kann jederzeit erneut ausgeführt werden. Dazu klicken Sie auf die Schaltfläche AUTOM. unter den Reglern.

▼ **Abbildung 13.116**
Im Schwarzweißmodus können die Helligkeiten der einzelnen Farben verändert werden. Die Automatik sorgt beim ersten Umschalten für ein ausgewogenes Bild mit durchschnittlichem Kontrast.

◀▲ Abbildung 13.117
Durch das Anpassen der Regler der Schwarzweißmischung können ausgewählte Farben selektiv abgedunkelt oder aufgehellt werden. In der Analogfotografie wurde das über Farbfilter erreicht, die auf das Objektiv geschraubt wurden.

Im Schwarzweißmodus ist für jede Farbe ein Luminanzregler vorhanden. Die Einstellung kann auch über die Zielkorrektur erfolgen – genauso wie im HSL-Bedienfeld. Reduziert man beispielsweise die Blau-Luminanz, so erhält man einen dunklen Himmel, wie er durch einen dunkelroten Filter bei der analogen Schwarzweißfotografie erzeugt wird. Beachten Sie, dass das Rauschen im Bild zunimmt, wenn Sie eine Farbe extrem abdunkeln.

Einige Einstellungen, die während der Entwicklung durchgeführt werden, haben auf die Färbung des Schwarzweißbildes Auswirkungen, beispielsweise bringen die Teiltonung oder auch das Einstellen einer Farbe wieder Farbe ins Bild. Allerdings färben sie nur das Schwarzweißbild entsprechend ein. Über diese Methode lassen sich beispielsweise Sepiatonungen erstellen.

Abbildung 13.118 ▲ ▶
Die TEILTONUNG erlaubt es, die Lichter und Schatten in zwei getrennten Farben einzufärben. Dadurch lassen sich beispielsweise Schwarzweißaufnahmen mit einer Duplextonung versehen.

13.7 Teiltonung

Im Bedienfeld TEILTONUNG können Lichter und Schatten getrennt voneinander mit einem Farbstich versehen werden. Dieser Effekt wird oft auf Schwarzweißbilder für Sepiatonungen oder ähnliche Effekte angewendet. Aber auch bei Farbbildern lassen sich interessante Effekte erzielen, wie zum Beispiel eine künstliche Alterung von Fotos. Lichter und Schatten haben jeweils einen Regler für den FARBTON und einen für die SÄTTIGUNG. Der ABGLEICH-Regler steuert den Übergang.

Farbton | Dieser Regler gibt den Farbton der Einfärbung an. Er kann für Lichter und Schatten getrennt gesteuert werden. Die Farben Weiß und Schwarz werden dabei nicht beeinflusst, da man diese Farben nicht tonen kann.

TIPP

Halten Sie beim Verschieben des FARBTON-Reglers die Taste ⌥/ Alt gedrückt, so sehen Sie die Auswirkungen der Einfärbung auch ohne Anwenden einer Sättigung. Dabei wird einfach temporär die Sättigung erhöht und beim Loslassen der Taste wieder reduziert.

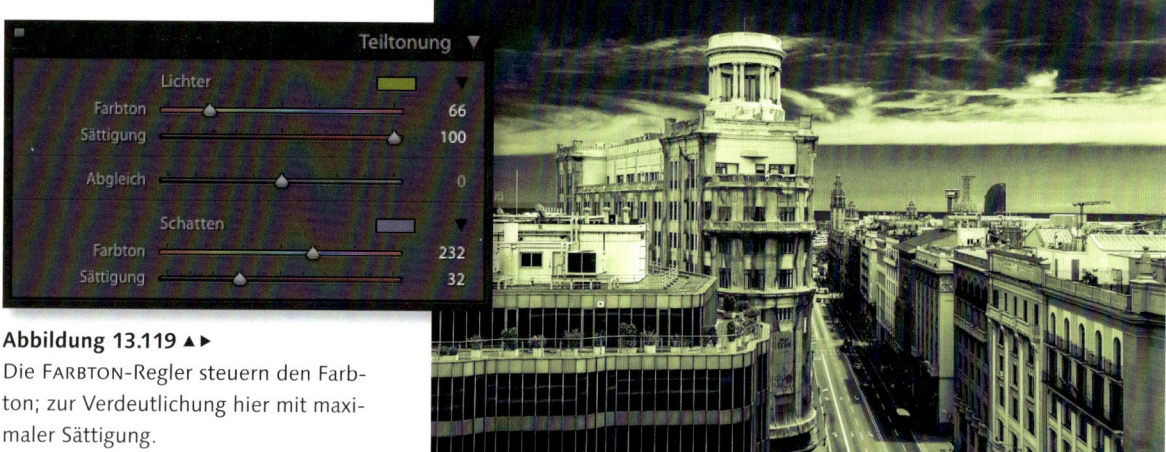

Abbildung 13.119 ▲▶
Die FARBTON-Regler steuern den Farbton; zur Verdeutlichung hier mit maximaler Sättigung.

Sättigung | Hierüber wird die Intensität des Effekts gesteuert. Steht der Regler auf »0«, gibt es keinen Effekt bei einer Veränderung von FARBTON, da Farben bei einer Sättigung von »0« grau sind. Erst bei Erhöhung der SÄTTIGUNG wird der Effekt sichtbar und zunehmend intensiver.

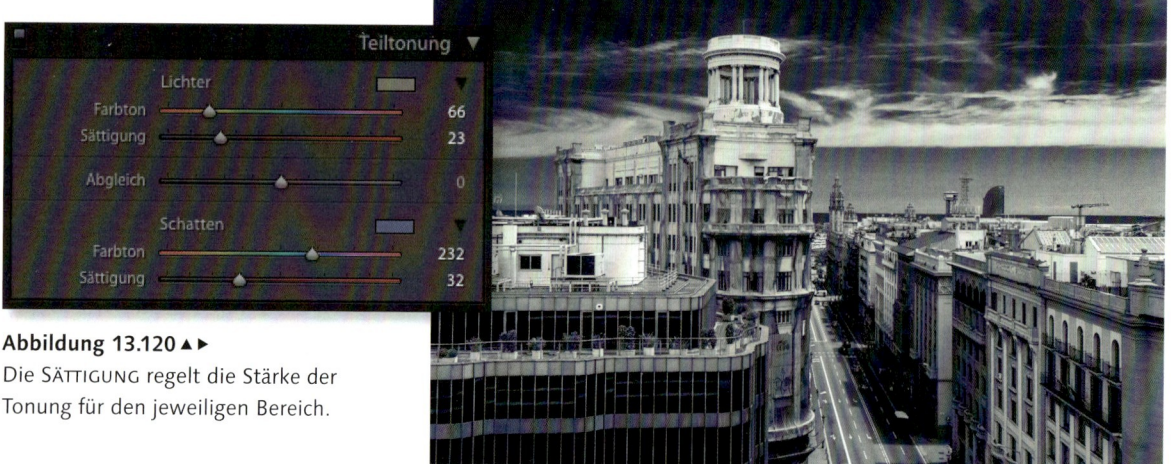

Abbildung 13.120 ▲▶
Die SÄTTIGUNG regelt die Stärke der Tonung für den jeweiligen Bereich.

Abgleich | Der Übergang zwischen der Schatten- und Lichterfarbe geschieht weich, bei 50 % Helligkeit halten sich beide Farben die Waage. Diesen Wert können Sie in Richtung Lichter oder Schatten verschieben. Der Übergang beginnt bei negativen Werten früher, bei positiven später. Früher bedeutet, dass die Farbe der Schatten mehr Gewicht bekommt und auch schon hellere Werte mit dem entsprechenden Farbton eingefärbt werden. Bei positiven Werten kommt der Lichterfarbton stärker durch.

13.7 Teiltonung

▲ **Abbildung 13.121**
Der Regler für den ABGLEICH gibt den Punkt an, an dem die Überblendung der beiden Farben 50 % beträgt.

Teiltonung bei Farbbildern | Die Teiltonung ist nicht nur für Schwarzweißbilder verfügbar. Sie kann auch auf Farbbilder angewendet werden (siehe Abbildung unten). Damit lassen sich recht gut Effekte wie Fehlentwicklungen von Negativen oder die Alterung von Fotoabzügen nachstellen.

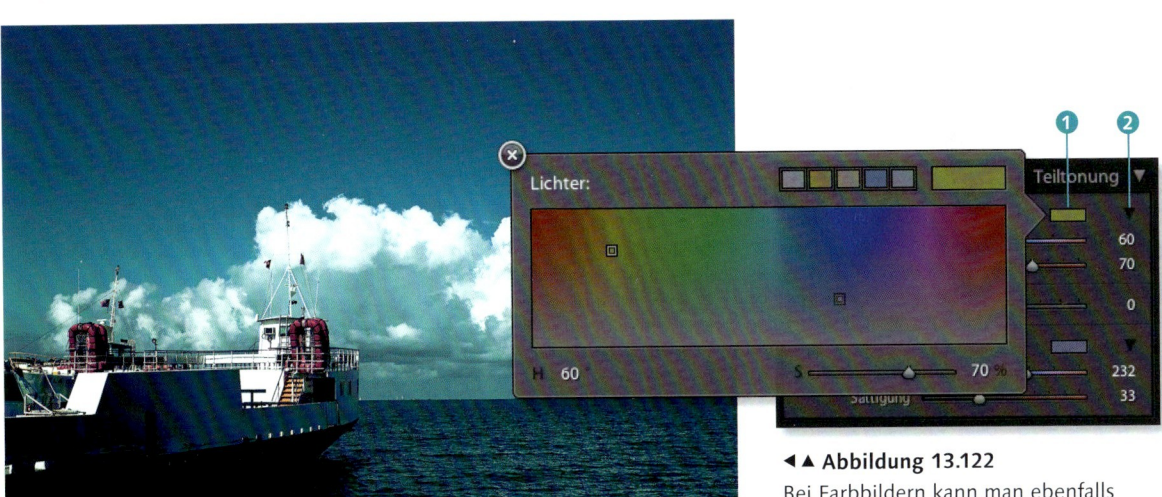

◄▲ **Abbildung 13.122**
Bei Farbbildern kann man ebenfalls interessante Stimmungen erzielen.

Teiltonung über Farbfelder | Die Farbe und Sättigung lassen sich auch über Farbfelder ❶ einstellen. Dazu klicken Sie auf die kleine Farbfläche. Über eine Pipette kann jetzt die gewünschte Farbe mit einem entsprechenden Sättigungswert eingestellt werden.

Arbeiten Sie überwiegend mit der Farbauswahl, können Sie die Regler auch über die Dreiecke ❷ ausblenden.

13.8 Details

Das Bedienfeld DETAILS dient der Verbesserung der Detailzeichnung von Kanten und Strukturen. Es enthält dazu die Steuerelemente zur Reduzierung des Bildrauschens, das zum Beispiel bei hohen ISO-Werten entsteht, und für das Nachschärfen der Bilder.

Da sich all diese Korrekturen auf den Kontrast zwischen einzelnen Pixeln beziehen, lassen sich die Einstellungen nur richtig beurteilen, wenn jedes Pixel sichtbar ist. Dies ist ab einer Zoomstufe im Maßstab 1:1 der Fall. Das Bedienfeld besitzt daher eine 1:1-Vorschau ❸. Den Ausschnitt können Sie im kleinen Vorschaufenster mit der Maus verschieben oder über den Picker ❷ im Ansichtsfenster wählen.

Dazu klicken Sie den Picker an und klicken danach im Ansichtsfenster die Stelle an, die Sie zum Kontrollieren der Detaileinstellungen verwenden wollen.

Das Vorschaufenster können Sie auf Wunsch mit Hilfe des grauen Dreiecks ❹ auch ausblenden. Dann signalisiert Ihnen ein Achtung-Zeichen ❶, dass Sie den Zoomfaktor 1:1 im Ansichtsfenster wählen sollen, da sonst die Detailkorrekturen nicht richtig dargestellt werden. Falls Sie diesen bereits eingestellt haben, bleibt das Achtung-Zeichen ausgeblendet.

▲ **Abbildung 13.123**
Obwohl die Darstellung im Zoomfaktor EINPAS. (oben) nahezu der 1:1-Darstellung (unten) entspricht, werden die Detaileinstellungen nicht richtig angezeigt. Nur in der 1:1-Darstellung wird der Scharfzeichnen-Effekt korrekt dargestellt.

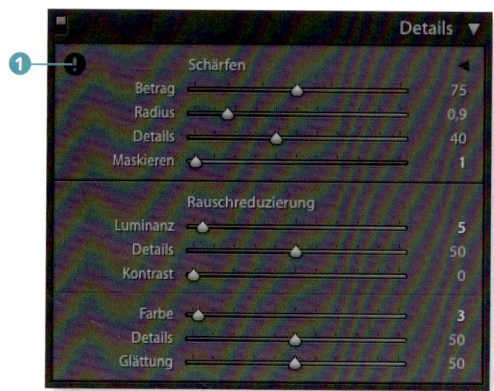

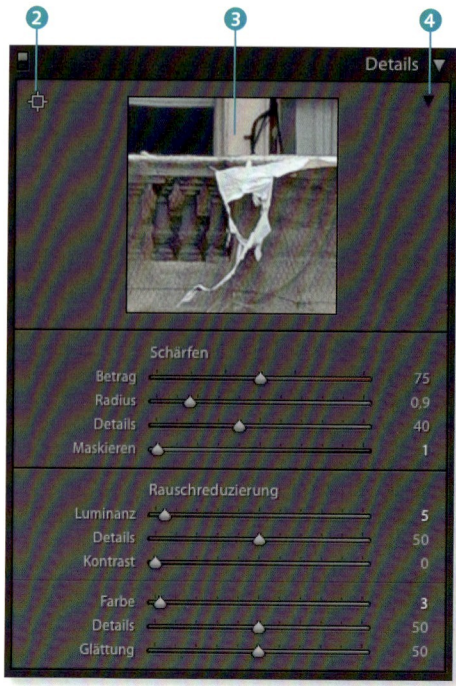

Abbildung 13.124 ▲ ▶
Mit Hilfe der DETAILS-Palette werden Kanten und feine Strukturen herausgearbeitet.

Die 1:1-Darstellung im Ansichtsfenster besitzt die gleiche Qualität wie die Vorschau. Im Ansichtsfenster sehen Sie allerdings meist einen größeren Bildanteil. Dieser lässt sich oft besser beurteilen als ein kleiner Ausschnitt in einem Vorschaufenster.

Schärfen

Beim Schärfen eines Bildes wird der Kontrast zwischen nebeneinanderliegenden Pixeln verstärkt. Für eine optimale Scharfzeichnung reicht es aber nicht, nur den Kontrast zwischen zwei Bildpunkten zu erhöhen. Der Bereich im direkten Umfeld eines Pixels kann ebenso entscheidend sein. Beispielsweise ist es wichtig, ab welchem Kontrastunterschied Pixel überhaupt erst berücksichtigt werden. Zuletzt hängt die Schärfeberechnung auch von der Motivart ab, zum Beispiel Porträt- oder Architekturaufnahme.

Lightroom bietet daher in diesem Bedienfeld eine Reihe von Steuerelementen, die es erlauben, je nach Kamera und Aufnahmesituation die richtige Scharfzeichnung individuell einzustellen. Hier spielt vor allem die richtige Kombination der Regler eine Rolle. Kein Parameter kann für sich betrachtet werden, keine Änderung kann ohne die Anpassung eines anderen Parameters erfolgen. Doch schauen wir uns die Parameter zunächst im Einzelnen an.

Schärfen auf Retina-Displays

Grundsätzlich gilt die 1:1-Regel auch bei Retina-Displays. Nur ist die genaue Kontrolle sehr schwierig, da dort ein Pixel viel kleiner ist. Hier können Sie auch auf den Maßstab 2:1 oder 3:1 zoomen. Auch stärkere Vergrößerungen sind möglich, da dabei keine Interpolation stattfindet.

▼ **Abbildung 13.125**
Ein Bildausschnitt als ungeschärfte und als geschärfte Variante – diagonal voneinander getrennt.

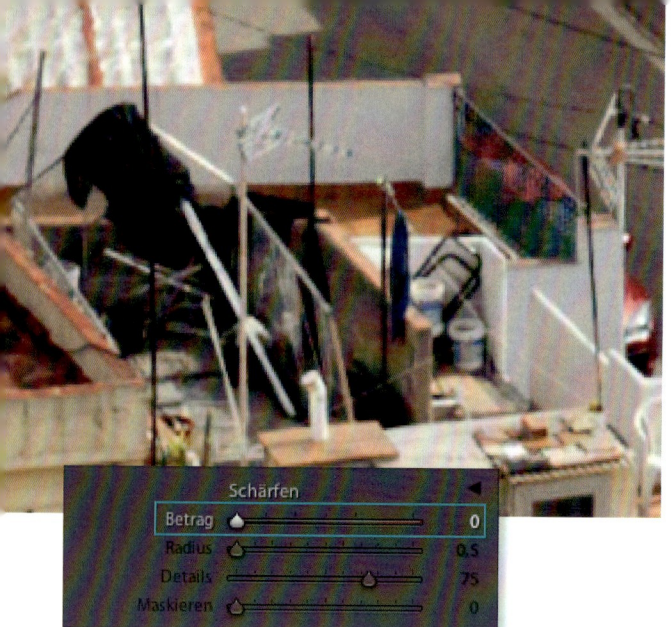 

▲ **Abbildung 13.126**
Der BETRAG der Schärfung legt die Intensität fest, mit der sich die anderen Parameter auf das Bild auswirken.

Betrag | Der BETRAG legt die Stärke des Effekts fest. Befindet er sich auf dem Wert »0«, sind alle anderen Regler inaktiv. Befindet sich der Regler auf dem Maximalwert, wirkt der Effekt am stärksten. Grundsätzlich jedoch ist die Auswirkung immer auch von den Werten der anderen Regler für RADIUS, DETAILS und MASKIEREN abhängig.

Übertreiben Sie es nicht mit dem Betrag. Normalerweise reichen Werte von maximal »50« völlig aus.

Vorschau: Betrag

Wenn Sie die ⌥/Alt-Taste gedrückt halten, während Sie den BETRAG-Regler verschieben, so sehen Sie ein Schwarzweißbild. Dieses zeigt den Effekt in einer neutralen Darstellung.

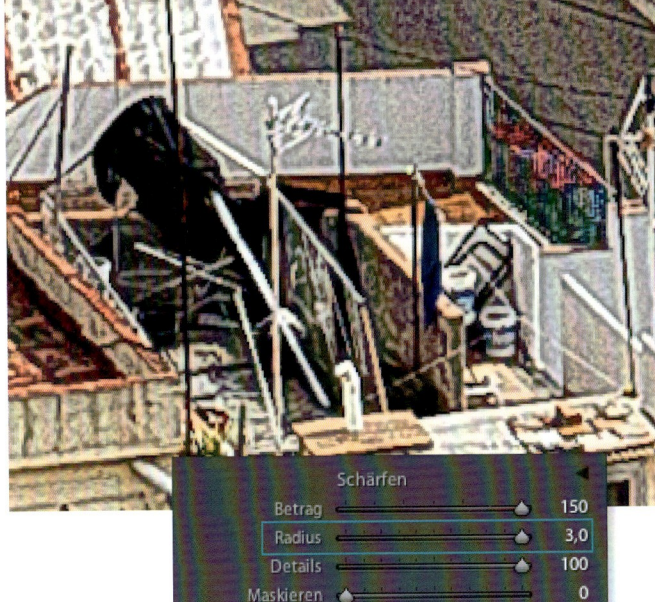

▲ Abbildung 13.127
Der RADIUS beschreibt den Bereich, in dem der Kontrast zum Scharfzeichnen erhöht wird.

Radius | Dieser Regler gibt an, in welchem Umkreis um ein Pixel herum der Kontrast verstärkt werden soll. Bilder mit vielen feinen Strukturen benötigen kleinere Radien, da sonst Details »übersehen« werden und in der Kontrasterhöhung untergehen können.

Höhere Werte erzeugen hingegen Farbsäume an den scharfgezeichneten Stellen. Sie können das Ergebnis damit aber auch verbessern – etwa bei leicht unscharfen Objekten, da hier der Übergang an Kanten eher weich über mehrere Pixel hinweg verläuft.

Vorschau: Radius

Wenn Sie die ⌥/Alt-Taste gedrückt halten, während Sie den RADIUS-Regler verschieben, so sehen Sie ein Schwarzweißbild mit erhöhtem Kontrast an den Kanten. Je höher der Radius ist, desto dicker erscheinen die Kanten.

Unscharf maskieren

Die SCHÄRFEN-Funktion entspricht weitestgehend der »Unscharf maskieren«-Funktion in anderen Programmen zur Bildbearbeitung. Dieser Begriff stammt noch aus dem Laboralltag der Analogfotografie. Dabei wird ein unscharfes Negativ aus dem Bild generiert. Über das Bild gelegt, verstärkt es bei der Nachbelichtung die Kanten. Je nach Unschärfe der Maske wirkt sich der Effekt auf Details oder größere Bereiche aus. Der Parameter RADIUS in Lightroom entspricht der Schärfe der Maske.

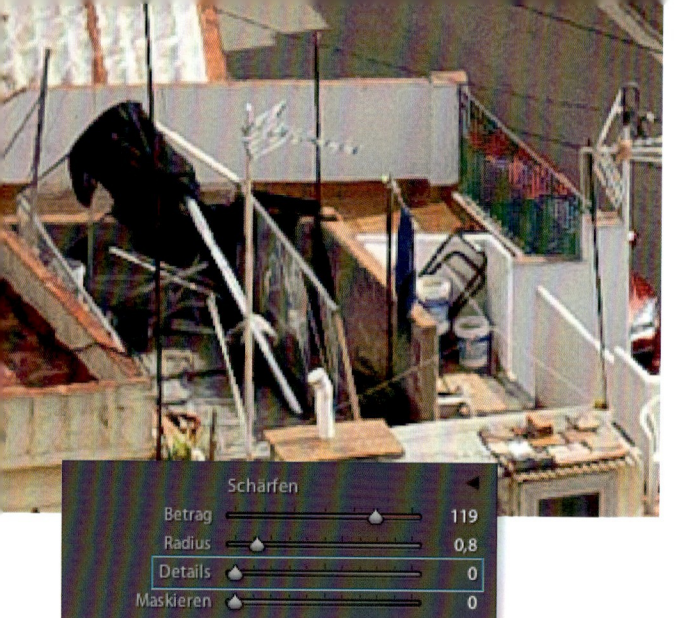

▲ **Abbildung 13.128**
Die DETAILS arbeiten die feinen Strukturen im Bild heraus.

Details | Während BETRAG und RADIUS den Effekt steuern, dient dieser Regler eher der Erkennung. DETAILS sucht im Bild nach Strukturen. Je niedriger der Wert ist, desto weniger Strukturen werden erkannt und desto weniger Details werden berücksichtigt. In diesem Fall werden zwar Kanten verstärkt, aber Strukturen in Flächen ignoriert. Bei hohen Werten werden mehr Pixel mit geringem Kontrast berücksichtigt. Dabei werden auch feinere Strukturen erkannt und scharfgezeichnet.

Vorschau: Details

Wenn Sie die ⌥/Alt-Taste gedrückt halten, während Sie den DETAILS-Regler verschieben, so sehen Sie ein Schwarzweißbild. Es zeigt Ihnen alle Pixel an, die von der Scharfzeichnung betroffen sind.

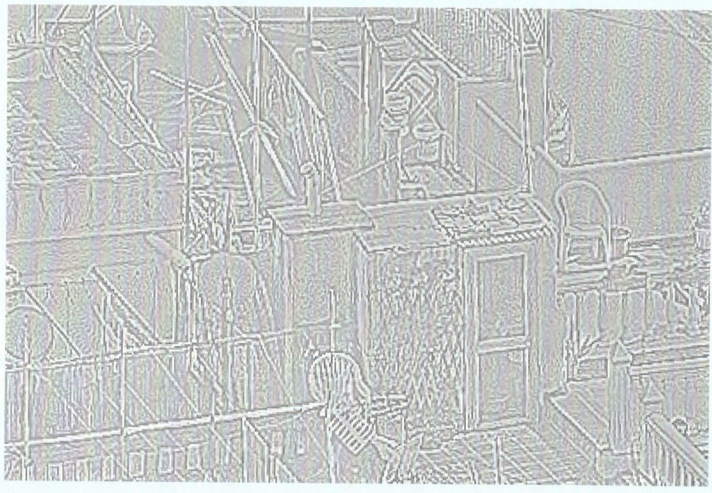

▲ **Abbildung 13.129**
Beim MASKIEREN werden nur Pixel scharfgezeichnet, die über einem bestimmten Kontrastwert liegen. Alles, was ähnlich ist, wird nicht scharfgezeichnet.

Maskieren | Die Einstellung MASKIEREN gibt an, wie hoch der Kontrast zwischen zwei Pixeln sein muss, damit diese von der Scharfzeichnung überhaupt erfasst werden.

Während die DETAILS beschreiben, wie weit die Pixel auseinanderliegen müssen, gibt die Maske an, wie groß ihr Helligkeitsunterschied sein muss.

Vorschau: Maskieren

Wenn Sie die ⌥/Alt-Taste gedrückt halten, während Sie den MASKIEREN-Regler verschieben, so sehen Sie eine Schwarzweißmaske. Diese zeigt an, welche Bereiche beim Schärfen verändert werden. Nur weiße Stellen werden durch den Scharfzeichner beeinflusst.

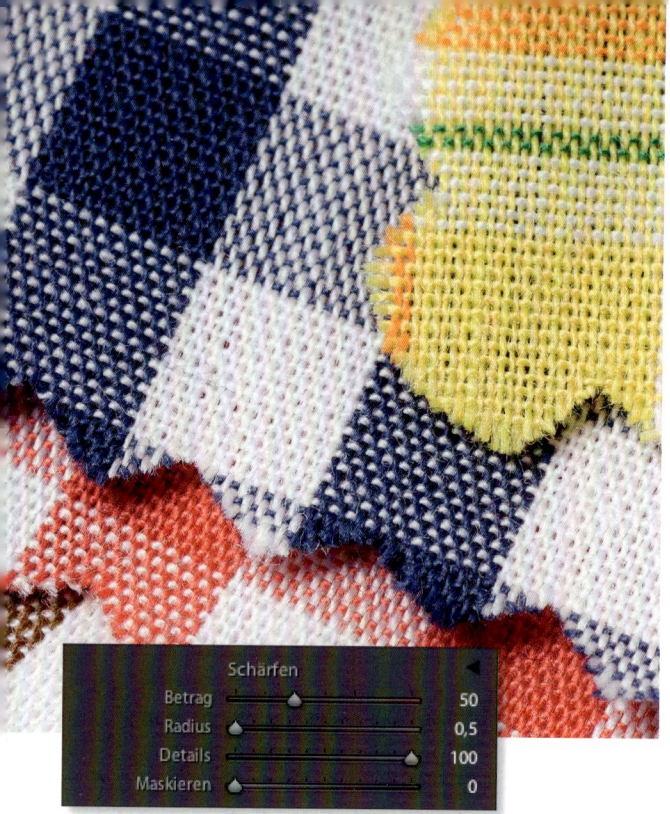

▲ **Abbildung 13.130**
Bilder mit feinen Strukturen benötigen viel Scharfzeichnung in den Details ...

▲ **Abbildung 13.131**
... ebenso wie Landschaftsaufnahmen, damit auch entfernte Objekte oder Wasser detailgetreu dargestellt werden.

Schärfeebene

Die Schärfeebene entspricht der Entfernung, auf die beim Fotografieren fokussiert wurde. Dabei handelt es sich aber nicht nur um einen Punkt, der scharf ist, sondern um alle Punkte, die in dieser Entfernung liegen. Sie liegen auf einer Fläche – der Schärfeebene.

Schärfen nach Motiv

Die Art und die Stärke, mit der man eine Scharfzeichnung durchführen sollte, hängt immer von mehreren Faktoren ab. Zum einen hat das Motiv bestimmte Eigenheiten, die man beachten sollte, zum anderen spielt die Ausgabe eine wichtige Rolle.

Sollen die Bilder zum Beispiel ausgedruckt werden, entscheidet oft die Größe des Prints über die Scharfzeichnung – je kleiner, desto mehr Scharfzeichnung, da beim Herunterrechnen oft Details herausgerechnet werden. Weitere Faktoren sind natürlich auch die bei der Aufnahme verwendete Kamera und das Objektiv. In der Folge wollen wir uns einige Fälle anschauen und die passenden Techniken für die Schärfung veranschaulichen.

Objekte mit Struktur | Bei technischen Objekten, Textilien oder auch bei Landschaftsaufnahmen kommt es oft auf die feinen Strukturen im Bild an. Hier wird generell eine höhere Scharfzeichnung gewünscht, um auch jedes Detail erkennbar machen zu können. Dabei ist neben einer korrekten Schärfeebene auch die Qualität

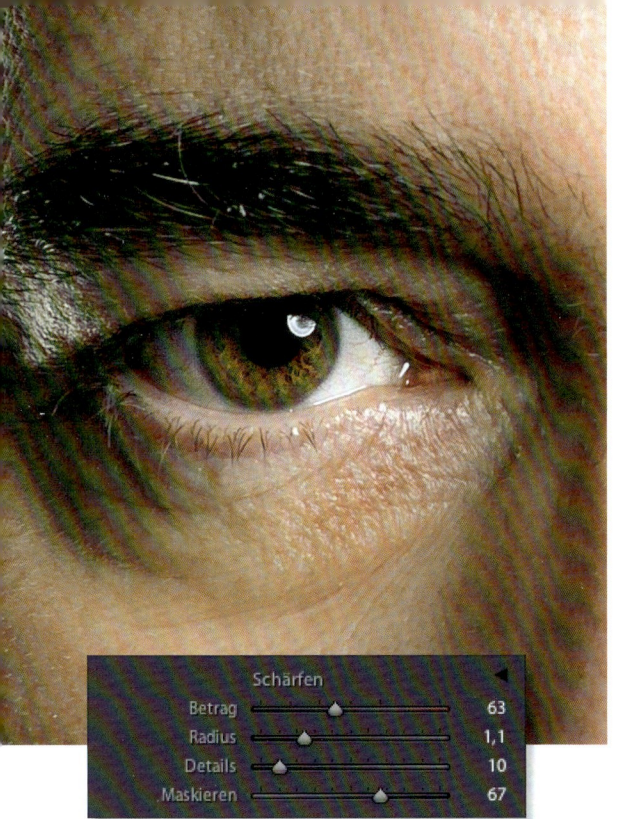

▲ Abbildung 13.132
Scharfgezeichnete Wimpern und Pupillen im Kontrast zu weicher Haut ziehen den Blick des Betrachters auf das Wichtigste – die Augen.

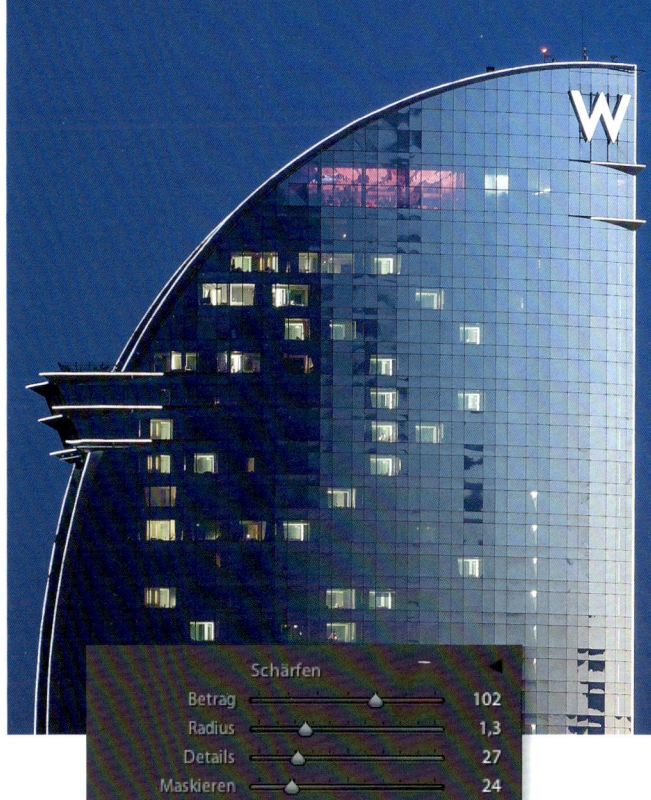

▲ Abbildung 13.133
Bei moderner Architektur werden die Formen betont, Strukturen treten zurück.

des Objektivs und des Sensors entscheidend für das erreichbare Qualitätsniveau. Die Parameter sollten wie folgt eingestellt werden:

- **Betrag:** Der BETRAG ist eher hoch – bei Objektiven mit schlechterer optischer Leistung höher als bei hochqualitativen.
- **Radius:** Hier ist mein Lieblingswert »0,5«. Dabei wird gewährleistet, dass kein Detail von der Kontrastverstärkung überzeichnet wird.
- **Details:** Dieser Wert steht meist auf Maximum oder knapp darunter, damit möglichst viele Details im Bild geschärft werden.
- **Maskieren:** Jeder Kontrast im Bild, so gering die Unterschiede auch sein mögen, soll scharfgezeichnet werden. Daher steht dieser Wert meist auf »0«.

Porträts | Bei Porträts will man nicht unbedingt jede Pore sehen, trotzdem sollten die Augen klar und die Haare scharf abgebildet werden. Die Haut hingegen sollte nicht geschärft werden:

- **Betrag:** Der Wert sollte je nach Grundschärfe gewählt werden, ist aber in der Regel niedriger als bei Objekten mit Struktur.

Abbildung 13.134 ▲ ▶
Moderne Gebäude leben von Kanten und weniger von Strukturen.

- **Radius:** Der RADIUS sollte bei etwa 1 Pixel liegen. Ganz feine Strukturen werden dadurch eher »übersehen«.
- **Details:** Ein niedriger Wert verhindert das Betonen ganz feiner Details wie Poren, Schminkreste etc.
- **Maskieren:** Hier ist auf jeden Fall ein hoher Wert wichtig. Es sollen nur Bereiche mit hohem Kontrast wie die Wimpern oder die Pupillen geschärft werden, aber keine Haut.

Architektur | Bei der Architekturfotografie kommt es vor allem auf die Eigenschaften des Motivs an. Man muss von Fall zu Fall entscheiden, was daran betont und was kaschiert werden soll.

In der modernen Architektur sind die Formen entscheidend, die Struktur der Gebäude ist meist schlicht und tritt in den Hintergrund – das ist eine Gemeinsamkeit mit People-Aufnahmen. Daher werden solche Motive auch mit ähnlichen Einstellungen der Parameter scharfgezeichnet:

- **Betrag:** Der Wert sollte je nach vorhandener Grundschärfe gewählt werden, er darf aber nicht zu hoch sein, um nicht zu stark scharfzuzeichnen.

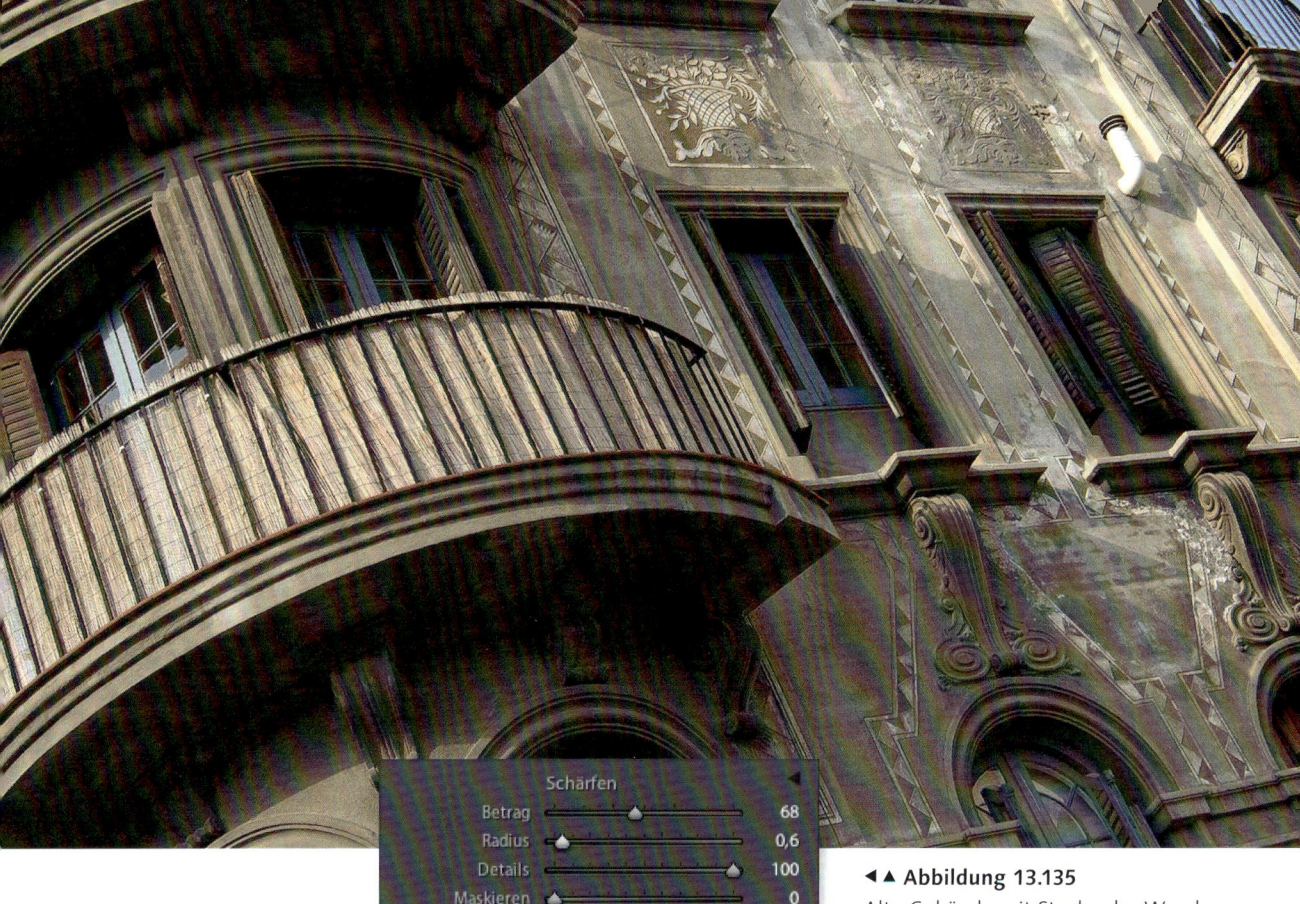

▸▲ **Abbildung 13.135**
Alte Gebäude mit Stuck oder Wandmalereien erfordern eine Scharfzeichnung feinster Strukturen.

- **Radius:** Der RADIUS sollte in etwa bei 1 Pixel liegen. Ganz feine Strukturen werden dadurch unterdrückt.
- **Details:** Ein mittlerer bis hoher Wert holt auch feine Details hervor, ohne diese überzubetonen.
- **Maskieren:** Ein mittlerer bis hoher Wert unterdrückt nur die feinen Strukturen – das ist hier in den meisten Fällen gefragt.

Bei alten Gebäuden mit Stuck, Wandmalereien oder anderen Applikationen sollten Strukturen eher betont werden – etwa mit folgenden Einstellungen:

- **Betrag:** Der Wert ist eher hoch, bei Objektiven mit schlechterer optischer Leistung sollte der Betrag entsprechend höher sein als bei hochqualitativen.
- **Radius:** Arbeiten Sie hier mit einem Wert um »0,5«. So werden keine Details überzeichnet.
- **Details:** Dieser Wert sollte bei strukturstarken Motiven auf Maximum oder knapp darunter eingestellt sein.
- **Maskieren:** Jeder Kontrast, so gering die Unterschiede auch sein mögen, soll scharfgezeichnet werden. Daher sollte MASKIEREN auf »0« stehen.

Schärfen nach Ausgabeart

Ein weiterer Aspekt, der bei der Scharfzeichnung berücksichtigt werden sollte, ist das Ausgabemedium. Werden Bilder beispielsweise nach dem Export noch verkleinert, vertragen sie eine stärkere Scharfzeichnung, da die Schärfe beim Skalieren durch die Interpolation (Umrechnung) wieder reduziert wird.

Internet | Bilder, die man für das Web aufbereitet, werden oft stark verkleinert. Eine Reduzierung auf 10 % der Originalgröße ist keine Seltenheit. Das bedeutet, dass ca. 10 Pixel auf 1 Pixel geschrumpft werden. In diesem Fall kann der RADIUS einen höheren Wert als gewöhnlich aufweisen, denn je deutlicher ein Bereich hervorgehoben wird, desto stärker wird er bei der Umrechnung berücksichtigt.

Druck | Im Druck wird nicht jedes Pixel einem Druckpunkt zugewiesen. Denn hier werden Farben und Helligkeiten aus nur wenigen Farben mit unterschiedlicher Verteilung zusammengesetzt (siehe Seite 100). Das bedeutet, dass auch hier, ähnlich wie bei der Skalierung, eine Interpolation stattfindet. Erst wenn die Auflösung des Bildes so gering ist, dass ein Pixel durch das Druckraster komplett abgedeckt werden kann, wird ein einzelnes Pixel sichtbar. Das geschieht je nach Druckverfahren bei unterschiedlichen Auflösungen (siehe Tabelle 13.1).

Grundsätzlich kann beim Druck auch etwas stärker scharfgezeichnet werden. Lightroom bietet die Möglichkeit, im Drucken-Dialog eine nachträgliche Schärfung einzustellen. Diese lässt aber keine Feineinstellung zu (siehe Seite 858).

Beim Export können Sie zusätzlich Bilder nachschärfen lassen. Aber auch hier gilt, dass Sie keine Kontrolle darüber haben. Wenn Sie allerdings Bilder stark verkleinern, hilft die nachträgliche Scharfzeichnung enorm. Aber wie immer gilt auch hier: Erfahrung sammelt man durch Ausprobieren.

Betrachtungsabstand und Auflösung

Die optimale Auflösung ist direkt vom Betrachtungsabstand abhängig. Je größer der Betrachtungsabstand, desto geringer muss die Auflösung sein. Unter *http://www.safer-print.com/de/faq/In-Auflösung-begriffen_Wie-viel-dpi-brauchen-Druckdaten-wirklich* finden Sie die Erklärung und eine Formel zur Berechnung der optimalen Auflösung.

▼ **Tabelle 13.1**
Die empfohlene Auflösung hängt auch mit dem Betrachtungsabstand zusammen. Daher ist bei größeren Bildern eine geringere Auflösung nötig.

Druckauflösung	Scharfzeichnung	Größe bei 8 MP	Größe bei 10 MP	Größe bei 12 MP	Größe bei 16 MP
300 dpi (Offsetdruck)	Scharfzeichnung stärker als Bildschirmdarstellung	27 × 20 cm	31 × 23 cm	36 × 24 cm	42 × 28 cm
200 dpi (Tintenstrahldruck, optimale Auflösung)	Scharfzeichnung stärker als Bildschirmdarstellung	41 × 31 cm	47 × 35 cm	55 × 36 cm	63 × 43 cm
100 dpi (Tintenstrahldruck, minimale Auflösung)	Scharfzeichnung entspricht Bildschirmdarstellung	83 × 62 cm	93 × 70 cm	109 × 73 cm	127 × 85 cm

Rauschreduzierung

In der Digitalfotografie wird das Rauschen vor allem durch zwei Faktoren verursacht:

▶ Da hohe ISO-Werte bei schlechten Lichtverhältnissen verwendet werden, bedeutet dies normalerweise, dass das Bildsignal sowieso eher schwach ist und nur geringen Motivkontrast besitzt. Die Signalverstärkung verstärkt jetzt nicht nur das Bildsignal, sondern gleichzeitig auch das Sensorrauschen bis in den sichtbaren Bereich.

▶ Auch bei niedrigen ISO-Werten tritt Rauschen auf – an dunklen Stellen, die stark aufgehellt werden. Die Ursache ist dieselbe wie bei höheren ISO-Werten: Der Abstand zwischen Bildsignal und Sensorrauschen ist gering und wird bei Aufhellung verstärkt. Hinzu kommt hier, dass in den dunklen Bereichen weniger Helligkeitsabstufungen vorhanden sind (siehe Seite 148), was zusätzlich zur Verschlechterung beiträgt.

Es gibt zwei Arten von Rauschen. Das reine Helligkeitsrauschen vermittelt das Gefühl einer Körnung. Dieses ist meistens nicht störend und täuscht in vielen Fällen sogar Detailstruktur vor. Das andere ist das Farbrauschen. Dies ist eher störend, da es je nach Sensor sogar den Farbton in dunklen Stellen verschieben kann, da eine Farbe wie zum Beispiel Blau besonders stark rauscht.

▼ **Abbildung 13.136**
Zwei Bildausschnitte unterschiedlicher Kameras bei ISO 3200: links mit der schon etwas älteren D2x und rechts mit der modernen D800 aufgenommen

▲ **Abbildung 13.137**
Eine typische Szene, aufgenommen bei ISO 1600. Das Farbrauschen ist deutlich sichtbar.

Ich persönlich beginne immer mit dem störenderen Farbrauschen. Dieses lässt sich einfach entfernen, und die Auswirkungen auf Details und Struktur sind weniger dramatisch. Das optische Ergebnis dagegen ist beeindruckend.

Farbrauschen reduzieren | Die unteren drei Parameter entfernen das störende Farbrauschen. Oft reicht schon ein geringer Wert aus, um es abzustellen. Üblicherweise wird das Farbrauschen erst ab ISO-Einstellungen von ca. ISO 400 zu einem störenden Effekt. Darunter muss keine Unterdrückung durchgeführt werden, da das Farbrauschen im Druck entweder gar nicht oder nur bei starker Vergrößerung sichtbar wird.

- **Farbe:** Dieser Regler stellt die Stärke des Filters ein; je höher der Wert ist, desto stärker wird das Farbrauschen unterdrückt.
- **Details:** Mit diesem Regler wird der Schwellenwert angegeben, ab dem das Farbrauschen reduziert wird. Dabei werden benachbarte Pixel verglichen. Liegt der Unterschied über dem Schwellenwert, so werden diese gefiltert.
- **Glättung:** In homogenen Flächen entsteht bei der Rauschentfernung oft ein niederfrequentes Rauschen, das sich durch Flecken zeigt. Dies kann über den Regler GLÄTTUNG entfernt werden. Allerdings kann bei zu hoher Glättung in anderen Flächen ein Farbverlust auftreten. Passen Sie also auf, wenn Sie den Regler verwenden – weniger ist mehr.

▲ **Abbildung 13.138**
Je nach Kamera reicht schon ein geringer Wert aus, um das Farbrauschen zu beseitigen.

▲ **Abbildung 13.139**
Ein hoher DETAILS-Wert verbessert die Detaildarstellung. Dies ist vor allem in den feinen Brechungen am Stiel des Glases erkennbar.

▼ **Abbildung 13.140**
Niederfrequentes Rauschen, welches sich in farbigen Flecken zeigt – hier blau –, kann über den Regler GLÄTTUNG reduziert werden.

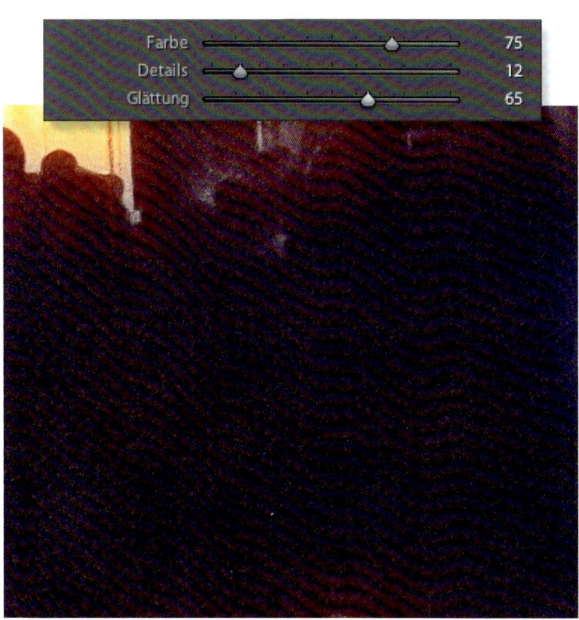

575

▲ **Abbildung 13.141**
Ein besonders schwerer Fall von Luminanzrauschen. Das Farbrauschen wurde bereits eliminiert.

Nach dem Farbrauschen ist das Helligkeitsrauschen (auch Luminanzrauschen genannt) an der Reihe. Dieses ist weniger störend, da es an das Korn eines analogen Films erinnert.

Luminanzrauschen entfernen | Die drei Steuerelemente entfernen das Helligkeitsrauschen. Sie sollten die Parameter mit Vorsicht verwenden, denn sie entfernen eventuell auch feine Details aus dem Bild, die oftmals über die Helligkeit und nicht über die Farben transportiert werden. Darüber hinaus wirken die Bilder plastischer und detailreicher, wenn sie einen gewissen Rauschanteil besitzen.

- **Luminanz:** Dieser Regler stellt die Stärke des Filters ein. Je höher der Wert, desto stärker wird das Rauschen herausgefiltert.
- **Details:** Dieser Regler arbeitet analog zum Detailfilter des Farbrauschens. Er stellt den Wert ein, um den sich zwei Pixel unterscheiden müssen, damit der Filter greift.
- **Kontrast:** Dieser Regler versucht, den Kontrast im Bild beizubehalten, der bei zu starker Filterung verloren geht. Bei höheren Werten kann das Rauschen wieder etwas zunehmen. Niedrigere Werte erzeugen ein homogeneres, aber auch kontrastärmeres Bild.

◄▲ **Abbildung 13.142**
Der LUMINANZ-Regler allein regelt die Stärke der Filterung, bedeutet aber auch Detail- und Kontrastverlust.

◄▲ **Abbildung 13.143**
Der DETAILS-Regler verbessert die Detailzeichnung, verstärkt damit aber auch wieder das Rauschen ein wenig.

◄▲ **Abbildung 13.144**
Der KONTRAST-Regler verbessert den Kontrast im Bild.

13.9 Objektivkorrekturen

Mit Hilfe der Bedienfeldpalette OBJEKTIVKORREKTUREN lassen sich alle Fehler beseitigen, die aufgrund optischer Eigenschaften von Objektiven entstehen. Diese Fehler können teilweise automatisch entfernt werden. Zur automatischen Korrektur gibt es zwei Systeme.

Das eine kümmert sich um alle objektivbedingten Fehler. Diese Fehler werden über Objektiv-Kamera-Profile korrigiert. Dabei wird jede Kamera mit dem Objektiv speziell vermessen. Das Ergebnis wird in ein Profil geschrieben, dessen Werte als Grundlage für die Korrektur dienen. Die zweite Automatik wird UPRIGHT genannt und soll perspektivische Fehler automatisch beseitigen. Dabei versucht Lightroom, Linien in Bildern zu erkennen und das Bild so auszurichten, dass diese gerade sind. Natürlich lassen sich auch alle Einstellungen manuell durchführen und überschreiben. Das Bedienfeld ist dazu in vier Register aufgeteilt:

❶ **Grundeinstellungen:** Hier wird die Automatik der Parameter aus den Registern Profil und Farbe aktiviert. Außerdem können Sie hier auch die Upright-Automatik einschalten.

❷ **Profil:** Dieses Register dient der Konfiguration der Automatik von Objektivkorrekturen.

❸ **Farbe:** Hier können die chromatische Aberration und Farbsäume manuell entfernt werden.

❹ **Manuell:** Die Regler auf dieser Seite erlauben es, die Objektivfehler Verzerrung, Vignettierung und die perspektivischen Verzerrungen manuell zu korrigieren.

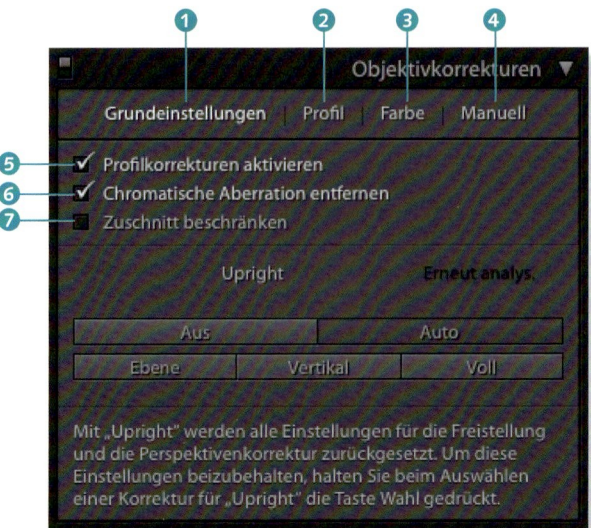

Abbildung 13.145 ▶
Das Bedienfeld OBJEKTIVKORREKTUREN besitzt mehrere Register, mit denen sich alle optischen Probleme lösen lassen.

Während für die Aktivierung der automatischen Objektivkorrektur 5, der chromatischen Aberration 6 und des automatischen Beschnitts 7 nur das Aktivieren der Kontrollkästchen nötig ist, besitzt die UPRIGHT-Funktion noch ein paar weitere Optionen.

Grundeinstellungen und »Upright«

Wie bereits erwähnt, dient diese Automatik der Ausrichtung des Bildes und der Entfernung perspektivischer Verzerrungen, die aufgrund der Haltung der Kamera und der Verwendung eines bestimmten Objektivs auftreten.

Zu diesen Fehlern zählen vor allem die stürzenden Linien. Steht man vor einem hohen Objekt und neigt die Kamera nach oben, ist die Entfernung von der Spitze des Motivs zur Bildebene länger, vom Boden des Motivs zur Bildebene hingegen kürzer (Abbildung 13.146, links). Da die Spitze weiter von der Bildebene entfernt ist, wird sie kleiner als der Boden dargestellt, wodurch der Effekt von stürzenden Linien entsteht. Bei kleinen oder weit entfernten Objekten muss die Kamera hingegen nicht geneigt werden, und die Linien bleiben gleich lang (Abbildung 13.146, rechts). Der gleiche Effekt ergibt sich aber nicht nur in der Vertikalen, sondern auch in der Horizontalen, also wenn man sich seitlich dreht. Der Effekt ist zudem abhängig vom Objektiv. Je weitwinkliger das Objektiv, desto stärker der mögliche Effekt. Dabei handelt es sich aber nicht um eine »Fehlkonstruktion« des Objektivs, sondern um eine Eigenschaft des Blickwinkels. Man sieht einfach einen größeren Bereich, weswegen der mögliche Abstand zwischen einem nahen und einem entfernten Punkt größer ist.

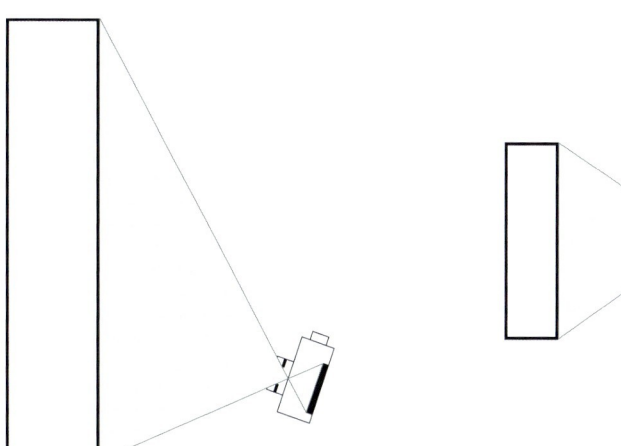

◀ **Abbildung 13.146**
Schaubild zum Effekt der stürzenden Linien

Die UPRIGHT-Funktion besitzt neben der Schaltfläche zur Deaktivierung ❶ der Automatik vier Methoden zur Beseitigung. Jede besitzt ihre eigene Schaltfläche. Und mehr als das Drücken eines dieser Buttons ist auch nicht nötig.

Die UPRIGHT-Funtion arbeitet am besten, wenn auch die Profilkorrektur ❷ aktiviert ist. Denn dann funktioniert das Erkennen von horizontalen oder vertikalen Linien am besten. Gerade bei Weitwinkelobjektiven sind optische Verzerrungen ein Problem und können die Erkennbarkeit eines Motivs beeinträchtigen.

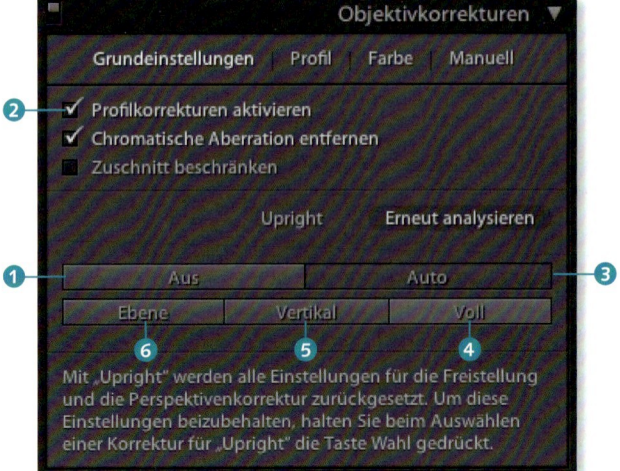

Abbildung 13.147 ▶
Das Register GRUNDEINSTELLUNGEN dient der Aktivierung der Automatiken zur perspektivischen Entzerrung (UPRIGHT) und Beseitigung von Objektivfehlern.

Auto | Beim Fotografieren ist die Kamera eigentlich nie perfekt ausgerichtet. Es entstehen viele konkurrierende Perspektiven. Die Bewegung in eine Richtung verursacht bei der Korrektur Probleme bei einer anderen Richtung. Ist die AUTO-Schaltfläche ❸ aktiviert, versucht Lightroom, die optimale Korrekturmethode für alle diese konkurrierenden Verzerrungen zu finden. Dabei werden alle möglichen Ebenen berücksichtigt, um die optimale Mischung zu finden. Eventuell passt Lightroom dabei auch das Seitenverhältnis geringfügig an. Bei extremen Verzerrungen wählt Lightroom hier eher eine konservative Mischung. Sie müssen dann eventuell manuell nachkorrigieren. Diese Methode ist jedoch zunächst die erste Wahl. Erst wenn Ihnen hier das Ergebnis nicht gefällt, können Sie auch die anderen Verfahren ausprobieren oder mit den Reglern im Register MANUELL nachjustieren.

Je mehr Anhaltspunkte Lightroom für die Ausrichtung im Bild findet, desto besser arbeitet die Erkennung. Da die Korrektur aber immer ein Kompromiss ist, kann die AUTO-Einstellung nicht immer das perfekte Ergebnis liefern.

Ebene | Mit EBENE ❻ wird nur der Horizont ausgerichtet. Die Funktion ersetzt also das manuelle Ausrichten mit der Wasserwaage (siehe Seite 615).

Vertikal | Bei VERTIKAL ❺ wird der Schwerpunkt der Korrektur auf die vertikalen Linien gelegt. Damit diese korrekt entzerrt werden können, wird aber auch die Ebene berücksichtigt. Bei diesem Verfahren kann es zu noch extremeren Verzerrungen kommen.

Voll | Die Funktion VOLL ❹ korrigiert nicht nur die Ebene und die vertikalen Perspektiven, sondern auch die horizontalen. Dabei kann es zu extremen Verzerrungen kommen. Diese Methode ist nur sinnvoll, wenn man beispielsweise eine Tür oder ein Tor fotografiert und dabei die Kamera nicht optimal ausgerichtet hat.

▲ **Abbildung 13.148**
Das Ausgangsbild wurde mit einer sehr kurzen Brennweite aufgenommen. Dabei entstehen extrem stürzende Linien.

▲ **Abbildung 13.149**
Die Methode VERTIKAL wählt sogar eine zu starke Korrektur. Die Verzerrungen im oberen Bildteil nehmen deutlich zu.

▲ **Abbildung 13.150**
AUTO entfernt die stürzenden Linien zwar nicht komplett, findet aber einen Kompromiss mit nur einem geringen Verlust an Bildinformation an den Rändern.

▲ **Abbildung 13.151**
Die Methode VOLL bringt keine Änderung, da durch den Blickwinkel keine Linien gefunden werden, die horizontal korrigiert werden könnten.

▲ Abbildung 13.152
Bei diesem Bild …

▲ Abbildung 13.153
… versagt die Methode Auto komplett.

▲ Abbildung 13.154
Vertikal hinterlässt noch eine horizontale Verzerrung.

▲ Abbildung 13.155
Erst Voll korrigiert das Bild korrekt.

▲ Abbildung 13.156
Das Ausgangsbild enthält durch die verwendete Telebrennweite keine stürzenden Linien, aber die Kamera wurde schief gehalten.

▲ Abbildung 13.157
Diese Rotation der Kamera lässt sich durch die Methode Ebene einfach automatisch korrigieren.

13.9 Objektivkorrekturen

▲ Abbildung 13.158
Bei diesem Bild ...

▲ Abbildung 13.159
... richtet die Methode Auto das Bild ohne Verzerrungen aus.

▲ Abbildung 13.160
Vertikal verzerrt die Frau doch merklich.

▲ Abbildung 13.161
Hier sehen Sie ein Beispiel, ...

▲ Abbildung 13.162
... bei dem die Automatik das Bild auf der rechten Seite nicht optimal korrigiert. Dort ist das Gebäude noch schief.

▲ Abbildung 13.163
Erst die Methode Vertikal korrigiert das Bild besser. Hier sind alle Kanten senkrecht.

Abbildung 13.164 ▶
Korrektur der Perspektive mit automatischem Zuschnitt des Bildes. Die Freistellung findet zu weit oben statt, da hier am meisten vom Bild erhalten bleibt.

Abbildung 13.165 ▶
Mit Hilfe der manuellen Freistellung kann ein besserer Ausschnitt gewählt werden, bei dem das Fenster in der Mitte bleibt.

Erneut analysieren | Diese Schaltfläche ist nur aktiv, wenn Sie etwas an der Objektivverzerrung ändern. Dies findet entweder über die Kontrollbox Profilkorrekturen aktivieren oder über den Schieberegler Verzerrung im Register Manuell statt. Verändern Sie also nach dem Anwenden der Automatik einen dieser beiden Parameter, wird die Schaltfläche aktiv. Dann können Sie die aktuelle Methode erneut ausführen lassen und die Korrektur optimieren.

Zuschnitt beschränken | Lightroom behält bei der Korrektur das Ausgangsformat und die Skalierung bei. Daher entstehen weiße Ecken durch das Kippen und Drehen der Bilder. Wird das Bild zum Betrachter gekippt, entfernt sich der untere Rand und der obere wandert zum Betrachter hin. Unten wird das Bild also kleiner und oben größer. Dort, wo das Bild größer wird, wird etwas abgeschnitten. Wo das Bild kleiner wird, bleibt leerer Raum übrig.

Ist die Kontrollbox ZUSCHNITT BESCHRÄNKEN aktiv, stellt Lightroom das Bild nachträglich frei, so dass keine weißen Ecken übrig bleiben. Dabei versucht Lightroom, das Bildformat beizubehalten und den maximal möglichen Raum zu verwenden.

Leider hat man in diesem Fall keinen Einfluss darauf, wie Lightroom die Bilder freistellt. Oft werden dabei wichtige Teile abgeschnitten. Eine manuelle Freistellung (siehe Seite 615) ist daher oft die bessere Wahl.

Perspektivische Fehler manuell beseitigen

Auch wenn die UPRIGHT-Automatik einem bei vielen Bildern die Arbeit erleichtert, ist es trotzdem oft nötig, manuell nachzujustieren. Für diesen Zweck gibt es das Register MANUELL.

Auch wenn es das letzte Register in der Palette ist, wird es zuerst behandelt, da es im direkten Zusammenhang mit der vorher beschriebenen UPRIGHT-Funktion steht.

Automatik und manuelle Einstellungen im Zusammenspiel

Normalerweise werden alle manuellen Einstellungen zurückgesetzt, sobald Sie eine der Automatiken ausführen. Sie können aber nach der Automatik noch manuell Korrekturen durchführen. Sollten Sie danach aber noch eine andere Methode wählen, werden diese Einstellungen wieder zurückgesetzt. Wenn Sie die ⌥/Alt-Taste gedrückt halten, während Sie eine Methode wählen, bleiben Ihre manuellen Einstellungen jedoch erhalten.

◄ Abbildung 13.166
Das Register MANUELL erlaubt die freie Korrektur von Perspektive und Vignettierung.

Verzerrung | Tonnenverzerrungen sind eher eine Eigenheit von Weitwinkelobjektiven. Um einen möglichst großen Blickwinkel zu erreichen, müssen die Linsen extrem konvex sein. Die dabei entstehende Tonnenverzerrung kann nur mit extrem hohem Aufwand korrigiert werden. Bei Fischaugenobjektiven ist dieser Effekt am extremsten. Teleobjektive neigen dagegen eher zu Kissenverzerrungen. Hinzu kommt, dass bei diesen Objektiven Objekte, die nah am

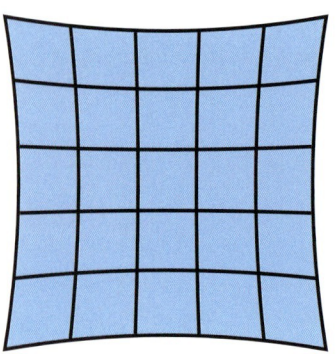

▲ Abbildung 13.167
Grafik einer Kissenverzerrung. Sie tritt bei Teleobjektiven auf.

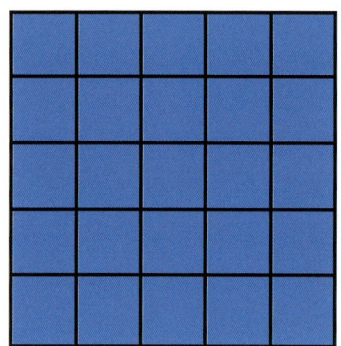

▲ Abbildung 13.168
Idealfall ohne Verzerrung

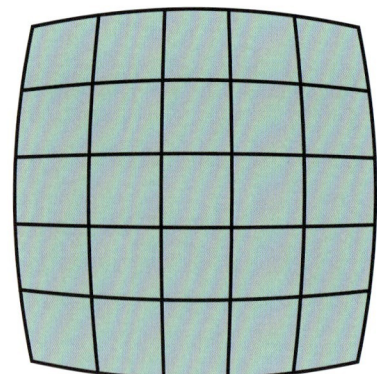

▲ Abbildung 13.169
Grafik einer Tonnenverzerrung – eine Eigenheit von Weitwinkelobjektiven

Rand stehen, verzerrt werden. Daher sollte man es bei extremen Weitwinkelobjektiven – unter 20 mm Brennweite bei Vollformat – vermeiden, Personen im Randbereich abzulichten.

Tonnen- und Kissenverzerrungen können über den Schieberegler VERZERRUNG entfernt werden. Eine Tonnenverzerrung lässt sich durch positive Werte ausgleichen, eine Kissenverzerrung durch negative Werte.

Abbildung 13.170 ▶
Während des Verschiebens der Regler wird ein Hilfsgitter eingeblendet.

Rasterüberlagerung

Bei der Korrektur wird Ihnen ein Raster angezeigt. Dieses kann vielseitig verwendet und eingestellt werden. Eine genauere Beschreibung finden Sie auf Seite 334.

Vertikal | Die vertikale Verzerrung ist bekannter unter dem Begriff stürzende Linien (siehe Seite 579). Diese können zwar bei allen Objektiven entstehen, sind aber bei Weitwinkelobjektiven besonders ausgeprägt. Sie entstehen, wenn man nah vor einem hohen

13.9 Objektivkorrekturen

◀▼ **Abbildung 13.171**
Oben das Original, unten wurde das Bild vertikal geneigt, um die stürzenden Linien zu korrigieren.

Objekt steht und die Kamera nach unten oder oben neigt, um das Motiv komplett abbilden zu können. Das ist oft in der Architekturfotografie der Fall (siehe Abbildung 13.171).

Der Parameter VERTIKAL gleicht die stürzenden Linien aus, indem er das Bild virtuell um eine waagerechte Achse neigt. Diese Achse befindet sich in der Mitte der Bildhöhe.

Durch die Neigung wird ein weißer Hintergrund sichtbar, der durch das Skalieren des unteren Bildbereichs entsteht. Diesen können Sie später abschneiden (siehe Seite 618).

Horizontal | Es handelt sich hier um den gleichen Effekt wie bei den vertikal stürzenden Linien, allerdings entsteht er durch die seitliche Drehung zum Objekt. Fotografieren Sie beispielsweise

587

entlang einer Häuserzeile, sind die Gebäude, die sich weiter weg befinden, kleiner als die nahe liegenden. Dieser Effekt ist oft weniger störend als die stürzenden Linien, aber auch er kann hier ausgeglichen werden. Der Regler HORIZONTAL dreht das Bild um seine senkrechte Mittelachse.

Abbildung 13.172 ▼▶
Oben das Original, unten das horizontal gedrehte Bild. Die waagerechten Fluchten laufen nun parallel.

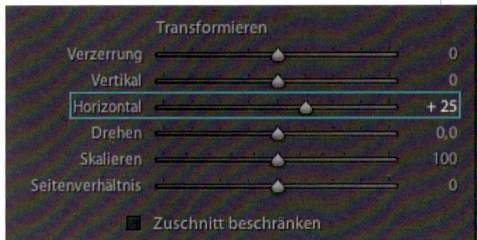

Drehen | Dieser Parameter dreht das Bild im oder gegen den Uhrzeigersinn. Grundsätzlich kann das Bild auch während des Beschneidens gedreht werden, allerdings ist der Parameter an dieser Stelle hilfreich, damit während der Beseitigung perspektivischer Fehler gleichzeitig auch ein Verdrehen der Kamera beseitigt werden kann.

13.9 Objektivkorrekturen

◀ **Abbildung 13.173**
Im Original sind die stürzenden Linien gut zu erkennen, aber dass die Kamera auch horizontal verdreht war, …

◀▲ **Abbildung 13.174**
… erkennt man erst, wenn man die stürzenden Linien eliminieren will. Denn obwohl die Linien rechts nahezu senkrecht stehen, kippen diese links immer noch nach außen – ein Zeichen für die gedrehte Kamera.

◀▲ **Abbildung 13.175**
Das Bild nach dem Drehen und der Nachbesserung der Einstellung bei VERTIKAL.

Oft zeigt sich erst während der Regulierung der stürzenden Linien, dass die Kamera zusätzlich verdreht gehalten wurde. Dies erkennt man daran, dass senkrechte Linien auf der einen Seite des Bildes zwar senkrecht, auf der anderen Seite jedoch noch schräg stehen. In diesem Fall muss das Bild zusätzlich gedreht werden.

Seitenverhältnis | Bei extremen Transformationen entsteht oft der Eindruck, als wäre das Bild gestaucht oder gedehnt. Um diesem Effekt entgegenzuwirken, kann man das Seitenverhältnis nachträglich mit Hilfe des gleichnamigen Schiebereglers korrigieren. Negative Werte machen das Bild im Vergleich zur Höhe breiter, während positive Werte das Bild schmaler machen.

Abbildung 13.176 ▲▶
Nach der vertikalen Transformation (oben) erscheint das Bild extrem breit. Nach der Anpassung des Seitenverhältnisses (unten) wirkt das Bild natürlicher, was gut am Fernseher zu erkennen ist.

Skalieren | Bei der Entfernung der perspektivischen Verzerrungen wird das Bild um die jeweilige Mittelachse virtuell gedreht.

13.9 Objektivkorrekturen

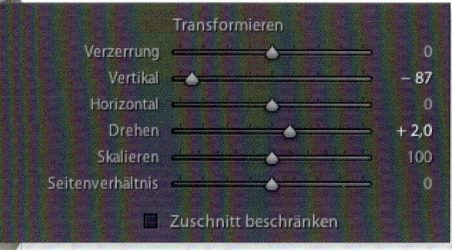

◄▲ **Abbildung 13.177**
Von oben nach unten: Durch die vertikale Korrektur des Originals (oben) werden Teile der Kuppel am oberen Bildrand abgeschnitten.

◄▲ **Abbildung 13.178**
Die Skalierung betrifft das gesamte Bild, so dass auch die Kuppel wieder sichtbar wird. Allerdings wird dadurch das Bild kleiner.

Dies bedeutet, dass beispielsweise bei der vertikalen Korrektur die oberen Bildbereiche zur Kamera hin geneigt werden. Diese ragen dann über das Bild hinaus. Gleiches gilt natürlich für die horizontale Korrektur. Dabei ragt dann immer eine Seite über das Bild hinaus. Enthält die hinausragende Seite bildwichtige Motive, so werden diese eventuell angeschnitten. Der SKALIEREN-Parameter zoomt jetzt das Bild so, dass diese wieder in das Bild hineinwandern. Dabei verhält sich das Bild so, als würde es sich von der Kamera entfernen. Natürlich ist es auch möglich, die Kamera näher an das Bild heranzuschieben. Dabei werden aber mehr Bereiche des Bildes abgeschnitten.

Das größte Problem ist jedoch, dass die Skalierung natürlich auch die Bildgröße verändert. Bei einem Beispiel wie in Abbildung 13.178 geht durch das Skalieren insgesamt mehr als die Hälfte der Auflösung verloren. Das Hochrechnen beim Export ist nur in Maßen möglich.

Zuschnitt beschränken | Dieser Parameter ist nur eine Kontrollbox. Ist sie aktiviert, wird das Bild so beschnitten, dass kein weißer Hintergrund, der sonst bei der Korrektur der Verzerrungen entsteht, mehr sichtbar wird. Dazu wird das Bild mit Hilfe des Beschneidungsrahmens (siehe Seite 618) freigestellt. Das Seitenverhältnis des derzeitigen Bildes wird dabei beibehalten.

Abbildung 13.179 ▼ ▶
Wird der Zuschnitt automatisch beschränkt, kann es sein, dass wichtige Bildbereiche, zum Beispiel der Boden, abgeschnitten werden.

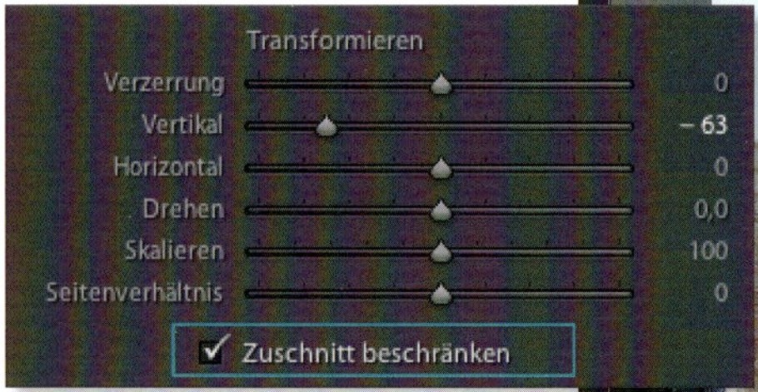

Das nachträgliche Deaktivieren der Kontrollbox löscht nicht den Beschnitt, sondern nur die automatische Anpassung während der

13.9 Objektivkorrekturen

◀▲ **Abbildung 13.180**
Oft hilft nur das manuelle Nachbearbeiten mit dem Beschneidungswerkzeug. Dort findet sich übrigens ebenfalls die Kontrollbox AUF BILD BESCHRÄNKEN zum Aktivieren des automatischen Beschnitts.

Korrekturen. Das Aufheben des gesamten Beschnitts kann nur über das Beschnittwerkzeug zurückgenommen werden. Dort kann dafür aber auch das Seitenverhältnis angepasst und der Beschnittrahmen verschoben werden, um einen anderen Ausschnitt festzulegen.

Inhaltsbasiertes Füllen von leeren Ecken | Die weißen Ecken, die beim Korrigieren entstehen, lassen sich teilweise mit Photoshop wieder auffüllen. Dazu gibt es eine Funktion, mit der Sie ausgewählte Flächen inhaltsbasiert füllen lassen können. Dabei sucht Photoshop um den markierten Bereich ähnliche Farben und Texturen und füllt die Auswahl damit. Leider gibt es eine solche Funktion nicht in Photoshop Elements.

▼ **Abbildung 13.181**
Gleichmäßige Strukturen in den »leeren« Ecken lassen sich im Photoshop wieder auffüllen.

593

Vignettierung

Vor allem bei Weitwinkelobjektiven kann ein weiterer Abbildungsfehler auftreten: die Randabdunklung. Je weiter ein Sensorelement vom Zentrum der Blendenöffnung entfernt liegt, desto mehr erfasst es auch Bereiche von Fassungen der Linsenelemente im Objektiv, die mit dem eigentlichen Strahlengang des Lichts durch die einzelnen Glaseinheiten nichts zu tun haben. Kleinere Blenden oder Sensorflächen entwickeln daher günstigere Verhältnisse zwischen Brennweite (Winkel), Blendenöffnung und Sensorgröße. Deshalb haben vor allem Vollformatsensoren in Kombination mit extremen Weitwinkeln Probleme mit der Vignettierung. Dieses Problem ist aber kein speziell digitales, es tritt auch bei Aufnahmen mit Film auf. Bei Digitalkameras hat es aber noch eine andere Ursache.

Vor jedem Sensorelement sitzt eine Art Minilinse, und je schräger das Licht auf diese Linse einfällt, desto weniger Licht kommt am Sensor an.

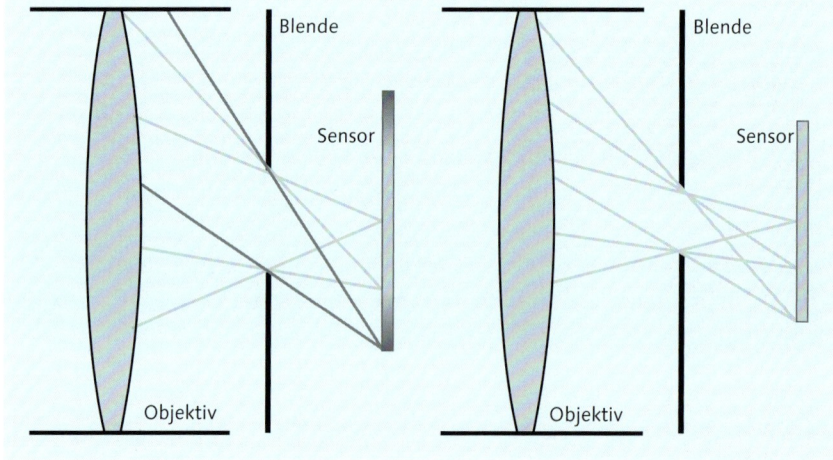

Abbildung 13.182 ▶
Links wirkt sich die Kombination aus großem Sensor und offener Blende negativ auf die Vignettierung aus, da Sensorelemente an der Linse vorbeischauen und so weniger Licht erhalten.
Rechts die Kombination aus kleiner Blendenöffnung und kleinerem Sensor. Hier ist die Vignettierung schwächer.

Beim Beschneiden von Bildern entsteht jedoch ein Problem. Eine Vignettierung, die infolge eines ungünstigen Brennweiten-Blende-Sensor-Verhältnisses entstanden ist, muss vor einer Beschneidung herausgefiltert werden. Der gewollte kreative Einsatz der Vignettierung sollte aber erst auf das beschnittene Endformat angewendet werden, sonst könnte die Vignettierung unsymmetrisch ausfallen.

Aus diesem Grund besitzt Lightroom zwei Vignettierungsfunktionen, eine als Objektivkorrektur und eine als Kreativfilter, der erst nach dem Freistellen angewendet wird. Hier wird die Beseitigung des Effekts beschrieben. Der kreative Einsatz wird auf Seite 602 erklärt. Die Entfernung der Vignettierung mit Hilfe der Objektiv-

13.9 Objektivkorrekturen

korrektur wird auf das Originalbild ohne Beschnitt oder Rotation angewendet.

Betrag | Der BETRAG legt die Stärke fest, mit der die Vignettierung aufgehellt werden kann. Dieser Wert kann auch negativ sein, dann wird der Rand weiter abgedunkelt. Für den kreativen Einsatz wird jedoch ein eigener Effekt verwendet (siehe Seite 602).

Mittelpunkt | Je nach Objektiv und Brennweite beginnt die Vignettierung weiter im Bild oder mehr am Rand. Über das Steuerelement MITTELPUNKT legen Sie den Radius fest, ab dem die Vignettierung korrigiert werden soll.

◄▼ **Abbildung 13.183**
Oben das Original mit Vignettierung (Randabdunklung), unten die korrigierte Version

Chromatische Aberration und Farbsäume

Die Entfernung der chromatischen Aberration und der Farbsäume sind in der Palette FARBE untergebracht. Bei diesen beiden Parametern werden Farbfehler ausgeglichen, die durch die abweichenden optischen Eigenschaften von Licht mit unterschiedlichen Wellenlängen auftreten. Dabei gibt es zwei Probleme:

▸ **Laterale chromatische Aberration:** Wenn Licht durch die Linsen eines Objektivs fällt, werden Farbanteile mit unterschiedlichen Wellenlängen verschieden gebrochen und treffen somit an unterschiedlichen Stellen auf den Sensor. Es entstehen dabei Farbsäume, die vor allem an Kanten mit hohem Kontrast sichtbar werden. Diese sind zum Bildrand hin stärker, da hier die Strahlen stärker gebrochen werden. Auch bei kurzen Brennweiten, den Weitwinkelobjektiven, wird das Licht stärker gebrochen, was den Effekt verstärkt. Zoomobjektive besitzen bei unterschiedlichen Brennweiten ebenso unterschiedliche Verschiebungen.

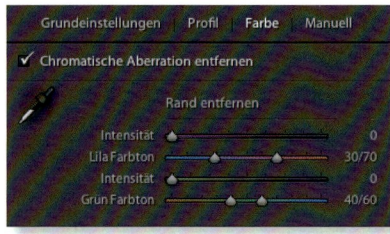

▲ Abbildung 13.184
Die Palette zur Korrektur von chromatischer Aberration und Farbsäumen

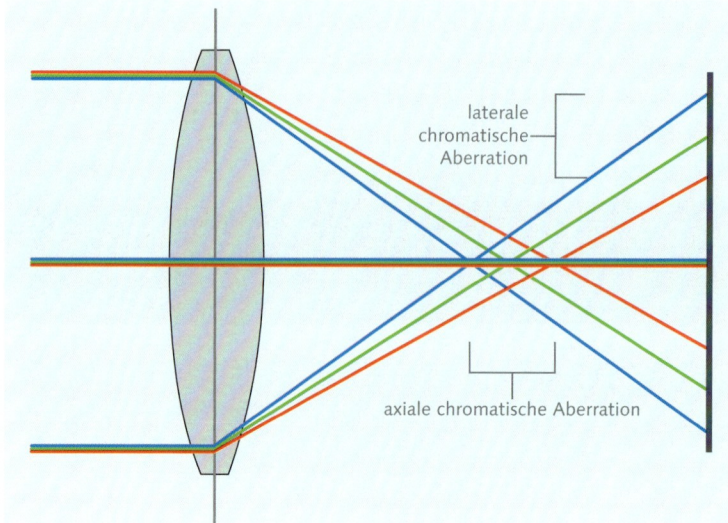

Abbildung 13.185 ▸
Chromatische Aberration tritt durch unterschiedliche Brechung der Wellenlängen auf. Dabei können Farbsäume entstehen.

▸ **Axiale chromatische Aberration:** Sie wird durch die unterschiedliche Fokusebene verursacht, die dadurch entsteht, dass sich das Licht durch die verschiedenen Wellenlängen anders bricht. Während das Abbild einer Lichtfarbe scharf ist, ist es für eine andere Farbe unscharf. In den meisten Fällen entsteht im Unschärfebereich vor dem Fokuspunkt ein lilafarbiger Rand, hinter der Fokusebene ein grüner Rand. Bauartbedingt weisen einige Sensoren einen ähnlichen Effekt auf, der sich mit den Lightroom-Korrekturen eliminieren lässt.

13.9 Objektivkorrekturen

Chromatische Aberration entfernen | Bei der lateralen chromatischen Aberration entsteht auf der einen Seite immer ein roter und gegenüberliegend ein cyanfarbiger Farbsaum. Gegenüber einem blauen Farbsaum entsteht ein gelber. Für jede der beiden Varianten bietet Lightroom eine einfache Kontrollbox als Lösung.

Lightroom kann diesen Fehler automatisch korrigieren. Dazu aktivieren Sie einfach das Kontrollkästchen in der FARBE-Palette. Die Automatik arbeitet erstaunlich gut und lag bei mir noch nie daneben.

▲ **Abbildung 13.186**
Beispiel einer chromatischen Aberration (links) und der Korrektur in Lightroom (rechts)

Rand entfernen | Die Ränder, die durch die axiale chromatische Aberration entstehen, lassen sich nicht einfach über eine Kontrollbox entfernen, da diese sich nicht korrekt durch die Software erkennen lässt. Der Korrekturweg geht hier anders.

- **Intensität:** Es gibt jeweils für Lila und Grün einen eigenen Regler, der die Stärke der Korrektur steuert. Man sollte die Intensität immer so einstellen, dass die Kanten gerade so entfernt werden. Denn es können ja auch Farben im ähnlichen Farbton im Bild gewollt vorhanden sein.
- **Lila/Grün-Farbton:** Hier können Sie die Farbgenauigkeit einstellen. Da sich die Randfarbe mit den korrekten Farbanteilen mischt, ist es nicht immer nur eine Farbe, sondern ein Farbbereich, der korrigiert werden muss. Dazu können Sie die Toleranz mit Hilfe von zwei Markierungen festlegen. Nur die Farbtöne zwischen den Markierungen werden entfernt. Je größer der Abstand ist, desto mehr Farben werden beeinflusst. Der Bereich sollte so eng wie möglich gefasst werden, um das Verändern von Bildstellen zu verhindern, die nicht vom Abbildungsfehler betroffen sind.

▲ **Abbildung 13.187**
Der lila Rand zwischen Golfschläger und T-Shirt ist gut zu erkennen.

Schritt für Schritt
Rand entfernen

Das Material für die Schritt-für-Schritt-Anleitungen finden Sie im »Workshopkatalog« nach Kapitel und Seitenzahl geordnet im Sammlungssatz SCHRITT-FÜR-SCHRITT-ANLEITUNGEN.

In dieser kurzen Schritt-für-Schritt-Anleitung erfahren Sie, wie Sie Farbränder entfernen können, die durch eine axiale chromatische Aberration verursacht werden.

1 Farbe auswählen

Zunächst müssen Sie den Farbsaum mit der Pipette selektieren. Dazu wählen Sie die Pipette aus und klicken auf ein entsprechend eingefärbtes Pixel. Im hier abgebildeten Beispiel ist es die Farbe Lila. Die Lupe erleichtert Ihnen das Auswählen der Farbe. Bei jedem Klick auf eine Farbe versucht Lightroom zu erkennen, wie groß der Einflussbereich dieser Farbe ist, und stellt die Regler automatisch ein. Die Pipette bleibt so lange aktiv, bis Sie diese wieder mit einem Klick auf die Kreisfläche zurücklegen, von der aus Sie die Pipette aufgenommen haben.

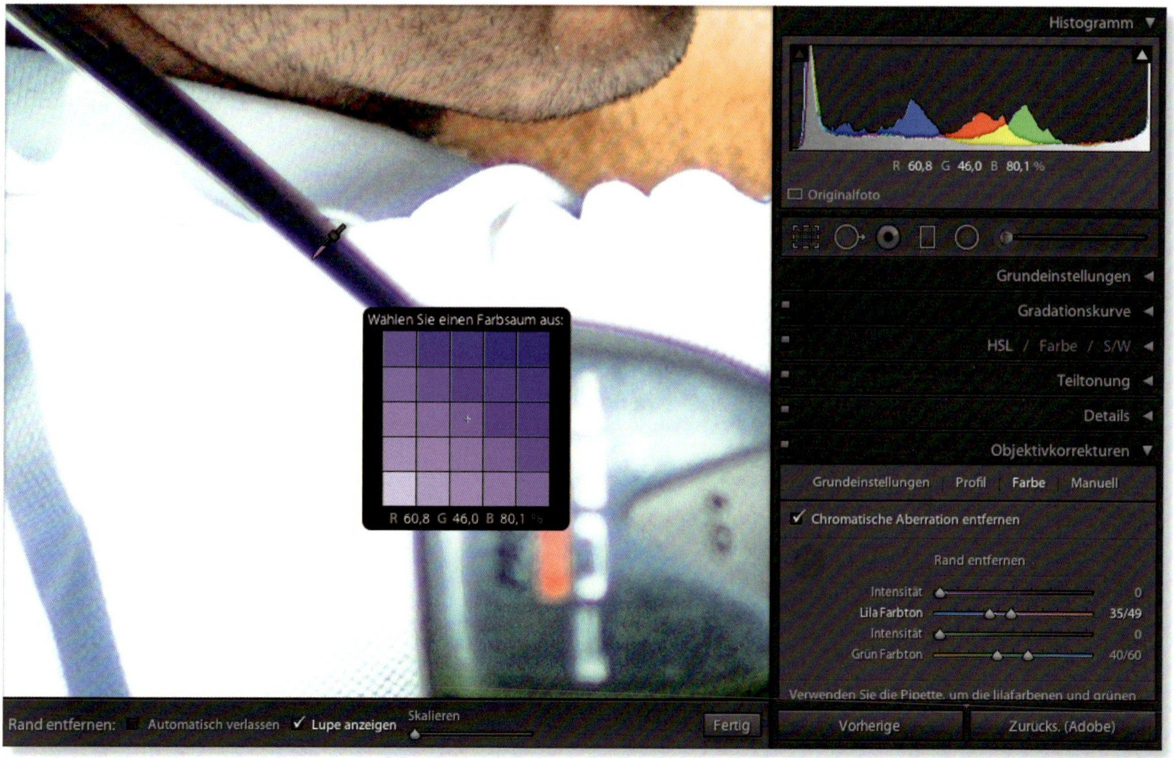

▲ Abbildung 13.188
Mit Hilfe der Pipette wird die Randfarbe gewählt.

2 Intensität nachkorrigieren

Je nach Stärke und Farbton ist eine Feinabstimmung nötig. Sind noch Reste des Randes sichtbar, erhöhen Sie zunächst die Intensität. Dabei müssen Sie aber die Bildstellen im Auge behalten, die einen ähnlichen Farbton besitzen, aber nicht angetastet werden sollen. Im Zweifel lassen Sie lieber etwas vom Farbsaum stehen. Im Druck ist meist weniger davon sichtbar als am Bildschirm.

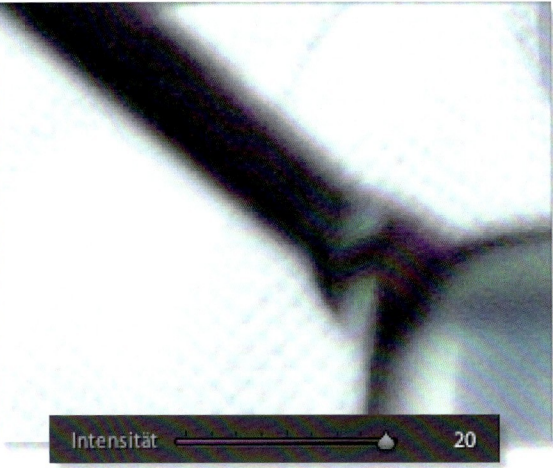

▲ Abbildung 13.189
Je höher die Intensität, desto stärker wird die Randfarbe herausgefiltert.

3 **Farbton anpassen**

Zum Abschluss können Sie, falls nötig, noch den Farbbereich anpassen. In dem hier abgebildeten Beispiel ist immer noch etwas lila Restfarbe enthalten, da diese vom Toleranzbereich des Farbtons abweicht. Um auch den letzten Rest zu entfernen, müssen Sie jetzt noch den Toleranzbereich des Farbtons erweitern.

Dazu schieben Sie bei LILA FARBTON die beiden Regler etwas auseinander. Wird zu viel von der Farbe im restlichen Bild entfernt, müssen die Regler wieder näher zusammengeschoben werden.

Eventuell können Sie nach der Farbtonanpassung die INTENSITÄT ebenfalls etwas reduzieren.

▼ Abbildung 13.190
Durch eine Erweiterung des Farbbereichs werden auch Farben gefiltert, die ursprünglich nicht im Erfassungsbereich lagen.

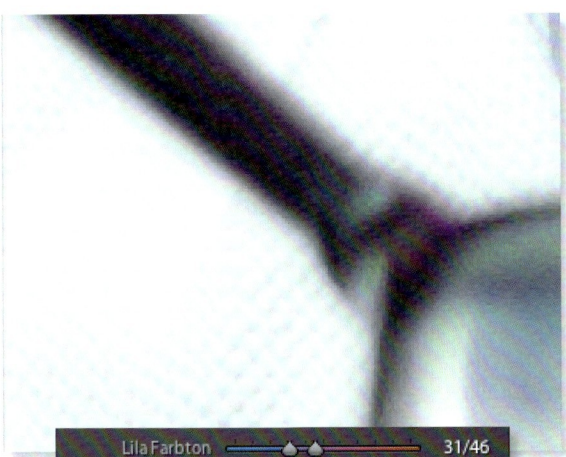

Objektivkorrektur mit Profilen

Jedes Objektiv besitzt seine spezifischen Eigenschaften, die als Profil gespeichert und abgerufen werden können. Dazu zählen aber nur die Fehler, die nicht durch die Bauart und nicht durch die Haltung der Kamera verursacht werden. Dies sind im Einzelnen:

- **Verzerrung:** Tonnen- oder Kissenverzerrung von Weitwinkel- und Teleobjektiven (siehe Seite 586)
- **Chromatische Aberration:** unterschiedliche Brechung der Farben und damit verbundene Farbsäume an Bildrändern (siehe Seite 597). Diese wird durch die Automatik in der FARBE-Palette aktiviert.
- **Vignettierung:** Randabdunklung, vor allem bei Weitwinkelobjektiven (siehe Seite 594)

Ähnlich wie Kameraprofile (siehe Seite 610) sind diese Eigenschaften für jedes Objektiv gleich oder zumindest so ähnlich, dass Adobe hierzu eine Profilierungsschnittstelle geschaffen hat, über die diese direkt in das Raw-Profil eingebettet werden. Es kann für jede Aufnahme eine Kamera-Objektiv-Kombination in den Raw-Prozess mit integriert werden, um die hardwarebedingten Eigenheiten zu korrigieren.

Abbildung 13.191 ▶
Palette zum automatischen Entfernen von Objektivfehlern mit Hilfe von Profilen

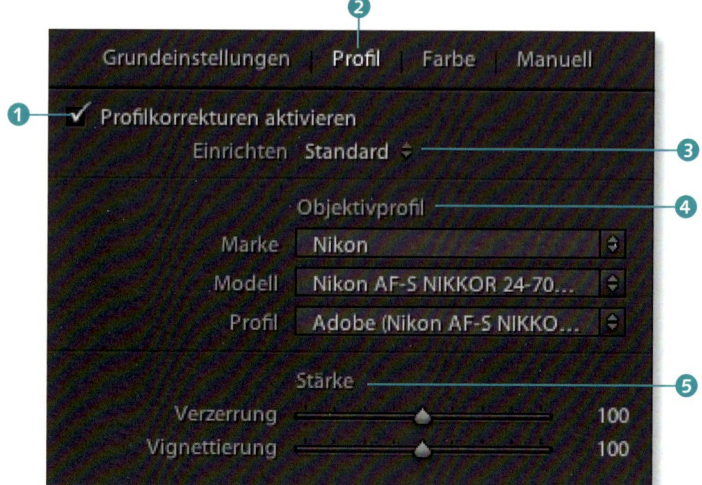

Um die automatische Profilierung zu aktivieren, müssen Sie in den PROFIL-Modus wechseln. Dazu klicken Sie auf den Begriff PROFIL ❷ im Kopf der Bedienfeldpalette. Diese wechselt daraufhin in den Modus zum Auswählen und Feinjustieren der Profile.

13.9 Objektivkorrekturen

Profilkorrekturen aktivieren | Zunächst müssen Sie die Korrektur mit Profilen aktivieren. Dazu klicken Sie das entsprechende Kontrollkästchen ❶ an. Ist Ihr Objektiv in der Liste der Profile, werden die Dropdown-Menüs für Marke, Modell und Profil automatisch ausgefüllt. Dies trifft aber nur zu, wenn das Objektiv in Kombination mit Ihrer Kamera in Adobe Lens Profile gespeichert ist. Anderenfalls müssen Sie die Parameter manuell angeben.

Einrichten | Über dieses Dropdown-Menü ❸ haben Sie die Möglichkeit, zwischen diesen Voreinstellungen zu wählen:
- **Auto:** Die Auto-Einstellung verwendet die im Profil gespeicherten Daten.
- **Standard:** Ihre gespeicherte Standardeinstellung. Falls Sie keine eigene Standardeinstellung gespeichert haben, ist diese mit der Auto-Einstellung identisch.

Objektivprofil | In dieser Parametergruppe ❹ können Sie die automatisch gesetzten Werte überschreiben bzw. ein Profil einstellen, wenn die automatische Erkennung versagt hat:
- **Marke:** Hersteller des Objektivs
- **Modell:** Modellbezeichnung des Objektivs
- **Profil:** Name des Profils – diese Option ist nur auswählbar, wenn mehrere Profile zu einem Objektiv existieren.

Stärke | Hier finden Sie zwei Regler ❺ zum Einstellen der Intensität der Korrekturen. Die Werte werden in Prozent angegeben und können von 0 bis 200 % eingestellt werden. 0 % bedeutet dann keine Anwendung der Korrektur.

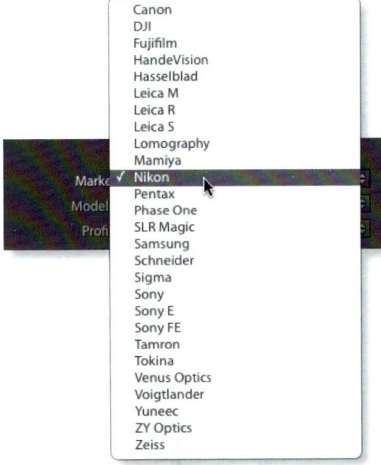

▲ Abbildung 13.192
Dropdown-Menü zur Auswahl der Marke des Objektivherstellers

Eigene Standardeinstellung speichern | Verändern Sie einen der Profilparameter, ändert sich der Eintrag unter Einrichten in Benutzerdefiniert.

Klicken Sie jetzt das Einrichten-Dropdown-Menü an, und wählen Sie den Befehl Neue Standardeinstellungen für Objektivprofil speichern. Der Einrichten-Eintrag wechselt zu Standard. Dieser enthält nun Ihre Standardeinstellung.

Diese Einstellung wird für alle Aufnahmen verwendet, die mit diesem Objektiv erstellt wurden und die über die Profileinstellung Standard verfügen.

Die ursprüngliche Standardeinstellung können Sie mit Hilfe des Befehls Objektivprofil auf Standardeinstellungen zurücksetzen wiederherstellen.

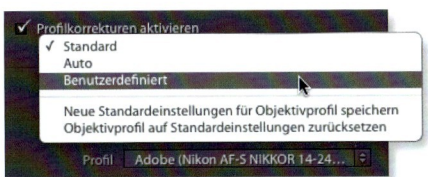

▲ Abbildung 13.193
Geänderte Parameter des Profils können als eigene Standardeinstellung gespeichert werden.

13.10 Effekte

Lightroom bietet drei Effekte, die als letzter Bearbeitungsschritt auf das fertig entwickelte Bild angewendet werden: die Vignettierung, die Simulation von Korn und das Entfernen bzw. Hinzufügen von Dunst oder leichtem Nebel.

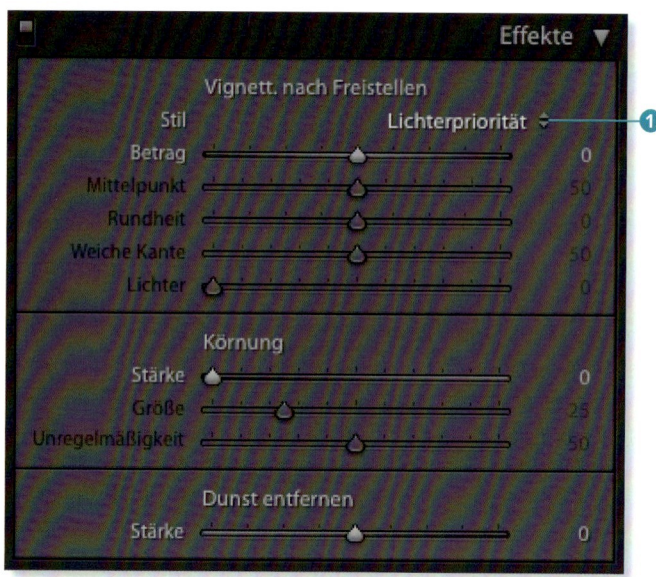

Abbildung 13.194 ▶
Palette zum Einstellen von Effekten, die am Ende der Entwicklungskette in das Bild gerechnet werden

Vignettierung als Kreativfilter

Sie kennen bereits den Vignettierungsfilter aus der Palette zur Objektivkorrektur. Theoretisch könnten Sie auch dort den Effekt simulieren. Allerdings wird dort der Effekt auf das Originalbild vor dem Beschneiden angewendet. Wenn Sie also die Vignettierung als Effekt verwenden wollen, würde dieser beim Beschneiden abgeschnitten. Aus diesem Grund gibt es die Vignettierung zusätzlich als Effekt. Dieser bietet Ihnen auch noch mehr Einstellmöglichkeiten.

Stil | Sie haben die Möglichkeit, zwischen drei Vignettierungsstilen zu wählen ❶:
- **Lichterpriorität:** Ermöglicht die Wiederherstellung von Lichtern, kann jedoch Farbverschiebungen in dunklen Bereichen zur Folge haben. Geeignet vor allem für helle, etwas überbelichtete Fotos.
- **Farbpriorität:** Reduziert Farbverschiebungen in dunklen Stellen, führt aber keine Korrektur der Lichter durch wie die Lichterpriorität.

▶ **Farbüberlagerung:** Vermischt die beeinflussten Randbereiche mit schwarzen oder weißen Pixeln. Erzeugt meist ein graues, flaches Aussehen.

▲ Abbildung 13.195
Ausschnitt mit Lichterpriorität

▲ Abbildung 13.196
Ausschnitt mit Farbpriorität

▲ Abbildung 13.197
Ausschnitt mit Farbüberlagerung

Betrag | Gibt die Stärke des Effekts an. Negative Werte dunkeln den Rand ab, während positive Werte den Rand aufhellen.

▲ Abbildung 13.198
Betrag = −100

▲ Abbildung 13.199
Betrag = 0

▲ Abbildung 13.200
Betrag = +100

Mittelpunkt | Legt den Startradius fest, ab dem die Vignettierung beginnt. Niedrige Werte bedeuten einen kleineren Radius.

▲ Abbildung 13.201
Mittelpunkt = 0

▲ Abbildung 13.202
Mittelpunkt = +50

▲ Abbildung 13.203
Mittelpunkt = +100

Rundheit | Die Rundheit regelt die Form der Vignettierung. Ein hoher Wert erzeugt eine kreisförmige Vignettierung. Werte im Minusbereich erzeugen eher ein abgerundetes Rechteck.

▲ Abbildung 13.204
Rundheit = −100

▲ Abbildung 13.205
Rundheit = 0

▲ Abbildung 13.206
Rundheit = +100

Weiche Kante | Dieser Wert legt die Schärfe der Vignettierungskante fest. Je höher der Wert, desto weicher wirkt die Blende.

▲ Abbildung 13.207
Weiche Kante = 0

▲ Abbildung 13.208
Weiche Kante = +50

▲ Abbildung 13.209
Weiche Kante = +100

Lichter | Steuert den Lichterkontrast, wenn der Betrag negativ ist. Dieser Parameter ist beim Stil Farbüberlagerung deaktiviert.

▲ Abbildung 13.210
Lichter = 0

▲ Abbildung 13.211
Lichter = +50

▲ Abbildung 13.212
Lichter = +100

Körnung zur Simulation von Film

Ein weiterer Effekt, den Sie Bildern hinzufügen können, ist die Simulation von Korn. Digitale Fotos haben oft einen künstlichen Touch. Dies kommt unter anderem daher, dass diese kein Rauschen besitzen. Die Bilder wirken sehr »clean«, und in homogenen Flächen kann sogar der Eindruck einer gewissen Unschärfe und in Verläufen können sichtbare Farbtreppen entstehen.

Die KÖRNUNG fügt dem Bild nachträglich ein Rauschen hinzu. Das erzeugt nicht nur den Look eines analogen Bildes, sondern fügt Flächen sogar Struktur hinzu, was zu einem besseren Schärfeeindruck führen kann. Vor allem wenn Sie Bilder vergrößert ausdrucken wollen, hilft die Körnung, die Interpolationsprobleme zu überdecken – in einem gewissen Rahmen zumindest.

▲ **Abbildung 13.213**
Palette zum Hinzufügen eines Rauschens

Stärke | Dieser Schieberegler steuert die Stärke des Effekts. Der optische Eindruck ist aber auch von den beiden anderen Parametern abhängig, so dass Sie diesen Regler eventuell anpassen müssen, wenn einer der beiden anderen verändert wurde.

▲ **Abbildung 13.214**
Die STÄRKE regelt die Intensität des Effekts. Bei »0« ist der Effekt deaktiviert.

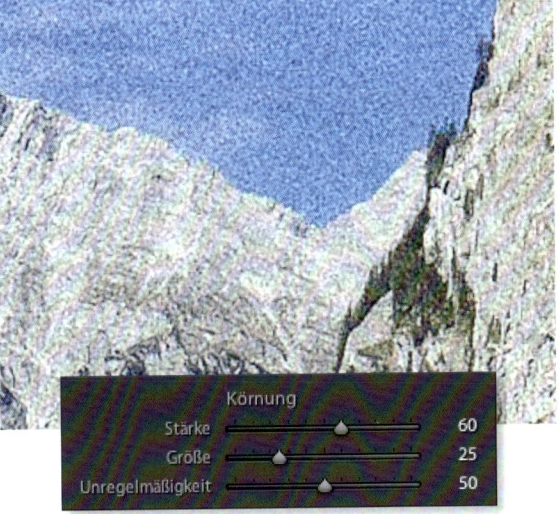

▲ **Abbildung 13.215**
Die Körnung bei einem Wert von »60«

Größe | Die Größe des Korns kann über diesen Wert geändert werden. Passen Sie die Größe der Struktur im Bild an. Scharfe technische Aufnahmen erfordern kleinere Werte. Das Verändern dieses Wertes erfordert oft eine Nachkorrektur der STÄRKE.

▲ **Abbildung 13.216**
Ein Wert von »25« ist für die GRÖSSE in diesem Fall zu groß. Das Korn macht das Bild leicht unscharf.

▲ **Abbildung 13.217**
Ein Wert von »10« verstärkt den Eindruck von Details in den Felsen.

Unregelmäßigkeit | Dieser Parameter legt über das Rauschen ein weiteres Rauschen. Das bedeutet, dass das Korn zufällig verteilt wird. Homogene Flächen benötigen niedrigere Werte, denn bei zu hohen Werten können Flächen fleckig wirken.

▲ **Abbildung 13.218**
UNREGELMÄSSIGKEIT = 0

▲ **Abbildung 13.219**
UNREGELMÄSSIGKEIT = +50

▲ **Abbildung 13.220**
UNREGELMÄSSIGKEIT = +100

Dunst entfernen

Neu in Lightroom CC

Derzeit nur für Mitglieder am Creative-Cloud-Programm. Lightroom-6-Nutzer erhalten diese Funktion eventuell zu einem späteren Zeitraum.

Ein kleiner Parameter mit großer Wirkung. Dieser Schieberegler entfernt den Dunst oder leichten Nebel aus Landschaftsaufnahmen. Da man bei diesem Parameter auch negative Wert einstellen kann, ist es auch möglich, Dunst nachträglich hinzuzufügen.

Neben dem Entfernen von Dunst zeigt sich die Funktion auch sehr nützlich bei überbelichteten oder Gegenlichtaufnahmen.

◄ **Abbildung 13.221**
Das Original ohne Filter

◄ **Abbildung 13.222**
Der angewendete DUNST ENTFERNEN-Filter

◄ **Abbildung 13.223**
Zur Korrektur wurde die Belichtung etwas erhöht und die Blau-Sättigung reduziert.

▲ Abbildung 13.224
Links die Originalaufnahme ohne Filter, rechts die Aufnahme mit DUNST ENTFERNEN-Filter und der Nachkorrektur der Belichtung

Bei Gegenlicht verlieren, durch interne Reflektionen im Objektiv, im Dunkeln liegende Flächen meist an Kontrast und Farbe. Diese Objekte bekommen einen ähnlichen Schleier, wie er auch durch Dunst verursacht wird. Daher greift auch hier die DUNST ENTFERNEN-Funktion.

Der Filter erhöht visuell die Sättigung des Bildes, und es wird etwas dunkler. Daher muss man eventuell die Farben und Belichtung etwas nachjustieren.

Allerdings ist die Berechnung des Filters ziemlich komplex und erfordert etwas Rechenzeit. Bei jeder Veränderung der Entwicklungseinstellung muss dieser neu berechnet werden, so dass das Nachregeln von Entwicklungseinstellungen etwas hackelig werden kann, beispielsweise der Weißabgleich. Adobe empfiehlt daher den Parameter DUNST ENTFERNEN bei der Änderung von Entwicklungseinstellungen, vorübergehend wieder auf den Wert »0« zurückzusetzen. Bei der Nachjustierung der Belichtung und der Sättigung hält sich aber der Geschwindigkeitsverlust zum Glück in Grenzen, und man kann die Änderungen auch bei aktiviertem Regler durchführen.

▼ Abbildung 13.225
Links eine bereits entwickelte Aufnahme ohne Filter, rechts ein negativer Wert des Filters DUNST ENTFERNEN.

13.11 Kamerakalibrierung

Wie bereits auf Seite 511 beschrieben, findet die Umwandlung vom Raw-Bild zum darstellbaren Farbbild über eine Art »Rechenmaschine« von Adobe statt, den PROZESS. Dahinter verbirgt sich die komplette Raw-Technologie von Adobe, die allgemein als Adobe Camera Raw (ACR) bezeichnet wird. Das Umrechnen des Prozesses kann zusätzlich durch Kameraprofile gesteuert werden. Diese berücksichtigen kameraspezifische Eigenheiten und arbeiten ähnlich den Farbprofilen des Farbmanagements. Da die Prozessversion und die Kameraprofile stark zusammenspielen, erfolgt die Einstellung beider Parameter innerhalb des entsprechenden Bedienfeldes KAMERAKALIBRIERUNG.

In Lightroom ist bereits für alle kompatiblen Kameras ein Standardprofil integriert. Dieses wird als ADOBE STANDARD-Profil ❶ angezeigt. Für ausgewählte Kameras, vor allem für Spiegelreflexkameras, stehen auch erweiterte Profile zur Verfügung, die Sie statt ADOBE STANDARD wählen können. Zusätzlich können Sie eigene Profile mit dem DNG Profile Editor von Adobe erstellen (siehe Seite 135).

Mit den Steuerelementen im Bedienfeld KAMERAKALIBRIERUNG können Sie darüber hinaus anpassen, wie Lightroom die Farben Ihrer Kamera interpretieren soll – eine Art Schnellkalibrierung. Die Regler überschreiben dabei die im Profil gespeicherten Farbmatrix-Werte. Im Normalfall ist das jedoch nicht nötig, weil die Profile bereits gute Ergebnisse liefern.

◀ **Abbildung 13.226**
Bedienfeldpalette zur Kamerakalibrierung

Abbildung 13.227 ▶
Die Konvertierung aller ausgewählten Bilder in die aktuelle Prozessversion über das Menü im Modul Bibliothek

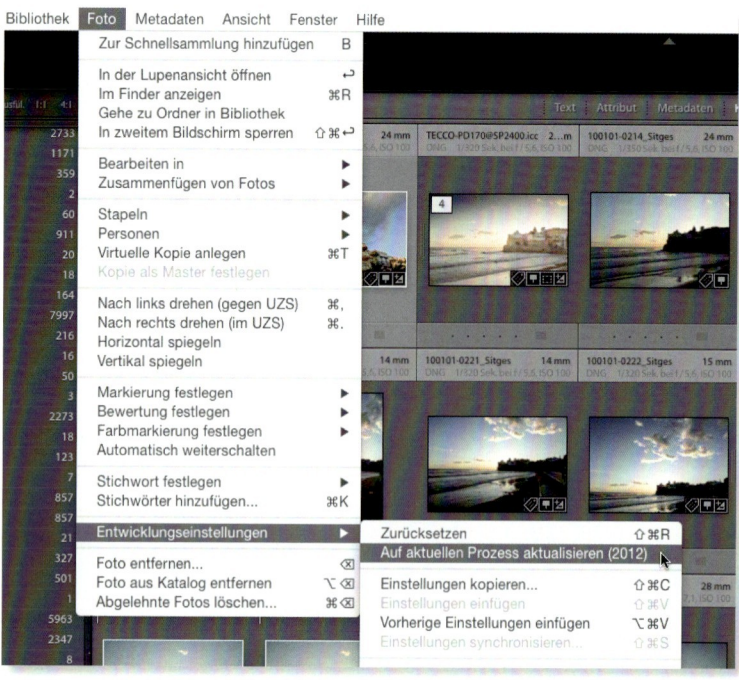

Wenn es jedoch auf absolute Farbtreue ankommt, wie etwa bei Sachaufnahmen für Katalogproduktionen oder Ähnliches, können Sie hier die Korrekturen durchführen. Die Regler lassen sich zudem auch kreativ nutzen.

Mit Kameraprofilen arbeiten

Kameraprofile sind wie Objektivprofile, die Farb- und Helligkeitseigenschaften der diversen Kameratypen berücksichtigen. Adobe liefert für alle kompatiblen Kameratypen Standardprofile mit. Eigene Profile können jedoch jederzeit hinzugefügt werden.

▲ **Abbildung 13.228**
Auswählen des Kameraprofils

Profil | Hiermit wird die Version des für Ihre Kamera zu verwendenden Kameraprofils ausgewählt. Wenn mehrere Profile verfügbar sind, können Sie ein älteres wählen, um konsistente Ergebnisse mit älteren Fotos zu erzielen. Eingebettet bedeutet, dass die aktuelle Datei – in der Regel eine TIFF-, JPEG- oder PSD-Datei von gescannten Fotos – ein eingebettetes Profil enthält. Sie können aber auch eigene Profile installieren, die Sie mit Hilfe des DNG Profile Editors erstellen können (siehe Seite 135). Allerdings ist das nur etwas für Perfektionisten und technisch versierte Anwender, denn hier wird auf das Raw-System von Adobe Einfluss genommen. Mehr zur Kalibrierung von Digitalkameras lesen Sie auf Seite 134.

13.11 Kamerakalibrierung

◀▲ **Abbildung 13.229**
Das Standardprofil von Lightroom

◀▲ **Abbildung 13.230**
Ein selbst erstelltes Profil, das speziell auf die Eigenschaften der Kamera optimiert wurde. Es besitzt etwas mehr Kontrast und gesättigtere Farben, vor allem in den blauen Tönen.

◀▲ **Abbildung 13.231**
Ein aus dem Internet geladenes Profil, das als Basis zur Simulation eines bestimmten analogen Filmtyps dient

Schatten | Falls Ihre Kamera an den dunklen Stellen einen Magenta- oder Grünstich aufweist, so kann dieser mit dem SCHATTEN-Regler korrigiert werden. Die Korrektur muss dabei nicht immer nur aus technischen Gründen durchgeführt werden. Auch wenn Sie den Farbton der Schatten generell korrigieren wollen, zum Beispiel an einem diesigen Tag, können Sie das hiermit bewirken.

Abbildung 13.232 ▲▶
An diesigen Tagen erhalten Schatten einen Blaustich.

Abbildung 13.233 ▲▶
Diesen Blaustich können Sie auch über den Regler SCHATTEN in der KAMERAKALIBRIERUNG korrigieren.

Farbton und Sättigung | Mit diesen Reglern kann der FARBTON der Grundfarben Rot, Grün und Blau verschoben werden. Der Regler SÄTTIGUNG reduziert oder erhöht den Farbauftrag.

Die Steuerelemente besitzen eigentlich die gleiche Funktion wie diejenigen im Bedienfeld HSL / FARBE / S/W (siehe Seite 551). Daher sind sie für eine kreative Nutzung nicht nötig. Sie dienen hier generell eher der manuellen Korrektur des Kameraprofils.

13.12 Werkzeuge im Entwickeln-Modul

Unter dem Histogramm der rechten Bedienfeldpalette befindet sich eine Werkzeugleiste ❶. Diese stellt Tools zur Verfügung, die sich auf das Format des Bildes auswirken oder über die Sie Korrekturen nur auf bestimmte Bereiche des Bildes anwenden.

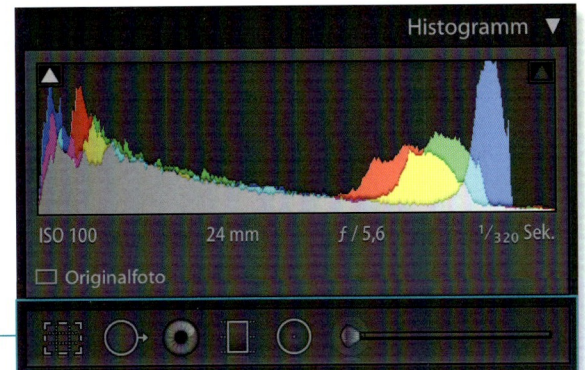

◀ **Abbildung 13.234**
Die Werkzeugleiste im Entwickeln-Modul befindet sich direkt unter dem Histogramm.

Freistellungsüberlagerung | Dieses Werkzeug erlaubt das Freistellen eines Bildausschnitts und das Drehen des Bildes, um beispielsweise den Horizont auszurichten. Sie können das Werkzeug direkt durch Drücken der R-Taste aufrufen oder es mit der Maus anklicken. Nähere Informationen finden Sie auf Seite 614.

Bereichsreparatur | Ursprünglich zum Entfernen von Staubflecken gedacht, ermöglicht das Werkzeug auch einfache Retuschearbeiten. Es erlaubt darüber hinaus das Kopieren von Objekten an andere Stellen im Bild. Sie starten das Werkzeug über die Taste Q. Nähere Informationen finden Sie auf Seite 625.

Rote-Augen-Korrektur | Rote Augen, die durch Blitzlicht verursacht werden, können mit diesem Tool korrigiert werden – auch die von Haustieren. Nähere Informationen finden Sie auf Seite 633.

Verlaufsfilter | Mit diesem Werkzeug erstellen Sie eine Verlaufsmaske. Über diese Maske können Sie Belichtung, Helligkeit, Kontrast und einige weitere Korrekturen nur auf einen bestimmten Bereich anwenden. Die Stärke des Filters wird dabei über den Verlauf gesteuert. Sie starten das Werkzeug über die Taste M. Nähere Informationen finden Sie ab Seite 643.

Radial-Filter | Dies ist ebenfalls eine Verlaufsmaske, allerdings wirkt sie nicht linear, sondern kreisförmig von innen nach außen. Die Richtung kann auch umgekehrt werden. So lassen sich dezentrale Vignettierungen oder punktuelle Aufhellungen erzeugen. Sie rufen das Werkzeug über ⇧ + M auf. Nähere Informationen finden Sie auf Seite 645.

 **Korrekturpinsel |** Dieses Werkzeug besitzt die gleiche Grundfunktionalität wie der Verlaufsfilter. Jedoch können Sie die zu korrigierenden Bereiche hier mit einem Pinsel selbst kontrollierter festlegen. Sie malen damit einfach die Maske in das Bild. Sie starten das Werkzeug über die Taste K. Nähere Informationen finden Sie ab Seite 649.

13.13 Freistellen und gerade ausrichten

In Lightroom können Sie Bilder natürlich auch beschneiden und ausrichten. Das Werkzeug dafür heißt FREISTELLUNGSÜBERLAGERUNG und befindet sich in der Werkzeugleiste unter dem Histogramm. Es kann durch Drücken der Taste R oder durch Anklicken aufgerufen werden. Mit dem Werkzeug ziehen Sie einen Freistellungsrahmen auf. Der Rahmen kann dabei in einem beliebigen Seitenverhältnis variiert werden. Das Bild wird darin gedreht und verschoben.

▼ **Abbildung 13.235**
Beim Ausrichten und Freistellen von Bildern wird ein Drittelraster angezeigt, das dabei behilflich ist, einen ausgewogenen Ausschnitt zu wählen.

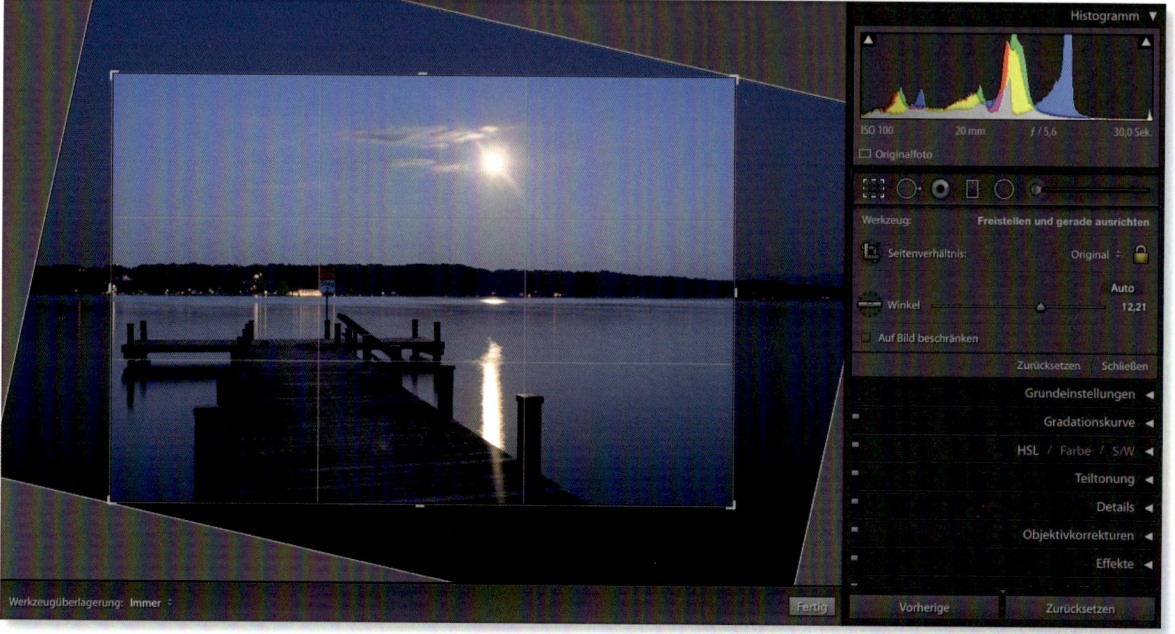

Der Rahmen besitzt zusätzlich ein Raster mit Dreiteilung zum Ausrichten bildwichtiger Objekte nach der Drittelregel. Es können auch andere Unterteilungen wie ein Diagonalraster oder eine Spirale angezeigt werden (siehe Seite 619).

Bild ausrichten

Um Bilder auszurichten, haben Sie die Wahl zwischen einem Schieberegler, einem Wasserwaagen-Werkzeug und der Möglichkeit, das Bild direkt in der Ansicht zu drehen. Während der Rotation wird das Raster stärker unterteilt. Dies hilft bei der genaueren Ausrichtung. Bei der Rotation eines unbeschnittenen Bildes wird der Beschnittrahmen gleich mit angepasst, um ein rechteckiges Bild zu erhalten.

◀ **Abbildung 13.236**
Bei der Bilddrehung wird das Bild automatisch so beschnitten, dass es mittig in das bestehende Seitenverhältnis passt. Oben sehen Sie das Bild vor der Rotation ...

◀ **Abbildung 13.237**
... und unten während der Rotation.

Kapitel 13   Das Entwickeln-Modul

▲ **Abbildung 13.238**
Die Bildrotation kann über den Schieberegler oder die Werteeingabe vorgenommen werden.

▲ **Abbildung 13.239**
Befindet sich der Cursor nahe einer Bildecke, so wird er zum Rotationswerkzeug.

Ausrichten mit dem Steuerelement | In der Werkzeugleiste können Sie das Bild über den Schieberegler WINKEL um bis zu 45° in beide Richtungen drehen. Mehr macht keinen Sinn, denn dann würde das Bild auf dem Kopf stehen. Wenn es sich bei Ihrem Bild um eine falsche Ausrichtung handelt, können Sie diese in der Bibliothek mit den Schaltflächen am Bild in 90°-Schritten korrigieren (siehe Seite 350). Um eine Gradzahl direkt einzugeben, können Sie auf den angezeigten Wert klicken. Nach der Eingabe eines Wertes bestätigen Sie mit ⏎. Drücken Sie die Schaltfläche AUTO, richtet Lightroom das Bild automatisch horizontal aus.

Ausrichten direkt in der Ansicht | Bewegen Sie dazu den Mauszeiger nahe an den Freistellungsrahmen, ohne ihn zu berühren. Der Mauszeiger wird dann zum Rotationswerkzeug. Drücken Sie die Maustaste, und halten Sie sie gedrückt. Ziehen Sie die Maus jetzt nach links, rechts, oben oder unten, um das Bild zu drehen. Zum Beenden lassen Sie die Maustaste einfach wieder los. Bei der Rotation passt sich der Rahmen des Werkzeugs an das maximal mögliche Format an.

Gerade-ausrichten-Werkzeug | Dieses Werkzeug erleichtert das Ausrichten des Bildes an einer markanten Linie im Bild. Dabei kann es sich beispielsweise um den Horizont oder um eine Gebäudekante handeln. Das Werkzeug erkennt automatisch, ob es sich um eine senkrechte oder waagerechte Kante handelt.

Das Material für die Schritt-für-Schritt-Anleitungen finden Sie im »Workshopkatalog« nach Kapitel und Seitenzahl geordnet im Sammlungssatz SCHRITT-FÜR-SCHRITT-ANLEITUNGEN.

Schritt für Schritt
Horizont waagerecht ausrichten

Das GERADE-AUSRICHTEN-WERKZEUG wird in diesem Beispiel zum Ausrichten des Horizonts verwendet.

1   Werkzeug aufnehmen
Um das Werkzeug aufzunehmen, klicken Sie das Symbol in der Werkzeugleiste an. Danach erscheint es neben einem kleinen Fadenkreuz am Mauszeiger, sobald Sie sich über dem Bild befinden. Das Fadenkreuz markiert den Punkt am Cursor, an dem die Ausrichtungslinie erzeugt wird.

◀ **Abbildung 13.240**
Das GERADE-AUSRICHTEN-WERKZEUG in der Werkzeugleiste

◀ **Abbildung 13.241**
Das Fadenkreuz markiert die Spitze des Cursors.

2   Ausrichten des Horizonts
Die Ausrichtung wird gestartet, indem Sie das Fadenkreuz an den ersten Punkt der Ausrichtungslinie bewegen – beispielsweise im

linken Bildbereich an eine Stelle am Horizont, an dem sich Wasser und Himmel berühren.

Ziehen Sie dann mit gedrückter Maustaste eine Linie zum rechten Bildrand. Die Linie sollte dabei genau dem Verlauf des Horizonts folgen.

◄ **Abbildung 13.242**
Mit dem Gerade-ausrichten-Werkzeug wird eine Linie gezogen. Das Bild wird dann anschließend so gedreht, dass die Linie waagerecht wird.

◄ **Abbildung 13.243**
Das Bild besitzt nach dem Ausrichten des Horizonts einen kleineren Ausschnitt.

TIPP

Halten Sie während des Erzeugens der Linie die ⌥/Alt-Taste gedrückt, so wird ein feineres Raster eingeblendet. Dieses hilft vor allem beim Ausrichten von Linien in Architekturaufnahmen.

Wenn die Linie richtig platziert ist, lassen Sie die Maustaste los. Danach wird das Bild automatisch gedreht und der Bildbeschnitt festgelegt.

▲ **Abbildung 13.244**
Zwei unterschiedliche Ausschnitte aus demselben Bild. Die Bildwirkung ist komplett unterschiedlich.

Bilder beschneiden

Die Bildwirkung hängt entscheidend vom richtigen Ausschnitt ab. Gerade beim Fotografieren von bewegungsintensiven Szenen ist es in der Kürze der Zeit aber oft nicht möglich, den richtigen Ausschnitt schon bei der Aufnahme festzulegen. Das lässt sich anschließend in der Bildverarbeitung nachholen. Es wird dabei ein Rahmen über dem Bild platziert, den Sie beliebig verschieben können. In Lightroom bleibt dieser Rahmen immer im Zentrum der Ansicht, und das Bild wird dahinter »durchgeschoben«.

Freistellungsüberlagerung einstellen | Bei der Bildgestaltung wird oft von einer Drittelteilung gesprochen. Das bildwichtige Motiv ist dabei nicht immer in der Mitte, sondern befindet sich eher in einem seitlichen Drittel. Dies ist aber stark vom Motiv abhängig. Lightroom bietet noch andere grafische Unterteilungen als die Drittelung.

Diese Unterteilungen können Sie über das Untermenü von WERKZEUGE • FREISTELLUNGSÜBERLAGERUNG auswählen. Die verschiedenen Überlagerungen können Sie durch Drücken der Taste [O] durchlaufen. Die Ausrichtung können Sie ebenfalls über das Menü oder mit der Tastenkombination [⇧]+[O] durchschalten.

Wenn Sie nur ein paar dieser Freistellungsüberlagerungen öfter verwenden, können Sie den Durchlauf auf Ihre Lieblingsüberlagerungen einschränken. Dies erledigen Sie über den Dialog, welchen Sie über das Menü WERKZEUGE • FREISTELLUNGSÜBERLAGERUNG • ZU DURCHLAUFENDE ÜBERLAGERUNGEN aufrufen. Hier müssen Sie einfach die Kontrollkästchen für die Überlagerungen aktivieren, die Sie durchlaufen wollen. Folgende Freistellungsüberlagerungen stehen Ihnen zur Verfügung:

▲ **Abbildung 13.245**
Nicht benötigte Überlagerungen können aus dem Durchlauf ausgeschlossen werden.

- **Raster:** Ein gleichmäßiges Raster. Dieses wird immer verwendet, wenn Sie das Bild rotieren, auch wenn Sie eine andere Freistellungsüberlagerung aktiviert haben.

▶ **Drittel:** Die Drittelteilung ist der »Klassiker« unter den Freistellungsüberlagerungen und taucht in jedem Fotolehrgang zur Unterteilung von Himmel-zu-Boden-Verhältnis auf oder um Objekte außerhalb der Mitte zu platzieren. Teilt das Bild in drei horizontale und drei vertikale Bereiche, also in neun gleich große Rechtecke. Dies ist die Standardüberlagerung, die sich für die meisten Motive eignet.

◀ **Abbildung 13.246**
Nicht nur das Verhältnis von Himmel zu Wasser richtet sich nach der Drittelteilung, sondern auch die Position des Sprungturms.

▶ **Diagonal:** Dabei wird von jeder Ecke aus eine diagonale Linie im 45°-Winkel gezogen.

◀ **Abbildung 13.247**
Die Überlagerung DIAGONAL erzeugt in der Mitte ein »Fenster«. Dieses eignet sich gut, um Objekte zu zentrieren.

▶ **Dreieck:** Hierbei wird das Bild diagonal geteilt. Auf die diagonalen Linien werden senkrecht zwei Linien zu den Ecken so gesetzt, dass Dreiecke entstehen.

Abbildung 13.248 ▶
Für ein solches Bild eignet sich das Dreieck-Raster als Freistellungsüberlagerung.

▶ **Goldener Schnitt:** Diese Überlagerung teilt das Bild wie das Drittelraster in neun Rechtecke. Allerdings wird dabei die Gestaltungsregel des Goldenen Schnitts berücksichtigt.
▶ **Goldene Spirale:** Die Goldene Spirale ist eine speziell nach mathematischen Regeln geformte Spirale, die wie der Goldene Schnitt ein ausgewogenes Verhältnis erzeugen soll.

Abbildung 13.249 ▶
Die Spirale eignet sich bei Motiven, bei denen sich der Blick auf ein Zentrum konzentrieren soll.

13.13 Freistellen und gerade ausrichten

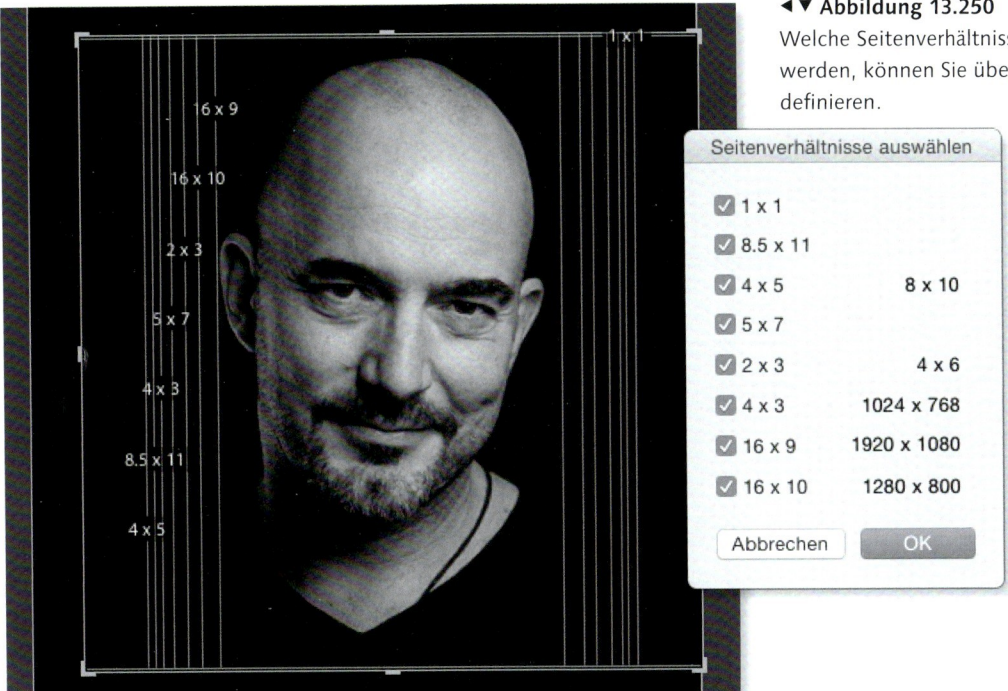

◀▼ **Abbildung 13.250**
Welche Seitenverhältnisse angezeigt werden, können Sie über einen Dialog definieren.

▶ **Seitenverhältnisse:** Hierbei werden unterschiedliche Seitenverhältnisse in den gewählten Ausschitt eingeblendet. Über das Menü WERKZEUGE • FREISTELLUNGSÜBERLAGERUNG • SEITENVERHÄLTNISSE AUSWÄHLEN können Sie wählen, welche dies sein sollen. Hiermit können Sie das Motiv so beschneiden, dass es später für unterschiedliche Formate immer noch passt. Über die Tastenkombination ⇧+0 können Sie die Ausrichtung (Hoch- oder Querformat) umkehren.

Beschneiden im Ansichtsfenster | Im Ansichtsfenster können Sie die Freistellung auch direkt anpassen. Ist das FREISTELLUNGSÜBERLAGERUNG-Werkzeug aktiv, wird über das Bild der Freistellungsrahmen eingeblendet. Befinden Sie sich mit dem Mauszeiger über einer der Kanten des Rahmens, erscheint der Verschiebepfeil.
Bewegen Sie nun die Maus mit gedrückter Maustaste, so können Sie den Freistellungsrahmen verändern. Wenn Sie die Ecken des Rahmens anfassen, können Sie diese diagonal verschieben.
Ist das Schloss-Symbol geschlossen, so ist das Seitenverhältnis gesperrt. Das Verhältnis kann über das Dropdown-Menü unter dem Begriff SEITENVERHÄLTNIS angegeben werden (Abbildung 13.256).

▲ **Abbildung 13.251**
Befindet sich der Mauszeiger über dem Freistellungsrahmen, so kann dieser verändert werden.

◀ **Abbildung 13.252**
Über das Schloss-Symbol wird das Seitenverhältnis gesperrt (links) oder freigegeben (rechts).

621

Abbildung 13.253 ▶
Über das Schloss-Symbol wird das Seitenverhältnis gesperrt (oben) oder freigegeben (unten).

▲ **Abbildung 13.254**
Das Bild wird hinter dem Rahmen durchgeschoben.

Bild im Ausschnitt verschieben | Das Bild kann im Ausschnitt verschoben werden, indem Sie den Mauszeiger innerhalb des Freistellungsrahmens platzieren – der Cursor wird dann zur Hand. Mit gedrückter Maustaste können Sie das Bild jetzt im Rahmen verschieben. Das Bild wird dabei, anders als in vielen anderen Programmen, hinter dem Rahmen bewegt, während der Rahmen an seiner Position bleibt. Dadurch haben Sie immer den kompletten sichtbaren Ausschnitt im Auge.

Das Freistellungsrahmen-Werkzeug | Wollen Sie einen kleineren Bereich freistellen, so ist die Anpassung im Ansichtsfenster relativ aufwendig, da Sie die Kanten des Rahmens ständig verschieben müssen. Daher bietet Lightroom ein Werkzeug an, mit dem Sie einen Rahmen einfach über einen freizustellenden Bereich ziehen können. Dieser Ausschnitt wird dann freigestellt.

◄ Abbildung 13.255
Das Freistellungsrahmen-Werkzeug erlaubt das Aufziehen eines Rahmens über einem gewünschten Bereich. Dieser wird dann ausgeschnitten.

Aktivieren Sie das Freistellungsrahmen-Werkzeug in der Werkzeugleiste. Nun können Sie einen Rahmen im Bild aufziehen, indem Sie auf einen Eckpunkt des gewünschten Ausschnitts klicken und den Mauszeiger mit gedrückter Taste zur diagonal gegenüberliegenden Ecke des gewünschten Rechtecks ziehen. Hierdurch wird der freizustellende Bereich eingefasst und freigestellt.

Seitenverhältnis auswählen | Neben dem Schloss und der Beschriftung Seitenverhältnis befindet sich die Angabe des aktuellen Seitenverhältnisses. Im Normalfall steht hier Original, was dem Seitenverhältnis des Ausgangsbildes entspricht.

Klicken Sie auf die Angabe, so öffnet sich ein Dropdown-Menü, aus dem Sie aus einer Liste von vordefinierten Seitenverhältnissen auswählen können. Um ein eigenes Seitenverhältnis festzulegen, wählen Sie den Punkt Ben.def. eingeb. (Benutzerdefiniert eingeben) und geben im Dialogfeld das gewünschte Verhältnis vor. Dabei können Sie auch Kommawerte verwenden, um exakte Vorgaben zu definieren.

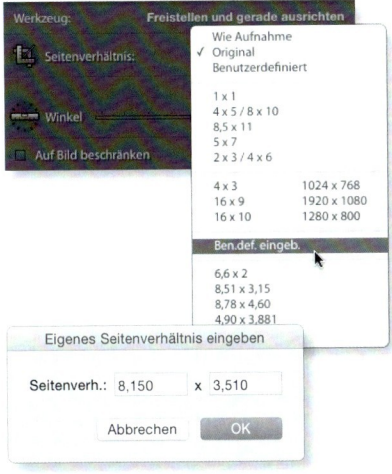

▲ Abbildung 13.256
Dropdown und Dialogfeld zur Definition eines eigenen Seitenverhältnisses

Aus Querformat wird Hochformat und umgekehrt | Manchmal will man aus einem Querformatbild einen Hochformatausschnitt mit dem umgekehrten Seitenverhältnis erstellen – beispielsweise im Verhältnis 2:3 statt 3:2.

Dazu muss das Seitenverhältnis gesperrt sein (siehe Seite 621). Dann verschieben Sie eine Ecke des Freistellungsrahmens waagerecht, bis das Seitenverhältnis wechselt, oder drücken Sie die X-Taste. Bei Hochformatbildern funktioniert das analog, nur müssen Sie dann die Ecke senkrecht statt waagerecht verschieben.

Abbildung 13.257 ▶
Das waagerechte Verschieben der Ecke macht aus einem Querformat- einen Hochformatbeschnitt.

13.14 Bereichsreparatur mit dem Stempel

Mit dem BEREICHSREPARATUR-Werkzeug lassen sich kleine Fehler im Bild reparieren, wie zum Beispiel Flecken, die durch Staub auf dem Sensor entstehen. Aber auch Hautunreinheiten in Porträts lassen sich damit einfach entfernen. Dabei wird der zu reparierende Bereich durch einen anderen Teil des Bildes ersetzt. Neben der Reparaturmöglichkeit haben Sie auch die Möglichkeit, Bereiche zu kopieren, um damit andere Bildstellen zu ersetzen. Dabei werden zwei miteinander verbundene Auswahlbereiche verwendet: Der Zielbereich kennzeichnet die zu reparierende Stelle und der Aufnahmebereich den Ausschnitt des Fotos, der zum Kopieren beziehungsweise Reparieren des Bereichs verwendet werden soll.

◀▲ **Abbildung 13.258**
Mit der BEREICHSREPARATUR lassen sich störende Elemente aus dem Bild entfernen. Oben: Ein Bildausschnitt mit Person am Strand. Rechts: Die Person wird mit der BEREICHSREPARATUR aus dem Bild entfernt.

Reparatur | Bei der Retusche wird die Umgebung des zu reparierenden Bereichs in Farbe, Helligkeit und Sättigung analysiert und mit der Struktur aus dem Aufnahmebereich gefüllt. Dadurch entsteht eine homogene Fläche, die von der Umgebung nicht zu unterscheiden ist. Dies ist das Werkzeug der Wahl, wenn es um das Entfernen von Flecken auf dem Sensor geht. Vor allem in Bereichen des Himmels und anderer homogener Flächen sind diese störend.

Kopie | Beim Kopieren wird ein Bereich an einer anderen Stelle dupliziert. Die Kopie wird an den Rändern weich überblendet, um sie möglichst nahtlos in die Umgebung zu integrieren.

Handhabung des Stempels

Reparatur- und Kopierstempel arbeiten auf ähnliche Weise. Der Unterschied liegt nur in der Methode, mit der Aufnahme- und Zielbereich miteinander kombiniert werden. Die Methode kann auch nachträglich umgeschaltet werden. Mit dem Stempel können Sie einzelne Punkte, wie zum Beispiel Sensorflecken, beseitigen, oder Sie können eine Fläche malen, um größere Objekte zu kopieren oder zu entfernen. Erstellen Sie nur einen einzelnen Punkt, können Sie dessen Größe nachträglich noch verändern. Wenn Sie jedoch einen Bereich ausmalen, können Sie dessen Größe nachträglich nicht mehr ändern. Zudem können Sie nachträglich der Fläche nichts hinzufügen oder wegnehmen. Sie müssen dann immer die Maske erneut malen.

HINWEIS

Zoomen per Mausklick ist bei aktiviertem Werkzeug nicht möglich, denn dabei wird ein neuer Stempel erzeugt. Verwenden Sie stattdessen die Leertaste zum Zoomen.

Werkzeug aktivieren und Modus wählen | Um das Werkzeug aufzunehmen, klicken Sie auf das BEREICHSREPARATUR-Symbol in der Werkzeugleiste. Alternativ können Sie auch die Taste [Q] drücken. Wählen Sie unter dem Symbol den Modus aus. Im Folgenden erkläre ich Ihnen zunächst den KOP.STEMPEL (Kopierstempel). Zur Funktion REPAR. (Reparatur) können Sie auch nachträglich noch umschalten.

Abbildung 13.259 ▶
Die Werkzeugpalette zum Entfernen von Staub, zum Kopieren von Bildstellen oder für die Porträtretusche

Cursorgröße festlegen | Die Cursorgröße können Sie nachträglich nur korrigieren, wenn Sie einen einzelnen Punkt gesetzt haben. Bei gemalten Flächen ist eine Anpassung nicht möglich. Daher sollte man die Größe unbedingt vorher entsprechend wählen.

Bevor Sie den Vorgang starten, empfiehlt es sich auch, das Bild in der Ansicht so zu verschieben, dass Sie sowohl den Bereich, den Sie überschreiben wollen, als auch den Aufnahmebereich sehen können. Bewegen Sie den Mauszeiger über das Bild, ohne zu klicken, erscheint ein Kreis in der aktuellen Größe. Verändern Sie den Durchmesser über den Schieberegler GRÖSSE, bis er den zu überschreibenden Bereich umschließt.

13.14 Bereichsreparatur mit dem Stempel

◄ **Abbildung 13.260**
Der Schieberegler für die GRÖSSE steuert den Pinseldurchmesser des Stempels.

Alternativ können Sie die Cursorgröße auch über das Mausrad festlegen. Das Drehen des Rades nach vorn vergrößert den Bereich. Verkleinert wird der Kreis durch Drehen nach hinten.

Bereich auswählen und Reparaturvorgang starten | Je nachdem, ob Sie nur ein rundes Staubkorn auf dem Sensor oder ein ganzes Objekt entfernen wollen, gibt es leicht unterschiedliche Vorgehensweisen.

▸ **Sensorflecken oder andere runde Fehler:** Hierzu müssen Sie nur auf den Fleck klicken. Dabei dürfen Sie nicht mit gedrückter Maustaste die Maus ziehen. In diesem Fall wird nur ein runder Punkt erstellt, dessen Größe Sie noch ändern können.

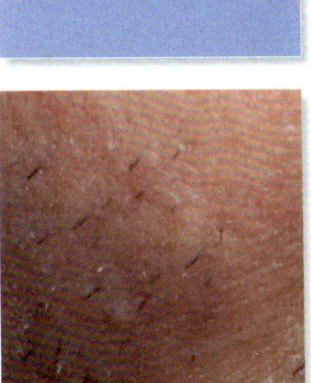

▼ **Abbildung 13.261**
Zwei Beispiele runder Korrekturen – vor, während und nach der Bereichsreparatur

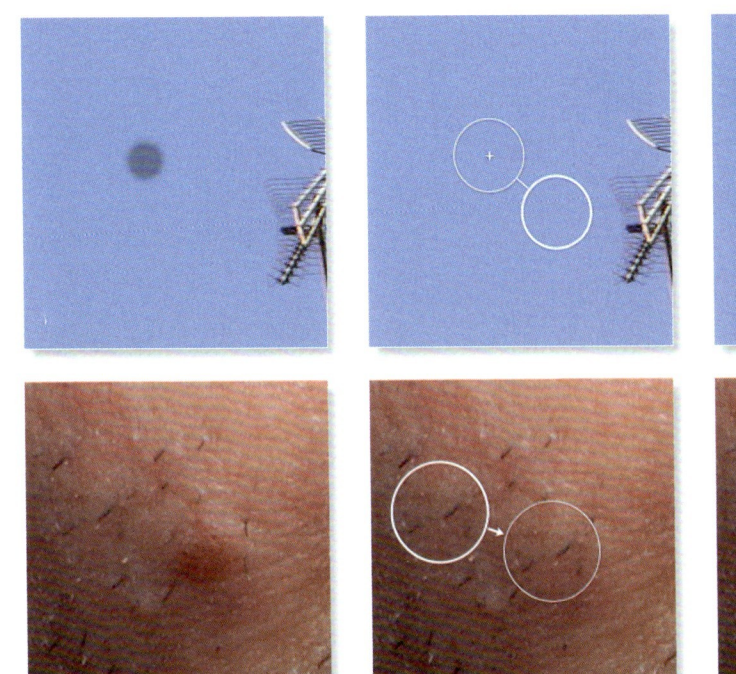

▶ **Objekte mit beliebiger Form:** Halten Sie die Maustaste gedrückt, können Sie das Objekt nachmalen. Malen Sie über das gesamte Objekt. Wo Sie bereits gemalt haben, wird dies durch eine weiße Abdeckung sichtbar. Sind Sie mit dem Malen fertig, lassen Sie einfach die Maustaste los.

▲ Abbildung 13.262
Der Kran stört und soll mit der Bereichsreparatur entfernt werden.

▲ Abbildung 13.263
Mit gedrückter Maustaste wird der Kran übermalt. Der Durchmesser des Stempels ist dabei etwas kleiner, um genauer malen zu können.

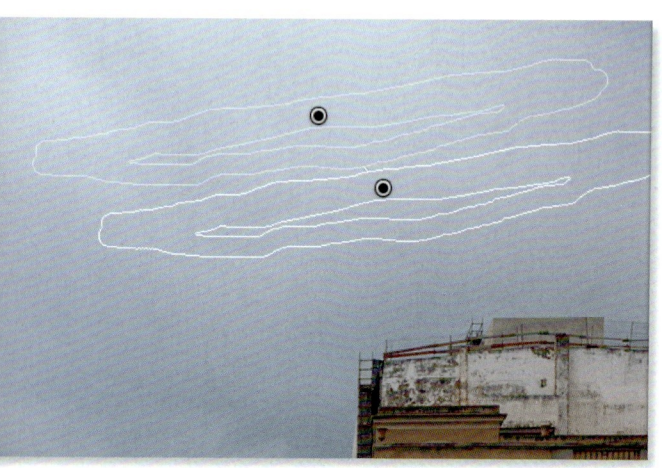

▲ Abbildung 13.264
Beim Malen nicht das Kabel unter dem Kran vergessen. Lightroom sucht sich automatisch den Inhalt, der an die zu korrigierende Stelle passt.

▲ Abbildung 13.265
Nach der Reparatur ist der Kran vollständig aus dem Bild entfernt.

In beiden Fällen sucht Lightroom im restlichen Bild eine passende Stelle, die es an den markierten Bereich übertragen kann. Der Ziel- und Quellbereich sind mit einem Pfeil verbunden, der die

Kopierrichtung anzeigt. Beide Bereiche können nachträglich noch verschoben werden.

Bereiche verschieben | Sie können jeden Bereich für sich verschieben. Dazu bewegen Sie mit gedrückter Maustaste den gewünschten Bereich. Dabei wird ein Hand-Cursor sichtbar. Sind Sie am Ziel angekommen, lassen Sie die Maustaste wieder los. Schon während des Verschiebens wird der Zielbereich aktualisiert.

TIPP
Durch Drücken der Tastenkombination ⇧+7 führt Lightroom die automatische Erkennung des Quellbereichs neu aus – aber nur während das Werkzeug aktiv ist.

◀ Abbildung 13.266
Mit gedrückter Maustaste lassen sich die Bereiche verschieben.

Größe eines runden Bereichs verändern | Grundsätzlich sind beide Bereiche immer gleich groß. Die GRÖSSE eines kreisförmigen Bereichs können Sie über den Schieberegler in der Werkzeugleiste genau festlegen. Oder Sie klicken mit der Maustaste auf die Kreislinie des Zielbereichs, halten sie gedrückt und ziehen die Maus vom Kreiszentrum weg oder dort hinein – je nachdem, ob Sie den Bereich vergrößern oder verkleinern wollen.

◀ Abbildung 13.267
Die Bereichsgröße lässt sich nur im Zielbereich über die Maus steuern.

Modus umschalten | Sie können zwischen den beiden Modi Kopieren und Reparieren hin- und herschalten. Dazu müssen Sie nur auf den Begriff REPAR. beziehungsweise KOP.STEMPEL im Bedienfeld klicken.

▲ Abbildung 13.268
Zum Kopieren des Papierkorbs ...

▲ Abbildung 13.269
... wird er zunächst repariert, ...

▲ Abbildung 13.270
... und anschließend werden Quell- und Zielbereich vertauscht.

Da Sie die Quell- und Zielbereiche nicht tauschen können, ist es schwierig, bewusst Objekte zu kopieren, da Sie zunächst immer das Ziel malen müssen. Beim Kopieren wäre es aber sinnvoll, zuerst die Quelle malen zu können. Sie müssen in diesem Fall einfach nachträglich die Bereiche durch Verschieben vertauschen.

Beim Reparieren werden die Helligkeit und der Farbton des Zielbereichs auf den Quellbereich übertragen, so dass er sich besser einfügt. Beim Kopieren wird der Quellbereich ohne Rücksicht auf Helligkeit und Farbe übernommen.

▲ Abbildung 13.271
Reparatur ohne WEICHE KANTE

Weiche Kante | Mit Hilfe des Schiebereglers WEICHE KANTE können Sie Ränder des Stempels weichzeichnen. Dadurch entsteht ein weicherer Übergang. Der Übergang findet immer zu den gemalten Wegen des Stempels statt und nicht zu der gesamten Kontur. Haben Sie also mit zu großem Stempel gemalt und die Striche nicht nah genug überlappend gesetzt, kann das Ursprungsbild durchscheinen.

▲ Abbildung 13.272
Reparatur mit Maximalwert für WEICHE KANTE

Deckkraft ändern | Für jeden Stempel können Sie die Deckkraft über den gleichnamigen Schieberegler ändern. Dabei wird der Effekt abgeschwächt. Gerade in der Porträtretusche ist das sinnvoll, da man hier nicht unbedingt alle Falten komplett wegretuschieren will, sonst sieht das Porträt eventuell nicht mehr realistisch aus und verliert seinen Charakter.

13.14 Bereichsreparatur mit dem Stempel

▲ Abbildung 13.273
Wurden beim Malen die Linien nicht ausreichend übereinandergesetzt, scheint bei einer sehr weichen Kante das Ursprungsbild durch.

▲ Abbildung 13.274
Über den DECKKRAFT-Regler können Sie den Effekt auch transparent erscheinen lassen.

Arbeiten mit mehreren Bereichen | Sie können natürlich auch mehrere Stellen im Bild kopieren beziehungsweise reparieren. Bei jedem Klick wird eine neue Reparatur gestartet, solange das Werkzeug aktiv ist.

Inaktive, kreisförmige Bereiche werden dann mit einem einfachen, aufgehellten Kreis ❷ gekennzeichnet. Ein Klick dort hinein aktiviert den Bereich und blendet den Ausgangsbereich sowie den Pfeil ein. Inaktive, gemalte Bereiche werden durch einen grauen Knopf ❶ symbolisiert. Das Anklicken des Knopfs aktiviert den Bereich.

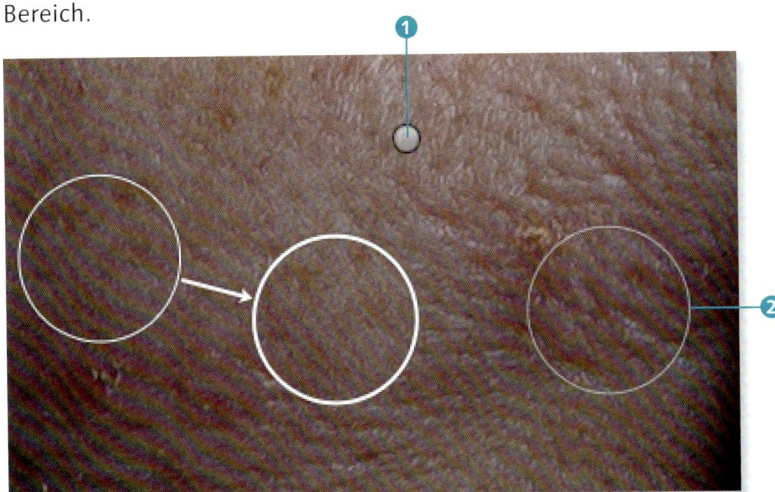

◀ Abbildung 13.275
Darstellung aktiver und inaktiver Bereichsreparaturen

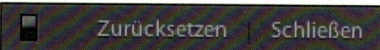

▲ Abbildung 13.276
Zurücksetzen löscht alle Bereichsreparaturen, Schliessen beendet die Bearbeitung und schließt die Bedienfeldpalette.

Bereiche zurücksetzen und löschen | Über die Zurücksetzen-Schaltfläche werden alle Bereiche gelöscht. Einzelne Bereiche lassen sich nur dann löschen, wenn sie aktiv sind und Sie die [Entf]-Taste drücken.

Bearbeitung beenden | Zum Verlassen des Werkzeugs gibt es drei Möglichkeiten:

- Klicken Sie wieder auf das Bereichsreparatur-Symbol oder auf ein anderes Werkzeug in der Werkzeugleiste.
- Sie können aber auch auf die Schaltfläche Fertig unten rechts im Ansichtsfenster klicken.
- Oder Sie klicken auf die Schliessen-Schaltfläche unter der Werkzeugpalette.

▲ Abbildung 13.277
Ist die Kontrollbox aktiv, werden die Konturen in einem Bild sichtbar gemacht. Dies erleichtert das Auffinden von Sensorflecken.

Bereiche anzeigen | In der Werkzeugleiste unterhalb des Ansichtsfensters befindet sich die Funktion Bereiche anzeigen. Diese hilft Ihnen dabei, fehlerhafte Stellen zu finden. Dabei wird auf das Bild ein Konturenfilter angewendet. Die Konturen werden dann als weiße Linien auf Schwarz dargestellt.

Über den Schieberegler lässt sich der Übergangswert einstellen, bei dem Kontrastunterschiede als Kontur dargestellt werden. Vor allem Sensorflecken lassen sich damit hervorragend finden, auch wenn diese auf den ersten Blick nicht sichtbar sind.

▲ Abbildung 13.278
Steht der Schieberegler für Bereiche anzeigen links, werden weniger Kanten und somit Bildfehler erkannt.

▲ Abbildung 13.279
Steht der Schieberegler für Bereiche anzeigen hingegen rechts, werden mehr Flecken sichtbar, die korrigiert werden sollten.

Werkzeugüberlagerung

Jedes Werkzeug erhält zur Kennzeichnung im Bild ein Symbol, das dessen Position markiert. Dadurch lassen sich angewendete Stempel wieder auffinden. Diese sind nur während der Bearbeitung mit dem entsprechenden Werkzeug sichtbar. Der Stempel wird durch einen Kreis symbolisiert, der die korrigierte Stelle eingrenzt. Diese Darstellung lässt sich über das Dropdown-Menü WERKZEUGÜBERLAGERUNG unten links unter dem Ansichtsfenster steuern. Grundsätzlich muss ein Werkzeug aktiviert sein, damit dessen Überlagerung sichtbar wird.

▲ Abbildung 13.280
Die WERKZEUGÜBERLAGERUNG dient der Steuerung der Werkzeugdarstellung und befindet sich unter dem Ansichtsfenster.

- **Auto:** Blendet die Werkzeugsymbole nur ein, wenn sich der Mauszeiger über dem Bild befindet.
- **Immer:** Stellt immer alle Werkzeugsymbole dar, wenn das entsprechende Werkzeug aktiv ist.
- **Gewählt:** Zeigt nur das aktuelle Werkzeugsymbol an, das gerade selektiert ist und bearbeitet wird. Andere Werkzeugsymbole werden ausgeblendet.
- **Nie:** Blendet alle Werkzeugsymbole aus, selbst das, das sich derzeit in Arbeit befindet.

13.15 Rote-Augen-Korrektur

Lightroom erlaubt auch ein schnelles Entfernen des Rote-Augen-Effekts bei Blitzfotos nicht nur von Menschen, sondern auch von Haustieren, deren Augen sich eher grün oder gelb verfärben. Dieser Effekt tritt vor allem bei Kompaktkameras auf und entsteht durch den geringen Abstand zwischen Blitz und Objektiv. Dadurch fällt das Licht in einem sehr spitzen Winkel in das Auge und wird von der Netzhaut reflektiert. Je kleiner die Pupille ist, desto spitzer

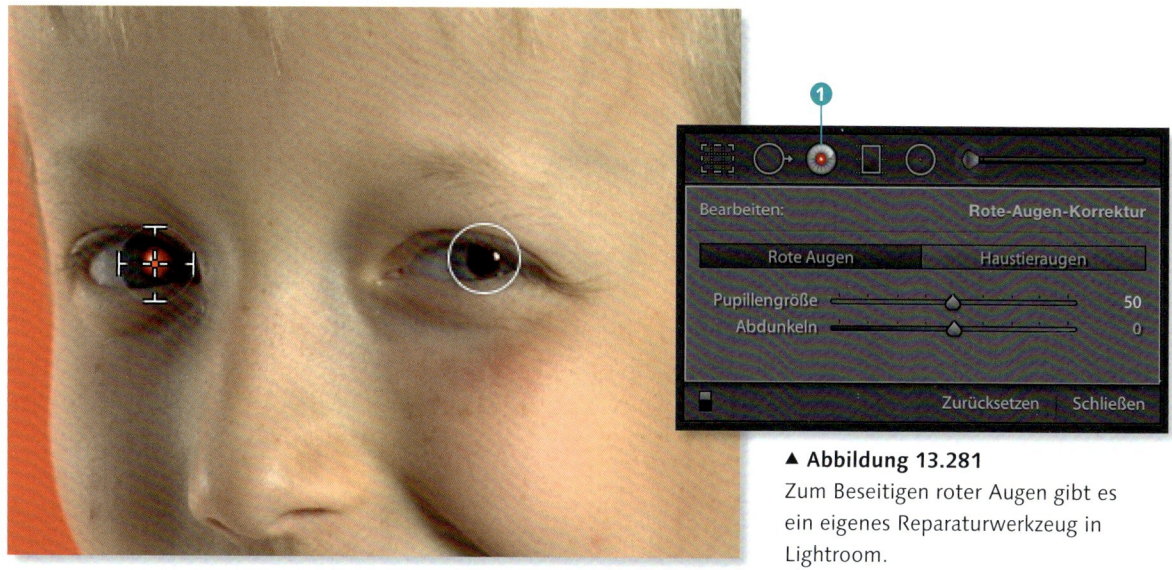

▲ Abbildung 13.281
Zum Beseitigen roter Augen gibt es ein eigenes Reparaturwerkzeug in Lightroom.

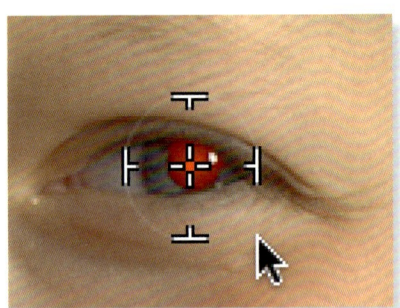

▲ Abbildung 13.282
Das Werkzeug wird auf einem Auge platziert.

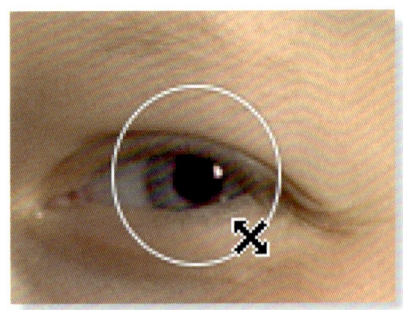

▲ Abbildung 13.283
Durch Klicken auf den Rand können Sie den Bereich skalieren.

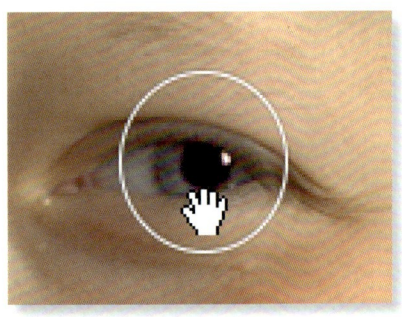

▲ Abbildung 13.284
Befindet sich der Mauszeiger im Kreis, können Sie den Bereich verschieben.

muss der Winkel sein, damit sich der Rote-Augen-Effekt im Bild widerspiegelt. Das Verhältnis zwischen Pupillengröße, Winkel und Abstand zwischen Blitzlicht und Objektiv optimieren Kompaktkameras durch das Abfeuern von Vorblitzen. Die Pupille zieht sich dadurch zusammen, und der Winkel wird groß genug, damit der Effekt ausgeschaltet wird.

In manchen Fällen treten rote Augen jedoch weiterhin auf. Auch auf älteren Bildern findet man diesen Fehler noch häufig.

Handhabung der Rote-Augen-Korrektur

Das Werkzeug für die Rote-Augen-Entfernung befindet sich in der Werkzeugleiste unter dem Ansichtsfenster. Das Icon ❶ (Abbildung 13.281) besteht unverkennbar aus einem Auge mit roter Pupille.

Das Rote-Augen-Werkzeug anwenden | Zum Entfernen der roten Augen wählen Sie zunächst das Werkzeug aus. Innerhalb des Bedienfeldes können Sie dann zwischen der ROTE AUGEN-Korrektur beim Menschen und den HAUSTIERAUGEN wählen.

Ist noch keine Korrektur vorhanden oder ausgewählt, gibt Ihnen der Hinweis unter den Schaltflächen zur Art der Korrektur eine Hilfestellung zur Handhabung. Klicken Sie in das Zentrum des roten Auges hinein, halten Sie dabei die Maustaste gedrückt, und ziehen Sie die Maus diagonal von unten nach oben, um ungefähr die Größe der zu bearbeitenden Zone festzulegen.

Lassen Sie anschließend die Maustaste los. Lightroom sucht jetzt selbstständig nach dem zu korrigierenden Bereich und verändert dabei eventuell auch die Form des Werkzeugs.

Beim einfachen Klicken auf ein Auge wird der zuletzt verwendete Durchmesser genutzt.

Größe oder Position anpassen | Eventuell erkennt Lightroom die roten Elemente im Auge nicht ganz korrekt, oder der eingeschlossene Bereich ist zu klein. Sie können diesen dann nachträglich anpassen.

Bewegen Sie dafür den Mauszeiger bei aktiviertem ROTE-AUGEN-ENTFERNEN-Werkzeug auf den Rand des Markierungskreises. Sodann erscheint ein Verschiebe-Cursor. Ziehen Sie diesen mit gedrückter Maustaste in Position, um den Bereich anzupassen.

Zum Verschieben des gesamten Bereichs bewegen Sie den Mauszeiger in den Kreis hinein – es erscheint dann ein Hand-Cursor. Verschieben Sie damit den Bereich bei gedrückter Maustaste.

Sie können auch noch weitere rote Augen mit dem Werkzeug entfernen, solange es aktiv ist. Zum Deaktivieren des Werkzeugs klicken Sie noch einmal in der Werkzeugleiste darauf oder wählen ein anderes Werkzeug – zum Beispiel die Lupenansicht.

Pupillengröße | Das Rote-Augen-entfernen-Werkzeug wird am besten über die komplette Pupille gezogen. Damit diese jedoch nicht in ihrer eigentlichen Form verändert wird, lässt das Werkzeug einen Rand davon stehen. Dieser definiert dann die Pupillengröße, die sich noch weiter über einen Schieberegler in der Werkzeugleiste anpassen lässt.

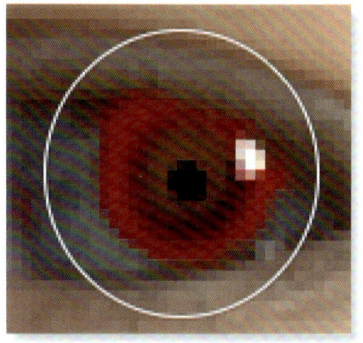
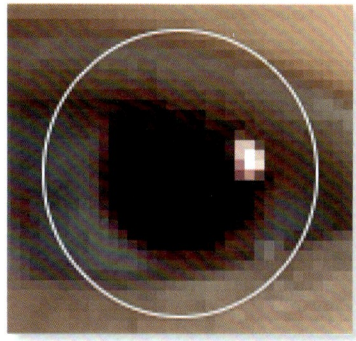

◄ Abbildung 13.285
Die Pupillengrösse definiert die Breite der Pupille im Markierungskreis des Werkzeugs.

Abdunkeln | Das Werkzeug entsättigt das Rot in den Augen und dunkelt es noch zusätzlich etwas ab, wenn Sie den Regler nach links ziehen. Dieser Regler beeinflusst vor allem die Intensität von Glanzpunkten im Auge.

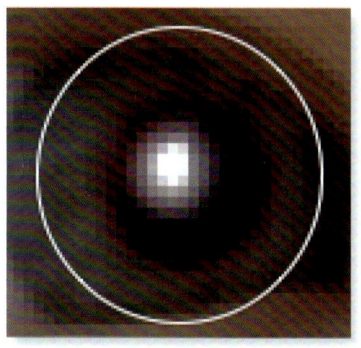
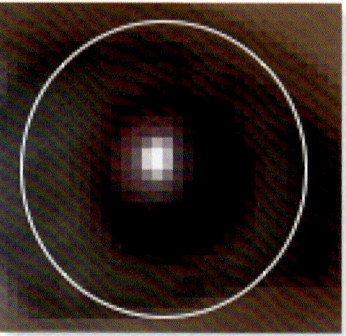

◄ Abbildung 13.286
Der Schieberegler Abdunkeln dunkelt vor allem Glanzeffekte ab.

Haustieraugen

Schalten Sie um zur Korrektur von Haustieraugen, ändert sich in der Handhabung im Gegensatz zur Rote-Augen-Korrektur nichts. Die einzige Änderung besteht in der Farbe, nach der Lightroom sucht, um die Korrektur durchzuführen. Die Augen von Haustieren

Neu in Lightroom 6/CC

TIPP

Haustieraugen, die keine erkennbare Pupille innerhalb der Iris haben, benötigen einen größeren Werkzeugradius. Seihen Sie daher großzügiger als bei der Korrektur menschlicher roter Augen.

erscheinen eher in Grün bis Gelb. Der Befehl ABDUNKELN steht bei den Haustieraugen nicht zur Verfügung.

Handhabung des Werkzeugs | Wie erwähnt, ändert sich an der grundsätzlichen Handhabung nichts. Der einzige Unterschied besteht darin, dass das Werkzeug bei aktivierter Glanzpunktfunktion aus zwei Kreisen besteht. Verschieben können Sie in diesem Fall das Werkzeug nur, wenn Sie sich außerhalb der Glanzpunktmarkierung ❷, aber innerhalb der Werkzeugmarkierung ❶ befinden.

▲ Abbildung 13.287
Hier das unkorrigierte Original

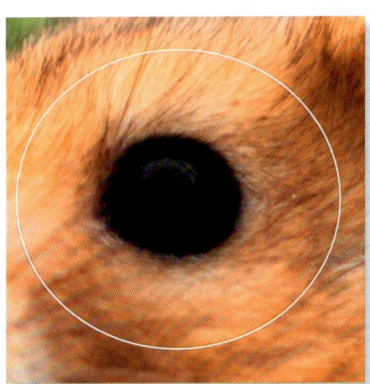
▲ Abbildung 13.288
Nach der Anwendung des Werkzeugs

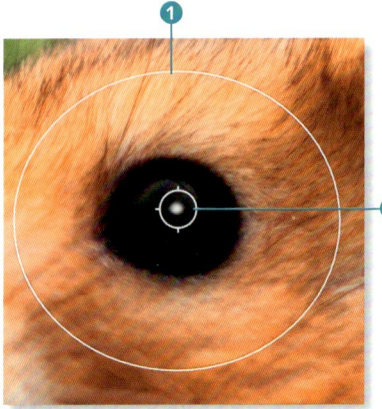
▲ Abbildung 13.289
Nach Aktivierung des Glanzpunktes

▲ Abbildung 13.290
GLANZLICHT HINZUFÜGEN für Tieraugen über das Bedienfeld

Glanzpunkt bei Haustieraugen | Je nach Art und Rasse haben Tiere sehr dunkle, fast schwarze Augen. Ist bei diesen Tieren eine Korrektur notwendig, besitzen die Augen oftmals keinen sichtbaren Glanzpunkt. Um diese Augen realistischer erscheinen zu lassen, können Sie einen Glanzpunkt nachträglich setzen. Dazu aktivieren Sie die Kontrollbox GLANZLICHT HINZUFÜGEN ❸ unter dem ABDUNKELN-Regler. Danach können Sie durch Verschieben des inneren Kreises der Augenkorrektur ❷ die Position des Glanzpunktes bestimmen. Die Größe des Glanzpunktes und der Bereich, in dem Sie diesen verschieben können, ist abhängig von der PUPILLENGRÖSSE.

▲ Abbildung 13.291
Die WERKZEUGÜBERLAGERUNG dient der Steuerung der Werkzeugdarstellung und befindet sich unter dem Ansichtsfenster.

Werkzeugüberlagerung

Auch das Rote-Augen-Werkzeug besitzt die Einstellung für die Werkzeugüberlagerung, um das Auffinden einmal gesetzter Korrekturpunkte zu erleichtern. Diese Überlagerungen funktionieren analog zu denen der BEREICHSREPARATUR (siehe Seite 632).

13.16 Lokale Anpassungen

Bilder mit einem hohen Dynamikumfang mit extrem hellen und sehr dunklen Stellen zu korrigieren, kann sehr kompliziert sein. Jegliche Korrektur in den dunklen Partien des Bildes hat auch auf die hellen Stellen Auswirkungen und umgekehrt. Gerade bei Landschaftsaufnahmen ist es oft wünschenswert, den Himmel etwas abzudunkeln.

Andere Anforderungen werden in der Porträtfotografie gestellt. Hier soll beispielsweise die Haut weicher als die Augen erscheinen. Dazu muss man diese beiden Flächen getrennt, mit unterschiedlichen Scharfzeichnungen behandeln.

▲ Abbildung 13.292
Bei der einfachen Bildkorrektur (links) wird der Himmel zu hell. Dies kann durch die lokale Anpassung des Himmels (rechts) korrigiert werden.

Unabhängig davon, welche der hier beschriebenen Problemstellungen gelöst werden sollen, benötigt man ein Werkzeug, das partielle Korrekturen durchführen kann. Lightroom bietet hierfür drei Werkzeuge, über die lokale Anpassungen durchgeführt werden können. Alle drei Werkzeuge verfügen über dieselben Anpassungsmöglichkeiten, besitzen aber auch eigene Funktionen zur Steuerung der Handhabung.

▲ Abbildung 13.293
Der VERLAUFSFILTER eignet sich zum Beispiel zur Korrektur des Himmels.

▲ Abbildung 13.294
Mit dem RADIAL-FILTER kann man Bereiche anpassen, bei denen eine genaue Kontur nicht notwendig ist.

▲ Abbildung 13.295
Der KORREKTURPINSEL erlaubt sehr gezielte Korrekturen. Hier sehen Sie die Maskierungsdarstellung.

Verlaufsfilter | Dieser eignet sich vor allem für Landschaftsaufnahmen. Dabei wird ein Verlauf erzeugt, der am Startpunkt die Korrekturen mit 100 % wirken lässt und bis auf 0 % Wirkung ausläuft. Der Verlauf kann quer über das Bild gezogen werden.

Radial-Filter | Dies ist ebenfalls ein Verlaufsfilter, allerdings ist dieser kreisförmig. Mit diesem Filter lassen sich Akzente setzen, die das Auge auf bestimmte Bereiche lenken oder Vignettierungen erzeugen, die nicht mittig platziert sind.

Korrekturpinsel | Mit dem Pinsel malt man über die Flächen, die angepasst werden sollen. Dadurch lassen sich die Korrekturen frei auf unterschiedliche Bereiche aufmalen. Der Pinsel kann in Größe, Deckkraft und Randschärfe verändert werden.

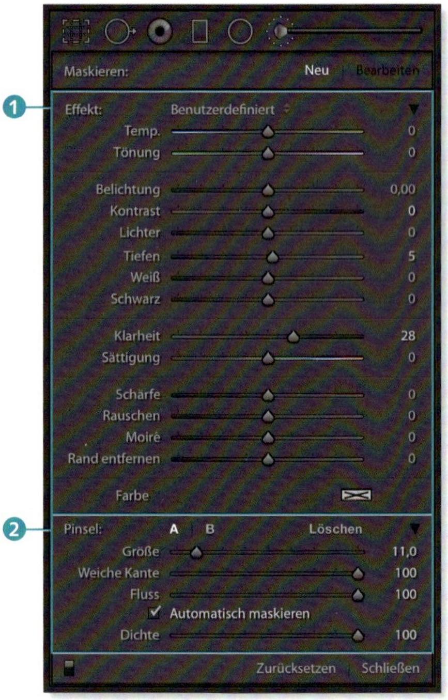

Alle drei Werkzeuge bestehen aus zwei Blöcken. Der erste steuert die Effekte ❶, die auf die zu bearbeitende Fläche, auch Maske genannt, angewendet werden soll. Der zweite ❷ stellt Parameter zur Verfügung, die das Aussehen der Maske steuern und damit die Bildbereiche, die vom Effekt beeinflusst werden.

▲ Abbildung 13.296
Die Effekte- und Pinsel-Parameter für die Entwicklung sind für alle drei Werkzeuge gleich – hier der Korrekturpinsel. Nur in den Funktionen der Handhabung unterscheiden sich diese.

Effekt-Parameter

Alle drei Werkzeuge besitzen die gleichen EFFEKT-Parameter ❶. Einmal eingestellte Effekte können als Vorgabe gespeichert werden. Dabei werden nur die Parameter, nicht aber die Masken gespeichert. Die zur Verfügung stehenden Parameter sind abhängig von der eingestellten Prozessversion. In der Prozessversion 2010 sind nicht alle Parameter verfügbar.

Es stehen 15 Korrektureffekte zur Verfügung, die als lokale Korrektur angewendet werden können. Diese entsprechen Parametern, die Sie bereits aus den Entwicklungseinstellungen (ab Seite 531) kennen. Die Werte lassen sich immer um den Wert 100 erhöhen bzw. verringern, die Belichtung lässt eine Änderung um vier Stufen in beide Richtungen zu. Die Werte der Regler werden immer relativ angewendet. Das bedeutet, sie werden zu den Entwicklungseinstellungen hinzuaddiert oder von ihnen abgezogen:

- **Temp.:** Verschiebt die Farbtemperatur. Dies kann hilfreich sein, wenn verschiedene Lichtquellen in einem Bild zu sehen sind, zum Beispiel Glühbirnen und Neonröhren.
- **Tönung:** Verschiebt die Tönung der Farbtemperatur.
- **Belichtung:** Regelt die Gesamthelligkeit des maskierten Bereichs.
- **Kontrast:** Verändert den Kontrast vor allem in den mittleren Helligkeitswerten.
- **Lichter:** Steuert die Helligkeit heller Bildbereiche.
- **Tiefen:** Regelt die Helligkeit dunkler Bildstellen.
- **Weiß:** Regelt die Helligkeit des Weißpunktes bzw. der hellsten Stellen am rechten Rand des Histogramms.
- **Schwarz:** Regelt die Helligkeit des Schwarzpunktes bzw. der dunkelsten Stellen am linken Rand des Histogramms.
- **Klarheit:** Reguliert den subjektiven Tiefeneindruck des maskierten Bereichs durch eine großflächige Kontrastverstärkung.
- **Sättigung:** Verstärkt oder mildert die Gesamtsättigung der Farben im maskierten Bereich.
- **Schärfe:** Verändert die Schärfe des maskierten Bereichs. Negative Werte zeichnen den Bereich weicher.
- **Rauschen:** Erhöht oder vermindert das Luminanzrauschen. Das Farbrauschen bleibt unangetastet.
- **Moiré:** Diesen Filter gibt es nur hier als Effekt, da er nur örtlich auftritt. Eine Erläuterung finden Sie auf der folgenden Seite.
- **Rand entfernen:** Modifiziert die Intensität der Einstellungen von RAND ENTFERNEN aus der Palette OBJEKTIVKORREKTUREN.
- **Farbe:** Färbt den maskierten Bereich mit einer Farbe ein. Eine Beschreibung der Handhabung finden Sie im Anschluss an diese Liste auf der nächsten Seite.

Im folgenden Abschnitt werden nur die Effekte beschrieben, die Sie nicht in den Entwicklungseinstellungen finden.

▲ **Abbildung 13.297**
Da die Einstellungsparameter von der Prozessversion abhängig sind, stehen in der Prozessversion 2010 nicht alle beziehungsweise nur die dort verfügbaren Entwicklungsparameter zur Verfügung.

Intensität des Effekts ändern

Halten Sie die [Alt]-Taste gedrückt, während sich die Maus auf einem Bearbeitungspunkt befindet, können Sie den angewandten Effekt verstärken oder abschwächen, indem Sie mit gedrückter Maustaste die Maus nach links (= Effekt abschwächen) oder rechts (= Effekt verstärken) verschieben.

Farbe | Klicken Sie das Farbauswahlfeld ❷ an, öffnet sich ein Farbdialog. Dort können Sie eine Farbe anwählen, in der der maskierte Bereich eingefärbt werden soll. Je höher die Sättigung ❹ der Farbe, desto stärker die Färbung. Ist der Farbdialog geöffnet, können Sie mit der Pipette in das Farbspektrum ❸ klicken. Je weiter oben Sie in dem Spektrum klicken, desto gesättigter ist die Farbe. Sie können die Sättigung aber auch mit dem Regler unter dem Spektrum regulieren. Über dem Farbspektrum können Sie aus fünf voreingestellten Farben ❶ wählen. Diese entsprechen den Färbungen bei den wichtigsten Farbtemperaturen. Rechts davon finden Sie die als letztes gewählte und aktuelle Farbe zum Vergleich.

▲ **Abbildung 13.298**
Je nach Sättigung der gewählten Farbe wird der maskierte Bereich, hier der Himmel, stärker oder schwächer eingefärbt.

Moiré | Als Moiré werden Muster bezeichnet, die entstehen, wenn sich im Bild zwei gleichmäßige Strukturen mit ähnlicher Größe überlagern. In der Digitalfotografie tritt der Effekt dann auf, wenn die fotografierte Struktur und der Abstand der Sensorelemente nahezu identisch sind. Diesen Effekt kennen Sie auch vom Fernsehen, wenn jemand mit einem karierten Anzug gefilmt wird. Da dieser Effekt nur lokal und nicht über die Fläche eines kompletten Bildes auftritt, kann dieser mit Hilfe des Korrekturpinsels oder des Verlaufsfilters auch nur an den benötigten Stellen korrigiert werden. Dabei werden die Strukturen geringfügig weichgezeichnet. Das fällt weniger auf als das störende Muster.

Um Moiré-Bildung schon bei der Aufnahme zu vermeiden, haben Digitalkameras einen sogenannten Tiefpassfilter vor dem Sensor, der die Pixel bereits etwas überlagert, um die Musterbildung

13.16 Lokale Anpassungen

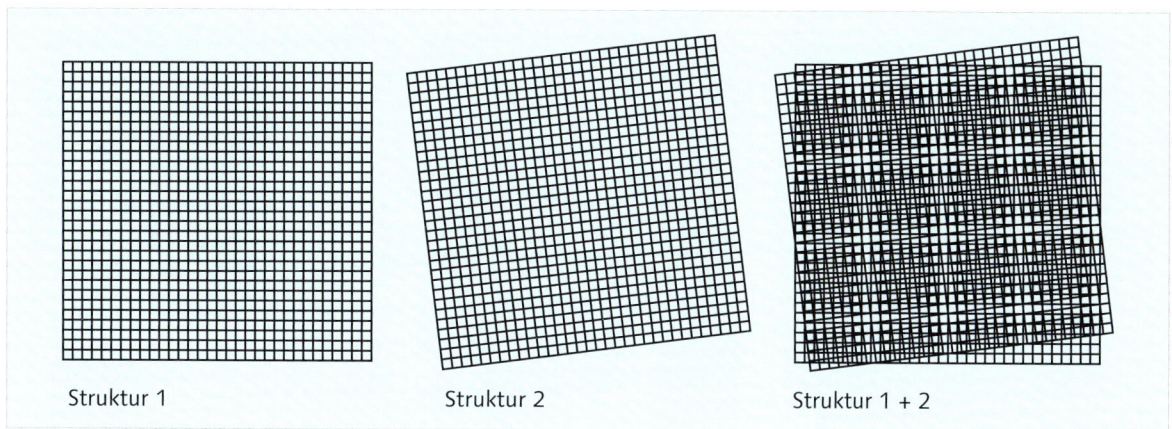

| Struktur 1 | Struktur 2 | Struktur 1 + 2 |

▲ **Abbildung 13.299**
Zwei gleiche Strukturen mit etwas anderer Orientierung werden überlagert. Dabei entsteht ein sogenanntes Moiré-Muster.

zu verringern. Es gibt aber auch Spezialkameras, wie die Nikon D800E, bei denen ein modifizierter Tiefpassfilter diese Überlagerung verhindert, damit die Bilder noch detaillierter und schärfer werden können. In diesem Fall ist eine Moiré-Filterung in Lightroom unumgänglich.

Effektvorgaben

Alle Effekteinstellungen können in Vorgaben abgelegt werden. Die Auswahl und die Speicherung erfolgen über das Dropdown-Menü ❺, das sich über den Reglern befindet. Es gibt eine Vorgabe für jeden Effekt-Parameter, der die Änderungen automatisch speichert, und Vorgaben für Kombinationen aus Effekten, die Sie auch selbst speichern können.

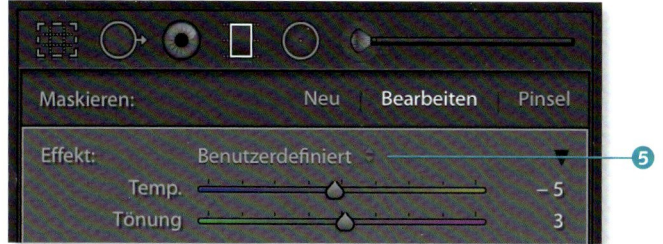

◀ **Abbildung 13.300**
Die Doppelpfeile kennzeichnen das Dropdown-Menü zum Erstellen und Abrufen der Effektvorgaben.

Vorgabe von einzelnen Parametern speichern | Die Vorgaben für jeden einzelnen Effekt-Parameter befinden sich im oberen Teil der Liste des Dropdown-Menüs.

Wählen Sie aus der Liste beispielsweise die Vorgabe BELICHTUNG aus und verschieben anschließend den gleichnamigen Regler, wird der neue Wert als Vorgabe für die Belichtung gespeichert. Es wird also immer der zuletzt verwendete Wert als Vorgabe gespeichert.

Wird zusätzlich ein anderer Parameter verändert, wird die Vorgabe in BENUTZERDEFINIERT umbenannt, und Sie können diese als Kombination speichern.

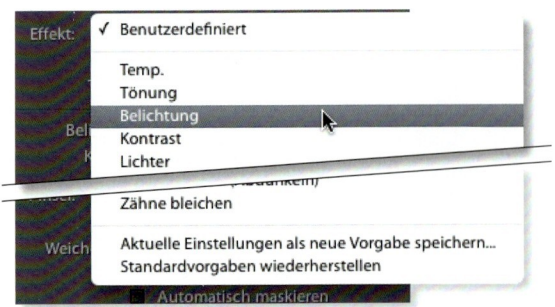

Abbildung 13.301 ▶
Vorgaben für einen einzelnen Effekt-Parameter speichern immer den zuletzt eingestellten Wert des Parameters.

Kombinationen von Einstellungen speichern | Sie können jegliche Parameterkombination, egal ob Sie nur einen Regler oder mehrere verändert haben, als Vorgabe speichern. Haben Sie mehr als einen Parameter geändert, wird diese Kombination zunächst als Eintrag mit dem Titel BENUTZERDEFINIERT im Dropdown-Menü gelistet. Klicken Sie das Menü an, und wählen Sie aus dem Dropdown-Menü den Befehl AKTUELLE EINSTELLUNGEN ALS NEUE VORGABE SPEICHERN aus. Danach vergeben Sie einen Namen. Nachdem Sie die Vorgabe erstellt haben, ist diese in der Liste verfügbar.

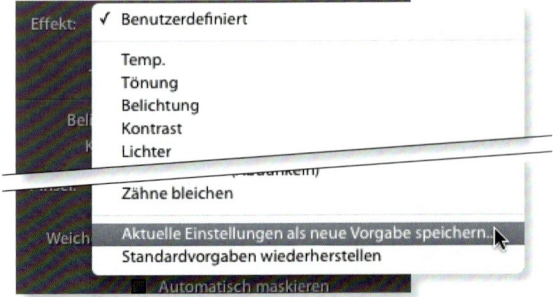

Abbildung 13.302 ▶
Alle Entwicklungseinstellungen können als neue Vorgabe gespeichert werden.

Vorgaben aktualisieren | Wenn Sie bereits eine Vorgabe über das Dropdown-Menü ausgewählt haben und Änderungen an den Parametern durchführen, können Sie diese wieder in die Vorgabe übernehmen. Eine aktualisierte Vorgabe erhält neben ihrem Namen den Zusatz (BEARBEITET).

Zum Aktualisieren wählen Sie den Befehl VORGABE »VORGABENNAME« AKTUALISIEREN aus dem Dropdown-Menü aus. Weiterhin können Sie über das Dropdown-Menü Vorgaben löschen oder umbenennen. Dazu muss aber stets vorher die gewünschte Vorgabe im Dropdown-Menü geladen worden sein.

Installierte Vorgaben

Es gibt bereits einige Vorgaben, die Sie für bestimmte Zwecke verwenden können. Interessant sind hier beispielsweise die Vorgaben HAUT WEICHZEICHNEN, IRISOPTIMIERUNG und ZÄHNE BLEICHEN.

13.16 Lokale Anpassungen

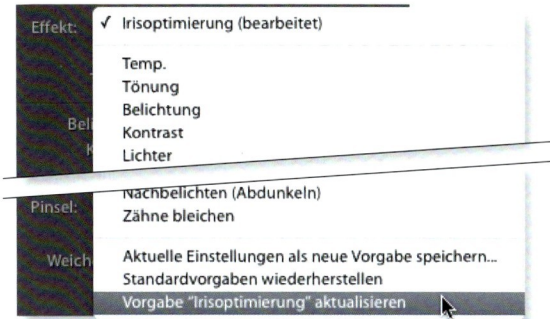

◀ **Abbildung 13.303**
Änderungen an bestehenden Vorgaben können in die gewählte Vorgabe übernommen werden. Dabei wird die ursprüngliche Einstellung überschrieben.

Vorgaben löschen | Vorgaben, die von Lightroom bereitgestellt werden, können Sie nicht löschen. Alle benutzerdefinierten Vorgaben löschen Sie, indem Sie die Vorgabe auswählen und dann aus dem Dropdown-Menü den Befehl VORGABE "VORGABENNAME" LÖSCHEN auswählen.

Verlaufsfilter erstellen und anpassen

Mit Hilfe des Verlaufsfilters erzeugen Sie einen linearen Verlauf. Am Startpunkt des Verlaufs werden die lokalen Anpassungen mit voller Kraft angewendet. Die Wirkung nimmt dann bis zum Endpunkt des Verlaufs kontinuierlich ab. Die Richtung und Länge des Verlaufs können Sie selbst bestimmen.

◀ **Abbildung 13.304**
Schaltfläche zum Aktivieren des Verlaufsfilters

Verlaufsfilter erstellen | Sie erstellen einen Verlaufsfilter, indem Sie am Anfangspunkt des Verlaufs klicken, die Maustaste gedrückt

◀ **Abbildung 13.305**
In diesem Fall wurde ein Verlauf vom Himmel bis zu den Baumspitzen erstellt. Der Himmel wird um eine Blende abgedunkelt.

▲ **Abbildung 13.306**
Wird ein zusätzlicher Verlauf erstellt, wird der vorher bearbeitete als grauer Punkt dargestellt. Der neue, jetzt aktive Verlauf erhält einen schwarzen Punkt im Zentrum.

▲ **Abbildung 13.307**
Je nach aktiviertem Zustand wird eine neue Anpassung hinzugefügt oder eine bestehende bearbeitet.

halten und die Maus bis zum Endpunkt ziehen. Dort lassen Sie die Maustaste wieder los.

Dort, wo Sie den Verlauf begonnen haben, wirkt sich der Effekt am stärksten aus. Der generierte Verlauf wird durch drei Linien und einen Punkt gekennzeichnet. Diese Darstellung bleibt so lange erhalten, bis Sie einen neuen Verlauf erstellen. Dann werden andere Verläufe nur durch einen grauen Punkt symbolisiert.

Befinden Sie sich im Bearbeitungsmodus eines Verlaufs, müssen Sie die Schaltfläche Neu ❶ anklicken, bevor Sie einen zusätzlichen Verlauf erstellen können. Der Button befindet sich neben dem Begriff Maskieren über den Effekt-Parametern.

Der bisher aktive Verlauf wird als grauer Punkt dargestellt. Der neue Verlauf besitzt im grauen Punkt zusätzlich einen schwarzen zur Markierung.

Verlauf bearbeiten | Sie können einen Verlauf auch nachträglich bearbeiten ❷. Sie können Start- und Endlinie verschieben, um die Weite des Verlaufs zu regulieren. Ebenfalls können Sie den Verlauf rotieren, um die Ausrichtung zu ändern oder den gesamten Verlauf zu verschieben.

Sind mehrere Verläufe vorhanden, klicken Sie auf den Punkt, der den Verlauf symbolisiert, den Sie bearbeiten wollen. Dieser wird dann mit schwarzer Füllung dargestellt, und die Begrenzungslinien werden sichtbar. Falls Sie sich nicht im Verlaufswerkzeug befinden, aktivieren Sie dieses zunächst, da sonst die Verlaufspunkte nicht sichtbar sind und somit auch nicht bearbeitet werden können.

▲ **Abbildung 13.308**
Die Begrenzungslinien können verschoben werden, um die Weite des Verlaufs zu regulieren.

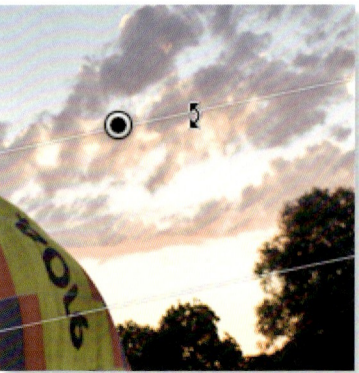

▲ **Abbildung 13.309**
Die Ausrichtung des Verlaufs wird durch die Rotation der Mittellinie angepasst.

▲ **Abbildung 13.310**
Die Position des Verlaufs wird durch Verschieben des Mittelpunktes verändert.

- **Begrenzungslinien bearbeiten:** Um eine der Begrenzungslinien zu verschieben, bewegen Sie die Maus über die Linie, bis der Hand-Cursor erscheint. Mit gedrückter Maustaste können Sie die Linie verschieben. Diese wird immer auf der Verlaufsachse verschoben. Lassen Sie die Maustaste los, wird die Linie an der neuen Stelle platziert.
  Wird eine Begrenzungslinie verschoben, richtet sich die Mittellinie neu aus, damit sie sich immer im Zentrum des Verlaufs befindet.
- **Ausrichtung verändern:** Befindet sich der Mauszeiger über der mittleren Linie, erhalten Sie den Cursor für die Rotation. Verschieben Sie jetzt mit gedrückter Maustaste die Mittellinie, wird der gesamte Verlauf gedreht.
- **Verlauf verschieben:** Den gesamten Verlauf können Sie verschieben, indem Sie den Mittelpunkt mit gedrückter Maustaste verschieben. Dabei kommt wieder der Hand-Cursor zum Einsatz.
- **Verlauf löschen:** Um einen Verlauf zu löschen, drücken Sie unter Mac OS X die ⌫-Taste und unter Windows die Entf-Taste.

Ist ein Verlauf aktiv, können Sie die erforderlichen Effekte bearbeiten. Ist kein Verlauf aktiv, so gelten die Effekt-Parameter für zukünftig erstellte Verläufe aus Basiseinstellungen. Dies gilt übrigens für alle Werkzeuge der lokalen Anpassung.

Radial-Filter erstellen und anpassen

Mit dem Radial-Filter erzeugen Sie einen kreisförmigen Verlauf. Der Verlauf geht dabei vom Zentrum aus gleichmäßig in alle Richtungen oder umgekehrt. Daher lassen sich mit ihm schnell Korrekturen durchführen, die nur punktuell angewendet werden.

◄ **Abbildung 13.311**
Schaltfläche zum Aktivieren des Radial-Filters

◄ **Abbildung 13.312**
Ein Radial-Filter wird durch Ziehen mit gedrückter Maustaste erzeugt.

Radial-Filter erstellen | Erstellt wird ein Radial-Filter durch Klicken und Ziehen mit gedrücker Maustaste. Dabei wird vom Zentrum aus ein Oval erstellt. Die Form des Ovals wird durch die Zugrichtung der Maus bestimmt.

Will man einen Kreis haben, hält man zusätzlich die ⇧-Taste gedrückt. Man kann auch einen Kreis von der oberen linken Ecke aus erstellen. Dazu drückt man die Alt-Taste während des Ziehens.

▲ Abbildung 13.313 ❶
Befindet sich die Maus innerhalb des Ovals, können Sie den Bereich verschieben.

▲ Abbildung 13.314 ❷
Befindet sich die Maus über einem der vier Anfasser, können Sie den Bereich verformen und in der Größe verändern.

▲ Abbildung 13.315 ❸
Befindet sich die Maus knapp außerhalb des Ovals, können Sie den Bereich drehen.

Radial-Filter verschieben | Zum Verschieben halten Sie innerhalb des Kreises die Maustaste gedrückt – der Mauszeiger wird zum Handwerkzeug ❶ – und bewegen diese an die neue Position.

Größe nachträglich ändern | Befinden Sie sich mit der Maus über einem der vier Anfasser, verwandelt sich das Symbol des Cursors in den Verschiebe-Pfeil ❷. Verschieben Sie jetzt den Anfasser mit gedrückter Maustaste, wird der Kreis symmetrisch in der entsprechenden Richtung skaliert.

Radial-Filter drehen | Drehen können Sie ein Oval, indem Sie die Maus knapp außerhalb des Bereichs platzieren. Dort wird der Cursor zum Rotationswerkzeug ❸. Halten Sie jetzt die Maustaste gedrückt, dreht sich das Oval.

Radial-Filter kopieren | Halten Sie die ⌥+⌘-Tasten auf dem Mac oder unter Windows die ⌥+Strg-Tasten gedrückt, können Sie einen Radial-Filter einfach mit gedrückter Maustaste kopieren und verschieben.

Weiche Kante | Im Bedienfeld unter den Effektparametern finden Sie den Schieberegler WEICHE KANTE. Über ihn können Sie den Übergang härter oder weicher einstellen. Hart bedeutet dabei, dass kein Verlauf angewendet wird, sondern der Effekt mit einer harten Kante angewendet wird.

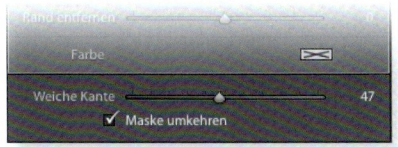

▲ Abbildung 13.316
Unter den Effekteinstellungen befinden sich die Steuerfunktionen.

◄ Abbildung 13.317
Über den Schieberegler WEICHE KANTE kann der Übergang härter (links) oder weicher (rechts) eingestellt werden.

Richtung des Verlaufs ändern | Normalerweise werden alle Änderungen von außen nach innen angewendet. Das bedeutet, dass der Effekt außerhalb des Bereichs die volle Wirkung hat, zum Beispiel um eine nicht mittige Vignettierung zu erstellen. Über die Kontrollbox MASKE UMKEHREN kann die Richtung vertauscht werden. Dann wird der Effekt innerhalb des Kreises angewendet.

> **TIPP**
>
> Am Ende der Bedienfeldpalette befinden sich drei Schaltflächen. Diese finden Sie auch beim Korrekturpinsel. Mit dem Schalter ❹ können Sie die Auswirkung der Werkzeuge temporär deaktivieren, ohne sie zu löschen. ZURÜCKSETZEN ❺ löscht alle Verläufe. SCHLIESSEN ❻ beendet das Werkzeug.

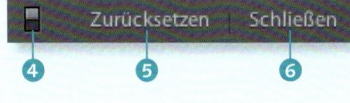

◄ Abbildung 13.318
Über die Kontrollbox MASKE UMKEHREN kann die Maske invertiert werden.

▲ Abbildung 13.319
Die WERKZEUGÜBERLAGERUNG dient der Steuerung der Werkzeugdarstellung und befindet sich unter dem Ansichtsfenster.

Sichtbarkeit der Bearbeitungspunkte | Ebenso wie den Verlaufsfilter können Sie auch die Sichtbarkeit des Radial-Filters im Bild über die Werkzeugleiste unter dem Ansichtsfenster steuern. Beim Radial-Filter wird diese Funktion BEARBEITUNGSPUNKTE ANZEIGEN genannt. Diese Überlagerungen funktionieren analog zu denen der BEREICHSREPARATUR (siehe Seite 632).

Maske vom Verlaufs- und Radialfilter erweitern oder verkleinern

Oft ragen Bäume, Häuser, Türme oder andere Objekte in den Verlaufs- oder Radialfilter hinein, werden diese ebenfalls beeinflusst, was nicht immer gewünscht ist. Diese können mit dem Pinselwerkzeug von der Veränderung ausgeschlossen werden. Aber auch das Hinzufügen von Bereichen ist möglich.

▲ Abbildung 13.320
Beim Verlaufsfilter wird auch der Ballon mit abgedunkelt.

▲ Abbildung 13.321
Der Radialfilter beeinflusst auch den Brunnen im Vordergrund.

Um den Pinsel im Verlaufs- oder Radialfilter zu aktivieren, klicken Sie unter der Werkzeugauswahl auf die Schaltfläche Pinsel ❶. Unter den Effekt-Parametern erscheint das Pinselwerkzeug. Sie können jetzt beliebig zusätzlich zum ausgewählten Filter Masken hinzufügen oder löschen. Die Handhabung des Pinsels unterscheidet sich nicht von den Möglichkeiten des Korrekturpinsels. Die Verwendung des Pinsels hat übrigens keine Auswirkung auf den Verlauf.

Die Bedeutung der Parameter und deren Handhabung finden Sie im nächsten Abschnitt bei der Beschreibung des Korrekturpinsels.

13.16 Lokale Anpassungen

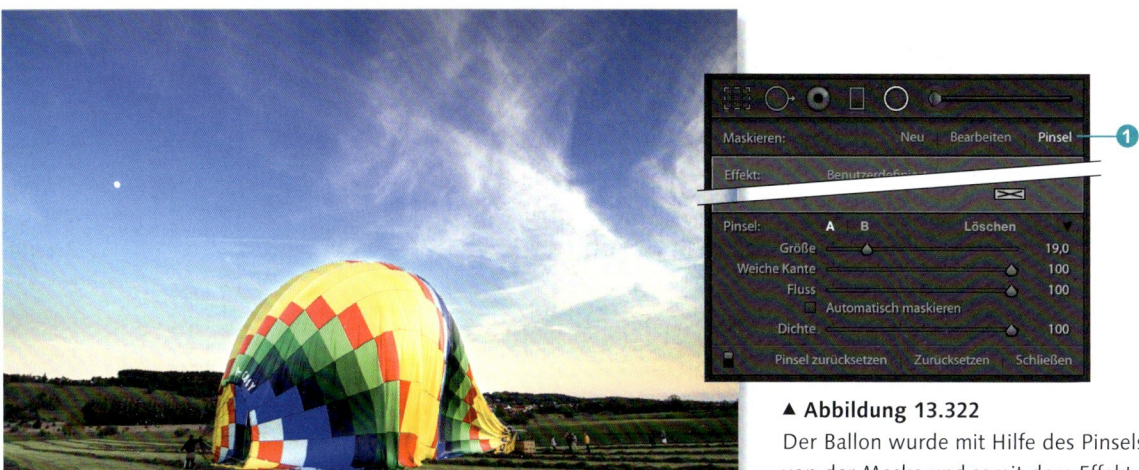

▲ **Abbildung 13.322**
Der Ballon wurde mit Hilfe des Pinsels von der Maske und somit dem Effekt ausgeschlossen.

Korrekturmaske mit Pinsel erstellen

Für viele Bilder eignen sich die Filter nur bedingt oder gar nicht. Hier sollten Sie die lokale Anpassung beliebig platzieren. Dazu bietet Lightroom die Möglichkeit, die für die Korrektur nötige Maske mit einem Pinsel frei aufzumalen. Nur an den Stellen, an denen gemalt wird, ist die lokale Anpassung wirksam.

Zum Erstellen einer Korrekturmaske müssen Sie zunächst das KORREKTURPINSEL-Werkzeug auswählen. Danach können Sie einfach im Bild malen. Solange Sie sich in der aktuellen Maske befinden, können Sie während des Malens auch absetzen, Pinselparameter verändern oder radieren. Während des Malens werden die eingestellten EFFEKT-Parameter auf die maskierten Bereiche ange-

▲ **Abbildung 13.323**
Schaltfläche zum Aktivieren des KORREKTURPINSELS

▼ **Abbildung 13.324**
Das Original (links) besitzt zwar einen schönen Abendhimmel, die Kuh ist allerdings zu dunkel. Rechts wurde nur die Kuh mit dem Korrekturpinsel aufgehellt.

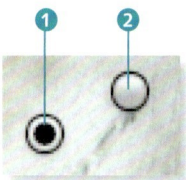

▲ **Abbildung 13.325**
Unterschiedliche Darstellungen einer aktiven ❶ und einer inaktiven Maske ❷

▲ **Abbildung 13.326**
Mit Hilfe der Schaltfläche Neu können Sie zusätzliche Masken generieren. Bearbeiten ist dann aktiv, wenn Sie eine vorhandene Maske ausgewählt haben.

Abbildung 13.327 ▶
Die Maske (links) wurde aus einem anderen Bild synchronisiert. Die Maske muss etwas nach links unten verschoben werden (Bild rechts).

wendet. Die aktive Maske ❶ wird, wie auch die anderen Werkzeugmasken, mit einem grauen Punkt mit schwarzem Mittelpunkt dargestellt. Ist eine Maske inaktiv, so wird sie nur durch einen grauen Punkt dargestellt ❷. Anders als Verläufe lassen sich zwar die Markierungspunkte einer Maske verschieben, die Maske selbst bleibt aber am Ursprungsort.

Neue Maske anlegen | Um eine neue Maske anzulegen, müssen Sie sich im Werkzeug befinden. Starten Sie es durch einen Klick auf das Symbol in der Werkzeugleiste, wird automatisch eine neue Maske erstellt. Ist bereits eine Maske aktiv, ist der Begriff Bearbeiten hervorgehoben. Um eine neue Maske zu erstellen, klicken Sie dann die Schaltfläche Neu an.

Maske verschieben | Um die Maske zu verschieben, klicken Sie den Markierungspunkt an und ziehen diesen mit gedrückter Maustaste an eine beliebige Stelle. Die Maske wandert dabei mit dem Markierungspunkt mit.

Haben Sie bei der Erstellung der Maske mit der Automatisch maskieren-Funktion gearbeitet, werden Sie feststellen, dass die Maske sich verändert und an der anderen Stelle der dort befindlichen Situation anpasst.

Besonders hilfreich ist diese Funktion, wenn Sie die Korrektur von einem Bild auf ein anderes synchronisieren. Im abgebildeten Beispiel (Abbildung 13.327) wurde der Korrekturpinsel von einem anderen Bild der Belichtungsreihe synchronisiert. Da die Belich-

13.16 Lokale Anpassungen

tungsreihe aus der Hand fotografiert wurde, ist der Baum etwas verschoben. Die Funktion AUTOMATISCH MASKIEREN, die beim Erstellen angewendet war, erzeugt eine etwas andere Form. Diese passt wieder an, sobald die Maske an die richtige Position geschoben wurde.

Maske kopieren | Um eine Maske zu duplizieren, klicken Sie mit der rechten Maustaste auf den Markierungspunkt der Maske und wählen aus dem Kontextmenü den Punkt DUPLIZIEREN.

Machen Sie eine Kopie an derselben Stelle, addieren sich die Effekte. Das ist dann hilfreich, wenn für den gewünschten Effekt die Maximalwerte der Schieberegler nicht ausreichen.

Pinselauswahl | Lightroom bietet die Auswahl zwischen drei Pinseln. Zwei davon dienen dem Malen und können unterschiedliche Pinseleinstellungen besitzen, ein dritter dient als Radiergummi. Zum Beispiel können Sie einen breiten Pinsel mit weicher Kante erstellen und einen kleinen Pinsel mit harter Kante. Zwischen den Pinseln können Sie über die Buchstaben A und B im Bedienfeld umschalten ❸. Haben Sie über den gewünschten Bereich hinausgemalt oder wollen nachträglich Bereiche wieder von der Maske entfernen, können Sie den LÖSCHEN-Pinsel ❹ wählen. Im Gegensatz zum Malpinsel besitzt der LÖSCHEN-Pinsel keine Dichte. Er entfernt die Maske an den entsprechenden Stellen komplett.

Größe | Dieser Parameter stellt den Durchmesser des Pinsels ein. Die GRÖSSE wird durch einen entsprechend großen Kreis um den Mauszeiger angezeigt. Das bedeutet, dass, wenn Sie in ein Bild hineinzoomen, sich die Pinselspitze nicht ebenso vergrößert wie das Bild. Eine große Pinselspitze deckt bei einer vergrößerten Darstellung also weniger Fläche ab als bei einem herausgezoomten Bild.

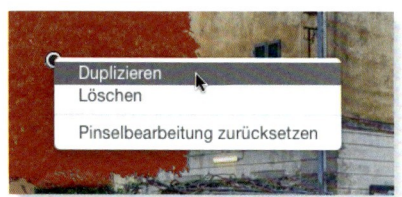

▲ **Abbildung 13.328**
Über das Kontextmenü des Markierungspunktes können Sie eine Maske DUPLIZIEREN oder LÖSCHEN.

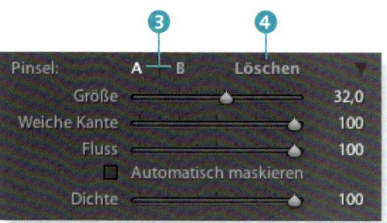

▲ **Abbildung 13.329**
Bedienfeld der Pinseleinstellungen

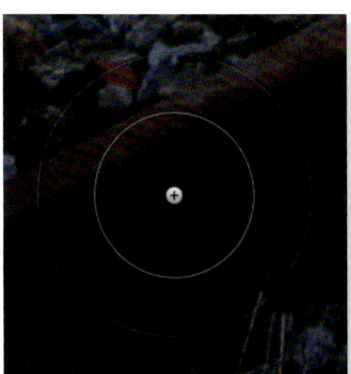

◀ **Abbildung 13.330**
Der innere Kreis zeigt die GRÖSSE des Pinsels an. Der Abstand zum äußeren Kreis zeigt die Breite der weichen Kante. Die Größe bleibt dabei unabhängig von der Zoomstufe gleich.

Weiche Kante | Erzeugt um die Pinselspitze einen weichen Rand. Dadurch entsteht ein Verlauf am Maskenrand, der den Effekt weich ausblendet. Die Breite der weichen Kante wird durch einen zweiten, größeren Kreis um die Pinselspitze dargestellt.

Fluss | Ein Pinselstrich entsteht, wenn bei Mausbewegung in einer bestimmten Rate weitere Punkte gesetzt werden. Der FLUSS-Parameter stellt diese Rate ein. Je höher der Wert, desto höher ist die Rate und desto genauer wird der Strich. Je höher die Flussrate, desto dichter wird der Pinselstrich.

▲ Abbildung 13.331
Besitzt ein Pinsel keine weiche Kante, so entstehen bei einer niedrigen Flussrate unschöne Überlagerungen.

▲ Abbildung 13.332
Bei einer hohen Flussrate verschwinden die Überlagerungen. Die Pinseldeckung wird erhöht.

▲ Abbildung 13.333
Wird bei einer niedrigen Flussrate eine weiche Kante eingestellt, verschwimmen die Überlagerungen.

Automatisch maskieren | Ist dieses Kontrollkästchen aktiviert, maskiert Lightroom nur Bereiche mit ähnlicher Farbe. Wenn Sie beispielsweise einen Himmel maskieren, werden Gebäude oder Bäume ausgespart. Um dies zu erreichen, betrachtet Lightroom bei jedem Setzen eines Malpunktes, welche Farben sich im Zentrum des Pinsels befinden, und maskiert dann nur ähnliche Farben.

Abbildung 13.334 ▶
Die Funktion AUTOMATISCH MASKIEREN hat nur den Himmel maskiert und das Gebäude ausgespart, da die Farbe des Gebäudes nicht der des Himmels entspricht.

Dichte | Steuert die Transparenz der Maske. Während des Malens wird die Dichte der Maske an den angegebenen Wert angepasst. Haben Sie vorher eine Maske mit einer höheren Dichte erstellt, reduziert ein niedriger DICHTE-Wert die Maske wieder.

 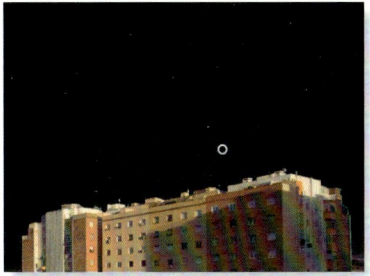 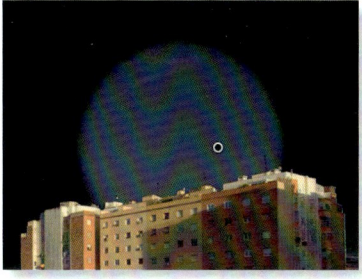

▲ Abbildung 13.335
Die Maske mit einem DICHTE-Wert von 100

▲ Abbildung 13.336
Die Maske mit einem DICHTE-Wert von 100 und einem Malpunkt mit DICHTE 70

▲ Abbildung 13.337
Die Maske mit einem DICHTE-Wert von 100 und einem Malpunkt mit DICHTE 30

Maske in Ansicht anzeigen | Oft sind die Änderungen so gering, dass man auf den ersten Blick die Verteilung der Maske nicht erkennen kann. Um sich die Maske als rote Fläche anzeigen zu lassen, bewegt man den Mauszeiger über den Markierungspunkt. Nach ca. zwei Sekunden erscheint die Maske als rote Fläche.

Wenn Sie die aktive Maske während der gesamten Bearbeitung sehen wollen, aktivieren Sie das Kontrollkästchen ÜBERLAGERUNG FÜR AUSGEWÄHLTE MASKE ANZEIGEN in der Werkzeugleiste unterhalb des Ansichtsfensters (siehe Abbildung 13.340).

▲ Abbildung 13.338
In der Maskenvorschau wird die Maske als rote Fläche kenntlich gemacht.

Gerade Linien mit dem Pinsel erzeugen | Wenn Sie in Bildern Objekte mit langen geraden Kanten maskieren wollen, hilft die ⇧-Taste auf zwei Arten. Halten Sie die Taste gedrückt, während Sie mit der Maustaste im Bild klicken, wird zwischen den Punkten eine gerade Linie erzeugt. Das Malen mit gedrückter Maustaste wird dann auf die Horizontale oder Vertikale beschränkt, je nachdem in welcher Richtung Sie die Maus verschieben, unmittelbar nachdem Sie die ⇧-Taste gedrückt haben.

Um jetzt beispielsweise ein Gebäude zu maskieren, können Sie zunächst unter Zuhilfenahme der ⇧-Taste den Umriss mit einer dünnen Pinselspitze nachfahren. Dann füllen Sie die Maske innerhalb mit einem größeren Pinsel aus.

▲ Abbildung 13.339
Zunächst wird die Fläche mit einer dünnen Pinselstärke umrandet und anschließend die Fläche mit einer größeren Spitze gefüllt.

Bearbeitungspunkte anzeigen

Auch beim Korrekturpinsel können Sie die Anzeige der Werkzeugüberlagerung steuern. Hier heißt diese Funktion genauso wie bei den beiden Filtern BEARBEITUNGSPUNKTE ANZEIGEN. Die Optionen des Dropdown-Menüs verhalten sich analog zu denen der anderen Werkzeuge (siehe Seite 648). Der Korrekturpinsel besitzt aber noch eine Zusatzoption.

- **Überlagerung für ausgewählte Maske anzeigen:** Normalerweise wird die Maske des Korrekturpinsels nur angezeigt, wenn Sie mit dem Cursor über dem Bereichspunkt stehen. Bewegen Sie die Maus wieder weg, wird die Darstellung deaktiviert. Über die Kontrollbox ÜBERLAGERUNG FÜR AUSGEWÄHLTE MASKE ANZEIGEN bleibt die Maske immer eingeblendet, solange die Maske ausgewählt und bearbeitet wird.

Abbildung 13.340 ▶
Darstellungsoptionen der Bearbeitungswerkzeuge unter dem Ansichtsfensters

13.17 Entwicklungseinstellungen synchronisieren

Eine der Stärken von Lightroom gegenüber Programmen wie Photoshop ist das Bearbeiten von größeren Mengen an Bildern. Eine der Aufgaben, die dabei öfter erledigt werden muss, ist die Synchronisation von Einstellungen, also das Übertragen von Entwicklungsparametern von einem Bild auf andere, beispielsweise wenn ein Weißabgleich für ein ganzes Shooting angepasst oder eine Auswahl an Bildern mit den gleichen Parametern scharfgezeichnet werden soll. In Lightroom können Sie die Einstellungen auf zwei Arten übertragen: automatisch oder manuell.

Automatische Synchronisation

Die automatische Synchronisation dient dem gleichzeitigen Entwickeln mehrerer Bilder. Dabei werden alle Entwicklungseinstellungen des aktiven Bildes auf die anderen, zusätzlich ausgewählten Bilder übertragen.

▲ Abbildung 13.341
Ausgewählte Bilder werden im Filmstreifen hellgrau hinterlegt.

Bildauswahl | Damit Sie mehrere Bilder auf einmal bearbeiten können, müssen Sie auch mehrere Bilder selektiert haben. Dies können Sie in der Bibliothek oder im Filmstreifen erledigen (siehe Seite 339). Dabei ist ein Bild immer das aktive Bild. Jedes der Bilder innerhalb der Auswahl kann durch Anklicken zum aktiven Bild gemacht werden, ohne die Gesamtauswahl aufzuheben. Das aktive Bild wird im Ansichtsfenster dargestellt und entwickelt.

Automatische Synchronisation aktivieren | Zum Aktivieren der automatischen Synchronisation finden Sie am Ende des rechten Bedienfeldes eine zweigeteilte Schaltfläche. Der linke Teil enthält einen Toggler ❶ (Umschalter). Dieser schaltet zwischen der automatischen und der manuellen Synchronisation um.

Die automatische Synchronisierung ist aktiviert, wenn der Button ❷ rechts daneben AUTOM. SYNCHR. anzeigt. Klicken Sie wäh-

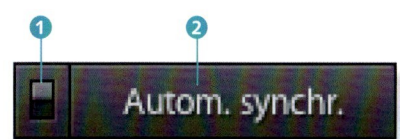

▲ Abbildung 13.342
Button mit Toggler zum Umschalten des Synchronisationsmodus

rend der automatischen Synchronisierung auf die rechte Hälfte, wird zur manuellen Synchronisation umgeschaltet. Um wieder zurückzuschalten, müssen Sie den Toggler erneut anklicken oder die Schaltfläche mit gedrücktem ⌘-Taste auf dem Mac oder Strg-Taste unter Windows an. Beim Halten dieser Tasten wird die gesamte Schaltfläche zum Toggler.

Manuelle Synchronisation

Im Gegensatz zur automatischen Synchronisation können Sie mit der manuellen Variante die Einstellungen auch nachträglich auf andere Bilder übertragen. Dabei können Sie genau auswählen, welche Entwicklungseinstellungen Sie übertragen wollen.

Zu synchronisierende Bilder auswählen | Bevor Sie Einstellungen synchronisieren, wählen Sie zuerst alle Bilder inklusive des Ausgangsbildes aus. Das Ausgangsbild ist das Bild, von dem aus Sie die Einstellungen übertragen wollen.

Die Auswahl können Sie auch in der Bibliothek erledigen und dann in das Entwickeln-Modul wechseln. Während der Entwicklung erledigen Sie das aber besser über den Filmstreifen.

Drücken Sie dazu die ⌘/Strg-Taste, und wählen Sie im Filmstreifen die Bilder aus, auf die die Werte übertragen werden sollen. Liegen die Bilder nebeneinander, können Sie auch einfach die ⇧-Taste drücken und zuerst das erste und dann das letzte gewünschte Bild in der Reihe anklicken.

Anschließend klicken Sie in der Auswahl auf das Ausgangsbild. Dieses wird im Ansichtsfenster dargestellt und in der Auswahl hervorgehoben.

▲ **Abbildung 13.343**
Einstellungen werden von dem Bild übernommen, das als aktiv markiert ist. Dieses wird heller dargestellt als die anderen ausgewählten und ist auch im Ansichtsfenster sichtbar.

Manuelle Synchronisation aktivieren | Bevor Sie synchronisieren, müssen Sie kontrollieren, ob der manuelle Modus aktiviert ist. Dazu klicken Sie einfach auf die SYNCHRONISIEREN-Schaltfläche am Ende des rechten Bedienfeldes. Steht auf der Schaltfläche AUTOM. SYNCHR., klicken Sie entweder auf den Toggler ❶ oder direkt auf die Schaltfläche ❷. In beiden Fällen aktivieren Sie damit den manuellen Modus. Zurückschalten können Sie mit Hilfe des Togglers oder indem Sie auf dem Mac die ⌘-Taste oder unter Windows die Strg-Taste halten, während Sie auf die Schaltfläche klicken.

▲ Abbildung 13.344
Button mit Doppelfunktion: Der Toggler schaltet den Modus um, und die Taste startet die manuelle Synchronisation.

Einstellungen synchronisieren | Eines der ausgewählten Bilder ist heller als die anderen hinterlegt. Dieses ist das Ausgangsbild. Wollen Sie die Einstellungen von einem anderen Bild innerhalb der Auswahl übernehmen, können Sie dieses anklicken, um es zu aktivieren. Um die Einstellungen zu übertragen, klicken Sie dann auf die Schaltfläche SYNCHRONISIEREN.

Im Dialog EINSTELLUNGEN SYNCHRONISIEREN können Sie jetzt auswählen, welche Einstellungen des Ausgangsbildes Sie übernehmen wollen. Für jedes Bedienfeld steht ein Kontrollkästchen bereit. Sie können beliebige Kombinationen wählen. Um nur ein Bedienfeld zu übernehmen, drücken Sie zunächst NICHTS AUSWÄHLEN und dann die gewünschte Kontrollbox. Mit ALLES AUSWÄHLEN werden alle Kontrollkästchen aktiviert. Wenn Sie fertig sind, beenden Sie den Dialog über die SYNCHRONISIEREN-Schaltfläche und starten somit die Übertragung. Danach können Sie die Veränderungen in den Bildern im Filmstreifen sehen.

▼ Abbildung 13.345
Im Synchronisieren-Dialog können Sie die zu kopierenden Parameter auswählen. Werte nicht ausgewählter Bedienfelder werden auch nicht synchronisiert.

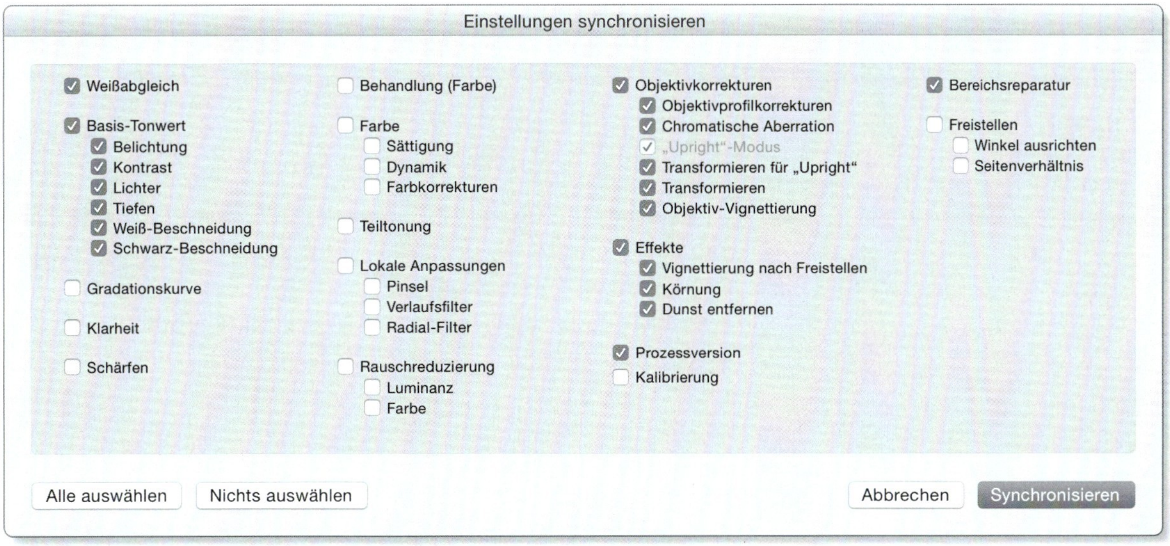

Synchronisationsoptionen

Es gibt noch einige Optionen, die die Synchronisation beschleunigen. Diese sind über bestimmte Tastenkombinationen verfügbar.

Einstellungsdialog übergehen | Wenn Sie die Einstellungen im Dialog beibehalten und nicht ändern wollen, können Sie durch gleichzeitiges Drücken der ⌥/Alt-Taste und der Schaltfläche SYNCHRONISIEREN den Dialog übergehen und die Synchronisierung sofort ausführen.

Modus umschalten | Durch Gedrückthalten der ⌘/Strg-Taste müssen Sie den Toggler-Schalter nicht betätigen, um zwischen den Modi umzuschalten. In diesem Fall können Sie auch direkt auf die SYNCHRONISIEREN-Schaltfläche klicken.

Menübefehle | Die Synchronisierungsbefehle lassen sich auch über das Menü EINSTELLUNGEN aufrufen.

Kontextmenü | Klicken Sie mit der rechten Maustaste auf ein Bild im Ansichtsfenster oder Filmstreifen, können Sie die Parameter über den Menübefehl ENTWICKLUNGSEINSTELLUNGEN • EINSTELLUNGEN SYNCHRONISIEREN übertragen. Allerdings nur, wenn mehrere Bilder im Filmstreifen ausgewählt sind.

Synchronisieren in der Bibliothek | Sie können Entwicklungseinstellungen auch in der Bibliothek synchronisieren. Dazu wählen Sie FOTO • ENTWICKLUNGSEINSTELLUNGEN • EINSTELLUNGEN SYNCHRONISIEREN oder klicken auf die Schaltfläche EINSTELL. SYN. unter der rechten Bedienfeldpalette.

▲ **Abbildung 13.346**
Entwicklungseinstellungen können auch in der Bibliothek synchronisiert werden.

Einstellungen kopieren und anwenden

Bisher haben Sie Entwicklungseinstellungen zwischen Bildern synchronisiert. Die Einstellungen werden dabei direkt übertragen und sind nach dem Vorgang vergessen.

Es besteht jedoch auch die Möglichkeit, die Einstellungen in den Zwischenspeicher zu kopieren und diese dann beliebig auf andere Bilder anzuwenden – ganz unabhängig von der aktuell getroffenen Auswahl. Das Kopieren und Einfügen kann von mehreren Stellen aus erledigt werden:

▶ **Bedienfeldpalette links:** Unten in der Bedienfeldpalette des Entwickeln-Moduls befindet sich eine KOPIEREN-Schaltfläche.

13.17 Entwicklungseinstellungen synchronisieren

Durch Anklicken öffnet sich das Dialogfeld, das wir bereits für die Auswahl der Synchronisierungseinstellungen verwendet haben. Durch Drücken der ⌥/Alt-Taste können Sie den Einstellungsdialog übergehen und die Einstellungen direkt kopieren. Das Einfügen der Einstellungen lässt sich über die danebenliegende Schaltfläche erledigen.

TIPP
Das Kontextmenü lässt sich über die rechte Maustaste auch im Filmstreifen aufrufen, wenn Sie eines oder mehrere Bilder ausgewählt haben.

▸ **Menüleiste:** Die gleichen Befehle finden Sie auch in der Menüleiste unter EINSTELLUNGEN • EINSTELLUNGEN KOPIEREN und EINSTELLUNGEN EINFÜGEN. Hier stehen auch die entsprechenden Tastenkombinationen, die Sie für die Befehle anwenden können: ⇧+⌘+C / ⇧+Strg+C beziehungsweise ⇧+⌘+V / ⇧+Strg+V.

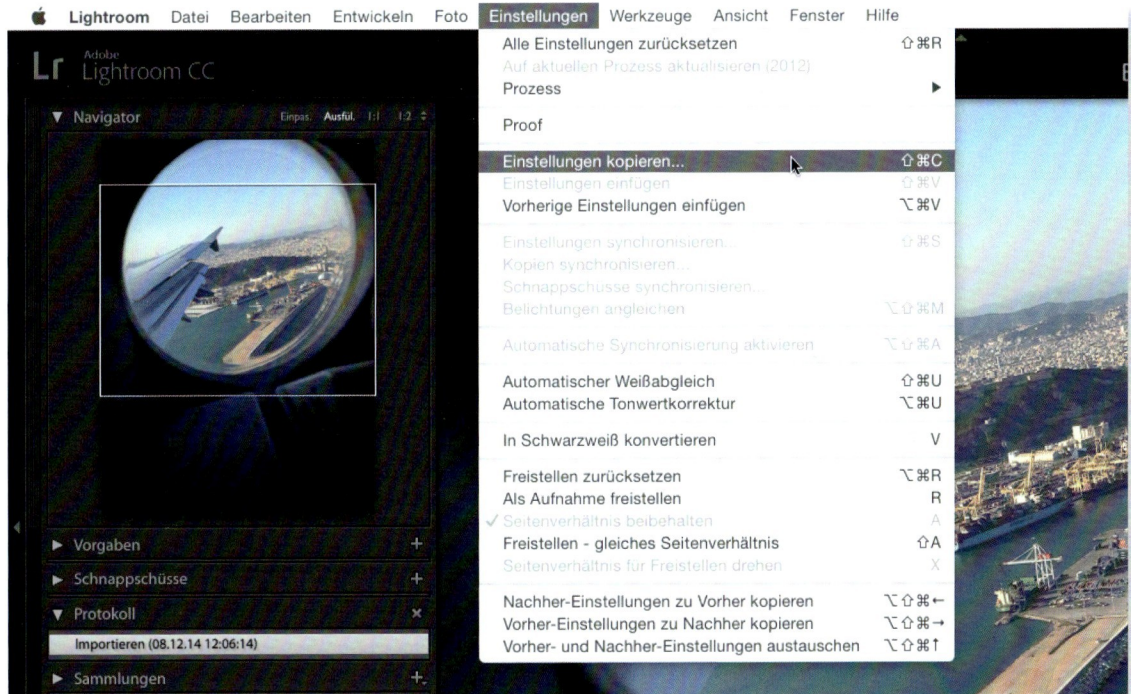

▲ Abbildung 13.347
Die Entwicklungseinstellungen können auch über das Menü kopiert und synchronisiert werden.

▸ **Menüleiste im Bibliothek-Modul:** Über das Bibliothek-Modul können Sie ebenfalls die Einstellungen kopieren und auf andere Bilder einfügen. Hier finden Sie den Befehl aber im Menü FOTO unter ENTWICKLUNGSEINSTELLUNGEN • EINSTELLUNGEN KOPIEREN und EINSTELLUNGEN EINFÜGEN.

▸ **Kontextmenü:** Klicken Sie mit der rechten Maustaste auf ein Bild, so öffnet sich ein Dropdown-Menü. Dort finden Sie die Befehle zum Kopieren und Einfügen unter dem Punkt EINSTELLUNGEN.

Belichtungen angleichen

Dieser Befehl ist eine besondere Art der Synchronisation. Dabei wird nur die Belichtung des aktiven Bildes auf die anderen ausgewählten synchronisiert. Dabei erhalten aber nicht alle Bilder denselben Belichtungswert, sondern Lightroom berücksichtigt die Belichtungseinstellungen in den Metadaten der Bilder und versucht, deren Belichtung aufeinander abzustimmen.

Dabei werden Blende, Belichtungszeit und ISO-Wert berücksichtigt, um über alle Bilder hinweg eine gleichbleibende Belichtung zu erreichen. Ist ein Bild beispielsweise um eine Blende dunkler belichtet, wird der Belichtungsregler des anderen Bildes auf »+1« verschoben.

Dies ist sehr hilfreich, wenn man über mehrere Bilder hinweg den gleichen Helligkeitseindruck erzielen will, die Bilder aber sehr unterschiedlich belichtet wurden.

Diese Funktion ist über das Menü oder per Tastenkombination erreichbar: EINSTELLUNGEN • BELICHTUNGEN ANGLEICHEN oder ⌥+⇧+⌘+M / Strg+Alt+⇧+M. In der Bibliothek finden Sie den gleichen Befehl im Menü unter FOTO • ENTWICKLUNGSEINSTELLUNGEN • GESAMTBELICHTUNGEN ABGLEICHEN.

▲ Abbildung 13.348
Das linke Bild ist um eine Blende dunkler belichtet als das rechte Bild.

▲ Abbildung 13.349
Nach der Angleichung der Belichtung wurde der Belichtungsregler um eine Blende verschoben.

Vorherige Einstellungen anwenden

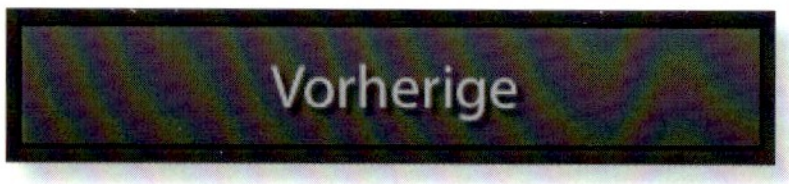

Es gibt noch eine weitere Möglichkeit, um Entwicklungseinstellungen zu übertragen: die Wiederholung der Bearbeitungen, die man als Letztes vorgenommen hat.

Lightroom speichert alle Parameterveränderungen, die zuletzt an einem Bild ausgeführt wurden – auch wenn sie von einem an-

▲ Abbildung 13.350
Diese Schaltfläche ist nur sichtbar, wenn lediglich ein Bild selektiert ist.

deren Foto übertragen wurden. Um diese wiederholt anzuwenden, klicken Sie auf die Schaltfläche VORHERIGE in der rechten Bedienfeldpalette. Auch der Aufruf über das Kontextmenü funktioniert hier. Sie rufen den Befehl über den Menüpunkt EINSTELLUNGEN • VORHERIGE EINSTELLUNGEN EINFÜGEN auf.

Die Schaltfläche ist nur dann verfügbar, wenn ein einzelnes Bild ausgewählt ist. Sind mehrere Bilder markiert, wird sie zur SYN-CHRONISIEREN-Schaltfläche. Aber auch dann lässt sich der Befehl noch über das EINSTELLUNGEN-Menü ausführen. Die vorherigen Einstellungen werden dabei auf alle in der Bibliothek oder im Filmstreifen selektierten Bilder übertragen.

13.18 Einstellungen zurücksetzen

Hat man zwischendurch den Überblick verloren oder ist beim Entwickeln in eine Sackgasse geraten, möchte man gern einzelne Einstellungen oder sogar die gesamte Bearbeitung auf die Standardeinstellung zurücksetzen. In Lightroom gibt es dafür mehrere Möglichkeiten.

Einzelne Bedienfelder zurücksetzen

Sie können einzelne Bedienfelder zurücksetzen, indem Sie die ⌥/Alt-Taste gedrückt halten und mit der Maus auf den Namen des Bedienfeldes ❶ klicken. Zur Kennzeichnung wird neben den Bezeichnungen der Bedienfelder der Begriff ZURÜCKS. eingeblendet. Hier hat die Bezeichnung einfach nicht ausreichend Platz, Sie können diese aber trotzdem per Klick zurücksetzen.

▲ Abbildung 13.351
Beim Drücken der ⌥/Alt-Taste erscheinen neben den Parametergruppen Schaltflächen zum Zurücksetzen.

Auf Standardeinstellungen zurücksetzen

Um alle Entwicklungseinstellungen auf die Standardeinstellung zurückzusetzen, klicken Sie auf die Schaltfläche ZURÜCKSETZEN am unteren Rand der rechten Bedienfeldpalette. Dieser Befehl wird protokolliert und kann somit jederzeit rückgängig gemacht werden. Die Standardeinstellungen können Sie selbst definieren.

▲ Abbildung 13.352
Diese Taste setzt die Entwicklungseinstellungen auf die Standardwerte zurück.

Standardeinstellungen festlegen

Die Standardeinstellungen sind abhängig vom Kameramodell und können für jede Kamera einzeln gespeichert werden. Halten Sie die

Abbildung 13.353
Jede Kamera besitzt eigene Standardeinstellungen, die Sie anpassen und als Standard speichern können.

(alt)/Alt-Taste gedrückt, so verwandelt sich die Zurücksetzen-Schaltfläche in die Schaltfläche Standard festlegen. Nach dem Klick auf die Schaltfläche öffnet sich ein Hinweisdialog. Darin können Sie die Einstellungen über einen Klick auf Adobe-Standardeinstellungen wiederherstellen ❶ zurücksetzen.

Haben Sie in den Voreinstellungen, im Register Vorgaben (Seite 196), die Kontrollbox Standardeinstellungen an Seriennummer der Kamera ausrichten ❷ aktiviert, wird die Standardentwicklungseinstellung immer zu jeder individuellen Kamera zugewiesen, auch wenn es dasselbe Modell ist.

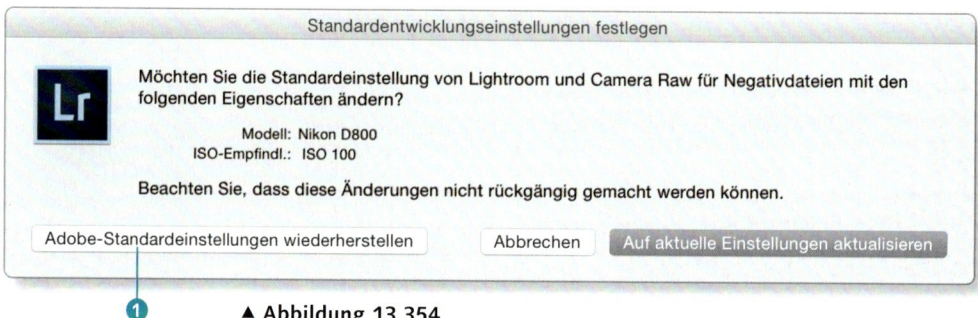

Abbildung 13.354
Standardeinstellungen können pro Kamera festgelegt werden.

In den Voreinstellungen können Sie dies übrigens über Standardeinstellungen an ISO-Wert der Kamera ausrichten ❸ zusätzlich auch für den ISO-Wert aktivieren bzw. deaktivieren. Deaktivieren Sie diese Option, können Sie beispielsweise keine Rauschen-Einstellungen individuell auf den ISO-Wert abstimmen.

Abbildung 13.355 ▶
In den Voreinstellungen können Sie angeben, ob die Standardeinstellungen auch ISO-Werte und die Seriennummer der Kamera berücksichtigen sollen.

Abbildung 13.356
Statt zu den eigenen Voreinstellungen können Sie die Entwicklung auch zu den Adobe-Einstellungen zurücksetzen.

Auf die Adobe-Einstellungen zurücksetzen

Haben Sie die Standardeinstellungen angepasst, wollen aber trotzdem ein einzelnes Bild auf die Adobe-Einstellungen zurücksetzen, ohne dabei Ihre Standardeinstellungen zu verwerfen, halten Sie die ⇧-Taste gedrückt. Die Zurücksetzen-Schaltfläche wird dann zur Zurücks. (Adobe)-Schaltfläche.

13.19 Die Vorher-Nachher-Ansicht

In der VORHER-UND-NACHHER-Ansicht können Sie den Stand eines Bildes vor und nach der Anwendung von Arbeitsschritten vergleichen. Dafür wird das Ansichtsfenster in zwei Hälften geteilt. Eine Hälfte zeigt den Vorher-Status an, die andere den Status nach der Anwendung der Steuerelemente.

Die VORHER-Ansicht zeigt immer den Status an, den das Bild hatte, als Sie das letzte Mal die Vorher-Nachher-Ansicht eingeblendet hatten. Wenn Sie die Ansicht zum ersten Mal aktivieren, wird das Bild mit den Entwicklungseinstellungen beim Bildimport dargestellt. Die NACHHER-Ansicht zeigt immer den aktuellen Entwicklungsstatus an. Einstellungen des Beschnitts und der Ausrichtung werden auf beide Bilder angewendet, um einen guten Vergleich zu haben.

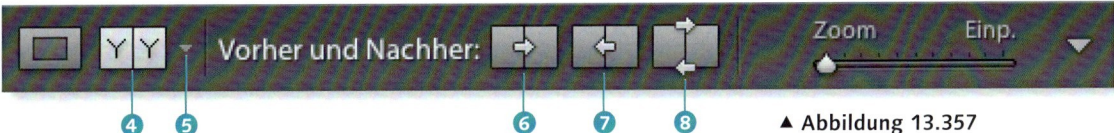

▲ Abbildung 13.357
Die Werkzeugleiste der VORHER-UND-NACHHER-Ansicht unter dem Ansichtsfenster

Die Vorher-Nachher-Ansicht wird über die Werkzeugleiste ❹ unter dem Ansichtsfenster aktiviert. Die Teilung des Fensters kann vertikal oder horizontal erfolgen ❺. Einstellungen können zwischen der Vorher- und der Nacher-Ansicht übertragen (❻ und ❼) oder ausgetauscht ❽ werden. Unter dem Histogramm werden Farbwerte vor und nach der Bearbeitung angezeigt. In der Vorher-Nachher-Ansicht sind auch alle Zoomwerkzeuge vorhanden. Auf Wunsch können Sie den ZOOM-Schieberegler in der Werkzeugleiste einblenden. Auf kleinen Monitoren wird dann allerdings ein Teil der Farbinformation ausgeblendet.

Ansichtsmodi der Vorher-Nachher-Ansicht

Die Modi können über ein Dropdown-Menü ausgewählt werden, das sich nach einem Klick auf das Dreieck öffnet. Alternativ können Sie auch auf das Icon des aktuellen Modus klicken. Es wird daraufhin auf den nächsten Modus weitergeschaltet.

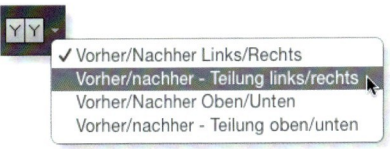

▲ Abbildung 13.358
Ein Klick auf das Dreieck öffnet das Dropdown-Menü zur Auswahl des Ansichtsmodus.

Komplette Vorher-Nachher-Ansicht | In der kompletten Vorher-Nachher-Ansicht wird das vollständige Bild in beiden Ansichten angezeigt. Wird in das Bild hineingezoomt, so geschieht das in beiden Ansichten genau in die gleichen Bildbereiche hinein. Beim

Verschieben des Bildes in einer Ansicht wird das Bild in der anderen Ansicht synchron mitverschoben.

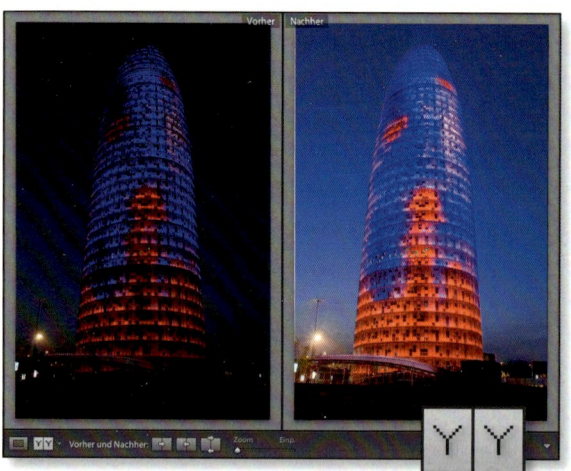

▲ **Abbildung 13.359**
In der kompletten Vorher-Nachher-Ansicht wird jeweils der gleiche Ausschnitt angezeigt.

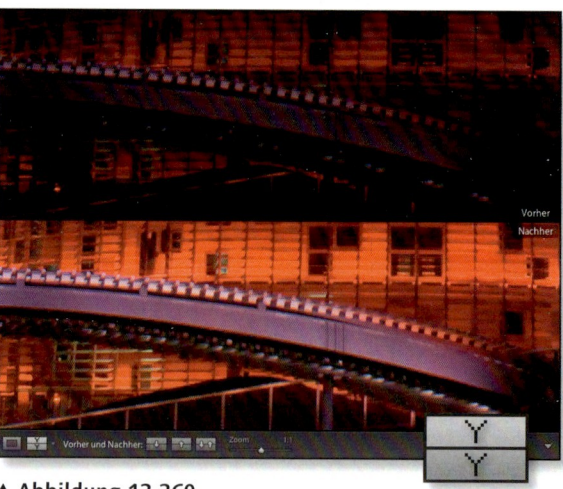

▲ **Abbildung 13.360**
Die Unterteilung kann auch vertikal erfolgen. Alle Zoomfunktionen bleiben aktiv.

Geteilte Vorher-Nachher-Ansicht | Hier wird das Bild zunächst in der horizontalen oder vertikalen Mitte geteilt. Das Verschieben eines Ausschnitts passt die andere Ansicht so an, dass das Bild dort entsprechend fortgesetzt wird.

▲ **Abbildung 13.361**
Bei der geteilten Ansicht wird das Bild auf beide Ansichtshälften verteilt. Beide zusammen ergeben den ganzen Ausschnitt.

▲ **Abbildung 13.362**
Die vertikale Variante der geteilten Vorher-Nachher-Ansicht funktioniert analog zur horizontalen Variante.

13.19 Die Vorher-Nachher-Ansicht

Übertragen von Einstellungen

In der Vorher-Nachher-Ansicht können auch Entwicklungseinstellungen von Ansicht zu Ansicht übertragen oder zwischen beiden ausgetauscht werden. Im Folgenden werden die Entwicklungsparameter in der vertikalen Teilung übertragen. Die Beschreibung gilt natürlich analog auch für die horizontale Teilung.

Vorher- zu Nachher-Einstellungen kopieren | Dieser Vorgang übernimmt sämtliche Entwicklungen aus dem Bild in der Vorher-Ansicht und wendet sie direkt auf die Parameter in der Nachher-Ansicht an. Dies setzt die Parameter auf den Anfang zurück.

▼ **Abbildung 13.363**
Die vorherigen Einstellungen werden auf die Nachher-Ansicht kopiert.

Nachher- zu Vorher-Einstellungen kopieren | Hierbei werden die Einstellungen von der Nachher- zur Vorher-Ansicht kopiert. Beide Ansichten zeigen so zunächst den gleichen Entwicklungsstand. Sie können anschließend weitere Einstellungen vornehmen und sehen dann die Veränderungen im Vergleich zur »neuen« Vorher-Ansicht. Das ist eine empfehlenswerte Arbeitsweise, wenn die Bildentwicklung in Stufen erledigt wird.

▼ **Abbildung 13.364**
Die Nachher-Ansicht wird zur Vorher-Ansicht – als Basis für weitere Modifikationen.

Vorher- und Nachher-Einstellungen tauschen | Dabei werden die Einstellungen der beiden Ansichten getauscht. Man kann dies beispielsweise dafür nutzen, um eine alternative Entwicklung durchführen, und sich danach entscheiden, welche der beiden man verwenden will. Man stellt in diesem Fall also zwei Entwicklungseinstellungen einander gegenüber. Gefällt dann die Variante in der Vorher-Ansicht besser, müssen die Einstellungen einfach von der Vorher-Ansicht in die Nachher-Ansicht kopiert werden (siehe Abbildung 12.336).

▼ Abbildung 13.365
So werden die Einstellungen zwischen Vorher- und Nachher-Ansicht getauscht.

Anzeige von Farbinformationen im Histogramm | Befinden Sie sich in der Vorher-Nachher-Ansicht mit dem Mauszeiger über einem Bild, so werden die Farbwerte der Vorher-Ansicht denen der Nachher-Ansicht unter dem Histogramm gegenübergestellt. Der aktuelle Wert ist der bisherige, der Wert nach dem Schrägstrich ist der neue.

Sie erhalten so einen Überblick, wie stark sich einzelne Farbwerte geändert haben – gerade zur Kontrolle der Zeichnung in den Lichtern und den Tiefen eine wertvolle Information.

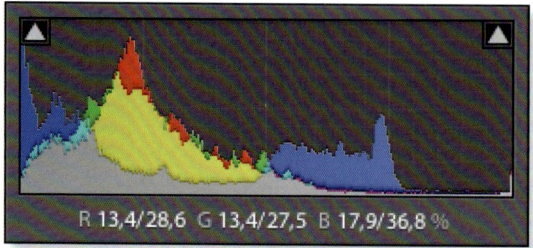

▲ Abbildung 13.366
In der Vorher-Nachher-Ansicht lassen sich unter dem Histogramm auch die RGB-Farbwerte vergleichen – links der Vorher-, rechts der Nachher-Wert.

13.20 Arbeiten mit Vorgaben

Nahezu alle Entwicklungseinstellungen lassen sich auch als Vorgaben speichern und auf ausgewählte Bilder anwenden, ohne die Parameter neu einstellen zu müssen. Denken Sie dabei an die chromatische Aberration bei einem bestimmten Objektiv: Ist diese Korrektur einmal als Entwicklungsvorgabe gespeichert, können Sie sie schnell auf alle Bilder anwenden, die mit diesem Objektiv fotografiert wurden. Denkbar sind auch komplette Farbveränderungen, um einen fotografischen Stil umzusetzen, oder die Simulation eines analogen Diafilms.

Allerdings gibt es einige Einstellungen, die sich nicht in eine Vorgabe speichern lassen. Dazu zählen das Freistellungswerkzeug, die Bereichsreparatur mit dem Kopierstempel, die Rote-Augen-Korrektur und der Korrekturpinsel.

▲ **Abbildung 13.367**
Vorgaben speichern Entwicklungseinstellungen unter einem Namen ab. Sie können auf jedes Bild angewendet werden.

Vorgaben zuweisen

Der Vorgabenbrowser in der linken Bedienfeldpalette dient der Ablage und Auswahl von gespeicherten Vorgaben. Das Anklicken genügt, um eine Vorgabe dem aktiven Bild zuzuweisen. Bewegen Sie die Maus über eine Vorgabe, so erscheint eine Vorschau des aktiven Bildes im Navigator-Bedienfeld.

Vorgaben speichern und aktualisieren

Gerade wenn Sie sich einige grundlegende Entwicklungs-Workflows erarbeitet haben, die Sie öfter verwenden wollen, ist es möglich, die Einstellungen als eigene Vorgabe zu speichern. Etwa bei einer Graustufenumsetzung oder bei der Verwendung eines bestimmten fotografischen Stils können Sie sich dann in Zukunft die Basisarbeiten sparen und sich allein auf die Entwicklung der Feinheiten in Ihren Bildern konzentrieren.

Vorgabe unter eigenem Namen speichern | Bevor Sie Ihre Einstellungen als Vorgabe abspeichern können, müssen Sie sie in einem Bild angewendet haben. Haben Sie das getan, klicken Sie danach auf das Plussymbol im Bedienfeldtitel von Vorgaben.

Geben Sie dann im Dialogfeld Neue Entwicklungs-Vorgabe einen Vorgabennamen an. Anschließend können Sie im Dropdown-Menü darunter einen Ordner auswählen oder einen neuen Ordner anlegen. Sie können auch festlegen, ob Sie alle oder nur ausgewählte Einstellungen speichern möchten – aktivieren Sie dafür einfach die entsprechenden Kontrollkästchen. Klicken Sie schließlich auf ERSTELLEN, um die Vorgabe abzuspeichern.

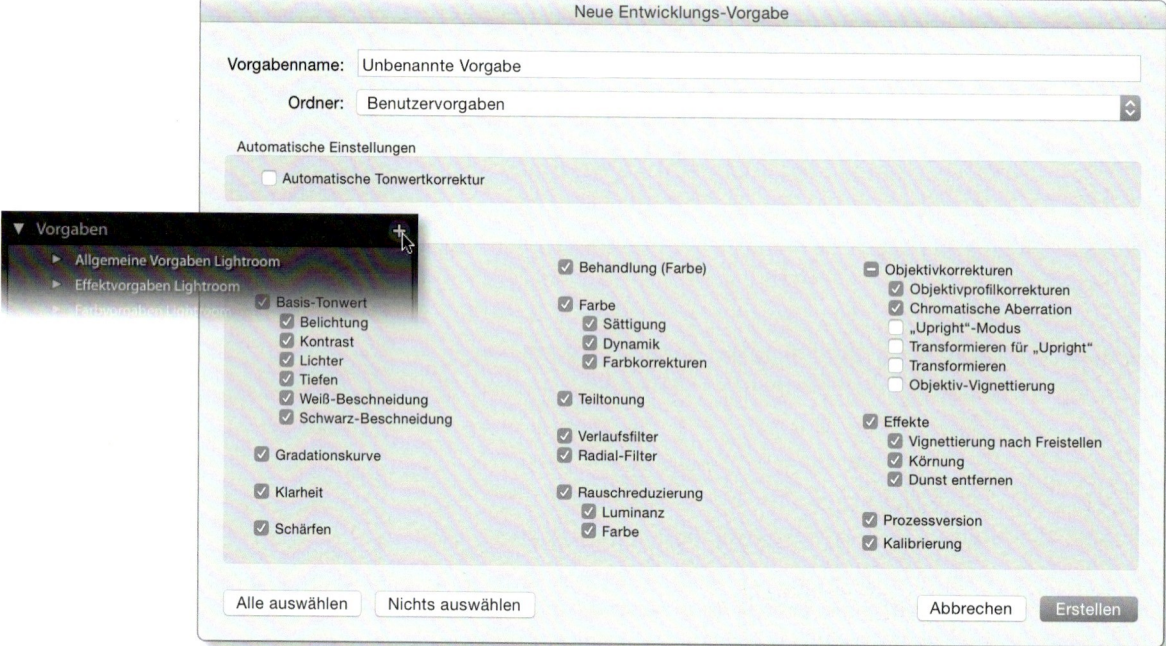

Abbildung 13.368 ▲
Im Vorgaben-Dialog können Sie die zu speichernden Parameter festlegen.

Vorgabe mit den aktuellen Einstellungen aktualisieren | Möchten Sie die gespeicherte Vorgabe bearbeiten, wenden Sie diese zunächst auf ein Bild an und nehmen dann die neuen Entwicklungseinstellungen vor.

Soll die Vorgabe nun mit den neuen Einstellungen aktualisiert werden, klicken Sie im Vorgabenbrowser mit der rechten Maustaste auf den Vorgabennamen. Wählen Sie dann aus dem erscheinenden Dropdown-Menü den Punkt MIT DEN AKTUELLEN EINSTELLUNGEN AKTUALISIEREN.

Abbildung 13.369 ▶
Gespeicherte Vorgaben können mit aktuellen Einstellungen überschrieben werden. Nicht mehr gewünschte Parameter können dabei auch wieder entfernt werden.

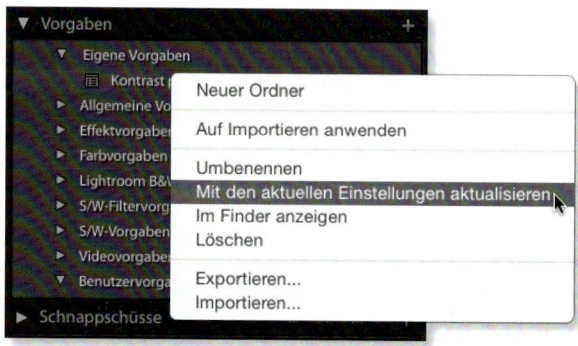

Danach können Sie im Dialogfeld ENTWICKLUNGS-VORGABE AKTUALISIEREN alle Einstellungen auswählen, die in der neuen Version der Vorgabe gespeichert werden sollen – falls gewünscht, nicht nur die geänderten. Klicken Sie abschließend auf AKTUALISIEREN.

Bitte beachten Sie dabei: Es können nur vom Benutzer angelegte Vorgaben überschrieben werden. Die fest eingebauten Vorgaben von Lightroom lassen sich nicht aktualisieren.

Vorgaben tauschen

Sie können Vorgaben auch im Internet auf Ihrer Website veröffentlichen oder anderen Benutzern in Ihrem Unternehmen zur Verfügung stellen, damit diese einen entwickelten Bildstil mitverwenden können.

Vorgaben verwalten

Zur besseren Übersichtlichkeit können Vorgaben in Ordnern verwaltet werden.

Ordner erstellen | Es gibt vier Varianten, um einen neuen Ordner für Vorgaben zu erstellen:

- Klicken Sie mit der rechten Maustaste in der Liste des Vorgabenbrowsers, so erscheint ein Dropdown-Menü mit der Funktion NEUER ORDNER. Klicken Sie dabei auf eine existierende Vorgabe, wird diese in den neu erstellten Ordner verschoben.

◀ **Abbildung 13.370**
Dialogfeld zur Eingabe eines Ordnernamens

- Halten Sie die ⌥/Alt-Taste gedrückt, und klicken Sie auf das ➕-Symbol, dann wird ein neuer Ordner statt einer neuen Vorgabe erstellt.
- Auch beim Erstellen einer neuen Vorgabe gibt es im Dialogfeld NEUE ENTWICKLUNGS-VORGABE eine Neuer-Ordner-Funktion.

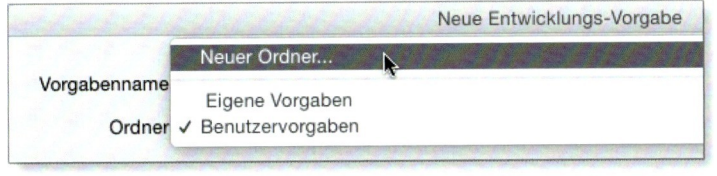

◀ **Abbildung 13.371**
Erstellen eines neuen Ordners während der Speicherung einer neuen Vorgabe

- Eine weitere Möglichkeit führt über das Menü ENTWICKELN • NEUER VORGABENORDNER.

Vorgaben verschieben | Sie können Vorgaben verschieben, indem Sie eine Vorgabe anklicken und diese mit gedrückter Maustaste in einen anderen Ordner bewegen. Beim Loslassen der Maustaste wird die Vorgabe im neuen Ordner abgelegt. Eine Linie zeigt Ihnen dabei, an welcher Stelle die Vorgabe eingefügt wird.

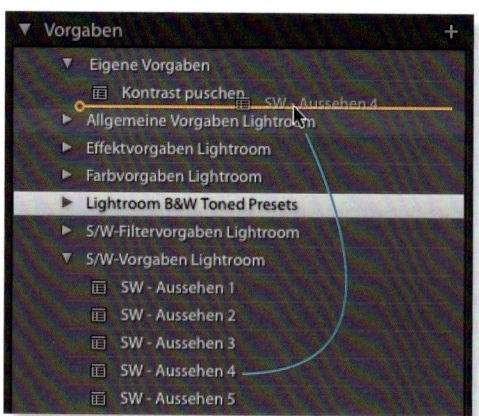

Abbildung 13.372 ►
Vorgaben können per Drag & Drop in andere Ordner verschoben werden.

Löschen von Vorgaben oder Ordnern | Um eine Vorgabe oder einen Ordner zu löschen, klicken Sie im Vorgabenbrowser mit der rechten Maustaste auf den entsprechenden Namen. Aus dem Dropdown-Menü wählen Sie dann den Punkt LÖSCHEN.

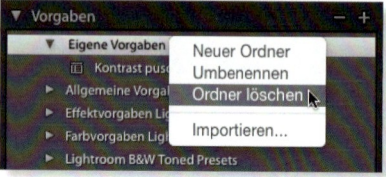
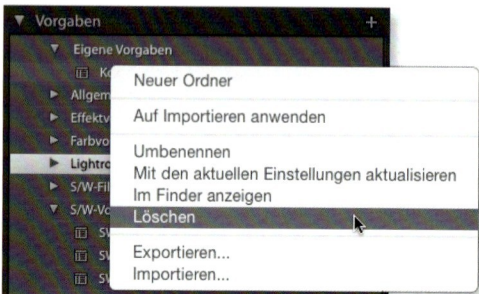

Abbildung 13.373 ►
Vorgaben oder Vorgabenordner werden mit Hilfe des Kontextmenüs (rechte Maustaste) gelöscht.

Vorgaben exportieren und importieren

Sie können Vorgaben auch exportieren, um sie auf andere Rechner zu transportieren oder anderen Benutzern zur Verfügung zu stellen.

Export von Vorgaben | Klicken Sie mit der rechten Maustaste auf eine Vorgabe, und wählen Sie im aufklappenden Dropdown-Menü den Punkt EXPORTIEREN. Speichern Sie die Vorgabe dann an einem Ort, an dem Sie sie leicht wiederfinden, zum Beispiel auf dem Schreibtisch.

13.20 Arbeiten mit Vorgaben

Jetzt kann die Vorgabe ganz einfach per E-Mail verschickt werden. Oder Sie speichern sie in einem Verzeichnis, auf das auch andere Benutzer Zugriff haben.

Vorgaben importieren | Klicken Sie mit der rechten Maustaste auf einen Ordner im Vorgabenbrowser. Wählen Sie dann aus dem Kontextmenü den Punkt IMPORTIEREN. Browsen Sie im Datei-Explorer zu der gewünschten Vorgabendatei, und klicken Sie auf ÖFFNEN. Die Vorgabe wird in den angeklickten Ordner gelegt. Beachten Sie, dass Sie keine Vorgaben in den Ordner LIGHTROOM-VORGABEN importieren können.

Sie können Vorgaben auch auf Betriebssystemebene auf andere Rechner kopieren oder verschieben. Mehr über die Dateistruktur und Ablageordner von Lightroom lesen Sie auf Seite 210.

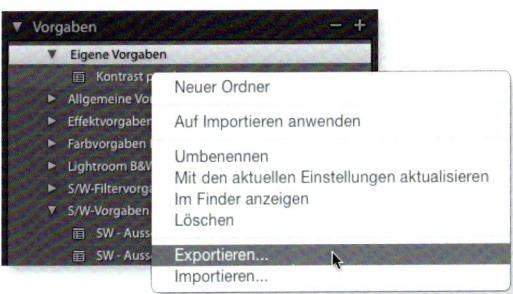
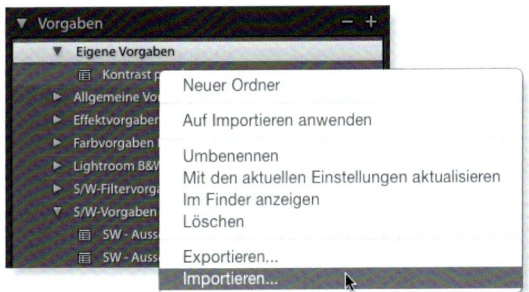

▼ Abbildung 13.374
Im Vorgabenbrowser können leider keine kompletten Ordner exportiert oder importiert werden, sondern nur einzelne Vorgabendateien.

Vorgaben für den Bildimport auswählen | Bereits während des Bildimports können Entwicklungsvorgaben angewendet werden. Die Vorgaben können entweder im Import-Dialog oder über das Kontextmenü in der VORGABEN-Palette des Entwickeln-Moduls zugewiesen werden.

Klicken Sie mit der rechten Maustaste auf eine Vorgabe, und wählen Sie den Menüpunkt AUF IMPORTIEREN ANWENDEN ❶. Die Vorgabe erhält zur Markierung ein Plus-Symbol ❷. Die Vorgabe wird dann im Import-Dialog als Vorgabe aktiviert ❸. Sie können diese beim Import natürlich auch durch eine andere ersetzen.

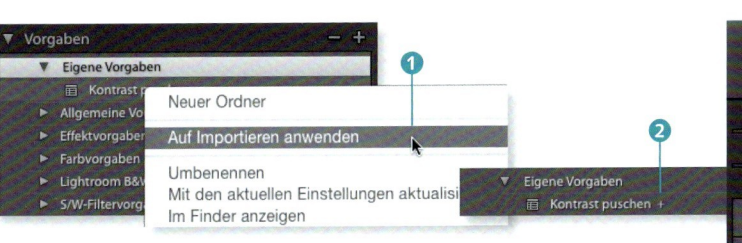
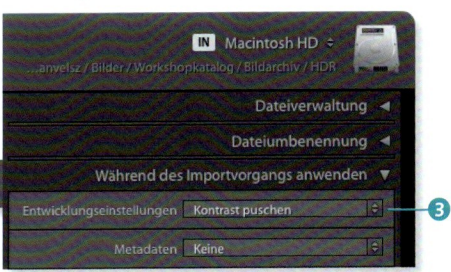

▼ Abbildung 13.375
Vorgaben für den Import aktivieren

13.21 Protokoll und Schnappschüsse

Jeder Bearbeitungsschritt wird im Bedienfeld PROTOKOLL aufgelistet. Durch Anklicken eines Protokolleintrags springen Sie zu diesem Schritt zurück. Sie können auch zu jedem Zeitpunkt der Entwicklung im Bedienfeld darüber einen Schnappschuss erstellen. Alle bis zu diesem Zeitpunkt durchgeführten Arbeitsschritte werden in einem Schnappschuss gespeichert.

Protokoll

Das Protokoll merkt sich jede Einstellung, die Sie bei der Entwicklung eines Bildes vornehmen. Für jedes Bild wird ein eigenes Protokoll angelegt. Sie können zu jedem Schritt im Protokoll zurückgehen, wodurch alle danach angewendeten Schritte ihre Gültigkeit verlieren. Das Protokoll bleibt so lange bestehen, bis es selbst oder bis das Bild gelöscht wird.

Neben der Bezeichnung des angewendeten Befehls stehen Zahlen. Die erste Zahl gibt die relative Änderung des Parameterwertes an, die zweite nennt den absoluten Wert.

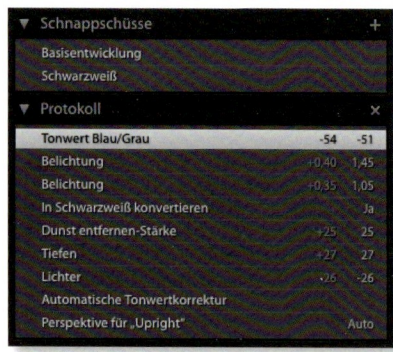

▲ **Abbildung 13.376**
Im PROTOKOLL werden alle Bearbeitungsschritte eines Bildes aufgezeichnet.

Protokoll löschen | Es gibt eigentlich keinen Grund, warum ein Protokoll gelöscht werden sollte. Wenn Sie das aber trotzdem tun möchten, drücken Sie auf die LÖSCHEN-Schaltfläche ❶ neben dem Bedienfeldnamen. Es wird dabei das gesamte Protokoll gelöscht.

▲ **Abbildung 13.377**
Das Protokoll lässt sich nur komplett löschen.

Protokollschritteinstellung nach Vorher kopieren | Die Taste VORHERIGE am Ende der rechten Bedienfeldpalette überträgt immer die zuletzt angewendeten Entwicklungseinstellungen auf ein neues ausgewähltes Bild. Mit dem Menüpunkt PROTOKOLLSCHRITTEINSTELLUNG NACH VORHER KOPIEREN aus dem Kontextmenü wird das Protokoll bis zum ausgewählten Schritt in die Schaltfläche VORHERIGE übertragen.

Abbildung 13.378 ▶
Das Protokoll kann bis zum aktiven Eintrag in die Taste VORHERIGE kopieren.

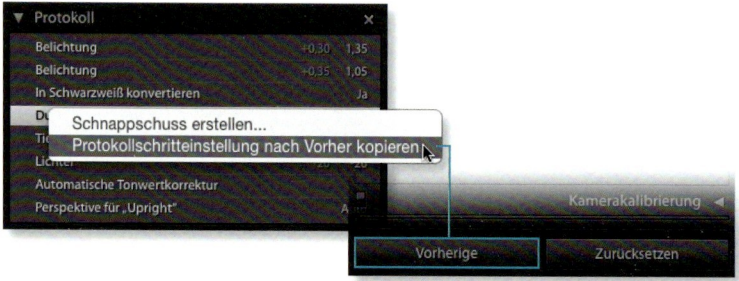

Protokoll-Vorschau | Befinden Sie sich mit dem Mauszeiger über einem Protokolleintrag, wird der für diesen Schritt gültige Zustand im Vorschaufenster des NAVIGATOR-Bedienfeldes angezeigt.

Grenzen des Protokolls | Es gibt aber auch Grenzen, bei denen die Protokollierung nicht erfolgen kann. Da das Protokoll kein Bestandteil von Metadaten ist, kann es beispielsweise beim Synchronisieren von Ordnern gelöscht werden.

Schnappschüsse

Zu jedem Zeitpunkt der Bearbeitung können Sie einen Schnappschuss erstellen. Dieser stellt eine Sammlung aller Arbeiten dar, die bis dato an dem Bild erfolgt sind. Schnappschüsse sind immer nur für das ausgewählte Bild gültig und können nicht auf andere Bilder übertragen werden. Der erste Schnappschuss wird von Lightroom während des Imports erstellt. Er beinhaltet auch eventuelle Vorgabeneinstellungen, die beim Import aktiv waren. Um einen Schnappschuss zu laden, klicken Sie ihn in der Liste an.

▲ Abbildung 13.379
Zwischenstände einer Bearbeitung können als Schnappschuss gespeichert werden.

Schnappschuss anlegen | Um einen Schnappschuss zu erzeugen, klicken Sie auf das ⊞-Symbol neben dem Bedienfeldnamen. Geben Sie dann einen Namen dafür an, und bestätigen Sie mit ⏎.

Sie können auch einen beliebigen Protokollschritt auswählen, um einen Schnappschuss von diesem Zeitpunkt zu erstellen.

Schnappschuss aktualisieren | Haben Sie Entwicklungseinstellungen nach dem Zuweisen eines Schnappschusses verändert, können Sie diese neuen Parameter in den Schnappschuss übernehmen. Dazu klicken Sie mit der rechten Maustaste auf den Namen und wählen aus dem Menü den Befehl MIT DEN AKTUELLEN EINSTELLUNGEN AKTUALISIEREN.

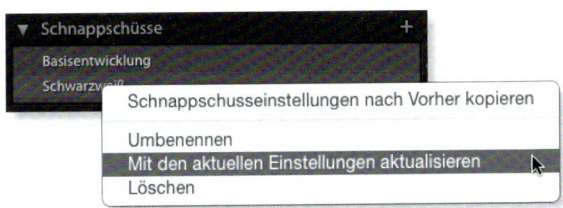

◀ Abbildung 13.380
Über das Kontextmenü lassen sich Managementaufgaben auf Schnappschüsse anwenden.

Schnappschuss löschen | Zum Löschen wählen Sie zunächst den gewünschten Schnappschuss aus und klicken dann auf das Minus-

Zeichen neben dem Bedienfeldtitel. Das Löschen eines Schnappschusses können Sie auch über das Kontextmenü erledigen.

Schnappschusseinstellungen nach Vorher kopieren | Dieser Menüeintrag kopiert die Einstellungen als zuletzt gemachte Entwicklung. Sie können dann über die Schaltfläche VORHERIGE anderen Bildern zugewiesen werden (siehe Seite 660).

Schnappschüsse eines Bildes synchronisieren | Wollen Sie Entwicklungseinstellungen in andere Schnappschüsse übernehmen, können Sie diese mit Hilfe des Menüpunktes EINSTELLUNGEN • SCHNAPPSCHÜSSE SYNCHRONISIEREN in alle anderen Schnappschüsse desselben Bildes übernehmen. Welche Parameter Sie übernehmen wollen, können Sie in einem Dialogfeld festlegen.

13.22 Softproof

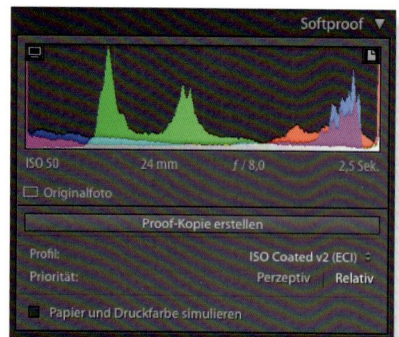

▲ Abbildung 13.381
Beim Softproof zeigt das HISTOGRAMM die Helligkeitsverteilung der Farben des simulierten Farbraums an und erhält zusätzlich Konfigurationsparameter.

Beim Softproofing wird am Bildschirm das spätere Aussehen von Fotos im Druck beurteilt, um Problemstellen, die auf dem Drucker nicht gedruckt werden können, zu erkennen und zu korrigieren.

Dazu muss man wissen, dass jedes Ausgabegerät seine eigenen Farbcharakteristika zur Darstellung besitzt. Diese unterscheiden sich von Drucker zu Drucker. Die Farbdarstellung ist zusätzlich erheblich vom verwendeten Papier abhängig. Die Farbeigenschaften des Druckers können deshalb in Kombination mit der Papiersorte in einzelnen Farbprofilen gespeichert werden. Beim Drucken werden diese Profile vom Druckertreiber ausgelesen und das Bild entsprechend korrigiert, so dass immer eine möglichst gleiche Darstellung erreicht wird. Dieses Vorgehen wird als Farbmanagement bezeichnet. Mehr zu diesem Thema erfahren Sie in Kapitel 3, »Farbmanagement«, ab Seite 99.

Auch mit moderner Technologie ist es so, dass digitale Fotos im Raw-Format mehr Farben beinhalten, als Drucker – und übrigens auch Monitore – reproduzieren können. Daher muss beim Druck immer ein Verlust eingeplant werden. Welche Farben verloren gehen und was mit ihnen passiert, kann mit dem Softproof sichtbar gemacht werden, damit Sie gegensteuern können.

Das Softproofing ist nicht nur eine Darstellungsoption, sondern ist ein Vorgang, der aus mehreren Schritten besteht: Zunächst aktivieren Sie die Funktion SOFTPROOF. Danach wählen Sie Profil und Umrechnungsverfahren aus und erstellen eine Proofkopie, falls Sie die Korrektureinstellungen behalten möchten. Danach geht es an die Anpassung der Entwicklungseinstellungen für die Proofkopie. Gedruckt wird dann die angepasste Proofkopie. Das Original bleibt dabei unberührt.

Aktivieren der Softproof-Funktion und Elemente der Proofansicht

Die Softproof-Funktion ist nur im Entwickeln-Modul möglich, denn nur hier werden die Farben und Pixel korrekt ausgegeben. Alle anderen Module arbeiten mit Vorschaubildern, die komprimiert werden.

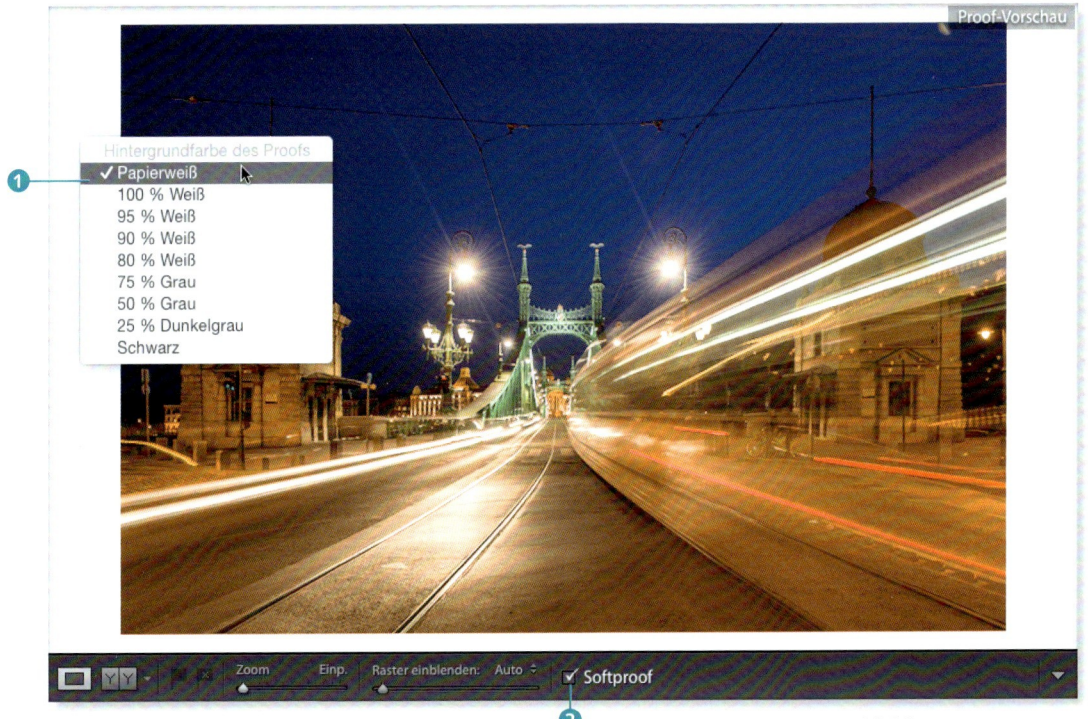

▲ Abbildung 13.382
Das Ansichtsfenster bei aktivierter Softproof-Funktion

Softproof aktivieren | Um die Darstellung des Softproofs zu aktivieren, klicken Sie in der Werkzeugleiste unterhalb der Ansicht auf das Kontrollkästchen SOFTPROOF ❷. Daraufhin wird der Hintergrund mit dem Papierweiß eingefärbt.

Hintergrundfarbe einstellen | Ist der Softproof aktiv, schaltet die Hintergrundfarbe auf Papierweiß. Sie können die Farbe ändern, indem Sie mit der rechten Maustaste auf den Hintergrund klicken. Die Hintergrundfarbe PAPIERWEISS ❶ bedeutet nicht, dass der Hintergrund immer weiß dargestellt wird. Bei der Papierfarbe wird, falls im Bedienfeld die Option PAPIER UND DRUCKFARBE SIMULIEREN ❶ aktiv ist, die echte Papierfarbe simuliert (siehe Seite 108). Bei der Farbe WEISS und deren Abstufungen greift die Papiersimulation nicht.

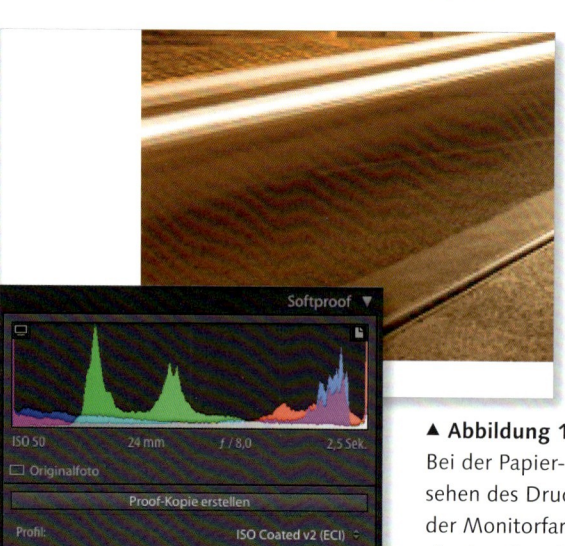

▲ **Abbildung 13.383**
Bei der Papier- und Druckfarbensimulation (rechts) wird versucht, das Aussehen des Drucks zu simulieren. Da Papier und Farben nicht dem Umfang der Monitorfarben entsprechen, ist das Ergebnis dunkler und kontrastärmer als ohne Simulation (links).

Auswahl des Farbprofils und des Verfahrens zur Farbraumkonvertierung

Ist das Softproofing aktiviert, wird das Bedienfeld HISTOGRAMM gegen das Bedienfeld SOFTPROOF ausgetauscht. Es zeigt zwar auch das Histogramm, bietet aber weitere Funktionen. Doch bevor Sie die Optimierungen durchführen können, müssen Sie das Ausgabeprofil und das Umrechnungsverfahren (Priorität) einstellen.

Profil auswählen | Wie erwähnt, beinhaltet ein Profil die Charakteristika der Farbdarstellung eines Ausgabegeräts. Es gibt weiterhin Profile, die der weiteren Verarbeitung in anderen Programmen dienen, sogenannte Arbeitsprofile. Diese sind vor allem für die Weitergabe von Bildern relevant und können beispielsweise auch beim Export eingestellt werden (siehe Seite 459). An dieser Stelle wird nur auf das Proofen für die Druckausgabe eingegangen, dieses Verfahren kann aber grundsätzlich genauso auf Arbeitsprofile angewendet werden.

Um ein Profil auszuwählen, klicken Sie auf das Dropdown-Menü neben dem Begriff PROFIL. Es zeigt das aktuell gültige Profil an. Da

Farbprofilquellen

Farbprofile für Drucker werden entweder bei der Installation des Druckertreibers installiert oder können getrennt von der Seite des Druckerherstellers heruntergeladen werden. Onlinedienstleister wie Whitewall oder Blurb bieten auf ihrer Website auch eigene Profile an. Wer ein Gerät zur Druckerkalibrierung besitzt, zum Beispiel den ColorMunki, erzeugt seine Profile am besten selbst. Diese sind am genauesten, weil sie auf das eigene Gerät abgestimmt sind.

eine Liste aller auf dem Rechner verfügbaren Profile sehr lang sein kann, werden hier nur die wichtigsten angezeigt.

Rufen Sie die Liste zum ersten Mal auf, stehen hier wahrscheinlich nur zwei Profile, sRGB und AdobeRGB (1998). Dabei handelt es sich um zwei Arbeitsprofile für den Datenaustausch. Wählen Sie den Eintrag ANDERE, öffnet sich ein Dialog, aus dem Sie weitere Profile für die Liste auswählen können. Aktivieren Sie die Kontrollboxen für die Profile, die Sie benötigen.

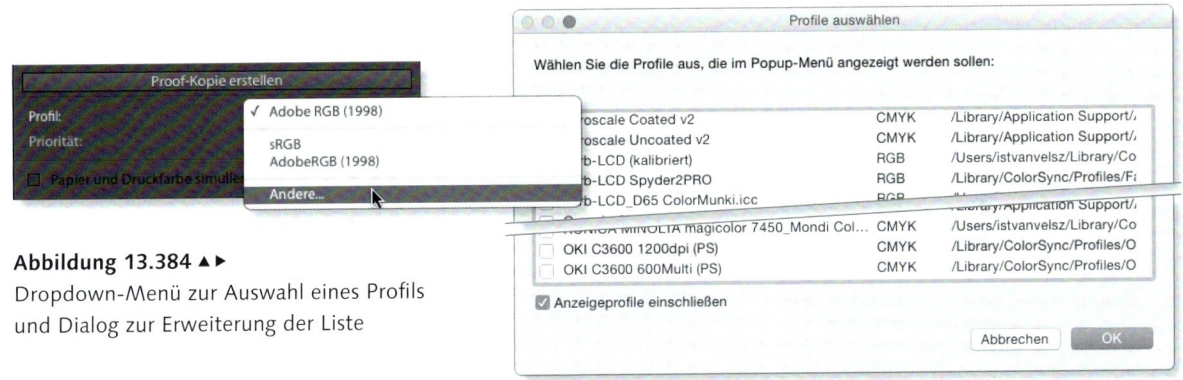

Abbildung 13.384 ▲▶
Dropdown-Menü zur Auswahl eines Profils und Dialog zur Erweiterung der Liste

Priorität einstellen | Die Priorität gibt an, wie die Umrechnung zum Ausgabeprofil erfolgen soll. Es stehen PERZEPTIV und RELATIV zu Verfügung:

▶ **Perzeptiv:** Der Farbraum des Bildes wird dabei so skaliert, dass der größere Farbraum in den kleineren passt. Die Kontraste der einzelnen Farben zueinander bleiben bestehen. Bei großen Unterschieden werden jedoch die Farben des gesamten Bildes verändert.

▶ **Relativ:** Heißt eigentlich Relativ farbmetrisch. Dabei werden die Farben, die außerhalb des Zielfarbraums liegen, abgeschnitten. Es werden dann die nächstmöglichen Farben verwendet.

▲ **Abbildung 13.385**
Auswahl des Konvertierungsverfahrens zwischen Farbräumen

Welches Verfahren Sie anwenden, hängt vom Bild ab. Ich persönlich verwende eher RELATIV, da sich dabei nur die Farben ändern, die sich außerhalb des Druckfarbraums befinden. Mehr über die Konvertierung erfahren Sie auf Seite 115.

▼ **Abbildung 13.386**
Vergleich der Priorität im Histogramm – links PERZEPTIV und rechts RELATIV.

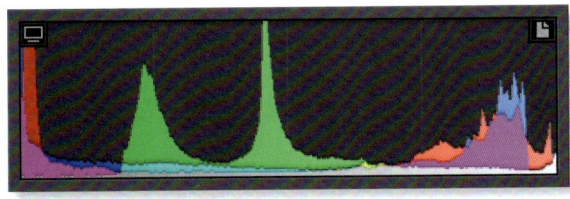 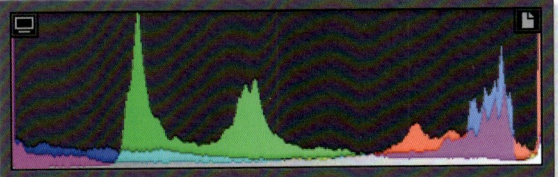

Kritische Farben anzeigen

Der Sinn des Softproofings ist es, Farben zu finden, die außerhalb des Druckfarbraums liegen, und diese so zu korrigieren, dass sie gedruckt werden können. Eine Kernfunktionalität ist es daher, zunächst die Farben zu finden, die nicht gedruckt werden können. Dazu werden am Histogramm in den oberen Ecken zwei kleine Symbole angezeigt.

Warnung des Monitorfarbraums anzeigen | Wenn Sie mit der Maus über das kleine Monitorsymbol ❶ fahren, werden alle Farben, die Ihr Monitor nicht korrekt darstellen kann, blau eingefärbt, denn schließlich ist auch der Monitor ein Ausgabegerät.

Die Hervorhebung verschwindet, wenn Sie die Maus aus dem Symbol herausbewegen. Sie bleibt erhalten, wenn Sie das Symbol anklicken. Zum Deaktivieren müssen Sie das Symbol erneut anklicken. Je nach Monitorprofil werden mehr oder weniger Farbbereiche hervorgehoben. Da das Monitorprofil systemweit gültig ist, stellen Sie es über das Betriebssystem ein.

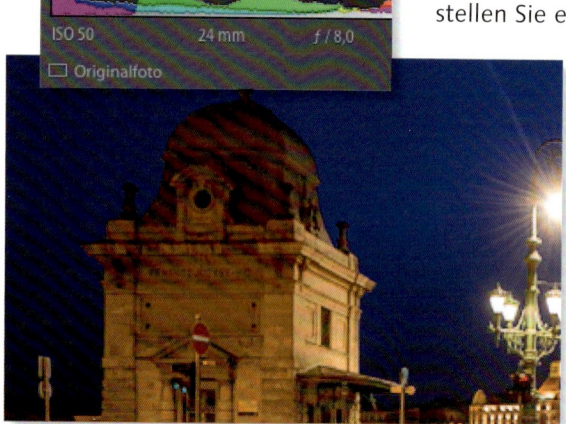

▲ **Abbildung 13.387**
Farbwarnungen für den Monitor werden blau hervorgehoben.

Diese Warnung ist für den Druck erst einmal nicht relevant. Aber es ist interessant zu wissen, ob die Farben im Bild nicht schon auf dem Monitor verfälscht werden. Hier ist natürlich für die Qualität des Monitors mitentscheidend, wie groß der Anteil der Farbwarnung am Gesamtbild ist. Je besser der Monitor, desto weniger Farbwarnungen erhalten Sie. Ein kalibrierter Monitor kann übrigens nicht unbedingt mehr Farben darstellen als derselbe unkalibriert, aber der Farbton, den er zeigt, stimmt.

Warnungen des Zielfarbumfangs anzeigen | Hier können Sie sich jetzt die Warnungen für den Druckfarbraum anzeigen lassen. Farben, die nicht gedruckt werden können, werden rot angezeigt.

13.22 Softproof

▲ **Abbildung 13.388**
Farbwarnungen für den Offset CMYK-Druck.

Wenn Sie mit der Maus über das kleine Seitensymbol ❷ fahren, werden die Farbwarnungen eingeblendet.

Die Hervorhebung verschwindet, wenn Sie die Maus aus dem Symbol herausbewegen. Sie bleibt erhalten, wenn Sie das Symbol anklicken. Zum Deaktivieren müssen Sie das Symbol erneut anklicken. Die Priorität hat übrigens keine Auswirkung auf die Farbwarnung, da die Warnungen den Farbumfang vor der Umrechnung berücksichtigen.

Proof-Kopie anlegen und Farben korrigieren

Sind durch die Farbwarnungen die problematischen Stellen bekannt, können Sie mit der Korrektur beginnen. Dazu legen Sie am besten zunächst eine spezielle virtuelle Kopie an.

Proof-Kopie erstellen | Um eine Proof-Kopie zu erstellen, klicken Sie auf die Schaltfläche PROOF-KOPIE ERSTELLEN ❸ im Bedienfeld SOFTPROOF. Ist eine Proof-Kopie erstellt und aktiv, verschwindet der Button, solange Sie in der Kopie arbeiten. Eine neue Proof-Kopie kann jederzeit vom Original oder einer normalen virtuellen Kopie aus erstellt werden, aber nicht aus einer Proof-Kopie heraus.

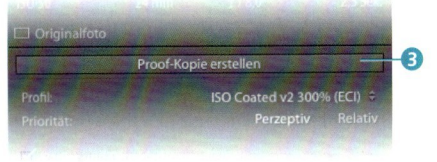

▲ **Abbildung 13.389**
Die Schaltfläche zum Erstellen einer Proof-Kopie unter dem Histogramm.

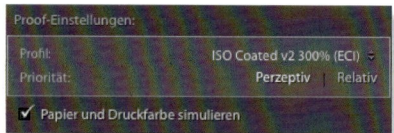

▲ Abbildung 13.390
Aus einer Proof-Kopie heraus kann keine neue Proof-Kopie erzeugt werden.

Die Proof-Kopie wird mit dem Original zusammen in einem Stapel gruppiert. Die Proof-Kopie verhält sich wie jede andere virtuelle Kopie auch, bekommt aber den Namen des Profils als Kopiename ❶ zugewiesen. Dieser wird auch angepasst, wenn Sie das Profil ändern sollten.

▲ Abbildung 13.391
Stapel mit Original (links), einer normalen virtuellen Kopie (Mitte) und einer Proof-Kopie (rechts) – erkennbar am Titel

▼ Abbildung 13.392
Links das Ausgangsbild mit der Farbwarnung und rechts das korrigierte Bild. Die globale Anpassung macht allerdings das gesamte Bild flau.

Farbraum korrigieren | Jetzt folgt die eigentliche Korrektur. Dazu können Sie alle Regler und Werkzeuge verwenden, mit denen Sie Farben anpassen können. Hier haben sich vor allem zwei Funktionen bewährt, die auch kombiniert werden können.

▸ **HSL / Farbe / S/W:** Dieses Bedienfeld eignet sich besonders gut für die erste Korrektur oder Korrekturen, die nur geringe Anpassungen benötigen, da Sie hier genau auf eine Farbe abgestimmt korrigieren können, ohne andere Farben zu beeinflussen. Am besten verwenden Sie dazu die Zielauswahl (siehe

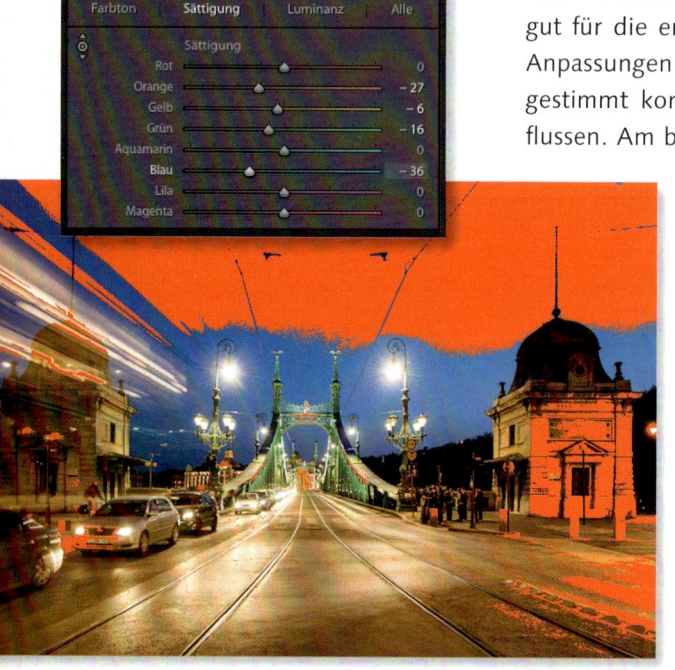

13.22 Softproof

Seite 550) und beginnen mit der SÄTTIGUNG. Denn eine zu hohe Sättigung gerade im Rot-, Orange- oder Grünbereich kann von den meisten Druckern nicht verarbeitet werden. Bei Blautönen ist es eher problematisch, dass der Farbton ins Violette driftet. Allerdings ändert das Bedienfeld die Farben für das gesamte Bild. Korrigieren Sie das Blau eines Objekts vor einem blauen Himmel, würden alle Blautöne beeinflusst. Grundsätzlich müssen Sie immer ein wenig ausprobieren. Sie sollten mit geringeren Änderungen anfangen und kontrollieren, ob FARBTON, SÄTTIGUNG oder LUMINANZ die besten Erfolge bringt. Wenn Sie das Bedienfeld bereits verwendet haben, um Farben zu verändern, könnten Sie den Änderungen auch entgegenwirken. Dann ist die zweite Art die bessere.

▶ **Korrekturpinsel:** Die Anpassung mit dem Korrekturpinsel hat den Vorteil, dass Sie alle anderen Entwicklungseinstellungen so belassen können, wie sie sind, und Sie nur die benötigten Stellen korrigieren müssen. Aktivieren Sie die Option AUTOMATISCH MASKIEREN, werden benachbarte Bereiche nicht aus Versehen beeinflusst, und Sie können relativ grob über die anzupassenden Stellen malen. Nicht alles muss mit nur einer Pinselanwendung korrigiert werden. Sie können mehrere Pinselkorrekturen mit verschiedenen Einstellungen für unterschiedliche Korrekturanforderungen in einem Bild durchführen. Mehr zum Korrekturpinsel finden Sie auf Seite 649.

Titel der Kopie anzeigen

Der Titel der Kopie kann in der Rasteransicht dargestellt werden. Rufen Sie dazu in der Rasteransicht über das Menü ANSICHT • ANSICHT-OPTIONEN den Einstellungsdialog auf, und geben Sie für die Kopfzeile die Bezeichnung KOPIENNAME ODER DATEINAME an. Mehr zu den Ansicht-Optionen finden Sie auf Seite 327.

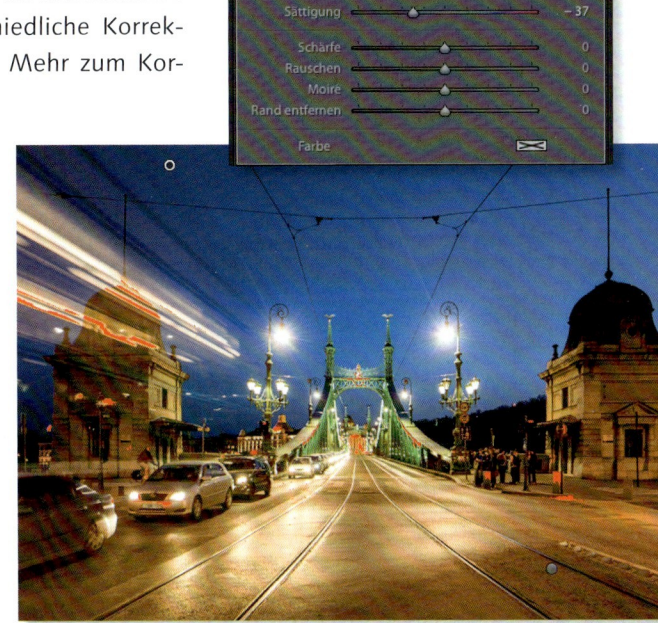

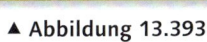
▲ **Abbildung 13.393**
Links das Ausgangsbild mit den Farbwarnungen und rechts das korrigierte Bild, angepasst mit dem Korrekturpinsel. Im Gegensatz zum Verfahren aus Abbildung 13.392 bleibt der Gesamteindruck besser erhalten.

Fototipp

Ungewöhnliche Standpunkte erzeugen ungewöhnliche Ansichten und Perspektiven.

Dieses Bild wurde in einem Bikepark nahe Barcelona aufgenommen. Die Biker fuhren über eine Holzrampe und landeten auf einem Erdhügel. Zwischen Rampe und Hügel war Platz für eine Person. Beim Looping konnte ich dem Biker direkt in die Augen schauen.

Workshop

Raw-Entwicklung und Bildstile

Das Entwickeln-Modul ist das Herzstück von Lightroom. Dort werden Bilder nicht einfach nur entwickelt, sondern die zahlreichen Funktionen bieten Ihnen auch eine kreative Spielwiese. Bilder können so in ihrem Eindruck komplett verändert werden. In den folgenden Workshops werden Beispiele für typische Entwicklungsprozesse dargestellt.

▶ **Landschaftsaufnahme verbessern** ❶: In diesem Workshop sehen Sie eine typische Landschaft mit viel Weitblick unter einem Himmel mit eindrucksvollen Wolkenformationen. Durch die etwas diesige Luft ging bei der Aufnahme allerdings Kontrast verloren. Die Anleitung zeigt, wie Sie Farben und Kontrast verstärken, um aus dem flauen Foto ein imposantes Bild zu erzeugen.

▶ **Stilvolle Sepia-Entwicklung** ❷: Die Aufnahme der Kinder im Schatten eines Baumes wird erst als Schwarzweißaufnahme mit Sepiatonung richtig interessant. Dieser Workshop zeigt Ihnen, wie Sie auch aus einem vielleicht nicht unbedingt optimalen Ausgangsfoto noch etwas Stilvolles zaubern können.

▶ **Farbeffekt Teiltonung** ❸: Dieser Workshop ist eine Abwandlung der Sepia-Entwicklung. Hier wird mit Hilfe der Teiltonung ein eigener Stil kreiert.

▶ **Gegenlicht bei Abendstimmung** ❹: Vor allem in Städten am Nachmittag oder in der Dämmerung ist der große Kontrastumfang zwischen dem hellen Himmel und den dunklen Häuserschluchten ein großes Problem. Der hohe Dynamikumfang lässt den Himmel ausreißen und die Häuserschluchten zu dunkel erscheinen. Hier müssen Sie mit den Korrekturwerkzeugen einzelne Bereiche anpassen.

▶ **Beautyretusche** ❺: Hier werden Sie ein Porträt verbessern. Dieses wurde ohne Make-up aufgenommen, so dass Sie Hautun-

Workshop Raw-Entwicklung und Bildstile

reinheiten korrigieren müssen. Durch lokale Aufhellung und Abdunklung an den richtigen Stellen werden die Augen betont und das Gesamterscheinungsbild angepasst.

▲ **Abbildung 1**
Links das Ausgangsbild und rechts das Endergebnis

Landschaftsaufnahme verbessern

Im ersten Workshop werden wir eine Landschaftsaufnahme entwickeln. Diese entstand an einem Nachmittag im Penedès, dem Cava-Gebiet in Spanien. Das Sonnenlicht fiel von hinten ein, und somit war die Belichtung kein Problem.

Trotzdem fehlt es dem Bild an Ausdruckskraft, unter anderem weil die automatische Belichtungsmessung es etwas unterbelichtet hat, da sie auf den hellen Himmel gezielt hat. Das ist aber kein Problem, denn um schön gezeichnete Wolken zu bekommen, ist eine leichte Unterbelichtung sogar von Vorteil.

Im Histogramm (siehe Abbildung 2) erkennt man auch, dass dies bei dem Bild kein Problem darstellt, da weder an den hellsten noch an den tiefsten Stellen Spitzen auftauchen und somit der Dynamikumfang nicht übermäßig groß ist. Diesen werden Sie zunächst erhöhen, um dem Bild mehr Brillanz zu verleihen.

Die benötigte Datei »080518-0174_Barcelona.dng« finden Sie im »Workshopkatalog« in der Sammlung WORKSHOPS • AUSGANGSMATERIAL • KAPITEL 13: ENTWICKELN.

Den fertigen Workshop finden Sie in der Sammlung unter WORKSHOPS • FINAL • KAPITEL 13: ENTWICKELN (FINAL)

Schritt für Schritt
Grundeinstellungen

Um möglichst viel Zeichnung in die Wolken zu bekommen, müssen die etwas dunkleren Wolkenbereiche idealerweise einen großen

Helligkeitsunterschied zum Weißpunkt besitzen. Dazu ziehen Sie die Lichter und den Weißpunkt möglichst weit auseinander.

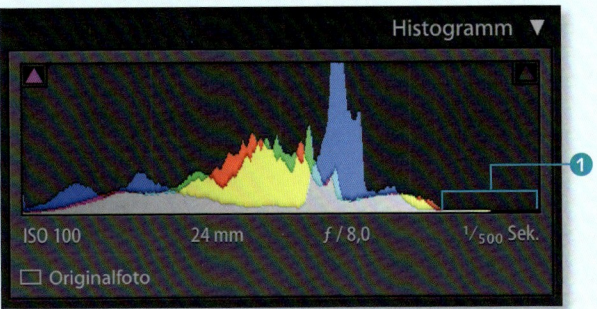

◀ **Abbildung 2**
Im Histogramm des Ausgangsbildes wird sichtbar, dass das Bild leicht unterbelichtet ist.

1 Weißpunkt festlegen

Im Histogramm des Originals (Abbildung 2) erkennen Sie, dass in den hellen Stellen ❶ noch Spielraum vorhanden ist. Sie ziehen daher den WEISS-Regler ❷ (Abbildung 5) nach rechts, bis das Histogramm rechts anstößt und eine winzige Spitze bildet. Das sollte so beim Wert »+70« sein.

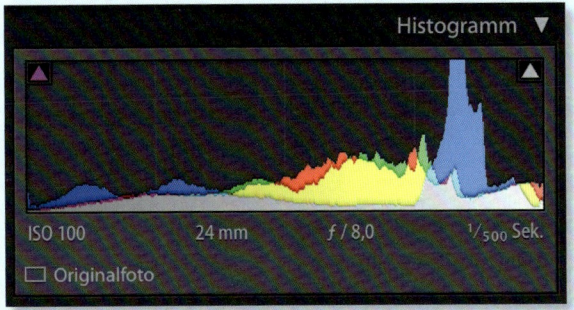

◀ **Abbildung 3**
Nach der Korrektur bildet sich rechts eine kleine Spitze, die wir anschließend korrigieren.

2 Lichter reduzieren

Jetzt reduzieren Sie die LICHTER ❶ (Abbildung 5) auf den Wert »–100«. Dadurch erhalten die Wolken eine schöne Zeichnung.

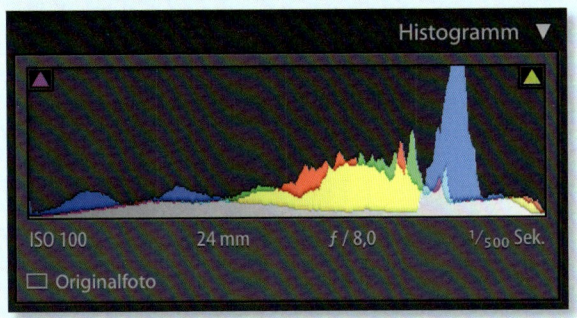

◀ **Abbildung 4**
Die Korrektur der LICHTER beseitigt die Spitze rechts im Histogramm und erhöht die Zeichnung der Wolken durch eine Spreizung der Lichter.

Workshop Raw-Entwicklung und Bildstile

3 Tiefenwirkung verbessern

Um die Tiefenwirkung der Landschaft zu verbessern, erhöhen Sie den Wert für die KLARHEIT ❹ auf »+30«. Man sollte diesen Effekt immer vorsichtig einsetzen, da die Bilder sonst an kontraststarken Kanten ein Leuchten bekommen und unrealistisch wirken.

▲ Abbildung 5
Das Bild wirkt nach dem Anwenden der GRUNDEINSTELLUNGEN schon etwas freundlicher und detailreicher.

4 Farbeindruck verstärken

Die Erhöhung der Farbsättigung verstärkt den Eindruck des sonnigen, warmen Tages. Allerdings sollten Sie hier vorsichtig vorgehen, denn zu stark gesättigte Farben können oft nicht reproduziert werden. Stellen Sie den Wert für die DYNAMIK ❺ auf »+20«. Dabei werden nur die niedrig gesättigten Farben verstärkt. Den Wert für die SÄTTIGUNG belassen Sie auf »0«.

5 Schwarzpunkt nachkorrigieren

Durch die Belichtungskorrektur hat sich der Schwarzpunkt, also die dunkelsten Stellen des Bildes, etwas verschoben. Stellen Sie daher den Regler SCHWARZ ❸ auf »7«.

Workshop   Landschaftsaufnahme verbessern

Schritt für Schritt
Himmel und Wolken herausarbeiten

Das Bild wirkt jetzt schon viel freundlicher, aber es vermittelt immer noch nicht den Ausdruck der Stimmung, die an dem Tag herrschte, an dem ich das Bild aufgenommen habe. Der Himmel und die Wolken wirkten dramatischer.

1 Blauhelligkeit reduzieren

In diesem Fall benötigt das Bild noch keine lokale Anpassung. Diese würde nicht nur den Blauwert, sondern auch alle anderen Werte reduzieren. Dabei würden auch die Wolken dunkler werden, und das ist nicht erwünscht. Wir können hier viel über eine Reduzierung der Blauhelligkeit erreichen. Blau kommt hier nur im Himmel vor, und somit dunkeln wir nicht unerwünscht eine andere Farbe mit ab.

Wechseln Sie in das Bedienfeld HSL / FARBE / S/W, und klicken Sie im Bedienfeldnamen auf FARBE ❻ (siehe Abbildung 6). Wählen Sie das Farbfeld für BLAU ❼, und stellen Sie die LUMINANZ ❿ auf »–40«.

Das Abdunkeln des Blautons reduziert dessen Sättigung. Stellen Sie daher den Regler für die SÄTTIGUNG ❾ auf »+19«. Den FARBTON ❽ stellen Sie dann auf »+10«. Dadurch wird das Blau etwas wärmer, und Sie erhalten somit ein schönes Königsblau.

▼ **Abbildung 6**
Durch die Reduzierung der Blauluminanz treten die Wolken deutlicher hervor.

687

2 Lokale Anpassung

Zum Abschluss der Farbkorrektur wird noch eine lokale Anpassung des Himmels vorgenommen, um den Kontrast der Wolken weiter zu verstärken und die Struktur der Wolken hervorzuheben.

Aktivieren Sie das Werkzeug für die Verlaufsfilter, und ziehen Sie einen Verlauf vom unteren Drittel der Wolke bis über den oberen Teil der Landschaft, so dass sich die Mittellinie auf Höhe des Horizonts befindet.

Abbildung 7 ▼
Der Bereich des Verlaufsfilters

Um die Wolken noch besser herauszuarbeiten, reduzieren Sie im Verlaufswerkzeug die BELICHTUNG auf »–0,2« ❶ und erhöhen den KONTRAST auf »50« ❷. Erhöhen Sie zuletzt die KLARHEIT auf »85« ❸. Die Farbsättigung passt jetzt aber nicht mehr zur grünen Landschaft, sie ist eindeutig zu hoch. Reduzieren Sie daher die SÄTTIGUNG auf »–35« ❹. Das verstärkt die Tiefenwirkung der Wolken und hebt deren Struktur besser hervor.

▲ Abbildung 8
Der Verlaufsfilter verstärkt zusätzlich den Kontrast im Himmel.

Workshop   Landschaftsaufnahme verbessern

Schritt für Schritt: Details herausarbeiten

Nach der Farbkorrektur werden jetzt noch die Detaileinstellungen wie Schärfe und Rauschunterdrückung angepasst und der Dunst noch etwas korrigiert.

1   Rauschreduzierung zurücknehmen

Beim Import wird eine Standardreduzierung angewendet. Da dieses Foto wenig dunkle und wenig graue Flächen aufweist, ist die Rauschunterdrückung zu stark. Dabei gehen sogar einige Details verloren.

Stellen Sie daher im Bedienfeld DETAILS bei RAUSCHREDUZIERUNG die Regler LUMINANZ und FARBE auf »0« ❾.

Das ohnehin geringe Rauschen des Sensors erhöht den Eindruck von Details und gibt dem Bild einen analogen Touch.

▲ Abbildung 9
Die automatische RAUSCHREDUZIERUNG (oben) verwischt Details; unten das Bild, wenn die Rauschreduzierung auf null steht.

2   Detailschärfe

Um die Schärfe besser herauszuarbeiten, erhöhen Sie den BETRAG unter der Parametergruppe SCHÄRFEN auf »40« ❺. Danach wird der RADIUS auf »0,5« ❻ reduziert und der Parameter DETAILS auf »77« ❼ erhöht. Der Wert für MASKIEREN bleibt bei »0« ❽. Diese Einstellungen heben auch die feinsten Strukturen der Landschaft hervor.

▼ Abbildung 10
Die Einstellungen zur Detailzeichnung

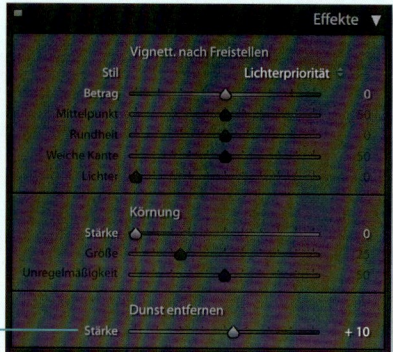

▲ Abbildung 11
Der Parameter DUNST ENTFERNEN macht in diesem Fall das Bild noch etwas knackiger.

3 Dunst entfernen

Obwohl das Bild nur wenig Dunst enthält, vor allem in der Ferne, an der Grenze zwischen Horizont und Himmel, hilft der Parameter, das Bild noch etwas »knackiger« werden zu lassen, vor allem wenn man den Effekt dezent einsetzt.

Verschieben Sie im Bedienfeld EFFEKTE den Regler STÄRKE bei DUNST ENTFERNEN ❶ auf »+10«.

Schritt für Schritt
Objektivkorrektur und Beschnitt

1 Objektivkorrekturen

Das Objektiv, mit dem die Aufnahme entstand, hat kaum Abbildungsfehler, aber wer genau hinschaut, erkennt in den Randbereichen eine leichte chromatische Aberration. Außerdem besitzt das Weitwinkel eine geringe Verzerrung und Vignettierung, die bei dieser Aufnahme jedoch nicht auffallen. Alle drei Objektivfehler lassen sich über die OBJEKTIVKORREKTUREN beseitigen.

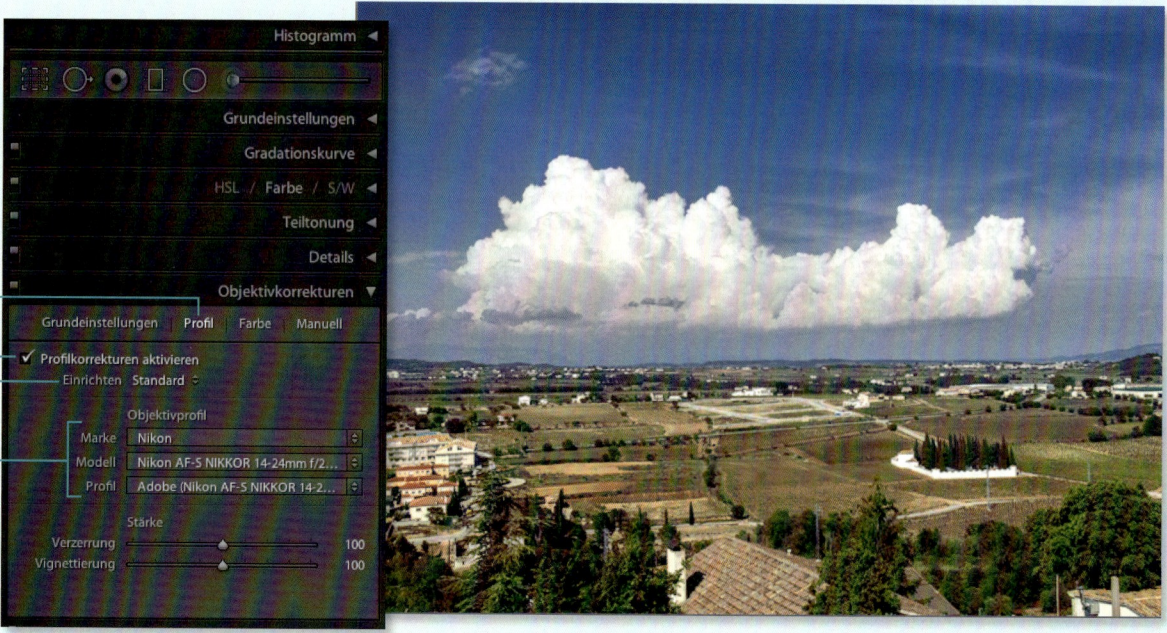

▲ Abbildung 12
Die Profilkorrektur führt die Korrektur automatisch durch.

Wählen Sie das Register PROFIL ❷ aus, und aktivieren Sie das Kontrollkästchen PROFILKORREKTUREN AKTIVIEREN ❸. Im Dropdown-Menü EINRICHTEN ❹ wählen Sie den Punkt STANDARD. Das Profil des entsprechenden Objektivs sollte automatisch eingetragen werden ❺. Durch das Profil werden alle drei Abbildungsfehler ausgeglichen.

Zum Entfernen der chromatischen Aberration wechseln Sie in das Register FARBE ❻ und aktivieren das Kontrollkästchen CHROMATISCHE ABERRATION ENTFERNEN ❼.

▼ **Abbildung 13**
An den Häusern links im Bild wird die Korrektur der chromatischen Aberration sichtbar: links vor und rechts nach der Korrektur.

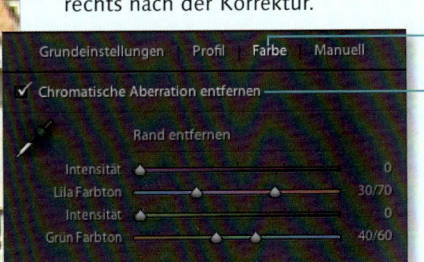

2 Beschnitt

Zu guter Letzt wird das Bild noch beschnitten. Dazu wählen Sie das Werkzeug FREISTELLUNGSÜBERLAGERUNG. Ziehen Sie einen Rahmen von der linken oberen Ecke bis zu dem hohen Schornstein des Hauses rechts unten im Bild. Nun ist die Wolke zentriert.

◂ **Abbildung 14**
Abschließend wird das Bild beschnitten.

Das Bild ist nun fertig entwickelt. Wie Sie sehen, lassen sich Landschaftsaufnahmen mit wenigen Parametereinstellungen schnell in sehr ansehnliche Fotografien verwandeln.

▲ **Abbildung 15**
Im Ausgangsbild (links) sind die Kinder leider etwas zu dunkel. Dies lässt sich aber gut korrigieren, und durch den Sepiaton bekommt das Bild (rechts) einen eigenen Stil.

Die benötigte Datei »071003-0056_wedding.dng« finden Sie im »Workshopkatalog« in der Sammlung WORKSHOPS • AUSGANGSMATERIAL • KAPITEL 13: ENTWICKELN.

Den fertigen Workshop finden Sie in der Sammlung unter WORKSHOPS • FINAL • KAPITEL 13: ENTWICKELN (FINAL)

Stilvolle Sepia-Entwicklung

Mit den Entwicklungsparametern lassen sich auch ganz andere Effekte erzeugen. Im Folgenden werden Sie ein Bild, das auf einer Hochzeitsfeier entstanden ist, nachträglich überbelichten und ihm einen Sepia-Effekt verleihen.

Bei dem Bild wäre ein Blitz sicherlich hilfreich gewesen. Doch das Bild entstand sehr spontan. Nach einer Belichtungskorrektur um eine Blende schauten die Kinder schon wieder in eine andere Richtung – eine zweite Chance gibt es selten. Solche Motive sind immer eine Herausforderung. Die Unterbelichtung ließe sich einfach herauskorrigieren, würde das Bild aber nicht perfekt machen. Erst durch den Sepia-Effekt und die harten Kontraste wird es richtig interessant.

Schritt für Schritt
Grundeinstellungen

Beim Erstellen von derartigen Effekten spielen eine korrekte Belichtung und Farbtemperatur sowie eine korrekte Farbdarstellung keine solch große Rolle wie bei Landschaftsaufnahmen oder in der Architekturfotografie.

Workshop Stilvolle Sepia-Entwicklung

1 Belichtung korrigieren

Als Erstes wählen Sie eine Belichtung, bei der die Gesichter der Kinder optimal wiedergegeben werden. Der Rest spielt dabei keine Rolle. Erhöhen Sie dafür die BELICHTUNG auf »+1,0« ❶.

2 Tiefen aufhellen

Zusätzlich werden die dunklen Stellen noch angehoben, indem Sie den Wert für die TIEFEN auf »80« ❷ erhöhen. Das hebt vor allem den dunklen Boden und den Ast aus den Tiefen heraus. Ansonsten blieben dort zu dunkle Stellen im Bild bestehen.

3 Schwarz korrigieren

Durch das Aufhellen der Tiefen wird auch der Schwarzpunkt heller. Dieser soll aber bleiben. Daher reduzieren Sie den SCHWARZ-Regler ❸ auf »–15«. Das bringt auch wieder etwas Kontrast ins Bild.

▼ **Abbildung 16**
Nach der Belichtungs- und Helligkeitskorrektur wäre das Bild, als Farbbild, perfekt belichtet.

4 High-Key-Effekt

Für die Sepia-Umsetzung hellen Sie das Bild aber noch weiter auf. Um den High-Key-Effekt zu erhalten, dürfen die hellsten Stellen ruhig weiß werden. Stellen Sie daher für die LICHTER ❶ (Abbildung 17) einen Wert von »+60« ein.

5 Tiefenwirkung

Eine Erhöhung des Parameters für die KLARHEIT ❷ unterstützt die Tiefenwirkung. Es gibt nur ganz wenige Fälle, in denen der Wert reduziert wird. Hier unterstützt ein Wert von »+20« die Wirkung.

6 Schwarzweiß durch Reduzierung der Farbsättigung

Um ein Schwarzweißbild zu erzeugen, reduzieren Sie jetzt die SÄTTIGUNG ❸ auf »–100«.

▼ **Abbildung 17**
Das Bild nach der Helligkeitskorrektur und der Verstärkung der Tiefenwirkung

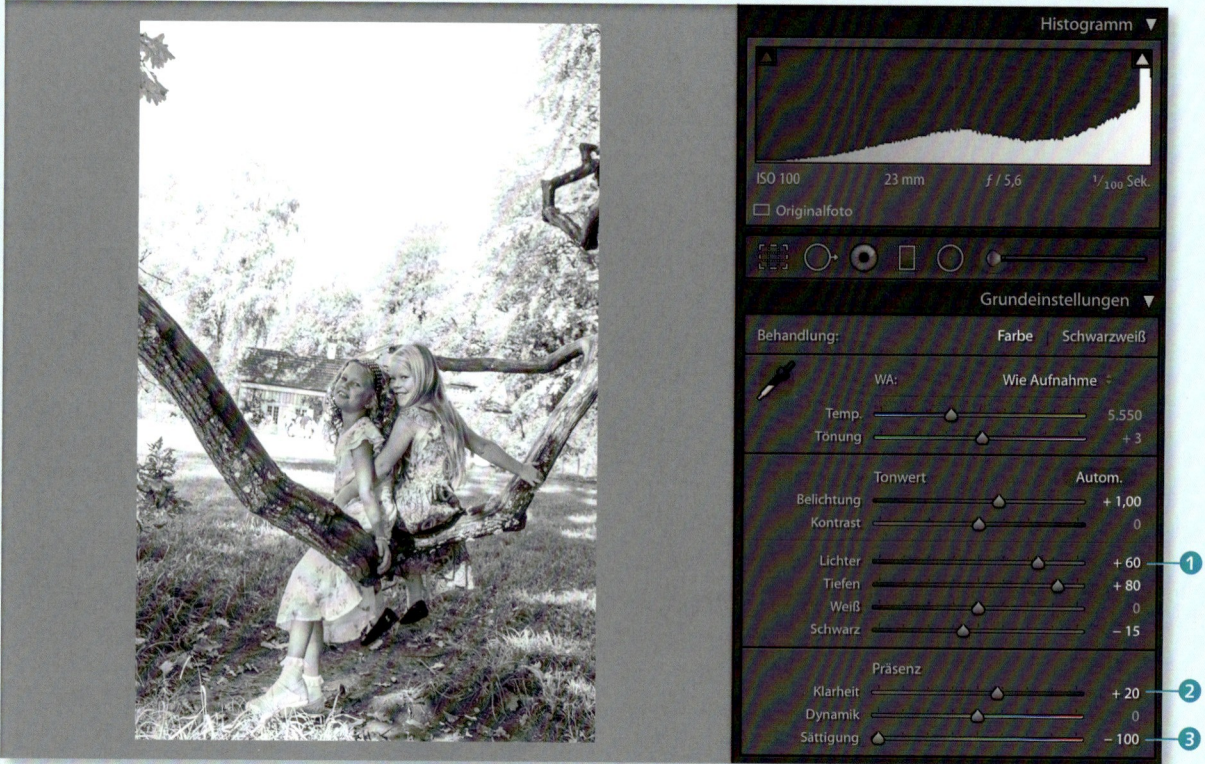

Die eingebaute automatische Schwarzweißumwandlung passt den Farbkontrast an, was in diesem Fall kontraproduktiv wäre. Die automatische Korrektur verdunkelt die Mitten und somit auch die Gesichter der Kinder (Abbildung 18). Auch die Wiese wird dunkler und lenkt den Blick des Betrachters nach unten.

Man kann das zwar wieder Gegenkorrigieren, aber in diesem Fall geht es so schneller. Die Schwarweißumwandlung benötigen Sie nur dann, wenn Sie die Helligkeit bestimmter Farben selektiv korrigieren wollen.

▲ **Abbildung 18**
Die automatische Schwarzweißumwandlung (links) im Gegensatz zur Reduzierung der Sättigung (rechts)

Schritt für Schritt
Sepiatonung erstellen

Die Braunfärbung wird über das Bedienfeld TEILTONUNG generiert. Die Tonung soll dabei in den dunklen Stellen stärker auftreten als in den hellen.

1 Farbe in den hellen Stellen
Stellen Sie den FARBTON der LICHTER ❹ auf »50«. Solange noch keine Sättigung angegeben wurde, ist keine Auswirkung sichtbar. Geben Sie dann eine SÄTTIGUNG von »10« an.

2 Farbe in den dunklen Stellen
In den dunklen Bereichen soll der Effekt stärker hervortreten. Geben Sie unter SCHATTEN ❺ den gleichen FARBTON wie bei den LICHTERN an, erhöhen Sie aber die SÄTTIGUNG auf »40«.

> **TIPP**
> Halten Sie beim Verschieben des FARBTON-Reglers die Taste ⌥/Alt gedrückt, sehen Sie die Auswirkungen der Einfärbung auch ohne Anwenden einer Sättigung. Dabei wird einfach temporär die Sättigung erhöht und beim Loslassen der Taste wieder reduziert.

▼ **Abbildung 19**
Über die Teiltonung wird der Sepia-Effekt generiert.

695

Workshop Raw-Entwicklung und Bildstile

Schritt für Schritt
Kontrastverstärkung und Detailarbeiten

Das Bild ist jetzt schon ganz gut bearbeitet, es könnte aber noch mehr Kontrast vertragen. Dies wird über die Gradationskurve geregelt. Hierüber haben Sie eine feine Kontrolle, wo genau der Kontrast verstärkt wird. Anschließend wird die Schärfe noch etwas korrigiert und das Bild beschnitten.

1 Gradationskurve

In der GRADATIONSKURVE ist normalerweise bereits eine PUNKTKURVE eingestellt, die den Kontrast etwas verstärkt. Da wir alle Korrekturen mit dieser Kurve im Hintergrund durchgeführt haben, spielt das keine Rolle. Nur wenn Sie die Standardeinstellungen überschrieben haben, müssen Sie die Werte eventuell anpassen, um ein ähnliches Ergebnis zu erhalten. Oder Sie wählen die PUNKTKURVE MITTLERER KONTRAST ❸ aus.

Geben Sie für die Parameter HELLE MITTELTÖNE einen Wert von »+20« ❶ und für DUNKLE MITTELTÖNE von »−20« ❷ an.

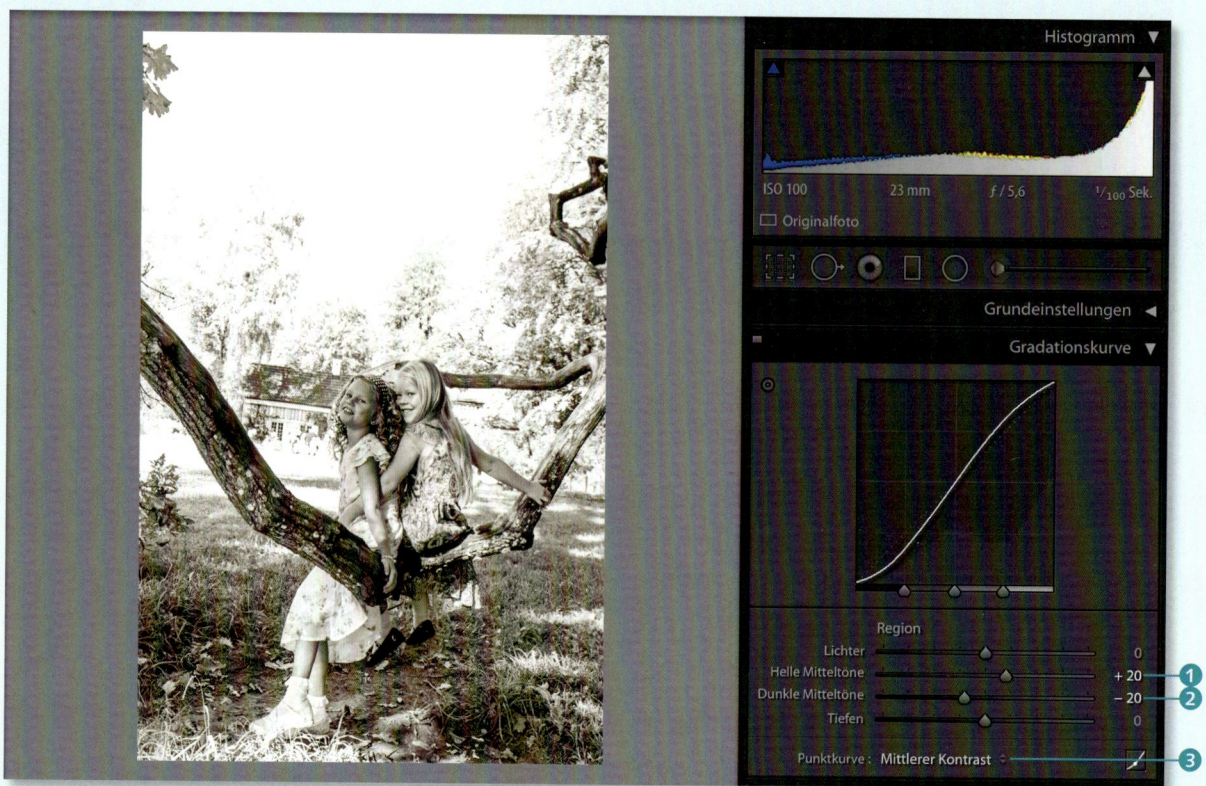

▼ Abbildung 20
Über die Gradationskurve wird der Kontrast weiter verstärkt.

Workshop   Stilvolle Sepia-Entwicklung

2   Detailverbesserungen und Beschnitt

Erhöhen Sie den BETRAG für SCHÄRFEN ❹ auf »40«, mit einem RADIUS ❺ von »0,5« und DETAILS ❻ von »77« .

Danach beschneiden Sie das Bild noch so, dass es über dem rechten oberen Ast abgeschnitten wird. Dazu können Sie auch aus dem Dropdown-Menü ein Seitenverhältnis von 4:5 wählen.

Stellen Sie dann noch unter dem Bedienfeld EFFEKTE für die VIGNETT. NACH FREISTELLEN ❼ einen Wert von »–20« ein.

▲ Abbildung 21
Die letzten Feineinstellungen lenken den Blick etwas mehr auf die Kinder.

▲ **Abbildung 22**
Ausgangsbild (links) und Endergebnis (rechts)

Farbeffekt Teiltonung

Es gibt nahezu unbegrenzte Variationsmöglichkeiten, um Bildern einen eigenen Stil zu verleihen, vor allem durch die Teiltonung. Das folgende Beispiel verwendet ein Bild aus der gleichen Serie wie das aus dem Workshop zur Sepiatonung. Daher lassen sich die beiden Ansätze für einen unterschiedlichen Stil gut vergleichen. Bis auf die Reduzierung zu Schwarzweiß werden beide Fotos zunächst ähnlich entwickelt.

Die benötigte Datei »071003-0060_wedding.dng« finden Sie im »Workshopkatalog« in der Sammlung WORKSHOPS • AUSGANGSMATERIAL • KAPITEL 13: ENTWICKELN.

Den fertigen Workshop finden Sie in der Sammlung unter WORKSHOPS • FINAL • KAPITEL 13: ENTWICKELN (FINAL).

Schritt für Schritt
Grundeinstellungen und Gradationskurven

Bei diesem Foto gibt es nicht viel zu korrigieren. Die ganze Serie ist knapp eine Blende unterbelichtet, so dass auch dies hier korrigiert werden muss. In diesem Fall wäre statt einer Mehrfeldmessung eine mittenbetonte oder Spotmessung auf das Motiv – die Kinder – sicherlich besser gewesen.

1 Belichtungskorrektur
Die Unterbelichtung korrigieren Sie mit einem Wert von »+1,0« ❸ für den Parameter BELICHTUNG. Das Mädchen im Hintergrund holen Sie etwas besser hervor, indem Sie zusätzlich für die TIEFEN einen Wert von »+80« ❹ einstellen. Dabei werden dunklere Stellen stärker aufgehellt als bei Anhebung der BELICHTUNG.

2 Tiefenwirkung
Auch in diesem Beispiel der Entwicklung sollte die Tiefenwirkung verstärkt werden. Geben Sie aus diesem Grund für den Parameter KLARHEIT einen Wert von »+40« ❺ an.

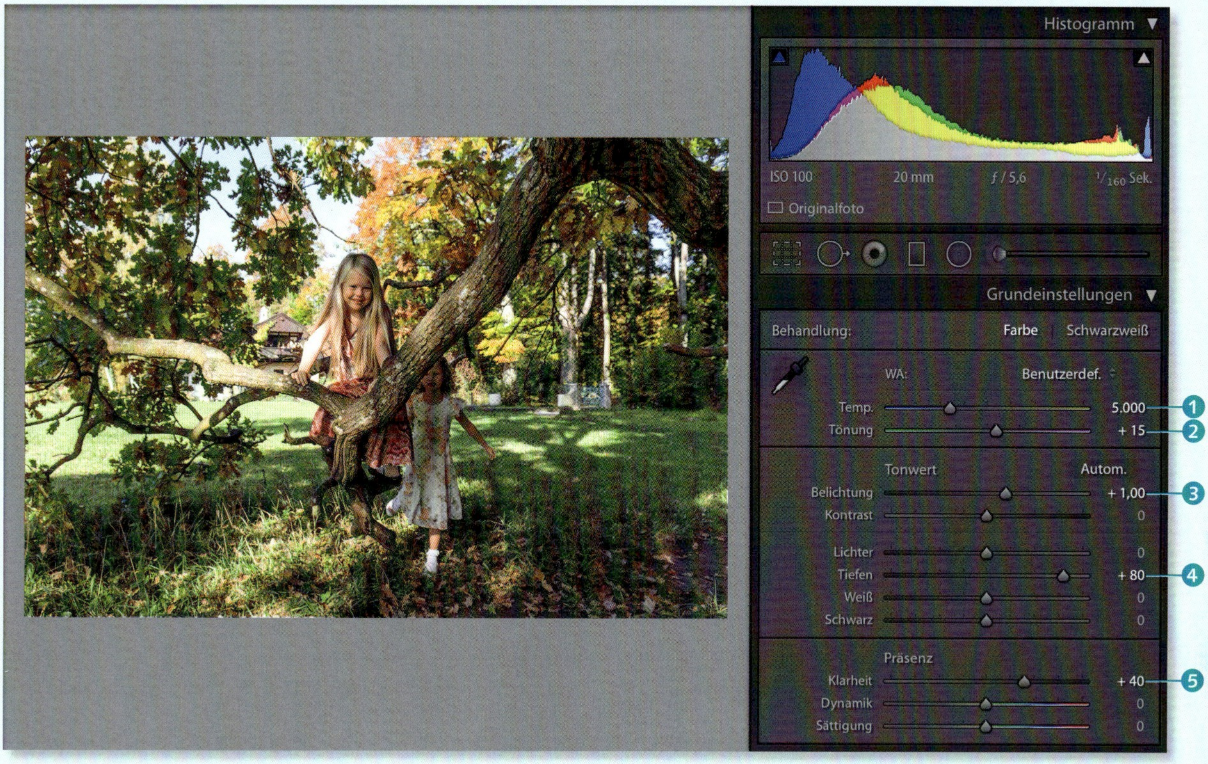

Workshop Farbeffekt Teiltonung

▲ Abbildung 23
Das Foto nach der Bearbeitung der
GRUNDEINSTELLUNGEN

3 Farbtemperatur

Da das Bild im Endergebnis eher kühl wirken soll, ist die derzeit eingestellte Farbtemperatur zu hoch. Sie müssten in der Teiltonung zu stark gegenkorrigieren. Daher reduzieren Sie die Temperatur auf »5 000« Kelvin ❶ und erhöhen die TÖNUNG auf »+15« ❷. Das Bild wirkt dann etwas kühler, aber nicht unnatürlich.

4 Gradationskurve

Die Gradationskurve soll so eingestellt werden, dass die Lichter und Mitten aufgehellt werden. Die dunkelsten Stellen sollen jedoch belassen werden. Stellen Sie daher zunächst die PUNKTKURVE LINEAR ❿ ein. Dadurch wird die gesamte Kontrastkontrolle an die Gradationskurve übergeben.

Geben Sie für die LICHTER einen Wert von »–25« an ❻. Er begrenzt die Aufhellung über den Regler HELLE MITTELTÖNE ❼. Dieser wird mit »+50« relativ hoch eingestellt und würde anderenfalls die hellen Stellen ausreißen lassen. Die DUNKLEN MITTELTÖNE werden ebenfalls erhöht, und zwar auf den Wert »+25« ❽. Dabei werden die Tiefen ebenfalls aufgehellt. Dem können Sie entgegensteuern, indem Sie für die TIEFEN einen Wert von »–10« ❾ angeben.

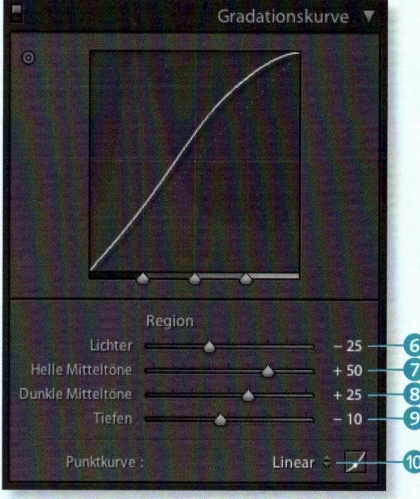

▲ Abbildung 24
Die Gradationskurve hellt vor allem Mitten und Lichter auf.

699

Schritt für Schritt
Teiltonung

Jetzt werden die Parameter konfiguriert, die den Stil prägen. Dabei werden den Lichtern und den Schatten zwei unterschiedliche Blautöne zugewiesen.

1 Tonung für die Lichter

Die LICHTER ❶ werden in einem warmen Blau eingefärbt. Dazu stellen Sie den FARBTON auf »240« und die SÄTTIGUNG auf »50«.

2 Tonung für die Schatten

Die SCHATTEN ❷ erhalten ein türkisfarbenen Blauton. Dieser kältere Blauton erzeugt vor allem in den Grüntönen eine Farbverschiebung zum »kalten« Grün. Dazu stellen Sie den FARBTON-Regler auf »200« und die SÄTTIGUNG auf »70«.

▼ **Abbildung 25**
Das Foto nach dem Anwenden der Teiltonung

Schritt für Schritt
Details und Vignettierung

Das Bild sieht nun schon ziemlich interessant aus. Es geht allerdings noch besser: Durch eine nachträglich angewendete Randabdunklung lässt sich der Blick des Betrachters noch mehr auf das Zentrum lenken. Vorher stellen Sie aber erst einmal noch ein paar Details ein.

Workshop   Farbeffekt Teiltonung

1 Schärfe

Bei diesem Bild liegt die Schärfeebene nicht ganz perfekt auf dem Gesicht des ersten Kindes. Im Ausdruck würde das zwar erst ab DIN A3 auffallen, erfordert dennoch eine Scharfzeichnung.

◀ **Abbildung 26**
Beide Bilder wurden mit einem RADIUS von »2,0« scharfgezeichnet. Das linke Bild bei einem Detailwert von »0«, das rechte mit einem Wert von »70«.

Geben Sie im Bedienfeld DETAILS unter SCHÄRFEN einen BETRAG von »40« ❸ an. Den RADIUS erhöhen Sie auf »2,0« ❹, wodurch die leichte Unschärfe erfasst wird. Den Parameter DETAILS erhöhen Sie auf »100« ❺, um mehr Feinstrukturen scharfzuzeichnen. Gerade durch den großen Radius benötigen Sie mehr Details, sonst erhalten Sie einen Effekt, der nach Wasserfarbe aussieht.

▼ **Abbildung 27**
Die Detaileinstellungen zur Schärfe und Rauschreduzierung

2 Rauschunterdrückung

Auch bei diesem Bild spielt das Farbrauschen keine Rolle, die Reduzierung sollte daher unterdrückt werden. Stellen Sie dazu die Regler LUMINANZ und FARBE unter RAUSCHREDUZIERUNG auf »0« ❻.

Workshop   Raw-Entwicklung und Bildstile

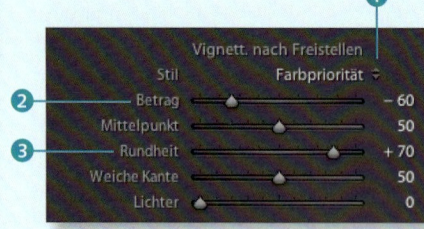

▲ Abbildung 28
Die Vignettierung lenkt das Auge auf das Bildzentrum.

3   Vignettierung

Damit sich der Blick auf die Kinder konzentriert, fügen Sie noch eine Randabdunklung (Vignettierung) hinzu. Dabei wird die Helligkeit zum Rand hin reduziert. Als STIL wählen Sie FARBPRIORITÄT ❶. Dabei werden vor allem die Mitten abgedunkelt, helle Stellen bleiben eher erhalten. Den BETRAG ❷ stellen Sie auf »–60«, um den Rand abzudunkeln. Den Wert RUNDHEIT ❸ stellen Sie auf »+70«. Dadurch wird bei einem Querformat die Maske weniger oval und mehr ein Kreis.

▲ Abbildung 29
Vergleich der Vignettierungsarten LICHTERPRIORITÄT (links), FARBPRIORITÄT (Mitte) und FARBÜBERLAGERUNG (rechts)

Alle Bilder eines emotionalen Ereignisses in diesem kühlen Stil zu entwickeln, ist nicht unbedingt sinnvoll. Aber zusammen mit anderen Bildern in einer Sammlung oder einem Fotobuch wirken sie sehr interessant.

Gegenlicht bei Abendstimmung

Man sieht ein Motiv, findet es spannend und zückt die Kamera … Zu Hause betrachtet man das Bild und fragt sich, warum man es aufgenommen hat. Das Bild transportiert nicht den beim Fotografieren entstandenen subjektiven Eindruck: Bei diesem Bild ging die Sonne hinter dem Gebäude unter, und die Wolken schienen wie Flammen aus dem Gebäude zu kommen. Das Schwierigste bei Gegenlichtaufnahmen ist, eine gleichmäßige Belichtung zu erreichen. Nur eine halbe Blende daneben kann alles verderben. Ich habe hier eine Belichtungsreihe gemacht. Entweder war der Himmel zu hell oder das Gebäude zu dunkel. Nur eine einzige Belichtung besaß im Himmel genug Abstufungen, ohne dass das Gebäude dabei zu stark unterbelichtet gewesen wäre.

▲ **Abbildung 30**
Das Original (links) ist ein typisches Gegenlichtbild. Der Himmel ist zu hell und das Gebäude zu dunkel. Aber es trägt genügend Informationen, um den subjektiven Eindruck wiederherzustellen (rechts).

Die benötigte Datei »080526-0167_Barcelona.dng« finden Sie im »Workshopkatalog« in der Sammlung WORKSHOPS • AUSGANGSMATERIAL • KAPITEL 13: ENTWICKELN.

Das Ergebnis finden Sie in der Sammlung unter WORKSHOPS • FINAL • KAPITEL 13: ENTWICKELN (FINAL)

◀ **Abbildung 31**
Hier das Histogramm eines Fotos, das eine Blende heller belichtet wurde. Das Gebäude ist zwar besser belichtet, dafür ist der Himmel zu hell (oben das Histogramm des besser belichteten Bildes zum Vergleich).

Workshop Raw-Entwicklung und Bildstile

Schritt für Schritt
Grundeinstellungen

Zunächst müssen Sie die Gesamthelligkeit anpassen. Die Tiefen müssen heller und die Lichter dunkler werden.

1 Belichtung reduzieren

Sie reduzieren zunächst die Belichtung, um die hellen Stellen abzudunkeln und den Himmel besser herauszuarbeiten. Reduzieren Sie dazu die BELICHTUNG auf den Wert »–0,25« ❷.

2 Lichter durch Abdunkeln wiederherstellen

Die Reduktion der Belichtung hat die Lichter nur geringfügig korrigiert. Dies wird jetzt nachgeholt. Reduzieren Sie daher den LICHTER-Regler auf »–55« ❸.

3 Tiefen aufhellen

Jetzt erhöhen Sie die TIEFEN auf »+65« ❹. Das hebt die dunklen Stellen im Gebäude wieder etwas hervor. Im Histogramm wird deutlich, dass sich die Helligkeitsverteilung verbessert hat. An den beiden Seiten sind kaum Spitzen vorhanden.

4 Schwarzpunkt korrigieren

Durch die Anpassung bei den TIEFEN wurde der Schwarzpunkt zu hell. Korrigieren Sie SCHWARZ auf den Wert »–10« ❺.

▼ Abbildung 32
Das Foto nach der Anpassung wichtiger GRUNDEINSTELLUNGEN

Workshop   Gegenlicht bei Abendstimmung

5 Präsenz
Eine Szene wie diese kann nie genug Tiefenwirkung besitzen. Stellen Sie daher die KLARHEIT auf »+50« ❻. Erhöhen Sie ebenso den Wert für die DYNAMIK auf »+50« ❼. Das bringt die Farben besser hervor.

6 Farbtemperatur korrigieren
Der Asphalt im Vordergrund wird durch den Schatten etwas zu blau wiedergegeben. Daher korrigieren Sie die Farbtemperatur, damit das Bild wärmer wirkt. Stellen Sie dazu eine Farbtemperatur (TEMP.) von »6300« ein ❶.

Schritt für Schritt
Lokale Anpassungen

Der Himmel könnte noch etwas betont werden, und auch die Gebäude vertragen noch etwas mehr Leuchtkraft. Dies wird über zwei lokale Anpassungen geregelt: über einen Verlaufsfilter und eine Korrekturmaske.

1 Vordergrund abdunkeln
Die Straße im Vordergrund wird abgedunkelt, damit der Blick nach oben zu den Gebäuden wandert.

Erstellen Sie dazu mit dem Verlaufsfilter einen Verlauf vom unteren Bildrand bis zum Anfang der Gebäude. Geben Sie eine BELICHTUNG von »–0,5« ❽ für das Werkzeug an.

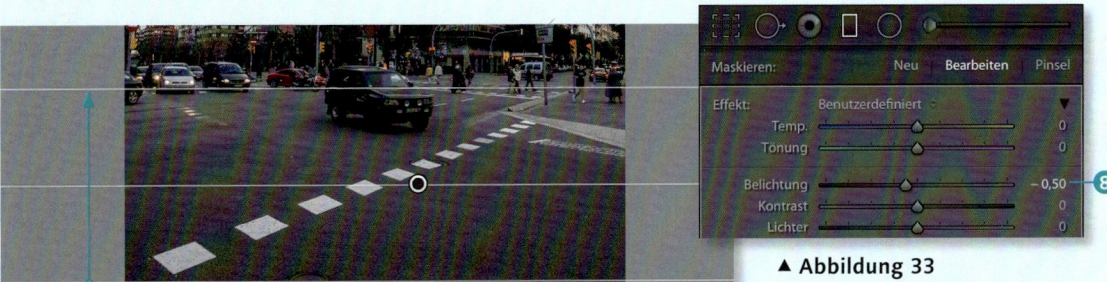

▲ Abbildung 33
Das Abdunkeln des Vordergrundes fällt nur im direkten Vergleich auf, lenkt das Auge aber unbewusst nach oben zu den Gebäuden.

2 Himmel und Wolken herausarbeiten
Den Himmel und die Wolken werden Sie ebenfalls mit dem Verlaufsfilter herausarbeiten. Die Gebäude werden dann mit dem Pinselwerkzeug von der Verlaufsmaske ausgeschlossen. Aufpassen muss man, dass an dem Übergang zu den Gebäuden kein störender, leuchtender Farbsaum entsteht.

705

Workshop Raw-Entwicklung und Bildstile

Erstellen Sie mit dem Verlaufsfilter-Werkzeug einen Verlauf von der oberen Ecke des am nächsten liegenden Gebäudes bis runter auf die Straße.

Stellen Sie jetzt die Parameter für die Korrektur folgendermaßen ein: Geben Sie eine BELICHTUNG von »–1« ❶ und für LICHTER den Wert »–30« an ❸, um den Himmel abzudunkeln. Dann erhöhen Sie den KONTRAST ❷ auf »30« und die KLARHEIT ❹ auf »100«. Abschließend erhöhen Sie die SÄTTIGUNG ❺ noch auf »30«.

▼ Abbildung 34
Der Verlaufsfilter bestimmt das Aussehen des Himmels. Dabei werden jedoch die Gebäude mit beeinflusst.

3 **Gebäude vom Verlaufsfilter ausschließen**

Damit die Gebäude jetzt nicht von der Anpassung im Himmel beeinflusst werden, radieren wir mit dem Pinsel die Maske an den Gebäuden. Klicken Sie dazu im Verlaufsfilter auf die Schaltfläche PINSEL. In den Pinselattributen, unterhalb der Entwicklungsparameter des Filters, aktivieren Sie die Radieren-Funktion, indem Sie auf LÖSCHEN ❽ klicken.

Stellen Sie dann eine GRÖSSE ❾ von »20« für den Pinsel ein und eine WEICHE KANTE ❿ von »100«. Der FLUSS ⓫ sollte ebenfalls auf »100« stehen. Deaktivieren Sie auch die Kontrollbox bei AUTOMA-

Workshop   Gegenlicht bei Abendstimmung

TISCH MASKIEREN ⓬. Im Haus sind zu viele unterschiedliche Strukturen, so dass es hier zu Fehlern kommen kann. Da die Größe der Pinselspitze unabhängig vom dargestellten Zoomfaktor ist, sollten Sie diesen auf 1:2 oder 1:3 ❻ stellen.

Damit Sie besser sehen, wo Sie malen, aktivieren Sie noch in der Werkzeugleiste unter dem Ansichtsfenster die Kontrollbox ÜBERLAGERUNG FÜR AUSGEWÄHLTE MASKE ANZEIGEN ⓭.

Malen Sie jetzt über die Gebäude, aber achten Sie darauf, dass Sie nicht zu weit in den Himmel malen, sonst entsteht um die Gebäude ein Saum, der als Leuchten wahrgenommen wird.

Zoomfaktor bei Retina-Displays

Durch die hohe Auflösung bei Retina-Displays oder ähnlichen Monitoren (4K) besitzt die Zoomstufe 1:2 eine andere Darstellungsgröße als auf normalen Monitoren. Eventuell müssen Sie den Zoomfaktor etwas anpassen.

▲ Abbildung 35
Mit dem Pinsel werden die Gebäude aus der Maske radiert.

Falls Sie mal unbeabsichtigt in den Himmel malen, schalten Sie einfach vom Radier- auf den Malpinsel um, indem Sie eine der Pinselspitzen A oder B ❼ wählen. Für diese Spitzen können Sie dann eigene Attribute einstellen. Das Malen mit den Pinseln erfordert etwas Übung – lieber etwas weniger wegradieren.

Schritt für Schritt
Feinschliff

Die wichtigsten Einstellungen sind damit erledigt. Was noch folgt, ist der Feinschliff.

1 Gradationskurven

Das Bild ist schon sehr gut, aber im Druck würde es wahrscheinlich etwas zu dunkel wirken. Das korrigieren Sie, indem Sie in der Gradationskurve den Wert für Dunkle Mitteltöne auf »+25« setzen ❶. Das hellt die Mitten etwas auf.

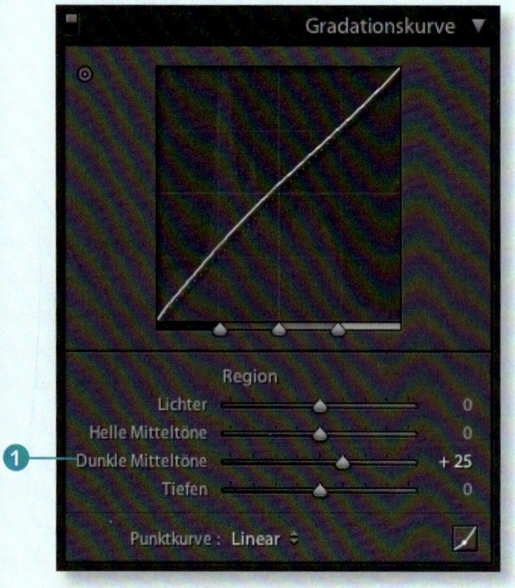

2 HSL / Farbe / S/W

Rechts vom Gebäude besitzt die Wolke eine Orangefärbung. Diese soll verstärkt werden. Wählen Sie im Bedienfeld HSL / Farbe / S/W die Luminanz ❸ aus, und verwenden Sie die Zielkorrektur ❷, um die Helligkeit der Wolke rechts des Gebäudes zu reduzieren. Ist der Wert für Orange ❺ bei »–35«, lassen Sie die Maustaste los. Der Wert für Gelb wird mitverschoben und sollte dann bei etwa »–21« sein. Verfahren Sie genauso bei der Sättigung ❹. Schieben Sie den Wert für Orange dort auf »+25«.

Sind Sie mit der Zielkorrektur fertig, klicken Sie mit der Maus auf die in der Werkzeugleiste unter dem Ansichtsfenster befindliche Schaltfläche Fertig.

▲ **Abbildung 36**
Über die Gradationskurve wird das Bild etwas aufgehellt. Vor allem im Druck würde es sonst zu dunkel werden.

Abbildung 37 ▶
Über die Zielkorrektur wird die Orangefärbung der Wolke verstärkt.

3 Details

Zum Abschluss wird noch die Schärfe korrigiert und die Rauschreduzierung unterdrückt. Da es sich um eine Architekturszene handelt, müssen auch feine Strukturen sichtbar werden.

Geben Sie für SCHÄRFEN einen BETRAG von »50« ❻ an, und reduzieren Sie den RADIUS auf »0,5« ❼. Die Strukturen betonen Sie, indem Sie den Regler für DETAILS auf »100« ❽ schieben. Verringern Sie dann bei der RAUSCHREDUZIERUNG die Parameter LUMINANZ und FARBE ❾ auf »0«. Ein Beschnitt wurde bereits in das Ausgangsbild eingearbeitet.

▼ **Abbildung 38**
Diese Detaileinstellungen zeichnen auch die kleinsten Details scharf.

◀ **Abbildung 39**
Das bearbeitete Foto gibt nun die Stimmung wieder, die ich in Erinnerung habe.

Porträtentwicklung

Die benötigte Datei »121106-0001_Portrait.dng« finden Sie im »Workshopkatalog« in der Sammlung WORKSHOPS • AUSGANGSMATERIAL • KAPITEL 13: ENTWICKELN.

Das Ergebnis finden Sie in der Sammlung unter WORKSHOPS • FINAL • KAPITEL 13: ENTWICKELN (FINAL)

Sicherlich ist die High-End-Porträtentwicklung noch immer ein Spezialgebiet von Programmen wie Photoshop. Doch auch in Lightroom sind bereits viele grundlegende Arbeitsschritte möglich: das Entfernen von Flecken, das Weichzeichnen von Hautunreinheiten und sogar das Auftragen eines digitalen Make-ups.

Im Fotostudio besitzen Sie die volle Kontrolle über das Licht. Sie haben dort von vornherein einen viel stärkeren Einfluss auf den Bildeindruck als bei einem Porträt, das im Freien oder in einem Zimmer mit Fenstern erstellt wurde. Die Entwicklungsschritte in diesem Workshop lassen sich aber auch auf solche Porträtaufnahmen übertragen.

Abbildung 40 ▲
Das Porträt vor (links) und nach der Retusche (rechts)

Der Ablauf ist bei einer Porträtentwicklung so wie bei anderen Aufgabenstellungen auch: Zunächst wird die Grundbelichtung optimiert, anschließend folgt die Detailretusche. Diese ist sicher aufwendiger als bei den anderen Workshops. Es gilt, Hautunreinheiten zu korrigieren und gewisse Bereiche aufzuhellen und abzudunkeln, um den gewünschten Bildeindruck zu erhalten. Zum Abschluss wird dem Porträt noch mit Hilfe der Teiltonung ein individueller Stil verpasst.

Retuschieren ist ein Zeitfresser, und nicht jedes schief stehende Haar bedarf der Retusche. Je nach Motiv und Zweck des Fotos sollten Sie sich Ihre Zeit einteilen. In diesem Workshop erfahren Sie, wie Sie die gröbsten Macken beseitigen, und erhalten ein paar Tipps zur grundsätzlichen Porträtentwicklung.

Workshop Porträtentwicklung

Schritt für Schritt
Grundeinstellungen

Zunächst passen Sie die Grundhelligkeit und den Farbton des Bildes an. Die etwas zu dramatische Wirkung durch die Unterbelichtung gleichen wir als Erstes aus.

1 Belichtung und Lichter

Die Unterbelichtung wird korrigiert, indem Sie die BELICHTUNG ❸ auf »+2,0« stellen. Dieser Wert hellt auch die dunkleren Stellen wie den Hintergrund und die Jacke auf. Das Bild ist zwar jetzt etwas zu hell, dies wird jedoch gleich durch einen negativen Wert für LICHTER ❹ ausgeglichen. Den Wert hierfür stellen Sie auf »–45« ein.

2 Weißabgleich

Bei der richtigen Helligkeit sieht man, dass das Bild zu kalt wirkt. Je nach verwendeter Blitzanlage liegt die Farbtemperatur normalerweise um die 5 300 Kelvin. Die Kameraautomatik hat Probleme mit Blitzanlangen. Wer ganz sichergehen will, verwendet eine Graukarte. Ich persönlich achte beim Fotografieren nicht so auf den Weißabgleich, da er ja in der Raw-Entwicklung verlustfrei angepasst werden kann. Stellen Sie also für den Weißabgleich die Temperatur (TEMP.) ❶ auf »5300« Kelvin und eine TÖNUNG ❷ von »–20« ein.

▼ **Abbildung 41**
Als Erstes wird die Helligkeit des Porträts optimiert.

Workshop Raw-Entwicklung und Bildstile

3 Klarheit und Dynamik

Bei Porträtaufnahmen sollte der KLARHEIT-Regler ❺ (Abbildung 41) nur leicht eingesetzt werden. Daher stellen Sie den Wert auf »+10«. Die DYNAMIK ❻ (Abbildung 41) reduzieren Sie auf einen Wert von »–5«. Das nimmt das Rot aus dem Hautton.

4 Details

Bei Porträts ist es schon von Beginn der Retusche an wichtig, den korrekten Schärfeeindruck zu erzeugen. Dann können Sie besser entscheiden, welche Unreinheiten Sie entfernen müssen.

Da man als Betrachter immer auf die Augen fokussiert, stellen Sie zur Bearbeitung einen Ausschnitt um das Auge in der 1:1-Darstellung ein, um die Einstellungen genau zu überwachen.

Ein Porträt sollte scharf, aber auch nicht zu scharf sein. Erhöhen Sie den Wert für BETRAG ❶ auf den Wert »50«, bei einem RADIUS ❷ von »1,2« und einem DETAILS-Wert ❸ von »50«. Den Parameter für MASKIEREN ❹ stellen Sie auf »15«.

Da die Kamera bei ISO 100 so gut wie kein Rauschen aufweist, können Sie die RAUSCHREDUZIERUNG getrost deaktivieren. Der Regler für das Luminanzrauschen steht grundsätzlich auf »0«, also müssen Sie jetzt nur noch den Regler für FARBE ❺ auf »0« setzen.

▼ **Abbildung 42**
Nach den Detaileinstellungen sieht man genau, welche Macken retuschiert werden müssen.

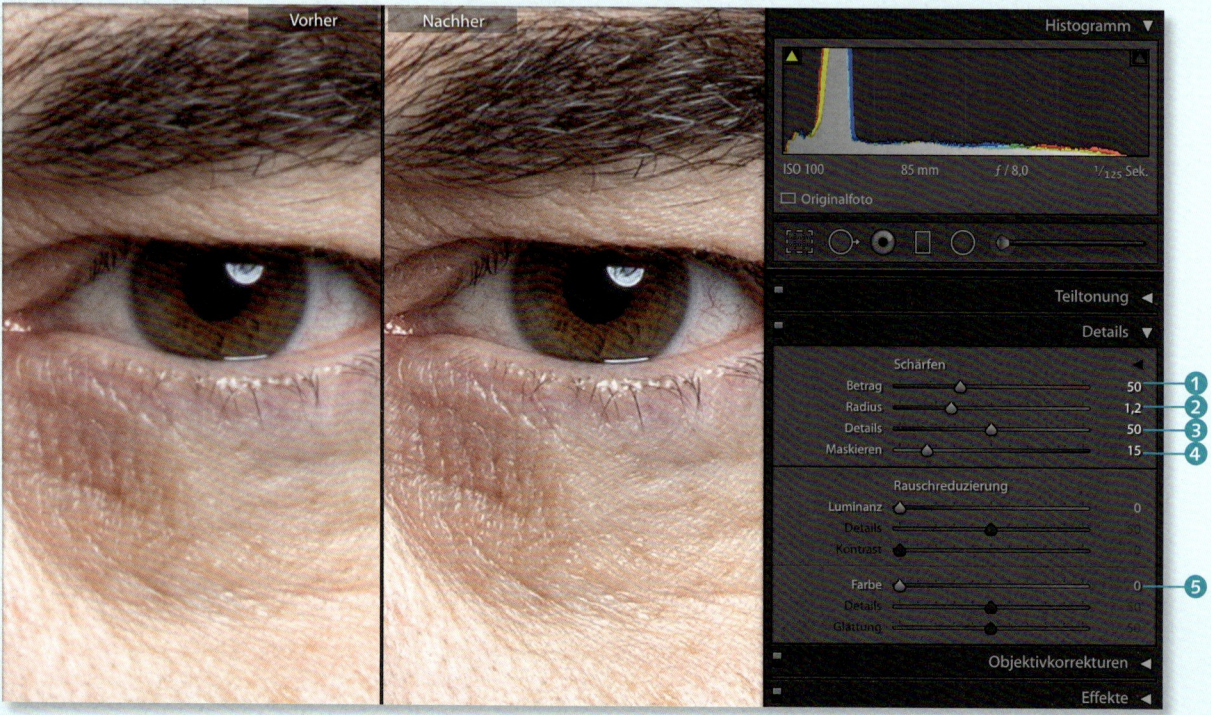

Workshop Raw-Entwicklung und Bildstile

Malen Sie jetzt auf der Stirn, dem Nasenrücken und den Wangen. Achten Sie darauf, dass Sie nicht den Bart und die Augen übermalen. Aktivieren Sie in der Werkzeugleiste unter dem Ansichtsfenster die Kontrollbox ÜBERLAGERUNG FÜR AUSGEWÄHLTE MASKE ANZEIGEN ❽ (Abbildung 46), um besser zu sehen, wo Sie bereits gemalt haben und ob Sie aus Versehen in die Augen oder den Bart gemalt haben. Bei Bedarf können Sie die Pinselgröße über das Mausrad reduzieren.

4   Glatze zurücknehmen und Gesicht betonen

Durch die Glatze wirkt der Kopf höher. Den Vorderkopf mit dem Gesicht können Sie betonen, indem Sie die Belichtung auf der Glatze reduzieren.

Stellen Sie den Effekt des Korrekturpinsels so ein, dass der Wert für BELICHTUNG ❶ auf »–0,3« steht. Malen Sie dann mit einer Pinsel-GRÖSSE ❷ von »20« eine Maske auf die Glatze.

▼ **Abbildung 47**
Zunächst malen Sie großzügig über die Glatze …

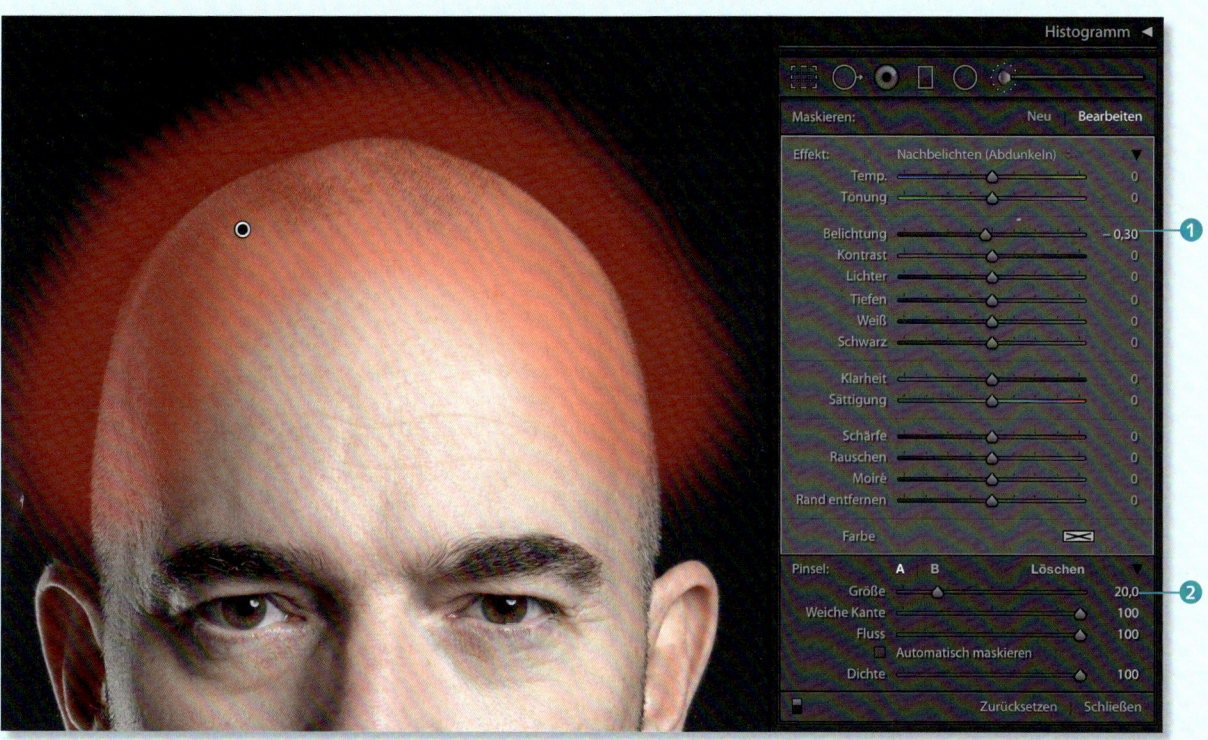

Dabei ist es unvermeidlich, auch in den Hintergrund zu malen. Damit kein Halo-Effekt entsteht, müssen Sie dort die Maske wieder löschen. Dazu aktivieren Sie die Funktion LÖSCHEN ❸ des Pinsels und aktivieren die Kontrollbox AUTOMATISCH MASKIEREN ❹, damit

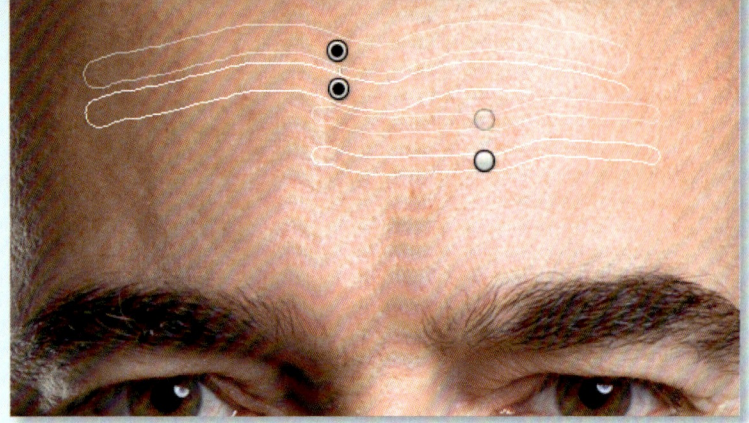

◄ Abbildung 45
Stirnfalten oder Krähenfüße können ebenfalls mit der Bereichsreparatur entfernt werden. Dies lässt das Modell jünger erscheinen.

3 Make-up auftragen

Mit dem digitalen Make-up werden jetzt die Struktur der Haut etwas geglättet und Reflexionen reduziert, die an den glänzenden Hautpartien wie Stirn und Nase auftreten. Dazu wird der Korrekturpinsel verwendet. Dieser wird so eingestellt, dass er den Kontrast und die Klarheit reduziert.

Wählen Sie dazu den KORREKTURPINSEL ❶, und stellen Sie den KONTRAST ❷ auf »–25« und die KLARHEIT ❸ auf »–50« ein. Als GRÖSSE ❹ für den Pinsel wählen Sie zunächst einen Wert von ca. »20«, eine WEICHE KANTE ❺ und einen FLUSS ❻ von jeweils »100«. Die DICHTE ❼ stellen Sie ebenfalls auf »100«.

Neuen Pinsel beginnen

Wenn Sie mit dem Korrekturpinsel eine neue Maske beginnen wollen, drücken Sie die Schaltfläche NEU direkt unter der Werkzeugauswahl.

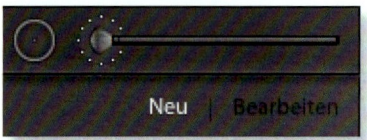

▼ Abbildung 46
Der Korrekturpinsel wird zum Auftragen von digitalem Make-up verwendet.

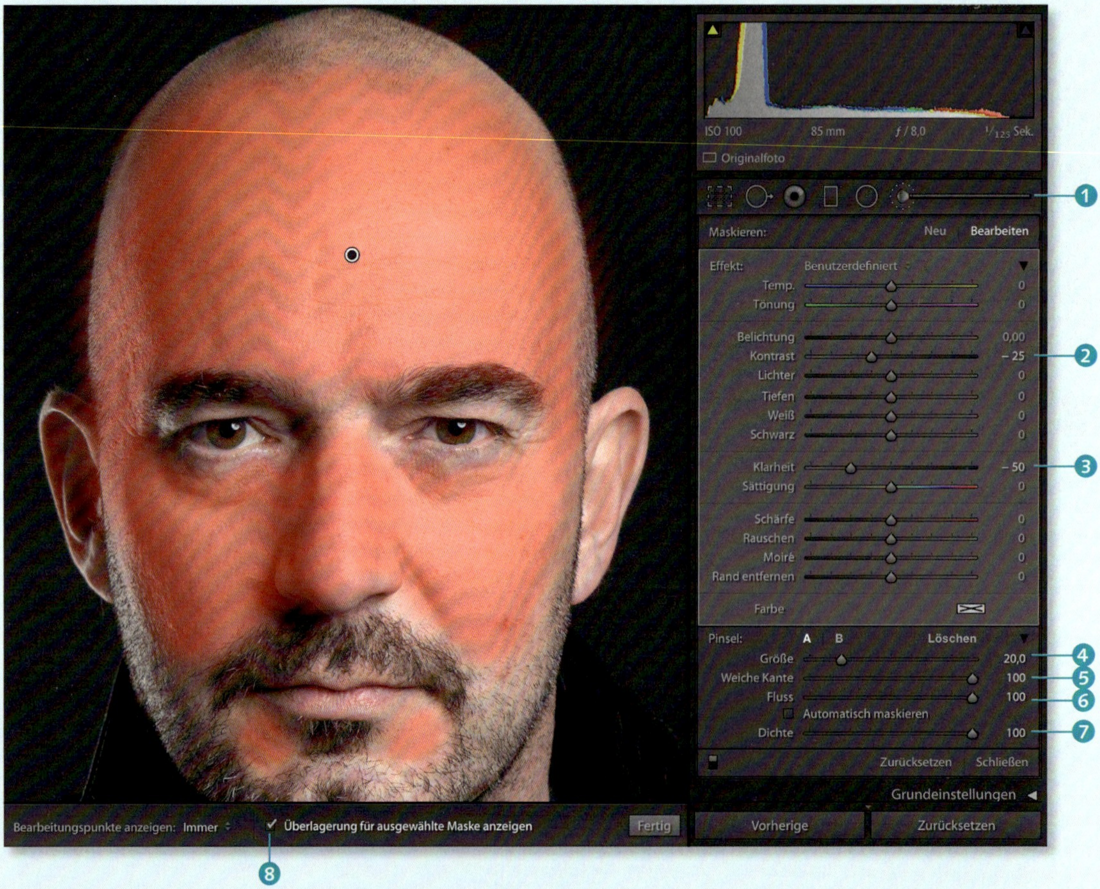

Beseitigen Sie so noch ein paar andere Flecken auf der Nase, die Ihnen auffallen. Ist ein Fleck größer als die eingestellte Größe des Werkzeugs, können Sie diese mit dem Mausrad anpassen, bevor Sie auf den Fleck klicken. Achten Sie dabei immer darauf, welche Stelle Lightroom als Quelle wählt. Diese sollte in Struktur und Farbe passen. Meistens ist das in der Nähe des Ziels.

2 Verletzungen entfernen

Hautverletzungen sind selten rund und meist größer als Flecken. Für diese müssen Sie dann den Bereich mit dem Stempel malen. Auch die roten Stellen um die Verletzung sollten dabei berücksichtigt werden.

Malen Sie mit der Bereichsreparatur eine Fläche über die Verletzungen links von der Nasenspitze und rechts auf der Wange. Als Stempelgröße wählen Sie einen kleinen Wert um die »15«.

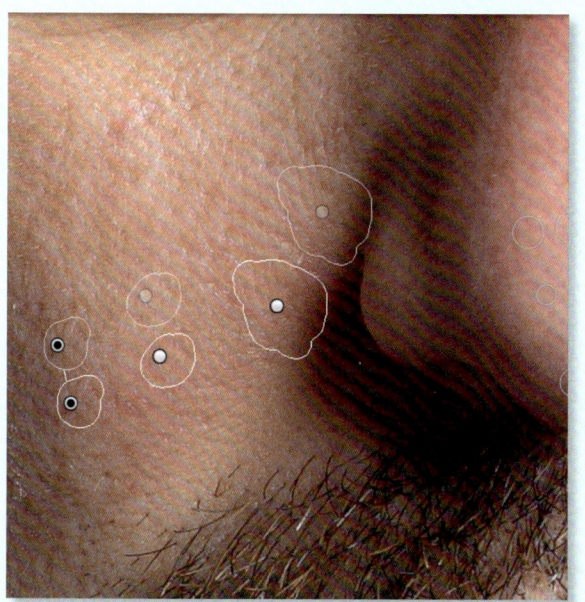 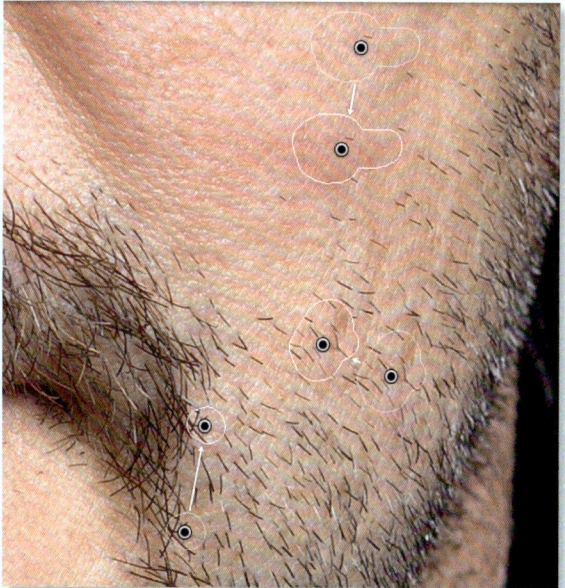

▲ Abbildung 44
Mit der Stempelfunktion der Bereichsreparatur können Sie die Verletzungen auf den Wangen retuschieren.

Auch die Stirnfalten können Sie nach diesem Muster beseitigen. Meiner Meinung nach würde das aber den Charakter der Person zu sehr verfälschen. Um die Falten nicht komplett zu entfernen, sondern nur deren Stärke etwas abzumildern, können Sie die Deckkraft des Stempels reduzieren.

Die Färbung durch die Teiltonung und die Kontrasteinstellung mit Hilfe der Gradationskurven erledigen Sie ganz am Schluss. Als Nächstes kümmern Sie sich um einen ebenmäßigen Teint.

Schritt für Schritt
Beautyretusche

Mit »digitalem Make-up« werden Sie nun Hautunreinheiten beseitigen und die Poren etwas abdecken. Zum Eliminieren von Pickeln, Leberflecken, Kratzern etc. verwenden Sie die Bereichsreparatur. Dabei fahren Sie das Bild in der 1:1-Darstellung systematisch ab und beseitigen alles, was Ihnen unangenehm auffällt.

1   Kreisförmige Flecken entfernen

Betrachten Sie die Nasenspitze und den Bereich links von ihr etwas genauer, fallen hier mehrere Stellen auf, die Sie korrigieren sollten.

Dazu wählen Sie die BEREICHSREPARATUR ❻ im Modus REPAR. ❼ (Reparatur). Die DECKKRAFT ❿ sollte auf dem Wert »100« stehen und die WEICHE KANTE ❾ auf »10«. Für die Größe des Werkzeugs wählen Sie zunächst eine GRÖSSE ❽ von »15«.

Beginnen Sie mit der Nasenspitze. Klicken Sie dort auf den dunklen Flecken direkt auf der Nasenspitze. Falls die Automatik einen ungeeigneten Quellbereich auswählt, können Sie diesen nachträglich verschieben.

▼ **Abbildung 43**
Mit der BEREICHSREPARATUR werden zunächst die kleineren Flecken beseitigt.

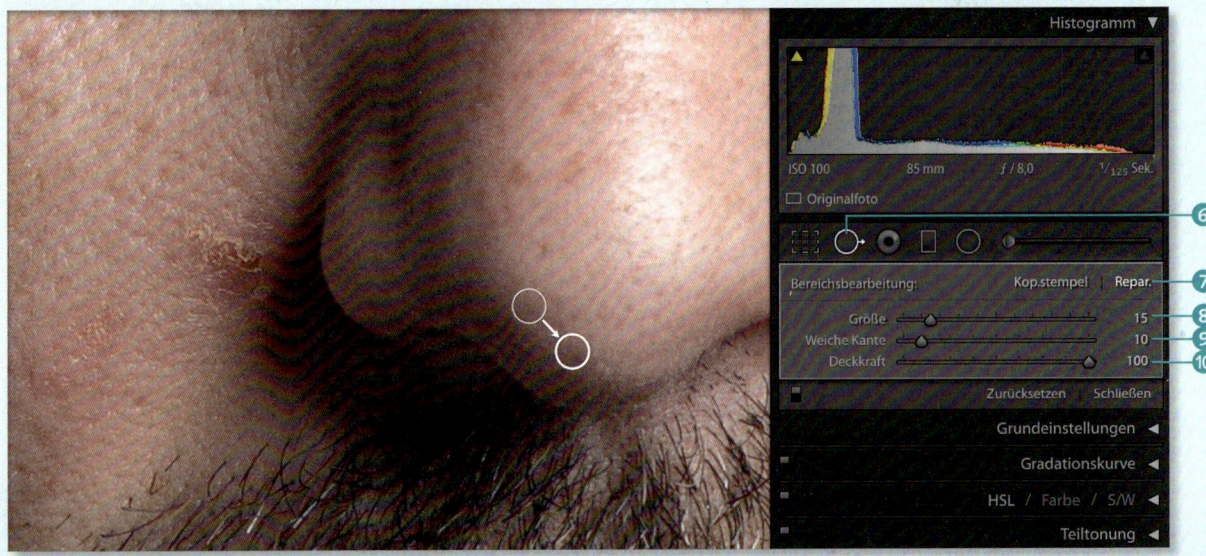

die Maske auf der Glatze nicht gelöscht wird. Malen Sie jetzt auf dem Hintergrund, wird nur dort die Maske gelöscht.

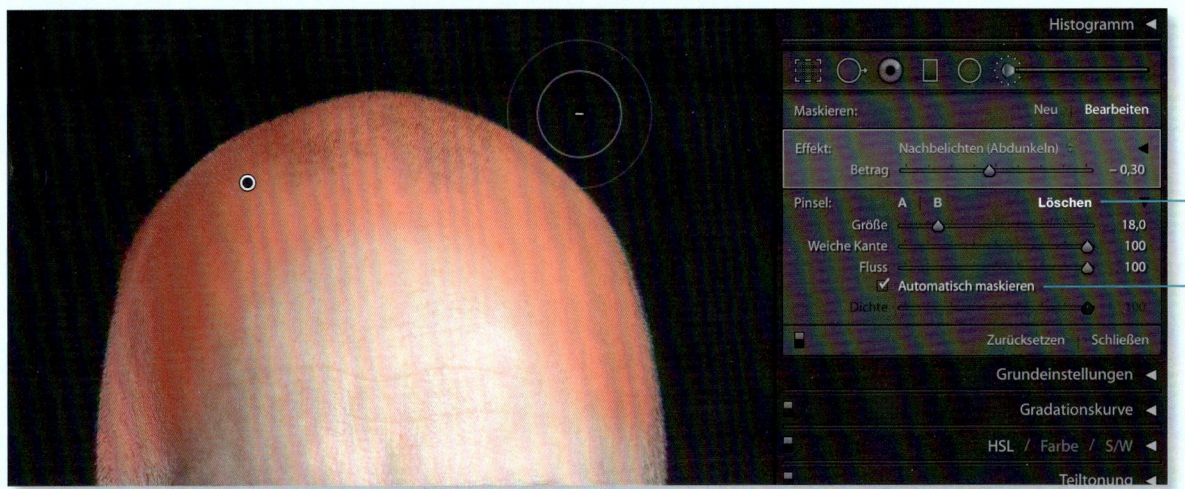

5 Strahlkraft der Augen herausarbeiten

Als Nächstes arbeiten Sie die Augen noch etwas heraus. Dabei wird das Weiß um die Iris etwas heller, und die Iris soll mehr Strahlkraft erhalten. Dadurch erscheint der Blick klarer, und die Augen ziehen einen mehr in den Bann.

Das Weiß um die Iris hellen Sie mit einer BELICHTUNG ❺ von »0,2« auf. Verwenden Sie dazu für den Pinsel eine kleine GRÖSSE ❻ mit dem Wert »4,5« und eine WEICHE KANTE ❼ von »100«. Malen Sie damit in beiden Augen eine Maske um die Iris, aber nur im Weiß des Auges.

▲ Abbildung 48
… und entfernen dann die überstehende Maske mit der Maskierungsautomatik.

▼ Abbildung 49
Das Weiß um die Iris wird aufgehellt.

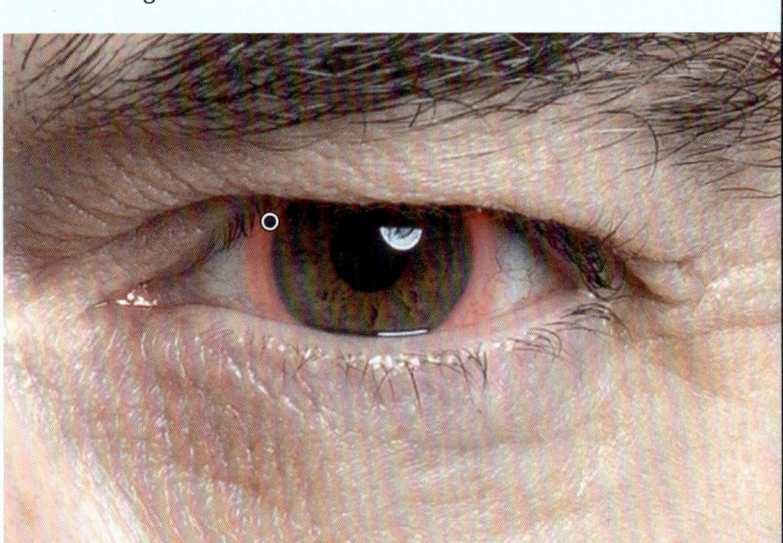
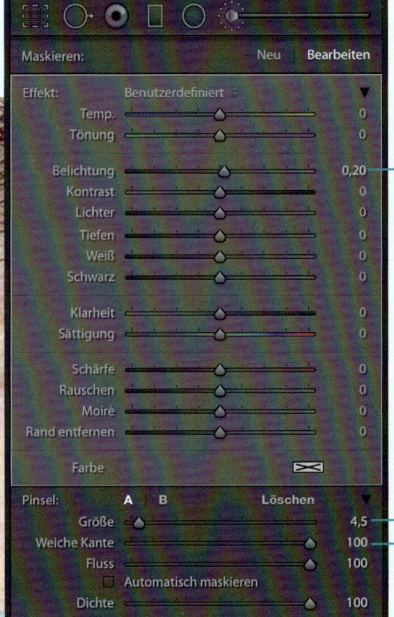

▼ **Abbildung 50**
Im nächsten Schritt wird die Iris betont.

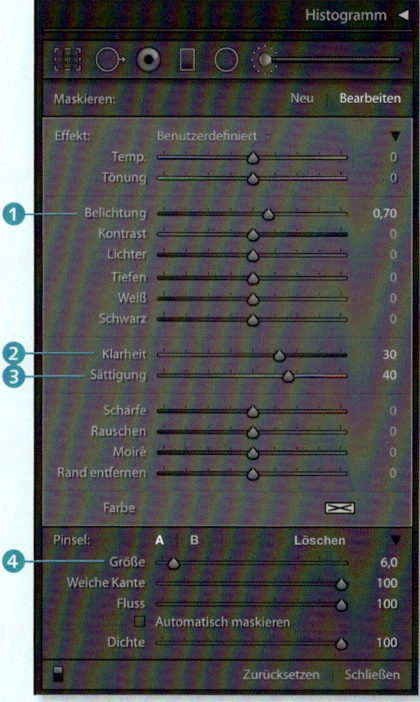

Die Strahlkraft der Iris heben Sie hervor, indem Sie dort ebenfalls mit dem Korrekturpinsel bei einer GRÖSSE ❹ von »6,0« die untere Hälfte mit einer Maske versehen.

Um die Augen noch etwas klarer erscheinen zu lassen, erhöhen Sie die BELICHTUNG ❶ auf »0,7«. Dadurch werden die Augen zwar heller, aber sie verlieren auch an Struktur. Das gleichen Sie mit einem Wert von »30« für die KLARHEIT ❷ wieder aus. Zusätzlich erhöhen Sie die SÄTTIGUNG ❸ auf »40«.

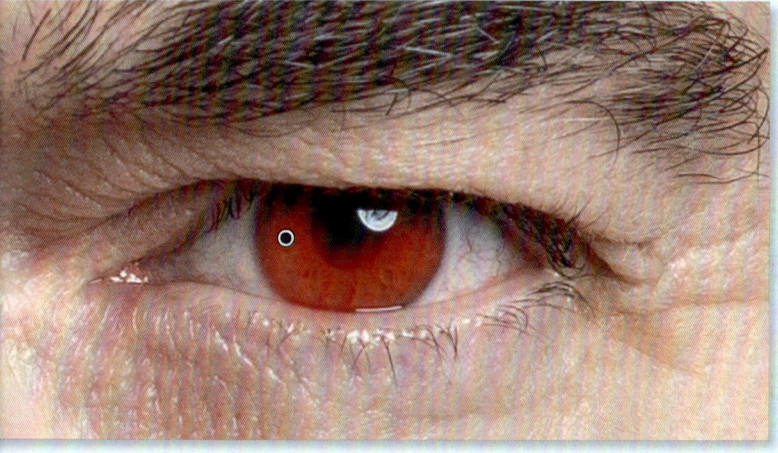

Jetzt dunkeln Sie die Pupille noch etwas ab. Sie wurde bei den Grundeinstellungen zu stark aufgehellt. Dazu verwenden Sie eine BELICHTUNG ❺ von »–1,0«. Der Pinsel besitzt dabei eine GRÖSSE ❻ von »14«. Da die Pupille selbst scharf abgegrenzt ist, stellen Sie die WEICHE KANTE ❼ auf »20« und setzen dann einen einfachen Punkt als Maske auf beide Pupillen.

▼ **Abbildung 51**
Zum Abschluss wird die Pupille abgedunkelt. Dies alles erhöht die Anziehungskraft der Augen.

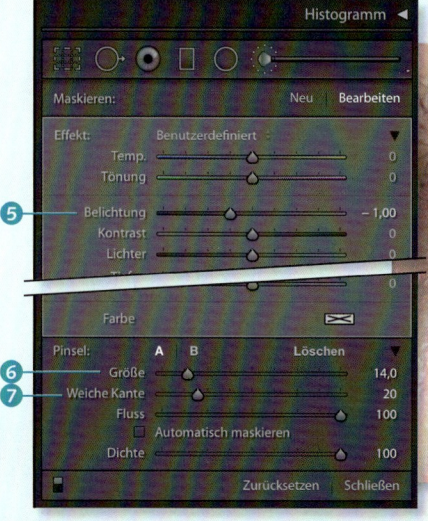

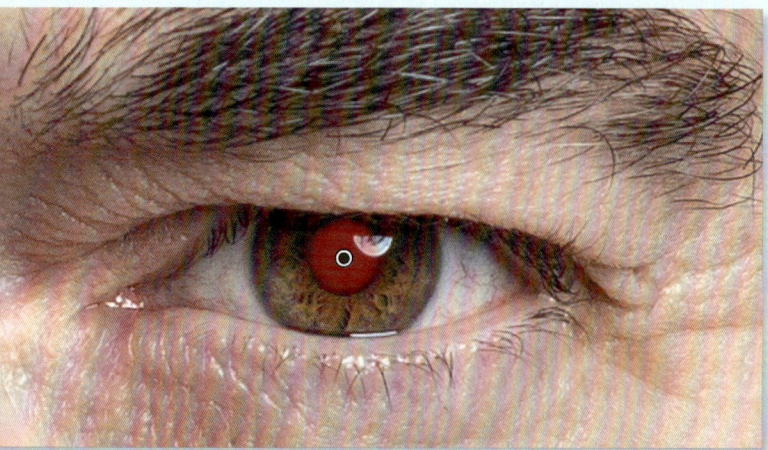

Workshop   Porträtentwicklung

6 Hals abdunkeln

Zum Abschluss dunkeln Sie den Hals noch etwas ab. Dies unterstützt zusätzlich die Fokussierung auf das Gesicht.

Malen Sie dazu mit einer Größe ❾ von »17« und einer Weichen Kante ❿ von »75« eine Maske in die Halspartie. Ignorieren Sie dabei den Teil, der bereits im Schatten liegt. Variieren Sie gegebenenfalls die Pinselgröße, um auch in den Randbereichen nicht zu weit über den Hals hinauszumalen. Wählen Sie als Effekt für die Maske eine Belichtung ❽ von »–0,3«. Ein zu starkes Abdunkeln würde wie eine Bräunungscreme wirken.

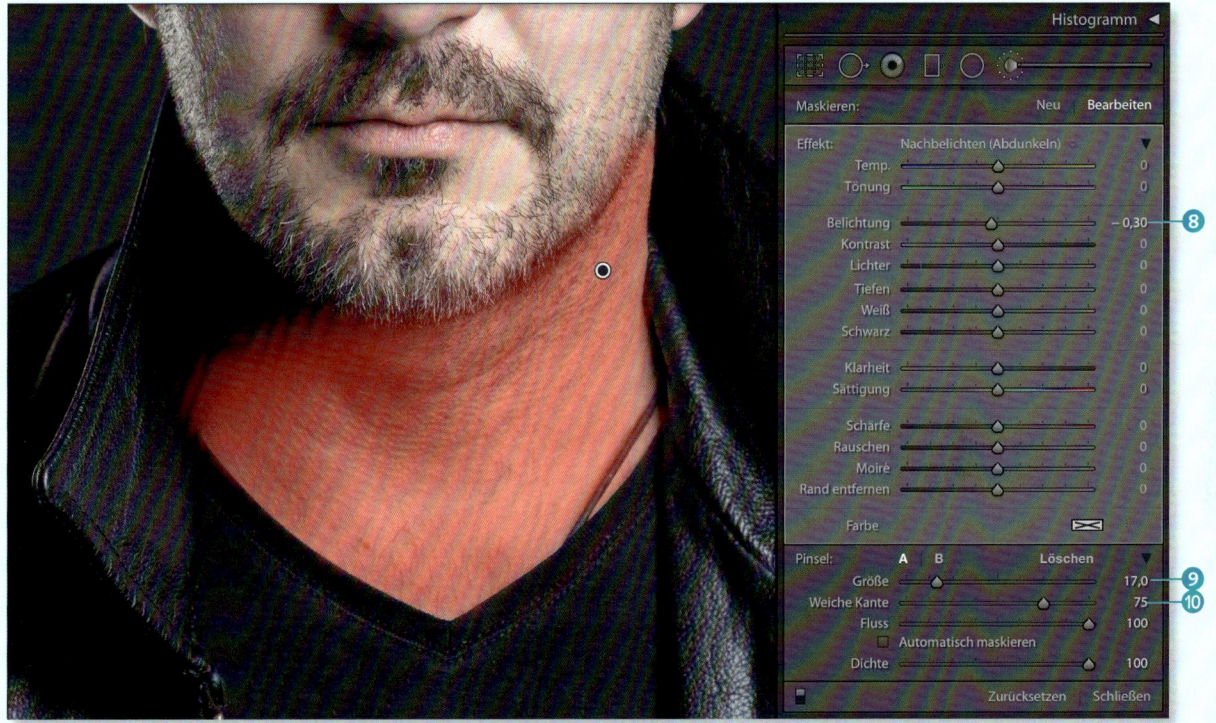

▲ Abbildung 52
Maske zum Abdunkeln der Halspartie.

Die Beautyretusche ist jetzt abgeschlossen. Diese Schritte können Sie auch auf andere Porträtaufnahmen übertragen. Achten Sie jedoch immer darauf, dass Sie es mit den Einstellungen nicht übertreiben, sonst wirkt das Porträt schnell unnatürlich.

Workshop Raw-Entwicklung und Bildstile

Schritt für Schritt
Tonung und Feintuning

Jetzt wird dem Porträt noch ein individueller Look verpasst. Zusätzlich optimieren Sie noch den Kontrast und beschneiden das Format auf ein Seitenverhältnis von 1:1.

1 Mit der Teiltonung einfärben

Die Teiltonung erlaubt Ihnen das getrennte Einfärben von hellen und dunklen Stellen. Die dazugehörigen Einstellungen finden Sie in der Bedienfeldpalette TEILTONUNG ❶. Für die LICHTER stellen Sie einen FARBTON ❷ von »50« ein. Dies ist immer noch eine recht warme Färbung, die das Porträt nicht zu »giftig« wirken lässt. Als SÄTTIGUNG ❸ verwenden Sie einen Wert von »15«. Die Schatten färben Sie dann mit einem FARBTON ❹ von »100« und einer SÄTTIGUNG ❺ von »25« ein.

2 Kontrast verstärken

Den Kontrast verstärken Sie nun mit einer leichten S-Kurve der Gradationskurve. Dazu wechseln Sie in das Bedienfeld GRADATIONSKURVE ❻. Achten Sie dort darauf, dass der Umschalter zur Punktkurve deaktiviert ❾ ist, damit die Schieberegler angezeigt werden. Stellen Sie dann dort den Regler für HELLE MITTELTÖNE ❼ auf »20« und den für DUNKLE MITTELTÖNE ❽ auf »–10«.

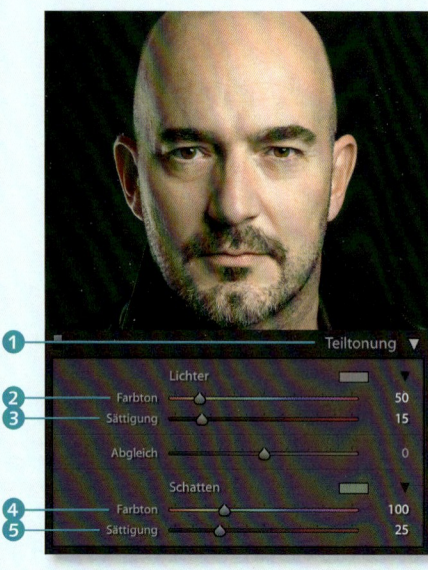

▲ Abbildung 53
Färben des Bildes mit der TEILTONUNG

▼ Abbildung 54
Verstärkung des Kontrasts mit der GRADATIONSKURVE

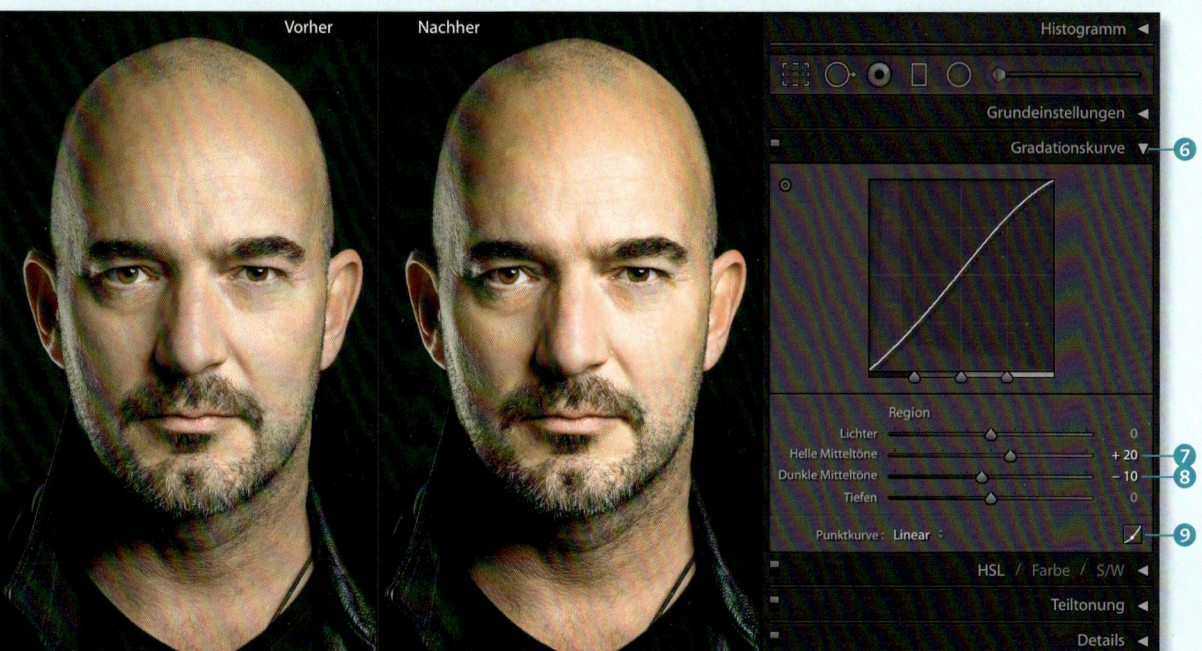

Workshop Porträtentwicklung

3 Beschnitt im Quadrat

Abgeschlossen wird der Workshop mit dem Beschnitt des Bildes auf das Seitenverhältnis 1:1.

Klicken Sie dazu auf die FREISTELLUNGSÜBERLAGERUNG ❿, und wählen Sie aus dem Dropdown SEITENVERHÄLTNIS 1x1 ⓫ aus. Verkleinern Sie anschließend den Ausschnitt, so dass der Kopf oben leicht angeschnitten ist und der V-Ausschnitt des T-Shirts an der unteren Kante des Bildes endet.

Dann verschieben Sie den Ausschnitt noch so, dass das rechte Auge im Schnittpunkt der rechten und oberen Gitterlinie ⓬ des Rasters liegt (WERKZEUGE • FREISTELLUNGSÜBERLAGERUNG • DRITTEL).

Der etwas asymmetrische Beschnitt erhöht die Spannung des Bildes. Das Anschneiden des Kopfes stellt dabei kein Problem dar, da das Gehirn beim Betrachten die fehlenden Bereiche vervollständigt. Außerdem »passiert« in diesem Teil des Bildes nichts Interessantes, und der Beschnitt lenkt den Blick zusätzlich auf die Gesichtspartie.

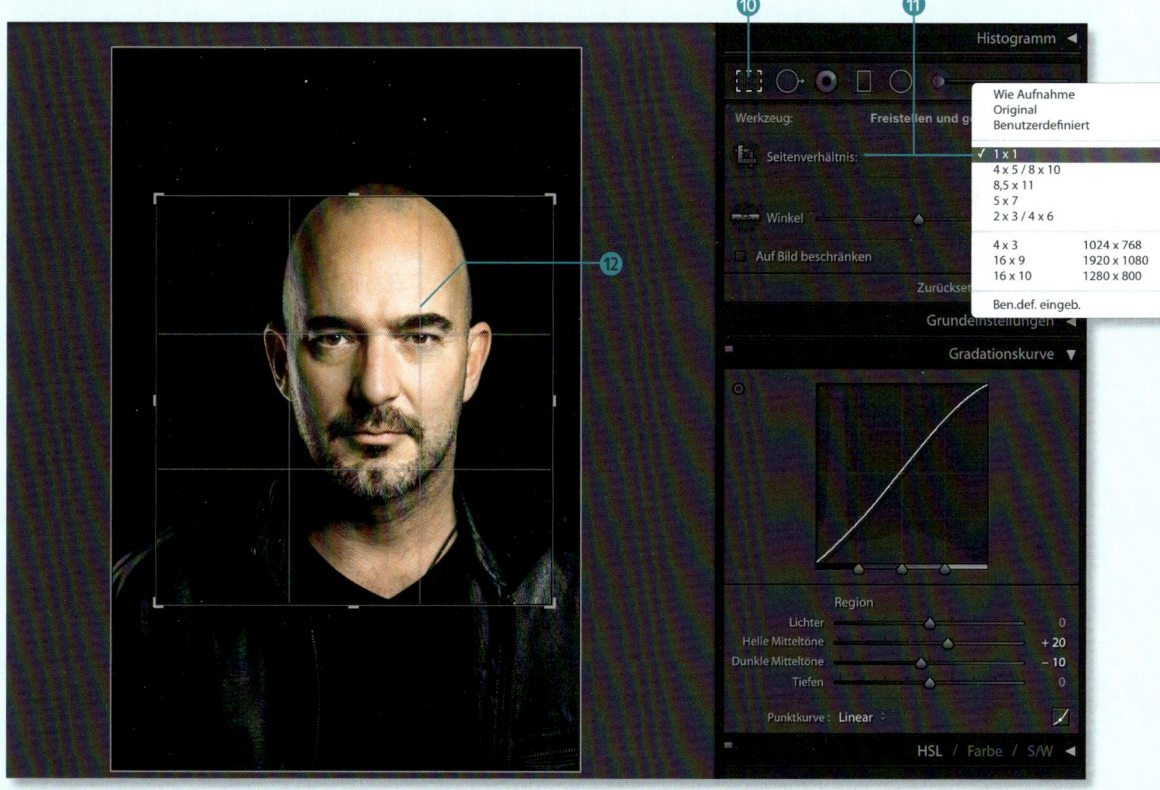

▲ **Abbildung 55**
Das Porträt mit dem abschließenden Beschnitt

Fototipp

Immer wieder gerne auf Jahrmärkten fotografiert und immer wieder faszinierend: Langzeitbelichtungen. Der Trick liegt hier in der Belichtungszeit – ein paar Sekunden reichen meist aus. Aber mit Digitalkameras ist das kein Problem, da man das Bild ja sofort kontrollieren kann.

Bei der Analogfotografie war das eher ein Glücksfall – wie hier bei dieser Mittelformataufnahme. Interessant wirken Leuchtstoffröhren. Wenn Sie bewegt werden, entstehen einzelne Lichtstreifen, wie hier das blaue Licht.

Kapitel 14
Das Buch-Modul

Im Modul Buch können Sie Fotobücher gestalten, diese über den Fotodienst Blurb drucken, sie als PDF-Datei speichern oder Einzelseiten als JPEG-Dateien exportieren. Zahlreiche Seitenvorlagen ermöglichen das flexible Zusammenstellen der Bücher. Eine automatische Layoutfunktion platziert die Bilder nach voreingestellten Kriterien, die sich individuell anpassen lassen. Unterschiedliche Beschreibungstexte lassen sich mit allen auf dem Computer installierten Schriften gestalten.

Bei den Formatvorgaben richtet sich Lightroom nach den Buchformaten von Blurb, einem bisher vor allem in den USA bekannten Anbieter von qualitativ hochwertigen Fotobüchern, der seine Dienstleistung aber auch in Deutschland anbietet. Bei Blurb kön-

▼ **Abbildung 14.1**
Im Buch-Modul können Sie Fotobücher erstellen und diese direkt über den Anbieter Blurb drucken lassen oder als Datei exportieren.

nen Sie nicht nur Bücher in Einzelauflagen bestellen, sondern Sie können Ihr Buch auch im Blurb-Buchladen für den Verkauf veröffentlichen.

14.1 Vorbereitungen zur Bucherstellung

Im Gegensatz zur Arbeit in den anderen Modulen empfiehlt es sich, bei der Gestaltung eines Fotobuches etwas Zeit in die Vorbereitung zu investieren. Folgende Schritte sind ratsam, die Reihenfolge spielt dabei keine Rolle.

Fotodienst Blurb
Auf der Blurb-Website *www.blurb.de* finden Sie genauere Beschreibungen zu Papiersorten, Formaten, Druckverfahren, Versand etc.

Bildauswahl | Im Buch-Modul werden die Bilder zusammen mit allen Layoutvorgaben und Texten als Sammlung gespeichert. Theoretisch können Sie Ihren kompletten Katalog in die Sammlung legen, aber sinnvoll ist das nicht, da Ihnen zur Bildauswahl nur der Filmstreifen zur Verfügung steht. Aus diesem müssen Sie die Bilder auf die Seiten verteilen. Das Scrollen durch mehrere Tausend Bilder wird eher umständlich sein. Reduzieren Sie daher Ihre Bildzusammenstellung: Wählen Sie nur Fünf-Sterne-Bilder, markieren Sie eine Bildauswahl mit einer Farbe, oder stellen Sie diese in einer temporären Sammlung zusammen. Mehr über das Arbeiten mit Sternen, Farbmarkierungen und Sammlungen erfahren Sie in Kapitel 8, »Das Bibliothek-Modul«, ab Seite 325.

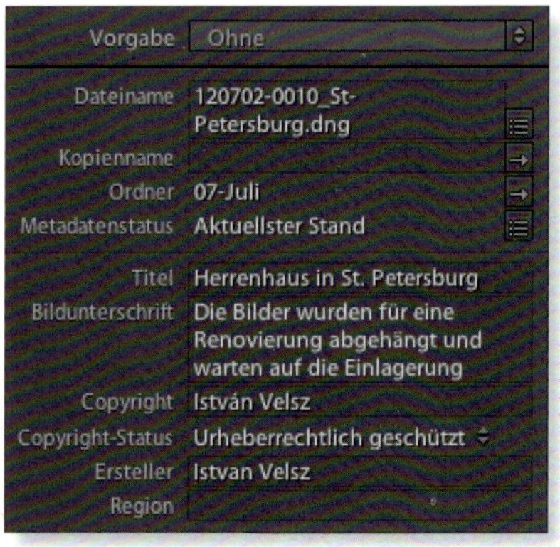

Bildbeschriftungen | Wünschen Sie zu jedem Bild Bildunterschriften, empfiehlt es sich, diese vorher im Bibliothek-Modul in die Metadaten einzugeben. Dann werden diese automatisch ausgelesen und zu den Bildern platziert. Alternativ können auch der Bildtitel, der Dateiname oder ein eigener Text verwendet werden. Der eigene Text wird aber nicht in den Metadaten gespeichert, sondern ist Bestandteil des Buchlayouts. Nähere Informationen zu den Metadatenangaben finden Sie auf Seite 376.

▲ **Abbildung 14.2**
Metadaten können als Beschriftung angezeigt werden, müssen dazu aber eingegeben sein.

Formatwahl | Das nachträgliche Ändern des Formats ist zwar möglich, hat aber zur Folge, dass die Bilder neu positioniert werden müssen. Auch stehen einige Layoutvarianten eventuell nicht für das neue Format zur Verfügung, so dass die Bilder gegebenenfalls von den Seiten gelöscht werden. Machen Sie sich also vorher Gedanken, welches Format Sie für Ihr Fotobuch wünschen, auch da sich die Formatwahl in den Kosten niederschlägt. Es stehen Ihnen fünf Formate zur Verfügung, die vom Anbieter Blurb vorgegeben sind. Diese dienen auch als Ausgangsformate beim Speichern als PDF oder JPEG. Wenn Sie also Ihr Buch bei einem anderen Anbieter drucken lassen wollen, achten Sie darauf, dass dieser in derselben Größe drucken kann.

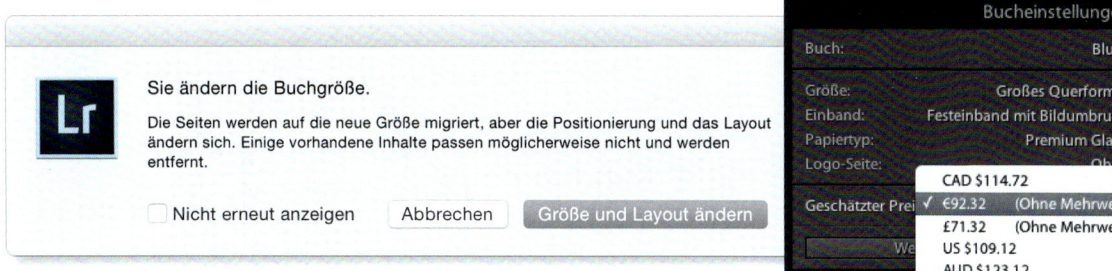

▲ Abbildung 14.3
Aufgrund unterschiedlicher Preise und möglicher Probleme bei der Formatänderung sollten Sie sich bereits vor dem Einrichten des Fotobuches Gedanken über dessen Größe machen.

Bucheinstellungen

Es gibt einige Voreinstellungen, die Sie für die Bucherstellung vornehmen können. Diese finden Sie nur im Buch-Modul unter dem Menüpunkt BUCH • VOREINSTELLUNGEN FÜR BUCH.

▸ **Standard-Foto-Zoom:** In diesem Dropdown-Menü regeln Sie die Art, wie Bilder zunächst in einer Zelle platziert werden. EIN-PASSEN zeigt das komplette Bild im Rahmen, AUSFÜLLEN skaliert das Bild so, dass die gesamte Zelle gefüllt wird. Das Bild kann dabei beschnitten werden.

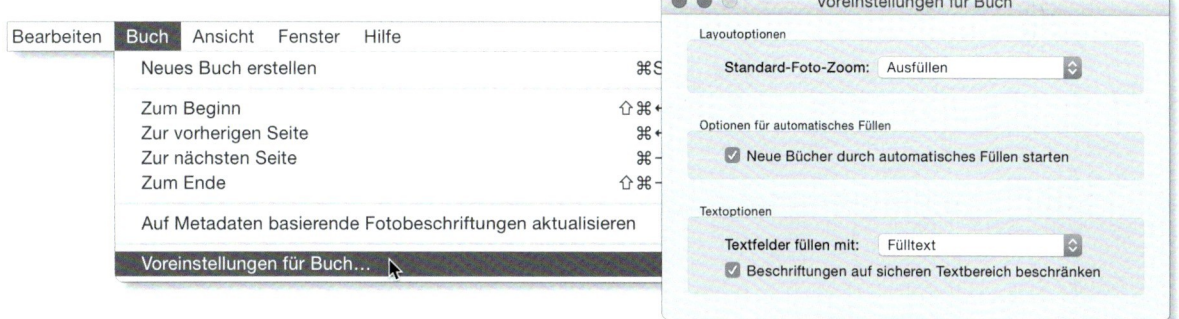

▲ Abbildung 14.4
Über das Menü können Sie einige allgemeine Voreinstellungen für das Buch-Modul definieren.

▸ **Optionen für automatisches Füllen:** Ist das Kontrollkästchen aktiv, wird ein Buch immer automatisch gefüllt, wenn Sie von einem anderen Modul in das Buch-Modul wechseln und noch keine Bilder auf den Seiten platziert wurden. Ich empfehle, diese Einstellung zu deaktivieren, damit Sie mehr Kontrolle über die Platzierung behalten.

▸ **Textfelder füllen mit:** Hier können Sie auswählen, was der Standardtext für Fototextfelder sein soll: zum Beispiel der Dateiname oder ein Textblock, den Sie selbst anpassen können. Der hier gewählte Standardtext wird im rechten Bedienfeld

TEXT ausgegraut dargestellt. Aber Vorsicht: Haben Sie vorher bereits einen anderen Text eingegeben, wird bei der Aktivierung des Fototextes der Standardtext überschrieben.

▶ **Beschriftungen auf sicheren Textbereich beschränken:** Wird dieses Kontrollkästchen deaktiviert, reichen Foto- und Seitentexte bis an den Seitenrand. In diesem Fall könnten sie abgeschnitten werden oder im Bund liegen. Deaktivieren Sie diese Funktion nur, wenn Sie sich sicher sind, dass dies keine Rolle spielt – zum Beispiel bei der kreativen Gestaltung mit Textelementen.

14.2 Anlegen eines neuen Buches

Rufen Sie das Buch-Modul zum ersten Mal auf, wird aus allen Bildern, die im Bibliothek-Modul angezeigt werden, automatisch ein neues Buch nach der eingestellten AUTO-LAYOUT-Vorgabe erstellt. Das kann aus den Bildern des aktuell ausgewählten Ordners oder aus einer Sammlung sein, darauf angewendete Filter werden zusätzlich berücksichtigt.

Haben Sie bereits ein Buch erstellt, es aber noch nicht gesichert, wird dieses angezeigt. Im Filmstreifen werden in diesem Fall alle bereits auf den Seiten platzierten Bilder angezeigt – zusätzlich aber auch die Fotos aus dem aktuellen Ordner oder der derzeit ausgewählten Sammlung. Wollen Sie ein neues Buch erstellen, müssen Sie das alte entweder erst speichern oder es löschen. Änderungen an einmal gespeicherten Büchern werden automatisch von Lightroom gesichert.

▲ **Abbildung 14.5**
Vor dem Erstellen eines neuen Buches können Sie das alte Buch über die Schaltflächen in der Titelzeile speichern oder löschen.

Löschen Sie ein Buch, wird nicht automatisch ein neues erstellt. Es werden nur alle Seiten und die darauf befindlichen Bilder entfernt. Sie können dann einfach mit dem Platzieren der Bilder erneut beginnen oder diese über die Funktion AUTO-LAYOUT (siehe Seite 739) auf ein Neues positionieren lassen.

Schritt für Schritt
Leeres Buch erstellen

In dieser Schritt-für-Schritt-Anleitung erstellen Sie ein neues, komplett leeres Buch. Wenn Sie das Buch-Modul bereits einmal geöffnet hatten und sich dort ein ungesichertes Buch befindet, das Sie nicht speichern wollen, wechseln Sie nach Punkt 1 in das Buch-Modul und lesen Sie anschließend ab Punkt 3 weiter.

1   Ordner oder Sammlung wählen
Wechseln Sie in das Bibliothek-Modul, falls Sie sich in einem anderen Modul befinden. Wählen Sie dort einen Ordner oder eine Sammlung über die linke Bedienfeldpalette aus.

2   Erstellen des Buches
Wechseln Sie dann in das Buch-Modul, indem Sie auf die Schaltfläche Buch in der Erkennungstafel klicken. Dabei wird automatisch die Auto-Layout-Funktion ausgeführt.

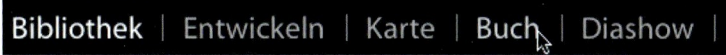

▲ **Abbildung 14.7**
Über den Modulumschalter wechseln Sie in das Buch-Modul.

▼ **Abbildung 14.6**
Bevor ein neues Buch erstellt wird, müssen ein Ordner oder eine Sammlung ausgewählt werden.

Wenn sich viele Bilder im Ordner beziehungsweise in der Sammlung befinden, dauert das automatische Platzieren der Bilder mitunter recht lange und führt je nach gewählter Vorgabe eventuell auch nicht zum erwünschten Ergebnis. In diesem Fall können Sie die Funktion abbrechen. Sie können diese Funktion auch grundsätzlich deaktivieren (siehe Seite 725), aber dafür müssen Sie erst einmal in das Buch-Modul wechseln.

Um den Auto-Layout-Vorgang abzubrechen, klicken Sie in dem Dialog, der während der Erstellung angezeigt wird, auf die Schaltfläche Anhalten ❶.

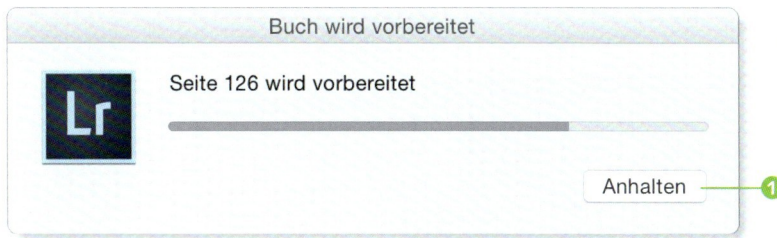

◀ **Abbildung 14.8**
Das automatische Platzieren kann abgebrochen werden.

3 Bereits erstellte Seiten und Bilder löschen
Um ein komplett leeres Buch zu erhalten, klicken Sie in der Titelzeile über dem Ansichtsfenster auf die Schaltfläche BUCH LÖSCHEN ❶.

▲ **Abbildung 14.9**
Der Befehl BUCH LÖSCHEN lässt nur den Umschlag und die ersten beiden Seiten stehen. Alle Bilder werden gelöscht.

Jetzt ist das Buch komplett leer, und Sie können mit der Konfiguration des Layouts und dem Platzieren der Bilder beginnen. Außerdem können Sie nun neue Vorgaben für das automatische Befüllen des Layouts wählen und den Vorgang erneut starten.

14.3 Buch speichern und löschen

Ein Buch wird als Sammlung gespeichert. Ähnlich wie in den anderen Ausgabemodulen Diashow, Drucken und Web werden dabei nicht nur die verwendeten Bilder, sondern auch das gesamte Layout gesichert. Allerdings besitzt das Buch-Modul hier ein paar Besonderheiten: Im Gegensatz zu den Modulen Diashow, Drucken und Web befinden sich darin auch Bilder, die noch nicht verwendet bzw. auf Seiten platziert wurden. Es wäre sonst mühsam, nach der Unterbrechung an der Arbeit eines Buches die Bilder erneut zusammenzusuchen. Das Buch-Modul bietet Ihnen zudem keine Möglichkeit, Vorlagen zu erstellen.

Buch speichern

Für das Speichern eines Buches gibt es zwei Möglichkeiten:
▸ **Speichern über das Bedienfeld Sammlungen:** Klicken Sie links in der Bedienfeldpalette auf das ➕-Symbol neben SAMMLUNGEN, und wählen Sie den Punkt BUCH ERSTELLEN ❸.

◀ **Abbildung 14.10**
Speichern eines Buches über das Bedienfeld SAMMLUNGEN

14.3 Buch speichern und löschen

▸ **Speichern über die Titelleiste:** Klicken Sie in der Titelleiste über dem Ansichtsfenster auf die Schaltfläche Buch speichern und erstellen ❷.

Nach dem Anklicken einer der Schaltflächen öffnet sich der Dialog Buch erstellen. In diesem Dialog geben Sie neben dem Namen auch den Speicherort und die Buchoptionen an.

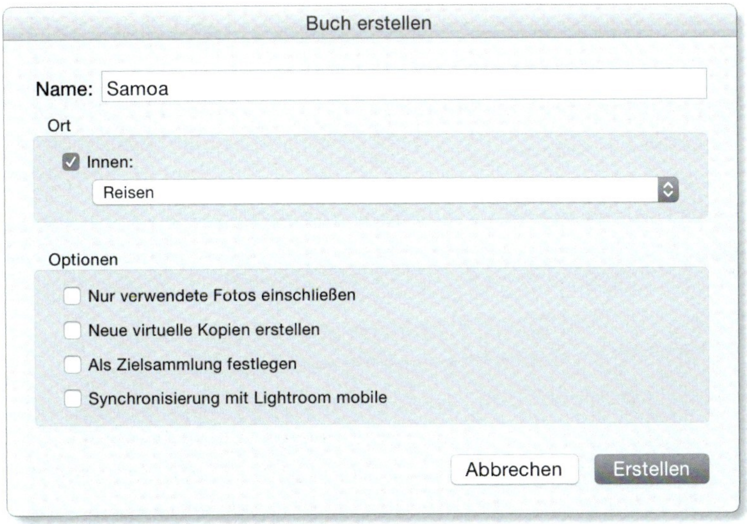

◀ **Abbildung 14.11**
Der Dialog zum Speichern eines Buches

Name | In dieses Feld geben Sie den Titel des Buches ein. Er erscheint nach dem Speichern in der Liste der Sammlungen.

Ort | In dieser Parametergruppe geben Sie an, ob das Buch innerhalb eines Sammlungssatzes oder einer einfachen Sammlung abgelegt werden soll. Aktivieren Sie dazu die Box Innen, und wählen Sie über das darunterliegende Dropdown-Menü eine übergeordnete Sammlung oder einen Sammlungssatz.

Wählen Sie eine Sammlung, die bereits Bilder enthält, werden die Bilder aus dem Buch dieser Sammlung hinzugefügt. Bilder, die bereits in der Sammlung vorhanden sind, werden dann ebenfalls dem Buch hinzugefügt. Ein Sammlungssatz hingegen besitzt keine eigenen Bilder und dient nur der Ordnung.

Nur verwendete Fotos einschließen | Wie bereits am Anfang dieses Abschnitts erwähnt, werden in einem Buch auch Bilder gespeichert, die noch nicht platziert wurden. Wollen Sie bewusst nur die Bilder in dem Buch speichern, die verwendet wurden, müssen Sie diese Kontrollbox aktivieren. Sie können nicht verwendete Bilder später manuell oder mit Hilfe eines Filters auswählen und löschen.

Neue virtuelle Kopien erstellen | Ist dieses Kontrollkästchen aktiviert, werden virtuelle Kopien von allen Bildern erstellt und diese anstelle der Originale verwendet. Auf diese Weise können Sie die Bilder für das Buch mit anderen Entwicklungseinstellungen bearbeiten als die Ausgangsbilder.

Als Zielsammlung festlegen | Dieses Kontrollkästchen macht aus der Sammlung eine Zielsammlung. Drücken Sie die Taste B, wird das aktuelle Bild dieser Sammlung hinzugefügt oder entfernt.

Synchronisierung mit Lightroom mobile | Aktivieren Sie dieses Kontrollkästchen, wird die Sammlung in die Lightroom mobile Cloud hochgeladen und steht dann auf den mobilen Endgeräten bereit. Dabei wird aber nicht das Layout übertragen, sondern nur die Bilder der Sammlung.

Buch löschen

Ein komplettes Buch können Sie nur über das Bedienfeld SAMMLUNGEN löschen. Wählen Sie hierzu ein Buch aus, und klicken Sie auf das ■-Symbol in der Titelzeile des Bedienfeldes. Alternativ können Sie auch mit der rechten Maustaste auf ein Buch klicken und aus dem Kontextmenü den Befehl LÖSCHEN wählen.

Über das Dropdown können Sie auch noch weitere Aktionen ausführen, wie DIESE SAMMLUNG ALS KATALOG EXPORTIEREN. Diese Aktionen sind für alle Sammlungen gleich, also für Drucken, Web oder die einfache Sammlung ohne Präsentationscharakter.

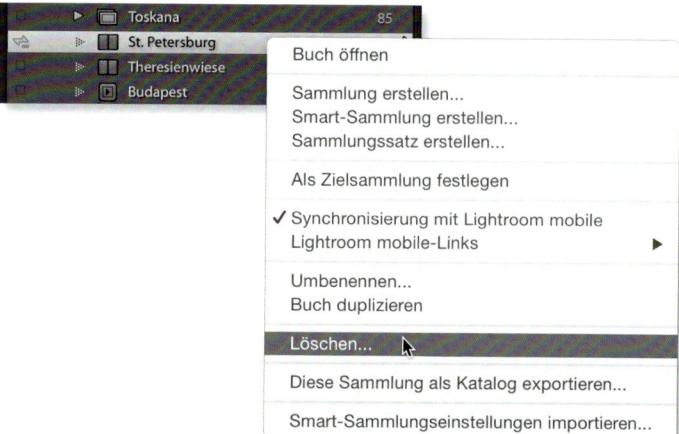

Abbildung 14.12 ▶
Löschen eines Buches über das Kontextmenü

14.4 Seiten verwalten

In diesem Abschnitt erfahren Sie mehr über die Möglichkeiten, die das Arbeiten im Ansichtsfenster bietet, und über die Verwaltung von Seiten. Zusätzlich lernen Sie, wie Sie Bilder innerhalb einer Zelle verschieben und skalieren.

Seitendarstellung und Blättern im Ansichtsfenster

Alle Tools zum Steuern der Seitendarstellung sowie für das Blättern befinden sich in der Werkzeugleiste. Über diese können Sie aus drei Darstellungsformen ❶ wählen und zwischen den Seiten blättern ❷.

▼ **Abbildung 14.13**
Die Werkzeugleiste des Buch-Moduls

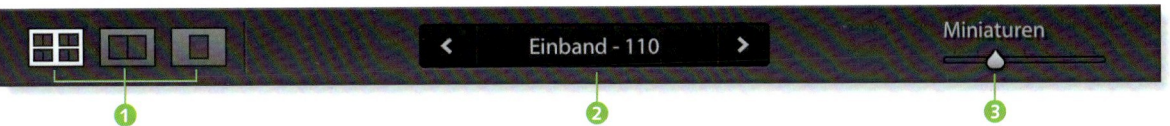

Mehrseitige Ansicht | Diese Ansicht zeigt alle Seiten des Buches auf einen Blick. Über den Schieberegler MINIATUREN ❸, der nur in dieser Ansicht zur Verfügung steht, können Sie die Darstellung der Seiten vergrößern und verkleinern.

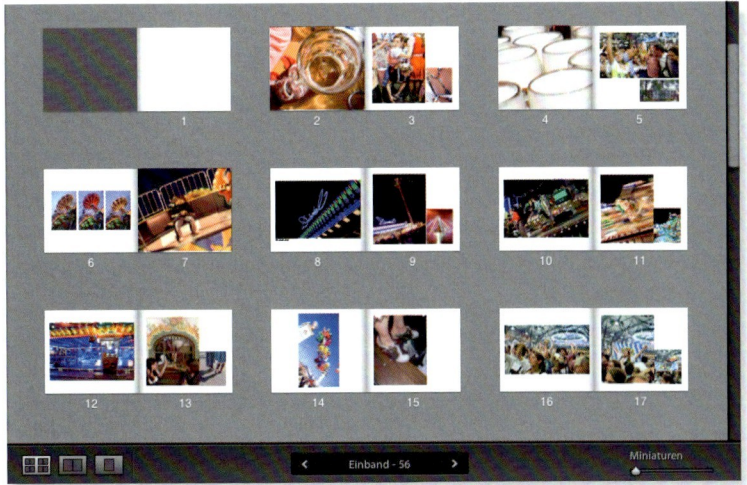

◄ **Abbildung 14.14**
Darstellung der Mehrseiten-Ansicht: Die Seiten können über den MINIATUREN-Regler skaliert werden.

Druckbogenansicht | In dieser Darstellungsform werden die sich jeweils gegenüberliegenden Seiten als Doppelseite dargestellt. Beim Umschlag werden die Vorder- und die Rückseite des Einbands zusammen angezeigt.

Abbildung 14.15 ▶
In der Druckbogenansicht wird immer eine Doppelseite angezeigt.

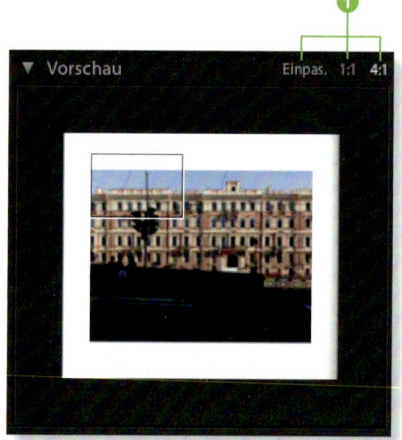

▲ **Abbildung 14.16**
Über der Vorschau befinden sich Schaltflächen zum Skalieren der Seite im Ansichtsfenster.

Abbildung 14.17 ▶
In der Einzelseitenansicht wird nur eine Seite angezeigt.

Einzelseitenansicht | In der Einzelseitenansicht wird nur eine Seite dargestellt. Diese wird dann auch gleich aktiviert, was am gelben Rahmen erkennbar ist.

In der Druckbogenansicht und in der Einzelseitenansicht haben Sie die Möglichkeit, neben der eingepassten Ansicht die Seite auch im Maßstab 1:1 oder 4:1 zu betrachten. Die Befehle ❶ dazu befinden sich etwas versteckt über dem Bild im Bedienfeld Vorschau auf der linken Seite. Die 1:1-Darstellung stellt das Buch in Originalgröße dar.

Blättern im Buch | In der Mitte der Werkzeugleiste wird Ihnen die aktuelle Seitenzahl angezeigt. Über die danebenliegenden Pfeiltasten ❷ können Sie durch das Buch blättern. Um eine bestimmte Seite direkt anzuspringen, klicken Sie auf die Seitenzahl ❸

14.4 Seiten verwalten

zwischen den Pfeilen. Die Anzeige wird zum Eingabefeld. Geben Sie hier die gewünschte Seitenzahl ein. Nach dem Bestätigen der Eingabe wird die angegebene Seite angezeigt.

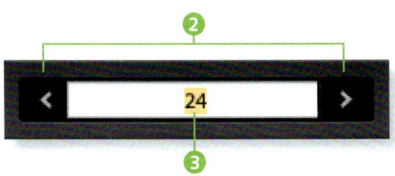

▲ **Abbildung 14.18**
Durch die Eingabe einer Seitenzahl können Sie einzelne Seiten direkt anspringen.

Layout der Seite im Ansichtsfenster wechseln

Aktive Seiten erhalten einen gelben Rahmen. Dieser kennzeichnet, dass alle Änderungen am Layout nur auf die ausgewählte Seite angewendet werden. Das Layout können Sie direkt an der Seite anpassen, ohne das entsprechende Bedienfeld (siehe Abbildung 14.19) verwenden zu müssen. Um das Layout zu ändern, finden Sie am unteren Rand des gelben Rahmens eine Pfeil-Schaltfläche ❼. Durch das Anklicken dieser Schaltfläche öffnet sich ein Dropdown-Menü mit den Layoutstilen. Das gleiche Dropdown-Menü erscheint auch bei einem Klick auf den Pfeil im Bedienfeld SEITE ❹.

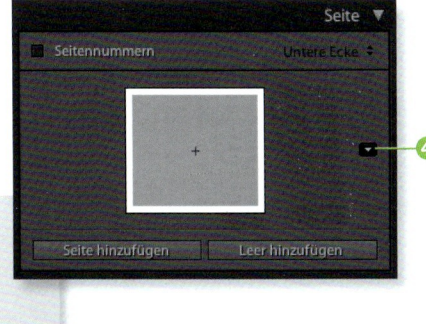

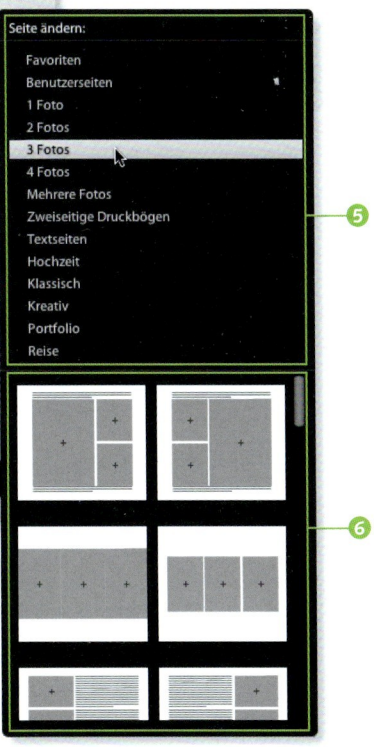

▲ **Abbildung 14.19**
Der gelbe Rahmen markiert die aktive Seite. Über das Dropdown-Menü im Rahmen kann das Layout direkt an der Seite geändert werden.

Im oberen Teil wählen Sie die Layoutart aus ❺. Diese stellt eine Gruppierung der verfügbaren Layouts dar. Klicken Sie eine Layoutart an, werden Ihnen im unteren Teil ❻ alle zugehörigen Stile als Vorschaubilder angezeigt. Klicken Sie einen Layoutstil an, wird das Seitenlayout dieser Gestaltung angepasst. Mehr Informationen zu den Layoutvarianten finden Sie auf Seite 745.

Anzeige verwendeter Bilder im Filmstreifen

▲ Abbildung 14.20
Die Zahl in der Lasche gibt an, wie oft ein Bild im Buch platziert ist.

Wird ein Bild im Buch verwendet, wird dies im Filmstreifen mit einer Lasche ❶ am oberen Rand des Vorschaubildes kenntlich gemacht. Auf der Lasche steht, wie oft ein Bild im Buch verwendet wurde. Sie können also schnell erkennen, ob ein Bild doppelt im Buch erscheint. Das Titelbild wird beispielsweise sicher auch im Inhalt noch einmal verwendet. Dieses trägt dann auf jeden Fall die Zahl 2 in der Lasche.

Bild in Zelle bearbeiten

Beim Ausfüllen der Seiten mit den gewünschten Bildern werden diese in den vorgegebenen Zellen platziert. Dabei kann es sein, dass das Bild die Zelle komplett ausfüllt. Besitzt das Bild jedoch ein anderes Seitenverhältnis als die Zelle, muss es beschnitten werden, um den Rahmen komplett auszufüllen.

Alternativ kann das Bild in den Rahmen eingepasst werden. Dann wird das komplette Bild angezeigt, dieses füllt aber den Rahmen nicht vollständig aus, wenn es ein anderes Seitenverhältnis aufweist.

▼ Abbildung 14.21
Die aktive Zelle wird ebenso wie die aktive Seite gelb eingerahmt. Über das Kontextmenü kann das Foto auf Zellengröße gezoomt werden.

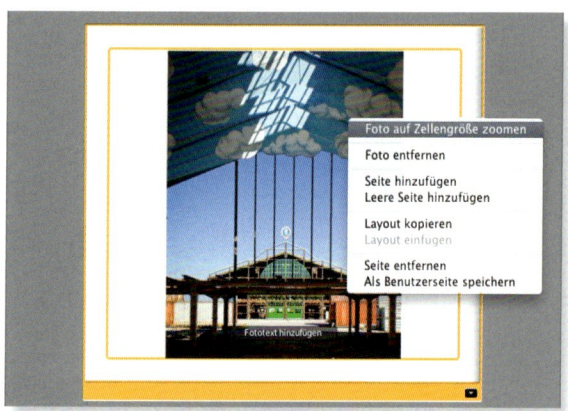 

Sie können bei den Einstellungen für das Auto-Layout frei wählen, wie die Bilder im Rahmen platziert werden. Dazu erfahren Sie mehr auf Seite 740. Zunächst beschäftigen wir uns damit, wie Sie die Platzierung der Bilder im Rahmen verändern.

Bild auf Zellengröße zoomen | Ist ein Bild in den Rahmen eingepasst, wird es komplett dargestellt. Besitzt es ein anderes Seitenverhältnis, wird der Rahmen nicht ausgefüllt. Damit das Bild den Rahmen komplett ausfüllt, klicken Sie mit der rechten Maustaste auf das Bild und wählen aus dem Kontextmenü den Befehl Foto auf Zellengrösse zoomen.

Das Häkchen neben dem Menübefehl wird gesetzt und ist auch dann noch gültig, wenn das Bild ausgetauscht wird.

Bild im Rahmen verschieben | Füllt das Bild die Zelle komplett aus oder haben Sie es gezoomt, ist es wahrscheinlich, dass ein wichtiger Teil abgeschnitten wurde und die Bildwirkung verloren geht. Sie haben jedoch die Möglichkeit, das Bild im Rahmen zu verschieben. Dazu klicken Sie auf das Bild und verschieben es mit gedrückter Maustaste.

◀ **Abbildung 14.22**
Das Bild kann im gezoomten Zustand verschoben werden. Ein Schieberegler ermöglicht es, das Bild noch weiter zu skalieren.

Bild im Rahmen zoomen | Haben Sie ein Bild auf der Seite angeklickt, erscheint am oberen Bildrand ein Schieberegler ❷. Mit dessen Hilfe können Sie das Bild im Rahmen weiter zoomen.

Ein Zoomfaktor von 0 % bedeutet, dass das Bild eingepasst wird, ohne dass es beschnitten wird. Füllt das Bild den Rahmen komplett aus, wird ein Prozentsatz angezeigt, der nötig ist, um den Rahmen vollständig auszufüllen. Dieser ist abhängig von der Bildauflösung, der Rahmengröße und dem Seitenverhältnis.

Je nach Pixelanzahl können Bilder unterschiedlich groß gedruckt werden. Bei einer Pixeldichte/Auflösung von 200 ppi (Pixel pro

Inch) und niedriger erfolgt eine Warnung, dass die Auflösung nicht mehr für den Druck geeignet ist. Dies wird Ihnen durch ein Ausrufezeichen in der rechten oberen Bildecke symbolisiert. Klicken Sie dieses an, wird Ihnen ein Fehlerdialog mit der tatsächlichen Auflösung gezeigt.

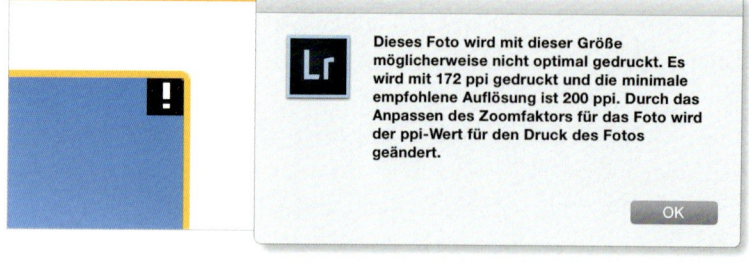

Abbildung 14.23 ▶
Eine Warnung beim Zoomen erscheint, sobald die Druckauflösung unter 200 ppi (Pixel pro Inch) sinkt.

Bild aus Zelle löschen | Um Bilder aus Zellen zu löschen, können Sie das Bild auswählen und die ←-Taste auf dem Mac beziehungsweise die Entf-Taste unter Windows oder das Kontextmenü verwenden. Im Menü wählen Sie den Befehl FOTO ENTFERNEN.

Bilder tauschen oder verschieben | Sie können zwei Bilder austauschen, indem Sie eins der beiden Bilder per Drag & Drop auf das jeweils andere Bild ziehen. Befindet sich kein Bild im Zielrahmen, wird das Bild verschoben.

▲ **Abbildung 14.24**
Das Kontextmenü erscheint, wenn Sie mit der rechten Maustaste auf ein Bild klicken.

▲ **Abbildung 14.25**
Bilder lassen sich per Drag & Drop tauschen oder verschieben.

Seitenlayout anpassen

Alle der im Folgenden beschriebenen Funktionen können Sie über das Kontextmenü ausführen, das Sie mit einem Rechtsklick auf den weißen Bereich der Seiten aufrufen.

Seiten hinzufügen | Dieser Befehl fügt eine Seite nach der Seite ein, von der aus Sie das Kontextmenü aufgerufen haben. Als Seitenlayout wird dabei das verwendet, das im Bedienfeld SEITE aktuell angezeigt wird. Hierüber können Sie ebenfalls neue Seiten anlegen.

◀ **Abbildung 14.26**
Klicken Sie mit der rechten Maustaste auf eine Seite und nicht auf eine Zelle, erscheinen nur die Befehle für das Seitenmanagement.

Leere Seiten hinzufügen | Über diesen Befehl wird eine leere Seite ohne Bildzelle angelegt. Sie können eine solche Seite zum Beispiel als Textseite nutzen.

Layout kopieren/einfügen | Mit diesen Befehlen können Sie das Layout einer Seite kopieren und als neue Seite an anderer Stelle wieder einfügen. Im Gegensatz zu dem einfachen Befehl SEITE HINZUFÜGEN können Sie hiermit ein bereits verwendetes Layout als Gestaltungsvorlage für eine neue Seite verwenden.

Seite entfernen | Um eine Seite zu löschen, verwenden Sie den Befehl SEITE ENTFERNEN.

> **TIPP**
>
> Ein für Blurb oder als JPEG konfiguriertes Buch können Sie auch als PDF exportieren, ohne das Dateiformat zu wechseln. Dies können Sie über die Schaltfläche BUCH ALS PDF EXPORTIEREN erledigen, die sich unten an der linken Bedienfeldpalette befindet.

14.5 Seiten konfigurieren

Die Konfigurationen des Formats, der Buchoptionen, der Textdarstellung und des Hintergrunds findet ausschließlich über die rechte Bedienfeldpalette statt. Grundsätzlich starten Sie bei einem neuen Buch auch dort mit den Angaben zur Größe und zu den einzelnen Optionen wie der Wahl eines Vorsatzpapiers etc.

Bucheinstellungen

In diesem Bedienfeld können Sie zunächst das »Dateiformat« wählen: Egal, ob Sie ein Buch über Blurb drucken oder als JPEG beziehungsweise als PDF ausgeben möchten, stehen Ihnen hier die gleichen Formatgrößen zur Verfügung. Das spätere Umschalten zwischen den Dateiformaten ist daher möglich.

Größe | Über dieses Dropdown-Menü können Sie zwischen den Abmessungen auswählen, die Ihr Buch haben kann. Eigene Abmessungen können nicht eingestellt werden.

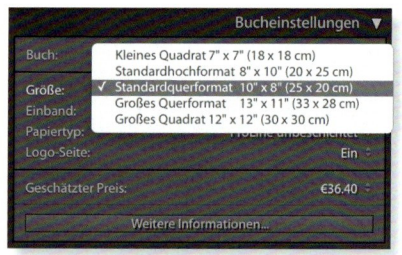

▲ Abbildung 14.27
Dropdown-Menü für die Auswahl der Buchgröße

Einband | Bei der Art des Einbands stehen Ihnen drei Varianten zur Auswahl. Beim Exportieren als PDF oder JPEG kann der Einband auch weggelassen werden. Bei allen drei Varianten können Sie den Buchrücken mit Text versehen.

▸ **Bedrucktes Hardcover:** Hier erscheint das Bild direkt auf dem Buchumschlag. Der Buchdeckel besteht dabei aus einer festen Pappe, auf die eine mit dem Bild bedruckte Folie geklebt wird. Diese Art wird auch als Hardcover bezeichnet.

▸ **Leinencover mit Buchumschlag:** Der Einband des Buches besteht hier aus einem Leinenstoff, der auf einen festen Karton geklebt wird. Das Bild wird auf ein eigenes Blatt Papier gedruckt, das etwas breiter als das Buch ist. Der Umschlag wird dann lose um das Buch gewickelt und um den Deckel eingeschlagen. Es lässt sich jederzeit abnehmen.

▸ **Softcover:** Hier wird das Bild auf einen Karton gedruckt, der eher dünn und flexibel ist. Diese Art wird auch Softcover genannt.

▲ Abbildung 14.28
Bedrucktes Hardcover

▲ Abbildung 14.29
Leinencover mit Buchumschlag

▲ Abbildung 14.30
Softcover

Papiertyp (nur Blurb) | Hier können Sie aus unterschiedlichen Papiersorten auswählen. Wenn Sie auf Nummer sicher gehen wollen, bestellen Sie vorab ein sogenanntes *Swatch Kit* über die Website (*www.blurb.de*). Dieses enthält Papier- und Druckmuster.

Logo-Seite (nur Blurb) | Um etwas Geld zu sparen, können Sie Blurb erlauben, das Firmenlogo auf die letzte Seite im Buch zu drucken. Das honoriert der Anbieter mit einem Preisnachlass.

JPEG-Qualität (nur PDF, JPEG) | Hier können Sie die Stärke der JPEG-Kompression einstellen. Je höher die Qualität ist, desto größer wird die Datei. Geringe Qualität bedeutet kleine Dateigröße, aber durch die JPEG-Artefakte eine geringere Qualität. Eine Qualität um 85 ist aber im Normalfall völlig ausreichend.

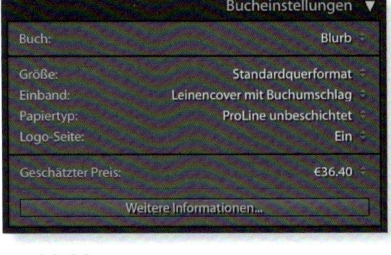

▲ Abbildung 14.31
Parameter für die Bucheinstellungen für Blurb

Farbprofil (nur PDF, JPEG) | Hier können Sie ein Farbprofil einbetten. Im Normalfall geben Sie nicht das Druckerprofil, sondern einen Arbeitsfarbraum wie sRGB, Adobe RGB oder eciRGB ein. Erst beim Drucken wird das Dokument dann in das Druckerprofil umgewandelt. Mehr zu Farbprofilen finden Sie auf Seite 116.

Dateiauflösung (nur PDF, JPEG) | Gibt die Auflösung an, in welche die Bilder beim Export umgerechnet werden. Beim Offsetdruck geht man von einer optimalen Auflösung von 300 ppi aus. Beim Tintenstrahldruck reichen auch 200 ppi. Beim Versand als E-Mail reichen auch niedrigere Auflösungen.

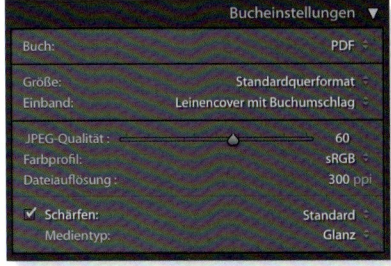

▲ Abbildung 14.32
Parameter für die Einstellungen von PDF-Büchern oder für den JPEG-Export

Schärfen (nur PDF, JPEG) | In Lightroom können Sie zu exportierende Bilder, die gedruckt werden sollen, auf eine Papiersorte abgestimmt schärfen. Hier haben Sie die Möglichkeit, über ein Dropdown-Menü die Intensität und den entsprechenden Medientyp (Papiersorte) auszuwählen.

Auto-Layout

Das Auto-Layout verteilt Bilder auf der Seite automatisch nach Vorgaben, die Sie im Dropdown Vorgabe ❷ auswählen können. Dabei werden aber nur Bilder verwendet, die noch nicht auf Seiten platziert wurden. Die neuen Bilder werden zunächst auf Seiten verteilt, die noch leer sind. Das bestehende Layout wird so beibehalten. Werden neue Seiten benötigt, werden diese am Ende des Dokuments hinzugefügt. Diese erhalten das Layout der Vorgabe.

▲ Abbildung 14.33
Über das Auto-Layout-Bedienfeld lassen sich Bilder automatisch auf Seiten verteilen. Das Layout kann dabei zufällig gewählt werden.

Gefällt Ihnen die gesamte Anordnung nicht, müssen Sie das Layout zunächst mit Hilfe der Schaltfläche Layout löschen ❸ entleeren, was aber auch alle Bilder von den Seiten entfernt. Danach können Sie durch einen Klick auf den Button Auto-Layout ❶ von vorne beginnen.

Schritt für Schritt
Vorgabe für das Auto-Layout einstellen

Die AUTO-LAYOUT-Vorgaben können Sie auch auf Ihre Anforderungen hin optimieren oder als neue Vorgabe unter einem eigenen Namen speichern.

▲ **Abbildung 14.34**
Über das Dropdown-Menü können Sie auf den Konfigurationsdialog zugreifen.

1 Vorgabedialog öffnen

Um die Vorgaben bearbeiten oder neue erstellen zu können, wählen Sie im Dropdown-Menü bei VORGABE den Punkt AUTO-LAYOUT-VORGABE BEARBEITEN aus. Im Dialog erscheinen dann die Einstellungen der aktuell aktiven Vorgabe, in diesem Fall ZWEI FOTOS. Dies erkennt man am Häkchen 1 im Dropdown-Menü.

2 Layout einstellen

Im Dialog können Sie angeben, welches Layout für die linke und welches für die rechte Seite verwendet wird. Zusätzlich können Sie Einstellungen für die Bildplatzierung auswählen sowie Bildbeschriftungen aktivieren.

Für die Auswahl des Layouts stehen Ihnen vier Optionen zur Verfügung, die Sie für beide Seitenarten getrennt voneinander einstellen können.

Abbildung 14.35 ▶
Der Dialog zum Konfigurieren von Auto-Layout-Vorgaben

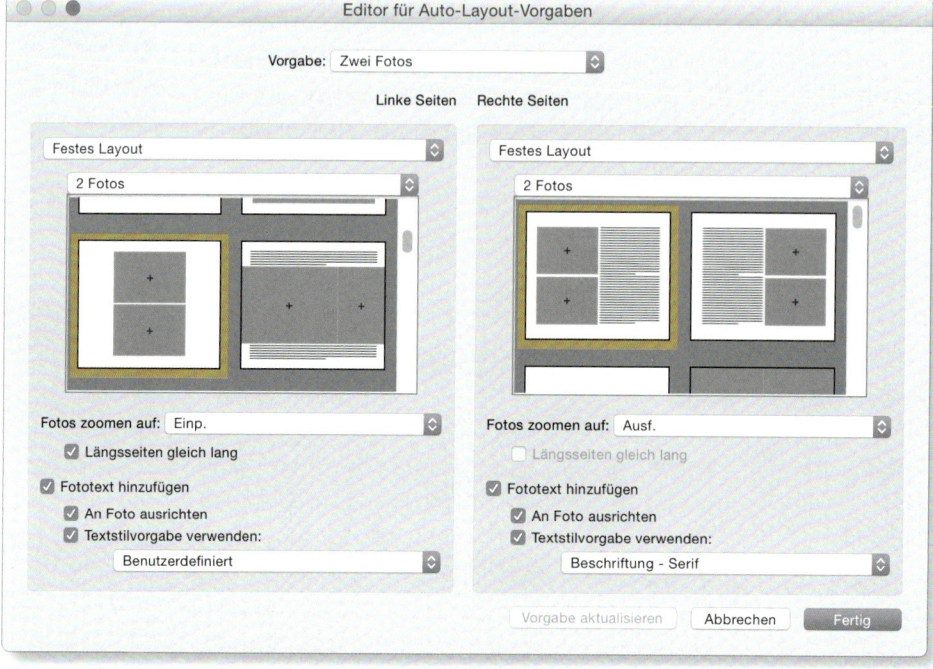

14.5 Seiten konfigurieren

- **Festes Layout:** Hier erscheint eine Übersicht über alle möglichen Layoutvarianten. Diese sind in Gruppen unterteilt. Diese Gruppen können Sie über ein Dropdown-Menü auswählen. Die Gruppen geben die Anzahl der Bilder auf einer Seite an oder sind nach Themen sortiert.

▲ **Abbildung 14.36**
Die Layoutauswahl kann automatisch aus der eigenen Favoritenliste oder über die Auswahl eines bestimmten Layouts erfolgen.

- **Zufällig aus Favoriten:** Hier werden nur Layouts verwendet, die Sie in Ihren Favoriten gespeichert haben. Mehr Informationen finden Sie dazu auf Seite 746. Über die Kontrollboxen können Sie angeben, wie viele Bilder pro Seite verwendet werden dürfen. Dabei müssen natürlich zu allen Layouts auch Favoriten gespeichert sein. Haben Sie beispielsweise keinen Favoriten mit vier Bildern, wird ein entsprechendes Seitenlayout nie auftauchen, auch wenn die Kotrollbox aktiviert ist.
- **Leer:** Erzeugt eine leere Seite.
- **Wie rechte Seite/wie linke Seite:** Hier wird die Layouteinstellung der jeweils anderen Seite verwendet.

▼ **Abbildung 14.37**
Die Optionen leer und wie rechte/linke Seite haben keine weiteren Parameter.

3 Zoomeinstellungen

Als Nächstes müssen Sie angeben, ob ein Bild eingepasst oder die Zelle gefüllt werden soll. Wird eine Zelle ausgefüllt (Ausf.), wird das Bild eventuell beschnitten, damit es in den Rahmen passt.

Abbildung 14.38 ▶
Beim Ausfüllen werden die Bilder beschnitten, bis sie die Zelle komplett ausfüllen.

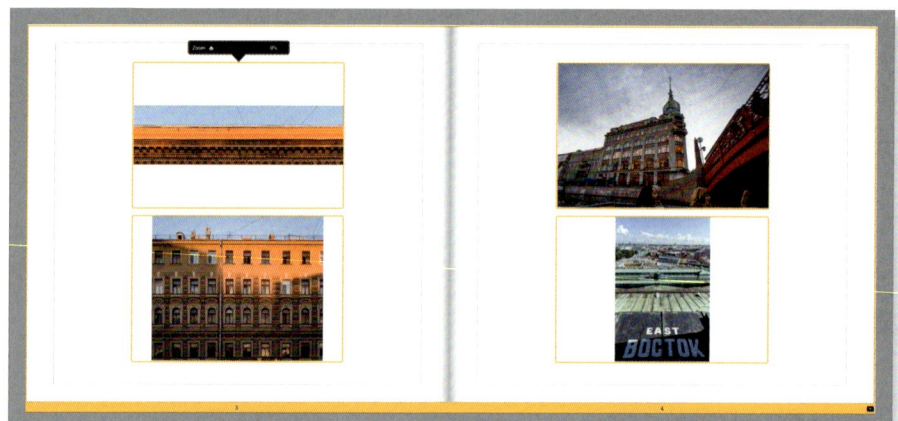

Abbildung 14.39 ▶
Beim Einpassen werden sie gezoomt und nicht beschnitten.

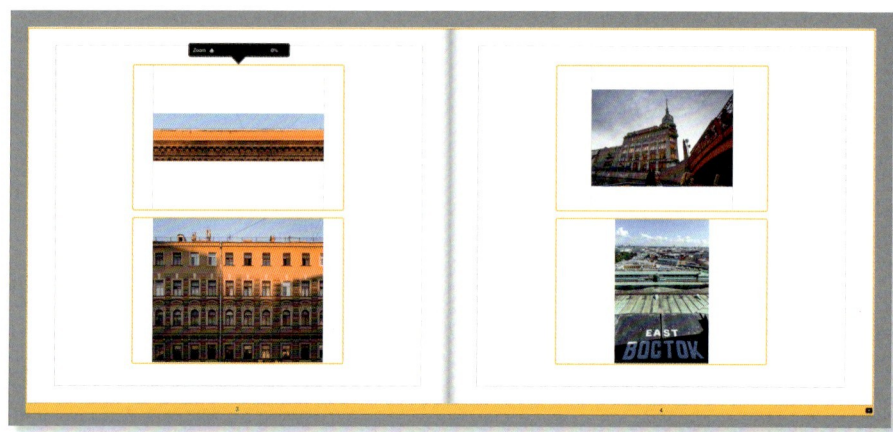

Abbildung 14.40 ▶
Im Einpassen-Modus können die Längsseiten noch auf gleiche Länge gebracht werden (unten).

Haben Sie EINP. (Einpassen) gewählt, haben Sie zusätzlich die Möglichkeit, noch die Funktion LÄNGSSEITEN GLEICH LANG zu aktivieren. Dabei werden alle Bilder einer Seite so groß dargestellt, dass deren Längsseiten gleich lang sind, egal, wie sie in die Zellen passen.

4 Fotobeschriftungen im Auto-Layout

Zum Abschluss der Konfiguration können Sie noch Fotobeschriftungen hinzufügen. Diese sind unabhängig von anderen Textboxen, die eventuell bereits im Layout vorhanden und eher für längere Beschreibungstexte gedacht sind. Hier haben Sie zusätzlich noch zwei Kontrollkästchen:

- **Am Foto ausrichten:** Ist diese Kontrollbox aktiv, werden die Texte an der Platzierung der Fotos in den Zellen ausgerichtet. Ist diese nicht aktiv, richtet sich die Platzierung an den Zellen aus. Dies kann aber, abhängig vom gewählten Layout, zu Überlagerungen führen.

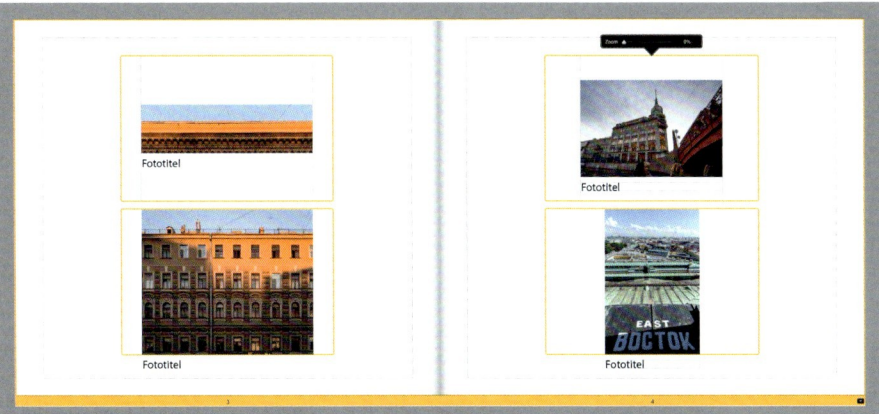
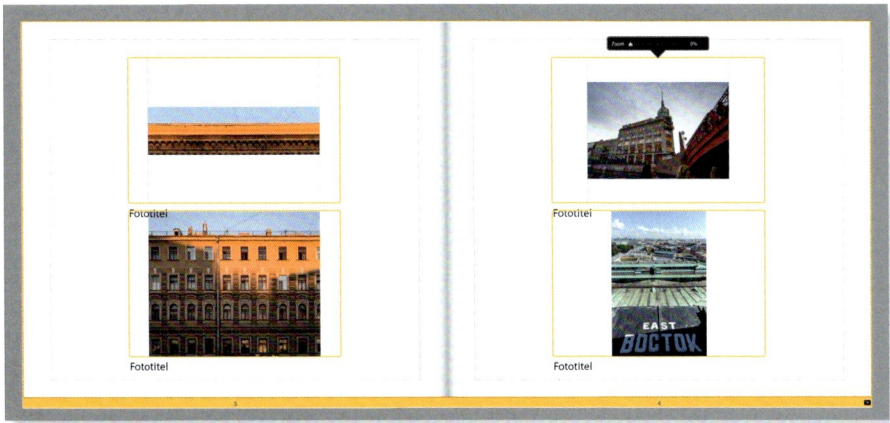

◀ **Abbildung 14.41**
In der oberen Abbildung richtet sich der Fototitel nach dem Foto aus, in der unteren ist diese Option deaktiviert.

▲ **Abbildung 14.42**
Beispiel einer Fotobeschriftung mit zwei unterschiedlichen Textstilvorgaben

▲ **Abbildung 14.43**
Das Kontrollkästchen zum Einblenden von druckbaren Seitennummern

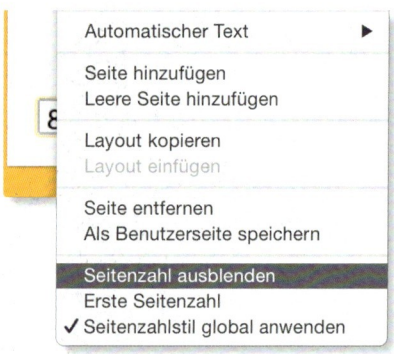

▲ **Abbildung 14.44**
Über das Kontextmenü der Seite können Sie weitere Befehle zur Seitennummerierung einstellen.

▸ **Textstilvorgabe verwenden:** Über dieses Dropdown-Menü können Sie eine Formatvorlage auswählen, in der eine Kombination aus Schriftart, Größe, Zeilenabstand, Ausrichtung, Farbe und Deckkraft gespeichert ist.

Seite

Über dieses Bedienfeld können Sie das Layout der Seite wechseln, neue Seiten anlegen und Seitenzahlen auf der Seite platzieren.

Seitennummern | Ist diese Kontrollbox aktiviert, werden auf allen Seiten Seitenzahlen eingeblendet, die auch mit ausgedruckt werden. Rechts können Sie über das Dropdown-Menü die Platzierung wählen. Frei platzieren lassen sich die Seitenzahlen nicht.

Um das Schriftformat zu verändern, klicken Sie den Rahmen der Seitenzahl an und ändern anschließend das Format über das Bedienfeld SCHRIFTART (siehe Seite 750).

Zur Seitennummerierung gibt es noch ein paar Optionen, die Sie nur über das Kontextmenü der Seite einstellen können.

▸ **Seitenzahl ausblenden:** Mit diesem Befehl wird die Seitenzahl auf der mit der rechten Maustaste angeklickten Seite ausgeblendet. Die Seite wird aber weiterhin gezählt. Dies wird dann benötigt, wenn man bei ganzseitigen Bildern das Bild nicht mit einer Seitenzahl verunstalten will.

▸ **Erste Seitenzahl:** Die Bezeichnung des Befehls ist etwas verwirrend. Dabei wird die aktuelle Seite zur ersten Seite. Die Nummerierung beginnt hier also mit der 1. Die Seiten vor dieser Seite werden dann nicht gezählt.

▸ **Seitenzahlstil global anwenden:** Ist hier ein Häkchen gesetzt, wird das Schriftformat, das Sie über das Bedienfeld SCHRIFTART einstellen können, auf alle Seitenzahlen angewendet. Andernfalls ist es nur für die aktuelle Seite gültig.

Seite hinzufügen | Klicken Sie auf die Schaltfläche SEITE HINZUFÜGEN, wird eine neue Seite nach der aktuell aktiven Seite erstellt – aktive Seiten erhalten dann einen gelben Rahmen. Ist keine Seite aktiviert, wird am Dokumentenende eine zusätzliche Seite generiert.

Als Layout wird das aktuell ausgewählte Design verwendet. Will man für die neue Seite ein neues Layout verwenden, muss man die Seite zuerst erstellen und dann das Layout wechseln. Tauscht man nämlich das Layout vorher, wird das der gerade aktiven Seite geändert. Wenn keine Seite aktiviert ist, wird beim Wechsel des Layouts automatisch eine neue Seite mit dieser Auswahl am Dokumentenende erstellt.

Leer hinzufügen | Fügt eine leere Seite nach der aktuell aktiven Seite ein. Ist keine Seite aktiv, wird die Seite am Ende des Buches erstellt.

Layout als benutzerdefinierte Vorlage speichern

Sie können zwar keine eigenen Seitenlayouts gestalten, aber Sie können eine angepasste Seite als benutzerdefinierte Seitenvorlage speichern. Gespeichert werden dabei Änderungen, die Sie am Layout vorgenommen haben. Neben dem Basislayout sind das auch Änderungen an den Zellen und Foto- und Seitentextblöcken. Schriftarten und Hintergrundeinstellungen werden jedoch nicht mit gespeichert. Um eine Seite als Benutzerseite zu speichern, klicken Sie mit der rechten Maustaste auf eine Seite und wählen aus dem Kontextmenü den Befehl ALS BENUTZERSEITE SPEICHERN. Anschließend erscheint das Layout in der Layoutauswahl unter der Rubrik BENUTZERSEITEN ❶.

Foto- und Seitentexte bei Benutzerseiten

Speichert man eine Benutzerseite, werden Foto- oder Seitentexte zu unabhängigen Textzellen konvertiert. Diese Textzellen können nachträglich jedoch nicht mehr in der Größe oder Position verändert werden. Daher befüllt man diese am besten vor dem Speichern mit so viel Platzhaltertext, dass dieser die Zelle bis auf die maximal gewünschte Größe erweitert. Der Platzhaltertext wird in den Layoutvorgaben ohnehin nicht gespeichert.

▲ Abbildung 14.45
Angepasste Layouts lassen sich als benutzerdefiniertes Layout speichern.

▲ Abbildung 14.46
Benutzerdefinierte Layouts erscheinen in einer eigenen Rubrik. Dort lassen sie sich auch wieder löschen.

Benutzerseiten löschen | Benutzerdefinierte Layouts löschen Sie wieder, indem Sie in der Layoutauswahl auf das zu löschende Design rechtsklicken und den Menüpunkt VON BENUTZERSEITEN ENTFERNEN wählen.

Layout zu Favoriten hinzufügen

Sie können Ihre Lieblingslayouts und Ihre benutzerdefinierten Layouts zu den Favoriten hinzufügen. So haben Sie schneller Zugriff auf die von Ihnen bevorzugten Designs. Aus diesen Favoriten können Sie beispielsweise auch Auto-Layout-Vorgaben erstellen (siehe Seite 739).

Öffnen Sie die Layoutübersicht mit einem Klick auf den Pfeil im Bedienfeld Seite ❷ oder über den Pfeil rechts unten im Rahmen ❶ einer aktiven Seite im Ansichtsfenster.

Scrollen Sie dann im Auswahlmenü auf das gesuchte Layout, und klicken Sie es mit der rechten Maustaste an. Wählen Sie im Kontextmenü den Punkt Layout zu Favoriten hinzufügen ❸. Sie können nach diesem Verfahren auch im Auto-Layout-Dialog Designs zu den Favoriten hinzufügen.

▼ **Abbildung 14.47**
In allen Dropdown-Menüs zur Layoutwahl können Sie die Layouts zu Ihren Favoriten hinzufügen – auch direkt im Auto-Layout-Dialog.

Layouts aus den Favoriten entfernen | Sie können Vorlagen auch wieder aus den Favoriten entfernen. Dazu klicken Sie in der Layoutauswahl in den Favoriten auf das zu löschende Design mit der rechten Maustaste und wählen aus dem Kontextmenü den Befehl Layout aus Favoriten entfernen.

14.5 Seiten konfigurieren

Hilfslinien

Während des Gestaltens können Sie sich Hilfslinien einblenden lassen. Diese sollen Ihnen die Platzierung und Anordnung erleichtern und deutlicher die einzelnen Bereiche, wie Bild- oder Textzellen, voneinander abgrenzen.

Seitenanschnitt (nur Blurb) | Um beim Schneiden nach dem Druck keine weißen Ränder (Blitzer) zu erhalten, werden Bilder, die bis zum Seitenrand gehen, immer etwas größer gedruckt. Der überstehende Teil der Bilder (Anschnitt) wird dann weggeschnitten. Wenn Sie ein Buch über den Fotodienst Blurb drucken, können Sie sich diese Bereiche anzeigen lassen. Sie werden grau maskiert ❺.

▼ Abbildung 14.48
Darstellung aller Hilfslinien auf einer Seite, die über das Bedienfeld aktiviert werden können

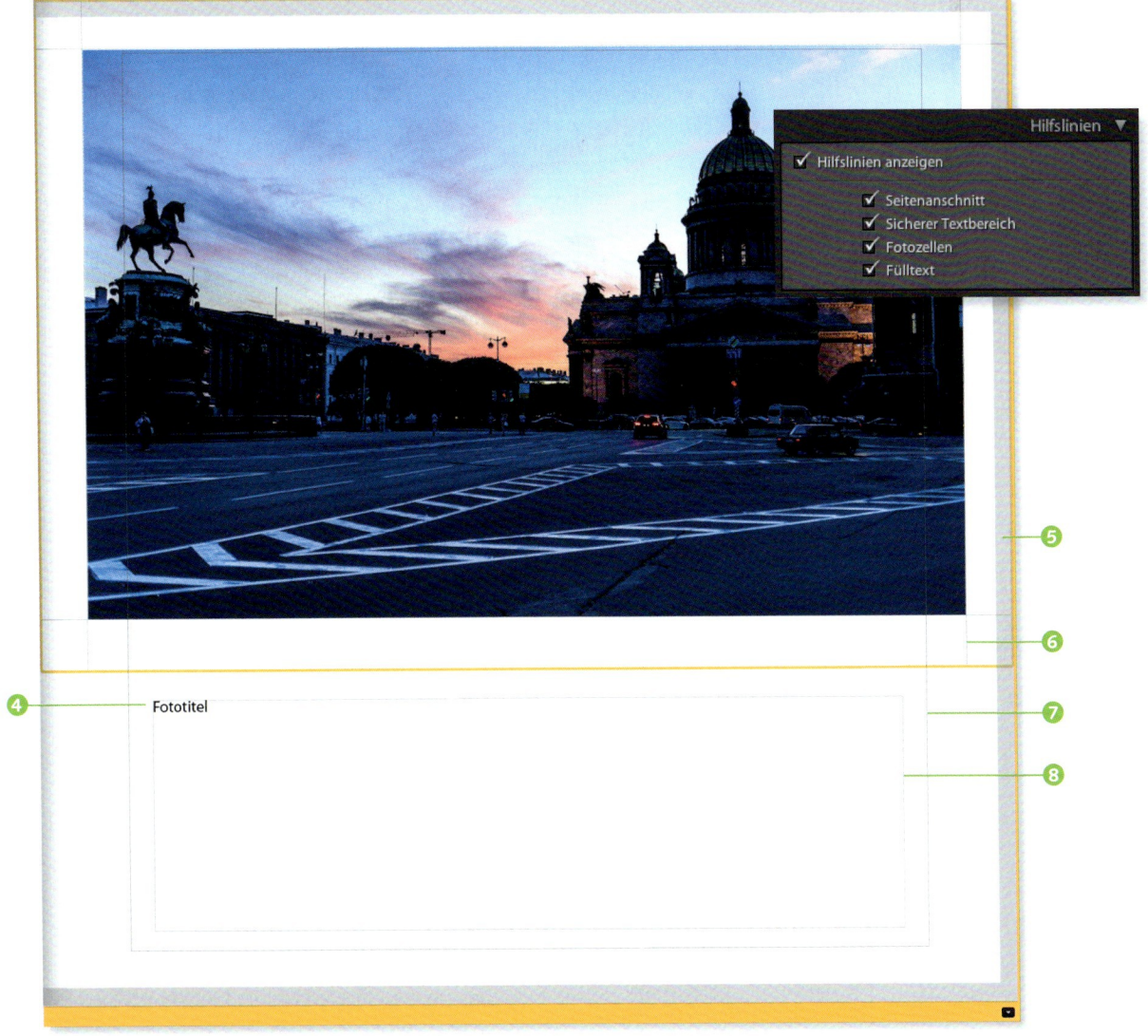

747

Fotozellen | Besitzt eine Zelle einen inneren Rand, den Sie im Bedienfeld Zelle angeben können, so werden die Begrenzungslinien ❻ (Abbildung 14.48) angezeigt. Diese Hilfslinien werden nur angezeigt, wenn das Bild ausgewählt ist.

Sicherer Textbereich | Innerhalb dieses Bereichs ❼ (Abbildung 14.48) sollten alle Texte liegen, dann besitzen Sie genügend Abstand zum Rand, damit sie nicht aus Versehen abgeschnitten werden beziehungsweise damit der Abstand zum Seitenrand nicht zu eng wird. Man bezeichnet diesen Bereich auch als »Satzspiegel«.

Fülltext | Zu jedem Bild kann ein Titel platziert werden (siehe Seite 749). Damit Sie, bevor Text eingegeben wurde, die Position besser erkennen, wird das Wort *Fototitel* ❹ (Abbildung 14.48) in die Textzelle geschrieben. Dieser Text wird nicht gedruckt, falls Sie ihn nicht ändern. Der zugehörige Textrahmen ❽ (Abbildung 14.48) wird sichtbar, wenn Sie mit der Maus über eine Seite fahren.

Zelle

Mit dem Bedienfeld Zelle können Sie einen Innenabstand innerhalb von Bildzellen erzeugen. Als Voreinstellung wird dieser an allen Seiten gleichermaßen verändert, sobald Sie einen Schieberegler bewegen. Um dies zu ändern, deaktivieren Sie das gewünschte Kontrollkästchen ❶. Um die Verknüpfung für alle Seiten wieder zu aktivieren, klicken Sie auf das Kästchen neben dem Begriff Alle verknüpfen ❷. Ein weiterer Klick deaktiviert die Verknüpfung. Den

▲ **Abbildung 14.49**
Bedienfeld zum Steuern eines Innenabstands

inneren Abstand können Sie auch für Textfelder festlegen. Foto- und Seitenbeschriftungen können dabei nur seitlich versetzt werden. Textrahmen für längere Textpassagen, die Bestandteil des Layouts sind, können an allen vier Seiten einen Innenabstand besitzen.

▼ **Abbildung 14.50**
Textzelle mit innerem Versatz

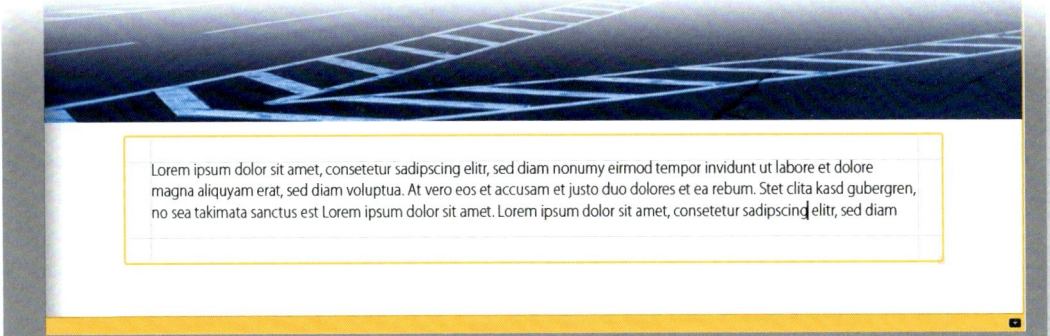

Text

Jedes Foto und jede Seite kann einen eigenen Titel besitzen. Im Bedienfeld TEXT können Sie dessen Ausrichtung anpassen und einen Versatz angeben. Die Gestaltung des Textes erfolgt über das Bedienfeld SCHRIFTART.

▼ **Abbildung 14.51**
Beispiele für unterschiedliche Einstellungen des Foto- und Seitentextes für eine linke und eine rechte Seite

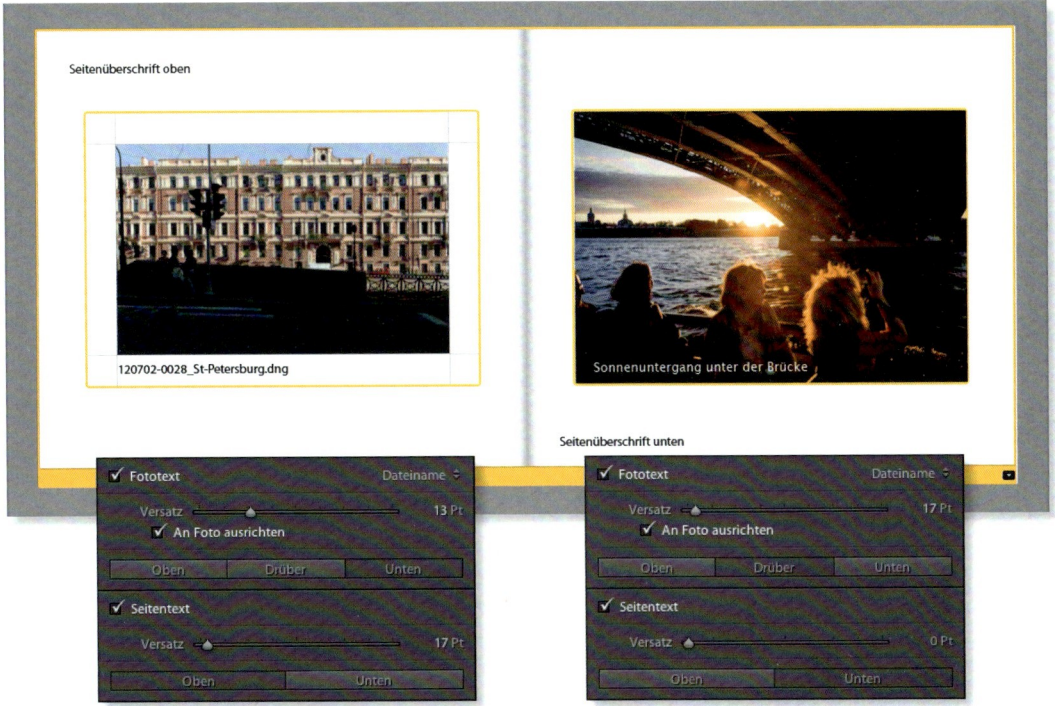

▲ Abbildung 14.52
Bedienfeldgruppe zur Positionierung von Fototexten

▲ Abbildung 14.53
Auch über den Pfeil in der Zelle des Fototextes können Sie eine Textvorlage wählen.

Fototext | Aktivieren Sie dieses Kontrollkästchen ❶, um Text beim Foto anzuzeigen. Danach können Sie eigenen benutzerdefinierten Text direkt in das Textfeld eingeben oder eine Textvorlage verwenden. Eine Textvorlage kann beispielsweise aus dem Dateinamen oder aus Metadaten wie Belichtungsangaben bestehen. Die Auswahl der Vorlage findet über das Dropdown-Menü ❽ im Bedienfeld oder direkt an der Zelle ❾ statt. Dort können sie auch weitere Einträge einfügen und bearbeiten. Das Prinzip entspricht der Erstellung von Dateinamenvorlagen (siehe auch Seite 304) mit Hilfe von Token.

Der VERSATZ ❷ verschiebt den Textrahmen, abhängig von der Positionierung, nach oben oder nach unten, abhängig von der gewählten Positionierungsoption ❺. Dort haben Sie die Möglichkeit, den Text bezogen auf das Bild OBEN, UNTEN oder DRÜBER ❹ zu platzieren. Während bei OBEN oder UNTEN die Beschriftung außerhalb des Bildes steht, positioniert die Option DRÜBER den Text auf dem Bild.

Ist das Kontrollkästchen AN FOTO AUSRICHTEN ❸ aktiviert, wird nicht die Zelle, in der sich das Bild befindet, als Bezugspunkt verwendet, sondern das tatsächlich dargestellte Foto.

Seitentext | Ist das Kontrollkästchen für den SEITENTEXT ❺ aktiviert, wird ein Textfeld erzeugt. Dieses können Sie über die entsprechenden Schaltflächen ❼ OBEN oder UNTEN auf der Seite platzieren. Je nach Ausrichtung kann das Feld über den VERSATZ ❻ vertikal verschoben werden.

Schriftart

In diesem Bedienfeld wird die Typografie der Texte über die Angaben wie Schriftart, Größe, Zeilenabstand, Ausrichtung, Farbe, etc. konfiguriert. Die Änderungen werden nur auf markierten Text angewendet. Allerdings gibt es auch Parameter, die sich, wie zum Beispiel der ZEILENABSTAND, auf eine ganze Zeile auswirken oder auf den gesamten Textblock, wie beispielsweise die Anzahl der SPALTEN.

Die Typografieeinstellungen können in Textstilvorgaben gespeichert und dann auf andere Textpassagen angewendet werden. Die Vorgaben bleiben aber nicht mit den Texten verknüpft. Nachträgliche Änderungen an einer Textstilvorgabe wirken sich daher nicht, wie beispielsweise in Word, auf alle Textstellen aus, denen eine Vorgabe bereits zugewiesen wurde.

14.5 Seiten konfigurieren

Textstilvorgabe | Über dieses Dropdown-Menü ❿ können Sie Textstilvorgaben auf markierten Text anwenden. Haben Sie einem Text eine Vorgabe zugewiesen und anschließend den Stil angepasst, können Sie die aktuelle Stilvorgabe aktualisieren oder diese unter einem neuen Namen speichern. Über den Menüpunkt STANDARDVORGABEN WIEDERHERSTELLEN werden alle Vorgaben, die von Lightroom mitgeliefert werden, wieder auf ihre Standardvorgaben zurückgesetzt. Selbst erstellte Vorgaben werden dabei nicht gelöscht.

Schriftart und -schnitt | Diese beiden Dropdown-Menüs ermöglichen Ihnen das Auswählen einer Schriftart ⓫ und des Schriftschnitts ⓬, wie normal, kursiv oder fett. Die möglichen Schriftschnitte sind dabei abhängig von der gewählten Schriftart.

▲ **Abbildung 14.54**
Bedienfeldgruppe zur Schriftformatierung von Text

▲ **Abbildung 14.55**
Im ZEICHEN-Bereich des Bedienfeldes sind gleich mehrere Funktionen enthalten.

Zeichen | Dies ist eigentlich kein Parameter, sondern eher ein Label. Aber in dieser Zeile befinden sich gleich mehrere Funktionen:

⓭ **Schriftattribute direkt bearbeiten:** Wählen Sie zunächst Text aus, und klicken Sie dann auf das Werkzeug. Anschließend können Sie das Schriftattribut GRÖSSE ändern, indem Sie auf den markierten Text klicken und mit gedrückter Maustaste nach links oder rechts ziehen.
Ziehen Sie mit der Maus nach oben beziehungsweise unten, ändern Sie die Schriftgröße. Nach dem Bearbeiten klicken Sie das Werkzeug erneut an, um es wieder abzulegen.

⓮ **Farbe:** Klicken Sie auf das Farbfeld neben dem Label ZEICHEN, öffnet sich ein Farbauswahldialog.

⓯ **Erweiterte Einstellung ein-/ausblenden:** Klicken Sie dieses Dreieck an, können erweiterte Einstellungen wie Laufweite, Grundlinienversatz, Kerning usw. ein- oder ausgeblendet wer-

Textfeld in Ansicht verschieben

Sie können ein Textfeld auch, mit gedrückter Maustaste, im Ansichtsfenster verschieben. Dabei werden die Parameter für den VERSATZ und die Position (OBEN, DRÜBER, UNTEN) entsprechend angepasst.

751

den. Zeigt das Dreieck nach unten, sind die erweiterten Einstellungen eingeblendet.

Größe | Gibt die Schriftgröße in Punkt an. Die normale Schriftgröße für längere Texte zum Lesen beträgt zwischen 9 und 14 Punkt. Bildunterschriften besitzen eine Schriftgröße von 7 bis 10 Punkt, und Überschriften liegen oft bei 24 Punkt und mehr.

Deckkraft | Mit Hilfe dieses Reglers können Sie die Deckkraft des Textes auf Bildern steuern, um beispielsweise halb transparente Überschriften zu generieren.

Abbildung 14.56 ▶
Beispiel einer Überschrift mit reduzierter Deckkraft

Laufweite | Die Laufweite verändert den Buchstabenabstand innerhalb von einzelnen Wörtern.

Grundlinie | Der Grundlinienversatz verschiebt den markierten Text nach oben oder unten.

Abbildung 14.57 ▶
Stiländerung der Laufweite und der Grundlinie

Zeilenabstand | Dieser Schieberegler verändert den Abstand zwischen zwei Zeilen. Da er nur für eine ganze Zeile verändert werden kann, spielt es keine Rolle, ob Sie nur einen Buchstaben, ein Wort

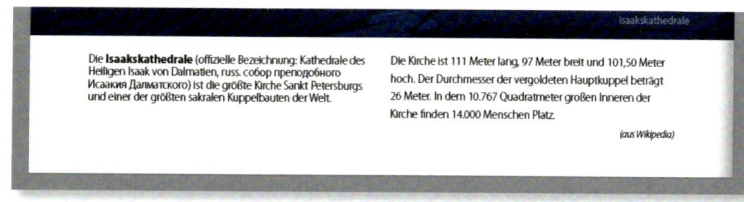

Abbildung 14.58 ▶
Zwei Spalten mit unterschiedlichem Zeilenabstand. Der Abstand links ist zu gering.

oder eine ganze Zeile markieren, wenn Sie diesen anpassen wollen. Es reicht aber nicht aus, nur den Cursor in eine Zeile zu setzen. Sie können den Zeilenabstand auch wieder zurücksetzen, indem Sie auf die Schaltfläche Autom. Zeilenabstand klicken. Der Standardwert für diesen Abstand ist die Schriftgröße × 1,2.

Kerning | Beim Kerning wird der Abstand zwischen zwei Buchstaben geregelt. Dabei handelt es sich um das Korrigieren des Abstands zwischen ganz bestimmten Buchstabenpaaren, zum Beispiel zwischen dem großen »T« und dem kleinen »e«. Dabei wandert das »e« etwas näher an das »T«, um optisch denselben Abstand zu erhalten wie den zwischen den anderen Buchstabenpaaren.

◀ **Abbildung 14.59**
Der Abstand zwischen »T« und »e« erscheint ohne Kerning zu groß (links). Mit Kerning ist der Abstand zwischen »T« und »e« korrekt (rechts).

Eine Schriftdatei beinhaltet meistens bereits eine Kerningtabelle mit allen Korrekturwerten. Das Anpassen der Werte ist daher meist nicht erforderlich. Falls Sie es trotzdem machen müssen, platzieren Sie den Cursor zwischen zwei Buchstaben, und verändern Sie dann den Wert. Über die Schaltfläche Autom. Kerning setzen Sie die Korrektur zurück.

Spalten | Normalerweise besitzen Textfelder eine Spalte. Mit dem Schieberegler Spalten lassen sich die Felder aber in bis zu drei Spalten unterteilen. Bei Foto- und Seitenbeschriftungen funktioniert das aber nicht richtig, da sich die Höhe dieser Textfelder an die

▼ **Abbildung 14.60**
Seitenbeispiele mit unterschiedlicher Spaltenanzahl

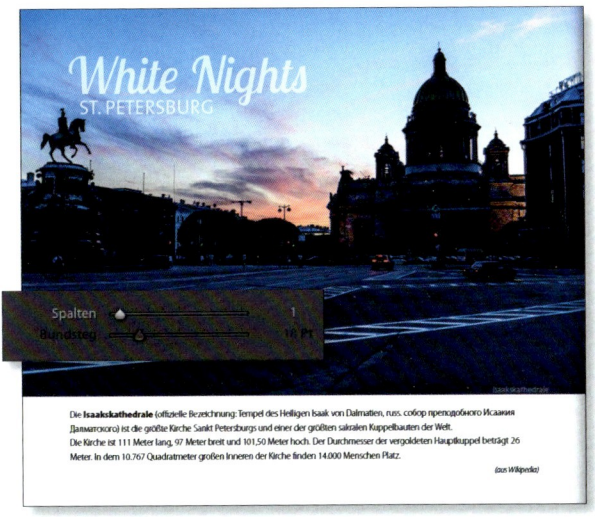

Textlänge anpasst. Der Text wandert also nicht in die nächste Spalte, sondern die Zelle wird nur höher. Erst wenn die Maximalhöhe des Bildes oder der Seite erreicht ist, wird der Text in die nächste Spalte umbrochen.

Besser funktioniert diese Funktion bei Textfeldern, die bereits im Layout der Seite integriert sind.

Bundsteg | Der Bundsteg ist der Abstand zwischen zwei Spalten. Er sollte mindestens so groß wie der Abstand zwischen den einzelnen Zeilen sein.

▲ Abbildung 14.61
Schaltflächen zur Textausrichtung

Ausrichtung | Es gibt zwei Arten der Ausrichtung: horizontal ❶ und vertikal ❷. Über die ersten vier Schaltflächen können Sie einen ganzen Absatz horizontal – links, mittig, rechts oder als Blocksatz – ausrichten. Beim Blocksatz haben Sie zusätzlich die Möglichkeit anzugeben, wie die letzte Zeile ausgerichtet werden soll.

Beim vertikalen Ausrichten wird der gesamte Text einer Zelle oben, mittig oder unten positioniert.

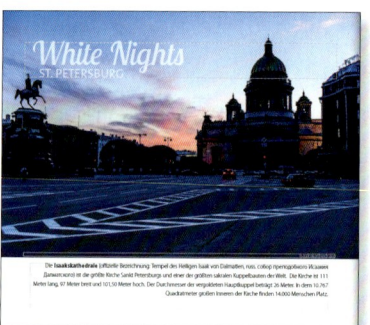
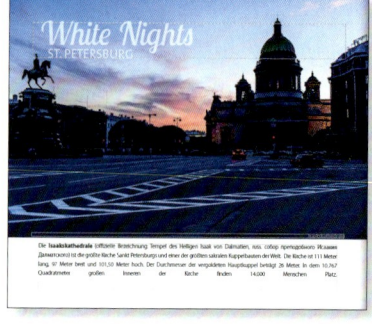

▲ Abbildung 14.62
Horizontale Ausrichtung (von links nach rechts): linksbündig, rechtsbündig, Blocksatz mit letzter Zeile als Blocksatz

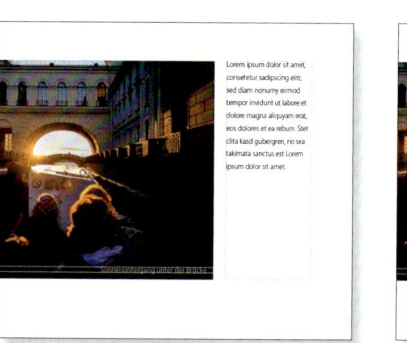
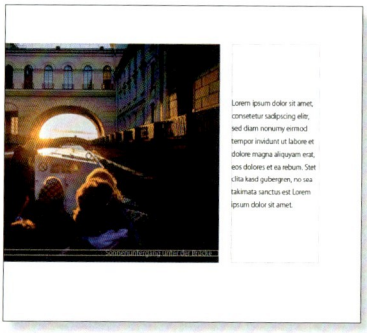

▲ Abbildung 14.63
Beispiele vertikaler Ausrichtung (von links nach rechts): oben, Mitte, unten

Hintergrund

Jede Seite kann mit einem Hintergrundbild oder einer Hintergrundfarbe versehen werden. Dies kann global für das gesamte Buch oder nur für ausgewählte Seiten eingestellt werden. Als Hintergrundbild können Sie ein Foto verwenden oder aus einer Bibliothek von mitgelieferten Grafiken wählen.

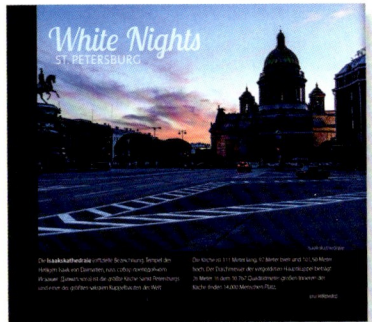

▲ **Abbildung 14.64**
Hintergrundfarbe Schwarz

▲ **Abbildung 14.65**
Hintergrund: Grafik, Reise

▲ **Abbildung 14.66**
Hintergrund: Foto

Hintergrund global anwenden | Ist diese Kontrollbox aktiviert, werden alle Änderungen auf das gesamte Buch angewendet.

Grafik oder Fotos | Klicken Sie auf den Bereich der Vorschau ❸, öffnet sich eine Palette, in der Sie aus drei Kategorien wählen können:
- **Fotos:** Hier können Sie ein beliebiges Foto aus dem Filmstreifen auf das Symbol ziehen. Dieses wird dann als Hintergrund verwendet. Dabei wird es, falls nötig, gezoomt und zentriert. Es kann nicht manuell gezoomt oder verschoben werden.
- **Reise, Hochzeit:** Bei der Wahl eines dieser Themen können Sie aus einigen passenden Grafiken auswählen.

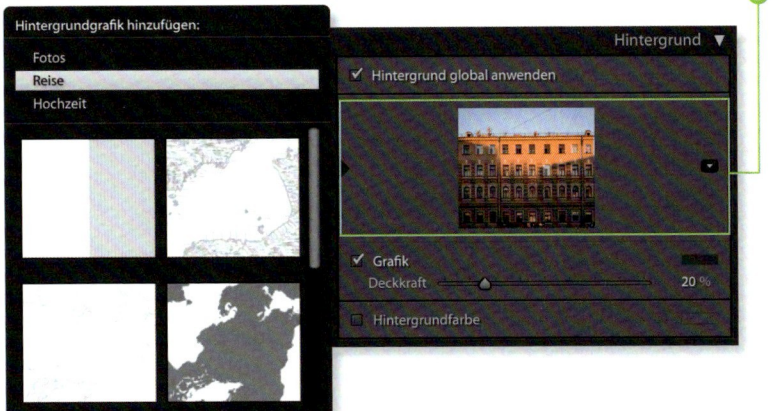

◀ **Abbildung 14.67**
Durch Klicken auf das Vorschausymbol öffnet sich eine Palette. Bei den Kategorien REISE und HOCHZEIT können Sie aus Grafiken auswählen. In der Kategorie FOTO ist jedes Foto aus dem Katalog als Hintergrund möglich.

Grafik | Deaktiviert die Darstellung der Grafik oder der Fotografie im Hintergrund.

Farbe der Hintergrundgrafik | Rechts neben dem Kontrollkästchen GRAFIK befindet sich ein Farbfeld, mit dessen Hilfe Sie die Hintergrundgrafik einfärben können. Dies geht aber nur bei den bereits vorhandenen Grafiken. Fotos können nicht eingefärbt werden.

▲ Abbildung 14.68
Einfärben einer Hintergrundgrafik

Hintergrundfarbe | Ist dieses Kontrollkästchen aktiviert, wird zusätzlich zu einer Grafik der Hintergrund eingefärbt. Will man nur

Abbildung 14.69 ▶
Kombination aus eingefärbter Grafik und Hintergrundfarbe

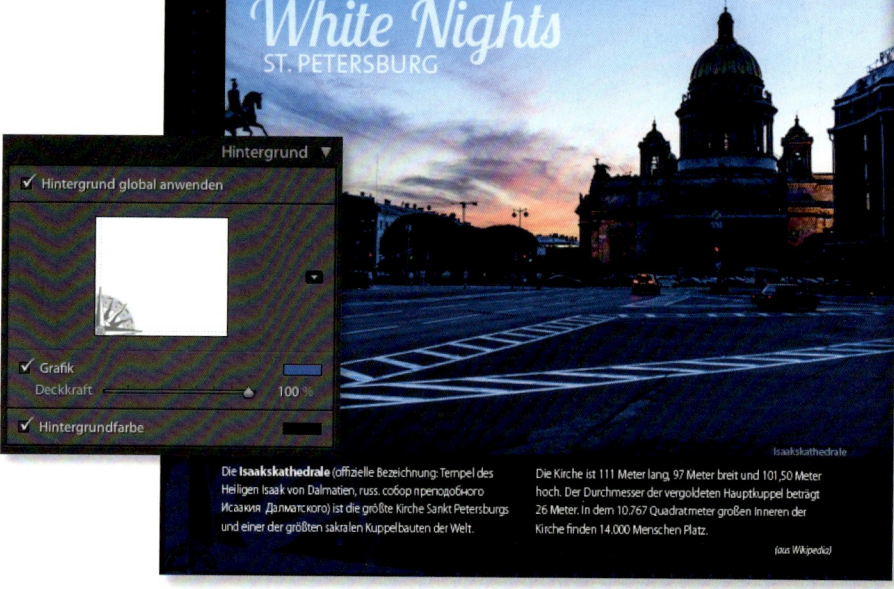

eine Hintergrundfarbe, deaktiviert man das Kontrollkästchen GRAFIK und aktiviert nur die Kontrollbox HINTERGRUNDFARBE.

Hintergrundfoto oder -grafik entfernen | Grundsätzlich können Sie über die Grafik-Kontrollbox die Anzeige des Hintergrundbildes deaktivieren, es löscht es aber nicht. Das ist gerade beim Hantieren mit vielen Hintergründen manchmal etwas verwirrend. Daher will man die Bilder auch mal komplett entfernen. Um ein Hintergrundfoto zu entfernen, klicken Sie mit der rechten Maustaste in den Vorschaubereich des Bedienfeldes und wählen den Befehl FOTO ENTFERNEN ❶.

Bei einer Grafik wird das etwas umständlicher. Hier müssen Sie zunächst wieder über die Auswahlpalette zu den FOTOS ❷ umschalten und dort auf das leere Foto-Symbol ❸ klicken.

Hatten Sie vor der Grafik bereits ein Foto ausgewählt, wird dieses jedoch noch in der Auswahlpalette anstatt des leeren Symbols angezeigt. Dann wählen Sie dieses aus und entfernen es über das Kontextmenü ❶.

▲ **Abbildung 14.70**
Ein Hintergrundfoto lässt sich einfach über das Kontextmenü im Bedienfeld entfernen.

◀ **Abbildung 14.71**
Bei einer Hintergrundgrafik müssen Sie zuerst wieder zu den Fotos umschalten.

14.6 Buch exportieren

Zum Abschluss können Sie das Buch entweder als PDF oder JPEG exportieren oder direkt an Blurb übermitteln. Ein Blurb-Buch lässt sich aber zur Kontrolle oder zur Weitergabe an Dritte zusätzlich als PDF exportieren. Das Drucken direkt aus Lightroom heraus ist nicht möglich. Dazu müssen Sie es erst exportieren. Beim Export als JPEG-Datei wird jede Seite als Einzeldatei abgelegt, da das Dateiformat keine Seiten unterstützt.

▲ **Abbildung 14.72**
Die Schaltfläche für den Export am Ende der rechten Bedienfeldpalette

Der Export geschieht über die Schaltfläche am Ende der Bedienfeldpalette. Im Fall eines Exports als PDF oder JPEG müssen Sie ein Verzeichnis angeben, in welches das Buch gespeichert werden soll.

Wollen Sie ein Buch bei Blurb bestellen, heißt die Schaltfläche BUCH AN BLURB SENDEN ❷. Um es jedoch als PDF zu exportieren, erscheint am Ende der linken Bedienfeldpalette zusätzlich die Schaltfläche BUCH ALS PDF EXPORTIEREN ❶.

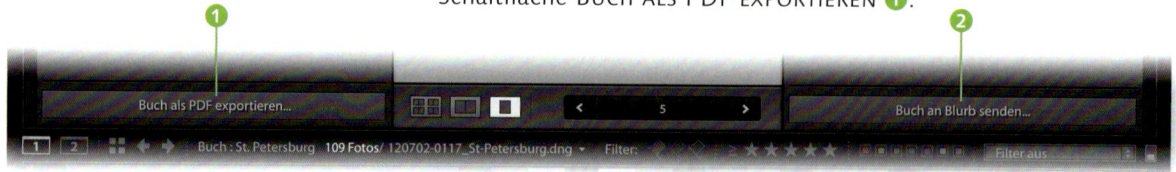

▲ **Abbildung 14.73**
Die Schaltflächen zum Export und Hochladen bei Blurb.

Wollen Sie das Buch bei Blurb bestellen, müssen Sie sich zunächst bei Blurb registrieren. Dazu klicken Sie auf KEIN MITGLIED links unten im Dialogfeld. Sind Sie registriert und angemeldet, vergeben Sie einen Titel und Untertitel für das Buch, und tragen Sie einen Autor ein. Dann wird das Buch hochgeladen.

Abbildung 14.74 ▶
Bevor das Buch an Blurb übertragen werden kann, muss man sich registrieren und einige Daten über das Buch angeben.

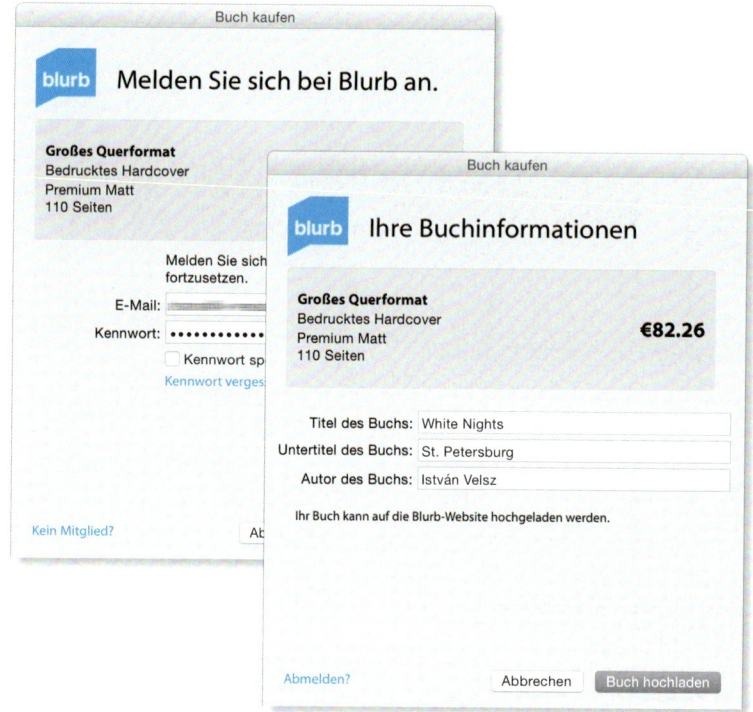

Workshop
Fotobuch erstellen

Dieser Workshop zeigt Ihnen, wie Sie ein Fotobuch gestalten und es direkt über den Fotodienst Blurb bestellen. Aber keine Angst: Sie müssen das Buch nicht gleich kaufen. Sie können es alternativ auch als PDF drucken lassen.

Grundsätzlich können Sie auch jederzeit zwischen der PDF- und der Blurb-Version hin- und herspringen, da sich die zur Verfügung stehenden Formate nicht unterscheiden. Nur einige Blurb-spezi-

▼ **Abbildung 1**
So wird das Buch am Ende des Workshops aussehen.

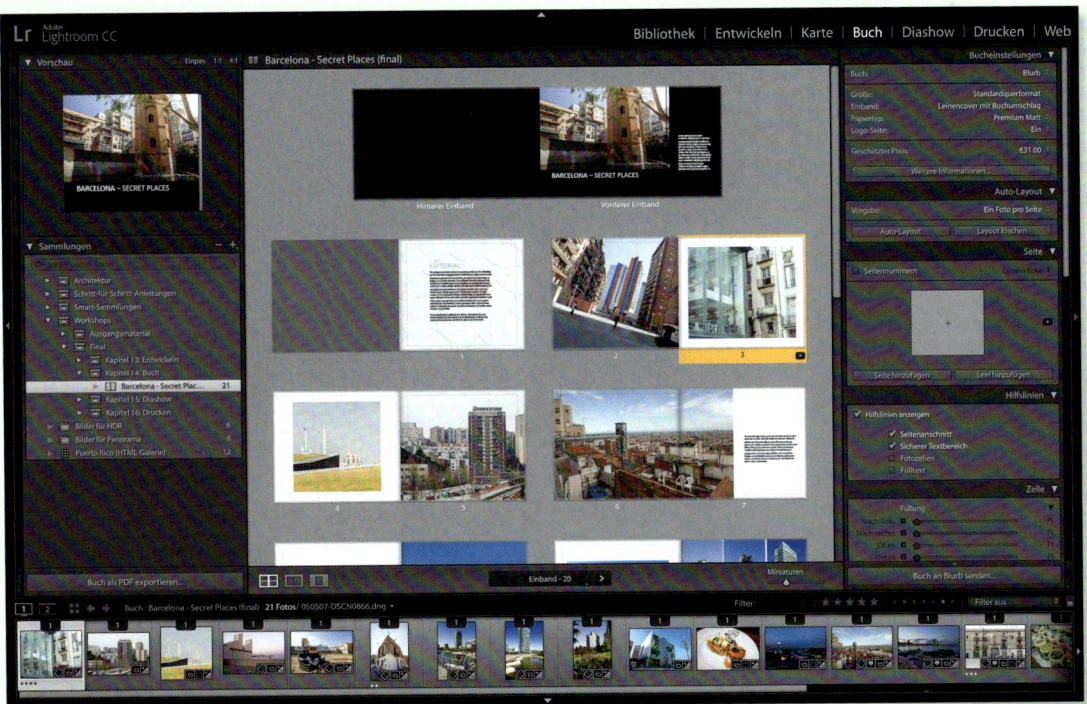

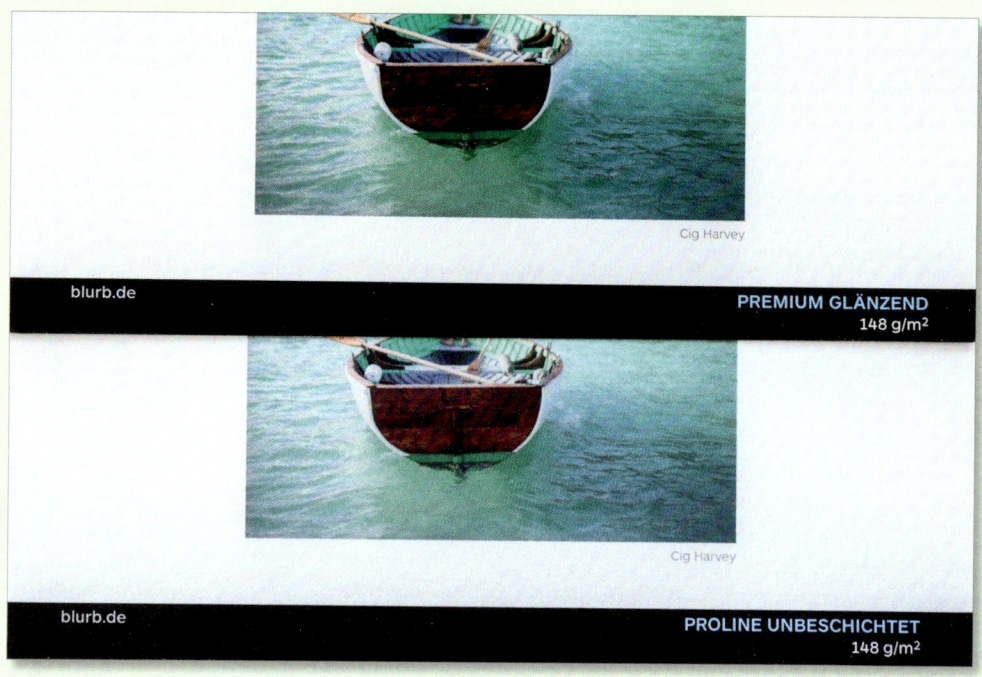

Abbildung 2 ▲
Vergleich zwischen glänzendem und ungestrichenem Papier: Bilder, die auf ungestrichenem Papier gedruckt werden, haben einen geringeren Kontrastumfang und ein etwas helleres Schwarz.

Im ersten Teil des Workshops erfahren Sie, wie Sie die entsprechenden Bilder finden und auswählen. Wenn Sie diesen Schritt überspringen wollen, finden Sie im »Workshopkatalog« in der Sammlung WORKSHOPS • AUSGANGSMATERIAL • KAPITEL 14: BUCH - BARCELONA SECRET PLACES.

Den fertigen Workshop finden Sie in der Sammlung WORKSHOPS • FINAL • KAPITEL 14: BUCH - BARCELONA SECRET PLACES (FINAL).

fische Optionen stehen Ihnen im PDF nicht zur Verfügung, zum Beispiel die Auswahl der Papiersorte.

Wie bei vielen anderen Projekten auch sollte man sich im Vorhinein einige Gedanken machen. Natürlich hat man sich vorher überlegt, welches Thema das Buch haben soll – ist es beispielsweise eine Reisedokumentation, eine Präsentation des eigenen Portfolios oder ein Kunstprojekt? Aus der Themenwahl lassen sich nämlich Anforderungen ableiten, die beispielsweise die Formatwahl oder Art des Buchdeckels einschränken. Während bei einem Portfolio zum Beispiel ein Softcover ausreicht, würde ein Leineneinband mit Schutzumschlag für ein künstlerisches Fotobuch einen wertigeren Eindruck hinterlassen.

Ebenso wichtig sind Entscheidungen über grobe Seitenanzahl und Papiersorte, vor allem wegen des Preises. Die Papierwahl beeinflusst nicht zuletzt ganz erheblich die Darstellung der Bilder – im Extremfall müsste jedes Bild nachkorrigiert werden.

Für das Buch aus diesem Workshop sind folgende Überlegungen entscheidend gewesen:

▶ Es sollte günstig, aber trotzdem wertig sein. Daher verwenden wir einen FESTEINBAND MIT SCHUTZUMSCHLAG, und als Format wählen wir ein STANDARDQUERFORMAT (25 × 20 cm). Auch lassen wir das Blurb-Logo mit eindrucken, da man dadurch etwas Rabatt erhält. Außerdem reduzieren wir uns bei der Bildmenge auf ein Minimum: 20 Seiten müssen reichen.

Workshop   Fotobuch erstellen

▶ Das Thema ist Barcelona. Dazu verwenden wir alle Barcelona-Fotos aus dem Beispielkatalog. Das Buch soll einen kurzen Überblick über die Eigenheiten der Stadt liefern. Da die Bilder viele Details und starke Kontraste besitzen können, wäre ein ungestrichenes Papier eher ungeeignet. Trotzdem sollten die Bilder Tiefe erhalten. Dies schafft man mit einem matt gestrichenen Fotopapier am besten. Bei Blurb heißt dieses Papier PREMIUM MATT. Es besitzt ähnliche Druckeigenschaften wie das glänzende Papier, spiegelt aber Licht und Umgebung nicht so stark und ist somit angenehmer für den Betrachter.

Schritt für Schritt
Bildauswahl und Bucheinstellungen

Wir beginnen mit der Bildauswahl im Bibliothek-Modul. Wenn Sie also noch in einem anderen Modul sind, wechseln Sie in das Bibliothek-Modul. Dort können Sie jetzt die Bilder aussuchen und der Buch-Sammlung hinzufügen.

Um Ihnen hier nicht die Liste aller Bilder angeben zu müssen, habe ich bei den entsprechenden Bildern in das IPTC-Metadatenfeld JOBKENNUNG den Begriff FOTOBUCH eingetragen. Über einen Filter werden alle entsprechenden Bilder gefunden und können schnell in das Buch-Modul übernommen werden.

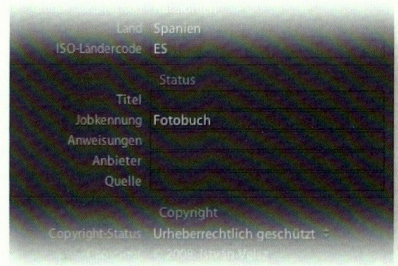

▲ **Abbildung 3**
Die Angabe im Feld JOBKENNUNG ermöglicht es, die zugehörigen Bilder schnell zu finden.

1 Bilder über Filter auswählen
Aktivieren Sie in der Bibliothek im linken Bedienfeld KATALOG den Eintrag ALLE FOTOS ❸.

Wählen Sie dann in der Bibliotheksfilterleiste die Filteroption TEXT ❶ und geben in das Suchfeld den Begriff »Fotobuch« ❷ ein.

Es werden Ihnen jetzt nur die Bilder in der Gitteransicht angezeigt, die irgendwo in den Metadaten das Wort »Fotobuch« stehen haben. Die dann angezeigten Bilder werden für das Fotobuch verwendet.

▼ **Abbildung 4**
Bei der Filterung über alle Bilder des Katalogs wird garantiert, dass kein Bild »übersehen« wird.

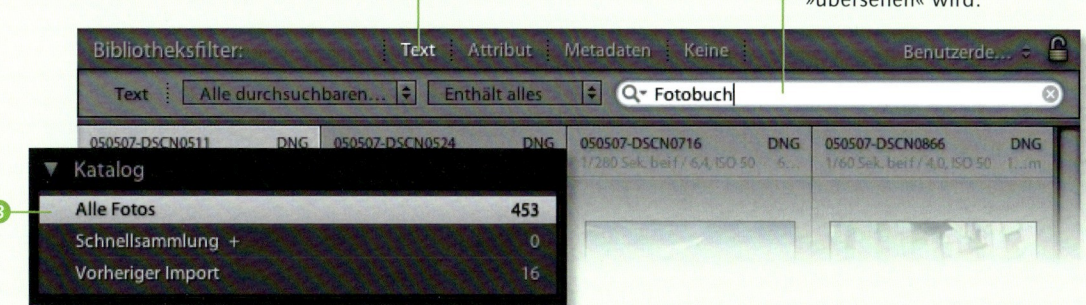

Workshop   Fotobuch erstellen

2   Leeres Buch erstellen

Wechseln Sie jetzt in das Buch-Modul. Dort wird Ihnen gemäß der AUTO-LAYOUT-Einstellungen ein erster Entwurf des Buches vorgeschlagen.

Bibliothek | Entwickeln | Karte | **Buch** | Diashow | Drucken | Web

▲ **Abbildung 5**
Das Modul zur Fotobucherstellung erreichen Sie über die Modulumschaltung in der Erkennungstafel.

Jedes Mal wenn Sie in das Buch-Modul wechseln, wird automatisch ein Buch erstellt, außer Sie öffnen eine Buch-Sammlung. Dieses Verhalten kann ziemlich nervig sein, lässt sich aber leicht abschalten.

Wählen Sie im Menü BUCH den Befehl VOREINSTELLUNGEN ❶ für Buch. Im Dialogfeld deaktivieren Sie dann die Kontrollbox NEUE BÜCHER DURCH AUTOMATISCHES FÜLLEN STARTEN ❷.

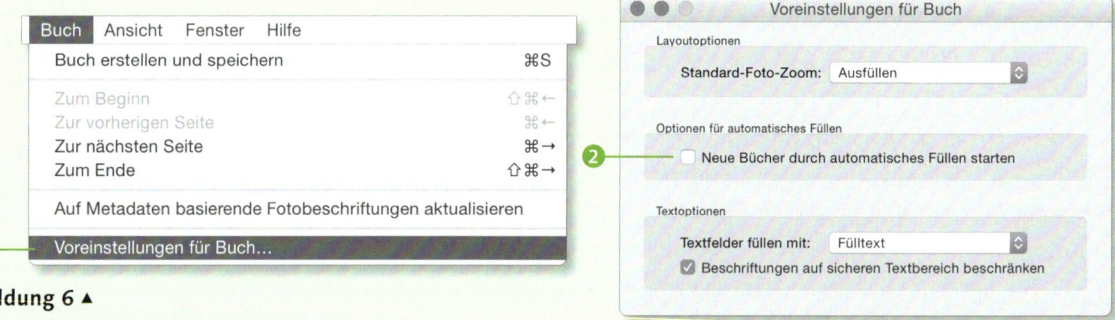

Abbildung 6 ▲
Um zu verhindern, dass bei jedem Wechsel ins Buch-Modul ein Buch erstellt wird, deaktivieren wir die automatische Bucherstellung.

Wurde bereits das Buch automatisch erstellt, löschen wir es jetzt komplett, damit wir es anschließend manuell erstellen können. Dazu klicken Sie die Schaltfläche BUCH LÖSCHEN ❸ in der Kopfzeile über dem zentralen Ansichtsfenster. Das Buch ist danach leer. Nur der Umschlag und zwei leere Seiten bleiben übrig.

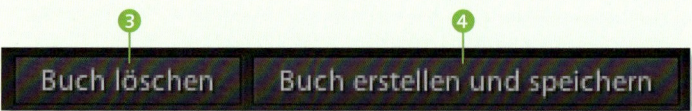

Abbildung 7 ▶
Ein ungesichertes Buch können Sie über die Schaltfläche über dem Ansichtsfenster speichern. Alle Änderungen werden danach automatisch im Buch gesichert.

3   Buch speichern

Jetzt speichern Sie das Buch ab. Dazu klicken Sie auf die Schaltfläche BUCH ERSTELLEN UND SPEICHERN ❹, um es unter dem Namen »Barcelona – Secret Places« als Buch-Sammlung abzulegen.

Achten Sie darauf, dass das Kontrollkästchen NUR VERWENDETE FOTOS EINSCHLIESSEN ❺ deaktiviert ist. Ansonsten wird die Bildauswahl nicht gespeichert, und Sie müssen die Bilder der Sammlung neu zuweisen. Zum Bestätigen und Schließen des Dialogs klicken

Sie auf ERSTELLEN. Nach dem Speichern werden alle Änderungen direkt gespeichert. Einen Befehl zum Speichern gibt es dann nicht mehr.

◄ **Abbildung 8**
In dem Dialog geben Sie Namen und Optionen für das Speichern des Buches an.

Wenn Sie nur für Ihr Buch einen bestimmten Stil kreieren möchten beziehungsweise eine spezielle Entwicklungsvorgabe verwenden wollen, zum Beispiel Schwarzweißvarianten der Bilder, ist es sinnvoll, von diesen Bildern zunächst virtuelle Kopien anzulegen und statt der Originale diese dann für Ihr Buch zu verwenden. Nur auf die virtuellen Kopien werden dann die Entwicklungsänderungen angewendet. In diesem Fall bleiben nämlich die Original-Entwicklungseinstellungen erhalten und von den Buchvarianten unberührt.

4 Bucheinstellungen

Bevor Sie nun mit dem Gestalten loslegen, müssen Sie noch die Einstellungen für das Buch definieren. Dies erledigen Sie im rechten Bedienfeld BUCHEINSTELLUNGEN. Hier werden Sie zunächst die Basiseinstellungen wie Format, Einband, Papier etc. laut unseren Anforderungen festlegen.

Geben Sie im Bedienfeld nun an, dass es sich um ein Buch von BLURB ❻ handelt. Neben GRÖSSE wählen Sie STANDARDQUERFORMAT ❼ aus dem Dropdown-Menü. Der EINBAND soll ein LEINENCOVER MIT BUCHUMSCHLAG ❽ sein. Nun wählen Sie als PAPIERTYP PREMIUM MATT ❾ und belassen die Einstellung bei LOGO-SEITE auf EIN ❿. Der Preis darunter ⓫ gibt uns zunächst den Preis für bis zu 20 Seiten an. Werden es mehr Seiten, erhöht sich der Preis dann entsprechend.

▲ **Abbildung 9**
Das Bedienfeld zu den BUCHEINSTELLUNGEN dient dazu, den Buchtyp, das Format und weitere Grundeinstellungen für das gesamte Buch festzulegen.

Schritt für Schritt
Umschlag gestalten

Jetzt können Sie mit der Gestaltung des Buches beginnen. Wir arbeiten uns dabei von vorne nach hinten durch. Daher beginnen Sie mit der Startseite.

1   Layout auswählen

Zunächst wählen Sie das Design für den Umschlag aus. Da es sich um einen Schutzumschlag handelt, können Sie neben der Vorder- und der Rückseite auch noch die eingeschlagenen Laschen individuell gestalten. Klicken Sie dazu im Ansichtsfenster erst auf den Umschlag ❶ und anschließend auf das Dreieck ❷ im gelben Rahmen, um die Layoutauswahl zu öffnen. Wählen Sie dann aus der Liste das gewünschte Layout ❸ aus. In unserem Fall handelt es sich dabei um das vorletzte Design mit einem großen Bild auf dem Titel und Bildern sowie Textblöcken auf der Rückseite und den Klappen.

▼ **Abbildung 10**
Das Layout des Einbands wird ausgetauscht.

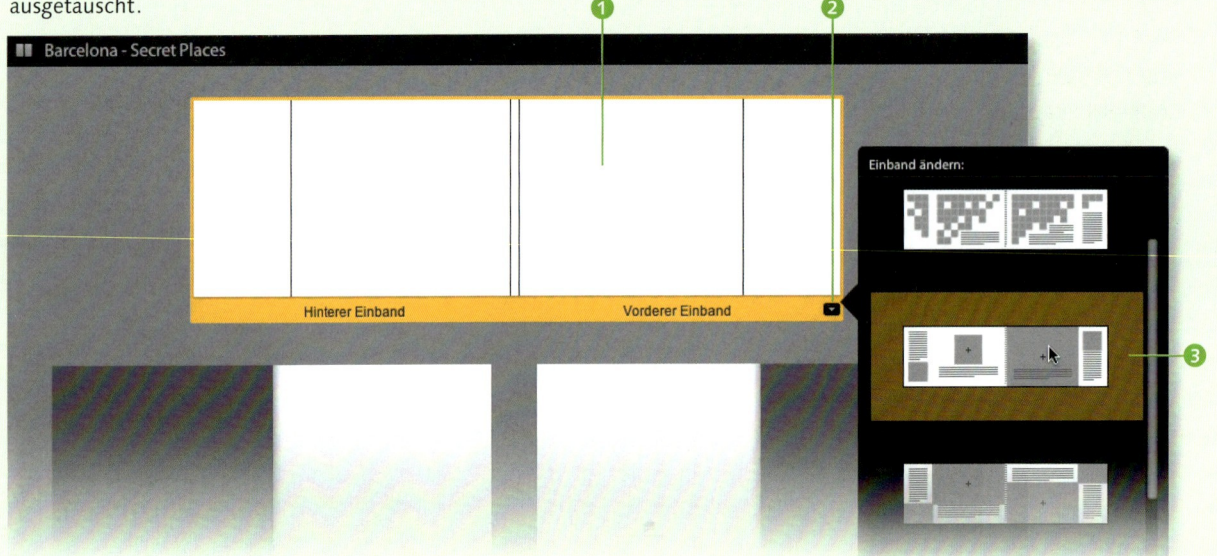

2   Titelbild platzieren

Jetzt platzieren Sie auf der vorderen Umschlagseite das Bild. Als Titelbild verwenden Sie das Foto mit dem Dateinamen »130502-0079_Barcelona.dng«. Dabei handelt es sich um einen Hinterhof mit einem alten Schwimmbad, das aber nicht mehr als solches genutzt wird.

Das Bild ziehen Sie mit gedrückter Maustaste per Drag & Drop aus dem Filmstreifen auf die vordere Umschlagseite. Dort lassen Sie die Maustaste wieder los.

Workshop   Fotobuch erstellen

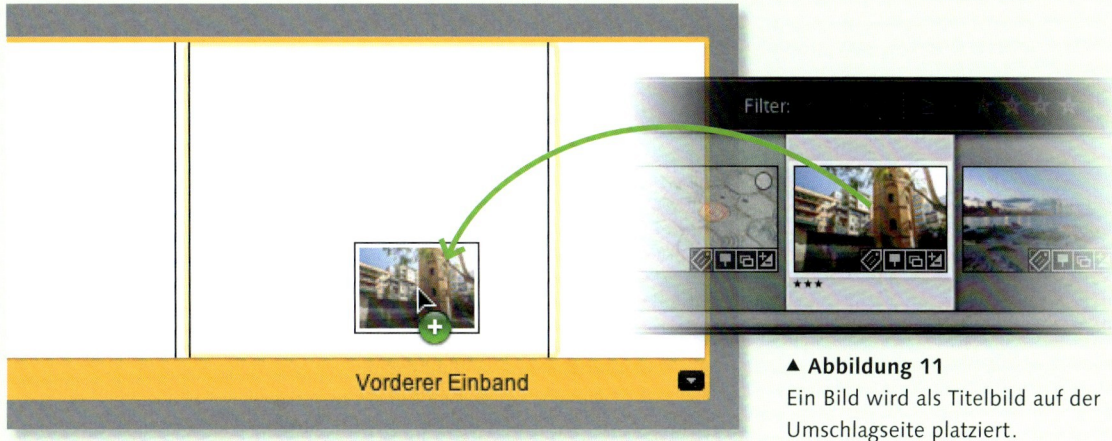

▲ Abbildung 11
Ein Bild wird als Titelbild auf der Umschlagseite platziert.

3 Abstand zum unteren Rand

Das Bild wird jetzt über die gesamte Seite angezeigt. Sie wollen aber unter dem Bild noch den Buchtitel platzieren. Dazu benötigen Sie einen Abstand zum unteren Seitenrand. Da das Layout jedoch fix ist, müssen Sie sich mit einem Trick behelfen: Anstatt den Rahmen des Bildes zu verändern, wird einfach ein unterer Rand in der Zelle hinzugefügt.

Dazu klicken Sie zuerst auf das Bild, um es auszuwählen. Es bekommt, wie die Seite, einen gelben Rand zur Kennzeichnung ❹.

Dann geben Sie in dem Bedienfeld Zelle ❺ eine untere Füllung an. Damit die Füllung nicht an allen Seiten gleich groß ist, deaktivieren Sie das Kontrollkästchen bei Alle verknüpfen ❻. Anschließend können Sie bei der Füllung Unten einen Wert von »160« ❼ angeben.

▼ Abbildung 12
Die Füllung der Zelle erzeugt einen Abstand zwischen Bild und unterem Seitenrand.

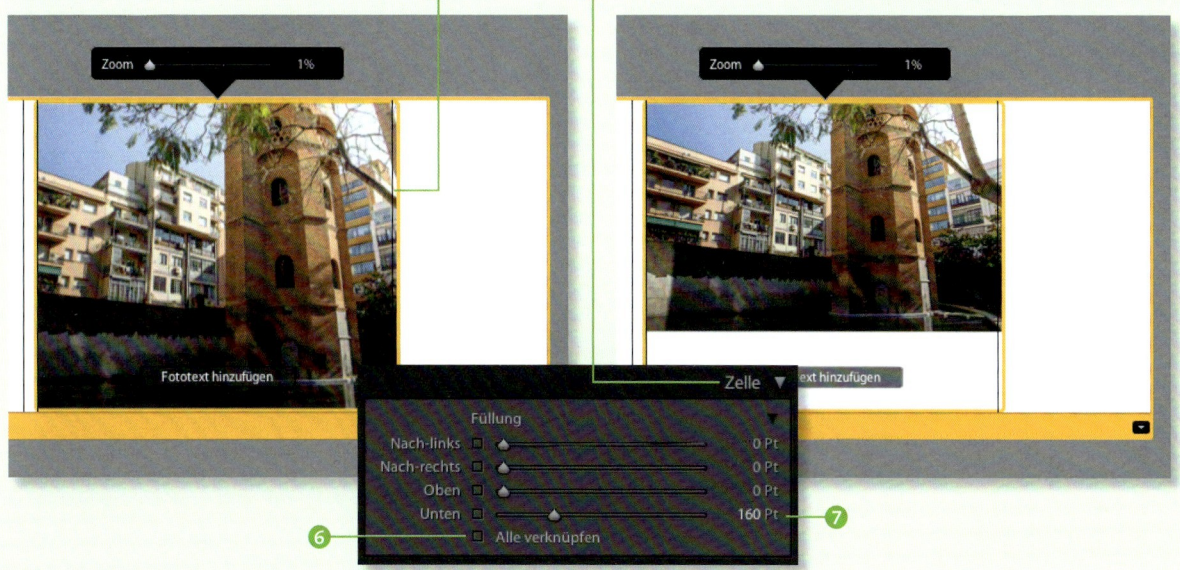

Workshop Fotobuch erstellen

4 **Hintergrundfarbe ändern**

Den Hintergrund der Seite färben Sie jetzt schwarz ein. Dazu aktivieren Sie im Bedienfeld HINTERGRUND das Kontrollkästchen für die HINTERGRUNDFARBE und klicken auf das kleine Farbfeld ❸ rechts daneben.

Picken Sie in der Farbpalette mit der Pipette einfach in das schwarze Feld ❷ oben im Farbauswahldialog. Danach können Sie die Farbpalette wieder schließen ❶.

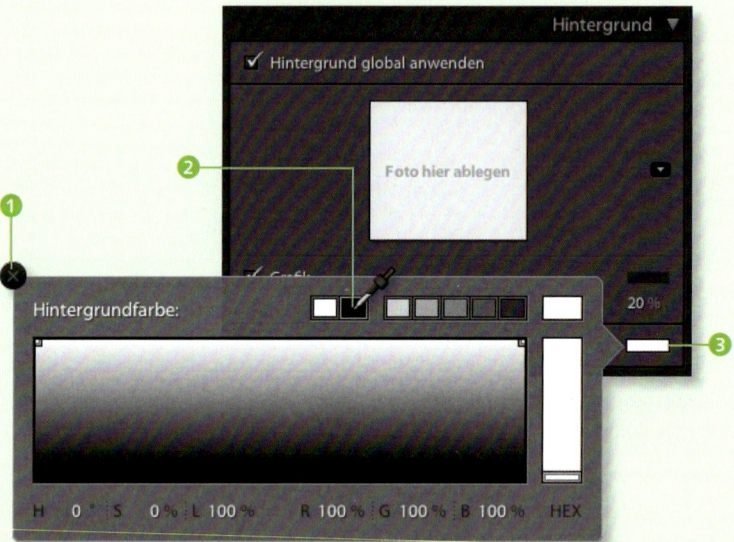

Abbildung 13 ▶
Farbpalette zum Einstellen des Hintergrunds

▲ Abbildung 14
Buttons zum Umschalten des Ansichtsmodus (v.l.n.r.): MEHRSEITIGE ANSICHT, DRUCKBOGENANSICHT, EINZELSEITENANSICHT

5 **Buchtitel eingeben**

Jetzt beginnen Sie mit der Eingabe der Texte. Dies erledigen Sie am besten in der Einzelbildansicht. Dazu klicken Sie das entsprechende Symbol ❹ in der Werkzeugleiste unter dem Ansichtsfenster an. Als ersten Text geben Sie den Buchtitel an. Dazu klicken Sie zunächst in das Textfeld unterhalb des Titelbildes ❺. Da die Seite schwarz ist, sehen Sie es anfangs nicht. Erst wenn Sie den Mauszeiger über die Seite bewegen, werden die Textrahmen hervorgehoben.

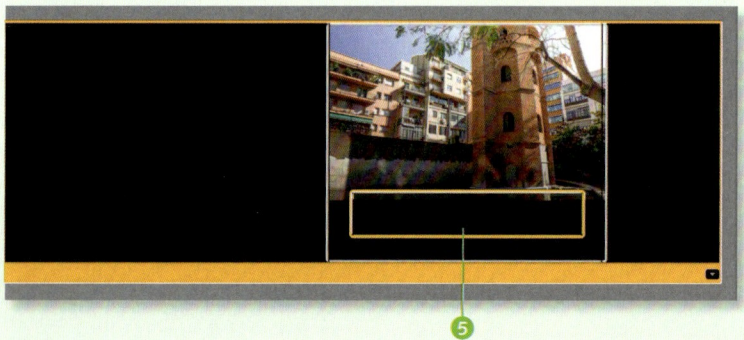

Abbildung 15 ▶
Selektiertes Textfeld für den Seitentitel

Geben Sie nun in das Textfeld den Text »BARCELONA – SECRET PLACES« ein.

Um das Getippte besser sehen zu können, sollten Sie vorübergehend die Darstellung vergrößern. Dies können Sie über das Menü Ansicht • Vergrösserte Seitenansicht oder über die Tastenkombination ⌘+I auf dem Mac bzw. Strg+I unter Windows erledigen. Zurück in die Einzelseitenansicht wechseln Sie über die Tastenkombination ⌘+T bzw. Strg+T.

◂ **Abbildung 16**
Der Buchtitel, noch unformatiert, in der Textbox auf der Titelseite

6 Buchtitel formatieren

Jetzt müssen Sie den Buchtitel mit Hilfe des Bedienfeldes Schriftart formatieren. Dazu wählen Sie zunächst den gesamten Text aus und kehren in die Einzelseitenansicht zurück, falls Sie sich noch in der vergrößerten Seitenansicht befinden.

Stellen Sie jetzt für die Headline die Schrift »Calibri« ❻ mit dem Schnitt »Regular« ❼ und einer Schriftgröße von »40,0 Pt« ❾ ein. Als Zeichenfarbe wählen Sie Weiß ❽.

Da der Titel unter dem Bild stehen soll, könnte man ihn über einen oberen Zellenrand nach unten verschieben. Einfacher ist es aber, ihn einfach vertikal mittig in der Textbox zu platzieren. Dazu finden Sie die entsprechende Schaltfläche unten im Bedienfeld.

Das Wort BARCELONA soll jetzt noch fett dargestellt werden. Dazu wählen Sie das erste Wort im Textfeld per Doppelklick aus und weisen ihm den Schriftstil Bold ❿ zu.

▾ **Abbildung 17**
Gestaltung des Buchtitels mit dem Bedienfeld Schriftart

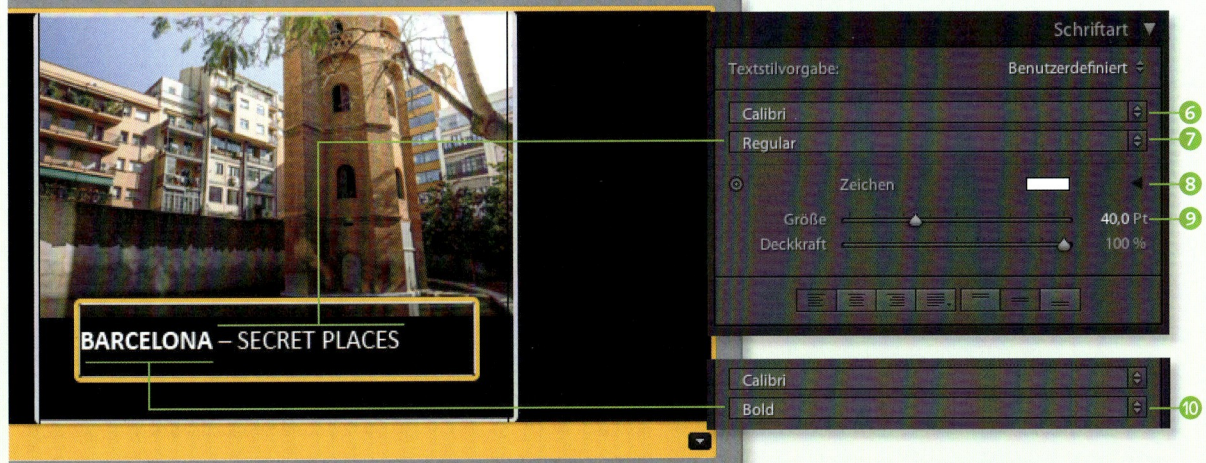

Workshop Fotobuch erstellen

7 Klappentext

Jetzt geben Sie etwas Text auf dem Bereich des Umschlags ein, der nach innen eingeschlagen wird, um den Schutzumschlag festzuhalten. Sie können hier entweder selbst etwas verfassen, oder Sie verwenden einfach einen Blindtext. Dieser kann beispielsweise von der Website *http://loremipsum.de* kopiert werden. Für den Klappentext sind 75 Wörter ❶ ausreichend.

Kopieren Sie diesen Text, und fügen Sie ihn in das Textfeld rechts neben dem Bild ein. Anschließend stellen Sie die Schrift auf »Georgia Regular« ❷, die Schriftgröße auf »11,0 Pt« ❺ und färben sie weiß ❸ ein.

Um den Zeilenabstand ❻ auf »15,0 Pt« einstellen zu können, müssen Sie eventuell das Bedienfeld mit Hilfe des kleinen Dreiecks ❹ neben dem Farbfeld erweitern.

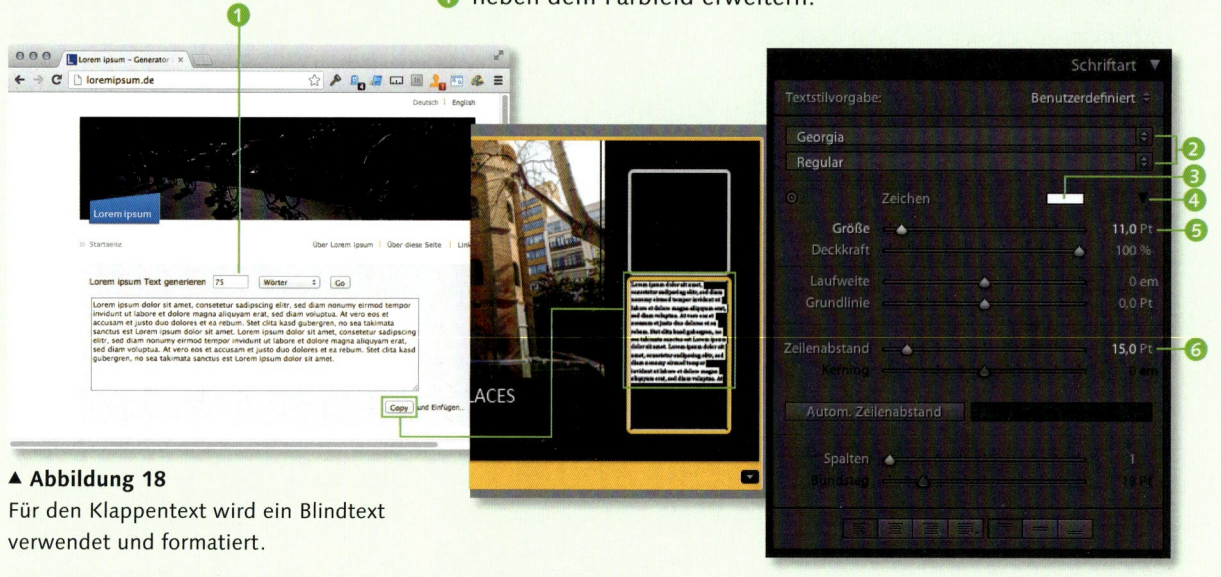

▲ Abbildung 18
Für den Klappentext wird ein Blindtext verwendet und formatiert.

Schritt für Schritt
Editorial mit Hintergrundbild

Die nächste Seite ist eine reine Textseite, die zum Beispiel als Editorial verwendet werden kann. Diese wird zusätzlich mit einem Hintergrundbild hinterlegt.

▲ Abbildung 19
In der Werkzeugleiste befinden sich Schaltflächen zum Blättern.

1 Layout wählen

Blättern Sie mit Hilfe der rechten Pfeiltaste ❼ in der Werkzeugleiste auf die erste Inhaltsseite. Diese besitzt auch die Seitennummer 1. Der Umschlag wird ja nicht in der Zählung von Seiten berücksichtigt.

Um aus dieser Seite eine Textseite zu machen, wählen Sie über die Layoutauswahl ❽ aus der Rubrik »Textseiten« ❾ das erste Layout mit einem einzelnen Textfeld ❿ aus.

2 Zellenabstände einstellen

Füllen Sie nun Text in den Rahmen, ragt dieser bis fast an den Seitenrand. Wünschenswert ist aber ein größerer Abstand. Diesen erreichen Sie, indem Sie den Zellen wieder eine Füllung hinzufügen.

Klicken Sie dazu den Textrahmen an, und geben Sie im Bedienfeld ZELLE eine Füllung NACH-LINKS und NACH-RECHTS von »120 Pt« an. Für OBEN stellen Sie einen Wert von »100 Pt« ein. Unten wird kein Rand benötigt. Vergessen Sie nicht, das Kontrollfeld ALLE VERKNÜPFEN zu deaktivieren, um unterschiedliche Füllungen einstellen zu können.

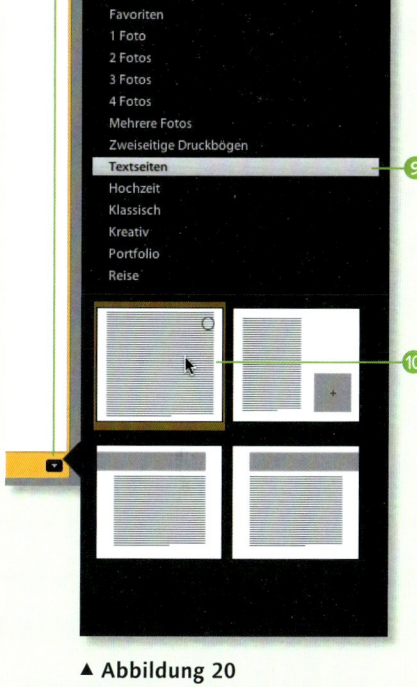

▲ **Abbildung 20**
Die erste Inhaltsseite soll eine Textseite werden.

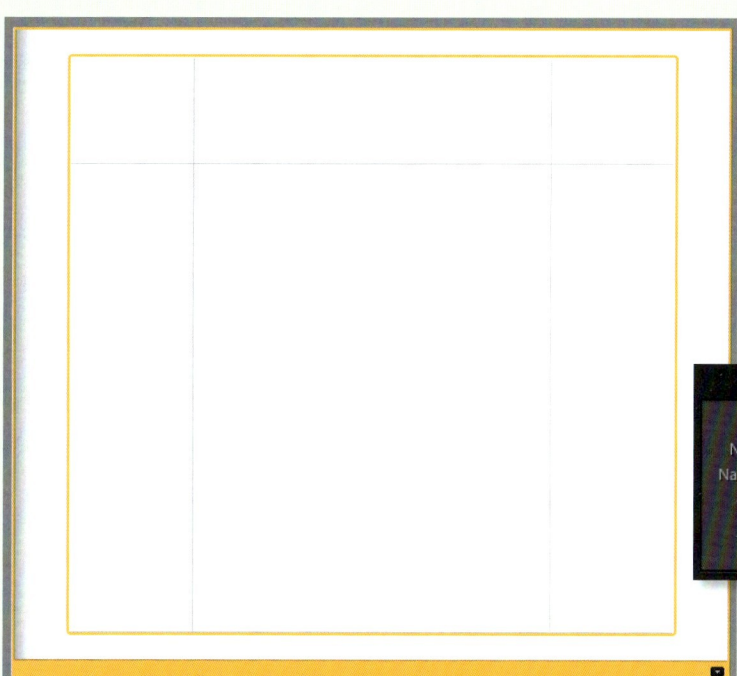

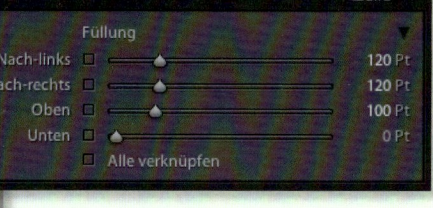

▲ **Abbildung 21**
Der Abstand zum Seitenrand wird über die FÜLLUNG der ZELLE vergrößert.

3 Text einfügen und formatieren

Auch dieses Mal verwenden Sie Blindtext zum Füllen, wie in Abbildung 17. Allerdings benötigen Sie jetzt etwas mehr Text.

Zunächst geben Sie jedoch die Überschrift »EDITORIAL« in das Textfeld ein. Drücken Sie danach zweimal die ⏎-Taste, um einen Absatz und eine Leerzeile zu erzeugen. Jetzt können Sie den Blindtext aus 215 Wörtern einfügen.

Anschließend wird der Text formatiert. Dazu markieren Sie den gesamten Text und weisen ihm die Schrift »Georgia Regular« ❸ in einer Schriftgröße von »10,0 Pt« ❹ und einen Zeilenabstand von »15,0 Pt« ❺ zu. Die Schrift bleibt hierbei schwarz.

Die Überschrift bekommt ein anderes Format. Sie soll die Schrift »Calibri« mit dem Schnitt »Light« ❶ erhalten. Wenn Sie den Light-Schnitt nicht haben, verwenden Sie »Regular«. Die Schriftgröße wird auf den Wert »40,0 Pt« ❷ eingestellt.

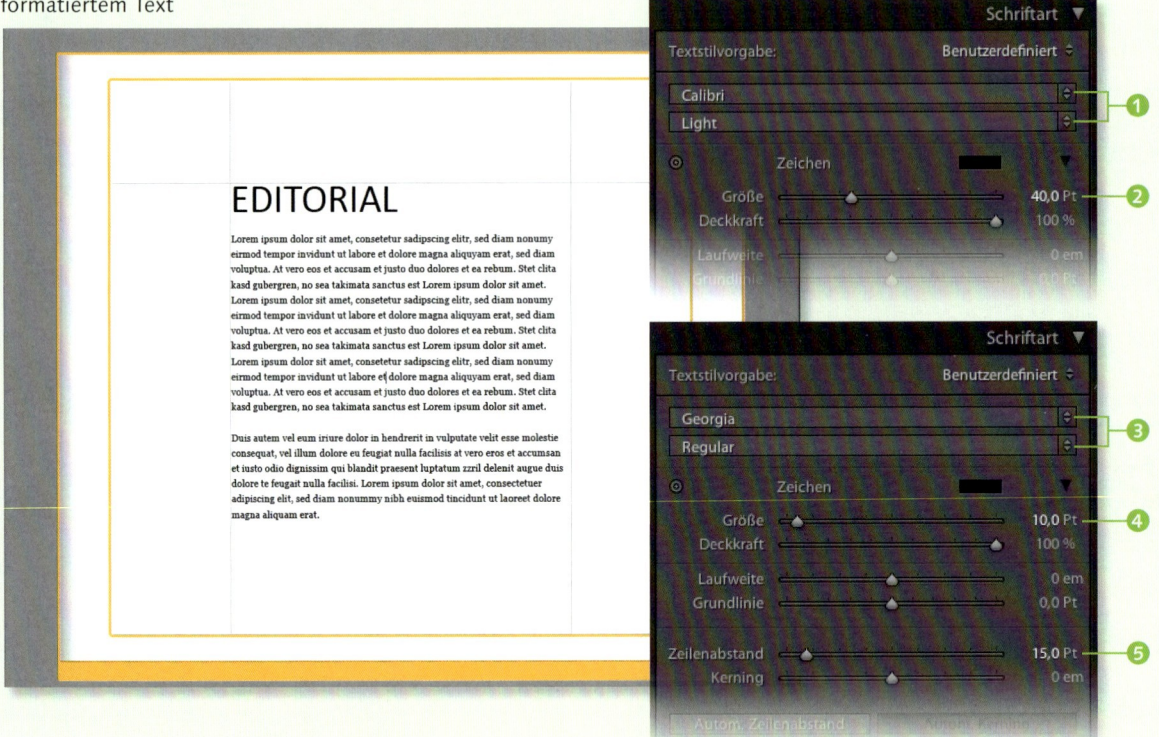

▼ Abbildung 22
Die erste Inhaltsseite mit fertig formatiertem Text

4   Textformat als Textstilvorlage speichern

Die Formateinstellung des Fließtextes soll jetzt als Vorlage gespeichert werden, damit diese auf anderen Seiten schnell wiederverwendet werden kann.

Um die Einstellungen für den Fließtext zu übernehmen, klicken Sie irgendwo in dem Textblock unter der Überschrift.

Anschließend wählen Sie im Dropdown-Menü neben der Bezeichnung Textstilvorlage den Eintrag AKTUELLE EINSTELLUNGEN ALS NEUE VORGABE SPEICHERN.

Im Dialog geben Sie dann eine eindeutige Bezeichnung für die Vorgabe an, wie z. B. »Georgia Reg. 10/15pt. schwarz«. In dieser

Workshop   Fotobuch erstellen

Bezeichnung sind die wichtigsten Formatangaben enthalten. Die Vorlage kann so schnell wiedergefunden werden.

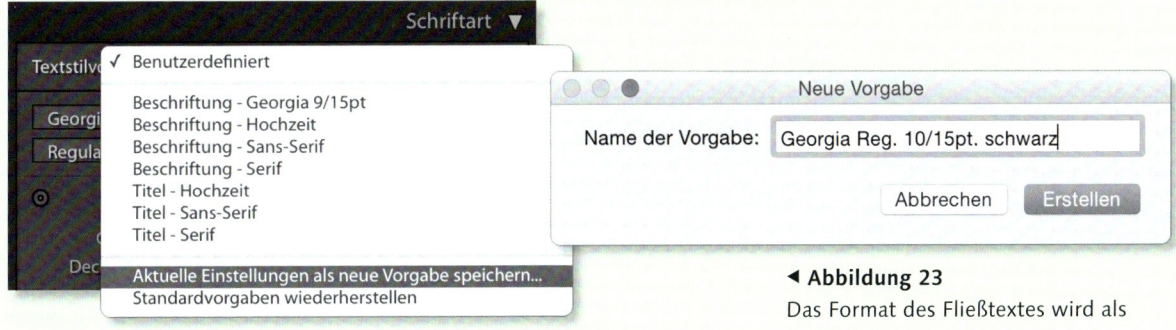

◀ **Abbildung 23**
Das Format des Fließtextes wird als Textformatvorlage gespeichert.

5 Hintergrundbild

Als abschließende Aufgabe platzieren Sie auf der Seite noch ein Hintergrundbild. Dazu gibt es im Filmstreifen das Bild »130502-0014_Barcelona.dng« mit den typischen Pflastersteinen Barcelonas. Deaktivieren Sie zuerst im Bedienfeld HINTERGRUND die Kontrollbox HINTERGRUND GLOBAL ANWENDEN 6. Bleibt sie aktiviert, wird der Hintergrund auf allen Seiten sichtbar.

Danach ziehen Sie das Foto per Drag & Drop aus dem Filmstreifen auf das weiße Vorschaufeld 7. Erhöhen Sie dann die DECKKRAFT 8 noch auf »50 %«.

▼ **Abbildung 24**
Jedes Bild im Filmstreifen kann als Hintergrundbild verwendet werden.

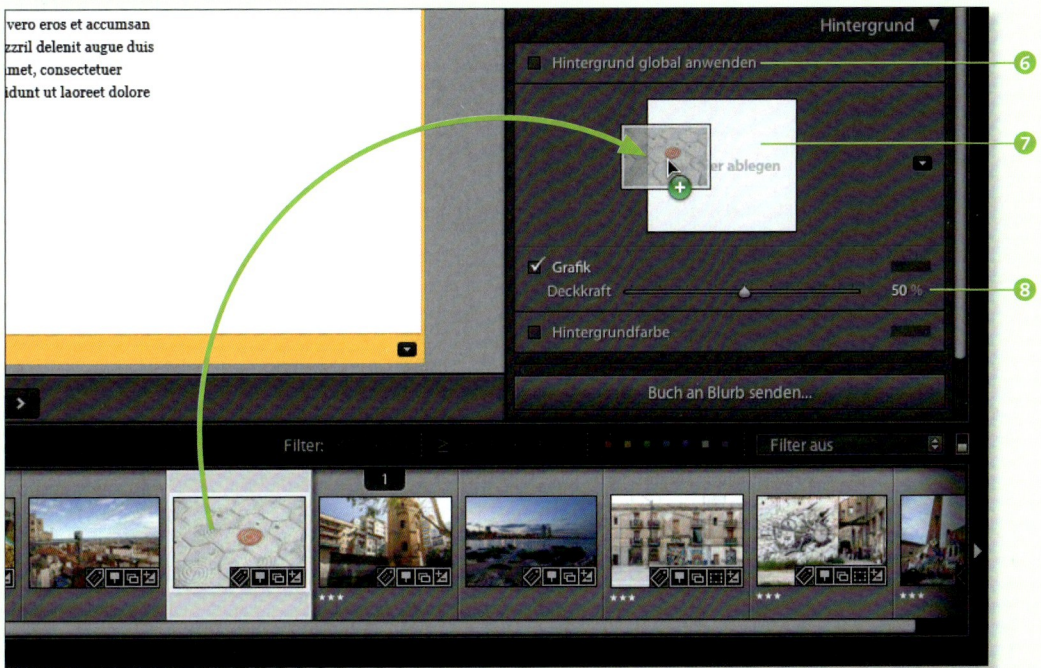

771

Schritt für Schritt
Bildseiten einfügen

Jetzt können Sie damit beginnen, Bildseiten zu platzieren. Zunächst werden vier Seiten mit jeweils einem Bild angelegt.

1 Seiten hinzufügen

Wechseln Sie zunächst in die MEHRSEITIGE ANSICHT ❶. Hier sieht man den gesamten Aufbau aller Seiten besser.

Klicken Sie jetzt im Bedienfeld SEITE dreimal hintereinander auf die Schaltfläche SEITE HINZUFÜGEN ❷.

Dreimal deshalb, weil Lightroom nach dem erstem Klicken keine neue Doppelseite erstellt, sondern nur von der linken auf die rechte Seite springt. Erst beim nächsten Klick wird wieder eine neue Doppelseite hinzugefügt.

▲ Abbildung 25
Buttons zum Umschalten des Ansichtsmodus (v. l. n. r.): MEHRSEITIGE ANSICHT, DRUCKBOGENANSICHT, EINZELSEITENANSICHT

▲ Abbildung 26
Um weitere Bilder zu platzieren, werden zusätzliche Seiten hinzugefügt.

2 Seitenlayout festlegen

Bei der Erstellung der neuen Seiten wurde das Layout der Textseite übernommen, da dies das zuletzt verwendete Layout ist. Sie müssen jetzt den Seiten neue Layouts zuweisen. Dies können Sie auch für mehrere Seiten gleichzeitig erledigen.

Halten Sie auf dem Mac die ⌘-Taste bzw. unter Windows die Strg-Taste gedrückt, und klicken Sie auf die Seiten 2 und 5. Danach können Sie die Tasten wieder loslassen.

Wählen Sie jetzt in der Layoutauswahl ❸ aus der Rubrik 1 FOTO ❹ das Layout mit dem ganzseitigen Bild ❺ aus.

Für die Seiten 3 und 4 wählen Sie aus derselben Rubrik das erste Layout mit einem kleinen weißen Rahmen ❻ aus.

Workshop   Fotobuch erstellen

▲ Abbildung 27
Layouts können auch für mehrere Seiten gemeinsam geändert werden.

3   Bilder platzieren

Ziehen Sie jetzt per Drag & Drop die ersten vier Bilder des Filmstreifens auf die Seiten.

Während die ersten drei Fotos gut passen, muss das letzte Bild mit dem Hochhaus auf Seite 5 im Rahmen verschoben werden. Ziehen Sie es einfach mit gedrückter Maustaste nach rechts, bis der Strommast im Vordergrund verschwunden ist. Zur besseren Kontrolle können Sie dies auch in der Einzelseitenansicht erledigen.

▼ Abbildung 28
Die ersten vier Bilder wurden auf den Seiten platziert.

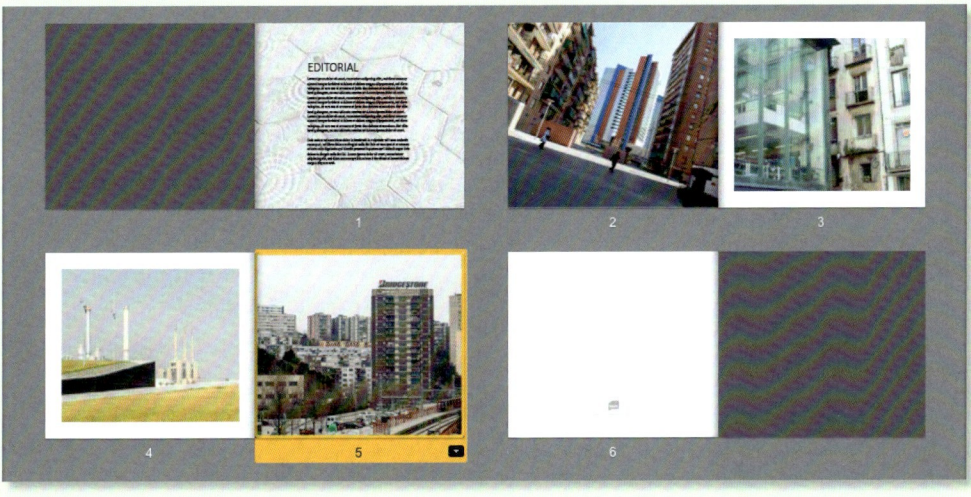

773

Workshop Fotobuch erstellen

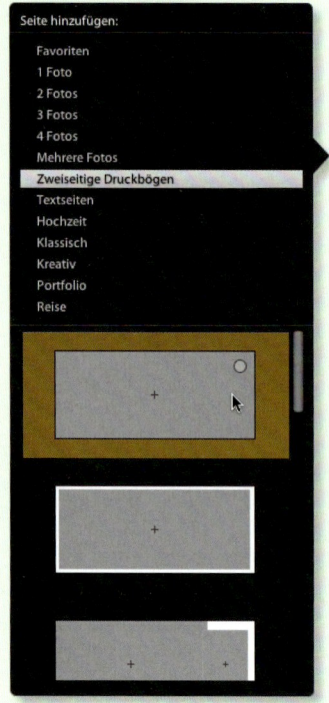

▲ Abbildung 29
Doppelseitiges Layout für ein Bild über zwei Seiten

Schritt für Schritt
Doppelseitiges Bild mit Fototext

Als Nächstes erstellen Sie eine Doppelseite mit einem einzelnen Bild. Die Zelle wird rechts beschnitten, damit dort noch ein Seitentext platziert werden kann.

1 Doppelseite hinzufügen

Klicken Sie in den grauen Bereich des Ansichtsfensters, um die Seitenauswahl aufzuheben. Wählen Sie dann im Bedienfeld SEITE über die Layoutauswahl aus der Rubrik ZWEISEITIGE DRUCKBÖGEN das erste Layout mit dem ganzseitigen Bild aus.

Es wird automatisch eine neue Doppelseite hinzugefügt. Dies ist aber nur der Fall, wenn keine Seite ausgewählt ist. Sonst wird nur das Layout der selektierten Seite geändert. Daher müssen Sie diesen Befehl auch über das Bedienfeld ausführen.

2 Bild platzieren und Zelle anpassen

Ziehen Sie das nächste Bild (»130430-0218_Barcelona.dng«) auf die Doppelseite, um es zu platzieren. Am einfachsten geht dies in diesem Fall in der DRUCKBOGENANSICHT.

Damit Sie jetzt rechts neben dem Bild noch etwas Text platzieren können, geben Sie im Bedienfeld ZELLE eine Füllung NACH-RECHTS von »320 Pt« an. Achten Sie dabei wieder darauf, dass die

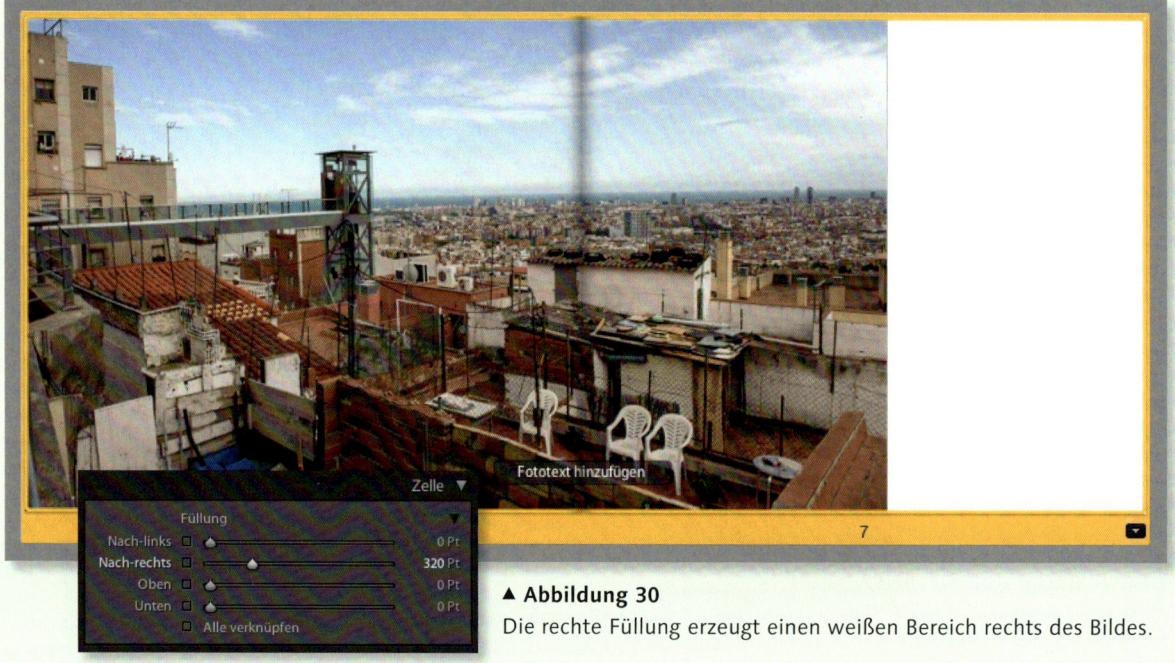

▲ Abbildung 30
Die rechte Füllung erzeugt einen weißen Bereich rechts des Bildes.

Workshop   Fotobuch erstellen

Kontrollbox bei ALLE VERKNÜPFEN deaktiviert ist. Schieben Sie das Bild außerdem ganz nach oben.

3 Feld für Seitentext einrichten

Da auf der Seite kein Textfeld vorgesehen ist, wird stattdessen der Seitentext verwendet. Klicken Sie dazu im Bedienfeld TEXT die Kontrollbox für SEITENTEXT ❸ an.

Damit der Text auf der Höhe des Horizonts beginnt, klicken Sie zunächst auf die Schaltfläche OBEN ❺ und geben dann einen VERSATZ ❹ von »190 Pt« an.

Im Bedienfeld ZELLE geben Sie jetzt noch eine Füllung NACH-LINKS ❷ von »1040 Pt« an.

4 Seitentext einfügen und formatieren

Löschen Sie den aktuellen Inhalt des Seitentextes, und fügen Sie 100 Wörter Blindtext ❶ ein (siehe Seite 768). Markieren Sie dann den gesamten Text, und wählen Sie im Bedienfeld SCHRIFTART aus dem Dropdown-Menü TEXTSTILVORGABE ❻ die auf Seite 770 erstellte Stilvorlage »Georgia Reg. 10/15pt. schwarz« an.

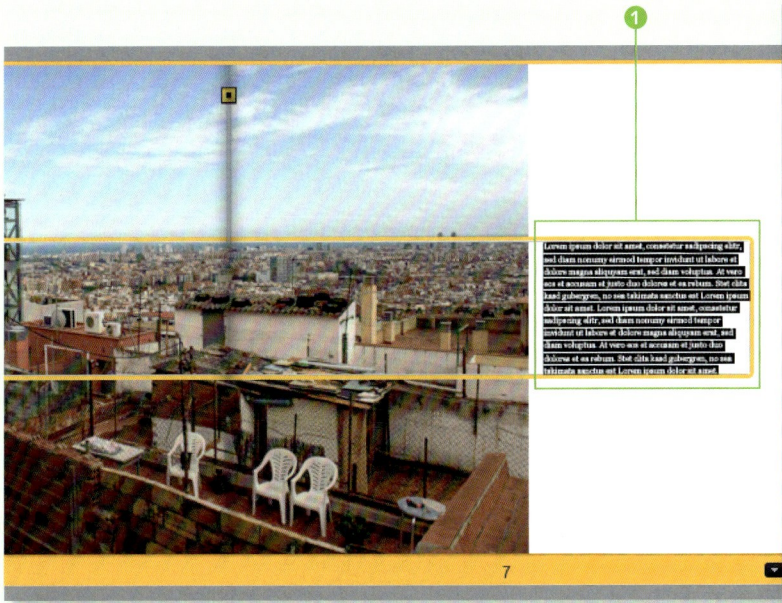
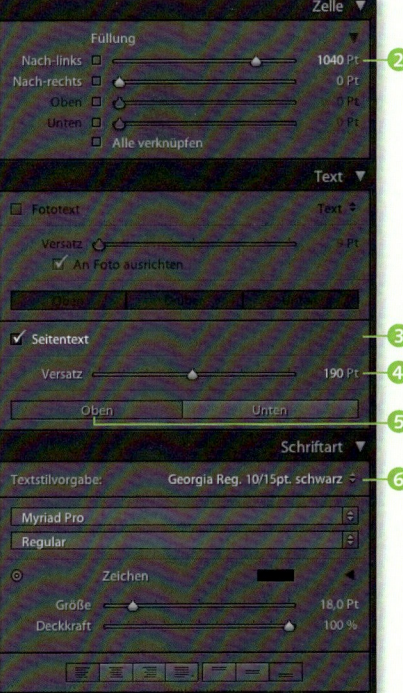

▲ Abbildung 31
Auf der Seite befindet sich kein Textfeld. Aus diesem Grund müssen Sie sich mit dem SEITENTEXT behelfen. Das Layout wird dabei durch die Füllungen der Bild- und Seitentext-Zelle bestimmt.

Workshop Fotobuch erstellen

Schritt für Schritt
Weitere Seiten hinzufügen

Jetzt kommen weitere Seiten hinzu. Da Sie in den vorangegangenen Schritten bereits die wichtigsten Handgriffe gelernt haben, werden die restlichen Schritte nicht ganz so ausführlich erklärt.

1   Doppelseite mit jeweils einem Foto

Als Nächstes fügen Sie zwei Seiten mit jeweils einem ganzseitigen Bild hinzu. Am schnellsten geht das, indem Sie erst auf die Schaltfläche SEITE HINZUFÜGEN klicken, beide Seiten selektieren und dann das Layout der beiden Seiten gemeinsam ändern.

Platzieren Sie anschließend die nächsten beiden Bilder im Filmstreifen (»070127-0345_Barcelona.dng«, »100317-0926_Barcelona.dng«) auf den Seiten. Das linke Bild bekommt dabei OBEN eine Füllung von »130 Pt«. Dadurch wird das Seitenverhältnis des Bildbereichs so verändert, dass das Bild unbeschnitten in die Zelle passt. Das verstärkt den Eindruck von Weite im Bild. Im Bild rechts ist die Lichtstimmung das entscheidende Bildmerkmal.

▼ **Abbildung 32**
Der obere Rand erzeugt Spannung. Außerdem wird dadurch das Bild nicht ungünstig beschnitten.

2   Einzelbild und Triptychon

Nun folgt wieder eine Seite mit nur einem Bild auf der linken Seite. Als Layout wird hier ein Design mit breiterem Rand gewählt – das siebte aus der Kategorie 1 FOTO. Dann steht das Bild links nicht so sehr in Konkurrenz zu den drei Bildern rechts.

Auf der rechten Seite wählen Sie aus der Rubrik 3 Fotos das Layout Nr. 14. Das sind drei Bilder vertikal über die gesamte Höhe, die aber einen Abstand zwischen den Bildern enthalten. Für ein Layout ohne Bildabstand würde man drei komplett unterschiedliche Bilder benötigen, um eine klare Trennung zu erhalten.

Platzieren Sie dort die Bilder »080524-0159_Barcelona.dng«, »080524-0155_Barcelona.dng« und »080524-0157_Barcelona.dng«. Verschieben Sie dann noch die Bildauschnitte so, dass die Gebäude mittig in ihren Zellen stehen.

▼ **Abbildung 33**
Die Doppelseite mit den jeweils verwendeten Layouts

3 Doppelseitenbild mit Fototext

Jetzt folgt wieder ein doppelseitiges Bild. Diesmal soll aber das Bild komplett über beide Seiten gezeigt werden. Der Text wird als Fototext über das Bild gelegt.

Wählen Sie dazu in der Layoutauswahl aus der Rubrik Zweiseitige Druckbögen das erste Layout, und platzieren Sie auf der Seite das nächste Bild (»130502-0226_Barcelona.dng«).

Klicken Sie dann auf das Label Fototext hinzufügen im Bild. Kopieren Sie dann in das Textfeld einen Blindtext mit ca. acht Wörtern Länge ein.

Damit der Text auf der rechten Seite steht, geben Sie eine Füllung Nach-links von »730 Pt« an. Vertikal verschieben Sie ihn dann mit einem Versatz von »120 Pt«.

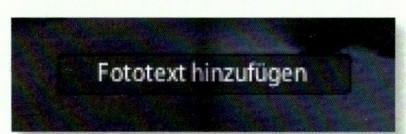

▲ **Abbildung 34**
Ein Fototext kann auch durch Anklicken des Labels im Ansichtsfenster erstellt werden.

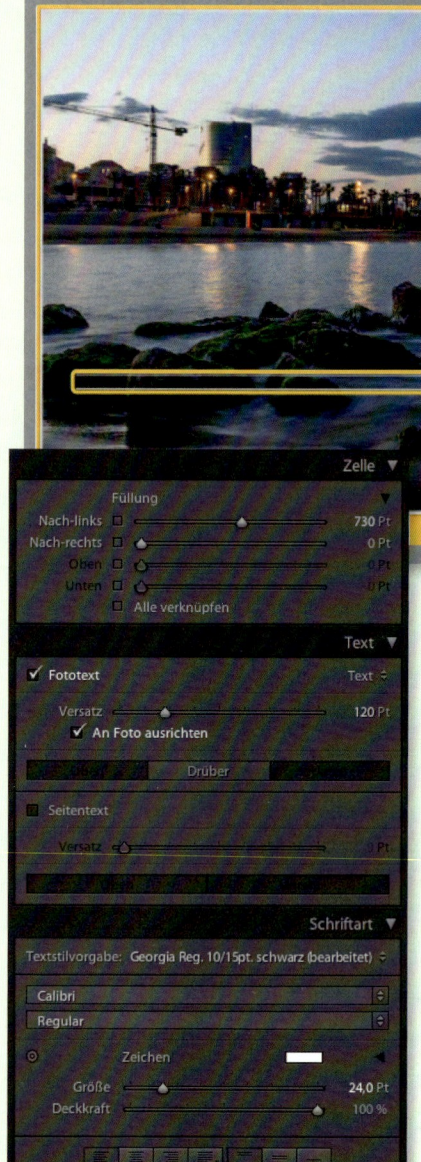

▲ **Abbildung 35**
Die Doppelseite mit den Modifikationen für den Fototext

Zum Formatieren der Schrift markieren Sie zunächst den Text und wählen als Schrift »Calibri Regular«. Die Größe stellen Sie auf ca. »24,0 Pt« ein, so dass der Text noch einzeilig bleibt. Damit man den Text lesen kann, färben Sie ihn zum Abschluss noch weiß ein.

4 Seite mit Texthervorhebung

Jetzt fügen Sie erneut eine Doppelseite mit je einem Bild hinzu. Auf der rechten Seite verwenden Sie dasselbe Layout wie das der linken Seite aus Punkt 2 dieser Schritt-für-Schritt-Anleitung. Auf dieser Seite platzieren Sie das Bild mit dem kaputten Sofa (»070901-0069_Poblenou.dng«).

Auf der linken Seite verwenden Sie das Hochformatbild mit der Hausecke (»070901-0089_Poblenou.dng«). Da das Bild nur im Hochformat richtig wirkt, wird in der Zelle eine Füllung NACH-LINKS von »280 Pt« eingefügt. Jetzt entspricht die Zelle nahezu dem Seitenverhältnis des Bildes, und es wird komplett dargestellt.

Damit der Weißraum links vom Foto gefüllt wird, platzieren Sie hier einen Blindtext mit ca. 100 Wörtern. Um den Text nur im weißen Teil der Seite zu haben, benötigen Sie in der Textzelle eine Füllung NACH-RECHTS von »390 Pt«.

In diesem Text werden Sie nun einen Satz stärker hervorheben, so dass er wie ein Zitat in einem Magazin-Layout herausgestellt wird.

Damit Sie die Textmodifikationen leichter durchführen können, wechseln Sie dazu am besten in die Einzelseitenansicht.

Zunächst formatieren Sie den gesamten Text wieder mit der angelegten Textstilvorgabe »Georgia Reg. 10/15pt. schwarz«.

Dann fügen Sie nach dem ersten und zweiten Satz jeweils einen Absatz plus Leerzeile ein. Dem zweiten Satz weisen Sie jetzt den Schriftschnitt »Italic« zu und ändern die Schriftgröße auf »18,0 Pt« und den Zeilenabstand auf »22 Pt«. Als Farbe geben Sie einen RGB-Wert von R = 54 %, G = 44 % und B = 19 % an. Diese Werte können Sie direkt im Farbauswahldialog unter der Farbpalette eingeben ❶. Klicken Sie dazu einfach auf den entsprechenden Wert neben dem Buchstaben. Nähere Infos zum Farbauswahldialog erhalten Sie auch auf Seite 798.

▼ **Abbildung 36**
Farbwerte können Sie auch direkt als Prozentwerte angeben.

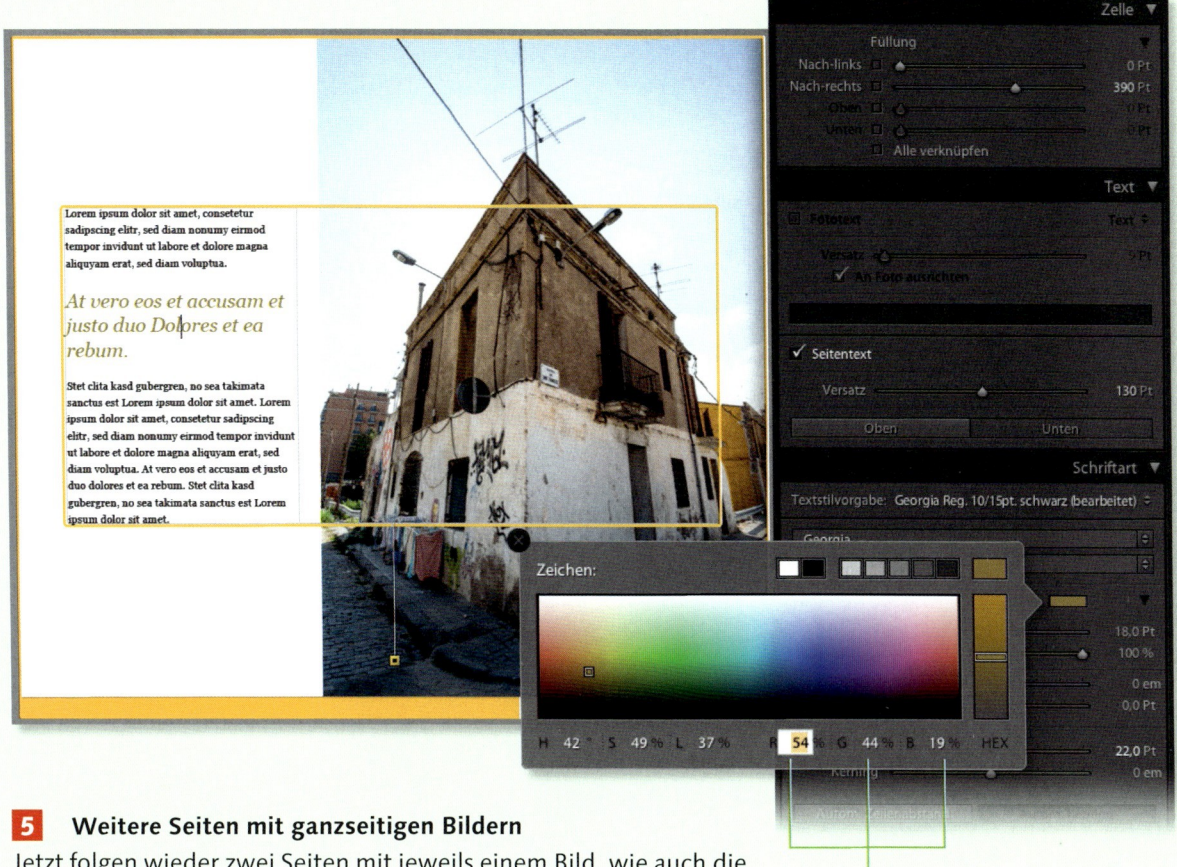

5 **Weitere Seiten mit ganzseitigen Bildern**
Jetzt folgen wieder zwei Seiten mit jeweils einem Bild, wie auch die Seiten 2 und 3. Das Bild der Oliven (Abbildung 37, links; »121115-0298_Barcelona.dng«) wird ohne Rand über die gesamte Seite platziert. Das Foto mit den Tapas (»100315-0215_Barcelona.dng«) bekommt wieder das Layout, bei dem an allen Seiten ein weißer Rahmen bestehen bleibt.

Workshop   Fotobuch erstellen

▲ **Abbildung 37**
Die Doppelseite mit Food-Bildern und den entsprechenden Layout-Varianten

6   Doppelseite mit drei Bildern und Fototext

Die abschließende Doppelseite variieren Sie jetzt noch einmal auf neue Art. Auf der linken Seite wird ein einzelnes Bild (»130503-0258_Barcelona.dng«) ganzseitig platziert. Verschieben Sie das Bild so, dass möglichst viel von der Wandbemalung sichtbar ist, die Personen rechts aber nicht abgeschnitten werden.

Für die rechte Seite wählen Sie das drittletzte Layout aus der Rubrik MEHRERE FOTOS der Layoutauswahl. Dabei handelt es sich

Abbildung 38 ▶
Der Ausschnitt des Bildes auf der linken Seite nach der Optimierung

um ein Layout mit sechs unterschiedlich großen Bildern. Davon platzieren Sie in der zweiten Zeile links das erste Bild (»130503-0243_Barcelona.dng«). Das zweite Bild (»130503-0264_Barcelona.dng«) platzieren Sie in den Rahmen rechts unten.

Um der Seite eine Hintergrundfarbe zuzuweisen, selektieren Sie zunächst die Seite und aktivieren dann im Bedienfeld die Kontrollbox Hintergrundfarbe. Achten Sie darauf, dass gleichzeitig die Kontrollbox Hintergrund global anwenden deaktiviert ist. Öffnen Sie den Farbauswahldialog durch Klicken in das Farbfeld. Stellen Sie dort einen Farbwert von R = 53 %, G = 50 % und B = 45 % ein.

Zum Abschluss erstellen Sie nun noch einen Fototext. Allerdings verwenden Sie dazu eine leere Fotozelle. Dies ist grundsätzlich möglich, da Fototexte mit einer Bildzelle und nicht mit einem platzierten Foto verknüpft sind.

Klicken Sie dazu in der vierten Bildbox – rechts neben dem ersten Bild – in die Zelle, und aktivieren Sie den Fototext durch Anklicken des Labels unter der Zelle oder der Kontrollbox in der Bedienfeldpalette Text ❶. Drücken Sie die Taste Drüber, um den Text in der leeren Fotozelle zu erstellen.

Fügen Sie hier wieder ca. 100 Wörter Blindtext ein, und weisen Sie diesem die Textstilvorgabe »Georgia Reg. 10/15pt. schwarz« zu. Anschließend ändern Sie die Textfarbe in Weiß. Für die Platzierung der Textzelle geben Sie noch einen Versatz von »30 Pt« und eine Füllung Nach-links von »50 Pt« an.

▼ **Abbildung 39**
Die fertige Seite mit den Einstellungen für den Fototext

Workshop   Fotobuch erstellen

▲ **Abbildung 41**
Die Schaltfläche zur Bestellung des Buches

▲ **Abbildung 42**
Die Schaltfläche zum Exportieren als PDF

Buch bestellen oder als PDF speichern

Jetzt könnten Sie das Buch an Blurb übertragen. Dazu müssen Sie auf die Schaltfläche BUCH AN BLURB SENDEN am Ende des rechten Bedienfeldes klicken.

Alternativ können Sie das Buch auch als PDF-Version speichern und entweder selbst ausdrucken oder an einen Druckdienstleister übermitteln. Dabei müssen Sie jedoch darauf achten, dass dieser auch das Drucken von PDF und dieselben Formate wie Blurb unterstützt.

Zum Exportieren als PDF klicken Sie auf die Schaltfläche BUCH ALS PDF EXPORTIEREN am Ende des linken Bedienfeldes. Es entstehen zwei Dateien – eine für den Umschlag und eine für den Innenteil.

Leider entspricht die PDF-Datei nicht einem gebräuchlichen Druckstandard, wie zum Beispiel PDF/X-3, so dass Sie individuell prüfen müssen, ob die Datei bei Ihrem Wunschdienstleister funktioniert und ob das Ergebnis zufriedenstellend ist. Eine pauschale Empfehlung kann ich an dieser Stelle leider nicht aussprechen.

▼ **Abbildung 40**
Das Buch aus dem Workshop gedruckt bei Blurb

Kapitel 15
Das Diashow-Modul

Eine beliebte und praktische Art, Bilder gleich am Rechner zu präsentieren, sind sogenannte Diashows. Dabei wird ein Bild nach dem anderen auf dem Screen aufgerufen, und das ganz ohne störende Applikationen. Lightroom ermöglicht eine einfache Erstellung solcher Diashows. Die Bilder oder Videos sind schnell ausgewählt, die wichtigsten Parameter schnell eingestellt, und es lassen sich auch Vorlagen speichern. Die Diashows lassen sich sogar als Videodatei oder als selbstablaufende PDF-Präsentation exportieren.

Zur Untermalung mit Musik können MP3-Dateien mit der Diashow abgespielt werden. Präsentationen lassen sich an die Länge eines Musikstücks anpassen. Die Länge des Titels und die Anzahl der Bilder bestimmen dann das Tempo der Diashow. Bei der Verwendung von Videos kann das Lautstärkenverhältnis zwischen Video und Hintergrund gesteuert werden.

▼ **Abbildung 15.1**
Modul zur Präsentation der Fotos als Diashow

15.1 Die Bildauswahl

Diashows beziehen sich normalerweise auf ein Thema und nicht auf die gesamte Bildersammlung. Daher müssen die Bilder, die in der Show angezeigt werden sollen, zusammengestellt werden.

Auswahl von Ordner oder Sammlung

Grundsätzlich gilt, dass alle Bilder, die in der Bibliothek sichtbar sind, auch in den Ausgabemodulen wie der Diashow zur Verfügung stehen. Denn alle Bilder, die in einem selektierten Ordner oder einer ausgewählten Sammlung liegen, werden im Filmstreifen angezeigt und können somit verwendet werden.

Im Diashow-Modul können Sie zudem auf selbst erstellte Sammlungen zugreifen. Dabei spielt es keine Rolle, ob es sich um eine normale Bildzusammenstellung oder um spezielle Diashow-, Drucken- oder Web-Sammlungen handelt. Ordner können Sie aber nur innerhalb der Bibliothek auswählen.

Alle ausgewählten Ordner oder Sammlungen werden im Filmstreifen angezeigt, der im Ausgabemodul als Mini-Bibliothek dient. Arbeiten Sie mit zwei Monitoren (siehe Seite 189) können Sie sich zusätzlich noch die Rasteransicht zeigen lassen, was das Arbeiten erleichtert.

▼ **Abbildung 15.2**
Alle Bilder des Filmstreifens können in der Diashow angezeigt werden.

Auswahl über Filter einschränken

Die Selektion der Bilder über Ordner oder Sammlungen kann zusätzlich über Filter eingeschränkt werden. Am schnellsten geht es, wenn für Bilder Attribute, beispielsweise Markierungen, Bewertungssterne oder Farbmarkierungen, vergeben wurden.

Nach diesen Bildeigenschaften können die Bilder in der Leiste über dem Filmstreifen gefiltert werden. Der Filter kann auch auf eine bereits erfolgte Ordner-/Sammlungsauswahl angewendet werden und diese somit weiter einschränken. Die Markierungen und Bewertungen bleiben als Bildeigenschaften bestehen, unabhängig davon, in welchem Modul Sie sich befinden. Wie Sie Attribute hinzufügen, erfahren Sie auf Seite 360.

▲ **Abbildung 15.3**
Die Bildauswahl lässt sich durch Filter weiter einschränken.

Ein wesentlicher Vorteil dieser Methode besteht in der Kombinationsmöglichkeit von Auswahlen und Filtern. Ein Filter kann zum Beispiel so gesetzt werden, dass nur Bilder mit dem Markiert-Status ❶ ab einer 3-Sterne-Bewertung ❷ angezeigt und in die Diashow übernommen werden. Nähere Informationen zum Einstellen von Filtern finden Sie auf Seite 351.

Dieser Weg der Bildzusammenstellung lässt sich schnell wiederholen, indem nur der Filter neu gesetzt wird. Auch können Filterzusammenstellungen als Vorgabe gespeichert und wiederverwendet werden. Bewertet oder markiert man Bilder neu, ändert sich die Zusammenstellung, da die veränderten Bildeigenschaften dann dem Filter entsprechen oder nicht mehr zutreffen.

Auswahl als Sammlung speichern

Wie bereits erwähnt, können Sie Bildzusammenstellungen als Sammlung speichern. Erstellen Sie eine Sammlung im Diashow-Modul, werden neben den Bildern auch die Einstellungen gesichert. Zu diesen Sammlungen können Sie beliebig viele Bilder oder Videos hinzufügen oder aus ihnen entfernen, und zwar nicht nur im Diashow-Modul, sondern auch in der Bibliothek, dem Buch-, Drucken- und Web-Modul. Ebenso ist es möglich, neue Sammlungen für weitere Diashows anzulegen.

Ablegen können Sie die Sammlungen in Sammlungssätzen. Sammlungssätze sind Ordner, die es Ihnen ermöglichen, Sammlungen besser zu strukturieren. Um Diashows an unterschiedliche Ausgabeformate wie 4:3 und 16:9 anzupassen, können Sie mit virtuellen Kopien arbeiten.

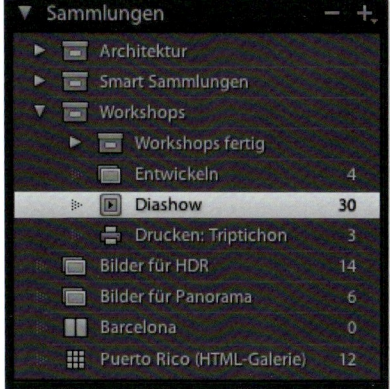

▲ **Abbildung 15.4**
Die Bildzusammenstellung von Diashows kann als Sammlung gesichert werden. Dabei werden auch die Moduleinstellungen mitgespeichert.

Kapitel 15   Das Diashow-Modul

Schritt für Schritt
Erstellen einer Diashow-Sammlung

Diese Schritt-für-Schritt-Anleitung erläutert Ihnen die Erstellung einer speziellen Diashow-Sammlung nur für ausgewählte Bilder.

Die hier verwendeten Bilder finden Sie im »Workshopkatalog« im Ordner BILDARCHIV • SPORT

1 Bildauswahl

Selektieren Sie in der Bibliothek die gewünschte Auswahl der Bilder, die in der Diashow präsentiert werden sollen. Um die Auswahl zu begrenzen, können Sie die Anzahl der gezeigten Bilder auf einen Ordner oder eine Sammlung einschränken. Auch der Einsatz von Filtern (siehe Seite 351) ist möglich.

▲ Abbildung 15.5
Nur die selektierten Bilder sollen später in die Kollektion wandern. Selektierte Bilder werden hellgrau hinterlegt.

Wählen Sie mit gedrückter ⌘/Strg-Taste die Bilder aus, die in der Diashow präsentiert werden sollen. Später können Sie noch weitere Bilder hinzufügen oder wieder aus der Auswahl entfernen.

2 Auswahl zur Verwendung in Diashow festlegen

Wechseln Sie in das Diashow-Modul. Dort wird der Ordner im Filmstreifen angezeigt, und die ausgewählten Bilder werden wie in der Bibliothek als ausgewählt gekennzeichnet.

▲ Abbildung 15.6
Über die Werkzeugleiste geben Sie an, dass nur die ausgewählten Bilder verwendet werden sollen.

3 Auswahl als Diashow-Sammlung speichern

Stellen Sie sicher, dass in der Werkzeugleiste das Dropdown-Menü neben VERWENDEN auf AUSGEWÄHLTE FOTOS steht. Klicken Sie mit der Maus auf die Schaltfläche DIASHOW ERSTELLEN UND SPEICHERN ❷ in der Leiste über dem Ansichtsfenster.

Geben Sie im Dialogfeld als Erstes einen Namen an. Haben Sie Ihre Bildauswahl aus einer Sammlung getroffen, die sich innerhalb einer anderen Sammlung oder eines Sammlungssatzes befindet, wird dieser im Dropdown-Menü beim Parameter ORT/INNEN angezeigt. Hier können Sie jetzt auch einen anderen Sammlungssatz als übergeordneten Ordner angeben. Deaktivieren Sie das Kontrollkästchen INNEN, wird die Sammlung auf der obersten Ebene angelegt.

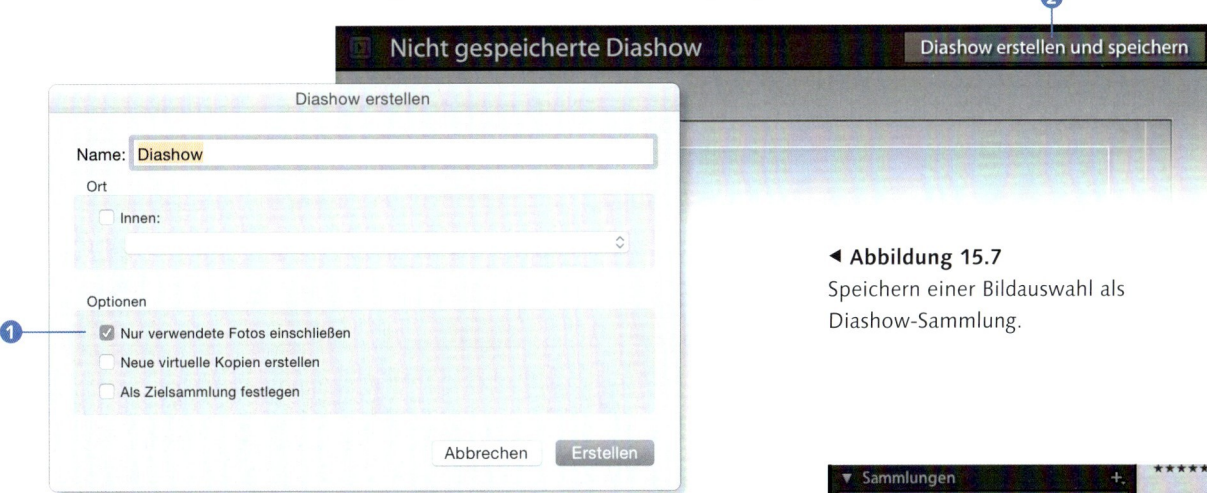

◀ **Abbildung 15.7**
Speichern einer Bildauswahl als Diashow-Sammlung.

Aktivieren Sie das Kontrollkästchen NUR VERWENDETE FOTOS EINSCHLIESSEN ❶. Dadurch werden nur die von Ihnen vorher ausgewählten Bilder in die Sammlung aufgenommen. Ansonsten würden alle Bilder des Filmstreifens übernommen werden. Wir wollen hier aber nur die bereits selektierten Bilder als Diashow präsentieren.

Als weitere Option können Sie die Bilder, die in die Sammlung übernommen werden, als virtuelle Kopien integrieren. Dies ermöglicht Ihnen, spezielle Einstellungen an den Bildern nur für diesen Ausgabezweck vorzunehmen. Oft werden dabei die Bilder auf die Diashow angepasst beschnitten, um die Bilder zum Beispiel auf Formate wie 16:9 oder 4:3 zu optimieren. Auch angepasste Helligkeitskorrekturen je nach Beamer sind denkbar.

Ist die Kontrollbox ALS ZIELSAMMLUNG FESTLEGEN aktiv, können Sie schnell durch Drücken der Taste B neue Bilder zu dieser Sammlung hinzufügen (siehe auch Seite 368).

Es befinden sich jetzt nur die in Schritt 1 ausgewählten Bilder in der Diashow. Wir wählen daher jetzt im Dropdown VERWENDEN in der Werkzeugleiste den Eintrag ALLE FOTOS IM FILMSTREIFEN, dann müssen wir beim Abspielen nicht die Bilder wieder erneut auswählen, sondern können direkt abspielen.

▲ **Abbildung 15.8**
In die Sammlung können über die Rasteransicht oder den Filmstreifen weitere Bilder eingefügt werden.

▲ **Abbildung 15.9**
Alle Bilder, die jetzt noch in der Diashow sind, sollen dargestellt werden.

15.2 Diashow konfigurieren

Die rechte Bedienfeldpalette ❸ im Diashow-Modul folgt einer klaren Struktur – beginnend mit den Optionen zur Bilddarstellung über die Randabstände im Layout und zur Überlagerung mit Erkennungstafel und Text bis hin zur Konfiguration des Fensterhintergrunds. Zu guter Letzt folgen die Abspieleinstellungen.

Die Bedienfelder auf der linken Seite ❶ enthalten, wie auch in den Ausgabemodulen Drucken und Web, den Vorlagenbrowser sowie Funktionen zum Speichern und Laden von Vorlagen und Sammlungen. Zusätzlich kann man dort die Diashow als PDF-Präsentation oder als Video exportieren. In der Toolbar unter dem Ansichtsfenster ❷ kann man die Bildverwendung (siehe Seite 786) und Textüberlagerungen (siehe Seite 796) eingeben.

ACHTUNG

Nicht immer ist die Reihenfolge der Bildauswahl dramaturgisch sinnvoll. Wenn Sie im Bibliothek-Modul einen Ordner ausgewählt haben und dann in das Diashow-Modul wechseln, können Sie die Reihenfolge nicht ändern. Sie müssen die Diashow erst speichern.

▼ **Abbildung 15.10**
Dreispaltiges Layout des Diashow-Moduls

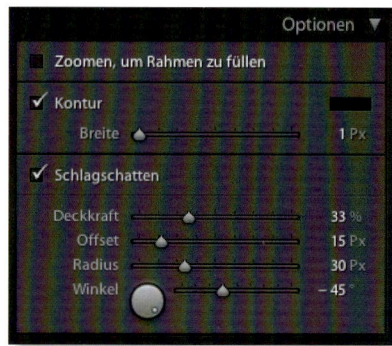

▲ **Abbildung 15.11**
Das OPTIONEN-Bedienfeld des Diashow-Moduls

Bedienfeld »Optionen«

Das erste Bedienfeld auf der rechten Seite ist für die Bilddarstellung zuständig. Veränderungen der Parameter werden sofort im Ansichtsfenster angezeigt.

Zoomen, um Rahmen zu füllen | Besitzt ein Bild ein anderes Seitenverhältnis als durch den Bildschirm und die Ränder vorgegeben, kann es an dieses Seitenverhältnis angepasst werden. Dabei wird es so weit vergrößert, bis es genau in das Layout hineinpasst. Die überstehenden Bildbereiche werden einfach abgeschnitten. Hochformatbilder werden oben und unten beschnitten – aus ihnen wird ein Querformat. Das führt oft zu Verlusten in der Bildwirkung.

▲ **Abbildung 15.12**
Die ZOOMEN-Option skaliert und beschneidet das Bild, bis es komplett in das Layout passt. Hochformatbilder werden dabei beschnitten.

Wenn Sie keine Bereiche verlieren wollen – und das empfehle ich Ihnen –, deaktivieren Sie das Kontrollkästchen. Lassen Sie es hingegen aktiviert – etwa wenn Ihre Diashow nur aus Querformaten besteht –, so haben Sie die Möglichkeit, das Bild mit der gedrückten Maustaste im Rahmen zu verschieben.

Kontur | Um das Bild herum kann durch Aktivieren des Kontrollkästchens KONTUR ein Rahmen dargestellt werden. Die Farbe des Rahmens lässt sich über das Farbfeld rechts daneben anpassen. Wie Sie den Dialog zur Farbdefinition verwenden, erfahren Sie auf Seite 798. Die Breite der Kontur wird über den Schieberegler darunter festgelegt.

 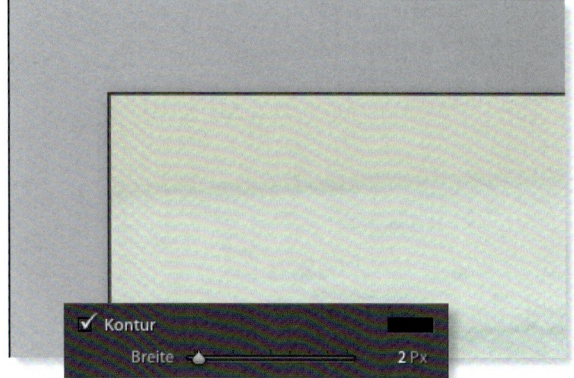

▲ **Abbildung 15.13**
Die Option KONTUR erstellt einen Rahmen um das Bild.

Schlagschatten | Das Bild kann mit einem Schlagschatten optisch vom Hintergrund abgesetzt werden. Dadurch entsteht ein leicht dreidimensionaler Eindruck, das Bild scheint vor dem Hintergrund zu schweben. Der Schlagschatten kann in seiner Farbe nicht weiter verändert werden. Er ist immer von Schwarz zu Grau auslaufend.

Abbildung 15.14
Eine niedrige DECKKRAFT lässt den Schatten weicher erscheinen.

Man kann ihn aber über die folgenden vier Optionen feiner einstellen.

- Die **Deckkraft** regelt die Transparenz des Schattens. Je geringer sie ist, desto mehr scheint vom Hintergrund durch. Der optische Effekt der Deckkraft ist auch von der Weichzeichnung des Schattens abhängig. Weichere Schatten wirken eleganter.

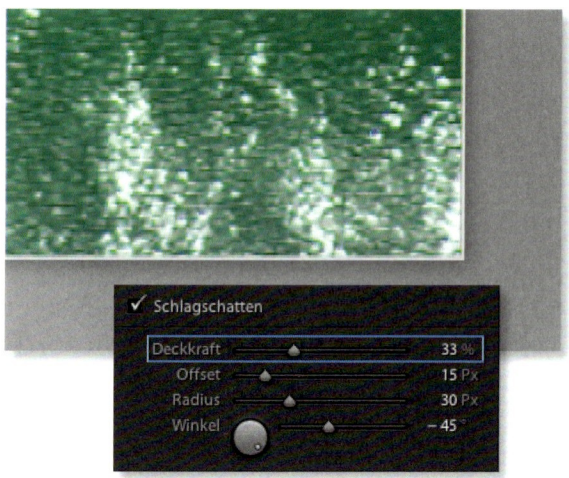

- Der **Offset** regelt die Breite des Schattens um das Bild herum und somit die optisch vorgetäuschte Entfernung des Bildes vom Hintergrund. Steht der Offset auf »0«, so kann man eine dunkle Aura um das Bild erzeugen. Vor allem Bilder, die eine ähnliche Helligkeit wie der Hintergrund besitzen, werden dadurch besser hervorgehoben.

Abbildung 15.15
Der OFFSET gibt den Abstand des Schattens zum Bild an. Dadurch entsteht der räumliche Eindruck.

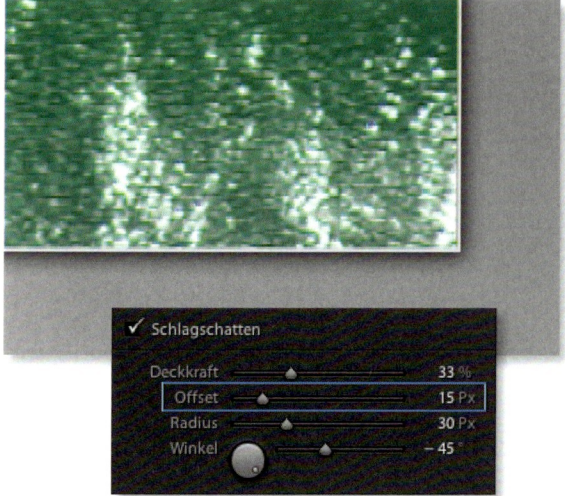
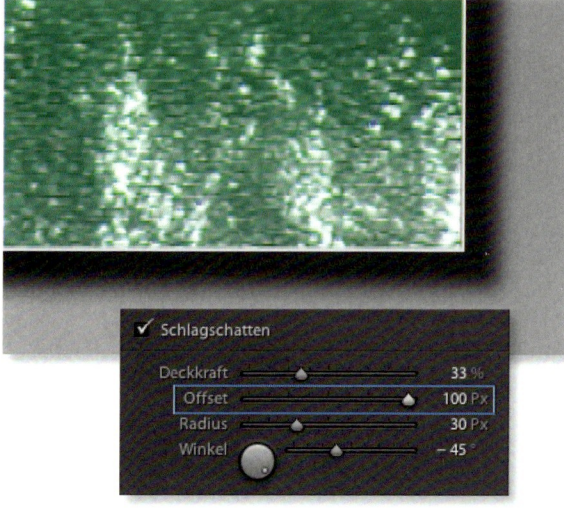

▶ Der **Radius** legt die Weichzeichnung des Schattens in Pixeln fest. Je höher sein Wert ist, desto weicher wirkt der Schatten. Weichere Schatten erfordern meistens eine höhere Deckkraft, da sie transparenter wirken als härtere Schatten.

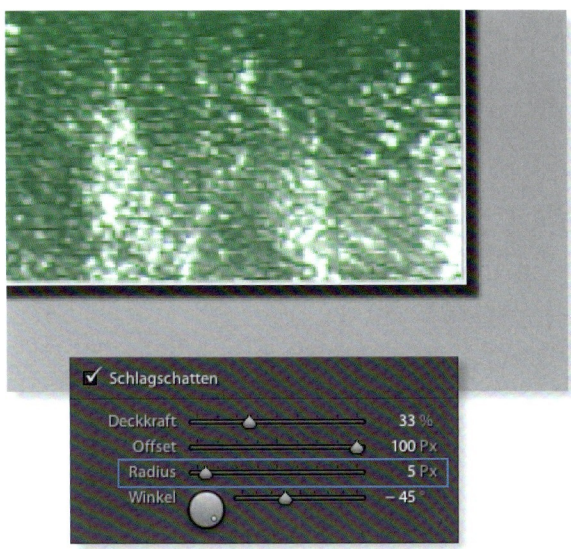
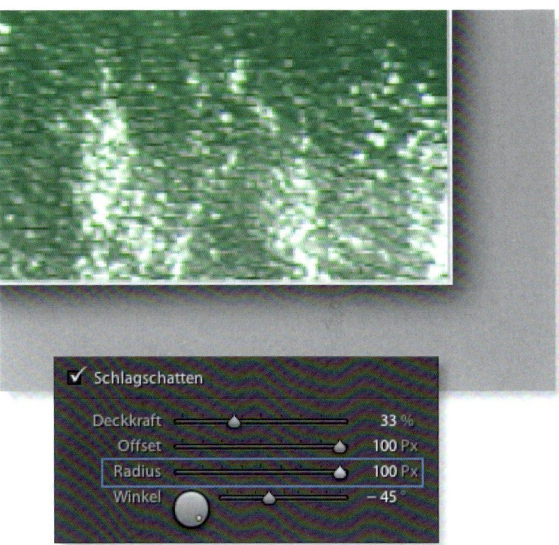

▼ **Abbildung 15.16**
Weiche Schatten (rechts) wirken angenehmer und betonen das Bild. Harte Schatten (links) lenken eher davon ab.

▶ Über den **Winkel** geben Sie die Richtung an, in die der Schatten projiziert wird. Befindet sich der Schatten rechts unten, empfinden wir ihn am ehesten als realistischen Schatten, was einem Wert von ca. −45° entspricht.

▼ **Abbildung 15.17**
Der Winkel gibt die Richtung an, in die der Schatten geworfen wird.

Bedienfeld »Layout«

Im Bedienfeld LAYOUT legen Sie die Position der Bilder auf der Diashow-Präsentationsfolie fest. Dies geschieht über die Definition der Ränder oben und unten sowie an den Seiten.

▼ **Abbildung 15.18**
Hilfslinien markieren den Randabstand. Bei deaktivierter ZOOMEN-Option wird damit die maximale Bildgröße sichtbar.

Hilfslinien einblenden | Damit die Ränder besser sichtbar sind, sollten Sie Hilfslinien einblenden. Dies ist dann hilfreich, wenn die Option ZOOMEN, UM RAHMEN ZU FÜLLEN deaktiviert ist. Dabei wird das Bild unbeschnitten in den Bereich auf der Folie eingepasst, der wiederum durch die Breite der Ränder festgelegt wird. Die somit ausgerichteten Ränder entsprechen dann nicht mehr den ursprünglich angewendeten Vorlageneinstellungen.

Links, Rechts, Oben, Untenl | Über diese Schieberegler oder über die Eingabe eines Zahlenwertes können Sie die Ränder einzeln einstellen. Spielen Sie ruhig damit – auch ungleiche Werte können interessante Präsentationen ergeben.

TIPP

Ist der Rand unten größer als an den anderen Seiten, erweckt dies einen optisch ausgewogeneren Eindruck. Man sagt auch: Das Bild fällt nicht nach unten durch. Das optimale Verhältnis zwischen oberem und unterem Rand entspricht dann 1:1,618 – dem Verhältnis nach dem Goldenen Schnitt. Bei einem oberen Rand von 55 Pixeln entspricht das einem unteren Rand von 89 Pixeln (nach Fibonaccis Zahlenreihe). Im größeren unteren Rand können zudem Textanmerkungen platziert werden.

Alle verknüpfen | Als Vorgabe sind dabei alle Seiten miteinander verknüpft. Ändern Sie einen Wert, so erhalten die übrigen Seiten den gleichen Rand. Sie können einzelne Rahmen aus der Verknüpfung lösen. Dazu klicken Sie jeweils auf das kleine Quadrat neben dem Schieberegler. Es wird dann dunkelgrau, während alle anderen hellgrau bleiben. Durch Klicken auf die Bezeichnung ALLE VER-

KNÜPFEN wird die Verknüpfung für alle Seiten wiederhergestellt. Ein weiterer Klick deaktiviert die Verknüpfung für alle Seiten.

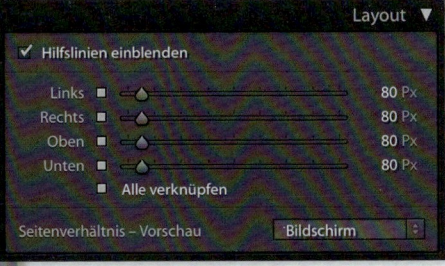

◀▲ **Abbildung 15.19**
Alle Ränder sind miteinander verknüpft. Bei der Änderung eines Wertes werden auch alle anderen angepasst.

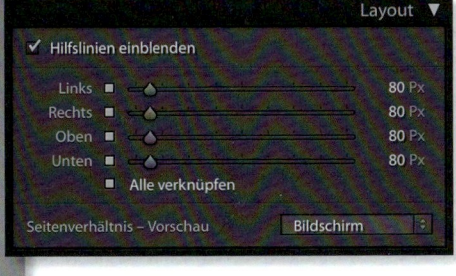

◀▲ **Abbildung 15.20**
Die Ränder sind nicht miteinander verknüpft. Jeder Rand kann einen eigenen Wert annehmen.

Seitenverhältnis Vorschau | Im Ansichtsfenster wird die Vorschau im Seitenverhältnis des Bildschirms dargestellt, auf dem Lightroom gerade dargestellt wird. Das muss aber nicht dem Seitenverhältnis des Abspielmonitors entsprechen. Über das Dropdown haben Sie die Möglichkeit, neben dem Bildschirm auch die Darstellung auf einem 16:9- oder 4:3-Monitor zu simulieren.

Neu in Lightroom 6/CC

◀ **Abbildung 15.21**
Auswahl des Vorschau-Seitenverhältnisses im Ansichtsfenster

Bedienfeld »Überlagerungen«

Sie können im Bild auch die Erkennungstafel, Bewertungssterne und sogar Textinformationen einblenden. Die Erkennungstafel können Sie dabei auch hinter das Bild auf den Hintergrund setzen, bei Sternen und Text macht das keinen Sinn. Alle Überlagerungen lassen sich auch mit der Maus in der Position verschieben und sogar variabel zum Bild positionieren.

Abbildung 15.22 ▼
Sie können in der Diashow auch eine Erkennungstafel einblenden und Ihre Präsentation damit schmücken.

TIPP

Für Muster mit transparentem Hintergrund – wie im abgebildeten Beispiel die Zeichnung – verwenden Sie am besten eine Photoshop-Datei mit transparenter Hintergrundebene.

Alphakanal

Der Transparenzkanal wird auch als Alphakanal bezeichnet. Er ist ein Graustufenbild, das in der Bilddatei als eigener Kanal enthalten ist. Schwarze Stellen im Alphakanal sind transparent, weiße deckend. Alle grauen Pixel dazwischen sind teilweise transparent.

Erkennungstafel | Verwenden Sie eine Haupterkennungstafel, so können Sie diese auch in der Diashow einblenden. In dem kleinen Preview-Fenster im Bedienfeld erhalten Sie damit eine Vorschau. Über das kleine Dreieck-Symbol öffnen Sie ein Dropdown-Menü, über das Sie auch eine alternative Grafik auswählen können (siehe auch Seite 165).

- **Deckkraft:** Die Erkennungstafel können Sie über den DECKKRAFT-Regler transparenter machen.
- **Maßstab:** Über den Regler MASSSTAB können Sie die Größe verändern.
- **Hinter Bild rendern:** Ist dieses Kontrollkästchen aktiviert, so wird die Erkennungstafel hinter dem Bild auf dem Hintergrund platziert. Das Bild verdeckt dann die Erkennungstafel. Dabei muss die Erkennungstafel nicht mit dem Bild verrechnet wer-

15.2 Diashow konfigurieren

den. Auf nicht so schnellen Rechnern kann das sonst die Diashow verlangsamen.

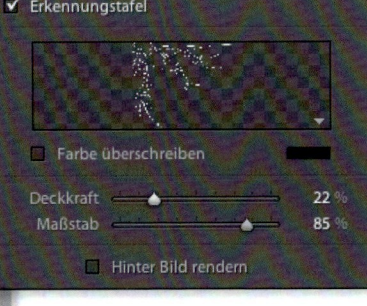

◀ **Abbildung 15.23**
Deckkraft und Maßstab wurden hier verringert. Dadurch kommt das Bild besser zur Geltung, und die Erkennungstafel wird abgesoftet.

◀ **Abbildung 15.24**
Die Erkennungstafel kann auch hinter das Bild gelegt werden, wenn sie dieses nicht verdecken soll.

Wasserzeichen | Ist dieses Kontrollkästchen aktiviert, können Sie über das Dropdown-Menü rechts ein Wasserzeichen auswählen oder konfigurieren. Dabei greifen Sie auf den Dialog zurück, den Sie auch über das Menü LIGHTROOM • WASSERZEICHEN BEARBEITEN (Windows: BEARBEITEN • WASSERZEICHEN BEARBEITEN) aufrufen können. Mehr über das Konfigurieren von Wasserzeichen finden Sie auf Seite 465.

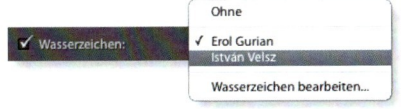

▲ **Abbildung 15.25**
Wasserzeichen können ebenfalls als Überblendung angezeigt werden – das ist aber selten sinnvoll.

Bewertungssterne | Wenn Sie die Bilder bewertet haben, können Sie über dieses Kontrollkästchen auch die zugewiesenen Sterne auf das Bild legen. Sie werden an der linken oberen Ecke platziert,

795

können aber auch mit der Maus verschoben werden. Für die Darstellung stehen Ihnen drei Parameter zur Verfügung:

- **Farbe:** Klicken Sie auf das Farbfeld neben dem Kontrollkästchen, um eine Farbe auszuwählen, in der die Sterne dargestellt werden sollen. Eine dezente Farbe ist hier zu bevorzugen.
- **Deckkraft:** Mit diesem Regler wird die Stärke der Transparenz beeinflusst, die Bewertungssterne lassen sich dadurch absoften.
- **Maßstab:** Über diesen Regler wird die Größe der dargestellten Sterne eingestellt.

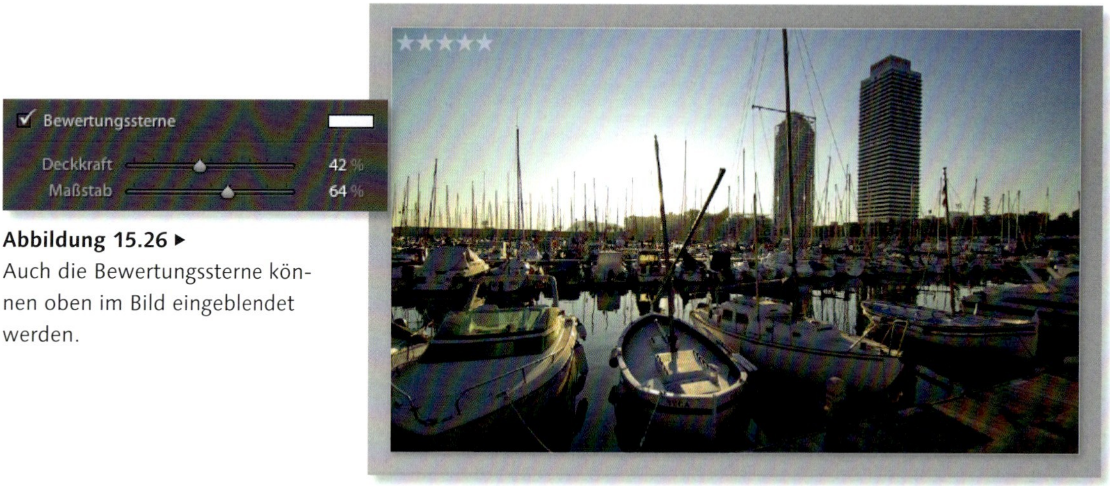

Abbildung 15.26 ▶
Auch die Bewertungssterne können oben im Bild eingeblendet werden.

Textüberlagerungen | Zusätzlich zur Erkennungstafel und zu den Bewertungssternen können auch Textinformationen auf den Folien eingeblendet werden. Die Texte werden aus Tokens zusammengesetzt, das sind Textbausteine, die Lightroom automatisch aus den Metadaten generieren kann.

Tokens beinhalten beispielsweise EXIF- oder IPTC-Daten, Dateiinformationen oder einfach den Namen oder die zugewiesenen Stichwörter des jeweiligen Bildes. Eine Schritt-für-Schritt-Anleitung, die das Erstellen von Metadatentoken beinhaltet, finden Sie auf Seite 812.

Sie können auch frei geschriebene Textblöcke platzieren und ausformatieren. Die Texteingabe erfolgt in der Eingabezeile der Werkzeugleiste, die sich unterhalb der Bildansicht befindet. Die folgenden Darstellungsparameter können Sie über das Bedienfeld auf der rechten Seite einstellen.

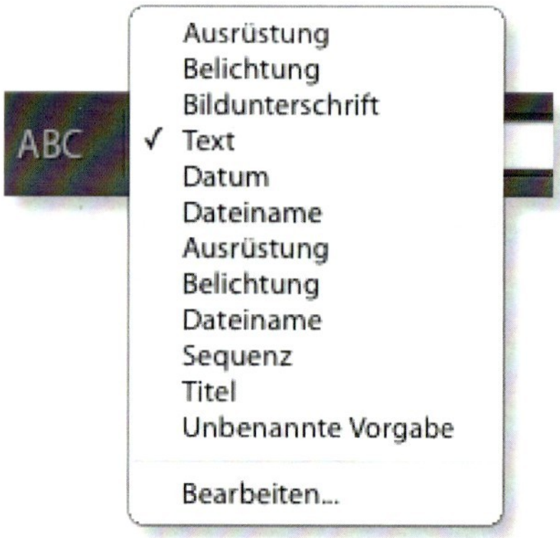

▲ **Abbildung 15.27**
Über die ABC-Schaltfläche wird ein Textfeld erstellt. Dieses kann eigenen Text oder Textbausteine aus Metadateninformationen enthalten.

- **Farbauswahl:** Ist die Textüberlagerung aktiviert, kann durch Klicken auf das Farbauswahlfeld ❶ die Farbe des jeweils aktivierten Textes definiert werden.

¹/₃₂₀ Sek. bei $f/7{,}1$

▲ **Abbildung 15.28**
Metadaten können als Text über die Bilder gelegt werden. In diesem Beispiel wurden vier Felder verwendet: IPTC-Land, -Stadt, -Szene und EXIF-Aufnahmedaten.

▸ **Deckkraft:** Dieser Regler steuert die Transparenz des Textfeldes.
▸ **Schriftartname:** Über dieses Dropdown-Menü erfolgt die Schriftauswahl für die Textdarstellung.
▸ **Schriftart:** Besitzt eine Schrift mehrere Schnitte – wie fett, kursiv, light, extrafett etc. – kann der Text über dieses Dropdown-Menü formatiert werden.

ACHTUNG

Benutzerdefinierter Text ist für alle Dias gleich. Er kann also nur allgemeine Informationen, wie den Namen der Sammlung, oder einen Präsentationstitel beinhalten.

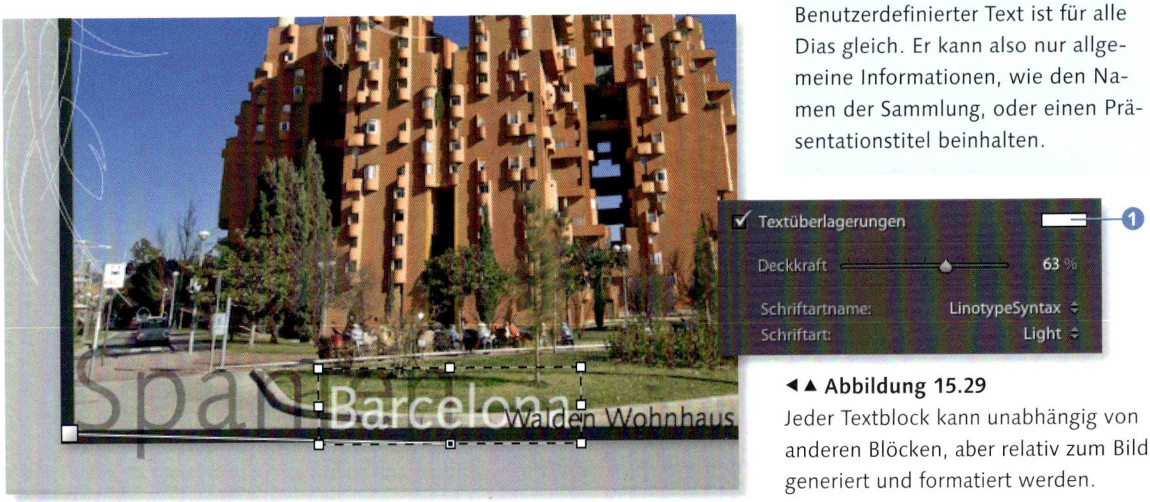

◂▴ **Abbildung 15.29**
Jeder Textblock kann unabhängig von anderen Blöcken, aber relativ zum Bild generiert und formatiert werden.

Der Farbauswahl-Dialog

Klicken Sie auf ein Farbfeld, erscheint der Farbauswahl-Dialog. Dieser besteht aus einer HSL-Farbpalette ❶. Diese zeigt das Farbspektrum aller Farben von Weiß bis Schwarz. Die Sättigung wird über den Regler rechts daneben ❽ gesteuert. Die aktuelle Farbe wird mit einem Kästchen ❷ in der Palette markiert und als aktuelle Farbe ❻ neben der letzten ausgewählten Farbe ❺ zum Vergleich angezeigt. Durch Klicken auf die letzte Farbdefinition kann diese wieder als aktuelle Farbe hergestellt werden. Vordefinierte Farbfelder für Schwarz und Weiß ❸ und verschiedene Grauwerte ❹ ermöglichen die schnelle Auswahl. Durch den Schalter HEX ❾ kann statt der RGB-Farbwerte ❼ der Hexadezimalwert angezeigt werden.

Schatten (nur Mac-Version) | Jede Überlagerung mit Erkennungstafel, Bewertungssternen oder Text kann individuell mit einem Schatten versehen werden. Dazu klickt man zuerst die jeweilige Überlagerung an und aktiviert dann die Kontrollbox SCHLAGSCHATTEN. Die Überlagerung wird durch eine gestrichelte Umrandung gekennzeichnet. Danach kann das Aussehen des Schattens über die folgenden Optionen festgelegt werden:

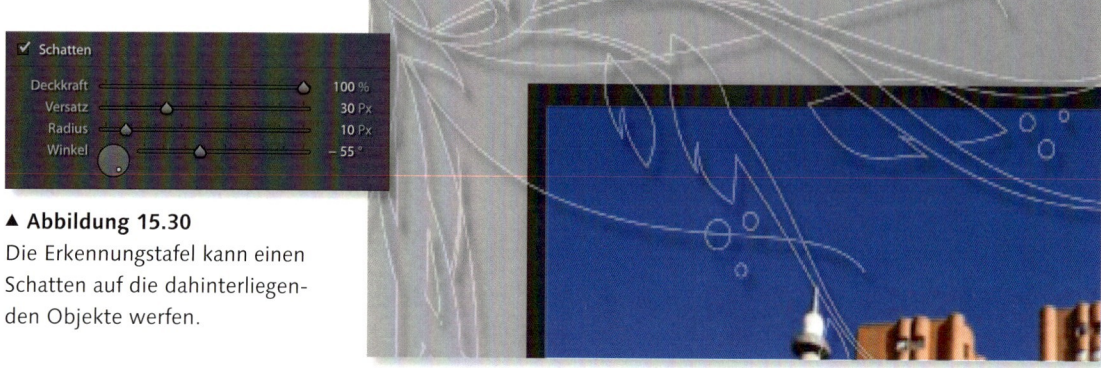

▲ **Abbildung 15.30**
Die Erkennungstafel kann einen Schatten auf die dahinterliegenden Objekte werfen.

- Die **Deckkraft** regelt die Transparenz des Schattens. Je geringer die Deckkraft eingestellt ist, desto mehr scheint vom Hintergrund durch.
- Der **Offset** bestimmt die optische Entfernung des Schattens von der Überlagerung. Je höher der Offset, desto weiter entfernt scheint das Bild vor dem Hintergrund zu schweben.
- Der **Radius** definiert die Weichzeichnung des Schattens in Pixeln. Je höher der Wert des Radius, desto weicher ist der Schatten.
- Über den **Winkel** geben Sie die Richtung an, in die der Schatten fallen soll.

Bedienfeld »Hintergrund«

Das drittletzte Bedienfeld auf der rechten Seite konfiguriert den Hintergrund, vor dem die Bilder in der Diashow präsentiert werden. Dafür gibt es drei Gestaltungswerkzeuge: die Hintergrundfarbe, ein Hintergrundbild und ein Verlaufswerkzeug.

Hintergrundfarbe | Dieser Parameter stellt die Hintergrundfarbe ein, die angezeigt wird, wenn im Layout ein Rand eingestellt ist oder das Bild aufgrund seines Formats den Bildschirm nicht komplett ausfüllt.

Farbe für Verlauf | Der Verlauf wird zwischen der im Bedienfeld angegebenen Hintergrundfarbe und der Verlaufsfarbe erstellt. Die Ausgangsfarbe des Verlaufs kann über das Farbfeld neben dem Kontrollkästchen eingestellt werden.

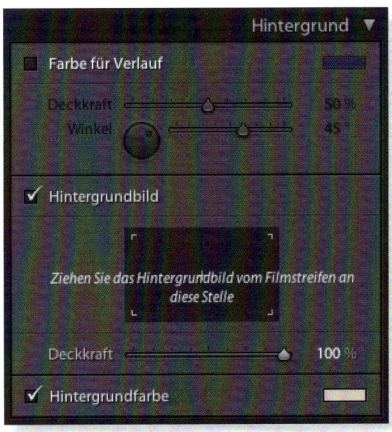

▲ **Abbildung 15.31**
Bedienpalette zum Einstellen des Hintergrunds

▼ **Abbildung 15.32**
Die Anfangsfarbe wird bei FARBE FÜR VERLAUF, die Zielfarbe bei HINTERGRUNDFARBE eingestellt. Der Verlauf wird dann über die gesamte Diashow-Folie gezogen.

▲ Abbildung 15.33
Der Verlauf wird über die ganze Breite der Präsentation angelegt und bleibt auch beim Drehen erhalten, ...

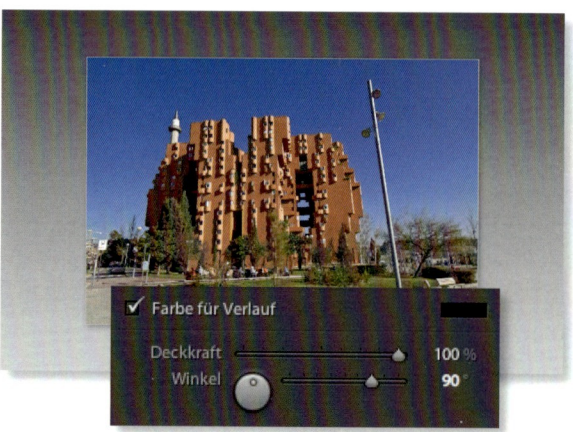

▲ Abbildung 15.34
... so dass ein Verlauf von oben nach unten eher einem Grauverlauf als einem echten Schwarzweißverlauf entspricht.

Der Verlauf besitzt immer die Länge der vollen Fensterbreite. Dreht man den Verlauf um 90°, so dass er von oben nach unten zeigt, ist daher nur ein Teil des Verlaufs sichtbar. Er wird also nicht an die Höhe angepasst. Ein Schwarzweißverlauf führt dann nur von Dunkel- zu Hellgrau.

Verläufe werden leider oft etwas streifig angezeigt. Das liegt an der zu geringen Farbtiefe der Monitore. Die Anzahl der Farben reicht nicht aus, um die feinen Abstufungen ohne erkennbare Sprünge darzustellen.

Je geringer der Unterschied zwischen Verlaufs- und Hintergrundfarbe ist, desto gleichmäßiger kann der Verlauf berechnet werden. Ein Schwarzweißverlauf zeigt die meisten, ein Verlauf von Rot nach Gelb oder Magenta deutlich weniger Streifen. Idealerweise greift man die Farben der Stimmung der Bilder auf.

Hintergrundbild | Sie können als Hintergrund auch ein Bild aus dem Filmstreifen verwenden. Dieses ziehen Sie auf das HINTERGRUNDBILD-Symbol im Bedienfeld oder einfach auf den Hintergrund im Ansichtsfenster.

Auch hier kann man wieder die DECKKRAFT einstellen und regelt damit die Transparenz des Bildes zur Hintergrundfarbe. Möchten Sie das Bild aufhellen, so wählen Sie eine helle Hintergrundfarbe, zum Abdunkeln eignet sich ein dunkler Farbton.

Wird zusätzlich zu Hintergrundbild und -farbe auch noch der Verlauf aktiviert, hat Lightroom ein Problem.

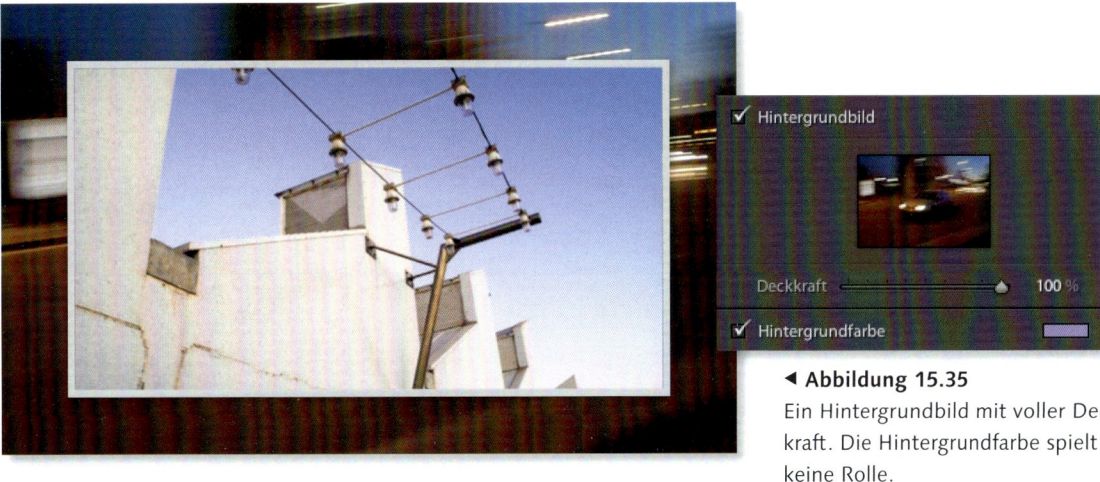

◀ **Abbildung 15.35**
Ein Hintergrundbild mit voller Deckkraft. Die Hintergrundfarbe spielt dabei keine Rolle.

◀ **Abbildung 15.36**
Bei geringerer Deckkraft vermischt sich das Hintergrundbild mit der Hintergrundfarbe.

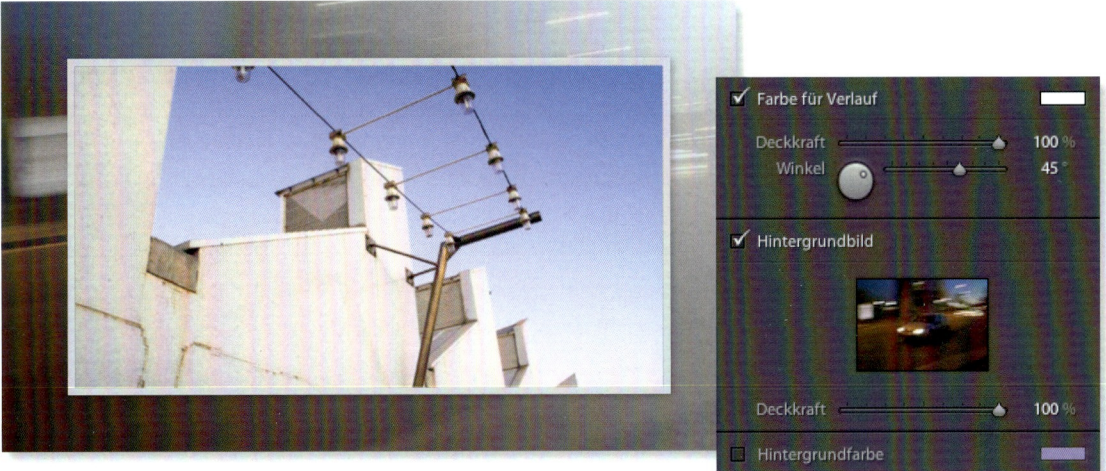

▲ **Abbildung 15.37**
Ein Hintergrundbild mit Verlauf und Hintergrundfarbe erzeugt oft unerwartete Ergebnisse. Ohne Hintergrundfarbe sieht es daher besser aus.

Normalerweise befindet sich die Hintergrundfarbe hinter dem Bild, beim Verlauf muss sie aber davor liegen, da sie für den Verlauf benötigt wird. Dabei kann es zu ungewollten Farbmischungen kommen. Wird die Hintergrundfarbe deaktiviert, so wird sie nicht mehr in die Verlaufsberechnung miteinbezogen. Sie wird dann so behandelt, als wäre sie transparent.

Bedienfeld »Titel«

Über das Bedienfeld T<small>ITEL</small> können Sie eine Start- und eine Endfolie für Ihre Diashow festlegen. Sie können für den Start und das Ende jeweils eine Erkennungstafel festlegen. Dabei kann auf dieselben Erkennungstafeln zugegriffen werden wie in der Palette Ü<small>BERLAGERUNG</small> (Seite 794).

▲ Abbildung 15.38
Der Diashow können am Anfang und am Ende individuelle Titelfolien mit Erkennungstafeln hinzugefügt werden.

Startbildschirm, Endbildschirm | Sind diese Kontrollkästchen aktiviert, wird vor beziehungsweise am Ende der Diashow eine Folie platziert. Deren Hintergrundfarbe lässt sich über das Farbauswahlfeld rechts daneben festlegen.

Erkennungstafel hinzufügen | Wird dieses Kontrollkästchen aktiviert, wird auf der entsprechenden Folie eine Erkennungstafel platziert, ansonsten ist die Folie leer und wird nur in der angegebenen Hintergrundfarbe dargestellt. Klicken Sie in das Vorschaufenster der Erkennungstafel, können Sie eine bereits gespeicherte auswählen oder eine neue erstellen. Mehr über das Definieren von Erkennungstafeln finden Sie auf Seite 165.

Farbe überschreiben | Haben Sie eine Erkennungstafel ausgewählt, wollen diese aber in einer anderen Farbe darstellen, können Sie die Voreinstellung überschreiben. Nach dem Aktivieren des Kontrollkästchens können Sie über das Farbauswahlfeld eine neue Farbe festlegen.

Maßstab | Dieser Regler erlaubt die Skalierung der Erkennungstafel. Diese wird immer mittig platziert.

Bedienfeld »Musik«

Wollen Sie während einer Diashow Musik abspielen, können Sie hier bis zu zehn Lieder hinzufügen. Klicken Sie dazu einfach auf das Plus-Symbol ❶ oben rechts im Bedienfeld. Es öffnet sich der Dateidialog, in dem Sie ein oder auch mehrere Musikstücke auswählen können. Sie können später über dieselbe Taste weitere Musikstücke hinzuladen.

Zum Löschen markieren Sie erst einen oder mehrere Titel und klicken auf das Minus-Symbol ❷. Die Lieder können Sie auch umsortieren. Dazu müssen Sie nur die gewünschten Lieder auswählen und diese mit gedrückter Maustaste per Drag & Drop in die gewünschte Reihenfolge bringen.

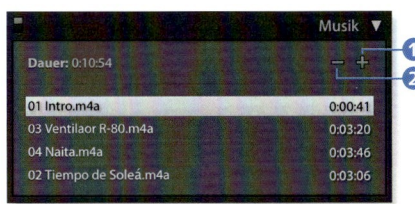

▲ Abbildung 15.39
Im Bedienfeld MUSIK können Sie eine eigene Playlist für die Diashow zusammenstellen.

Bedienfeld »Abspielen«

Diashow-Modus | Hier haben Sie die Wahl, ob Sie die Präsentation automatisch durchlaufen lassen oder manuell selbst zwischen den Bildern hin- und herspringen wollen.

Wählen Sie AUTOMATISCH, haben Sie noch weitere Einstellmöglichkeiten, die das Abspielverhalten steuern. Wählen Sie dagegen MANUELL, fehlen diese. Unter anderem wird hierbei auch die Hintergrundmusik deaktiviert. Auch Darstellungsdauer und der Effekt SCHWENKEN UND ZOOMEN werden ausgeschaltet, da sie in der manuellen Steuerung keinen Sinn machen und dort auch nicht funktionieren.

Im Modus MANUELL starten Sie zunächst die Diashow ganz normal. Zwischen den Bildern wechseln Sie dann mit Hilfe der Pfeiltasten → bzw. ← auf Ihrer Tastatur.

▲ Abbildung 15.40
Das ABSPIELEN-Bedienfeld im Modus MANUELL

Folien zur Musik synchronisieren | Ist diese Kontrollbox aktiviert, werden die Dynamik der Musik analysiert und die Übergänge zum Rhythmus der Musik abgestimmt. In diesem Fall haben Sie keine Möglichkeit, in die Dauer oder den Übergang zwischen den Bildern einzugreifen.

Folienlänge | Über den Schieberegler können Sie die Darstellungsdauer eines Bildes einstellen. In Lightroom kann dafür leider nur ein Wert angegeben werden, der für alle Bilder gleich ist. Über den Regler können Sie maximal 20 Sekunden einstellen. Nur wenn Sie die Diashow an der Musik ausrichten, sind auch längere Zeiträume möglich.

Überlagerungen | Es gibt nur einen Überblendeffekt zwischen zwei Bildern, dessen Länge Sie hier einstellen können. Die maximale Dauer der Überlagerung beträgt 20 Sekunden.

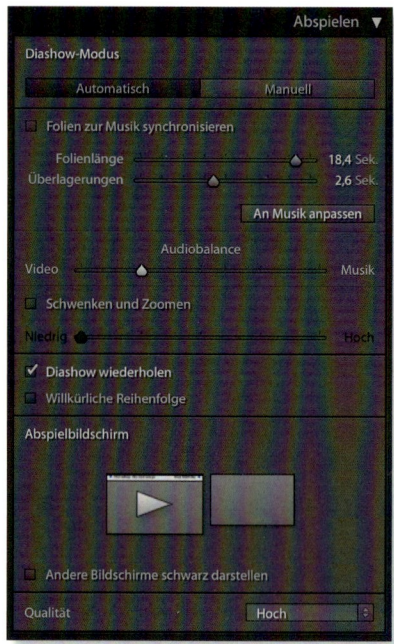

▲ Abbildung 15.41
Das ABSPIELEN-Bedienfeld im Modus AUTOMATISCH.

An Musik anpassen | Durch Drücken der Schaltfläche wird die Folienlänge an die Länge der Wiedergabeliste angepasst. Dabei wird auch die Dauer der Überlagerung berücksichtigt.

Drücken Sie die Schaltfläche und verändern anschließend den Überlagerungswert, müssen Sie den Button erneut drücken, um die Gesamtlänge wieder an die Musik anzugleichen.

Audiobalance | Videos beinhalten oft auch eigenen Sound. Damit dieser nicht störend von der Hintergrundmusik überlagert wird, können Sie diese dämpfen, während ein Video abgespielt wird. Erledigen können Sie dies, indem Sie das Verhältnis zwischen Videoton- und Musiklautstärke über diesen Schieberegler steuern.

Schwenken und Zoomen | Dieser Effekt ist auch unter dem Namen Ken-Burns bekannt. Dabei wird während der Darstellung eines Bildes dieses leicht gezoomt und verschoben. Dies erzeugt eine gewisse Dynamik wie ein weicher Kameraschwenk und unterstützt das Fokussieren der Betrachter auf das Bild.

Über die Kontrollbox können Sie den Effekt aktivieren und über den Schieberegler die Stärke des Effekts. Aber auch hier ist der Effekt für alle Bilder gültig.

Diashow wiederholen | Wenn Sie die Diashow als Endlosschleife wiederholen wollen, dann müssen Sie dieses Kontrollkästchen aktivieren. Durch Drücken der [Esc]-Taste wird die Diashow wieder gestoppt.

Willkürliche Reihenfolge | Dieses Kontrollkästchen aktiviert einen Zufallsgenerator für die Darstellung der Bilder. Die Pfeiltasten [←] und [→] können auch in diesem Modus zum Blättern zwischen den Bildern genutzt werden.

Abspielbildschirm | Dieser Punkt ist nur dann sichtbar, wenn mehr als ein Bildschirm an den Computer angeschlossen ist. Dies kann der Zweitmonitor, der externe Monitor an einem Notebook oder auch ein Beamer sein.

Das Symbol des aktuellen Abspielmonitors wird mit einem Pfeil gekennzeichnet. Durch Klicken auf das andere Monitor-Symbol kann der Präsentationsbildschirm gewechselt werden. Während des Abspielens wird der inaktive Monitor abgeblendet, wenn Sie das Kontrollkästchen ANDERE BILDSCHIRME SCHWARZ DARSTELLEN aktivieren.

15.2 Diashow konfigurieren

Qualität | Hier haben Sie über ein Dropdown die Möglichkeit, aus drei Qualitätsstufen zu wählen. Die Auswahl der Qualität hat Auswirkungen auf die Dauer, die Lightroom benötigt, um die Bilder für die Darstellung zu berechnen. ENTWURF eignet sich dabei, um schnell die Diashow als »Generalprobe« einmal durchlaufen zu lassen. HOCH dagegen dauert länger in der Berechnung, besitzt aber eine bessere Bildqualität. Ein Kompromiss aus Geschwindigkeit und Qualität ist die Einstellung STANDARD.

»Vorschau« und »Abspielen« der Diashow

Am Ende der rechten Bedienfeldpalette befinden sich noch zwei weitere Schaltflächen. Die ABSPIELEN-Taste startet die Diashow bildschirmfüllend, während die Vorschau nur im Ansichtsfenster angezeigt wird. Die Vorschau kann auch über die Werkzeugleiste gesteuert werden.

▲ **Abbildung 15.42**
Die Schaltflächen zum Starten der Diashow

Werkzeugleiste

Die Werkzeugleiste unterhalb des Ansichtsfensters bietet einige Steuerungsmöglichkeiten, die nachfolgend beschrieben werden.

Vorschausteuerung | Die START-Taste ❸ hat dabei die gleiche Funktion wie die VORSCHAU-Schaltfläche in der Bedienfeldpalette. Läuft die Diashow, wird die START- zur PAUSE-Taste. Sie hält die Präsentation an der aktuellen Folie an, während man nach dem Drücken der STOP-Taste ❶ zur ersten Folie zurückspringt. Die Pfeiltasten ❷ erlauben das schnelle Navigieren durch die Präsentation.

▼ **Abbildung 15.43**
Die Werkzeugleiste der Diashow

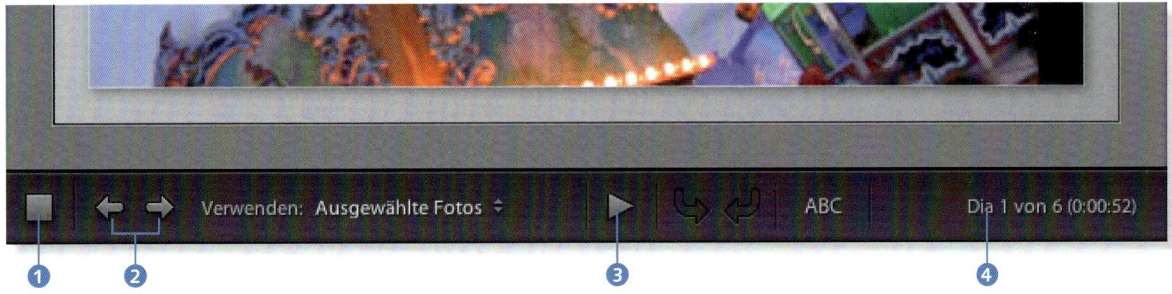

Schnell durch die Diashow blättern | Rechts sehen Sie die Nummer des aktuellen Dias ❹, die Gesamtanzahl aller Dias und die Dauer der Diashow. Wenn Sie dort die Maus mit gedrückter Maustaste nach rechts oder links bewegen, springen Sie schnell durch die Diashow.

Zu verwendende Bilder festlegen | Über das VERWENDEN-Dropdown können Sie wählen, welchen Status die Bilder im Filmstreifen besitzen müssen, um in der Diashow angezeigt zu werden. Die Auswahl MARKIERTE FOTOS zeigt nur Bilder, die auch den entsprechenden Status, symbolisiert durch das Fähnchen, haben (siehe Seite 360).

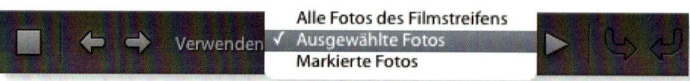

Abbildung 15.44 ▶
Auswahl der zu verwendenden Bilder über den Status

15.3 Exportieren einer Diashow

Diashows lassen sich auch exportieren. Dabei stehen zwei Formate zur Auswahl: als PDF-Präsentation oder als Video. Sie können somit die Diashow auch an andere Personen weitergeben, die kein Lightroom besitzen.

Exportieren als PDF

PDF ist das Standardaustauschformat für digitale Dokumente. Für nahezu alle Plattformen gibt es den kostenfreien PDF-Betrachter ACROBAT READER zum Download.

Das Format erlaubt auch bildschirmfüllendes Präsentieren. Dabei werden alle Menüs ausgeblendet und nur die Bilder angezeigt, Hintergrundmusik wird jedoch nicht unterstützt. Die folgenden Parameter können dabei eingestellt werden.

▲ Abbildung 15.45
Die beiden Schaltflächen zum Export einer Diashow befinden sich unten, im linken Bedienfeld.

▶ **Qualität:** Die Bilder in der PDF-Präsentation können komprimiert werden. QUALITÄT gibt den Kompressionsgrad und die damit verbundene Qualität an. Je geringer die Qualität, desto geringer die Dateigröße. Bis 75 % ist der Qualitätsverlust kaum sichtbar.

▶ **Automatisch Vollbildschirm anzeigen:** Wird die PDF-Datei geladen, wird sofort der Präsentationsmodus des Readers aktiviert und die Diashow abgespielt.

▶ **Breite, Höhe:** Sie können die Präsentationsgröße beliebig festlegen oder über das Dropdown-Menü ÜBLICHE GRÖSSEN aus einer Auswahl voreingestellter Formate wählen.

▶ **Übliche Größen:** Dieses Dropdown-Menü stellt Ihnen eine Auswahl der gängigsten Bildschirmauflösungen bereit. Die Option BILDSCHIRM erkennt die derzeitige Monitorauflösung und verwendet diese als Endformat.

▲ Abbildung 15.46
Bei einer Qualität von 60 % sind bereits deutlich Kompressionsfehler zu erkennen.

15.4 Überlagerungen konfigurieren

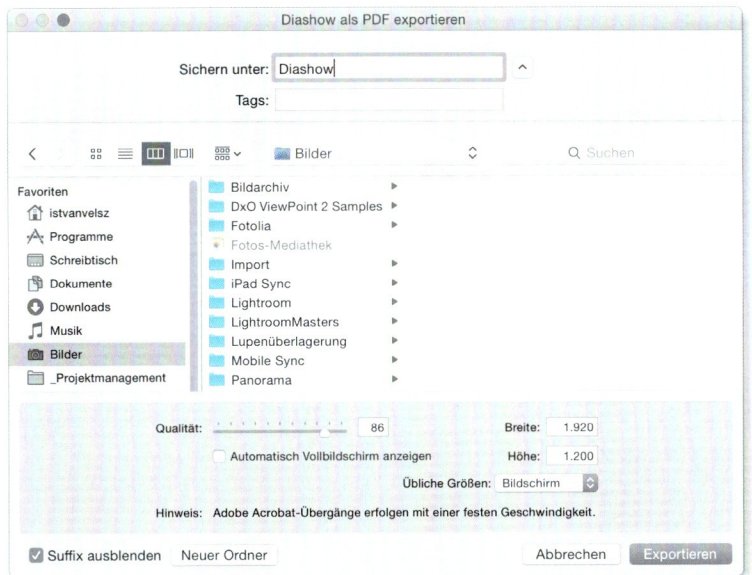

◄ Abbildung 15.47
Einstellungen zu Qualität, Abspieloptionen und Größe können direkt im Export-Dialog eingestellt werden.

Adobe Acrobat ignoriert übrigens die Einstellung der Überblendungsdauer und verwendet stattdessen eine intern festgelegte. Die Dauer der Bilddarstellung wird aber übernommen.

Export als Video

Exportieren Sie die Diashow als Video, wird eine MPEG4-Datei erzeugt, die mit Apple QuickTime und Windows Media Player 12 kompatibel ist. Im Einstellungsdialog können verschiedene Größen über ein Dropdown-Menü angegeben werden. Weitere Einstellungen zu Qualität oder Datenrate sind nicht möglich.

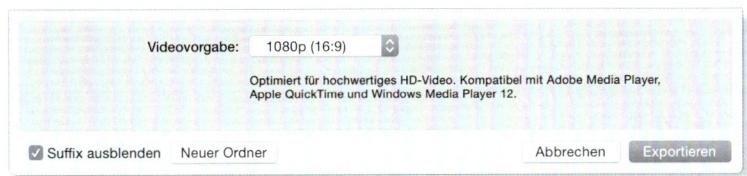

◄ Abbildung 15.48
Die Einstellungen zum Videoexport sind auf die Angabe der Größe beschränkt.

15.4 Überlagerungen konfigurieren

Wie erwähnt, können die Bilder einer Diashow mit einer Erkennungstafel, Bewertungssternen und Textinformationen überlagert werden. Diese Überlagerungen lassen sich beliebig platzieren und skalieren. Es ist auch möglich, mehrere Elemente darzustellen und damit komplexere Bildbeschreibungen in die Diashow einzubinden.

In der folgenden Schritt-für-Schritt-Anleitung erhalten Sie einen Einblick in das Erstellen und Platzieren von Überlagerungen. Die Ausgangsdateien finden Sie in den Dateien des Begleitmaterials (Seite 975) zum Buch. Für dieses Beispiel benötigen Sie eine Erkennungstafel. Erstellen Sie diese wie auf Seite 165 beschrieben, und speichern Sie sie unter dem Namen »Diashow Blumen« ab. Wenn Sie den Beispielkatalog des Begleitmaterials verwenden, ist die Erkennungstafel unter dem Namen »Diashow Blumen« bereits angelegt.

Abbildung 15.49
So wird die Diashow am Schluss aussehen. Sie enthält oben links die Erkennungstafel und ansonsten einen Bildrahmen, Bewertungssterne und eine Einblendung von Stichwörtern.

Abbildung 15.50
Eine Erkennungstafel können Sie im Voreinstellungsmenü konfigurieren und speichern.

Schritt für Schritt
Diashow mit Überlagerung erstellen

Sie finden im Beispielkatalog eine geeignete Diashow-Sammlung im Sammlungssatz SCHRITT-FÜR-SCHRITT-ANLEITUNGEN • AUSGANGSMATERIAL • KAPITEL 15: DIASHOW. Dort befinden sich eine Bildauswahl und die Bedienfelder OPTIONEN und LAYOUT bereits voreingestellt. Sie können aber auch eine Diashow mit eigenen Werten erstellen. Diese sind für das Beispiel nicht wichtig.

1 Erkennungstafel auswählen und aktivieren

Aktivieren Sie im rechten Bedienfeld ÜBERLAGERUNG das Kontrollkästchen ERKENNUNGSTAFEL. Im kleinen Vorschaufenster, das darunter angezeigt wird, sollten Sie dann die Erkennungstafel sehen. Ist dies nicht der Fall, klicken Sie auf das kleine Dreieck rechts unten in der Vorschau. Daraufhin öffnet sich ein Pulldown-Menü, aus dem Sie die Grafik mit dem Namen DIASHOW BLUMEN auswählen. Hier können Sie auch eine neue Tafel erstellen.

◀ **Abbildung 15.51**
Sind mehrere Erkennungstafeln vorhanden, können Sie die gewünschte über ein Dropdown-Menü auswählen.

2 Größe und Deckkraft ändern

Ihre Erkennungstafel wird anfangs unter Umständen sehr klein eingeblendet. Um sie an die Präsentation anzupassen, geben Sie jetzt bei MASSSTAB einen Wert von 85 % an. Als DECKKRAFT geben Sie 50 % an. So scheint das darunterliegende Bild durch.

▲ **Abbildung 15.52**
Die Erkennungsgrafik nach der Anpassung von DECKKRAFT und MASSSTAB

3 Platzieren der Erkennungstafel

Damit die Erkennungstafel etwas mehr an den Rand wandert, verschieben Sie sie ein wenig nach links und nach oben. Dazu klicken Sie sie mit der Maus an.

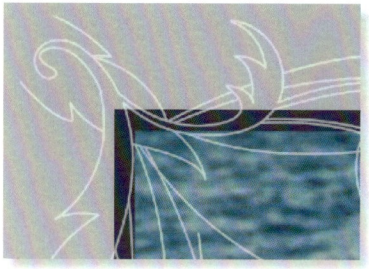

▲ Abbildung 15.53
Die Erkennungstafel besitzt zunächst immer einen Abstand zum Rand der Diashow. Dieser muss verringert werden.

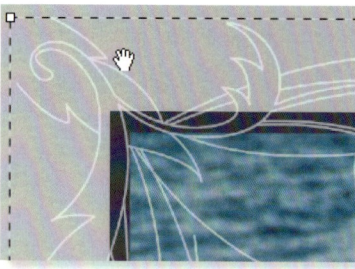

▲ Abbildung 15.54
Beim Anklicken wird sie mit einem gestrichelten Rahmen und mit Anfasspunkten versehen. Die Hand zeigt an, dass die Tafel verschoben werden kann.

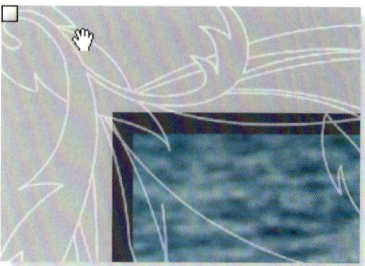

▲ Abbildung 15.55
Die Tafel wird nun so weit verschoben, bis die Blätter der Grafik über den Rand hinausragen und teilweise abgeschnitten werden.

Es erscheint ein gestrichelter Rahmen mit Anfasspunkten an den Ecken und in der Mitte der Begrenzungslinien. Fassen Sie diese Anfasspunkte mit der Maus an, und skalieren Sie damit die Erkennungsgrafik. Dabei verändert sich auch der MASSSTAB.

Um die Erkennungsgrafik zu verschieben, halten Sie die linke Maustaste über der Grafik gedrückt. Erscheint anstelle des Mauspfeils die Hand, können Sie die Grafik verschieben. Bewegen Sie die Grafik über den Rand hinaus, bis ihre linke obere Ecke verschwindet.

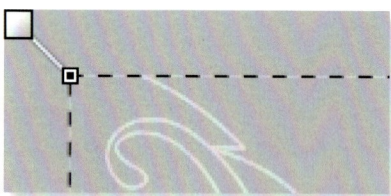

▲ Abbildung 15.56
Das Kästchen in der Ecke gibt an, dass die Erkennungstafel an dieser Ecke der Diashow verankert ist.

Die Erkennungstafel ist in der linken oberen Ecke der Präsentation verankert. Das erkennen Sie daran, dass sich dort ein hellgraues Kästchen befindet, das größer als die Eckpunkte des gestrichelten Markierungsrahmens ist. Beim Verschieben der Grafik bleibt das Ankerkästchen an seinem Platz.

4 Bewertungssterne einblenden

Aktivieren Sie im Bedienfeld ÜBERLAGERUNGEN das Kontrollkästchen für die BEWERTUNGSSTERNE. Diese werden in der linken oberen Ecke des Bildes angezeigt.

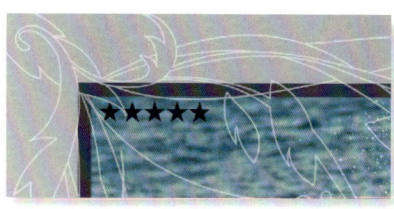

▲ Abbildung 15.57
Nach der Aktivierung der Bewertungssterne werden diese in der linken oberen Bildecke angezeigt.

5 Farbe, Maßstab und Deckkraft der Bewertungssterne

Damit man sie deutlicher sehen kann, werden die Bewertungssterne zunächst weiß eingefärbt. Dazu klicken Sie auf das Farbfeld neben dem Kontrollkästchen zum Aktivieren der Überlagerung.

Wählen Sie im Farbauswahl-Dialog die Farbe Weiß aus, und bestätigen Sie die Auswahl, indem Sie links oben auf das »X« klicken. Geben Sie anschließend im Bedienfeld eine DECKKRAFT von 75 % und einen MASSSTAB von 50 % an.

◀ **Abbildung 15.58**
Über die Farbauswahl wird die Farbe der Bewertungssterne eingestellt.

6 **Position der Bewertungssterne ändern**
Die Bewertungssterne sollten links unter der Präsentationsfläche des Bildes positioniert werden und immer an dieser Stelle stehen bleiben – auch wenn sich die Ecke beim Wechsel von einem quer- zu einem hochformatigen Bild verschiebt. Aus diesem Grund werden die Sterne an die Ecke geheftet.

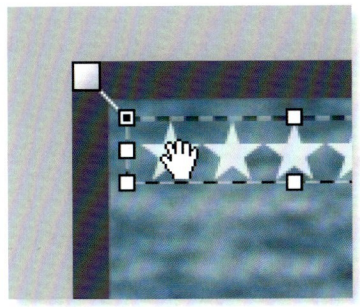 

◀ **Abbildung 15.59**
Die Bewertungssterne werden unter die linke untere Ecke des Bildes verschoben. Das Ankerkästchen schnappt an dieser Ecke ein und fixiert somit die Sterne an dieser Stelle des Bildes.

Da die Erkennungstafel nun über den Bewertungssternen liegt, deaktivieren Sie das Kontrollkästchen für die Aktivierung der Erkennungstafel vorübergehend, damit nicht versehentlich die Erkennungstafel ausgewählt und verschoben wird.

Klicken Sie anschließend die Bewertungssterne mit der Maus an, und ziehen Sie sie mit gedrückter Maustaste unter die linke untere Ecke des Bildes.

Das Anker-Symbol springt dabei erst in die Mitte der linken Seite und dann an die untere Ecke. Eine Verbindungslinie zeigt die relative Position der Sterne zum Symbol an. Solange das Anker-Symbol auf dem Bild steht, sind die Bewertungssterne an die Position im

▲ Abbildung 15.60
Textfelder werden über die Werkzeugleiste erstellt.

Bild geheftet. Wenn man das Ankerkästchen beispielsweise in die linke untere Ecke des Hintergrunds verschiebt, bleiben die Sterne immer an derselben Stelle – auch wenn sich Position und Ausrichtung des Bildes ändern. Das Ankerkästchen gibt es bei jedem überlagernden Element, also auch bei Erkennungstafel und Text.

Sie können die Erkennungstafel jetzt wieder über das Kontrollkästchen aktivieren.

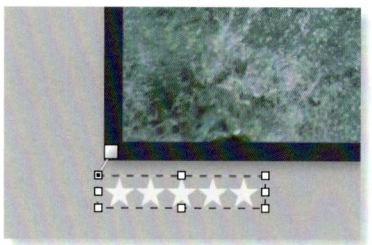

▲ Abbildung 15.61
Ist das Ankerkästchen im Bild zu sehen, sind die Sterne angeheftet.

▲ Abbildung 15.62
Sie bleiben dann immer an der linken unteren Bildecke positioniert, …

▲ Abbildung 15.63
… auch wenn statt eines Querformats ein Hochformat gezeigt wird.

▲ Abbildung 15.64
Ist das Ankerkästchen auf dem Hintergrund platziert, …

▲ Abbildung 15.65
… bleiben die Sterne unabhängig vom Bild an derselben Stelle stehen, …

▲ Abbildung 15.66
… auch wenn sich das Bildformat ändert.

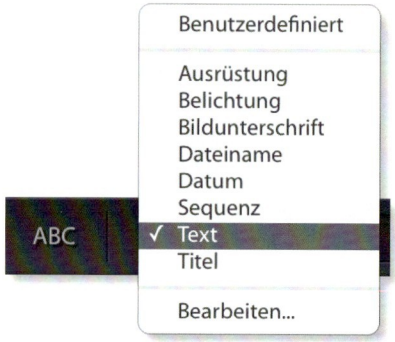

▲ Abbildung 15.67
Um ein Token zu erstellen oder zu ändern, klickt man auf die aktuelle Tokenbezeichnung.

7 Textvorgabe mit Tokens erstellen

Tokens sind kleine Textbausteine, die Informationen aus Metadaten auslesen oder automatisch generierten Text bereitstellen. In dieser Übung werden zwei Vorgaben aus Tokens erstellt und platziert. Das erste Token enthält die Länderangabe aus den IPTC-Daten.

Klicken Sie in der Werkzeugleiste auf die mit ABC gekennzeichnete Schaltfläche. Daneben erscheint ein Texteingabefeld. Links daneben stehen der Begriff TEXT und ein Doppelpfeil. Klicken Sie diesen an, und wählen Sie aus dem Dropdown-Menü den Punkt BEARBEITEN aus.

15.4 Überlagerungen konfigurieren

Es erscheint der Baukasten zum Zusammensetzen von Textschnipseln. Im Textfeld steht jetzt das Token BENUTZERDEFINIERTER TEXT. Klicken Sie es an, und löschen Sie es mit der ⬅- beziehungsweise mit der Entf -Taste.

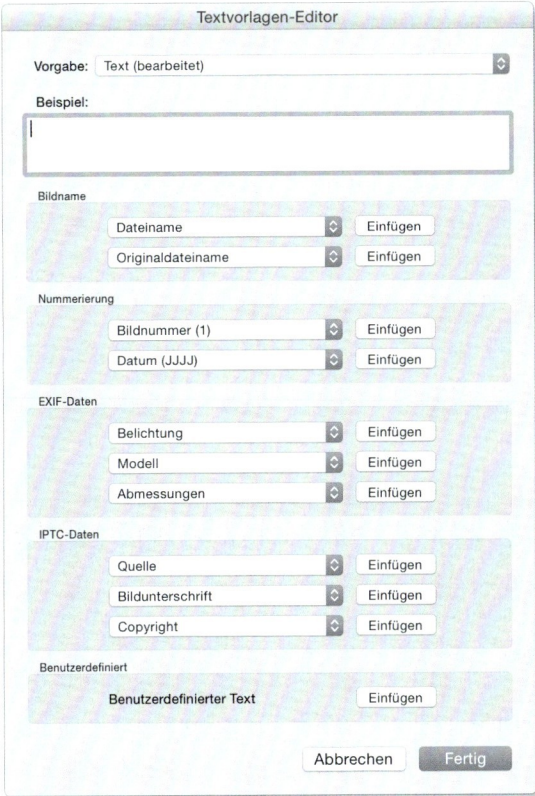

▲ **Abbildung 15.68**
Das Dialogfeld zum Erstellen von Textvorgaben mit Hilfe von Tokens nach dem Löschen des aktuellen Tokens

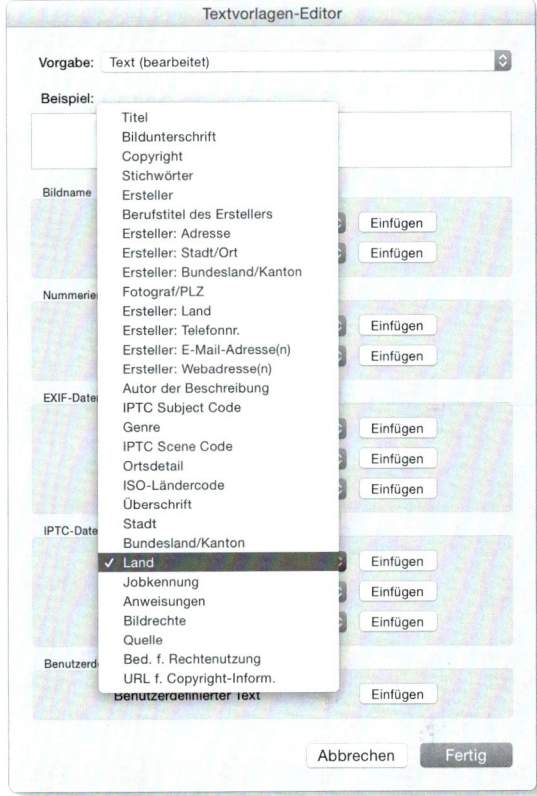

▲ **Abbildung 15.69**
Es wird eine Textvorgabe mit der Länderangabe aus den IPTC-Daten erstellt.

Wählen Sie jetzt in der Rubrik IPTC-DATEN aus einem Dropdown-Menü den Menüpunkt LAND aus. Das entsprechende Token wird automatisch in das Textfeld eingetragen.

Wenn Sie diese mühsam vorgenommene Einstellung nun speichern wollen, öffnen Sie das Dropdown-Menü VORGABE und speichern sie mit dem Menüpunkt AKTUELLE EINSTELLUNGEN ALS NEUE VORGABE SPEICHERN ab. Klicken Sie abschließend auf FERTIG.

In der rechten unteren Ecke der Diashow steht jetzt die Länderbezeichnung, die aus den Feldern der IPTC-Metadaten entnommen wurde.

TIPP

Tokens können auch untereinander oder mit eigenem Text kombiniert werden. Dadurch können Sie vielseitige Beschriftungen erstellen, die sich an die Metainformationen des gewählten Bildes anpassen.

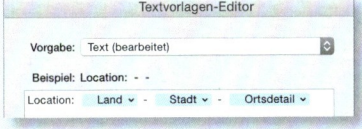

813

Im Dialogfeld Textvorlagen-Editor können Sie auch mehrere Tokens untereinander oder mit eigenem Text kombinieren. Auch komplexere Texte lassen sich darüber automatisch erstellen. Allerdings kann man keinen Zeilenumbruch einfügen, so dass mehrzeilige Kommentare über mehrere Textfelder zusammengebastelt werden müssen, was etwas mühsam ist.

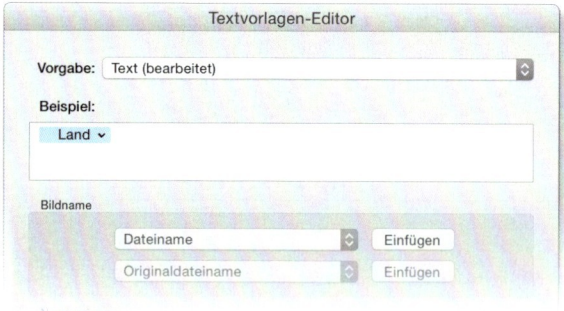

▲ **Abbildung 15.70**
Nach der Auswahl wird das Token im Textfeld abgelegt.

▲ **Abbildung 15.71**
Die Einstellung kann als Textvorgabe gespeichert werden.

8   Textfeld platzieren und einrichten

Das Textfeld soll in unserem Beispiel rechts unten im Bild relativ groß platziert werden. Damit es das Bild aber nicht »erschlägt«, wird die Deckkraft reduziert.

Klicken Sie das Textfeld an, und verschieben Sie es mit gedrückter Maustaste an die rechte untere Ecke des Bildes. Achten Sie dabei darauf, dass sich das Anker-Symbol an der Ecke des Bildes ausrichtet.

Klicken Sie mit der Maus auf den linken oberen Ankerpunkt des gestrichelten Rahmens. Sogleich erscheint das Skalierungs-Symbol. Ziehen Sie es mit gedrückter Maustaste ein gutes Stück nach links oben – dadurch wird das Textfeld entsprechend vergrößert. Skalieren Sie es auf ungefähr ein Drittel der Breite des Bildes.

Korrigieren Sie die Position so, dass die Grundlinie des Textes an der Innenkante des Rahmens anliegt.

Abbildung 15.72 ▶
Mit Hilfe der Anfasspunkte können Textfelder, Bewertungssterne und Erkennungstafel skaliert werden.

Klicken Sie dann im Bedienfeld Überlagerungen in der Rubrik Textüberlagerungen auf das Farbfeld, und klicken Sie darin auf eine Farbe, die der des Bildrahmens ähnelt – hier ist es ein dunkles Grau oder Anthrazit.

Reduzieren Sie dann die Deckkraft auf 50 %. Wenn Sie es wünschen, können Sie auch noch eine alternative Schriftart wählen.

◀▲ **Abbildung 15.73**
Das fertig erstellte Textfeld greift auf den Inhalt der IPTC-Daten des Bildes zurück. Erscheint ein Bild mit einer anderen Länderangabe, ändert sich der Text entsprechend.

9 Textfeld mit Angabe der Stadt

Zum Abschluss wird noch ein weiteres Textfeld erstellt. Dieses soll den Namen der Stadt enthalten, an der Bildmitte ausgerichtet und etwas kleiner dargestellt werden.

Erstellen Sie ein Textfeld wie in Schritt 7. Verwenden Sie jedoch statt des Tokens Land nun das Token Stadt aus den IPTC-Daten.

◀ **Abbildung 15.74**
Das zweite Textfeld wird mit dem Token Stadt erstellt.

10 Textfeld an der Bildmitte verankern

Verschieben Sie dann das Textfeld so weit, bis sich das Ankerkästchen an der Bildmitte ausrichtet, das Feld aber etwas rechts davon steht. Es sollte die Länderangabe leicht überlagern. Die Grundlinie des Textfeldes sollte innen am Bildrahmen ausgerichtet sein.

Sie können den Text auch noch mit Transparenz, Schriftfarbe, -art und -schnitt formatieren. Im Beispiel wird ein weißer Text in halber Größe und mit einer Deckkraft von 90 % verwendet.

Abbildung 15.75 ▶
Das Textfeld wird durch das Anker-Symbol an der Bildmitte ausgerichtet. Die Linie zum Textrahmen gibt die Entfernung zum Textfeld an. Dieser Abstand wird immer beibehalten, auch wenn sich die Position der Bildmitte ändert.

Die Parameter im Bedienfeld zeigen immer die Werte des aktuell ausgewählten Textfeldes an. Wollen Sie die Werte ändern, so müssen Sie also erst das entsprechende Textfeld auswählen.

In der Vorschau werden leere Textfelder entsprechend mit dem Wort »leer« gekennzeichnet. In der Vollbildschirm-Präsentation werden diese aber ausgeblendet.

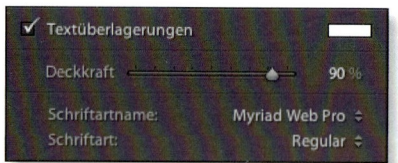

▲ **Abbildung 15.76**
Der Text wird mit SCHRIFTARTNAME und SCHRIFTART formatiert.

15.5 Arbeiten mit Vorlagen

Wenn Sie sich die Arbeit gemacht haben, ein Design für Ihre Diashows zu erstellen, sollten Sie es unbedingt als Vorlage speichern, um auch später wieder darauf zurückgreifen zu können. Im Gegensatz zu Sammlungen speichern Vorlagen nur die Einstellungen der Diashow ab und können auf jede neue Diashow angewendet werden. Sie bilden somit die Basis für neue Diashow-Sammlungen. Für Vorlagen ist der VORLAGENBROWSER in der linken Bedienfeldpalette zuständig. Dieser befindet sich auch in allen anderen Ausgabemodulen. Im VORLAGENBROWSER finden Sie eine Auswahl Ihrer gespeicherten oder der in Lightroom mitgelieferten Vorlagen.

Aktivieren Sie davon eine mit der Maus, wird Ihnen oben eine Vorschau davon angezeigt. Die Vorlagen können Sie auch in Unterordnern verwalten – etwa für verschiedene Diashow-Arten. Eine Präsentation der Urlaubsbilder soll ja anders aussehen als eine mit Businessfotos.

Die Vorlagen werden in Ordnern abgelegt. Durch Anklicken der kleinen Dreiecke ❶ neben der Ordnerbezeichnung lassen sich die Vorlagenordner auf- und zuklappen.

▲ **Abbildung 15.77**
Der VORLAGENBROWSER der Diashow

15.5 Arbeiten mit Vorlagen

Vorlage speichern

Haben Sie ein Diashow-Design entworfen und wollen es abspeichern, klicken Sie auf das ⊞-Symbol rechts neben der Bezeichnung VORLAGENBROWSER.

▲ **Abbildung 15.78**
Über die HINZUFÜGEN-Schaltfläche – also das Plus-Symbol – können Sie eine neue Vorlage abspeichern.

Tragen Sie im Dialogfeld einen Namen ein. Im Dropdown-Menü darunter können Sie einen Ordner auswählen. Wenn Sie für die Vorgabe einen neuen Ordner erstellen wollen, wählen Sie den Menüpunkt NEUER ORDNER mit einem beliebigen Namen. Die Vorgabe wird dann in diesem Ordner erstellt.

Vorlage zuweisen

Um einer Diashow eine Vorlage zuzuweisen, klicken Sie einfach auf ihren Namen. Die Vorlage ist dann sofort im Ansichtsfenster zu sehen und kann mit Bildern bestückt werden. Ist eine Sammlung aktiv, wird die Vorlage auf die Sammlung übertragen und in ihr zusammen mit den Bildern abgespeichert.

Vorlage aktualisieren

Haben Sie in einer Vorlage einzelne Parameter geändert, können Sie diese aktualisieren. Dazu klicken Sie im VORLAGENBROWSER mit der rechten Maustaste auf die Vorgabe, die Sie aktualisieren wollen. Wählen Sie dann aus dem Dropdown-Menü den Punkt MIT DEN AKTUELLEN EINSTELLUNGEN AKTUALISIEREN.

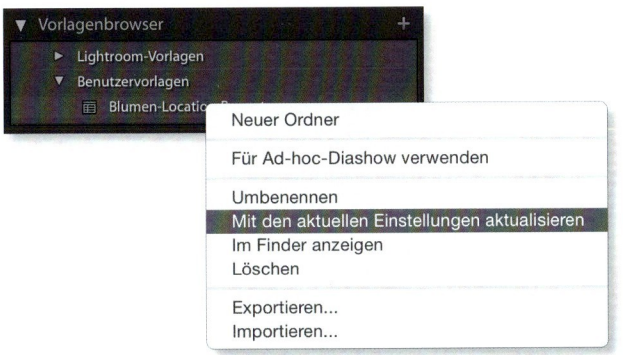

◀ **Abbildung 15.79**
Vorlagen können mit aktualisierten oder neuen Einstellungen überschrieben werden.

Für Ad-hoc-Diashow verwenden

Innerhalb der Bibliothek haben Sie die Möglichkeit, für ausgewählte Bilder schnell eine Diashow ablaufen zu lassen. Diese wird als Ad-hoc-Diashow bezeichnet. Dort können Sie jedoch keine Einstellungen vornehmen. Sie können aber im Diashow-Modul eine Vorlage definieren, die dann für eine Ad-hoc-Diashow als Vorlage verwendet wird.

Um eine Vorlage für eine Ad-hoc-Diashow zu verwenden, klicken Sie die gewünschte Vorlage mit der rechten Maustaste an und wählen aus dem Kontextmenü den Befehl FÜR AD-HOC-DIASHOW VERWENDEN.

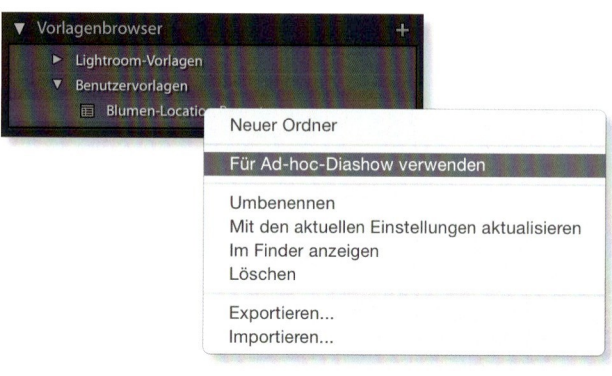

Abbildung 15.80 ▶
Vorlagen können mit aktualisierten oder neuen Einstellungen überschrieben werden.

▲ Abbildung 15.81
Eine Ad-hoc-Diashow kann über die Werkzeugleiste im Bibliothek-Modul gestartet werden.

Eine Ad-hoc-Diashow starten Sie in der Bibliothek über die Werkzeugleiste. Dazu müssen Sie zunächst sicherstellen, dass dort der Abspiel-Button ❶ vorhanden ist. Diesen können Sie über das Menü aktivieren, das sich ganz rechts, hinter dem Dreieckssymbol ❷ der Werkzeugleiste, versteckt. Wählen Sie dann eine Reihe von Bildern aus und klicken den Abspiel-Button, um die Diashow zu starten.

Vorlagenordner erstellen und bearbeiten

Zur besseren Strukturierung können Sie Vorlagen auch in Ordnern zusammenfassen. Klicken Sie mit der rechten Maustaste in den VORLAGENBROWSER, erhalten Sie über ein Dropdown-Menü die Möglichkeit, Ordner zu generieren, umzubenennen, zu löschen oder, wenn diese Vorlagen enthalten, zu importieren.

Die Ordner LIGHTROOM-VORLAGEN und BENUTZERVORLAGEN sind Standardordner von Lightroom und können daher nicht gelöscht oder umbenannt werden. In den Ordner LIGHTROOM-VORLAGEN können Sie außerdem keine Vorlagen importieren.

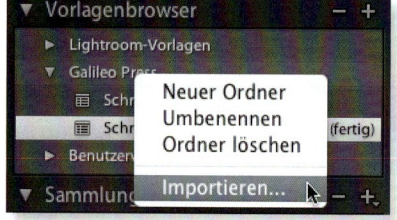

▲ Abbildung 15.82
Ordner können auch beim Erstellen von Vorlagen generiert werden.

Vorlage verschieben

Sie können Vorlagen aus einem Ordner in einen anderen verschieben, indem Sie eine Vorlage anklicken und diese mit gedrückter linker Maustaste in den anderen Ordner ziehen.

Vorlage löschen

Um eine Vorlage oder einen Ordner zu entfernen, klicken Sie mit der rechten Maustaste auf die entsprechende Bezeichnung. Aus dem Dropdown-Menü wählen Sie dann den Punkt LÖSCHEN. Ist eine Vorlage aktiv, erscheint in der Titelzeile ein ■-Symbol. Klicken Sie dieses an, wird die Vorlage ebenfalls gelöscht.

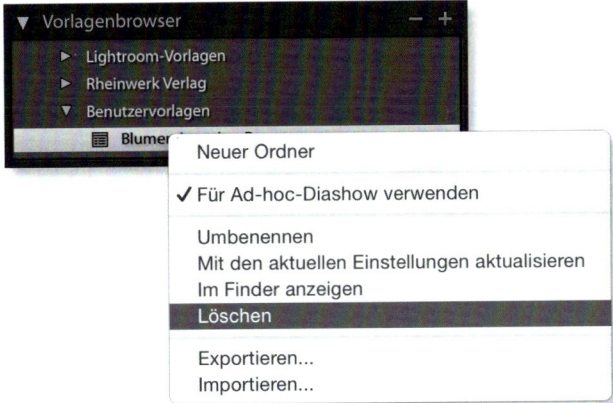

◄ **Abbildung 15.83**
Alle Verwaltungsaufgaben lassen sich auch über das Rechtsklickmenü ausführen.

Vorlage exportieren und importieren

Vorlagen können Sie auch auf einen Datenträger exportieren, um Sie beispielsweise mit anderen Benutzern auszutauschen.

Klicken Sie mit der rechten Maustaste auf eine Vorlage, und wählen Sie im Dropdown-Menü den Punkt EXPORTIEREN. Speichern Sie die Vorlage dann an einem Ort, an dem Sie sie leicht wiederfinden, zum Beispiel auf dem Desktop beziehungsweise Schreibtisch. Dann kann die Vorlage beispielsweise per E-Mail verschickt werden. Oder Sie speichern die Vorlage in einem Verzeichnis, auf das auch andere Benutzer Zugriff haben.

Eine exportierte Vorlage macht nur Sinn, wenn man sie auch importieren kann. Klicken Sie dazu mit der rechten Maustaste auf einen Ordner im VORLAGENBROWSER. Wählen Sie den Punkt IMPORTIEREN aus dem Dropdown-Menü. Beachten Sie aber, dass Sie nichts in den Ordner LIGHTROOM-VORLAGEN importieren können. Die Vorlage wird schließlich in den Ordner gelegt, den Sie angeklickt haben.

Standpunkt variieren

Zweimal dieselbe Situation. Aber oben wurde das Bild einfach im Stehen und darunter einmal im Liegen knapp über der Wasseroberfläche aufgenommen. Das untere Bild wirkt deutlich interessanter.

Workshop Diashow erstellen

Workshop
Diashow erstellen

Das Diashow-Modul von Lightroom ist zwar nicht so flexibel wie die Funktionen von iPhoto oder Apple Aperture, aber mit ein paar Tricks und etwas Vorarbeit lassen sich auch hier professionell anmutende Diashows erstellen. In diesem Workshop erzeugen Sie eine Diashow mit Bildern aus der Beispielbibliothek. Als Start- und Endfolie verwenden Sie jeweils eine speziell angefertigte Grafik, und ein selbst erstellter Hintergrund dient als Rahmen.

Start- und Endfolien kann man als Bilder in Photoshop oder anderen Grafikprogrammen erzeugen und diese in Lightroom importieren. Man stellt sie dann einfach an den Anfang beziehungsweise das

▼ **Abbildung 1**
Für diese Diashow dient uns ein extra angefertigtes Bild als Hintergrund.

821

Ende der Präsentation. Lightroom bietet die Möglichkeit, Erkennungstafeln für den Anfang und das Ende zu verwenden.

Abbildung 2 ▶
Je nach Format des Abspielbildschirms passt Lightroom das Format der Diashow an: oben die Darstellung auf einem 16:10-Monitor (Apple Cinema Display) …

Abbildung 3 ▶
… und unten die Darstellung auf einem 4:3-Monitor.

Diese lassen sich auch für andere Präsentationen verwenden. Die für diesen Zweck erstellten Grafiken müssen dann aber allgemein gehalten werden und dürfen nicht inhaltsbezogen sein.

Je nach verwendetem Monitor oder Beamer passt Lightroom das Seitenverhältnis der Präsentation an. Das bedeutet, dass die Präsentation auf einem 16:10-Monitor ein anderes Seitenverhältnis besitzt als auf einem handelsüblichen 4:3-Beamer.

Wenn Sie also bildschirmfüllende Motive als Erkennungstafel verwenden wollen, müssen Sie eventuell für jedes Seitenverhältnis eine eigene Erkennungstafel generieren. Für dieses Beispiel sind

▲ Abbildung 4
Im Bedienfeld Layout können Sie die unterschiedlichen Seitenverhältnisse für die Vorschau im Ansichtsfenster auswählen.

bereits Grafiken im Verzeichnis ERKENNUNGSTAFELN in den Downloaddateien vorhanden. Diese wurden mit Adobe Photoshop erstellt und als TIFF-Datei gespeichert.

Schritt für Schritt
Diashow-Sammlung erstellen

Im ersten Schritt erstellen wir eine Diashow-Sammlung aus ausgewählten Bildern.

1 Bilder in Bibliothek auswählen

Wechseln Sie in den Ordner BILDARCHIV • SPORT. Selektieren Sie dort alle Bilder, die drei Sterne oder mehr besitzen. Werden die Bilder nach Dateinamen sortiert, sind das die ersten 17 Bilder. Klicken Sie das erste Bild an, halten Sie die ⇧-Taste gedrückt, und klicken Sie dann auf das letzte Bild mit Bewertungssternen.

Für den Workshop befinden sich die Bilder im »Workshopkatalog« im Ordner BILDARCHIV • SPORT. Die Hintergründe im Ordner BILDARCHIV • FOOTAGE. Die hier abgelegten Bilder sind im Format 4:3 und 16:10 vorhanden, je nachdem, welchen Monitor Sie besitzen.
Die Erkennungstafeln finden Sie nicht im Katalog sondern in den heruntergeladenen Dateien im Verzeichnis ÜBUNGSDATEIEN • ERKENNUNGSTAFELN.

▼ **Abbildung 5**
Die selektierten Bilder für die Diashow in der Bibliothek

2 Diashow-Sammlung erstellen

Wechseln Sie jetzt in das Diashow-Modul und stellen in der Werkzeugleiste unter dem Ansichtsfenster das Dropdown VERWENDEN auf AUSGEWÄHLTE FOTOS, dann werden nur die ausgewählten Bilder in der Diashow angezeigt und auch gespeichert.

▲ **Abbildung 6**
Nur die ausgewählten Bilder sollen in der Diashow angezeigt werden. Dies wird über die Werkzeugleiste eingestellt.

Workshop Diashow erstellen

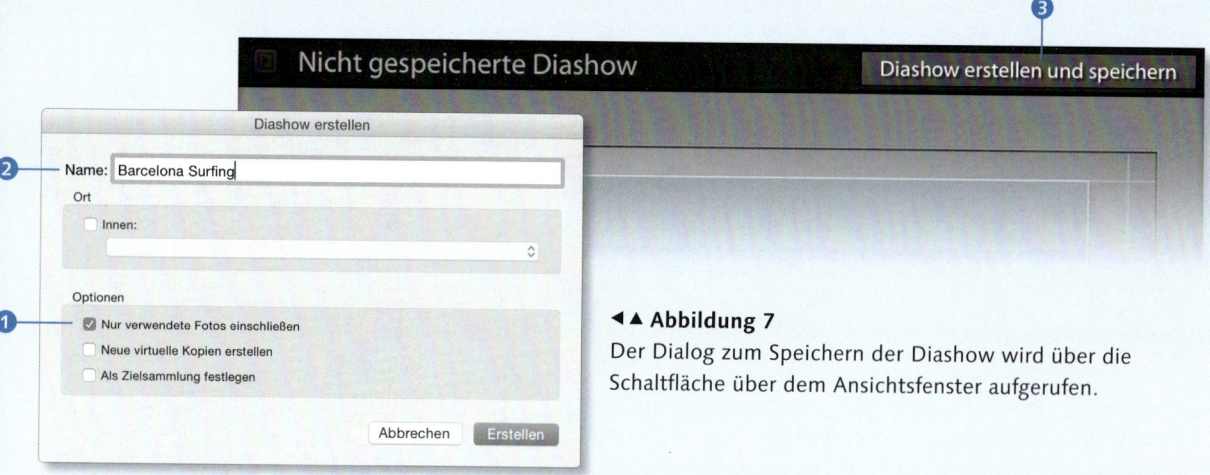

◂▴ **Abbildung 7**
Der Dialog zum Speichern der Diashow wird über die Schaltfläche über dem Ansichtsfenster aufgerufen.

Klicken Sie jetzt im Balken über dem Ansichtsfenster auf die Schaltfläche DIASHOW ERSTELLEN UND SPEICHERN ❸. Geben Sie im DIASHOW ERSTELLEN-Dialog als Namen »Barcelona Surfing« ❷ an.

Achten Sie darauf, dass die Kontrollbox NUR VERWENDETE FOTOS EINSCHLIESSEN ❶ aktiviert ist.

3 Hintergrund nicht vergessen

Wenn Sie Hintergrundbilder verwenden möchten, geht das nur aus dem Filmstreifen heraus. Die Hintergründe müssen daher Bestandteil der Sammlung sein. Nach dem Zuweisen als Hintergrund können diese aber wieder aus der Sammlung entfernt werden.

Wechseln Sie dazu wieder in die Bibliothek und wählen aus dem Ordner FOOTAGE das Bild »Hintergrund 16x10.psd« beziehungsweise »Hintergrund 4x3.psd« für einen 4:3-Monitor aus und fügen dieses per Drag & Drop der Sammlung hinzu.

Abbildung 8 ▸
Das jeweilige Hintergrundbild muss sich in der Diashow-Sammlung befinden, da es sich sonst nicht als solches verwenden lässt.

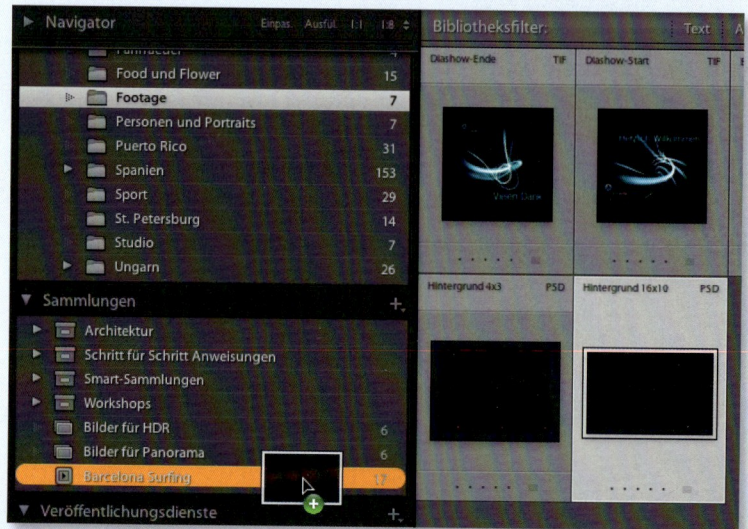

824

Workshop Diashow erstellen

Schritt für Schritt
Diashow konfigurieren

Jetzt, da sich alle Bilder in der Sammlung befinden, können Sie die Diashow konfigurieren. Solange die Diashow-Sammlung in der linken Bedienfeldpalette ausgewählt ist, werden dort alle Einstellungen direkt gesichert.

Wechseln Sie dazu in das Diashow-Modul, und wählen Sie die erstellte Diashow-Sammlung aus. Beim Konfigurieren arbeiten Sie nun nicht alle Bedienfelder von oben nach unten ab, sondern beginnen mit dem Hintergrund, da sich alle anderen Parameter an diesem ausrichten.

1 Hintergrund festlegen

Bevor die Bilder platziert werden können, muss der Hintergrund festgelegt werden, denn die Seitenränder werden an das Bild im Hintergrund angepasst.

Scrollen Sie im Filmstreifen zu dem Bild mit dem Fotorahmen und ziehen es per Drag & Drop auf die kleine Vorschaufläche im Bedienfeld HINTERGRUND. Das Kontrollkästchen Hintergrundbild wird automatisch aktiviert. Geben Sie eine DECKKRAFT von »100 %« 5 an, und deaktivieren Sie das Kontrollkästchen für die Verlaufsfarbe 4.

Da das Bild beim Ziehen ausgewählt wurde, wird es auch in der Vorschau angezeigt. Klicken Sie einfach ein anderes Bild an, um die Vorschau zu aktualisieren. Für den nächsten Schritt ist das Hintergrundbild als Vorschau nämlich nicht geeignet.

▲ Abbildung 9
Aus dem Filmstreifen wird das Bild per Drag & Drop auf das Vorschaufenster im Bedienfeld HINTERGRUND gezogen.

◀ Abbildung 10
Nach dem Zuweisen des Hintergrunds steht das Bild noch nicht richtig im Rahmen.

825

2 Bilder einpassen

Damit die Bilder den Rahmen unabhängig vom Bildformat komplett ausfüllen, aktivieren Sie zunächst im Bedienfeld OPTIONEN das Kontrollkästchen ZOOMEN, UM RAHMEN ZU FÜLLEN ❶.

Deaktivieren Sie zusätzlich die Kontrollkästchen für die KONTUR ❷ und den SCHLAGSCHATTEN ❸, denn diese sind schon im Hintergrundbild eingebaut.

3 Seitenränder einstellen

Jetzt, da Sie das eine Foto in Kombination auf dem Hintergrund sehen, können Sie die Seitenabstände leichter einstellen. Da der untere Rand als Einziger einen anderen Wert besitzt, deaktivieren Sie im Bedienfeld LAYOUT die Option UNTEN ❻. Stellen Sie die Ränder so ein, dass das Bild mittig mit einem gleichmäßigen Abstand zu der Beschriftung auf dem Hintergrund steht. Der Wert für den Rahmen LINKS, RECHTS und OBEN ist »94 Px« ❹. UNTEN geben Sie einen Rand von »152 Px« ❺ an.

▼ **Abbildung 11**
Die Darstellungsoptionen und die Einstellungen der Ränder

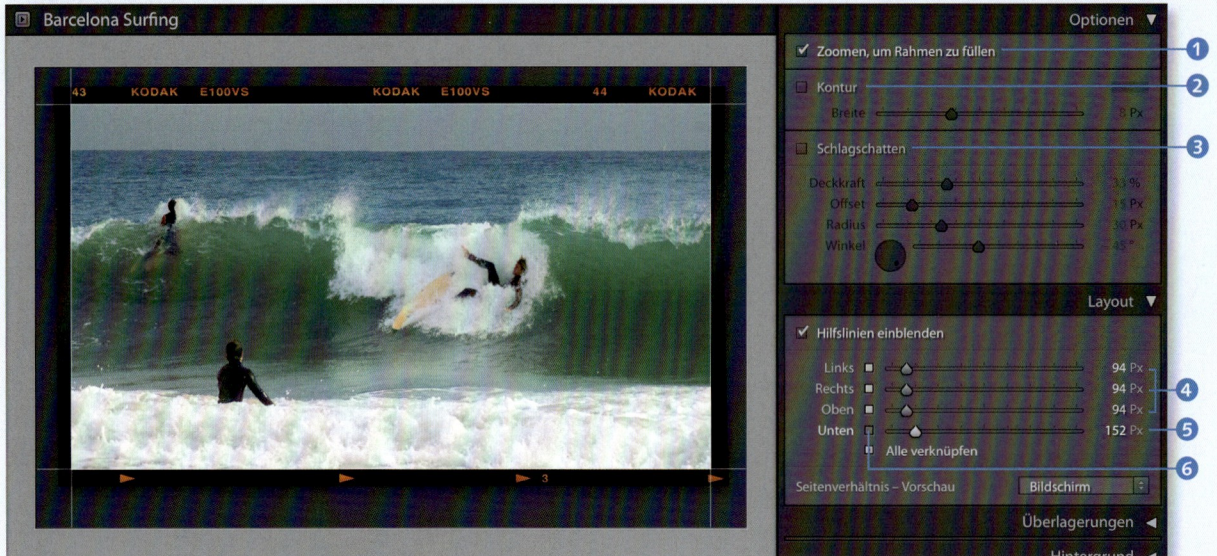

4 Überlagerungen konfigurieren

In diesem Beispiel platzieren wir eine kleine Erkennungstafel in der rechten unteren Ecke.

Aktivieren Sie im Bedienfeld ÜBERLAGERUNGEN die Kontrollbox für die ERKENNUNGSTAFEL ❼, falls diese nicht schon aktiviert ist. Wählen Sie über das Dropdown-Menü in der Vorschau eine Erkennungstafel aus, oder erstellen Sie eine neue mit Ihrem Namen oder Logo, indem Sie den Punkt BEARBEITEN ❽ auswählen.

Workshop   Diashow erstellen

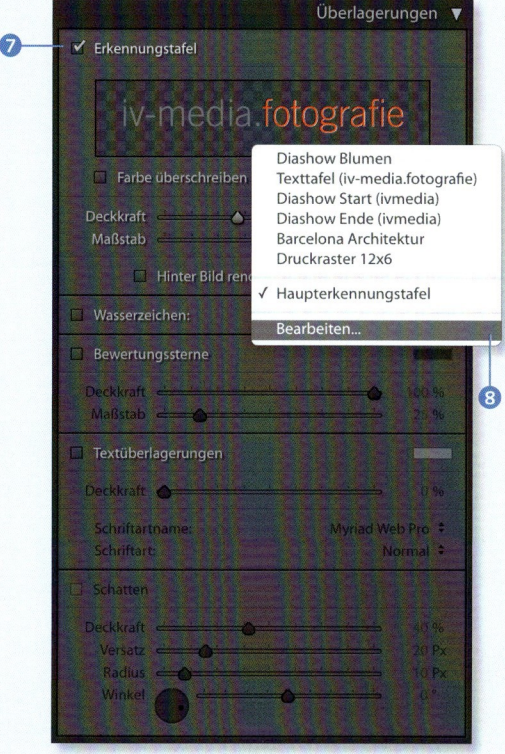

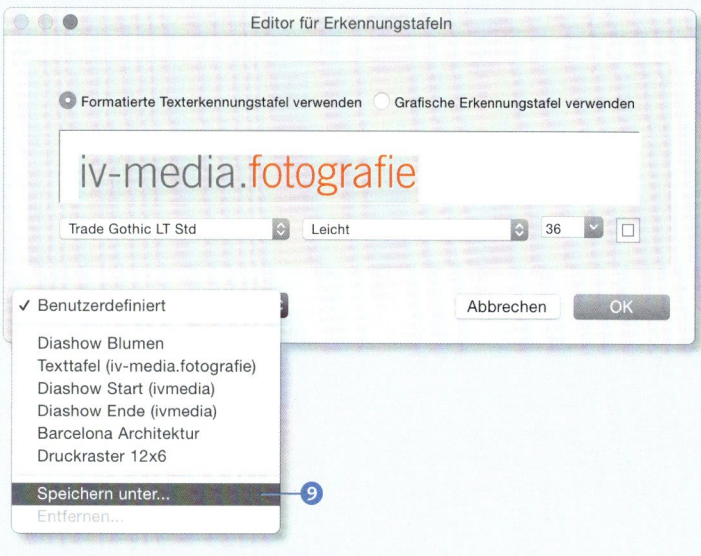

◀▲ **Abbildung 12**
Konfiguration der eigenen Erkennungstafel und Ausblenden anderer Überlagerungen. Die Parametergruppe SCHATTEN ist nur auf dem Mac verfügbar.

Gestalten Sie dann Ihre Erkennungstafel. Speichern können Sie diese über das Dropdown-Menü links unten im Editor ❾. Wenn Sie die Erkennungstafel nicht speichern, wird diese nur für diese Diashow-Sammlung verwendet.

Ein Wasserzeichen, die Bewertungssterne, Textüberlagerungen und Schatten werden nicht benötigt. Achten Sie daher darauf, dass die entsprechenden Kontrollkästchen deaktiviert sind.

▲ **Abbildung 13**
Werte für DECKKRAFT und MASSSTAB der Erkennungstafel

5   **Platzieren der Erkennungstafel**

Die Erkennungstafel soll in der rechten unteren Ecke erscheinen. Normalerweise wird diese links oben dargestellt. Finden Sie sie dort nicht, kann es sein, dass der Maßstab zu klein ist. Vergrößern Sie daher den Wert MASSSTAB auf »20 %« ⓫, und kontrollieren Sie, ob die DECKKRAFT auf »100 %« steht ❿.

Verschieben Sie die Erkennungstafel nach rechts unten, und richten Sie sie an der optischen, senkrechten Linie des Bildes aus. Achten Sie jedoch darauf, dass sich die Positionsmarke ⓬ in der rechten unteren Ecke der Diashow und nicht in der des Bildes befindet. Dies spielt eigentlich in dieser Diashow keine Rolle, da das Bild immer die gleiche Größe besitzt.

▲ **Abbildung 14**
Die erstellte Erkennungsgrafik wird in die rechte untere Ecke verschoben.

Workshop Diashow erstellen

6 Start- und Endbildschirm konfigurieren

Die Start- und Endfolie legen Sie als Erkennungstafeln fest. Diese lassen sich somit für weitere Präsentationen wiederverwenden. Sie enthalten allerdings keine Texttafel, sondern grafische Erkennungstafeln mit Bildern. Dazu müssen Sie nun neue Erkennungstafeln erstellen.

Aktivieren Sie im Bedienfeld Titel die Kontrollkästchen für Startbildschirm und Endbildschirm ❶, und geben Sie bei beiden Schwarz als Hintergrundfarbe ❷ an.

Jetzt müssen Sie nur noch die Erkennungstafeln einrichten und diese als Vorlage abspeichern. Damit die Erkennungstafeln verwendet werden können, müssen die beiden Kontrollkästchen Erkennungstafel hinzufügen ❸ aktiviert sein.

Klicken Sie im Vorschaufeld des Startbildschirms auf die derzeit angezeigte Erkennungstafel, und wählen Sie aus dem Dropdown-Menü den Befehl Bearbeiten ❹.

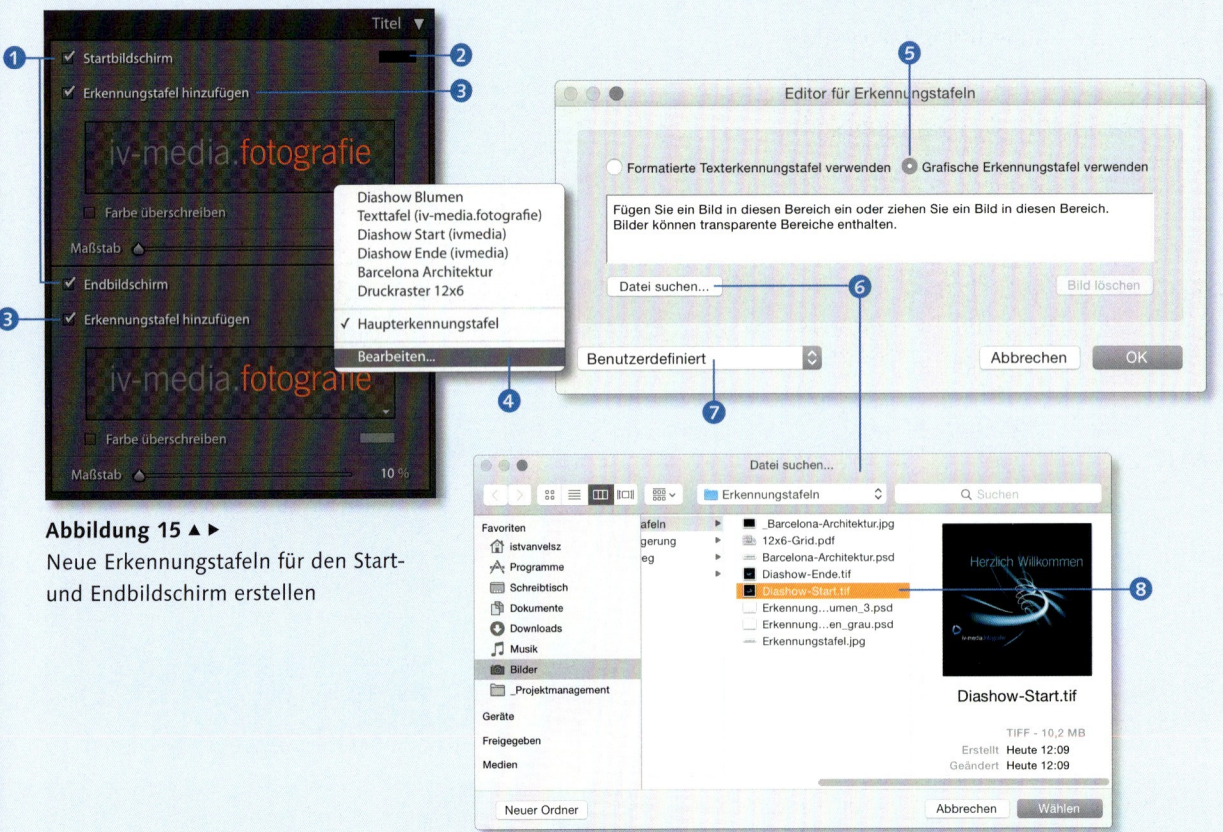

Abbildung 15 ▲ ▶
Neue Erkennungstafeln für den Start- und Endbildschirm erstellen

Aktivieren Sie die Option GRAFISCHE ERKENNUNGSTAFEL VERWENDEN ❺. Über die Schaltfläche DATEI SUCHEN ❻ können Sie dann eine Datei angeben. Geben Sie als Erkennungsgrafik die Datei »Diashow-Start.tif« ❽ aus dem Verzeichnis ÜBUNGSDATEIEN • WORKSHOPKATALOG • ERKENNUNGSTAFELN an. Speichern Sie die Erkennungstafel als Vorgabe ab, indem Sie aus dem Dropdown-Menü BENUTZERDEFINIERT ❼ den Punkt SPEICHERN UNTER wählen. Geben Sie als Namen zum Beispiel »Diashow Start« an.

Verfahren Sie auf die gleiche Weise mit dem Endbildschirm. Verwenden Sie dort die Datei »Diashow-Ende.tif« und geben der Erkennungstafel einen Namen, beispielsweise »Diashow Ende«.

7 Maßstab festlegen

Da die Bilder der Erkennungsgrafiken quadratisch sind, passen sie sowohl für 16:10- als auch für 4:3-Monitore. Damit sie möglichst groß dargestellt werden, müssen Sie den MASSSTAB beider Erkennungstafeln auf »100 %« ❾ festlegen, damit diese auf die Größe des gesamten Bildschirms gezogen werden.

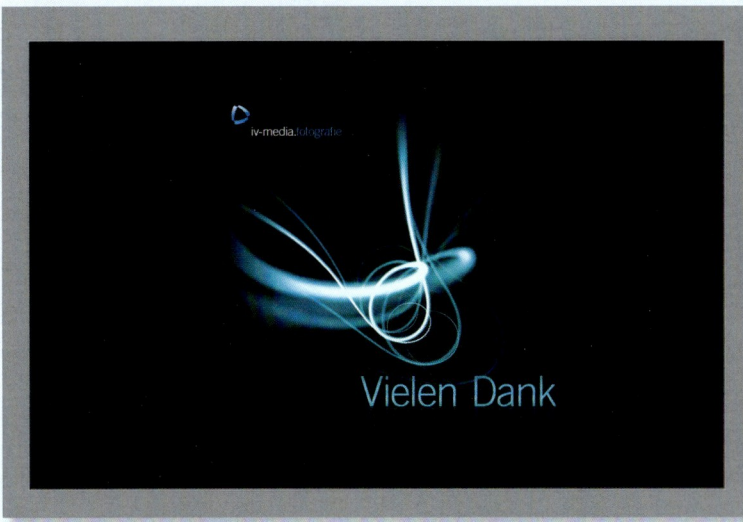
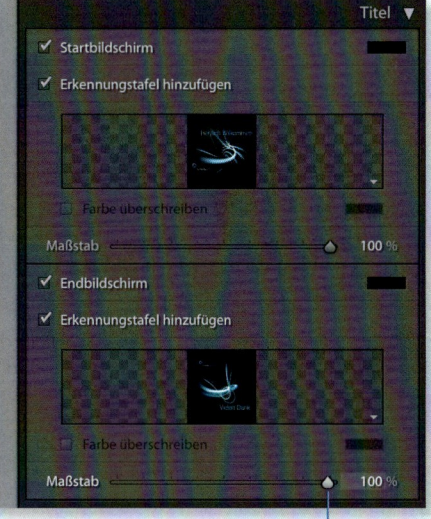

▼ Abbildung 16
Der Endbildschirm der Präsentation

Schritt für Schritt
Abspieloptionen

Nun geben Sie die Abspieloptionen für die Diashow an. Dazu zählen zum Beispiel die Eingabe eines Musikstücks und die Auswahl des Anzeigebildschirms. Auch die Länge der Anzeige eines Bildes und die Überblendungsdauer werden hier festgelegt.

Workshop   Diashow erstellen

1   Musik-Wiedergabeliste anlegen

Falls gewünscht, können Sie der Präsentation eine oder mehrere Audiodateien hinzufügen. Dazu müssen Sie zunächst eine Wiedergabeliste erstellen.

Dazu klicken Sie auf das Plus-Symbol ❶ rechts in dem Bedienfeld MUSIK. Danach können Sie ein oder mehrere Musikdateien hinzufügen.

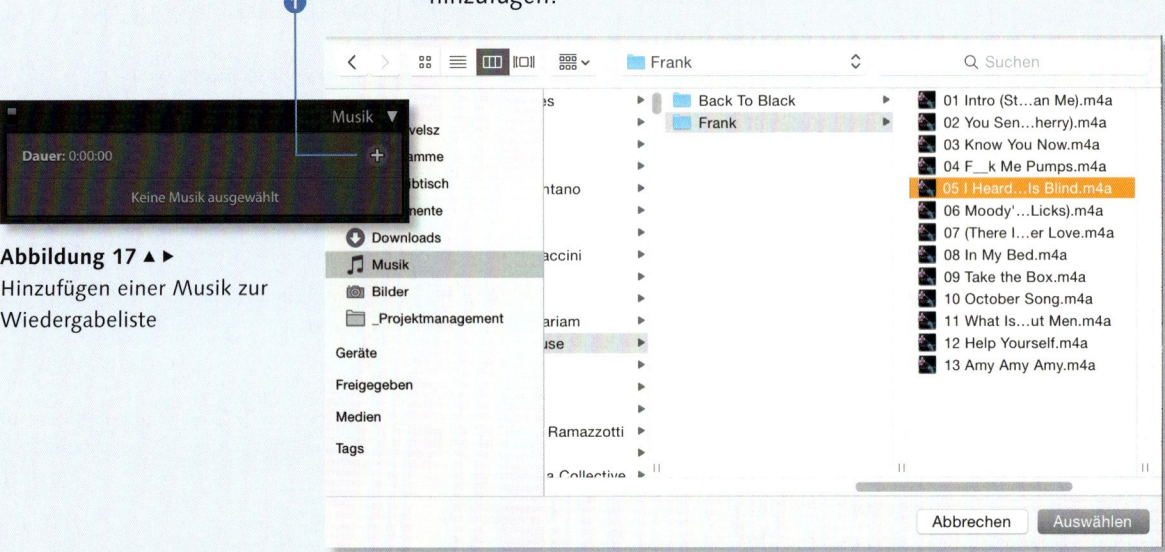

Abbildung 17 ◂ ▸
Hinzufügen einer Musik zur Wiedergabeliste

Wählen Sie Musik aus, die ungefähr die Länge der Diashow besitzt. Es macht keinen Sinn, eine Wiedergabeliste mit einer Dauer von 15 Minuten zu erstellen, wenn Sie nur 15 Bilder haben. Lightroom lässt nur MP3- oder M4A-Dateien zu. Unkomprimierte Dateien wie AIFF funktionieren nicht.

2   Dauer der Darstellung und Überblendung

Die Bilder sollten ca. vier Sekunden lang stehen bleiben und die Überblenddauer etwa zwei Sekunden betragen. Dies ergibt bei 17 Bildern eine Dauer von einer Minute und 42 Sekunden. Ein paar Sekunden für Start- und Endbildschirm sollten Sie auch noch addieren. Wenn Sie ein passendes Musikstück in dieser Länge haben, können Sie die Diashow an das Musikstück anpassen lassen. In unserem Fall legen Sie die Dauer manuell fest.

Um die Dauer einstellen zu können, muss der Diashow-Modus auf AUTOMATISCH ❸ stehen. Legen Sie die Dauer über den Schieberegler FOLIENLÄNGE auf »4,0 Sek.« ❹ und die ÜBERLAGERUNGEN auf »2,0 Sek.« fest ❺, oder drücken Sie die Schaltfläche AN MUSIK ANPASSEN ❻, um die Dialänge automatisch berechnen zu lassen.

▴ Abbildung 18
Dauer der Darstellung und Überblendung

Auch eine Synchronisation an den Rhythmus der Musik ist möglich ❷. Dann werden aber die Einstellungen für die Folienlänge und Überlagerung deaktiviert.

3 Schwenken und Zoomen

Aktivieren Sie jetzt noch das Kontrollkästchen SCHWENKEN UND ZOOMEN ❼, und stellen Sie den Schieberegler darunter auf NIEDRIG ❽. Dies aktiviert einen Animationseffekt bei dem das Bild etwas gezoomt und gleichzeitig verschoben wird.

2 Abspielbildschirm

Wenn Sie zwei Bildschirme besitzen oder einen Beamer angeschlossen haben, wählen Sie durch Anklicken des entsprechenden Symbols ⓫ den Bildschirm aus. Achten Sie dabei allerdings auf das Seitenverhältnis. Wenn Sie nun den Abspielmonitor wechseln, verändert sich eventuell auch das Seitenverhältnis der Diashow, falls der neue Bildschirm ein anderes Seitenverhältnis haben sollte. In diesem Fall müssen Sie eventuell das Hintergrundbild mit dem entsprechenden Seitenverhältnis ebenfalls der Sammlung hinzufügen und dieses als Hintergrundbild verwenden.

Durch Aktivieren des Kontrollkästchens ANDERE BILDSCHIRME SCHWARZ DARSTELLEN ⓬ werden alle anderen Bildschirme abgedunkelt und stören nicht mit ihrem Licht die Präsentation.

▲ **Abbildung 19**
Die restlichen Abspieloptionen mit ihren Einstellungen

3 Weitere Abspieloptionen

Deaktivieren Sie jetzt noch die Optionen DIASHOW WIEDERHOLEN ❾ und WILLKÜRLICHE REIHENFOLGE ❿. Dadurch bleibt die Endfolie nach der Diashow stehen. Wenn Sie die Diashow als Endlosschleife wiederholen lassen möchten, können Sie auch den Endbildschirm deaktivieren.

Grundsätzlich empfiehlt es sich, die Diashow einmal über den Button VORSCHAU ⓮ zu kontrollieren. Dies dauert beim ersten Mal eventuell etwas länger, je nachdem, welche QUALITÄT ⓭ Sie eingestellt haben. Da für alle Bilder die entsprechenden Größen berechnet werden, aber dann startet die Diashow später sofort.

▲ **Abbildung 20**
Die Schaltflächen zum Starten der Diashow

Schritt für Schritt
Bildreihenfolge festlegen

Zum Abschluss stellen Sie nun noch die Reihenfolge der Dias ein. Dabei sollten Sie auch darauf achten, dass das Hintergrundbild nicht in der Präsentation auftaucht.

Workshop   Diashow erstellen

1   Reihenfolge der Bilder anpassen

Im Filmstreifen können Sie die Bilder einfach durch Verschieben in eine andere Reihenfolge bringen. Die Bilder sollten Sie optimalerweise so anordnen, dass sie eine Geschichte erzählen.

Zum Testen des Ablaufs können Sie die Diashow im Ansichtsfenster abspielen, indem Sie die Schaltfläche VORSCHAU ❶ verwenden. Abbrechen können Sie den Test mit der [Esc]-Taste.

▲ **Abbildung 21**
Das Bild mit dem Surfer am Strand eignet sich als erstes Bild. Sie können es per Drag & Drop an den Anfang des Filmstreifens verschieben.

2   Hintergrund ausschließen

Das Hintergrundbild hat nichts mit den Bildern der Präsentation zu tun und dient Ihnen ja nur als Rahmen. Daher muss es aus der Präsentation ausgeschlossen werden. Die einfachste Methode dafür ist, den Hintergrund aus der Sammlung zu löschen. Wählen Sie dazu das Hintergrundbild im Filmstreifen aus, und drücken Sie die [←]/[Entf]-Taste.

▲ **Abbildung 22**
Die Schaltflächen zum Starten der Diashow

3   Diashow abspielen

Zum Präsentieren der Diashow klicken Sie jetzt einfach auf die ABSPIELEN-Schaltfläche ❷.

Alternative Titelfolien und Zwischentitel erstellen | Anstelle der Erkennungstafeln für Start- und Endbildschirme können Sie auch zwei Bilder erstellen und diese in Lightroom importieren. Diese fügen Sie dann der Diashow-Sammlung hinzu und platzieren sie im Filmstreifen jeweils am Anfang und Ende. Diese Lösung eignet sich auch für Zwischentitel, um eine Präsentation in mehrere Kapitel zu unterteilen.

Beachten Sie aber, dass diese auf dem eingestellten Hintergrund – wie die anderen Dias auch – angezeigt werden. Der Vorteil dieser Methode ist, dass Sie bei vielen unterschiedlichen Präsentationsdesigns nicht auch ebenso viele Erkennungstafeln konfigurieren müssen.

▲ **Abbildung 23**
Ein eigens erstelltes Bild kann als Titelfolie oder Zwischentitel verwendet werden.

Kapitel 16
Das Drucken-Modul

Das Drucken-Modul von Adobe Lightroom ermöglicht das Drucken einzelner Abzüge sowie das Zusammenstellen mehrerer Bilder auf einem Kontaktbogen. Darüber hinaus können Bildpakete geschnürt werden, das heißt, dass Bilder in unterschiedlicher Größe auf einer Seite platziert werden können. Die Auswahl zwischen den Layoutvarianten findet über die Layoutstile statt.

Auf den Ausdrucken können die Bilder mit Textinformationen wie Name, Datum oder Kameradaten oder einer Erkennungstafel – etwa dem Logo des Fotografen – versehen werden. Alle Einstellungen können zusammen mit der Bildauswahl in Drucksammlungen gespeichert werden.

▼ **Abbildung 16.1**
Das Drucken-Modul erlaubt alles – vom Erstellen von Kontaktbogen bis zur Ausgabe hochwertiger Fine-Art-Prints.

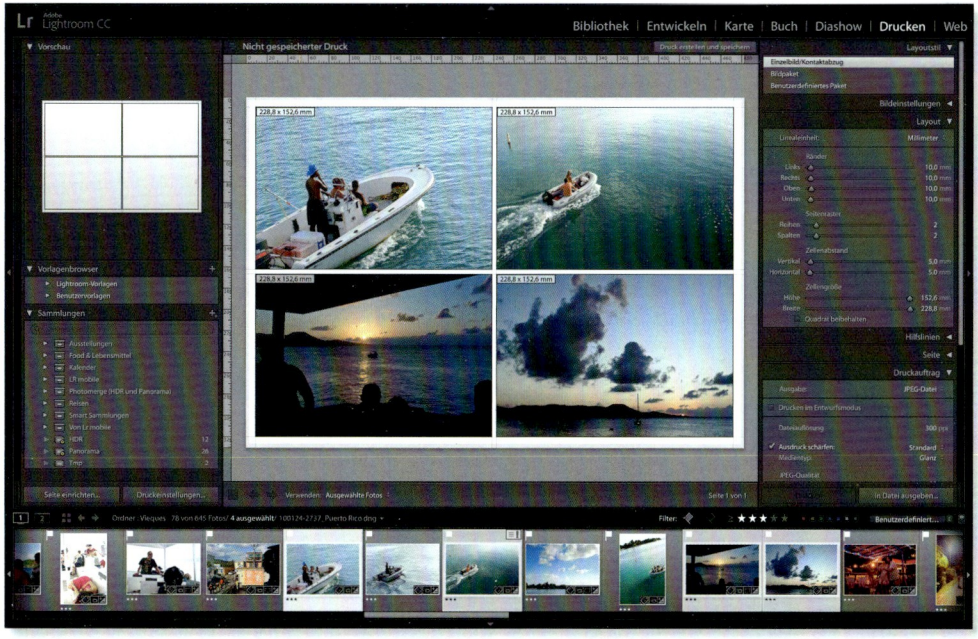

Kapitel 16 Das Drucken-Modul

16.1 Layoutstil auswählen

Bevor gedruckt werden kann, muss der Layoutstil angegeben werden. Diese Einstellung können Sie über das erste Bedienfeld der rechten Palette vornehmen. Die Stile haben nicht nur unterschiedliche Designs, sie besitzen auch komplett andere Funktionen mit eigenen Parametern. Ähnliches bietet auch das Web-Modul, bei dem Sie aus mehreren unterschiedlichen HTML-Galerien wählen können. Drei Stile stehen zur Verfügung:

▶ **Einzelbild/Kontaktabzug:** Hierbei lassen sich mehrere unterschiedliche Bilder auf einer Seite in einem Raster anordnen und ausdrucken. Sie können das Raster frei verändern, um mehr oder weniger Bilder pro Seite zu platzieren.

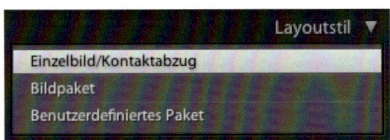

▲ Abbildung 16.2
Palette zur Auswahl des Layoutstils im rechten Bedienfeld

Abbildung 16.3 ▶
Druckbeispiel eines Einzelbildes

Abbildung 16.4 ▶
Druckbeispiel eines Kontaktbogens mit quadratischen Ausschnitten

▸ **Bildpaket:** Dieser Layouttyp erzeugt mehrere Varianten ein und desselben Bildes in unterschiedlicher Größe auf einem Bogen. Die Größe und die Anordnung der Bilder können im Rahmen der Seitengröße beliebig variiert werden.

◂ **Abbildung 16.5**
Druckbeispiel eines Bildpakets mit einem Bild in unterschiedlichen Größen

▸ **Benutzerdefiniertes Paket:** Dieser Stil besitzt die gleiche Grundfunktionalität wie das Bildpaket. Zusätzlich können Sie aber unterschiedliche Bilder in verschiedenen Größen platzieren – fast so wie in einem Layoutprogramm.

◂ **Abbildung 16.6**
Druckbeispiel eines benutzerdefinierten Pakets mit freier Gestaltung

Mit dem benutzerdefinierten Paket können Sie einzelne Seiten für einfache Collagen oder Poster gestalten. Leider lassen sich aber keine Farbflächen oder frei formatierbare Textboxen auf den Seiten platzieren.

16.2 Der Kontaktabzug

Bilder werden bei Kontaktabzügen in gleich großen Zellen platziert. Jede Zelle beinhaltet immer nur ein Bild und dessen Zusatzinformationen. Als grafisches Element können Sie eine Erkennungstafel hinzufügen und die Hintergrundfarbe anpassen. So lassen sich auch optisch ansprechende Kontaktbogen gestalten.

Bedienfeld »Bildeinstellungen«

In der rechten Bedienfeldpalette stehen viele Funktionen bereit, um den Abzug zu gestalten und die Ausgabe zu steuern. Ganz oben befinden sich die Bildeinstellungen, über die festgelegt wird, wie die Bilder in den Rasterzellen dargestellt werden. Im Einzelnen finden sich dort die folgenden Funktionen.

Ausfüllen | Ob im Hoch- oder Querformat: Wenn ein rechteckiges Bild in einer der quadratischen Zellen platziert wird, bleiben in der Zelle leere Balken stehen – ähnlich den schwarzen Randbalken im Fernsehen. Über die Option AUSFÜLLEN vergrößert man das Bild, bis dessen Schmalseite die Zelle komplett einnimmt. Überstehende Bildinhalte werden dabei abgeschnitten. Beim Ausfüllen kann auch der Bildausschnitt angepasst werden, wie die Anleitung auf Seite 838 zeigt.

> **HINWEIS**
> Das Format der Drucklayouts ist abhängig von der eingestellten Seite. Diese können Sie unter SEITE EINRICHTEN konfigurieren. Sie sollten hier auch direkt den Drucker wählen, mit dem Sie später drucken, denn die verfügbaren Seitengrößen sind vom gewählten Drucker abhängig.
>
>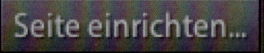

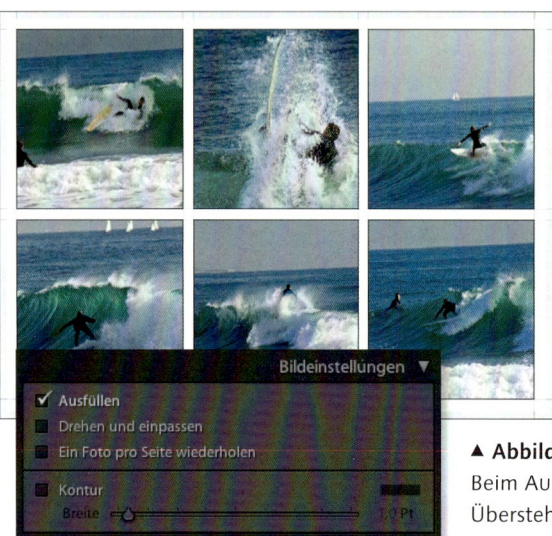

▲ **Abbildung 16.7**
Beim AUSFÜLLEN wird die Zelle mit dem Bild komplett gefüllt (links). Überstehende Bereiche werden abgeschnitten. Rechts ist die Option AUSFÜLLEN deaktiviert.

Drehen und einpassen | In einer quadratischen Zelle spielt es keine Rolle, ob ein Bild horizontal oder vertikal platziert wird. Sobald aber die Zelle selbst ein ungleiches Seitenverhältnis aufweist, kann durch eine Drehung des Bildes der Platz besser ausgenutzt werden. Ein Hochformatbild wird dann in einer Querformatzelle um 90° gedreht. Das gedrehte Bild wird dadurch größer dargestellt.

▼ **Abbildung 16.8**
Hochformatige Bilder werden in Querformatzellen aufgrund ihres Seitenverhältnisses stark verkleinert (links). Durch das automatische Drehen nutzen die Bilder den verfügbaren Platz besser aus (rechts).

Ein Foto pro Seite wiederholen | Mit dieser Option werden alle Zellen in einem Druckbogen mit demselben Bild gefüllt. Diese Funktion ist zum Beispiel dann nützlich, wenn Sie mehrere Abzüge von einem Bild drucken möchten.

Beim Verschieben mit aktivierter AUSFÜLLEN-Option werden alle Versionen des Bildes so verschoben, dass in allen Zellen der Ausschnitt exakt gleich ist. Für jedes ausgewählte Bild wird eine eigene Druckseite generiert.

Die hier verwendeten Bilder finden Sie im »Workshopkatalog« im Ordner BILDARCHIV • SPORT.

▼ **Abbildung 16.9**
Um mehrere Abzüge von einem Bild zu erstellen, aktiviert man die Kontrollbox EIN FOTO PRO SEITE WIEDERHOLEN.

[Maßeinheit Punkt (pt)]
Allgemein gibt es zwei verschiedene Punkteinheiten: den Didot und den Cicero. Im Desktop-Publishing hat sich der Didot-Punkt durchgesetzt. Er wird auch in Lightroom verwendet:
1 pt = 1/72 Inch = 0,352 mm
20 pt = 20/72 Inch = 7,05 mm

Kontur | Bilder können mit einem Rahmen versehen werden. Dieser kann in Breite und Farbe individuell angepasst werden. Die Breite von maximal 20 Punkt (pt) wird über den gleichnamigen Schieberegler festgelegt. Dabei wird der Rahmen innerhalb des Zellbereichs definiert und das Bild entsprechend verkleinert. Es werden jedoch keine Bildinhalte am Rand weggeschnitten. Der Dialog zur Farbwahl für den Rahmen wird durch Anklicken des rechteckigen Farbfeldes rechts neben dem Kontrollkästchen geöffnet.

▲ **Abbildung 16.10**
Bilder können eine Rahmenstärke von maximal 20 pt erhalten. Die Farbe kann über die Farbauswahl individuell eingestellt werden.

ie hier verwendeten Bilder finden Sie im »Workshopkatalog« im Ordner BILDARCHIV • SPORT.

Schritt für Schritt
Bildausschnitt in Zelle einpassen

Beim Zoomen bis zur Rahmenfüllung wird das Bild zentriert, und überstehende Bereiche werden abgeschnitten. Oft liegt der wichtige Inhalt aber nicht in der Mitte des Bildes. Um den Ausschnitt dann wieder anzupassen, können Sie die Bilder in den Zellen manuell verschieben und so in die richtige Position bringen.

1 Bild auswählen
Klicken Sie ein Bild in einer Zelle an. Das Bild erhält einen gestrichelten Rahmen um sein komplettes Format. Am Rahmen erkennen Sie, wie das Bild beschnitten wurde.

2 Bild verschieben
Halten Sie die Maustaste gedrückt, und verschieben Sie das Bild, bis Ihnen der Ausschnitt gefällt. Achten Sie darauf, dass Sie das zentrale Motiv in den Mittelpunkt stellen.

▲ Abbildung 16.11
Wenn Sie ein gezoomtes Bild anklicken, können Sie den Ausschnitt in der Zelle verschieben.

Die Ausschnittsveränderung wird im Bild mitgespeichert und auch auf andere Raster und Zellenaufteilungen übertragen, wenn dort die Option AUSFÜLLEN aktiviert ist.

Bedienfeld »Layout«

Das zweite Bedienfeld in der rechten Palette ermöglicht das Anpassen des Seitenlayouts durch Festlegen der Größe und Aufteilung der Rasterzellen. Auch die Seitenränder des Druckbogens lassen sich hier einstellen.

Linealeinheit | Ganz oben werden die Maßeinheiten für die Lineale im Ansichtsfenster und die Parameter der Seitenränder, der Zellengröße sowie der Zellenabstände eingestellt.

▼ Abbildung 16.12
Die Linealeinheiten verändern auch die Einheiten am Seitenrand und die der Zellparameter. 1 Pica (pc) entspricht 12 Punkt (pt).

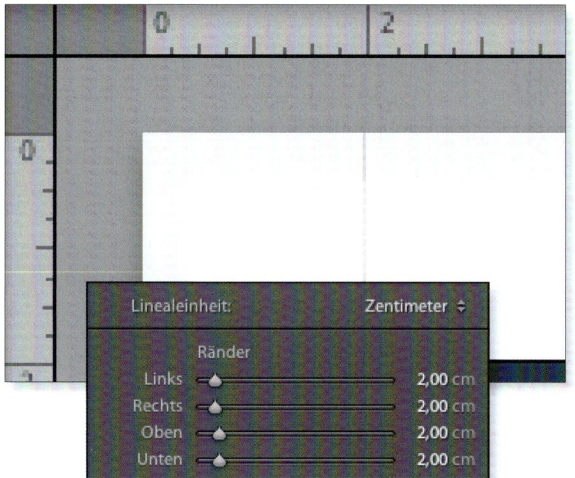

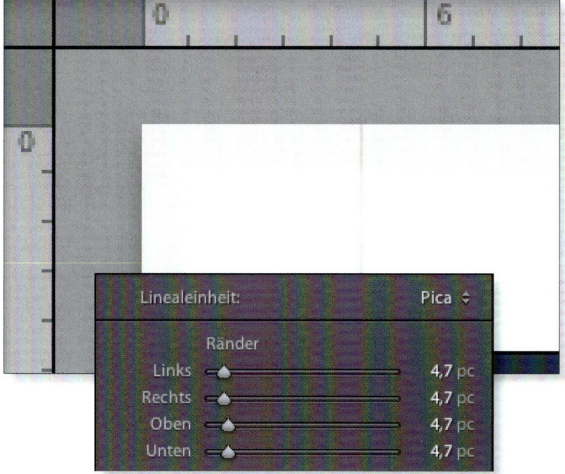

Ränder | Hierüber lassen sich die Maße der Seitenränder definieren und damit der Platz, der sich für die Zellen auf der Druckseite ergibt. Benötigen die Zellen insgesamt weniger Platz, als ihnen zur Verfügung steht, werden sie auf der Seite zentriert dargestellt.

Bei Druckern, die nicht bis zum Rand drucken können, entsprechen die Minimalwerte dem Druckrand des Druckertreibers. Exportieren Sie die Bilder als JPEG, müssen Sie das Kontrollkästchen BENUTZERDEFINIERTE DATEIABMESSUNGEN im Bedienfeld DRUCKAUFTRAG aktivieren (siehe Seite 850).

▼ **Abbildung 16.13**
RÄNDER definiert den Abstand des Bildrasters zum Seitenrand.

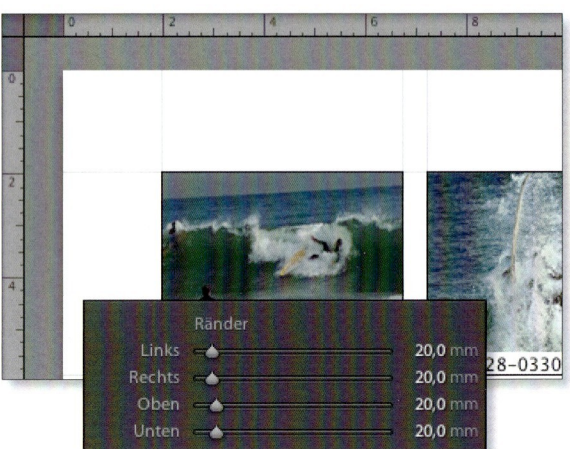

Seitenraster | Dieser Eintrag legt die Anzahl der Zellen fest. Der verfügbare Platz wird in ein Raster zerlegt, das aus REIHEN und SPALTEN besteht. Die Schieberegler legen die Anzahl der Reihen und Spalten fest.

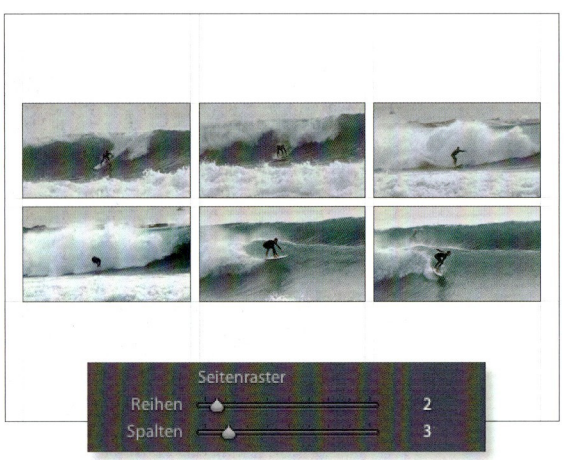
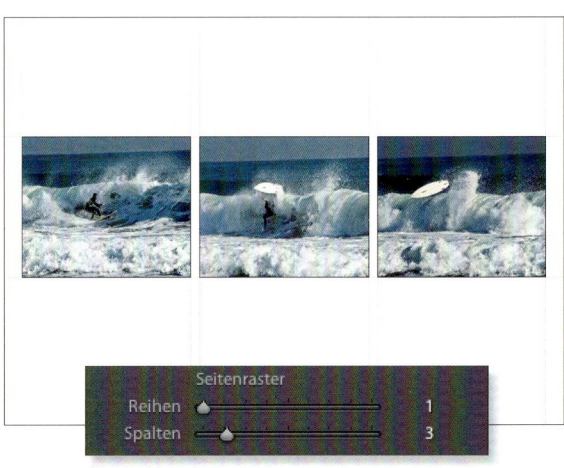

▲ **Abbildung 16.14**
SEITENRASTER legt die Anzahl der Bilder in Reihen und Spalten fest.

Zellenabstand | Dieser Parameter ist nur dann verfügbar, wenn Sie mehr als eine Zelle verwenden. Sie stellen damit den Abstand der Bilder zueinander ein.

▼ Abbildung 16.15
Der ZELLENABSTAND stellt den Weißraum zwischen den Zellen ein.

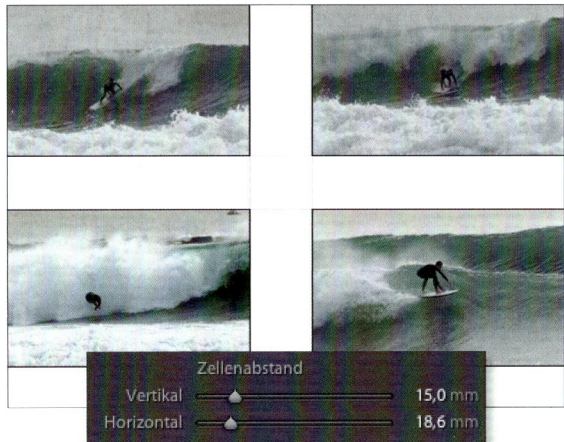

Zellengröße | Gleiches wie für den Zellenabstand gilt auch für die Zellengröße. Eine Anpassung dieses Wertes hat immer auch Auswirkungen auf den Zellenabstand. Dieser wird dann abhängig von der Zellengröße angepasst.

▲ Abbildung 16.16
Die maximale ZELLENGRÖSSE wird durch die Seitenränder eingeschränkt.

▲ Abbildung 16.17
Eine Verkleinerung der ZELLENGRÖSSE erhöht gleichzeitig auch den ZELLENABSTAND.

Quadrat beibehalten | Bei Aktivierung dieses Kontrollkästchens bleiben die Zellen immer quadratisch.

Die Regler für ZELLENGRÖSSE und ZELLENABSTAND werden bei dieser Funktion verknüpft. Zieht man etwa die Zellengröße nach rechts, wird der Abstand geringer. Soll der Zellenabstand größer werden, werden die Zellen kleiner. Auf jeden Fall wird immer die quadratische Form der Zellen bewahrt.

▲ **Abbildung 16.18**
Wird das Seitenverhältnis einer Zelle auf ein Quadrat beschränkt, hat das auch Auswirkungen auf die Zellenabstände.

TIPP

Die Seitenränder und Zellenabstände können auch direkt im Ansichtsfenster mit der Maus angepasst werden. Dazu bewegt man die Maus auf eine der Hilfslinien. Daraufhin erscheint ein Pfeil, der sich mit gedrückter linker Maustaste verschieben lässt. Dabei wird der entsprechende Wert geändert. Klicken Sie auf eine Linie zwischen den Zellen, so verändern Sie den Zellenabstand. Die Seitenränder verschieben Sie, indem Sie eine Hilfslinie an einem der Ränder bewegen. Dabei werden Ihnen die Maße für Seitenrand oder Zellengröße angezeigt.

Hilfslinien einblenden | Zur besseren Kontrolle können im Ansichtsfenster Hilfslinien und Zusatzangaben eingeblendet werden. Diese werden nicht gedruckt. Das Kontrollkästchen deaktiviert die generelle Darstellung von Hilfslinien unabhängig von der Aktivierung der einzelnen Hilfslinienarten oder aktiviert deren Sichtbarkeit.

❶ **Ränder und Bundstege:** Zeigt die Hilfslinien für die Seitenränder und Zellenabstände an. Kann Ihr Drucker beidseitig drucken, wird zusätzlich der im Druckertreiber eingestellte Bundsteg angezeigt.

❷ **Seitenanschnitt:** Zeigt den nicht druckbaren Bereich einer Seite an. Der Anschnitt ist vom verwendeten Drucker und von den Seiteneinstellungen abhängig. Er beträgt meistens ca. 5 mm. Manche Drucker lassen an einer Seite einen größeren Rand.

❸ **Lineale:** Zeigt die Lineale im Ansichtsfenster an – sowohl oben in der horizontalen als auch an der linken Seite in der vertikalen Achse. Klicken Sie mit der rechten Maustaste beziehungsweise Strg + Mausklick auf eines der Lineale, um die Maßeinheit zu verändern.

❹ **Abmessungen:** Zeigt die Abmessungen der Zellen im Ansichtsfenster an.

❺ **Bildzellen:** Der Rand der Zellen wird hervorgehoben. So kann man auch ohne Bilder erkennen, wo sich die Zellen befinden.

16.2 Der Kontaktabzug

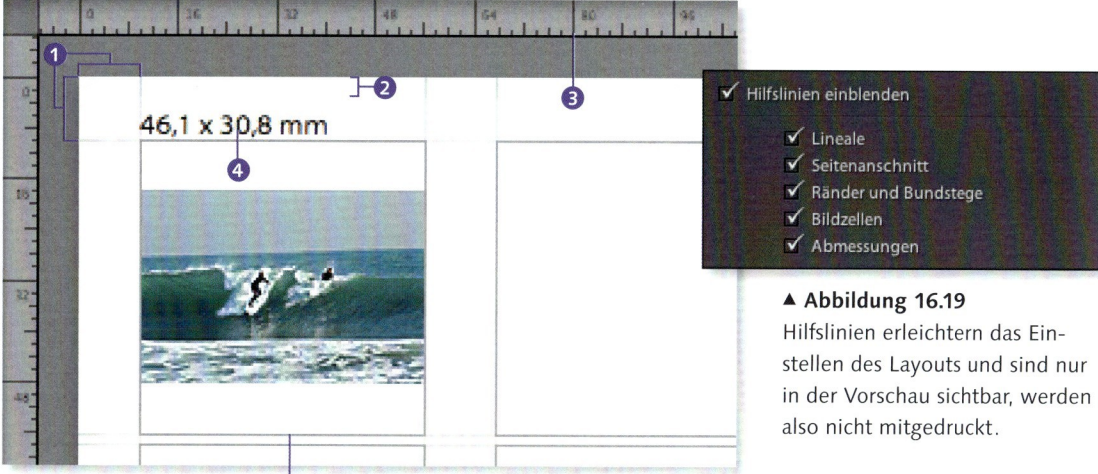

▲ Abbildung 16.19
Hilfslinien erleichtern das Einstellen des Layouts und sind nur in der Vorschau sichtbar, werden also nicht mitgedruckt.

Bedienfeld »Seite«

Im Drucken-Modul können Sie den Druckbogen auch mit einer Erkennungstafel überlagern und zu jedem Bild spezifische Informationen oder globale Seiteninformationen einblenden.

Über jedes Bild können Sie zusätzlich ein Wasserzeichen drucken lassen. Die SEITENOPTIONEN geben Auskunft über die Einstellungen des Druckauftrags. Äußerst hilfreich ist das Einblenden von unterschiedlichen FOTOINFOS. Zumindest Aufnahmedatum und Bildname sollten hier vermerkt sein, damit der Abzug auch wirklich einen guten Überblick bietet. Sie müssen die Werte nicht einmal manuell eingeben, Lightroom generiert sie einfach aus den Metadaten, die zu den Bildern zur Verfügung stehen. Die Parameter werden im Folgenden einzeln vorgestellt.

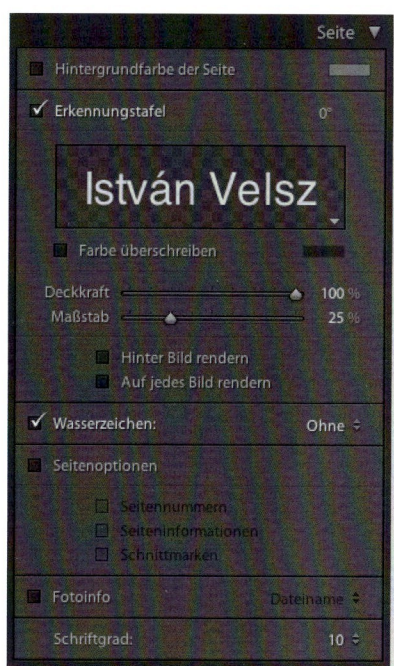

▲ Abbildung 16.20
Bedienfeld zur Konfiguration der Seitenelemente wie Hintergrundfarbe, Erkennungstafel und Bildunterschrift

◀ Abbildung 16.21
Überlagerungen werden als Zusatzinformationen oder als Kennzeichnung der Bilder mitgedruckt.

Hintergrundfarbe der Seite | Über dieses Farbfeld können Sie die Seite um die Bilder einfärben. Die Kontrollbox aktiviert die Funktion.

Erkennungstafel | Haben Sie eine eigene Erkennungstafel konfiguriert, können Sie diese auf der Druckseite vor oder hinter Ihre Bilder drucken. Sie können aber auch zusätzliche Tafeln erstellen. Wie das geht, erfahren Sie auf Seite 165. Eine Beschreibung zum Platzieren und Verschieben der Erkennungstafel auf einem Druckbogen finden Sie auf Seite 846.

▲ **Abbildung 16.22**
Die Erkennungstafel kann in 90°-Schritten gedreht werden – rechts mit Einstellung AM BILDSCHIRM UM 90° DREHEN.

- **Erkennungstafel drehen:** Rechts neben dem Kontrollkästchen zum Aktivieren der Erkennungstafel finden Sie eine Gradangabe. Wenn Sie diese anklicken, können Sie aus der aufklappenden Liste einen Drehwinkel auswählen.
- **Auswahl und Vorschau der Erkennungstafel:** In diesem Bedienfeld wird die aktuelle Erkennungstafel in einer Vorschau angezeigt. Klicken Sie diese an, können Sie aus gespeicherten Tafeln auswählen. Über den Menüpunkt BEARBEITEN können Sie eine neue Tafel erstellen oder die aktuelle verändern.

▼ **Abbildung 16.23**
Sie können eine Erkennungstafel aus der Liste auswählen oder direkt eine neue erstellen.

- **Farbe überschreiben:** Die Farbe der verwendeten Texttafel lässt sich mit einer anderen Farbe überschreiben, beispielsweise mit Weiß. Aktivieren Sie dazu das Kontrollkästchen. Die Farbe stellen Sie über das Farbfeld rechts daneben ein.
- **Deckkraft:** Mit diesem Regler stellen Sie die Transparenz der Erkennungstafel ein. Sie wird dann mehr oder weniger durchsichtig und lässt das Bild durchscheinen. So lässt sich auch gut ein dezenter Wasserzeichen-Effekt erzeugen, der vor einem Missbrauch der Bilder schützt.
- **Maßstab:** Legt die Größe der Erkennungstafel fest. Dieser Regler bezieht sich immer auf die Größe des Bildes und die Drehung der Erkennungstafel. Bei 0° sind 100 % die gesamte Breite der Seite. Wird die Tafel um 90° gedreht, so wird die Höhe der Seite als 100 %-Wert genommen.

▲ Abbildung 16.24
Deckkraft und Massstab erlauben eine weitere Anpassung der Erkennungstafel. Die Farbe von Texttafeln kann auch noch nachträglich überschrieben werden.

- **Hinter Bild rendern:** Normalerweise wird die Erkennungstafel über das Bild gelegt. Durch Aktivieren dieser Option wandern die Bilder in den Vordergrund. Die Tafel wird dann unter Umständen teilweise verdeckt.

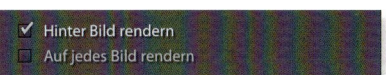

▲ Abbildung 16.25
Erkennungstafeln können auch hinter den Bildern stehen.

▸ **Auf jedes Bild rendern:** Die Erkennungstafel wird normalerweise nur einmal auf die Seite gedruckt. Aktivieren Sie das Kontrollkästchen Auf jedes Bild rendern, wird sie zentriert auf jedes Bild gedruckt.

▲ **Abbildung 16.26**
Die Erkennungsgrafik kann auch auf jedes einzelne Bild in einem Kontaktbogen gedruckt werden.

Verschieben der Erkennungstafel

Deaktivieren Sie die Option Auf jedes Bild rendern, können Sie die Erkennungstafel auch manuell verschieben. Das geht so:

Klicken Sie die Erkennungstafel im Ansichtsfenster an. Sie wird dadurch mit einer gestrichelten Kontur versehen. An den Ecken der Kontur erscheinen acht Anfasspunkte. Greifen Sie die Erkennungstafel innerhalb der Kontur, und verschieben Sie sie mit gedrückter linker Maustaste an eine beliebige Stelle.

Möchten Sie die Tafel vergrößern oder verkleinern, so klicken Sie auf einen der Anfasspunkte in den Ecken und ziehen ihn nach innen oder außen. Die Tafel wird dann proportional skaliert.

▲ **Abbildung 16.27**
Mit der Verschiebehand können Sie die Erkennungstafel positionieren.

▲ **Abbildung 16.28**
Über die Anfasspunkte kann die Tafel auch direkt in der Ansicht vergrößert oder verkleinert werden.

▸ **Wasserzeichen:** Ist diese Kontrollbox aktiviert, können Sie zum Beispiel Copyright-Informationen auf die Bilder drucken. Über das Dropdown rechts neben der Kontrollbox können Sie aus der Liste der konfigurierten Wasserzeichen eines auswählen oder ein neues hinzufügen. Eine genaue Beschreibung der Konfiguration von Wasserzeichen finden Sie auf Seite 465.

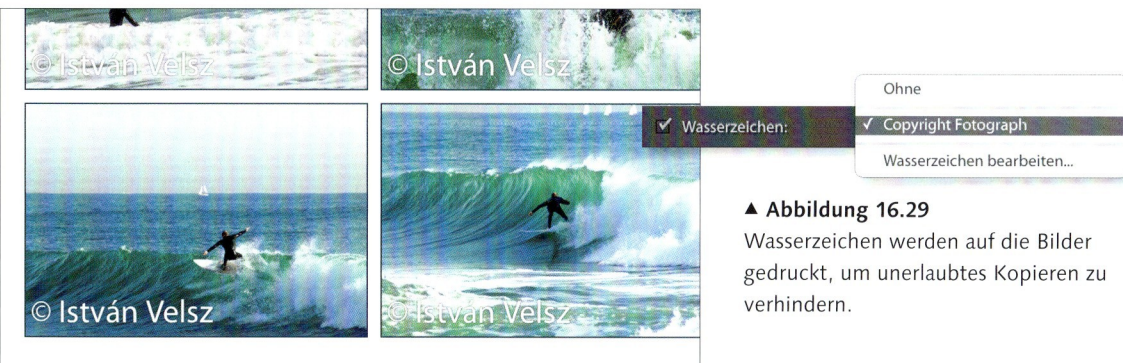

▲ **Abbildung 16.29**
Wasserzeichen werden auf die Bilder gedruckt, um unerlaubtes Kopieren zu verhindern.

Seitenoptionen | Diese Kontrollkästchen betreffen Nummern und Hilfsmittel, die – im Gegensatz zu den Hilfslinien im Bedienfeld Layout – auch auf dem Ausdruck erscheinen. Das Kontrollkästchen aktiviert zunächst einmal generell die Darstellung dieser Informationen. Die einzelnen Optionen können dann noch getrennt voneinander hinzu- oder abgeschaltet werden.

▼ **Abbildung 16.30**
Die Seitenoptionen geben Auskunft über die Druckeinstellungen ❷, nummerieren die Druckseiten ❸ und helfen durch Schnittmarken ❶ beim Ausschneiden von Bildern.

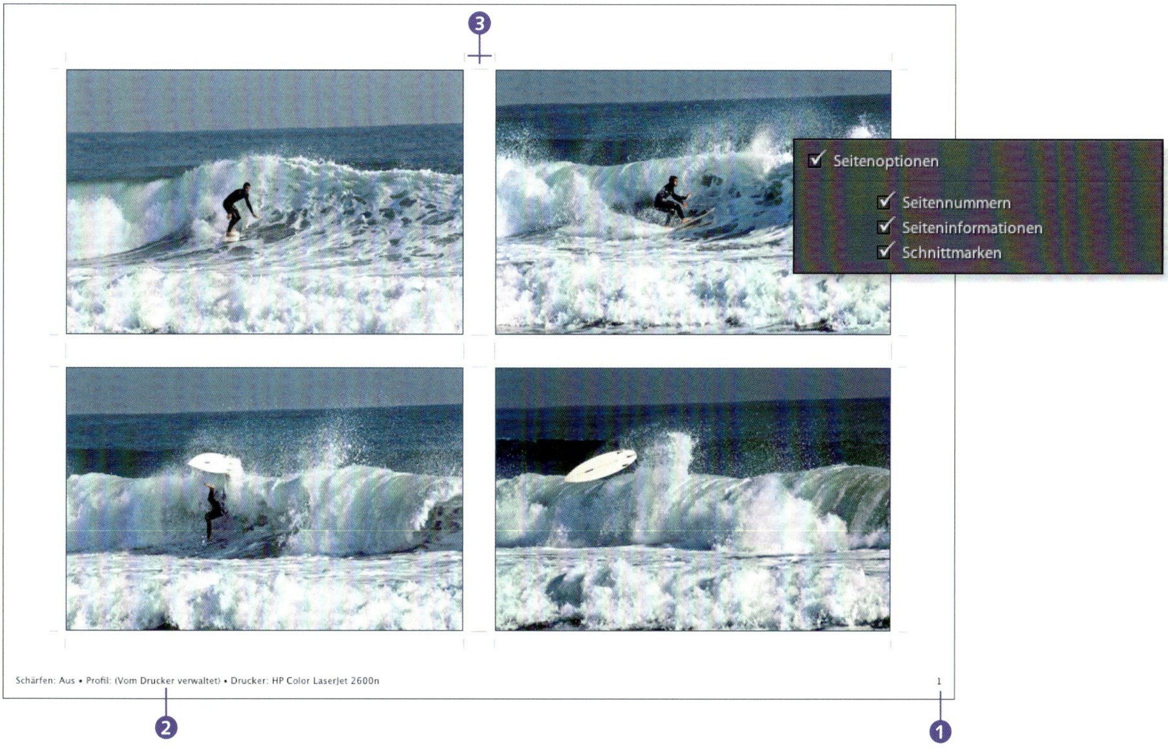

❶ **Seitennummern:** Mit dieser Option wird rechts unten auf dem Druckbogen eine Seitennummer gedruckt. Das macht beispielsweise Sinn für Übersichten auf Kontaktbogen (Abb. 16.28).

❷ **Seiteninformationen:** Damit können Sie links unten auf der Seite Informationen zu Schärfung, Farbprofil und zum Drucker ausgeben. Dies dient vor allem der Qualitätsbeurteilung beim Vergleich von Druckvarianten (Abb. 16.28).

❸ **Schnittmarken:** Dabei werden kleine Marken an die Zellengrenzen gesetzt. Diese erleichtern beim Beschneiden das Anlegen eines Lineals. Die Marken werden an den Zellengrenzen erstellt, sparen aber den Bereich der Bildinformation so aus, dass nur der Bildbereich beschnitten wird (Abb. 16.28).

▲ **Abbildung 16.31**
Unter den Bildern können Informationen eingeblendet werden.

Fotoinfo und Schriftgrad | Wird dieses Kontrollkästchen aktiviert, werden auch unter die einzelnen Bilder zusätzliche Angaben gedruckt. Die Infos werden dabei in die Zelle geschrieben und verkleinern das Bild. Als Standardinformation wird der Dateiname angezeigt. Sie können aber auch andere Metadaten einblenden. Über SCHRIFTGRAD geben Sie die Größe der Fotoinfo an. Klickt man die Größenangabe an, erscheint ein Dropdown-Menü mit diversen Punktgrößen zur Auswahl.

Schritt für Schritt
Einblenden von Metainformationen

Wenn Sie eine FOTOINFO einblenden möchten, können Sie den Text nicht direkt eingeben, sondern nur auf die Metainformationen Ihrer Bilder zurückgreifen. Diese können aus unterschiedlichen Metadatenkategorien und -feldern stammen.

16.2 Der Kontaktabzug

1 Aktivieren der Fotoinfo

Aktivieren Sie im Bedienfeld Seite das Kontrollkästchen Fotoinfo. Auf diese Weise wird der Dateiname unter jedem Bild angezeigt.

2 Ändern der Fotoinfo

Klicken Sie auf den Begriff Dateiname rechts neben der Kontrollbox zum Aktivieren der Fotoinfo, und wählen Sie aus dem Dropdown-Menü den Punkt Bearbeiten aus. Klicken Sie im Eingabefeld das platzierte Token Dateiname an, und löschen Sie es.

Wählen Sie danach aus dem Register mit den Metadaten die gewünschte Metainformation aus, und fügen Sie diese über die danebenliegende Einfügen-Schaltfläche in das Feld ein.

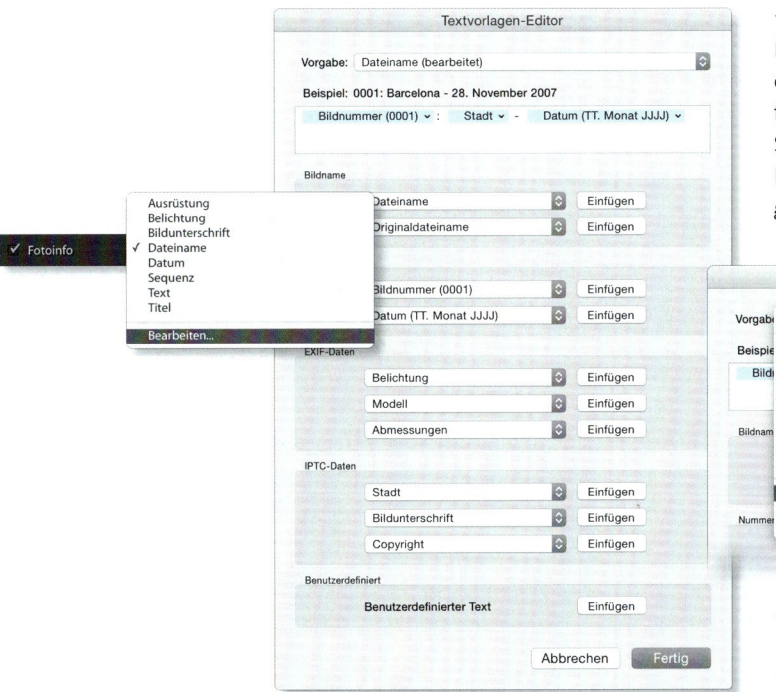

◀ **Abbildung 16.32**
Die Fotoinfo kann über Tokens aus den Metadaten oder aus anderen Informationen zusammengesetzt werden. Sie wird unter jedem Bild platziert. Die Einstellung kann auch als Textvorgabe gespeichert werden.

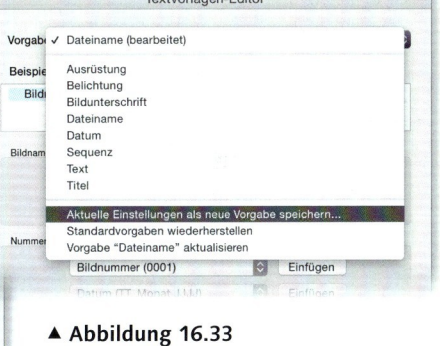

▲ **Abbildung 16.33**
Die Speicherung der Fotoinfo erfolgt über das Dropdown-Menü im Kopf des Dialogfeldes.

Sie können auch mehrere Tokens auswählen und diese miteinander kombinieren. Auf Kontaktbogen sollten Sie jedoch nicht zu viele Daten drucken, da diese sonst mehr Platz einnehmen als die Bilder selbst, was der Übersichtlichkeit schadet.

3 Speichern der Einstellung

Wenn Sie diese Einstellung speichern wollen, klicken Sie auf das Dropdown-Menü ganz oben neben Vorgabe. Wählen Sie den Punkt Aktuelle Einstellungen als neue Vorgabe speichern, und vergeben Sie einen Namen für die neue Vorgabe.

Bedienfeld »Druckauftrag«

Das Bedienfeld für die Einstellungen des Druckauftrags dient der Anpassung der Ausgabe und der Druckqualität. Dieses Bedienfeld wird ab Seite 858 näher erläutert.

16.3 Das Bildpaket

Das Bildpaket dient dem Ausdrucken eines Bildes in unterschiedlichen Größen auf einer oder mehreren Seiten. Die Bilder können dabei beliebig auf der Seite angeordnet und verschoben werden. Das Bildpaket eignet sich vor allem für Drucker, die DIN A3 oder größer ausgeben können. Denn dann hat man genügend Spielraum, um unterschiedliche Größen zu generieren. Bei DIN A4 ist man in dieser Beziehung doch eher beschränkt. Von Vorteil ist dabei auch, dass ein Bildpaket für ein Bild aus mehreren Seiten bestehen kann. Dies erlaubt maximale Flexibilität.

Einige der Bedienfelder wie BILDEINSTELLUNGEN und SEITE verhalten sich genauso wie beim Konfigurieren von Kontaktabzügen. Sie werden daher hier nur kurz vorgestellt.

▼ **Abbildung 16.34**
Beispiel eines Bildpakets, bei dem von einem Bild verschiedene Größen erzeugt werden

Bedienfeld »Bildeinstellungen«

In den BILDEINSTELLUNGEN wird angegeben, wie die Bilder in den Rasterzellen dargestellt werden. Diese Einstellungen verhalten sich ähnlich wie die Einstellungen im Layoutstil EINZELBILD/KONTAKTABZUG.

Ausfüllen | Dabei wird das Bild so weit gezoomt, dass es den Rahmen komplett ausfüllt. Ein Teil des Bildes kann dabei abgeschnitten werden.

Drehen und einpassen | Wollen Sie ein Bild im Querformat in einen Hochformatrahmen einpassen, kann Lightroom das Bild so drehen, dass es optimal in den Rahmen passt.

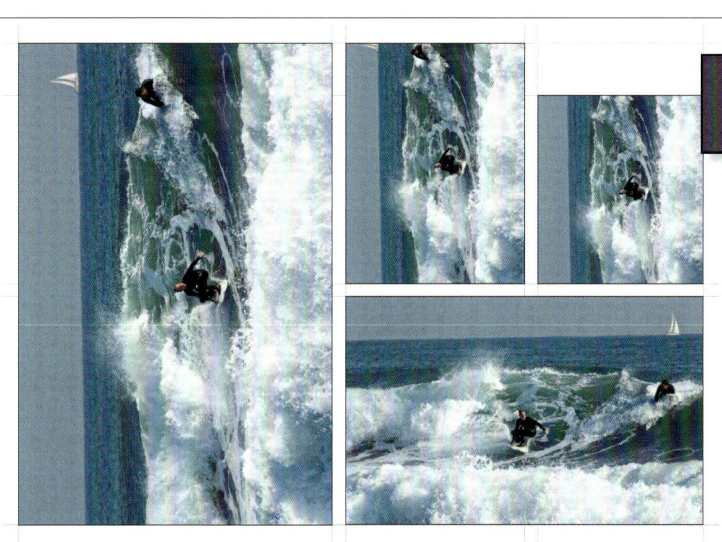

▼ **Abbildung 16.35**
Die Bilder können automatisch optimal an die Rahmen angepasst werden.

Fotorand | Dieser Schieberegler erzeugt einen Rahmen innerhalb der Bildzelle. Aktivieren Sie dazu das Kontrollkästchen, und verschieben Sie dann den Regler. Der Rand ist auf allen Seiten gleich dick und kann in der Farbe leider nicht geändert werden.

Kontur innen | Eine Kontur wird innerhalb des Bildrandes erstellt und verkleinert somit den sichtbaren Bereich des Bildes. Dies gilt auch, wenn bereits ein Fotorand erstellt wurde. Die Kontur wird dann innen zusätzlich zum Fotorand generiert. Anders als der Fotorand, kann die Kontur eine eigene Farbe besitzen.

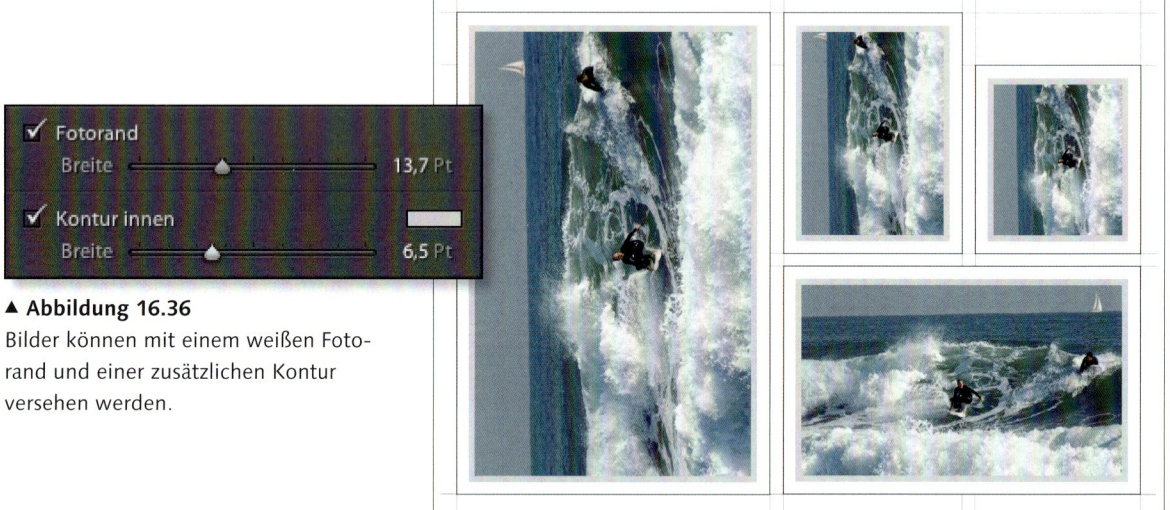

▲ Abbildung 16.36
Bilder können mit einem weißen Fotorand und einer zusätzlichen Kontur versehen werden.

Bedienfeld »Lineale, Raster und Hilfslinien«

Zur besseren Platzierung der Bilder können, wie auch beim Kontaktabzug, Hilfsobjekte eingeblendet werden. Da sich die Rahmen im Bildpaket beliebig auf der Seite verschieben lassen, gibt es im Bildpaket zusätzlich ein Raster.

Linealeinheit | Durch das Anklicken der aktuellen Einheit öffnet sich ein Dropdown-Menü zum Umstellen der Maßeinheit.

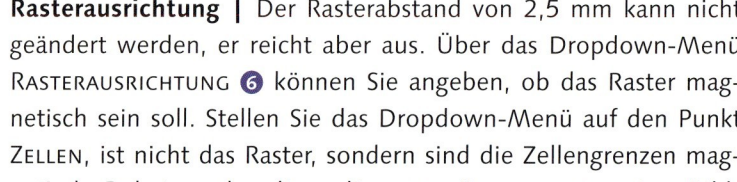

▲ Abbildung 16.37
Dropdown-Menü zur Ausrichtung an einem Raster

Rasterausrichtung | Der Rasterabstand von 2,5 mm kann nicht geändert werden, er reicht aber aus. Über das Dropdown-Menü Rasterausrichtung ❻ können Sie angeben, ob das Raster magnetisch sein soll. Stellen Sie das Dropdown-Menü auf den Punkt Zellen, ist nicht das Raster, sondern sind die Zellengrenzen magnetisch. Dabei werden die verlängerten Begrenzungen einer Bildzelle magnetisch. Dies ist vor allem dann eine Hilfe, wenn man nicht nach dem Raster arbeiten will, aber die Bilder aneinander ausrichten möchte. Natürlich haben Sie auch die Möglichkeit, die magnetischen Zellen und das Raster auszuschalten.

Hilfslinien einblenden | Mit diesem Kontrollkästchen schalten Sie die Darstellung aller aktivierten Hilfsobjekte ein oder aus. Die untergeordneten Kontrollkästchen aktivieren dann die einzelnen Elemente.

❶ **Lineale:** Blendet die Lineale im Ansichtsfenster ein.
❷ **Seitenraster:** Zeigt das Seitenraster an.
❸ **Seitenanschnitt:** Zeigt den nicht druckbaren Bereich der Seite als hellgrauen Rahmen an. Die Breite ist vom Druckertreiber abhängig.
❹ **Bildzellen:** Zeigt eine schwarze Umrandung um das Bild an.
❺ **Abmessungen:** Aktiviert die Anzeige der Bildgröße. Dabei wird die Abmessung der Zelle angegeben. Der Fotorand und die Kontur zählen zum Bild.

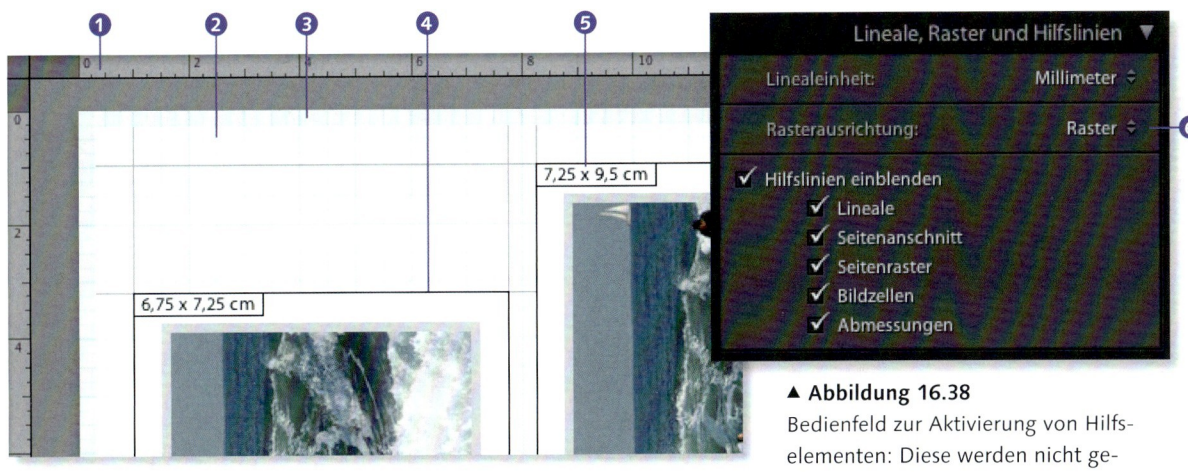

▲ **Abbildung 16.38**
Bedienfeld zur Aktivierung von Hilfselementen: Diese werden nicht gedruckt, erleichtern aber das Arbeiten.

Bedienfeld »Zellen«

Dies ist das Kernbedienfeld des Bildpakets. Mit dessen Hilfe erstellen Sie neue Zellen auf der Seite. Lightroom bietet sechs voreingestellte Zellengrößen, zu denen Sie eigene Größen hinzufügen können. Diese werden nicht als Tasten angezeigt, können aber durch Klicken auf das Dreieck neben der jeweiligen Taste in ein Dropdown-Menü eingefügt werden.

Wählen Sie dazu den Punkt BEARBEITEN aus, und geben Sie in das Dialogfeld die gewünschte Größe ein. Die neue Größe ist aber

▲ Abbildung 16.39
Den Tasten können eigene Größen hinzugefügt werden.

nur bei der Taste verfügbar, bei der Sie die neuen Abmessungen angegeben haben. Sie können pro Taste immer nur eine zusätzliche Größe angeben.

Dem Paket hinzufügen | In dieser Parametergruppe können Sie neue Rahmen auf der Seite platzieren. Reicht der Platz nicht mehr aus, wird automatisch eine neue Seite generiert. Sie können aber auch durch Drücken der Schaltfläche NEUE SEITE eine leere Seite hinzufügen.

Um Rahmen auf einer Seite mit möglichst wenig Verschnitt zu verteilen, können Sie die Taste AUTO-LAYOUT drücken. Dadurch werden alle Bilder auf der Seite optimal, aber nicht unbedingt schön verteilt.

Ein komplettes Layout können Sie mit Hilfe der Taste LAYOUT LÖSCHEN zurücksetzen. Sie erhalten dann eine leere Seite.

▲ Abbildung 16.40
Passen nicht alle Rahmen auf eine Seite, wird automatisch eine neue Seite erstellt.

Ausgewählte Zelle anpassen | Sie müssen sich aber nicht unbedingt an die Größenvorgaben halten. Sie können jede Bildzelle auswählen und skalieren. Dies können Sie über die Schieberegler oder

Abbildung 16.41 ▶
Die Zellen können skaliert werden, indem man einen Rahmen anklickt und dann die Kästchen an den Kanten verschiebt.

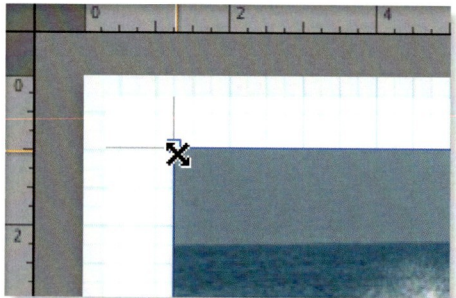

direkt am Rahmen der Zelle erledigen. Dazu müssen Sie nur eines der Kästchen am Markierungsrahmen mit gedrückter Maustaste verschieben. Halten Sie die ⇧-Taste gedrückt, wird der Rahmen proportional skaliert. Die Zelle kann zum Zentrum hin skaliert werden, wenn Sie die Alt-Taste gedrückt halten.

Die Bildzellen können auch verschoben werden. Dazu halten Sie in einer Zelle einfach die linke Maustaste gedrückt und verschieben das Bild. Ist die Ausrichtung am Raster aktiviert, so springt die Zelle mit dem Bild von Rasterpunkt zu Rasterpunkt.

Bedienfeld »Seite«

Im Bildpaket können Sie im Gegensatz zum Kontaktbogen nur eine Erkennungstafel, ein Wasserzeichen und Schnittmarkierungen auf der Seite platzieren.

Die Darstellung einer Fotoinfo ist nicht möglich. Die Konfiguration der Überlagerungen funktioniert mit den gleichen Parametern wie beim Kontaktabzug. Nähere Erläuterungen zu deren Handhabung finden Sie auf Seite 844.

ACHTUNG

Nicht alle Arbeitsschritte des Bedienfeldes ZELLEN lassen sich rückgängig machen. Dazu zählen auch die Befehle AUTO-LAYOUT und LAYOUT LÖSCHEN.

◀ Abbildung 16.42
Durch Anklicken dieses Symbols können Sie eine Seite löschen.

◀ Abbildung 16.43
Dieses Symbol zeigt überlappende Zellen an.

16.4 Benutzerdefiniertes Paket

Im Unterschied zum normalen Bildpaket können in den Zellen des benutzerdefinierten Pakets beliebig viele Bilder platziert werden. Damit lassen sich auch einfachere Collagen oder Präsentationsmappen erstellen. Die Parameter entsprechen nahezu denen des Bildpakets. In diesem Abschnitt werden deshalb nur die Unterschiede zum einfachen Bildpaket erläutert.

Bedienfeld »Bildeinstellungen«

In den BILDEINSTELLUNGEN wird angegeben, wie die Bilder in den Rasterzellen dargestellt werden. Diese Einstellungen verhalten sich analog zu den Einstellungen des Layoutstils EINZELBILD/KONTAKTABZUG. Der einzige Unterschied besteht darin, dass das Kontrollkästchen AUSFÜLLEN nicht vorhanden ist.

Dieses wird hier nicht benötigt, da jedes Bild sowieso individuell angepasst werden muss. Die Beschreibung der anderen Einstellungen finden Sie auf Seite 842.

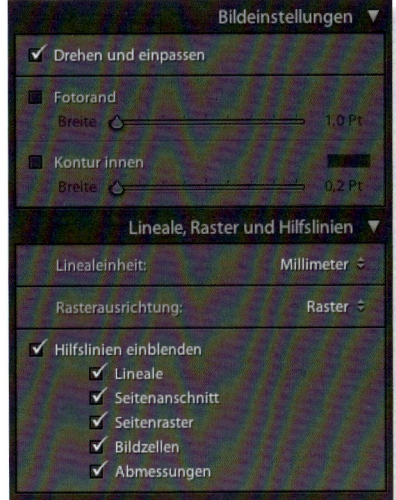

▲ Abbildung 16.44
Bedienfelder BILDEINSTELLUNGEN und LINEALE, RASTER UND HILFSLINIEN

Bedienfeld »Lineale, Raster und Hilfslinien«

Ein Raster erleichtert das Ausrichten von Objekten. Dieses ist beim benutzerdefinierten Paket besonders hilfreich. So lassen sich sauber gestaltete Layouts mit vielen Bildern anlegen, ohne dass Zwischenräume und Abstände variieren. Da die Parameter denen des »einfachen« Bildpakets ähneln, werden sie hier nicht extra erklärt. Die Beschreibung der Einstellungen finden Sie daher auf Seite 852.

Bedienfeld »Zellen«

In diesem Bedienfeld finden Sie Schaltflächen mit vorgegebenen Zellgrößen, die Sie auch nach Ihren Wünschen anpassen können. Dies ermöglicht Ihnen, bereits mit einer Auswahl an vorgefertigten Zellen schnell flexible Layouts zu erstellen. Mehr Informationen zum Anpassen der Zellvorgaben finden Sie auf Seite 853.

Zusätzlich können Sie hier über die Taste NEUE SEITE weitere Seiten hinzufügen. Die Taste LAYOUT LÖSCHEN entfernt nicht nur eine Seite, sondern das gesamte Layout mit allen Seiten.

Auf Foto-Seitenverhältnis sperren | Mit diesem Kontrollkästchen werden alle Zellen an das Seitenverhältnis des Bildes angepasst. Da diese Änderung auf alle platzierten Bilder angewendet wird, verändert sich das Layout eventuell signifikant.

▼ Abbildung 16.45
Werden alle Zellen auf das Foto-Seitenverhältnis angepasst, ändert sich das Layout eventuell signifikant.

Nur einzelne Zellen an Seitenverhältnis anpassen | Sie können aber auch nur eine einzelne Zelle an das Seitenverhältnis anpassen. Dazu klicken Sie mit der rechten Maustaste auf ein Bild und wählen aus dem Kontextmenü den Befehl FOTO-SEITENVERHÄLTNIS ABGLEICHEN.

16.4 Benutzerdefiniertes Paket

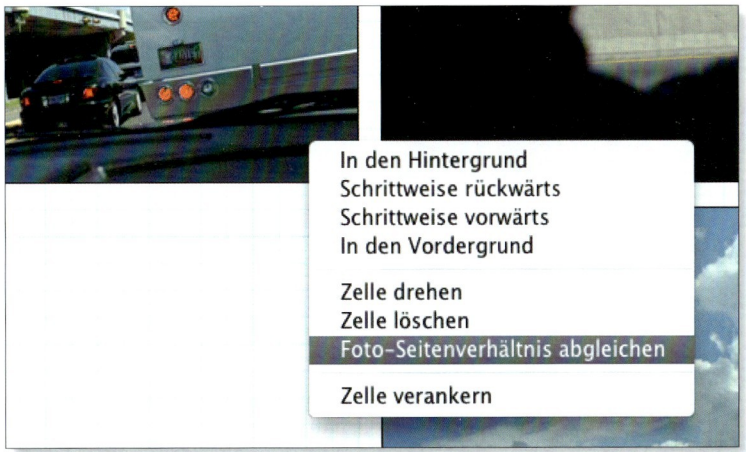

◄ **Abbildung 16.46**
Einzelne Zellen passen Sie über das Kontextmenü an das Foto-Seitenverhältnis an.

Bedienfeld »Seite«

Auch im benutzerdefinierten Paket können Sie nur eine Erkennungstafel auf der Seite platzieren. Diese kann, wie in den anderen Layoutstilen, beispielsweise auch als große Hintergrundgrafik als Schmuckelement platziert werden. Sie wird aber immer nur auf einer Seite, normalerweise der ersten, angezeigt. Sie können diese allerdings auch auf andere Seiten schieben.

Die Konfiguration der Überlagerungen funktioniert mit den gleichen Parametern wie beim Kontaktabzug. Nähere Erläuterungen zu deren Handhabung finden Sie auf Seite 843.

Platzierungshilfen für Zellen

Über das Kontextmenü, das sich per Rechtsklick auf eine Zelle öffnet, erhalten Sie Zugriff auf Optionen, die Sie bei der Anordnung einzelner Zellen unterstützen (siehe Abbildung 16.46).

▲ **Abbildung 16.47**
Das Bedienfeld Seite

- **In den Hintergrund:** Liegen mehrere Bilder übereinander, wird damit das angeklickte Bild hinter alle anderen Bilder gelegt.
- **Schrittweise rückwärts:** Legt das Bild hinter ein darunterliegendes Foto.
- **Schrittweise vorwärts:** Legt ein Bild vor ein darüberliegendes Foto. Dazu muss das Bild jedoch an einer Stelle sichtbar sein, da es ansonsten nicht ausgewählt werden kann.
- **In den Vordergrund:** Bewegt ein weiter hinten liegendes Bild ganz nach vorn.
- **Zelle drehen:** Dreht eine Zelle und somit das Bild in 90°-Schritten gegen den Uhrzeigersinn.

Kapitel 16   Das Drucken-Modul

- **Zelle löschen:** Löscht eine Zelle und somit auch das Bild von der Seite.
- **Foto-Seitenverhältnis abgleichen:** Passt die Zelle an das Seitenverhältnis des Bildes an.
- **Zelle verankern:** Wird eine Zelle verankert, wird sie auf allen Seiten dargestellt. Auf diese Weise lassen sich Hintergrundbilder konfigurieren. Der Menüpunkt eines verankerten Bildes ändert sich dann zu VERANKERUNG DER ZELLE AUFHEBEN. Mit diesem Befehl wird das Bild dann nur noch auf der Seite angezeigt, auf der es ursprünglich platziert wurde.

▼ **Abbildung 16.48**
Verankerte Bilder werden auf allen Seiten angezeigt.

16.5   Der Druckauftrag

Das letzte Bedienfeld im Drucken-Modul ist für die Konfiguration des Druckauftrags an sich zuständig. Die Einstellungen, die Sie dabei in Lightroom vornehmen, sind unabhängig von Ihrem verwendeten Drucker und Druckertreiber.

Ausgabe | Normalerweise will man die Seiten, die man im Drucken-Modul erstellt hat, auch ausdrucken. Es gibt aber Situationen, in denen man beispielsweise den Kontaktabzug per E-Mail versenden möchte, um den Kunden oder Freunden eine Bildauswahl für die Nachbestellung von Abzügen zu ermöglichen. Auch das Drucken der frei gestalteten Seiten bei einem Fineart-Dienstleister erfordert einen Export. In diesem Fall kann man über das Dropdown-Menü alternativ die Seiten als JPEG-DATEI speichern. Ist hier JPEG-DATEI aktiv, verändert sich auch das Bedienfeld.

16.5 Der Druckauftrag

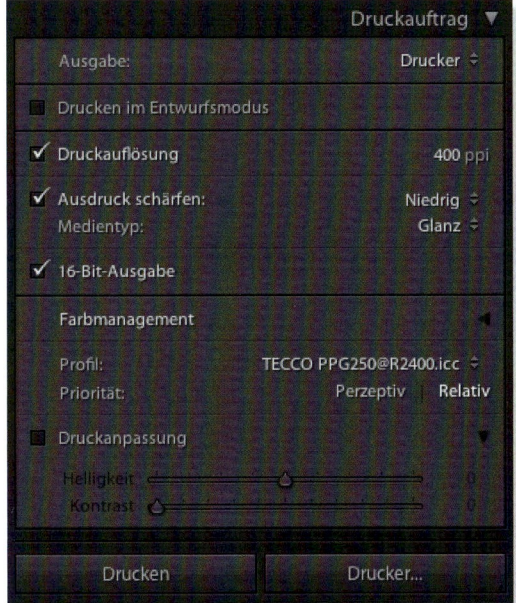 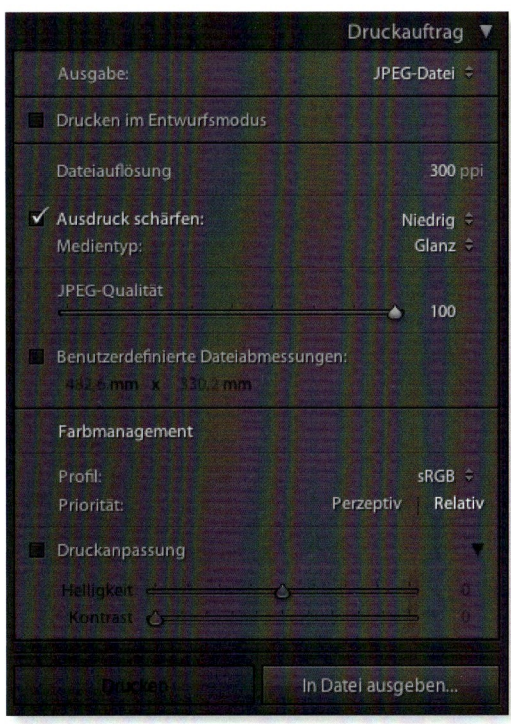

Abbildung 16.49 ▲▶
Das Bedienfeld DRUCKAUFTRAG: links mit der Option für den Druck und rechts mit der Möglichkeit, den Druckauftrag in eine JPEG-Datei zu schreiben

Drucken im Entwurfsmodus | In diesem Modus werden die zwischengespeicherten Standardvorschauen gedruckt. Liegen solche nicht vor, sendet das Programm einfach die Miniaturbilder an den Drucker. Miniaturbilder besitzen eine geringere Auflösung und werden deshalb oft schlechter dargestellt. Das Farbmanagement und andere Parameter des Bedienfeldes werden bei dieser Option deaktiviert.

Druckauflösung | Die Option, um die Auflösung eines Bildes für den Druck festzulegen, hat nichts mit der Auflösung Ihres Druckers zu tun. Ist die Option aktiviert, wird das Bild auf die angegebene Auflösung umgerechnet. Ist diese Option deaktiviert, wird die Originalgröße des Bildes an den Drucker geschickt.

Beim Speichern als JPEG-Datei kann diese Option (DATEIAUFLÖSUNG) nicht deaktiviert werden. Es muss immer eine Auflösung gewählt werden. Dies ist einleuchtend, denn während die Bilder auf dem Drucker je nach der gedruckten Größe eine unterschiedlichen Auflösung besitzen können, benötigt eine JPEG-Datei eine einheitliche Auflösung.

TIPP

Die richtige Auflösung ist abhängig vom Betrachtungsabstand. Geht man bei Bildern im Format bis DIN A3 von 240 bis 300 ppi (Pixel per Inch) aus, so reichen bei DIN A2 auch 200 ppi und bei DIN A1 oder größer 144 ppi und weniger.
An einer Wand aufgehängte Fotos werden grundsätzlich mit einem größeren Abstand betrachtet als Broschüren, einfache Abzüge oder andere Drucksachen und benötigen daher nicht die höchste Auflösung.

Ausdruck schärfen | Die für den Druck umgerechneten Bilder können auch noch nachgeschärft werden. Ob eine Schärfung infrage kommt und welche der drei Stufen für den Druck optimal ist, müssen Sie mit Ihrem Drucker austesten. Der Scharfzeichnungsalgorithmus schärft das Bild abhängig vom Papiertyp. Über das Dropdown-Menü MEDIENTYP haben Sie die Wahl zwischen MATT und GLANZ.

16-Bit-Ausgabe (nur Mac OS X) | Gedruckte Verläufe können Farb- und Helligkeitssprünge aufweisen. Dies liegt an der beschränkten Anzahl der möglichen Farbabstufungen bei 8 Bit. Um dies zu vermeiden, können Sie die Option 16 Bit aktivieren. Wird dies von Ihrem Drucker nicht unterstützt, verlängert sich zwar die Druckdauer, gedruckt wird das Bild aber nur in 8 Bit.

▲ Abbildung 16.50
Diese Parameter sind nur sichtbar, wenn der Druckauftrag als JPEG-Datei gespeichert wird.

JPEG-Qualität | Diese Option ist nur verfügbar, wenn Sie eine JPEG-Datei erzeugen. Hier können Sie über einen Schieberegler die Qualität beziehungsweise die Kompressionsrate wählen.

Benutzerdefinierte Dateiabmessungen | Diese Option ist ebenfalls nur beim Speichern als JPEG verfügbar. Dadurch können Sie die Abmessungen der JPEG-Datei anders angeben, als es in den Seiteneinstellungen für den Druckauftrag eingestellt ist.

ACHTUNG

Wenn Sie in Lightroom ein Farbprofil auswählen, müssen Sie in den Einstellungen Ihres Druckertreibers das druckereigene Farbmanagement deaktivieren.

Farbmanagement | In diesem Abschnitt können Sie ein Farbprofil auswählen. Dieses sollte auf Ihren Drucker und auf das verwendete Papier abgestimmt sein. Jeder Druckerhersteller hat zumindest für seine eigenen Papiere entsprechende Farbprofile, die bei der Einrichtung des Druckers mitinstalliert werden. Viele Papierhersteller bieten ebenfalls Farbprofile für die eigenen Papiere an, die in der Regel auf die Drucker der führenden Druckerhersteller kalibriert sind.

▸ **Profil:** Die Liste der Farbprofile kann sehr lang und unübersichtlich sein, und es werden hier nicht alle Profile sofort angezeigt. Man muss sie der Liste zuerst manuell zuordnen. Dazu klicken Sie auf die kleinen Pfeile neben dem Begriff PROFIL und wählen den Punkt ANDERE. Aus der erscheinenden Auswahl können Sie dann die wichtigsten Profile heraussuchen und durch Aktivieren des jeweiligen Kontrollkästchens der Profilliste zuordnen. Alle aktiven Farbprofile stehen im PROFIL-Dropdown-Menü zur Auswahl bereit.

▲ **Abbildung 16.51**
Profile müssen zuerst hinzugefügt werden. Dadurch behält man die Übersicht über die Vielzahl der Profile, aus der man vielleicht nur wenige benötigt.

▸ **Priorität:** Hier stellen Sie das Umrechnungsverfahren zwischen den Farbprofilen des Programms und den Profilen des Druckers ein. Mehr zu den dabei gültigen Prioritäten erfahren Sie auf Seite 115.

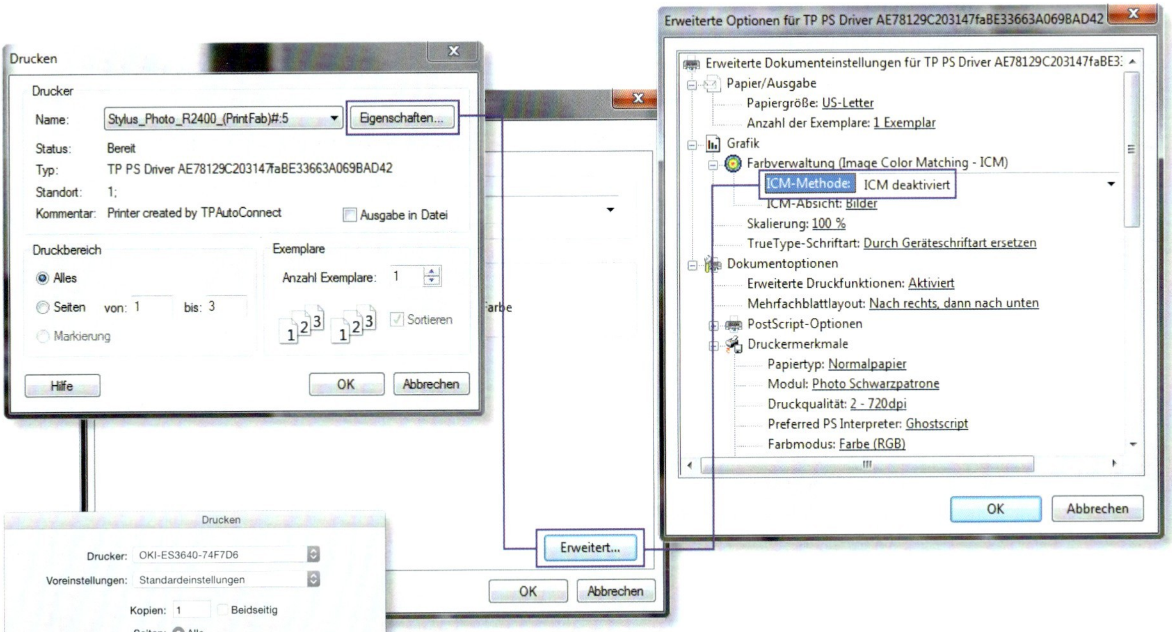

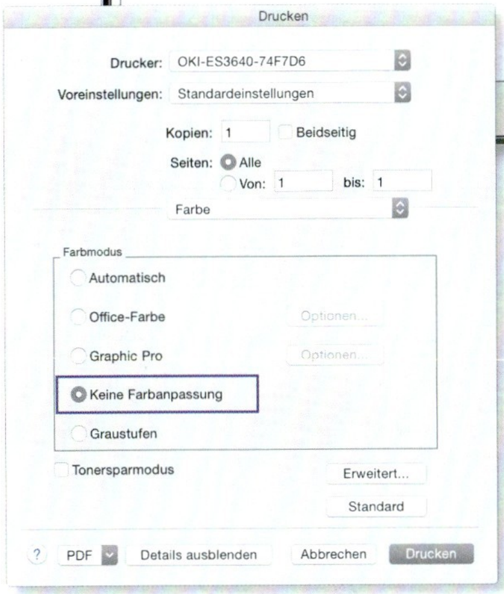

▲ **Abbildung 16.52**
Der DRUCKEN-Dialog ist je nach Drucker und Betriebssystem unterschiedlich. Bis man darin das druckereigene Farbmanagement deaktivieren kann, sind unter Windows oft mehrere Klicks nötig.

◂ **Abbildung 16.53**
Unter Mac OS X ist der Dialog für das Farbmanagement direkt über den DRUCKEN-Dialog zugänglich, allerdings ist es vom Druckertreiber abhängig, wo er sich befindet (links).

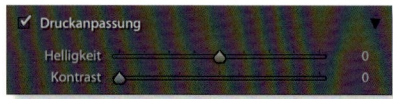

Abbildung 16.54
Mit der DRUCKANPASSUNG kann man nur für den Druck die Helligkeit und den Kontrast nachregeln.

▸ **Druckanpassung:** Oft erscheint der Ausdruck trotz Farbmanagement zu dunkel oder zu kontrastarm. Mit den beiden Reglern HELLIGKEIT und KONTRAST überschreiben Sie die entsprechenden Werte in den Farbprofilen und können dadurch das Druckergebnis nachkorrigieren, ohne dies über die Entwicklungseinstellungen anpassen zu müssen.

Seite einrichten | Diese Schaltfläche befindet sich am Ende der linken Bedienfeldpalette. Sie ermöglicht die Einstellung der Seite für den Druck, bestimmt aber auch deren Darstellung im Ansichtsfenster. Das Drucklayout richtet sich nach der hier angegebenen Seitengröße und Ausrichtung. Die hier gemachten Einstellungen werden auch in Vorlagen und Sammlungen mitgespeichert.

Abbildung 16.55 ▾
Die Dialoge zum Einstellen des Seitenformats und der Ausrichtung unter Windows und Mac OS X

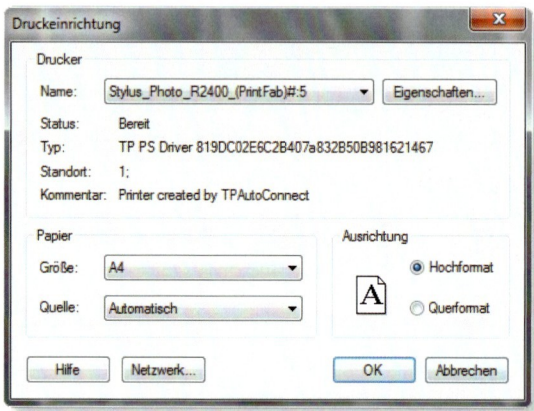

Abbildung 16.56 ▾
Die Basiseinstellungen der DRUCKEN-Dialoge von Windows und Mac OS X

Druckeinstellungen (nur Mac OS X) | Neben der Schaltfläche SEITE EINRICHTEN befindet sich unter Mac OS X noch eine weitere, mit der Sie die Druckereinstellungen vornehmen können, ohne den Auftrag an den Drucker zu schicken.

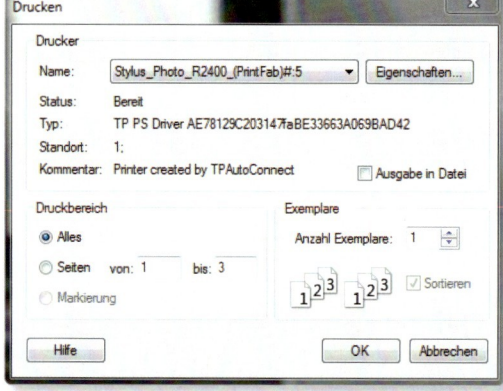

Stellen Sie diese zusammen mit den Seiteneinstellungen ein, brauchen Sie später nur auf die Schaltfläche DRUCKEN zu klicken. Der Druckauftrag wird dann sofort ohne DRUCKEN-Dialog ausgeführt. Unter Windows erreichen Sie die Druckeinstellungen auch aus dem SEITE EINRICHTEN-Dialog heraus. Somit ist kein eigener Druckeinstellungsdialog erforderlich.

Drucken | Diese Schaltfläche am Ende der rechten Bedienfeldpalette startet sofort den Druckauftrag, ohne vorher noch einen Dialog zur Konfiguration des Druckers anzubieten.

Drucker | Klickt man auf die DRUCKER-Schaltfläche, so wird der DRUCKEN-Dialog des jeweiligen Betriebssystems geöffnet. Die Einstellungen sind abhängig vom Druckertreiber. Nach dem Beenden mit der OK-Schaltfläche wird der Druckauftrag gestartet.

In Datei ausgeben | Steht die Ausgabe im Bedienfeld DRUCKAUFTRAG auf JPEG, wird das Bild nicht an den Drucker geschickt, sondern als Bild exportiert. Die Schaltfläche DRUCKEN wechselt dann die Bezeichnung in IN DATEI AUSGEBEN. Wird diese angeklickt, wird die gesamte Seite inklusive Hintergrund als JPEG-Datei in einen Ordner Ihrer Wahl gespeichert.

16.6 Die Drucken-Werkzeugleiste

Die Werkzeugleiste stellt Ihnen im Drucken-Modul nur wenige Funktionen zur Verfügung.

Ist mehr als eine Seite zum Drucken vorhanden, können Sie über die Pfeiltasten VORHERIGE SEITE ANZEIGEN ❷ und NÄCHSTE SEITE ANZEIGEN ❸ durch die Seiten blättern. Die aktuelle Seitenzahl wird Ihnen rechts ❺ angezeigt. Klicken Sie in das Anzeigefeld, so können Sie über ein Dialogfeld direkt einzelne Seiten ansteuern.

Durch Drücken auf das Quadrat ERSTE SEITE ANZEIGEN ❶ neben den Pfeiltasten gelangen Sie auf die erste Seite zurück.

Über das Verwenden-Dropdown-Menü ❹ können Sie angeben, ob nur ausgewählte, nur als markiert gekennzeichnete oder ob alle Fotos des Filmstreifens in das Drucklayout übernommen werden

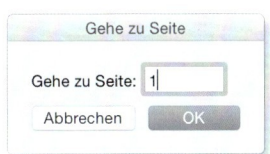

▲ **Abbildung 16.57**
Durch Klicken in das Statusfeld der Seitenzahl können Sie direkt zu den gewünschten Seiten blättern.

▼ **Abbildung 16.58**
Die Werkzeugleiste des Drucken-Moduls

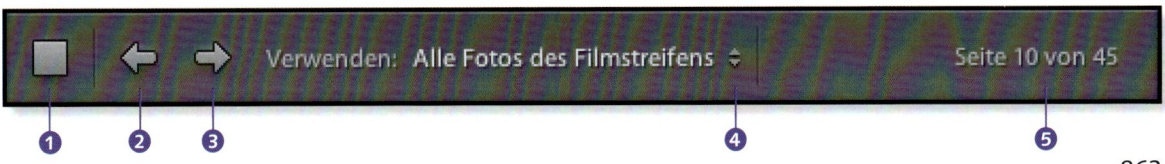

sollen. Je nach gewählter Option in Kombination mit dem Drucklayout schwankt die Gesamtanzahl der Seiten.

16.7 Vorlagen und Drucksammlungen

Es empfiehlt sich, dass Sie Ihre Drucklayouts einmal zusammenstellen und dann immer wieder verwenden. Dazu können Sie sie als Vorgaben speichern und wieder laden. Sammlungen speichern zu den Voreinstellungen auch noch die Bildauswahl mit. Beide Funktionen finden Sie in der linken Bedienfeldpalette.

Vorlagen

Im VORSCHAU-Bedienfeld sehen Sie eine Vorschau, sobald Sie sich mit der Maus über eine Vorlage bewegen. Im Vorlagenbrowser wählen Sie aus bereits gespeicherten Vorlagen aus. Dabei werden alle Einstellungen der Bedienfelder auf der rechten Seite übernommen. Die Vorlagen können Sie auch in Unterordnern verwalten – etwa für verschiedene Kontaktabzugtypen und für nach Format abgestimmte Einzelabzugvorlagen.

Haben Sie bereits ein Drucklayout entworfen und wollen darauf zurückgreifen, klicken Sie auf die ⊞-Schaltfläche neben dem Begriff VORLAGENBROWSER.

Tragen Sie im Dialogfeld einen Namen ein. Im Dropdown-Menü darunter können Sie einen Ordner auswählen. Wenn Sie für die Vorlage einen neuen Ordner erstellen wollen, wählen Sie den Menüpunkt NEUER ORDNER mit einem beliebigen Namen. Die Vorlage wird dann in diesem Ordner erstellt.

Um eine Vorlage einem Drucklayout zuzuweisen, klicken Sie einfach auf ihren Namen. Die Vorlage wird dann für die angezeigten Bilder verwendet.

▲ **Abbildung 16.59**
Die linke Bedienfeldpalette dient dem Speichern und Verwalten von Vorlagen und Drucksammlungen.

▲ **Abbildung 16.60**
Über die »Hinzufügen«-Schaltfläche können Sie neue Vorlagen erstellen. Diese können auch in Unterordnern abgelegt werden.

Das Bearbeiten, Aktualisieren und Ordnen der Druckvorlagen funktioniert genauso wie bei den Vorlagen im Modul Diashow. Genauere Informationen dazu erhalten Sie ab Seite 816.

Drucksammlungen

In der Drucksammlung werden nicht nur die Layouteinstellungen gespeichert, sondern, was viel wichtiger ist, auch eine Bildauswahl. Um eine Drucksammlung zu speichern, klicken Sie auf das ⊞-Symbol neben dem linken Bedienfeld SAMMLUNGEN und wählen aus dem Dropdown-Menü den Punkt DRUCK ERSTELLEN. Vergeben Sie dann einen Namen für die Drucksammlung. Alternativ können Sie auch auf die Schaltfläche DRUCK SPEICHERN UND ERSTELLEN im Balken über dem Ansichtsfenster klicken.

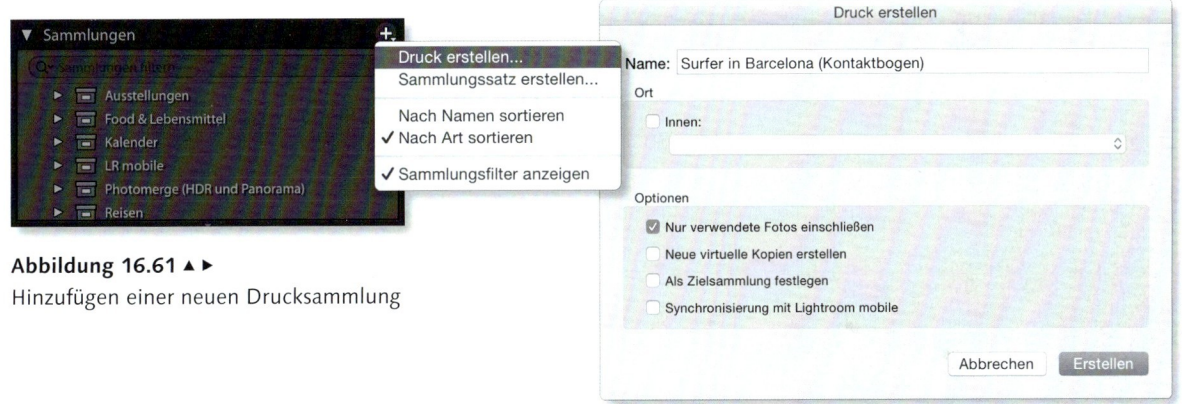

Abbildung 16.61 ▲ ▶
Hinzufügen einer neuen Drucksammlung

Die hinzugefügten Bilder können Sie dem Druck auch als virtuelle Kopien zuordnen. Das hat den Vorteil, dass Sie diesen Bildern eigene Entwicklungseinstellungen zuweisen können, ohne die Originale zu beeinflussen.

Solange die Drucksammlung im Bedienfeld ausgewählt ist, werden alle Einstellungen, die im rechten Bedienfeld vorgenommen werden, in der Sammlung gespeichert.

Neue Bilder können einfach per Drag & Drop der Sammlung hinzugefügt werden. Dies kann aus jeder anderen Sammlung oder aus einem Ordner erfolgen. Virtuelle Kopien müssen Sie dann aber vorher erstellen.

Nähere Informationen und eine genauere Beschreibung zum Erstellen und Verwalten von Sammlungen erhalten Sie auf Seite 363.

▲ **Abbildung 16.62**
In die Sammlung können weitere Bilder eingefügt werden. Das kann man von jedem Modul aus erledigen.

Fototipp

Immer der Kante entlang. Ich fotografiere abends gerne mit direktem Gegenlicht, wobei die Sonne knapp von Gebäuden verdeckt wird. Die Sonnenstrahlen wickeln sich dann um das Gebäude.

Aufpassen muss man nur mit der Belichtung, denn das Objekt im Vordergrund wird zur Silhouette. Will man es nicht komplett schwarz haben, muss man die Belichtung etwas korrigieren. Eine Belichtungsreihe hilft hier auch, die Balance zu finden.

Workshop
Fotos drucken

Das Drucken-Modul eignet sich recht gut zum Drucken von Kontaktbogen und Bildpaketen. Mit Hilfe der benutzerdefinierten Pakete von Lightroom lassen sich mehrere Bilder beliebig auf einer Seite platzieren. Damit lassen sich durchaus einfache und ansprechende Layouts für Collagen oder Poster anfertigen. Dieses Kapitel enthält zwei Workshops.

▶ **Triptychon mit Hintergrundbild:** In diesem Workshop werden Sie lernen, wie Sie mit einem Trick auch anspruchsvolle Einzelseiten mit einem Hintergrund erstellen.

▶ **Individuelles Seitenlayout:** Sie erfahren hier, wie Sie mehrere Bilder mit unterschiedlichen Formaten auf einer Seite platzieren und an einem Raster ausrichten. Auf diese Weise können Sie einfache Layouts erstellen, z. B. auch für Fotobücher, deren Formate im Buch-Modul nicht umsetzbar sind.

Triptychon mit Hintergrundbild

Das dreispaltige Bild wird als Kontaktbogen angelegt und mit einer Grafik hinterlegt. Das Zauberwort heißt auch hier Erkennungstafel. Wie im Workshop für das Diashow-Modul verwenden Sie hier eine eigens angefertigte Erkennungstafel, die Sie hinter den Bildern platzieren. Entscheidend ist nur, dass Ihr Drucker randlos drucken kann, denn sonst entsteht im Druckergebnis immer ein weißer Rand, den Sie anschließend etwas mühsam wegschneiden müssen.

Für dieses Beispiel wurde in Photoshop ein Hintergrund in der Größe DIN A3 erstellt und als JPEG-Datei abgespeichert. Diese Vorlage kann aber auch für DIN-A4-Ausdrucke verwendet werden. Ein solches Layout könnte auch als benutzerdefiniertes Paket an-

Für diesen Workshop benötigen Sie drei hochformatige Bilder. Die Bilder für das Triptychon finden Sie im »Workshopkatalog« im Ordner BILDARCHIV • SPANIEN • BARCELONA unter den Titeln:
080524-0155_Barcelona.dng
080524-0157_Barcelona.dng
080524-0159_Barcelona.dng

Zusätzlich benötigen Sie die Datei »Barcelona-Architektur.psd« aus dem Verzeichnis ÜBUNGSDATEIEN • ERKENNUNGSTAFELN.

Den fertigen Workshop finden Sie im »Workshopkatalog« in der Drucksammlung unter WORKSHOPS • FINAL • KAPITEL 16: DRUCKEN • TRIPTYCHON (FINAL).

Workshop Fotos drucken

▲ **Abbildung 1**
Dieses Triptychon ist das Ziel des ersten Workshops.

gelegt werden – so wie das Layout im zweiten Workshop. Aber ich möchte Ihnen hier zeigen, dass Sie auch ans Ziel gelangen können, wenn Sie ein wenig um die Ecke denken.

Schritt für Schritt
Drucksammlung erstellen

Ein Drucklayout speichern Sie am besten als Drucksammlung ab. So können Sie diese jederzeit immer wieder nachdrucken. Daher erstellen wir zuerst diese Drucksammlung. Im Workshop zum Diashow-Modul haben Sie bereits einen Weg zum Erstellen einer Sammlung gelernt. Hier verwenden wir einen anderen. Wie immer gibt es mehrere Wege zum Ziel.

1 Leere Drucksammlung erstellen
Verwenden Sie Bilder aus mehreren unterschiedlichen Ordnern in einer Sammlung, ist es einfacher, erst die Sammlung zu erstellen und dann alle Bilder darin zu sammeln. Da es sich um eine Drucksammlung handelt, können Sie diese nur im Drucken-Modul erstellen.

Wechseln Sie in das Drucken-Modul, und achten Sie darauf, dass kein Bild ausgewählt ist. Eine Auswahl können Sie über das Menü BEARBEITEN • AUSWAHL AUFHEBEN zurücksetzen. Achten Sie zusätzlich darauf, dass in der Werkzeugleiste unterhalb des Ansichtsfensters das Dropdown-Menü VERWENDEN auf AUSGEWÄHLTE FOTOS ❶ steht.

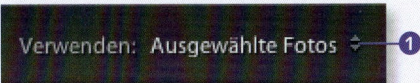

▲ **Abbildung 2**
Einstellung zur Steuerung der verwendeten Fotos

Erzeugen Sie eine leere Sammlung unter einem eindeutigen Namen, zum Beispiel »Barcelona Architektur«, indem Sie mit der rechten Maustaste auf den Sammlungssatz ARCHITEKTUR ❷ klicken und den Befehl DRUCK ERSTELLEN ❸ auswählen. Aktiveren Sie die Kontrollbox NUR VERWENDETE FOTOS EINSCHLIESSEN ❹.

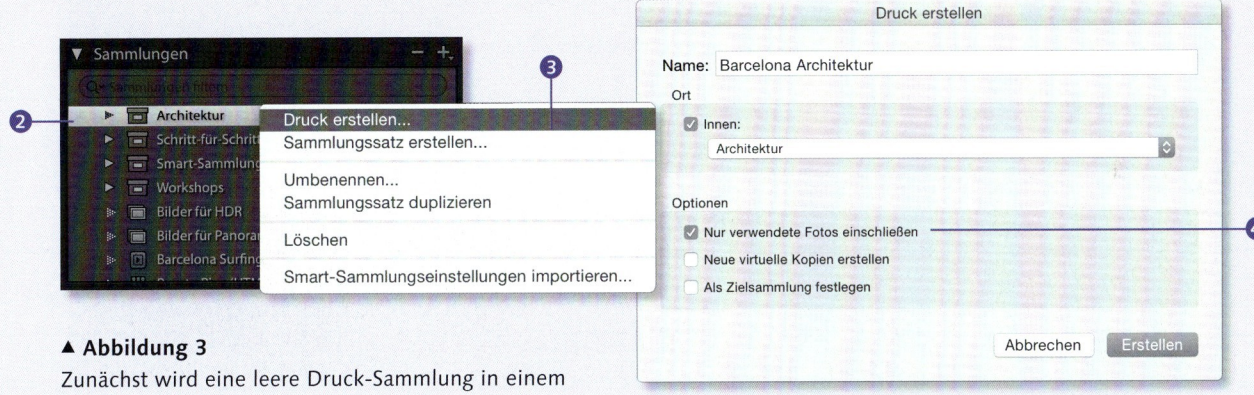

▲ **Abbildung 3**
Zunächst wird eine leere Druck-Sammlung in einem Sammlungssatz angelegt.

Die Kontrollbox NUR VERWENDETE FOTOS EINSCHLIESSEN und die Funktion AUSGEWÄHLTE FOTOS unter VERWENDEN neutralisieren sich gegenseitig, so dass eine leere Sammlung entsteht.

Alternativ können Sie die Druck-Sammlung auch über die Schaltfläche DRUCK ERSTELLEN UND SPEICHERN ❺ über dem Ansichtsfenster erzeugen. Dann müssen Sie den Sammlungssatz im DRUCKEN ERSTELLEN-Dialog angeben.

Nachdem Sie jetzt eine leere Drucksammlung haben, müssen Sie Lightroom dazu bringen, dass es ab jetzt alle Bilder im Filmstreifen verwenden soll. Dazu wählen Sie in der Werkzeugleiste im Dropdown VERWENDEN den Menüeintrag ALLE FOTOS IM FILMSTREIFEN.

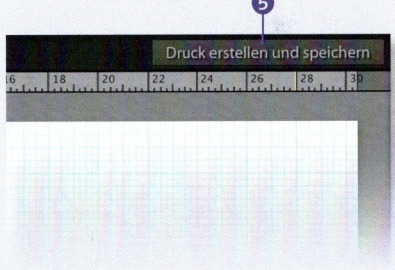

▲ **Abbildung 4**
Eine Druck-Sammlung kann auch über die Schaltfläche über dem Ansichtsfenster gespeichert werden.

▲ **Abbildung 5**
Nach dem Erstellen der leeren Sammlung muss die Art der Verwendung der Bilder wieder umgestellt werden.

Workshop   Fotos drucken

2 Bilder hinzufügen

Die Sammlung wurde im Drucken-Modul erstellt, damit es sich auch wirklich um eine Drucksammlung handelt. Eine Sammlung aus der Bibliothek würde die Druckeinstellungen nicht mitsichern.

Wechseln Sie danach wieder zurück in das Bibliothek-Modul. Ziehen Sie Bilder aus dem Ordner BARCELONA, die Sie für den Ausdruck verwenden wollen, auf die Sammlung. Da immer drei Bilder auf einer Seite stehen, sollte die Gesamtanzahl der Bilder durch drei teilbar sein. Um dem Titel gerecht zu werden, weisen Sie nur Bilder zu, die das Thema Architektur widerspiegeln.

▼ Abbildung 6
Bilder werden in der Bibliothek per Drag & Drop der Drucksammlung zugewiesen.

Schritt für Schritt
Seitenformat und Bildreihenfolge festlegen

Als Nächstes müssen Sie das Seitenformat festlegen. Da im Beispiel drei Bilder nebeneinander platziert werden sollen, legen Sie eine DIN-A4-Seite im Querformat an.

Workshop Fotos drucken

1 Seite einrichten

Unter Mac OS X und Windows unterscheiden sich die Einstellungsdialoge signifikant. Schauen Sie daher eventuell im Handbuch des Betriebssystems nach, wie Sie das Seitenformat optimal einstellen.

In Lightroom klicken Sie auf die Schaltfläche SEITE EINRICHTEN in der linken Bedienfeldpalette. Stellen Sie ein Papierformat von DIN A4 im Querformat ein. Unterstützt Ihr Drucker randloses Drucken, wählen Sie die entsprechende Papierformatoption.

▼ Abbildung 7
Die Dialoge zum Einstellen des Papierformats erreichen Sie über die Schaltfläche in der linken Bedienfeldpalette.

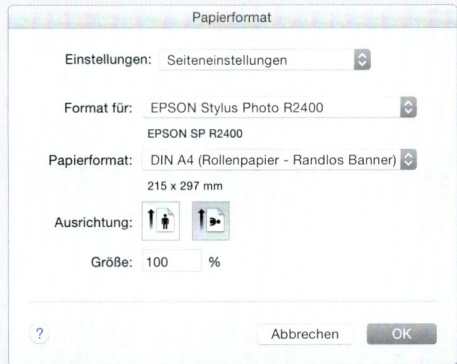
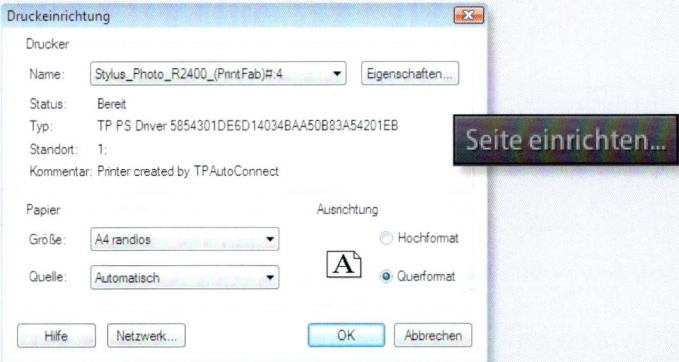

2 Bildreihenfolge festlegen

Damit immer drei zusammenpassende Bilder gedruckt werden, müssen Sie die Bilder im Filmstreifen sortieren.

Dazu verschieben Sie die Bilder im Filmstreifen per Drag & Drop an die richtige Position.

Bei mehr als drei Bildern werden automatisch neue Seiten erstellt, bis alle vorhandenen Bilder verwendet wurden.

◄ Abbildung 8
Die Bildreihenfolge können Sie per Drag & Drop verändern. Es sollten immer drei Bilder zusammenpassen.

Schritt für Schritt
Design anpassen

Zunächst werden die Basisparameter festgelegt. Sie steuern die Anordnung der Bilder auf der Seite. Die Erkennungstafel wird dann anschließend als Überlagerung generiert.

1 Layoutstil

Wählen Sie im Bedienfeld LAYOUTSTIL die Option EINZELBILD/KONTAKTABZUG ❶. Bei diesem Layoutstil können drei unterschiedliche Bilder gleicher Größe automatisch auf einer Seite erzeugt werden, ohne Rahmen manuell platzieren zu müssen.

2 Bildeinstellungen

In den BILDEINSTELLUNGEN aktivieren Sie das Kontrollkästchen AUSFÜLLEN ❷. Dadurch werden alle Bilder auf den später festgelegten Rahmen beschnitten.

Achten Sie auch darauf, dass die Funktion DREHEN UND EINPASSEN ❸ deaktiviert ist, damit querformatige Bilder nicht ungewollt gedreht werden.

Zur besseren optischen Trennung zwischen Bildern und Hintergrund aktivieren Sie die KONTUR ❹, geben ihr eine Stärke von »0,5 Pt« und stellen mit Hilfe des Farbwählers ❾ die Farbe der Kontur auf Weiß ❿.

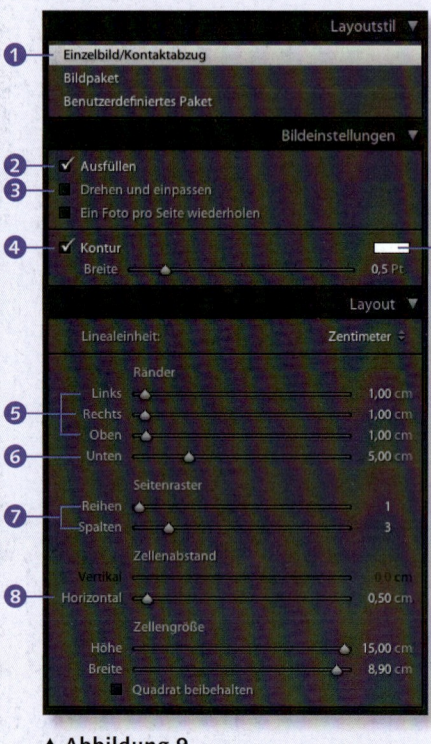

▲ Abbildung 9
Die Einstellungen der ersten drei Bedienfelder steuern die Positionierung der Bildrahmen.

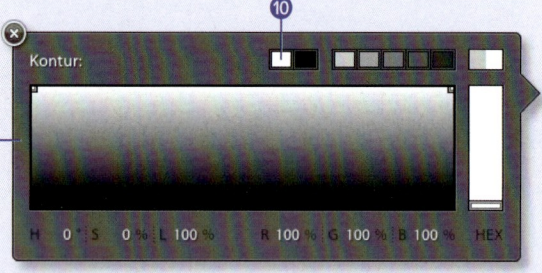

▲ Abbildung 10
Farbwähler zum Einstellen der Konturfarbe

3 Layouteinstellungen

Als Nächstes werden im Bedienfeld LAYOUT die Ränder und die Anzahl der dargestellten Bilder eingerichtet, dadurch werden die Rahmen auf der Seite richtig platziert.

Geben Sie LINKS, RECHTS und OBEN einen Rand ❺ von »1,0 cm« an. UNTEN ❻ wird ein größerer Rand benötigt. Hier sollten Sie »5,0 cm« eingeben, damit der Schriftzug, den Sie dann über die Erkennungstafel einstellen, nicht verdeckt wird.

Um drei Bilder nebeneinander zu erhalten, geben Sie ein SEITENRASTER von einer REIHE und drei SPALTEN ❼ an. Ein ZELLABSTAND ❽ von »0,50« cm ergibt ein ausgewogenes Gesamtbild.

Bei DIN A3 können die Ränder und der Zellabstand auch größer sein. Nehmen Sie in diesem Fall die Abmessung ungefähr mal 1,4. Dies entspricht in etwa dem Größenverhältnis zwischen DIN A3 und DIN A4.

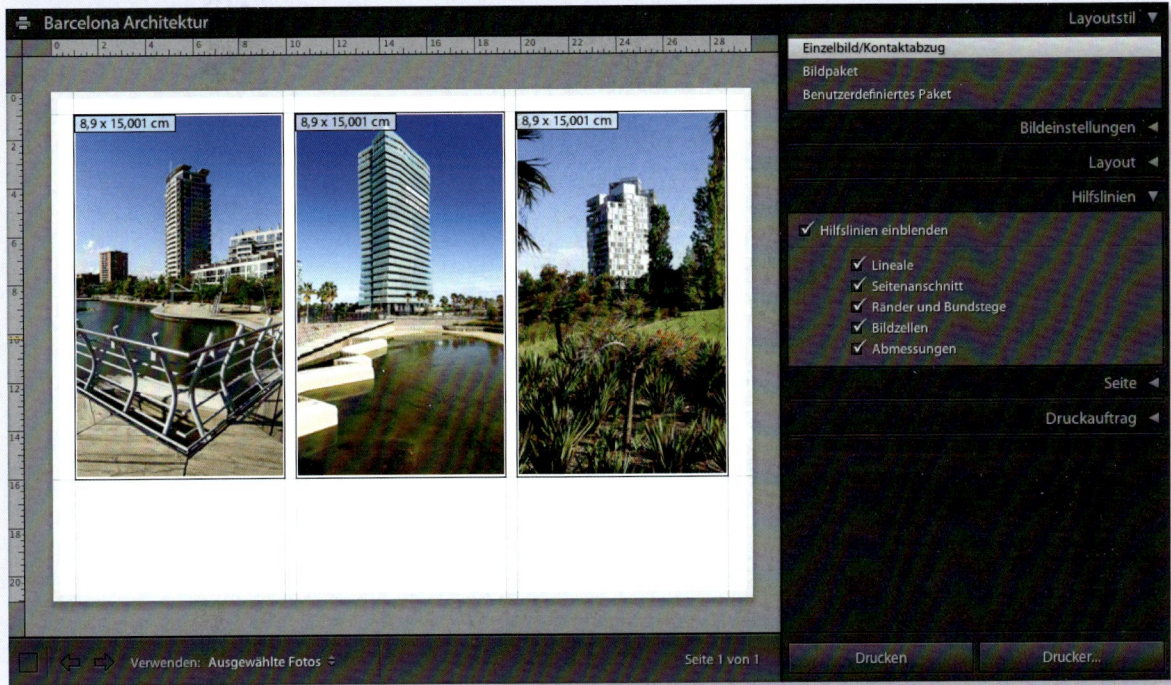

▲ Abbildung 11
Die Hilfslinien dienen der leichteren Ausrichtung und werden nicht mitgedruckt.

Schritt für Schritt
Überlagerung einstellen und drucken

Die Überlagerung besteht aus einem Schriftzug, der auf einem schwarzen Hintergrund platziert wird. Der schwarze Hintergrund hebt die Bilder hervor. Alle Einstellungen werden im Bedienfeld SEITE erledigt.

1 Hintergrundfarbe einstellen
Aktivieren Sie im Bedienfeld SEITE das Kontrollkästchen HINTERGRUNDFARBE DER SEITE, und stellen Sie über das danebenliegende Farbkästchen die Hintergrundfarbe auf Schwarz.

2 Erkennungstafel konfigurieren
Jetzt aktivieren Sie das Kontrollkästchen vor ERKENNUNGSTAFEL ⑪, um eine Erkennungstafel einstellen zu können. Dieses Verfahren kennen Sie eventuell bereits aus den anderen Workshops. Hier funktioniert das genauso. Klicken Sie auf das Vorschaubild im Bedienfeld, und wählen Sie aus dem Dropdown-Menü den Punkt BEARBEITEN ⑫, um den Editor zu starten.

▲ Abbildung 12
Die Hintergrundfarbe wird auf Schwarz eingestellt und der Editor der Erkennungstafel aufgerufen.

Workshop Fotos drucken

Aktivieren Sie dann im Editor die Option GRAFISCHE ERKENNUNGS-TAFEL VERWENDEN ❷.

Wählen Sie mit Hilfe der Schaltfläche DATEI SUCHEN ❶ die gewünschte Bilddatei aus, die als Tafel verwendet werden soll. Für dieses Beispiel verwenden Sie das Bild »Barcelona-Architektur.psd« ❸ aus dem Verzeichnis ÜBUNGSDATEIEN • ERKENNUNGSTAFELN.

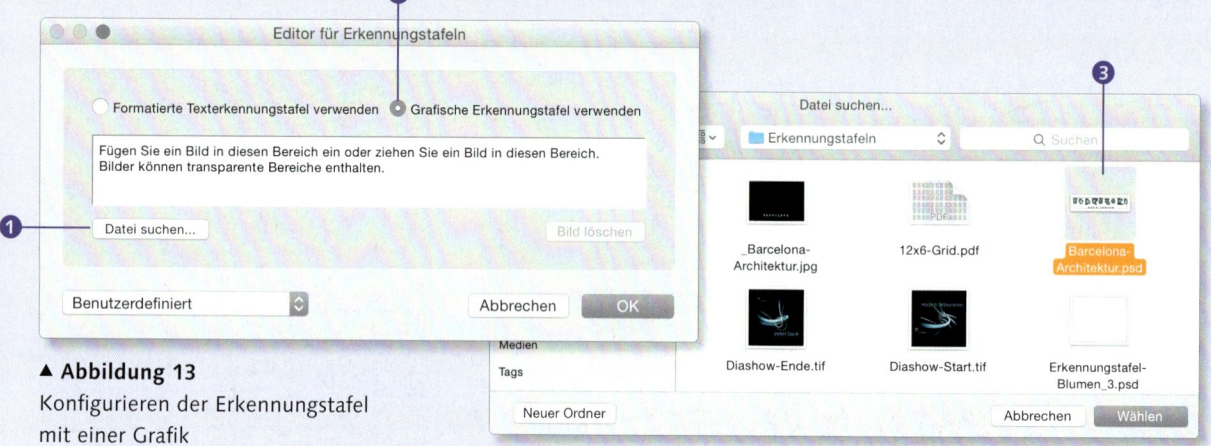

▲ **Abbildung 13**
Konfigurieren der Erkennungstafel mit einer Grafik

Speichern Sie die Erkennungstafel, indem Sie auf das Dropdown-Menü links unten im Editor klicken und den Befehl SPEICHERN UNTER ❹ verwenden. Geben Sie der Tafel den Namen »Barcelona Architektur«.

Abbildung 14 ▶
Speichern der Erkennungstafel

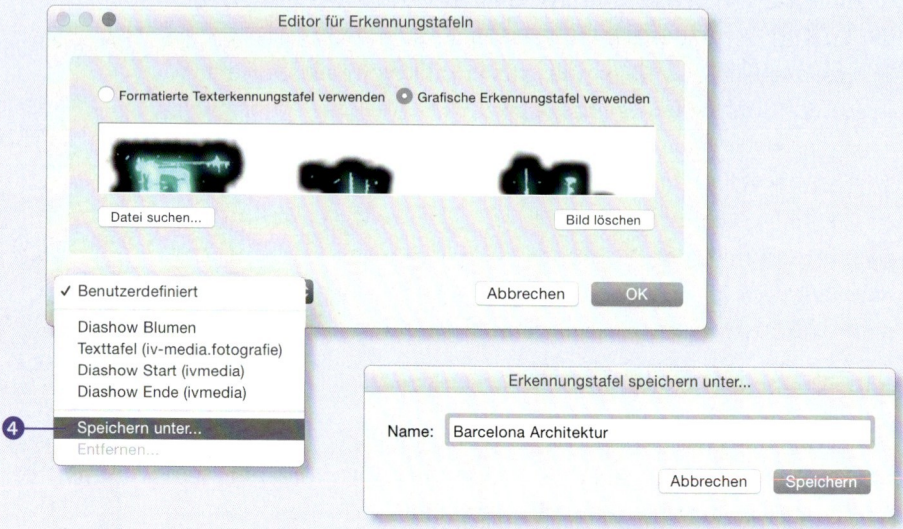

3 Erkennungstafel platzieren
Die Erkennungstafel wird jetzt mittig über den Bildern angezeigt. Falls noch die alte angezeigt wird, müssen Sie die erstellte erst über

Workshop Fotos drucken

▲ Abbildung 15
Die Erkennungstafel wird unter den Bildern platziert.

das Dropdown 5 auswählen. Ihre Größe ist dabei von der Einstellung abhängig, die zuletzt eingegeben wurde. Verschieben Sie nun die Tafel an die endgültige Position, und optimieren Sie ihre Größe.

Zunächst stellen Sie den MASSSTAB auf »50 %« ein 6. Dann ist die Tafel gut zu sehen, und sie lässt sich leicht verschieben. Klicken Sie anschließend die Erkennungstafel an, und verschieben Sie diese nach unten, bis sie mittig unter den Bildern steht.

4 Drucken

Jetzt können Sie die Seiten drucken. Geben Sie eine DRUCKAUFLÖSUNG von mindestens 200 ppi an. Sie können die Auflösung aber auch deaktivieren 7. Die Einstellung des Parameters bringt nur einen Vorteil, wenn Bilder aufgrund eines sehr großen Beschnitts hochskaliert werden müssen. Dann gibt dieser Wert die Endauflösung an.

Je nachdem, wie Sie Bilder generell schärfen, können Sie hier eventuell die Bilder für den Druck nachschärfen 8. Das sollten Sie aber zunächst ausprobieren, und zudem sind die Einstellungen hier auch stark vom Drucker abhängig.

Wenn Sie mit FARBMANAGEMENT 9 arbeiten, können Sie hier noch entsprechende Angaben zu den Profilen machen. Mehr Informationen zu diesem Thema finden Sie auf den Seiten 99 und 674.

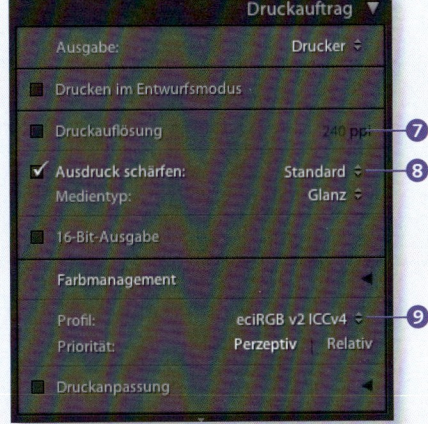

▲ Abbildung 16
Die Angaben für den Druckauftrag sind von Ihren Erfahrungen und von Ihrem Drucker abhängig.

875

Workshop   Fotos drucken

Individuelles Seitenlayout

In diesem Workshop erfahren Sie, wie Sie Bilder individuell auf einer Seite platzieren. Dies ermöglicht Ihnen das Gestalten individueller Layouts beispielsweise für Fotobücher in Abmessungen, die nicht im Buch-Modul enthalten sind. Leider sind dabei keine besonderen Layoutfunktionen vorhanden, wie Musterseiten oder frei gestaltbare Textboxen.

Die Bilder für die Collage finden Sie im »Workshopkatalog« im Ordner BILDARCHIV • SPANIEN • BARCELONA mit den folgenden Titeln:
050507-DSCN0510.dng
050507-DSCN0511.dng
050507-DSCN0866.dng
100315-0096_Barcelona.dng
070127-0345_Barcelona.dng
080319-0063_Barcelona.dng

Zusätzlich benötigen Sie die Datei »12x6 Grid.pdf« aus dem Verzeichnis ÜBUNGSDATEIEN • ERKENNUNGSTAFELN.

Den fertigen Workshop finden Sie im »Workshopkatalog« in der Drucksammlung unter WORKSHOPS • FINAL • KAPITEL 16: DRUCKEN • COLLAGE (FINAL).

Gerade weil die Layoutfunktionalitäten eingeschränkt sind, ist eine genaue Planung nötig. Sie sollten sich also schon vorher über Ihr Layout im Klaren sein. Auch wenn Sie nicht jede einzelne Bildplatzierung im Kopf haben müssen, sollten Sie sich ein Grundraster überlegen. Für einfache Layouts verwende ich beispielsweise ein Raster aus zwölf Spalten und sechs Zeilen. Damit lassen sich drei- und vierspaltige Layouts mit drei Zeilen realisieren. Für noch mehr Flexibilität sind die Zeilen halbiert.

Dieses Raster kann als Grundraster verwendet werden. Leider wird die Erkennungstafel nur auf der ersten Seite angezeigt. Sie müssen die Erkennungstafel also auf jede Seite verschieben. So können Sie das Layout Seite für Seite aufbauen. Auch wenn es ein Buch-Modul gibt, zeigt diese Übung, wie man mit etwas Geschick auch komplexe Aufgaben erledigen kann.

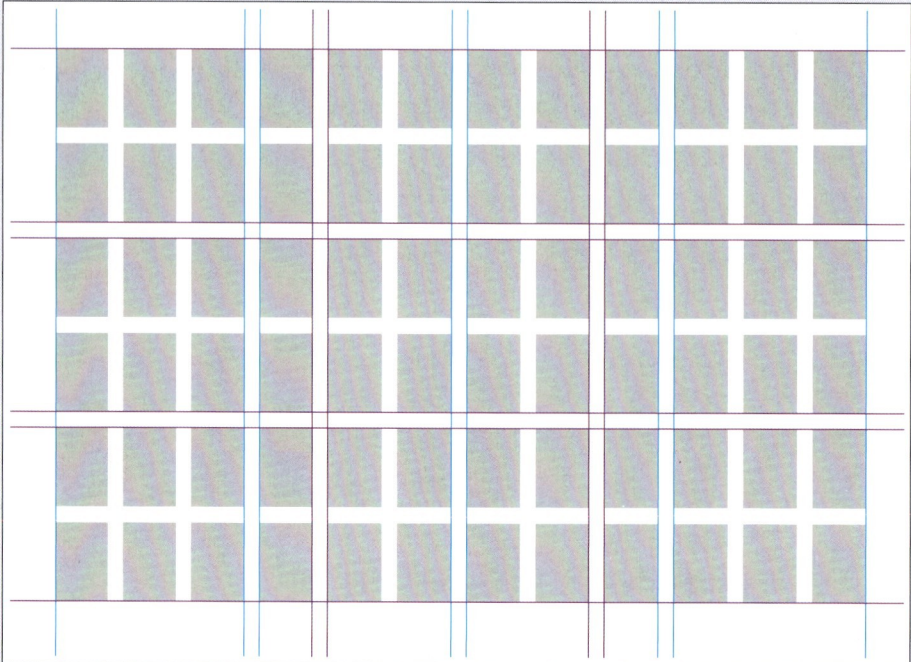

Abbildung 17 ▶
Beispiel eines flexiblen Seitenrasters für Fotobücher

Workshop   Fotos drucken

Schritt für Schritt
Drucksammlung erstellen und Seitenformat angeben

Auch hier benötigen wir zunächst eine leere Drucksammlung und ein Papierformat von DIN A4. Verfahren Sie dazu wie in den ersten beiden Schritt-für-Schritt-Anweisungen des ersten Drucken-Workshops.

Verwenden Sie jedoch für die Bilder die sechs links angegebenen Bilder und speichern die Sammlung unter dem Namen »Collage« ab.

▼ **Abbildung 18**
Die Druck-Sammlung mit den zugewiesenen Bildern

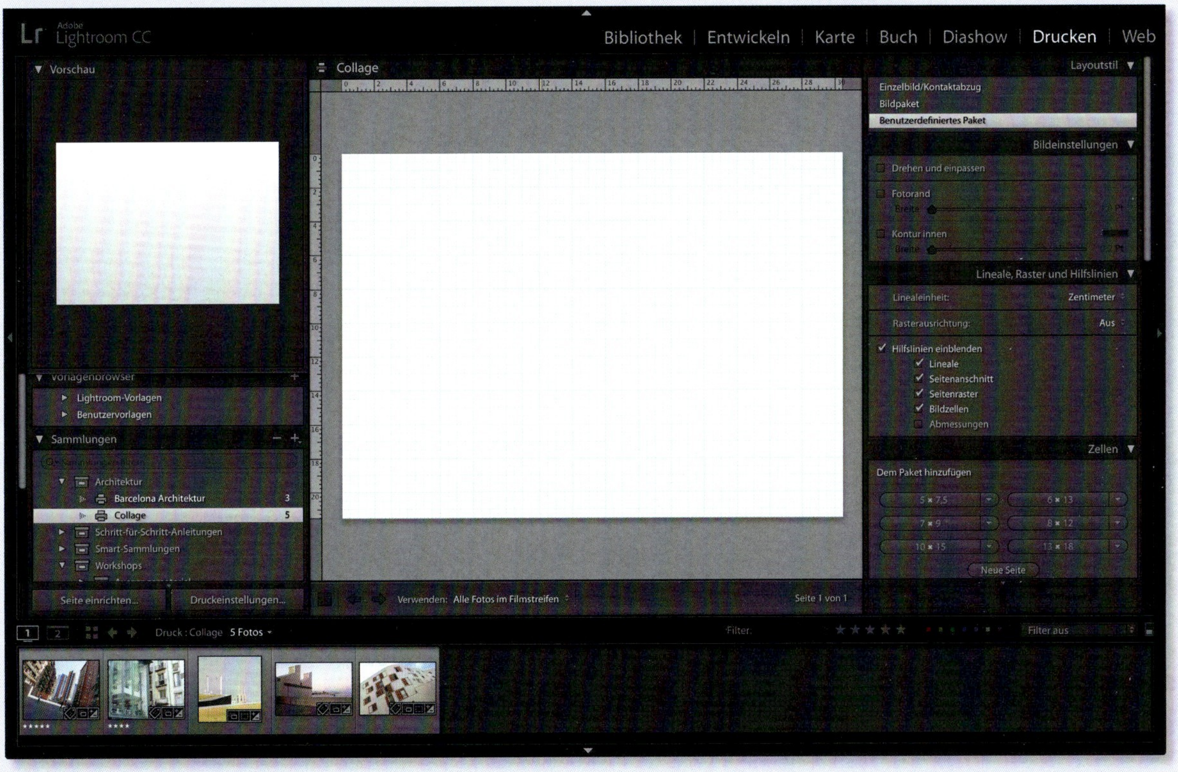

Schritt für Schritt
Erkennungstafel für Hilfsgitter erstellen

Erkennungstafeln haben Sie sicherlich schon in den anderen Workshops erstellt, zum Beispiel auch im ersten Drucken-Workshop. Daher erkläre ich den Vorgang hier nur in Kurzform.

1 Layoutstil auswählen
Wählen Sie als Layout ein BENUTZERDEFINIERTES PAKET im Bedienfeld LAYOUTSTIL aus.

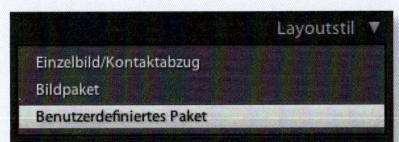

▲ **Abbildung 19**
Das BENUTZERDEFINIERTE PAKET ermöglicht freie Layouts.

877

Workshop   Fotos drucken

2 Erkennungstafel erstellen

Erstellen Sie eine neue grafische Erkennungstafel mit der Bilddatei »12x6 Grid.pdf« aus dem Verzeichnis ÜBUNGSDATEIEN • ERKENNUNGSTAFELN der Dateien zum Buch. Speichern Sie die Erkennungstafel, beispielsweise unter dem Namen »Druckraster 12x6«, ab.

▲ **Abbildung 20**
Konfiguration der Erkennungstafel mit einer Grafik

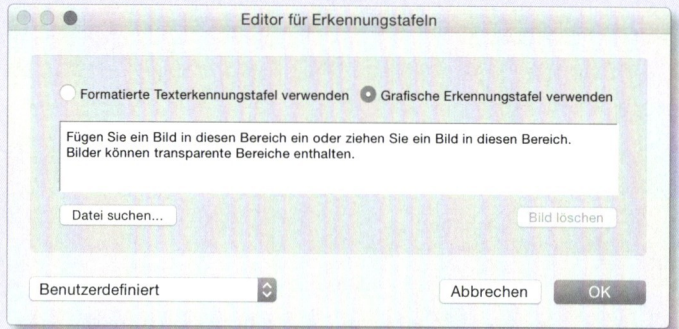

3 Erkennungstafel platzieren

Geben Sie der Erkennungstafel einen MASSSTAB von »100 %« ❷, und aktivieren Sie das Kontrollkästchen HINTER BILD RENDERN ❸. Reduzieren Sie die DECKKRAFT auf »50 %« ❶, damit das Raster durch die Grafik durchscheint.

Die Erkennungstafel liegt eventuell nicht ganz mittig auf der Seite. Es reicht aber, um die Bilder schnell zu platzieren und am Raster von Lightroom auszurichten. Im Zweifel können Sie es auch mit gedrückter Maustaste verschieben.

▼ **Abbildung 21**
Das Raster als Erkennungstafel

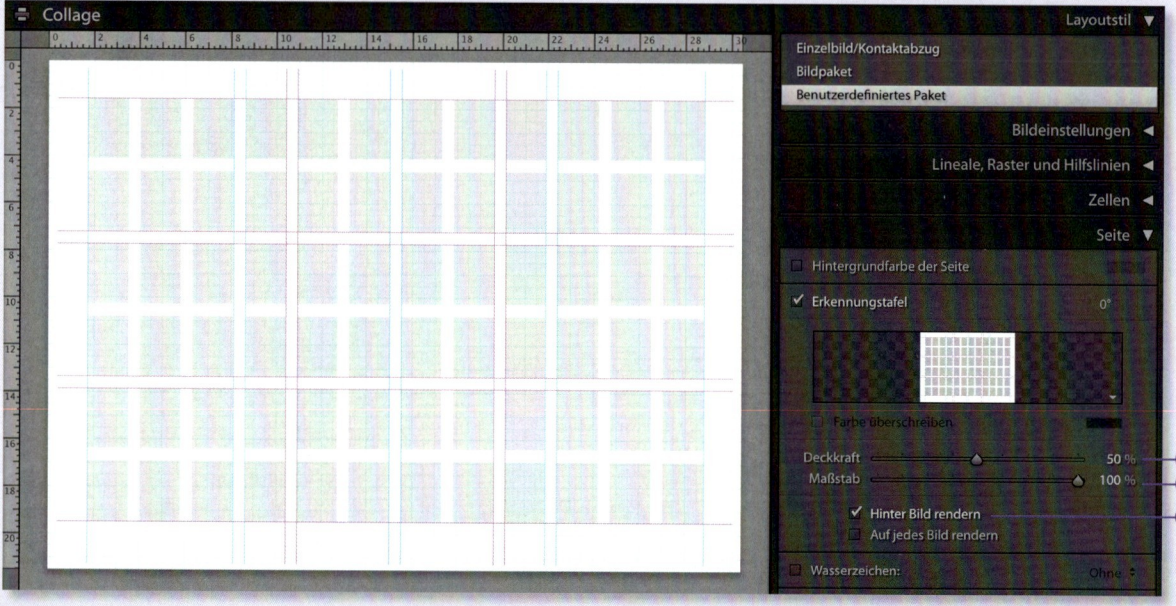

Workshop Fotos drucken

Schritt für Schritt
Bilder platzieren

Jetzt können Sie die Bilder auf der Seite platzieren. Am besten aktivieren Sie dazu vorher noch das Raster von Lightroom. Es erlaubt eine genauere Ausrichtung der Bilder.

1 Raster aktivieren
Aktivieren Sie im Bedienfeld LINEALE, RASTER UND HILFSLINIEN noch die LINEALEINHEIT »Zentimeter« ❹ und die RASTERAUSRICHTUNG »Raster« ❺. Lightroom erstellt ein Raster mit 2,5 mm Abstand, an dem sich die Bilder ausrichten. Zur besseren Darstellung aktivieren Sie alle Hilfslinien ❻.

2 Bilder platzieren
Nun können Sie mit dem Platzieren beginnen. Auf der ersten Seite soll sich nur ein Bild befinden. Dieses dient quasi als Aufmacher für die Doppelseite.

Ziehen Sie dazu das erste Bild auf die Seite. Platzieren Sie es links oben. Achten Sie darauf, dass es ungefähr dort liegt, wo sich die entsprechende Ecke des Hilfsrasters in der Erkennungstafel befindet.

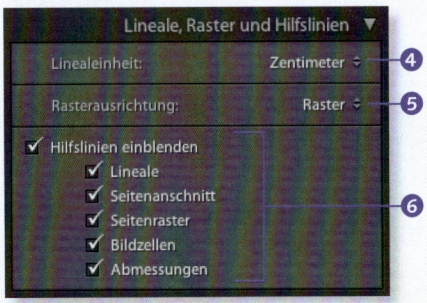

▲ **Abbildung 22**
Hilfslinien und Raster erleichtern das Platzieren.

> **HINWEIS**
>
> Wird die Erkennungstafel nicht komplett über die Seite angezeigt, liegt das am Druckrand. Wenn möglich, stellen Sie ein randloses Format unter SEITE EINRICHTEN ein.

▼ **Abbildung 23**
Das erste Bild wird zunächst in der linken oberen Ecke platziert.

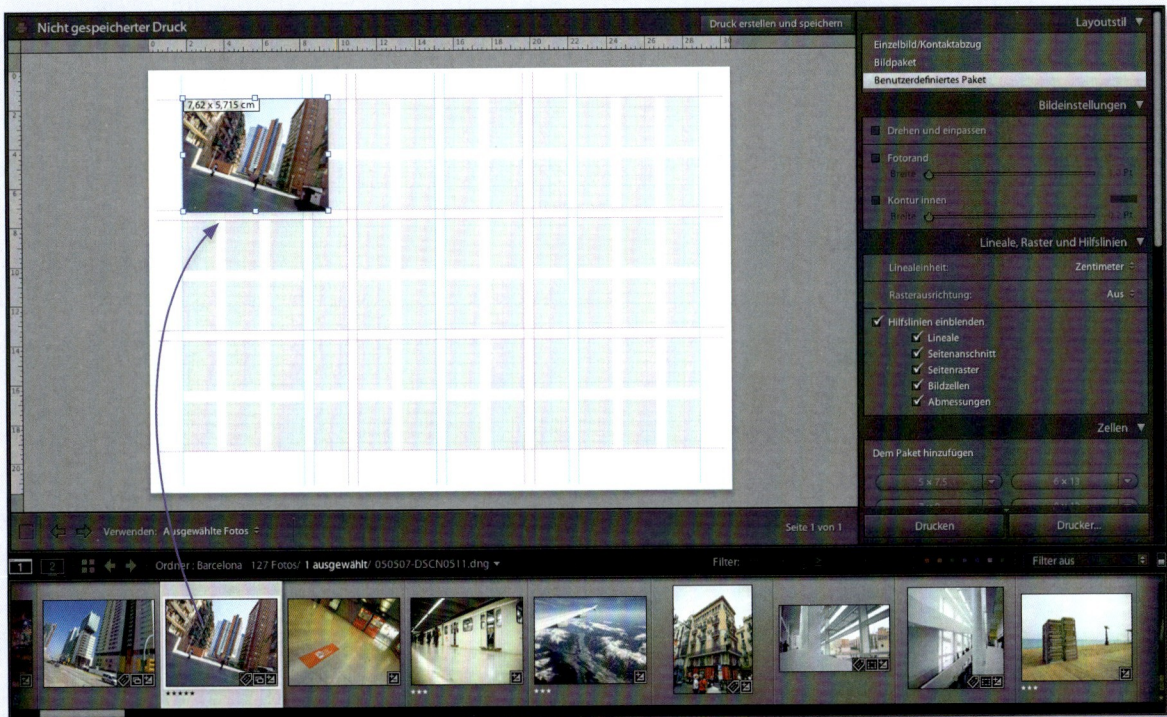

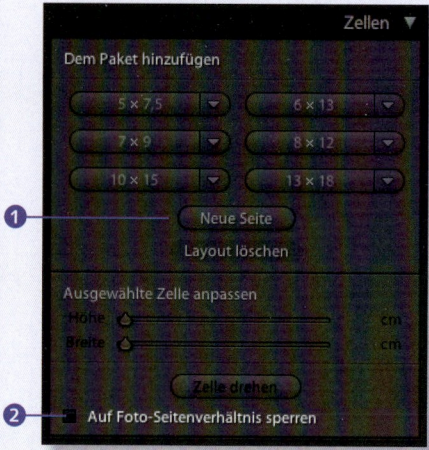

▲ **Abbildung 24**
Das Bedienfeld ZELLEN zum Aufheben der Sperrung des Seitenverhältnisses

3 Bild skalieren

Jetzt können Sie das Bild vergrößern. Dazu verwenden Sie die Anfasspunkte des Bildrahmens. Achten Sie aber darauf, dass Sie nicht aus Versehen auf den Hintergrund klicken, sonst bewegen Sie die Erkennungstafel ungewollt und müssen diese dann wieder zurück an die Ursprungsposition schieben.

Um das Bild unabhängig von dessen Seitenverhältnis zu skalieren, müssen Sie noch die Option AUF FOTO-SEITENVERHÄLTNIS SPERREN ❷ im Bedienfeld ZELLEN deaktivieren. Damit können Sie eine beliebige Größe der Zelle angeben. Das Bild passt sich dann der Zelle an.

Ziehen Sie mit gedrückter linker Maustaste den rechten unteren Anfasser nach rechts unten. Die Größe des Bildes sollte dann 26,5 × 17,5 cm betragen. Dies können Sie im Label des Bildes ablesen, das links oben eingeblendet wird.

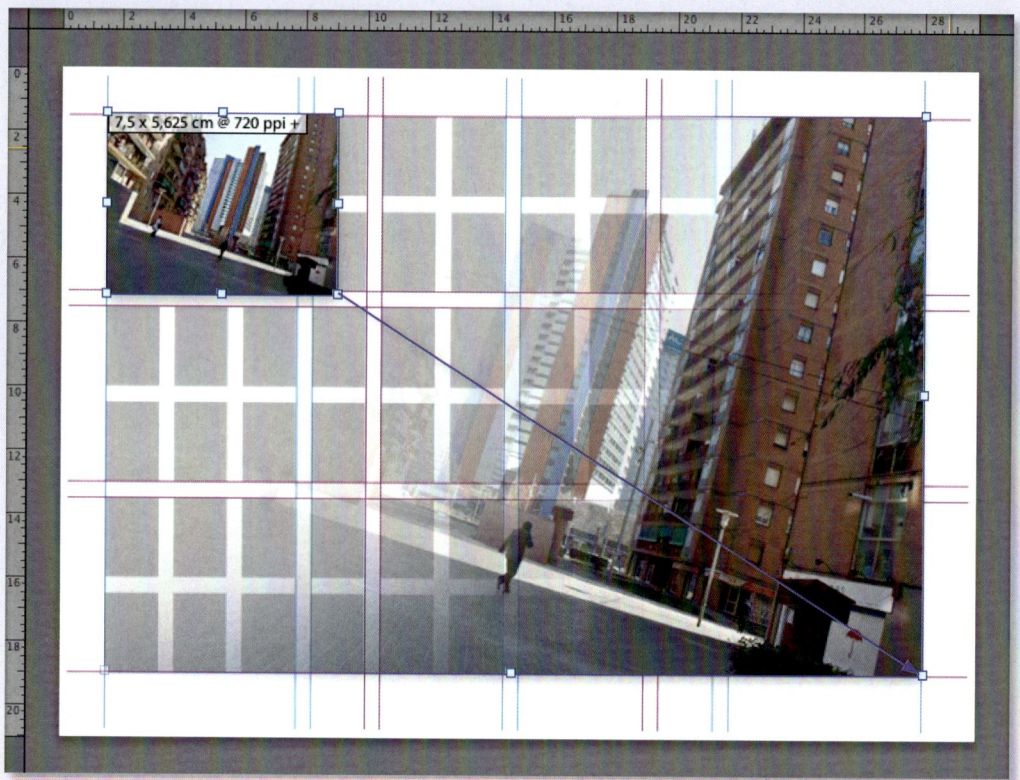

Abbildung 25 ▲
Über die Anfasspunkte der Zelle können Bilder skaliert werden.

Sie können die Platzierung des Bildes mit Hilfe der Anfasspunkte jederzeit korrigieren. Haben Sie inzwischen an einer beliebigen Stelle in Lightroom geklickt, können Sie das Bild erneut selektieren, indem Sie es einfach anklicken.

Workshop   Fotos drucken

4   Neue Seite hinzufügen
Für die weiteren Bilder benötigen Sie eine zusätzliche Seite. Dazu klicken Sie im Bedienfeld ZELLEN auf die Schaltfläche NEUE SEITE ❶. Je nach Größe und Format des Ansichtsfensters wird die neue Seite neben oder unter der ersten Seite angezeigt.

Wenn Sie nur eine leere Seite sehen, ist im linken Bedienfeld VORSCHAU die Option SEITE ZOOMEN ❸ aktiv. Klicken Sie den Begriff einfach an, um aus der Seite herauszuzoomen.

▼ **Abbildung 26**
Beide Seiten werden nebeneinander angeordnet.

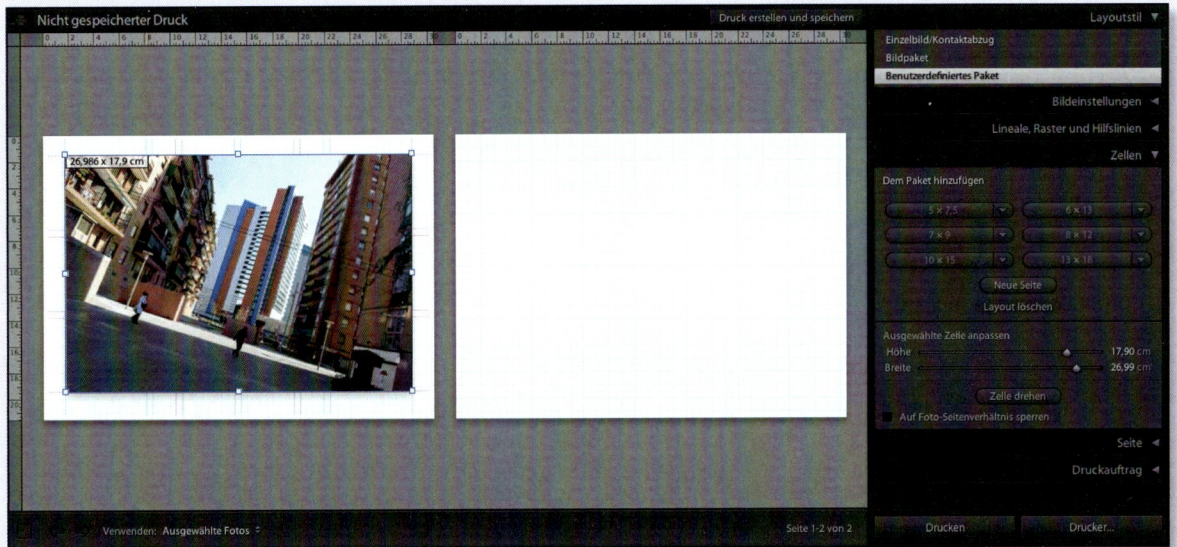

5   Erkennungstafel auf neue Seite verschieben
Damit Sie auf der zweiten Seite in den Genuss der Erkennungstafel als Hilfsgrafik kommen, müssen Sie sie auf die neue Seite verschieben. Dazu klicken Sie mit der Maus auf den Seitenhintergrund, um die Erkennungstafel zu selektieren. Dann schieben Sie diese mit gedrückter linker Maustaste auf die zweite Seite. Platzieren Sie sie möglichst mittig auf der Seite.

▲ **Abbildung 27**
Möchten Sie nur eine Seite sehen und bearbeiten, können Sie diese über SEITE ZOOMEN vergrößern und anschließend wieder auf die Seitenübersicht herauszoomen.

▲ **Abbildung 28**
Die Erkennungstafel wird auf die neue Seite verschoben.

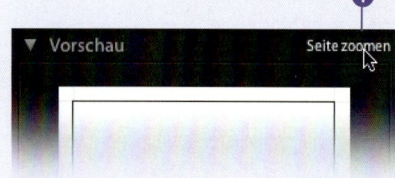

▲ **Abbildung 29**
Über SEITE ZOOMEN können Sie auf eine Seite heranzoomen.

6 Neue Seite zoomen

Um Bilder optimal platzieren zu können, sollten Sie auf die zweite Seite heranzoomen. Diese Funktion wurde in Schritt 4 bereits kurz erwähnt.

Klicken Sie im Bedienfeld VORSCHAU auf die Schaltfläche SEITE ZOOMEN ❶, um die aktuelle Seite zu vergrößern.

Wird die falsche Seite vergrößert, ist kein Objekt auf der zweiten Seite ausgewählt. Klicken Sie erneut auf SEITE ZOOMEN, dann auf der zweiten Seite auf den Hintergrund. Dadurch wird die Erkennungstafel selektiert.

Wenn Sie jetzt wieder heranzoomen, wird die richtige Seite vergrößert. Alternativ können Sie dazu auch die Pfeiltasten ❷ in der Werkzeugleiste verwenden.

7 Weitere Bilder platzieren

Nun können Sie neue Bilder auf der Seite platzieren. Schieben Sie einfach per Drag & Drop Bilder aus dem Filmstreifen auf die Seite, und passen Sie diese an das Raster an. Verwenden Sie dazu die

▼ **Abbildung 30**
Weitere Bilder wurden auf Seite 2 platziert.

Anfasspunkte. Verschieben können Sie ausgewählte Bilder einfach mit der linken Maustaste. Zum Löschen ungewollter Bilder drücken Sie die ←/Entf-Taste.

Es gibt noch weitere hilfreiche Funktionen in Lightroom, um Bilder zu platzieren und zu bearbeiten:

- Zum Austauschen eines Bildes ziehen Sie das neue Bild einfach aus dem Filmstreifen auf ein bestehendes Bild.
- Zum Verschieben eines Bildes innerhalb der Zelle wählen Sie ein Bild aus und halten die ⌘/Strg-Taste gedrückt, während Sie das Bild verschieben. Ein Bild im Rahmen zu skalieren, ist leider nicht möglich.
- Über die Pfeiltasten ❷ in der Werkzeugleiste können Sie zwischen den Seiten blättern.

Wenn Sie möchten, können Sie nun weitere Seiten mit individuellen Bildanordnungen anfertigen. Dazu erstellen Sie eine neue Seite, verschieben die Erkennungstafel und platzieren andere Bilder.

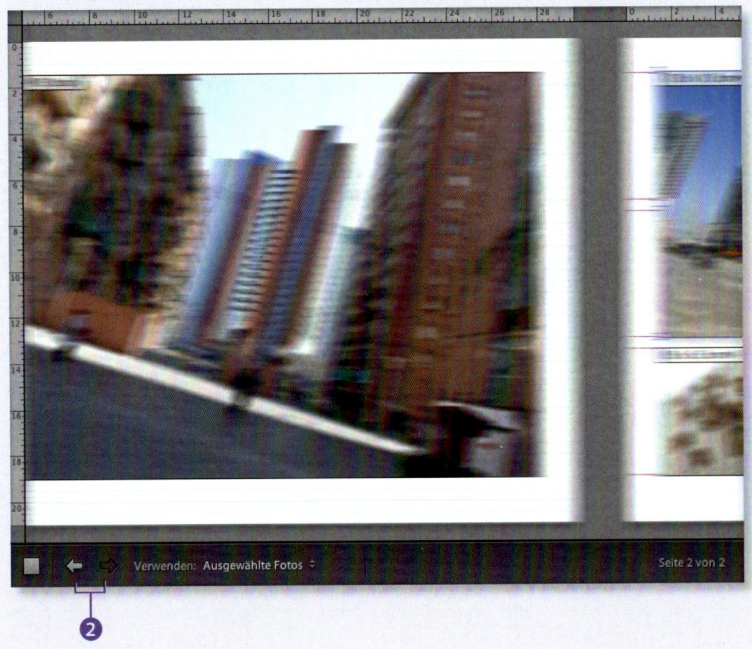

◀ **Abbildung 31**
Blättern ohne zu zoomen geht auch mit den Pfeiltasten in der Werkzeugleiste.

Schritt für Schritt
Drucken

Das Design der Doppelseite steht – nun können Sie es fast schon drucken! Um die Erkennungstafel nicht mitzudrucken, muss diese deaktiviert werden.

Workshop Fotos drucken

1 **Erkennungstafel deaktivieren**

Damit die Tafel, die uns ja nur als Hilfsgrafik gedient hat, nicht mitgedruckt wird, müssen Sie sie deaktivieren. Dazu entfernen Sie einfach das Häkchen vor dem entsprechenden Kontrollkästchen ❶ im Bedienfeld SEITE.

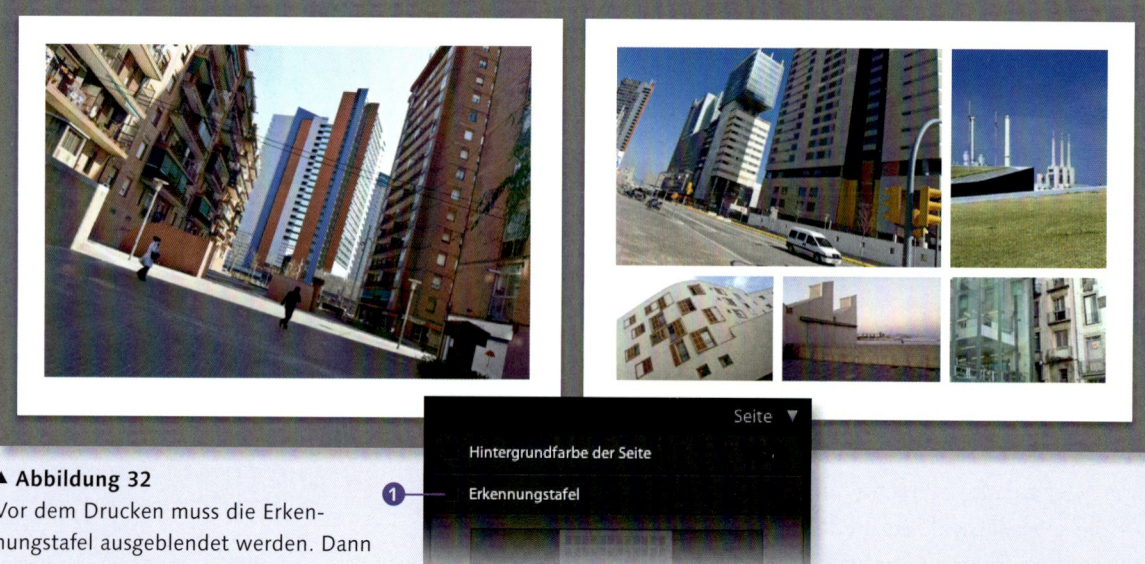

▲ **Abbildung 32**
Vor dem Drucken muss die Erkennungstafel ausgeblendet werden. Dann sind die beiden Seiten fertig.

2 **Drucken**

Jetzt steht dem Druck eigentlich nichts mehr im Wege. Vorher können Sie den Bildern nach Belieben auch noch Konturen geben oder die Hintergrundfarbe der Seite anpassen.

Als Richtwerte zu den Druckeinstellungen können Sie die Einstellungen aus dem vorhergehenden Workshop verwenden. Weitere Informationen zu den Druckeinstellungen finden Sie auf Seite 858.

Kapitel 17
Das Web-Modul

Was liegt in Zeiten des Internets näher, als Bilder direkt über das Web zu präsentieren, anstatt sie auszudrucken und zu verschicken? Das ist nicht nur preiswerter und schneller, es kann sich sogar jeder Nutzer weltweit rund um die Uhr Ihre Bilder anschauen – oder sogar per Suchmaschine finden.

Eine Webgalerie ist nichts anderes als eine eigene Website, auf die Sie eine Auswahl an Bildern gestellt haben. Diese werden als kleine Vorschauen auf einer Übersichtsseite präsentiert. Klickt der

▼ **Abbildung 17.1**
Aus Lightroom lassen sich einfach HTML-Galerien erzeugen und anschließend im Internet veröffentlichen.

Wo sind die Flash-Galerien?

Ab der Version Lightroom 6/CC 2015 stehen keine Flash-Galerien mehr zur Verfügung. Moderne Browser und die Verbreitung von JavaScript machen Flash überflüssig. Außerdem steht Flash in dem Ruf, sehr unsicher zu sein, und wird von einigen Browsern sogar ausgesperrt.

Betrachter eines der Bilder an, so wird es im Internetbrowser in einer größeren Auflösung auf einer Einzelseite geladen. In Lightroom ist es möglich, Webgalerien als HTML-Webseiten mit allen zugehörigen Dateien zu erstellen. Die Dateien lassen sich dann direkt aus Lightroom heraus per FTP auf einen Webserver übertragen. Sie müssen sich nicht um die Programmierung oder den Bilderupload kümmern.

17.1 HTML-Webgalerien verstehen

HTML (Hypertext Markup Language) ist die Standardsprache des Internets. Dabei handelt es sich nicht um eine Programmiersprache, da mit ihr keine eigenen Funktionen erzeugt werden können. Sie besteht eigentlich nur aus normalem Text, der über Auszeichnungsbefehle, sogenannte Tags, formatiert wird. Die Tag-Attribute entscheiden über das Erscheinungsbild einer Website und werden meist in eigenen Dateien – den CSS-Dateien (Cascading Style Sheets) – abgelegt. Diese sind Stilvorlagen in Word nicht unähnlich. Sie enthalten Schriftvorgaben, aber auch Designangaben. Im Laufe der Jahre hat sich das Web von einer reinen Textwiedergabe zu grafisch aufwendigen Darstellungen und Funktionalitäten ge-

▼ Abbildung 17.2
HTML-Galerien besitzen eine Übersichtsseite (Index) und eine Darstellung für ein ausgewähltes Bild.

17.1 HTML-Webgalerien verstehen

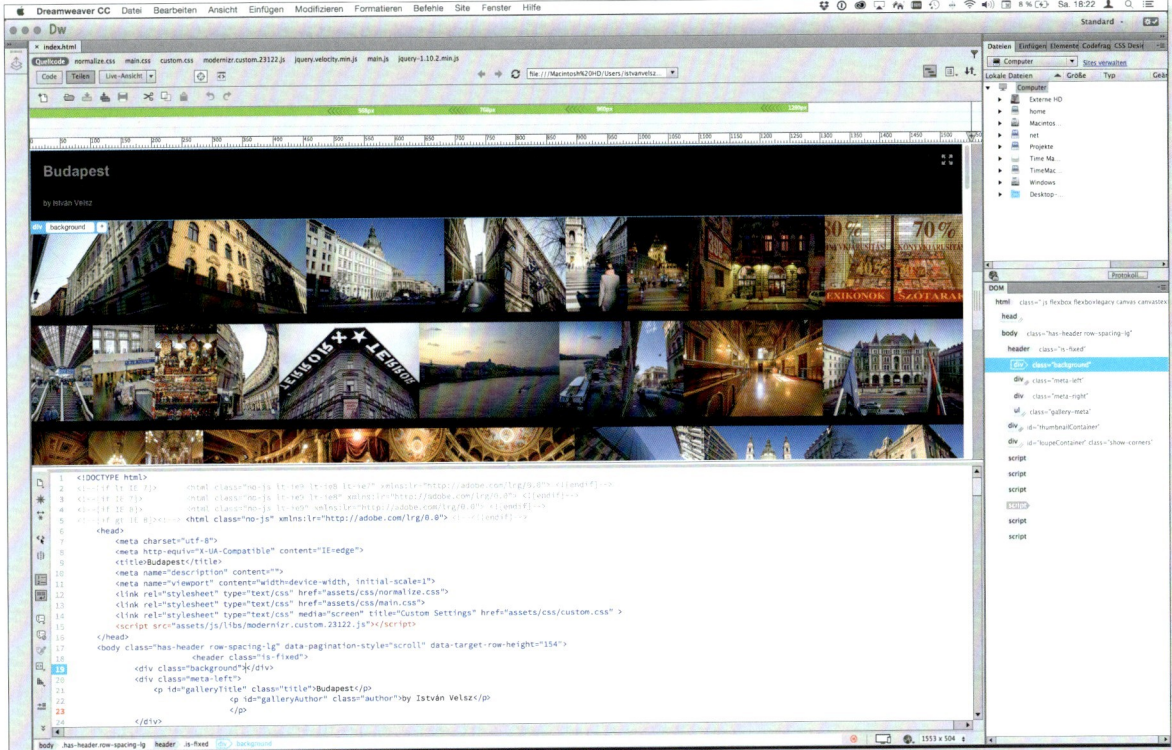

▲ Abbildung 17.3
Detailseite einer Galerie im HTML-Editor Dreamweaver inklusive Codeansicht und Vorschau

wandelt. Die Funktionalität wird dabei mit Hilfe von JavaScript mit den HTML-Tags verknüpft. JavaScript (JS) ist eine einfache Programmiersprache, mit der Aktionen auf einer Website gesteuert und ausgeführt werden können, wie das Auf- und Zuklappen eines HTML-Elements oder das Vergrößern eines Bildes.

Jede Webgalerie besteht aus so einem HTML/CSS/JS-Verbund und natürlich den Bildern. Lightroom bietet Ihnen die Möglichkeit, so ein Paket zu erzeugen und auf Ihre Website hochzuladen, ohne dass Sie dabei Programmierkenntnisse benötigen.

Vorteile einer HTML-Galerie

- Eine HTML-Galerie benötigt lediglich einen beliebigen Webbrowser ohne Plug-ins. Dabei muss es nicht der neueste Browser sein, auch ältere Versionen können sie noch darstellen.
- Alle Daten werden nur dann über das Internet geladen, wenn sie für die Darstellung auch wirklich benötigt werden.
- Der Zugriff ist sehr schnell, die Ladezeiten sind gering. Die Besucher können sich die Bilder sogar herunterladen.
- Wenn man etwas von HTML versteht, kann man Änderungen am Layout oder an den Inhalten auch selbst durchführen, ohne die Galerie bei jeder Änderung gleich neu erstellen zu müssen.

HTML-Dateien editieren
Obwohl HTML eigentlich mit jedem Texteditor zu bearbeiten ist, gibt es eine Reihe von spezialisierten Programmen wie zum Beispiel Adobe Dreamweaver. Diese Programme behalten nicht nur einzelne Seiten, sondern die komplette Website im Blick. Sie prüfen auf fehlerhafte Links oder Schreibweisen der Tags und helfen bei der Auswahl der Tag-Attribute. Darüber hinaus erlauben sie das Erstellen auch fast ohne HTML-Kenntnisse durch WYSIWYG-Editoren *(What you see is what you get)*.

Nachteile einer HTML-Galerie

▶ Die Galerie enthält zahllose Dateien und Codebefehle, die für den Laien unverständlich sind. Wenn einmal vergessen wurde, eine Datei auf den Server zu übertragen, funktioniert die Galerie anschließend nicht mehr richtig.
▶ Jeder beliebige Besucher hat Zugriff auf die Daten der Bilder und kann diese einfach herunterladen und verwenden.
▶ Erstellt man in Lightroom eine HTML-Galerie und führt dann noch Änderungen an einem Bild durch oder fügt ein neues hinzu, so muss die Galerie noch einmal komplett neu berechnet werden.

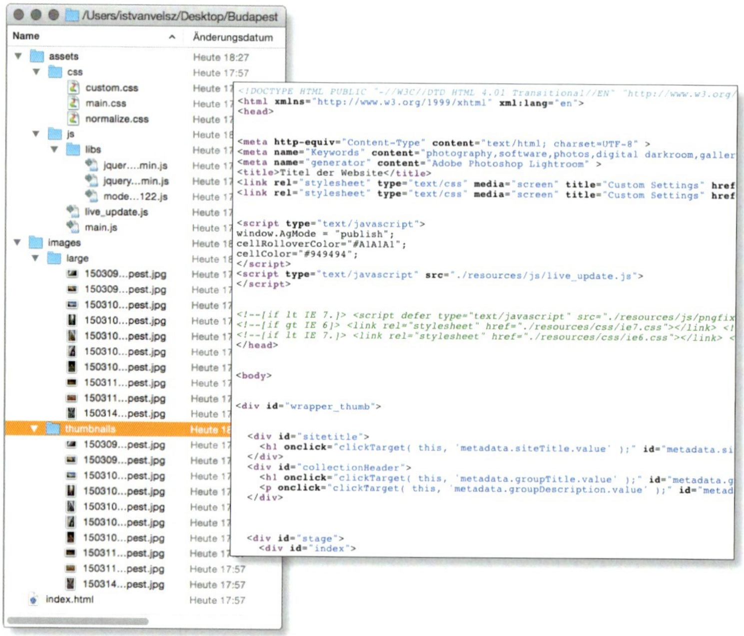

Abbildung 17.4 ▶
Für eine Webgalerie sind zahlreiche Dateien nötig. Die hier abgebildeten dienen nur der Seitendarstellung, hinzu kommen noch die Bilddateien als Detailansicht und Thumbnails. Der HTML-Code ist als Textdatei angelegt und kann von jedermann eingesehen und bearbeitet werden.

17.2 Bildauswahl und Websammlungen

Grundsätzlich stehen in Lightroom für eine Webgalerie alle Bilder zur Verfügung, die im Web-Modul unten im Filmstreifen angezeigt werden. Die Selektion kann weiter eingeschränkt werden, indem man dort einzelne Bilder auswählt. Die Auswahl erfolgt analog zu den Ausgabemodulen Diashow und Drucken. Lesen Sie hierzu auch den Abschnitt auf Seite 785.

Abbildung 17.5 ▶
Über die Werkzeugleiste können Sie angeben, welche Bilder in der Webgalerie angezeigt werden sollen.

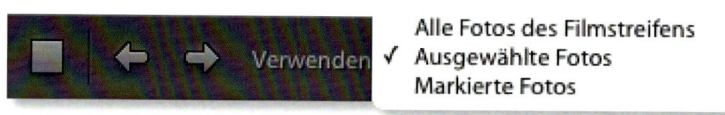

In der Werkzeugleiste können Sie wählen, ob Sie alle Bilder des Filmstreifens, nur die ausgewählten oder alle, die mit einer Markierung versehen sind, verwenden möchten. Dazu klicken Sie auf den angezeigten Menüpunkt neben dem Begriff VERWENDEN in der Werkzeugleiste und wählen die gewünschte Option aus. Diese Auswahl beeinflusst auch das Dialogfeld zum Erstellen einer Sammlung.

▲ **Abbildung 17.6**
Webgalerien werden im SAMMLUNGEN-Bedienfeld mit einem Raster-Symbol gekennzeichnet.

Nur in einer Sammlung können Sie Bilder in eine neue, selbst gewählte Reihenfolge bringen. Sie können jederzeit aus einer Bildauswahl im Web-Modul eine Sammlung generieren. Wenn Sie das aus dem Web-Modul erledigen, können Sie eine spezielle Websammlung erstellen. Dann speichert diese auch die Einstellungen der aktuellen Galerie mit ab.

Webgalerie-Sammlung erstellen | Haben Sie in der Bibliothek einen Ordner ausgewählt und wechseln in das Web-Modul, wird dieser Ordner im Filmstreifen angezeigt. Sie können jetzt Bilder auswählen oder die Einstellungen Ihrer Galerie vornehmen. Die Reihenfolge spielt dabei keine Rolle.

Um eine Webgalerie zu speichern, klicken Sie auf die Schaltfläche WEBGALERIE ERSTELLEN UND SPEICHERN ❶ über dem Ansichtsfenster oder auf das Plus-Symbol ❷ neben dem linken Bedienfeld SAMMLUNGEN und wählen aus dem Dropdown-Menü den Punkt WEBGALERIE ERSTELLEN. Vergeben Sie dann einen Namen für die Galerie. Im Dropdown INNEN können Sie einen übergeordneten Sammlungssatz oder eine Sammlung auswählen.

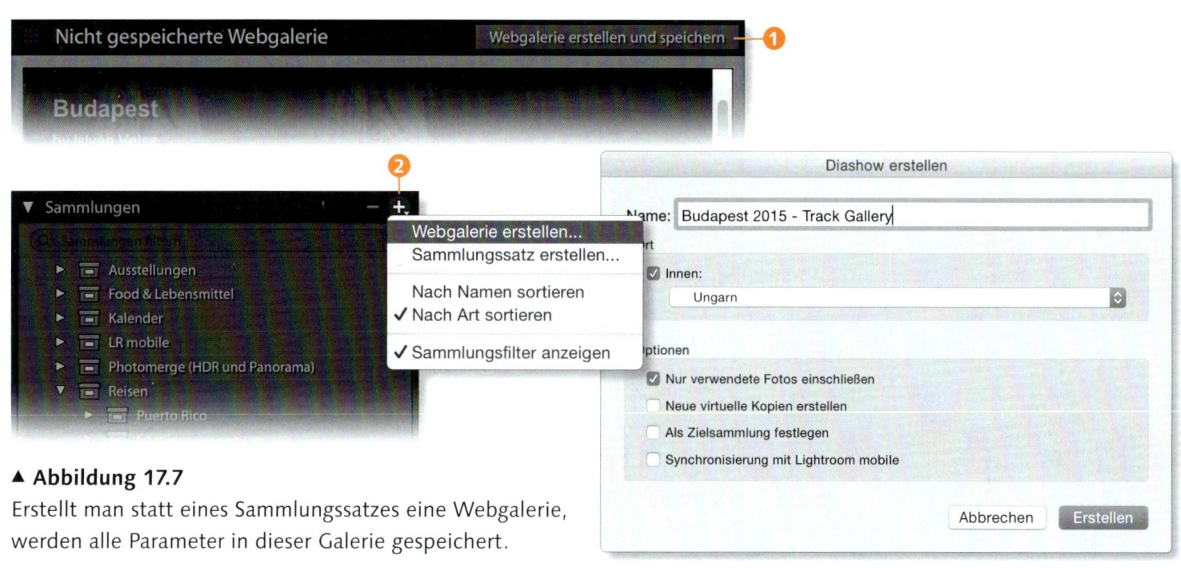

▲ **Abbildung 17.7**
Erstellt man statt eines Sammlungssatzes eine Webgalerie, werden alle Parameter in dieser Galerie gespeichert.

Je nachdem, welche Option Sie in der Werkzeugleiste im Dropdown VERWENDEN ausgewählt haben, können Sie alle Bilder, nur ausgewählte oder nur markierte Bilder über das Optionen-Kontrollkästchen der Webgalerie hinzufügen.

Von der Verwendung ist auch abhängig ob Sie die hinzugefügten Bilder auch als virtuelle Kopien der Webgalerie zuordnen können. Das hat den Vorteil, dass Sie diesen Bildern eigene Entwicklungseinstellungen zuweisen können, ohne die Originale zu beeinflussen. So können Sie unter anderem eigene Beschneidungen für die Bilder der Webgalerie durchführen. Solange die Webgalerie im Bedienfeld ausgewählt ist, werden alle Einstellungen, die im rechten Bedienfeld vorgenommen werden, in der Sammlung gespeichert.

Neue Bilder können Sie einfach per Drag & Drop der Sammlung hinzufügen. Dies kann auch aus jeder anderen Sammlung, zum Beispiel aus einer Druck- oder Diashow-Sammlung heraus, geschehen. Dabei kann man aber keine virtuellen Kopien erstellen lassen. Dies muss man dann vorher per Hand erledigen. Weitere Informationen zu Sammlungen finden Sie auf Seite 363.

17.3 Konfigurieren von Web-Galerien

Lightroom bietet Ihnen die Auswahl zwischen mehreren Designs, den Layoutstilen. Jedes Design besitzt seine eigenen Einstellungen. Man spricht hier auch von Layoutengines, da sie eben nicht nur ein Design umstellen, sondern, wie auch im Drucken-Modul, die »Technik«, die hinter der Erzeugung der Galerie steckt. Sie können auch weitere Layoutengines aus dem Internet herunterladen und als Add-on installieren. Mehr dazu finden Sie auf Seite 910.

Die Bedienfelder sind für alle Layoutstile gleich, die Parameter darin jedoch nicht. Die nachfolgende Beschreibung gilt für alle Stile, Besonderheiten sind entsprechend in den Abschnitten erwähnt. Lightroom bietet Ihnen vier Layoutstile:

- **Classic-Galerie:** Eine einfache HTML-Galerie, die auch auf älteren Browsern funktioniert.
- **Quadratgalerie:** Eine moderne Galerie, bei der alle Vorschaubilder quadratisch sind. Größe der Vorschaubilder und die Anzahl, wie viele Bilder nebeneinander dargestellt werden, ist abhängig von der Bildschirmgröße (Responsive).
- **Rastergalerie:** Hier behalten alle Bilder ihr Seitenverhältnis bei und bekommen einen Rahmen. Die Bilder besitzen untereinander einen Abstand und sind somit klar voneinander getrennt.

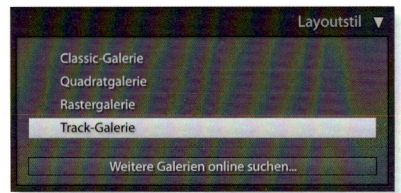

▲ Abbildung 17.8
Bedienfeld zum Auswählen eines Designs einer Webgalerie

▶ **Track-Galerie:** Diese Galerie verhält sich wie die Quadratgalerie. Allerdings besitzen hier die Bilder ihr korrektes Seitenverhältnis und werden zeilenweise angeordnet. Alle Bilder einer Zeile besitzen dieselbe Höhe. Hochformat-Bilder werden dadurch kleiner als querformatige Bilder.

▲ Abbildung 17.9
Beispiel einer Classic-Galerie

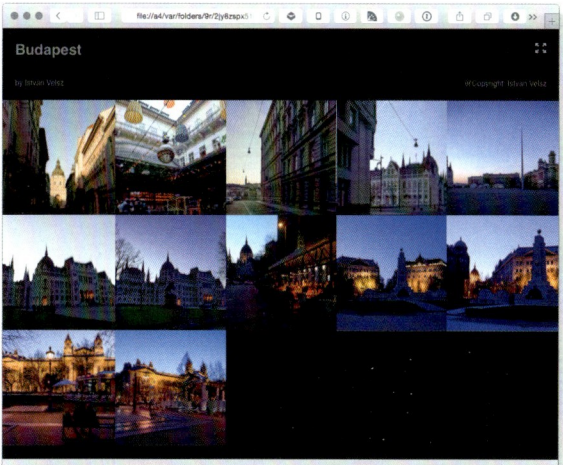

▲ Abbildung 17.10
Beispiel einer Quadratgalerie

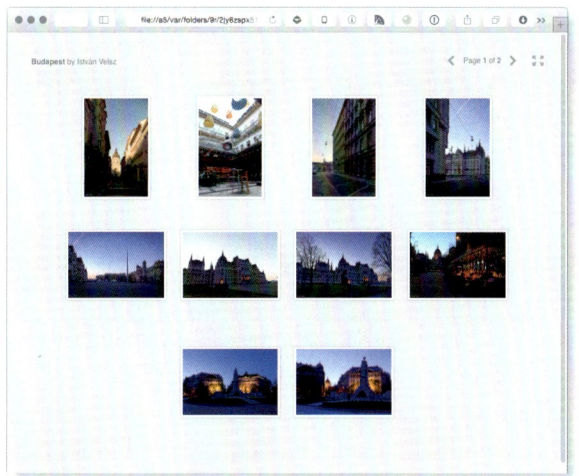

▲ Abbildung 17.11
Beispiel einer Rastergalerie

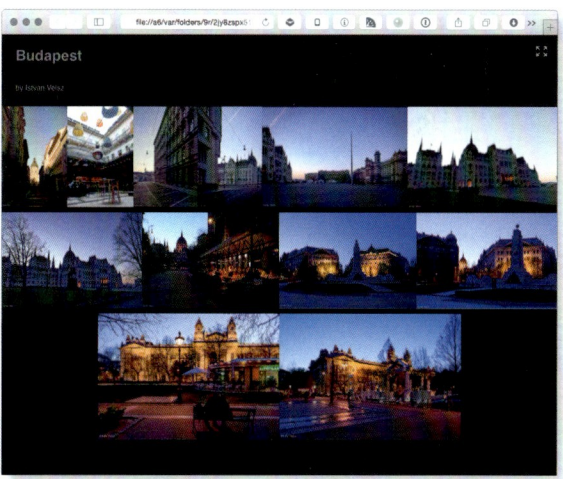

▲ Abbildung 17.12
Beispiel einer Track-Galerie

Bedienfeld »Layoutstil«

Hier können Sie aus einem Design auswählen. Alle nachfolgenden Bedienfelder sind von dieser Auswahl abhängig. Das Umstellen des Layoutstils löscht alle Parameter der Bedienfelder des vorherigen

Layoutstils. Probieren Sie also vorher aus, welchen Stil Sie verwenden möchten, oder speichern Sie die Webgalerie und erstellen anschließend eine Kopie der Sammlung.

Eine Kopie erstellen Sie, indem Sie mit der rechten Maustaste im linken Bedienfeld Sammlungen auf die Webgalerie klicken und dort den Befehl WEBGALERIE DUPLIZIEREN wählen.

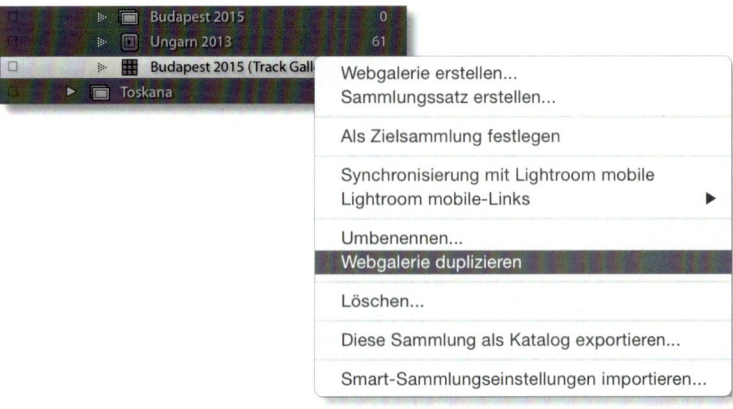

Abbildung 17.13 ▶
Eine Sammlung zu duplizieren, verhindert, dass Sie bereits gemachte Einstellungen der Bedienfelder verlieren, wenn Sie den Layoutstil wechseln.

▲ **Abbildung 17.14**
Ist das Bedienfeld eingeklappt, können Sie einen Layoutstil über das Dropdown im Bedienfeldtitel auswählen.

Verkleinert man das Layoutstil-Bedienfeld durch Klicken auf die Bedienfeldbezeichnung, so wird die Liste auf ein Dropdown-Menü zusammengeschrumpft. Die Vorlagen lassen sich dann auch auswählen, ohne das Bedienfeld wieder ausklappen zu müssen.

Bedienfeld »Site-Informationen« (Classic-Galerie)

Dieses Bedienfeld bietet eine Eingabemöglichkeit für die Rahmeninformationen der Galerie. Bei der CLASSIC-Galerie wird hier auch die Konfiguration der Erkennungstafel vorgenommen.

Titel der Website und Titel der Sammlung | Die Hauptüberschrift der HTML-Galerie wird in der CLASSIC-Galerie auf der Indexseite wie auch auf der Detailseite über den Bildern angezeigt ❷ – ebenso wie der TITEL DER SAMMLUNG ❸.

Beschreibung der Sammlung | Die ausführlichere Beschreibung ❹ des Bildes, in der Sie auch einen Copyright-Hinweis hinterlassen können, wird auf der HTML-Seite ebenfalls direkt auf Index- und Detailseite angezeigt, und zwar unter dem Titel der Sammlung.

Kontaktdaten, Web- oder E-Mail-Link | Der Kontaktname ❺ rutscht in der HTML-Galerie nach unten links unter die Bildauswahl

Tipp
Durch Klicken auf das kleine Dreieck neben der Feldbezeichnung öffnet sich ein Dropdown, das bereits verwendete Feldeingaben auflistet.

17.3 Konfigurieren von Web-Galerien

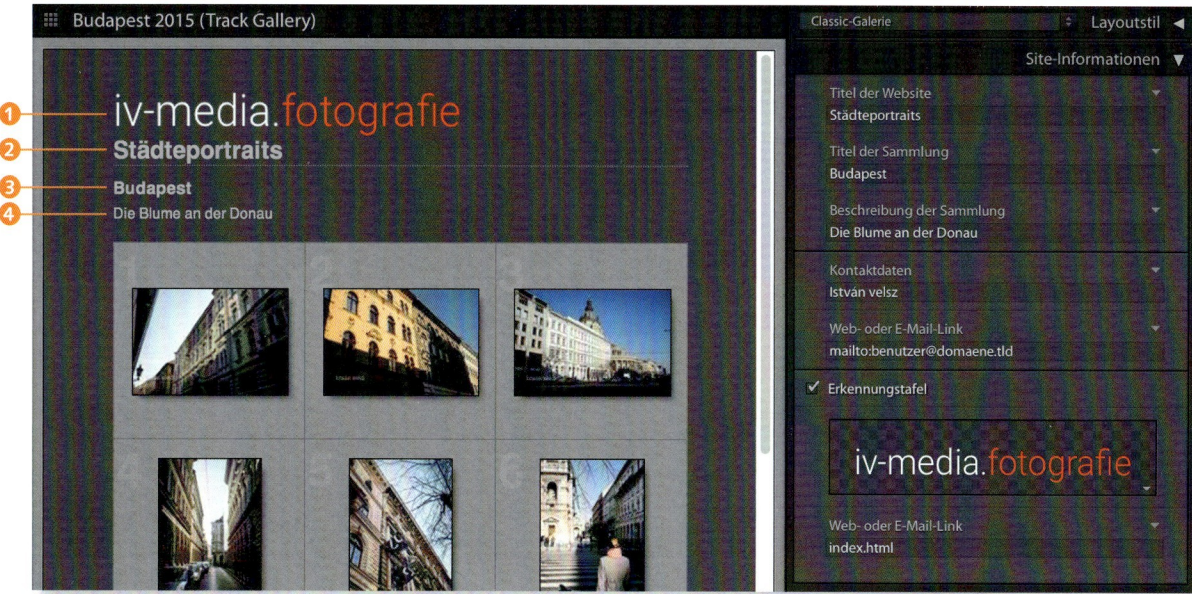

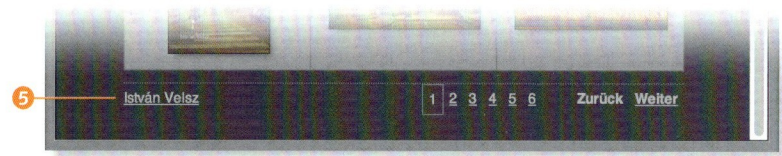

▲ **Abbildung 17.15**
Die SITE-INFORMATIONEN der Classic-Galerie stellen die allgemeinen Angaben zur Galerie bereit und werden in der HTML-Galerie über den Bildern angezeigt – sowohl auf Index- als auch auf Detailseiten.

beziehungsweise unter das Detailbild. Die Unterstreichung des Namens zeigt bereits an, dass er in der Regel verlinkt wird mit der Adresse, die man ins Feld WEB- ODER E-MAIL-LINK eingibt. Nach einem Klick darauf öffnet sich beim Betrachter entweder ein neues Browserfenster (bei einer Webadresse mit »www.«) oder das E-Mail-Programm (bei einer E-Mail-Adresse mit »@«). Lightroom erkennt selbstständig, um welche Art von Link es sich dabei handelt.

◄ **Abbildung 17.16**
Die Kontaktinformation wird unter den Bildern angezeigt. Sie kann mit Links auf eine E-Mail-Adresse oder auf eine Website hinterlegt werden.

Erkennungstafel | Die Erkennungstafel ❶ befindet sich nicht, wie in den anderen Ausgabemodulen, in einem eigenen Bedienfeld, sondern bei den Überschriften im Bedienfeld SITE-INFORMATIONEN. Angezeigt wird sie oben über dem Titel der Seite.

Mit einem Klick auf das kleine Dreieck in der Vorschau im Bedienfeld können Sie die Tafel bearbeiten oder eine andere Grafik dafür auswählen. Mehr zu den Erkennungstafeln finden Sie auch auf Seite 165.

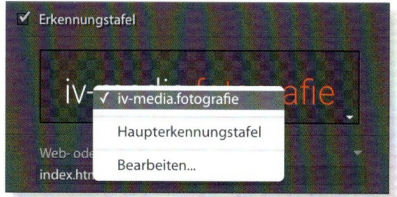

▲ **Abbildung 17.17**
Eine ausgewählte Erkennungstafel wird über dem Titel eingeblendet.

- **Web- oder E-Mail-Link:** Dieses Feld verhält sich analog zu dem Feld bei den Kontaktdaten, nur dass der Link sich öffnet, wenn man im Browser auf die Erkennungstafel klickt. Normalerweise verlinkt er, wie bei vielen Websites üblich, auf die Homepage.

893

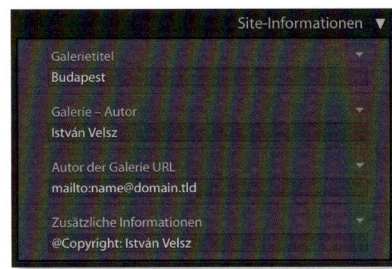

▲ **Abbildung 17.18**
Bedienfeld der Site-Informationen für die modernen Webgalerien

Bedienfeld »Site-Informationen« (Quadrat-, Raster- und Track-Galerie)

Für diese drei Galerien sind die Parameter bis auf ein Feld identisch.

Galerietitel | Dies ist der Titel der Galerie. Sie wird in allen Galerien ganz oben angezeigt.

Galerie-Autor | Name des Erstellers der Galerie oder des Fotografen.

Autor der Galerie-URL | Diese Bezeichnung ist etwas verwirrend. Denn hier wird der Link zu einer Website oder eine E-Mail-Adressen eingegeben. Allerdings verhält sich dieses Feld nicht analog zu dem entsprechenden Feld der Classic-Galerie. Wenn Sie auf eine Website verlinken wollen, müssen Sie hier den gesamten Link inklusive *http://* eingeben. Geben Sie eine E-Mail-Adresse ein, tippen Sie vor der Adresse *mailto:* (ohne Leerzeichen vor der Adresse) ein.

Zusätzliche Informationen (nur Quadratgalerie) | Hier können Sie beispielsweise Copyright-Angaben eingeben. Diese erscheinen rechts von dem Galerie-Autor.

Bedienfeld »Farbpalette« (Classic-Galerie)

Die Farbpalette dient auch hier dem Einfärben sämtlicher sichtbaren Elemente in der Galerie. Ein Klick auf das kleine Farbfeld rechts vom Farbnamen öffnet die Farbauswahlpalette. Die Parameter der Classic-Galerie unterscheiden sich stark von denen der anderen

Abbildung 17.19 ▶
Bedienfeld für die Einstellungen der Farbpaletten und die Farbauswahl

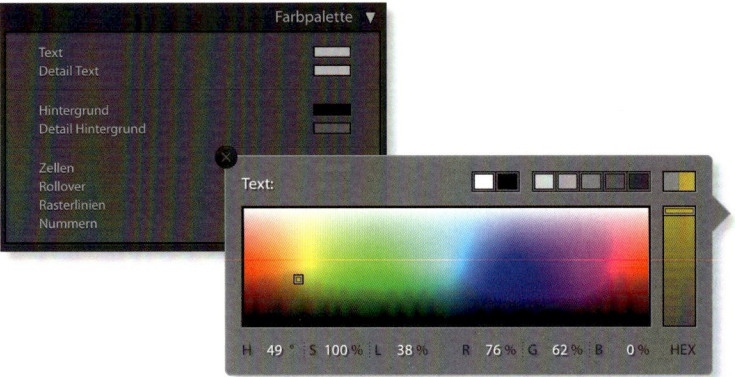

17.3 Konfigurieren von Web-Galerien

Galerien. Außerdem lassen sich einige Einstellungen getrennt nach Index- und Detailseite konfigurieren:

- **Text:** Der Parameter TEXT gibt die Schriftfarbe für alle Textelemente vor, die in der HTML-Galerie außerhalb des Bildbereichs stehen – sowohl für die Index- als auch für die Detailseite ❶.
- **Detail Text:** Die Option DETAIL TEXT bezieht sich auf die Farbe des Textes, der im Bildbereich der Detailseite steht – also für die Bildbeschreibung und die Navigation ❻.
- **Hintergrund:** Mit HINTERGRUND ist die Hintergrundfarbe von Index- und Detailseite gemeint ❺.
- **Detail Hintergrund:** Mit DETAIL HINTERGRUND stellen Sie die Farbe des Fonds im Bildbereich auf der Detailseite ein ❼.
- **Zellen:** Die Farbe des Bildbereichs auf der Indexseite geben Sie über den Parameter ZELLEN vor ❹.
- **Rollover:** Diese Farbe steht für die Farbe, die eine Zelle auf der Indexseite einnimmt, wenn der Betrachter mit der Maus darüberfährt ❸.
- **Rasterlinien:** Die RASTERLINIEN sind die kleinen Rahmen, die die Zellen auf der Indexseite voneinander trennen ❽.
- **Nummern:** Auch den NUMMERN in den Zellen auf der Indexseite können Sie eine eigene Farbe verleihen ❷.

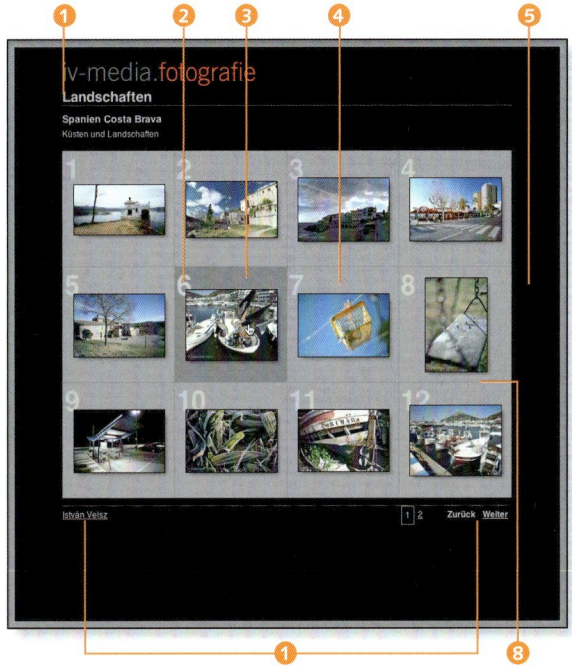 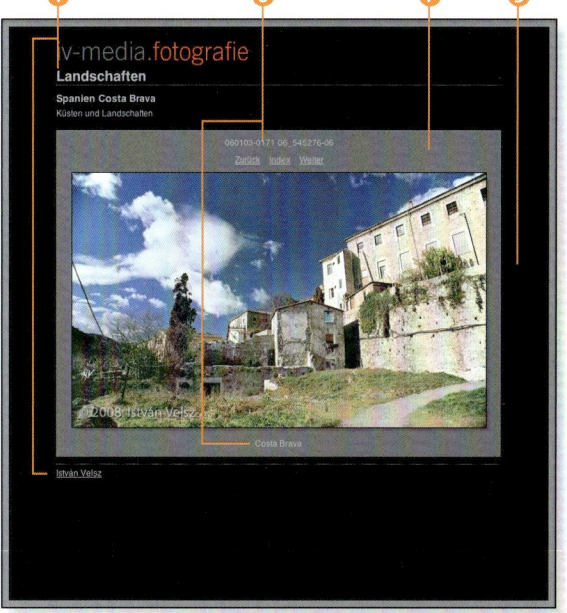

▼ **Abbildung 17.20**
Trotz weniger Parameter lässt sich die Farbdarstellung sehr flexibel steuern.

895

Bedienfeld »Farbpalette« (Quadrat-, Raster- und Track-Galerie)

Für diese Galerien gibt es nur drei Farbeinstellungen. Nur die Rasteransicht besitzt einen weiteren Farbwert.

- **Hintergrund:** Der Farbwert für den Hintergrund ❷ der Seite und Navigation bzw. Kopfbalken.
- **Text:** Farben für alle Texte ❶ wie Galerietitel oder Metadatenangaben.
- **Symbole:** Farbe für alle grafischen Symbole wie das Schließen der Vollbilddarstellung ❸ eines Einzelbildes oder der Pfeile zum Blättern.
- **Miniaturrand (nur Rastergalerie):** Bei dieser Galerie wird um die Vorschaubilder ein Rand gezeichnet. Die Farbe des Randes können Sie mit diesem Farbwert einstellen.

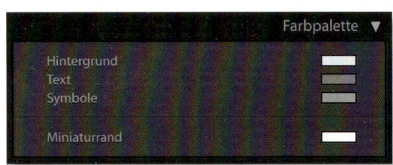

▲ Abbildung 17.21
Farbeinstellungen für modernere Galerie Stile. Der MINIATURRAND ist nur in der RASTERGALERIE verfügbar.

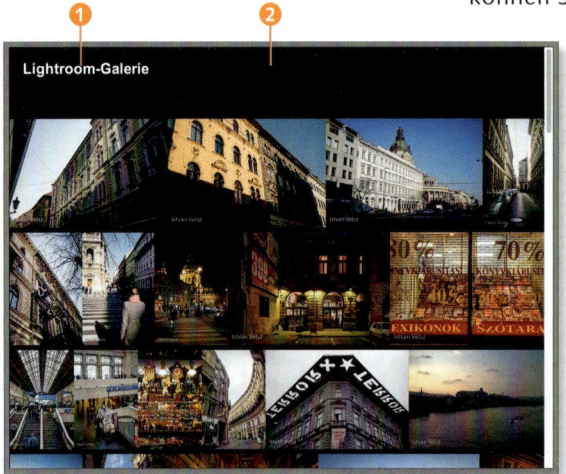

▲ Abbildung 17.22
Anwendung der Farben in einer Track Galerie

Bedienfeld »Erscheinungsbild« (Classic-Galerie)

Sie können in diesem Bedienfeld das Design der HTML-Galerie beeinflussen. Je nachdem, welchen Layoutstil Sie ausgewählt haben, erscheinen hier andere Einstellungen. Hier Parameter für die Classic-Galerie:

Den Fotos Schlagschatten hinzufügen | Der Schlagschatten hebt die Bilder optisch etwas vom Bildschirm ab. Sie scheinen vor dem Hintergrund zu schweben.

Abschnittsrahmen | Unter dem Titel und über der Kontaktinformation befindet sich eine gepunktete Linie. Dies ist der Abschnittsrahmen, der mit Hilfe des Kontrollkästchens ein- und ausgeblendet werden kann. Die Farbe lässt sich durch Anklicken des Farbauswahlrechtecks anpassen.

◄ **Abbildung 17.23**
Schlagschatten heben das Bild vom Hintergrund ab. Es fängt dadurch an zu »schweben«.

◄ **Abbildung 17.24**
Der Abschnittsrahmen ist eigentlich kein richtiger Rahmen, sondern eine gepunktete Linie. Links sehen Sie die Titelinformation mit, rechts ohne Abschnittsrahmen.

Rasterseiten | Die Rasteraufteilung für die Bilder auf der Indexseite lässt sich in diesem Feld vorgeben. Sie müssen dafür keine Werte für Zeile und Spalte angeben, sondern klicken einfach auf das entsprechende Feld in dem kleinen Raster, das die untere rechte Ecke der Indexseite bilden soll.

▼ **Abbildung 17.25**
Anzahl und Aufteilung der Rasterzellen können mit der Maus interaktiv aufgezogen werden.

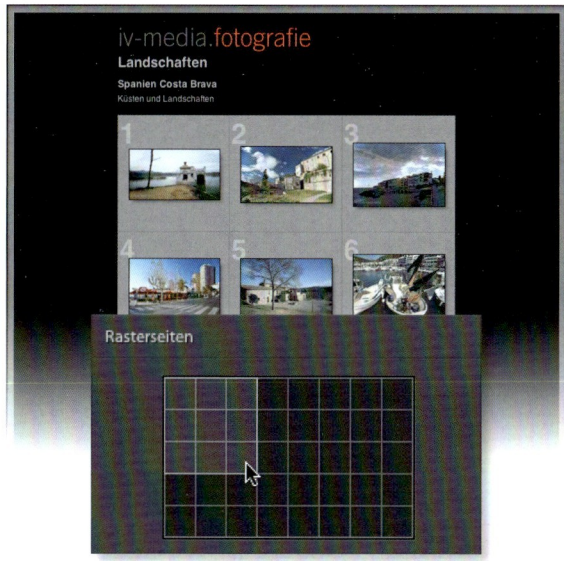 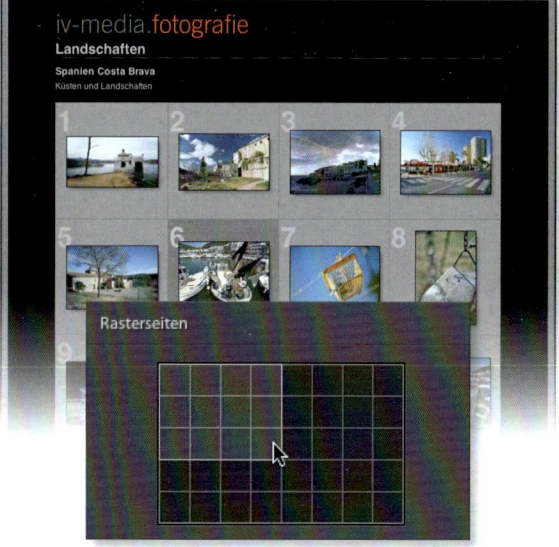

▲ **Abbildung 17.26**
Mehrere Indexseiten können über die Navigation unter den Thumbnails durchgeblättert werden.

Beachten Sie dabei die Anzahl der Bilder, die Sie auf eine Indexseite bringen wollen. Möchten Sie beispielsweise zwölf Thumbnails darstellen, so klicken Sie auf das vierte Feld von links und das dritte von oben. Oder auf das dritte von links und vierte von oben. Die breite Version ist besser für querformatige, die schmale gut für Hochformatbilder geeignet. Haben Sie eine gleichmäßige Mischung an Formaten, wählen Sie als Raster am besten ein Quadrat, denn in ein solches passt gleichermaßen ein Hoch- wie auch ein Querformatbild.

Das Raster ist beschränkt auf mindestens 3×3 und höchstens 8×5 Rasterzellen. Sind mehr Bilder für die Galerie ausgewählt, so werden mehrere Indexseiten generiert. Diese können über die Schaltflächen unterhalb des Rasters durchgeblättert werden.

Zellennummern anzeigen | Mit diesem Kontrollkästchen können Sie die Nummern in den Zellen ein- und ausblenden. Die Farbe der Nummern wird im Bedienfeld FARBPALETTE mit dem Farbauswahlfeld NUMMERN eingestellt.

Abbildung 17.27 ▶
Die Nummern in den Zellen können ein- und ausgeblendet werden.

Fotorahmen | Dieses Kontrollkästchen steuert die Darstellung des Rahmens, der um die Thumbnails gezogen wird. Normalerweise ist der Rahmen aktiviert. Die Farbe gibt man über die Farbauswahlbox rechts neben dem Kontrollkästchen an.

▼ **Abbildung 17.28**
Einstellung des Rahmens um die Thumbnails

Bildseiten | Dieser Teil des Bedienfeldes ist für die Bildeinstellungen auf den Detailseiten zuständig. Damit Sie die Auswirkungen gleich sehen können, rufen Sie am besten eine Vorschau auf, indem Sie auf der Indexseite auf ein Thumbnail klicken. Dies wird Ihnen auch durch das Warnsymbol am rechten Rand signalisiert.

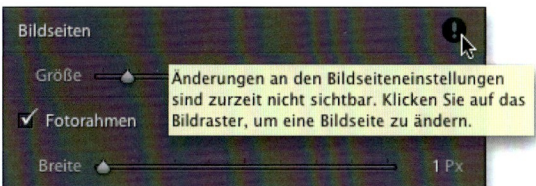

◄ **Abbildung 17.29**
Das Warnsignal weist darauf hin, dass Sie erst auf eine Bildseite wechseln müssen, um die Einstellungen sehen zu können.

▸ **Größe:** Hierüber geben Sie die Größe der Bilder auf den Detailseiten an. Dabei werden diese so skaliert, dass die längere Seite die hier eingestellte Pixelgröße besitzt. Normalerweise reicht eine Vorgabe von maximal 800 Pixeln aus. Damit benötigen Sie für Hochformatbilder einen Monitor, der mindestens 1.200 Pixel in der Höhe besitzt – das sind normalerweise Monitore ab 21 Zoll –, um das Bild komplett darzustellen. Eine solche Auflösung sollte man voraussetzen können.

▸ **Fotorahmen:** Wie bei den Thumbnails können Sie einen um die Bilder herumführenden Rahmen einblenden. Für die Detailseite können Sie auch die Breite des Rahmens einstellen. Die Farbe wird über das Farbauswahlfeld eingestellt. Der Rahmen ist eine HTML-Eigenschaft und muss daher nicht in das Bild eingerechnet werden.

▼ **Abbildung 17.30**
Die BILDSEITEN legen die Größe der Bilder und die ihrer Rahmen auf den Detailseiten fest.

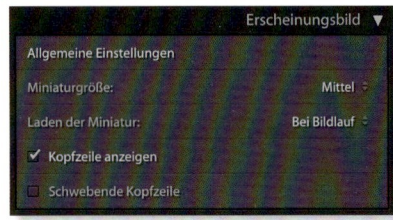

▲ **Abbildung 17.31**
Bedienfeld zur Steuerung des Erscheinungsbildes der Quadratgalerie

Bedienfeld »Erscheinungsbild« (Quadratgalerie)

Für die Quadratgalerie stehen eigene Parameter zur Verfügung. Sie sind auf das Erscheinungsbild der Galerie angepasst:

Miniaturgröße | Sie haben die Wahl zwischen drei Größen für die Vorschaubilder. Je größer, umso weniger Platz haben die Bilder nebeneinander und umso länger wird die Seite. Für wenige Bilder wählen Sie eine größere Darstellung als für eine hohe Anzahl von Bildern in der Sammlung.

Laden der Miniatur | Sie können sich entscheiden, ob alle Bilder sofort angezeigt werden oder diese erst nachgeladen werden sollen, sobald man beim Scrollen das Ende der Seite erreicht. Das hat den Vorteil, dass nicht alle Bilder vorgeladen werden müssen, bevor die Seite angezeigt werden kann. Dies lohnt sich aber erst ab einer Bildanzahl von über hundert Bildern.

Zum Laden aller Bilder vor dem Anzeigen wählen Sie im Dropdown ALLE AUF EINMAL. Für das Nachladen, auch Infinite Scrolling genannt, wählen Sie BEI BILDLAUF.

Kopfzeile anzeigen | Blendet die Kopfzeile mit Galerietitel und Autor aus oder ein.

Schwebende Kopfzeile | Scrollen Sie nach unten, verschwindet die Kopfzeile nach oben. Ist dieses Kontrollkästchen aktiv, bleibt sie stehen und liegt dann über den Bildern. Dabei wird sie leicht transparent etwas kleiner, und die Schrift wird entsprechend der Höhe ebenfalls verkleinert.

Abbildung 17.32 ▶
Bei der schwebenden Kopfzeile bleibt der Titelbalken stehen, während man nach unten scrollt.

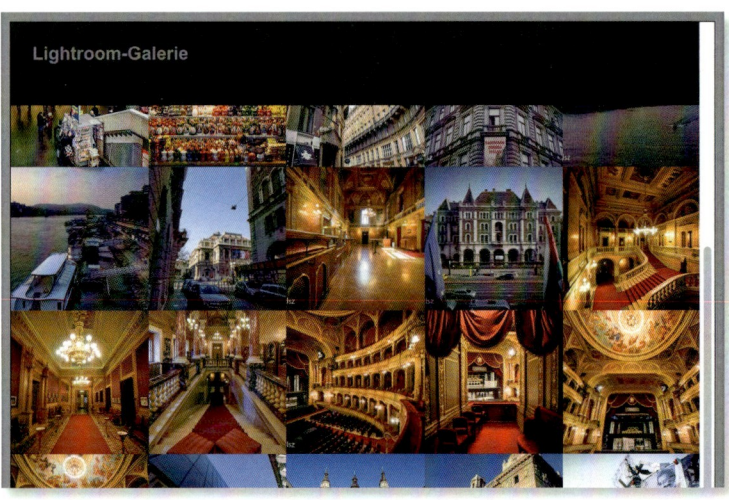

Bedienfeld »Erscheinungsbild« (Rastergalerie)

Einige Parameter entsprechen denen der Quadratgalerie, allerdings finden Sie hier drei weitere Einstellmöglichkeiten.

Miniaturgröße | Gibt die Größe der Vorschaubilder an. Sie haben die Wahl zwischen KLEIN, MITTEL und GROSS. Die Größe entscheidet hier ebenfalls, wie viele Bilder nebeneinander Platz haben.

Stärke des Miniaturrandes | In der Rasteransicht bekommen die Vorschaubilder einen Rahmen. Dessen Dicke können sie hier einstellen.

Miniaturschatten | Für die Bilder können Sie einen Schatten definieren. Für ein Leuchten auf dunklen Hintergründen wählen Sie HELL, einen Schatten auf hellen Hintergründen erzeugen Sie mit der Einstellung DUNKEL. KEINE deaktiviert den Schatten.

Die Schatten sind sehr dezent, dass sie kaum auffallen. Am besten sieht man den dunklen Schatten auf hellem Hintergrund.

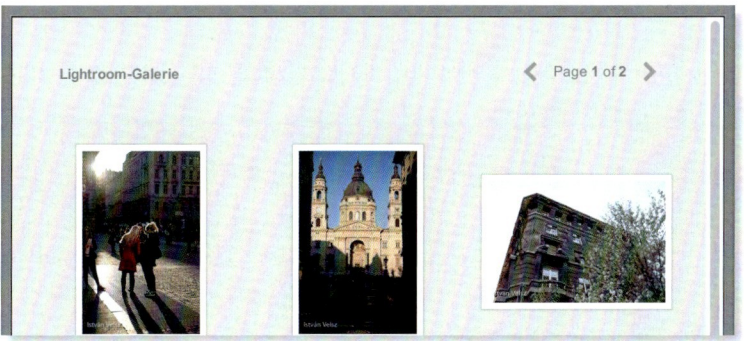

◀ **Abbildung 17.33**
Rastergalerie mit zwei Seiten. Der dunkle Schatten ist kaum sichtbar und schaut wie eine dunkle Linie, um den eigentlichen Miniaturrahmen, aus.

Stil des Seitenumbruchs | Der Wert EINZELNE SEITE macht aus der Galerie eine lange Seite mit allen Bildern. In diesem Fall werden alle Bilder geladen. Die Funktion BEI BILDLAUF der QUADRAT- oder TRACK-GALERIE haben Sie hier nicht.

Allerdings können Sie die Seite in mehrere Seiten aufspalten. Dazu wählen Sie den Eintrag MEHRERE SEITEN, vor allem bei mehr als hundert Bildern eine sinnvolle Einstellung. In diesem Fall wird rechts oben eine BLÄTTERN-Funktion angeboten, die auf kleinen Bildschirmen nach unten wandert.

Elemente pro Seite | Haben Sie als Seitenumbruch MEHRERE SEITEN ausgewählt, können Sie hier einstellen, wie viele Bilder pro Seite dargestellt werden.

Kapitel 17 Das Web-Modul

Kopfzeile anzeigen | Blendet die Kopfzeile mit Galerietitel und Autor aus oder ein.

Schwebende Kopfzeile | Auch in der Rastergalerie haben Sie die Möglichkeit, die Kopfleiste am Seitenanfang zu fixieren, damit sie nicht nach oben wandert, wenn man die Seite scrollt.

Bedienfeld »Erscheinungsbild« (Track-Galerie)

In der Track-Galerie haben Sie die wenigsten Einstellmöglichkeiten. Einige sind Ihnen eventuell auch aus den anderen Galerievarianten schon bekannt. Das Infinite Scrolling – das Nachladen der Bilder beim Scrollen – ist hier Standard und kann nicht extra aktiviert werden.

Zellenhöhe | Über diesen Schieberegler steuern Sie die Höhe einer Zeile und somit indirekt die Anzahl der Bilder, die pro Zeile dargestellt werden. Da das Seitenverhältnis der dargestellten Bilder schwanken kann und somit die Anzahl pro Zeile nicht fest ist, kann man dies nur über die Höhe steuern. Der Wert gibt die Höhe in Pixeln an.

▲ Abbildung 17.34
Track-Galerie mit großer Höhe und ohne Zeilenabstand

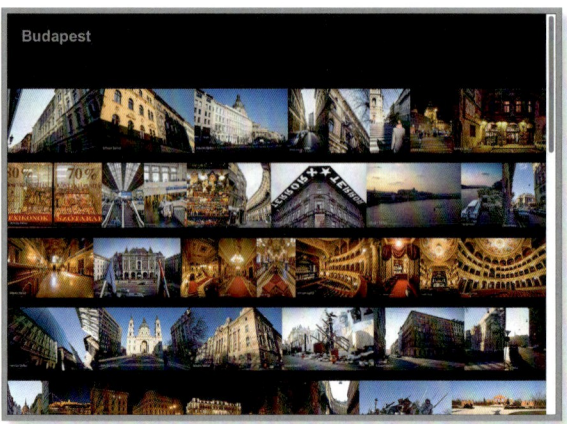

▲ Abbildung 17.35
Track-Galerie mit wenig Höhe und großem Zeilenabstand

Zeilenabstand | Zwischen den Zeilen können Sie einen Abstand definieren. Sie haben die Wahl zwischen KLEIN, MITTEL und GROSS, oder Sie deaktivieren den Abstand komplett.

Kopfzeile anzeigen | Blendet die Kopfzeile mit Titel ein bzw. aus.

Schwebende Kopfzeile | Fixiert die Kopfzeile am oberen Rand der Seite, so dass diese nicht verschwindet, wenn man nach unten scrollt.

Bedienfeld »Bildinformationen«

In der Detaildarstellung der Bilder können noch zusätzliche Informationen angezeigt werden, die entweder aus den Metadaten stammen oder manuell eingegeben werden können. Bei der manuellen Eingabe wird aber für alle Bilder derselbe Text verwendet. Wollen Sie für jedes Bild einen eigenen Text, müssen Sie diesen in den Metadaten angeben, am besten im Feld BILDUNTERSCHRIFT (Seite 379).

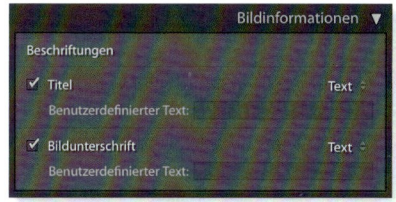

▲ Abbildung 17.37
Ist beim Titel oder der Bildunterschrift die Option TEXT ausgewählt, kann auch manuell Text eingegeben werden.

Titel | Diese Textinformation ist die Bildüberschrift, in der Regel nimmt man hier den Dateinamen oder den Titel, der in den Metadaten angegeben wurde. Sie wird in der Classic-Galerie über dem Bild angezeigt, ansonsten direkt unter dem Bild.

Bildunterschrift | Dieser Text steht in der Classic-Galerie unter dem Bild und in den anderen Galerien unter dem TITEL.

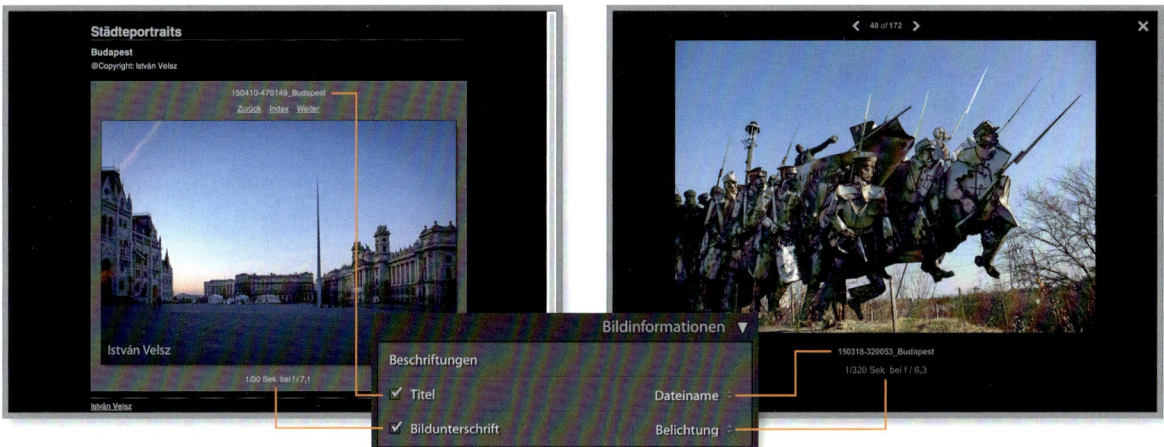

▲ Abbildung 17.36
Bildinformationen auf der Detail-Seite der Classic-Galerie (links) und der Track-Galerie

Titel und Bildinformation kann – wie in den Modulen Diashow, Buch und Drucken – aus Metadaten-Tokens bestehen, die Sie kombinieren und als Textvorlage ablegen können. Das Auswählen der Vorgaben nehmen Sie über das Dropdown-Menü vor, das sich beim Klicken auf den Namen der aktuellen Vorgabe öffnet. Wollen Sie eine neue Vorgabe erstellen oder eine bestehende ändern, wählen Sie den Punkt BEARBEITEN. Für eine genaue Anleitung blättern Sie zurück auf Seite 813. Wollen Sie hingegen keinen Titel beziehungsweise keine Bildinformation anzeigen, deaktivieren Sie die entsprechenden Kontrollkästchen.

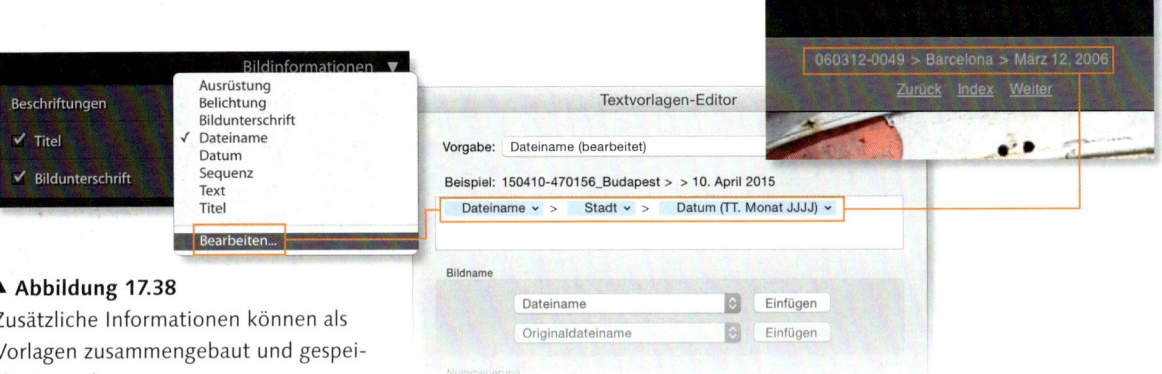

▲ **Abbildung 17.38**
Zusätzliche Informationen können als Vorlagen zusammengebaut und gespeichert werden.

Bedienfeld »Ausgabeeinstellungen«

Fotos werden auf Webseiten als JPEG-Dateien eingebettet. Sie werden bei Bedarf vom Webbrowser geladen und angezeigt. Die Geschwindigkeit, mit der diese dann angezeigt werden können, ist von deren Dateigröße abhängig; je kleiner, desto besser. Dies steht aber ganz im Gegensatz zu den Qualitätsansprüchen eines Fotografen. Daher muss zwischen Qualität, Größe und Datenmenge ein Kompromiss gefunden werden.

- **Qualität:** Dieser Regler bestimmt die JPEG-Qualität der Bilder und damit auch deren Dateigröße. Je niedriger der Wert, desto stärker wird die Komprimierung. Diese führt aber immer zu einem Qualitätsverlust. Ein Wert um »75« stellt einen guten Kompromiss zwischen Qualität und Dateigröße dar.
- **Metadaten:** Hier geben Sie an, ob alle Metadaten oder nur die Copyright-Informationen in die exportierten Bilder gespeichert werden, um beispielsweise Ortsinformationen zu verbergen.
- **Wasserzeichen:** Da Bilder von HTML-Seiten einfach per Mausklick heruntergeladen werden können, ist bei HTML-Galerien das Einblenden eines Wasserzeichens empfehlenswert. Über das Dropdown-Menü können Sie aus gespeicherten Wasserzeichen auswählen oder neue konfigurieren. Mehr über die Konfiguration von Wasserzeichen erfahren Sie auf Seite 465.
- **Schärfen:** Um bei heruntergerechneten Bildern mehr Detailzeichnung und Tiefenwirkung zu erhalten, haben Sie die Möglichkeit, aus drei Schärfestufen auszuwählen.

> **TIPP**
>
> Sie können die Bildbeschreibung mit Hilfe von XML-Tags auszeichnen. Dazu müssen Sie den Inhalt zwischen die beiden Tags `<ag:formatted>` und `</ag:formatted>` setzen.
> Zum Fettdruck verwenden Sie die Tags `<strong>` und `</strong>`, für kursiv `<em>` und `</em>`. Einen Zeilenumbruch erreichen Sie mit `<br />`.

17.4 Die Werkzeugleiste

Die Werkzeugleiste hat im Web-Modul keine bedeutende Funktion. Über die quadratische Schaltfläche gelangen Sie im Ansichtsfenster immer auf die Startseite der aktuellen Galerie. Die Pfeiltasten dienen der Navigation im Filmstreifen, haben aber keinen direkten Einfluss auf das Ansichtsfenster. Über VERWENDEN können Sie angeben, ob Sie alle Bilder, nur die ausgewählten oder alle markierten Bilder in die Webgalerie einbinden wollen.

Zur besseren Verdeutlichung wird Ihnen zusätzlich angezeigt, welcher Layoutstil für die Galerie gewählt wurde.

▲ **Abbildung 17.39**
Über die AUSGABEEINSTELLUNGEN kann ein Copyright-Wasserzeichen in die Bilder gesetzt werden. Ebenso können Sie hier die Kompressionsrate und die Handhabung der Metadaten angeben.

▼ **Abbildung 17.40**
Werkzeugleiste des Web-Moduls

17.5 Galerie auf Webserver laden

Nachdem Sie eine HTML-Galerie erstellt haben, können Sie diese auch gleich auf einen Webserver hochladen. Voraussetzung dafür ist, dass Sie über Webspace mit einem FTP-Zugang verfügen. Wenn nicht, wenden Sie sich am besten einfach an Ihren Internet-Provider. In den meisten Angeboten ist bereits etwas Speicherkapazität auf einem Webserver enthalten.

▲ **Abbildung 17.41**
Über den VORSCHAU-Button am Fuß der rechten Bedienfeldpalette wird auf dem Computer eine Galerie erzeugt und im Browser angezeigt. Dies erlaubt eine Kontrolle der Galerie vor dem Hochladen.

Bedienfeld »Einstellungen für das Hochladen«

Die Übertragung auf den Webserver geschieht per **FTP** (File Transfer Protocol). Die dazu benötigte Software ist bereits in Lightroom integriert, so dass der Upload direkt aus dem Programm erfolgen kann. Um die Daten im Internet anbieten zu können, müssen sie auf einem Server abgelegt werden, der jederzeit mit dem Internet verbunden ist und auf dem zusätzlich eine entsprechende Web-

Kapitel 17 Das Web-Modul

> **TIPP**
>
> Achten Sie darauf, dass Sie im Internet bei der Benennung von Dateien und Ordnern Leerzeichen, Umlaute und Sonderzeichen vermeiden. Auch sollten Sie Verzeichnisnamen und Dateiangaben immer kleinschreiben, da einige Systeme zwischen Groß- und Kleinschreibung unterscheiden und es somit eventuell zu Problemen kommen kann.

server-Software läuft. Diese stellt dann den Internetnutzern Ihre Galerie zur Verfügung.

Eine Galerie lässt sich auch auf Ihrem eigenen, lokalen Rechner einrichten, das macht jedoch nur selten Sinn und ist nur etwas für IT-Profis. Lokale Rechner sind nicht immer eingeschaltet, außerdem ist eine Öffnung nach außen auch immer ein Sicherheitsrisiko. Abgesehen davon besitzen sie in den seltensten Fällen eine fest zugewiesene IP-Adresse.

Wenn Sie über Webspace verfügen, haben Sie von Ihrem Provider auch entsprechende FTP-Zugangsdaten dafür erhalten. Diese bestehen aus drei Informationen: dem Servernamen, Ihrem Benutzernamen und einem Passwort. Ohne diese Daten können Sie die Galerie nicht über das Internet veröffentlichen.

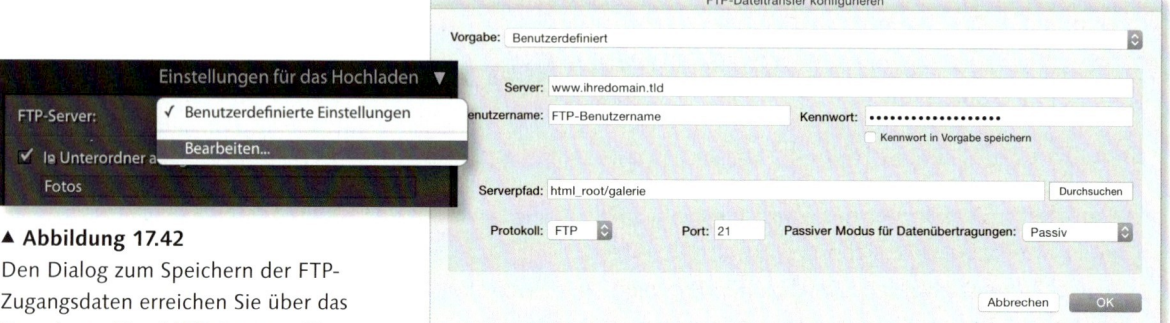

▲ **Abbildung 17.42**
Den Dialog zum Speichern der FTP-Zugangsdaten erreichen Sie über das Dropdown-Menü FTP-Server. Ohne diese Daten können Sie die Galerie nicht auf einen Server übertragen. Die Einstellung kann als Vorgabe gesichert werden und ist dann über dieses Dropdown-Menü verfügbar.

FTP-Server | Um einen neuen FTP-Zugang zu konfigurieren, klicken Sie auf das Dropdown-Menü mit dem derzeitigen Titel Benutzerdefinierte Einstellungen. Wählen Sie den Punkt Bearbeiten. Es öffnet sich dann der Dialog FTP-Dateitransfer konfigurieren mit den folgenden Einstellungen:

- **Server:** Hier tragen Sie die Domain Ihrer Website ein. Es kann sein, dass Sie statt des »www.« ein »ftp.« vor den Domainnamen setzen müssen. Die Angaben finden Sie in den Unterlagen Ihres Providers.
- **Benutzername:** Geben Sie hier Ihren FTP-Benutzernamen an.
- **Kennwort:** Das ist das Feld für das Ihnen zugewiesene FTP-Passwort.
- **Kennwort in Vorgabe speichern:** Wenn Sie dieses Kontrollkästchen aktivieren, wird das FTP-Passwort in Lightroom gespeichert. Da nicht bekannt ist, wie sicher die Speicherung in Lightroom ist, würde ich Ihnen empfehlen, dies zu unterlassen.
- **Serverpfad:** Geben Sie hier den Verzeichnispfad auf Ihrem Webserver bis zu dem Ordner Ihrer Website an. Oft liegen Websei-

[FTP]
Das *File Transfer Protocol* ist das Standardverfahren zum Übertragen von Dateien in TPC/IP-Netzen – also beispielsweise im Internet. Es dient dem Zugriff auf Daten und Verzeichnisse, um diese herunter- oder hochzuladen. Das HTTP-Protokoll ist ein anderes bekanntes Protokoll. Mit ihm werden die Webseiten übertragen und im Browser angezeigt.

ten nicht direkt in dem Verzeichnis, in das Sie gelangen, wenn Sie sich per FTP auf dem Server anmelden. Sie liegen dann etwa in Ordnern wie HTML_ROOT oder PUBLIC_HTML. Wählen Sie in einem solchen Fall dieses Verzeichnis aus.

Sind Sie sich nicht sicher, wie Ihr Serverpfad genau lautet, klicken Sie auf DURCHSUCHEN neben dem Pfadeingabefeld. Dann verbindet Sie Lightroom mit dem Server und zeigt Ihnen alle Verzeichnisse an. Dort können Sie den Pfad auswählen.

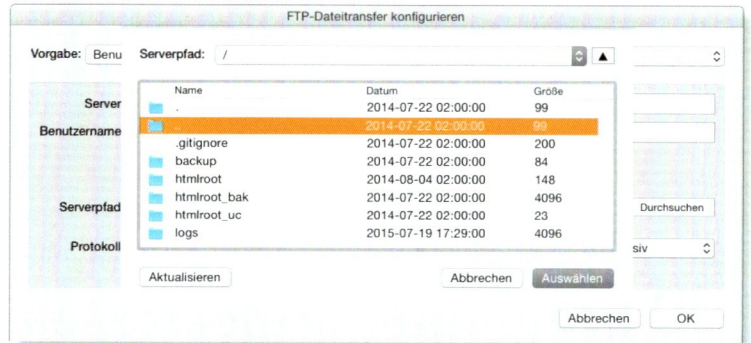

◄ **Abbildung 17.43**
Den Serverpfad zu den Daten Ihrer Website können Sie im Menü auswählen. Dazu wird eine Verbindung zu Ihrem Server aufgebaut. Das ist auch eine Möglichkeit, die Verbindungsdaten zu testen.

- **Protokoll:** Sie können das einfache FTP-Protokoll verwenden oder alternativ das sicherere, verschlüsselte SFTP-Protokoll. Normalerweise wählen Sie das FTP-Protokoll. Nur bei Webseiten mit hohen Sicherheitsanforderungen oder für den Administratorenzugriff müssen Sie sich gegebenenfalls für SFTP entscheiden.
- **Port:** Die Durchwahl der Leitung, auf der die Verbindung mit dem Server stattfindet, nennt sich *Port*. Standard für FTP ist »21«, für SFTP ist es der Port »22«.
- **Passiver Modus für Datenübertragungen:** Dies ist eine besondere Form der Kommunikation während eines FTP-Transfers und erleichtert die Verbindung bei Firewalls beziehungsweise NAT-Diensten. Da dieser Modus auch funktioniert, wenn Sie ihn eigentlich nicht benötigen, können Sie dieses Kontrollkästchen auch aktiviert lassen. Bei deaktiviertem Kontrollkästchen ist die Übertragung eventuell etwas schneller. Falls Sie Probleme bei der Übertragung haben, probieren Sie alle Modi durch, oder erkundigen Sie sich bei Ihrem Provider.

Die gemachten Einstellungen können Sie dann als Vorgabe abspeichern, um die Daten nicht immer wieder neu eingeben zu müssen. Wählen Sie dazu einfach aus dem Dropdown-Menü VORGABE den Eintrag AKTUELLE EINSTELLUNGEN ALS NEUE VORGABE SPEICHERN.

Abbildung 17.44 ▶
Die FTP-Einstellungen können als Vorgabe gespeichert werden.

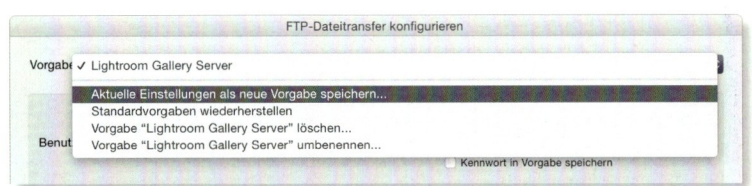

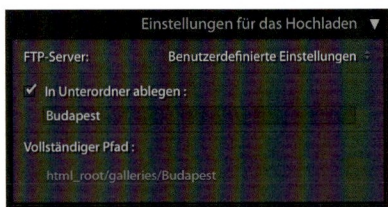

▲ **Abbildung 17.45**
Die Galerien können über Unterordner strukturiert auf dem Server abgelegt werden.

In Unterordnern ablegen | Hier können Sie einen Ordner angeben, in dem die Galerie abgelegt wird. Dies ist sinnvoll, wenn Sie mehrere Galerien zur Verfügung stellen wollen.

Aktivieren Sie das Kontrollkästchen, und geben Sie einen Ordnernamen wie »budapest« an. Verwenden Sie hier am besten nur Kleinbuchstaben, das reduziert Missverständnisse beim Eingeben der URL im Browser.

Sie können auch Unter-Unterverzeichnisse anlegen. Diese trennen Sie einfach mit einem Schrägstrich , zum Beispiel »budapest/2015«. Dann wird zusätzlich ein Unterverzeichnis in Ihrem HTML-Ordner angelegt.

Der vollständige Pfad, beginnend beim FTP-Startverzeichnis, wird Ihnen unter dem Eingabefeld angezeigt.

Hochladen der Galerie

Schließlich kann die Galerie auf den Webserver übertragen werden. Klicken Sie dazu auf die Schaltfläche HOCHLADEN. Wenn das Passwort nicht in Lightroom gespeichert wird, was Sie in den FTP-Servereinstellungen angeben können, müssen Sie es jetzt eingeben. Ansonsten werden die Daten direkt hochgeladen.

Abbildung 17.46 ▶
Das Passwort sollte man nicht über das Konfigurationsmenü von Lightroom speichern, sondern besser erst direkt vor dem Hochladen eingeben, wenn der Server danach fragt. Das erhöht die Sicherheit.

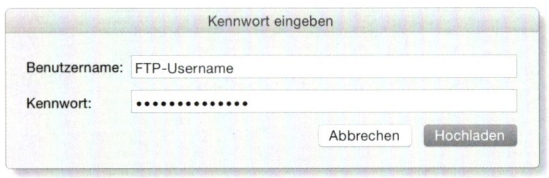

Wird der Rechner von mehreren Personen genutzt und ist er nicht besonders gesichert, dann sollten Sie das Passwort nicht in den Einstellungen speichern, sonst hat jeder Zugriff auf Ihre Website.

Aufrufen der Galerie im Webbrowser | Ist die Galerie hochgeladen, können Sie den entsprechenden Link an Freunde, Bekannte oder Kunden per E-Mail verschicken. Der Link setzt sich aus drei Teilen zusammen:
▶ Teil 1: Ihre Domain wie *www.ihrname.de*

17.6 Exportieren einer Webgalerie

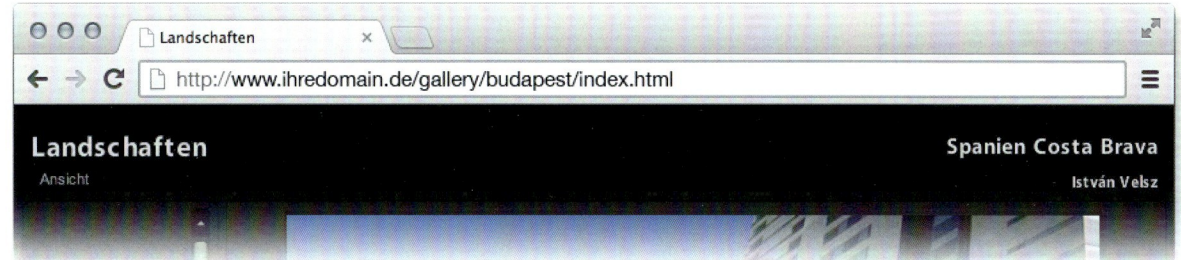

- Teil 2: Der Verzeichnispfad ohne Ihr Webseiten-Verzeichnis. Haben Sie einen Serverpfad, zum Beispiel »html_root«, angegeben, so muss dieser beim Link weggelassen werden. Nur die Verzeichnisse werden angegeben, die den Weg zur Ihrer Galerie beschreiben. Beginnen und enden muss die Angabe mit einem Schrägstrich, also beispielsweise »/gallery/budapest/«. Achten Sie darauf, dass auch die Groß-/Kleinschreibung stimmt.
- Teil 3: Der Dateiname der HTML-Seite, in die die Galerie eingebettet ist. Er lautet immer »index.html«.

▲ **Abbildung 17.47**
Der komplette Pfad lautet zum Beispiel *www.ihredomain.de/gallery/budapest/index.html*. Darüber können andere Personen auf die Website zugreifen.

17.6 Exportieren einer Webgalerie

Die Galerie kann auch exportiert und auf der Festplatte gespeichert werden. Dazu wird nach dem Anklicken der Exportieren-Schaltfläche ein Speichern unter-Dialog geöffnet. Der Name, den Sie dort vergeben, wird für den Ordner verwendet, der die Galerie enthält. Einen eigenen Dateinamen für eine Galeriedatei gibt es also nicht. Die Datei »index.html« ist dabei die Startseite der Galerie.

Zum Betrachten der Galerie doppelklicken Sie einfach auf die Seite »index.html«. Der Webbrowser wird dann automatisch gestartet und zeigt die Galerie an.

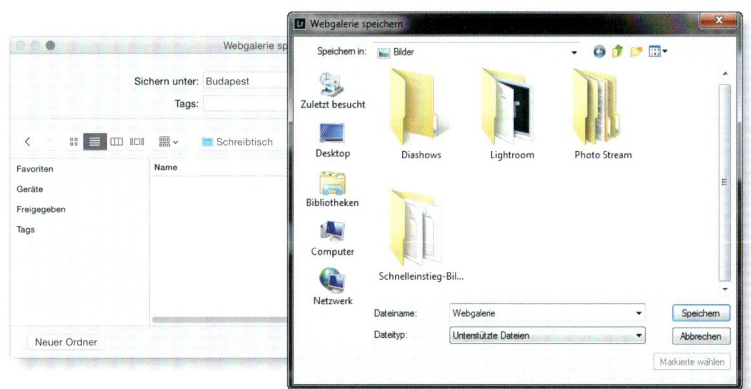

◄ **Abbildung 17.48**
Galerien werden beim Exportieren in eigenen Ordnern abgelegt. Diese tragen den angegebenen Namen. Die darin enthaltenen Dateinamen sind für alle Galerien gleich.

17.7 Arbeiten mit Vorlagen

Websammlungen speichern wie die anderen Ausgabesammlungen der Diashow, des Buch- und des Drucken-Moduls nicht nur die Einstellungen, sondern auch die zugewiesenen Bilder. Mehr zum Erstellen einer Ausgabesammlung erfahren Sie auf Seite 786. Gleiches gilt für die Erstellung und Verwaltung von Vorlagen. Diese werden wie in den beiden anderen Ausgabemodulen im Vorlagenbrowser des jeweiligen Moduls verwaltet. Dabei stehen Ihnen für jeden Layoutstil mehrere Vorlagen zur Verfügung. Auch können Sie jederzeit eigene Vorlagen erzeugen. Diese werden dann unter Benutzerdefiniert abgelegt – unabhängig vom gewählten Layoutstil. Mehr über die Verwaltung von Vorlagen erfahren Sie auf Seite 816.

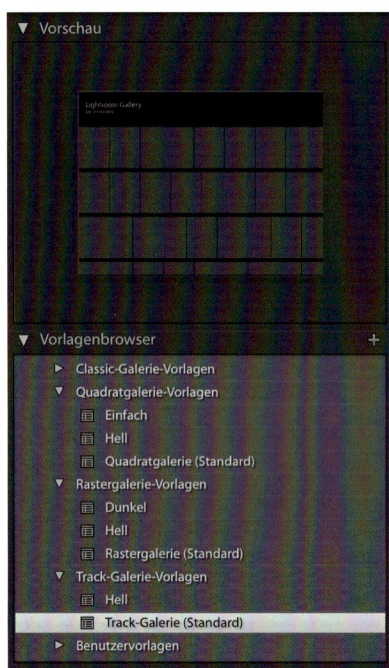

▲ **Abbildung 17.49**
Designeinstellungen lassen sich in Vorlagen ablegen.

17.8 Alternative Webgalerien

Lightroom bietet bisher keine Schnittstelle, um Plug-ins direkt in die Software zu integrieren und somit die Funktionalität zu erweitern. Bei Add-ons wie Webgalerien sieht das anders aus. Im Internet gibt es zahlreiche Galeriedesigns zum Herunterladen. Diese werden dann quasi als komplexe Vorlagen in Lightroom installiert und können dort benutzt werden. Die Vorgaben darin – die Layouts und das Verhalten der Galerieanwendung – stecken in ihrer Programmierung und Funktionalität.

Lightroom greift nicht direkt darauf zu, sondern exportiert nur die Bilder und die zugehörigen Informationen. Die HTML-Dateien bilden lediglich den Darstellungsrahmen und müssen von Lightroom nicht angepasst werden.

Die meisten alternativen Galerievorlagen im Internet sind kostenlos. Es gibt sogar Entwickler, die an Galerien für die kommerzielle Online-Vermarktung von Bildern arbeiten und PayPal-Bezahlfunktionen integrieren. Wöchentlich erscheinen neue Galerievarianten. Es lohnt sich immer, nach neuen Versionen Ausschau zu halten.

Alternative Bildergalerien finden Sie beispielsweise über die Adobe-Seite *https://creative.adobe.com/addons*. Dazu müssen Sie nur die Schaltfläche Weitere Galerien online suchen im Bedienfeld Layoutstil anklicken.

Auf der Add-on-Seite wählen Sie links Lightroom ❶ als Ihr bevorzugtes Produkt aus. Um die Liste weiter zu reduzieren, können Sie dann in das Suchfeld oben rechts noch den Begriff »gallery« ❷ eingeben.

17.8 Alternative Webgalerien

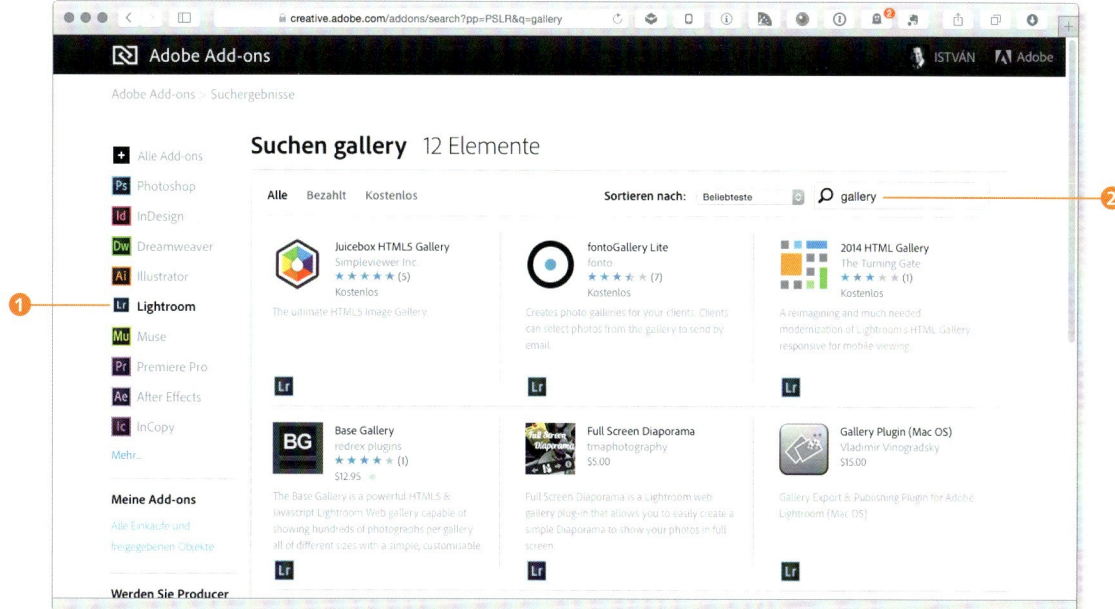

▲ Abbildung 17.50
Adobe-Website mit Add-ons zu allen Adobe-Produkten wie Lightroom

Schritt für Schritt
Installation einer alternativen Webgalerie

In dieser kurzen Anleitung wird in zwei Schritten erklärt, wie Sie eine Webgalerie als Add-on installieren.

1 Download-Datei entpacken

Haben Sie eine Galerie aus dem Internet heruntergeladen, müssen Sie die Datei, meist ein ZIP-Archiv, entpacken. Es gibt mehrere Varianten der Installation. Hier müssen Sie die Readme-Datei zurate ziehen, die wahrscheinlich allen Galerien beiliegt.

Laden Sie die Datei über die Adobe Add-on-Seite herunter, landet diese in Ihrem Download-Ordner, der im Browser angegeben wurde.

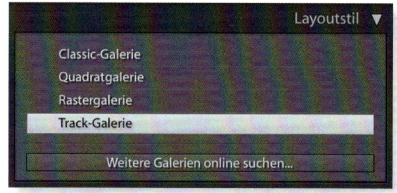

▲ Abbildung 17.51
Über die Schaltfläche im Bedienfeld LAYOUTSTIL kommt man direkt zur Adobe Add-on-Webseite.

2 Installation starten

Es gibt unterschiedliche Installationsvarianten. Bei einigen müssen Sie einfach ein Programm aufrufen, manche müssen Sie manuell installieren. Lesen Sie dazu am besten die Hinweise auf der Website oder der Readme-Datei.

Haben Sie nach dem Entpacken eine ».lrwebengine«-Datei, doppelklicken Sie auf dem Mac auf die Datei, dann wird Lightroom gestartet. Sie erhalten dann in einem Dialog die Abfrage, ob Sie die Webgalerie installieren möchten. Bestätigen Sie mit JA, wird die Galerie installiert. Danach muss Lightroom neu gestartet werden.

Kapitel 17   Das Web-Modul

▲ **Abbildung 17.52**
Die heruntergeladene ZIP-Datei wird in einen Ordner entpackt und enthält hoffentlich alle nötigen Dateien zum Erstellen einer Galerie. Die Installation wird mit Doppelklick auf die entsprechende Datei gestartet.

Unter Windows rufen Sie die EXE-Datei, zum Beispiel »setup.exe«, auf. Daraufhin installiert das Programm die Webgalerie an die entsprechende Stelle.

Der Ordner mit der neuen Galerie wird im Ordner WEB GALLERIES abgelegt. Dieser befindet sich auf dem Mac beim jeweiligen Benutzer unter LIBRARY/APPLICATION SUPPORT/ADOBE/LIGHTROOM. Unter Microsoft Windows liegt er unter DOKUMENTE UND EINSTELLUNGEN\{BENUTZERNAME}\ANWENDUNGSDATEIEN\ADOBE\LIGHTROOM. Müssen Sie Webgalerien manuell installieren, müssen Sie diese in einen dieser Ordner legen.

Adobe übernimmt keine Garantie, dass die heruntergeladenen Galerien einwandfrei funktionieren. Manche Galerien haben Probleme mit Umlauten. Andere wiederum sind nicht so perfekt programmiert oder wurden ursprünglich nicht für den Einsatz mit Lightroom entwickelt. Wenn Sie also Galerien aus dem Internet herunterladen, lesen Sie die Beschreibungen genau durch.

Jede Galerie besitzt ihre eigenen Parameter. Je nach Galerie können Hintergrundfarben, Texte, Bildanordnung oder Diashow-Intervalle angegeben werden. Dies alles wird über eine Parameterdatei (»galleryMaker.xml«) in der Galerievorlage bestimmt.

▼ **Abbildung 17.53**
Beispiel einer heruntergeladenen Webgalerie

Kapitel 18
Lightroom mobile und Lightroom Web

Bilder wollen mitgenommen, unterwegs bearbeitet, präsentiert oder geteilt werden. Am besten alles mit einer Anwendung. Aber es ist weder sinnvoll noch leistungstechnisch möglich, Lightroom 1:1 auf ein Smartphone zu bringen. Adobe bietet hier mit Lightroom mobile und Lightroom Web »tragbare« Erweiterungen.

Lightroom Desktop ist nicht nur eine alleinstehende Anwendung, sondern ein Kontrollzentrum, mit dem Sie auch »Satelliten«-Anwendungen auf Tablets oder Smartphones, wie Lightroom mobile

▼ **Abbildung 18.1**
Lightroom mobile auf iPad und iPhone

und Lightroom Web, versorgen können. Dort können Sie zwar auch einfache Bearbeitungen durchführen, aber Lightroom Desktop behält als Kontrollzentrum die Fäden in der Hand.

18.1 Lightroom mobile und Lightroom Web verstehen

Lightroom mobile ist eine Anwendung für mobile Endgeräte wie Tablets und Smartphones, die einen Teil des Funktionsumfangs von Lightroom Desktop besitzt. Die App soll dazu dienen, Bilder unterwegs präsentieren und sie auch ein Stück weit verwalten und entwickeln zu können.

Lightroom Web ist dabei das Bindeglied. Denn alles, was auf das Tablet oder Smartphone wandert, muss zunächst durchs Internet, denn eine Gerät-zu-Gerät-Synchronisation bietet der Lightroom-Verbund nicht. Aber wenn schon alles durchs Web muss, kann man es dort auch noch anzeigen, und da setzt Lightroom Web an. Auf der zugehörigen Website können Sie die Bilder ebenfalls präsentieren. Das geschieht natürlich zunächst nicht öffentlich. In Lightroom Web können Sie die Bilder aber für andere Personen freigeben.

Wer jetzt denkt damit könnte man doch auch die Desktop-Versionen untereinander synchronisieren, wird enttäuscht. Denn wie im richtigen Leben, wenn zwei Kontrollzentren sich gegenseitig die Kontrolle streitig machen, bricht Chaos aus. Vielleicht wird dies in zukünftigen Versionen möglich sein, aber aktuell nicht. Und hier gibt es dann auch einiges zu beachten, dazu aber später mehr.

Wie alles zusammenhängt

Wie erwähnt, haben wir im Zentrum die Desktop-Anwendung mit dem Katalog und allen Bildern. Von dort aus werden die mobilen Geräte versorgt. Dies geschieht nicht direkt, sondern über die Webseite als Zwischenstation. Dadurch entstehen jedoch zwei Probleme.

Erstens: Die mobilen Geräte besitzen bei Weitem nicht den Speicherplatz, um den Platzbedarf eines Katalogs mit Datenbank, Vorschau- und Originalbildern zu decken.

Zweitens: Die Datenraten der kommerziellen Internetleitungen sind viel zu gering. Um die Webserver von Adobe, die theoretisch die Datenmengen speichern könnten, zu versorgen, würden Monate vergehen.

Adobe umgeht nun dieses Problem elegant. In Lightroom 5 wurde bereits ein eigenes Dateiformat eingeführt – das verlustbehaftete DNG. Dabei handelt es sich zwar um ein Raw-Format, das jedoch in den Abmessungen beschränkt und mit Verlusten komprimiert wird. Dadurch ist es sehr klein, oft unter 1 MByte. Dieses Format lässt sich wie eine original Raw-Datei behandeln und somit auch entwickeln. Des Weiteren wird nicht der gesamte Katalog synchronisiert, sondern nur dafür freigegebene Sammlungen.

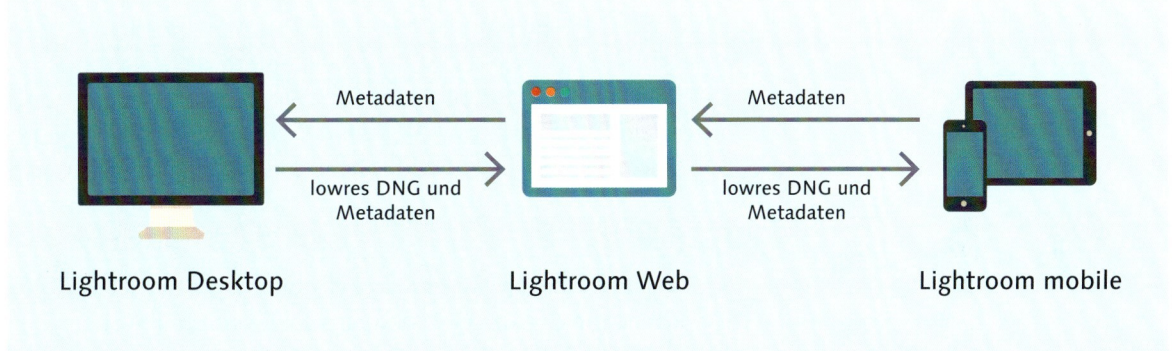

Jetzt werden also nur selektierte, kleine DNGs übertragen. Werden diese dann bearbeitet, müssen nur die Metadaten wieder auf den Desktop zurückwandern. Will man die Bilder mobil lediglich präsentieren, lassen sich sogar nur Vorschaudateien auf die mobilen Geräte übertragen, was die Datenmenge und Leitungsauslastung weiter reduziert.

▲ Abbildung 18.2
Übertragung von Daten zwischen den Lightroom-Programmen

Voraussetzungen

Lightroom Mobile gibt es für iOS und Android. Die Apps sind kostenlos, allerdings benötigen Sie einen Creative Cloud Account. Haben Sie die Lightroom 6-Kaufversion, können Sie Lightroom mobile nur während einer 30-tägigen Testphase nutzen.

Um die Daten zu synchronisieren, benötigen Sie noch eine Internetverbindung. Um nicht unnötig das kostbare Volumen Ihres Mobilvertrags zu belasten, können Sie einschränken, dass die Daten nur per WLAN synchronisiert werden. Mehr dazu auf Seite 922.

▲ Abbildung 18.3
Lightroom mobile können Sie über den Apple App Store oder für Android bei Google Play herunterladen.

Für wen lohnt sich Lightroom mobile

Es gibt eigentlich nur wenig Szenarien, in denen sich Lightroom mobile momentan wirklich lohnt. Wer nur seine Bilder herzeigen will, dem reicht ein Export der Bilder und Synchronisation über iTunes (Seite 478) oder einen entsprechenden Weg über Android aus.

Interessant wird es für Amateure erst, wenn man Bilder mit anderen teilen will – den letzten Urlaub, das Modeshooting, die Hochzeit etc. Dann ist zwar die mobile App nicht das Wichtigste, denn der Schwerpunkt liegt auf Lightroom Web, aber wenn man die Bilder schon synchronisiert, warum dann nicht auch in die App?

Richtig interessant wird es nur für Profis, die eine schnelle Datenverbindung haben und im Studio die Bilder direkt synchronisieren wollen, um sie noch während des Shootings mit dem Kunden in entspannter Atmosphäre oder im Café zu besprechen. Wer allerdings »on location« arbeitet und dort auch die Bilder präsentieren kann, spart sich besser die Zeit. Außer er will sich Arbeit mit nach Hause nehmen. Dann kann er die Bilder des Shootings zu Hause schon mal vorsortieren und grob entwickeln – vielleicht zeigt er sie dann am nächsten Tag dem Kunden und stimmt mit ihm einen entwickelten Bildstil ab.

So richtig überzeugend sind die Einsatzgebiete nicht, denn für viele Szenarien gibt es auch andere Möglichkeiten, wie das Freigeben der Bilder über einen Webdienst wie Koken (Seite 281), oder man nimmt das Laptop mit. Eine Entwicklung ist hier auch unterwegs mit den Smart-Vorschauen (Seite 239) möglich, falls man die Festplatte mit den Originalbildern nicht dabeihat.

18.2 Sammlungen bereitstellen

Um die Daten auf Ihre Mobilgeräte zu synchronisieren, müssen Sie zunächst auswählen, welche Bilder hochgeladen werden sollen. Es können aber immer nur komplette Sammlungen mit Lightroom mobile und Web synchronisiert werden.

Synchronisierung aktivieren/deaktivieren

Sicher haben Sie beim ersten Start von Lightroom oder beim Anlegen eines Katalogs den Hinweis auf Lightroom mobile gesehen. Dort wurden Sie gefragt, ob Sie die Synchronisierung deaktivieren oder weiter nutzen wollen. Haben Sie den Schalter auf »Ein« stehen lassen, ist die Synchronisierung zwar aktiviert, aber es werden noch keine Bilder übertragen. Denn Sie müssen ja erst eine Sammlung

ACHTUNG: Immer nur einen Katalog synchronisieren

Es kann immer nur ein Katalog als Verbindung dienen. Haben Sie mehrere Kataloge, müssen Sie die Synchronisierung für diese pausieren lassen.

zum Hochladen bereitstellen. Haben Sie den Schalter deaktiviert, ist die Synchronisation bereits vorübergehend gestoppt.

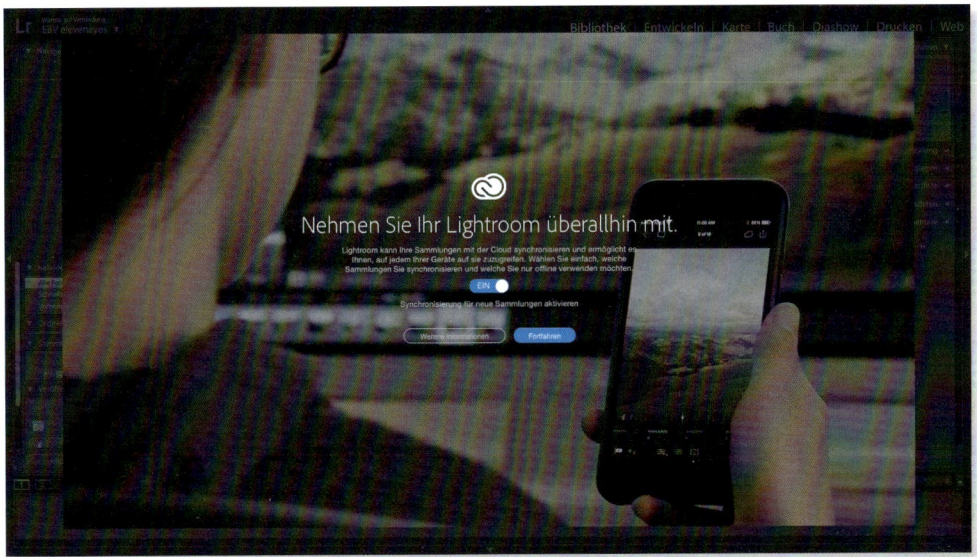

▲ Abbildung 18.4
Abfrage zur Synchronisation beim ersten Start oder beim Anlegen eines neuen Katalogs

Haben Sie die Kaufversion, können Sie dem Programm auch nachträglich beitreten. Dies erledigen Sie über die Schaltfläche Beitreten 1 im Dialog Voreinstellungen im Register Lightroom mobile (Seite 206). Dann schließen Sie aber eine Creative-Cloud-Mitgliedschaft ab.

▲ Abbildung 18.5
Voreinstellungen zur Synchronisation mit Lightroom mobile

Hier können Sie übrigens auch beim Wechseln des synchronisierten Katalogs oder bei Problemen die gesamten Onlinedaten löschen. Dazu klicken Sie auf die Schaltfläche Alle Dateien löschen 2. Es werden dabei keine Daten im lokalen Katalog gelöscht, sondern nur online. Die Synchronisation wird dann neu angestoßen. Haben Sie allerdings Änderungen auf dem Mobilgerät noch nicht zurücksynchronisiert, sind diese Änderungen verloren.

Da Lightroom mobile nur mit einem Creative-Cloud-(CC-)Konto funktioniert, gehe ich davon aus, dass Sie über ein solches verfügen. Stellt sich jetzt noch die Frage, ob Sie die Synchronisierung aktiviert oder deaktiviert haben.

Die Aktivierung und Deaktivierung findet im Aktivitätszentrum statt. Klicken Sie dazu oben links auf die Erkennungstafel. In der ersten Zeile finden Sie die Angabe SYNCHRONISIERUNG MIT LIGHTROOM MOBILE, rechts davon den Status. Ein Klick auf die Zeile wechselt den Aktivierungsstatus.

Ein Pause-Symbol ❶ zeigt an, dass die Synchronisierung aktiv ist und per Klick angehalten werden kann. Eine inaktive Synchronisierung wird durch einen Pfeil dargestellt und mit dem Begriff ANGEHALTEN ❷ ergänzt.

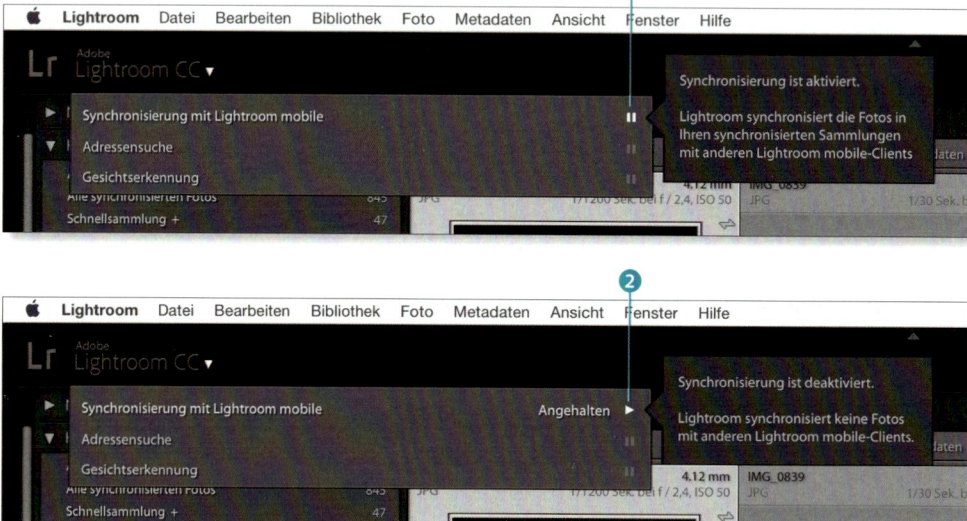

▲ **Abbildung 18.6**
Aktivierungsstatus der Synchronisierung

Werden gerade Bilder synchronisiert, können Sie den Status ebenfalls in der Erkennungstafel und im Aktivitätszentrum einsehen ❸.

Abbildung 18.7 ▼
Status der Synchronisierung

18.2 Sammlungen bereitstellen

Sammlung zur Synchronisierung aktivieren

Um eine Sammlung zu synchronisieren, müssen Sie nur im Sammlungsbrowser das Kontrollkästchen ❺ links von dem Namen aktivieren.

Synchronisierte Sammlungen erhalten ein kleines Blitz-Symbol ❻. Dieses Symbol wird auch an den betreffenden Bildern im Filmstreifen und der Rasteransicht angezeigt. Ist eine Sammlung oder ein Bild gerade am Übertragen, wird das Symbol durch drei Punkte ❹ ergänzt.

▲ **Abbildung 18.8**
Aktivierung des Zooms über die Tasten der Zoomstufen-Bezeichnungen im NAVIGATOR-Bedienfeld

Synchronisierte Sammlungen können übrigens in Lightroom mobile nicht in Ordnern strukturiert werden. Sie liegen alle auf einer Ebene.

Beim Erstellen einer neuen Sammlung haben Sie die Möglichkeit, diese sofort als synchronisierte Sammlung zu markieren. Aktivieren Sie einfach im SAMMLUNG ERSTELLEN-Dialog die Kontrollbox SYNCHRONISIERUNG MIT LIGHTROOM MOBILE ❽. Mehr über das Erstellen und Arbeiten mit Sammlungen finden Sie auf Seite 363.

Tipp

Ich verwende einen eigenen Sammlungssatz ❼, in dem ich alle Sammlungen, die ich synchronisiere, ablege. So behalte ich besser den Überblick.

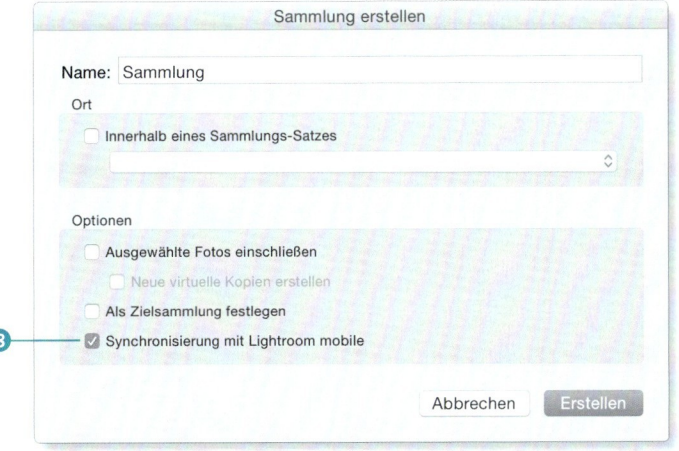

◀ **Abbildung 18.9**
Dialog zum Erstellen einer Sammlung mit aktivierter Synchronisierung.

Bilder beim Importieren oder Tethered Shooting automatisch synchronisieren

Beim Import von Bildern können Sie die neuen Bilder auch direkt mit Lightroom mobile synchronisieren. Aktivieren Sie dazu im Import-Dialog im rechten Bedienfeld DATEIVERWALTUNG das Kontrollkästchen ZUR SAMMLUNG HINZUFÜGEN ❷. Wählen Sie dann eine Sammlung ❹ aus, die bereits synchronisiert wird, oder erstellen Sie eine neue, indem Sie auf das Plus-Symbol ❸ rechts von der Kontrollbox klicken. Aktivieren Sie im SAMMLUNG ERSTELLEN-Dialog die Kontrollbox SYNCHRONISIERUNG MIT LIGHTROOM MOBILE ❶. Im Import-Dialog wird Ihnen nicht angezeigt, welche Sammlungen synchronisiert werden. Sie müssen eventuell vorher kontrollieren, ob Ihre Wunschsammlung dafür aktiviert ist.

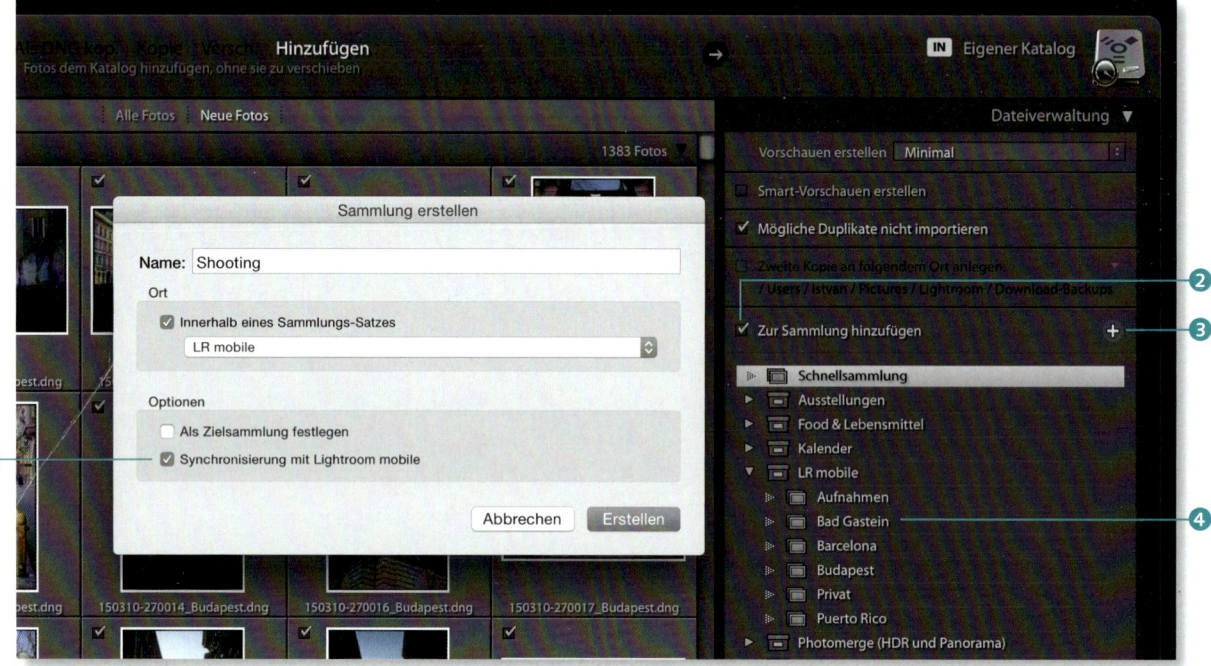

▲ Abbildung 18.10
Erstellen einer neuen, synchronisierten Sammlung beim Import

Starten Sie eine Tether-Shooting-Sitzung. Über den Menübefehl DATEI • TETHER-AUFNAHME • TETHER-AUFNAHME STARTEN können Sie im dafür vorgesehenen Dialog eine Sammlung auswählen oder erstellen. Mehr über Tether-Aufnahmen finden Sie auf Seite 315.

Aktivieren Sie dazu zunächst das Kontrollkästchen ZUR SAMMLUNG HINZUFÜGEN ❺. Anschließend können Sie eine Sammlung auswählen oder über den Button SAMMLUNG ERSTELLEN ❻ eine neue hinzufügen. Der Dialog zum Erstellen entspricht dem aus Abbildung 18.10.

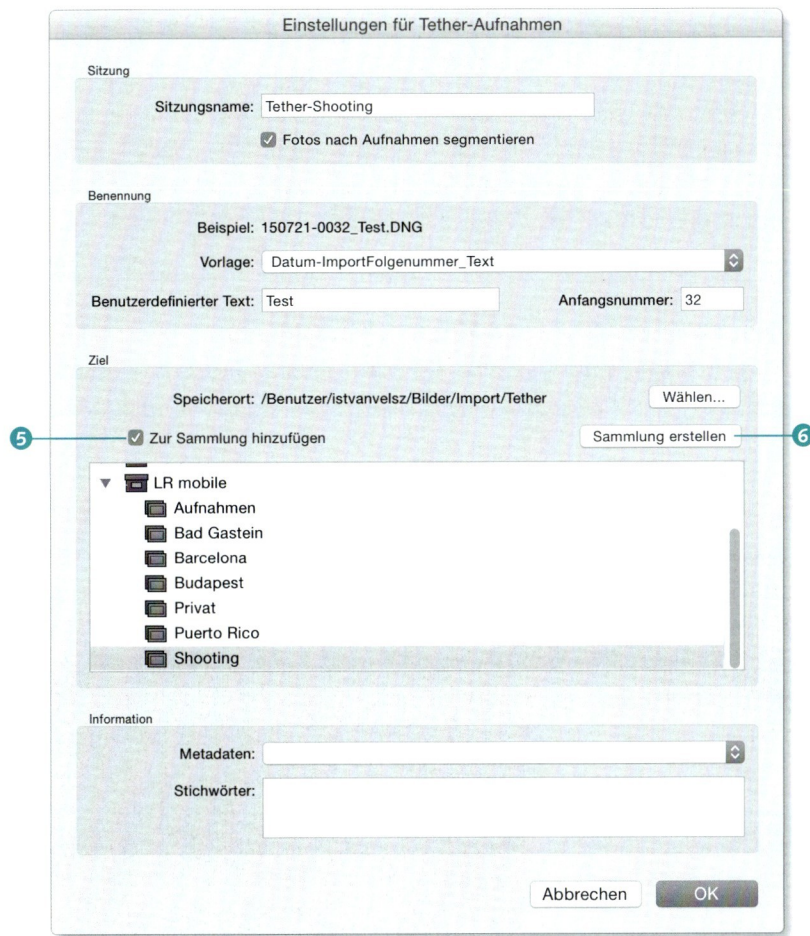

◀ **Abbildung 18.11**
Sammlungen auswählen oder hinzufügen bei Tether-Aufnahmen

Haben Sie Sammlungen zum Abgleich mit Lightroom mobile ausgewählt und die Synchronisierung aktiviert, werden die komprimierten DNGs erzeugt und hochgeladen.

Liegt Ihr mobiles Gerät neben Ihnen und ist mit dem WLAN verbunden, werden die Daten auch sofort wieder darauf heruntergeladen, zunächst aber nur Vorschaubilder. Vorausgesetzt, Sie haben die App heruntergeladen und sich dort in Ihrem CC-Konto angemeldet.

Die DNGs verbleiben zunächst auf dem Cloud-Server. Erst wenn Sie ein Bild bearbeiten, werden diese Daten abgerufen. Dies spart Speicherplatz auf dem Mobilgerät, denn die Vorschaubilder sind sehr klein. Dieses Verhalten können Sie aber auch pro Sammlung ändern und die DNGs immer komplett synchronisieren. Mehr dazu finden Sie auf Seite 931.

Bevor wir in die Details der Oberfläche einsteigen, folgen noch einige allgemeine Einstellungen.

▲ Abbildung 18.12
Hinter dem Lr-Icon verbergen sich die Voreinstellungen.

▲ Abbildung 18.13
Voreinstellungsdialog von Lightroom mobile.

18.3 Voreinstellungen

In Lightroom mobile gibt es ein paar Voreinstellungen, die man vorab kontrollieren sollte. Den dazugehörigen Einstellungsdialog rufen Sie auf, indem Sie im Startbildschirm mit der Sammlungsübersicht auf das Lr-Logo ❶ oben links klicken. Der Dialog ist nur von dieser Stelle aus erreichbar.

Synchronisieren nur über WiFi | Die Synchronisation der Sammlungen findet normalerweise nur statt, wenn Sie mit Ihrem Mobilgerät in einem WLAN (WiFi) angemeldet sind. Das schont Ihren Mobilfunktarif, denn nur wenige Flat-Tarife sind wirklich flat. Meistens wird die Geschwindigkeit nach einer bestimmten Datenmenge so stark gebremst, dass man nicht wirklich vom mobilen Internet reden kann. Es reicht gerade für Textnachrichten, aber an eine Übertragung von Bildern ist nicht zu denken.

Falls Sie trotzdem wollen, dass die Daten auch über das Mobilfunknetz synchronisiert werden, deaktivieren Sie den Schalter Synchronisierung nur über WiFi.

Touch-Punkte zeigen | Ist dieser Schalter aktiv, erscheint immer dort, wo Sie mit dem Finger tippen, ein roter Punkt. Gerade Menschen, die mit der Bedienung noch nicht vertraut sind, sehen, wo sie mit dem Finger getippt haben.

Nutzungsdaten erfassen | Hierbei werden Daten an Adobe geschickt, welche die Benutzung analysieren. Es geht dabei nicht um Bilder oder eingegebene Daten, sondern darum, welche Befehle Sie verwenden etc. Diese Daten werden nicht anonym übertragen, sondern sind mit Ihrer Adobe ID verknüpft.

Informationen | Hier erhalten Sie allgemeine Informationen wie Nutzungsbedingungen, Datenschutz und eine Liste der beteiligten Entwickler.

Gesten | Hier erhalten Sie einen Überblick über alle möglichen Steuerungsmöglichkeiten, die Sie mit einem oder mehreren Fingern ausführen können.

Metadaten teilen | Hier können Sie einstellen, ob Bilder, die Sie über die Website teilen, auch Metadaten enthalten und welche das sind. Hier können Sie auch entscheiden, ob nur Metadaten übertragen werden. Personendaten werden grundsätzlich nicht geteilt. Bei privaten Aufnahmen sollte man die POSITIONSINFORMATIONEN deaktivieren, um nicht die Position seines Hauses zu verraten.

Hilfe zurücksetzen | Beim erstmaligen Verwenden der Module der App erhalten Sie einige Hinweise zu Gesten. Diese verschwinden dann schnell. Unter diesem Punkt können Sie diese wieder aktivieren.

Cache leeren | Leert den internen Zwischenspeicher bei Problemen. Dabei werden keine Bilder oder sonstige wichtige Daten gelöscht, nur der interne Zwischenspeicher.

Speicherplatz | Hier erhalten Sie einen Überblick über den verbrauchten und freien Speicher Ihres Mobilgeräts. Hier wird der Gesamtspeicher angegeben, nicht nur der von Lightroom verwendete.

▲ **Abbildung 18.14**
Untermenü zu den Metadaten bei der Freigabe der Bilder über Lightroom Web

18.4 Die Benutzeroberfläche

Egal ob Sie Lightroom mobile im Smartphone, Tablet mit iOS oder Android verwenden, die Bedienung ist die gleiche. Die hier dargestellten Screenshots sind am iPad entstanden.

Ansichtsarten und Funktionsbereiche

In Lightroom mobile gibt es drei Ansichten, welche die hierarchische Struktur abbilden.

Die erste Ansicht, wenn Sie die App öffnen, ist die Sammlungsansicht mit allen verfügbaren Sammlungen. Tippt man in dieser auf das Coverbild einer Sammlung, gelangt man zur Rasteransicht. Dort erhält man einen Überblick über alle Bilder der gewählten Sammlung. Tippt man in der Rasteransicht ein Bild an, gelangt man zur Lupe mit dem Bild.

Zurück kommt man mit Hilfe des Pfeiles ❶ links oben in der Titelleiste der Rasteransicht und Lupe.

Sammlungsansicht | Hier werden alle Sammlungen aufgelistet. Dort können Sie alle Aufgaben erledigen, die immer die gesamte Sammlung betreffen, wie das Freigeben, das Anlegen neuer Sammlungen, Bilder von der internen Fotoapp importieren etc.

Gesten

Auf Smartphones und Tablets werden Apps mit Fingergesten gesteuert. Die einfachste ist das einfache Tippen mit dem Finger. Das ist wie ein Klick mit der Maus. Aber auch Streichbewegungen mit mehreren Fingern in unterschiedliche Richtungen gehören zum Bedienkonzept. Deshalb spricht man von Gesten. Die wichtigste ist das einmalige kurze Tippen mit dem Finger. Sie ersetzt den Mausklick.

▲ **Abbildung 18.15**
Mit dem Pfeil von der Lupe zurück zur Rasteransicht und von dort zur Sammlungsansicht

Abbildung 18.16 ▶
Der Startbildschirm von Lightroom mobile mit der Sammlung-Ansicht

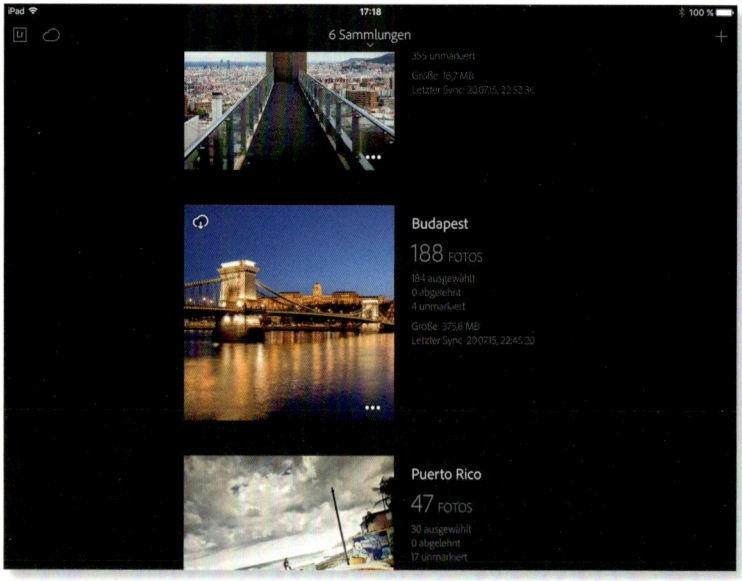

Rasteransicht | Hier erhalten Sie eine Übersicht über alle Bilder einer Sammlung. Sie können nach Attributen wie Bewertung oder Markierungsstatus filtern, Bilder teilen, kopieren, verschieben.

Abbildung 18.17 ▶
Rasterdarstellung der Bilder

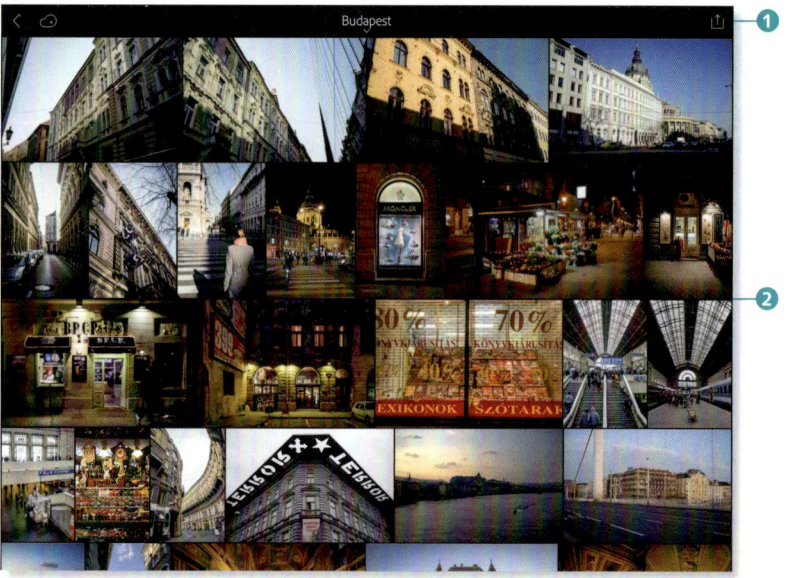

Lupe | Detailansicht eines Bildes, in der Sie das Bild einzeln betrachten. Hier bewerten oder entwickeln Sie das Bild.

18.4 Die Benutzeroberfläche

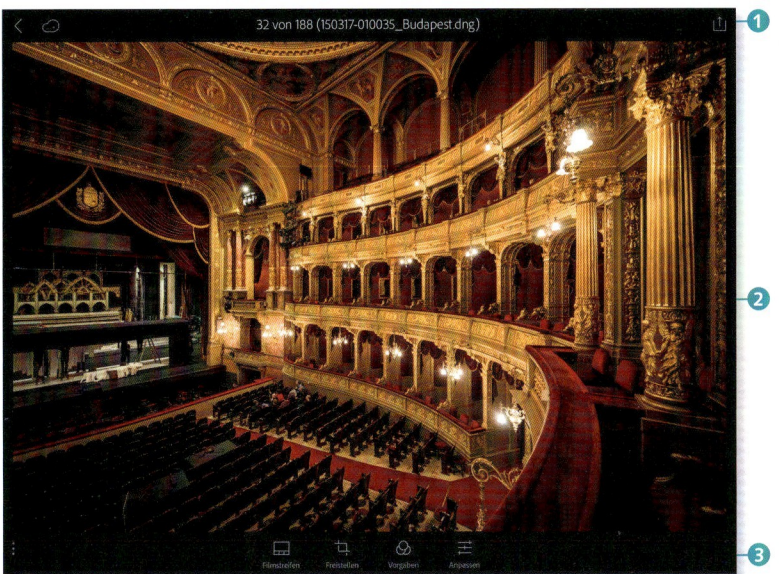

◀ **Abbildung 18.18**
Lupen-Ansicht mit der Werkzeugleiste

In der Sammlungs- und Rasteransicht gliedert sich das Fenster in zwei, die Lupe in drei Bereiche auf:

Titelleiste ❶ | Die Titelleiste befindet sich ganz oben in der App. Sie dient zur Anzeige, wo Sie sich gerade befinden, zeigt den Status der Synchronisation an und bietet globale Funktionen.

Ansichtsfenster ❷ | Hier werden die Bilder dargestellt. Anzeigeoptionen lassen sich durch Gesten ein- bzw. ausblenden.

Werkzeugleiste ❸ | Über diese Leiste, die nur in der Lupe vorhanden ist, werden alle Entwicklungs- und Bewertungsaufgaben erledigt.

Die Funktionen der Titelleiste

Voreinstellungen | Hinter dem Lightroom-Logo verbirgt sich das Panel für die Voreinstellungen und Hilfe. Dies haben Sie im vorherigen Abschnitt bereits kennengelernt.

Zurück zur vorherigen Ansicht | Tippen Sie mit dem Finger in der Sammlungsansicht eine Sammlung an, wechseln Sie zur Rasteransicht. Tippen Sie dort wiederum auf ein Bild, gelangen Sie in die Lupe. Von der Lupe zurück zum Raster und darin zurück zur Sammlung gelangen Sie, wenn Sie auf den Pfeil oben links tippen.

Synchronisationsstatus und Aktivitätszentrum | Die kleine Wolke zeigt Ihnen den Status der Synchronisation an. Es gibt hier vier Stati. Tippen Sie auf das Symbol, erhalten Sie nähere Informationen. Dies ist sozusagen das Aktivitätszentrum von Lightroom mobile. Folgende Anzeigen sind möglich:

- **Keine aktuelle Synchronisation:** Dieses Symbol zeigt, dass derzeit keine Aufgaben ausgeführt werden. Das heißt aber nicht, dass nicht noch welche ausstehen. Durch das Antippen des Symbols sehen Sie, ob alle Bilder synchron sind.

- **Es wird synchronisiert:** Es findet aktuell eine Synchronisation statt, egal in welche Richtung. Ein Tippen auf das Symbol zeigt, wie der aktuelle Stand ist.

- **Es besteht keine Verbindung:** Dies ist der Fall, wenn Sie sich nicht in einem bekannten WLAN befinden oder keine Verbindung zum CC-Server hergestellt werden kann.

- **Aktuelle Änderung noch nicht synchronisiert:** Entwickeln Sie gerade ein Bild, werden die Änderungen nicht sofort übertragen, sondern erst, wenn eine gewisse Zeit keine sonstige Aktion durchgeführt wird. Durch das Antippen des Symbols können Sie Lightroom mobile veranlassen, die Synchronisation zu forcieren.

Im Aktivitätszentrum erhalten Sie Informationen, wie viele Daten noch übertragen werden müssen, ob ein Import stattfindet. Je nach dargestelltem Symbol variieren dort auch die Meldungen.

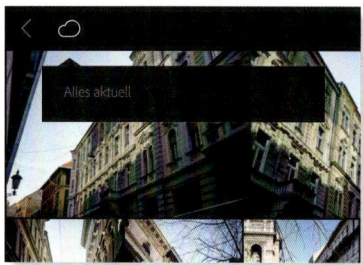
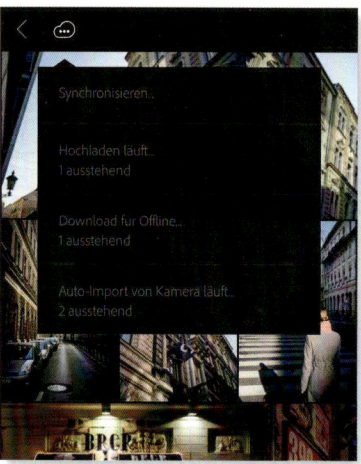
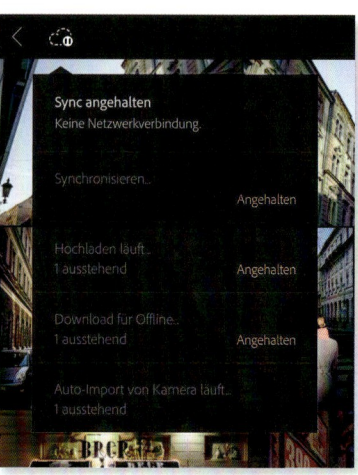

Abbildung 18.19 ▲▶
Drei beispielhafte Meldungen im Aktivitätszentrum bei den unterschiedlichen Stati

18.4 Die Benutzeroberfläche

Sortierung in der Sammlungsansicht | In der Sammlungsansicht sehen Sie in der Mitte der Titelleiste die Anzahl Ihrer Sammlungen. Der kleine Pfeil darunter symbolisiert, dass hier ein Panel geöffnet werden kann. In der Sammlungsansicht verbirgt sich dahinter eine Sortierungsfunktion. Die aktuelle Sortierungsart wird weiß hervorgehoben. Das kleine Dreieck ❶ rechts neben dem Namen der Sortierung zeigt, ob es sich um eine aufsteigende oder absteigende Sortierung handelt. Tippen Sie auf das kleine Dreieck, drehen Sie die Sortierungsrichtung um.

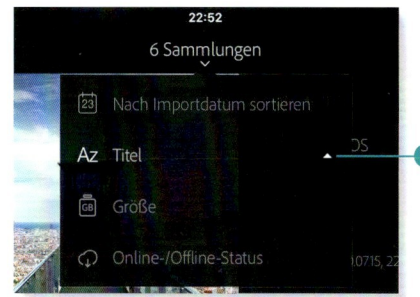

▲ **Abbildung 18.20**
Sortierung in der Sammlungansicht

Filter in der Rasteransicht | In der Rasteransicht wird in der Mitte der Titel der Sammlung angezeigt. Durch das Panel, das sich beim Antippen zeigt, können Sie die Bilder filtern.

Die Filter berühren dabei die Verwaltungsaufgaben, die sich auch in Lightroom mobile ausführen lassen, also den Markierungsstatus und die Bewertung. Zusätzlich können Sie auch nach den GEFÄLLT MIR- und nach vorhandenen KOMMENTAREN in freigegebenen Sammlungen der Lightroom-Web-Website filtern. Die Sortierung findet immer anhand der Aufnahmezeit statt.

Darstellungsmodus der Rasteransicht | In dem Filter-Panel finden Sie oben auch einen Umschalter des Darstellungsmodus:

▸ **Flach** listet alle Bilder nach Aufnahmedatum auf. Eine Unterteilung oder Gruppierung findet nicht statt.
▸ **Segmentiert** unterteilt die Bilder nach Aufnahmedatum. Jeder Tag bekommt einen eigenen Datumsbalken zur Trennung der Bilder.

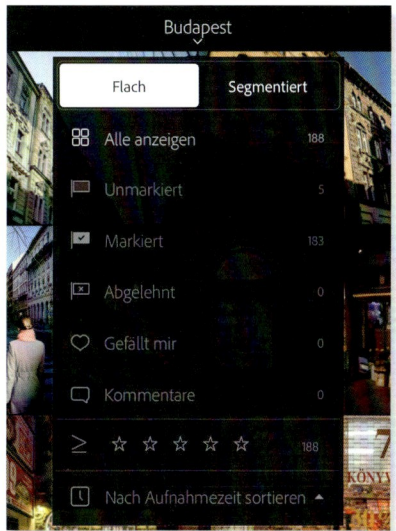

▲ **Abbildung 18.21**
Filter in der Rasteransicht

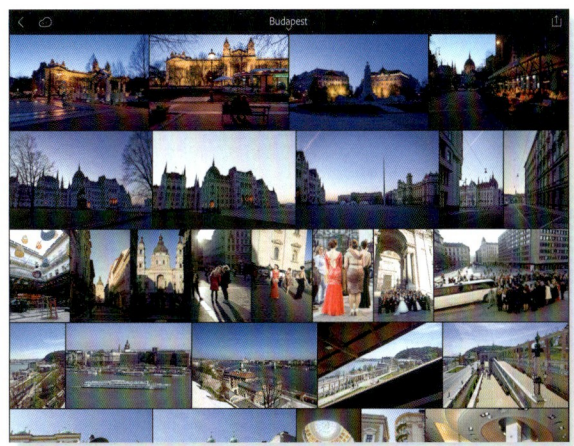

▲ **Abbildung 18.22**
Darstellungsmodi in der Rasteransicht, links FLACH, rechts SEGMENTIERT

927

Titel in der Lupe | In der Lupe finden Sie in der Mitte der Titelleiste nur den Namen des aktuellen Bildes und die Angabe, an welcher Stelle dieses Bild in der Sammlung steht.

Neue Sammlung erstellen | In der Sammlung finden Sie rechts in der Titelleiste ein Plus-Symbol ❶. Tippen Sie dieses an, können Sie auch direkt in Lightroom mobile eine neue Sammlung anlegen. Diese wird dann zurück in Lightroom auf Ihren Computer und andere Mobilgeräte synchronisiert. Das ermöglicht Ihnen, bereits vorhandene Sammlungen aufzutrennen und Bilder dort hineinzuverschieben oder -zukopieren (Seite 934).

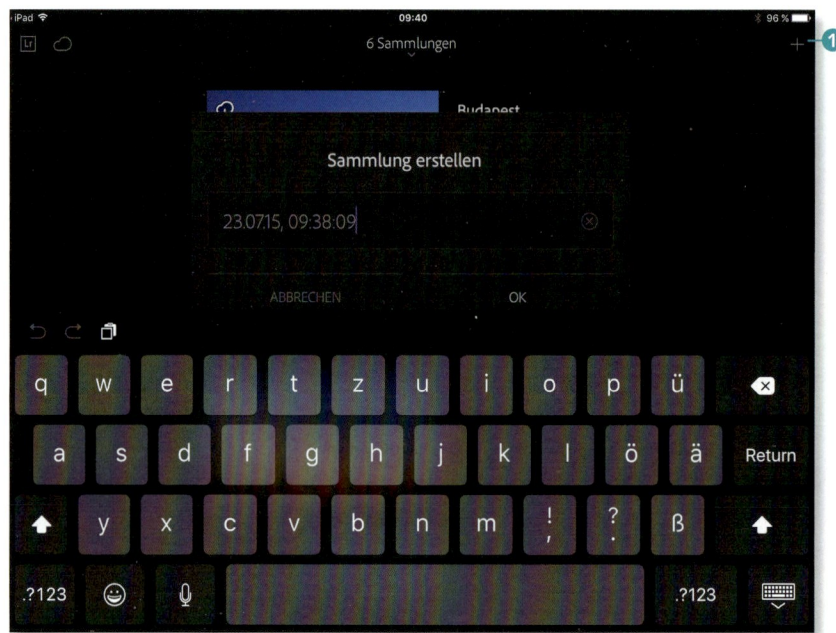

Abbildung 18.23 ▶
Panel zum Erstellen neuer Sammlungen

Optionen für die Sammlungen und Bilder | Rechts in der Titelleiste befindet sich das Symbol, mit dem Einstellungen und Funktionen zur Sammlung ausgeführt werden können. Mehr zu den einzelnen Optionen finden Sie in Abschnitt 18.5 ab Seite 931.

Informationsüberlagerung

Jede Ansicht kann zu den Bildern auch zusätzliche Informationen anzeigen. Zum Teil gibt es mehrere Informationsarten, die durchgeschaltet werden können.

Aufgerufen werden diese in allen Ansichten gleich, durch das Tippen mit zwei Fingern, z. B. Zeige- und Mittelfinger, gleichzeitig.

▲ **Abbildung 18.24**
Zwei-Finger-Tippen zur Einblendung von Zusatzinformationen

Sammlungsansicht | Hier erscheinen neben dem Coverbild der Name der Sammlung, die Anzahl der Bilder, Bewertungsübersicht, Größe und Synchronisierungsstatus. Bis auf den Titel der Sammlung können alle Zusatzinformationen ausgeblendet und einzeln wieder eingeblendet werden.

▼ **Abbildung 18.25**
Informationen zur Sammlung werden rechts vom Coverbild eingeblendet.

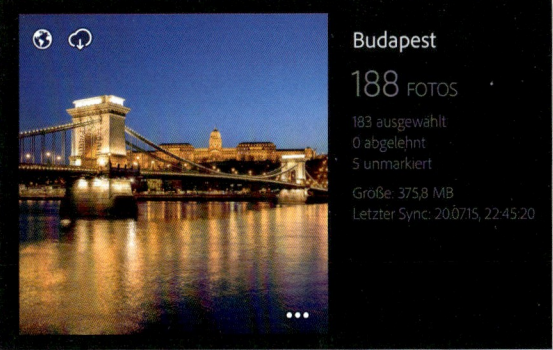

Die Symbole links oben über dem Coverbild zeigen aktivierte Optionen der Sammlung an (v.l.n.r). Mehr zu den Optionen ab Seite 931.

- **Sammlung freigegeben** ❶: Die Sammlung ist im Web freigegeben und öffentlich einsehbar.
- **Offline-Bearbeitung aktiv** ❷: Es werden immer auch die Raw-Daten des Bildes von Lightroom Desktop geladen, unabhängig davon, ob man eine Datei gerade bearbeitet oder nicht.
- **Auto-Import aktiviert** ❸: Alle Bilder, die mit der internen Kamera des Mobilgeräts aufgenommen werden, importiert Lightroom mobile in diese Sammlung und überträgt sie auch in Lightroom auf Ihrem Computer.

▲ **Abbildung 18.26**
Symbole der aktivierten Sammlungsoptionen

Rasteransicht | In der Rasteransicht erhalten Sie Informationen zu den einzelnen Bildern, wenn Sie mit zwei Fingern im Ansichtsfenster tippen. Ist eine Zusatzinformation aktiviert, gilt dies für alle Sammlungen.

- **Kommentare und »Gefällt mir«-Angaben:** Ist nur relevant, wenn Sammlungen im Web freigegeben sind.
- **Exif-Informationen:** Daten zur Belichtung des Bildes
- **Fotoinfo:** Hier sehen Sie Aufnahmedatum und Uhrzeit, Auflösung in Pixeln und Dateiname.
- **Markierungs- und Bewertungs-Badges:** Angabe der Bewertungssterne und ob ein Bild unmarkiert oder markiert ist oder abgelehnt wurde.

▼ Abbildung 18.27
Informationen zu den Bildern in der Rasteransicht

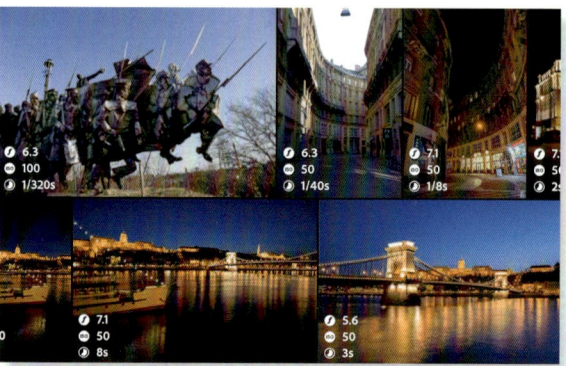
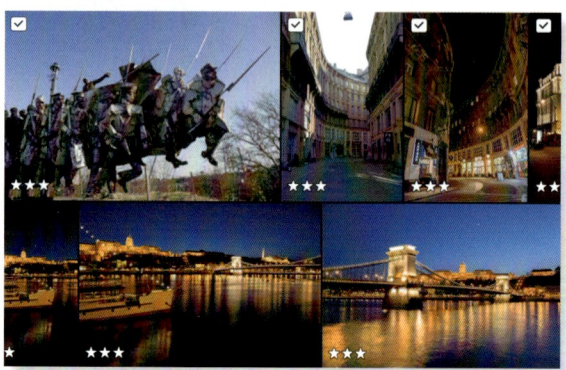

▲ Abbildung 18.28
Zwei-Finger-Zoom und -Pinch zum Vergrößern oder Verkleinern der Bilder

In der Lupenansicht können Sie die Bilder auch vergrößern. Dazu verwenden Sie die Zoom-Geste bei der sie zwei Finger auf dem Screen auseinander- oder zusammenziehen. Das ist etwas hakelig, da bei der Größenänderung die gesamte Rasteransicht mit der Bildanordnung neu berechnet werden muss.

Lupenansicht | In der Lupe haben Sie die Möglichkeit, die Fotoinfo, das Histogramm oder beides gleichzeitig einzublenden.

◂ **Abbildung 18.29**
Histogramm und Fotoinfo in der Lupenansicht

18.5 Funktionen für Sammlungen

In diesem Abschnitt erfahren Sie, welche Aufgaben Sie für Sammlungen ausführen können.

Die Funktionen lassen sich aufrufen, indem Sie in der Sammlungsansicht rechts unten auf die drei Punkte tippen. Das Coverbild wird zum Bedien-Panel. Nicht alle Funktionen sind dort sofort sichtbar. Sie können mit dem Finder im Panel nach oben streichen, um weitere Befehle zu sehen. Tippen Sie neben das Panel, wird es wieder geschlossen.

Aus Aufnahmen hinzufügen | Tippen Sie die diesen Menüeintrag an, können Sie Bilder, die Sie mit der Kamera des Mobilgeräts aufgenommen haben und in der Foto-App abgelegt sind, in Lightroom importieren. Diese werden dann auch in Lightroom auf Ihrem Computer übertragen.

Auto-Import aktivieren | Wählen Sie diesen Eintrag, werden alle Bilder, die Sie zukünftig mit der Kamera des Mobilgeräts aufgenommen haben, automatisch in Lightroom importiert. Dies gilt aber nur für Bilder, die nach der Aktivierung aufgenommen wurden. Ältere Aufnahmen müssen Sie über den Befehl Aus Aufnahmen hinzufügen importieren.

Es kann immer nur eine Sammlung für den Import aus dem internen Aufnahmeordner aktiviert werden.

Offline-Bearbeitung aktivieren/deaktivieren | Normalerweise werden Raw-Daten erst geladen, wenn Sie ein Bild aufrufen, und dann auch nur für dieses Bild. Aktivieren Sie diese Option, werden

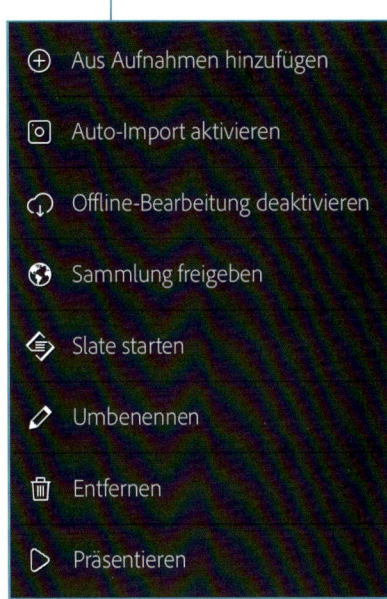

◂ **Abbildung 18.30**
Hinter dem Coverbild verbergen sich Funktionen für die Sammlungen.

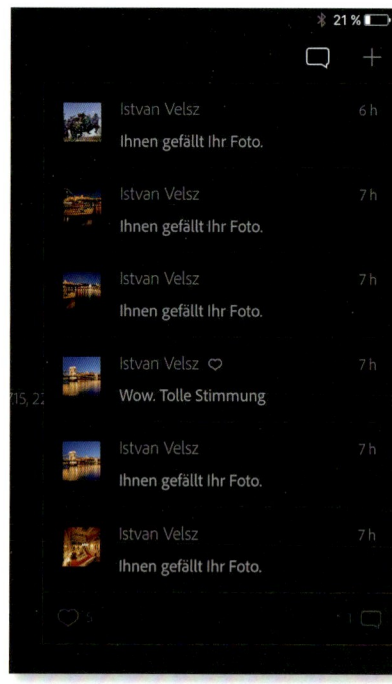

▲ Abbildung 18.31
Panel mit Angaben zu Kommentaren und »Gefällt mir«-Angaben freigegebener Sammlungen

Abbildung 18.32 ▶
Titelfolie einer Slate-Präsentation

sofort alle Raw-Daten der ausgewählten Sammlung geladen, um sie auch dann bearbeiten zu können, wenn keine Internetverbindung besteht. Nicht nur zum Bearbeiten der Bilder sind die Raw-Daten notwendig, auch für eine Präsentation benötigen Sie die Raw-Daten, da die Auflösung der Vorschaubilder nicht ausreicht, um die Bilder in ausreichender Qualität darzustellen.

Sammlung freigeben und aufheben | Gibt die Sammlung über die Website von Lightroom Web frei. Bevor die Sammlung freigegeben wird, müssen Sie diesen Schritt noch bestätigen.

Ist die Sammlung freigegeben und rufen Sie den Befehl erneut auf, haben Sie die Möglichkeit, den Link zu der Website zu teilen, beispielsweise per Mail, WhatsApp oder Facebook. Hier können Sie dann die Freigabe auch wieder aufheben. Auch können Sie hier die Website in Ihrem Browser direkt aufrufen. Kommentare und »Gefällt mir«-Informationen werden sichtbar, wenn Sie auf die Sprechblase in der Titelleiste tippen.

Slate starten | Slate ist ein weiterer Dienst von Adobe, mit dem Sie die Bilder in eine »Geschichte« verwandeln können. In Slate können Sie die Bilder in verschiedenen Arten anordnen und mit Texten versehen. Diese werden dann als Website mit Scrolleffekten und Überblendungen versehen. Mehr zu Slate erfahren Sie auch auf der Adobe-Website unter *https://standout.adobe.com/slate/*, oder probieren Sie es einfach aus.

18.5 Funktionen für Sammlungen

Umbenennen, Entfernen | Über diese beiden Menüpunkte können Sie die Sammlung umbenennen und entfernen. Das Entfernen löscht nur die Sammlung, nicht die Bilder darin, außer die Sammlung wurde noch nicht synchronisiert.

Präsentieren | Das Antippen des Menüpunktes öffnet zunächst die Rasteransicht. Allerdings enthält die Titelleiste andere Symbole. In dieser können Sie nicht filtern oder sortieren, aber über den Abspielknopf ❸ oben rechts können Sie die Diashow starten. Über das Symbol mit den drei Punkten ❷ links vom Abspielknopf, können Sie Optionen wie die Dauer eines Bildes oder den Überblendeffekt auswählen. Beenden können Sie die Diashow durch das Antippen des Schließen-Symbols ❶ links in der Titelleiste.

▼ **Abbildung 18.33**
Titelleiste der Präsentation mit den Abspieloptionen

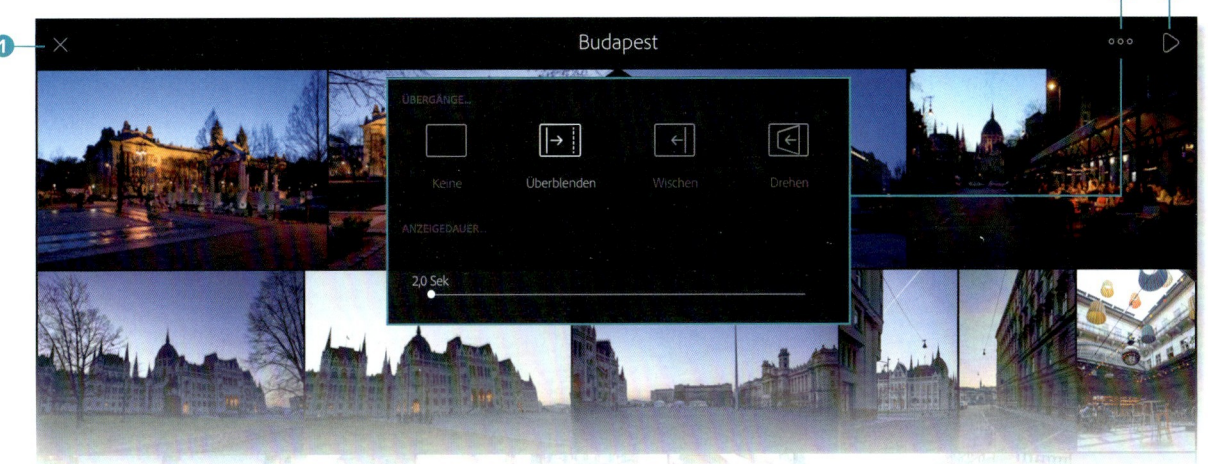

Läuft eine Diashow, erscheinen kurz weitere Symbole. Verschwinden diese, können Sie sie mit einem einfachen Tippen in das Bild wieder einblenden. Der Abspiel-Button ❺ wird zum Pause-Button, und neben dem Schließen-Symbol ❹ erscheint ein Raster. Tippen Sie dieses an, gelangen Sie wieder auf die Rasteransicht der Präsentation zurück.

▼ **Abbildung 18.34**
Titelleiste während der Präsentation

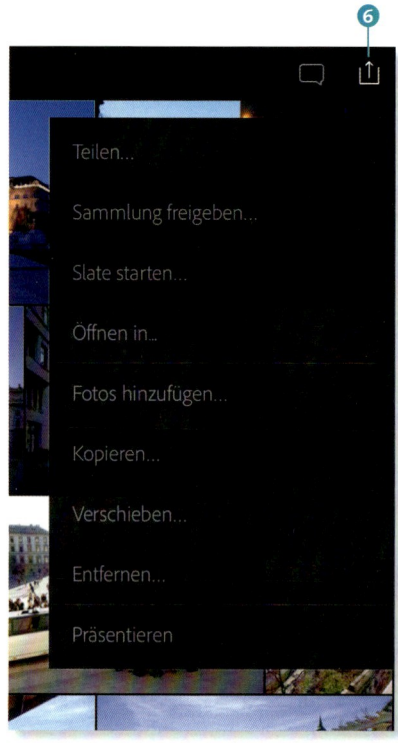

▲ Abbildung 18.35
Liste der Optionen in der Rasteransicht

Einige Funktionen lassen sich auch in der Rasteransicht ausführen, indem Sie auf das Optionen-Symbol ❻ in der Titelleiste tippen. Dazu zählen eine Sammlung freigeben, Slate starten, Fotos aus den Aufnahmen hinzufügen und präsentieren.

In der Rasteransicht lassen sich auch globale Verwaltungsaufgaben für Bilder erledigen. Wählen Sie eine dieser Funktionen aus, können Sie anschließend mehrere Bilder selektieren, indem Sie diese einfach antippen. Danach müssen Sie den Befehl noch ausführen. Abbrechen können Sie den Vorgang immer über das Schließen-Symbol ❶ links in der Titelleiste.

Teilen | Verwenden Sie diesen Befehl, erscheint nach der Bildauswahl oben rechts ein Häkchen ❽. Tippen Sie dieses an, können Sie eine App auswählen, mit der Sie Bilder an weitere Personen senden können, z. B. per Mail, WhatsApp oder Facebook.

Über das Zahnrad ❼ links daneben können Sie die Metadaten wählen, die in den verschickten Bildern eingeschlossen werden.

Abbildung 18.36 ▶
Bilder verteilen können Sie auch mit anderen Anwendungen.

Öffnen in | Dies ist der gleiche Dialog wie beim Teilen von Bildern, nur dass hier Anwendungen aufgelistet werden, die Bilder verarbeiten können. Außerdem kann hier immer nur ein Bild ausgewählt werden, da nicht alle Anwendungen mit mehreren Bildern arbeiten können.

Kopieren, Verschieben | Über diese beiden Funktionen können Sie Bilder in andere Sammlungen kopieren oder verschieben. Beim

Kopieren wird aber nicht die Datei kopiert, sondern nur die Angabe, in welcher Sammlung sich diese befindet. Es wird dabei auch keine virtuelle Kopie angelegt. Ändern Sie also in einer Sammlung die Entwicklung, wird dies auch in der anderen Sammlung in der Kopie sichtbar. Beim Verschieben wird das Bild in eine neue Sammlung verschoben.

Bei beiden Verfahren müssen Sie nach dem Bestätigen des Befehls eine Sammlung als Ziel auswählen oder eine neue Sammlung erstellen und erneut bestätigen.

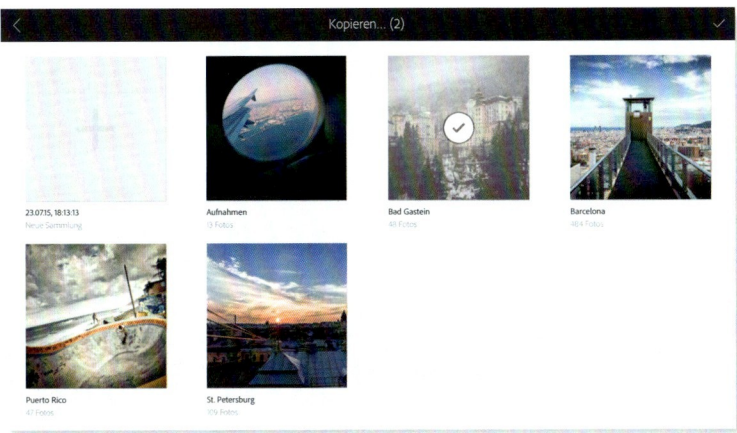

◄ **Abbildung 18.37**
Auswahl einer Sammlung als Ziel beim Kopieren oder Verschieben von Bildern

Entfernen | Beim Entfernen werden die Bilder nur aus der Sammlung entfernt, aber nicht gelöscht. Auch Bilder, die Sie von den internen Aufnahmen der Kamera importiert haben, bleiben im Katalog, vorausgesetzt, sie wurden bereits synchronisiert.

Cover festlegen | Sie können für eine Sammlung ein beliebiges Bild als Cover festlegen. Dies funktioniert sowohl in der Rasteransicht als auch in der Lupenansicht. Tippen Sie ein Bild an und halten Sie dann die Geste, erscheint ein Kontextmenü zu diesem Bild. Hier tippen Sie den Befehl ALS COVER FESTLEGEN an.

▲ **Abbildung 18.38**
Ein-Finger-Tippen und Halten zum Aufrufen des Kontextmenüs

18.6 Bilder in der Lupenansicht bearbeiten

Wählen Sie in der Rasteransicht ein Bild aus, öffnet sich die Lupenansicht. In dieser Ansicht können Sie Bilder entwickeln, freistellen, markieren und bewerten. Alle Werkzeuge finden Sie in der Werkzeugleiste, die unter dem Bild erscheint. Vorab einige kleine Gesten, die das Arbeiten beschleunigen und erleichtern.

▲ **Abbildung 18.39**
Zwei-Finger-Zoom und -Pinch zum Vergrößern oder Verkleinern der Bilder

▲ **Abbildung 18.40**
Drei-Finger-Tippen und Halten für Vorer-Nachher-Vergleich

Zoomen in Rasteransicht

Das Zoomen mit zwei Fingern funktioniert auch in der Rasteransicht.

Werkzeugleiste ein- und ausblenden | Tippen Sie mit einem Finger kurz auf das Bild, verschwindet die Werkzeugleiste unter dem Bild. Ein Tippen holt sie wieder hervor.

Bilder zoomen | Berühren Sie mit zwei Fingern den Bildschirm und fahren dann die Finger auseinander, zoomen Sie in das Bild hinein. Bewegen Sie die Finger zusammen, verkleinern Sie das Bild.

Histogramm | Tippen Sie mit zwei Fingern, erscheint das Histogramm. Mehr zur Funktionsweise eines Histogramms erfahren Sie auf Seite 497.

Vorher-Nachher-Vergleich | Tippen Sie mit drei Fingern und bleiben mit den Fingern auf dem Bildschirm, wird der vorherige Entwicklungsstand eingeblendet. Dieser bleibt so lange stehen, bis Sie die Finger wieder hochheben.

Werkzeugleiste zwischen Entwicklung und Bewertung wechseln | Wenn Sie in die Lupenansicht wechseln, wird immer die zuletzt verwendete Werkzeugleiste angezeigt. Zwischen den Werkzeugleisten können Sie wechseln, indem Sie mit einem Finger in der Werkzeugleiste von link nach rechts oder umgekehrt streichen.

Die Richtung ist dabei abhängig von der aktuellen Werkzeugleiste. Die Position der jeweils anderen erkennen Sie an dem Symbol mit den drei Punkten ❶. Befinden sich die Punkte rechts, müssen Sie die Werkzeugleiste nach links schieben. Sind diese links, schieben Sie die Werkzeugleiste nach rechts.

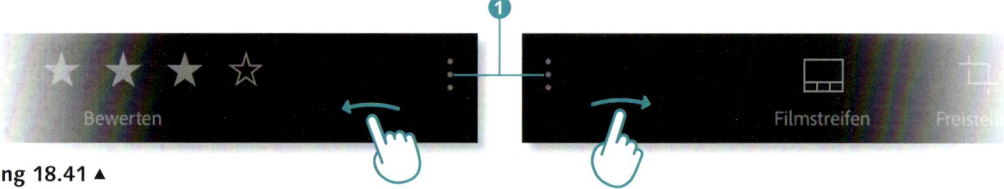

Abbildung 18.41 ▲
Ein-Finger-Swipe zum Wechseln der Werkzeugleiste

Bilder bewerten und markieren

Wird die Werkzeugleiste zum Bewerten und Markieren dargestellt, können Sie durch Antippen der entsprechenden Symbole den Markierungsstatus ändern. Zum Bewerten haben Sie die Möglichkeit, bis zu fünf Sterne zu vergeben.

Abbildung 18.42 ▶
Werkzeugleiste zum Markieren und Bewerten

18.6 Bilder in der Lupenansicht bearbeiten

Schnelle Markierung und Bewertung | Es gibt jedoch noch eine schnellere Art, um auch bei gewählter Entwickeln-Werkzeugleiste Bilder zu bewerten und zu markieren. Streichen Sie mit einem Finger vertikal über das Bild, erscheint in der Mitte des Bildes ein Kreis mit dem aktuellen Markierungsstatus. Je nachdem, ob Sie den Finger dann nach oben oder unten streichen, verändern Sie den Markierungsstatus.

Sie können aber mit derselben Geste auch die Bewertung ändern. Dazu müssen Sie zunächst das Werkzeug umschalten. Dazu

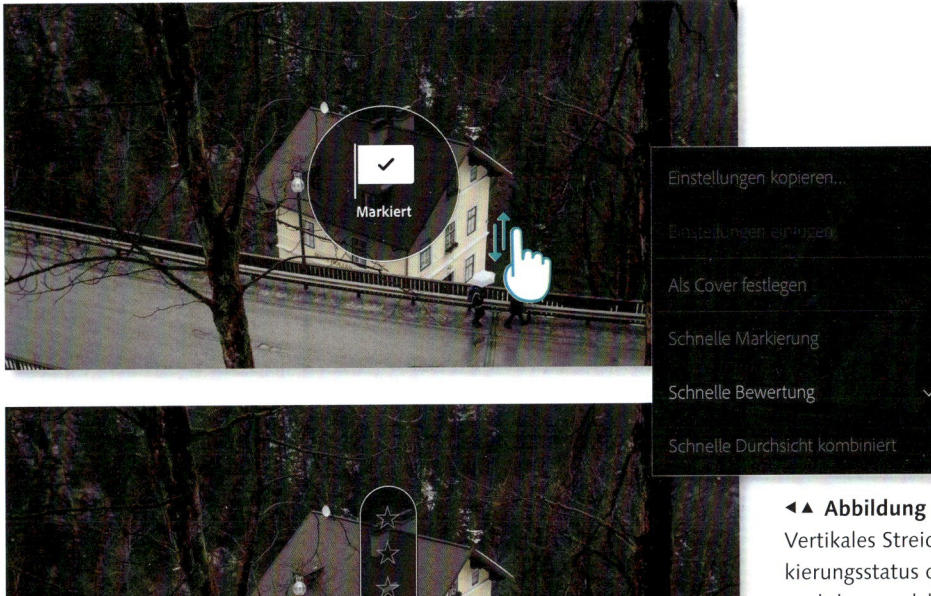

◄▲ **Abbildung 18.43**
Vertikales Streichen verändert den Markierungsstatus oder die Bewertung, je nachdem, welches Verfahren im Kontextmenü ausgewählt wurde.

◄ **Abbildung 18.44**
Sind Markierung und Bewertung kombiniert, kommt es darauf an, auf welcher Seite Sie mit dem Finger streichen.

tippen Sie mit dem Finger auf das Bild und halten dies so lange, bis das Kontextmenü erscheint. Hier wählen Sie dann den Menüeintrag SCHNELLE BEWERTUNG ❶.

In dem Kontextmenü ist Ihnen vielleicht noch der letzte Menüpunkt SCHNELLE DURCHSICHT KOMBINIERT ❷ aufgefallen. Ist dieser aktiviert, erscheinen beide Funktionen. Ob Sie die Bewertung verändern oder die Markierung, ist davon abhängig, wo Sie mit dem Finger streichen. Streichen Sie links vertikal auf dem Bildschirm, verändern Sie die Markierung, und rechts verändern Sie die Bewertung.

Bilder freistellen

In der Entwickeln-Werkzeugleiste stehen Ihnen viele der Entwicklungswerkzeuge zur Verfügung, die Sie bereits aus Lightroom von Ihrem Computer kennen. Wie auf Mobilgeräten üblich, zeigen sich erweiterte Funktionen erst durch bestimmte Gesten.

Filmstreifen | Hier wird unter dem Bild ein Filmstreifen eingeblendet, um schnell zwischen den Bildern einer Sammlung zu wechseln. Streichen Sie horizontal im Filmstreifen, scrollen Sie diesen durch.

▲ **Abbildung 18.45**
Der Filmstreifen wird unter dem Bild eingeblendet.

Freistellen | Wählen Sie dieses Werkzeug aus, erscheinen über dem Bild ein Freistellungsrahmen in der Titelleiste und unterhalb des Bildes noch weitere Schaltflächen und Symbole.

▸ **Freistellen:** Die Markierungen ❸ (Abbildung 18.46) an den Ecken und Seiten des Freistellungsrahmens können Sie wie in Lightroom Desktop ziehen. Statt der Maus nehmen Sie dazu Ihren Finger. Die Sperrung des Seitenverhältnisses können Sie

▲ Abbildung 18.46
Darstellung des Freistellungswerkzeugs

über den zweiten Button ❾ in der Werkzeugleiste deaktivieren und wieder aktivieren. Zum Verschieben des Ausschnitts tippen Sie das Bild innerhalb des Rahmens an und verschieben es mit gehaltener Geste.

▶ **Drehen:** Zum Drehen streichen Sie mit dem Finger außerhalb des Rahmens. Je nachdem, ob Sie sich neben oder unter/über dem Bild befinden, müssen Sie vertikal oder horizontal streichen, um das Bild zu drehen. Die Skala ❹ unter dem Bild zeigt den Wert der Drehung. In 90°-Schritten können Sie das Bild über die Taste DREHEN ❼ in der Werkzeugleiste rotieren lassen. Über die Taste AUTOMATISCH AUSRICHTEN ❽ können Sie die horizontale Ausrichtung Lightroom mobile überlassen.

▶ **Seitenverhältnis tauschen:** Klicken Sie das Symbol ❶ oben rechts an, wird aus einem Hochformat ein Querformat und umgekehrt.

▶ **Rückgängig machen/Wiederholen:** Haben Sie etwas an der Freistellung verändert, können Sie über die Symbole ❷ oben rechts rückgängig machen oder wiederholen.

▶ **Seitenverhältnis wählen:** Tippen Sie den ersten Button SEITENVERHÄLTNIS ❿ an, erscheint ein Menü, aus dem Sie aus einer Liste fertig eingestellter Verhältnisse wählen können.

- **Spiegeln:** In der Werkzeugleiste finden Sie auch zwei Tasten ❻ (Abbildung 18.46) zum Spiegeln des Bildes.
- **Zurücksetzen:** Diese Taste löscht alle Freistellungseinstellungen und setzt das Bild in den unbeschnittenen Urzustand zurück.

Die Freistellung bestätigen Sie über das Häkchen ❺ (Abbildung 18.46) rechts unten. Das Schließen-Symbol ⓫ (Abbildung 18.46) links unten dient zum Abbrechen der Freistellung.

Bilder entwickeln

Die Entwicklung teilt sich in zwei Werkzeuge auf. Das Werkzeug Vorgaben dient zur schnellen Entwicklung über voreingestellte Parameterkombinationen und Anpassen. Hier kann man die Bilder flexibel selbst entwickeln.

Vorgaben | Nicht alle Entwicklungsmöglichkeiten, die Sie in Lightroom haben, stehen Ihnen auch mobil zur Verfügung. Einige, zum Beispiel Detaileinstellungen, können nur über die Vorgaben in vordefinierten, nicht veränderbaren Schritten angewendet werden. In dem Werkzeug Vorgaben haben Sie die Möglichkeit,

Abbildung 18.47 ▼
Einige Entwicklungsparameter können nur über Vorgaben eingestellt werden.

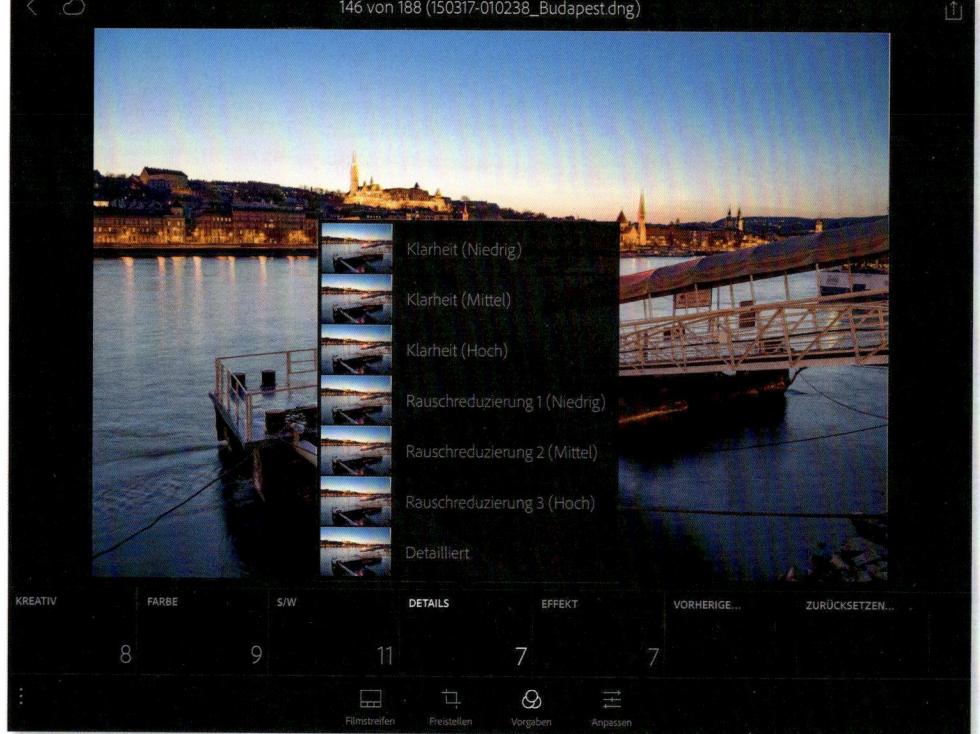

18.6 Bilder in der Lupenansicht bearbeiten

aus sechs Zusammenstellungen eine Vorgabe zu wählen. Diese wenden dann die entsprechenden Entwicklungsparameter auf das Bild an. In Lightroom Desktop sind nach der Synchronisierung die dazugehörigen Regler eingestellt. Die Vorgaben funktionieren als Schalter. Das bedeutet, eine ausgewählte Vorgabe lässt sich wieder deaktivieren, indem Sie diese erneut antippen. Aus jeder Gruppe kann eine Vorgabe aktiv sein. So lassen Sich die Vorgaben auch kombinieren.

Eigene Vorgaben

Es ist leider nicht möglich, eigene Vorgaben zu erstellen und in Lightroom mobile einzubinden.

Anpassen | In diesem Werkzeug finden Sie viele der Entwicklungsparameter, die Sie von Lightroom Desktop schon kennen. Es gibt vier Bedienfelder. Die Bedienfelder lassen sich wechseln, indem Sie vertikal die Leiste mit den Entwicklungseinstellungen verschieben.

▼ **Abbildung 18.48**
Vertikales Streichen in der Leiste schaltet die Bedienfelder durch.

- **Grundeinstellungen:** Hier befinden sich die wichtigsten Entwicklungsparameter für eine Basisentwicklung. Nicht alle Parameter haben jedoch in der Werkzeugleiste Platz. Sie können durch die Parameter scrollen, indem Sie in der Leiste mit dem Finger horizontal streichen.

  Es gibt unterschiedliche Arten von Parametern. Bei Temperatur beispielsweise erscheint eine Skala. Der aktuelle Wert ist dort mit einem Punkt hervorgehoben. Diesen können Sie mit dem Finger ziehen und somit verändern. Andere Parameter, wie S/W, sind nur Schalter, wiederum andere Auswahlmenüs.

▼ **Abbildung 18.49**
Einige Parameter, wie die Temperatur, lassen sich mit einem Schieberegler verändern.

Gradationskurve | Ist dieses Bedienfeld gewählt, können Sie eine Gradationskurve mit den Fingern oder über die Parameter in der Leiste anpassen. Das Prinzip entspricht der Gradationskurve von Lightroom Desktop (Seite 539).

Abbildung 18.50
Das Bedienfeld für die Gradationskurve

Vignettierung | Zur Einstellung einer Randabdunkelung dienen die Parameter in diesem Bedienfeld. Auch diese Werte finden Sie analog in Lightroom Desktop (Seite 602).

▲ **Abbildung 18.51**
Eine nachträgliche Vignettierung dunkelt die Bildränder ab.

18.6 Bilder in der Lupenansicht bearbeiten

Farbe / S/W | Hier finden Sie die Parameter, die Sie von Lightroom Desktop unter den Stichwort HSL / FARBE / S/W kennen (Seite 551). Durch die Schieberegler schalten Sie zwischen Farbton, Sättigung und Luminanz über die Leiste um. Hier können Sie auch das Bild in Schwarzweiß konvertieren und mit den Reglern optimieren.

▼ **Abbildung 18.52**
Bedienfeld FARBE / S/W mit Schwarzweiß-Konvertierung

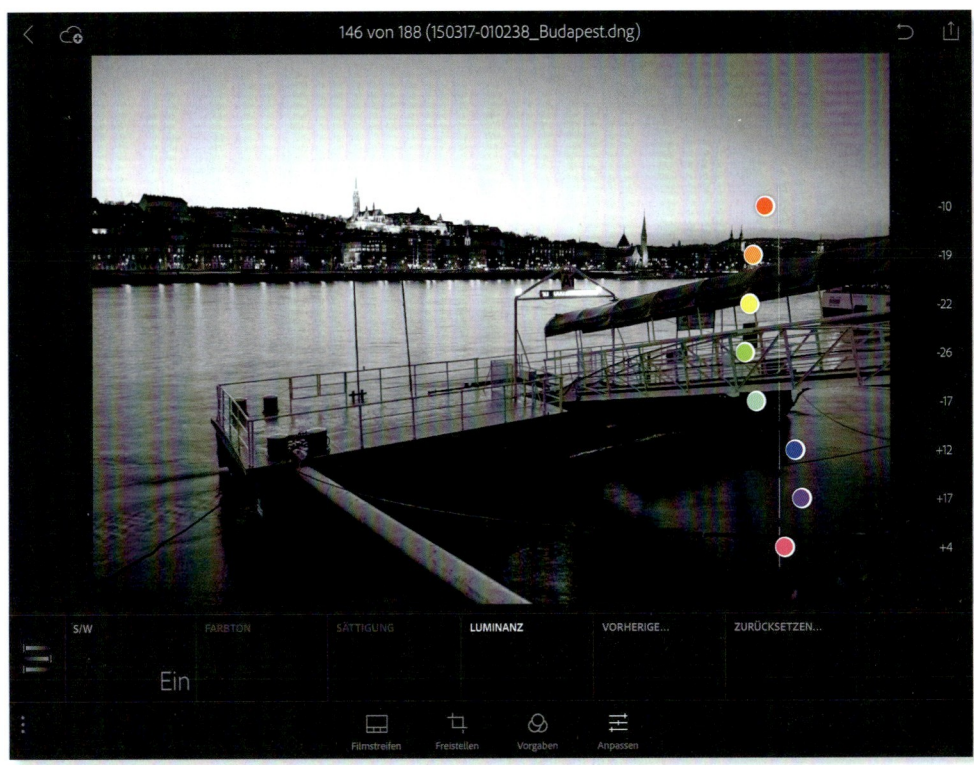

Es gibt jetzt noch zwei Schaltflächen, die in allen Bedienfeldern erscheinen.

Vorherige Einstellungen verwenden | Mit dem Button VORHERIGE können Sie entweder nur die GRUNDTÖNE (Grundeinstellungen) oder alle Entwicklungseinstellungen des zuletzt bearbeiteten Bildes übernehmen.

Zurücksetzen | Beim Antippen dieser Schaltfläche erhalten Sie die Auswahl, welche Einstellungen Sie zurücksetzen wollen: entweder die Parameter des zuletzt veränderten Bedienfeldes, alle oder bis zum Öffnen bzw. der erstmaligen Synchronisierung. Auch können Sie das Bild in seinen Ursprungszustand zurücksetzen, der beim Importieren in Lightroom Desktop angewendet wurde.

▲ **Abbildung 18.53**
Einstellungen, die auf das vorherige Bild angewendet wurden, können auf das aktuelle Bild übertragen werden.

Entwicklungseinstellungen kopieren

Entwicklungseinstellungen lassen sich auch kopieren und auf andere Bilder übertragen. Tippen Sie dazu im Bild und halten die Geste so lange, bis das Kontextmenü erscheint. Wählen Sie dort den Befehl EINSTELLUNGEN KOPIEREN ❶.

Jetzt können Sie die zu kopierenden Einstellungen auswählen. Dazu tippen Sie einfach auf das Häkchen ❷ links von der Bezeichnung, um eine Einstellung zu deaktivieren oder zu aktivieren. Für den BASIS-TONWERT ❸ (Grundeinstellungen) stehen noch weitere Parameter zur Verfügung, die Sie auswählen können.

▼ **Abbildung 18.54**
Einstellungen, die auf das vorherige Bild angewendet wurden, können auf das aktuelle Bild übertragen werden.

Synchronisation forcieren

Wenn Sie Entwicklungseinstellungen ändern, werden diese nicht sofort synchronisiert. Erst wenn nach einem gewissen Zeitraum keine Bearbeitung mehr durchgeführt wurde, werden die Parameter übertragen. Dies erkennen Sie an dem geänderten Wolkensymbol in der Titelleiste. Um die Einstellungen unmittelbar zu synchronisieren, tippen Sie das Wolkensymbol an und wählen aus dem Panel den Eintrag SYNC FORCIEREN. Dann startet die Übertragung unmittelbar und ist sofort auf Ihrem Computer sichtbar – vorausgesetzt, dieser synchronisiert ebenfalls sofort.

▲ **Abbildung 18.55**
Die Synchronisation kann auch noch im Entwicklungsvorgang angestoßen werden.

18.7 Lightroom Web verwenden

Lightroom Web ist die Website, auf der Sie Sammlungen sehen, die Sie mit mobilen Geräten synchronisieren. Auch freigegebene Sammlungen werden hier für Gäste einsehbar. Die Website Ihrer synchronisierten Sammlung ist für Sie immer unter der Webadresse *https://lightroom.adobe.com* erreichbar.

Gäste erhalten den Zugriff auf freigegebene Sammlungen über einen Freigabelink. Voraussetzung ist, dass Sie die Freigabe explizit erteilt haben. Den Freigabelink können Sie auf der Website erzeugen, über Lightroom mobile heraus (Seite 932) oder aus Lightroom auf Ihrem Computer.

Freigeben über Lightroom Desktop | Klicken Sie mit der rechten Maustaste auf eine synchronisierte Sammlung und wählen den Befehl LIGHTROOM MOBILE LINKS • SAMMLUNG ÖFFENTLICH MACHEN ❼, oder klicken Sie die Schaltfläche ❹ oberhalb der Rasteransicht an.

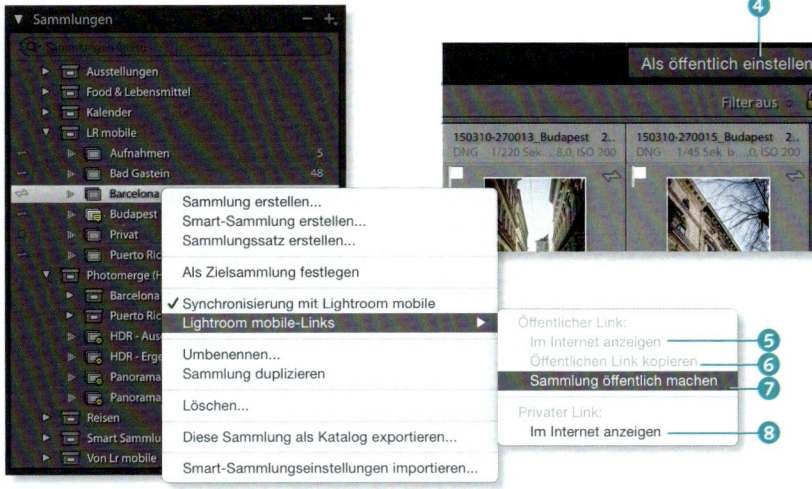

◀ **Abbildung 18.56**
Die Freigabe einer synchronisierten Sammlung über das Kontextmenü und die Schaltfläche oberhalb der Rasteransicht.

Ist eine Sammlung einmal veröffentlicht, werden vorher nicht verfügbare Menüpunkte aktiviert:

▶ **Im Internet anzeigen** ❺: In diesem Fall öffnet sich die Sammlung im Webbrowser so, als wären Sie ein Besucher. Sie können in diesem Fall Ihre Sammlung nicht bearbeiten.

▶ **Öffentlichen Link kopieren** ❻: Mit Hilfe des Befehls ÖFFENTLICHEN LINK KOPIEREN wird dieser in die Zwischenablage kopiert, damit Sie ihn beispielsweise in eine E-Mail einfügen können. Sie können ihn hierüber auch erneut kopieren, um ihn später weiteren Personen zu schicken.

▲ **Abbildung 18.57**
Ist eine Sammlung freigegeben, können Sie diese auch wieder zu einer privaten Sammlung machen.

▸ **Private Sammlung im Internet anzeigen** ❽ (Abbildung 18.58)
In diesem Fall öffnet sich die Seite so im Browser, dass Sie Änderungen an der Sammlung durchführen können – auch die Freigabe aufheben oder Bilder bewerten oder markieren.

Über dieses Menü oder die Schaltfläche über der Rasteransicht können Sie eine erteilte Freigabe auch wieder zurücknehmen.

Die Oberfläche von Lightroom Web

Die Oberfläche von Lightroom Web ist genauso aufgeteilt wie Lightroom mobile. Auch hier haben Sie eine Sammlungs-, Raster- und Lupenansicht. Allerdings können Sie hier keine Entwicklungen vornehmen.

Sammlungsansicht | In der Sammlungsansicht erhalten Sie eine Liste aller Sammlungen. Hier können Sie sogar eine neue Sammlung erstellen ❶, diese freigeben ❷. Ist diese bereits freigegeben, wird das Symbol hervorgehoben ❼. Über das Plus-Symbol können Sie Bilder vom Rechner, auch ohne Lightroom, hochladen ❽. Diese

Abbildung 18.58 ▼
Sammlungsansicht von Lightroom Web

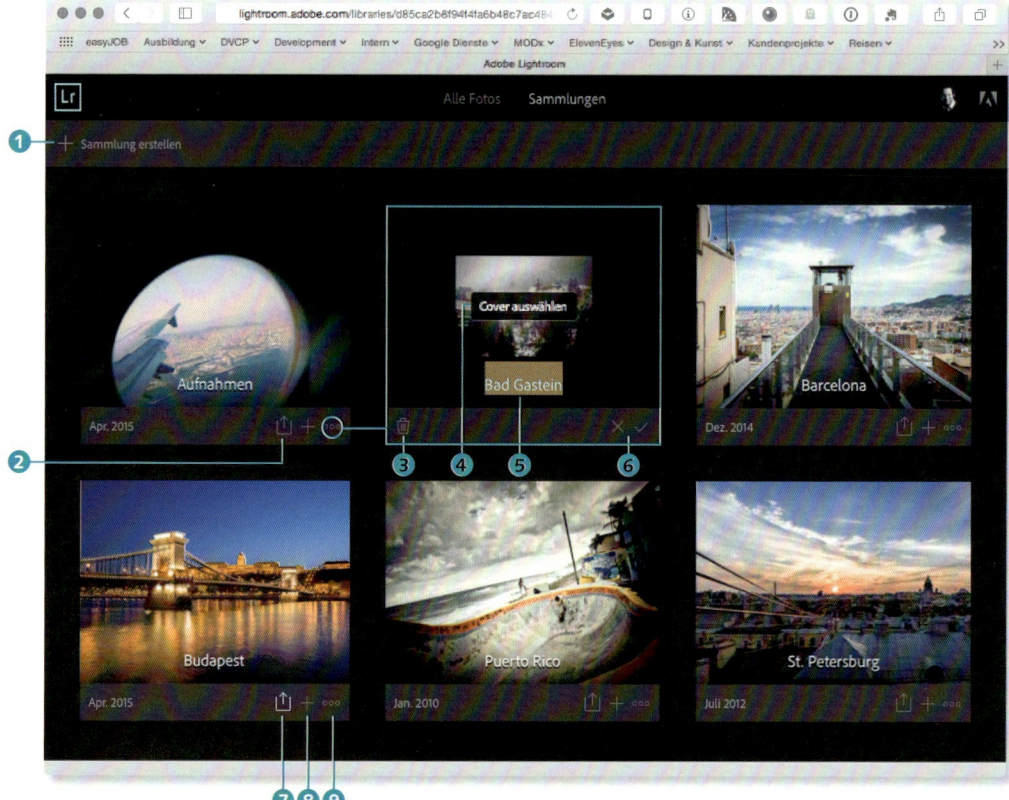

werden dann bei einer Synchronisation in den Katalog kopiert und sind dann dort verfügbar.

Nach dem Anklicken des Optionen-Buttons ❾ können Sie noch das Cover ändern ❹, die Sammlung umbenennen ❺ oder löschen ❸ – Bestätigen/Abbrechen ❻ können Sie die Änderung rechts.

Rasteransicht | Hier werden alle Bilder einer Sammlung gelistet. Zur Sammlung zurück kommen Sie durch das Anklicken des Buttons SAMMLUNGEN ❿. Hinter ALLE FOTOS verbirgt sich die Möglichkeit, alle Bilder aller Sammlungen in einer Rasteransicht anzuzeigen.

Über das Zahnrad ⓮ rechts vom Sammlungstitel können Sie die Sammlung umbenennen oder löschen. Der Abspiel-Button ⓭ löst eine Diashow aus.

In der Leiste darunter ⓬ können Sie Bilder von der Festplatte hochladen, die Reihenfolge der Bilder ändern und die Sammlung freigeben und über andere Dienste wie Twitter oder Facebook teilen. Ist eine Sammlung geteilt, wird der Button als geteilt bezeichnet. Klicken Sie ihn in diesem Zustand an, können Sie die Freigabe löschen oder nachträglich ändern. Das Auge ⓫ rechts in der Leiste öffnet Filterfunktionen.

▼ **Abbildung 18.59**
Kopfleiste der Rasteransicht

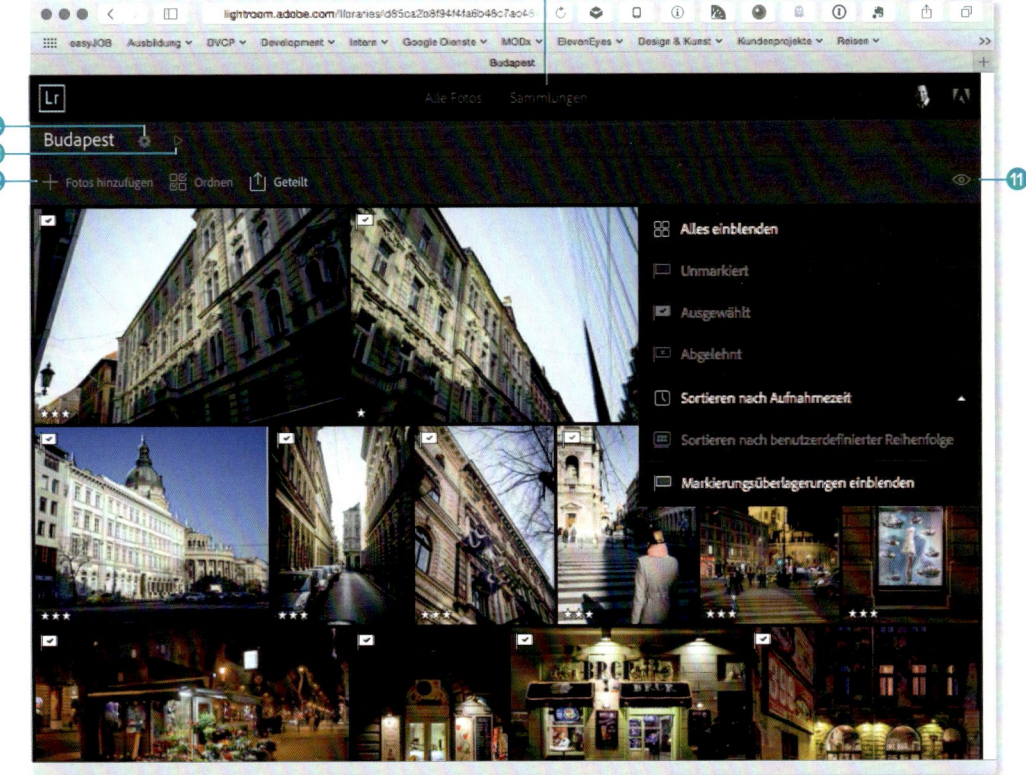

Lupenansicht | Hier wird ein ausgewähltes Bild dargestellt. Sie können ein Bild auch markieren ❽ oder bewerten ❼ und sehen, wie viele Besucher »Gefällt mir« geklickt oder Kommentare hinterlassen haben ❻.

Über die Schaltfläche ❺ rechts unten können Sie ein Panel einblenden, das einen Aktivitätsstream ❸ anzeigt. Hier können Gäste das Bild als »Gefällt mir« ❷ markieren oder einen Kommentar ❹ hinterlassen – aber nur, wenn diese bei Adobe angemeldet sind.

Statt dem Aktivitäten-Panel können Sie hier auch die Fotoinfo ❶ einblenden.

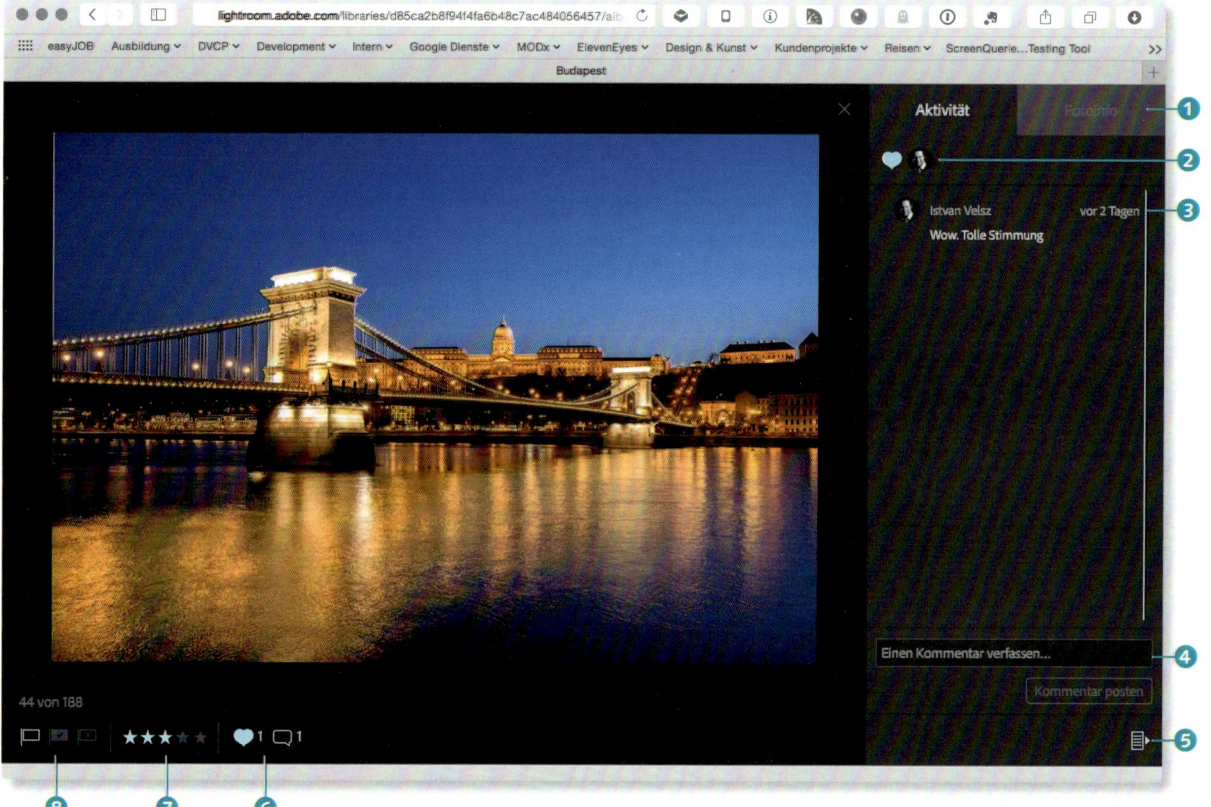

▼ **Abbildung 18.60**
Lupenansicht mit ausgeklapptem Aktivitäten-Panel.

Tastaturbefehle

Hier finden Sie die wichtigsten Tastaturkürzel. Ein extra PDF mit den Kürzeln zum Ausdrucken finden Sie im Downloadbereich im Ordner »Wissenswertes«. Mehr zu den Dowloaddateien finden Sie auf Seite 975.

Umschalten zwischen den Modulen und Ansichten

		Windows	Mac OS X
Bibliothek-Modul	letzter Ansichtsmodus	Strg + Alt + 1	⌥ + ⌘ + 1
	Rasteransicht	G	G
	Lupenansicht	E	E
	Vergleichsansicht	C	C
	Übersicht	N	N
	Gesichtserkennung	O	O
Entwickeln-Modul	letzter Ansichtsmodus	Strg + Alt + 2	⌥ + ⌘ + 2
	aktives Bild	D	D
Karte-Modul		Strg + Alt + 3	⌥ + ⌘ + 3
Buch-Modul		Strg + Alt + 4	⌥ + ⌘ + 4
Diashow-Modul		Strg + Alt + 5	⌥ + ⌘ + 5
Drucken-Modul		Strg + Alt + 6	⌥ + ⌘ + 6
Web-Modul		Strg + Alt + 7	⌥ + ⌘ + 7
Zurück zum vorherigen Modul		Strg + Alt + ↑	⌥ + ⌘ + ↑
Zurück		Strg + Alt + ←	⌥ + ⌘ + ←
Weiter		Strg + Alt + →	⌥ + ⌘ + →

Fenster

		Windows	Mac OS X
Ansichtsmodi	Vollbildvorschau	F	F
	nächster Ansichtsmodus	⇧ + F	⇧ + F

Tastaturbefehle

		Windows	Mac OS X
Ansichtsmodi	Vollbildschirm und Bedienfelder aus-/einblenden	⇧ + Strg + F	⇧ + ⌘ + F
Beleuchtung	nächster Beleuchtungsmodus	L	L
	vorheriger Beleuchtungsmodus	⇧ + L	⇧ + L
	gedämpfte Beleuchtung	⇧ + Strg + L	⇧ + ⌘ + L
Diashow	frei gestaltete Diashow starten	Strg + ↵	⌘ + ↵
Informationen	durchlaufen in Lupenansicht	I	I
	ausblenden in Lupenansicht	Strg + I	⌘ + I

Bedienfelder und Werkzeugleiste

		Windows	Mac OS X
Seitenbedienfelder	ein-/ausblenden	⇥	⇥
Alle Bedienfelder	ein-/ausblenden	⇧ + ⇥	⇧ + ⇥
Werkzeugleiste	ein-/ausblenden	T	T
Modulauswahl und Erkennungstafel	ein-/ausblenden	F5	F5
Filmstreifen	ein-/ausblenden	F6	F6
Bedienfeldpalette links	ein-/ausblenden	F7	F7
Bedienfeldpalette rechts	ein-/ausblenden	F8	F8
Solomodus	umschalten	Alt + Klicken auf Bedienfeld	⌥ + Klicken auf Bedienfeld
Neues Bedienfeld öffnen	ohne einzelnes Bedienfeld zu schließen (umgeht den Solomodus)	⇧ + Klicken auf Bedienfeld	⇧ + Klicken auf Bedienfeld
Alle Bedienfelder	öffnen/schließen (umgeht den Solomodus)	Strg + Klicken auf Bedienfeld	⌘ + Klicken auf Bedienfeld

Zweiter Monitor

		Windows	Mac OS X
Zweites Fenster		F11	⌘ + F11
Rasteransicht		⇧ + G	⇧ + G
Lupenansicht		⇧ + E	⇧ + E

Tastaturbefehle

		Windows	Mac OS X
Gesperrte Lupenansicht		`Strg`+`⇧`+`↵`	`⌘`+`⇧`+`↵`
Vergleichsansicht		`⇧`+`C`	`⇧`+`C`
Überprüfungsansicht		`⇧`+`N`	`⇧`+`N`
Diashowansicht		`Strg`+`Alt`+`⇧`+`↵`	`⌘`+`⌥`+`⇧`+`↵`
Vollbildmodus öffnen		`⇧`+`F11`	`⌘`+`⇧`+`F11`
Filterleiste		`⇧`+`<`	`⇧`+`<`
Zoomen	ein-/auszoomen	`Strg`+`⇧`+`#`/ `Strg`+`⇧`+`-`	`⌘`+`⇧`+`#`/ `⌘`+`⇧`+`-`
Rasterminiatur	vergrößern/verkleinern	`⇧`+`#`/`⇧`	`⇧`+`#`/`⇧`

Verwalten von Fotos und Katalogen

		Windows	Mac OS X
Katalog öffnen		`Strg`+`O`	`⌘`+`⇧`+`O`
Einen alternativen Katalog öffnen, wenn Lightroom gestartet wird		Während des Öffnens von Lightroom `Strg` gedrückt halten	Während des Öffnens von Lightroom `⌥` gedrückt halten
Voreinstellungen		`Strg`+`U`	`⌘`+`U`
Katalogeinstellungen		`Strg`+`Alt`+`,`	`⌘`+`⌥`+`,`
Ordner	neuen erstellen	`Strg`+`⇧`+`N`	`⌘`+`⇧`+`N`
Virtuelle Kopie erstellen	erstellen	`Strg`+`T`	`⌘`+`T`
Foto	im Explorer/Finder anzeigen	`Strg`+`R`	`⌘`+`R`
	gehe zu nächstem	`→`	`→`
	gehe zu vorherigem	`←`	`←`
	umbenennen	`F2`	`F2`
	aus Katalog entfernen	`Alt`+`Entf`	`⌥`+`←`
	löschen und in Papierkorb verschieben	`Strg`+`Alt`+`⇧`+`Entf`	`⌘`+`⌥`+`⇧`+`←`
Foto	löschen	`Entf`	`←`
	in Photoshop bearbeiten	`Strg`+`E`	`⌘`+`E`
	in anderem Editor öffnen	`Strg`+`Alt`+`E`	`⌘`+`⌥`+`E`
	drucken	`Strg`+`P`	`⌘`+`P`
Seite einrichten		`Strg`+`⇧`+`P`	`⌘`+`⇧`+`P`

Tastaturbefehle

		Windows	Mac OS X
Importieren	von Datenträger	`Strg`+`⇧`+`I`	`⌘`+`⇧`+`I`
Tether-Aufnahme	neue Aufnahme erstellen	`Strg`+`⇧`+`T`	`⌘`+`⇧`+`T`
	Aufnahmebalken ein-/ausblenden	`Strg`+`⇧`+`Q`	`⌘`+`⇧`+`Q`
	Aufnahme auslösen	`F12`	`F12`
Exportieren		`Strg`+`⇧`+`E`	`⌘`+`⇧`+`E`
	mit vorherigen Einstellungen exportieren	`Strg`+`Alt`+`⇧`+`E`	`⌘`+`⌥`+`⇧`+`E`
Zusatzmodulmanager		`Strg`+`Alt`+`⇧`+`,`	`⌘`+`⌥`+`⇧`+`,`

Arbeiten im Bibliothek-Modul

		Windows	Mac OS X
Raster-/Lupenansicht	zur Lupenansicht wechseln	`E` oder `↵`	`E` oder `↵`
	zur Rasteransicht wechseln	`G` oder `Esc`	`G` oder `Esc`
	von Raster- zur Lupenansicht wechseln	Leertaste oder `E`	Leertaste oder `E`
Vergleichsansicht	Auswahl und Kandidatenfotos in der Vergleichsansicht austauschen	`↓`	`↓`
	nächstes Foto in der Vergleichsansicht auswählen und als Kandidat festlegen	`↑`	`↑`
Zoomen	Zoomansicht aktivieren/deaktivieren	Leertaste oder `Z`	Leertaste oder `Z`
	in Lupenansicht einzoomen	`Strg`+`#`	`⌘`+`#`
	in Lupenansicht auszoomen	`Strg`+`−`	`⌘`+`−`
	gezoomtes Foto in der Lupenansicht nach oben durchlaufen	`Bild↑` auf voller Tastatur	`Bild↑` auf voller Tastatur
	gezoomtes Foto in der Lupenansicht nach unten durchlaufen	`Bild↑` auf voller Tastatur	`Bild↓` auf voller Tastatur
Drehen	Foto nach rechts drehen (im Uhrzeigersinn)	`Strg`+`.`	`⌘`+`.`
	Foto nach links drehen (gegen den Uhrzeigersinn)	`Strg`+`,`	`⌘`+`,`

Tastaturbefehle

		Windows	Mac OS X
Rasterminiatur vergrößern/verkleinern		`#`/`-`	`#`/`-`
Rasterminiaturen nach oben durchlaufen		`Bild↑` auf voller Tastatur	`Bild↑` auf voller Tastatur
Rasterminiaturen nach unten durchlaufen		`Bild↓` auf voller Tastatur	`Bild↓` auf voller Tastatur
Zellenoptionen umschalten		`Strg`+`⇧`+`H`	`⌘`+`⇧`+`H`
Kennzeichen ein-/ausblenden		`Strg`+`Alt`+`⇧`+`H`	`⌘`+`⌥`+`⇧`+`H`
Rasteransichten durchlaufen		`J`	`J`
Ansichtsoptionen öffnen		`Strg`+`J`	`⌘`+`J`
Auswählen	mehrere separate Fotos auswählen	`Strg`+ Klicken	`⌘`+ Klicken
	mehrere zusammenhängende Fotos auswählen	Klicken bei gedrückter `⇧`-Taste	Klicken bei gedrückter `⇧`-Taste
	alle Fotos auswählen	`Strg`+`A`	`⌘`+`A`
	Auswahl aller Fotos aufheben	`Strg`+`D`	`⌘`+`D` oder `⌘`+`⇧`+`A`
	nur aktives Foto auswählen	`Strg`+`⇧`+`D`	`⌘`+`⇧`+`D`
	Auswahl von aktivem Foto aufheben	`⇧`+`D`	`⇧`+`D`
	Auswahl um nächstes/vorhergehendes Bild erweitern	`⇧`+`→`/`⇧`+`←`	`⇧`+`→`/`⇧`+`←`
	nur als markiert gekennzeichnete Fotos	`Strg`+`Alt`+`A`	`⌘`+`⌥`+`A`
	nicht als markiert gekennzeichnete Fotos von der Auswahl entfernen	`Strg`+`Alt`+`⇧`+`D`	`⌘`+`⌥`+`⇧`+`D`
Stapel	Bilder in Stapel gruppieren	`Strg`+`G`	`⌘`+`G`
	Stapel aufheben	`Strg`+`⇧`+`G`	`⌘`+`⇧`+`G`
	Stapel einblenden/ausblenden	`S`	`S`

Fotos bewerten und markieren

		Windows	Mac OS X
Sternbewertung	1 bis 5 Sterne	`1`–`5`	`1`–`5`
	1 bis 5 Sterne und zum nächsten Foto wechseln	`⇧`+`1`–`5` (obere Zahlenreihe)	`⇧`+`1`–`5`

Tastaturbefehle

		Windows	Mac OS X
Sternbewertung	entfernen	`0`	`0`
	entfernen und zum nächsten Foto wechseln	`⇧`+`0`	`⇧`+`0`
	um 1 Stern erhöhen/ verringern	`.`/`,`	`.`/`,`
Farbbeschriftung	Rot	`6`	`6`
	Gelb	`7`	`7`
	Grün	`8`	`8`
	Blau	`9`	`9`
	zuweisen und zum nächsten Foto wechseln	`⇧`+`6`–`9` (obere Zahlenreihe)	`⇧`+`6`–`9`
Markierungsstatus	als markiert kennzeichnen	`P`	`P`
	als markiert kennzeichnen und zum nächsten Foto wechseln	`⇧`+`P`	`⇧`+`P`
	als abgelehnt kennzeichnen	`X`	`X`
	als abgelehnt kennzeichnen und zum nächsten Foto wechseln	`⇧`+`X`	`⇧`+`X`
	Markierung aufheben	`U`	`U`
	Markierung aufheben und zum nächsten Foto wechseln	`⇧`+`U`	`⇧`+`U`
Markierungsstatus	erhöhen	`Strg`+`↑`	`⌘`+`↑`
	verringern	`Strg`+`↓`	`⌘`+`↓`
	Einstellungen durchlaufen	`H`	`H`
	Fotos verbessern	`Strg`+`Alt`+`R`	`⌘`+`⌥`+`R`

Filter

		Windows	Mac OS X
Bibliotheksfilterleiste	ein-/ausblenden	`\`	`\`
Mehrere Filter in der Filterleiste	öffnen	`⇧` + Klicken auf Filterbeschriftungen	`⇧` + Klicken auf Filterbeschriftungen
Filter	ein-/ausblenden	`Strg`+`L`	`⌘`+`L`

Tastaturbefehle

		Windows	Mac OS X
Textfilter (Suchen)	mit Text	`Strg`+`F`	`⌘`+`F`
	beginnt mit	+ am Wortanfang	+ am Wortanfang
	endet mit	+ am Wortende	+ am Wortende
	beinhaltet nicht	! am Wortanfang	! am Wortanfang

Gesichtserkennung

		Windows	Mac OS X
Gesichtserkennung	Personenansicht	`O`	`O`
	Vorschlag bestätigen	`⇧`+`↵`	`⇧`+`↵`
	Textfeld aktivieren	`⇧`+`O`	`⇧`+`O`
	nächste Person auswählen mit aktiviertem Textfeld	`⇥`	`⇥`
	Namen bearbeiten abbrechen	`Esc`	`Esc`
	Lösche Gesichtserkennung	`Entf` (wenn Textfeld ist inaktiv)	`←` (wenn Textfeld ist inaktiv)
	Stack ein-/ausblenden	`S`	`S`
	Stack temporär einblenden	`S` dauerhaft halten	`S` dauerhaft halten
	Bilder einer erkannten Person durchblättern	`Alt` gedrückt halten während die Maus über Person fährt	`Alt` gedrückt halten während die Maus über Person fährt

Sammlungen

		Windows	Mac OS X
Neue Sammlung im Bibliothek-Modul erstellen		`Strg`+`N`	`⌘`+`N`
Schnellsammlung	hinzufügen oder entfernen	`B`	`B`
	hinzufügen und zum nächsten Foto wechseln	`⇧`+`B`	`⇧`+`B`
	anzeigen	`Strg`+`B`	`⌘`+`B`
	speichern als Sammlung	`Strg`+`Alt`+`B`	`⌘`+`⌥`+`B`
	löschen	`Strg`+`⇧`+`B`	`⌘`+`⇧`+`B`
Zielsammlung	als Zielsammlung festlegen	`Strg`+`Alt`+`⇧`+`B`	`⌘`+`⌥`+`⇧`+`B`

Tastaturbefehle

Metadaten und Stichwörter im Bibliothek-Modul

		Windows	Mac OS X
Stichwörter	hinzufügen	Strg + K	⌘ + K
	bearbeiten	Strg + ⇧ + K	⌘ + ⇧ + K
Stichwortkürzel	festlegen	Strg + Alt + ⇧ + K	⌘ + ⌥ + ⇧ + K
	ausgewähltem Foto hinzufügen/entfernen	⇧ + K	⇧ + K
Malen aktivieren		Strg + Alt + K	⌘ + ⌥ + K
Stichwortsatz	Stichwort einem ausgewählten Foto hinzufügen	Alt + 1 – 9	⌥ + 1 – 9
Stichwortsätze	vorwärts/rückwärts durchlaufen	Alt + 0 / Alt + ⇧ + 0	⌥ + 0 / ⌥ + ⇧ + 0
Metadaten	kopieren	Strg + Alt + ⇧ + C	⌘ + ⌥ + ⇧ + C
	einfügen	Strg + Alt + ⇧ + V	⌘ + ⌥ + ⇧ + V
	in Datei speichern	Strg + S	⌘ + S
Rechtschreibprüfung	Dialogfeld öffnen		⌘ + :
	prüfen		⌘ + ;
Zeichenpalette öffnen			⌘ + ⌥ + T

Videobearbeitung im Bibliothek-Modul

		Windows	Mac OS X
Beschneiden	Startpunkt festlegen	⇧ + I	⇧ + I
	Endpunkt festlegen	⇧ + O	⇧ + O
Abspielen/Anhalten		Leertaste	Leertaste

Zusammenfügen von Bildern

		Windows	Mac OS X
HDR	mit HDR-Dialog	Strg + H	Ctrl + H
	ohne HDR-Dialog	Strg + ⇧ + H	Ctrl + ⇧ + H
	Zeige Überlagerung Geistereffekt	O	O

Tastaturbefehle

		Windows	Mac OS X
HDR	Farben der Überlagerung wechseln	⇧ + O	⇧ + O
Panorama	mit Dialog	Strg + M	Ctrl + M
	ohne Dialog	Strg + ⇧ + M	Ctrl + ⇧ + M

Entwickeln-Modul

		Windows	Mac OS X
In Graustufen konvertieren		V	V
Automatische Tonwertkorrektur		Strg + Alt + U	⌘ + ⌥ + U
Automatischer Weißabgleich		Strg + ⇧ + U	⌘ + ⇧ + U
Einstellungen kopieren/einfügen		Strg + ⇧ + C / Strg + ⇧ + V	⌘ + ⇧ + C / ⌘ + ⇧ + V
Einstellungen von vorherigem Bild einfügen		Strg + Alt + V	⌘ + ⌥ + V
Vorher-Nachher-Ansicht	Nachher-Einstellungen zu Vorher kopieren	Strg + Alt + ⇧ + ←	⌘ + ⌥ + ⇧ + ←
	Vorher-Einstellungen zu Nachher kopieren	Strg + Alt + ⇧ + →	⌘ + ⌥ + ⇧ + →
	Vorher- und Nachher-Einstellungen tauschen	Strg + Alt + ⇧ + ↑	⌘ + ⌥ + ⇧ + ↑
	vorher und nachher (links und rechts) anzeigen	Y	Y
	vorher und nachher (oben und unten) anzeigen	Alt + Y	⌥ + Y
	vorher und nachher in geteiltem Bildschirm anzeigen	⇧ + Y	⇧ + Y
Regler	in kleinen Schritten erhöhen	#	#
	in kleinen Schritten verringern	−	−
	in größeren Schritten erhöhen	⇧ + #	⇧ + #
	in größeren Schritten verringern	⇧ + −	⇧ + −
Die Einstellungen des Bedienfeldes »Grundeinstellungen« durchlaufen		+	+

Tastaturbefehle

		Windows	Mac OS X
Regler zurücksetzen		Auf Reglernamen doppelklicken	Auf Reglernamen doppelklicken
Reglergruppe zurücksetzen		[Alt] + klicken auf Gruppenname	[⌥] + klicken auf Gruppenname
Alle Einstellungen zurücksetzen		[Strg]+[⇧]+[R]	[⌘]+[⇧]+[R]
Zielkorrektur	Zurücklegen	[Strg]+[Alt]+[⇧]+[A]	[⌘]+[⌥]+[⇧]+[A]
	Gradationskurve/Punktkurve	[Strg]+[Alt]+[⇧]+[N]	[⌘]+[⌥]+[⇧]+[N]
Zielkorrektur	Farbton	[Strg]+[Alt]+[⇧]+[T]	[⌘]+[⌥]+[⇧]+[T]
	Sättigung	[Strg]+[Alt]+[⇧]+[H]	[⌘]+[⌥]+[⇧]+[H]
	Helligkeit	[Strg]+[Alt]+[⇧]+[S]	[⌘]+[⌥]+[⇧]+[S]
	Schwarzweißmischung	[Strg]+[Alt]+[⇧]+[G]	[⌘]+[⌥]+[⇧]+[G]
Synchronisieren	Einstellungen	[Strg]+[⇧]+[S]	[⌘]+[⇧]+[S]
	Einstellungen ohne Dialogfeld »Synchronisierungseinstellungen«	[Strg]+[Alt]+[S]	[⌘]+[⌥]+[S]
	»Automatisch synchronisieren« aktivieren/deaktivieren	[Strg] + klicken auf Schaltfläche »Synchronisieren«	[⌘] + klicken auf Schaltfläche »Synchronisieren«
	automatische Synchronisierung aktivieren	[Strg]+[Alt]+[⇧]+[A]	[⌘]+[⌥]+[⇧]+[A]
	Gesamtbelichtungen abgleichen	[Strg]+[Alt]+[⇧]+[M]	[⌘]+[⌥]+[⇧]+[M]
	Weißabgleichswerkzeug auswählen (alle Module)	[W]	[W]
	Freistellen-Werkzeug auswählen (alle Module)	[R]	[R]
	Seitenverhältnis bei ausgewähltem Freistellen-Werkzeug beibehalten	[A]	[A]
	auf gleiches Seitenverhältnis wie vorherige Freistellung freistellen	[⇧]+[A]	[⇧]+[A]
Freistellungsüberlagerung	Freistellungsüberlagerung auswählen (aus allen Modulen)	[R]	[R]
	von Mitte des Fotos aus freistellen	ziehen bei gedrückter [Alt]-Taste	ziehen bei gedrückter [⌥]-Taste

Tastaturbefehle

		Windows	Mac OS X
Freistellungsüberlagerung	Freistellenraster-Überlagerung durchlaufen	[O]	[O]
	Ausrichtung der Freistellenraster-Überlagerung durchlaufen	[⇧]+[O]	[⇧]+[O]
	Freistellung zwischen Quer- und Hochformat wechseln	[X]	[X]
	Freistellen zurücksetzen	[Strg]+[Alt]+[R]	[⌘]+[⌥]+[R]
Bereichsreparatur	Bereichsreparatur auswählen (aus allen Modulen)	[Q]	[Q]
Verlaufsfilter	Verlaufsfilter auswählen (aus allen Modulen)	[M]	[M]
Radial-Filter	Radial-Filter auswählen (aus allen Modulen)	[⇧]+[M]	[⇧]+[M]
	Radial-Filter duplizieren	ziehen bei gedrückter [Strg]+[Alt]-Taste	ziehen bei gedrückter [⌘]+[⌥]-Taste
Korrekturpinsel	Korrekturpinsel auswählen (alle Module)	[K]	[K]
	Pinselgröße erhöhen	[.]	[.]
	Pinselgröße verringern	[,]	[,]
	Pinselweichzeichnung erhöhen	[⇧]+[.]	[⇧]+[.]
	Pinselweichzeichnung verringern	[⇧]+[,]	[⇧]+[,]
	zwischen Korrekturpinsel A und B wechseln	[<]	[<]
	vorübergehend von Pinsel A oder B zum Radiergummi wechseln	ziehen bei gedrückter [Alt]-Taste	ziehen bei gedrückter [⌥]-Taste
	horizontale oder vertikale Linie zeichnen	ziehen bei gedrückter [⇧]-Taste	ziehen bei gedrückter [⇧]-Taste
	Betrag erhöhen	Korrekturstift nach rechts ziehen	Korrekturstift nach rechts ziehen
	Betrag verringern	Korrekturstift nach links ziehen	Korrekturstift nach links ziehen
	lokalen Korrekturstift ein-/ausblenden	[H]	[H]

Tastaturbefehle

		Windows	Mac OS X
Korrekturpinsel	lokale Korrekturmasken-Überlagerung ein-/ausblenden	[O]	[O]
	lokale Korrekturmasken-Überlagerungsfarben durchlaufen	[⇧]+[O]	[⇧]+[O]
	Direktes-Anpassen-Werkzeug auswählen, um Gradationskurvenkorrekturen vorzunehmen	[Strg]+[Alt]+[⇧]+[T]	[⌘]+[⌥]+[⇧]+[T]
	Direktes-Anpassen-Werkzeug auswählen, um eine Farbtonanpassung vorzunehmen	[Strg]+[Alt]+[⇧]+[H]	[⌘]+[⌥]+[⇧]+[H]
	Direktes-Anpassen-Werkzeug auswählen, um eine Sättigungsanpassung vorzunehmen	[Strg]+[Alt]+[⇧]+[S]	[⌘]+[⌥]+[⇧]+[S]
	Direktes-Anpassen-Werkzeug auswählen, um eine Luminanzanpassung vorzunehmen	[Strg]+[Alt]+[⇧]+[L]	[⌘]+[⌥]+[⇧]+[L]
	Direktes-Anpassen-Werkzeug auswählen, um eine Graustufen-Kanalanpassung durchzuführen	[Strg]+[Alt]+[⇧]+[G]	[⌘]+[⌥]+[⇧]+[G]
	Auswahl des Direktes-Anpassen-Werkzeugs aufheben	[Strg]+[Alt]+[⇧]+[N]	[⌘]+[⌥]+[⇧]+[N]
Histogramm	Beschnitt anzeigen	[J]	[J]
Zoomen	zwischen Lupenansicht und 1:1-Zoom-Vorschau wechseln	Leertaste oder [Z]	Leertaste oder [Z]
	ein-/auszoomen	[Strg]+[#]/[Strg]+[−]	[⌘]+[#]/[⌘]+[−]
Schnappschuss	erstellen	[Strg]+[N]	[⌘]+[N]
Vorgaben	erstellen	[Strg]+[⇧]+[N]	[⌘]+[⇧]+[N]
	Vorgabeordner erstellen	[Strg]+[Alt]+[N]	[⌘]+[⌥]+[N]
Entwicklungsansicht-Optionen öffnen		[Strg]+[J]	[⌘]+[J]
Softproof	ein-/ausblenden	[S]	[S]
	Ausgabeprofilwarnung	[⇧]+[S]	[⇧]+[S]

Tastaturbefehle

Karte-Modul

		Windows	Mac OS X
Suche		Strg + F	⌘ + F
Tracklog	vorhergehender Track	Strg + Alt + ⇧ + T	⌘ + ⌥ + ⇧ + T
	nächster Track	Strg + Alt + T	⌘ + ⌥ + T
GPS-Koordinaten löschen		Entf	← oder Entf
Alle ortsbezogenen Metadaten löschen		Strg + Entf	⌘ + ← oder ⌘ + Entf
Marker sperren		Strg + K	⌘ + K
Gespeicherte Positionsüberlagerung anzeigen		O	O
Kartenstil	Hybrid	Strg + 1	⌘ + 1
	Straßenkarte	Strg + 2	⌘ + 2
	Satellitenfoto	Strg + 3	⌘ + 3
	Gelände	Strg + 4	⌘ + 4
	Hell	Strg + 5	⌘ + 5
	Dunkel	Strg + 6	⌘ + 6
Zoomen	ein-/auszoomen	# / −	# / −
	auf Auswahl zoomen	Alt -Rechteck ziehen auf Karte	⌥ -Rechteck ziehen auf Karte

Buch-Modul

		Windows	Mac OS X
Zelle auswählen	alle Textzellen	Strg + Alt + A	⌘ + ⌥ + A
	alle Fotozellen	Strg + Alt + ⇧ + A	⌘ + ⌥ + ⇧ + A
Mehrere Zellen auswählen		⇧ + Mausklick	⇧ + Mausklick
Kopieren/Einfügen	Layout kopieren	Strg + ⇧ + C	⌘ + ⇧ + C
	Layout einfügen	Strg + ⇧ + V	⌘ + ⇧ + V
Löschen	Bild von Seite entfernen	Entf	Entf
	Seite löschen	Strg + ⇧ + Entf	⌘ + ⇧ + Entf
Gehe auf Seite	Anfang	Strg + ⇧ + ←	⌘ + ⇧ + ←
	vorherige Seite	Strg + ←	⌘ + ←

Tastaturbefehle

		Windows	Mac OS X
Gehe auf Seite	nächste Seite	`Strg`+`→`	`⌘`+`→`
	Ende	`Strg`+`⇧`+`→`	`⌘`+`⇧`+`→`
Hilfslinien	anzeigen	`Strg`+`⇧`+`G`	`⌘`+`⇧`+`G`
	Beschnitt	`Strg`+`⇧`+`J`	`⌘`+`⇧`+`J`
	sicherer Textbereich	`Strg`+`⇧`+`U`	`⌘`+`⇧`+`U`
	Fotozellen	`Strg`+`⇧`+`K`	`⌘`+`⇧`+`K`
	Fülltext	`Strg`+`⇧`+`H`	`⌘`+`⇧`+`H`
Informationen anzeigen		`I`	`I`
Ansichtsoptionen	Mehrseitenansicht	`Strg`+`E`	`⌘`+`E`
	Druckbogenansicht	`Strg`+`R`	`⌘`+`R`
	Einzelseitenansicht	`Strg`+`T`	`⌘`+`T`
Mehrseitenansicht	Raster vergrößern	`#`	`#`
	Raster verkleinern	`-`	`-`
Text-Zielkorrektur	Schriftgröße	horizontal ziehen	horizontal ziehen
	Zeilenabstand	senkrecht ziehen	senkrecht ziehen
	Buchstabenabstand	`Strg` + horizontal ziehen	`⌘` + horizontal ziehen
	Grundlinienversatz	`Strg` + senkrecht ziehen	`⌘` + senkrecht ziehen
	Zielkorrektur beenden	`Esc`	`Esc`

Diashow-Modul

	Windows	Mac OS X
Diashow abspielen	`↵`	`↵`
Diashow anhalten	Leertaste	Leertaste
Vorschau einer Diashow anzeigen	`Alt`+`↵`	`⌥`+`↵`
Diashow beenden	`Esc`	`Esc`
Zum nächsten Dia	`→`	`→`
Zum vorherigen Dia	`←`	`←`
Hilfslinien ein-/ausblenden	`Strg`+`⇧`+`H`	`⌘`+`⇧`+`H`
PDF-Diashow exportieren	`Strg`+`J`	`⌘`+`J`
JPEG-Diashow exportieren	`Strg`+`⇧`+`J`	`⌘`+`⇧`+`J`

Tastaturbefehle

		Windows	Mac OS X
Video-Diashow exportieren		Strg + Alt + J	⌘ + ⌥ + J
Vorlagen	neue Diashow-Vorlage erstellen	Strg + N	⌘ + N
	neuen Diashow-Vorlagenordner erstellen	Strg + ⇧ + N	⌘ + ⇧ + N
	Diashow-Einstellungen speichern	Strg + S	⌘ + S

Drucken-Modul

		Windows	Mac OS X
Drucken		Strg + P	⌘ + P
Eine Kopie drucken		Strg + Alt + P	⌘ + ⌥ + P
Dialogfeld »Seite einrichten« öffnen		Strg + ⇧ + P	⌘ + ⇧ + P
Dialogfeld »Druckeinstellungen« öffnen		Strg + Alt + ⇧ + P	⌘ + ⌥ + ⇧ + P
Seitennavigation	zur ersten Seite	Strg + ⇧ + ←	⌘ + ⇧ + ←
	zur letzten Seite	Strg + ⇧ + →	⌘ + ⇧ + →
	zur vorherigen Seite	Strg + ←	⌘ + ←
	zur nächsten Seite	Strg + →	⌘ + →
Lineale, Hilfslinien und Raster	Hilfslinien ein-/ausblenden	Strg + ⇧ + H	⌘ + ⇧ + H
	Lineale ein-/ausblenden	Strg + R	⌘ + R
	Seitenanschnitt ein-/ausblenden	Strg + ⇧ + J	⌘ + ⇧ + J
	Ränder und Bundstege ein-/ausblenden	Strg + ⇧ + M	⌘ + ⇧ + M
	Bildzellen ein-/ausblenden	Strg + ⇧ + K	⌘ + ⇧ + K
	Abmessung ein-/ausblenden	Strg + ⇧ + U	⌘ + ⇧ + U
Vorlagen	neue Druckvorlage erstellen	Strg + N	⌘ + N
	neuen Druckvorlagenordner erstellen	Strg + ⇧ + N	⌘ + ⇧ + N
	Druckeinstellungen speichern	Strg + S	⌘ + S

Tastaturbefehle

Web-Modul

		Windows	Mac OS X
Webgalerie neu laden		Strg + R	⌘ + R
Vorschau in Browser		Strg + Alt + P	⌘ + ⌥ + P
Webgalerie exportieren		Strg + J	⌘ + J
Vorlagen	neue Webgalerie-Vorlage erstellen	Strg + N	⌘ + N
	neuen Webgalerie-Vorlagenordner erstellen	Strg + ⇧ + N	⌘ + ⇧ + N
	Webgalerie-Einstellungen speichern	Strg + S	⌘ + S

Glossar

Hier einige Begriffe aus dem Alltag eines Fotografen und aus dem Buch die Ihnen eventuell nicht so geläufig sind.

Additive Farbmischung

(auch *additives Farbsystem*) Bei dieser Farbmischung werden die drei Lichtfarben Rot, Grün und Blau gemischt. Dabei erhält man Weiß. Diese Farbmischung ist nur mit Geräten möglich, die Licht aussenden, wie Monitore oder Fernseher. Auch RGB-fähige Drucker können nicht in Rot, Grün und Blau drucken, sondern separieren (→ *Separation*) die Farben vorher in die Druckfarben (→ *CMYK*).

Alphakanal

Normalerweise besteht ein Bild nur aus den Farbkanälen RGB oder CMYK. Der Alphakanal ist ein zusätzlicher Graustufenkanal, der die Transparenz eines Bildes steuert. Pixel in Schwarz sind dabei transparent und weiße deckend. Alle Werte dazwischen sind, entsprechend ihrer Helligkeit, teilweise durchsichtig.

APS-C

(*Advanced Photo System Classic*) Größenspezifikation von Sensorchips mit den Abmessungen 25,1 × 16,7 mm. Sie wird in den meisten digitalen Semiprofi-Spiegelreflexmodellen eingesetzt.

Artefakt

Artefakte sind sichtbare Fehler in Bildern, die auf deren Umrechnung oder Kompression zurückzuführen sind. Bei JPEG-Bildern wird starke Kompression durch quadratische Blöcke sichtbar.

Aufhellblitz

Ein Blitz, den man dazu verwendet, Schattenpartien im Bild aufzuhellen. Ein Aufhellblitz ist meistens in der Helligkeit leicht reduziert. Außerdem sollte er ein weiches Licht ohne Schatten liefern.

Auflösung

In der Fotografie ist damit die Anzahl der Pixel pro Längeneinheit (cm oder in) gemeint. Das bedeutet, je mehr Pixel pro Einheit, umso höher die Auflösung. Sie wird meistens in →*dpi* angegeben. Jedes Foto besitzt eine absolute Pixelanzahl in Breite und Länge. Diese Anzahl geteilt durch die Auflösung in dpi ergibt die druckbare Größe des Bildes in Zoll. Um den Wert auf Zentimeter umzurechnen, muss er mit 2,54 multipliziert werden.

Belichtung

Die Belichtung ist in der Fotografie das Zusammenspiel aus →*Blendenwert*, →*Belichtungszeit* und gewähltem →*ISO-Wert*. Ein perfektes Zusammenspiel der drei Faktoren ist nötig, um ein optimal belichtetes Bild zu erreichen. Bei einer Belichtung wird immer nur ein Bild erzeugt.

Belichtungsumfang

Der Helligkeitsumfang, den ein Sensorchip verarbeiten kann. Dieser ist abhängig von der Bauart, wird aber von der →*Bittiefe* beschränkt. Ein 12-Bit-Sensorchip kann theoretisch maximal zwölf Blendenstufen Belichtungsumfang verarbeiten.

Belichtungszeit

Dauer, in der Licht während der Belichtung auf den Sensor fällt. Sie besitzt einen direkten Bezug zur Blende, denn eine Halbierung der Belichtungszeit entspricht der Verkleinerung der Blende um einen →*Blendenwert*. Dabei wird immer die einfallende Lichtmenge um die Hälfte reduziert.

Glossar

Beugung

Fällt Licht durch ein Loch, wird es an den Rändern der Öffnung abgelenkt bzw. gebeugt. Je kleiner die Öffnung ist, umso größer ist die Anzahl der gebeugten Strahlen im Gegensatz zu den ungebeugten. Gebeugte Strahlen erzeugen eine Unschärfe bei zu kleinen Blendenöffnungen.

Bikubisch

Ist ein Verfahren zur Berechnung von Bildern bei Größenveränderung/Skalierung. Dabei werden Werte benachbarter Pixel herangezogen.

Bit

Ein Bit ist die kleinste Einheit im digitalen Maßstab. Sie bedeutet den Zustand »ein« bzw. »aus« und wird durch eine 0 und eine 1 symbolisiert. Durch die Verwendung im Dualsystem können Zahlen und Werte dargestellt werden; siehe auch →*Byte*.

Bittiefe

→ *Farbtiefe*

Bleach-Bypass

Ist wie das →*Cross-Processing* ein Entwicklungsverfahren, bei dem das Bleichen während der Filmentwicklung ausgelassen wurde. Dieser Vorgang belässt die Silberanteile im Film. Das Ergebnis sind ein dichteres Schwarz, ein stärkerer Kontrast und gering gesättigte Farben. Die →*Spitzlichter* reißen dabei aus.

Blende

Die Blende ist die Öffnung, durch die das Licht auf den Sensor fällt. Der Durchmesser kann zur Steuerung der →*Belichtung* verändert werden.

Blendenwert

Die Blende der Kamera verringert beim Schließen die Fläche des einfallenden Lichtes. Entscheidend für den Blendeneffekt ist das Verhältnis zwischen Brennweite und Blendendurchmesser.
Ein Verhältnis von Brennweite »f« (Fokus) und Blende von 1,0 bedeutet, dass der Durchmesser der Brennweite entspricht. Bei 50 mm wäre der Blendendurchmesser also ebenfalls 50 mm. Jedes Abblenden um eine Stufe halbiert die einfallende Lichtmenge.
Da es sich dabei um Flächenangaben handelt, verursacht nicht die Verdopplung der Blendenwerte eine Halbierung der Lichtmenge, sondern die Quadratwurzel aus 2, also ca. 1,4. Das ergibt dann eine Wertefolge von 1,0 – 1,4 – 2,0 – 2,8 – 4,0 – 5,6 – 8 – 11 – 16 etc.
f2,8 – also eigentlich f/2,8 – bei 50 mm bedeutet einen Blendendurchmesser von 17,86 mm. Dadurch wird auch klar, warum lange Brennweiten höhere Ausgangsblenden besitzen.

Blooming

Eine Eigenschaft von →*CCD-Chips*. Da diese aus in Reihen geschalteten Elementen bestehen, kann zu viel Licht von einem Element zum nächsten überlaufen, wie Wasser in nebeneinanderstehende Eimer. Dadurch überblenden mehrere Elemente, und die Lichter überstrahlen.

Bracketing

Beim Bracketing werden mehrere Bilder eines Motivs mit unterschiedlichen Belichtungen durchgeführt, um später die beste auszuwählen oder diese zu einem HDR-Bild (→*HDRI*) zu montieren.

Brennweite

Die Entfernung der Hauptebene der Linse zum Brennpunkt des Objektivs. Je höher der Wert ist, umso näher erscheinen die Objekte (Teleobjektiv). Weitwinkelobjektive besitzen eine kürzere Brennweite (> 50 mm bei Vollformatsensoren).

Byte

Ein Bit besitzt zwei Werte: 0 und 1. Beginnt man zu zählen, benötigt man ab 2 eine neue Stelle, die nächste Stelle ab der Zahl 4. Die Zahl 255 schreibt man dann beispielsweise 11111111. Das sind 8 Bit; dies entspricht, inklusive der 0, 256 Werten. Ordnet man jedem Wert eine Helligkeitsstufe zu, haben wir 256 Helligkeitswerte bei 8 Bit. Nehmen wir für Rot, Grün und Blau jeweils 8 Bit, kommen wir auf 24 Bit Farbtiefe. Das entspricht dann insgesamt ca. 16,7 Mio. Farben. Viele Digitalkameras speichern Raw-Daten mit 12 Bit pro Farbe. Dies bedeutet pro Farbe 4 096 Abstufungen und eine Gesamtanzahl von ca. 68,7 Mrd. Farben.

Glossar

Candela
Maßeinheit für Lichtquellen, die Licht aussenden

CCD (Charge-Coupled Device)
Eine Bauform für Sensorchips. Das Besondere dabei ist, dass diese aus Sensorelementen bestehen, die in Reihen geschaltet sind. Zum Auslesen werden diese um eine Zelle verschoben. Das Bild wird also reihenweise aufgebaut. CCD-Chips tendieren zum →*Blooming*. Diese Chips sind einfacher zu produzieren, somit billiger und werden eher in günstigen Kameras verbaut.

Chromatische Aberration
Fällt Licht durch eine Linse, wird dieses je nach Wellenlänge unterschiedlich gebrochen. Dadurch entstehen Farbsäume, vor allem an Bildrändern. Der Effekt ist abhängig von der Brennweite – beim Weitwinkel ist er stärker – und von der Qualität des Objektivs.

Clipping
Erreicht die Menge an Licht, die auf einen Sensor fällt, einen bestimmten Wert, kann dieser nicht mehr Licht aufnehmen. Ab da ist das Bild an diesen Stellen weiß. Gleiches gilt für Schwarz. Erst ab einer bestimmten Menge Licht beginnt der Sensor, aufzuzeichnen und einen Wert heller als Schwarz anzugeben. Da dies abrupt passiert, spricht man von Clipping.

CMOS
(*Complementary Metal Oxide Semiconductor*) Eine Bauform für Sensorchips, bei der im Gegensatz zum →*CCD* jedes Element einzeln ausgelesen werden kann. Sie sind aufwendiger herzustellen und somit teurer. Sie werden vor allem in Spiegelreflexkameras eingebaut.

CMYK
Farbsystem zum Drucken (→*subtraktives Farbsystem*). Dabei werden Farben durch das Zusammenmischen der Grundfarben Cyan, Magenta und Gelb erzeugt. Da diese Farben zusammen aufgrund technischer Probleme nur theoretisch Schwarz ergeben, wird zusätzlich Schwarz als vierte Farbe (K = Key) beigemischt.

ColorSync
Farbmanagementsystem auf einem Mac

Cropping
→*Freistellen*

Cross-Processing
Dabei wurden früher Negative in Diafilmchemie entwickelt oder Diafilme in Negativchemie – daher der Name des Begriffs. Dabei entstand in den Tiefen eine Farbverschiebung. Die Lichter wurden in die entgegengesetzte Richtung verschoben. In der digitalen Nachbearbeitung können die Farben für Lichter und Tiefen getrennt voneinander verschoben werden. Dieser Vorgang heißt in Lightroom Teiltonung.

dpi
Gibt die Pixelanzahl pro Zoll (= Inch) an. Je höher diese Zahl ist, desto dichter und kleiner sind die Pixel. Die Abmessungen werden dann geringer, das Bild wirkt im Ausdruck aber schärfer. 300 dpi sind für den Offsetdruck geeignet. Für großformatige Tintenstrahlausdrucke, die größer als DIN A3 sind, reichen 200 dpi. Für noch größere Formate wie DIN A0 und größer reichen oft schon 100 dpi, da auch der Betrachtungsabstand zu diesen Bildern größer ist; siehe auch →*Auflösung*.

Druckraster
→*Raster*

Dualsystem
Im Gegensatz zum Dezimalsystem, das zehn Ziffern kennt, kennt das Dualsystem nur die zwei Ziffern 0 und 1. Wenn man also die Zahl 2 darstellen will, benötigt man bereits eine zweite Stelle. Eine dezimale 2 ist eine 10 im Dualsystem. Eine dezimale 5 ist im Dualsystem eine 101 etc. Alle Dezimalzahlen lassen sich in Dualzahlen umrechnen und somit im Computer verarbeiten. Dies ist auch die Grundlage für die digitale Verarbeitung von Licht und Farbe.

Dynamikumfang
Beschreibt den →*Tonwertumfang* eines Motivs. Ist der Dynamikumfang zu groß, kann dieser von einem Bild nicht mehr erfasst werden. Es entstehen dabei →*Clippings* an den Schwarz- und Weißwerten. Motive mit hohen Dynamikumfängen sind

meist kontrastreicher, während Motive mit geringem Dynamikumfang meist einen geringen Kontrast besitzen und ohne Probleme belichtet werden können.

Farbchart
→ *Farbtafel*

Farbgamut
→ *Farbtiefe*

Farbkanal
Jedes Bild wird je nach Farbsystem in dessen Grundfarben zerlegt, bei RGB-Bildern in die drei Farbkanäle Rot, Grün und Blau, bei CMYK-Bildern in die Kanäle Cyan, Magenta, Gelb und Schwarz. Jede Farbe bekommt in einem digitalen Bild einen »Kanal« zugewiesen.

Farbmanagement
Jedes Ein- und Ausgabegerät stellt Farben anders dar. Dies ist zum einen durch die unterschiedlichen Farbsysteme bedingt – Monitore geben RGB-Farben aus, und Drucker geben CMYK-Farben aus. Zum anderen werden die Farben aufgrund von bauartbedingten Eigenschaften anders dargestellt. Das Farbmanagement versucht, alle Geräte zu standardisieren, um auf allen möglichst die gleiche Darstellung zu erreichen. Dazu wird jedem Gerät ein →*Farbprofil* zugewiesen.

Farbmodus
Farbsystem, in dem ein Bild gespeichert ist

Farbprofil
Speichert die Farbeigenschaften eines Aus- oder Eingabegeräts in eine Datei. Diese Datei wird als Profil Geräten zugewiesen und bei Bedarf ausgelesen, und die Farben werden entsprechend daran angepasst.

Farbraum
Jedes Gerät kann Farben entweder im RGB- oder CMYK-Farbmodus darstellen bzw. erzeugen. Die Menge der darstellbaren Farben im jeweiligen Farbsystem definiert den Farbraum.

Farbtafel
Eine Vorlage mit unterschiedlichen Farbfeldern und Grauwerten. Sie wird meist bei Beginn eines Fotoshootings einmal fotografiert. Danach kann man die Felder messen und die Szene an die Werte der Farbfelder anpassen. Anhand von Farbtafeln lassen sich Digitalkameras kalibrieren.

Farbtemperatur
Lichtquellen strahlen immer das gesamte Spektrum des Lichts ab. Allerdings ist dieses nicht immer gleich verteilt. Die Verteilung richtet sich grundsätzlich nach der Farbtemperatur eines schwarzen Strahlers in der Einheit Kelvin.

Farbtiefe
Anzahl der darstellbaren Farben in Bit für alle →*Farbkanäle* zusammen. Dieser Wert wird durch die Anzahl der Kanäle geteilt, um die Menge der Helligkeitsabstufungen pro Farbe zu erhalten.

Farbumfang
Alle darstellbaren Farben, die von einem Gerät wie einem Monitor oder Drucker dargestellt werden können

Freistellen
Wird ein Bild an den Seiten beschnitten, spricht man vom Freistellen. Es können auch einzelne Objekte in einem Bild freigestellt werden. Das bedeutet dann, dass alle Objekte um das Bild herum weggeschnitten werden. Da die Bildbearbeitungssoftware nur rechteckige Dateien verarbeiten kann, wird die freie Fläche um das Objekt herum als transparent gekennzeichnet (→*Alphakanal*).

Frontallicht
Licht, das von vorn auf ein Objekt trifft. Es ist meistens das Hauptlicht. Bei einer Standard-Porträtaufnahme fällt das Frontallicht im Winkel von ca. 30° zur Kamera auf das Objekt.

FTP
Das File Transfer Protocol ist das Standardverfahren zum Übertragen von Dateien in TPC/IP-Netzen – also beispielsweise im Internet. Es dient dem Zugriff auf Daten und Verzeichnisse, um diese herunter- oder hochzuladen. Das HTTP-Protokoll ist ein anderes bekanntes Protokoll. Mit ihm werden die Webseiten übertragen und im Browser angezeigt.

Fülllicht

(auch Aufhelllicht) Es hellt Schatten auf und verringert scharfe Schattenkanten. Es wird beispielsweise durch einen →*Aufhellblitz* oder Reflektor erzeugt.

Fullsize-Chip

Ist die Größenspezifikation für Sensorchips mit denselben Abmessungen wie beim Kleinbildfilm. Sie betragen 36 × 24 mm.

Gamma

Verteilung der Helligkeitsabstufungen über die Mitte. Bei einem Gamma von 1 sind die Helligkeiten zwischen Mitten und Schwarz genauso verteilt wie zwischen Mitten und Weiß.

Gradation

Stellt den Kontrastverlauf von Schwarz nach Weiß dar. Dieser kann grafisch dargestellt werden. Bei einer neutralen Gradation ist der Kurvenverlauf gerade. Ist die Kurve steiler, wird der Kontrast verstärkt.

Grauskala

Abstufungen der Grauwerte von Weiß nach Schwarz. Sie stellt somit gleichzeitig auch die Helligkeitsskala dar.

High Dynamic Range Image (HDRI/HDR)

Besitzt eine Aufnahmesituation einen zu großen Helligkeitsumfang, können nicht alle →*Tonwerte* in der Aufnahme abgebildet werden. In diesem Fall werden mehrere Aufnahmen per →*Bracketing* erstellt. Diese werden dann zu einer Aufnahme zusammengefügt und in einem speziellen HDR-Format gespeichert. Diese Bilder können dann per →*Tonemapping* in Bilddaten umgerechnet werden, die auch auf einem Monitor oder Drucker dargestellt bzw. ausgegeben werden können.

High-Key-Aufnahme

Aufnahme, die bewusst sehr hell belichtet wurde. Dabei befinden sich fast alle Tonwerte in den hellen Bereichen.

HSL

HSL steht für *Hue* (Farbton), *Saturation* (Sättigung) und *Lightness* (Helligkeit). Im HSL-Farbraum lassen sich Farben sehr detailliert und selektiv korrigieren.

ICC

Das ICC (*International Color Consortium*) ist ein Zusammenschluss von Hard- und Softwareherstellern, die zusammen einen plattformunabhängigen Standard für das Farbmanagement geschaffen haben. Alle ICC-Farbprofile richten sich danach.

Interpolation

Umrechnung von zwei unterschiedlich großen Mengen, zum Beispiel das Verkleinern von Bildern. Dabei müssen Informationen weggelassen werden. Wie das geschieht, wird mit der Interpolationsmethode bestimmt. Für die Skalierung von Bildern wird meist das Verfahren →*Bikubisch* angewendet.

ISO

(*International Organization for Standardization*) Für Fotografen hat diese Organisation die Lichtempfindlichkeit von Filmen standardisiert. Diese sind für Sensorchips übernommen worden. Je höher der ISO-Wert ist, umso lichtempfindlicher ist der Sensorchip. Auch hier bedeutet eine Verdopplung des Wertes eine Verdopplung der Lichtmenge. Bei ISO 200 ist der Chip also doppelt so empfindlich wie bei ISO 100.

Kalibrieren

Beim Kalibrieren wird ein Aus- oder Eingabegerät gemessen. Die Abweichung des Ist- vom Soll-Wert wird im →*Farbprofil* gespeichert. Das Farbmanagement übernimmt dann die Korrektur des Ist-Wertes, bis dieser dem Soll-Wert entspricht. Das Gerät ist kalibriert. Bei Monitoren oder Druckern werden die dargestellten Farben mit einem Messgerät gemessen. Scanner und Kameras nehmen geeichte Farbcharts auf. Das Ergebnis wird dann jeweils mit den Soll-Werten abgestimmt.

Kantenlicht

Licht, das von schräg hinten auf ein Objekt fällt. Dabei werden vor allem die Kanten beleuchtet und das Objekt optisch vom Hintergrund getrennt. Vor allem die Kanten der Schattenpartien sollen dadurch aufgehellt werden.

Kissenverzerrung

Bei der kissenförmigen Verzerrung werden die Ecken eines Bildes von der Mitte weggezogen – gerade Linien wölben sich also nach außen. Kissenverzerrung ist vor allem ein Problem bei Teleobjektiven.

Kompression

Reduzierung der Datenmenge durch Zusammenfassen doppelter oder Weglassen unwichtiger Informationen. Werden Informationen weggelassen, entstehen unwiederbringliche Verluste an den Bilddaten. Man spricht dann von verlustbehafteter Kompression. Unter den Bildformaten ist beispielsweise JPEG ein Verfahren, mit dem Bilder verlustbehaftet komprimiert werden.

Kontrast

Der Helligkeitsabstand zwischen zwei Flächen. Je höher der Abstand zwischen den Farbwerten ist, umso größer der Kontrast. Bei Bildern mit hohem Kontrast besitzen die hellen und dunklen Bildbereiche einen hohen Helligkeitsunterschied.

Lichter

Bildstellen mit sehr hellen Tonwerten

Lichtmessung

Bei dieser Messung wird das tatsächlich vorhandene Licht gemessen. Handbelichtungsmesser arbeiten mit dieser Messmethode. Da sie keinen Referenzwert für die Ermittlung von Belichtungswerten benötigen, arbeiten sie in allen Lichtsituationen sehr genau.

Low-Key-Aufnahme

Eine sehr dunkel belichtete Aufnahme mit vielen dunklen Tonwerten

Luminanz

Die Helligkeit einer Farbe. Dabei werden Farbton und Sättigung ignoriert.

LZW

Eine verlustfreie Komprimierungsart. Sie reduziert die Bilder nicht so stark wie beispielsweise JPEG, löscht aber dafür keine Bildinformationen.

Maske

Ein Graustufenbild, das über ein anderes Bild gelegt wird. Die abgedeckten Bereiche (dunkle Stellen) verdecken das darunterliegende Bild. Masken werden zum lokalen Anpassen von Bildern verwendet. Dabei werden nur die Stellen bearbeitet, die von der Maske abgedeckt werden. Auch der →*Alphakanal* ist eine Maske, dient aber nur zum Darstellen der Transparenz.

Mittelton

Bereiche eines Bildes mit mittlerer Helligkeit. Sie entsprechen in der Helligkeit ungefähr einem mittleren Grauton.

Moiré

Werden zwei gleiche, regelmäßige Gitter nicht genau übereinandergelegt, entsteht ein Muster. Solche Muster werden Moiré genannt. Da im Druck Helligkeiten über mehr oder weniger gefüllte Rasterzellen erzeugt werden, kann ein ungenaues Übereinanderlegen der Farbkanäle ein Moiré verursachen. Aber auch beim Fotografieren von Gitterstrukturen können solche Muster entstehen, und zwar dann, wenn das fotografierte Gitter mit dem Pixelraster nahezu identisch ist, beide aber gegeneinander versetzt oder verdreht sind.

Motivkontrast

Helligkeitsunterschiede in einem abzubildenden Motiv. Ist der Motivkontrast zu stark, kann der gesamte Umfang eventuell nicht im Bild festgehalten werden – zum Beispiel bei Mittagssonne in einer Stadt. Dabei überstrahlt der Himmel, und die Schatten werden schwarz. Während man im Studio mit →*Aufhellblitz* oder Reflektoren den Motivkontrast verringern kann, hat man bei der Architekturfotografie fast keine Möglichkeiten, den Motivkontrast zu verringern.

NAS

Ein NAS (*Network Attached Storage*) ist eine Festplatte mit Netzwerkanschluss. Oft kann in das Gehäuse auch mehr als eine Festplatte eingebaut werden. Jede weitere Festplatte dient zur Vergrößerung des Speicherplatzes oder zur Sicherung.

Objektmessung

Im Gegensatz zur Lichtmessung wird bei der Objektmessung das Licht gemessen, das von einem Objekt reflektiert wird. Alle Kameras arbeiten nach diesem Verfahren. Dabei muss das einfallende Licht mit einem Referenzwert verglichen werden. Nur wenn das Motiv in etwa der Helligkeit des Referenzwertes entspricht, kann die Kamera das Foto korrekt belichten. Der Referenzwert ist auch als 18 % Grau bekannt, da er 18 % des Lichts reflektiert. Dies entspricht ungefähr dem, was wir als mittleren Grauton wahrnehmen.

Panoramafotografie
Art der Fotografie, bei der extreme Blickwinkel mit einem großen Seitenverhältnis dargestellt werden. Meistens werden dabei komplette 360°-Rundblicke aufgenommen. Da nur Spezialkameras komplette 360°-Rundblicke aufnehmen können, werden stattdessen viele Aufnahmen, die im Kreis aufgenommen wurden, zu einem Bild montiert. Durch die Auftrennung des Kreises und die Ausbreitung des Motivs auf einer ebenen Fläche entstehen faszinierende Aufnahmen.

Perzeptiv
Perzeptiv ist ein →*Rendering Intent* zum Umrechnen von Farbräumen. Dabei werden größere Farbräume skaliert, bis sie in einen kleinen Farbraum passen. Dabei werden alle Farben angepasst. Werden kleinere Farbräume in größere umgewandelt, werden diese allerdings nicht entsprechend hochskaliert.

Pixel
Ein Pixel ist ein Bildpunkt mit einem Farbwert. Alle Fotos setzen sich aus zahlreichen Pixeln zusammen. Dabei spielt es zunächst keine Rolle, wie groß ein Pixel ist. Ein Pixel besitzt also keine Größe, sondern erhält diese erst in Bezug zu einer Anzahl von Pixeln pro Einheit, z. B. 100 Pixel pro Zentimeter. In diesem Fall ist ein Pixel 0,1 mm groß.

Plug-in
Viele Programme bieten eine Schnittstelle, an der sich kleine Zusatzprogramme andocken können, um den Funktionsumfang zu erweitern. Diese Zusatzprogramme werden Plug-ins genannt.

Proof
Um den Druck von Bildern besser vorhersehen zu können, werden diese vorher zur Überprüfung ausgedruckt. Solche farbverbindlichen Ausdrucke heißen Proofs.

Prozessfarben
Prozessfarben sind die Farben, mit denen gedruckt werden kann. Dabei handelt es sich um die Farben Cyan, Magenta, Gelb und Schwarz; siehe auch →*CMYK*.

Punkt (pt)
Allgemein gibt es zwei verschiedene Punkteinheiten: den Didot und den Cicero. Im Desktop-Publishing hat sich der Didot-Punkt durchgesetzt. Er wird auch in Lightroom verwendet:
1 pt = 1/72 Inch = 0,352 mm
20 pt = 20/72 Inch = 7,05 mm

Raster
Das Raster, auch Druckraster, dient zur Erzeugung von Helligkeitsabstufungen im Druck. Farbabstufungen können nur gedruckt werden, indem in einem Raster einzelne Rasterpunkte in der Größe variiert werden. Kleine Punkte im Raster decken wenig Fläche ab, der Tonwert ist dadurch heller, große Rasterpunkte decken mehr Fläche ab und erzeugen dadurch dunklere Flächen. Während im Offsetdruck mit regelmäßigen Rastern in einer festen →*Rasterweite* gedruckt wird, variieren Tintenstrahldrucker ihr Raster, denn sie können keine herkömmlichen Raster erzeugen. Dort wird ein Tonwert durch das eher zufällige Setzen einzelner Punkte (Farbpixel) zusammengestellt. Flächen erscheinen weniger homogen als im Offset, dafür ist oft kein Druckraster zu erkennen.

Rasterpunkt
Ein Rasterpunkt eines Druckrasters besteht aus einzelnen Pixeln. Je mehr Pixel ein Rasterpunkt besitzt, umso mehr Größenvariationen sind für einen Rasterpunkt möglich. Dies hat auch eine größere Anzahl von Helligkeitsabstufungen im Druckraster zur Folge. Besteht ein Rasterpunkt beispielsweise aus vier Pixeln, sind maximal vier Abstufungen möglich, ein Rasterpunkt mit 16 Pixeln kann bereits 16 Abstufungen erzeugen.

Rasterweite
Die Rasterweite misst den Abstand vom Mittelpunkt eines Rasterpunktes zum nächsten.

Glossar

Relativ farbmetrisch

Ein →*Rendering Intent* zur Farbraumkonvertierung. Wird ein größerer Farbraum in einen kleineren konvertiert, werden alle Farben, die außerhalb des kleineren Farbraums liegen, skaliert. Farben, die innerhalb des Farbraums liegen, bleiben erhalten. Diese Methode verändert weniger Farben, kann aber Zeichnungsverlust bedeuten.

Rendering Intent

Das Umrechnen zwischen Farbräumen geschieht über einen Prozessor, der mit Umrechnungsalgorithmen gefüttert ist. Diese Algorithmen (*Rendering Intents*) geben vor, wie die vorhandenen Farben von einem Farbraum in einen anderen konvertiert werden. Die am häufigsten verwendeten Rendering Intents sind →*Perzeptiv* und →*Relativ Farbmetrisch*.

Rendern

Das Berechnen von Bildern aus Informationen heraus. Zum Beispiel müssen Raw-Informationen in Lightroom beim Export erst mit ihren Einstellungen verrechnet (gerendert) werden, um daraus dann ein in anderen Programmen darstellbares Bild zu erhalten.

Schärfeebene

Die Schärfeebene entspricht der Entfernung, auf die beim Fotografieren fokussiert wurde. Dabei handelt es sich aber nicht nur um einen Punkt, der scharf ist, sondern um alle Punkte, die in dieser Entfernung liegen. Sie liegen auf einer Fläche – der Schärfeebene.

Schärfentiefe

Der Bereich, der vor und nach dem Punkt liegt, auf den scharfgestellt wurde. Die Tiefe dieses Bereichs ist abhängig von der Brennweite und der gewählten Blende.

Schwarzpunkt

Der dunkelste Punkt in einem Tonwertverlauf

Sensorrauschen

Photonen treffen nicht regelmäßig und in immer der gleichen Menge auf einen Chip. Darüber hinaus stören bauartbedingte Einflüsse das Auswerten. Dadurch entsteht ein ungleichmäßiges Muster, das durch Signalverstärkung, beispielsweise bei höheren ISO-Werten, weiter verstärkt wird. Dieses Muster ist das Rauschen.

Separation

Umwandlung von RGB-Daten in Druckfarben, meistens CMYK. Die Umrechnung erfolgt heutzutage über →*Rendering Intents*.

Shift

Beim Shiften wird das Objektiv parallel zur Sensorebene verschoben. Dadurch wird der Blickbereich ebenfalls verschoben – die Kamera muss nicht mehr zur Blickrichtung gedreht werden, um ein Motiv mittig auf das Bild zu bringen. Dies wird oft bei Architekturaufnahmen gemacht, da dadurch stürzende Linien vermieden werden. Anstatt die Kamera nach oben zu neigen, wird das Objektiv nach oben geschoben. Die Kamera kann dabei senkrecht gehalten werden.

Softbox

Große, durchscheinende Fläche, die vor ein Blitzgerät montiert wird. Sie streut das Licht und erzeugt somit eine sehr große und weiche Ausleuchtung des Motivs. Dies verhindert harte Schatten.

Softproof

Bei Softproofs werden Proofausdrucke am Monitor simuliert. Dabei werden die Bilder mit dem Farbprofil des Druckers angezeigt, mit dem sie gedruckt werden.

Spitzlichter

Kleine Bereiche mit reinem Weiß, die überbelichtet sind. Sie bestehen oft aus Lichtquellen oder deren Reflexion in Bildern. Diese sind meist so hell, dass sie mehrere Blendenstufen über den hellen Stellen liegen. Da sie eine geringe Fläche einnehmen und auch keine wichtigen Bilddetails beinhalten, können sie bei der Belichtungsmessung normalerweise ignoriert werden.

Subtraktive Farbmischung

Bei diesem Farbsystem (CMYK) werden Farben durch Mischung erzeugt. Weiß wird erzeugt, indem keine Farbe aufgetragen wird. Schwarz wird eigentlich durch die Mischung von Cyan, Magenta und Gelb erreicht. Leider wird daraus in der Realität ein dunkles, schmutziges Grau. Daher gibt man zusätzlich noch Schwarz als vierte Farbe hinzu.

Thumbnail
→*Vorschaubild*

Tiefen
Die dunklen Stellen eines Bildes

Tiefenschärfe
→*Schärfentiefe*

Tilt
Dabei wird das Objektiv an der Kamera seitlich gedreht. Um das Motiv trotzdem wieder im Blick zu haben, muss die Kamera entsprechend gekippt oder verdreht werden. Das Abbild bleibt zwar dasselbe, aber der Abstand zwischen Objektivebene und Sensorchip wird auf einer Seite länger als auf der anderen. Dadurch werden die Bereiche, die näher und weiter weg vom Mittelpunkt liegen, unscharf. Wird dies mit einem Verschieben des Drehpunktes über die →*Shift*-Funktion kombiniert, kann der Schärfepunkt aus der Mitte geschoben werden. Eine Abbildungsweise, die gerade sehr in Mode gekommen ist.

Token
Ein Token ist ein Platzhalter für Informationen. Diese bestehen beispielsweise aus Metadaten oder Variablen. Eine Kombination von Tokens kann in Lightroom beispielsweise zum Erzeugen von Dateinamen während des Imports verwendet werden.

Tonemapping
Verfahren, bei dem ein großer Helligkeitsumfang in einen kleineren konvertiert wird. Dies ist beispielsweise bei der Darstellung von HDR-Bildern notwendig. Dort ist der Tonwertumfang so groß, dass es kein Anzeigegerät gibt, das ihn darstellen kann. Das Tonemapping quetscht diesen extrem großen →*Tonwertumfang* in den verfügbaren Umfang eines Monitors. Dabei entstehen oft surrealistische Bilder.

Tonnenverzerrung
Sie ist das Gegenteil der →*Kissenverzerrung*. Die Ecken werden eher in die Mitte des Bildes gezogen – gerade Linien wölben sich also nach innen. Dieser Effekt tritt oft bei Weitwinkelobjektiven auf.

Tonwert
Helligkeitsabstufungen eines Farbkanals

Tonwertkorrektur
Beeinflussung des Helligkeitsverlaufs. Meist werden dabei der →*Weiß*- und →*Schwarzpunkt* des Bildes sowie der mittlere Grauwert angepasst.

Tonwertumfang
Der Helligkeitsumfang eines Bildes

Tonwertzuwachs
Im Druck werden Tonwerte immer etwas dunkler. Dies ist bedingt durch die Saugfähigkeit des Papiers und den klecksenden Farbauftrag. Dadurch wird mehr Farbe aufgetragen als gewünscht. Dieses Mehr an Farbe ist der Tonwertzuwachs; er wird in Prozent angegeben.

TTL-Blitzmessung
Bei der TTL-Blitzmessung misst nicht das Blitzgerät das Licht und bestimmt die Blitzleistung, sondern die Kamera durch das Objektiv, genau wie bei der Objektmessung. Für den Sensor nicht sichtbare Lichtquellen werden dabei nicht berücksichtigt. Der Blitz steuert zusätzlich die Lichtabgabe anhand von Fotozellen im Boden der Kamera nahe des Sensors. Bei modernen TTL-Blitzen wird zur Berechnung zusätzlich auch der Autofokus der Kamera – also der Bereich, auf den fokussiert wird – berücksichtigt.

Unscharf maskieren
Dieser Begriff stammt aus dem Laboralltag der Analogfotografie. Dabei wird ein unscharfes Negativ aus dem Bild generiert. Über das Bild gelegt, verstärkt es bei der Nachbelichtung die Kanten. Je nach Unschärfe der Maske wirkt sich der Effekt auf Details oder größere Bereiche aus. Der Parameter Radius in Lightroom entspricht der Schärfe der Maske.

Virtuelle Kopie
Virtuelle Kopien sind alternative Varianten eines Bildes. Dabei werden nur die Einstellungen als Alternative zum Original gespeichert. Alle virtuellen Kopien eines Originals greifen auf die gleiche Negativdatei zu wie das Original.

Vorschaubild

Ein Vorschaubild ist eine kleine Variante des Originals. Es besitzt eine geringere Pixelanzahl und ist stärker komprimiert. Vorschaubilder eignen sich vor allem zum schnellen Anzeigen großer Bildmengen, wie in der Rasteransicht von Lightroom. Diese lassen sich schneller generieren. Außerdem ermöglichen sie, dass man die Bilder anzeigen kann, auch ohne Zugriff auf die Originalbilder zu haben.

Wahrnehmungsgetreu

→ *Perzeptiv*

Weißabgleich/Weißbalance

Je nach Farbtemperatur kann der → *Weißpunkt* eine andere Färbung aufweisen. Bei Kerzenlicht ist dieser eher gelblich. Der Weißabgleich der Digitalkameras passt die Färbung des Weißpunkts an die Situation und Sehgewohnheiten an. Beim Menschen leistet das Gehirn diesen Abgleich. Weicht die automatische Ermittlung der Kamera vom tatsächlichen Eindruck ab, muss sie in der Nachbearbeitung manuell korrigiert werden.

Weißpunkt

Die hellste Stelle im Bild, die Weiß darstellt

Die Dateien zum Buch

Ihr Buch enthält Materialien, die wir aus lizenzrechtlichen Gründen nicht öffentlich zugänglich machen dürfen, sondern ausschließlich Ihnen als Käufer des Buches zur Verfügung stellen.

Sie finden die zusätzliche Materialien (z.B. Bildmaterial, Video-Lektionen, Ergänzungen oder Korrekturen) auf der Webkatalogseite zu Ihrem Buch *(www.rheinwerk-verlag.de/3763)*. Wenn Sie auf der Katalogseite sind, scrollen Sie ganz nach unten, dort sehen Sie dann den Kasten »Materialien zum Buch«. Klicken Sie dort auf den Link »Zu den Materialien«. Bitte halten Sie Ihr Buchexemplar bereit, damit Sie die Materialien freischalten können.

Die downloadbaren Zusatzmaterialien sind im Buch mit diesem Icon gekennzeichnet.

Ordner »Bookmarks«

In diesem Ordner finden Sie eine HTML-Datei mit nützlichen Links auf Webseiten oder Podcasts zu Adobe Photoshop Lightroom.

Ordner »Übungsdateien«

Innerhalb dieses Ordners finden Sie weitere Ordner, die alle nötigen Dateien für die Workshops und Schritt-für-Schritt-Anleitungen beinhalten.

Ordner »Übungsdateien • Erkennungstafeln«

In diesem Ordner finden Sie Zusatzdateien wie Erkennungstafeln und Hintergründe, die Sie für die Übungen und Workshops benötigen. Die Fotos, die Sie in den Workshops verwenden, sind bereits im Katalog enthalten.

Ordner »Übungsdateien • Lupenüberlagerung«

Hier finden Sie ein Bild eines Katalogtitels, das Sie zum Ausprobieren für die Funktion der Lupenüberlagerung verwenden können.

Die Dateien zum Buch

Ordner »Übungsdateien • Schnelleinstieg«

Dieser Ordner beinhaltet alle Bilder, die Sie für den Workshop »Schnelleinstieg« ab Seite 63 benötigen.

Ordner »Übungsdateien • Tracklog«

Für die Schritt-für-Schritt-Anleitung ab Seite 448 finden Sie hier die benötigte Datei mit den GPS-Koordinaten.

Ordner »Übungsdateien • Workshopkatalog«

Sie finden in den Materialien auch einen Beispielkatalog. Dieser enthält die Fotos aus dem Ordner ÜBUNGSDATEIEN • WORKSHOPKATALOG • BILDARCHIV. Er ist bereits mit Sammlungen und Stichwörtern versehen. Nicht alle Bilder sind aber fertig entwickelt, so dass Ihnen Raum für kreative Entfaltung bleibt. Es sind getrennte Bibliotheken für Microsoft Windows und Apple Mac OS X vorhanden, da es bei Umlauten von Dateinamen zu Problemen kommen kann. Kopieren Sie den Katalog zusammen mit dem Ordner ARCHIV in einen neuen Ordner auf Ihre Festplatte.

Den Ordner BILDARCHIV müssen Sie eventuell neu verknüpfen. Eine Beschreibung hierzu finden Sie auf Seite 236.

Der Katalog enthält auch alle benötigten Bilder und Sammlungen für die Schritt-für-Schritt-Anleitungen und die Workshops. Das Ausgangsmaterial befindet sich nach Kapiteln getrennt im Sammlungssatz SCHRITT-FÜR-SCHRITT-ANLEITUNGEN ❶, und WORKSHOPS • AUSGANGSMATERIAL ❷ bzw. Im FINAL-Sammlungssatz ❸ befinden sich die Ergebnisse der Aufgaben.

Ordner »Übungsdateien • Workshopkatalog • Bildarchiv«

Dort befinden sich die Bilder aus dem Beispielkatalog, mit denen Sie die Module von Photoshop Lightroom für eigene Entwicklungsvorgänge ausprobieren können. Bitte beachten Sie, dass die Urheberrechte für die Bilder beim Autor liegen und die Bilder weder weitergegeben noch veröffentlicht werden dürfen.

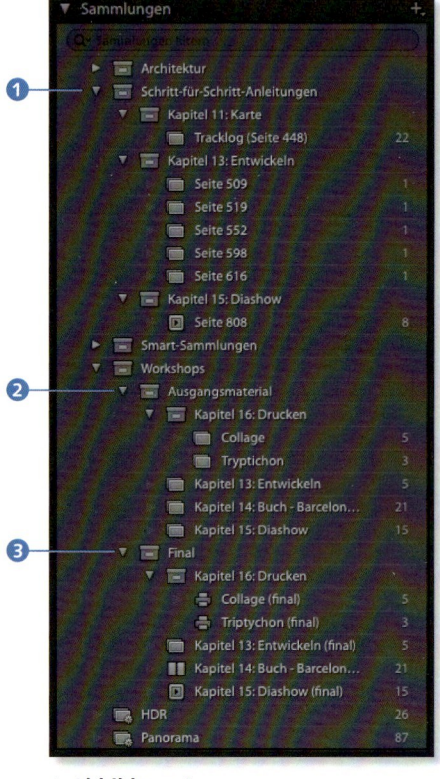

▲ Abbildung 1
Struktur der Sammlungen und Bilder des Workshopkatalogs

Die Dateien zum Buch

Ordner »Wissenswertes«

Hier finden Sie PDF-Dokumente zu den Themen Raw, DNG, IPTC, lineares Gamma etc. Hier finden Sie auch das PDF mit den Tastaturkürzeln zum Ausdrucken.

Ordner »Video-Training«

In diesem Ordner finden Sie weiterführende Lehrfilme aus unserem Video-Training »Adobe Photoshop Lightroom 6 und CC. Das umfassende Training« von Maike Jarsetz (ISBN 978-3-8362-3733-8). So haben Sie die Möglichkeit, dieses neue Lernmedium kennenzulernen und gleichzeitig Ihr Wissen zu vertiefen. Sie schauen der Trainerin bei der Arbeit zu und verstehen intuitiv, wie man die erklärten Funktionen anwendet.

Um das Video-Training zu starten, führen Sie im Ordner Video-Lektionen die Anwendungsdatei »start-win.exe« (Windows) bzw. »start.app« (Mac) mit einem Doppelklick aus. Das Video-Training sollte nun starten. Bitte vergessen Sie nicht, die Lautsprecher zu aktivieren oder gegebenenfalls die Lautstärke zu erhöhen. Sollten Sie Probleme mit der Leistung Ihres Rechners feststellen, können Sie alternativ die Datei »start.html« aufrufen. Sie finden folgende Filme:

1. Höchste Kontrolle bei der Entwicklung

1.1 Entwicklungseinstellungen synchronisieren .... [07:47 Min.]
1.2 Mit virtuellen Kopien arbeiten .... [05:06 Min.]
1.3 Lightroom und Photoshop kombinieren .... [08:44 Min.]

2. Entwicklung auf das Motiv abstimmen

2.1 Bilder reparieren und retuschieren .... [08:17 Min.]
2.2 Die Farben im Motiv verstärken .... [07:30 Min.]
2.3 Korrekturen mit Verlaufsfilter und Pinsel .... [09:47 Min.]
2.4 Porträtfotos mit Lightroom entwickeln .... [04:42 Min.]

3. Diashows und Webgalerien

3.1 Eine neue Diashow erstellen .... [07:30 Min.]
3.2 Webgalerien gestalten und mit Bildern füllen ...... [06:40 Min.]
3.3 Diashows präsentieren und ausgeben .... [08:05 Min.]

Index

1:1-Darstellung 492
1:1-Vorschauen automatisch verwerfen 218
6500 K 103

A

Abgelehnte Fotos löschen 361
Abmessungen 853
Absolut farbmetrisch 116
Abspielbildschirm 804
Abspielen 179, 803
  Abspielbildschirm 804
  Diashow 805
  Diashow-Modul 179
  Willkürliche Reihenfolge 804
Abspieloptionen 53
Additive Farbmischung 100
Ad-hoc-Beschreibung (Metadaten) 379
Ad-hoc-Entwicklung 40, 173, 387, 388
  Behandlung 389
  Belichtung 389
  Bibliothek-Modul 387
  Dynamik 391
  Farbtonkontrolle 389
  Gespeicherte Vorgabe 388
  Klarheit 391
  Kontrast 390
  Lichter 390
  Sättigung 392
  Schärfen 391
  Schwarz 391
  Tiefen 390
  Weiß 390
  Weißabgleich 389

Adobe Add-ons 212
Adobe Camera Raw 248
Adobe Standard-Profil 157
Adresse (Export per E-Mail) 486
Adressvorschläge exportieren, wenn Adressfelder leer sind 220
Aktivieren
  Zusatzmodule 214
Aktivitätszentrum 164, 918
Aktualisieren von Vorlagen 817
Alle auf einmal 900
Alle Dateien löschen 917
Alle Daten löschen (Lightroom mobile) 206
Alles auswählen 341
Alle verknüpfen 792
Allgemein
  Katalogeinstellungen 217
  Voreinstellungen 194
Als Benutzerseite speichern 745
Als DNG kopieren 296
Als Katalog exportieren 346, 464
  Negativdateien exportieren 232
  Nur ausgewählte Fotos exportieren 232
  Smart-Vorschauen erstellen/ einschließen 232
  Verfügbare Vorschaubilder einschließen 232
Alte Einstellungen als virtuelle Kopie beibehalten 235
Am Foto ausrichten (Auto-Layout) 743
Andere Bildschirme schwarz darstellen 804
Änderungen automatisch in XMP schreiben 220
An (Export per E-Mail) 485
An Musik anpassen 804

Anschnitt 853
Ansicht bei Einzoomen auf Klickbereich zentrieren 205
Ansicht-Optionen 327
Ansichtsfenster 183
Ansichtsmodus
  Normal (Standardmodus) 208
  Vollbildschirm mit Menüleiste (Vollbild mit Menü) 208
  Vollbildschirm und Bedienfelder ausblenden 208
  Vollbildschirm (Vollbild) 208
  Vollbildvorschau 208
  Vorher-Nachher-Ansicht 663
Ansichtssteuerung 492
  Ausfüllen 493
  Bildausschnitt verändern 495
  Einpassen 493
  Entwickeln-Modul 492
  Konfigurierbare Zoomstufe 494
  Originalgröße (1:1) 494
  Temporärer Zoom 496
  Zoomen auf Mausklick 495
  Zoomgrenzen 496
Anwendung 198
Arbeitsoberfläche 161
Arbeitsprofil 114
Arbeitsweise von Lightroom 87
Audiobalance 804
Auf allen Fotos automatisch Gesichter erkennen 221, 405
Aufhelllicht (Prozessversion 2010) 533
Auf Importieren anwenden 671
Auf jedes Bild rendern 846
Auf Karte sichtbar (Positionsfilter) 443
Auflösung
  Export 461

Index

Voreinstellungen 199
Ausblenden
  Stapel 356
Ausdruck schärfen 860
Aus (Export per E-Mail) 486
Ausfüllen 493, 851
Ausfüllen (Auto-Layout) 742
Ausgabeeinstellungen 183, 904
  Metadaten 904
  Qualität 904
  Schärfen 904
  Wasserzeichen 904
Ausgabefarbraum 114
Ausgabeschärfe 462
Ausgewählte Fotos automatisch taggen 450
Ausgewähltes Foto in diesen Ordner verschieben 347
Ausgewählte Zelle anpassen 854
Ausrichten 615
  Auto 616
Ausrichtung (Schriftart) 754
Auswahl aufheben 341
Auswahl umkehren 341
Auswahl und Vorschau der Erkennungstafel 844
Auto Dismiss 520, 521
Auto-Layout 739
  Am Foto ausrichten 743
  Ausfüllen 742
  Buch-Modul 177
  Einpassen 743
  Festes Layout 741
  Fotobeschriftungen 743
  Textstilvorgabe verwenden 744
  Wie linke Seite 741
  Wie rechte Seite 741
  Zufällig aus Favoriten 741
Automatisch ausrichten 427
Automatischen Import aktivieren 290
Automatischer Import beim Einlegen einer Speicherkarte 288
Automatischer Import mit Ordnerüberwachung 289
Automatischer Programmstart beim Einlegen einer Speicherkarte 322
Automatischer Tonwert 427
Automatische Tonwertkorrektur anwenden 197
Automatisch freistellen 434

Automatisch maskieren 652
Automatisch nach Updates suchen 194
Automatisch stapeln 357
Automatisch Vollbildschirm anzeigen 806
Autor der Galerie-URL 894
Auto (Upright-Methode) 580

B

Bayer-Raster 141
BCC (Export per E-Mail) 486
bearbeiten
  Punktkurve 546
Bearbeitungspunkte anzeigen 648
Bedienelemente 163
Bedienfeldpalette
  links 168
Bedrucktes Hardcover 738
Bei Änderungen am Foto kurz anzeigen 339
Bei der Benennung von Ordnern von der Kamera erzeugte Ordnernamen ignorieren 195, 288
Bei Leerzeichen in Dateinamen 202
Beim ersten Konvertieren in Schwarzweiß automatische Mischung anwenden 197
Beim Laden oder Rendern von Fotos Meldung anzeigen 339
Beim Starten von Lightroom wählen 226
Beitreten (Lightroom mobile) 206
Beleuchtung aus 204
Belichtungen angleichen 660
Belichtung (Prozessversion 2010) 531
Belichtung (Prozessversion 2012) 525
benannte Personen 406
Benutzerdefiniertes Paket 855
Benutzeroberfläche
  Zusatzmodule 203
Benutzerseiten
  Als Benutzerseite speichern 745
  Von Benutzerseiten entfernen 745
Bereiche anzeigen 632

Bereichsmarkierung
  Gradationskurve 543
Bereichsreparatur 613, 625
  Bereiche anzeigen 632
Bereichswerkzeuge 174, 625
Beschneiden 618
Beschreibung der Sammlung 892
Beschriftung 749
  Buch-Modul 749
  Fotobeschriftung 750
  Rasteransicht 331
  Seitenbeschriftung 750
  Versatz 750
Beschriftungen auf sicheren Textbereich beschränken 726
Betreff (Export per E-Mail) 486
Bewertungen 361
Bewertungen und Auswahl anzeigen 205
Bewertungssterne 795
  Rasteransicht 330
Bibliothek-Modul 38, 325
  Ad-hoc-Entwicklung 40, 173, 388
  DNG-Dateien überprüfen 420
  exportieren 169
  Filterleiste 352
  filtern 351
  Fotos mit vorheriger Prozessversion suchen 421
  Histogramm 173
  importieren 38, 169
  Katalog 168, 342
  Kennzeichnen von Bildern 360
  Kommentare 174
  Lupenansicht 333
  Markierungen 360
  Metadaten 174, 376
  Nach fehlenden Fotos suchen 420
  Navigator 168
  Ordner 168
  Sammlungen 168, 363
  Smart-Sammlungen 364
  Smart-Vorschau erstellen 349
  Sprühdose 384
  Stapeln von Bildern 356
  Stichwörter 173, 369
  Stichwortliste 173
  Suche 39
  Übersicht 399
  Vergleichsansicht 392
  Veröffentlichungsdienste 169

Index

Verwalten in Ordnern 39
Verwalten nach Metadaten 39
Verwalten nach Sammlungen 39
Verwalten nach Stichwörtern 39
Verwalten von Bildern 339
virtuelle Kopien 40, 358
Werkzeugleiste 185
Bibliotheksfilterleiste 352
Bild auf Zellengröße zoomen 735
Bildausschnitt in Zelle anpassen 838
Bildausschnitt verändern 495
Bildauswahl (Buch-Modul) 724
Bildeinstellungen 180
 Ausfüllen 851
 Benutzerdefiniertes Bildpaket 855
 Drehen und einpassen 851
 Ein Foto pro Seite wiederholen 837
 Einzelbild 836
 Kontaktabzug 836
 Kontur 838
Bilder
 Alles auswählen 341
 auf Karte positionieren 440
 ausgeben 35
 Auswahl aufheben 341
 Auswählen 339
 Auswahl umkehren 341
 bearbeiten 35
 beim Importieren synchronisieren 920
 drehen 350
 fehlende suchen 348
 filtern 351, 373
 im Rahmen verschieben 735
 in Ansicht anordnen 351
 in DNG konvertieren 349
 kennzeichnen 360
 kennzeichnen in Übersichtsansicht 401
 löschen 348
 löschen aus Sammlungen 368
 markieren 360
 präsentieren 35
 sortieren 351
 stapeln 356
 umbenennen 348
 verschieben 347
 verschlagworten 369
 verwalten 33
 verwalten in Ordner 347

vom Import aus- und einschließen 299
Vorschauen erstellen 349
Bildgröße
 Export 461
Bildinformationen 183
 Web-Modul 903
Bildnummer beim Anzeigen der Videozeit zeigen 339
Bildpaket 850
 ausgewählte Zelle anpassen 854
 dem Paket hinzufügen 854
 Überlagerungen 855, 857
Bildqualität 500
Bildschirmfarbe 204
Bildunterschrift 379
Bildzellen 842
Bittiefe
 Voreinstellungen 199
Blendenwert 143
Blurb 49, 724
Bridge 255
Buch
 Hintergrundfoto oder -grafik entfernen 757
Buch an Blurb senden 178
Bucheinstellungen 737, 50
 Bedrucktes Hardcover 738
 Beschriftungen auf sicheren Textbereich beschränken 726
 Buch-Modul 176
 Dateiauflösung 739
 Einband 738
 Farbprofil 739
 Größe 738
 JPEG-Qualität 739
 Leinencover mit Buchumschlag 738
 Logo-Seite 739
 Optionen für das Automatische Füllen 725
 Papiertyp 738
 Schärfen 739
 Softcover 738
 Standard-Foto-Zoom 725
 Textfelder füllen mit 725
Buch erstellen 728
 Als Zielsammlung festlegen 730
 Name 729
 Neue virtuelle Kopien erstellen 730

 Nur verwendete Fotos einschließen 729
 Ort 729
 Synchronisierung mit Lightroom mobile 730
Buch exportieren 757
Buch löschen 730
Buch-Modul 49, 723
 Auto-Layout 177, 739
 Bedienfelder 737
 benutzerdefinierte Vorlage 745
 Beschriftung 749
 Bild auf Zellengröße zoomen 735
 Bildauswahl 724
 Bildbeschriftungen 724
 Bilder tauschen 736
 Bild im Rahmen verschieben 735
 Bild in Zelle bearbeiten 734
 blättern 731
 Buch an Blurb senden 178
 Bucheinstellungen 50, 176
 Buch erstellen 728
 Buch exportieren 757
 Buch löschen 730
 Buch speichern 728
 Druckbogenansicht 731
 Einzelseitenansicht 732
 Formatwahl 724
 Fotobeschriftung 51
 Größe (Bucheinstellungen) 738
 Hilfslinien 50, 178, 747
 Hintergrund 178
 Hintergrund (Bedienfeld) 755
 Layout einfügen 737
 Layout kopieren 737
 Layout tauschen 733
 Leere Seiten hinzufügen 737
 Mehrseitige Ansicht 731
 Sammlungen 170
 Schriftart 178
 Schriftart (Bedienfeld) 750
 Seite 177
 Seite entfernen 737
 Seitendarstellung 731
 Seiten hinzufügen 737
 Seiten konfigurieren 737
 Seitentext 51
 Text 51
 Vorbereitungen 724
 Voreinstellungen für Buch 725
 Vorschau 170

981

Index

Werkzeugleiste 188
Zelle 50, 178
Buch versenden 757
Bundsteg 754

C

Cache leeren 923
Camera-Raw-Cache-Einstellungen 202
 Voreinstellungen 202
Camera-Raw-Plug-in 249
Camera Vivid 157
CC (Export per E-Mail) 485
Chromatische Aberration 596
CIE 112
CIELAB 112
Clipping 509
CMYK 102, 110
Colorchecker 135
Copyright 379
CRW 152
Cyan 102

D

D50 106
D65 106
Darstellungsmodus 190
Dateiauflösung
 (Bucheinstellungen) 739
Dateibenennung 292
 bei externer Bearbeitung 200
 Export 457
Dateierweiterung
 Voreinstellungen 200
Dateiformat
 Voreinstellungen 199
Dateihandhabung 217
Dateinamengenerierung 202
Dateinamenvorlage 304
 Datumsvariablen 305
 Folgenummern 305
 speichern 306
Dateioptionen 267
Dateistruktur von Lightroom 210
Dateiverwaltung 301

Voreinstellungen 200
Datenbank 211
Datenbankintegrität 229
Datumsformat 311
Datums- oder Zeitänderungen
 in proprietäre Raw-Dateien
 schreiben 221
Datumsvariablen 305
Deaktivieren
 Zusatzmodule 214
Deckkraft 794, 845
Deckkraft (Schriftart) 752
Deckkraft (Wasserzeichen) 469
Dem Paket hinzufügen 854
Details 44, 175, 562
Details (Schärfen) 566
Detailvergleich
 Vergleichsansicht 397
Dialogfenster
 Import 294
Diashow
 Musik 53
Diashow-Modul 52, 783
 Abspielen 179, 803, 179
 Abspieloptionen 53
 Andere Bildschirme schwarz
  darstellen 804
 An Musik anpassen 804
 Audiobalance 804
 automatisch Vollbildschirm
  anzeigen 806
 Bilder auswählen 784
 Diashow Modus 803
 Diashow-Modus 803
 Endbildschirm 802
 Erkennungstafel 809
 Erkennungstafel hinzufügen 802
 exportieren, PDF 171
 exportieren, Video 171
 Farbe überschreiben 802
 Filter 784
 Folienlänge 803
 Folien zur Musik synchronisieren 803
 Für Ad-hoc-Diashow
  verwenden 818
 Hintergrund 53, 178, 799
 Layout 178, 792
 Maßstab 802
 Musik 802
 Optionen 52, 178, 788

Sammlungen 171, 785
Schwenken und Zoomen 804
Startbildschirm 802
Titel 53, 178, 802
Überlagerungen 52, 794, 178
Vorlagen 816
Vorlagenbrowser 171
Vorschau 170, 179
Werkzeugleiste 188
wiederholen 804
Diashow wiederholen 804
Dichte 653
Die folgenden Zeichen als unzulässig
 behandeln 202
Dimmerstufe 204
DNG 91, 152
DNG-Dateien überprüfen 420
DNG-Erstellung importieren 200
DNG-Kameraprofile 156
DNG-Konverter 152, 156
DNG (Metadaten) 379
DNG Profile Editor 158
DPX 419, 458
Drehen 350
 Objektivkorrektur 588
Drehen der Erkennungstafel 844
Drehen und einpassen 851
Drehschaltflächen
 Rasteransicht 330
Druckanpassung 862
Druckauflösung 859
Druckauftrag 180, 850, 858
 16-Bit-Ausgabe 860
 Ausdruck schärfen 860
 Ausgabe 858
 benutzerdefinierte Dateiabmessung 860
 Druckanpassung 862
 Druckauflösung 859
 Drucken 863
 Drucker 863
 Entwurfsmodus 859
 Farbmanagement 860
 In Datei ausgeben 863
 Priorität 861
 Profil 860
Druckbogenansicht 731
Druckeinstellungen 172
Drucken 863
Drucken-Modul 53, 833, 863
 Bildeinstellungen 180, 836

Index

Druckauftrag 180, 850, 858
Druckeinstellungen 172
Einzelbild 834
Farbmanagement 54
Hilfslinien 180
Kontaktabzug 834
Layout 180, 839
Layoutstil 53, 180, 834
Lineale, Raster und Hilfslinien 181, 856
Sammlungen 171
Seite 54, 180
Seite einrichten 172
Überlagerungen 843
Vorlagen 864
Vorlagenbrowser 171
Vorschau 170
Werkzeugleiste 188, 863
Zellen 181
Druckfarben 102
Drucksammlung 864
Dunkel (Kartenstil) 437
Dunkelste Bildpartien anzeigen 509
Dunst entfernen 606
Duplikate 302
Dynamik 537
　Ad-hoc-Entwicklung 391
Dynamikumfang 504

E

Ebene (Upright-Methode) 581
Ebenfalls exportieren 371
Effekte 175, 602
　Körnung 605
　Vignettierung 602
Eigenschaften
　aufsprühen 386
Einband (Bucheinstellungen) 738
Einblenden
　Stapel 356
Ein Foto pro Seite wiederholen 837
Einfügen
　Entwickeln-Modul 169
Eingabeaufforderungen 195
Einpassen 493
Einpassen (Auto-Layout) 743
Einstellungen
　für das Hochladen 183, 905

　synchronisieren 388
Einzelbild 834
　erfassen 416
Einzelne Seite 901
Einzelseitenansicht 732
E-Mail-Kontomanager 487
E-Mail-Versand von Bildern 484
Endbildschirm 802
Endmarken 203
Entfernen
　Bilder 348
　Ordner 344
　Zusatzmodule 213
Entwickeln
　Dunst entfernen 606
　Tonwerte im Histogramm bearbeite 530
Entwickeln-Modul 40, 491
　Ansichtssteuerung 492
　Aufhelllicht (Prozessversion 2010) 533
　ausrichten von Bildern 615
　Belichtung (Prozessversion 2010) 531
　Belichtung (Prozessversion 2012) 525
　Bereichsmarkierung 543
　Bereichsreparatur 613, 625
　Bereichswerkzeuge 174
　beschneiden 618
　Details 44, 175, 562
　Dynamik 537
　Effekte 175, 602
　einfügen 169
　Farbe (HSL / Farbe / S/W) 556
　Farbpriorität 602
　Farbrauschen 574
　Farbtemperatur 517
　Farbton 553
　Farbüberlagerung 603
　Freistellen von Bildern 614
　Freistellung 46
　Freistellungsrahmen 623
　Freistellungsüberlagerung 613
　Gradationskurve 42, 174, 539
　Grundeinstellungen 41, 174
　Helligkeit (Prozessversion 2010) 535
　Histogramm 174, 497
　HSL 552
　HSL / Farbe / S/W 175, 551

　Kamerakalibrierung 47, 175, 609
　Kameraprofil 610
　Klarheit 537
　Kontrast (Prozessversion 2010) 536
　Kontrast (Prozessversion 2012) 526
　kopieren 169
　Kopierstempel 630
　Körnung 605
　Korrekturpinsel 614, 638
　Lichter 527
　Lichterpriorität 602
　lokale Anpassungen 45, 637
　Luminanzrauschen 576
　manueller Weißabgleich 519
　Navigator 169
　Objektivkorrekturen 44, 175
　Pipette für Weißabgleich 519
　Präsenz 537
　Protokoll 47, 169, 672
　Punktkurve 544
　Pupillengröße 635
　Radial-Filter 638, 645
　Rauschreduzierung 573
　Reparatur 46, 630
　Rote-Augen-Korrektur 46, 613, 633
　Sammlungen 169
　Sättigung 538
　Schärfen 563
　Schnappschüsse 47, 169, 673
　Schwarz 529, 534
　Schwarzweiß (HSL / Farbe / S/W) 557
　Selektive Farbkorrektur 42
　Softproof 674
　Synchronisation, automatisch 655
　Synchronisation, manuell 657
　Synchronisationsoptionen 658
　Synchronisieren 47, 176
　Teiltonung 43, 175, 559
　Tiefen 528
　Tonwertkorrektur, automatisch 523
　Verlaufsfilter (linear) 613, 638
　Verlaufsfilter (radial) 614
　Vignettierung als Effekt 602
　Vorgaben 47, 169, 667
　Vorherige 176
　Vorher-Nachher-Ansicht 663

983

Index

Weiß 528
Weißabgleich 516
Weißabgleich bei nicht-Raw-Bildern 521
Werkzeugleiste 187
Werkzeugüberlagerung 632
Wiederherstellung (Prozessversion 2010) 532
Zielauswahl 550
Zoomen von Bildern 492
Zurücksetzen 176, 661
Entwicklungseinstellungen
 aufsprühen 385
 bei Import anwenden 307
Entwicklungseinstellungen in Metadaten innerhalb von JPEG-, TIFF- und PSD-Dateien einschließen 220
Entwurfsmodus 859
Erkennungsgrafik 165
Erkennungstafel 163, 794, 809, 844
 hinzufügen 802
 konfigurieren 166
 platzieren 810
 speichern 166
Erkennungstafel (Web-Modul) 893
Erneut analysieren (Upright) 584
Erneut zu veröffentlichende geänderte Fotos 474
Eröffnungsbildschirm beim Starten zeigen 194
Erscheinungsbild 183
Erscheinungsbild (Classic Gallery) 896
Erscheinungsbild (Quadratgalerie) 900
 Alle auf einmal 900
 Bei Bildlauf 900
 Kopfzeile anzeigen 900
 Laden der Miniatur 900
 Miniaturgröße 900
Erscheinungsbild (Rastergalerie) 901
 Einzelne Seite 901
 Mehrere Seiten 901
 Miniaturgröße 901
 Miniaturschatten 901
 Stärke des Miniaturrandes 901
 Stil des Seitenumbruchs 901

Erscheinungsbild (Track Galerie) 902
 Kopfzeile anzeigen 902
 Schwebende Kopfzeile 903
 Zeilenabstand 902
 Zellenhöhe 902
Erstellen
 Ordner 343
 Vorlagenordner 818
Erste Seitenzahl 744
Erstvorschauen 292
Erweiterte Zellen 329
EXIF 95, 380
Export
 Buch 757
 Personen-Info entfernen 413
 Raw-Originaldaten einbetten 460
 Schnell ladende Daten einbetten 460
 Verlustreiche Kompression verwenden 460
 Video 457
 Videodateien einschließen 457
Exportieren 453, 819
 als Katalog 232, 464
 Als Katalog exportieren 464
 Auflösung 461
 Ausgabeschärfe 462
 Bibliothek-Modul 169
 Bildgröße 461
 Bittiefe 460
 Dateibenennung 457
 Dateieinstellungen 458
 Farbraum 459
 in Bildschirm einpassen 461
 in Ordner 453
 Metadaten 462
 Mit Transparenz 460
 mit Vorgabe exportieren 464
 Modulauswahl 454
 Nachbearbeitung 463
 Negativdateien 465
 nicht vergrößern 461
 nur ausgewählte Fotos 465
 Parameter 454
 PDF 171
 Schärfen für 462
 schnelles Exportieren 464
 Smart-Vorschauen erstellen/ einschließen 465
 Speicherort 456

 Stichwörter 242
 Synonyme 371
 verfügbare Vorschaubilder einschließen 465
 Veröffentlichungsdienste 472
 Video 171
 Vorgaben 455
 Wasserzeichen 463
 Webgalerie 909
 Zusatzmodul 455
Exportieren (Web-Modul) 183
Exportmodul 454
Exportparameter 454
Externe Bearbeitung 198

F

Facebook 56, 476
Farbauswahl 798
Farbe 751, 796
 Schriftart 751
Farbe für Verlauf 799
Farbe (Hintergrund) 756
Farbe (HSL, Farbe, SW) 556
Farbe (Schrift) 751
Farbe überschreiben 802, 845
Farbige Rasterzellen mit Beschriftungsfarben 328
Farbmanagement 99, 113, 118, 161, 860
 absolut farbmetrisch 116
 Arbeitsprofil 114
 Ausgabefarbraum 114
 Bibliothek-Modul 118
 Diashow-Modul 119
 Drucken-Modul 54, 118
 Entwickeln-Modul 118
 Farbraum 114, 115
 Hardwarekalibrierung 133
 ICC-Farbprofil 113
 Kalibrieren (Kamera) 134
 Monitorkalibrierung 120
 perzeptiv 115
 relativ farbmetrisch 115
 Sättigung 116
 Softwarekalibrierung (Mac OS X) 123
 Softwarekalibrierung (Windows) 127

Web (Modul) 119
Farbmarkierung 362
  Rasteransicht 330
Farbmischung
  additive 100
  subtraktive 102
Farbpalette 183, 894, 896
Farbpriorität 602
Farbprofil 116
  erstellen 116
Farbprofil (Bucheinstellungen) 739
Farbraum 114, 115
  Voreinstellungen 199
Farbrauschen 574
Farbsysteme 109
  CIE 112
  CIELAB 112
  CMYK 110
  RGB 109
Farbtemperatur 103, 104, 517
Farbtemperatur anpassen (Mac OS X) 126
Farbton (HSL)
  Entwickeln 553
Farbüberlagerung 603
Färbung von Licht 100
Farbwirkung 103
FAT 94
FAT32 94
Fehlbelichtungen erkennen 505
Fehlende Bilder 236
Fehlende Bilder suchen 348
Fehlende Ordner 236
Fenster koppeln 398
Fenster synchronisieren 399
Festes Layout
  Auto-Layout 741
Filmstreifen 188
  Voreinstellungen 204
Filter 98, 351, 784
  Attribut 352
  Filmstreifen 355
  Menüleiste 351
  Metadaten 353
  speichern 354
  Stichwörter 373
  Text 352
  Video 414
Filterwerkzeuge 185
Flach (Rasteransicht) 927
Flickr 56

Folgenummern 305
Folienlänge 803
Folien zur Musik synchronisieren 803
Fotobeschriftungen 51, 743, 750
Fotobeschriftungen (Auto-Layout) 743
Fotobücher 723
Fotoinfo 848
Fotorand 852
Fotos
  aus Unterordnern einschließen 343
  auswählen und vergleichen 394
  im Navigator anzeigen, wenn Maus darüberfährt 205
  in einen neuen Ordner kopieren und importieren 235
  mit vorheriger Prozessversion suchen 421
  nach Aufnahme segmentieren 316
  umbenennen 377
  verbessern 361
Fotozellen 748
Foveon-Chip 141
Freistellen von Bildern 614
Freistellung 46
Freistellungsfaktor 389
Freistellungsrahmen 623
Freistellungsüberlagerung 613, 618
FTP-Upload 55
Füllfarbe 204
Fülltext 748
Für Ad-hoc-Diashow verwenden 818

G

Galerie-Autor 894
Galerietitel 894
Gamma-Korrektur 147
Gegenlicht 503
Gehe zu Ordner in Bibliothek 350
Gehe zu Sammlung 350
Geistereffektbeseitigung 428
Gelände (Kartenstil) 437
Gelb 102
Geotagging 448
Gesamtbelichtungen abgleichen 660

Gesichter im gesamten Katalog suchen 403
Gesichtserkennung 402
  benannte Personen 406
  Erkennung in den Katalogeinstellungen deaktivieren 405
  Erkennung über das Aktivitätszentrum anhalten 404
  Gesichter im gesamten Katalog suchen 403
  Nur nach bestimmten Gesichtern suchen 404
  Personenansicht 406
  Personen-Info beim Export entfernen 413
  Stichwörter in Stichwörter für Personen konvertieren 408
  Unbenannte Personen 406
Gesichtskennung
  Katalogeinstellungen
    Auf allen Fotos automatisch Gesichter erkennen 405
Gespeicherte Positionen 49, 446
  Karte-Modul 170
Gespeicherte Positionsüberlagerung anzeigen 446
Gespeicherte Vorgabe
  Ad-hoc-Entwicklung 388
Gesperrt (Darstellungsart) 193
Gesten 922
Getaggt (Positionsfilter) 443
Glanzlicht hinzufügen 636
Gliederung der dargestellten Bilder 298
GPS-Koordinaten 48
GPS-Koordinaten für Stadt, Bundesland und Land werden gesucht, um Adressen vorzuschlagen 220
GPS-Koordinaten löschen 442
GPS-Tracker 448
GPU-Beschleunigung 205
GPX 448
Gradationskurve 42, 174, 539
Grafik (Hintergrund) 755
Große Bildunterschrift 380
Größe (Bucheinstellungen) 738
Größe der Miniaturbilder festlegen 332
Größe (Schriftart) 752
Grundeinstellungen 41, 174

Grundeinstellungen
   (Entwickeln-Modul)   515
Grundlinie   752
Grün Farbton   597
Gruppierung von nahe beieinander-
   liegenden Fotos   442

H

H.264   420
Hardwarekalibrierung   133
Haustieraugen   635
   Glanzlicht hinzufügen   636
HDR   254, 287
   Automatisch Ausrichten   427
   Automatischer Tonwert   427
   Belichtungsreihe   424
   Geistereffektbeseitigung   428
   HDR-Optionen   427
   Überlagerung für Geistereffektbe-
      seitigung anzeigen   428
HDR-Optionen   427
HD-Video in Entwurfsqualität
   abspielen   339
Helligkeit (Prozessversion
   2010)   535
Hell (Kartenstil)   437
Hellste Bildpartien anzeigen   509
HFS   94
High-Dynamic-RangeSiehe hier siehe
Hilfe zurücksetzen   923
Hilfslinien   50, 180, 336, 747
   Buch-Modul   178, 747
   Drucken-Modul   842
   Fotozellen   748
   Fülltext   748
   Seitenanschnitt   747
   Sicherer Textbereich   748
Hilfslinien einblenden   792
Hinter Bild rendern   794, 845
Hintergrund
   Buch-Modul   178
   Diashow-Modul   53, 178, 799
   Farbe   756
   Grafik   755
   Hintergrund global anwenden   755
   Voreinstellungen   204
Hintergrund (Bedienfeld)   755, 799
   Deckkraft   800

Farbe für Verlauf   799
   Hintergrundbild   800
Hintergrundfarbe
   Lupenansicht   337
Hintergrundfarbe der Seite   844
Hintergrundfoto oder -grafik
   entfernen   757
Hintergrund global anwenden   755
Hinzufügen
   Zusatzmodule   213
Histogramm   497
   Bibliothek-Modul   173
   Entwickeln-Modul   174
Hochladen   183
Horizontal
   Objektivkorrektur   587
HSL   552
HSL / Farbe / S/W   175, 551
Hybrid (Kartenstil)   436

I

ICC-Farbprofil   113
Im Finder anzeigen   346
   Ordner   346
Im Internet anzeigen   945
Import
   Importieren aus Aperture-Biblio-
      thek   270
   Importieren aus iPhoto-Biblio-
      thek   270
   Lightroom-Stichwörter für Farb-
      beschriftungen von Aperture
      erstellen   270
   Nur angewendete Stichwörter
      importieren   270
   Referenzierte Dateien in Aper-
      ture   271
Import-Dialogfeld anzeigen, wenn
   eine Speicherkarte erkannt
   wurde   194
Import-Dialogfenster   294
Importfolgenummern   218
Importieren   285, 819
   Als DNG kopieren   296
   aus Katalog   233, 320
   automatisch beim Einlegen einer
      Speicherkarte   288

automatischen Import akti-
   vieren   290
automatisch mit Ordnerüberwa-
   chung   289
bei der Benennung von Ordnern von
   der Kamera erzeugte Ordnernamen
   ignorieren   288
Bibliothek-Modul   169
Bilder ausschließen   299
Bilder einschließen   299
Dateibenennung   292, 303
Dateinamenvorlage   304
Dateiverwaltung   301
Datenträger   295
Datumsformat   311
Dialog   294
Dialogfenster   294
Duplikate   302
Entwickeln-Modul   38
Entwicklungseinstellungen
   anwenden   307
Erstvorschauen   292
Gliederung der dargestellten
   Bilder   298
Hinzufügen   297
Informationen   292
in Ordner   346
JPEG-Dateien neben Raw-Dateien
   als separate Fotos behandeln   288
Kopie
   297
Miniaturen   300
Quellenauswahl   295
Smart-Vorschauen erstellen   302
Sortieren   299
Speicherkarte   295
Stichwörter   243, 309
Tethering   289
Übertragungsart   296
überwachter Ordner   291
unterstützte Formate   286
   JPEG   287
   PNG   287
   PSD   287
   Raw   286
   TIFF   287
   Video   287
Verarbeitung während Import   301
Verschieben   297
Vorbereitung   286
Ziel   292

Index

Zielordner 309
Zur Sammlung hinzufügen 302
Zweite Kopie 302
Importieren aus
  Aperture-Bibliothek 270
Importieren aus
  iPhoto-Bibliothek 270
Importierte Fotos 219
Importnummer 219
Importoptionen
  Voreinstellungen 194
In Bildschirm einpassen 461
In Datei ausgeben 863
Indexnummer
  Rasteransicht 330
In DNG konvertieren 349
Infinite Scrolling 900
Informationen
  importieren 292
  Katalogeinstellungen 217
  Ordner 346
Innerhalb erstellen
  Ordner 343
In Photoshop als HDR Pro
  zusammenfügen 254
In Photoshop zu einem Panorama
  zusammensetzen 253
Installieren
  Zusatzmodule 212
Integrität von Katalog prüfen 228
Intensität 597
IPTC 96, 382
IPTC-Metadatenmasken 380

J

JPEG-Dateien neben Raw-Dateien
  als separate Fotos behandeln 195,
  288
JPEG-Qualität
  (Bucheinstellungen) 739
JPEG-Vorschau
  Voreinstellungen 200

K

Kalibrieren (Kamera) 134

Kalibrieren (Monitor) 120
Kamerakalibrierung 47, 175, 609
Kameraprofil 610
Kandidat als Auswahl
  übernehmen 396
Karte-Modul 48, 435
  Ausgewählte Fotos automatisch
    taggen 450
  Bilder auf Karte positionieren 440
  Gespeicherte Positionen 49, 170,
    446
  Gespeicherte Positionsüberlagerung
    anzeigen 446
  GPS-Koordinaten 48
  GPS-Koordinaten löschen 442
  Gruppierung von nahe beieinander-
    liegenden Fotos 442
  Kartenausschnitt verschieben 437
  Kartenlegende 439
  Kartenstil 436
  Karte zoomen 438
  Metadaten 176
  Navigator 170
  Positionsfilter 442
  Positionsüberlagerung
    anzeigen 446
  Tracklog 48, 448, 449
  Umgekehrtes Geocoding 444
  Werkzeugleiste 187
  Zeitzonenverschiebung
    einstellen 452
Kartenausschnitt verschieben 437
Kartenlegende 439
Kartenstil 436
Karte zoomen 438
Katalog 168, 215
  anlegen 225
  Bedienfeld 342
  Beim Programmstart wählen 226
  Beim Starten von Lightroom
    wählen 226
  Datenbankintegrität 229
  erstellen 225
  exportieren 232
  importieren 233
  Integrität prüfen 228
  Katalogeinstellungen 216
  löschen 231
  mobiles Arbeiten 241
  öffnen 226
  Optimieren 227

Sicherungskopien 229
  verwalten 237
  Voreinstellungen mit Katalog
    ablegen 238
  Vorgaben kopieren 223
Katalogeinstellungen 196, 216
  1:1-Vorschauen automatisch
    verwerfen 218
  Adressvorschläge exportieren, wenn
    Adressfelder leer sind 220
  allgemein 217
  Änderungen automatisch in XMP
    schreiben 220
  Dateihandhabung 217
  Datums- oder Zeitänderungen
    in proprietäre Raw-Dateien
    schreiben 221
  Entwicklungseinstellungen in
    Metadaten innerhalb von
    JPEG-, TIFF- und PSD-Dateien
    einschließen 220
  GPS-Koordinaten für Stadt, Bundes-
    land und Land werden gesucht,
    um Adressen vorzuschlagen 220
  Importfolgenummern 218
  importierte Fotos 219
  Importnummer 219
  Informationen 217
  Metadaten 219
  Standardvorschaugröße 218
  Vorgaben mit Katalog spei-
    chern 221
  Vorschau-Cache 217
  Vorschauqualität 218
  Vorschläge von zuletzt eingegebenen
    Werten anbieten 219
Ken-Burns siehe Schwenken und
  Zoomen
Kennzeichen anzeigen 204
Kennzeichnung
  Rasteransicht 331
Kerning 753
Klänge beim Abschluss von
  Vorgängen 195
Klarheit 537
  Ad-hoc-Entwicklung 391
Klick auf Kennzeichen
  ignorieren 204
Klickbare Elemente nur anzeigen,
  wenn Maus darüberfährt 328
Kommentare 174

Index

Kommentarfunktion   474
Kompakte Zellen   329
Kompatibilität   200
Kompatibilität mit anderen Programmen   247
Komplementärfarbe   101
Kompression
 verlustbehaftet   90
 verlustfrei   90
Komprimierung
 Voreinstellungen   200
Konfigurierbare Zoomstufe   494
Konfigurieren
 Diashow   788
 Erkennungstafel   166
Kontaktabzug   834
Kontaktdaten   892
Kontrast
 Ad-hoc-Entwicklung   390
Kontrast (Prozessversion 2010)   536
Kontrast (Prozessversion 2012)   526
Kontur   789, 838
Kontur innen   852
Kopfzeile anzeigen   900, 902
Kopie bearbeiten   267
Kopie mit den Lightroom-Anpassungen bearbeiten   266
Kopienname   378
Kopieren
 Entwickeln-Modul   169
Kopierstempel   630
Körnung   605
Korrekturmaske   649
Korrekturpinsel   614, 638
 Automatisch maskieren   652
 Dichte   653
 Maske kopieren   651
 Maske verschieben   650
 Neue Maske anlegen   650
 Weiche Kante   652

L

Laden der Miniatur   900
Laufweite   752
Layout   792, 839
 alle verknüpfen   792
 Bildzellen   842
 Diashow-Modul   178, 792
 Drucken-Modul   180, 839
 einfügen   737
 Hilfslinien einblenden   792, 842
 kopieren   737
 Lineale   842
 Linealeinheit   839
 Quadrat beibehalten   841
 Ränder   840
 Ränder und Bundstege   842
 Seitenanschnitt   842
 Seitenraster   840
 tauschen   733
 Zellenabstand   841
 Zellengröße   841
Layoutbild   336
Layoutstil   891, 53, 180
 Drucken-Modul   834
 Web-Modul   55, 183
Leere Seiten hinzufügen   737
Leer hinzufügen   745
Leinencover mit Buchumschlag   738
Leistung (GPU-Beschleunigung)   205
Lesen von Metadaten   202
Lichter   527
 Ad-hoc Entwicklung   390
Lichterpriorität   602
Lightroom mobile   206, 913
 Aktivitätszentrum   918
 Alle Dateien löschen   917
 Alle Daten löschen   206
 Anpassen   941
 Ansichtsfenster   925
 Aus Aufnahmen hinzufügen   931
 Ausrichten, Automatisch   939
 Auto-Import aktivieren   931
 Beitreten   206
 Bewerten   936
 Bewertung, schnell   937
 Bilder beim Importieren synchronisieren   920
 Cache leeren   923
 Cover festlegen   935
 Drehen   939
 Einstellungen kopieren   944
 Entfernen (Bilder)   935
 Entfernen (Sammlung)   933
 Entwickeln   940
 Exif-Informationen   930
 Farbe / S/W   943
 Filmstreifen   938
 Filter   927
 Flach (Rasteransicht)   927
 Fotoinfo   930
 Freigabe aufheben (Sammlung)   932
 Freistellen   938
 Gesten   922
 Gradationskurve   941
 Grundeinstellungen   941
 Grundlagen   914
 Hilfe zurücksetzen   923
 Kopieren (Bilder)   934
 Links   945
 Lupe   924
 Markieren   936
 Markierung, schnell   937
 Markierungs- und Bewertungs-Badges   930
 Mit Metadaten teilen   922
 Neue Sammlung erstellen   928
 Offline-Bearbeitung aktivieren   931
 Öffnen in (Bilder)   934
 Präsentieren   933
 Raster   924
 Rückgängig   939
 Ruhezustand während Synchronisation verhindern   207
 Sammlungen bereitstellen   916
 Sammlung erstellen   919
 Sammlung freigeben   932
 Sammlungsansicht   923
 Schnelle Durchsicht kombiniert   938
 Segmentiert (Rasteransicht)   927
 Seitenverhältnis tauschen   939
 Seitenverhältnis wählen   939
 Slate starten   932
 Sortierung   927
 Speicherplatz   923
 Spiegeln, Bild   940
 Sync forcieren   944
 Synchronisierung aktivieren   916
 Synchronisierung deaktivieren   916
 Synchronisierung mit Lightroom mobile   920
 Sync nur über WiFi   922
 Teilen (Bilder)   934
 Tether-Aufnahme   920
 Titelleiste   925
 Touch-Punkte zeigen   922
 Umbenennen (Sammlung)   933

Index

Verschieben (Bilder)   934
Vignettierung   942
Voraussetzungen   915
Voreinstellungen   917
Vorgaben   940
Vorherige   943
Vorher-/Nachher-Vergleich   936
Werkzeugleiste   925
Werkzeugleiste ausblenden   936
Werkzeugleiste einblenden   936
Wiederholen   939
Zurücksetzen   943
Lightroom-Standardeinstellungen   197
Lightroom-Stichwörter für Farbbeschriftungen von Aperture erstellen   270
Lightroom unterwegs   238
Lightroom Web   913
  Im Internet anzeigen   945
  Öffentlichen Link kopieren   945
  Private Sammlung im Internet anzeigen   946
  Sammlung freigeben   945
Lightroom wurde neu installiert, und es sind noch keine Vorgaben angelegt   222
Lila Farbton   597
Lineale   842, 852
Linealeinheit   839
Lineale, Raster und Hilfslinien   181, 856
Linear
  Punktkurve   544
Lineare Aufnahme   147
Live (Darstellungsart)   192
Logo-Seite   739
Lokale Anpassungen   45, 637
Löschen   819
  Bilder   348
  Sammlungen   367
  Stichwörter   376
Luminanzrauschen   576
Lupenansicht   333
  Bei Änderungen am Foto kurz anzeigen   339
  Hintergrundfarbe   337
  Lupeninformationen   338
  Navigator   334
  Werkzeugleiste   186, 187
  Zoomen   334

Lupeninformationen
  Lupenansicht   338
Lupenüberlagerung   334
  Hilfslinien   336
  Layoutbild   336
  Raster   335

M

Magenta   102
Manueller Weißabgleich   519
Markierungen   360
  Bewertungen   361
  den Markierungsstatus eingeben und zum nächsten Bild springen   361
  den Markierungsstatus erhöhen bzw. verringern   361
  Farbbeschriftung   362
  Fotos verbessern   361
  zuweisen   360
Markierungsstatus   361
Markierungsstatus eingeben und zum nächsten Bild springen   361
Markierungsstatus erhöhen bzw. verringern   361
Markierungs- und Bewertungs-Badges (Lightroom mobile)   930
Maske kopieren   651
Maske umkehren   647
Maske verschieben   650
Maskieren   567
Maßstab   794, 796, 520, 845
Mehrere Seiten   901
Mehrseitige Ansicht   731
Menüleiste   163
Metadaten   93, 376
  Ad-hoc-Beschreibung   379
  bearbeiten   376
  Beschriftung   379
  Bibliothek-Modul   174
  Bild   384
  Bildunterschrift   379
  Copyright   379
  Copyright-Status   379
  DNG   379
  EXIF   95, 380
  EXIF und IPTC   380
  Filter   98

Fotos umbenennen   377
große Bildunterschrift   380
Inhalt   384
IPTC   96, 381
IPTC Extension   382
Karte-Modul   176
Katalogeinstellungen   219
Kontakt   384
Kopiename   378
Metadatenformate   95
minimal   380
Ort   380
Region   379
speichern als Vorgabe   309
speichern in Bild   345
Status   379
Titel   379
übernehmen   235
verwalten   97, 376
Video   380
Vorgaben   384
Vorlagen   307
Zusatzmodul-Metadaten   379
Metadatenformate   95
Metadatenmasken   378, 380
  IPTC   381
  IPTC Extension   382
Metadatenstatus   379
Metadaten (Web-Modul)   904
Miniaturgröße   900, 901
Miniaturkennzeichen
  Rasteransicht   330
Miniaturschatten   901
Mit Metadaten teilen   922
Mit Original stapeln   200
Mittlerer Kontrast
  Punktkurve   544
Mit Transparenz   460
Mit Vorgabe exportieren   464
Mobiles Arbeiten   241
Modulauswahl   163
Module   162
Mögliche Duplikate nicht importieren   302
Moiré   640
Mosaikfilterung   142
Musik   53, 802

Index

N

Nach Abspielen der Tether-Übertragung 195
Nachbearbeitung 463
Nach dem Fotoexport wiedergeben 195
Nach dem Fotoimport wiedergeben 195
Nach fehlenden Fotos suchen 420
Nachladen bei Bildlauf 900
Navigator
  Bibliothek-Modul 168
  Entwickeln-Modul 169
  Karte-Modul 170
  Lupenansicht 334
NEF 152
Negativdateien exportieren 232, 465
Netzwerk 207
Netzwerkunterstützung 61
Neue Fotos ohne Verschieben dem Katalog hinzufügen 234
Neue Maske anlegen 650
Neuerungen in Lightroom 57
Neue virtuelle Kopien erstellen 730
Nichtdestruktiver Workflow 87
Nicht gespeicherte Metadaten
  Rasteransicht 330
Nicht getaggt (Positionsfilter) 443
Nicht vergrößern 461
Normal (Darstellungsart) 192
Normal (Standardmodus)
  Bildmodus 208
Normlicht 106
NTFS 94
Nur angewendete Stichwörter importieren 270
Nur ausgewählte Fotos exportieren 232, 465
Nur einzelne Zellen an Seitenverhältnis anpassen 856
Nur nach bestimmten Gesichtern suchen 404
Nur Nicht-Raw-Dateien ersetzen (TIFF, PSD, JPEG) 236
Nur verwendete Fotos einschließen 729

O

Objektivkorrektur
  Auto (Upright-Methode) 580
  Ebene (Upright-Methode) 581
  Erneut analysieren (Upright) 584
  Seitenverhältnis 590
  Upright 579
  Vertikal (Upright-Methode) 581
  Voll (Upright-Methode) 581
  Zuschnitt beschränken 584
Objektivkorrekturen 44, 175, 578
  Chromatische Aberration 596
  Drehen 588
  Horizontal 587
  Profilkorrektur 600
  Skalieren 590
  Vertikal 586
  Zuschnitt beschränken 592
Öffentlichen Link kopieren 945
Offset 790, 799
Optimieren 227
Optionen 788
  Deckkraft 790
  Diashow-Modul 52, 178, 788
  Kontur 789
  Offset 790
  Radius 791
  Schlagschatten 789
  Winkel 791
  Zoomen 788
Ordner 168
  als Katalog exportieren 346
  entfernen 344
  erstellen 343
  Fotos aus Unterordnern einschließen 343
  im Explorer anzeigen 346
  im Finder anzeigen 346
  importieren in Ordner 346
  Informationen 346
  innerhalb erstellen 343
  Speicherort aktualisieren 346
  synchronisieren 345
  Übergeordneten Ordner anzeigen 344
  Übergeordnetes Element ausblenden 344
  umbenennen 344
  verschieben 346
  verwalten 342
ORF 152
Original bearbeiten 267
Originalgröße (1:1) 494

P

Panorama 253
  Automatisch Freistellen 434
  Panorama-Optionen 431
  Perspektivisch 433
  Projektion automatisch auswählen 432
  Zylindrisch 432
Panorama-Optionen 431
Papiertyp 738
Person 371
Personenansicht 402, 406
Personenerkennung 186
Personen-Info entfernen 413, 462
Perspektivisch 433
Perzeptiv 115
Photoshop 26
Photoshop Elements-Katalog aktualisieren 262
Pinselauswahl 651
Pipette 520
Pipette für Weißabgleich 519
Platzieren 810
Platzierung 367
Positionsfilter 442
  Auf Karte sichtbar 443
  Getaggt 443
  Nicht getaggt 443
Positionsinformationen entfernen 462
Positionsüberlagerung anzeigen 446
Präsenz 537
Priorität 861
Private Sammlung im Internet anzeigen 946
Profil 860
Profilkorrektur 600
Projektion automatisch auswählen 432
Protokoll 47, 169, 672
Protokollschritteinstellung nach Vorher kopieren 672
Proxyserver 207

Index

Prozessversion 511
Prozessversion wechseln 513
Punktkurve 544
  bearbeiten 546
  Kontrollpunkte hinzufügen 546
  Kontrollpunkte löschen 547
  Kontrollpunkte verschieben 547
  Linear 544
  Mittlerer Kontrast 544
  RGB 547
  Starker Kontrast 544
Pupillengröße 635

Q

Quadrat beibehalten 841
Qualität 904
QuickInfos mit Fotoinformationen anzeigen 205, 328

R

Radial-Filter 638, 645
Radius 791, 799
Rand entfernen
  Grün Farbton 597
  Intensität 597
  Lila Farbton 597
Ränder 840
Ränder und Bundstege 842
Raster 335, 852
Rasteransicht 326
  Ansicht-Optionen 327
  Beschriftung 331
  Bewertungssterne 330
  Drehschaltflächen 330
  erweiterte Zellen 329
  farbige Rasterzellen mit Beschriftungsfarben 328
  Farbmarkierung 330
  Größe der Miniaturbilder festlegen 332
  Indexnummer 330
  Kennzeichnung 331
  klickbare Elemente nur anzeigen, wenn Maus darüberfährt 328
  kompakte Zellen 329

Miniaturkennzeichen 330
nicht gespeicherte Metadaten 330
QuickInfos mit Fotoinformationen anzeigen 328
Rasteroptionen 328
Schnellsammlungsmarker 330
Symbole 329
Werkzeugleiste 186
Zellsymbole 329
Rasterdruck 103
Rasteroptionen 328
Rasterüberlagerung 335
Rauschreduzierung 573
Raw-Bilder als Smart-Objekte in Photoshop 251
Raw-Originaldaten einbetten 201, 460
Referenzierte Dateien in Aperture 271
Regelliste 365
Region
  Metadaten 379
Relativ farbmetrisch 115
Reparatur 46, 630
RGB-Farbsystem 109
RGB (Punktkurve) 547
Rote-Augen-Korrektur 46, 613, 633
  Haustieraugen 635
Ruhezustand während Synchronisation verhindern (Lightroom mobile) 207

S

Sammlung „Aktueller/Vorheriger Import" beim Importieren auswählen 194, 288
Sammlungen 98, 363
  als Zielsammlung festlegen 368
  Bibliothek-Modul 168
  Buch-Modul 170
  Diashow-Modul 171, 785
  Drucken-Modul 171, 864
  Entwickeln-Modul 169
  löschen 367
  öffentlich machen 945
  umbenennen 367
  verschieben 367
  Web-Modul 171, 888

Sammlungssatz 363
Satellit (Kartenstil) 437
Sättigung 116, 538
  Ad-hoc-Entwicklung 392
Schärfen 563
  Ad-hoc-Entwicklung 391
  Betrag 564
  Details 566
  Maskieren 567
  Radius 565
Schärfen (Bucheinstellungen) 739
Schärfen (Web-Modul) 904
Scharfzeichnen
  Export 462
Schatten 798
Schlagschatten 789
Schnappschüsse 47, 169, 673
  synchronisieren 674
Schnappschusseinstellungen nach Vorher kopieren 674
Schnelles Exportieren 464
Schnell ladende Dateien einbetten 201, 460
Schnellsammlung 368
Schnellsammlungsmarker
  Rasteransicht 330
Schnittmarken 848
Schriftart 750, 797
  Ausrichtung 754
  Buch-Modul 178
  Bundsteg 754
  Deckkraft 752
  Größe 752
  Grundlinie 752
  Kerning 753
  Laufweite 752
  Schriftart 751
  Schriftschnitt 751
  Spalten 753
  Textstilvorgabe 751
  Zeichen 751
  Zeilenabstand 752
Schriftgrad 203
Schriftname 797
Schriftschnitt 751
Schwarz 102
  Ad-hoc-Entwicklung 391
Schwarz (Prozessversion 2010) 534
Schwarz (Prozessversion 2012) 529
Schwarzweiß (HSL / Farbe / S/W) 557

Index

Schwebende Kopfzeile 903
Schwenken und Zoomen 804
Segmentiert (Rasteransicht) 927
Seite 180
  Buch-Modul 177
  Drucken-Modul 843
  einrichten 172
  entfernen 737
  hinzufügen 744
  konfigurieren 737
  Leer hinzufügen 745
  Seite hinzufügen 744
Seite (Bedienfeld) 744
  Seitennummern 744
Seite (Drucken-Modul) 54
Seitenanschnitt 747, 842
Seiteninformationen 848
Seitennummer 744, 848
  Erste Seitenzahl 744
  Seitenzahl ausblenden 744
  Seitenzahlstil global anwenden 744
Seitenoptionen 846
Seitenraster 840
Seitentext 51, 750
Seitenverhältnis 590
Seitenzahl ausblenden 744
Seitenzahlstil global anwenden 744
Selektive Farbkorrektur 42
Sensorchip 140
Sensorelement 140
Sicherer Textbereich 748
Sicherungskopien 229
Site-Informationen 183, 892, 894
  Autor der Galerie-URL 894
  Beschreibung der Sammlung 892
  Erkennungstafel 893
  Galerie-Autor 894
  Galerietitel 894
  Kontaktdaten 892
  Titel der Sammlung 892
  Titel der Website 892
  Web- oder E-Mail-Link 892
  Zusätzliche Informationen 894
Skalieren
  Objektivkorrektur 590
Smart-Objekte 251
Smart-Sammlungen 364
  managen 365
  Regelliste 365
Smart-Vorschauen 239

Smart-Vorschauen beim Import erstellen 302
Smart-Vorschauen erstellen/einschließen 232, 465
Smart-Vorschau nachträglich erstellen 349
Softcover 738
Softproof 674
Softwarekalibrierung 122
Spalten 753
Speichern 817
  Erkennungstafel 166
Speicherort aktualisieren 346
Sprache (Voreinstellungen) 194
Sprühdose 384
Standardeinstellungen an ISO-Wert der Kamera ausrichten 197
Standardeinstellungen an Seriennummer der Kamera ausrichten 662
Standardentwicklungseinstellungen 196
Standard-Foto-Zoom 725
Standardkatalog 194
Standardvorschaugröße 218
Stapel 356
  aufheben 358
  ausblenden 356
  automatisch 357
  Bild verschieben 357
  einblenden 356
  entfernen, Bild 358
  hinzufügen, Bild 357
  teilen 358
Stapelanzahl anzeigen 205
Stärke des Miniaturrandes 901
Starker Kontrast
  Punktkurve 544
Startbildschirm 802
Stichworteingabe 204
Stichwörter 173
  exportieren 242
  filtern 373
  für Personen konvertieren 376
  hierarchisch anordnen 372
  importieren 243
  in Stichwörter für Personen konvertieren 408
  Kürzel 373
  löschen 376
  Optionen 371

  Person 371
  Stichwörter für Personen 376
  Stichwort-Tags 374
  trennen durch 204
  Vorschläge 375
  zuweisen 372
Stichwörter festlegen
  Bedienfeld 373
Stichwortkürzel 373
Stichwortliste 173, 369
Stichwort-Tag 374
  ebenfalls exportieren 371
  Synonym 370
  zu ausgewählten Fotos hinzufügen 371
Stichwortvorschläge 375
Stil des Seitenumbruchs 901
Straßenkarte (Kartenstil) 436
Subtraktive Farbmischung 102
Suche 39
Symbole der Rasterzellen 329
Synchronisationsoptionen 658
Synchronisieren 655
  aktivieren 916
  automatisch 655
  deaktivieren 916
  Entwickeln-Modul 47, 176
  manuell 657
  Ordner 345
  Synchronisationsoptionen 658
  Vorherige 176
Synchronisierung
  mit Lightroom mobile 920
Syncronisieren
  nur über WiFi (Lightroom mobile) 922
Synonyme 370
  exportieren 371
  Stichwörter 370
Systemaudio konfigurieren 193
Systemvoreinstellungen für Glättung von Schriftarten verwenden 205

T

Teiltonung 43, 175, 559
Temporärer Zoom 496
Tether-Aufnahme 920

Index

Tethering 289, 315
  Fotos nach Aufnahme segmentieren 316
Text 51
Textbausteine 812
Textfelder füllen mit … 725
Text in Stichwort-Tags-Feld automatisch vervollständigen 204
Textstilvorgabe 751
Textstilvorgabe verwenden (Auto-Layout) 744
Textüberlagerung 796
Textvorgabe 812
  Textbausteine 812
  Token 812
Textwasserzeichen 466
Tiefen 528
  Ad-hoc Entwicklung 390
Titel
  der Sammlung 892
  der Website 892
  Diashow-Modul 53, 178, 802
Token 812
  verankern 815
Tonwerte im Histogramm bearbeite 530
Tonwertkorrektur, automatisch 523
Tonwert (Prozessversion 2012) 523
Touch-Punkte zeigen 922
Tracklog 48, 448
Typografische Brüche verwenden 205

U

Überbelichtung 501
Übergeordneten Ordner anzeigen 344
Übergeordnetes Element ausblenden 344
Übergeordnete Stichwörter exportieren 371
Überlagerungen 794
  auf jedes Bild rendern 846
  Auswahl und Vorschau der Erkennungstafel 844
  Bewertungssterne 795
  Deckkraft 796, 845
  Diashow-Modul 52, 178, 794
  Erkennungstafel 794, 844
  Erkennungstafel drehen 844
  Farbauswahl 796
  Farbe 796
  Farbe überschreiben 845
  Fotoinfo 848
  hinter Bild rendern 794, 845
  Maßstab 794, 796, 845
  Offset 799
  Radius 799
  Schatten 798
  Schnittmarken 848
  Schriftart 797
  Schriftgrad 848
  Schriftname 797
  Seiteninformationen 848
  Seitennummern 848
  Seitenoptionen 846
  Textüberlagerung 796
  Textvorgabe 812
  Winkel 799
Überlagerung für Geistereffektbeseitigung anzeigen 428
Übersicht 399
  Bilder auswählen 400
  Bilder entfernen 400
  Bilder hinzufügen 400
  Bilder kennzeichnen 401
  Werkzeugleiste 186
Übertragungsart 296
  als DNG kopieren 296
  Hinzufügen 297
  Kopie 297
  Verschieben 297
Überwachter Ordner 291
Umbenennen
  Bilder 348
  Ordner 344
  Sammlungen 367
Umgebungslicht 103
Umgekehrtes Geocoding 444
Unbenannte Personen 406
Unterbelichtung 502
Unterstützte Formate 286
Unzulässige Zeichen im Dateinamen ersetzen durch 202
Upright 579

V

Verankern von Textfeldern 815
Verfügbare Vorschaubilder einschließen 232, 465
Vergleichsansicht 392
  Detailvergleich 397
  Fenster koppeln 398
  Fenster synchronisieren 399
  Kandidat als Auswahl übernehmen 396
  Kandidaten wechseln 396
  Werkzeugleiste 186
Verlaufsfilter (linear) 613, 638, 643
Verlaufsfilter (radial) 614
Verlustbehaftete Kompression 90
Verlustfreie Kompression 90
Verlustreiche Kompression verwenden 460
Veröffentlichungsdienste 169, 472
  Albumordner 482
  Ausgabeschärfe 481
  Bildgröße 480
  erstellen 474
  Facebook 476
  Flickr 472
  löschen 475
  Metadaten 481
  Veröffentlichen 477
  Wasserzeichen 481
Veröffentlichungsmanager 475, 476
Versatz 750
Verschieben
  Bilder 347
  Bild in Stapel 357
  Ordner 346
  Sammlungen 367
  Vorlagen 819
Verschlagworten 369
Vertikal (Upright-Methode) 581
Verwalten in Ordnern 39
Verwalten nach Metadaten 39
Verwalten nach Sammlungen 39
Verwalten nach Stichwörtern 39
Verzerrung 585
Video
  abspielen 415
  Filtern 414
Video-Cache-Einstellungen 202
Videodateien einschließen 457
Video exportieren 457

Index

Video (Metadaten)   380
Videos
  verwalten   413
Vignettierung   942
  Effekt   602
  Objektivkorrektur   594
Virtuelle Kopien   40, 359
  erstellen, für Sammlung   359
  löschen   359
Vollbildschirm mit Menüleiste (Vollbild mit Menü)   208
Vollbildschirm und Bedienfelder ausblenden   208
Vollbildschirm (Vollbild)   208
Vollbildvorschau   208
Voll (Upright-Methode)   581
Von Benutzerseiten entfernen   745
Voreinstellungen   193
  allgemein   194
  Ansicht bei Einzoomen auf Klickbereich zentrieren   205
  Anwendung   198
  Auflösung   199
  automatische Tonwertkorrektur anwenden   197
  automatisch nach Updates suchen   194
  bei der Benennung von Ordnern von der Kamera erzeugte Ordnernamen ignorieren   195
  bei Leerzeichen in Dateinamen   202
  beim ersten Konvertieren in Schwarzweiß automatische Mischung anwenden   197
  Beleuchtung aus   204
  Benutzeroberfläche   203
  Bewertungen und Auswahl anzeigen   205
  Bildschirmfarbe   204
  Bittiefe   199
  Dateibenennung bei externer Bearbeitung   200
  Dateierweiterung   200
  Dateiformat   199
  Dateinamengenerierung   202
  Dateiverwaltung   200
  die folgenden Zeichen als unzulässig behandeln   202
  Dimmerstufe   204
  DNG-Erstellung importieren   200

  Eingabeaufforderungen   195
  Endmarken   203
  Eröffnungsbildschirm beim Starten zeigen   194
  externe Bearbeitung   198
  Farbraum   199
  Filmstreifen   204
  Fotos im Navigator anzeigen, wenn Maus darüberfährt   205
  Füllfarbe   204
  für Buch   725
  Hintergrund   204
  Import-Dialogfeld anzeigen, wenn eine Speicherkarte erkannt wurde   194
  Importoptionen   194
  JPEG-Dateien neben Raw-Dateien als separate Fotos behandeln   195
  JPEG-Vorschau   200
  Kennzeichen anzeigen   204
  Klänge beim Abschluss von Vorgängen   195
  Klick auf Kennzeichen ignorieren   204
  Kompatibilität   200
  Komprimierung   200
  Leistung   205
  Lesen von Metadaten   202
  Lightroom mobile   206
  Lightroom-Standardeinstellungen   197
  mit Katalog ablegen   238
  Mit Original stapeln   200
  Nach Abspielen der Tether-Übertragung   195
  nach dem Fotoexport wiedergeben   195
  nach dem Fotoimport wiedergeben   195
  Netzwerk   207
  Proxyserver   207
  QuickInfos mit Fotoinformationen anzeigen   205
  Raw-Originaldatei einbetten   201
  Sammlung „Aktueller/Vorheriger Import" beim Importieren auswählen   194
  Schnell ladende Dateien einbetten   201
  Schriftgrad   203
  Sprache   194

  Standardeinstellungen an ISO-Wert der Kamera ausrichten   197
  Standardeinstellungen an Seriennummer der Kamera ausrichten   197
  Standardentwicklungseinstellungen   196
  Standardkatalog   194
  Stapelanzahl anzeigen   205
  Stichworteingabe   204
  Stichwörter trennen durch   204
  Systemaudio konfigurieren   193
  Systemvoreinstellungen für Glättung von Schriftarten verwenden   205
  Text in Stichwort-Tags-Feld automatisch vervollständigen   204
  typografische Brüche verwenden   205
  unzulässige Zeichen im Dateinamen ersetzen durch   202
  Video-Cache-Einstellungen   202
  Vorgaben   196, 198
  Vorgaben mit Katalog speichern   197
  Weitere Optionen   205
Vorgabe-Dateien   210
Vorgabe (Export mit E-Mail)   487
Vorgaben
  Entwickeln-Modul   47, 169
  Entwicklung   667
  kopieren   223
  Metadaten   307, 384
  mit Katalog speichern   197, 221
  Voreinstellungen   196, 198
Vorher-Nachher-Ansicht   663
Vorher-Nachher-Vergleich
  Werkzeugleiste   187
Vorlagen   816
  aktualisieren   817
  Drucken-Modul   864
  exportieren   819
  importieren   819
  löschen   819
  speichern   817
  verschieben   819
  Vorlagenordner   818
  Web-Modul   910
Vorlagenbrowser
  Diashow-Modul   171
  Drucken-Modul   171
  Web-Modul   171

Index

Vorlagenordner 818
  erstellen 818
Vorschau
  Buch-Modul 170
  Diashow-Modul 170, 179, 805
  Drucken-Modul 170
  in Browser 172
  Web-Modul 170
Vorschau-Cache 217
Vorschauen
  erstellen 349
  von Aperture 270
Vorschauqualität 218
Vorschläge von zuletzt eingegebenen Werten anbieten 219

W

Wasserzeichen 463, 465, 466
  als Vorgabe speichern 471
  Anker 470
  Bild 466
  Bildoptionen 468
  Deckkraft 469
  Drehen 471
  Effekte 469
  Größe 469
  Optionen 468
  Text 466
  Textoptionen 468
  Versatz 470
Wasserzeicheneffekte 469
Wasserzeichenoptionen 468
Wasserzeichen (Web-Modul) 904
Webgalerie
  duplizieren 892
  erstellen und Speichern 889
Webgalerie-Sammlungen 888
Web-Modul 54, 885
  Ausgabeeinstellungen 183, 904
  Bildinformationen 183, 903
  Einstellungen für das Hochladen 183, 905
  Erscheinungsbild 183
  Erscheinungsbild (Classic Gallery) 896
  Erscheinungsbild (Quadratgalerie) 900

Erscheinungsbild (Rastergalerie) 901
Erscheinungsbild (Track Galerie) 902
Exportieren 183
Farbpalette 183, 894, 896
FTP-Upload 55
Hochladen 183
Layoutstil 55, 891, 183
Sammlungen 171
Site-Informationen 183, 892, 894
Vorlagenbrowser 171
Vorschau 170
Vorschau in Browser 172
Webgalerie-Sammlungen 888
Werkzeugleiste 188, 905
Web- oder E-Mail-Link 892
Weiche Kante 652
Weiß 528
  Ad-hoc Entwicklung 390
Weißabgleich 516
Weißabgleich bei Nicht-Raw-Bildern 521
Weitere Optionen Voreinstellungen 205
Wellenlänge 99
Werkzeugleiste 185, 863
  Bibliothek-Modul 185
  Buch-Modul 188
  Diashow-Modul 188
  Drucken-Modul 188
  Entwickeln-Modul 187
  Gesichtserkennung 186
  Karte-Modul 187
  Lupenansicht 186, 187
  Rasteransicht 186
  Übersicht 186
  Vergleichsansicht 186
  Vorher-Nachher-Vergleich 187
  Web-Modul 188, 905
Werkzeugüberlagerung 632
Wiederherstellung (Prozessversion 2010) 532
Wie linke Seite 741
Wie rechte Seite 741
Willkürliche Reihenfolge 804
Winkel 791, 799

X

XMP 96

Z

Zeichen 751
Zeilenabstand (Web-Modul) 902
Zeilenabstand 752
Zeitzonenverschiebung einstellen 452
Zelle 50, 748
  Buch-Modul 178, 748
  Drucken-Modul 181, 853, 856
  Innenabstand 748
Zellenabstand 841
Zellengröße 841
Zellenhöhe 902
Zellsymbole 329
Zielauswahl 550
Ziel importieren 292
Zielsammlung 368
Zoomen 492, 788
  auf Mausklick 495
  Lupenansicht 334
  um Rahmen zu füllen 788
  von Bildern 492
Zoomgrenzen 496
Zu ausgewählten Fotos hinzufügen 371
Zufällig aus Favoriten 741
Zum Lightroom E-Mail-Kontomanager 486
Zur Sammlung hinzufügen 302
Zurücksetzen
  Entwickeln-Modul 176, 661
Zusätzliche Informationen 894
Zusatzmodul-Autorenwerkzeuge 214
Zusatzmodule 211
  aktivieren 214
  deaktivieren 214
  entfernen 213
  hinzufügen 213
  installieren 212
  Optionen 214
  Zusatzmodul-Autorenwerkzeuge 214
  Zusatzmodul-Manager 212

Index

Zusatzmodul-Metadaten   379
Zusatzmoduloptionen   214
Zuschnitt beschränken   584, 592
Zwei Rechner und ein
  Netzwerkserver   238
Zweischirmbetrieb   189
  Darstellungsmodus   190
  Gesperrt (Darstellungsart)   193
  Live (Darstellungsart)   192
  Normal (Darstellungsart)   192
Zwei unabhängige Computer und
  eine externe Festplatte   237
Zylindrisch   432

Christian Westphalen
Die große Fotoschule
Digitale Fotopraxis

Alles zur Fotografie im digitalen Zeitalter! Vollständig und verständlich präsentiert dieses Schwergewicht unter den Fotoschulen Kamera- und Objektivtechnik, Regeln und Prinzipien der Bildgestaltung, Umgang mit Licht und Beleuchtung, Blitzfotografie, Techniken der Scharfstellung, Filmen mit der Systemkamera und vieles mehr. Die großen Fotogenres werden vorgestellt, und Sie erhalten Anregungen und Kniffe für Ihre tägliche Fotopraxis. Dieses Werk ist Ihr Begleiter auf Ihrem fotografischen Weg!

712 Seiten, gebunden, 2. Auflage 2014, 39,90 €
ISBN 978-3-8362-2384-3
www.rheinwerk-verlag.de/3367

blende 8

Blende 8, unser Video-Podcast zum Thema Fotografie, geht alle 14 Tage auf Sendung. Holen Sie sich gratis neue Anregungen für Ihre eigene Fotopraxis mit aktuellen Kameratests, Aufnahmetipps, Zubehörratgebern, Interviews mit Fotografen, Shooting-Reportagen …

www.foto-podcast.de

Wolfgang Rau
Recht für Fotografen
Der Ratgeber für die fotografische Praxis

Wolfgang Rau erklärt anhand zahlreicher Beispiele Ihre Rechte und Grenzen beim Fotografieren! Ob es um Fotos von Natur, Architektur oder Menschen geht, um Begriffe wie Urheberrecht, Panoramafreiheit oder das Recht am eigenen Bild, um die Frage, wie Sie Ihre Rechte schützen oder selbst Verträge aufsetzen – alles wird kompetent und verständlich erklärt.

436 Seiten, gebunden, 2., aktualisierte und erweiterte Auflage 2013, 34,90 €
ISBN 978-3-8362-2580-9
www.rheinwerk-verlag.de/3427

Harald Franzen
Die Fotoschule in Bildern
Bildgestaltung
Mit bewusster Bildgestaltung zu wirkungsvolleren Fotos!

Der Fotojournalist Harald Franzen zeigt Ihnen, wie Sie mit bewusster Gestaltung das Beste aus den Motiven machen, die sich Ihnen jeden Tag bieten. Sie lernen, wie Sie Motive sehen und mithilfe von Linien, Formen, Licht, Farbe, Zeit u. v. m. inszenieren. Viele inspirierende Fotos, deren Entstehungsgeschichten und Aufnahmedaten sowie erläuternde Skizzen und Vergleichsbilder veranschaulichen Ihnen alle Aspekte der Bildgestaltung – Bild für Bild!

312 Seiten, broschiert, 29,90 €, ISBN 978-3-8362-1874-0
www.rheinwerk-verlag.de/3044

Unsere Kamerahandbücher

- Funktionen, Programme und Menüs Ihrer Kamera im Detail erklärt
- 100% Know-how zu Ihrer Kamera – von der ersten bis zur letzten Seite
- Fotografieren in der Praxis – mit Zubehörratgeber

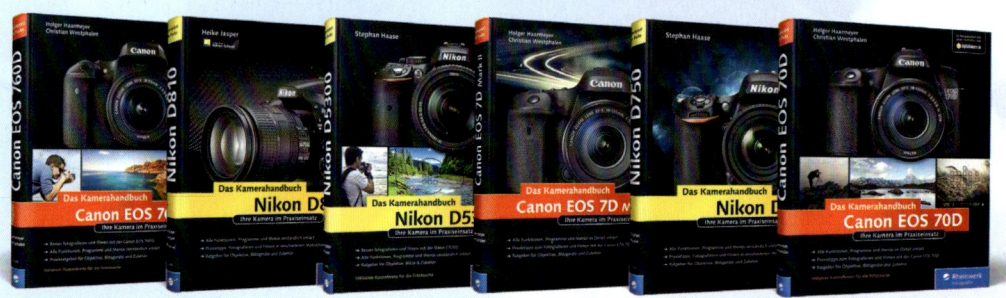

Zu folgenden Modellen bieten wir Ihnen Kamerahandbücher:

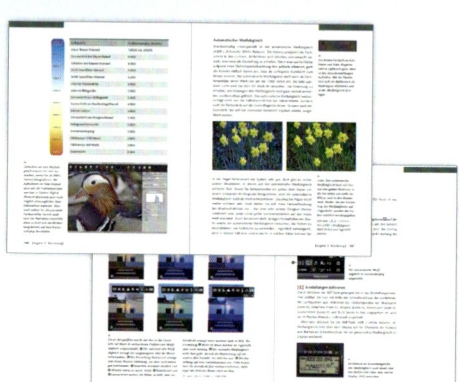

- Canon EOS 5D Mark III
- Canon EOS 6D
- Canon EOS 7D Mark II
- Canon EOS 70D
- Canon EOS 760D
- Canon EOS 700D
- Canon EOS 100D
- Canon EOS 1200D

- Nikon D810
- Nikon D750
- Nikon D610
- Nikon D7200
- Nikon D5300

Unsere aktuellen Bücher zur Kameratechnik finden Sie immer unter: www.rheinwerk-verlag.de/fotografie

Marian Wilhelm
Porträtfotografie
Die große Fotoschule

Fragen Sie sich, wie Sie richtig gute, noch dazu ausdrucksstarke Porträts erzielen können? In diesem Buch zeigt Ihnen der Peoplefotograf Marian Wilhelm, wie Sie Ihren Blick für das Motiv Mensch schärfen. Er gibt Tipps für einen unverkrampften Umgang mit Ihren Modellen und erklärt, wie Sie durch gezielte Bildgestaltung wirkungsvolle Aufnahmen machen. Fotoprojekte des Autors zeigen Ihnen dabei anschaulich die Bandbreite der Porträt- und Peoplefotografie.

332 Seiten, gebunden, 39,90 €, ISBN 978-3-8362-2490-1
www.rheinwerk-verlag.de/3402

Sandra Bartocha, Werner Bollmann, Radomir Jakubowski
Die Fotoschule in Bildern
Naturfotografie
Das Praxisbuch für Naturmotive

Hier sehen Sie nicht nur viele beeindruckende Bilder, sondern Sie erfahren, wie die Fotografen zu dem Ergebnis gelangt sind. So lernen Sie nach und nach alle Aspekte der Naturfotografie kennen – Bild für Bild!

316 Seiten, broschiert, 29,90 €
ISBN 978-3-8362-2458-1
www.rheinwerk-verlag.de/3391

Fotoreiseführer

Gehen Sie mit auf fotografische Entdeckungsreise! Wir führen Sie zu den spektakulären Fotospots und zu fotografischen Highlights jenseits der Postkartenmotive. Nützliche Tipps vom Fotografen, Tourempfehlungen, Land und Leute – alles inklusive. Wir garantieren beste Aussichten und neue Perspektiven!

Harald Franzen
Fotografieren in Berlin und Potsdam

Begleiten Sie Harald Franzen auf eine fotografische Reise durch Berlin und Umgebung: Sehen Sie Bekanntes wie das Brandenburger Tor mit neuen Augen, folgen Sie den Spuren der Berliner Mauer, finden Sie Motive im Tierpark und lassen Sie sich zu Geheimtipps wie dem Teufelsberg entführen. Sehen Sie Berlin neu!

350 Seiten, gebunden, 29,90 €, ISBN 978-3-8362-2457-4
ab November 2015
www.rheinwerk-verlag.de/3390

Thomas Pflaum
Fotografieren im Ruhrgebiet

Kohle, Stahl, Fußball – das ist das Klischee. Kunst, Kultur, Erholung – gehören nicht weniger dazu. Zwischen Duisburger Binnenhafen und Dortmunder U sind die fotografischen Möglichkeiten nahezu unbegrenzt. Ob Industriedenkmal oder Schlosspark, Musikfestival oder Landmarke: Leider hat auch ein Tag im Pott nur 24 Stunden!

320 Seiten, gebunden, 29,90 €, ISBN 978-3-8362-2805-3
ab September 2015
www.rheinwerk-verlag.de/3563

Impressum

Wir hoffen, dass Sie Freude an diesem Buch haben und sich Ihre Erwartungen erfüllen. Bitte teilen Sie uns doch Ihre Meinung mit. Eine E-Mail mit Ihrem Lob oder Tadel senden Sie direkt an die Lektorin des Buches: *ariane.boerder@rheinwerk-verlag.de*. Im Falle einer Reklamation steht Ihnen gerne unser Leserservice zur Verfügung: *service@rheinwerk-verlag.de*. Informationen über Rezensions- und Schulungsexemplare erhalten Sie von: *ralf.kaulisch@rheinwerk-verlag.de*.

Informationen zum Verlag und weitere Kontaktmöglichkeiten finden Sie auf unserer Verlagswebsite *www.rheinwerk-verlag.de*. Dort können Sie sich auch umfassend und aus erster Hand über unser aktuelles Verlagsprogramm informieren und alle unsere Bücher versandkostenfrei bestellen.

An diesem Buch haben viele mitgewirkt, insbesondere:

Lektorat Ariane Börder
Korrektorat Annette Lennartz, Bonn; Monika Paff, Langenfeld
Herstellung Norbert Englert
Typografie und Layout Vera Brauner
Einbandgestaltung Mai Loan Nguyen Duy
Coverbilder iStockphoto: 2609862 © moonmeister, 16207566 © antonyspencer, 23323885 © RyanJLane, 30727584 © letty17, 37131834 © CoffeeAndMilk, 49375804 © Rostislavv, 58720216 © Deejpilot; Shutterstock: 142381582 © Karen Faljyan, 157177865 © HandmadePictures, 225538051 © Twenty20 Inc
Satz István Velsz
Druck PHOENIX PRINT GmbH

Dieses Buch wurde gesetzt aus der Linotype Syntax (9,5 pt/13,75 pt) in Adobe InDesign CC. Gedruckt wurde es auf matt gestrichenem Bilderdruckpapier (115 g/m^2).

Bibliografische Information der Deutschen Nationalbibliothek:
Die Deutsche Nationalbibliothek verzeichnet diese Publikation in der Deutschen Nationalbibliografie; detaillierte bibliografische Daten sind im Internet über http://dnb.d-nb.de abrufbar.

ISBN 978-3-8362-3488-7
© Rheinwerk Verlag GmbH, Bonn 2015
1. Auflage 2015

Das vorliegende Werk ist in all seinen Teilen urheberrechtlich geschützt. Alle Rechte vorbehalten, insbesondere das Recht der Übersetzung, des Vortrags, der Reproduktion, der Vervielfältigung auf fotomechanischem oder anderen Wegen und der Speicherung in elektronischen Medien.

Ungeachtet der Sorgfalt, die auf die Erstellung von Text, Abbildungen und Programmen verwendet wurde, können weder Verlag noch Autor, Herausgeber oder Übersetzer für mögliche Fehler und deren Folgen eine juristische Verantwortung oder irgendeine Haftung übernehmen.

Die in diesem Werk wiedergegebenen Gebrauchsnamen, Handelsnamen, Warenbezeichnungen usw. können auch ohne besondere Kennzeichnung Marken sein und als solche den gesetzlichen Bestimmungen unterliegen.

Wie hat Ihnen dieses Buch gefallen?
Bitte teilen Sie uns mit, ob Sie zufrieden waren,
und bewerten Sie das Buch auf:
www.rheinwerk-verlag.de/feedback

Ausführliche Informationen zu unserem aktuellen
Programm samt Leseproben finden Sie ebenfalls
auf unserer Website. Besuchen Sie uns!

www.rheinwerk-verlag.de